DIREITOS HUMANOS E RELAÇÕES SOCIAIS TRABALHISTAS

Renata de Assis Calsing
Rúbia Zanotelli de Alvarenga
(Coordenadoras)

DIREITOS HUMANOS E RELAÇÕES SOCIAIS TRABALHISTAS

EDITORA LTDA.

© Todos os direitos reservados

Rua Jaguaribe, 571
CEP 01224-003
São Paulo, SP — Brasil
Fone (11) 2167-1151
www.ltr.com.br
Dezembro, 2017

Produção Gráfica e Editoração Eletrônica: PIETRA DIAGRAMAÇÃO
Projeto de capa: FABIO GIGLIO
Impressão: BOK2.

Versão impressa — LTr 5860.5 — ISBN 978-85-361-9492-9
Versão digital — LTr 9287.9 — ISBN 978-85-361-9506-3

Dados Internacionais de Catalogação na Publicação (CIP)

(Câmara Brasileira do Livro, SP, Brasil)

Direitos humanos e relações sociais trabalhistas / Renata de Assis Calsing, Rúbia Zanotelli de Alvarenga, (coordenadoras). – São Paulo: LTr, 2017. Vários autores.

Bibliografia.
1. Direito do trabalho – Brasil 2. Direitos fundamentais 3. Relações de trabalho I. Calsing, Renata de Assis. II. Alvarenga, Rúbia Zanotelli de.

17-10720   CDU-34:331(81)

Índice para catálogo sistemático:

1. Brasil : Direito do trabalho 34:331(81)

COLABORADORES

Alessandra Barichello Boskovic: Mestre e Doutoranda em Direito Econômico e Socioambiental pela PUCPR. Especialista em Direito material e processual do Trabalho pelo UNICURITIBA. Advogada e Professora de Direito do Trabalho e Direito Previdenciário na Faculdade de Educação Superior do Paraná (FESP) e na Faculdade da Indústria (FIEP/FAMEC). Coordenadora adjunta do curso de especialização em Direito do Trabalho e Processual do Trabalho na Pontifícia Universidade Católica do Paraná (PUCPR).

Alexandre Agra Belmonte: Doutor em Justiça e Sociedade pela UGF, Ministro do Tribunal Superior do Trabalho, Membro da Academia Brasileira de Direito do Trabalho e Professor do IESB.

André Araújo Molina: Doutor em Filosofia do Direito (PUC-SP), Mestre em Direito do Trabalho (PUC-SP), Especialista em Direito Processual Civil (UCB-RJ) e em Direito do Trabalho (UCB-RJ), Bacharel em Direito (UFMT), Professor da Escola Superior da Magistratura Trabalhista de Mato Grosso (ESMATRA/MT) e Juiz do Trabalho Titular na 23ª Região.

Arnaldo Sampaio de Moraes Godoy: Livre-docente em Teoria Geral do Estado pela Faculdade de Direito da Universidade de São Paulo-USP. Doutor e Mestre em Filosofia do Direito e do Estado pela Pontifícia Universidade Católica de São Paulo-PUC-SP.

Domingos Sávio Zainaghi: Doutor e mestre em Direito do Trabalho pela PUC-SP. Pós-doutorado em Direito do Trabalho pela Universidade Castilha-La Mancha, Espanha. Presidente honorário da Associación Iberoamericana de Derecho Del Trabajo y de La Seguridad Social e do Instituto Iberoamericano de Derecho Deportivo. Membro do Instituto Cesarino Jr. De Direito Social. Da Societé Internationale de Droit Du Travail ET de La Seguridad Social. Membro da Academia Paulista de Direito. Advogado. Jornalista.

Georgenor de Sousa Franco Filho: Desembargador do Trabalho de carreira do TRT da 8ª Região, Doutor em Direito Internacional pela Faculdade de Direito da Universidade de São Paulo, Doutor *Honoris Causa* e Professor Titular de Direito Internacional e do Trabalho da Universidade da Amazônia, Presidente Honorário da Academia Brasileira de Direito do Trabalho, Membro da Academia Paraense de Letras.

Gustavo Filipe Barbosa Garcia: Livre-Docente pela Faculdade de Direito da Universidade de São Paulo. Doutor em Direito pela Faculdade de Direito da Universidade de São Paulo. Pós-Doutorado em Direito pela *Universidad de Sevilla*. Especialista em Direito pela *Universidad de Sevilla*. Professor Universitário em Cursos de Graduação e Pós-Graduação em Direito. Membro Pesquisador do IBDSCJ. Membro da Academia Brasileira de Direito do Trabalho, Titular da Cadeira 27. Advogado. Foi Procurador do Trabalho do Ministério Público da União, ex--Juiz do Trabalho das 2ª, 8ª e 24ª Regiões e ex-Auditor Fiscal do Trabalho.

José Claudio Monteiro de Brito Filho: Doutor em Direitos das Relações Sociais pela PUC/SP. Professor do Programa de Pós-Graduação em Direito da Universidade Federal do Pará. Professor do Programa de Pós-Graduação e do Curso de Direito do Centro Universitário do Estado do Pará. Titular da Cadeira n. 26 da Academia Brasileira de Direito do Trabalho.

José Felipe Ledur: Desembargador do Trabalho no TRT4, Mestre em Direito Público e Doutor em Direito do Estado.

Júlio Edstron S. Santos: Professor dos cursos de graduação em Direito e Relações Internacionais e especialização da UCB/DF. Doutorando em Direito pelo UniCEUB. Mestre em Direito Internacional Econômico pela UCB/DF. Membro dos grupos de pesquisa NEPATS - Núcleo de Estudos e Pesquisas Avançadas do Terceiro Setor da UCB/DF, Políticas Públicas e Juspositivismo, Jusmoralismo e Justiça Política do UNICEUB.

Lelio Bentes Corrêa: Ministro do Tribunal Superior do Trabalho. Membro da Comissão de Peritos da Organização Internacional do Trabalho. Mestre em Direito Internacional dos Direitos Humanos pela Universidade de Essex – Reino Unido.

Lorena Vasconcelos Porto: Procuradora do Ministério Público do Trabalho. Doutora em Autonomia Individual e Autonomia Coletiva pela Universidade de Roma II. Mestre em Direito do Trabalho pela PUC-MG. Especialista em Direito do Trabalho e Previdência Social pela Universidade de Roma II. Professora Titular do Centro Universitário UDF. Professora Convidada do Mestrado em Direito do Trabalho da Universidad Externado de Colombia, em Bogotá.

Luiz Eduardo Gunther: Professor do Centro Universitário Curitiba – UNICURITIBA. Desembargador do Trabalho no TRT9. Pós-Doutorando pela PUC-PR. Membro do Conselho Editorial da Revista Jurídica do UNICURITIBA, do Instituto Memória – Centro de Estudos da Contemporaneidade e da Editora JM. Integrante da Academia Nacional de Direito do Trabalho e do Instituto Histórico e Geográfico do Paraná. Orientador do Grupo de Pesquisa que edita a Revista Eletrônica do TRT9 (<http://www.mflip.com.br/pub/escolajudicial/>).

Manoel Jorge e Silva Neto: Subprocurador-geral do Trabalho (DF). Professor-Visitante na Universidade da Flórida – *Levin College of Law* (EUA). Professor-Visitante na Universidade François Rabelais (FRA). Membro da Academia Brasileira de Direito do Trabalho (Cadeira n. 64).

Marcelo Fernando Borsio: Professor Titular da UDF. Professor do Mestrado em Direito das Relações Sociais e Trabalhistas, nas disciplinas de Seguridade Social. Pós-Doutorando em Direito Previdenciário pela Università degli Studi di Milano. Pós-Doutor em Direito da Seguridade Social pela Universidad Complutense de Madrid. Doutor e Mestre em Direito Previdenciário pela PUC-SP. Especialista em Direito Tributário pela PUC-SP. Especialista em Direito da Investigação e Constituição pela UNISUL. Coordenador Científico e Pedagógico de Cursos Jurídicos e Professor de Direito Previdenciário e Tributário do Gran Cursos Online. Professor de diversas outras especializações em Direito Previdenciário pelo país. Professor Visitante da Universidad Complutense de Madrid. Autor de obras de Direito Previdenciário pela Juspodivm (Coleção Prática de Direito Previdenciário em 32 volumes), pela Revista dos Tribunais e pela Juruá. Palestrante.

Marcus Firmino Santiago: Doutor em Direito do Estado. Professor Permanente do Curso de Mestrado em Direito das Relações Sociais e Trabalhistas do Centro Universitário do distrito Federal - UDF. Ex-Professor Permanente do Curso de Mestrado em Direito Constitucional do Instituto Brasiliense de Direito Público - IDP. Advogado.

Raimundo Simão de Melo: Consultor Jurídico e Advogado. Procurador Regional do Trabalho aposentado. Doutor e Mestre em Direito das Relações Sociais pela PUC-SP. Pós-Graduado em Direito do Trabalho pela Universidade de São Paulo. Professor titular do Centro Universitário UDF/Mestrado e da Faculdade de Direito de São Bernardo do Campo/SP no Curso de Pós-Graduação em Direito e Relações do Trabalho. Membro da Academia Brasileira de Direito do Trabalho. Autor de livros jurídicos, entre outros, "Direito ambiental do trabalho e a saúde do trabalhador".

Raquel Betty de Castro Pimenta: Doutora em Direito pela Università di Roma Tor Vergata e pela Universidade Federal de Minas Gerais em cotutela internacional, Servidora do Tribunal Regional do Trabalho da 3ª Região e professora da Pós-Graduação *Lato Sensu* em Direito do Trabalho da Pontifícia Universidade Católica de Minas Gerais e da Pós-Graduação *Lato Sensu* em Advocacia Trabalhista da Ordem dos Advogados do Brasil (OAB-MG).

Raul Zoratto Sanvicente: Analista judiciário do Tribunal Regional do Trabalho da 4ª Região.

Renata de Assis Calsing: Professora Titular e Coordenadora acadêmica do Curso de Mestrado em Direito das Relações Sociais e Trabalhistas do Centro Universitário do Distrito Federal – UDF. Doutora em Direito pela Universidade de Paris I, *Panthéon-Sorbonne*. Mestre e Bacharel em Direito pelo Centro Universitário de Brasília, UNICEUB. Professora Associada do PPGD do UniCEUB. Auditora Federal de Finanças e Controle do Ministério da Transparência, Fiscalização e Controladoria Geral da União, atualmente lotada no Conselho da Justiça Federal como Coordenadora de Estudos e Pesquisas.

Ricardo José Macêdo de Britto Pereira: Doutor pela Universidade Complutense de Madri. Professor Titular do Centro Universitário do Distrito Federal, UDF-Brasília, no Mestrado em Direito das Relações Sociais e Trabalhistas. Mestre pela Universidade de Brasília. Pesquisador colaborador do Programa de Pós-graduação da Faculdade de Direito da Universidade de Brasília. Colíder do Grupo de Pesquisa da Faculdade de Direito da UNB "Trabalho, Constituição e Cidadania". Subprocurador Geral do Ministério Público do Trabalho.

Rúbia Zanotelli de Alvarenga: Doutora e Mestre em Direito do Trabalho pela PUC Minas. Professora Titular do Centro Universitário do Distrito Federal – UDF, Brasília. Advogada.

Silvio Beltramelli Neto: Doutor em Direito do Trabalho pela Universidade de São Paulo. Mestre em Direito pela Universidade Metodista de Piracicaba. Professor de Direitos Humanos da Faculdade de Direito da Pontifícia Universidade Católica de Campinas. Membro do Ministério Público do Trabalho (Procurador do Trabalho em Campinas/SP).

Victor Hugo Criscuolo Boson: Mestre em Direito pela Universidade Federal de Minas Gerais e professor da Pós-Graduação *Lato Sensu* em Direito do Trabalho da Pontifícia Universidade Católica de Minas Gerais.

Vitor Salino de Moura Eça: Pós-doutor em Direito Processual Comparado pela Universidad Castilla-La Mancha, na Espanha. Professor Adjunto IV da PUC-Minas (CAPES 6), lecionando nos cursos de mestrado e doutorado em Direito. Professor visitante em diversas universidades nacionais e estrangeiras. Professor conferencista na Escola Nacional de Magistratura do Trabalho – ENAMAT e na Escola Superior de Advocacia da Ordem dos Advogados do Brasil. Pesquisador junto ao Centro Europeo y Latinoamericano para el Diálogo Social - España. Membro efetivo, dentre outras, das seguintes sociedades: Academia Brasileira de Direito do Trabalho – ABDT; Asociación Iberoamericana de Derecho del Trabajo y de la Seguridad Social – AIDTSS; Asociación de Laboralistas - AAL; Equipo Federal del Trabajo - EFT; Escuela Judicial de América Latina - EJAL; Instituto Brasileiro de Direito Social Júnior- IBDSCJ; Instituto Latino-Americano de Derecho del Trabajo y de la Seguridad Social – ILTRAS; Instituto Paraguayo de Derecho del Trabajo y Seguridad; e da Societé Internationale de Droit du Travail et de la Sécurité Sociale.

SUMÁRIO

Apresentação..11
Reitora e Professora Doutora Beatriz Maria Eckert-Hof

Prefácio...13
Ministra do TST Maria de Assis Calsing

PARTE I – TEORIA GERAL DOS DIREITOS HUMANOS

Capítulo 1. Fundamentos Históricos, Sociais e Políticos dos Direitos Humanos Fundamentais Sociais...............17
Renata de Assis Calsing, Arnaldo Sampaio de Moraes Godoy e Júlio Edstron S. Santos

Capítulo 2. Direitos Humanos e Direitos Fundamentais. Conceito. Diferença. Função. Características. Classificação dos Direitos Humanos Fundamentais..32
Marcelo Fernando Borsio

Capítulo 3. Os Tratados de Direitos Humanos e sua Formação, Incorporação e Efetivação no Brasil....................42
José Claudio Monteiro de Brito Filho

Capítulo 4. A Efetivação nas Normas Internacionais de Direitos Humanos em Âmbito Interno.............................54
Silvio Beltramelli Neto

Capítulo 5. Eficácia Horizontal dos Direitos Humanos Fundamentais. A Eficácia Direta ou Imediata dos Direitos Fundamentais nas Relações Trabalhistas..70
Marcus Firmino Santiago

PARTE II – A PROTEÇÃO INTERNACIONAL DOS DIREITOS HUMANOS DOS TRABALHADORES

Capítulo 6. Antecedentes Históricos, Fundamentos e Princípios do Direito Internacional do Trabalho................85
Georgenor de Sousa Franco Filho

Capítulo 7. A Organização Internacional do Trabalho e os Instrumentos Internacionais de Proteção ao Trabalhador...........89
Georgenor de Sousa Franco Filho

Capítulo 8. Estrutura e Funcionamento da Organização Internacional do Trabalho...94
Luiz Eduardo Gunther

Capítulo 9. O Trabalho Decente na Perspectiva do Direito Internacional do Trabalho..108
Luiz Eduardo Gunther

Capítulo 10. A Vigência Internacional das Convenções da Organização Internacional do Trabalho e o Procedimento de Ratificação, Revisão, Denúncia e de Internalização das Convenções Ratificadas no Brasil.................................126
Luiz Eduardo Gunther

Capítulo 11. Organicidade e Fundamentalidade da Corte Interamericana de Direitos Humanos.........................147
Vitor Salino de Moura Eça

PARTE III – AS CONVENÇÕES FUNDAMENTAIS DA ORGANIZAÇÃO INTERNACIONAL DO TRABALHO

Capítulo 12. A Convenção Fundamental n. 87 da Organização Internacional do Trabalho 155

Ricardo José Macêdo de Britto Pereira

Capítulo 13. A Convenção Fundamental n. 98 da Organização Internacional do Trabalho 168

Gustavo Filipe Barbosa Garcia

Capítulo 14. Convenção n. 100 da Organização Internacional do Trabalho: pela Igualdade entre Homens e Mulheres na Remuneração de Trabalhos de Igual Valor. 175

Alessandra Barichello Boskovic

Capítulo 15. Comentários à Convenção n. 111 da Organização Internacional do Trabalho 181

Domingos Sávio Zainaghi

Capítulo 16. O Trabalho Infantil sob a Perspectiva Internacional 184

Lelio Bentes Corrêa

Capítulo 17. A Eliminação de Todas as Formas de Trabalho Forçado ou Obrigatório: Convenções ns. 29 e 105 da Organização Internacional do Trabalho 190

Rúbia Zanotelli de Alvarenga

PARTE IV – DIREITOS FUNDAMENTAIS NAS RELAÇÕES DE TRABALHO

Capítulo 18. A Constitucionalização dos Direitos Sociais Trabalhistas nas Cartas Constitucionais Brasileiras 201

Rúbia Zanotelli de Alvarenga

Capítulo 19. O Direito Constitucional do Trabalho depois da Constituição de 1988 e a Aplicação do Princípio Constitucional da Dignidade da Pessoa Humana nas Relações de Trabalho 212

Ricardo José Macêdo de Britto Pereira

Capítulo 20. A Necessária Proteção à Dignidade da Pessoa do Trabalhador e ao Labor Digno ou Decente 225

José Claudio Monteiro de Brito Filho

Capítulo 21. O Direito Fundamental ao Lazer, à Desconexão do Trabalho, ao Projeto de vida e à vida de Relações 236

André Araújo Molina

Capítulo 22. Limitações aos Poderes do Empregador e os Direitos da Personalidade do Trabalhador 253

Rúbia Zanotelli de Alvarenga

Capítulo 23. Direitos Fundamentais à Saúde e Segurança no Trabalho Integrantes de uma ordem de valores: Promoção por meio do Processo Judicial 264

José Felipe Ledur e Raul Zoratto Sanvicente

Capítulo 24. Direitos Fundamentais x Livre-Iniciativa: Critérios Objetivos para a Concretização do Exercício das Liberdades Intelectuais nas Relações de Trabalho, em Sintonia com as Exigências da Livre-Iniciativa e Fundamentação das Decisões Resolutórias das Tensões Respectivas no Ambiente de Trabalho 271

Alexandre Agra Belmonte

Capítulo 25. Liberdade Religiosa e Relações de Trabalho. Questões Controvertidas. As Organizações de Tendência e o Dever de Acomodação Razoável (*Duty of Reasonable Accommodation*) 279

Manoel Jorge e Silva Neto

Capítulo 26. A Colisão de Direitos Fundamentais Trabalhistas e a Aplicação do Princípio da Proporcionalidade 289

Raquel Betty de Castro Pimenta e Victor Hugo Criscuolo Boson

Capítulo 27. As Limitações aos Direitos Fundamentais Trabalhistas e o Controle Extralaboral Realizado pelo Empregador sobre a vida Privada do Empregado..303

Rúbia Zanotelli de Alvarenga

PARTE V – HERMENÊUTICA E INTERPRETAÇÃO CONSTITUCIONAL DAS NORMAS JURÍDICAS TRABALHISTAS: A APLICAÇÃO DOS PRINCÍPIOS CONSTITUCIONAIS DO TRABALHO

Capítulo 28. Trabalho Penoso: Prevenção e Reparação pelo Desgaste Sofrido pelo Trabalhador..314

Raimundo Simão de Melo

Capítulo 29. A Convenção n. 158 da Organização Internacional do Trabalho e o Direito Brasileiro..327

Lorena Vasconcelos Porto

Capítulo 30. A Proteção Contra a Dispensa Coletiva...340

Gustavo Filipe Barbosa Garcia

Capítulo 31. Hermenêutica e Interpretação Constitucional das Normas Jurídicas Trabalhistas: A Aplicação dos Princípios Constitucionais do Trabalho..349

Rúbia Zanotelli de Alvarenga

Capítulo 32. Os Direitos Fundamentais Trabalhistas e de Previdência Social como Cláusulas Pétreas e a Proibição do Retrocesso dos Direitos Sociais dos Trabalhadores..359

Marcelo Fernando Borsio

APRESENTAÇÃO

Falar em Direitos Humanos na atualidade, em que o mundo vem se tornando cada vez mais plural, intercultural e complexo, implica trazer à baila questões de diversidade, de igualdade e de respeito às diferenças. Seja qual for a linha teórica e a perspectiva da discussão, o tema dos Direitos Humanos faz-se imprescindível para que se promova a diminuição das desigualdades sociais, em prol da dignidade da pessoa humana.

Em seu artigo primeiro, a Declaração Universal dos Direitos Humanos (1948) traz: "Todos os seres humanos nascem livres e iguais em dignidade e direitos. São dotados de razão e consciência e devem agir em relação uns aos outros com espírito de fraternidade".

Boaventura de Sousa Santos (1997) nos ensina que "as pessoas e os grupos sociais têm o direito a ser iguais quando a diferença os inferioriza, e o direito a ser diferentes quando a igualdade os descaracteriza" (p. 97).

De Hannah Arendt temos a célebre frase: "a essência dos Direitos Humanos é o direito a ter direitos".

Essas são premissas que sempre estiveram no bojo de minhas pesquisas, como Analista do Discurso, sobre o sujeito e sua constituição social, cultural, histórica e simbólica, e estão também no bojo de minhas lutas pessoais e profissionais em torno da dignidade da pessoa humana e de uma sociedade mais justa e igualitária.

Por isso, é com grande honra e imensa satisfação que recebo a nada fácil tarefa de apresentar – e apresentar é também presentear – esta belíssima obra que trata, com rigor científico e jurídico, dos Direitos Humanos e das Relações Sociais e Trabalhistas, e é lançada num momento em que estamos prestes a celebrar os 70 anos da Declaração Universal dos Direitos Humanos.

Nestas quase sete décadas presenciamos, certamente, significativas mudanças sociais e vivenciamos um processo de transformações e identificações de novos sujeitos de direitos. Diante disso, a temática dos Direitos Humanos nas sociedades contemporâneas é uma das mais importantes, não somente nos discursos jurídicos, mas também acadêmicos, religiosos, sociais, econômicos, culturais e políticos.

É nesse contexto que se constitui este magnífico livro intitulado Direitos Humanos e Relações Sociais e Trabalhistas, organizado pelas Professoras Rúbia Zanotelli de Alvarenga e Renata de Assis Calssing e fomentado pelo Programa de Mestrado em Direito das Relações Sociais e Trabalhistas do UDF. Sob diferentes perspectivas no âmbito jurídico, no plano discursivo, na doutrina e na cultura jurídica nacional e internacional, esta obra contempla 32 capítulos com estudos de laureados professores, pesquisadores e juristas de nossa instituição, do Brasil e do Estrangeiro. Os capítulos estão organizados em 5 partes, todas com o desafio de estudar e problematizar discussões acerca dos Direitos Humanos com o foco na sua relação com o Social e com o Trabalho no mundo contemporâneo.

O livro consagra e aprofunda a vocação de pesquisa acadêmica do Programa de Mestrado em Direito das Relações Sociais e Trabalhistas do UDF que – embora ainda jovem, já coroado de êxitos – conta com a coordenação acadêmica dos professores Mauricio Godinho Delgado (também Ministro do Tribunal Superior do Trabalho – TST) e Renata de Assis Calsing. Nesse sentido, carrega fragmentos de um trabalho conjunto, de discussões comuns, de conversas, de momentos de (in)certezas, mas, também, de alegrias e de grandes feitos.

E isso se soma ainda à comemoração de meio século de História e tradição do UDF na comunidade acadêmica e científica de Brasília, do Distrito Federal e do País. Neste ano de 2017, a instituição celebra 50 anos de Excelência no Ensino, na Pesquisa e na Extensão, encontrando-se em plenos desenvolvimento e expansão. Criado em 1967, o UDF é a primeira instituição privada de ensino superior da capital do Brasil, sendo reconhecida e respeitada por sua tradição e excelência no ensino superior, desde a sua criação e mais fortemente com a sua incorporação, em 2008, ao Grupo Cruzeiro do Sul Educacional, o sexto maior e um dos mais representativos Grupos Educacionais do País – fato que fortaleceu a Instituição e lhe conferiu energia para galgar um contínuo e ainda mais notável crescimento.

O UDF tem marcado cada vez mais a sua presença no País e no exterior, pelo seu foco em ensino, pesquisa, extensão e internacionalização que se dá pela atuação de seus Gestores e Professores Pesquisadores em Eventos Científicos e em intercâmbios com Universidades brasileiras e estrangeiras. Cumpre, assim, a sua Missão de "oferecer à comunidade ensino superior de excelência, tornar público o conhecimento científico e tecnológico aqui produzidos e proporcionar formação crítica, reflexiva, interativa, contextualizada, competente, ética e cidadã", contribuindo cada vez mais para oportunizar ao cidadão o Direito à Educação Superior de qualidade.

Minhas palavras de agradecimento às organizadoras e a todos os renomados autores que brindam o leitor com este belíssimo livro e conseguem, de forma preciosa, trazer novas reflexões para este que segue sendo um tema fundamental: o discurso e a prática dos "Direitos Humanos e Relações Sociais e Trabalhistas".

Professora Dra. Beatriz Maria Eckert-Hoff
Reitora do UDF

PREFÁCIO

Recebi com muita alegria e honra o convite para prefaciar esta obra coletiva sobre *Direitos Humanos e Relações Sociais Trabalhistas*, cujas coordenadoras são professoras do Centro Universitário do Distrito Federal.

Embora encontremos na atualidade uma alentada bibliografia sobre o tema, acredito que esta publicação representa uma reflexão e uma resposta amadurecida sobre os direitos humanos fundamentais relacionados a questões sociais e trabalhistas de um grupo notável de profissionais – dos mais variados campos do Direito – que se dedicam ao seu estudo e pesquisa.

A abrangência e profundidade das temáticas apresentadas neste livro revelam um profundo espírito de fidelidade ao Direito e um rigoroso sentido científico no tratamento dos direitos humanos sociais e trabalhistas, tanto a partir da experiência brasileira quanto da internacional.

Pontuo que vivemos em um momento muito peculiar da história de nossa civilização, em que os direitos humanos formam os alicerces sobre os quais se edificam as sociedades verdadeiramente democráticas, ou seja, aquelas sociedades que efetivam ou procuram efetivar os direitos humanos sob uma perspectiva ética, em que o desenvolvimento, como diria Ignacy Sachs, aparece como um conceito pluridimensional – econômico, social, político, ecológico, cultural. Ressalta, o mesmo Autor, que o desenvolvimento não pode ter na dimensão econômica seu carro-chefe. Precisa estar subordinado às finalidades social e ética. "A finalidade ética é a solidariedade com a geração presente. O segundo imperativo ético é o da solidariedade com as gerações futuras".[1]

Na verdade, parte-se do objetivo norteador do conceito de desenvolvimento sustentável, que se refere à satisfação das necessidades da geração presente – dentro dos limites ecológicos do planeta Terra – sem comprometer a capacidade das futuras gerações de suprir suas próprias necessidades, ou seja, de promover seus direitos humanos.

Acentuo que este também deve ser o cenário balizador dos direitos humanos fundamentais – que não são absolutos –, uma vez que existem limites em sua satisfação ou atendimento, dados pelo contexto em que o homem tem de viver.

Alguns textos deste livro se referem à necessidade de garantir patamares mínimos no que se refere aos direitos fundamentais básicos para uma existência digna da pessoa humana.

A propósito, gostaria de lembrar apelos do papa Francisco, em diferentes documentos apostólicos, quando afirma que a "idolatria do dinheiro e do consumo" nega a primazia do ser humano. Esta exclusão, pela falta de trabalho, de moradia, de saúde, de educação, de alimentos – direitos humanos fundamentais básicos – fere, na própria raiz, a pertença à sociedade onde se vive, "pois quem vive nas favelas, na periferia ou sem poder já não está nela, mas fora. Os excluídos não são 'explorados', mas resíduos, sobras".[2] É neste sentido que o compromisso ético com relação aos direitos humanos fundamentais básicos "permite criar um equilíbrio e uma ordem social mais humana".

E concluiu o papa Francisco: precisamos adotar "uma ética propícia ao ser humano", segundo a qual os recursos financeiros (o dinheiro) devem servir para promover a dignidade humana, e não para governar em favor de poucos privilegiados.[3]

Pode-se afirmar, sem erro, a partir das muitas avaliações e informações apresentadas neste livro, que o Estado brasileiro – em todos os níveis de poder – atua com um claro déficit de efetivação dos direitos humanos, apesar de a Constituição Federal de 1988 representar um símbolo de constitucionalização desses direitos fundamentais.

Nos limites desejáveis de um Prefácio, não há espaço para maiores delongas quando os brilhantes textos contidos neste livro, por si sós, representam uma grande contribuição – sob diferentes matizes – à discussão e efetivação dos direitos humanos fundamentais sociais e trabalhistas em nosso País.

---

(1) SACHS, Ignacy. "Desenvolvimento e Direitos Humanos". Maceió: PRODEMA (UFA), 2000 (Conferência magistral ao receber título de Doutor Honoris Causa, da Universidade Federal de Alagoas).
(2) Papa Francisco. Exortação Apostólica **A Alegria do Evangelho**. São Paulo: Paulinas, 2013, n. 53.
(3) Idem, n. 57-58.

A variedade de autores não prejudica a unidade da discussão. E como não pretende ser acabada e definitiva, a temática dos direitos fundamentais tratada nesta obra revela-se fruto de uma construção ao longo da história.

O certo é que o povo brasileiro pertence a uma comunidade política, econômica, social e cultural que necessita de uma maior atenção ao bem comum por parte de seus governantes, para que possa alcançar um nível civilizatório compatível com as nações verdadeiramente democráticas.

Boa leitura!

Maria de Assis Calsing
Ministra do Tribunal Superior do Trabalho

PARTE I
TEORIA GERAL DOS DIREITOS HUMANOS

CAPÍTULO 1

FUNDAMENTOS HISTÓRICOS, SOCIAIS E POLÍTICOS DOS DIREITOS HUMANOS FUNDAMENTAIS SOCIAIS

Renata de Assis Calsing[1]
Arnaldo Sampaio de Moraes Godoy[2]
Júlio Edstron S. Santos[3]

1. Introdução

Os Direitos Humanos se constroem ao longo do tempo, dentro dos parâmetros políticos, sociais, econômicos e culturais da sociedade em que estão inseridos. Especificamente em relação aos direitos sociais, cujo reconhecimento constitucional só ocorreu no início do Século XX, podemos afirmar que se trata de classe normativa essencial para garantia da dignidade da pessoa humana, mas que ainda exige melhores condições jurídicas e financeiras para se concretizarem plenamente.

Nesse trabalho, reconhecemos que "direitos humanos" é uma nomenclatura ligada aos tratados (ordem jurídica internacional), enquanto que o nome "direitos fundamentais" está atrelado ao processo de positivação das normas essenciais de uma sociedade em sua Constituição (ordenamento jurídico interno). Contudo, tal como a doutrina mais atual de Perez Luño[4] e Herrera Flores[5], entendemos que o ser humano deve ser protegido e promovido onde quer que ele esteja, estabelecendo-se uma doutrina dos *direitos humanos fundamentais* que aceita o uso dessas expressões como sinônimos, já que tem a mesma pretensão de proteção e promoção do ser humano.

Apesar do avanço doutrinário dessa disciplina, um dos grandes problemas jurídicos na atualidade é que direitos humanos fundamentais básicos como saúde, educação, moradia e trabalho ainda precisam atingir patamares mínimos de efetividade no Estado brasileiro. Para o reconhecimento desse problema e, principalmente, para se realizarem propostas que superem essas dificuldades, o presente artigo se utilizou da revisão bibliográfica e estudos de caso que demonstram os avanços, retrocessos e barreiras que (ainda) existem para a efetivação dos direitos humanos sociais.

A primeira parte desse capítulo buscou demonstrar a evolução histórica e jurídica do Estado por meio dos paradigmas constitucionais que condicionaram a criação e construção dos modelos jurídicos atuais. Esta introdução se mostra indispensável em razão de ser o Estado o sujeito de Direito mais capaz de produzir e efetivar os direitos humanos sociais na atualidade.

Em seguida, foi analisada a construção dos direitos humanos fundamentais no Ocidente, visando demonstrar que a cada momento foi necessária cobrança da sociedade para que houvesse a positivação destes direitos. O artigo segue com uma análise dos direitos sociais positivados na Constituição brasileira de 1988.

A título de estudo de caso, e já que não existem dúvidas quanto à necessidade de concretização dos direitos sociais no Brasil, analisamos alguns dados presentes no *Atlas da Pobreza*[6], no *Atlas da vulnerabilidade social nos municípios do Brasil*[7]

---

(1) Professora Titular e Coordenadora acadêmica do Curso de Mestrado em Direito das Relações Sociais e Trabalhistas do Centro Universitário do Distrito Federal – UDF. Doutora em Direito pela Universidade de Paris I, *Panthéon-Sorbonne*. Mestre e Bacharel em Direito pelo Centro Universitário de Brasília, UNICEUB. Professora Associada do PPGD do UniCEUB. Auditora Federal de Finanças e Controle do Ministério da Transparência, Fiscalização e Controladoria Geral da União, atualmente lotada no Conselho da Justiça Federal como Coordenadora de Estudos e Pesquisas.
(2) Livre-docente em Teoria Geral do Estado pela Faculdade de Direito da Universidade de São Paulo-USP. Doutor e Mestre em Filosofia do Direito e do Estado pela Pontifícia Universidade Católica de São Paulo-PUC-SP. E-mail: <asmygodoy@gmail.com.br>.
(3) Professor dos cursos de graduação em Direito e Relações Internacionais e especialização da UCB/DF. Doutorando em Direito pelo UniCEUB. Mestre em Direito Internacional Econômico pela UCB/DF. Membro dos grupos de pesquisa NEPATS – Núcleo de Estudos e Pesquisas Avançadas do Terceiro Setor da UCB/DF, Políticas Públicas e Juspositivismo, Jusmoralismo e Justiça Política do UNICEUB.
(4) PÉREZ LUÑO, Antonio Enrique. *Derechos Humanos, Estado de Derechos y Constitución*. 10. ed. Madrid: Tecnos, 2010.
(5) FLORES, Joaquin Herrera. *Reinvención Derechos Humanos*. Madrid: Atrapasuenos, 2008.
(6) BRASIL, *Atlas da extrema pobreza*: População residentes em domicílios agrícolas, pluriativos e rurais não agriculas e urbanos não agrícolas. Disponível em: <http://www.ipc-undp.org/pub/port/Atlas_da_extrema_pobreza_no_Norte_e_Nordeste_do_Brasil_PT.pdf>. Acesso em: 10 set. de 2016.
(7) COSTA, Marco Aurélio; MARGUTI, Bárbara Oliveira. *Atlas da vulnerabilidade social nos municípios brasileiros*. Brasília : IPEA, 2015. Disponível em: <http://

e dados do Sistema Gerencial da União (SIOP). Estas fontes apresentam as diferenças entre os problemas existentes em nosso país e os recursos dispendidos pela União, de modo a demonstrar que existem outras questões além da falta de verba pública que motivam a não efetividade dos direitos sociais. Assim, resumidamente, buscaremos demonstrar que, desde o reconhecimento do direito enquanto técnica social até a atualidade e seus problemas complexos, há uma incessante busca pela efetivação dos direitos das pessoas; bem como o desafio de cristalização dos direitos humanos para que se promova a dignidade da pessoa humana em um contexto crescente de diminuição das desigualdades sociais.

2. Da formação do direito aos paradigmas constitucionais

O Direito existe desde que a humanidade se constituiu coletivamente e sentiu a necessidade de um mínimo de organização ou, ainda, conforme o brocardo jurídico, *ubi societas ibi jus*, como preconiza Reale[8]. Por isso, se pode afirmar de forma sintética que "O Direito é um sistema de disciplina social fundado na natureza humana que estabelece, nas relações entre os homens, uma proporção de reciprocidade nos poderes e deveres que lhes atribui"[9].

Reconhece-se, então, que o Direito é uma criação social que acompanha a humanidade, regulamentando-a e proporcionando meios heterogêneos de soluções de controvérsias, ou ainda como ressaltou Britto, "salta aos olhos que o Direito é o sistema de normas que melhor concilia imperatividade com exigibilidade"[10].

Ao longo de sua história, o Direito alternou momentos em que foi reconhecido como instrumento de dominação de uma classe contra outra e como meio de libertação social e emancipação individual, como afirmaram os sociólogos portugueses Boaventura de Souza Santos e Maria Paula Meneses em sua obra *Epistemologias do Sul*[11].

Na atualidade, o Direito vem se adaptando aos novos paradigmas, baseando-se no reconhecimento da necessidade de se efetivarem os direitos humanos fundamentais, como demonstrou o jusfilósofo mineiro Joaquim Carlos Salgado:

> A ideia de justiça no mundo contemporâneo, tal como a tenho estudado nos últimos anos, é a universalização máxima do direito na forma de direitos fundamentais, um elenco de valores máximos reconhecidos universal e igualmente a todos os seres humanos. Eis como o direito aparece no mundo contemporâneo, como o *maximum* ético, e a justiça como o desdobramento da liberdade na forma de direitos subjetivos e, no Estado de Direito contemporâneo, como justiça universal, estendida como declaração e efetivação dos direitos fundamentais nas constituições democráticas dos povos civilizados na Carta das Nações Unidas.[12]

Pela história, nota-se que há uma identificação do Direito com a natureza, física ou metafísica, percebendo-se que existe uma ordem para cada ser no cosmos e que essa forma de organização deve se refletir na sociedade humana. Portanto, "o direito natural é o que emana da natureza, independente da vontade do homem"[13].

Tomás de Aquino leciona que o "aspecto primordial da natureza humana é a razão, que dá ao homem a capacidade de distinguir entre bem e o mal e o livre arbítrio"[14]. Segundo a teoria tomista[15], há uma hierarquia entre as espécies de leis naturais que podem ser divididas em: *lex aeterna*, *lex divina*, *lex naturalis* e *lex humana*, onde esta última "é a lei jurídica convencionada pelos homens, o Direito Positivo. É a ordem promulgada pela comunidade tendo em vista o bem comum"[16].

Há uma dualidade nas escolas que se identificam com o Direito Natural, as quais se baseiam nas ordens naturais ou divinas. Mas todas elas "[...] compartilham a mesma estrutura, objetivos e características, uma vez que se baseiam na crença e busca de uma fundamentação última, absoluta, imutável e eterna do direito natural [...]"[17].

Na evolução do Direito, nota-se que houve uma alternância entre as escolas de Direito Natural e de Direito Positivo. Porém, por questões sociais e históricas, privilegiou-se a segurança jurídica típica do positivismo. Assim, hoje, há uma clara predominância de sua forma legislada, como base hermenêutica e interpretativa de todo sistema normativo.

> O direito positivo é a segunda etapa no ensaio de realização da justiça. Na primeira, a ideia da justiça é traduzida por alguns princípios deontológicos, que são tomados como fundamento do sistema normativo do direito; na segunda etapa, esses princípios vão servir de base a julgamentos de valor sobre a conduta humana, originando-se daí as várias normas do direito.[18]

---

ivs.ipea.gov.br/ivs/data/rawData/publicacao_atlas_ivs.pdf>. Acesso em: 10 set. de 2016.
(8) REALE, Miguel. *Nova Fase do Direito Moderno*. 2. ed. São Paulo: Saraiva, 2013.
(9) RÁO, Vicente. *O Direito e a Vida dos Direitos*: noções gerais do direito positivo e direito objetivo. São Paulo: Revista dos Tribunais, 2006. p. 55.
(10) BRITTO, Carlos Ayres. *O Humanismo como Categoria Constitucional*. Belo Horizonte: Fórum, 2007. p. 38.
(11) SANTOS, Boaventura de Souza; MENESES, Maria Paula. *Epistemologias do Sul*. São Paulo: Cortez, 2010.
(12) SALGADO, Joaquim Carlos. *A justiça no mundo contemporâneo*. Belo Horizonte: Del Rey, 2014. p. 21.
(13) MALUF, Sahid. *Teoria Geral do Estado*. São Paulo: Saraiva, 2010. p. 7.
(14) GUSTIN, Miracy Barbosa de S. *As Correntes e Escolas Mais Importantes do Pensamento Jurídico*. Belo Horizonte: UFMG, 1995. p. 6.
(15) AQUINO, Tomás de. *Summa Theologica*. São Paulo: Martins Fontes: 2000.
(16) *Ibidem*, 1995, p. 7.
(17) FREITAS, Hudson Couto Ferreira de. *Teoria (s) do Poder Constituinte*: visão clássica, visão moderna e visão contemporânea. Belo Horizonte: Arraes, 2014. p. 31.
(18) NOBREGA, João Carlos Santos. *História do Direito e do Estado*. Rio de Janeiro: Forense, 1954. p. 96.

Nesse sentido, "o positivismo jurídico proclama suposta identidade entre Direito e Estado"[19], já que os enunciados jurídicos são criações exclusivas da ação estatal, que criam padrões argumentativos que passam a ter força de normativa.

Contata-se nesse ínterim que o Direito é uma ciência porque tem um objeto específico: a norma. "Uma teoria pura do Direito – uma ciência – não pode responder questões metafísicas porque elas não podem, de modo algum, ser respondidas cientificamente"[20].

No que tange ao Estado, há uma clara divergência, ao longo da história, quanto ao que ele seria. Tal divergência é perfeitamente normal, tendo em vista que houve uma série de modificações na estrutura da sociedade e, consequentemente, na percepção do que é o Estado. Atualmente, deve-se entender que:

> O Estado é uma sociedade política com indefinida continuamente no tempo e institucionalização do poder significa dissociação entre chefia, a autoridade política, o poder, e a pessoa que em cada momento tem o seu exercício; fundamentação do poder, não nas qualidades pessoais do governante, mas no Direito que o investe como tal.[21]

"Sobre o momento do surgimento do Estado Moderno, a maioria dos historiadores atuais considera que isso ocorreu em meados do século XVI[22]", salientando que isso só foi possível por causa do processo de unificação territorial, política e jurídica dos Estados europeus.

Não se nega que o embrião do Estado esteja nas culturas antigas, sobretudo nas cidades-estados gregas, no Império romano e durante o feudalismo. Porém, o Estado Moderno é fruto da unificação jurídica e social ocorrida nos países europeus a partir do Século XIV.

> Primordialmente, constata-se que o Estado contemporâneo corresponde, em sua essência, ao modelo de Estado emergente da Paz de Westfalia (1648), logicamente adequando-se aos novos paradigmas de Estado de direito construído desde as revoluções burguesas. [...] o Estado Moderno apresenta-se, pois como um produto da cultura ocidental, erigido sobre um funcionalismo especializado e um direito racional.[23]

Historicamente, o desenvolvimento do Estado Moderno ou Nacional vem sendo dividido doutrinariamente em quatro fases: a primeira é o absolutismo monárquico, no qual há uma concentração dos poderes estatais e da soberania na pessoa do monarca. Nesse sentido, é necessário trazer a lume a seguinte lição de Cachapuz[24] sobre a soberania no absolutismo, pela contribuição histórica que se pode inferir dela: "A soberania foi vislumbrada no começo como uma qualidade do poder real e não como esse poder em si mesmo. Mas não tardou a ser confundida com a própria pessoa do Rei."

A segunda fase é indicada como o início da formação do Estado de Direito; é o chamado Estado Liberal de Direito, marcado pelo absenteísmo estatal, pela igualdade formal e pela supremacia do Poder Legislativo. Esse Estado pode ser considerado fruto das grandes revoluções burguesas, principalmente a estadunidense e a francesa.

Da fase das grandes revoluções e a instauração do modelo de Estado de Direito, temos que "as questões de direitos revelavam, portanto, uma tendência de se suceder em cascata"[25], porque desse momento em diante houve uma sucessão de reconhecimento dos direitos das pessoas.

A terceira fase é denominada pela doutrina de Estado Social de Direito, podendo ser descrita como uma resposta direta ao alargamento das diferenças sociais geradas pelo Estado Liberal e, principalmente, pela necessidade de intervenção estatal para a reconstrução da economia e da sociedade depois das Segunda Guerra Mundial. O Estado Social tem como características principais o intervencionismo estatal, a busca por uma igualdade material e a superioridade do Poder Executivo.

> Talvez seja certo que não haja um desenho final para o Estado que de liberal, garantiu vários direitos individuais, além de criar mecanismos de controle, evitando a instauração dos Estados autoritários, para um Estado providência, que se obrigava a uma série de funções principalmente na esfera social [...], além de atuar diretamente na ordem econômica, visando realizar a justiça social e o bem comum.[26]

A quarta fase de desenvolvimento do Estado é denominada Estado Democrático de Direito e é um modelo em construção, já que busca uma síntese dos demais paradigmas e, ao mesmo tempo, soluções para os complexos desafios atuais. Conforme Horta[27], "No Estado de Direito, a íntima conexão entre Estado e Direito são evidências incontestes. [...] trata-se de uma relação fundada em padrão ético lentamente construído, em especial nos recentes séculos".

---

(19) GODOY, A. S. de M. *O Pós-Modernismo Jurídico*. Porto Alegre: Sérgio Antonio Fabris, 2014. p. 2.
(20) KELSEN, Hans. *Teoria Geral do Direito e do Estado*. São Paulo: Martins Fontes, 2000. p. 9.
(21) MIRANDA, Jorge. *Manual de Direito Constitucional*. 7. ed. Coimbra: Coimbra, Tomo 1, 2003. p. 47.
(22) FLORENZANO, Modesto. Sobre a origem e o desenvolvimento do Estado Moderno no Ocidente. In: *Revista Lua Nova*. v. 75, São Paulo, 2007.
(23) SOARES, Mário Lúcio Quintão. *Teoria do Estado*: novos Paradigmas em face da globalização. 3. ed. São Paulo: Atlas, 2008. p. 74.
(24) CACHAPUZ, Antônio Paulo de M. *O Poder de Celebrar Tratados*: competência dos poderes constituídos para a celebração de tratados, à luz do Direito Internacional, do Direito Comparado e do Direito Constitucional Brasileiro. Porto Alegre: 1995. p. 2.
(25) HUNT, Lynn. *A invenção dos Direitos Humanos*: uma história. São Paulo: Cia. das Letras, 2009. p. 147.
(26) PAES, José Eduardo Sabo. *Fundações, Associações e Entidades de Interesse Social*: aspectos jurídicos, administrativos, contábeis, trabalhistas e tributários. 8. ed. Rio de Janeiro: Forense, 2013. p. 85.
(27) HORTA, José Luiz Borges. *História do Estado de Direito*. Bela Vista: Alameda, 2011. p. 45.

Nessa quarta fase, a relação entre o Direito e o Estado é marcada por incertezas advindas dos movimentos pós-positivistas, pós-constitucionalistas e uma severa crítica ao modelo de soberania estatal com a criação dos blocos econômicos e sociais. Além disto, as relações sociais atuais se diversificaram, tendo objetivos e intenções complexas, levando o sociólogo polonês Zigmunt Bauman a reconhecer que vivemos em uma "sociedade líquida", já que não identificamos classes determinadas como nas décadas passadas.

Assim, se reconhece que, desde os primórdios da construção da sociedade humana até a atualidade, o Direito vem se transformando como técnica de regulamentação social, se conformando com as necessidades e questões sociais, econômicas e culturais de cada época. Por fim, paralelo ás (re)configurações do Direito, houve a afirmação dos direitos humanos fundamentais que influenciaram tanto a ordem jurídica interna quanto a internacional.

3. A construção histórica dos direitos humanos no ocidente

Os direitos humanos fundamentais são uma construção ocidental com pretensão universalizante por abranger todas as pessoas, independentemente de sua origem política ou social. Conforme Bobbio: "Direitos humanos são aqueles que pertencem ou deveriam pertencer a todos os homens, ou dos quais nenhum homem pode ser despojado"[28]. Ou seja, direitos humanos representam o reconhecimento de que todas as pessoas são portadoras de direitos e, mais que isso, devem ter condições mínimas para uma sobrevivência digna.

Deve-se ter em foco que o termo "direitos humanos" tem um vasto significado no âmbito jurídico, variando de sentido conforme o plano discursivo utilizado, o posicionamento da doutrina ou, ainda, a cultura jurídica local. Ou, ainda, segundo Mendes et al., "As razões mesmas de se encontrar um fundamento último para os direitos humanos concorrem para que também seja difícil se conceituar os direitos humanos"[29].

No prisma histórico, os direitos humanos sempre existiram, ainda que não com essa nomenclatura atual. Esclareceu Bóson: "Na verdade, os direitos humanos são tão velhos quanto a própria história do homem e, como esta, são também um grito de angústia da espécie, lançado à face do Universo."[30]. Grande parte das lutas sociais foram travadas por melhores condições de vida, constituindo uma busca pela concretização dos direitos humanos fundamentais.

Nesse sentido, a lição de Comparato: "deve-se reconhecer que a proto-história dos direitos humanos começa no século XI e X a. C"[31]. Assim, de forma abrangente, os direitos humanos permeiam "todas as conquistas sociais que ocorreram na sociedade ocidental, da antiguidade até a atualidade"[32].

Para fins didáticos, iremos apresentar as principais teorias que fundamentam a aplicação dos direitos humanos na atualidade, sem pretensão de se esgotar o tema, dada a sua dimensão histórica e cultural.

Inicialmente, observa-se que "o tema que envolve os direitos humanos liga-se diretamente à história e qualquer justificação racional envolvendo tal matéria requer uma análise dessa natureza"[33].

Deve ser lembrado que os direitos humanos fundamentais têm suas raízes em sistemas históricos como os dos gregos e dos romanos, por causa de a suas respectivas contribuições, tanto para a teoria do Direito, quanto para os direitos humanos. "Existe, em nosso imaginário intelectual, um preconceito tenaz quanto à bipartição da herança antiga: os gregos nos teriam legado a filosofia e a democracia, os romanos nos teriam oferecido um sólido sistema jurídico e político"[34].

Um dos exemplos de contribuição das civilizações grega e romana para a criação da teoria dos direitos humanos fundamentais é a inspiração para a elaboração de leis com a participação dos cidadãos, como ocorrido na Grécia antiga, especialmente na ágora ateniense, em que, para a criação das leis, havia tanto debates quanto votações, com participação popular para sua promulgação.

Outra contribuição grega para o desenvolvimento da noção dos direitos humanos e de seu conteúdo foi o impulso inicial das teorias jusnaturalistas, que alavancaram o entendimento quanto à existência de valores fundamentais que deveriam ser reconhecidos para a formação do Estado. Essa contribuição foi bem exemplificada na peça dramatúrgica *Antígona*, de Sófocles, que demonstra bem a dicotomia entre os direitos naturais e os direitos positivos. "Naturais seriam aqueles direitos cujo fundamento se encontraria na natureza humana, sendo, portanto, independentes de qualquer vontade normativa positivada"[35].

O Direito Romano clássico deve ser apontado como o gérmen da corrente de pensamento denominada positivismo, já que os romanos foram os primeiros a exigir, na prática, um Direito escrito, o que aconteceu com a Lei das XII Tábuas. "Roma soube produzir alguma coisa absolutamente nova que

---

(28) BOBBIO, Norberto. *A era dos direitos*. São Paulo: Campus, 1992. p. 16.
(29) MENDES, Gilmar; COELHO, Inocêncio Mártires; BRANCO, Paulo Gustavo Gonet. *Curso de Direito Constitucional*. 8. ed. São Paulo: Saraiva, 2016. p. 114.
(30) BOSON, Gerson de Britto Mello. *Direitos Humanos*. Doutrinas Essenciais de Direitos Humanos. v. 1. 2011. p. 15-22. p. 15.
(31) COMPARATO, Fábio Konder. *A Afirmação Histórica dos Direitos Humanos*. 9. ed. São Paulo: Saraiva, 2014. p. 40, 41.
(32) Idem, p. 41.
(33) LEAL, Rogério Gesta. *Perspectivas Hermenêuticas dos Direitos Humanos e Fundamentais no Brasil*. Porto Alegre: Livraria do Advogado, 2000. p. 33.
(34) BILLIER, Jean Cassien; MARYOLI, Aglaé. *História da Filosofia do Direito*. Barueri: Manole, 2005. p. 98.
(35) SAMPAIO, José Adércio Leite. *Teoria da Constituição e dos Direitos Fundamentais*. Belo Horizonte: Del Rey, 2013. p. 541.

os gregos ignoravam: uma literatura jurídica, no sentido de uma reflexão doutrinária forte; em suma, um aparelho de teoria do direito"[36].

A Idade Média foi marcada pela criação da invulgar Carta Magna Inglesa, além da revolta intelectual do filósofo renascentista Giovanni Pico Della Mirándola. Com sua obra, *Oratio de hominis dignitate*, ele iniciou o processo de mudança, no Direito, da posição teocentrista para antropocentrista, além da dessacralização da dignidade humana. Afirmou que "O homem, na verdade, é reconhecido e consagrado, com plenitude de direitos, por ser, efetivamente, um portentoso milagre"[37].

Os direitos humanos fundamentais avançaram pelo Iluminismo renascentista e proporcionaram o retorno ao antropocentrismo, perpassando as revoltas burguesas oitocentistas e as grandes declarações de direitos da época, que acabaram impulsionando a luta e o avanço pelos direitos dos cidadãos.

Nessa perspectiva, um dos resultados da Revolução Francesa foi a "Declaração de Direitos do Homem e do Cidadão", que buscou instaurar um padrão universal para os direitos humanos, fulcrado na liberdade, na igualdade e na fraternidade.

No Século XX, os direitos humanos foram largamente questionados por ocasião das duas grandes guerras mundiais, que deixaram um saldo grande de atrocidades contra o ser humano. Todavia, as reações às violações em massa dos Direitos Humanos durante o período das grandes guerras acabaram por impulsionar o reconhecimento, tanto na ordem interna quanto na internacional, da importância da sua proteção e efetivação.

É salutar destacar a síntese elaborada pelo jurista Cançado Trindade[38] sobre a situação vivida pela humanidade no século passado: "O século XX, que marcha célere para seu ocaso, deixará uma trágica marca: nunca, como neste século, se verificou tanto progresso na ciência e tecnologia, acompanhado paradoxalmente de tanta destruição e crueldade".

Para além da história dos direitos humanos fundamentais, deve-se evidenciar o posicionamento de Bobbio[39], para quem esses direitos já não mais careceriam de fundamentação, mas, sim, de aplicação. Esse entendimento se tornou um verdadeiro mantra, repetido pelos ativistas e pelos operadores do Direito na atualidade.

Contudo, no afã de se dicotomizar a prática e a teoria, em algum momento se perdeu de vista quais teorias poderiam ou deveriam fundamentar a aplicação dos direitos humanos. Isso possibilitou, na atualidade inclusive, uma abrangente crítica feita pelo senso comum à sua procedimentalização.

A primeira inserção teórica a se identificar é quais características dos direitos humanos os distinguem dos outros direitos. Apesar dos vários princípios adotados pela doutrina atual, escolheu-se, neste trabalho, a concepção do jusfilósofo Robert Alexy[40], para quem "[...] estão juntas as cinco características que distinguem os direitos humanos de todos os outros direitos: direitos humanos são direitos (1) universais, (2) fundamentais, (3) abstratos, (4) morais e (5) prioritários".

Segundo Alexy[41], os direitos humanos fundamentais são universais, porque todas as pessoas são titulares deles pela simples condição de ser pessoa. Para ele, aqueles direitos são fundamentais, porque buscam proteger direitos essenciais ao ser humano, que estão dispostos na sociedade. São abstratos, porque têm como objeto a tutela de todos os direitos, presentes em toda uma coletividade. São morais, já que "possuem uma validade moral", ou seja, podem ser utilizados além de uma prestação jurídica ou jurisdicional. São prioritários, no sentido de que precedem qualquer legislação no âmbito nacional ou internacional e "não podem ter sua força invalidada por normas jurídicas positivas".

Ainda se deve elucidar a importância da Teoria Geracional dos direitos, apresentada por Bobbio[42]. Por essa teoria, os direitos se desenvolveram linearmente em gerações específicas, começando pelos individuais, passando pelos sociais e atingindo uma nova dimensão democrática.

Enquanto a dimensão individual dos direitos humanos fundamentais teve seu reconhecimento jurídico iniciado com a instauração das constituições escritas e com as grandes declarações de direitos, os direitos sociais passaram a ser positivados pela Constituição do México de 1917, pela Carta do Trabalhador Explorado da Rússia de 1918 e pela Constituição alemã de Weimar em 1919.

Três marcos internacionais devem ser destacados por sua importância: o primeiro é a Declaração Universal dos Direitos Humanos de 1948, que é um parâmetro mundial para todos os sujeitos de Direito Internacional Público; o segundo é o Pacto Internacional sobre Direitos Civis e Políticos adotado pela XXI Sessão da Assembleia Geral das Nações Unidas, em 16 de dezembro de 1966; e o terceiro é o Pacto Internacional dos Direitos Econômicos Sociais e Culturais, adotado pela Resolução 2.200-A, de 16 de dezembro de 1996. Sendo que:

> A finalidade precípua do Pacto Internacional dos Direitos Econômicos Sociais e Culturais é a de estabelecer as condições sociais econômicas e culturais para a existência de uma vida digna. Trata-se, na essência, de conferir proteção aos direitos humanos, que surgem e se desenvolvem

---

(36) BILLIER; MARYOLI. *op. cit.* p. 98.
(37) MIRÁNDOLA, Pico Della. *Oratio de Hominis Dignitate*. São Paulo: Escala, 2000. p. 38.
(38) TRINDADE, Antônio Augusto Cançado. *A Humanização do Direito Internacional*. Belo Horizonte: Del Rey, 2006. p. 157.
(39) BOBBIO, Norberto. *A era dos direitos*. São Paulo: Campus, 1992.
(40) ALEXY, Robert. *Teoria Discursiva do Direito*. Rio de Janeiro: Forense Universitária, 2014. p. 111.
(41) *Ibidem*, 2014, p. 111.
(42) BOBBIO, Norberto. *A era dos direitos*. São Paulo: Campus, 1992.

em obediência a um núcleo existencial qual seja, a dignidade da pessoa humana.[43]

Desses marcos, em razão de a sua força vinculante e principalmente por causa das suas repercussões no plano interno e internacional demonstraremos a singularidade do Pacto Internacional sobre Direitos Econômicos, Sociais e Culturais (– PIDESC), nas linhas abaixo.

4. O Pacto Internacional sobre Direitos Econômicos, Sociais e Culturais (– PIDESC)

Com A promulgação da Declaração Universal de Direitos Humanos em 1948, houve o reconhecimento da dignidade da pessoa humana como um valor fundamental para todos os países que fazem parte do sistema das Nações Unidas (ONU) e com esse o entendimento veio à tona a necessidade de a sociedade internacional estabelecer padrões para a efetivação dos direitos inerentes à proteção e à promoção do ser humano, seja em sua dimensão individual ou social.

Contudo, não se pode esquecer de que a Declaração Universal não é tecnicamente dotada de força vinculante, já que ela é uma declaração e não um tratado, bem como ela também sofreu vários questionamentos sobre a sua efetividade jurídica durante o conflito ideológico chamado de "Guerra Fria".

Assim, a saída negociada, à época, foi o estabelecimento de dois instrumentos jurídicos que privilegiasse as visões divergentes. Nesse sentido, em 16 de dezembro de 1966, foi promulgada a Resolução n. 2.200-A (XXI) da Assembleia Geral das Nações Unidas, que estabeleceu: o Pacto Internacional sobre os Direitos Civis e Políticos e o Pacto Internacional sobre Direitos Econômicos, Sociais e Culturais. Nesse sentido, cabe o seguinte destaque:

> Os três principais elementos que dão sustentação a toda a arquitetura internacional de normas e mecanismos de proteção aos Direitos Humanos são a Declaração Universal de Direitos Humanos de 1948, o Pacto Internacional sobre os Direitos Civis e Políticos e o Pacto Internacional sobre Direitos Econômicos, Sociais e Culturais.[44]

Nota-se que historicamente a divisão em dois Pactos somente se justificou no contexto da "Guerra Fria" e a sua polarização ideológica, em que, inclusive, havia a discussão sobre a dicotomia rígida entre os direitos individuais e sociais. De maneira clara, lembramos que, pelo princípio da universalidade e indivisibilidade, não se funda tal diferenciação, seja no plano teórico ou mesmo fático, já que o Direito é uno e indivisível.

A relevância desses pactos para a proteção da pessoa humana no contexto internacional também é expressa na seguinte lição de Comparato: "completava-se, assim, a segunda etapa do processo de institucionalização dos direitos do homem em âmbito universal e dava-se início à terceira etapa, relativa à criação de mecanismos de sanção".[45]

Essa terceira fase é marcada pela instauração de instrumentos que além de criar sanções específicas aos Estados-partes, integraram os documentos jurídicos internacionais ao sistema global de proteção à pessoa, que tem como cerne a ONU, bem como também fortaleceu os sistemas regionais de proteção que já estavam em funcionamento (África, América e Europa), já que estabeleceu mecanismos específicos como os relatórios periódicos, que devem ser apresentados ao Conselho Econômico e Social da ONU (ECOSOC).

Especificamente sobre o Pacto Internacional sobre Direitos Econômicos, Sociais e Culturais (PIDESC), é salutar lembrar que ele entrou em vigor em 1976, com o 35º instrumento de ratificação de um Estado-parte, bem como há que se lembrar de que "Até 12 abril de 1996, 143 Estados tinham ratificado o Pacto, assim assumindo voluntariamente a obrigação de dar cumprimento às suas normas e disposições" (ONU, 2016, p. 7). Valendo o seguinte posicionamento doutrinário:

> O PIDESC é considerado um marco por ter assegurado destaque aos direitos econômico, sociais e culturais, vencendo a resistência de vários Estados e mesmo da doutrina, que viam os direitos sociais em sentido amplo como sendo meras recomendações ou exortações.[46]

No Brasil, o PIDESC foi recepcionado integralmente pelo Decreto presidencial n. 591, de 06 de julho de 1992, demonstrando a dificuldade de internalização de normas internacionais que estabelecem mais obrigações sociais ao nosso país, já que na prática demandam mais recursos financeiros.

De forma técnica, o PIDESC é dividido em cinco partes assim positivadas: autodeterminação dos povos e à livre disposição de seus recursos naturais e riquezas; compromisso dos Estados de implementar os direitos previstos; direitos propriamente ditos; mecanismos de supervisão por meio de apresentação de relatórios ao ECOSOC; e as normas de sua ratificação e entrada em vigor.

Um ponto de relevância apontado por Alves[47] é que uma das causas do estabelecimento de dois Pactos foi que o PIDESC continha um sistema de monitoramento pela ECOSOC, o que não era aceito pela polaridade capitalista da época, que privilegiava os direitos individuais sobre os sociais.

---

(43) MEYER-PFLUG, Samantha Ribeiro; LISBOA, Roberto Senise. Artigo 1. In: *Comentários ao Pacto Internacional Econômico, Social e Cultural*. São Paulo: Classic, 2013. p. 27.
(44) ALVES, José Augusto Lindogren. *Arquitetura Internacional dos Direitos Humanos*. Brasília: FUNAG, 1995. p. 24.
(45) COMPARATO, Fábio Konder. *A Afirmação Histórica dos Direitos Humanos*. 9. ed. São Paulo: Saraiva, 2014. p. 275.
(46) RAMOS, André de Carvalho, *Curso de Direitos Humanos*. 3. ed. São Paulo: Saraiva, 2016. p. 159.
(47) *Idem* anterior

As previsões contidas no PIDESC podem ser sintetizadas da seguinte maneira: "Menos extenso que seu germano, este Pacto visa estabelecer, sob a forma de direitos, as condições sociais, econômicas e culturais para vida digna".[48]

Buscando estabelecer ainda mais efetividade ao PIDESC o ECOSOC, em 1985, criou o Comitê dos Direitos Econômico Sociais e Culturais que se reúnem anualmente desde 1987, para avaliar os relatórios apresentados pelos Estados-partes e se necessário propor medidas para cristalizar os direitos sociais fundamentais.

O Comitê é composto por 18 (dezoitos) peritos, eleitos pelo ECOSOC mediante indicação de seus Estados, pelo período de 4 (quatro) anos sendo permitida a sua recondução. Apenas podem indicar membros os Estados-partes do Pacto Internacional sobre Direitos Econômicos, Sociais e Culturais. Em sua organização interna, são eleitos pelos seus pares um presidente, três vice-presidentes e um relator.

> A principal função do Comitê consiste no controle de aplicação do Pacto pelos respectivos Estados-membros. O Comitê procura estabelecer um dialogo construtivo com os Estados-partes e tentar determinar, pode diferentes meios, se as normas consagradas no Pacto estão ou não a ser adequadamente aplicados nos Estados-partes e de que forma poder ser incrementada a aplicação e realização das disposições desse instrumento, a fim de que todas as pessoas com direito ao gozo dos direitos consagrados no Pacto possa efetivamente gozá-los em pleno. [49]

Para o desenvolvimento de suas atividades, o Comitê realiza encontros prévios, onde são preparados relatórios preliminares que são examinados na reunião geral anual. O Estado-parte pode se fazer presente por meio de representante, que poderá, inclusive, apresentar uma defesa oral sobre os fatos relatados.

Um ponto fulcral é que tanto a proposição de medidas de efetivação pelo Comitê quanto o constrangimento de uma análise por um órgão internacional tentem ser medidas eficazes para se evitar ou reparar violações de direitos fundamentais sociais por parte dos Estados-partes.

Avançando, em 2008, foi aprovado pela Assembleia Geral da ONU o Protocolo Facultativo ao Pacto de Direitos Econômicos, Sociais e Culturais, principalmente em alusão ao 60º aniversário da Declaração Universal de Direitos Humanos. Esse protocolo, que ainda não foi ratificado pelo Brasil, conta com 22 (vinte e dois) artigos que buscam efetivar ainda mais a proteção aos direitos fundamentais sociais.

Tendo em vista que o Pacto de Direitos Econômicos, Sociais e Culturais previa apenas os mecanismos de informes gerais, o Protocolo Facultativo veio contribuir para a efetivação dos direitos econômicos, sociais e culturais, ao combinar o sistema de petições, o procedimento de investigação e as medidas provisionais (cautelares), reafirmando, assim, a exigibilidade e a judicialidade de tais direitos e os equipando, finalmente, ao regime jurídico internacional dos direitos civis e políticos.[50]

Uma última análise sobre o PIDESC é que sua influência é clara na construção da atual Constituição brasileira que positivou vários direitos fundamentais sociais que já estavam previstos no Pacto, bem como, pela atual jurisprudência dominante do Supremo Tribunal Federal possui hierarquia supralegal podendo ser utilizado em situações judiciais para a resolução de casos concretos. Dessa maneira, o Pacto de Direitos Econômicos, Sociais e Culturais deve ser considerado um importante propulsor dos direitos fundamentais sociais no Brasil.

5. A teoria geracional dos direitos humanos fundamentais

Atualmente, a importância dos direitos humanos fundamentais para o desenvolvimento da própria Teoria do Direito é inferida do rompimento com o legalismo exacerbado, fulcrado mais no texto do que na proteção do ser humano.

> É que os chamados "direitos humanos" não são o caule ou os ramos, mas as próprias raízes da árvore do Direito, interno e internacional; são os alicerces legítimos do edifício Jurídico; são os pressupostos necessários de toda e qualquer ordem jurídico-positiva, sejam por esta Justa ou injustamente tratados. São eles o divisor entre Estado e Nação, entre governo e povo, entre autoridade e liberdade, e as suas violações é que caracterizam os atos violentos e o teor das arbitrariedades, em face dos Juízos de valor na convivência humana.[51]

A terceira geração de direitos, segundo Bobbio[52], são os direitos democráticos, que hoje se tornaram um padrão para os Estados do Ocidente. Eles são, na atualidade, fator determinante para a averiguação da legitimidade das normas criadas pelos países.

No Brasil, Paulo Bonavides[53] é um defensor da Teoria Geracional, através da corrente jurídica particular e sistemática apresentada pelo pensador polonês *Karel Vasak*. Essa vertente

---

(48) WEIS, Carlos. *O Pacto Internacional sobre Direitos Econômicos, Sociais e Culturais*, p. 06.
(49) ONU. *O Comitê dos direitos econômicos, sociais e culturais*: Ficha 16. Disponível em: <http://www.gddc.pt/direitos-humanos/Ficha_16.pdf>. Acesso em: 20 out. 2016.
(50) *Ibidem*, p. 48
(51) BOSON, Gerson de Britto Mello. *Direitos Humanos*. Doutrinas Essenciais de Direitos Humanos. v. 1. 2011, p. 15-22.
(52) BOBBIO, Norberto. *A era dos direitos*. São Paulo: Campus, 1992.
(53) BONAVIDES, Paulo. *Teoria Constitucional da democracia participativa*: por um direito Constitucional de luta e resistência. Por uma nova hermenência por uma repolitização da legitimidade. São Paulo: Malheiros, 2001, p.580.

também é uma maneira de se demonstrar, didaticamente, a evolução histórica dos direitos humanos.

É importante destacar que Bonavides identificou a existência de uma quarta geração de direitos, baseada nos direitos de globalização que devem universalizar os mesmos dispositivos e condições jurídicas e proteger as pessoas dos efeitos negativos dos processos de mundialização. "Globalizar direitos [...] equivale a universalizá-los no campo institucional. Só assim aufere humanização e legitimidade um conceito que, doutro modo, qual vem acontecendo de último, poderá aparelhar unicamente a servidão do porvir."[54] O autor também identificou uma quinta geração de direitos, calcada na necessidade de se efetivarem, no plano prático, os direitos à paz[55].

Todavia, a Teoria Geracional é muito criticada pela doutrina porque estabeleceu, ainda que involuntariamente, compartimentos estanques, segundo os quais cada geração teria se desenvolvido depois da efetivação da anterior, o que não demonstra a realidade fática ou jurídica.

Parte dos doutrinadores, como Sarlet (2013)[56], afirma que não haveria gerações e sim dimensões. A grande diferença é que, com o reconhecimento das dimensões geracionais, os direitos não se esgotam, mas se interligam e se inter-relacionam com todos os demais.

A chamada "Escola Crítica dos Direitos Humanos", baseada na doutrina espanhola encabeçada pelo jurista Joaquim Herrera Flores[57], se baseia na concepção de que os direitos humanos são *"bienes exigibles para vivir con dignidad"*. Essa concepção tem como pressuposto a noção de que os direitos humanos não são criados pelo Estado, mas, sim, são fruto de *"procesos dirigidos a la obtención de bienes materiales o inmateriales"*[58].

Para essa corrente de pensamento, torna-se evidente que não é possível, atualmente, se efetivar a dignidade da pessoa humana sem que haja as condições mínimas de sobrevivência, exigindo-se que o Estado tenha uma postura que alterne ações para a efetivação de direitos como saúde, educação ou trabalho e um distanciamento como acontece com o direito fundamental à intimidade.

Para a escola humanista, o ser humano é "um fim em si mesmo" e portador de dignidade em toda e qualquer situação, tendo ou não condições físicas, sociais ou materiais ideais. Mas é inegável que a dignidade humana exige condições mínimas para sua efetivação, tal como descrito na Teoria do Mínimo Existencial, que propugna a imposição de um núcleo de direitos essenciais.

Ainda, para Flores[59], há uma luta constante na sociedade para a efetivação dos direitos humanos, como pressuposto de efetivação da dignidade da pessoa humana. Portanto, não basta apenas que haja uma declaração do direito, mas sim que esse direito seja efetivado com base na participação da sociedade.

A concepção crítica se afina com a visão arendtiana de que os direitos humanos não são um todo acabado, mas sim um construído ao longo da história. Nesse sentido, *"no nos cansaremos de repetirlo: una norma no describe no crea nada por sí sola"*[60], ou seja, não basta apenas a previsão ou positivação dos direitos humanos, é necessário que haja um processo social de efetivação de determinado direito.

Igualmente, pela Teoria Crítica dos Direitos Humanos, verifica-se que "cada formação social constrói cultural e historicamente suas vias para a dignidade"[61], demonstrando que em cada sociedade há uma diferenciação em sua aplicação.

Isso ocorre porque cada sociedade tem as suas prioridades e busca efetivar os direitos que são mais urgentes. Cabe ressaltar que, em todas, reconhece-se a dignidade da pessoa humana como um valor pré-estatal.

Com a previsão de que cada sociedade tem um estágio diferente de desenvolvimento dos direitos humanos, atinge-se mais um ponto teórico, que é a distinção sobre se esses direitos são universais ou se podem ser considerados apenas específicos de cada cultura, portanto, relativos.

Para os universalistas, os direitos humanos são um padrão internacional que deve ser utilizado como paradigma para todos os povos do planeta. A própria Declaração Universal dos Direitos Humanos reconhece que todas as pessoas, independentemente de onde estejam, têm os mesmos direitos. Assim, assegura-se a elas um conjunto mínimo de direitos reconhecidos no plano internacional.

Já os regionalistas se apoiam na concepção de que não há desenvolvimento homogêneo dos direitos humanos em todos os países. Dessa maneira, cada sociedade tem seus próprios valores, os quais podem se sobrepor a direitos reconhecidos em outros lugares.

A superação da dicotomia entre as correntes universalistas e regionalistas é o maior desafio teórico sobre os direitos humanos na atualidade, segundo Boaventura de Sousa Santos. Ele propôs, como forma de resolução das diferenças entre elas, a utilização da hermenêutica diatópica. "A hermenêutica

---

(54) BONAVIDES, Paulo. *Teoria Constitucional da Democracia Participativa*: por um direito constitucional de luta e resistência. Por uma nova hermenêutica. Por uma repolitização da legitimidade. São Paulo: Malheiros, 2001. p. 580.

(55) BONAVIDES, Paulo. *Teoria Constitucional da Democracia Participativa*: por um direito constitucional de luta e resistência. Por uma nova hermenêutica. Por uma repolitização da legitimidade. São Paulo: Malheiros, 2001. p. 580.

(56) SARLET, Ingo Wolfgang. Dos direitos sociais. In: *Comentários à Constituição do Brasil*. São Paulo: Saraiva, 2013.

(57) FLORES, Joaquín Herrera. La *reinvención de los derechos humanos*. Madrid: Atrapasuenos, 2008. p. 23.

(58) *Ibidem*, 2008, p. 22.

(59) *Ibidem*, 2008.

(60) FLORES, Joaquín Herrera. La *reinvención de los derechos humanos*. Madrid: Atrapasuenos, 2008. p. 35.

(61) FLORES, Joaquín Herrera. *Teoría Crítica dos Direitos Humanos*: os direitos humanos como produtos culturais. Rio de Janeiro: Lumen Juris, 2009. p. 3.

diatópica baseia-se na ideia de que os *topoi* de uma dada cultura, por mais fortes que sejam, são tão incompletos quanto a própria cultura a que pertencem." ⁽⁶²⁾

Todas as culturas têm diferenças, mas também têm intercessões. Assim, a hermenêutica diatópica seria um meio de identificar os pontos em comum e utilizá-los para a aproximação cultural, servindo à resolução de conflitos que envolvessem a utilização dos direitos humanos em diferentes ambientes culturais.

Diante disso, pode-se inferir que os direitos humanos fundamentais possuem uma ampla base de fundamentação. O liame que perpassa a todos é que aqueles direitos buscam proteger o ser humano e condições para que se efetivem melhorias em suas condições de vida.

6. Direitos sociais: síntese, desafios e perspectivas

Há estreita ligação entre a situação factual da sociedade e a construção do próprio Direito, tal como afirma o jurista português Joaquim Jorge Gomes Canotilho: "Os direitos econômicos, sociais, e culturais e a respectiva proteção andam estreitamente associados a um conjunto de condições – econômicas, sociais e culturais – que a moderna doutrina designa de pressupostos de direitos fundamentais." ⁽⁶³⁾

Nesse sentido, os direitos sociais fundamentais são descritos doutrinariamente como direitos essenciais, reconhecidos no plano interno ou internacional, especialmente por influência de movimentos econômico-sociais que reivindicam sua proteção. São reconhecidos na atualidade como formalmente constitucionais, já que estão positivados em previsões expressas na norma ápice brasileira, bem como são materialmente fundamentais, tendo em vista que estes direitos fazem parte de um conteúdo mínimo de proteção à dignidade da pessoa humana. Vale destacar:

> Não apenas em termos quantitativos, ou seja, no que diz respeito ao número expressivo de direitos sociais expressa e implicitamente consagrados pela Constituição, mas também em termos qualitativos, considerando especialmente o regime jurídico-constitucional dos direitos sociais, a Assembleia Constituinte de 1988, foi inequivocamente (para alguns em demasia!) amiga dos direitos sociais.⁽⁶⁴⁾

Ainda há que se lembrar de que os direitos sociais fundamentais estão amparados pelo princípio hermenêutico da complementariedade, que os colocam em sintonia com todas as outras classes de direitos fundamentais, como, os individuais. Esse reconhecimento pode e é assim aduzido pela doutrina:

> Os direitos humanos (e fundamentais) são entre si complementares e não autoexcludentes; indivisíveis. Por esse caráter, os direitos sociais, por exemplo, realizam condições materiais para o pleno gozo dos direitos civis e políticos.⁽⁶⁵⁾

Portanto, se reconheceu que os direitos sociais fundamentais foram colocados em uma hierarquia superior no ordenamento jurídico brasileiro, tendo, assim, a proteção da norma esculpida no artigo 5º, § 1º da nossa Constituição, que estabelece que os direitos e garantias fundamentais tenham aplicação imediata. Dessa maneira, devem produzir seus efeitos concretos na realidade social, sem a possibilidade de haver a inexecução em razão do silêncio legislativo ou da falta de políticas públicas apropriadas.

Essa eficácia imediata se traduz ainda em duas dimensões de aplicação dos direitos sociais fundamentais: a subjetiva (e mais aceita), em que o sujeito de direito pode reivindicar a proteção contra uma lesão ou uma ameaça aos seus direitos; e a dimensão objetiva, que para Canotilho⁽⁶⁶⁾ demonstra em sua obra a possiblidade de imposições legiferantes – que obrigam o legislador a criar normas protetivas como o Código de Defesa do Consumidor; e o fornecimento de prestações – que são ações estatais de mitigação das diferenças sociais, como os programas habitacionais. Ou, ainda, conforme síntese da literatura sobre o assunto:

> [...] a eficácia das normas que consagram direitos sociais, amplamente estudada pela doutrina, é tratada de formas muito diversas, que vão desde a sua total ineficácia na ausência de lei até uma dimensão subjetiva plenamente exigível, passando por sua necessária influência interpretativa na dimensão objetiva dos direitos fundamentais.⁽⁶⁷⁾

A relevância dos direitos sociais fundamentais também pode ser compreendida com a análise do texto constitucional brasileiro em seu artigo 5º, § 3º, que possibilitou a ratificação da Convenção sobre os Direitos das Pessoas com Deficiência e seu Protocolo Facultativo, assinados em Nova York, em 30 de março de 2007, com *status* equivalente à emenda constitucional.

No entanto, mesmo com a positivação, reconhecimento doutrinário e jurisprudencial, os direitos sociais fundamentais enfrentam um grande desafio na atualidade, já que o mundo vive mais um momento de crise, onde os mercados estão em recessão e os direitos têm dificuldades de se efetivar. A sensação atual é que: "quando uma crise acaba, outra

---

(62) SANTOS, Boaventura de Sousa. *A Gramática do Tempo*: para uma nova cultura política. São Paulo: Cortez, 2006.
(63) CANOTILHO, Joaquim Jorge Gomes. *Direito Constitucional e Teoria da Constituição*. 7. ed. Coimbra: Almedina, 2015. p. 473.
(64) SARLET, Ingo Wolfgang. *Direitos Sociais na Constituição Federal de 1988*, p. 2. Disponível em: <http://www.direitopublico.com.br/pdf_seguro/REVISTA-DIALOGO-JURIDICO-01-2001-INGO-SARLET.pdf>. Acesso em: 10 set. 2016.
(65) SAMPAIO, José Adércio Leite. *Teoria da Constituição e dos Direitos Fundamentais*. Belo Horizonte: Del Rey, 2013. p. 554.
(66) CANOTILHO, Joaquim Jorge Gomes. *Direito Constitucional e Teoria da Constituição*. 7. ed. Coimbra: Almedina, 2015.
(67) CALIL, Mário Lúcio Garcez. *Efetividade dos Direitos Sociais*: Prestação jurisdicional com base na ponderação de princípios. Porto Alegre: Nuria Fabriz, 2012. p. 80.

que nesse ínterim chegou, roendo nossos calcanhares, entra em cena e toma o seu lugar."[68]

Em decorrência dessa crise, há uma sensação quase generalizada de desconfiança, tanto para o Estado quanto para com o Direito, já que esses elementos não conseguem suprir de forma eficiente as necessidades mais básicas de milhões de pessoas. Além do que: "para as pessoas desprovidas de recursos econômicos, culturais ou sociais (de todos os recursos, exceto da capacidade de realizar trabalhos manuais), a proteção só pode ser coletiva."[69]

Aqui também se deve lembrar de que em virtude das dever de solidariedade que é uma das marcas do Estado Democrático de Direito atual, e um dos objetivos expressos na Constituição da República brasileira (artigo 3º, I), há uma clara necessidade de implementação dos direitos sociais. Esses direitos ganham ainda mais importância no ambiente de crise global, já que são instrumentos aptos a diminuir as desigualdades sociais e a garantir o acesso mínimo a bens e serviços essenciais.

Em épocas de crise, são amplificadas também as cobranças para que os direitos como saúde, educação, segurança e trabalho, entre outros, tenham mais proteção e atinjam um mínimo de efetividade. Há de se reconhecer nesse sentido que: "enquanto reivindicação moral, os direitos humanos nascem quando devem e podem nascer."[70]

"A esse respeito, refira-se que é da própria existência e legitimação do Estado que se retira esse dever de promoção do bem-estar dos seus cidadãos"[71] tal como demonstra a escola portuguesa de Coimbra, que já aceitou a ideia de que a finalidade das ações estatais é proteger e promover o seu povo.

A título de exemplo, o quadro abaixo, elaborado a partir de estudo do Instituto Brasileiro de Geografia e Estatística (IBGE) e do PNUD (Programa das Nações Unidas para o Desenvolvimento) demonstra a existência de localidades onde brasileiros vivem em situação de pobreza (valores de até R$ 140,00 – cento e quarenta reais mensais) e de pobreza extrema (aqueles que subsistem com apenas R$ 70, 00 – setenta reais por mês).

Fonte: Atlas de extrema pobreza no ano de 2010[72]

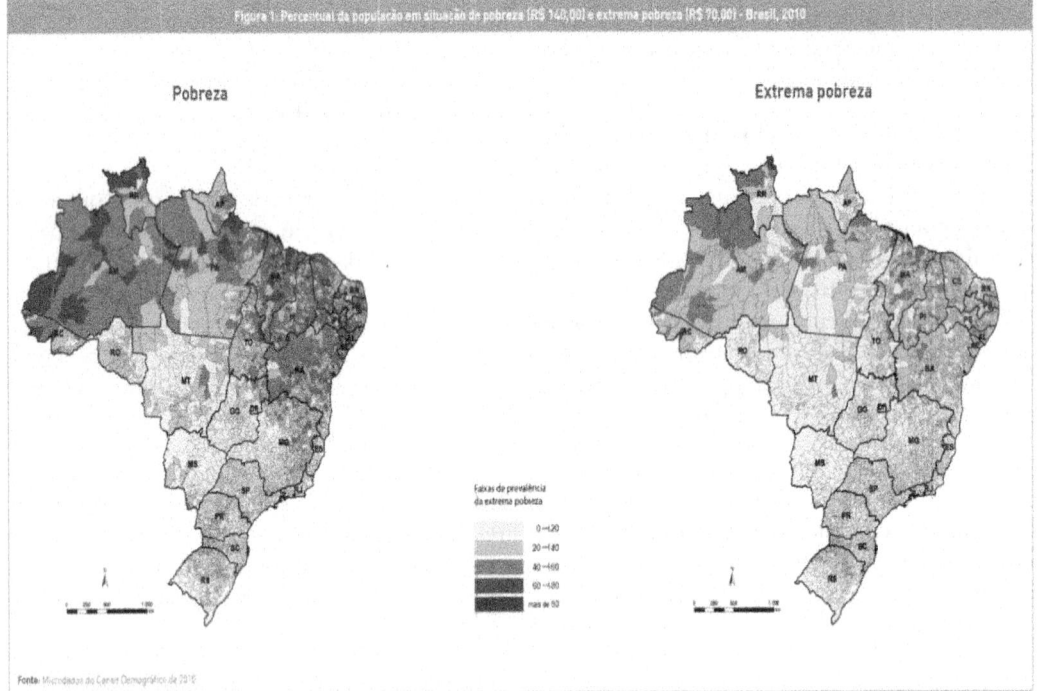

Nota-se que há extensas regiões no Brasil, principalmente nas regiões norte e nordeste, que ainda enfrentam altos índices de vulnerabilidade social, com problemas severos que vão desde a falta de água, de oportunidades de trabalho até de elevada insegurança urbana. Não há dúvida de que esta realidade fere tanto os preceitos constitucionais que estabelecem os direitos sociais fundamentais quanto os objetivos republicanos de justiça e solidariedade.

---

(68) BAUMAN, Zygmunt; BORDONI, Carlo. *Estado de Crise*. São Paulo: Zahar, 2016. p. 15.
(69) BAUMAN, Zygmunt. *Confiança e medo na cidade*. São Paulo: Zahar, 2009. p. 17.
(70) PIOVESAN, Flávia. *Direito e Democracia*. São Paulo: Forense, 2010.
(71) BOTELHO, Catarina Santos. *Os direitos sociais em tempos de crise*: ou revisitar as normas programáticas. Coimbra, Almedina: 2015. p. 99.
(72) BRASIL, *Atlas da extrema pobreza*: População residente em domicílios agrícolas, pluriativos e rurais não agrícolas e urbanos não agrícolas. Disponível em: <http://www.ipc-undp.org/pub/port/Atlas_da_extrema_pobreza_no_Norte_e_Nordeste_do_Brasil_PT.pdf>. Acesso em: 10 set. de 2016.

O quadro acima ainda demonstra que o Estado, o Direito e os direitos sociais fundamentais no Brasil ainda estão em construção e precisam ser efetivados em uma sociedade complexa e ainda carente de políticas públicas que sejam eficientes na mitigação das diferenças regionais e sociais. Assim, conforme a doutrina:

> Também porque os (direitos) sociais são assegurados à população em determinadas condições materiais (por exemplo, moradia) e espirituais (por exemplo, educação) de vida, conforme os respectivos requisitos institucionais de acesso denominados de direitos socio assistenciais, sociodeducatisos e outros, cuja natureza com eles não se confunde, como a seguir exposto. Caracterizam-se por assegurar o direito a prestações do Estado, por meio de benefícios e serviços (direitos universais) ou a direitos trabalhistas, previdenciários e sindicais (direitos clássicos).[73]

A conjuntura de pobreza e a escassez de recursos de parte da população brasileira dificultam a aplicação dos direitos sociais e também podem ser demonstradas pela situação de vulnerabilidade enfrentada pelos municípios de nosso país.

Historicamente, se percebe que os municípios são os entes federados mais frágeis de nossa Federação, já que, desde a fase colonial até a atualidade, há uma concentração de competências e de recursos na União, tal como demonstra o gráfico abaixo divulgado, com base nos dados do Instituto de Pesquisas Aplicadas (IPEA), realizado no ano de 2015:

Fonte: Atlas de vulnerabilidade social nos municípios do Brasil[74]

Resultados

TABELA 2
Distribuição dos municípios nas faixas de vulnerabilidade social (2000-2010)

Vulnerabilidade Social	2000 Nº de municípios	2000 %	2010 Nº de municípios	2010 %
Muito baixa	38	0,7	627	11,3
Baixa	600	10,8	1.699	30,5
Média	1.317	23,7	1.258	22,6
Alta	1.065	19,1	1.178	21,2
Muito alta	2.545	45,7	803	14,4

Elaboração dos autores.

Dois pontos podem ser inferidos do quadro acima: i) no ano de 2010, 58,2% dos municípios brasileiros estavam em situação de média, alta ou muito alta vulnerabilidade social, o que corresponde a 3.239 (três mil, duzentos e trinta e nove municípios), onde há uma situação de constante violação dos direitos sociais fundamentais; ii) houve um considerável avanço na diminuição dos índices de vulnerabilidade entre os anos de 2000 a 2010 no Brasil, fato que pode ser atribuído a programações sociais que foram implementados em nosso país em um momento de estabilidade econômica.

Nada obstante, voltamos a experimentar novo período de recessão da economia, gerando nova onda de vulnerabilidade no Brasil, fato que pode ser sintetizado pelo seguinte dado da

---

(73) SIMÕES, Carlos. *Teoria e Crítica dos Direitos Sociais*: O Estado Social e o Estado Democrático de Direito. São Paulo: Cortez Editora, 2013. p. 175.
(74) COSTA, Marco Aurélio; MARGUTI, Bárbara Oliveira. *Atlas da vulnerabilidade social nos municípios brasileiros*. Brasília : IPEA, 2015. Disponível em: <http://ivs.ipea.gov.br/ivs/data/rawData/publicacao_atlas_ivs.pdf>. Acesso em: 10 set. de 2016.

EBC – Agências Notícias, que é uma fonte jornalística oficial: "a população desempregada (brasileira) é de 11,4 milhões de pessoas"[75], ou seja, há um elevado número de pessoas sem acesso ao trabalho, direito social fundamental reconhecido pela Constituição Federal brasileira de 1988[76].

De forma clara, em momentos de grandes dificuldades como a atual, não se deve esquecer de que os direitos sociais são direitos fundamentais, expressamente previstos na Constituição, ou mesmo decorrentes de interpretações jurídicas que efetivam no plano concreto as necessidades sociais.

Também não se deve olvidar que os direitos sociais fundamentais fazem parte dos direitos humanos fundamentais e por sua vez estes são construções históricas que buscam assegurar condições de convivência na sociedade, mediante estabelecimento da igualdade formal e material.

Houve reconhecimento dos direitos sociais como direitos fundamentais pelo Supremo Tribunal Federal (STF) em vários julgados, tais como o RE (– AgRg) 271.286/RS de 2000[77], que é considerado o *leading case* sobre acesso à saúde; e o RE 436.996/SP[78], que versou sobre a obrigatoriedade do ensino fundamental gratuito.

O ponto fulcral dos julgados destacados do STF é a vinculação da Administração Pública aos direitos sociais fundamentais, sendo imposto a ela a concretização deles.

Contudo, mesmo com o reconhecimento jurisprudencial, ainda persistem dúvidas que estão sendo respondidas pela doutrina nacional e estrangeira sobre o conceito, conteúdo e aplicabilidade dos direitos sociais, já que "a crise do Estado Social tornou-se, para muitos, um problema do ocaso da sociabilidade"[79].

As dificuldades governamentais fáticas de cristalização dos direitos sociais fundamentais, por causa da escassez de recursos financeiros, estabelecem a chamada "teoria da reserva do possível", por meio do qual a Administração Pública pode deixar de cumprir as suas obrigações por não ter recursos financeiros para honrar o direito perseguido.

No plano judicial, é comum o embate entre as teorias da "reserva do possível" e "mínimo existencial", devendo o caso concreto ser o parâmetro para a determinação de qual teoria será aplicada, pelo método de sopesamento idealizado por autores como Robert Alexy[80], por exemplo.

Cabe salientar que a teoria do "mínimo existencial" é defendida por autores como Ana Paula de Barcellos[81] e Ricardo Lobo Torres[82], tendo sido reconhecida no Superior Tribunal de Justiça em casos como AgRg no AREsp 790767/MG[83], que versou sobre o direito à creche, enquanto condição essencial para o cumprimento do direito social fundamental a educação; e no Supremo Tribunal Federal no **RE 572921 QO-RG/RN**[84] **no ano de 2008, com repercussão geral, que reconhece, em síntese, que o salário mínimo está protegido pela teoria citada nesse parágrafo.**

Prosseguindo, conceitualmente, não se deve olvidar de que os direitos sociais geralmente são apontados como direitos positivos, já que quase invariavelmente necessitam da realização de prestações por parte do Estado ou, ainda, conforme lição científica:

> Os direitos sociais prestacionais são, por conseguinte, sobretudo, endereçados ao Estado, para quem surge na maioria das vezes deveres de prestações positivas, visando à melhoria das condições de vida e à promoção da igualdade material.[85]

No entanto, não se devem identificar os direitos sociais apenas com os direitos positivos como saúde, educação, trabalho, etc., já que eles também compreendem um conjunto de direitos de defesa, também expressos na Constituição Republicana de 1988, como a limitação à jornada de trabalho, igualdade de direitos entre trabalhadores, vínculo empregatício, direito de greve e livre associação.

Assim, o conjunto de direitos sociais tem um alargamento, na atualidade, em razão da positivação de disposições constitucionais que buscam assegurar as condições mínimas de convivência social, seja no plano prestacional ou mesmo na defesa (intransigente) de direitos. Neste sentido, é o reconhecimento da doutrina:

---

(75) BRASIL. EBC Agência Notícias. Disponível em: <http://agenciabrasil.ebc.com.br/economia/noticia/2016-06/taxa-de-desemprego-fica-em-112-em-maio>. Acesso em: 10 out. 2016.
(76) Este fato demonstra que programas sociais temporais não são efetivos por si só, devendo ser acompanhados de programas com objetivos permanentes, como os de inserção no mercado de trabalho.
(77) BRASIL, Supremo Tribunal Federal. *Agravo no Recurso Extraordinário 271.286/RS de 2000*. Agravante Município de Porto Alegre. Disponível em: <http://redir.stf.jus.br/paginadorpub/paginador.jsp?docTP=AC&docID=335538>. Acesso em: 12 nov. de 2016.
(78) BRASIL, Supremo Tribunal Federal. *Recurso Extraordinário n. 436.996*. Estado de São Paulo. Disponível em: <http://agendaprimeirainfancia.org.br/arquivos/re436996.pdf>. Acesso em: 12 nov. 2016.
(79) CANOTILHO, Joaquim Jorge Gomes. *Direito Constitucional e Teoria da Constituição*. 7. ed. Coimbra: Almedina, 2015. p. 20.
(80) ALEXY, Robert. *Teoria dos Direitos Fundamentais*. São Paulo: Malheiros, 2008.
(81) BARCELLOS, Ana Paula de. *A Eficácia Jurídica dos Princípios Constitucionais*: o princípio da dignidade da pessoa humana. Rio de Janeiro: Renovar, 2002.
(82) TORRES, Ricardo Lôbo. *Teoria dos Direitos Fundamentais*. Rio de Janeiro: Renovar, 1999.
(83) BRASIL, Superior Tribunal de Justiça. *Agravo em Recurso Especial n. 790767*. Agravante Estado de Minas Gerais. Disponível em: <http://stj.jusbrasil.com.br/jurisprudencia/23908821/agravo-regimental-no-agravo-em-recurso-especial-agrg-no-aresp-103056-mg-2011-0305075-7-stj/inteiro-teor-23908822>. Acesso em: 12 nov. de 2016.
(84) BRASIL, Supremo Tribunal Federal. *Recurso Extraordinário – com repercussão geral n. 572921*. Recorrente Estado do Rio Grande do Norte. Disponível em: <http://redir.stf.jus.br/paginadorpub/paginador.jsp?docTP=AC&docID=574229>. Acesso em: 12 nov. de 2016.
(85) GOTTI, Alessandra. *Direitos Sociais*: Fundamentos, regime jurídico, implementação e aferição de resultados. São Paulo: Saraiva, 2012. p. 50.

De fato, por ter a missão de possibilitar melhores condições de vida às pessoas em situação de vulnerabilidade e de realizar a igualização de situações desiguais – e por ser, sobretudo, implementado por meio de políticas públicas empreendidas pelo Estado –. A aferição do resultado é fundamental para a precisa identificação do grau de fruição desses direitos pelos cidadãos e, consequentemente, para sua garantia[86].

Por fim, reconhece-se que os direitos sociais fundamentais têm amplo amparo legal, doutrinário e jurisprudencial, seja no âmbito interno e mesmo internacional. Porém, a efetivação dos direitos socais ainda é necessária, tendo em vista que há grandes bolsões de miséria em diferentes países do mundo, devendo a academia orientar novas maneiras de aplicação desses direitos, buscando sempre garantir uma condição digna de existência a todos, indiscriminadamente.

7. Conclusões

Na busca desse artigo pela demonstração, pela revisão bibliográfica e análise dos casos concretos, sobre a evolução e aplicação dos direitos fundamentais sociais, foi demonstrado que o Direito é uma técnica de convivência social que acompanha a humanidade desde os seus primórdios e foi utilizado como forma de reconhecimento das necessidades sociais durante todas as fases da construção do Estado e da sociedade atual.

Demonstrou-se que o Estado se fortaleceu com a aplicação do direito positivo e ao mesmo tempo estabeleceu a prevalência das leis escritas sob as outras formas de normas sociais, como as religiosas ou morais. Contudo, há de reconhecer que o Direito foi utilizado tanto para a opressão de parcelas da sociedade, quanto para o reconhecimento de mudanças positivas, como a positivação dos valores democráticos e os direitos das minorias.

Especificamente sobre os direitos sociais, se deve notar que eles nasceram como necessidade de construção de maior igualdade material no âmbito da sociedade. No Brasil, foram positivados em catálogo constitucional próprio, e não exaustivo, sendo atualmente muito discutidos em relação aos meios (e limites) para sua real concretização.

Tal como anteriormente demonstrado, os direitos sociais são autoaplicáveis, tanto pelo princípio da indivisibilidade dos direitos quanto por previsão expressa do artigo 5º, § 1º da atual Constituição brasileira.

Apesar disso, há que se constatar que o Brasil é marcado por profundas diferenças em relação ao acesso da população aos direitos sociais, tal como demonstra o *Atlas da Pobreza e o Atlas de vulnerabilidade social nos municípios do Brasil.*

Por fim, conclui-se que os direitos sociais, mesmo reconhecidos nos ordenamentos interno e internacional, ainda devem ser revisitados para que se possa garantir sua plena aplicação. Neste sentido, um dos deveres da Academia é auxiliar a Administração Pública na tomada de decisões que cristalizem os direitos humanos fundamentais, além de continuamente avaliar a efetividade dos direitos sociais e proporcionar informações à população para que, melhor esclarecida, possa exercer plenamente sua cidadania.

8. REFERÊNCIAS BIBLIOGRÁFICAS

ALEXY, Robert. *Teoria dos Direitos Fundamentais.* São Paulo: Malheiros, 2008.

_____. *Teoria Discursiva do Direito.* Rio de Janeiro: Forense Universitária, 2014.

ALVES, José Augusto Lindogren. *Arquitetura Internacional dos Direitos Humanos.* Brasília: FUNAG, 1995.

AQUINO, Tomás de. *Summa Theologica.* São Paulo: Martins Fontes: 2000.

BARCELLOS, Ana Paula de. *A Eficácia Jurídica dos Princípios Constitucionais:* o princípio da dignidade da pessoa humana. Rio de Janeiro: Renovar, 2002.

BAUMAN, Zygmunt. *Confiança e medo na cidade.* São Paulo: Zahar, 2009.

_____; BORDONI, Carlo. *Estado de Crise.* São Paulo: Zahar, 2016.

BILLIER, Jean Cassien; MARYOLI, Aglaé. *História da Filosofia do Direito.* Barueri: Manole, 2005.

BOBBIO, Norberto. *A era dos direitos.* São Paulo: Campus, 1992.

BONAVIDES, Paulo. *Teoria Constitucional da Democracia Participativa:* por um direito constitucional de luta e resistência. Por uma nova hermenêutica. Por uma repolitização da legitimidade. São Paulo: Malheiros, 2001.

_____. *Teoria do Estado.* 6. ed. São Paulo: Malheiros, 2007.

_____. *Curso de Direito Constitucional.* 26. ed. São Paulo: Mallheiros, 2010.

BOSON, Gerson de Britto Mello. *Conceituação Jurídica da Soberania do Estado.* Disponível em: <http://www.ambito-juridico.com.br/site/index. php?n_link=revista_ artigos_leitura&artigo_id=8786>. Acesso em: 1 abr. 2014.

_____. Direitos Humanos. *Doutrinas Essenciais de Direitos Humanos.* 2011, v. 1. p. 15-22.

BOTELHO, Catarina Santos. *Os direitos sociais em tempos de crise:* ou revisitar as normas programáticas. Coimbra: Almedina, 2015.

---

[86] *Ibidem.* p. 51.

BRASIL, *Atlas da extrema pobreza*: População residente em domicílios agrícolas, pluriativos e rurais não agrícolas e urbanos não agrícolas. Disponível em: <http://www.ipc-undp.org/pub/port/Atlas_da_extrema_pobreza_no_Norte_e_Nordeste_do_Brasil_PT.pdf>. Acesso em: 10 set de 2016.

BRASIL. EBC Agência Notícias. Disponível em: <http://agenciabrasil.ebc.com.br/economia/noticia/2016-06/taxa-de-desemprego-fica-em-112-em-maio>. Acesso em: 10 out. 2016.

_____. Supremo Tribunal Federal. *Agravo no Recurso Extraordinário 271.286/RS* de 2000. Agravante Município de Porto Alegre. Disponível em: <http://redir.stf.jus.br/paginadorpub/paginador.jsp?docTP=AC&docID=335538>. Acesso em: 12 nov. de 2016.

_____. Supremo Tribunal Federal. *Recurso Extraordinário n. 436.996*. Disponível em: <http://agendaprimeirainfancia.org.br/arquivos/re436996.pdf>. Acesso em: 12 nov. de 2016.

BRITTO, Carlos Ayres. *O Humanismo como Categoria Constitucional*. Belo Horizonte: Fórum, 2007.

CACHAPUZ, Antônio Paulo de M. *O Poder de Celebrar Tratados*: competência dos poderes constituídos para a celebração de tratados, à luz do Direito Internacional, do Direito Comparado e do Direito Constitucional Brasileiro. Porto Alegre: 1995.

CALIL, Mário Lúcio Garcez. *Efetividade dos Direitos Sociais*: Prestação jurisdicional com base na ponderação de princípios. Porto Alegre: Nuria Fabriz, 2012.

CANOTILHO, Joaquim Jorge Gomes. *et al*. *Direitos Fundamentais Sociais*. 2. ed. São Paulo: Saraiva, 2015.

_____. *Direito Constitucional e Teoria da Constituição*. 7. ed. Coimbra: Almedina, 2015.

COMPARATO, Fábio Konder. *A Afirmação Histórica dos Direitos Humanos*. 9. ed. São Paulo: Saraiva, 2014.

COSTA, Marco Aurélio; MARGUTI, Bárbara Oliveira. *Atlas da vulnerabilidade social nos municípios brasileiros*. Brasília: IPEA, 2015. Disponível em: <http://ivs.ipea.gov.br/ivs/data/rawData/publicacao_atlas_ivs.pdf>. Acesso em: 10 set. de 2016.

FLORENZANO, Modesto. Sobre a Origem e o desenvolvimento do Estado Moderno no Ocidente. In: *Revista Lua Nova*. v. 75, São Paulo, 2007.

FLORES, Joaquín Herrera. *La reinvención los derechos humanos*. Madrid: Atrapasuenos, 2008.

_____. *Teoría Crítica dos Direitos Humanos*: os direitos humanos como produtos culturais. Rio de janeiro: Lumen Juris, 2009.

FREITAS, Hudson Couto Ferreira de. *Teorias(s) do Poder Constituinte*: visão clássica, visão moderna e visão contemporânea. Belo Horizonte: Arraes, 2014.

GODOY, A. S. de M. *O Pós-Modernismo Jurídico*. Porto Alegre: Sérgio Antonio Fabris, 2005.

GOTTI, Alessandra. *Direitos Sociais*: Fundamentos, regime jurídico, implementação e aferição de resultados. São Paulo: Saraiva, 2012.

GUSTIN, Miracy Barbosa de S. *As Correntes e Escolas Mais Importantes do Pensamento Jurídico*. Belo Horizonte: UFMG, 1995.

HABERLE, Peter. *Hermenêutica Constitucional*: a sociedade aberta dos intérpretes da Constituição para a interpretação pluralista e procedimental da Constituição. Porto Alegre: Sérgio Antonio Fabris, 2005.

HORTA, José Luiz Borges. *História do Estado de Direito*. Bela Vista: Alameda, 2011.

HUNT, Lynn. *A invenção dos Direitos Humanos*: uma história. São Paulo: Cia. das Letras, 2009.

KELSEN, Hans. *Princípios de Derecho Internacional Público*. Granada: Comares, 2013.

_____. *Teoria Geral do Direito e do Estado*. São Paulo: Martins Fontes, 2000.

LEAL, Rogério Gesta. *Perspectivas Hermenêuticas dos Direitos Humanos e Fundamentais no Brasil*. Porto Alegre: Livraria do Advogado, 2000.

MALUF, Sahid. *Teoria Geral do Estado*. São Paulo: Saraiva, 2010.

MENDES, Gilmar; COELHO, Inocêncio Mártires; BRANCO, Paulo Gustavo Gonet. *Hermenêutica Constitucional e Direitos Fundamentais*. Brasília: Instituto de Direito Público, 2000.

_____. *Curso de Direito Constitucional*. 8. ed. São Paulo: Saraiva, 2016.

MEYER-PFLUG, Samantha Ribeiro; LISBOA, Roberto Senise. Artigo 1. In: *Comentários ao Pacto Internacional Econômico, Social e Cultural*. São Paulo: Classic, 2013.

MIRANDA, Jorge. *Manual de Direito Constitucional*. 7. ed. Coimbra: Coimbra, T. 1. 2003.

MIRÁNDOLA, Pico Della. *Oratio de Hominis Dignitate*. São Paulo: Escala, 2000.

NOBREGA, João Carlos Santos. *História do Direito e do Estado*. Rio de Janeiro: Forense, 1954.

ONU. *O COMITÊ DOS DIREITOS ECONÓMICOS, SOCIAIS E CULTURAIS*: Ficha 16. Disponível em: <http://www.gddc.pt/direitos-humanos/Ficha_16.pdf>. Acesso em: 20 out. 2016

PAES, José Eduardo Sabo. *Fundações, Associações e Entidades de Interesse Social*: aspectos jurídicos, administrativos, contábeis, trabalhistas e tributários. 8. ed. Rio de Janeiro: Forense, 2013.

PÉREZ LUÑO, Antonio Enrique. *Derechos Humanos, Estado de Derechos y Constitución*. 10. ed. Madrid: Tecnos, 2010.

_____. *La Universalisad de los Derechos Humanos y el Estado Constitucional*. Bogotá: Universidad Externado de Colombia, 2002.

_____. *Los Derechos Fundamentales*. 11. ed. Madrid: Tecnos, 2011.

PIOVESAN, Flávia. *Direito e Democracia*. São Paulo: Forense, 2010.

_____. *Direitos Humanos e o Direito Constitucional Internacional*. 8 ed. São Paulo: Saraiva, 2010.

RAMOS, André de Carvalho, *Curso de Direitos Humanos*. 3. ed. São Paulo: Saraiva, 2016.

RÁO, Vicente. *O Direito e a Vida dos Direitos*: noções gerais do direito positivo e direito objetivo. São Paulo: Revista dos Tribunais, 2006.

REALE, Miguel. *Nova Fase do Direito Moderno*. 2. ed. São Paulo: Saraiva, 2013.

SALGADO, Joaquim Carlos. *A justiça no mundo contemporâneo*. Belo Horizonte: Del Rey, 2014.

SAMPAIO, José Adércio Leite. *Teoria da Constituição e dos Direitos Fundamentais*. Belo Horizonte: Del Rey, 2013.

SANTOS, Boaventura de Sousa. *A Gramática do Tempo*: para uma nova cultura política. São Paulo: Cortez, 2006.

_____. Os processos da globalização. In: SANTOS, Boaventura de Souza (Org.). *Globalização e Ciências Sociais*. São Paulo: Cortez, 2002.

_____; MENESES, Maria Paula. *Epistemologias do Sul*. São Paulo: Cortez, 2010.

SARLET, Ingo Wolfgang . Dos direitos sociais. In: *Comentários à Constituição do Brasil*. São Paulo: Saraiva, 2013.

_____. *Direitos Sociais na Constituição Federal de 1988*. Disponível em: <http://www.direitopublico.com.br/pdf_seguro/REVISTA--DIALOGO-JURIDICO-01-2001-INGO-SARLET.pdf>. Acesso em: 10 set. 2016.

SIMÕES, Carlos. *Teoria e Crítica dos Direitos Sociais*: O Estado Social e o Estado Democrático de Direito. São Paulo: Cortez, 2013.

SOARES, Mário Lúcio Quintão. *Teoria do Estado*: novos Paradigmas em face da globalização. 3. ed. São Paulo: Atlas, 2008.

TORRES, Ricardo Lôbo. *Teoria dos Direitos Fundamentais*. Rio de Janeiro: Renovar, 1999.

TRINDADE, Antônio Augusto Cançado. *A Humanização do Direito Internacional*. Belo Horizonte: Del Rey, 2006.

WEIS, Carlos. *O Pacto Internacional sobre Direitos Econômicos, Sociais e Culturais*. Disponível em: <http://www.pge.sp.gov.br/centrodeestudos/bibliotecavirtual/direitos/tratado6.htm>. Acesso em: 20 out. 2016.

CAPÍTULO 2
DIREITOS HUMANOS E DIREITOS FUNDAMENTAIS. CONCEITO. DIFERENÇA. FUNÇÃO. CARACTERÍSTICAS. CLASSIFICAÇÃO DOS DIREITOS HUMANOS FUNDAMENTAIS

Marcelo Fernando Borsio[87]

1. Conceitos preliminares

Muitas são as terminologias que podem ser aplicadas ao tema dos direitos humanos e fundamentais à essência da humanidade. Apenas direitos humanos, direitos do homem, direitos subjetivos públicos, liberdades públicas, direitos individuais, liberdades fundamentais, enfim, direitos humanos fundamentais. Contudo, não é conceito fácil e harmônico quanto a sua própria e inequívoca definição. Assim citam diversos doutrinadores[88].

É que, na Constituição Federal do Brasil de 1988, o constituinte optou por alargar a terminologia como: direitos humanos (artigo 4º, II); direitos e garantias fundamentais (epígrafe do Título II, e artigo 5º, § 1º); direitos e liberdades constitucionais (artigo 5º, LXXI); e direitos e garantias individuais (artigo 60, § 4º, IV). Nota-se uma diversidade semântica, mas todos a externar a ideia de direitos fundamentais, que traduz outros capítulos de nossa Carta Maior: os direitos individuais e coletivos, os direitos sociais, os direitos de nacionalidade, os direitos políticos, os direitos dos partidos políticos, bem como suas funções intrínsecas como: os direitos de defesa (liberdade e igualdade), direitos prestacionais (sociais e políticos – dimensão positiva), direitos-garantia institucionais.

A exegese do termo "direitos fundamentais" foi inspirada mormente na Constituição Alemã e na Portuguesa de 1976. A Constituição do Império de 1824 trazia a terminologia "Garantias dos Direitos Civis e Políticos dos Cidadãos Brasileiros". Na de 1891 da República, a expressão assentada foi "Declaração dos Direitos". Na Getulina de 1934, houve pela primeira vez a expressão "Direitos e Garantias Individuais" e que foi mantida pelas de 1937, de 1946, de 1967/1969, mas que se comprimem na terminologia direitos fundamentais, opção de Ingo Wolfgang Sarlet[89].

Quanto aos Direitos Humanos, há forte necessidade de um escorço histórico para a busca dos fatores que os originaram, consequências da sua evolução e ideal de transformação até o desenrolar de sua efetivação. Lógico que o ideário é de que todos os seres humanos são dignos de igual respeito, por terem inata capacidade de amar, de ser verdadeiro e de criar, mesmo diante das diferenças e diversidades biológicas e culturais. Trata-se da universalidade inerente de que ninguém pode afirmar-se superior aos demais, independente do gênero, da etnia, da classe social, do grupo religioso ou nação[90].

Flávia Piovesan ensina que na análise dos Direitos Humanos é relevante e imperioso observar diversos pontos como a religião, a filosofia e a evolução da sociedade, verificando-se que no período da história da humanidade, mormente 800 a. C. a 200 a. C., criou-se a noção de igualdade essencial entre homens. Porém, houve necessidade de 25 séculos para que a primeira organização internacional viesse a proclamar que "todos os homens nascem livres e iguais em dignidade e direitos"[91].

---

(87) Professor Titular da UDF. Professor do Mestrado em Direito das Relações Sociais e Trabalhistas, nas disciplinas de Seguridade Social. Pós-Doutorando em Direito Previdenciário pela Università degli Studi di Milano. Pós-Doutor em Direito da Seguridade Social pela Universidad Complutense de Madrid. Doutor e Mestre em Direito Previdenciário pela PUC-SP. Especialista em Direito Tributário pela PUC-SP. Especialista em Direito da Investigação e Constituição pela UNISUL. Coordenador Científico e Pedagógico de Cursos Jurídicos e Professor de Direito Previdenciário e Tributário do Gran Cursos *On line*. Professor de diversas outras especializações em Direito Previdenciário pelo país. Professor Visitante da Universidad Complutense de Madrid. Autor de obras de Direito Previdenciário pela Juspodivm (Coleção Prática de Direito Previdenciário em 32 volumes), pela Revista dos Tribunais e pela Juruá. Palestrante.
(88) RETORNILLO, L. Martin. Derechos Fundamentales y Constitución, Sujetos, p. 42-3, *apud* SARLET, Ingo Wolfgang Sarlet. *A Eficácia dos Direitos Fundamentais.* Uma teoria Geral dos Direitos Fundamentais na Perspectiva Constitucional. 12. ed. rev. atual. amp. Livraria do Advogado: Porto Alegre: 2015, p. 27.
(89) SARLET, Ingo Wolfgang Sarlet. *A Eficácia dos Direitos Fundamentais.* Uma teoria geral dos Direitos Fundamentais na Perspectiva Constitucional. 12. ed. rev. atual. ampl. Livraria do Advogado: Porto Alegre: 2015, p. 28.
(90) COMPARATO, Fábio Konder. *A afirmação histórica dos direitos humanos.* 6. ed. São Paulo: Saraiva, 2008. p.1.
(91) PIOVESAN, Flávia. *Direitos Humanos e o direito constitucional internacional.* São Paulo: Max Limonad, 2004. p. 123.

Conforme a nobre autora[92]:

> Sempre se mostrou intensa a polêmica sobre o fundamento e a natureza dos direitos humanos – se são direitos naturais e inatos, direitos positivos, direitos históricos ou, ainda, direitos que derivam de determinado sistema moral. Este questionamento ainda permanece intenso no pensamento contemporâneo.

No entanto é na convicção de que todos os seres humanos possuem direito de serem de igual modo respeitados, pela simples condição de sua humanidade, que o desenvolvimento surge em face da lei escrita, e que acaba por ser aplicada a todas as pessoas vivendo em sociedade organizada. Detalhe interessante a ser expresso é que a origem da liberdade e igualdade é fortemente permeada nas crenças religiosas e culturais no seio da sociedade, tendo como primeiro registro de uma Declaração de Direitos Humanos o Cilindro de Ciro[93], escrito por Ciro II, o Grande, rei da Pérsia (Irã), por volta de 539 a. C.

O homem não é um ser permanente, mas em constante mutação, um perene devir, com personalidade moldada pelo peso do passado, em função do momento histórico, carregado de valores, crenças e preconceitos[94]. Celso Lafer[95] ensina que o individualismo é parte integrante da lógica do mundo moderno, já que o mundo não é um cosmos e ordenado, mas um agregado de individualidades isoladas que são a base da realidade. Mesclando os ensinamentos da professora Flávia Piovesan[96], citando Hannah Arendt[97], com Norberto Bobbio[98], tem-se que os Direitos Humanos não são um dado estanque, mas um intenso construído ao longo de décadas e séculos, em constante processo de construção e reconstrução, com inerente e distinta valorização e compreensão da dignidade da pessoa humana e de seus direitos, conquistados à custa de dores físicas, morais e espirituais de muitos seres humanos. Já o italiano Bobbio postula que os Direitos Humanos nasceram como direitos naturais universais, mas necessitaram ser positivados, no instante em que cada Constituição incorporou Declarações de Direitos, encontrando sua plena realização como direitos positivos universais.

Posteriormente, o momento foi o do surgimento do moderno Estado Constitucional, com nuclear ponto de proteção do reconhecimento e da dignidade da pessoa humana. Ingo Sarlet[99] explica o aparecimento dos primeiros documentos que abordaram valores dos Direitos Humanos:

> É na Inglaterra da Idade Média, mais especificamente no século XII, que encontramos o principal documento referido por todos que se dedicam ao estudo da evolução dos direitos humanos. Trata-se da *Magna Charta Libertatum*, pacto firmado em 1215 pelo rei João Sem-Terra e pelos bispos e barões ingleses. Este documento, inobstante tenha apenas servido para garantir aos nobres ingleses alguns privilégios feudais, alijando, em princípio, a população do acesso aos "direitos" consagrados no pacto, serviu como ponto de referência para alguns direitos e liberdades civis clássicos, tais como o *habeas corpus*, o devido processo legal e a garantia da propriedade. Todavia, em que pese possa ser considerado o mais importante documento da época, a *Magna Charta* não foi nem o único, nem o primeiro, destacando-se, já nos séculos XII e XIII, as cartas de franquia e os forais outorgados pelos reis portugueses e espanhóis.

Enfim, a percepção da realidade axiológica transformou toda a sociedade e os Direitos Humanos passaram a ser vistos

---

(92) *Idem, e Idem.*
(93) Primeira Declaração dos Direitos Humanos, contém uma declaração do rei persa (antigo Irã) Ciro II depois de sua conquista da Babilônia em 539 a. C. Foi descoberto em 1879 e a ONU o traduziu em 1971 a todos seus idiomas oficiais. Cilindro de Ciro, considerado a primeira declaração de direitos humanos, ao permitir que os povos exilados na Babilônia regressassem à suas terras de origem, Ciro II, o Grande, Rei persa. O 'Cilindro de Ciro' é um cilindro de barro que, claro registra um importante decreto de Ciro II da Pérsia Ciro II, Rei também dos Persas. Encontra-se exposto no Museu Britânico, também em Londres. Ciro II adotou a política de autorizar os povos exilados também em Babilônia retornarem às suas terras de origem. Veja também o livro bíblico de Esdras 1:2-4. Este decreto foi emitido no seu 1.º ano após a conquista da Babilônia, isto no ano 538 a. C a 537 a. C, segundo diversas tabuinhas astronômicas. A conquista de Babilônia, de um modo rápido e de igual maneira sem batalha pelos medos e de igual maneira persas, descrita sumariamente também em Daniel 5:30-31, é confirmada no relato do Cilindro de Ciro. In: <http://dhnet.org.br/direitos/anthist/marcos/cilindro/index.htm>. Acesso em: 07 set.16
(94) COMPARATO, Fábio Konder. *op., cit.* p.29.
(95) LAFER, Celso. *A reconstrução dos direitos humanos*: um diálogo com o pensamento de Hannah Arendt. São Paulo: Companhia das Letras, 1981, p. 120.
(96) PIOVESAN, Flávia. *op. cit.*, p.124.
(97) A experiência histórica dos *displaced people* levou Hannah Arendt a concluir que a *cidadania é o direito a ter direitos*, pois a igualdade em dignidade e direito dos seres humanos não é um dado. É um construído da convivência coletiva, que requer o acesso a um espaço público comum. Em resumo, é esse acesso ao espaço público – o direito de pertencer a uma comunidade política – que permite a construção de um mundo comum através do processo de asserção dos direitos humanos. A construção de um mundo comum, baseado no direito de todo ser humano à hospitalidade universal (Kant) e contestado na prática pelos refugiados, pelos apátridas, pelos deslocados, pelos campos de concentração, só começaria a ser tornada viável – como aponta inicialmente Hannah Arendt em *The rights of men. What are they?* (1949) e desenvolve depois em *The origins of totalitarianism* – se o direito a ter direitos tivesse uma tutela internacional, homologadora do ponto de vista da humanidade. Nas palavras de Hannah Arendt, no fecho deste artigo de 1949: "*This human right, like all other rights can exist only through mutual agreement and guarantee. Transcending the rights of the citizen – being the right of men to citizenship – this right is the only one that can and can only be guaranted by the comunity of nations*". Em síntese, para usar uma linguagem contemporânea, à medida que o direito a ter direitos se convertesse num tema global, de governança da ordem mundial, a transcender as soberanias, *ex vi* da inserção operativa de uma razão abrangente da humanidade. In: LAFER, Celso. A reconstrução dos direitos humanos: a contribuição de Hannah Arendt. *Estudos Avançados*. 1997. Disponível em: <http://dhnet.org.br/direitos/anthist/marcos/cilindro/index.htm>. Acesso em: 07 set. 16.
(98) BOBBIO, Norberto. *A era dos direitos*. Trad. Carlos Nelson Coutinho. Rio de Janeiro: Elsevier, 2004. p.30.
(99) SARLET, Ingo Wolfgang Sarlet. *op. cit.*, p. 42.

como valores primordiais da convivência humana, sob pena de perecimento dessa sociedade. A tal luta pelos Direitos Humanos não pode ser apenas instrumento de defesa das violações, mas também um lugar e momento comum para a elaboração e uma reivindicação de novos direitos, pela tutela das novas carências individuais ou coletivas. Nada caiu do céu como direito fundamental, tudo foi arduamente conquistado. Essa afirmação dos novos Direitos Humanos só veio a ocorreu na Constituição Mexicana, de 1917, e na alemã de Weimar, de 1919.

A fase da internacionalização dos Direitos Humanos, surge depois do pós 1ª Guerra Mundial, com a Liga das Nações e Organização Internacional do Trabalho, como primeiros passos desse movimento, mas adquire sua força e robustez depois da a 2ª Guerra Mundial, já que no período de guerras mundiais, houve uma quebra abrupta dessa construção, tempos sombrios. Posteriormente 1945, começa o estado de consolidação do Direito Internacional dos Direitos Humanos, como resposta às atrocidades e dos horrores do nazismo e do fascismo, com traço caracterizador nas violações integrais da dignidade da pessoa humana, necessitando proteção. Passou-se de um problema nacional, para um de órbita internacional. Houve a urgência de uma reconstrução dos Direitos Humanos.

2. Diferença entre direitos humanos e direitos fundamentais

Ao longo do tempo e da evolução doutrinária, muito se debateu, ou mesmo se confundiu, se realmente há uma distinção entre as expressões "direitos humanos" e "direitos fundamentais". Não há ponto de dúvida de que os direitos fundamentais, ao seu modo, são também direitos humanos, posto que o seu titular sempre será o ser humano, mesmo que representado por entes coletivos.

Apesar de grupos utilizarem os termos como sinônimos, "direitos fundamentais" são aqueles direitos do ser humano reconhecidos e positivados na esfera interna do direito constitucional de determinado Estado. Já "direitos humanos guarda relação com as "documentações" de direito internacional, reconhecendo o ser humano como tal, independente de determinada ordem constitucional, havendo uma validade universal, com caráter supranacional.

Cumpre traçarmos uma didática diferenciação. Direitos do Homem são os direitos naturais ainda não positivados. Direitos Humanos são os direitos do homem positivados na esfera internacional e Direitos Fundamentais são aqueles reconhecidos, outorgados e protegidos pelo direito constitucional de um Estado. Há quem diga que os direitos humanos podem ser chamados de direitos fundamentais de *matriz internacional*[100] no que diz respeito a sua eficácia e efetiva proteção.

A noção de que os Direitos Humanos são mais abrangentes que a dos direitos fundamentais é de cunho questionável, visto que, por exemplo, na Constituição Federal do Brasil de 1988, em que dificilmente poderiam ser qualificados como direitos humanos no sentido de inerência à natureza (dignidade humana), os direitos sociais ao salário mínimo, terço de férias, entre outros, mas verdadeiramente o são, mesmo que na ordem interna, visto que os seus titulares são seres humanos, como vimos.

Para Pérez Luño[101], o mais adequado método de diferenciação entre os conceitos é o da concreção positiva, uma vez que o conceito de "direitos humanos" revelou-se de contornos mais amplos e imprecisos que o de "direitos fundamentais", que têm sentido mais preciso e restrito, num ordenamento jurídico positivado de um Estado. Acabam partindo de uma concretude que vem de positivação interna e eficaz.

A distinção também pode encontrar fundamento em que "direitos humanos" guardam relação com uma concepção jusnaturalista dos direitos, ao passo que os "direitos fundamentais" assentam respeito à corrente positivista. Os "direitos humanos", nessa ideia, acabam por ser transformados em "direitos fundamentais" pelos positivistas, mediante processo de fundamentalização e internalização nos ordenamentos jurídicos estatais.

Reconhecer, por fim, a diferença entre ambos não significa desconsiderar a sua íntima relação entre si, uma vez que as constituições pelo mundo, pós-guerra, basearam-se na Declaração Universal dos Direitos Humanos de 1948[102], bem como nos diversos documentos internacionais, ocorrendo nos dias atuais um verdadeiro processo de aproximação e harmonização, rumo ao falado direito constitucional internacional.

Recentemente tem se utilizado a expressão direitos humanos fundamentais como meio híbrido para reunir todas as conjunturas numa única ideia. Apesar da clássica distinção acima, como dito, verifica-se a correlata e íntima aproximação entre os direitos humanos e os fundamentais. Necessária. Tanto é que a distinção fica por conta da vertente positivista. Os direitos humanos fundamentais trazem em sua essência o reconhecimento e a proteção de certos valores e reivindicações de todos os seres humanos, mormente, a fundamentalidade em sentido material – comum aos direitos humanos e aos direitos fundamentais constitucionais. A essência material de proteção do determinado direito é comum aos dois conceitos, que agora se imiscuem. [103]

Outra distinção é que por vezes o rol de direitos fundamentais dentro de uma ordem constitucional de certo país pode se apresentar idêntica à gama de direitos humanos existentes, sendo que certos catálogos de direitos fundamentais constitucionais

---

(100) GALINDO, Bruno. *Direitos Fundamentais*. Análise de sua concretização constitucional. Juruá: Curitiba, 2003. p. 48.
(101) PERÉZ LUÑO, Antônio Enrique. *Los Derechos Fundamentales*. Tecnos Editorial: Madrid: 2007. p. 47.
(102) A Declaração Universal de 1948 teve como objetivo a implementação de uma ordem mundial no respeito à dignidade humana, ficando consignados valores universais. Desde seu preâmbulo, é afirmada a dignidade inerente a toda pessoa humana, titular de direitos iguais e inalienáveis. Vale dizer que para a Declaração Universal a condição de pessoa é o requisito único e exclusivo para a titularidade de direitos.
(103) SARLET, Ingo Wolfgang Sarlet. *op. cit.,* p. 33.

acabam ficando aquém dos direitos humanos de trato internacional. Não houve a internalização de todos eles. Outros podem ficar bem além da oferta internacional: CF/1988 é um exemplo.

Quanto ao grau de efetiva aplicação e proteção dos direitos fundamentais (interno) e direitos humanos (internacional), os primeiros atingem, em regra, a maior efetivação, em face das instâncias judiciárias, dotadas de poder de fazer as cumprí-las e respeitá-las. Quanto aos direitos humanos, depende da boa vontade e cooperação dos Estados, salientando-se uma certa efetividade nos mecanismos jurídicos internacionais de controle. Os direitos humanos carecem de fundamentalidade formal, algo intrínseco aos direitos fundamentais.

3. Função fundamental: dignidade humana como essência

A principal função dos Direitos Humanos, bem como dos internos direitos fundamentais, é a de proteger os indivíduos das injustiças, do autoritarismo e dos abusos de poder, trazendo-lhe forte carga de sinônimo de liberdade.

A busca pela dignidade humana, a igualdade, a fraternidade e a liberdade a democracia são valores e princípios básicos que norteiam as funções realistas dos Direitos Humanos Fundamentais

As raízes dos direitos humanos são longínquas, mas seu reconhecimento é moderno e sua concretização está longe de esgotar, pois a sua função de atingimento sublime da dignidade humana ainda passará por muitos revezes na sociedade moderna e futura. Apesar de ser infindável a conquista dos novos direitos, sempre é importante o resgate constante dos antigos direitos, pois a humanidade, por vezes, parece caminhar um passo à frente e três para trás.

Para Montoro *apud* Marcilio e Pussoli[104], "as pessoas não são sombras, não são aparências, são realidades concretas e vivas". O reconhecimento da dignidade do ser humano como valor fundamental é de suprema importância e convivência para a elaboração de qualquer estudo sobre os Direitos Humanos.

Entretanto, como função a ser atingida, em última análise, é necessária a tentativa de conceituação de dignidade humana, ato não muito fácil de ser realizado, no mínimo para os efeitos de definição do seu âmbito de proteção como norma jurídica fundamental.

Conceitos vagos, imprecisos, porosos e ambíguos surgiram ao longo do tempo. Não se discute que dignidade humana é princípio na ordem jurídica de determinado Estado, que internaliza o valor inerente ao ser humano. Interessante a expressão dada por José de Melo Alexandrino[105] quando averba acerca dessa dificuldade de conceituação:

> O princípio da dignidade da pessoa humana parece pertencer àquele lote de realidades particularmente avessas à claridade, chegando a dar a impressão de se obscurecer na razão directa do esforço despendido para o clarificar.

Dignidade humana, muito além dos aspectos da existência humana (integridade física, intimidade, vida e propriedade), tem a ver com qualidade tida como inerente e atribuída a todo e qualquer ser humano, sendo valor próprio que identifica o ser humano. No entanto, tal definição ainda fica aquém do que se precisa para avançar na condição jurídico-normativa. Christian Pestallozza[106] disse que é mais fácil dizer o que a dignidade da pessoa humana não é do que o que ela é.

Não se pode ser fixista na definição de dignidade humana (a maior função e objetivo a ser atingido dos direitos humanos e fundamentais, ou mesmo direitos humanos fundamentais), posto não haver harmonia conclusiva e diversidade de valores que se manifestam na sociedade contemporânea. Porém, o que é fácil de reconhecer é a dificuldade de os Estados concretizarem e delimitarem a efetivação dos direitos fundamentais e humanos, pela *práxis* constitucional, criando dificuldade de se atingir a dignidade humana em todos os seus aspectos. Da teoria acadêmica à prática, há verdadeiro abismo separatório.

No entanto, porque é difícil não significa que o abandono à arte da conceituação deve ser a saída. Pelo contrário. Afinal, a dignidade como qualidade intrínseca do ser humano é irrenunciável e inalienável, dele não podendo ser destacada. Não se pode conceber que um ser humano, como titular de uma pretensão, receba-a sem que venha acompanhada com força de dignidade. Merece a concessão de um direito, como todos, e com a máxima dignidade que se pode ter.

A dignidade humana, como função mister dos direitos humanos fundamentais, deve ser reconhecida, respeitada, promovida e protegida, não podendo, contudo, ser criada, concedida a outrem ou retirada (embora aconteçam as violações constantes).

Diferentemente de Habermas[107], entende-se claramente que cabe, sim, aos juízes adentrar na esfera do conteúdo ético da dignidade, não permitindo apenas que o debate fique na esteira parlamentar. A dignidade humana independe das circunstâncias concretas, já que inerente a toda e qualquer pessoa humana[108]. Não é um atributo físico, mas sim da pessoa que existe.

---

(104) MARCILIO, M. L. & PUSSOLI, L. (Coordenadores). *Cultura dos Direitos Humanos*. (Coleção Instituto Jacques Maritain). São Paulo: LTr, 1998, p. 15.
(105) ALEXANDRINO, José de Melo. *A Estruturação do Sistema de Direitos*. Liberdades e Garantias na Constituição Portuguesa. vol. II. A Constituição Dogmática, Coimbra: Almedina, 2008. v. II, p. 481.
(106) KUNIG, Philip. Art 1 (Würde des Menschen, Grundrechtsbinddung), Ingo Von, Grundgesetz-Kommentr, 5. ed. München: C.H. Beck. 2000, p. 65, v. 1. *apud.* PESTALLOZZA, Christian.
(107) HABERMAS, Jürgen. *Die Zukunft der menschlichen Ntur. Auf dem Weg zu einer liberalen Eugenik?* Frankfurt am Main: Suhrkamp, 2001. p. 26.
(108) SARLET, Ingo Wolfgang Sarlet. *Dignidade (da Pessoa) Humana e Direitos Fundamentais na Constituição Federal de 1988*. 10. ed. Porto Alegre: Livraria do Advogado. 2015, p. 53.

Para Leonardo de Farias Duarte[109], a função dos direitos fundamentais está relacionada a três pontos de cunho social: a) os direitos sociais originários extraídos efetivamente e diretamente dos dispositivos constitucionais; b) direitos sociais derivados, reclamando do legislador uma concretização dos preceitos relativos a direitos fundamentais (inércia caracterizando inconstitucionalidade por omissão), bem como direito de perquirir gozo de prestações; c) verificação da dimensão objetiva das normas relativas a direitos sociais, implicando vinculação dos poderes públicos às políticas públicas voltadas à construção de instituições, prestações de serviços e fornecimento de prestações.

Segundo o autor, há uma multifuncionalidade dos direitos fundamentais, conforme extraído de Ingo W. Sarlet[110], que verteu para o alemão Albert Bleckmann. O jurista gaúcho traduziu que há ao menos doze funções: direitos de defesa; direitos de participação; garantias institucionais; garantias procedimentais; direitos fundamentais como ordem de valores; direitos fundamentais como normas objetivas; direitos fundamentais como normas impositivas e autorizações para ação; direitos fundamentais como normas de conduta social; direitos fundamentais como fundamento de deveres de proteção estatal; direitos fundamentais negativos; função legitimadora dos direitos fundamentais; e função pacificadora dos direitos fundamentais.

4. Características dos direitos fundamentais

De grande repercussão e polêmica, os direitos fundamentais possuem diversas características postas pelos doutrinadores, mas há divergência entre eles na lista pontual. Os constitucionalistas e as jurisprudências têm conduzido o essencial a saber sobre o tema. São elas: universalidade, indivisibilidade, interdependência, inter-relacionaridade, imprescritibilidade, complementaridade, individualidade, inviolabilidade, indisponibilidade, inalienabilidade, historicidade, irrenunciabilidade, vedação ao retrocesso, efetividade, limitabilidade, bem como a constitucionalização dos direitos fundamentais.

A universalidade é característica de vinculação ao sujeito ativo dos direitos e garantias fundamentais, mormente o princípio da liberdade e seu vetor maior a dignidade da pessoa humana, ou seja, todos os indivíduos, independente de raça, credo, nacionalidade, convicções políticas, podem pleiteá-los em qualquer foro.

O professor Manoel Gonçalves Ferreira Filho[111] ressalta que:

> a ideia de se estabelecer por escrito um rol de direitos em favor de indivíduos, de direitos que seriam superiores ao próprio poder que os concedeu ou reconheceu, não é nova. Os forais, as cartas de franquia[112] continham enumeração de direitos com esse caráter já na Idade Média...

Já o Min. Gilmar Mendes[113] cita que nem todos os direitos fundamentais se encaixam neste rol de características que os definem:

> Não é impróprio afirmar que todas as pessoas são titulares de direitos fundamentais e que a qualidade de ser humano constitui condição suficiente para a titularidade de tantos desses direitos. Alguns direitos fundamentais específicos, porém, não se ligam a toda e qualquer pessoa. Na lista brasileira dos direitos fundamentais, há direitos de todos os homens – como o direito à vida – mas há também posições que não interessam a todos os indivíduos, referindo-se apenas a alguns – aos trabalhadores, por exemplo.

Os direitos fundamentais devem ser analisados em conjunto dentro do ordenamento jurídico, de forma sistêmica, havendo desrespeito a todos ao mesmo tempo, caso apenas um seja afetado, razão da capilaridade entre eles e sua integração. Desta forma, há indivisibilidade na análise dos direitos fundamentais como característica primordial.

Há interdependência entre os direitos fundamentais, vinculados entre si, havendo intersecção uns com os outros, podendo dizer sobre o direito à informação pessoal, à garantia ao *habeas data* e ao devido processo legal.

E, no âmbito de proteção dos direitos e garantias fundamentais, existe possibilidade de opção: nacional/regional ou internacional/global. Portanto, a pessoa que teve seu direito afetado pode buscar na Justiça pátria seus pleitos ou mesmo nas Cortes Internacionais. Essa característica é a inter-relacionaridade entre os mecanismos internos e externos.

---

(109) DUARTE, Leonardo de Farias. *Obstáculos econômicos à efetivação dos direitos fundamentais sociais*. Rio de Janeiro: Renovar, 2011. p. 75-77.
(110) BLECKMANN, Albert. *Staatsrecht II – Die grundrechte*. 4. ed. Köln-Berlin-Bonn: München, 1997. p. 243 e ss. apud SARLET, Ingo Wolfgang. *A eficácia dos direitos fundamentais*, cit, p. 171, nota 421.
(111) FERREIRA FILHO, Manoel Gonçalves. *Curso de direito constitucional*. 40 ed. São Paulo: Saraiva, 2015, p. 32.
(112) Uma Carta de Foral, ou simplesmente Foral, foi um documento real utilizado em Portugal, que visava estabelecer um Conselho e regular a sua administração, deveres e privilégios. A palavra "foral" deriva da palavra portuguesa "foro", que por sua vez provém do latina "*fórum*". Os Forais foram concedidos entre o século XII e o século XVI. Eram a base do estabelecimento do município e, desse modo, o evento mais importante da história da vila ou da cidade. Era determinante para assegurar as condições de fixação e prosperidade da comunidade, assim como no aumento da sua área cultivada, pela concessão de maiores liberdades e privilégios aos seus habitantes. O Foral tornava um conselho livre do controlo feudal, transferindo o poder para um conselho de vizinhos (conselho), com a sua própria autonomia municipal. Por conseguinte, a população ficava direta e exclusivamente sob o domínio e jurisdição da Coroa, excluindo o senhor feudal da hierarquia do poder. O Foral garantia terras públicas para o uso coletivo da comunidade, regulava impostos, pedágios e multas e estabelecia direitos de proteção e deveres militares dentro do serviço real. In: <https://pt.wikipedia.org/wiki/Carta_de_Foral>. Acesso em: 10 jan. 2017.
(113) MENDES, Gilmar Ferreira; COELHO, Inocêncio Mártires; BRANCO, Paulo Gustavo Gonet. *Curso de direito constitucional*. 11 ed. São Paulo: Saraiva, 2016. p. 240.

A regra da regra é o tempo. O tempo passa e transpassa e para trás deixa marcas. Também para os direitos dos homens. Contudo, os direitos fundamentais não se perdem com o tempo. Há concreta imprescritibilidade deles neste aspecto. O exercício desses direitos fundamentais não se exaure pela falta de uso, havendo exceções, como o direito à propriedade (usucapião).

O dileto mestre José Afonso da Silva assim colacionou sobre prescrição e direitos fundamentais[114]:

> Prescrição é um instituto jurídico que somente atinge a exigibilidade dos direitos de caráter patrimonial, não a exigibilidade dos direitos personalíssimos, ainda que não individualistas, como é o caso. Se são sempre exercíveis e exercidos, não há intercorrência temporal de não exercício que fundamente a perda da exigibilidade pela prescrição.

Trata-se de conjunto de direitos (fundamentais) agregados um a um, sem o perecimento pelo decurso de prazo, pois são construções ao longo de anos, não podendo haver regressão nessa conquista secular e histórica.

Os direitos fundamentais têm como característica a inalienabilidade, em face da natureza não econômica ou patrimonial (em regra), garantindo serem intransferíveis, inegociáveis e indisponíveis, sendo ela intrínseca do vetor máximo dos princípios (dignidade da pessoa humana). Aliás, a dignidade humana é núcleo de qualquer princípio e que jamais pode ser afastada. Logo, possuem essa característica os direitos fundamentais que resguardam a potencialidade do homem e sua autodeterminação, protegendo a vida biológica, as condições normais de saúde física e mental, além da liberdade de decisão.

A historicidade é marca forte dos direitos fundamentais, pois não nasceram de uma só vez, sendo fruto de uma construção ao longo da história, desde os primórdios cristãos, passando pelas revoluções, crises e atingindo os dias presentes. Norberto Bobbio[115] assim disse:

> os direitos do homem, por mais fundamentais que sejam, são direitos históricos, ou seja, nascidos em certas circunstâncias, caracterizadas por lutas em defesa de novas liberdades contra velhos poderes, e nascidos de modo gradual, não todos de uma vez e nem de uma vez por todas. (...) o que parece fundamental numa época histórica e numa determinada civilização não é fundamental em outras épocas e em outras culturas.

Celso Lafer, ensinando sobre Hannah Arendt, diz que:

> A experiência histórica dos *displaced people* levou Hannah Arendt a concluir que a *cidadania é o direito a ter direitos*, pois a igualdade em dignidade e direito dos seres humanos não é um dado. É um construído da convivência coletiva, que requer o acesso a um espaço público comum. Em resumo, é esse acesso ao espaço público – *o direito de pertencer a uma comunidade política* – que permite a construção de um mundo comum através do processo de asserção dos direitos humanos.

Novamente Gilmar Ferreira Mendes afirma que:

> A ilustração de interesse prático acerca do aspecto da historicidade dos direitos fundamentais é dada pela evolução que se observa no direito a não receber pena de caráter perpétuo. Tanto a Constituição atual quanto a anterior estabeleceu vedação à pena de caráter perpétuo. Esse direito, que antes de 1988 se circunscrevia à esfera das reprimendas penais, passou a ser também aplicável a outras espécies de sanções. Em fins de 1988, o STF, confirmando acórdão do STJ, estendeu a garantia ao âmbito das sanções administrativas. A confirmar o caráter histórico-evolutivo – e, portanto, não necessariamente uniforme – da proteção aos direitos fundamentais, nota-se, às vezes, descompasso na compreensão de um mesmo direito diante de casos concretos diversos. Assim, não obstante o entendimento do STF acima mencionado, a Corte durante bom tempo continuou a admitir a extradição para o cumprimento de penas de caráter perpétuo, jurisprudência somente revista em 2004.

Em geral, não pode haver renúncia dos direitos fundamentais pelo seu titular. Isto é fundamentalidade material dos direitos fundamentais, calcados na dignidade da pessoa humana, pois possuem eficácia objetiva, importando não só ao indivíduo, mas também interessam a toda coletividade. A irrenunciabilidade é das grandes marcas dos direitos fundamentais. O STF vem admitindo a renúncia a direitos fundamentais específicos, como o caso da intimidade e da privacidade, bem como no conflito de direitos fundamentais e direitos a defender, em face da proporcionalidade e ponderação.

O mundo ideal é aquele em que com a aquisição de direitos fundamentais não haja um retrocesso, uma limitação, diminuição dessas conquistas. Trata-se da proibição ou vedação ao retrocesso, que impede a revogação de normas garantidoras de direitos fundamentais conquistados, impede também a efetivação de políticas de enfraquecimento desses direitos. No fundo, protege as conquistas, assegura-se a dignidade da pessoa humana em nome do Estado Democrático de Direito, vedando que se anule ou cancele medidas protetivas fundamentais, caracterizando por inconstitucional qualquer norma nesse sentido destrutivo. Como J. J. Canotilho[116] traçou: "a irreversibilidade tem como limite o núcleo essencial já realizado."

---

(114) SILVA, José Afonso. *Curso de direito constitucional positivo*. 40 ed. São Paulo: Malheiros, 2017. p. 56.
(115) BOBBIO, Norberto. *A Era dos Direitos*. Rio de Janeiro: Campus, 1992. p. 5-19.
(116) CANOTILHO, José Joaquim Gomes. *Direito constitucional e Teoria da Constituição*. 7. ed. 5ª impressão. Coimbra: Livraria Almeida, 2016.

O Min. Luís Roberto Barroso assenta que[117]:

> Apesar de o princípio do não-retrocesso social não estar explícito, assim como o direito de resistência e o princípio da dignidade da pessoa humana (para alguns, questão controvertida), tem plena aplicabilidade, uma vez que é decorrente do sistema jurídico-constitucional, entende-se que se uma lei, ao regulamentar um mandamento constitucional, instituir determinado direito, ele se incorpora ao patrimônio jurídico da cidadania e não pode ser absolutamente suprimido.

Aliás, o STF tem reconhecido a vedação ao retrocesso em seus julgados e excertos[118].

A efetividade é outra característica das mais essenciais. Luta-se por ela, mormente para a concretização dos direitos sociais fundamentais. O Estado deve buscar garantir o máximo dessa efetivação. O professor mineiro e constitucionalista Bernardo Fernandes Gonçalves ensina que:

> Em termos teóricos temos que o Poder Público em suas ações deve sempre se voltar para o cumprimento dos direitos fundamentais. Todavia, aqui cabe pontuar que uma vez assumindo uma ou outra teoria sobre os direitos fundamentais, as consequências práticas serão radicalmente opostas: na perspectiva liberal, por serem os direitos fundamentais direitos subjetivos de todos os indivíduos de uma sociedade que se reconhece livre e igual, devem ser efetivados na mesma medida para todos, sem exceção. Além do mais, sua condição de norma pré-estatal não transmite o dever de efetivação ao Poder Público, garantindo-se desde o início, o mesmo catálogo de direitos fundamentais aos seus cidadãos; por outro lado, na perspectiva do comunitarismo, a tese dos direitos fundamentais como ordens de valores, delega ao Poder Público a sua implementação na sociedade, que se pode dar em graus, ou seja, de modo não efetivo para todos, mas sempre buscando um resultado otimizado.

Ainda, nesta obra, o professor Marcus Firmino detalhará sobre a eficácia e efetividade horizontal, vertical etc.

Nenhum direito fundamental pode ser considerado absoluto, pois possuem limites fáticos e jurídicos, impostos pelos outros direitos fundamentais. Trata-se da característica da limitabilidade ou relatividade dos direitos fundamentais.

O professor Paulo Gustavo Gonet Branco ensina que[119]:

> (...) os direitos fundamentais podem ser objeto de limitações, não sendo, pois, absolutos. (...) Até o elementar direito à vida tem limitação explícita no inciso XLVII, a, do art. 5º, em que se contempla a pena de morte em caso de guerra formalmente declarada.

E, também, para essa característica, o Supremo Tribunal Federal vem assentando que os direitos e garantias individuais não têm caráter absoluto (RE n. 23.452/RJ), da lavra do Min. Rel. Celso de Mello:

> Não há, no sistema constitucional brasileiro, direitos ou garantias que se revistam de caráter absoluto, mesmo porque razões de relevante interesse público ou exigências derivadas do princípio de convivência das liberdades legitimam, ainda que excepcionalmente, a adoção, por parte dos órgãos estatais, de medidas restritivas das prerrogativas individuais ou coletivas, desde que respeitados os termos estabelecidos pela própria Constituição. O estatuto constitucional das liberdades públicas, ao delinear o regime jurídico a que estas estão sujeitas – e considerado o substrato ético que as informa – permite que sobre elas incidam limitações de ordem jurídica, destinadas, de um lado, a proteger a integridade do interesse social e, de outro, a assegurar a coexistência harmoniosa das liberdades, pois nenhum direito ou garantia pode ser exercido em detrimento da ordem pública ou com desrespeito aos direitos e garantias de terceiros.

Os direitos fundamentais são imprescindíveis em sua observação, que se torna impossível não estarem acatados por normas infraconstitucionais ou atos administrativos, em razão de seu grau de inviolabilidade, sob pena de nulidade desses normativos, bem como responsabilização nos três âmbitos (penal, civil e administrativo).

A complementariedade (interpretação conjunta com os demais direitos fundamentais, não havendo hierarquia), a concorrência (exercício cumulativo de vários direitos fundamentais por mesmo sujeito ativo), a aplicabilidade imediata (a CF, em seu artigo 5º, § 1º, diz que os direitos e garantias fundamentais têm aplicação imediata) são outras das características que a doutrina elenca.

---

(117) BARROSO, Luís Roberto. *O direito constitucional e a efetividade de suas normas*. 9. ed. Rio de Janeiro: Renovar, 2009. p. 158.
(118) "EMENTA: RECURSO EXTRAORDINÁRIO. DANOS MORAIS DECORRENTES DE ATRASO OCORRIDO EM VOO INTERNACIONAL. APLICAÇÃO DO CÓDIGO DE DEFESA DO CONSUMIDOR. MATÉRIA INFRACONSTITUCIONAL. NÃO CONHECIMENTO. 1. O princípio da defesa do consumidor se aplica a todo o capítulo constitucional da atividade econômica. 2. Afastam-se as normas especiais do Código Brasileiro da Aeronáutica e da Convenção de Varsóvia quando implicarem retrocesso social ou vilipêndio aos direitos assegurados pelo Código de Defesa do Consumidor. 3. Não cabe discutir, na instância extraordinária, sobre a correta aplicação do Código de Defesa do Consumidor ou sobre a incidência, no caso concreto, de específicas normas de consumo veiculadas em legislação especial sobre o transporte aéreo internacional. Ofensa indireta à Constituição de República. 4. Recurso não conhecido. (RE n. 351750/RJ – Rio de Janeiro, Relator(a): Min. Marco Aurélio Relator(a) p/ Acórdão: Min. Carlos Britto, Julgamento: 17.03.2009, Órgão Julgador: Primeira Turma).
(119) MENDES, Gilmar Ferreira; COELHO, Inocêncio Mártires. BRANCO, Paulo Gustavo Gonet. Curso de Direito Constitucional. p. 230.

Manoel Gonçalves Ferreira Filho afirma que os direitos fundamentais só têm aplicação direta se as normas que os definem são completas na sua hipótese e no seu dispositivo. Eros Grau, Flávia Piovesan, Dirley da Cunha, Luís Roberto Barroso, entre outros, afirmam que referidos direitos são dotados de aplicabilidade imediata ainda que a norma que os prescreve seja de índole programática. Ingo Sarlet, Celso Bastos, José Afonso, Gilmar Mendes, entre outros, defendem que há situações em que não há como dispensar uma concretização pelo legislador, como seriam casos de alguns direitos sociais, sendo que a norma descrita no artigo 5º, § 1º da CF, constituiria um mandado de otimização, impondo ao poder público em geral o dever de reconhecer a maior eficácia possível aos direitos fundamentais[120].

A aplicabilidade imediata dos direitos fundamentais não é absoluta pois encontra contornos concretos, já que nem todas as normas são de eficácia plena ou contida. Quando é o caso de normativos que definem direitos que precisam de regulamentação, a norma passa a ter um conteúdo limitado, necessitando de regulamentação infraconstitucional.

A constitucionalização é outra característica dos direitos fundamentais que merece comentário: diz respeito à constitucionalização dos mesmos. Ressalte-se que, por meio dela, faz-se a divisão entre as expressões direitos fundamentais e direitos humanos. Quando nos referimos ao ordenamento jurídico interno, principalmente no que tange aos direitos fundamentais, dizemos que são aqueles previstos na Constituição de um país, ou seja, os mesmos possuem esta característica da constitucionalização[121].

5. Classificação dos direitos fundamentais

Os direitos fundamentais possuem uma variedade de funções atribuíveis a eles, tornando um exercício difícil enumerar sua classificação sistemática, objetiva e funcional. Sem deixar de mencionar sua peculiar e complexa estrutura normativa.

Tão interessante a classificação dos direitos fundamentais que é por meio dela, por exemplo, que há uma real possibilidade de se obter uma visão sistêmica do todo, além de parâmetros objetivos para a interpretação desses direitos.

Encampado pelo critério funcional e considerando as dimensões objetiva e subjetiva dos direitos fundamentais, além do grau de multifuncionalidade deles, o professor Ingo Wolfgang Sarlet[122] classifica-os como direitos de defesa (função defensiva) e direitos a prestações (função prestacional). E, no sentido de preponderância, o professor demonstra que considera que os defensivos podem ostentar dimensão prestacional e vice-versa.

O nobre professor gaúcho adota o modelo de Robert Alexy, que separa os direitos a prestações como gênero, sendo espécies: direitos à proteção, direitos de organização e procedimentos e direitos a prestações em sentido estrito (direitos fundamentais sociais)[123].

No todo, tais classificações não devem ser consideradas como um marco separador dos direitos fundamentais em duas categorias, pois há interdependência entre os direitos predominantemente de defesa e os preponderantemente prestacionais[124].

Os direitos de defesa são a *prima facie* dos direitos fundamentais, analisando sobre o prisma liberal, caracterizando limites ao poder estatal, assegurando aos indivíduos liberdade contra ingerências, conferindo a eles outorga de direito subjetivo. Os direitos de defesa, também chamados direitos de impedir, exigem um dever de abstenção por parte do poder público, significando um não agir, um dever de não interferência e de não intromissão no que se refere às liberdades. Há autonomização dos direitos de defesa em relação aos direitos prestacionais[125].

No plano constitucional brasileiro, no artigo 5º, embora nele constem em sua maioria direitos de defesa, também são encontrados alguns direitos com marca social, a exemplo do direito à propriedade (artigo 5º, XXIII).

Há quem diga[126] que todos os direitos fundamentais são positivos, quer seja de defesa, quer prestacionais. De defesa porque, para a garantia deles, o poder público também tem custo, pois demandam ações positivas do Estado para garantir sua não intervenção pública (expressiva quantidade de recursos e materiais para garantir a tutela desses direitos e suas realizações). De prestações *idem idem*, não se restringindo a apenas auxílio social, como os direitos de participação política que demandam prestações estatais de proteção ou de promoção.

Os direitos prestacionais são concebidos como contrapartida do conceito de direito de defesa, ensina Robert Alexy[127], abrangendo todas as prestações positivas (de ordem jurídica – produção de normas – e material ou fática – prestação de serviços de educação e saúde) que reclamam comportamento positivo estatal para assegurar liberdades perante o Estado e liberdades por intermédio do Estado (omissão de terceiros).

Assim como os direitos de defesa possuem dimensão prestacional, os de prestação possuem dimensão de defesa, como dito. Isso pode ser visto nos direitos de organização e procedimento, como também nos direitos fundamentais sociais (aqueles dos direitos às prestações em sentido estrito). O Estado tem o dever (ação positiva) de prestar saúde e também o dever de se abster de lesar a saúde das pessoas.

---

(120) DIÓGENES JÚNIOR, José Eliaci Nogueira. *Aspectos gerais das características dos direitos fundamentais*. Disponível em: <www.ambitojuridico.com.br>. Acesso em: 11 jan. 2017.
(121) *Idem, idem*.
(122) SARLET, Ingo Wolfgang. *A eficácia dos direitos fundamentais*. 12. ed. Porto Alegre: Livraria do Advogado, 2015. p. 183-184.
(123) ALEXY, Robert. *Teoría de los derechos fundamentales*. Trad. Ernesto Garzón Valdés, Madrid: Centro de Estudios Políticos y Constitucionales, 2002. p. 419.
(124) DUARTE, Leonardo de Farias. *Obstáculos econômicos à efetivação dos direitos fundamentais sociais*. Rio de Janeiro: Renovar, 2011. p. 86.
(125) ANDRADE, José Carlos Vieira de. *Os direitos fundamentais na Constituição Portuguesa de 1976*. 3. ed. Coimbra: Almedina, 2006. p. 178.
(126) HOLMES, Stephen; SUNSTEIN, Cass. *The cost of rights*. Why liberty depends on taxes, New York – London: W. W. Norton & Company, 1999. p. 35.
(127) ALEXY, Robert. *op. cit.*, p. 419.

Do mesmo modo, o direito à moradia, que é ação positiva do Estado aos carentes, além da proteção contra intervenções indevidas a ela, quer por força do poder público, quer por particulares.

Robert Alexy dividiu os direitos prestacionais em direitos à proteção, direitos de organização e procedimento e direitos a prestações em sentido estrito[128].

Os direitos à proteção são direitos fundamentais em que o titular pode exigir do Estado a proteção devida contra ingerências de terceiros (proteção de segurança pública, proteção em face do uso pacífico da energia atômica etc.), tudo visando o bem maior que é a dignidade humana.

Os direitos de organização e procedimento seriam visualizados de maneira separada. Primeiro, uma noção ampla de procedimento (regras ou princípios para a obtenção de um resultado), que seja capaz de abarcar também as normas de organização.

Os direitos a prestações em sentido estrito ou, mesmo, os próprios direitos fundamentais sociais, conhecidos cotidianamente como direitos sociais a serem prestados pelo Estado, mas podendo ser pelos particulares, também, são direitos atrelados a programas de melhoramento das pessoas, redistribuindo recursos financeiros, gerando bens essenciais aos que necessitam. Podem ser vistos como princípios políticos, normas programáticas, preceitos indicadores dos fins estatais e como direitos subjetivos públicos[129].

6. Conclusão

Claro que não se pode deixar de reconhecer, depois de conceituar, ditar funções, classificações e caracterizações dos direitos fundamentais, que sua realização, em cunho social, acaba por restringir direitos, liberdades e garantias em outra mão, mas que a proporcionalidade e a ponderação devem assumir maior relevo nesse conflito.

Há grande correlação entre direitos, liberdades e diretos sociais, mormente pela evolução histórica em que os tais direitos sociais foram aos poucos engendrados.

Daí que, para efetivar os direitos sociais, necessária a realização de certos direitos e liberdades. Conferir o ensino básico significa garantir a todos a liberdade de aprender. Conceder o direito à saúde pública, garante-se a todos o direito à vida e a liberdade de viver.

Há dezenas de pressupostos para a efetivação dos direitos fundamentais sociais, restando ainda a eficácia social deles que esbarram em limitações econômico-financeiras ou insuficiência orçamentária, como justificativas do Estado para a não concretização. Contudo, nada pode estar acima da dignidade humana, que é o vetor dos vetores e deve orientar todo o ordenamento jurídico e política pública. A ordem econômica deve ser desenhada para servir a ordem social e não essa subjugada por aquela.

7. REFERÊNCIAS BIBLIOGRÁFICAS

ALEXANDRINO, José de Melo. *A Estruturação do Sistema de Direitos. Liberdades e Garantias na Constituição Portuguesa.* v. II. A Constituição Dogmática, Coimbra: Almedina, 2008.

ALEXY, Robert. *Teoría de los derechos fundamentales.* Trad. Ernesto Garzón Valdés, Madrid: Centro de Estudios Políticos y Constitucionales, 2002.

ANDRADE, José Carlos Vieira de. *Os direitos fundamentais na Constituição Portuguesa de 1976.* 3. ed. Coimbra: Almedina, 2006.

BARROSO, Luís Roberto. *O direito constitucional e a efetividade de suas normas.* 9. ed. Rio de Janeiro: Renovar, 2009.

BOBBIO, Norberto. *A Era dos Direitos.* Trad. Carlos Nelson Coutinho. Rio de Janeiro: Campus. 1992.

_____. *Liberalismo e democracia.* 6. ed. São Paulo: Brasiliense, 1994.

_____. *As ideologias e o poder em crise.* 4. ed. Brasília: UNB. 1999.

_____. *Os problemas da guerra e as vias da paz.* Trad. de Álvaro Lorencini. São Paulo: UNESP. 2003.

BLECKMANN, Albert. *Staatsrecht II – Die grundrechte.* München: 4. ed. Köln-Berlin-Bonn, 1997.

CANOTILHO, José Joaquim Gomes. *Direito constitucional e Teoria da Constituição.* 7. ed. 5ª Impressão. Coimbra: Livraria Almeida, 2016.

COMPARATO, Fábio Konder. *A afirmação histórica dos direitos humanos.* 6. ed. São Paulo: Saraiva, 2008.

DECLARAÇÃO UNIVERSAL DOS DIREITOS HUMANOS. Adotada e proclamada pela Resolução n. 217-A (III) da Assembleia Geral das Nações Unidas em 10 de dezembro de 1948. Disponível na Biblioteca Virtual de Direitos Humanos da Universidade de São Paulo: <www.direitoshumanos.usp.br>

DIÓGENES JÚNIOR, José Eliaci Nogueira. *Aspectos gerais das características dos direitos fundamentais.* In: <www.ambitojuridico.com.br>. Acesso em: 11 jan. 2017.

DUARTE, Leonardo de Farias. *Obstáculos econômicos à efetivação dos direitos fundamentais sociais.* Rio de Janeiro: Renovar, 2011.

FERREIRA FILHO, Manoel Gonçalves. *Curso de direito constitucional.* 40. ed. São Paulo: Saraiva, 2015.

---

(128) ALEXY, ROBERT. *op. cit.,* p. 430.
(129) ANDRADE, José Carlos Vieira de. *op. cit.,* p. 387.

GALINDO, Bruno. *Direitos Fundamentais*. Análise de sua concretização constitucional. Curitiba: Juruá, 2003.

HABERMAS, Jürgen. *Die Zukunft der menschlichen Ntur*. Auf dem Weg zu einer liberalen Eugenik. Frankfurt am Main: Suhrkamp, 2001.

HOLMES, Stephen; SUNSTEIN, Cass. *The cost of rights. Why liberty depends on taxes*. New York – London: W. W. Norton & Company, 1999.

KUNIG, Philip. Art 1 (Würde des Menschen, Grundrechtsbinddung). *Ingo Von, Grundgesetz-Kommentr*, v. 1, 5. ed. München: C. H. Beck. 2000.

LAFER, Celso. *A reconstrução dos direitos humanos:* um diálogo com o pensamento de Hannah Arendt. São Paulo: Companhia das Letras, 1981.

MARCILIO, M. L. & PUSSOLI, L. (Coordenadores). *Cultura dos Direitos Humanos*. São Paulo: LTr, (Coleção Instituto Jacques Maritain), 1998.

MENDES, Gilmar Ferreira; COELHO, Inocêncio Mártires; BRANCO, Paulo Gustavo Gonet. *Curso de direito constitucional*. 11. ed. São Paulo: Saraiva, 2016.

NADER, Paulo. *Filosofia do Direito*. 5. ed. Rio de Janeiro: Forense, 1996.

PIOVESAN, Flávia. *Direitos Humanos e o direito constitucional internacional*. São Paulo: Max Limonad, 2004.

OLIVEIRA, Samuel Antônio Merbach de. Norberto Bobbio: teoria política e Direitos Humanos. *Revista Filosofia*. Champagnat. v. 19 n. 25 jul. dez. 2007.

PINHEIRO, Flávia de Campos. *A evolução dos direitos fundamentais e os documentos internacionais para sua proteção*. São Paulo: PUC-SP. 2008.

RADBRUCH, Gustav. *Filosofia do Direito*. 6. ed. Coimbra: Editor Armênio Amado, 1979.

PERÉZ LUÑO, Antônio Enrique. *Los Derechos Fundamentales*. Madrid: Tecnos Editorial, 2007.

REGO, Walquiria Domingues Leão. *Em busca do socialismo democrático*. São Paulo: UNICAMP, 2001.

RETORNILLO, L. Martin. *Derechos Fundamentales y Constitución, Sujetos*, p. 42-3, apud. SARLET, Ingo Wolfgang Sarlet. *A Eficácia dos Direitos Fundamentais*. Uma teoria Geral dos Direitos Fundamentais na Perspectiva Constitucional. 12. ed. rev. atual. amp. Porto Alegre: Livraria do Advogado, 2015.

SARLET, Ingo Wolfgang. *A eficácia dos direitos fundamentais*. 12. ed. Porto Alegre: Livraria do Advogado, 2015.

SILVA, José Afonso. *Curso de direito constitucional positivo*. 40. ed. São Paulo: Malheiros, 2017.

VIEIRA, Gustavo Oliveira. A paz e os direitos do homem no pensamento de Norberto Bobbio. *Revista de Ciências Sociais*, v. 5. n. 2 jul./dez. Santa Cruz do Sul: PUC-RS, 2007.

BRASIL. In: <www.stf.jus.br/jurisprudencias>.

Sites: <https://pt.wikipedia.org/wiki/Carta_de_Foral>.

CAPÍTULO 3
OS TRATADOS DE DIREITOS HUMANOS E SUA FORMAÇÃO, INCORPORAÇÃO E EFETIVAÇÃO NO BRASIL[130]

José Claudio Monteiro de Brito Filho[131]

1. Considerações iniciais

Em se tratando de Direitos Humanos, e sem desprezar a importância que os direitos fundamentais têm na proteção dos seres humanos, no plano interno dos estados soberanos, são os instrumentos normativos internacionais (pactos, convenções, tratados) que têm a primazia.

Eles são adotados, via de regra, no âmbito das organizações internacionais formadas pela união de estado soberanos, tanto no plano global, como a Organização das Nações Unidas (ONU) e a Organização Internacional do Trabalho (OIT), como no plano regional, como é o caso da Organização dos Estados Americanos (OEA), não havendo, todavia, óbice para sua adoção de forma mais particularizada, como em um tratado entre dois ou mais estados soberanos[132].

Eles se distinguem dos demais instrumentos normativos internacionais em razão de seu conteúdo, que é regular direitos considerados indispensáveis à preservação da dignidade da pessoa humana, ou seja, Direitos Humanos.

No caso dos instrumentos adotados no âmbito das organizações internacionais, que é o que nos interessa, sua aprovação, ainda que com o voto favorável de determinado país, e também com as ratificações em número suficiente para sua entrada em vigor no plano internacional, não significa sua exigibilidade imediata no âmbito desse país.

É que isso é dependente da forma como as normas internacionais são recebidas e reconhecidas no âmbito interno de cada estado soberano.

Ver como isso funciona no Brasil é o nosso objetivo nesse texto, que, por isso, está dividido em duas partes: primeiro, ao descartar a incorporação ao ordenamento jurídico brasileiro dos instrumentos normativos internacionais que tratam de Direitos Humanos, e, depois, demonstrando a eficácia dessas normas, ou seja, de sua possibilidade de produzir resultados condizentes com seu objetivo, que é o de proteger Direitos Humanos.

É um estudo eminentemente teórico, com o uso da doutrina existente, mas que também recorre a disposições normativas e à jurisprudência, por ser instrumental que, veremos, ajuda muito na compreensão das questões aqui debatidas.

2. Incorporação dos tratados de direitos humanos ao ordenamento jurídico brasileiro

Como dito, começamos discutindo a incorporação dos tratados de Direitos Humanos em nosso ordenamento jurídico, e, para isso, acreditamos que, primeiro, é preciso registrar como se dá a relação entre as normas de direito internacional e as normas de direito interno.

Segundo Paulo Henrique Gonçalves Portela, no geral, a "doutrina examina a matéria com base em duas teorias: o dualismo e o monismo". Afirma, todavia, que certas particularidades têm levado a que se admitam outras possibilidades, entre elas, a "primazia da norma mais favorável ao indivíduo, que prevalece dentro do Direito Internacional dos Direitos Humanos"[133].

Seguindo as lições desse autor, verificamos que, para o dualismo, o Direito Internacional e o Direito Interno são distintos e independentes. Assim, para que um tratado possa produzir efeitos dentro de um Estado soberano, precisa ser incorporado ao direito desse Estado, por intermédio de um instrumento normativo distinto, e próprio de seu direito interno, com o mesmo conteúdo do tratado. Prossegue dizendo que há, ainda, o que se denomina dualismo moderado, quando não há necessidade de aprovar um instrumento normativo próprio, como na hipótese anterior, precisando haver, somente, um

---

(130) O presente texto toma por base o capítulo 6 do livro de autoria do autor denominado *Direitos humanos* (São Paulo: LTr, 2015).
(131) Doutor em Direitos das Relações Sociais pela PUC/SP. Professor do Programa de Pós-Graduação em Direito da Universidade Federal do Pará. Professor do Programa de Pós-Graduação e do Curso de Direito do Centro Universitário do Estado do Pará. Titular da Cadeira n. 26 da Academia Brasileira de Direito do Trabalho.
(132) Imaginemos, por exemplo, que Brasil e Haiti celebrem um tratado disciplinando as condições de acolhimento de cidadãos haitianos que se desloquem para o Brasil, ainda que ilegalmente, fugindo das precárias condições de vida em seu país, em razão do terremoto de 2010 e do esgotamento de seus recursos naturais, entre outros motivos, com o objetivo de proporcionar condições dignas de sobrevivência a essas pessoas. Esse tratado, pelo seu objeto, é de Direitos Humanos.
(133) *Direito internacional público e privado*. 4 ed. Salvador: JusPODIUM, 2012. p. 63.

procedimento específico para a incorporação do tratado que, "normalmente inclui apenas a aprovação do parlamento e, posteriormente, a ratificação do Chefe de Estado, bem como, no caso do Brasil, um decreto de promulgação do Presidente da República, que inclui o ato internacional na ordem jurídica nacional"[134].

Já a respeito do monismo, Portela leciona que, para essa teoria, "existe apenas uma ordem jurídica, com normas internacionais e internas, interdependentes entre si". Havendo conflito, afirma que há duas teorias para determinar qual norma prevalecerá: o monismo internacionalista, em que há primazia da norma internacional, e o monismo nacionalista, quando ocorre o contrário. Conclui, mais adiante, que o Brasil adota elementos das duas teorias (monismo e dualismo), fazendo a seguinte observação:

> [F]ica evidente, portanto, que a prática brasileira em relação aos conflitos entre as normas internacionais e internas herdará aspectos do dualismo e do monismo e, [...], incorporará soluções próprias, que não permitirão, em nosso ponto de vista, definir qual a teoria que o Brasil adota, sendo mais pertinente afirmar que o Estado brasileiro recorre a elementos de ambas as teorias.[135]

Encerrando essa discussão, Portela fala de outras possibilidades, para introduzir a questão da primazia da norma mais favorável, princípio que trabalha com a ideia de que, havendo conflito, a primazia é da norma mais favorável à vítima ao indivíduo, prevalecendo a "que melhor promova a dignidade humana". Para o autor, o princípio se fundamenta "na prevalência do imperativo da proteção da pessoa humana", pelo que, nesses casos, não importará se a norma é internacional ou interna, pois ela prevalecerá simplesmente porque protege, da melhor forma, a dignidade[136].

Esse entendimento, a propósito, pode ser visualizado na decisão abaixo:

> Ilegitimidade jurídica da decretação da prisão civil do depositário infiel. Não mais subsiste, no sistema normativo brasileiro, a prisão civil por infidelidade depositária, independentemente da modalidade de depósito, trate-se de depósito voluntário (convencional) ou cuide-se de depósito necessário. Precedentes. Tratados internacionais de direitos humanos: as suas relações com o direito interno brasileiro e a questão de sua posição hierárquica. A Convenção Americana sobre Direitos Humanos (Art. 7º, n. 7). Caráter subordinante dos tratados internacionais em matéria de direitos humanos e o sistema de proteção dos direitos básicos da pessoa humana. Relações entre o direito interno brasileiro e as convenções internacionais de direitos humanos (CF, art. 5º, § 2º e § 3º). Precedentes. Posição hierárquica dos tratados internacionais de direitos humanos no ordenamento positivo interno do Brasil: natureza constitucional ou caráter de supralegalidade? Entendimento do relator, Min. Celso de Mello, que atribui hierarquia constitucional às convenções internacionais em matéria de direitos humanos. (...) Hermenêutica e direitos humanos: a norma mais favorável como critério que deve reger a interpretação do Poder Judiciário. Os magistrados e Tribunais, no exercício de sua atividade interpretativa, especialmente no âmbito dos tratados internacionais de direitos humanos, devem observar um princípio hermenêutico básico (tal como aquele proclamado no art. 29 da Convenção Americana de Direitos Humanos), consistente em atribuir primazia à norma que se revele mais favorável à pessoa humana, em ordem a dispensar-lhe a mais ampla proteção jurídica. O Poder Judiciário, nesse processo hermenêutico que prestigia o critério da norma mais favorável (que tanto pode ser aquela prevista no tratado internacional como a que se acha positivada no próprio direito interno do Estado), deverá extrair a máxima eficácia das declarações internacionais e das proclamações constitucionais de direitos, como forma de viabilizar o acesso dos indivíduos e dos grupos sociais, notadamente os mais vulneráveis, a sistemas institucionalizados de proteção aos direitos fundamentais da pessoa humana, sob pena de a liberdade, a tolerância e o respeito à alteridade humana tornarem-se palavras vãs. Aplicação, ao caso, do art. 7º, n. 7, c/c o art. 29, ambos da Convenção Americana de Direitos Humanos (Pacto de São José da Costa Rica): um caso típico de primazia da regra mais favorável à proteção efetiva do ser humano.[137]

Francisco Rezek, de sua parte, depois de afirmar, a respeito do sistema dualista, a independência do Direito Internacional e do Direito Interno de cada Estado, "de tal modo que a validade jurídica de uma norma interna não se condiciona à sua sintonia com a ordem internacional", faz menção às duas correntes do monismo mencionadas por Portela, indicando ao final que, não obstante não haja suporte doutrinário fora do antigo contexto soviético, o monismo nacionalista "norteia as convicções judiciárias em inúmeros países do ocidente — incluídos o Brasil e os Estados Unidos da América —, quando os tribunais enfrentam o problema do conflito entre normas de direito internacional e de direito público"[138].

Já Flávia Piovesan, tratando da incorporação dos tratados, primeiro relembra a sistemática constitucional a respeito, observando que "os tratados internacionais demandam, para seu aperfeiçoamento, um ato complexo, onde se integram a vontade do Presidente da República, que os celebra, e a do Congresso Nacional, que os aprova, mediante decreto legislativo"[139].

Avançando, afirma que a doutrina dominante, no Brasil, tem entendido pela doutrina dualista, pelo que seria necessária a edição de um ato normativo nacional para que os tratados produzam efeitos no ordenamento jurídico do País. Afirma ainda que, "[n]o caso brasileiro, esse ato tem sido um decreto de execução, adotado pelo Presidente da República, com a finalidade de promulgar o tratado ratificado na ordem jurídica interna, conferindo-lhe execução, cumprimento e publicidade no âmbito interno"[140].

---

(134) *Ibidem*, p. 63-64, estando a citação literal na página 64.
(135) *Ibidem*, p. 64-66, estando a citação literal na página 66.
(136) *Ibidem*, p. 67.
(137) HC 91.361, Rel. Ministro Celso de Mello, julgamento em 23.09.2008, Segunda Turma, *DJE* de 6.02.2009. Disponível em: <http://www.stf.jus.br/portal/constituicao/artigoBd.asp#visualizar>. Acesso em: 6 jul. 2014.
(138) *Direito internacional público*: curso elementar. 13. ed. 2. tir. São Paulo: Saraiva, 2011. p. 28-29.
(139) *Temas de direitos humanos*. 2. ed. São Paulo: Max Limonad, 2003. p. 80-81.
(140) *Ibidem*, p. 82.

A autora, todavia, entende que isso não se aplica aos tratados de Direitos Humanos, em razão da aplicabilidade imediata prevista no artigo 5º, § 1º, da Constituição da República, pelo que, ratificado o tratado, caso verse ele sobre Direitos Humanos, já se irradiam seus efeitos no âmbito interno, "dispensando-se a edição de decreto de execução". Para ela, então, o Brasil adota um sistema misto; dualista para os tratados relativos a outras matérias, e monista para os de Direitos Humanos[141].

Entende também que os tratados de Direitos Humanos, em razão do artigo 5º, § 2º, do texto constitucional, possuem hierarquia de norma constitucional, enquanto os demais decretos têm força de norma infraconstitucional[142]. Para Piovesan, então, haveria diferenças significativas entre os tratados de Direitos Humanos e os demais, pois os primeiros ingressariam no ordenamento jurídico brasileiro sem necessitar de um decreto de execução, e com *status* constitucional.

A respeito da publicação do que Piovesan chama decreto de execução, Francisco Rezek não faz distinções entre tratados de Direitos Humanos e outros, ensinando que, "[n]o Brasil se *promulgam* por decreto do presidente da República todos os tratados que tenham [sido] objeto de aprovação congressional antes da ratificação ou adesão", para afirmar, em seguida, que o objetivo é que o tratado seja inserido na ordem jurídica[143]. Mais à frente, todavia, tratando da nova sistemática para aprovação dos tratados de Direitos Humanos, disciplinada pelo artigo 5º, § 3º, da Constituição da República, e depois de mencionar que, possivelmente, esta será a única sistemática utilizada quando se referir a tratado que verse sobre essa matéria — e que, isto ocorrendo, sua natureza possivelmente impedirá a denúncia, pois a Constituição é imutável nesse aspecto, ou seja, em relação aos direitos com *status* de fundamental —, expõe um último pensamento a respeito da questão, defendendo que, o Congresso, ao aprovar a Emenda Constitucional n. 45, em 2004, sem qualquer ressalva, elevou os tratados de Direitos Humanos concluídos antes, em processo simples, ao nível constitucional[144].

É uma posição arrojada, assim como a apresentada por Piovesan, mas não encontra correspondência com a ação dos Poderes Executivo e Legislativo Federal, nem com o entendimento do Supremo Tribunal Federal, que insiste na supralegalidade, só não devendo ocorrer com os tratados aprovados depois da n. EC 45/2004 com o quórum e sistemática para a aprovação das emendas constitucionais.

Exemplo, em relação à manutenção da ideia de supralegalidade, é a decisão abaixo:

Desde a adesão do Brasil, sem qualquer reserva, ao Pacto Internacional dos Direitos Civis e Políticos (art. 11) e à Convenção Americana sobre Direitos Humanos — Pacto de San José da Costa Rica (art. 7º, 7), ambos no ano de 1992, não há mais base legal para prisão civil do depositário infiel, pois o caráter especial desses diplomas internacionais sobre direitos humanos lhes reserva lugar específico no ordenamento jurídico, estando abaixo da Constituição, porém acima da legislação interna. O *status* normativo supralegal dos tratados internacionais de direitos humanos subscritos pelo Brasil, dessa forma, torna inaplicável a legislação infraconstitucional com ele conflitante, seja ela anterior ou posterior ao ato de adesão. Assim ocorreu com o art. 1.287 do CC de 1916 e com o DL 911/1969, assim como em relação ao art. 652 do novo CC (Lei n. 10.406/2002).[145]

Já em relação à hierarquia entre a Constituição da República e todos os tratados internacionais, há a decisão abaixo:

Supremacia da CR sobre todos os tratados internacionais. O exercício do 'treaty-making power', pelo Estado brasileiro, está sujeito à observância das limitações jurídicas emergentes do texto constitucional. Os tratados celebrados pelo Brasil estão subordinados à autoridade normativa da CR. Nenhum valor jurídico terá o tratado internacional, que, incorporado ao sistema de direito positivo interno, transgredir, formal ou materialmente, o texto da Carta Política. Precedentes.[146]

A discussão colocada por Francisco Rezek, de que os tratados de Direitos Humanos incorporados ao ordenamento jurídico brasileiro antes da EC n. 45/2004 passaram a ter *status* constitucional, entretanto, foi levantada no STF, na 2ª Turma, pelo Ministro Joaquim Barbosa, ao menos uma vez, de forma clara, como será visto no voto, parcial, que vamos transcrever. Não nos parece, todavia, que a situação tenha sido enfrentada pela Turma sob esse viés, e sim por outro argumento. Não é uma decisão, então, que possa ser considerada suficiente para alterar o posicionamento do Tribunal, a respeito da supralegalidade dos tratados de Direitos Humanos. A parte do voto a que nos referimos é a seguinte:

(...) após o advento da EC 45/2004, consoante redação dada ao § 3º do art. 5º da CF, passou-se a atribuir às convenções internacionais sobre direitos humanos hierarquia constitucional (...). Desse modo, a Corte deve evoluir do entendimento então prevalecente (...) para reconhecer a hierarquia constitucional da Convenção. (...) Se bem é verdade que existe uma garantia ao duplo grau de jurisdição, por força do pacto de São José, também é fato que tal garantia não é absoluta e encontra exceções na própria Carta.[147]

---

(141) *Ibidem*, p. 82-83, estando a transcrição na p. 82.
(142) *Ibidem*, p. 83.
(143) *Direito internacional público*: curso elementar. 13. ed. 2. tir. São Paulo: Saraiva, 2011. p. 103.
(144) *Ibidem*, p. 132-133.
(145) *RE 466.343*, Rel. Ministro Cezar Peluso, voto do Ministro Gilmar Mendes, julgamento em 3.12.2008, Plenário, *DJE* de 5.6.2009, com repercussão geral. Disponível em: <http://www.stf.jus.br/portal/constituicao/artigoBd.asp#visualizar>. Acesso em: 6 jul. 2014.
(146) *MI 772-AgRg*, Rel. Ministro Celso de Mello, julgamento em 24.10.2007, Plenário, *DJE* de 20.3.2009. *Idem*.
(147) *AI 601.832-AgRg*, voto do Rel. Min. Joaquim Barbosa, julgamento em 17.3.2009, Segunda Turma, *DJE* de 3.4.2009.

Há questões em aberto, então, que ainda deverão ser enfrentadas pelo Supremo Tribunal Federal. O que é importante observarmos é que, considerando a essencialidade das normas de Direitos Humanos, acreditamos que o melhor entendimento será o que, respeitando as disposições constitucionais a respeito da matéria, que são os artigos 49, I[148], e 84, VIII[149], da Constituição da República, além do fato de que toda norma, para produzir efeitos, deve ser publicada, para a necessária publicidade, e para que se tenha a versão oficial em português, der máxima efetividade às normas internacionais que tratem desse conjunto.

3. Efetividade

Os Direitos Humanos, como o conjunto de direitos que dão concretude à dignidade da pessoa humana — mesmo papel que os Direitos Fundamentais cumprem, agora em ambiente mais limitado, que é o espaço em que os Estados exercem sua soberania —, não podem ser pensados apenas em teoria, nem devem estar limitados à letra fria das normas.

Não, eles precisam ser vistos de forma concreta, permitindo que as pessoas possam usufruir dos direitos que para elas são essenciais, na medida em que isso seja necessário para preservar sua dignidade e sejam compatíveis com os seus planos de vida.

Ocorre que nem sempre os obrigados a garantir o exercício dos Direitos Humanos, o Estado, em boa parte dos casos, mas os particulares, também, praticam os atos para que isso ocorra.

Daí a necessidade de reconhecermos, para os Direitos Humanos, a característica da exigibilidade, pois não pode ficar ao alvedrio do obrigado a decisão de cumprir ou não sua obrigação. Não, os Direitos Humanos, pela sua indispensabilidade, pela sua essencialidade, devem poder ser exigíveis e, de imediato, contra qualquer ente ou pessoa.

Para isso, no Brasil, o ordenamento jurídico possui todos os instrumentos necessários, havendo, no âmbito das garantias, diversas formas de exigir o cumprimento dos Direitos Humanos, bem como dos Direitos fundamentais. Instrumentos como o *habeas corpus*, o mandado de segurança, o mandado de segurança coletivo, o *habeas data*, o mandado de injunção, a ação civil pública e as demais ações coletivas e individuais garantem a exigibilidade, no plano judicial, dos direitos essenciais das pessoas, fazendo isso em favor de todos que são reconhecidos como detentores de direitos: os indivíduos e as coletividades determinadas e indeterminadas.

Esse, todavia, não nos parece ser, para a discussão que estamos travando, o aspecto principal da exigibilidade, até porque os instrumentos dão margem a uma proteção ampla e segura, além de que a proposta deste texto não é enveredar pelos aspectos procedimentais. Por essas razões, não nos deteremos nesse aspecto.

O que queremos é discutir algumas questões antecedentes, e que interferem na aceitação, em juízo, dos pleitos relativos à exigibilidade dos Direitos Humanos, e, em alguns casos, dos Direitos Fundamentais.

Faremos isso a partir de uma visão definida, e que, entendemos, deve ser registrada logo. Cabe primeiro indicarmos que a exigibilidade significa que esses direitos são exigíveis de imediato e da forma que for necessária para a sua realização, ou seja, para que se possam incorporar, de fato e de direito, à vida de quem os possui.

Em se tratando de Direitos Humanos, pretender ou defender menos que isso é nos contentarmos com um conjunto de normas que, embora definidas como essenciais, podem ou não ser garantidas às pessoas, o que é claramente contraditório.

Ainda assim, doutrina significativa tem, de forma crescente, postulado exatamente isso, ou seja, que os Direitos Humanos podem ser concedidos com limites, ou em proporção inferior ao que foi definido como indispensável, e isso em relação a todos os Direitos Humanos, seja qual for a dimensão em que estão inseridos, embora isso ocorra no Brasil, mais frequentemente, com os chamados direitos sociais.

Não somente com eles, entretanto. É comum, por exemplo, o governante de ocasião, insatisfeito com a não unanimidade das opiniões da imprensa em favor de seus atos, volta e meia discutir a regulamentação da mídia, ou dos que nela trabalham, o que nada mais é do que a tentativa de restringir a liberdade de imprensa e, assim, a liberdade de informação, que é um dos Direitos Humanos.

Quem não vê, também, os governos cedendo, em nome de fatos passados e de interesses de grupos organizados, à manutenção de situações irregulares, em vez de adotar, em definitivo, uma solução para as questões ambientais, de mobilidade urbana, de ocupação racional e democrática das cidades? Ora, tudo isso é forma de negar as condições para o exercício de Direitos Humanos, e uma afronta direta à característica da exigibilidade.

Na contramão dessa tendência, pensamos que os Direitos Humanos possuem boas razões para que sejam realizados de pronto, e com a amplitude necessária para que possam, de fato, fazer diferença na vida das pessoas. Começamos com a questão da aplicabilidade imediata que, acreditamos, dá início à ideia da exigibilidade, e, por isso, permite que os instrumentos normativos que tratam de Direitos Humanos sejam efetivos.

André de Carvalho Ramos que, como a maioria da doutrina, trata a aplicabilidade imediata como uma característica autônoma — o que, não negamos que possa ser, discutindo essa

---

(148) Art. 49. É da competência exclusiva do Congresso Nacional: I – resolver definitivamente sobre tratados, acordos ou atos internacionais que acarretem encargos ou compromissos gravosos ao patrimônio nacional; (...).
(149) Art. 84. Compete privativamente ao Presidente da República: VIII – celebrar tratados, convenções e atos internacionais, sujeitos a referendo do Congresso Nacional; (...).

característica, todavia, no bojo da exigibilidade, mais porque entendemos que elas estão inevitavelmente ligadas —, afirma:

> Para a defesa dos direitos humanos adota-se a aplicabilidade imediata dos textos normativos às situações fáticas existentes, de modo que se reconhece que, sob o aspecto formal (jurídico-normativo), tais direitos são *tendencialmente completos*, ou seja, aptos a serem invocados desde logo pelo jurisdicionado.[150]

A aplicabilidade imediata, em relação aos Direitos Fundamentais, está prevista no artigo 5º, § 1º, da Constituição da República, que prescreve:

> § 1º As normas definidoras dos direitos e garantias fundamentais têm aplicação imediata.

É preciso verificarmos, todavia, sua aplicabilidade aos Direitos Humanos. Em relação aos tratados aprovados nos termos do artigo 5º, § 3º, também da Constituição, não há dúvidas, pois o *status* constitucional desses tratados não é posto em discussão, nem sua condição, a partir da incorporação ao direito interno, de Direitos Humanos, mas, também, de Direitos Fundamentais.

Essa certeza não é tanta, assim, em relação aos tratados que não foram aprovados com a sistemática do citado § 3º. Caso se utilize o pensamento de Rezek, como já vimos, o *status* constitucional é garantido aos aprovados antes da Emenda Constitucional n. 45/2004, e, por isso, a aplicabilidade imediata também é reconhecida. Caso recorramos ao pensamento de Flávia Piovesan, que também já foi discutido, mais ainda.

Essa é uma questão, entretanto, que pode ter outro desfecho no plano judicial, considerando o que foi observado, no item anterior, a respeito da jurisprudência do Supremo Tribunal Federal. Isso deixa a discussão em aberto?

Pensamos que não. Mesmo que não se reconheça a aplicabilidade imediata prevista no artigo 5º, § 1º, do texto constitucional, não é possível deixar de reconhecermos aos Direitos Humanos essa condição. É que, além do artigo 5º, § 2º, Constitucional[151], orientar nesse sentido, dando aos Direitos Humanos a condição de, pelo menos, direitos materialmente fundamentais[152], é ínsito aos Direitos Humanos, pelo fato de que representam os direitos mais básicos dos seres humanos, sua aplicação de imediato, ou seja, não podemos conceber que direitos que resguardam o que de mais essencial há para as pessoas não possam ser manejados, ao argumento de que dependentes de regulamentação, ou porque não há condições para que o Estado ou os particulares cumpram as respectivas obrigações.

Em relação à primeira objeção que pode ser apresentada, ou seja, de que o direito, para ser exercitado, necessita de regulamentação, pensamos, é um fundamento que, de forma genérica, está superado desde a mudança de posição do Supremo Tribunal Federal em relação aos efeitos de decisão de procedência no mandado de injunção[153], e que é bem representada pelo que foi decidido no MI n. 708-0 – Distrito Federal, da relatoria do Ministro Gilmar Mendes, julgado em 25.10.2007 (publicação: 31.10.2008), tendo a ementa, na parte inicial, o seguinte teor:

> MANDADO DE INJUNÇÃO. GARANTIA FUNDAMENTAL (CF, ART. 5º, INCISO LXXI). DIREITO DE GREVE DOS SERVIDORES PÚBLICOS CIVIS (CF, ART. 37, INCISO VII). EVOLUÇÃO DO TEMA NA JURISPRUDÊNCIA DO STF. DEFINIÇÃO DOS PARÂMETROS DE COMPETÊNCIA CONSTITUCIONAL PARA APRECIAÇÃO NO ÂMBITO DA JUSTIÇA FEDERAL E DA JUSTIÇA ESTADUAL ATÉ A EDIÇÃO DA LEGISLAÇÃO ESPECÍFICA PERTINENTE, NOS TERMOS DO ART. 37, VII, DA CF. EM OBSERVÂNCIA AOS DITAMES DA SEGURANÇA JURÍDICA E À EVOLUÇÃO JURISPRUDENCIAL NA INTERPRETAÇÃO DA OMISSÃO LEGISLATIVA SOBRE O DIREITO DE GREVE DOS SERVIDORES PÚBLICOS CIVIS, FIXAÇÃO DO PRAZO DE SESSENTA DIAS PARA QUE O CONGRESSO NACIONAL LEGISLE SOBRE A MATÉRIA. MANDADO DE INJUNÇÃO DEFERIDO PARA DETERMINAR A APLICAÇÃO DAS LEIS 7.701/1988 E 7.783/1989.[154]

É que, agora, ainda que se reconheça que um direito essencial da pessoa é dependente de regulamentação, há, em contrapartida, o entendimento de que isso pode ser superado por decisão judicial que determine como esse direito deverá ser exercitado, no caso concreto, até que sobrevenha a regulamentação.

Não estamos com isso dizendo que o mandado de injunção seria entendido como apto a permitir o exercício de direito humano teoricamente dependente de regulamentação, porque, para isso, deveria travar a mesma discussão que foi feita poucas linhas atrás, a respeito do *status* dos tratados de Direitos Humanos, pois está claro na redação do artigo 5º, LXXI, da Constituição da República, que o mandado de injunção serve para discutir a possibilidade de exercício de direitos constitucionais, e isso pode ser entendido como um óbice para Direitos Humanos

---

(150) *Teoria geral dos direitos humanos na ordem internacional*. Rio de Janeiro: Renovar, 2005. p. 225.
(151) O artigo 5º, § 2º, da Constituição da República, preceitua: Os direitos e garantias expressos nesta Constituição não excluem outros decorrentes do regime e dos princípios por ela adotados, ou dos tratados internacionais em que a República Federativa do Brasil seja parte.
(152) Como ensina Flávia Piovesan, tratando do artigo 5º, § 2º, da Constituição da República, "os direitos fundamentais podem ser organizados em três distintos grupos: a) o dos direitos expressos na Constituição; b) o dos direitos implícitos, decorrentes do regime e dos princípios adotados pela Carta constitucional; e c) o dos direitos expressos nos tratados internacionais subscritos pelo Brasil" (*Temas de direitos humanos*. 2 ed. São Paulo: Max Limonad, 2003. p. 44-45).
(153) O mandado de injunção é previsto no artigo 5º, inciso LXXI, da Constituição da República, que prevê: "conceder-se-á mandado de injunção sempre que a falta de norma regulamentadora torne inviável o exercício dos direitos e liberdades constitucionais e das prerrogativas inerentes à nacionalidade, à soberania e à cidadania."
(154) Disponível em: <file:///E:/Direitos%20Humanos/mi%20708%20-%20df.pdf>. Acesso em: 17 jul. 2014.

que não têm correspondência entre os Fundamentais previstos na Constituição da República.

Não, o que estamos dizendo é que a posição do Supremo Tribunal Federal, para nós, sinaliza a ideia de que direitos básicos, essenciais — e os Direitos Humanos são básicos e essenciais para todos —, não podem ficar dependentes do que seja, o que inclui regulamentação por norma infraconstitucional, para serem exercitados, havendo outros instrumentos processuais que podem viabilizar seu exercício, desde que amparados na conclusão de que os direitos devem ser respeitados e garantidos de imediato, e isso, na linha do que estamos defendendo, para nós é óbvio.

A outra objeção diz respeito à falta de condições, via de regras materiais, para o cumprimento de obrigações relativas a Direitos Humanos.

Em relação aos particulares, ou seja, à obrigação de os particulares cumprirem obrigações relativas a direitos essenciais da pessoa, o que se convencionou chamar de eficácia horizontal, aí tanto dos Direitos Humanos como dos Direitos Fundamentais, a discussão, pensamos, hoje em dia, caminha corretamente para a compreensão de que os particulares estão obrigados a respeitar os Direitos Humanos, garantindo aqueles que estejam dependentes de sua ação, não sendo isto uma imposição que somente se pode fazer ao Estado.

É que os direitos básicos do ser humano, decorrentes de sua dignidade, não são concedidos, apenas, pelo Estado, mas, também, nas relações privadas. Para Ingo Wolfgang Sarlet, "a ordem comunitária e, portanto, todas as entidades privadas e os particulares encontram-se diretamente vinculados pelo princípio da dignidade da pessoa humana", por isso, "o princípio da dignidade da pessoa vincula também no âmbito das relações entre os particulares".[155]

O mesmo autor, mais à frente, tratando dos Direitos Fundamentais, mas o que se aplica também aos Direitos Humanos, lembra que os primeiros "vinculam também diretamente os particulares nas relações entre si, sendo — na esfera deste conteúdo — irrenunciáveis".[156]

Já André de Carvalho Ramos afirma:

> De acordo com a teoria da eficácia horizontal dos direitos fundamentais, esses se aplicam *obrigatoriamente* e *diretamente* na realização dos atos jurídicos entre pessoas e entes privados. Assim, adota-se a tese da eficácia plena dos direitos fundamentais, podendo cada indivíduo, sem qualquer necessidade de mediação concretizadora de atos normativos ou leis, invocar os direitos e garantias individuais nas suas relações privadas.[157]

Os maiores problemas, no entanto, ocorrem em relação à chamada eficácia vertical, ou seja, nas relações das pessoas com o Estado, no que diz respeito ao cumprimento das obrigações deste no que se refere aos Direitos Humanos e aos Direitos Fundamentais.

É que, nesse caso, diversas tentativas têm ocorrido para impedir que os indivíduos busquem a proteção de seus direitos essenciais, especialmente os sociais.

De fato, inúmeras razões têm sido apresentadas para justificar a negativa, desde o argumento de que é preciso compatibilizar as necessidades das pessoas à capacidade do Estado de prestar os serviços necessários, até chegar à alegação de que os direitos sociais devem ser vistos sob esse prisma, não devendo ser entendidos como configurando direitos subjetivos de índole individual.

Nesse sentido, por exemplo, Fernando Facury Scaff que, tratando dos recursos para o financiamento dos direitos sociais, primeiro argumento acima indicado, afirma:

> Ocorre que os recursos são escassos e as necessidades infinitas. Como o sistema financeiro é um sistema de vasos comunicantes, para se gastar de um lado precisa-se retirar dinheiro de outro. Assim, seguramente, mais verbas para o ensino fundamental pode implicar em menos verbas para o ensino superior; e a mesma disputa financeira pode ocorrer no custeio da saúde pública. Nestes casos, a *discricionariedade do legislador* está presente. (destaque do autor)[158]

Outro que caminha no mesmo sentido, tratando do direito à saúde, é Gustavo Amaral, para quem, "[a]dministrar, em termos de saúde, é gerir recursos limitados para atender necessidades ilimitadas. As necessidades são ilimitadas porque a existência humana é limitada, assim, a luta pela saúde é, em última instância, a luta contra o inexorável".[159]

Voltando a Fernando Facury Scaff, agora em relação ao último argumento, e também tratando do direito à saúde, leciona o autor:

> É nítido que este preceito determina um direito à saúde através de *"políticas sociais e econômicas"*, porém a interpretação que vem sendo dada a este preceito é a de que este é um direito individual, que pode ser gozado diretamente por cada indivíduo, e não através da implementação de uma *política pública*.

---

(155) *Dignidade da pessoa humana e direitos fundamentais na Constituição Federal de 1988*. 4. ed. Porto Alegre: Livraria do Advogado Editora, 2006. p. 111.
(156) *Ibidem*, p. 112.
(157) *Teoria geral dos direitos humanos na ordem internacional*. Rio de Janeiro: Renovar, 2005. p. 248.
(158) SCAFF, Fernando Facury. A efetivação dos direitos sociais no Brasil: garantias constitucionais de financiamento e judicialização. In: SCAFF, Fernando Facury; ROMBOLI, Roberto; REVENGA, Miguel (Coords.). *A eficácia dos direitos sociais*. São Paulo: Quartier Latin, 2010. p. 29.
(159) AMARAL, Gustavo. Saúde direito de todos, saúde direito de cada um: reflexões para a transição da práxis judiciária. In: NOBRE, Milton Augusto de Brito; SILVA, Ricardo Augusto Dias da (Coords.). *O CNJ e os desafios da efetivação do direito à saúde*. Belo Horizonte: Fórum, 2011. p. 92.

Aprisiona-se o interesse social e concede-se realce ao direito individual. (destaques todos do autor)[160].

No mesmo sentido, e de novo em relação à saúde, mas salientando uma ação que "transcenda" as demandas individuais, é o pensamento de Antonio Moreira Maués, que defende que pode o Judiciário atuar, desde que não respalde, por exemplo, "tratamentos não previstos oficialmente", cabendo-lhe colaborar "com a distribuição mais equitativa dos bens relacionados à saúde". Para esse autor, fica claro que, o papel do Judiciário nas questões envolvendo o direito à saúde deveria estar voltado para que a discussão a respeito se dê, prioritariamente, no que chama de "campo por excelência" para as decisões em matéria de saúde, que é o "das leis orçamentárias"[161].

Outro que se posiciona de forma semelhante é o já citado Gustavo Amaral, que postula no sentido de que o Judiciário deve decidir para além da adjudicação em favor do autor envolvido diretamente no feito, impondo obrigações, "dentro de prazos e balizas postas [...] como técnica de solução"[162].

Respeitando a honestidade intelectual dos que defendem essas posições, pensamos que elas partem de premissas que não são as mais adequadas, embora aparentemente sejam corretas, chegando, como era de se esperar, a conclusões que não são as que favorecem o sujeito protegido no caso dessas normas, que é o ser humano.

Pensamos que a primeira questão a ser considerada é que os direitos sociais, ou quaisquer outros que tenham natureza de direito a prestações, são Direitos Humanos e, no plano interno, no Brasil, Direitos Fundamentais.

Isso significa que é dever, especialmente, do Estado, embora não somente dele, adotar as medidas necessárias para que esses direitos estejam disponíveis para todas as pessoas. É necessário, também, entendermos que os direitos, embora classificados como sociais, produzem efeitos em relação a cada um dos indivíduos, não sendo possível raciocinar apenas pelo prisma coletivo.

Pensarmos diferente é imaginarmos que o ser humano, em relação aos direitos sociais, como saúde, educação, trabalho, assistência etc., é somente e sempre parte de um todo, e que basta uma política geral para que o direito seja preservado, como se os problemas no exercício de cada um desses direitos não se manifestassem de maneira individualizada em cada pessoa; como se as necessidades de todos fossem sempre as mesmas. É óbvio que não é assim.

Por esse motivo, não obstante deva o Estado planejar e executar serviços que concedam os direitos sociais a todos, concretamente cada pessoa estabelecerá com cada bem da vida uma relação de caráter individual.

As políticas gerais, então, não desobrigam o Estado de se relacionar, na medida das necessidades das pessoas, com cada um dos indivíduos, a partir de demandas concretas para o exercício de seus direitos.

Assim é que, por exemplo, ao lado do interesse de toda a coletividade de ter o Estado realizado todas as ações necessárias para a preservação da saúde de todos, há o interesse de cada indivíduo de ter a sua própria saúde garantida, por meio das ações convenientes para o seu caso concreto.

Nesse sentido, é o que afirma Ingo Wolfgang Sarlet:

> ... o que satisfaz o mínimo existencial guarda relação com necessidades físicas e psíquicas que, embora comuns às pessoas em geral, não podem levar a uma padronização excludente, pois o que o direito à saúde assegura — mesmo no campo dos assim designados direitos derivados a prestações (!!!), não é necessariamente o direito ao tratamento limitado a determinado medicamento ou procedimento previamente eleito por essa mesma política, mas sim, o direito ao tratamento para a doença...[163]

É por isso que há um direito subjetivo de cada indivíduo de exigir do Estado as medidas específicas para garantir a concretização de todos os direitos sociais, e na medida em que isso, de fato, garantir a realização do direito, e não somente aquilo que o Estado pretender prestar, e na proporção que quiser prestar[164].

A respeito do assunto, Celso Antônio Bandeira de Mello, tratando genericamente do direito subjetivo do administrado em relação ao Poder Público, afirma que este existe quando:

> a ruptura da legalidade cause ao administrado um agravo pessoal do qual estaria livre se fosse mantida íntegra a ordem jurídica ou lhe seja subtraída

---

(160) SCAFF, Fernando Facury. A efetivação dos direitos sociais no Brasil: garantias constitucionais de financiamento e judicialização. In: SCAFF, Fernando Facury; ROMBOLI, Roberto; REVENGA, Miguel (Coords.). *A eficácia dos direitos sociais*. São Paulo: Quartier Latin, 2010. p. 30.
(161) MAUÉS, Antonio Moreira. Problemas da judicialização do direito à saúde no Brasil. In: SCAFF, Fernando Facury; ROMBOLI, Roberto; REVENGA, Miguel (Coords.). *A eficácia dos direitos sociais*. São Paulo: Quartier Latin, 2010. p. 270-271.
(162) AMARAL, Gustavo. Saúde direito de todos, saúde direito de cada um: reflexões para a transição da práxis judiciária. In: NOBRE, Milton Augusto de Brito; SILVA, Ricardo Augusto Dias da (Coords.). *O CNJ e os desafios da efetivação do direito à saúde*. Belo Horizonte: Fórum, 2011. p. 111-112.
(163) SARLET, Ingo Wolfgang. A titularidade simultaneamente individual e transindividual dos direitos sociais analisada à luz do exemplo do direito à proteção e promoção da saúde. In: NOBRE, Milton Augusto de Brito; SILVA, Ricardo Augusto Dias da (Coords.). *O CNJ e os desafios da efetivação do direito à saúde*. Belo Horizonte: Fórum, 2011. p. 141.
(164) Defender que caiba ao Estado determinar onde e como vai atuar, no caso dos direitos sociais — previstos nos tratados de Direitos Humanos ou na Constituição da República, e com a indicação de que é do ente público, em seus diversos níveis, a obrigação primeira de proporcioná-los —, é desvirtuar, senão aniquilar, a ideia de que, nestes casos, o Estado tem de ser visto como um prestador de serviços, e que não tem sua existência justificada senão para prestar serviços públicos essenciais à comunidade.

uma vantagem a que acederia ou que pretenderia aceder nos termos da lei e que pessoalmente desfrutaria ou faria jus a disputá-la se não houvesse ruptura da legalidade, *nada importando que a ilegalidade argüida alcance a um ou a um conjunto de indivíduos conjuntamente afetados, por se encontrarem na mesma situação objetiva e abstrata.* (destaque do autor)[165]

E, mais adiante, o mesmo autor registra que, se não houvesse a possibilidade de se fazer a correção, pela via judicial, das violações aos direitos das pessoas, os princípios da legalidade e da isonomia de pouco valeriam[166].

Já Ingo Wolfgang Sarlet, tratando especificamente do direito fundamental à saúde, embora afirme a preferência pela tutela coletiva, do ponto de vista dos objetivos que podem ser alcançados, deixa claro que há uma titularidade — "no que diz com a condição de sujeito de direitos subjetivos" — ao mesmo tempo individual e transindividual[167].

De outro lado, sem fazer distinções, mas propondo uma busca mais intensa da tutela jurisdicional, tanto no plano individual como no coletivo, está Flávia Piovesan, que entende que:

> É necessário [...] avançar em estratégias de litigância no âmbito nacional, que otimizem a justiciabilidade e a exigibilidade dos direitos econômicos e sociais, como verdadeiros direitos públicos subjetivos, por meio do *empowerment* da sociedade civil e de seu ativo e criativo protagonismo.[168]

No plano jurisprudencial, observa-se uma tendência dos tribunais, a começar do Supremo Tribunal Federal (STF), de reconhecer o direito de as pessoas pleitearem, individualmente, em juízo, as prestações que entendem devidas pelo Estado em matéria de direitos sociais, tendência que, pensamos, deve ser ampliada cada vez mais[169].

Cumpre registrarmos que reconhecer o direito individual de pleitear um direito social, definido como humano ou como fundamental, contra o Estado em juízo, não é, ao contrário do que por vezes é afirmado, uma visão elitizante, no sentido de que assim entender favorece os com mais recursos, e que podem mais facilmente demandar em juízo. Pelo contrário, favorece os que têm menos e, portanto, não podem suportar, ao menos no total, o custo da prestação do serviço, o custo necessário para ter o direito concedido.

A propósito, é preciso observarmos que nada há de incorreto em discutir, judicialmente, questões na esfera individual; afinal é, ao fim e ao cabo, o indivíduo que será beneficiado ou prejudicado com as medidas do governo. Além do mais, as ações coletivas nem sempre serão hábeis para prevenir ou reparar todas as lesões, pois podem investir contra situações gerais, mas, dificilmente, serão suficientes para reparar todas as lesões causadas a cada um dos indivíduos, e, muito menos serão hábeis em casos de urgência[170].

Essa é uma das formas, embora não a única, de dizer não à discricionariedade estatal. Afinal, as políticas públicas decorrem de mandamentos previstos no ordenamento, não são criações, sem base alguma, dos governantes. As ações estatais devem obedecer à lógica da prestação dos Direitos Humanos que o Estado assumiu, ao incorporar os respectivos tratados, e dos Direitos Fundamentais, ambos de forma plena, e não à lógica mesquinha dos governos, mais preocupados com seus projetos de poder.

Dois exemplos: é habitual o fornecimento — seletivo — de medicamentos para algumas enfermidades graves, enquanto que para outras, também graves, não, ao menos não na totalidade do que seria adequado. Ora, permitir essa discricionariedade é aceitar que o governo tem o direito de dizer que doença vai ser tratada, e quem deve ou não viver, o que é, sob qualquer ótica, inaceitável. É comum, também, que os governos estaduais façam opções em relação aos municípios e regiões que estão em seu território, decidindo quem vai receber maiores investimentos em educação, gerando claro desnível na formação dos alunos dos colégios públicos, o que é, também, inaceitável.

No entanto, não é só a questão de decidir se tal e qual direito configura direito subjetivo individual que se precisa discutir. É que há outros argumentos para negar a realização dos Direitos Humanos, como visto, de forma breve, mais acima. Voltamos a eles.

Começamos com o que tem relação com a atuação judicial, e se refere à alegação de que, ao decidir a respeito de questões

---

(165) BANDEIRA DE MELLO, Celso Antônio. *Eficácia das normas constitucionais e direitos sociais.* 1. ed. 3. tir. São Paulo; Malheiros Editores, 2011. p. 43-44.
(166) *Ibidem*, p. 46.
(167) SARLET, Ingo Wolfgang. A titularidade simultaneamente individual e transindividual dos direitos sociais analisada à luz do exemplo do direito à proteção e promoção da saúde. In: NOBRE, Milton Augusto de Brito; SILVA, Ricardo Augusto Dias da (Coords.). *O CNJ e os desafios da efetivação do direito à saúde.* Belo Horizonte: Fórum, 2011. p. 143-144.
(168) PIOVESAN, Flávia. Justiciabilidade dos direitos sociais e econômicos: desafios e perspectivas. In: CANOTILHO, J. J. Gomes; CORREIA; Marcus Orione Gonçalves; CORREIA, Érica Paula Barcha (Coords.). *Direitos fundamentais sociais*. São Paulo: Saraiva, 2010. p. 69.
(169) Para uma análise a respeito das decisões judiciais, especialmente do STF, ver Mendes (MENDES, Gilmar Ferreira, e BRANCO, Paulo Gustavo Gonet. *Curso de direito constitucional.* 6. ed. São Paulo: Saraiva, 2011. p. 709-712) e PIOVESAN (Justiciabilidade dos direitos sociais e econômicos: desafios e perspectivas. In: CANOTILHO, J. J. Gomes; CORREIA, Marcus Orione Gonçalves; CORREIA, Érica Paula Barcha (Coords.). *Direitos fundamentais sociais*. São Paulo: Saraiva, 2010. p. 58-62).
(170) Isso reconhece, por exemplo, Scaff, quando, embora diga que não é papel do Poder Judiciário substituir o Legislativo, afirma que, "É certo que muitas medidas de caráter urgente devem ser proferidas visando salvar vidas ou resolver situações emergenciais" (SCAFF, Fernando Facury. A efetivação dos direitos sociais no Brasil: garantias constitucionais de financiamento e judicialização. In: SCAFF, Fernando Facury; ROMBOLI, Roberto; REVENGA, Miguel (Coords.). *A eficácia dos direitos sociais.* São Paulo: Quartier Latin, 2010. p. 29).

que envolvem políticas públicas, o Poder Judiciário violaria o princípio da separação dos poderes, além de que haveria ofensa à própria noção de democracia, pois a legitimidade para criar e executar políticas públicas seria dos Poderes Executivo e Legislativo.

Quanto à primeira parte do argumento, não há qualquer razão para o seu manejo. O Poder Judiciário, quando julga ações em que se discute o desrespeito a Direitos Humanos, está agindo exatamente da forma que lhe cabe, ou seja, como o Poder do Estado a quem compete solucionar conflitos de interesse qualificados, via de regra[171], por lesão ou ameça de lesão a direito[172].

Não há, então, invasão da esfera de atuação de outros Poderes do Estado, ainda que o Poder Judiciário, no caso concreto, fixe condições para o exercício do direito postulado, em condições distintas das previstas pelo Poder Executivo, por exemplo. É que, ao assim agir, o que o Judiciário faz é indicar as condições para que o direito violado seja reparado, e isso não significa atuação como outro Poder, mas sim o puro e simples exercício da jurisdição.

Da mesma forma, não há ofensa à democracia, a não ser que se trabalhe com a limitada ideia de democracia majoritária, em que basta que se tenha a deliberação dos membros do Parlamento, respeitada a forma prescrita, e com respeito à vontade da maioria, para que se aperfeiçoe a ideia. Não, a concepção de democracia que deve ser levada em consideração é a que se tem denominado de democracia constitucional, e que, resumindo, conjuga a noção da regra da maioria com o respeito aos direitos básicos dos seres humanos, materializados enquanto Direitos Fundamentais ou como Direitos Humanos[173].

A esse respeito, afirma Ana Paula de Barcellos:

> [C]umpre esclarecer que democracia não é sinônimo de regra majoritária, e a história é pródiga em exemplo de maiorias totalitárias, sendo os dois mais recentes e famosos a Assembléia Jacobina do período do Terror na Revolução Francesa e as maiorias nazista e facista. A democracia exige mais do que apenas a aplicação da regra majoritária. É preciso que, juntamente com ela, sejam respeitados os direitos fundamentais de todos os indivíduos, façam eles parte da maioria ou não.[174]

Assim, ainda que se tenha de respeitar as deliberações tomadas pelo Parlamento, isso não prevalece se o que foi decidido atenta contra direitos essenciais da pessoa. Nesse caso, é plenamente justificável a atuação jurisdicional quando se trata de proteger as pessoas de deliberações do Estado que invadem o que chama Ronald Dworkin de questões insensíveis à escolha, pois, em oposição, o que pode ser objeto de atuação parlamentar são as questões sensíveis à escolha[175].

Outros argumentos, agora de ordem nitidamente econômica — reserva do possível e impossibilidade material —, dizem respeito aos limites dos recursos à disposição do Estado, o que deveria nortear a aplicação das políticas até o limite do que pudesse ser dispendido.

A esse respeito, Sandoval Alves da Silva, abordando os direitos sociais, afirma:

> No caso dos direitos fundamentais sociais ou de segunda dimensão, é preciso observar a teoria da reserva do possível, pois as prestações positivas fornecidas pelo Estado devem encontrar limites na riqueza nacional ou na situação econômica de um país, visto que não se deve acreditar na utópica inesgotabilidade dos recursos públicos e, por conseguinte, na viabilidade de atendimento de todas as

---

(171) É que, às vezes, o conflito não é jurídico, mas, como se denomina, econômico, caso dos dissídios coletivos de natureza econômica, previstos no artigo 114, § 2º, da constituição da República. Ver a respeito do nosso *Direito sindical* (5. ed. São Paulo: LTr, 2015).
(172) Duas situações, para demonstrar essa afirmação: se um particular contrata outro particular para que lhe preste um serviço na área educacional, por exemplo, paga por isso, e não recebe o serviço, não há dúvidas de que de tem legitimidade para exigir em juízo essa prestação, ou a reparação pelo dano. De outra banda, se o Estado está obrigado a oferecer educação básica às pessoas, e não faz, da mesma forma pode ser acionado em juízo para fazê-lo, pois a situação é idêntica: há uma lesão jurídica, e que pode ser objeto de demanda judicial para sua reparação. Nos dois casos, o poder Judiciário age da mesma forma, como o Poder encarregado de solucionar conflitos de interesse, não importando que, no primeiro caso a questão envolva particulares, nos dois polos e, no segundo, um particular e um ente público.
(173) Ver a respeito, de Hirohito Diego Athayde Arakawa, o texto *Democracia, poder majoritário e contramajoritário*: o debate teórico sobre a revisão judicial. Belém, Dissertação de mestrado defendida no PPGD-UFPA, 2014.
(174) *A eficácia jurídica dos princípios constitucionais*: o princípio da dignidade da pessoa humana. Rio de Janeiro: Renovar, 2002. p. 227.
(175) Ver a respeito, de Ronald Dworkin, o capítulo 4 do livro *A virtude soberana*: a teoria e a prática da igualdade (2. ed. Tradução de Jussara Simões. São Paulo: Editora WMF Martins Fontes, 2011). Observamos que é comum chamar as questões insensíveis à escolha de questões de princípio, e as questões sensíveis à escolha de questões de política. Sobre a discussão a respeito da atuação do Poder Judiciário nas questões envolvendo Direitos Humanos, ver, também, de Francisco Verbic, o texto intitulado *Human Rights adjudication in contemporary democracies: Courts' specific moral insight as a decisive advantage over legislatures (a modest and partial response to Jeremy Waldron's core case against judicial review)*. Brasília, *Revista Jurídica da Presidência*, v. 13, n. 100, p. 201-226, jul./set. 2011. Finalmente, para entendermos a diferença em relação às questões, observemos dois exemplos: primeiro, o Congresso Nacional deliberou, inserindo na versão original da Lei n. 8.078/1990, que a responsabilidade dos profissionais liberais é subjetiva. Essa deliberação não atenta contra questões insensíveis à escolha, sendo o que se chama de questão de política. Nesse caso, a deliberação parlamentar é válida, embora outras respostas pudessem ter sido dadas, uma vez que a decisão pertence legitimamente aos parlamentares. Segundo, o Congresso Nacional delibera que o serviço de saúde só será disponibilizado pelo Estado para os que comprovarem atividade remunerada e contribuição para a seguridade social, nos locais em que há falta de recursos para atender a todos. Essa deliberação ofende a disposição constitucional que garante a saúde para todos, independentemente de pagamento ou contribuição, bem como a disposição que não permite discriminações, entre outros preceitos. Nesse caso, não se trata de uma questão sensível à escolha dos parlamentares, e sim uma questão de princípio. No primeiro caso, a revisão judicial para impugnar a deliberação não é possível, mas, no segundo caso, a resposta é claramente sim, tanto em ação que pretenda invalidar a norma para todos, como em ação individual, de pessoa que tem o seu direito obstado pela inconstitucional deliberação legislativa.

necessidades sociais e na possibilidade de garantir a total felicidade do povo.[176]

Já Ana Paula de Barcellos, abordando a reserva do possível e dos direitos que podem ser pleiteados, dispõe que "é importante lembrar que há um limite de possibilidades materiais para esses direitos. Em suma: pouco adiantará, do ponto de vista prático, a previsão normativa ou a refinada técnica hermenêutica se absolutamente não houver dinheiro para custear a despesa gerada por determinado direito subjetivo"[177].

Não concordamos com essa argumentação por, pelo menos, duas razões.

Primeiro, e essa é a razão mais singela, porque a questão dos recursos não é exatamente de sua limitação, que até existe, mas sim diz respeito à forma com que são aplicados. Recursos sempre houve, e em quantidade significativa. O Estado Brasileiro, em passado recente, bateu sucessivamente recordes de arrecadação, e isso em nada modificou sua inércia na implementação de políticas que efetivamente gerassem resultados positivos nas áreas da saúde, educação, segurança, assistência e outras. O que vimos foi o direcionamento do "excesso" para outras áreas não relacionadas aos Direitos Humanos e aos Direitos Fundamentais.

Quando assim não era, o que mais se via — e vê — era desperdício ou o direcionamento de recursos para setores não essenciais. Ora, o fato de terem sido concedidos, pela população, mandatos para administradores e legisladores não faz com que estes possam executar as ações ao seu talante, em detrimento do que foi estabelecido como básico.

No entanto, esse é um argumento também econômico e, não obstante seja suficiente para retirar validade à alegação de existência de recursos limitados, deve ser reforçado pelo principal argumento, de natureza jurídico-política.

Os tratados de Direitos Humanos e o texto constitucional elencam, de forma clara e expressa, quais são as prioridades do Estado em relação ao bem-estar da população, dispondo-as na forma de Direitos Humanos e de Direitos Fundamentais, que são, como visto, de aplicação imediata.

O Estado, mesmo a prevalecer a ideia da escassez de receita, está obrigado a utilizar os recursos, de forma prioritária, no atendimento desses direitos.

André de Carvalho Ramos, a respeito, afirma que "a recusa na aplicabilidade dos direitos sociais e na responsabilização do Poder Público pela omissão na implementação dos mesmos não pode mais ser embasada na falta de recursos materiais por parte do Estado"[178].

A não ser assim, ou seja, em não sendo utilizados os recursos disponíveis para a concessão dos direitos essenciais da pessoa, estará o Estado deturpando a razão de sua própria existência, agindo como ente divorciado da sociedade e, desse modo, como se fosse um fim em si mesmo.

Por outro lado, caso seja necessário elevar a contribuição da coletividade — o que não nos parece seja demonstrado —, que seja feito. O que não pode ocorrer é a utilização de um argumento econômico para vedar o que é definido como essencial, como indispensável.

Por fim, usa-se com frequência o argumento de que o planejamento financeiro do Estado é uma imposição constitucional, assim como o fato de que o orçamento tem regras rígidas, como a impossibilidade de início de programas ou projetos não incluídos na lei orçamentária, ou o fato de que não se pode fixar despesas que não tenham a correspondente receita.

Por essa argumentação, não poderia o Estado conceder direitos que não houvesse previsto na lei orçamentária, sendo inconstitucionais decisões judiciais que fixassem obrigações de pronto cumprimento, sem inclusão no orçamento.

Embora aqui exista a aparência de que o argumento encontra amparo no Direito, é somente aparência. É que só se pode considerar o orçamento como válido, no plano jurídico, se ele contiver previsão de concretização dos direitos básicos das pessoas.

Ana Paula de Barcellos apresenta solução que pretende equacionar a questão da necessidade de previsão orçamentária com a necessidade de se ter os direitos garantidos, optando por uma versão reduzida destes, que seria a de se prever os recursos necessários para garantir o mínimo existencial e, só depois disso, aplicar os recursos remanescentes em outros projetos[179].

De certa forma, essa solução é também a preconizada por Sandoval Alves da Silva, que prescreve que se deve compatibilizar as teorias da reserva do possível ou da impossibilidade material com o mínimo existencial dos direitos fundamentais de segunda dimensão, bem como com as dívidas contraídas, para que não se tenha prevalência de uma atividade governamental, nos termos do princípio da programação, não contrariando os dispositivos constitucionais que o consagram[180].

Pensamos que não é suficiente. A lei orçamentária deve, obrigatoriamente, prever a realização, pelo Estado, de todos os direitos que os tratados de Direitos Humanos e a Constituição da República definiram como imprescindíveis, e não somente o que se concebe como mínimo existencial, sob pena de ser ela considerada inconstitucional, pois, ao contrário, estar-se-ia diante da situação de entender que o Estado poderia, por lei orçamentária, alterar as normas mais importantes do ordenamento jurídico, dizendo o que é essencial e o que não é.

---

(176) *Direitos sociais*: leis orçamentárias como instrumento de implementação. Curitiba: Juruá Editora, 2007. p. 183.
(177) *A eficácia jurídica dos princípios constitucionais*: o princípio da dignidade da pessoa humana. Rio de Janeiro: Renovar, 2002. p. 236-237.
(178) *Teoria geral dos direitos humanos na ordem internacional*. Rio de Janeiro: Renovar, 2005. p. 235.
(179) *A eficácia jurídica dos princípios constitucionais*: o princípio da dignidade da pessoa humana. Rio de Janeiro: Renovar, 2002. p. 246.
(180) *Direitos sociais*: leis orçamentárias como instrumento de implementação. Curitiba: Juruá Editora, 2007. p. 192.

Aqui é importante frisar que não estamos a negar a possibilidade de o Estado fixar as condições de exercício dos direitos, especialmente dos direitos sociais, pois ele evidentemente tem essa possibilidade. O que estamos a dizer é que a margem de discricionariedade do Estado vai até o ponto em que ele pode dizer em que condições irá atender esses direitos, mas não ao limite de dizer que não vai atendê-los.

De qualquer sorte, não se tome isso como uma concessão ao Estado, no sentido de que, prevista a realização de todos os direitos essenciais da pessoa no orçamento, não se poderia exigir algo além do previsto. É que mesmo essa margem de discricionariedade do Estado, acima reconhecida, não será capaz de impedir a exigência de qualquer direito, desde que o interessado seja capaz de demonstrar, ao mesmo tempo, que os projetos e programas previstos não atendem suas necessidades, e que há previsão em norma definindo o direito exigido.

Nesse caso, esteja a atuação requerida prevista ou não no orçamento, deve o Estado implementá-la. Caso isso seja necessário de imediato, deverá ocorrer mesmo sem a previsão expressa no orçamento. Para encerrar, antes que se diga que isso produziria um desequilíbrio nas contas públicas, o que, em si, não seria suficiente para impedir a concretização de Direitos Fundamentais, é bom lembrarmos que já há previsão orçamentária, hoje em dia, de que uma parte da receita seja utilizada para cumprir decisões judiciais que impõem o pronto cumprimento. Basta, ao destinar essa parte da receita, levar em consideração as demandas relativas ao cumprimento dos Direitos Humanos e dos Direitos Fundamentais.

O que não podemos é, qualquer que seja o argumento, e todos os acima apresentados são refutáveis, negar realização aos Direitos Humanos, como se fossem direitos de menor importância, o que, definitivamente, não é o caso.

4. Considerações finais

Encerrando esse breve texto, e resistindo, ao menos em parte, à tentação de reproduzir as principais questões acima debatidas, queremos finalizar com poucas considerações, e que, pensamos, sintetizam o móvel de toda temática relacionada aos Direitos Humanos.

As normas que se destinam à proteção dos Direitos Humanos são as mais importantes de todas as normas jurídicas, pois regulam direitos de todos os seres humanos, e que são indispensáveis para que possamos viver com dignidade.

Reconhecer sua existência no plano interno de cada estado soberano deve ser um objetivo comum de todas as pessoas, de todos os povos, devendo, todavia, ser respeitada a forma como cada povo regula a recepção de instrumentos normativos internacionais por seu ordenamento jurídico — desde que seja um formato razoável, é claro.

O Brasil tem o seu processo de recepção definido na Constituição da República, que nos parece aceitável, e esse processo tem sido desvendado, em suas nuança, pelo Supremo Tribunal Federal.

Não basta, todavia, incorporar as normas; é preciso realizar os direitos nela previstos, ou seja, tornar vivos esses direitos. Aí a experiência brasileira não é tão exitosa assim. Ainda temos doutrina — e que nos parece dominante — que repele a realização plena dos Direitos Humanos, pelos mais variados motivos, e que, quaisquer que sejam, produzem o mesmo resultado: uma concretização dos Direitos Humanos abaixo do que é necessário para que as pessoas tenham o essencial.

Pensamos que essa doutrina precisa ser superada, sob pena de termos uma construção teórica a respeito dos direitos indispensáveis das pessoas sendo apenas isso: uma construção teórica, e não algo que deve dar às pessoas o mínimo para que possam viver com dignidade.

5. REFERÊNCIAS BIBLIOGRÁFICAS

ARAKAWA, Hirohito Diego Athayde. *Democracia, poder majoritário e contramajoritário*: o debate teórico sobre a revisão judicial. Belém, Dissertação de mestrado defendida no PPGD-UFPA, 2014.

BANDEIRA DE MELLO, Celso Antônio. *Eficácia das normas constitucionais e direitos sociais*. 1. ed, 3ª tir. São Paulo; Malheiros Editores, 2011.

BARCELLOS, Ana Paula de. *A eficácia jurídica dos princípios constitucionais*: o princípio da dignidade da pessoa humana. Rio de Janeiro: Renovar, 2002.

BRITO FILHO, José Claudio Monteiro de. *Direito sindical*. 5 ed. São Paulo: LTr, 2015.

_____. *Direitos humanos*. São Paulo: LTr, 2015.

CANOTILHO, J. J. Gomes, CORREIA, Marcus Orione Gonçalves; CORREIA, Érica Paula Barcha (Coord.). *Direitos fundamentais sociais*. São Paulo: Saraiva, 2010.

DWORKIN, Ronald. *A virtude soberana*: a teoria e a prática da igualdade. 2 ed. Tradução de Jussara Simões. São Paulo: Editora WMF Martins Fontes, 2011.

MENDES, Gilmar Ferreira; BRANCO, Paulo Gustavo Gonet. *Curso de direito constitucional*. 6. ed. São Paulo: Saraiva, 2011.

NOBRE, Milton Augusto de Brito e SILVA, Ricardo Augusto Dias da (Coord.). *O CNJ e os desafios da efetivação do direito à saúde*. Belo Horizonte: Fórum, 2011.

PIOVESAN, Flávia. *Temas de direitos humanos*. 2. ed. São Paulo: Max Limonad, 2003.

PORTELA, Paulo Henrique Gonçalves. *Direito internacional público e privado*. 4. ed. Salvador: JusPODIUM, 2012.

RAMOS, André de Carvalho. *Teoria geral dos direitos humanos na ordem internacional*. Rio de Janeiro: renovar, 2005.

REZEK, Francisco. *Direito internacional público*: curso elementar. 13 ed, 2ª tir. São Paulo: Saraiva, 2011.

SARLET, Ingo Wolfgang. *Dignidade da pessoa humana e direitos fundamentais na Constituição Federal de 1988*. 2. ed., revista e ampliada. Porto Alegre: Livraria do Advogado Editora, 2002.

SCAFF, Fernando Facury; ROMBOLI, Roberto; REVENGA, Miguel (CoordS.). *A eficácia dos direitos sociais*. São Paulo: Quartier Latin, 2010.

SILVA, Sandoval Alves da. *Direitos sociais*: leis orçamentárias como instrumento de implementação. Curitiba: Juruá Editora, 2007.

VERBIC, Francisco. Human Rights adjudication In: contemporary democracies: Courts' specific moral insight as a decisive advantage over legislatures (a modest and partial response to Jeremy Waldron's core case against judicial review, Brasília, Revista Jurídica da Presidência, v. 13, n. 100, p. 201-226, jul/set 2011.

CAPÍTULO 4

A EFETIVAÇÃO DAS NORMAS INTERNACIONAIS DE DIREITOS HUMANOS EM ÂMBITO INTERNO

Silvio Beltramelli Neto[181]

1. Introdução

Não de hoje já se sabe que a proteção da dignidade da pessoa humana em suas várias formas de manifestação não é mais uma questão de previsão normativa, mas de aplicação do vasto conjunto das normas de direitos humanos.

O século XX, sobretudo a partir de sua segunda metade, foi palco do movimento de universalização e multiplicação dos chamados "direitos do Homem", que teve por estopim a aprovação da Declaração Universal dos Direitos Humanos, no âmbito da recém-criada Organização das Nações Unidas (ONU).

Por universalização, entenda-se o intuito da construção de padrões normativos aplicáveis a qualquer ser humano, em todo o planeta – até mesmos aos apátridas –, rompendo-se, assim, com uma histórica identificação entre a produção dos efeitos da norma jurídica com um espaço geográfico definido, construída sob o manto de uma concepção rígida do que vem a ser a soberania estatal. A história pedia, pois, por uma proteção jurídica universal.

Já a multiplicação dos direitos humanos verificou-se em duas dimensões. A primeira é a Dimensão do Direito Internacional dos Direitos Humanos (DIDH), erigido no âmbito das organizações supranacionais, como a ONU, o Conselho da Europa, a Organização dos Estados Americanos (OEA) e a atual União Africana. A segunda dimensão é a das Constituições nacionais, que passaram, de modo mais intenso e sistemático, a lançar proteção jurídica qualificada aos direitos humanos, na forma da previsão dos direitos fundamentais.

O Brasil não ficou indiferente ao movimento de universalização e multiplicação dos direitos humanos, havendo, todavia, com ele se comprometido, mais efetivamente, depois da retomada democrática, nos anos 90, tendo por marco jurídico dessa guinada a Constituição Federal de 1988, documento que impulsionou a adesão brasileira aos tratados internacionais de direitos humanos e a submissão aos órgãos internacionais responsáveis pelo monitoramento do cumprimento e pela apuração de violação dos compromissos instituídos.

Não obstante, um olhar em retrospectiva denota que as instituições estatais brasileiras, notadamente os Poderes Legislativo e Judiciário, não adquiriam o costume de considerar, em suas decisões, com a mesma frequência e com o mesmo nível de importância, as normas internacionais e as normas nacionais de direitos humanos. Há um claro déficit de aplicação do DIDH, ainda que de modo articulado com a normativa nacional, acarretando, em muitos casos, negação de efeitos a normas que mais adequadamente protegem a dignidade da pessoa humana, as quais, a despeito de estabelecidas fora do território brasileiro, ao Brasil são indiscutivelmente oponíveis.

Neste contexto, pretende-se com este estudo contribuir para uma maior clareza quanto à obrigatoriedade — portanto, mais do que simples conveniência — de efetivação das normas internacionais dos direitos humanos, em especial pelos agentes do Estado brasileiro, dentre eles os operadores do Direito, indicando para a consecução desse ônus argumentos jurídicos e instrumentos procedimentais pertinentes.

2. A proteção sistematizada dos direitos humanos enquanto construção jurídico-política

Premissa necessária à análise da aplicação das normas internacionais de direitos humanos em âmbito interno é a compreensão do contexto da proteção sistemática da dignidade da pessoa humana, erigida no século XX e até hoje vigorante.

Particularmente no que toca aos sistemas internacionais de proteção dos direitos humanos, há que se ter clara sua condição de produto de construído político e jurídico, dentro do qual, ambas essas dimensões (política e jurídica), influenciaram-se e ainda se influenciam, mutuamente, em circunstância de verdadeira retroalimentação, impulsionada, na origem, por episódios históricos de catástrofes humanas decorrentes de atos do próprio homem.[182]

---

(181) Doutor em Direito do Trabalho pela Universidade de São Paulo. Mestre em Direito pela Universidade Metodista de Piracicaba. Professor de Direitos Humanos da Faculdade de Direito da Pontifícia Universidade Católica de Campinas. Membro do Ministério Público do Trabalho (Procurador do Trabalho em Campinas/SP).

(182) Como leciona COMPARATO: "[...] a compreensão da dignidade suprema da pessoa humana e de seus direitos, no curso da História, tem sido, em grande parte, o fruto da dor física e do sofrimento moral. A cada grande surto de violência, os homens recuam, horrorizados, à vista da ignomínia que afinal se abre claramente diante de seus olhos; e o remorso pelas torturas, pelas mutilações em massa pelos massacres coletivos e pelas explorações aviltantes faz nascer nas

Nesta esteira, a construção dos atuais sistemas internacionais de proteção dos direitos humanos tem como ponto crucial a Segunda Guerra Mundial, ao final da qual se concebeu, pela primeira vez, um clamor global pela instituição da dignidade da pessoa humana como eixo central de decisão em todas as dimensões da vida pública. Para tanto, trilhou-se um caminho natural em direção ao Direito Internacional e ao Direito Constitucional, como instrumentos pretensamente seguros e capazes de estabelecer, de modo até certo ponto estável, limites e regras de convivência permeadas pelo respeito, pela proteção e pela promoção da dignidade da pessoa humana.

A Segunda Guerra Mundial constitui, bem por isso, o marco divisório de dois momentos, chamados por CARVALHO RAMOS de *internacionalização em sentido amplo* e *internacionalização em sentido estrito*.

A internacionalização em sentido amplo da temática dos direitos humanos apresentou-se de modo incipiente e fragmentada, desde o século XIX até meados do século XX, na forma de normas internacionais esparsas e, no mais das vezes, dedicadas a assuntos específicos, como a escravidão, os direitos dos estrangeiros, feridos e enfermos de guerra (abarcados pelo Direito Internacional Humanitário), as minorias e os direitos dos trabalhadores, na seara da Organização Internacional do Trabalho (OIT)[183]. Neste período, a normatização internacional estabelecia-se desacompanhada de mecanismos de apuração de seu cumprimento e de sanção aos casos de afronta, ferindo de morte qualquer aspiração à efetividade.

Inaugurada com a criação da ONU e subsequente aprovação da Declaração Universal dos Direitos Humanos, a internacionalização em sentido estrito tem lugar, a partir de 1945, mediante a "criação de um corpo sistematizado e coerente de normas, com princípios, objeto e metodologia próprios" em matéria de direitos humanos, diferentemente do que ocorrido até então[184]. O que se pretendia, no entanto, era erigir um sistema que pudesse declarar o direito e aplicar sanções aos violadores.

O caso brasileiro não escapa à regra dos direitos humanos como um construído político e jurídico, sobretudo no período da internacionalização estrita dos direitos humanos.

É certo que o Brasil, desde a inauguração do novo panorama de proteção dos direitos humanos sempre participou dos debates e formulação de normas internacionais, inclusive ratificando determinados tratados, nos âmbitos da ONU, da OIT e da OEA. Contudo, cuidou-se de participação sem efetivo comprometimento.[185]

Esta postura brasileira "pró-forma" e retórica perdura até a reabertura democrática dos anos 80, quando se verifica uma viragem da preocupação pontual e retórica com os direitos humanos para um engajamento político e jurídico na linguagem desses direitos.

Consequência mais recente de tal engajamento é a submissão do Estado brasileiro a dois dos mais importantes sistemas internacionais de proteção dos direitos humanos, quais sejam, o sistema universal (ou global) e o sistema regional interamericano, conduta por meio da qual, valendo-se de sua soberania para relativizá-la, aceita prestar contas aos mecanismos internacionais de monitoramento e apuração de afrontas a direitos humanos.

RENATA GASPAR explica que a submissão do Brasil a tais sistemas internacionais, mormente o sistema interamericano, advém da necessidade — natural em momentos de transição de regimes políticos — de legitimação política e jurídica da democracia representativa que teve lugar depois do período ditatorial que durou entre 1964 e 1985. Nessa linha, a estabilização de uma nova e efetiva democracia dependia de uma legitimidade política e jurídica que só se evidenciaria pelo exigido compromisso irrestrito com a linguagem dos direitos humanos, na medida em que, dentro dessa linguagem, a democracia é atávica em face dos direitos humanos.[186]

É certo que a Constituição Federal de 1988 é um símbolo, na história brasileira, da constitucionalização dos direitos humanos. Todavia, a preocupação desta Constituição com a proteção desses direitos não se limitou à declaração de direitos fundamentais e à sua proteção pela via da cláusula pétrea. Em sintonia com a aceleração do movimento global de afirmação dos direitos humanos, o texto constitucional orienta o Estado brasileiro a se alinhar, no plano internacional, com a salvaguarda desses direitos, determinando que o Brasil reja-se, em suas relações internacionais, pelo princípio da prevalência dos direitos humanos (art. 4º, II).[187]

---

consciências, agora purificadas, a exigência de novas regras de uma vida digna para todos." (COMPARATO, Fábio Konder. *A afirmação histórica dos direitos humanos*. 7. ed. São Paulo: Saraiva, 2010. p. 50.)
(183) RAMOS, André de Carvalho. *Teoria geral dos direitos humanos na ordem internacional*. 4. ed. São Paulo: Saraiva, 2014. p. 54-55.
(184) *Id. Ibid.*, p. 55.
(185) Ilustrativamente, cite-se, acerca do paradoxo da celebração da Convenção Americana de Direitos Humanos ser contemporânea aos regimes ditatoriais que assolavam a América Latina, a síntese de Carvalho Ramos: "Assim, se na Europa Ocidental a Convenção Europeia de Direitos Humanos nasceu do esforço dos Estados Democráticos em demonstrar sua diferença com Ditaduras, a Convenção Americana nasceu do esforço de Ditaduras em demonstrar sua semelhança com Estados Democráticos." (RAMOS, André de Carvalho. *Processo internacional dos direitos humanos*. 2. ed. São Paulo: Saraiva, 2002. p. 202.)
(186) GASPAR, Renata A. *El Impacto del sistema interamericano de protección de los derechos humanos em Brasil*: perspectivas políticas e jurídicas. Dissertação de mestrado defendida em 25 de setembro de 2005. 99 páginas. Instituto de Iberoamerica da Universidade de Salamanca. O texto original está depositado na biblioteca do Instituto de Iberoamerica, onde pode ser livremente consultado a partir de: <https://bibliotecas.usal.es/>. Aqui se manuseou o texto original oferecido pelo autor.
(187) O art. 4º, II, da CF/1988 enseja, como adverte Celso Lafer, o controle político da política externa brasileira — conduzida pelo Poder Executivo — pelo Congresso Nacional e pela opinião pública, abrindo também espaço para o controle de constitucionalidade pelo Poder Judiciário de atos normativos àquela política relacionados, no que tange aos direitos humanos (LAFER, Celso. *A internacionalização dos direitos humanos*: constituição, racismo e relações internacionais. Barueri: Manole, 2005. p. 19).

Complementando e especificando o papel brasileiro em face do DIDH, o § 2º do art. 5º da Constituição expressamente contempla os tratados internacionais como normas que estabelecem o rol aberto de direitos declarados pelo art. 5º e em todo Título II, dotando-os de posição de destaque dentro do ordenamento jurídico nacional. Também a Emenda Constitucional n. 45/2004 pretendeu intensificar o comprometimento do Estado brasileiro com as normas internacionais de direitos humanos, ao inserir os §§ 3º e 4º no mesmo art. 5º.

Em cumprimento à diretriz constitucional e a partir dela, o Brasil, ainda que de modo tardio, acelerou seu processo de engajamento no DIDH, seja no aspecto político, mediante uma diplomacia mais atuante nesse campo, seja no aspecto jurídico, com a adesão a diversos tratados internacionais.

Como dito, antes da Constituição Federal de 1988, o Brasil já era parte em diversos tratados de direitos humanos, mas, em geral, negava-se a submeter-se ao crivo dos órgãos internacionais de supervisão e apuração de violações, panorama esse que se alterou com a redemocratização do País.

Atualmente, o Estado brasileiro, na maioria das vezes, reconhece a atribuição de diversos órgãos para proceder à supervisão do seu cumprimento das normas de direitos humanos, assim como para apurar notícia de violação desses direitos, embora, em certas oportunidades, não o faça de modo amplo, do que é exemplo a ressalva formulada quando da ratificação da Convenção Americana dos Direitos Humanos, no sentido de negar à Comissão Interamericana de Direitos Humanos (CIDH) a prerrogativa automática de visitas e inspeções em território brasileiro, providência dependente, portanto, da autorização estatal.

Conquanto bem-vinda a prestação de contas brasileira aos órgãos internacionais de proteção dos direitos humanos, é certo que em primeiro plano deveria estar o cumprimento das normas internacionais das quais se ocupam tais órgãos pelo Estado, obrigado primeiro que é em face dessas normas.

3. O dever estatal de respeito, proteção e promoção dos direitos humanos e a efetivação das normas internacionais

Ensina CANOTILHO que os direitos humanos desempenham quatro funções fundamentais: função de defesa ou de liberdade, função de prestação social, função de proteção perante terceiros e função de não discriminação[188]. Esta classificação coloca em clara evidência o papel de sujeito passivo do Estado diante dos direitos humanos.

A função de defesa ou de liberdade é decorrência da histórica preocupação com a limitação do poder estatal, gênese dos direitos humanos, que põem, então, os interesses do cidadão (em especial a sua liberdade) a salvo da intervenção arbitrária do Estado, fazendo-o em dupla perspectiva: objetiva e subjetiva. Na perspectiva objetiva, os direitos humanos consubstanciam "normas de competência negativa para os poderes públicos", proibindo ingerências abusivas na esfera jurídica do indivíduo. Na perspectiva subjetiva, esses mesmos direitos "armam" o indivíduo de pretensão exigível no sentido de que o Estado omita-se em relação à intervenção afrontosa à dignidade da pessoa humana.

A função de prestação social está associada aos direitos humanos cuja concretização (otimização) dependa de providências positivas do Estado, *v. g.*, saúde, educação e segurança. Estando o poder estatal adstrito ao cumprimento desta função, não cabe mais cogitar o caráter meramente programático das normas de direitos econômicos, sociais e culturais. Ainda que respeitadas as vicissitudes econômicas e políticas do Estado, não é dado aos poderes constituídos eximirem-se do dever jurídico de implementar medidas tendentes à satisfação dos direitos humanos, cuja experimentação pelo indivíduo dependa de políticas públicas, porquanto a isso está obrigado, juridicamente.

A função da proteção perante terceiros, embora igualmente oponível ao Estado, distingue-se da função de prestação social por exigir providências estatais voltadas à proteção dos titulares de direitos humanos em face da violação perpetrada por terceiros (outros particulares). Esta hipótese trata, mais propriamente, de medidas de proteção (ação de proteger para evitar ação de violação) e não de promoção (ação para permitir que direito seja fruído), como visto na função anterior. No exercício desta função de proteção perante terceiros, os diferentes órgãos estatais são instados a prevenir e reprimir afrontas a direitos humanos, principalmente mediante providências administrativas (Poder Executivo), edição de leis punitivas (Poder Legislativo) e realização de investigações, julgamentos e imposição de sanções (autoridade policial, Ministério Público e Poder Judiciário).

A função de não discriminação deriva da igualdade como pilar da salvaguarda da dignidade da pessoa humana. Deve o Estado tratar seus cidadãos como iguais, em todas as suas instâncias de atuação (administrativa, regulamentadora e julgadora). Seguramente, no desempenho desta tarefa, os poderes públicos defrontam circunstâncias em que devem decidir acerca do sacrifício da igualdade formal em nome da igualdade material.

As quatro funções dos direitos humanos colocam em voga o equívoco que a teoria das gerações ajudou a consolidar no sentido de que há diferentes categorias de direitos humanos, as quais acarretam distintos tipos de obrigações em uma divisão estanque, quais sejam: liberdades públicas

---

[188] CANOTILHO, J. J. Gomes. *Direito constitucional e teoria da Constituição*. 7. ed. Coimbra: Almedina, 2003. p. 407-410. Não obstante o jurista português — no que é acompanhado por outros tantos constitucionalistas, inclusive brasileiros — adotá-la a propósito do tratamento dos direitos fundamentais protegidos nas Constituições, cuida-se de classificação amplamente admitida também pela doutrina e pela jurisprudência do DIDH, a partir da interpretação e da aplicação dos tratados internacionais.

geram direitos negativos (de abstenção) e direitos econômicos, culturais e sociais geram direitos positivos (de prestação). Certo é que todo direito humano está apto a ensejar dever de respeito, promoção e proteção[189].

O dever de respeito é consequência da função de defesa ou liberdade e da função da igualdade (mormente a formal). O dever de proteção desdobra-se da função de proteção perante terceiro. Finalmente, o dever de promoção desdobra-se da função de prestação social e de não discriminação (especialmente a material).

É no DIDH que esse triplo ônus se encontra mais explicitamente estabelecido. À guisa de ilustração, a Convenção Americana sobre Direitos Humanos, adotada pelo Brasil, tem a noção do dever de respeito, proteção e promoção dos direitos humanos incorporada logo nas suas disposições inaugurais (arts. 1º e 2º), ao mencionar o "dever de respeito e garantia":

Artigo 1º Obrigação de respeitar os direitos

1. Os Estados-partes nesta Convenção comprometem-se a *respeitar* os direitos e liberdades nela reconhecidos e a *garantir* seu livre e pleno exercício a toda pessoa que esteja sujeita à sua jurisdição, sem discriminação alguma, por motivo de raça, cor, sexo, idioma, religião, opiniões políticas ou de qualquer outra natureza, origem nacional ou social, posição econômica, nascimento ou qualquer outra condição social.

Artigo 2º Dever de adotar disposições de direito interno

Se o exercício dos direitos e liberdades mencionados no artigo 1 ainda não estiver *garantido* por disposições legislativas ou de outra natureza, os Estados-partes comprometem-se a adotar, de acordo com as suas normas constitucionais e com as disposições desta Convenção, as medidas legislativas ou de outra natureza que forem necessárias para tornar efetivos tais direitos e liberdades. (g. n.)

Na mesma toada estão, no âmbito da ONU, o art. 2º do Pacto Internacional de Direitos Civis e Políticos e o art. 2º do Pacto Internacional de Direitos Econômicos, Sociais e Culturais, bem como os arts. 1º e 2º do Protocolo de San Salvador, na seara da OEA.

Note-se que o art. 2º da Convenção Americana sobre Direitos Humanos denota a vasta amplitude do dever em questão, de modo a alcançar até mesmo a atuação legislativa, porquanto, impõe, de modo literal, ao Estado-Parte a obrigação de compatibilizar seu ordenamento jurídico doméstico aos ditames da própria Convenção, por óbvio respeitando as normas constitucionais do país. Em iguais termos, encontram-se vinculadas, portanto, as instâncias administrativas e judiciárias, assim como todos os demais órgãos estatais.

Acerca da aplicação desse dever, de modo amplo, a todas as instâncias estatais, bem como aos particulares, citem-se os seguintes trechos de decisões da Corte Interamericana de Direitos Humanos (Corte IDH), órgão jurisdicional ao qual compete aplicar as disposições da Convenção Americana em face dos Estados-Partes[190]:

Com fundamento no artigo 1.1 CADH [Convenção Americana sobre Direitos Humanos], o Estado é obrigado a respeitar os direitos e liberdades reconhecidos na Convenção e a organizar o poder público para garantir às pessoas sob sua jurisdição o livre e pleno exercício dos direitos humanos. De acordo com as regras do direito da responsabilidade internacional do Estado, aplicáveis ao Direito Internacional dos Direitos Humanos, a ação ou omissão de qualquer autoridade pública, independentemente de sua hierarquia, constitui um fato imputável ao Estado (...). (Caso *Tribunal Constitucional vs. Perú*. Mérito, Reparações e Custas. Sentença de 31 de janeiro de 2001. Série C. n. 71; Caso *Bámaca Velásquez vs. Guatemala*. Mérito. Sentença de 25 de novembro de 2000. Série C. n. 70.)

A responsabilidade do Estado pode surgir quando um órgão ou funcionário do Estado ou de uma instituição de caráter público afete, indevidamente, por ação ou omissão, alguns dos bens protegidos pela Convenção Americana. Também pode decorrer de atos praticados por particulares, como ocorre quando o Estado é omisso ao prevenir ou impedir condutas de terceiros que violem esses bens jurídicos. (Caso *Albán Cornejo e outros. vs. Equador*. Mérito, Reparações e Custas. Sentença de 22 de novembro de 2007. Série C. n. 171).

Como se vê, o dever estatal de respeito, proteção e promoção dos direitos humanos consubstancia obrigação de natureza expansiva. É dizer, ao Estado e aos particulares não é dado comprometer-se parcial ou seletivamente com as normas dedicadas à salvaguarda da dignidade da pessoa humana. Daí não se sustentar, ética e juridicamente, qualquer postura refratária ou indiferente às normas internacionais de direitos humanos por parte de qualquer instância estatal, seja a executiva, a legislativa e, em especial, a judicial.

Sob esta inspiração, há que se superar o clássico debate entre as correntes monista e dualista, historicamente travado nas fileiras do direito internacional. É que a polêmica envolvendo a existência ou não de duas ordens jurídicas distintas e estanques (a doméstica e a internacional) só faz prejudicar a efetividade dos direitos humanos.

---

(189) Seguem-se dois exemplos didáticos de que qualquer direito humano está apto a gerar quaisquer dos três aludidos deveres. O primeiro exemplo refere-se ao direito à vida, a que corresponderia um direito de abstenção, não podendo ser afrontado pelo Estado (dever de respeito), de jeito que, no Brasil, é proibida a pena de morte, salvo em caso de guerra. Igualmente, a vida não pode ser ceifada por qualquer particular, violação contra a qual o Poder Legislativo editou (dever de proteção) a norma que prevê, por exemplo, os crimes de homicídio e infanticídio. Está também o Estado obrigado a fornecer serviços básicos (dever de promoção) para a sobrevivência humana – portanto, ligados à saúde como condição da própria vida – atendimento médico, remédios e alimentação. Já o direito à moradia deve ser fomentando pelo Estado mediante da construção de unidades e da facilitação de crédito visando a que os cidadãos possam alugar ou comprar imóveis destinados à sua morada (dever de promoção). Mas, não só. As normas que preservam a relação do indivíduo com o local onde habita, *v. g.* as disposições legais protetivas do locatário e aquelas impeditivas da desapropriação sem que haja comprovado interesse público, são resultado da ação do Poder Legislativo que, entre outros motivos, também pretende salvaguardar o direito à moradia (dever de proteção). Submetendo-se a essas mesmas normas, o Estado encontra-se obrigado a abster-se de interferir no direito à moradia do indivíduo (dever de respeito), a não ser nas exatas e extraordinárias hipóteses legalmente admitidas.
(190) Trechos compilados extraídos de GARCÍA, Fernando Silva. *Jurisprudencia interamericana sobre derechos humanos*: criterios esenciales. México: Dirección General de Comunicación del Consejo de la Judicatura, 2011, p. 13-14. Tradução livre do original.

A uma, porque tanto os direitos "nacionais" (em regra) quanto o direto internacional encontram-se, hodiernamente, calcados na concepção material central da proteção intransigente da dignidade da pessoa humana, denotando unidade de significado.

A duas, porque, como visto, o monitoramento e a apuração da violação de direitos humanos, no plano internacional, foram construídos como espaços imbuídos do objetivo de fazer avançar a matéria na seara interna dos Estados.

E, finalmente, a três, porque, quanto ao Brasil, a Constituição Federal de 1988, expressa e definitivamente, admite-se não exaurida em seu próprio texto, mas, ao contrário, complementada, no que tange aos direitos humanos, pelas normas internacionais, sobretudo nos termos dos § 2º do seu art. 5º. Já desde o texto constitucional, portanto, vê-se que o ordenamento jurídico brasileiro compreende o DIDH, dele não se separando[191].

Conclui-se, pois, que a integração máxima entre DIDH e ordenamento jurídico nacional, com consequente aplicação das normas internacionais de direitos humanos, impõe-se como indelével resultado do adimplemento do triplo dever em face desses direitos, oponível, repita-se, a todas as instâncias estatais.

4. Breves notas sobre as fontes do direito internacional dos direitos humanos

Por óbvio, a efetivação do DIDH pressupõe o conhecimento das normas que o compõem, notadamente a percepção de que essas não se esgotam apenas nos tratados internacionais ratificados pelo Estado. Neste ponto, aplicam-se ao DIDH os parâmetros relativos às fontes normativas de todo o Direito Internacional Público.

Classicamente, a partir do art. 38.1 do Estatuto da Corte Internacional de Justiça (CIJ) — órgão judicial do sistema universal de proteção dos direitos humanos —, convencionou-se classificar as convenções internacionais (tratados ou pactos), o costume internacional e os princípios gerais de direito como fontes formais primárias do Direito Internacional, enquanto que a jurisprudência e a doutrina foram qualificadas como fontes formais secundárias[192].

Especificamente, os tratados internacionais de direitos humanos são acordos multilaterais, mediante os quais os Estados-Partes assumem obrigações voltadas à proteção de uma ou mais dimensões da dignidade da pessoa humana. Tais pactos têm a peculiaridade de serem documentos normativos que apenas conferem obrigações aos seus signatários, uma vez que ao direito reconhecido e tutelado fazem jus terceiros, que não participam do ato convencional: os seres humanos.

A relevância dos tratados internacionais é corroborada pelo entendimento da jurisprudência internacional, segundo a qual os Estados-Partes não se eximem da obediência aos referidos acordos, ainda que aleguem sua suposta incompatibilidade com a Constituição ou com as normas e princípios de direito interno. Trata-se, aí, de um princípio de responsabilidade internacional, de direito costumeiro, mas que também figura em diversas convenções internacionais, do que é exemplo o já transcrito art. 2º da Convenção Americana de Direitos Humanos.

De seu lado, o costume internacional detém elementos constitutivos de duas ordens: objetiva, representativa da prática internacional, e subjetiva, reveladora da convicção da comunidade internacional de que essa prática é aceita como tal (*opinio juris*). Entende-se por prática aquela conduta oficial de órgãos estatais que se refere aos fatos internacionais, e, por isso, podem contribuir para a formação do novo Direito Internacional Público, tais como os atos oficiais pertinentes a relações internacionais oriundos do presidente, do ministro das Relações Exteriores, dos diplomatas, etc. Já a *opinio juris* constitui a opinião jurídica dos Estados de que aqueles atos praticados correspondem a uma obrigação jurídica e, assim, estabelecem novo direito. A articulação da opinião jurídica é feita de vários modos, podendo ser extraída de declarações adotadas por Estados, de conferências interestaduais, de resoluções da Assembleia Geral (AG) da ONU ou outras organizações internacionais. Demais disso, a conclusão de um acordo internacional sobre determinado direito, assim como sua ampla ratificação, podem indicar a existência de uma *opinio iuris*[193].

Já os princípios gerais de direito, em matéria de direito internacional, têm raízes na concepção da existência de princípios universais de justiça objetiva, tipicamente de direito natural. A expressão "princípios gerais de direito" aproxima o direito internacional do direito interno dos Estados. É que, com sua delimitação aberta, estes princípios, no plano internacional, eram de difícil distinção em face do costume internacional, este bem identificável quando comparado aos tratados. Já na década de cinquenta, porém, um encaminhamento da questão foi buscado na noção de princípios reconhecidos por "nações civilizadas", tais como "boa-fé", "*res judicata*", e "proibição do abuso de direito, entre outros".[194]

---

(191) Afirma Pedro Nikken, ex-Juiz e ex-Presidente da Corte IDH, que "o conceito monista é, sem dúvida, o único adequado ao direito dos direitos humanos, baseado na dignidade inerente à pessoa humana, a qual não admite ser concebida de uma maneira diferente no âmbito nacional e no internacional" (NIKKEN, Pedro. El Derecho Internacional de los Derechos Humanos en el derecho interno. *Revista IIDH 57 (jan.-jun. 2003): 15*, p. 21).
(192) Diz o art. 38.1 da Corte Internacional de Justiça: "A Corte, cuja função é decidir de acordo com o direito internacional as controvérsias que lhe forem submetidas, aplicará: a. as convenções internacionais, quer gerais, quer especiais, que estabeleçam regras expressamente reconhecidas pelos Estados litigantes; b. o costume internacional, como prova de uma prática geral aceita como sendo o direito; c. os princípios gerais de direito, reconhecidos pelas nações civilizadas; d. sob ressalva da disposição do Artigo 59, as decisões judiciárias e a doutrina dos juristas mais qualificados das diferentes nações, como meio auxiliar para a determinação das regras de direito".
(193) PETERK, Sven. Doutrinas gerais. In: PETERKE, Sven (Coord.). *Manual Prático de Direitos Humanos Internacionais*. Brasília: Escola Superior do Ministério Público da União, 2010. p. 99-100.
(194) CANÇADO TRINDADE, Antonio Augusto. *A humanização do direito internacional*. Belo Horizonte: Del Rey, 2006. p. 55-56.

Perceba-se que, considerados o costume internacional e os princípios gerais de direito como fontes formais do DIDH, mostra-se estreme de dúvida que esse Direito não tem a sua composição restrita apenas a regras criadas por meio de processo formal, tal qual ocorre com os tratados.

Ainda que com caráter intermitente e peso distinto, a jurisprudência, em sua dimensão nacional ou internacional, ou mesmo na dimensão administrativo-internacional, tem papel relevante como fonte formal, a demonstrar que o exame de matéria de direito internacional é indiscutivelmente salutar e produtivo para o DIDH, não havendo se falar em primazia de uma daquelas dimensões sobre outra. Também assim a doutrina que, juntamente com a jurisprudência, está contemplada pelo art. 38 do Estatuto da CIJ como "meio auxiliar" para a determinação das regras de direito internacional.

A história do art. 38 da Estatuto da CIJ mostra que jamais se teve por exaustiva a enumeração ali contemplada. Bem por isso, atualmente, as resoluções das organizações internacionais são consideradas integrantes do rol de fontes formais do direito internacional, sob pena do contrassenso de se lhes permitir a conclusão de acordos, mas se lhes negar a capacidade de contribuição para a formação do costume, a partir da identificação da *opinio juris* de consenso generalizado.

Em verdade, o tema das fontes formais do DIDH é palco de intenso debate, porquanto opõe, de um lado, o interesse dos Estados de se mostrarem comprometidos com a causa, mas sem de fato restarem suscetíveis a punições (cuida-se, em suma, de comprometimento no mais das vezes apenas retórico), e, de outro lado, o objetivo de efetividade das normas internacionais que se ocupam da preservação da dignidade da pessoa humana.

A esse propósito, indispensável menção às normas de *jus cogens*, modalidade diferenciada de norma internacional que detém destacada valia para os temas mais delicados de DIDH.

Normas de *jus cogens* (ou normas imperativas em sentido estrito) são dotadas de uma distinção qualitativa em relação às demais normas, porquanto contêm valores essenciais da comunidade internacional tomada no seu todo e, por isso, gozam de superioridade normativa, traduzida na impossibilidade de um Estado derrogá-las, exceto em favor de norma da mesma envergadura. É o que estatui o art. 53 da Convenção de Viena sobre o Direito dos Tratados de 1969 (ratificada pelo Brasil em 2009 – Decreto n. 7.030/2009)[195].

Por certo, a jurisprudência internacional já vem se apresentando como a instância que reconhece e consolida o *status* de *jus cogens*, por exemplo, no que tange à proibição do genocídio e dos "crimes contra a humanidade", atualmente descritos no Estatuto do Tribunal Penal Internacional.

A concepção de *jus cogens* rompe com a relação estática tradicionalmente vislumbrada entre normas internacionais e soberania estatal, segundo a qual a salvaguarda dessa exige que apenas se admita a aplicação daquelas ao Estado que as tenha formalmente aderido, mediante a manifestação de consentimento individual, resultando em equivocada (porque reducionista) correspondência entre norma internacional e tratado internacional.

A respeito, CANÇADO TRINDADE defende uma profunda adequação no modo estático tradicional de se enxergar o assunto das fontes formais, a partir da revisitação da ideia de consenso, notadamente para se perceber que a evolução do DIDH conduz à mudança de ênfase na sua formulação, do consentimento individual ao equilíbrio consensual, para o qual contribuem não somente os Estados, como também as organizações internacionais, cuja produção normativa é olvidada pela teoria clássica das fontes, lastreada no referido art. 38 do Estatuto da CIJ[196].

Dentro desse contexto, é reconhecível o despertar de uma consciência jurídica universal, desvinculada dos parâmetros jurisdicionais e territoriais clássicos e instrumentalizadora da noção de solidariedade. Trata-se de postura que já pode ser reconhecida na jurisprudência dos tribunais internacionais de direitos humanos, buscando suplantar o entendimento voluntarista (baseado no consenso formal) do rol exaustivo de fontes formais, de modo consentâneo com um necessário processo de humanização do direito internacional.

Conquanto indispensável, a integração máxima entre ordenamento jurídico nacional e o DIDH não se resume ao conhecimento das normas desse último, mas demanda, igualmente, a interlocução com as interpretações de decisões emanadas dos órgãos internacionais incumbidos do monitoramento do cumprimento dessas normas. Afinal, como visto, a jurisprudência também é fonte formal do DIDH. Há que se conhecer, pois, igualmente, as instâncias e os procedimentos que conduzem à formação da jurisprudência internacional.

---

(195) *In verbis* "Artigo 53. Tratado em Conflito com uma Norma Imperativa de Direito Internacional Geral (*jus cogens*). É nulo um tratado que, no momento de sua conclusão, conflite com uma norma imperativa de Direito Internacional geral. Para os fins da presente Convenção, uma norma imperativa de Direito Internacional geral é uma norma aceita e reconhecida pela comunidade internacional dos Estados como um todo, como norma da qual nenhuma derrogação é permitida e que só pode ser modificada por norma ulterior de Direito Internacional geral da mesma natureza." A constatação de quais normas constituem *jus cogens* não é incontroversa. A isso, assim responde Carvalho Ramos, aludindo ao "consenso qualificado" como fonte das normas imperativas: "O novo consenso necessário, então, para a consagração de uma norma imperativa, é um consenso qualificado, nascido entre os representantes essenciais da comunidade internacional. Estes representantes, caso entrem em acordo, demonstram a existência de uma significativa maioria entre os Estados, capaz de forjar a imperatividade desejada. O novo consenso qualificado exige que, dentro da maioria dos Estados, encontrem-se representantes significativos dos diversos sistemas políticos e sociais existentes na comunidade internacional, a fim de que haja efetivamente uma maioria quantitativa e também qualitativa (RAMOS, André de Carvalho. *Processo internacional dos direitos humanos*. 2. ed. São Paulo: Saraiva, 2012, p. 48).
(196) CANÇADO TRINDADE, Antonio Augusto, *op. cit.*, p. 79-96.

5. Panorama institucional e procedimental da proteção internacional dos direitos humanos

No plano internacional, atualmente, vigoram sistemas protetivos dos direitos humanos de dois tipos. O primeiro deles é o sistema global ou universal de proteção, comandado pela ONU. Ao lado deste, existem, implementados, os sistemas regionais de proteção, mais especificamente os sistemas europeu (âmbito do Conselho da Europa), interamericano (âmbito da OEA) e africano (âmbito da União Africana).

A multiplicidade de sistemas e, dentro de cada qual, de mecanismos de monitoramento e sanção em relação a situações de violação de direitos humanos deve ser encarada como reflexo do caráter expansionista desses direitos, tradutor da obsessão, pós-Guerras Mundiais, da comunidade internacional em estabelecer instrumentos de coibição de eventual recidiva dos horrores vivenciados. Nessa linha, tal qual se considera em relação aos direitos humanos declarados, os procedimentos voltados à sua proteção devem ser tomados em sentido de cumulação[197].

Sob esta ótica de multiplicidade, dá-se o nome de processo internacional de direitos humanos ao conjunto de mecanismos em vigor, passíveis de serem acionados com vistas à supervisão dos Estados no que tange à proteção e promoção dos direitos humanos, bem como à apuração e, se for o caso, à punição do infrator, em caso de violação desses direitos.

Essa diversidade admite instrumentos de supervisão e de apuração de distintas naturezas, os quais, na maioria dos casos, articulam-se.

Há órgãos competentes em matéria de direitos humanos cuja composição dá-se por intermédio de agentes que atuam como representantes políticos dos Estados (*v. g.* Assembleia Geral da ONU, Conselho de Direitos Humanos da ONU, Assembleia Geral da OEA); outros, contudo, são integrados por membros independentes, sem qualquer compromisso com os Estados que os elegeram para tal posição ou mesmo com o Estado de sua nacionalidade (*v. g.* os Comitês instituídos pelos tratados de direitos humanos da ONU, a Corte Internacional de Justiça, o Tribunal Penal Internacional, a Comissão Interamericana de Direitos Humanos e a Corte Interamericana de Direitos Humanos).

Dentre os órgãos compostos por membros independentes, há aqueles que ostentam natureza judicial (Cortes internacionais), assim como existem os de natureza "quase judicial" (*v. g.* os Comitês instituídos pelos tratados de direitos humanos da ONU e a Comissão Interamericana de Direitos Humanos). Ambos os tipos de órgãos têm competência para, satisfeitos certos requisitos de admissibilidade do caso, declarar a existência da responsabilidade internacional de um Estado por determinada violação de direitos humanos e propor a adoção de medidas de reparação do ilícito, depois de respeitado o procedimento previamente concebido, sempre com observação do contraditório e da ampla defesa. Distinguem-se tais órgãos, todavia, ante a natureza jurisdicional das Cortes, que as dota da prerrogativa de proferir sentenças.

Neste ponto, conforme distribuição realizada pelos tratados internacionais e pelas deliberações das Organizações Internacionais, à disposição dos órgãos de cunho político e de natureza quase judicial, para a consecução de sua tarefa de supervisão e/ou apuração, há instrumentos dotados ou não de cogência.

A articulação entre esses mecanismos e instrumentos verifica-se, ilustrativamente, no fato de que alguns órgãos políticos podem se valer, a depender da situação, de recomendações ou de decisões vinculantes, tendo-se no Conselho de Segurança da ONU o exemplo mais paradigmático dessa realidade. O mesmo acontece com os órgãos quase judiciais — as sentenças, entretanto, são privativas dos órgãos judiciais. Na mesma toada, há procedimentos iniciados perante órgãos políticos que, conforme o desfecho, podem ter sequência no âmbito de órgão quase judicial ou mesmo judicial.

As possibilidades, dentro do processo internacional, são, portanto, inúmeras. Bem por isso, há de se saber que, para cada órgão de proteção dos direitos humanos, existem funções próprias e instrumentos específicos de atuação, desvendados a partir dos tratados que os instituíram e das demais normas que porventura digam respeito às suas atribuições, a exemplo de regimentos internos, resoluções, etc.

E que não se duvide da preservação a soberania estatal ante o processo internacional dos direitos humanos, o qual tem lugar apenas em face do Estado que a ele antecipadamente declarou submissão e nas hipóteses em que tenham as instâncias estatais falhado na consecução do dever de respeito, proteção e promoção dos direitos humanos, o que pode ocorrer, por exemplo, no desempenho das funções legislativas nacionais, em face do que se apresenta o controle de convencionalidade difuso como importante ferramenta processual de efetivação do DIDH, em âmbito interno.

6. Vias de efetivação das normas internacionais de direitos humanos em âmbito interno

Vislumbra-se a efetivação das normas internacionais de direitos humanos em âmbito doméstico por duas vias, aqui denominadas exógena e endógena.

De modo exógeno, o DIDH pode se fazer valer, no plano nacional, por força das decisões e recomendações advindas dos órgãos internacionais de monitoramento e apuração de violação de direitos humanos aos quais o Estado se submete. Nesta hipótese, conquanto a iniciativa última de cumprir da norma internacional seja dos agentes do Estado, tal ocorre em atendimento a impulso de instituição externa, *v. g.*, uma decisão de um Comitê da ONU, um informe da CIDH ou uma sentença da Corte IDH.

---

(197) ALVES, J. A. Lindgren. *Os Direitos Humanos como Tema Global*. São Paulo: Editora Perspectiva, Funag, 1994. p. 75.

Por outro lado, o Princípio da Boa-fé — cânone do Direito Internacional que rege a aplicação e a interpretação dos tratados internacionais e fundamenta, na essência, a obrigação estatal de se comportar em favor do adimplemento das obrigações assumidas, inclusive no que tange à sua legislação doméstica, nos termos, por exemplo, do já citado art. 2º da Convenção Americana sobre Direitos Humanos — orienta a que os Estados, em todas as suas instâncias, cumpram, espontaneamente, as normas internacionais que lhe sejam oponíveis, sem a necessidade de impulso externo. Essa via endógena de efetividade ao DIDH, por certo, é a mais desejável e eficaz, na medida em que parte de genuína integração normativa, que se afigura, obviamente, mais célere e estável, no que diz respeito à produção dos efeitos das normas internacionais de direitos humanos.

Para que a via endógena prevaleça, entretanto, há que se ter presente um componente pedagógico de compreensão acerca da impositiva articulação entre os arcabouços normativos nacional e internacional, a propiciar com que os agentes estatais, naturalmente, observem o DIDH em conjunto com as leis domésticas, na tomada de suas decisões administrativas, legislativas e judiciais.

Cumpre, pois, abordar, doravante, cada uma dessas vias em pormenores e na perspectiva do caso brasileiro.

7. Cumprimento das decisões dos órgãos internacionais: via exógena de efetivação das normas internacionais de direitos humanos

Pressuposto central da efetividade dos sistemas internacionais de proteção de direitos humanos é o grau de acatamento das recomendações e decisões emanadas de seus órgãos pelo Estado a quem se dirigem.

Em se tratando de Brasil, esta questão afigura-se ainda mais sensível, em virtude da ausência de qualquer regulamentação específica a respeito do cumprimento do quanto emanado daqueles órgãos.

Por ora, conta-se apenas com o entendimento, essencialmente doutrinário, segundo o qual, no Brasil, uma sentença condenatória emanada de órgão internacional judicial (como a Corte IDH), no tocante a valores pecuniários, poderá ser executada perante a Vara Federal territorialmente competente. A doutrina especializada descarta a necessidade de homologação da sentença proferida por tribunal internacional de direitos humanos, por não se tratar de sentença estrangeira (art. 105, I, "i", da CF), mas internacional, passível de execução imediata, em caso de não cumprimento espontâneo pelo Estado brasileiro, trazendo um ônus menor à pessoa que teve o seu direito fundamental violado[198].

Isto ainda é muito pouco. Em que pese o Brasil tenha evoluído quanto ao acatamento espontâneo das decisões internacionais oriundas de órgãos internacionais de proteção dos direitos humanos, impende a criação de uma verdadeira estrutura brasileira de implementação das decisões internacionais, para muito além da quitação de indenizações.

A favor desta empreitada está o Projeto de Lei n. 4.667, de 2004, que pretende disciplinar os "efeitos jurídicos das decisões dos Organismos Internacionais de Proteção aos Direitos Humanos". Quando de sua apresentação, este Projeto de Lei versava apenas sobre as indenizações estabelecidas em decisões internacionais e a possibilidade de ações regressivas do Estado brasileiro em face das pessoas físicas ou jurídicas promotoras do ato de violação declarado pela instância internacional. Nada foi dito sobre as implementações das demais formas de reparação (que não a indenização) porventura determinadas, algo que mantinha tal iniciativa legislativa muito aquém do necessário.

Até que, em 2006, a relatoria do Projeto de Lei procedeu a várias alterações, incluindo prazos para cumprimento das medidas cautelares da CIDH e das medidas provisórias da Corte IDH, bem como para pagamento de indenizações, preservado o direito estatal de regresso contra o violador imediato, inclusive mediante glosa de repasses devidos pela União a Estados e Municípios, se fosse o caso. Do mesmo modo, o novo texto previa a constituição de órgão específico incumbido de acompanhar a implementação de todas as obrigações internacionalmente imputadas ao Brasil (obrigações de fazer, não fazer e pagar), para tanto dotando de poderes de notificação os entes aos quais cabia executar as medidas decorrentes da condenação havida, visando a apresentação de plano de cumprimento e de relatório de providências adotadas. Lamentavelmente, contudo, nada indica que tal proposta irá vingar[199].

Enquanto esta estrutura diretamente incumbida do cumprimento das decisões internacionais relativas a direitos humanos não é estabelecida, as atenções devem voltar-se para as iniciativas e instituições já existentes no país e que, dentro de suas áreas de aplicação e atuação, vêm se consolidando como as principais vias de implementação interna das decisões das instâncias da proteção internacional dos direitos humanos.

Nesta linha, nas searas administrativa e legislativa, embora ainda se esteja demasiado distante do cenário ideal, já não são

---

(198) RAMOS, André de Carvalho. O Estatuto do Tribunal Penal Internacional e a Constituição Brasileira. in: CHOUKR, Fauzi; AMBOS, Kai (Orgs.). *Tribunal Penal Internacional*. São Paulo: RT, 2000. p. 245-289, p. 491.

(199) Embora tenha o Projeto de Lei recebido, no âmbito da Câmara de Deputados, pareceres favoráveis da Comissão de Direitos Humanos e Minorias (aprovação de texto substitutivo), em 2006, da Comissão de Relações Exteriores e de Defesa Nacional, em 2007, e da Comissão de Constituição e de Justiça e de Cidadania, em 2010, a proposta legislativa foi encaminhada ao Senado Federal, tendo sido, em 26 de dezembro de 2014, "arquivada ao final da legislatura", depois de parecer favorável do Relator designado, em que pese com sugestão de alteração (a nosso ver, indesejada) de texto, para a supressão do trecho que imprime "efeitos imediatos" às decisões internacionais (BRASIL. SENADO FEDERAL. *Projeto de Lei da Câmara n. 170, de 2010*. Disponível em: <http://www.senado.gov.br/atividade/materia/detalhes.asp?p_cod_mate=98360>. Acesso em: 17 ago. 2016).

tão raros os episódios de redirecionamento de condutas, promovido por força de recomendações ou decisões emanadas dos mecanismos internacionais de monitoramento e apuração de violações de direitos humanos, notadamente do sistema interamericano. Destaquem-se, de modo sintético e exemplificativo, alguns casos paradigmáticos.

O *Caso José Pereira* comportou solução amistosa obtida, em 2003, perante a CIDH, a partir do reconhecimento do Estado brasileiro de sua responsabilidade pela falta de prevenção, investigação e punição das práticas de redução de trabalhadores à condição análoga à de escravo, em especial do trabalhador rural José Pereira (então com 17 anos), gravemente ferido por balas de fuzil, em 1989, ao tentar evadir-se da Fazenda Espírito Santo, sita no sul do Pará, na qual era mantido, juntamente com cerca de outros sessenta obreiros, naquela condição. Na fuga, outro trabalhador, não identificado, acabou morto, alvejado que foi, como José Pereira. O Brasil, então, assumiu, diante do acordo formalizado, diversos compromissos voltados à implementação de medidas eficazes de combate ao trabalho escravo contemporâneo, tendo, imediatamente depois da conciliação levada a efeito, criado a Comissão Nacional para a Erradicação do Trabalho Escravo (CONATRAE), órgão colegiado vinculado à Secretaria de Direitos Humanos da Presidência da República, que tem a função primordial de monitorar a execução do Plano Nacional para a Erradicação do Trabalho Escravo.

Em outra situação, dentre as muitas alterações trazidas pela Emenda Constitucional n. 45, de 2004, que empreendeu a chamada "Reforma do Judiciário", a criação do IDC (Incidente de Deslocamento de Competência) respondeu, de forma direta, às constantes críticas dos organismos internacionais de proteção, no sentido de que o Brasil, de modo injustificado, frequentemente deixava de prestar esclarecimentos satisfatórios sobre acusações de violação de direitos humanos, alegando desconhecimento dos fatos e dificuldade de obter informação junto às instâncias internas estaduais (e até municipais) de investigação e julgamento. Daí que o IDC é instituído exatamente para a reversão deste quadro, visando transferir às instâncias federais (Polícia Federal, MPF e Justiça Federal) a apreciação dos casos que podem ensejar e responsabilidade internacional brasileira por descumprimento de norma internacional de direitos humanos.

Mais conhecido é o *Caso Maria da Penha*, em que houve decisão de 2001 da CIDH, desfavorável ao Brasil, posterior à denúncia comunicando que o Estado, por mais de 15 anos, não teria tomado medidas efetivas para processar e punir o marido e agressor de Maria da Penha, apesar das várias denúncias efetuadas nos órgãos locais competentes. Em cumprimento à decisão da CIDH, houve a aprovação interna da Lei n. 11.340, de 7 de agosto de 2006, conhecida como "Lei Maria da Penha", que busca impedir e reprimir a violência doméstica contra mulheres no Brasil. Do mesmo modo, intensificou-se a instalação de Delegacias da Mulher, em todo o País.

Há, ainda, o emblemático *Caso Gomes Lund e Outros vs. Brasil ("Guerrilha do Araguaia")*, que ensejou sentença de 2010 da Corte IDH, por ocasião de demanda apresentada pela CIDH à Corte, pleiteando a responsabilidade do Estado brasileiro pela detenção arbitrária, tortura e desaparecimento forçado de 70 pessoas, entre membros do Partido Comunista do Brasil e camponeses da região, resultado de operações do Exército brasileiro empreendidas, entre 1972 e 1975, com o objetivo de erradicar a Guerrilha do Araguaia, no contexto da ditadura militar do Brasil (1964-1985), bem como pela ausência de investigação e punição dos executores dessas práticas. A sentença repudiou os efeitos da Lei de Anistia brasileira, naquilo em que impede a investigação, processamento e punição dos agentes do regime militar que cometeram graves violações a direitos humanos.

Este posicionamento conflita com o acórdão do STF, exarado na ADPF n. 153/DF, meses antes da sentença da Corte IDH, o qual manteve intacta a interpretação segundo a qual a Lei de Anistia brasileira contempla adversários e agentes do regime militar, denotando claro e indesejável descompasso entre as instâncias internacional e interna. A despeito da decisão do STF, o Estado brasileiro vem adotando algumas medidas voltadas ao atendimento das determinações da sentença da Corte IDH, do que são exemplos a instituição de diversas "Comissões da Verdade", com certo poder de investigação, a divulgação de alguns documentos oficiais da época da ditadura militar até então sigilosos e, mais recentemente, o recebimento pelo Poder Judiciário de ações penais contra agentes do regime militar responsabilizados por crimes cometidos à época da Ditadura.

À vista dos exemplos citados e de outros tantos sabidos, não parece exagero afirmar que a aqui chamada via exógena de efetivação das normas internacionais de direitos humanos, notadamente no que diz respeito ao sistema interamericano de proteção, vem se afirmando, gradativamente, como importante espaço de produção de efeitos do DIDH no Brasil.

Por outro lado, a despeito de seu louvável avanço, é certo que tal via de efetivação ocorre, no mais das vezes, em situações casuísticas (casos contenciosos) e de forma subsidiária (nem sempre célere), não detendo, bem por isso, aptidão para ser o principal meio de implementação perene e estável das normas internacionais de direitos humanos no Brasil. Sob essa ótica, pensando-se em caminhos para uma efetivação ampla do DIDH em âmbito interno, crê-se que a via exógena há de ser encarada como indispensável espaço *complementar* da via endógena.

8. Os fundamentos jurídicos e as peças-chave da via endógena de efetivação das normas internacionais de direitos humanos

Já foi dito que uma verdadeira integração entre DIDH e o direito nacional, exige, de antemão, a superação do debate "monismo *versus* dualismo", providência que se coaduna com a com uma implementação endógena das normas internacionais de direitos humanos. Entretanto, há outros obstáculos a serem superados, em favor desse mesmo desiderato.

É que há ainda certos movimentos de resistência ou retrocesso do Estado brasileiro, em se tratando de submissão aos sistemas internacionais de proteção dos direitos humanos, ainda que, felizmente, não representem tendência, nos dias de hoje. A este propósito, citem-se, por exemplo, a não submissão brasileira à jurisdição da Corte Internacional de Justiça e a não autorização ao Comitê sobre os Direitos Econômicos, Sociais e Culturais e ao Comitê sobre os Direitos da Criança para o recebimento e apuração de petições individuais acerca do descumprimento pelo Brasil, respectivamente, da Convenção sobre Direitos Econômicos, Sociais e Culturais e da Convenção sobre os Direitos da Criança, ratificadas pelo país, no marco da ONU. Igualmente, mencione-se a denúncia brasileira à Convenção n. 158 da OIT, sobre o término da relação de trabalho por iniciativa do empregador (ratificada em 1995 e denunciada em 1996)[200].

Não obstante esses retrocessos, sob o prisma brasileiro, encontra-se vigente um rico arcabouço de normas e instrumentos procedimentais internacionais, aos quais cumpre dar máxima efetividade, na dimensão doméstica. Mas, se é assim, por que, então, a despeito de tímidos avanços em situações pontuais, o Brasil, engajado que é nos sistemas de proteção internacional dos direitos humanos, ainda resiste em fazer valer, sobretudo no campo jurídico, os padrões de interpretação, as recomendações e as decisões dos diversos órgãos de monitoramento e apuração de violação, integrantes dos mecanismos internacionais de proteção? Mais: por que os Três Poderes do Estado brasileiro são tão tímidos quando se trata de atuar, expressamente, com base nas normas e na jurisprudência produzidos, por exemplo, pelos órgãos do sistema interamericano de proteção dos direitos humanos? Esse é um tema áspero e, ao mesmo tempo, decisivo para a efetividade do DIDH.

Paradoxalmente, as disposições normativas de DIDH são de aplicação imediata (autoexecutáveis ou *self-executing*)[201] e impõem deveres de respeitar, garantir, satisfazer, proteger e legislar, deixando claro que o Estado é, juridicamente, o ente chamado a pôr em execução o sistema internacional de proteção de direitos humanos[202]. Afinal, o DIDH não passaria de ficção se não produzisse efeitos diretos nos planos domésticos dos Estados aos quais se direciona.

É nesta perspectiva, consagrada pelo art. 27 da Convenção de Viena sobre o Direito dos Tratados ("Uma parte não pode invocar as disposições de seu direito interno para justificar o inadimplemento de um tratado"), que os órgãos internacionais de proteção dos direitos humanos rechaçam, ostensivamente, o argumento da inobservância de certa norma de DIDH por incompatibilidade com o ordenamento jurídico nacional. Como visto, em decorrência dos deveres de respeito, proteção e promoção, é ônus do Estado adequar sua ordem jurídica, política e administrativa às obrigações de direitos humanos assumidas no plano internacional, ainda que isso importe na criação, alteração ou revogação de normas ou jurisprudências domésticas, além, é claro, da proibição de se legislar contrariamente ao assumido. No sentido da obrigação estatal de até mesmo revogar normas nacionais em decorrência do art. 2º da Convenção Americana sobre Direitos Humanos, a Corte IDH já se manifestou em distintas oportunidades[203].

Frise-se: o DIDH não descreve ou impõe o modo como o Estado deverá colocar em execução as obrigações assumidas — até porque, cada ente estatal conta com mecanismos próprios de "internalização" das normas internacionais e de seu adimplemento —, todavia, não se aceita qualquer argumento que intente sustentar a impossibilidade jurídica de fazê-lo.

Em suma, são vastos os fundamentos jurídicos da obrigação estatal de efetivação das normas internacionais de direitos humanos, para tanto compatibilizando-as com sua normativa doméstica. Ocorre que tal objetivo, conquanto perfeitamente colocado no plano jurídico-normativo, depende, para sua consecução prática, dos operadores do Direito, em especial dentro da esfera judicial. Eis a verdadeira chave da efetivação das normas de direitos humanos em âmbito interno.

Reconheça-se que, institucionalmente, o Brasil conta com programas e órgãos com atribuições gerais ou específicas atinentes à proteção dos direitos humanos, os quais, a despeito da necessidade de incremento, apresentarão resultados mais eficazes quanto mais se aproximem e, de modo articulado, estabeleçam padrões de interpretação, promoção e proteção dos direitos humanos, tal qual delineado pelos mecanismos internacionais. A título de exemplo, citem-se, os Programas Nacionais de Direitos Humanos de 1996, 2002 e 2009 (PNDH 1, 2 e 3, respectivamente), editados pela Presidência da República na forma de Decretos, na esteira do Programa de Ação da Conferência de Viena de 1993; a Secretaria de Direitos Humanos (SDH) e seus órgãos derivados, vinculada, em 2003, de modo direto à Presidência da República, assumindo *status* de Ministério; e a Defensoria Pública e o Ministério Público, enquanto instituições estatais independentes e legalmente incumbidos da defesa dos direitos humanos.

---

(200) O uso da denúncia a tratados como instrumento de mitigação dos compromissos internacionais, contudo, vem tendo cada vez menos força para desvincular os Estados das obrigações relacionadas aos direitos humanos, notadamente em razão da irrefreável consolidação das normas costumeiras e das normas de *jus cogens*. Esta substituição do consentimento estatal pelo consenso, como visto, muito bem identificada por Cançado Trindade, se revela em inúmeras ocasiões respeitantes aos sistemas internacionais de proteção de direitos humanos, tais como a imputação de cogência às Declarações de Direitos Humanos (*ex vi*, a Declaração Universal e a Declaração Americana), o gradual reconhecimento da existência de normas imperativas pela jurisprudência internacional e a adoção da Declaração de Princípios e Direitos Fundamentais do Trabalho pela OIT.
(201) Neste sentido, já se manifestou o Comitê de Direitos Humanos do PIDCP da ONU (Comentário Geral n. 31, de 2004) e, diversas vezes, a Corte IDH (Opinião Consultiva OC-7/86 e casos Cantos *vs.* Argentina, Olmedo Bustos e Outros *vs.* Chile e Hilaire, Constantine y Benjamin e Outros *vs.* Trinidade e Tobago).
(202) NIKKEN, Pedro, *op. cit.*
(203) *Vide* Casos Castillo Pedruzzi e Outros *vs.* Perú, Baena Ricardo e Outros *vs.* Panamá, Durand e Ugarte *vs.* Perú, Suáres Rosero *vs.* Equador, Olmedo Bustos e Outros *vs.* Chile e Herrera Ulhoa *vs.* Costa Rica.

Sabe-se que, segundo os padrões normativos costumeiros sobre responsabilidade internacional pela violação dos direitos humanos[204], um ato praticado por agente estatal de qualquer instância que contrarie o DIDH torna o Estado internacionalmente responsável pela violação. São os chamamos atos de órgãos *de jure*. A expressão "qualquer instância" está aqui empregada e deve ser apreendida em seu sentido mais amplo, de forma a abranger todo e qualquer agente da União, dos Estados e dos Municípios, bem como dos Poderes Executivo, Legislativo e Judiciário, portanto, do Presidente da República ao servidor público municipal, passando pelos juízes.

Em cotejo com a exaustivamente citada obrigação jurídica de respeito, proteção e promoção das normas de DIDH, a concepção de atos de órgãos *de jure*, para fins de responsabilidade internacional, importa na conclusão segundo a qual, de um lado, o Estado não pode intentar eximir-se de sua responsabilidade alegando conduta pessoal do seu agente e, de outro, o agente estatal encontra-se juridicamente impedido de atuar de forma a afrontar o DIDH.

Embora pareça óbvio, a consequência que, neste momento, interessa enfatizar diz respeito a que a essa obrigação de abstenção (negativa) também estão submetidos, dentre todos agentes do Estado, legisladores e julgadores. Dito de outro modo, é vedado ao legislador produzir norma contrária ao DIDH, assim como é proibido ao julgador dar cumprimento à lei violadora desse mesmo Direito, ainda que aprovada segundo os trâmites do processo legislativo nacional vigente.

Acerca da atividade legislativa desconforme com o DIDH, a Corte IDH, quando consultada a respeito, concluiu "que a promulgação de uma lei manifestamente contrária às obrigações assumidas por um Estado ao ratificar ou aderir à Convenção constitui violação dessa e que, na eventualidade de tal violação afetar direitos e liberdades protegidas de determinadas indivíduos, gera responsabilidade internacional do Estado"[205]. Atente-se para o fato de que a exigência de afetação concreta de direitos ou liberdades de determinados indivíduos para a responsabilidade internacional do Estado carrega o pressuposto da aplicação da lei violadora dos direitos humanos, evidenciando, por conseguinte, censura daquele que faz valer, concretamente, os efeitos da norma desconforme com o DIDH[206].

Portanto, se é certo que o legislador não pode legislar contra o DIDH, tampouco o juiz pode aplicar a lei doméstica que afronte os direitos humanos internacionalmente oponíveis ao Estado.

Essencial a essa análise é não perder de vista que o DIDH não é construído tão somente de textos de tratados, mas também — e dir-se-á, atualmente, sobretudo — a partir da interpretação e aplicação desses tratados e das normas consuetudinárias pelos órgãos internacionais de monitoramento e apuração de violações de direitos humanos, notadamente os de natureza judicial (as Cortes). Daí não haver qualquer motivo para que os agentes nacionais dos Três Poderes atuem em dissonância com os padrões de conduta estabelecidos por aqueles órgãos, a partir da aplicação do DIDH.

No contexto da América Latina, diversas constituições, sobretudo aquelas mais recentes, que sucederam regimes ditatoriais, fizeram questão de consignar, de modo explícito, a natureza proeminente das normas de DIDH em face das demais leis do ordenamento nacional e/ou a obrigatoriedade do cumprimento das decisões emanadas das cortes internacionais de direitos humanos. Disposições que reconhecem, de modo genérico, *status* qualificados aos tratados internacionais de direitos humanos são encontradas, com variações de texto, nas cartas constitucionais de Bolívia, Colômbia, Equador, Guatemala, México, República Dominicana e Venezuela. Outras constituições nomeiam, especificamente, embora não na forma de rol cerrado, quais convenções internacionais reconhecem como normas de quilate constitucional, tal qual, por exemplo, a Argentina, a Nicarágua e o Paraguai. Sem dúvida, a existência de um dispositivo constitucional dessa envergadura consubstancia-se importante ferramenta de explicitação da submissão irredarguível dos aplicadores do Direito ao DIDH.

No Brasil, a Constituição Federal de 1988, a despeito de não contar com enunciado similar aos acima referidos, permite que a obrigação dos agentes estatais das instâncias judiciárias para com o DIDH seja extraída do § 2º do seu art. 5º[207].

Neste contexto, o esperado é que o próprio Poder Judiciário nacional assuma o protagonismo da efetivação endógena das normas internacionais de direitos humanos, porquanto conta para tanto com robustos fundamentos jurídicos constitucionais e de DIDH, já aqui alinhavados, bem como de instrumentos

---

(204) Padrões compendiados, desde 2001, no "Draft Articles on Responsability of States for Internationally Wrongful Acts" (ou "ILC-Draft Articles"), redigido no âmbito da Comissão de Direito Internacional ("ILC"), a partir de uma compilação dos costumes internacionais vigentes acerca do tema (ORGANIZAÇÃO DAS NAÇÕES UNIDAS. COMISSÃO DE DIREITO INTERNACIONAL. *Draft articles on Responsability of States for Internationally Wrongful Acts, with commentaries*. EUA, Nova Iorque: 2001. Disponível em: <http://legal.un.org/ilc/texts/instruments/english/commentaries/9_6_2001.pdf>. Acesso em: 18 ago. 2016).
(205) A referida posição da Corte IDH, adotada em Opinião Consultiva, restou reafirmada na atividade contenciosa, em diversas oportunidades, com destaque para os casos em que, com vigor, o Tribunal negou efeitos jurídicos às leis de anistia aprovadas, em países da América Latina (inclusive o Brasil), por regimes militares ditatoriais que com elas pretendiam tornar os agentes da ditadura imunes à investigação, processamento e condenação por crimes praticados supostamente em nome da manutenção da ordem nacional (CORTE INTERAMERICANA DE DIREITOS HUMANOS. *Opinião Consultiva OC-14/94, sobre a responsabilidade internacional por promulgação e aplicação de leis violadoras da Convenção (arts. 1 e 2 da Convenção Americana sobre Direitos Humanos)*, de 9 de dezembro de 1994. Tradução livre. Disponível em: <http://www.corteidh.or.cr/docs/opiniones/seriea_14_esp.doc>. Acesso em: 09 jan. 2015.
(206) *Vide* Casos Barrios Altos *vs*. Perú, Almonacid Arellano e Outros *vs*. Chile e Gomes Lund e Outros *vs*. Brasil.
(207) Não se pode deixar de considerar a posição atual do STF acerca da incorporação dos tratados internacionais de direitos humanos, atribuindo-lhes *status* supralegal ou constitucional. Nesse caso, se aprovada nos termos processuais estabelecidos pelo § 3º do art. 5º da Constituição Federal. Embora tenha representado avanço em relação aos posicionamentos históricos do Pretório Excelso, o entendimento vigorante deixou de alcançar um patamar ainda mais desejável, com o reconhecimento da natureza constitucional de todos aqueles tratados.

processuais aptos a tanto, *v. g.* as ações de controle de constitucionalidade, o IDC e o controle de convencionalidade difuso, esse último merecedor uma abordagem especial.

9. Controle de convencionalidade difuso como instrumento de efetivação das normas internacionais de direitos humanos

O processo internacional dos direitos humanos tem estabelecida uma premissa sólida, alicerçada sobre o instituto da soberania estatal e da autodeterminação dos povos e que diz respeito ao seu aspecto subsidiário.

Segundo o pressuposto da subsidiariedade, é dever primário dos Estados, em seu âmbito doméstico, adotar as providências de proteção e promoção dos direitos humanos e, em caso de violação, proporcionar a reparação dos danos decorrentes, tal como contemplado no direito internacional. Sendo assim, as recomendações e decisões vinculantes dos órgãos internacionais terão lugar tão somente na hipótese do Estado falhar na consecução do seu dever de proteção dos direitos humanos.

Processualmente, o pressuposto da subsidiariedade traduz-se no necessário esgotamento dos recursos internos como requisito de admissibilidade de uma demanda internacional, previsto em praticamente todos os procedimentos de apuração de violação. Consoante tal requisito, há de provar-se que a situação não foi examinada a contento, no plano doméstico, como condição para que a apuração internacional desencadeie-se.

A propósito, se o caso comportar a intervenção internacional, discute-se, na tensa seara da soberania estatal, acerca da possibilidade de órgãos internacionais, em especial as Cortes internacionais de direitos humanos, apreciarem normas de direito interno, aprovadas segundo o processo legislativo do país.

A despeito do viés polêmico do tema, os debates, muitas vezes, sofrem com a equivocada colocação da questão. Recorrentemente, os que se arvoram contra a manifestação dos tribunais internacionais em face de norma interna classificam a hipótese como sendo de agressão à soberania e de usurpação da competência do Poder Judiciário local para o controle de constitucionalidade.

Ocorre que as Cortes internacionais não examinam a compatibilidade de uma norma nacional com a Constituição do Estado em que se produziu. Isto não está em questão. No plano internacional, aprecia-se a compatibilidade entre a norma nacional e as normas internacionais de direitos humanos, sobretudo as convenções internacionais. Não se trata, pois, de controle de constitucionalidade, mas, sim, do denominado "controle de convencionalidade".

O controle de convencionalidade advém do entendimento de que a produção de leis é um dos diversos instrumentos estatais que podem servir tanto para promover e proteger os direitos humanos quanto para afrontá-los. Nessa perspectiva, o ato nacional de legislar apresenta-se, para os órgãos internacionais, como um fato (ato do Estado) que deve ser analisado, como qualquer outro, à luz das normas internacionais de direitos humanos. Isto porque, como estudado, aos Estados-partes não é dado isentarem-se do cumprimento dos tratados internacionais de direitos humanos sob a alegação de suposta incompatibilidade com normas, Constituição ou princípios de direito interno.

Isto posto, concluindo pela incompatibilidade da norma interna com o direito internacional dos direitos humanos, a Corte sentenciará declarando a responsabilidade internacional do Estado por violação e exigindo as reparações decorrentes, sem que isso importe na invalidade daquela norma perante o ordenamento jurídico doméstico.

Tal quadro abre espaço para que, acerca de determinada lei, um exame de constitucionalidade feito pela autoridade nacional competente possa ir de encontro ao controle de convencionalidade dessa mesma lei pelo tribunal internacional, haja vista que os parâmetros de compatibilidade são distintos (Constituição e normas internacionais, respectivamente).

Exemplo paradigmático é o já citado caso brasileiro da Lei n. 6.683/1979 ("Lei de Anistia"), objeto da ADPF n. 153, perante o STF, e do Caso Gomes Lund e Outros *vs.* Brasil ("Guerrilha do Araguaia"), perante a Corte IDH, demandas que chegaram a tramitar concomitantemente. Na ADPF, que pretendeu dar ao art. 1º daquela referida lei interpretação conforme a Constituição Federal, de modo a excluir do benefício da anistia os agentes do regime militar que tenham praticado crime à época da ditadura, o STF, por maioria de votos, manteve o entendimento segundo o qual tais agentes também foram abarcados pelo beneplácito legal. Já a Corte IDH, meses depois, sufragou posicionamento já firmado em outros casos, declarando, entre os fundamentos de sua sentença, a incompatibilidade da Lei de Anistia brasileira com as normas interamericanas de direitos humanos aplicáveis ao Brasil.

Na realidade, o que deve ocorrer é justo o contrário, isto é, de modo a evitar que os tribunais internacionais sejam levados a exercer o controle de convencionalidade em face de normas domésticas, é imperioso que os juízes, nas respectivas searas nacionais e dentro de suas competências (material e territorial), já pratiquem esse juízo de convencionalidade, na medida em que o DIDH integra o ordenamento jurídico interno (no caso do Brasil, por força sobretudo do § 2º do art. 5º da CF), bem assim porque todos os agentes estatais, incluindo os magistrados do Poder Judiciário, estão adstritos ao dever de respeitar, *proteger* e promover os direitos humanos, de acordo com os padrões adotados pelos tratados, pelas normas costumeiras e pela jurisprudência internacionais.

Essa vinculação dos juízes nacionais à aplicação do DIDH é objeto de inúmeras manifestações da Corte IDH, em julgamentos de casos contenciosos, e vem lastreando a construção jurisprudencial da ideia de controle difuso ou nacional de convencionalidade. Segundo tal classificação — admitidamente inspirada na distinção clássica de Direito Constitucional sobre os tipos de controle de constitucionalidade[208] —, o controle de constitucionalidade difuso deve ser exercido pelos magistrados do Poder Judiciário local, aos quais incumbe, primeira e preferencialmente, examinar, *ex officio*, a compatibilidade de determinada norma doméstica com o DIDH, deixando de aplicá-la, no âmbito da demanda sob jurisdição, na hipótese de desconformidade; em falhando esse controle difuso, à vista do aspecto subsidiário do processo internacional dos direitos humanos, caberá à corte internacional colocar em prática o controle concentrado de constitucionalidade.

Vale transcrever passagens em que a Corte IDH consolida essa ideia e, com isso, imputa aos juízes nacionais a importante e estratégica missão de fazer valer os comandos internacionais de proteção dos direitos humanos (leia-se: não apenas os tratados, mas também o costume e a jurisprudência internacional):

> Em outras palavras, o Poder Judiciário deve exercer uma espécie de "controle de convencionalidade" das normas jurídicas internas que aplicam nos casos concretos e a Convenção Americana sobre Direitos Humanos. Nessa tarefa, o Poder Judiciário deve ter em conta não apenas o tratado, mas também a sua interpretação, conferida pela Corte Interamericana, intérprete última da Convenção Americana.[209]

Quando um Estado ratifica um tratado internacional como a Convenção Americana, seus juízes também estão submetidos a essa, o que os obriga a velar para que o efeito útil da convenção não se veja mitigado ou anulado pela aplicação de leis contrárias às suas disposições, objeto e finalidade. Em outras palavras, os órgãos do Poder Judiciário devem exercer não só um controle de constitucionalidade, mas também "de convencionalidade" *ex officio* entre as normas internas e a Convenção Interamericana, evidentemente no marco de suas respectivas competências e das regras processuais correspondentes[210].

Perceba-se que, conquanto seja um conceito desenvolvido pela jurisprudência da Corte IDH, o preceituado controle não se limita a se realizar em face apenas de convenções da OEA, mas de qualquer norma internacional de direitos humanos, como faz questão de consagrar aquele próprio tribunal interamericano[211].

Ademais, o controle de convencionalidade difuso não se limita a analisar a adequação de uma norma nacional em face dos tratados internacionais. Para além disso, esse controle admite e até propõe a aplicação alinhada às convenções internacionais, quando o caso permite. Trata-se do instituto da "interpretação conforme". Sob tal prisma, se possível no caso concreto, a interpretação conforme afigura-se importante instrumento para ser utilizado não apenas tendo como parâmetro o texto constitucional, mas também as normas internacionais de Direitos Humanos a que se submete o Estado, como pontua a Corte IDH:

> Assim, nos chamados sistemas difusos de controle de constitucionalidade, onde todos os juízes têm competência para deixar de aplicar uma lei ao caso concreto por contrariar a Constituição nacional, o grau de "controle de convencionalidade" resulta de maior alcance, ao terem todos os juízes nacionais a atribuição de não aplicar a norma contrária à Convenção. Trata-se de um nível intermediário de "controle", que operará apenas se não se mostrar possível a "interpretação conforme" da normatividade nacional com o Pacto de San José (ou de alguns outros tratados internacionais, como veremos mais adiante) e da jurisprudência convencional. Através dessa "interpretação conforme" salva-se a "convencionalidade" da norma interna. O grau de intensidade máximo do "controle de convencionalidade" pode ser verificado pelas altas jurisdições constitucionais (normalmente os últimos intérpretes constitucionais em um determinado ordenamento jurídico), que geralmente têm, ademais, a faculdade de declarar a invalidade da norma inconstitucional com efeitos *erga omnes*. Se trata de uma declaração geral de invalidade por "inconvencionalidade" da norma nacional[212].

O controle de convencionalidade difuso já é uma realidade na prestação jurisdicional brasileira[213]. Aliás, a Justiça do Trabalho é campo de abordagem vanguardista desse controle, tendo-o manejado de modo mais explícito na tutela do controverso debate acerca da possibilidade de acumulação da percepção dos adicionais de insalubridade e periculosidade, que

---

(208) *Vide* CORTE INTERAMERICANA DE DIREITOS HUMANOS. *Caso Cabrera García e Montiel Flores* vs. *México*. Exceções Preliminares, Mérito, Reparações e Custas. Sentença de 26 de novembro de 2010, Voto Arrazoado de Eduardo Ferrer Mac-Gregor Poisot (juiz *ad hoc*), parágrafo 21.
(209) CORTE INTERAMERICANA DE DIREITOS HUMANOS. *Caso Almonacid Arellano* vs. *Chile*. Exceções Preliminares, Mérito, Reparações e Custas. Sentença de 26 de setembro de 2006, parágrafo 124. Tradução livre.
(210) CORTE INTERAMERICANA DE DIREITOS HUMANOS. *Caso Aguado Alfaro e Outros* vs. *Perú*. Exceções Preliminares, Mérito, Reparações e Custas. Sentença de 24 de novembro de 2006, parágrafo 128. Tradução livre.
(211) *Vide* CORTE INTERAMERICANA DE DIREITOS HUMANOS. *Caso Gudiel Álvarez e outros – "Diario Militar"* vs. *Guatemala*. Mérito, Reparações y Custas. Sentença de 20 novembro de 2012.
(212) CORTE INTERAMERICANA DE DIREITOS HUMANOS. *Caso Cabrera García e Montiel Flores* vs. *México*. Exceções Preliminares, Mérito, Reparações e Custas. Sentença de 26 de novembro de 2010, Voto Arrazoado de Eduardo Ferrer Mac-Gregor Poisot (juiz *ad hoc*), parágrafo 36. Tradução livre. Na mesma linha: *Caso Radilla Pacheco* vs. *México*. Exceções Preliminares, Mérito, Reparações e Custas. Sentença de 23 de novembro de 2009, parágrafo 338, e *Caso Atala Riffo e Filhas* vs. *Chile*. Mérito, Reparações y Custas. Sentencia de 24 de fevereiro de 2012, parágrafo 284.
(213) No âmbito do STF, a contemporaneidade do tema foi afirmada por diversos Ministros, no julgamento da ADI n. 5.240/SP, relativa à constitucionalidade de provimento do Tribunal de Justiça do Estado de São Paulo acerca das audiências de custódia.

analisa a recepção do art. 193, § 2º, da CLT (que pugna pela opção do trabalhador exposto a ambos os tipos de riscos) pela Constituição Federal e sua conformidade com as Convenções da OIT[214].

Como se vê, o controle de convencionalidade difuso para declarar, incidentalmente, a incompatibilidade de lei nacional com norma de natureza constitucional (supralegal na visão do STF) ou, quando possível, sua interpretação conforme, é instrumento que se impõe em cumprimento do dever estatal jurídico de proteção dos Direitos Humanos, oponível ao Poder Judiciário, não se tratando, bem por isso, de mera ferramenta discricionária de aplicação do Direito.

Importante notar, demais disso, que o controle de convencionalidade exercido pela autoridade nacional competente para o exercício do controle concentrado de constitucionalidade, além de altamente desejável, poderá consubstanciar hipótese cujo resultado se assimilará ao da declaração de "não convencionalidade" proferida pelo tribunal internacional em relação à norma contrária ao DIDH, com o benefício de se evitar a responsabilização internacional do Estado por violação.

Com vistas à efetivação endógena das normas internacionais de direitos humanos, afigura-se, pois, indispensável que o Poder Judiciário realize o controle de convencionalidade das leis internas, passível de ser levado a efeito pelos próprios juízes de primeira instância, *ex officio*, porquanto serem agentes estatais vinculados às normas de DIDH e ao emprego que lhe é dado pelos órgãos internacionais de proteção. Incumbe ao julgador, portanto, reparar as lesões decorrentes da violação do DIDH aplicável ao Estado, bem como deixar de aplicar as normas internas que o contraponham.

10. Apontamentos conclusivos sobre a vinculação dos operadores do Direito à efetivação das normas internacionais de direitos humanos

Em face tudo o que for dito até aqui, é preciso que se coloque em prática a noção segundo a qual a aplicação do DIDH pelos magistrados é *obrigação jurídica* e não mera discricionariedade, conferindo maior segurança e tranquilidade para que o aplicador do Direito se paute pelos direitos humanos na atividade jurisdicional cotidiana, com isso aperfeiçoando a efetividade desses direitos.

É certo que o conhecimento dos mecanismos e procedimentos internacionais voltados à proteção dos direitos humanos, na perspectiva da atuação dos operadores do Direito, descortina, para além de possivelmente até então desconhecidas novas instâncias de demanda, toda uma pléiade de conceitos jurídicos e precedentes jurisprudenciais (em sentido lato) estabelecidos exclusivamente sob a inspiração dos direitos humanos e perfeitamente manejáveis nas contendas domésticas extrajudiciais e judiciais.

Para tanto, há que se ter claras as vias de interlocução (com integração), em termos jurídicos, existentes entre o DIDH e o ordenamento jurídico brasileiro, para além de uma relação bilateral entre distintos universos (própria da vetusta concepção dualista), percebendo-os como pontos de um mesmo sistema. Interessante estudo de MARCELO NEVES cuida, de modo científico e detalhado, dessa perspectiva sob a alcunha de "transconstitucionalismo", que, nos dizeres do autor:

> [...] implica o reconhecimento de que as diversas ordens jurídicas entrelaçadas na solução de um problema-caso constitucional — a saber, de direitos fundamentais ou humanos e de organização legítima do poder —, que lhes seja concomitantemente relevante, devem buscar formas transversais de articulação para a solução do problema, cada uma delas observando a outra, para compreender os seus próprios limites e possibilidades de contribuir para solucioná-lo. Sua identidade é reconstruída, dessa maneira, enquanto leva a sério a alteridade, a observação do outro.[215]

Diga-se: a sobredita transversalidade é aqui interpretada, sob o prisma dos direitos humanos e com certa liberdade, como a inescapável correlação e coordenação entre a normativa doméstica e a internacional, porquanto ambas fundamentam-se no irrestrito compromisso com a dignidade da pessoa humana, o que significa que seu objeto comum deverá sempre ser o avanço na proteção dos direitos humanos no plano dos fatos.

Contudo, a operacionalização dessa transversalidade, de forma institucionalizada — *i. e.*, como padrão de conduta jurídica — também se mostra um desafio, que começa a enfrentar obstáculos para sua superação ainda nos bancos acadêmicos, ante o histórico desequilíbrio verificado entre o estudo estanque das normas nacionais em face das internacionais, reforçando uma percepção dualista que em nada favorece os direitos humanos. Esta mesma percepção segue com o operador do Direito, nas distintas atividades profissionais desempenhadas (advocacia, magistratura, promotoria, defensorias etc.), limitando, nacionalmente, os debates e a aplicação do direito internacional a casos episódicos, selecionados e conduzidos unicamente sob a compatibilidade com o enunciado normativo interno e, pior, praticamente alijando qualquer interlocução perene entre as jurisprudências nacional e internacional.

---

(214) Cite-se, ilustrativamente e por todos, o Processo TST-RR-1072-72.2011.5.02.0384, relatado pelo Ministro Claudio Brandão, com aresto publicado em 3 de outubro de 2014. Não se ignora recente alteração desse entendimento pela Subseção de Dissídios Individuais I (SBDI-I) do TST, nos autos do Processo TST-E--ARR-1081-60.2012.5.03.0064, que teve como relator vencido o Min. Cláudio Mascarenhas Brandão, e redator designado para acórdão o Min. João Oreste Dalazen, em acórdão de 28 de abril de 2016. Tal decisão, com todo respeito, afigura evidente retrocesso na aplicação do DIDH, juridicamente desamparado, à vista de todos os argumentos já expostos.
(215) NEVES, Marcelo. *Transconstitucionalismo*. São Paulo: WMF Martins Fontes. p. 297.

A alteração deste contexto a bem dos direitos humanos exige, necessariamente, uma iniciativa dos operadores do Direito na direção de intensificar a provocação das instâncias jurídicas decisórias internas para que haja o enfrentamento dos institutos e fundamentos jurídicos construídos dentro dos sistemas internacionais de proteção.

Note-se: não se trata apenas de mera citação de tratados internacionais como incremento retórico de petições. Cuida-se de debater a partir de padrões de entendimento e argumentação acerca dos direitos humanos, calcados em doutrina e jurisprudência desenvolvidas única e exclusivamente sob a teleologia da preservação da dignidade da pessoa humana e que, por isso, merecem ser consideradas pelas instâncias jurídicas pátrias, uma vez que o caminho inverso já trilhado, afinal, faz parte da rotina dos órgãos internacionais de proteção considerar e avaliar os parâmetros jurídicos nacionais alegados para o caso em cotejo com as normas internacionais aplicáveis. Daí a pertinência da estratégia denominada por CARVALHO RAMOS de "Diálogo das Cortes", que visa a "compatibilização entre o resultado do controle de convencionalidade nacional com o decidido no controle de convencionalidade internacional". É dizer:

> Esse "Diálogo das Cortes" deve ser realizado internamente, para impedir violações de direitos humanos oriundas de interpretações nacionais equivocadas dos tratados. Para evitar que o "Diálogo das Cortes" seja mera retórica judicial, há que se levar em consideração os seguintes parâmetros na análise de uma decisão judicial nacional, para que se determine a existência de um "Diálogo" efetivo:
>
> 1) a menção à existência de dispositivos internacionais convencionais ou extraconvencionais de direitos humanos vinculantes ao Brasil sobre o tema;
>
> 2) a menção à existência de caso internacional contra o Brasil sobre o objeto da lide e as consequências disso reconhecidas pelo Tribunal;
>
> 3) a menção à existência de jurisprudência anterior sobre o objeto da lide de órgãos internacionais de direitos humanos aptos a emitir decisões vinculantes ao Brasil;
>
> 4) peso dado aos dispositivos de direitos humanos e à jurisprudência internacional.[216]

A proposta do "Diálogo das Cortes" é complementada pela "Teoria do Duplo Controle ou Crivo de Direitos Humanos", segundo a qual não basta para a sua validade que um ato ou norma que passe pelo crivo do controle de constitucionalidade nacional e não o consiga perante o controle internacional de convencionalidade, e vice-versa[217].

Na perspectiva deste panorama, urge que os atores capazes de impulsionar este processo de interlocução — que pode potencializar a implementação estável de conceitos complementares como o transconstitucionalismo, o Diálogo das Cortes e a Teoria do Duplo Controle — o façam, se possível, de modo articulado.

É imperioso notar que a mudança pretendida não está apenas a cargo do Poder Judiciário, muito pelo contrário.

Há, no Brasil, uma atual multiplicidade de órgãos e instâncias dos Três Poderes, incumbidos da proteção e da promoção dos direitos humanos, estabelecida, em grande medida, pelo protagonismo dos direitos fundamentais e pela abertura do país para o DIDH, determinada pela Constituição Federal de 1988, bem como e, consequentemente, pela adoção de recomendações e decisões emanadas dos órgãos internacionais de proteção.

Cite-se, a este propósito e no âmbito do Poder Executivo, a já referida Secretaria de Direitos Humanos da Presidência da República e seus diversos órgãos específicos. Junto ao Poder Legislativo atua a Comissão de Direitos Humanos e Minorias da Câmara dos Deputados. E, no campo do Poder Judiciário (em sentido lato), há os próprios juízos singulares e tribunais (adstritos à observância dos direitos humanos em suas decisões, por força tanto dos mandamentos constitucionais quanto das normas internacionais oponíveis ao Brasil), as Defensorias Públicas (da União e Estaduais) o Ministério Público e a advocacia privada.

Existe, portanto, um espaço importante de interação entre os sistemas internacionais de proteção e as instâncias jurídicas e políticas nacionais que pode e deve ser fomentado em favor dos direitos humanos por todos os profissionais do Direito, tendo como horizonte a tão desejada efetividade.

11. Considerações finais

A busca da efetivação, em âmbito interno, do DIDH guarda em si a essência da problemática central dos direitos humanos: deixar de ser discurso para se tornar realidade.

Nesta perspectiva, para além da importante afirmação dos direitos humanos como linguagem atávica à democracia, são, de um lado, notáveis os avanços normativos, jurisprudenciais e doutrinários relativos ao DIDH e acerca de sua força impositiva e, de outro, altamente reprovável a falta de sua implementação doméstica estruturada e estável.

Pensa-se que a explicação do déficit da produção de efeitos dessas normas nos limites brasileiros passa, necessariamente (embora não exclusivamente), por uma questão de conceito e de preparo.

---

(216) RAMOS, André de Carvalho. *Curso de direitos humanos*. São Paulo: Saraiva, 2014. p. 405-406.
(217) *Id. Ibid.*, p. 406.

De conceito, porque remanesce, ora explícita, ora subentendida, uma compreensão equivocada de preferência qualitativa da norma nacional à norma internacional, essa última muitas vezes considerada fonte suplementar do Direito destinada ao preenchimento de lacunas. Ao menos em se tratando da proteção dos direitos humanos, sempre inspirada pelo viés expansionista, esta compreensão não se sustenta ética e juridicamente.

E de preparo, porque os profissionais do Direito, condutores de sua aplicação, ainda são capacitados de modo a reproduzir aquele déficit, que se faz presente já no momento do ensino jurídico profissionalizante, a despeito de avanços recentes que devem ser reconhecidos quanto ao tema dos direitos humanos, em termos curriculares, na academia.

Ante este estado de coisas, o fato é que, seja o impulso de origem exógena ou, preferivelmente, endógena, a efetivação das normas internacionais de direitos humanos é tarefa que depende, em primeiro plano, do interesse e da vontade dos agentes nacionais com poder para conduzir sua implementação, dentro de suas respectivas áreas de competência. As ferramentas estão à disposição. Mãos à obra!

12. REFERÊNCIAS BIBLIOGRÁFICAS

ALVES, J. A. Lindgren. *Os Direitos Humanos como Tema Global*. São Paulo: Editora Perspectiva, Funag; 1994.

BRASIL. SENADO FEDERAL. *Projeto de Lei da Câmara n. 170, de 2010*. Disponível em: <http://www.senado.gov.br/atividade/materia/detalhes.asp?p_cod_mate=98360>. Acesso em: 17 ago. 2016.

CANÇADO TRINDADE, Antônio Augusto. *A humanização do direito internacional*. Belo Horizonte: Del Rey, 2006.

CANOTILHO, J. J. Gomes. *Direito constitucional e teoria da Constituição*. 7. ed. Coimbra: Almedina, 2003.

COMPARATO, Fábio Konder. *A afirmação histórica dos direitos humanos*. 7. ed. São Paulo: Saraiva, 2010.

CORTE INTERAMERICANA DE DIREITOS HUMANOS. *Opinião Consultiva OC-14/94*, sobre a responsabilidade internacional por promulgação e aplicação de leis violadoras da Convenção (arts. 1 e 2 da Convenção Americana sobre Direitos Humanos), de 9 de dezembro de 1994. Tradução livre. Disponível em: <http://www.corteidh.or.cr/docs/opiniones/seriea_14_esp.doc>. Acesso em: 09 jan. 2015.

GARCÍA, Fernando Silva. *Jurisprudencia interamericana sobre derechos humanos*: criterios essenciales. México: Dirección General de Comunicación del Consejo de la Judicatura, 2011.

GASPAR, Renata A. *El Impacto del sistema interamericano de protección de los derechos humanos en Brasil*: perspectivas políticas e jurídicas. Dissertação de mestrado defendida em 25 de setembro de 2005. 99 páginas. Instituto de Iberoamerica da Universidade de Salamanca. O texto original está depositado na biblioteca do Instituto de Iberoamerica, onde pode ser livremente consultado a partir de: <https://bibliotecas.usal.es/>. Aqui se manuseou o texto original oferecido pelo autor.

LAFER, Celso. *A internacionalização dos direitos humanos*: constituição, racismo e relações internacionais. Barueri: Manole, 2005.

NEVES, Marcelo. *Transconstitucionalismo*. São Paulo: WMF Martins Fontes, 2009.

NIKKEN, Pedro. El Derecho Internacional de los Derechos Humanos en el derecho interno. *Revista IIDH 57* (jan.-jun. 2003): 15.

ORGANIZAÇÃO DAS NAÇÕES UNIDAS. COMISSÃO DE DIREITO INTERNACIONAL. *Draft articles on Responsibility of States for Internationally Wrongful Acts, with commentaries*. EUA, Nova Iorque: 2001. Disponível em: <http://legal.un.org/ilc/texts/instruments/english/commentaries/9_6_2001.pdf>. Acesso em: 18 ago. 2016.

PETERK, Sven. Doutrinas gerais. In: PETERKE, Sven (Coord.). *Manual Prático de Direitos Humanos Internacionais*. Brasília: Escola Superior do Ministério Público da União, 2010.

RAMOS, André de Carvalho. *Curso de direitos humanos*. São Paulo: Saraiva, 2014.

_____. *Teoria geral dos direitos humanos na ordem internacional*. 4. ed. São Paulo: Saraiva, 2014.

_____. *Processo internacional dos direitos humanos*. 2. ed. São Paulo: Saraiva, 2012.

_____. O Estatuto do Tribunal Penal Internacional e a Constituição Brasileira. In: CHOUKR, Fauzi & AMBOS, Kai (Orgs.). *Tribunal Penal Internacional*. São Paulo: RT, 2000. p. 245-289.

CAPÍTULO 5
EFICÁCIA HORIZONTAL DOS DIREITOS HUMANOS FUNDAMENTAIS. A EFICÁCIA DIRETA OU IMEDIATA DOS DIREITOS FUNDAMENTAIS NAS RELAÇÕES TRABALHISTAS

Marcus Firmino Santiago[218]

1. Considerações iniciais

A expansão dos direitos fundamentais ao longo do último século, reflexo da busca por preservar o ser humano e garantir sua participação na vida política, realça nas Constituições traços que, em seu nascimento, não eram tão valorizados. Em sua origem em fins do Século XVIII, bastava a estes textos que contivessem as regras básicas para organização do Estado. A garantia da liberdade seria uma consequência quase natural da limitação ao poder dos governantes. No constitucionalismo que nasce depois da Segunda Guerra, o reconhecimento e a tutela de direitos fundamentais adquirem uma ênfase diferenciada, o que é fruto de um processo histórico que desloca o eixo que orienta a ação jurídico-estatal permitindo estruturar um modelo que efetivamente prioriza a proteção do ser humano.

A principal tarefa outorgada às Constituições, em sua origem, era organizar e controlar o poder político estatal, definindo os limites de ação dos governantes. Com este mesmo propósito eram definidos os direitos fundamentais (prioritariamente voltados à garantia da liberdade individual), concebidos segundo a perspectiva enunciada por John Locke, ou seja, barreiras à ação política, freios para o poder.

A evolução da realidade social impôs mudanças às Constituições e, naturalmente, à teoria constitucional. O mundo pós-Segunda Guerra trazia desafios diferentes a serem enfrentados pelo sistema jurídico, o que colocou em uma dimensão diferenciada o debate sobre os direitos fundamentais. A teoria do *neoconstitucionalismo* se desenvolveu neste contexto, tendo como horizonte referencial a necessidade de ressignificar as Constituições em face das transformações operadas em seu conteúdo e suas bases conceituais.

A partir da década de 1950, as novas democracias europeias colocaram em marcha um processo de redescoberta e desenvolvimento dos direitos fundamentais, tendo-lhes sido conferida a qualificação de *normas objetivas de princípio*, reflexo das opções valorativas dos povos (resgatando-se a teoria de Rudolf Smend, pensada à luz da Constituição de Weimar, de 1919, acerca da natureza valorativa dos direitos fundamentais).

Legado do pensamento que neste período começou a ganhar corpo e se projetar pelo mundo é a noção sobre a da *estrutura dual* dos direitos fundamentais, que se qualificam, de um lado, como direitos subjetivos dos cidadãos em face do Estado (a compreensão tradicional), e, de outro, como normas objetivas que expressam um conteúdo axiológico de validade universal e estabelecem um sistema de valores correlativo, levando, para dentro da ordem jurídica positiva, elementos de cunho moral[219].

A carga valorativa agregada a semelhantes direitos foi decisiva para o reconhecimento de seu papel central no ordenamento jurídico, figurando, ainda, como fundamento de legitimidade primeiro de toda a normativa infraconstitucional. A conformidade de cada ramo do Direito com a ordem constitucional de valores reflete o que alguns autores denominam *efeito de irradiação*, característica marcante desta nova fase do constitucionalismo que implica na permanente influência dos direitos fundamentais no sistema de regras positivas, de sorte que elaborar, interpretar e aplicar normas jurídicas se colocam como tarefas diretamente sujeitas à órbita de influência daqueles direitos[220].

Se por um lado o reconhecimento de direitos fundamentais em normas constitucionais positivas não pode ser visto, propriamente, como uma novidade, por outro, discrepa à concepção clássica do constitucionalismo o papel de centralidade a estes ora outorgado. Torna-se possível, assim, afirmar que o pensamento jurídico contemporâneo tem nos direitos fundamentais um horizonte norteador que se coloca como referencial em todos os momentos da vida[221].

---

(218) Doutor em Direito do Estado. Professor Permanente do Curso de Mestrado em Direito das Relações Sociais e Trabalhistas do Centro Universitário do Distrito Federal – UDF. Ex-Professor Permanente do Curso de Mestrado em Direito Constitucional do Instituto Brasiliense de Direito Público – IDP. Advogado.
(219) BÖCKENFÖRDE, Ernst-Wolfgang. Sobre la situación de la dogmática de los derechos fundamentales tras 40 años de Ley Fundamental. *in Escritos sobre Derechos Fundamentales*. Baben-Baden: Nomos Verlagsgesellschaft, 1993. p. 105-107.
(220) BÖCKENFÖRDE. Sobre la situación... p. 110-111.
(221) LOEWENSTEIN, Karl. *Teoría de la Constitución*. Trad. Alfredo Gallego Anabitarte. 2. ed. 4. reimpressão. Barcelona: Ariel, 1986. p. 401.

O crescimento gradual do espectro normativo dos direitos fundamentais acarreta na imposição direta de vasta gama de condutas, tanto para o Estado quanto para os particulares, que se deparam, cada vez mais, com limites e diretrizes expressos ou subjacentes às promessas naqueles contidas. Consequência relevante se nota na abertura ao controle estatal sobre relações tradicionalmente reputadas como ínsitas à esfera de autonomia da vontade, facultando aos entes públicos participar nestes espaços de modo a assegurar efetivo respeito aos direitos fundamentais, o que caracteriza sua *multidimensionalidade* e sua *função social* como instrumentos para proteção coletiva.

No plano das relações trabalhistas, um dos espaços mais sensíveis no que tange à proteção do ser humano, este tema se mostra de especial importância. Isto porque o universo do trabalho combina relações privadas e públicas, autonomia da vontade e intervenções estatais constantes, sempre dentro de balizas definidas por um conjunto de direitos de natureza fundamental que, ao longo de décadas, foram se somando. Compreender a natureza multidimensional destes direitos – e das relações que se desenvolvem em torno deles – é essencial para elucidar diversos problemas relacionados à interpretação e aplicação de normas jurídicas ao universo do trabalho.

Assim é que este estudo se propõe a analisar a natureza dos direitos fundamentais à luz dos paradigmas conceituais fornecidos pelas teorias do neoconstitucionalismo, a fim de explicitar os elementos que permitem sustentar a carga valorativa e a força normativa que os revestem e permitem sua incidência direta nas relações entre particulares, alterando a maneira como tradicionalmente se dá sua aplicação.

2. Neoconstitucionalismo: fundamentos de uma teoria constitucional contemporânea

Neoconstitucionalismo é palavra utilizada por vários autores para designar todo um sistema de pensamento jurídico que se espalha pela Teoria Constitucional, Teoria do Direito e Filosofia Jurídica, sempre a partir de uma raiz comum: um novo paradigma constitucional, impregnado de elementos valorativos, que impõe a reaproximação entre Direito e Moral. Com isso, permite a compreensão dos fenômenos jurídicos sob um prisma diferente, rompendo em definitivo com o formalismo positivista[222].

No plano dos estudos constitucionais, os teóricos do neoconstitucionalismo vêm se debruçando sobre os sistemas jurídicos erigidos nos anos pós-1945, momento em que se operou alteração substancial nos rumos no Direito, entrando em cena, com toda a força, a necessidade de garantir a integridade de novos direitos fundamentais e da democracia[223]. Luis Prieto Sanchís identifica no neoconstitucionalismo:

> (...) la forma de organización política que se viene abriendo paso en Europa desde mediados del siglo pasado; por tanto, un modelo histórico que, como tal, no reúne en todas sus manifestaciones unos elementos de absoluta uniformidad, pero, a mi juicio, sí unos rasgos generales compartidos que permiten hablar de algo diferente, no radicalmente nuevo pero sí diferente a lo que pudo representar el Estado de Derecho decimonónico.[224]

O apoio em semelhante convicção abre espaço para que o papel das Constituições seja redefinido: perde destaque sua função de justificar e organizar o poder estatal e controlar as forças políticas em prol do seu reconhecimento como espaço protetivo dos interesses comuns e materializador de direitos fundamentais.

É certo que tais transformações aconteceram já há algumas décadas, o que pode levar a crer que o estudo do neoconstitucionalismo em verdade seja apenas um olhar para o passado. Mesmo não sendo um estudo absolutamente novo, ele tem por objeto o paradigma sobre o qual se assenta o universo constitucional no qual os países ocidentais vivem. E maior relevância se agrega a este estudo quando se percebe que os elementos basilares deste modelo estão plasmados na atual Constituição brasileira, que tem nos direitos fundamentais seu sustentáculo e se propõe a funcionar como fundamento para estruturar um novo modelo estatal, no qual a participação democrática seja uma realidade.

Embora não haja uma perfeita uniformidade entre as Constituições do mundo ocidental – o que, dadas as naturais diferenças existentes entre os povos e culturas, mais do que esperado, é algo mesmo desejável – existem algumas características que se fazem presentes, em maior ou menor grau, nos textos nascidos nas últimas sete décadas, frutos de uma diferente matriz conceitual que informa a Teoria Constitucional.

O constitucionalismo que ganha corpo a partir deste momento histórico (primeiramente no continente europeu, nas décadas seguintes também em diversos países da América Latina e, no Brasil, com a Constituição de 1988) se funda em novos referenciais e confere às Constituições um papel de relevo até então pouco conhecido. Os direitos fundamentais alcançam posição cimeira na ordem jurídica, figurando como condição

---

(222) Em texto de Paolo Comanducci, encontra-se uma tentativa de sistematizar estas diferentes compreensões autorizadas pelo termo neoconstitucionalismo. O autor fala em *neoconstitucionalismo teórico* – quando este se refere à Teoria do Direito; *neoconstitucionalismo ideológico* – sobre sua vertente ligada à Jusfilosofia e a aproximação entre Direito e Moral; e *neoconstitucionalismo metodológico* – quanto à nova dimensão assumida pela Teoria Constitucional. COMANDUCCI, Paolo. Formas de (neo)constitucionalismo: un análisis metateórico. In: CARBONELL, Miguel (org.). *Neoconstitucionalismo*(s). 2. ed. Madrid: Trotta, 2005. p. 82-87.
(223) Este movimento conta com a participação preponderante de autores europeus, notadamente espanhóis, italianos e alemães (embora não se encontre termo que se possa traduzir por *neoconstitucionalismo* na literatura destes últimos), que buscam explicar e conceituar as mudanças acima enunciadas, verificadas na estrutura e no conteúdo das Constituições. A presença norte-americana neste debate também se faz sentir, muito embora esta se encontre adstrita, prioritariamente, às vertentes identificadas com a Teoria e a Filosofia do Direito (neoconstitucionalismo teórico e ideológico, na classificação de Comanducci, onde se pode enquadrar, por exemplo, a obra de Ronald Dworkin), pouco se manifestando acerca da Teoria Constitucional.
(224) SANCHÍS, Luis Prieto. *Justicia Constitucional y Derechos Fundamentales*. Madrid: Trotta, 2003. p. 107.

para convivência na sociedade plural e participação nos espaços públicos de debate, com o que se configuram como requisitos para a própria democracia e, consequentemente, fonte de legitimidade para o sistema constitucional[225].

A fim de conferir maior sistematicidade a este estudo, cumpre identificar os traços distintivos que informam a teoria do neoconstitucionalismo de modo a permitir uma melhor compreensão do fenômeno. Naturalmente, as características apresentadas a seguir são uma tentativa de sistematizar o objeto de análise, destacando os elementos comuns aos diversos sistemas constitucionais vigentes, sem o cuidado de abarcar peculiaridades que podem ser identificadas em diferentes países. Ademais, mesmo entre os autores que se debruçam já há tempos sobre o tema parece estar longe o consenso acerca de sua estruturação teórica, restando viva a chama do debate e, consequentemente, sua atualidade.[226]

2.1. Positivação da pauta de valores sociais fundamentais

Se, em sua origem, a principal utilidade das Constituições era delimitar os campos de atuação do poder soberano, garantindo as liberdades individuais contra toda forma de arbítrio, atualmente espera-se delas muito mais. Limitar o legislador, estabelecendo os modos para produção do Direito, é apenas um dos papéis conferidos aos textos constitucionais, ao qual se somam as tarefas de regular a vida em sociedade, assegurar a integridade dos direitos fundamentais, possibilitar a participação dos indivíduos nos espaços públicos institucionais e fornecer condições para convivência harmônica entre os diversos grupos sociais que se reúnem sob um mesmo governo.[227]

O espectro dos direitos fundamentais, por seu turno, não pode ser limitado aos direitos de liberdade dos cidadãos em face do Estado, sendo imperioso admitir-lhe conteúdo bastante mais amplo. Em verdade, os direitos fundamentais constituem-se como uma larga esfera de proteção para todos, seja enquanto indivíduos isoladamente considerados, seja como membros de uma coletividade plural, de onde decorre sua natureza *multidimensional* mencionada linhas acima.

Mais importante: contemplam não apenas liberdades individuais e igualdade geral, mas também uma diversificada e crescente pauta de tarefas – oponíveis tanto aos Poderes Públicos quanto à própria sociedade civil, na busca por assegurar um amplo espaço de proteção no qual a *função individual* (de proteção individual) se soma à *função social* (de proteção coletiva)[228]. E a implementação destes direitos afigura-se dever tanto de atores sociais quanto estatais, na busca por se combinar, no maior grau, a liberdade de autodeterminação e a possibilidade de participação no cenário político deliberativo[229].

Este núcleo essencial da normativa constitucional não deve aparecer, por certo, como uma decisão categórica de algum grupo que porventura tente impor seus parâmetros valorativos ao restante do corpo social. A positivação dos direitos fundamentais não pode ser vista como uma maneira de delimitar ou restringir os espaços de proteção conferidos aos homens, menos ainda como argumento para excluir alguns do sistema de salvaguardas instituído[230]. Tal postura poderia abrir margem para uma completa submissão dos indivíduos a algum pretenso interesse público, o que acabaria por conduzir ao autoritarismo estatal. Em verdade, os direitos fundamentais precisam ser compreendidos como uma *abertura de possibilidades* para que os interesses sociais possam ser tutelados da melhor maneira possível, permitindo acomodar as situações conflitantes a partir das necessidades concretas que se apresentem como produto da participação social direta por meio dos canais institucionais oferecidos[231].

As normas jurídicas definidoras de direitos fundamentais não cumpririam seu papel se estabelecessem padrões de conduta rígidos, com o que em muito se dificultaria a tarefa de abrir espaço para que reivindicações possam ser formuladas e divergências acomodadas. Assim, funcionam melhor quando fixam metas fluidas, consistindo uma aposta do neoconstitucionalismo a crença na força e na abertura dos *princípios jurídicos*.[232]

---

(225) HABERMAS, Jürgen. O Estado Democrático de Direito: uma amarração paradoxal de princípios contraditórios? In: *Era das Transições*. Trad. Flávio B. Siebeneichler. Rio de Janeiro: Tempo Brasileiro, 2003. p. 171.
(226) É importante destacar que a teoria do neoconstitucionalismo não reina sozinha no cenário jurídico atual, podendo ser identificadas variadas críticas a seus pontos centrais, o que contribui para manter vivo salutar debate acerca dos rumos do constitucionalismo. Vejam-se, a propósito, as considerações trazidas por LUNARDI, Soraya; DIMOULIS, Dimitri. Teorias explicativas da Constituição brasileira. In: DIMOULIS, Dimitri *et alli* (org.). *Resiliência Constitucional*. Compromisso maximizador, consensualismo político e desenvolvimento gradual. São Paulo: FGV, 2013.
(227) SANCHÍS. *Justicia Constitucional... op. cit.*, p. 113-114.
(228) Este dado, da divisão de tarefas entre Poderes Públicos e sociedade civil, confere as feições do que Dieter Grimm denomina Estado Pactista (na tradução espanhola). GRIMM, Dieter. *Constitucionalismo y Derechos Fundamentales*. Trad. Raúl Sanz Burgos. Madrid: Trotta, 2006. p. 196.
(229) HABERMAS. O Estado Democrático de Direito. *op. cit.*, p. 172-173.
(230) SANCHÍS, Luis Prieto. El Constitucionalismo de los Derechos. In: CARBONELL, Miguel (org.). *Teoría del Neoconstitucionalismo*. Ensayos escogidos. Madrid: Trotta, 2007. p. 218.
(231) HABERMAS, Jürgen. Três modelos normativos de democracia. in *A inclusão do Outro*. Estudos sobre teoria política. Trad. Paulo Astor Soethe. 2. ed. São Paulo: Loyola, 2004. p. 288.
(232) Dentre as críticas que alguns autores fazem à teoria do neoconstitucionalismo, encontra-se a possibilidade de abertura excessiva dos direitos fundamentais, que permitiria utilizá-los como justificativa para qualquer espécie de construção interpretativa. A exacerbação desta tendência transformaria a Constituição em um – na expressão de Forsthoff – ovo jurídico, espaço do qual qualquer coisa poderia ser retirada. Como se demonstra ao longo do texto, esta crítica não parece suficientemente forte para desconstituir este que é um dos alicerces do neoconstitucionalismo: a crença na força dos direitos fundamentais como um momento de conciliação entre valores divergentes, típicos de sociedades plurais. Uma visão crítica ao neoconstitucionalismo pode ser encontrada em AMADO, Juan Antonio García. Derechos y Pretextos. Elementos de crítica del neoconstitucionalismo. In: CARBONELL, Miguel (org.). *Teoría del Neoconstitucionalismo*. Ensayos escogidos. Madrid: Trotta, 2007. p. 237-264.

Os direitos fundamentais constitucionais ostentam a condição de princípios supremos do ordenamento jurídico, cabendo-lhes não apenas fixar parâmetros para a relação entre indivíduos e Poderes Públicos, mas também definir espaços de relacionamento para estes, influenciar nas relações intersubjetivas dos atores jurídicos, outorgar ao Estado deveres de proteção[233]. Funcionam, assim, como o primeiro referencial tanto para a atividade legislativa quanto para o processo interpretativo, sendo a sua inerente indeterminação uma forma de melhor acomodar as diferentes reivindicações que precisam ser tuteladas em sociedades plurais.

Semelhante pauta de direitos, por seu turno, escora-se em postulados que transcendem ao Direito e assentam suas bases na ordem moral, como destaca Alfonso García Figueroa: "*El aspecto material de la constitucionalización del ordenamiento consiste en la consabida recepción en el sistema jurídico de ciertas exigencias de la moral crítica bajo la forma de derechos fundamentales*"[234]. Ao Direito se reconhece, então, uma forte carga axiológica, cumprindo aos direitos fundamentais refletir os valores sociais mais candentes, num processo de positivação de comandos antes identificados com o plano do direito natural[235].

E o Estado que se funda neste modelo de Constituição se vê premido a assumir por imperativo lógico a canalização de suas forças, em todos os planos, na busca por implementar as condições mínimas capazes de conferir efetividade às promessas constitucionais. Cumpre-lhe, portanto, zelar pela realização em máximo grau destes valores, garantindo a tutela dos interesses sociais e a participação dos indivíduos na vida política, permitindo-lhes construir, pelo uso racional e público da razão, suas pautas de reivindicações.

Firmam-se, desta forma, a preservação do ser humano e a construção de uma sociedade democrática plural como os principais escopos da atuação estatal – dos quais derivariam os demais, como a proteção da integridade territorial ou dos indicadores econômicos – e norte dos Poderes instituídos. Neste diapasão, é o comentário de Konrad Hesse:

Embora a Constituição não possa, por si só, realizar nada, ela pode impor tarefas. A Constituição transforma-se em força ativa se essas tarefas forem efetivamente realizadas, se existir a disposição de orientar a própria conduta segundo a ordem nela estabelecida, se, a despeito de todos os questionamentos e reservas provenientes dos juízos de conveniência, se puder identificar a vontade de concretizar essa ordem.[236]

Afinal, como afirma Erhard Denninger, o Estado Constitucional não é um *presente que cai do céu*, sendo imperativo o empenho dos cidadãos para que este seja construído e se torne uma realidade. Às Constituições cabe tão somente oferecer as condições prévias para que semelhante atividade seja desenvolvida[237].

Assim é que nas Constituições passa a residir o fundamento a partir do qual se pode sustentar uma série de reivindicações populares, fornecendo, seu texto, as bases procedimentais para que estas possam ser concretizadas pelas vias institucionais de participação democrática postas à disposição da sociedade.

2.2. Supremacia constitucional

No instante em que se reconhece nas Constituições o espaço para materializar os valores fundamentais de um povo, o próprio alicerce sobre o qual se assenta a estrutura hierárquica do ordenamento jurídico é alterado. Se, consoante a concepção formalista prevalente na doutrina do Positivismo, especialmente de matiz kelseniana, a Constituição se situa no topo da ordem legislativa por força de convenção formal[238], para a teoria do neoconstitucionalismo sua posição cimeira é por causa da *força normativa* e da *carga valorativa* de seus comandos.

O conteúdo material das normas constitucionais adquire máximo relevo, situando-se no Texto Maior a disciplina de numerosos aspectos substantivos, sendo mesmo difícil identificar alguma questão jurídica medianamente complexa que não se encontre contemplada pela normativa constitucional.[239] Isso é reflexo do que Guastini denomina *Constituições largas*, entendida a expressão no sentido de que, ao lado das tradicionais normas concernentes à organização estatal e aos limites ao poder político,

---

(233) BÖCKENFÖRDE. Sobre la situación de la dogmática de los derechos fundamentales... *op. cit.*, p. 95.
(234) FIGUEROA, Alfonso Garcia. La Teoria del Derecho en Tiempos de Constitucionalismo. In: CARBONELL, Miguel (org.). *Neoconstitucionalismo*(s). 2. ed. Madrid: Trotta, 2005. p. 165. Importante realçar que nem todos os autores filiados a esta corrente admitem semelhante identificação entre Direito e Moral. Sanchís é um destes, parecendo-lhe claro que o atual constitucionalismo "(...) no equivale a una feliz reconciliación del Derecho y la moral (...)", pelo que se sustentaria a tese positivista da separação estrita entre os dois âmbitos. SANCHÍS. Justicia Constitucional... *op. cit.*, p. 134.
(235) ARIZA, Santiago Sastre. La Ciencia Jurídica ante el Neoconstitucionalismo. In: CARBONELL, Miguel (org.). *Neoconstitucionalismo*(s). 2. ed. Madrid: Trotta, 2005. p. 244. Em Habermas, se encontra a ideia de que os direitos fundamentais positivados nas Constituições representam o atendimento às necessidades que as sociedades consensualmente reconhecem como carentes de satisfação, nelas identificando verdadeiros problemas que afetam a moral pública. HABERMAS. O Estado Democrático de Direito. *op. cit.*, p. 170-171.
(236) HESSE, Konrad. *A Força Normativa da Constituição*. Trad. Gilmar Ferreira Mendes. Porto Alegre: Sérgio Antonio Fabris, 1991. p. 19.
(237) DENNINGER, Erhard. Diversità, Sicurezza e Solidarietà. Un nuovo paradigma per il potere costituente e per lo sviluppo dei diritti dell'uomo? in *Diritti dell'uomo e Legge Fondamentale*. Trad. Carlo Amirante. Torino: Giappichelli, 1998. p. 10.
(238) Veja-se, a propósito, passagem da obra de Kelsen na qual o autor explica a estrutura escalonada da ordem jurídica, destacando que a hierarquia normativa reside nos mecanismos de produção legislativa: "A norma que regula a produção é norma superior, a norma produzida segundo as determinações daquela é norma inferior. (...) A sua unidade [do ordenamento jurídico] é produto da conexão de dependência que resulta do fato da validade de uma norma, que foi produzida de acordo com outra norma, se apoiar sobre essa outra norma, cuja produção, por sua vez, é determinada por outra; e assim por diante, até abicar finalmente na norma fundamental – pressuposta." Ao que acrescenta que a Constituição, neste aspecto, é entendida "(...) em sentido material, quer dizer: com esta palavra significa-se a norma positiva ou as normas positivas através das quais é regulada a produção das normas jurídicas gerais". KELSEN, Hans. *Teoria Pura do Direito*. Trad. João Baptista Machado. 7. ed. São Paulo: Martins Fontes, 2006. p. 247.
(239) SANCHÍS. Justicia Constitucional... *op. cit.*, p. 116.

passam a encontrar assento verdadeiras declarações de direitos voltadas a regular o trato entre os entes públicos e os diversos grupos sociais[240].

A amplitude do rol de direitos fundamentais positivados faz com que poucos espaços restem alheios à autoridade de tais normas, que influenciam não apenas no processo legislativo ordinário, mas também na interpretação e aplicação de todo o sistema jurídico positivo. Assim é que se abre espaço para repensar o posicionamento tradicionalmente reconhecido às leis, na medida em que estas passam a extrair sua validade da compatibilidade material com a Constituição, diploma normativo substancialmente cimeiro onde residem "(...) *los principios fundamentales que deben regir la comunidad*"[241]. A ideia de hierarquia formal que orientava o ordenamento positivo cede espaço a uma interligação axiológica, funcionando a pauta de direitos fundamentais como pilar central do sistema, de cuja necessidade de preservação se extrai o fundamento último de validade para todas as demais normas[242].

Luigi Ferrajoli identifica alguns desdobramentos que decorrem de tal concepção, dentre os quais dois merecem destaque. Primeiramente, a *validade do direito infraconstitucional deixa de depender apenas de sua estrutura formal de produção*, entrando neste lugar a coerência de seu conteúdo com o plano normativo constitucional. Em segundo lugar, a *subordinação das leis a princípios constitucionais* (que, na acepção do autor, correspondem aos direitos fundamentais do homem positivados nas Constituições) introduz uma dimensão substancial não apenas no que tange às suas condições de validade, mas também na natureza do sistema democrático, posto que aqueles representam um limite para a amplitude da atividade legislativa[243].

Adquirindo os valores sociais caráter positivo, configurados como direitos fundamentais, qualquer discussão acerca de sua validade abandona uma dimensão etérea e se converte em um problema interpretativo, cuja solução reside em definir os conteúdos possíveis aos textos nos quais se assentam, sempre na busca de que as normas construídas efetivamente possam atender aos interesses de seus destinatários. Tem-se como certo, então, que a Constituição não é apenas uma norma, mas a *norma jurídica substancialmente suprema*, na qual reside o fundamento de validade de todos os demais componentes da ordem jurídica, que nela encontram um parâmetro basilar de interpretação[244].

Essas transformações somente se mostram viáveis, contudo, graças a um aspecto de enorme relevância: o reconhecimento de força jurídica e plena efetividade às normas constitucionais, acabando de vez com o processo de esvaziamento promovido a partir da ideia de programaticidade, na certeza de que "*(...) toda norma constitucional – independientemente de su estructura o de su contenido normativo – es una norma jurídica genuina, vinculante y susceptible de producir efectos jurídicos*"[245]. As previsões constitucionais, portanto, não criam para os cidadãos expectativas ilusórias, mas direitos concretos e diretamente exigíveis[246].

2.3. Aplicação direta da Constituição e eficácia horizontal dos direitos fundamentais

A leitura que Luis Prieto Sanchís faz da teoria do neoconstitucionalismo realça a diferente conformação normativa das Constituições atuais, comparativamente aos diplomas elaborados no primeiro século e meio da era constitucional. O professor espanhol observa que os textos contemporâneos se encontram repletos de normas que ditam condutas, permitidas ou vedadas, tanto aos Poderes Públicos quanto aos particulares, não se limitando a disciplinar a organização estatal ou as relações entre este e os particulares, mas também das pessoas entre si[247].

Embora estes dispositivos venham recebendo denominações distintas – princípios, diretrizes, valores – é firme o reconhecimento de sua força normativa, assim como a certeza de que, quer por construção lógica, quer por disposição constitucional expressa, podem ser aplicados diretamente às situações cotidianas, não dependendo da intermediação do legislador ordinário[248]. Os direitos estabelecidos por meio de semelhantes normas revestem-se de natureza fundamental,

---

(240) GUASTINI, Riccardo. La 'constitucionalización' del ordenamiento jurídico: el caso italiano. *Estudios de Teoría Constitucional*. Trad. José Maria Lujambio. México: Universidad Nacional Autónoma de México, 2001. p. 157.
(241) ARIZA. La Ciencia Jurídica... *op. cit.*, p. 240.
(242) Em posição oposta a estas ideias, colocam-se teses de matiz positivista que defendem a restrição das possibilidades interpretativas conferidas especialmente aos julgadores, valorizando-se consequentemente, as opções legislativas. Esta corrente tende a se robustecer em países onde o Judiciário adota postura mais fortemente ativista, imiscuindo-se em assuntos eminentemente políticos, como é o caso dos Estados Unidos e da Alemanha. Também esta oposição que se faz ao neoconstitucionalismo não merece prosperar, na medida em que o aumento da força política das Cortes, embora seja defendido por esta teoria, só leva ao exagero se os mecanismos de controle social não funcionarem, se os demais poderes estatais não possuírem suficiente autoridade para se colocar em uma posição de equilíbrio com o Judiciário. O problema, portanto, não parece residir nos alicerces teóricos, mas nos desvios da prática. Veja-se, sobre a crítica, AMADO. Derechos y Pretextos. *op. cit.*, p. 242-243.
(243) FERRAJOLI, Luigi. Pasado y Futuro del Estado de Derecho. In: CARBONELL, Miguel (org.). *Neoconstitucionalismo*(s). 2. ed. Madrid: Trotta, 2005. p. 18-19.
(244) ALEXY, Robert. *Tres Escritos sobre los Derechos Fundamentales y la Teoría de los Principios*. Trad. Carlos Bernal Pulido. Bogotá: Universidad Externado de Colombia, 2003. p. 34-35. SANCHÍS. Justicia Constitucional... *op. cit.*, p. 116.
(245) GUASTINI. La 'constitucionalización'... *op. cit.*, p. 158.
(246) DENNINGER. Diversità, Sicurezza e Solidarietà. *op. cit.*, p. 15.
(247) Também aborda o tema, sob a mesma perspectiva, o texto de GUASTINI, Riccardo. Sobre el Concepto de Constitución. In: CARBONELL, Miguel (org.). *Teoría del Neoconstitucionalismo*. Ensayos escogidos. Madrid: Trota, 2007. p. 23.
(248) SANCHÍS. Justicia Constitucional... *op. cit.*, p. 111. Há que se destacar, contudo, a resistência que a aplicação direta de direitos fundamentais – especialmente aqueles de natureza social, que demandam do Estado obrigatoriamente a realização de prestações – ainda enfrenta, como se encontra em texto de Christian Starck, para quem direitos sociais e o princípio do Estado Social não geram qualquer direito fundamental do qual se possam extrair pretensões concretas para os particulares. STARCK, Christian. La légitimité de la justice constitutionnelle et le principe démocratique de majorité. *in Legitimidade e Legitimação da Justiça*

destinando-se a preservar os interesses humanos mais sensíveis, e, além de constituírem um sistema de valores, impõem parâmetros para a vida estatal e social, orientando toda conduta humana no interior da comunidade jurídica[249]. Isto posto, afirma Eduardo García de Enterría, a pauta de direitos fundamentais assume, no constitucionalismo do pós-Segunda Guerra, *"(...) un valor normativo y vinculante directo que (...) afecta a todos los poderes públicos y a todos los ciudadanos (...)"*[250].

Desde o instante em que semelhante conteúdo foi agregado ao texto constitucional, estavam lançadas as bases para que tais direitos deixassem de ser vislumbrados tão somente na dimensão de um ato instituidor do poder estatal, passando a ostentar o *status* de *normas gerais reguladoras das relações sociais*. Sua penetração na esfera das relações privadas deu-se, então, como uma consequência natural desta realidade, permitindo-se admitir que as Constituições acomodem, ao lado de suas tarefas clássicas de limitar o poder político e garantir as liberdades individuais, o dever de moldar as relações sociais, fornecendo as condições de possibilidade para que sejam implementados direitos e atendidas reivindicações dos mais variados grupos humanos[251].

Se, de um lado, tal característica não deve ser vista como uma autorização para que qualquer situação juridicamente relevante seja solucionada aplicando-se diretamente a normativa constitucional, com desprezo ao papel do legislador ordinário ou dos casos em que somente ao Estado pode ser exigida alguma conduta, de outro abre espaço para que relações intersubjetivas sejam reguladas por tais normas. Concretizar estas ideias, contudo, depende de que se aceite possuírem as Constituições a capacidade de efetivamente estabelecer condutas, afastando-se de vez o conteúdo inócuo de programaticidade conferido a elas por largo tempo[252].

Um dos marcos deste movimento é o comentado caso Lüth, decidido pelo Tribunal Constitucional Federal alemão (*Bundesverfassungsgericht*) no ano de 1958, correntemente identificado como a primeira e mais expressiva manifestação da aplicação direta do texto constitucional a particulares, em suas relações interpessoais (ou a *eficácia horizontal dos direitos fundamentais*)[253].

Neste precedente, reconheceu-se a possibilidade de um direito fundamental firmado em dispositivo constitucional (direito à liberdade de manifestação de pensamentos e ideias) ser aplicado diretamente a uma situação concreta, afastando-se, consequentemente, regra legal que, no caso, a ele se opunha. Para tanto, foi necessário que o *Bundesverfassungsgericht* admitisse a possibilidade de realizar uma hermenêutica pautada no reconhecimento da Constituição como uma *ordem de valores*, primeiro, dotada de *força normativa* incontestável; segundo, passível de ser *aplicada diretamente* não apenas às relações entre cidadãos e Estado, mas também daqueles entre si; e terceiro, capaz de irradiar por todo o ordenamento infraconstitucional, passando a orientar a compreensão e aplicação destas normas, as quais, por seu turno, extraem seu fundamento de validade da compatibilidade material que tenham em face do rol de direitos fundamentais[254].

Sobre este último ponto, na sequência deste precedente o Tribunal germânico tratou de reiterar a premissa de que as leis devem concordar estritamente com os princípios constitucionais fundamentais, sua base primeira de legitimidade, não se admitindo que venham a tolher a plena expressão de valores como a liberdade espiritual, a democracia ou o Estado de Direito. Assentou-se, assim, o reconhecimento da *natureza objetiva* dos direitos fundamentais. Esta característica permite sustentar que, além de servirem como parâmetro interpretativo para todos os comandos infraconstitucionais, também constituem obrigações positivas a serem observadas por todos os seus destinatários[255].

O reconhecimento gradual destes dados, seja pela reiteração da jurisprudência da Corte germânica, sua incorporação por outros Tribunais ou a chancela recebida pela doutrina constitucional, abriu caminho para que se propugnasse o *valor normativo imediato e direto* das Constituições (especialmente de seu rol de direitos fundamentais), figurando como parte primordial e fundamental do ordenamento jurídico. Assim é que a vinculatividade normativa da Constituição afeta igualmente a todos os cidadãos e aos Poderes Públicos, emanando de seu

---

Constitucional. Colóquio no 10º aniversário do Tribunal Constitucional. Coimbra: Coimbra Editora, 1995. p. 72.
(249) BÖCKENFÖRDE. Sobre la situación... *op. cit.*, p. 107. SMEND, Rudolf. La libertad de expresión, de ciencia y de cátedra. in *Ensayos sobre la Libertad de Expresión, de Ciencia y de Cátedra como Derecho Fundamental y sobre el Tribunal Constitucional Federal Alemán*. Trad. Joaquín Brage Camazano. México: Universidad Nacional Autónoma de México, 2005. p. 5-6.
(250) ENTERRÍA, Eduardo García de. *La Constitución como Norma y el Tribunal Constitucional*. 4. ed. Navarra: Thomson Civitas, 2006. p. 67. Semelhante posicionamento se encontra em CANARIS, Claus Wilhelm. *Direitos Fundamentais e Direito Privado*. Trad. Ingo W. Sarlet e Paulo Mota Pinto. Coimbra: Almedina, 2003. p. 36-37.
(251) GUASTINI. La 'constitucionalización'... *op. cit.*, p. 160.
(252) SMEND. La libertad de expresión... *op. cit.*, p. 5. MIRANDA, Jorge. *Contributo para uma Teoria da Inconstitucionalidade*. Reimpressão. Coimbra: Coimbra Editora, 1996. p. 76.
(253) ALEXY, Robert. Derechos Fundamentales y Estado Constitucional Democrático. In: CARBONELL, Miguel (org.). *Neoconstitucionalismo(s)*. 2. ed. Madrid: Trotta, 2005. p. 34. Sobre o tema, veja-se, também a explanação de BÖCKENFÖRDE. Sobre la situación... *op. cit.*, p. 106-109. Merece destaque a manifestação deste mesmo Tribunal dois anos antes, em 1956, quando, ao decidir pela inconstitucionalidade de partidos políticos de orientação nazista, sustentou o risco que estes opunham a valores fundamentais de liberdade e democracia. Embora não conte com a mesma riqueza de argumentos ou tenha alcançado prestígio semelhante ao da decisão no caso Lüth, é apontado por alguns autores como o precedente que abre caminho para a aplicação direta da Constituição. CRUZ, Luis M. *La Constitución como Orden de Valores*. Problemas jurídicos y políticos. Un estudio sobre los orígenes del neoconstitucionalismo. Granada: Comares, 2005. p. 10.
(254) GUASTINI. La 'constitucionalización'... *op. cit.*, p. 161. SMEND, Rudolf. El Tribunal Constitucional Federal alemán en la Ley Fundamental de Bonn de 1949. in *Ensayos sobre la Libertad de Expresión, de Ciencia y de Cátedra como Derecho Fundamental y sobre el Tribunal Constitucional Federal Alemán*. Trad. Joaquín Brage Camazano. México: Universidad Nacional Autónoma de México, 2005. p. 51-52. Embora a decisão do caso Lüth não faça menção expressa ao nome de Rudolf Smend, não há dúvidas quanto à influência decisiva de seu pensamento na construção deste precedente, definitivamente resgatado naquela ocasião.
(255) CANARIS. Direitos Fundamentais... *op. cit.*, p. 42. CRUZ. *La Constitución como Orden de Valores*. *op. cit.*, p. 13-15.

texto obrigações de cumprimento imediato[256]. A que se pode acrescentar a noção de Zagrebelsky, para quem:

> *La ley, por la primera vez en la época moderna, viene sometida a una relación de adecuación, y por tanto de subordinación, a un estrato más alto de derecho establecido por la Constitución. De por sí, esta innovación (...) se ha presentado como una simple continuación de los principios del Estado de derecho que lleva hasta sus últimas consecuencias el programa de la completa sujeción al derecho de todas las funciones ordinarias del Estado, incluida la legislativa*[257].

Aceitar a possibilidade da aplicação direta dos comandos constitucionais abre espaço para que não mais se dependa exclusivamente da atividade legislativa (embora esta não se torne algo dispensável!) para colocar em prática a Constituição, o que permite aos atores do cenário jurídico alcançá-la diretamente. Afinal, como destaca Sanchís, esta disciplina numerosos aspectos substantivos atinentes à vida social, sendo mesmo "(...) difícil encontrar un problema jurídico medianamente serio que carezca de alguna relevancia constitucional"[258].

Logo, no papel de norma suprema que a quase tudo regula, é plausível sustentar que a incidência de seus comandos frequentemente pode dispensar a interposição de outros atos normativos, tendentes a permitir sua plena expressão. Daí que, na medida em que preceitos constitucionais se mostrem relevantes em um caso qualquer, sua aplicação resulta obrigatória[259].

2.4. Vinculação de todos os atores sociais e políticos à normativa constitucional

Na imagem formada pelo neoconstitucionalismo, as Constituições aparecem como elementos estruturantes, que adquirem uma amplitude desconhecida até meados do Século XX e assumem a tarefa de coordenar os espaços públicos e privados. Nelas se encontra o delineamento das funções estatais típicas; de novas obrigações outorgadas aos Poderes Públicos; de direitos e liberdades individuais e coletivos, bem como a forma e limites para seu exercício, de modo a garantir o convívio na diferença; de procedimentos institucionalizados para participação social no cenário político; e dos mecanismos de controle do poder e defesa da Constituição, gerando um *estado de subordinação geral*, em que muito pouco resta imune à sua influência.

A combinação destes elementos confere às Constituições uma virtualidade inovadora. Para Sanchís:

> *(...) la Constitución ya no sólo le dice al legislador muchas 'más cosas', sino que todas esas cosas pretende decírselas indistintamente a todos los operadores jurídicos y no únicamente al legislador, de manera que la rígida organización jerárquica entre los distintos órganos estatales no desaparece, pero se ve muy atenuada desde el momento en que cada uno de ellos quiere mantener 'línea directa' con la Constitución*[260].

Mais ainda: a Constituição não é compreendida como um *catecismo político* ou um *guia moral* dirigido a um legislador virtuoso ou a homens repletos de boas intenções, mas uma norma jurídica à qual se agrega a pretensão de que a realidade a ela se conforme[261], figurando, na concepção de Zagrebelsky, como centro para o qual tudo deve convergir, o que cria um cenário de completa sujeição do poder político aos ditames constitucionais.[262]

Surge, assim, o que Sanchís identifica como *onipotência judicial*, situação na qual a Constituição assume, definitivamente, o patamar de fonte máxima de validade para normas jurídicas e políticas públicas. Isso se dá na direta medida em que seu complexo normativo oferece orientações nas mais diferentes esferas, as quais se encontram logicamente sujeitas ao crivo jurídico. Por conseguinte, também a atividade legislativa tem sua autonomia restrita, visto que a Constituição não é uma norma suprema apenas sob o ponto de vista formal (destinada tão somente a estabelecer o procedimento de elaboração legislativa), mas porque capaz de se projetar sobre o conjunto dos operadores jurídicos, ditando-lhes as condutas com o objetivo de assegurar que o plano valorativo nela traçado seja atendido[263]. Como realça Sastre Ariza, o Parlamento não chega a se converter em mero executor da Constituição, mas se encontra seriamente limitado por seu conteúdo[264].

O constitucionalismo atual chancela o alargamento das tarefas reconhecidas à Justiça Constitucional, permitindo que

---

(256) ALEXY. Tres Escritos... *op. cit.*, p. 37. ENTERRÍA. La Constitución como Norma... *op. cit.*, p. 69-70.
(257) ZAGREBELSKY, Gustavo. *El Derecho Dúctil*. Ley, derechos, justicia. Trad. Marina Gascón. 6. ed. Madrid: Trotta, 2005. p. 34.
(258) SANCHÍS. Justicia Constitucional... *op. cit.*, p. 114.
(259) SANCHÍS. Justicia Constitucional... *op. cit.*, p. 116.
(260) SANCHÍS. Justicia Constitucional... *op. cit.*, p. 114.
(261) SANCHÍS. Justicia Constitucional... *op. cit.*, p. 114.
(262) ZAGREBELSKY. *op. cit.*, p. 14. O que, no continente europeu, afeta especialmente o Legislativo, não mais se lhe reconhecendo a onipotência e a autonomia típicas da tradição europeia. ZAGREBELSKY. *op. cit.*, p. 34.
(263) SANCHÍS. Justicia Constitucional... *op. cit.*, p. 120-121. Também este aspecto é alvo de críticas que, mais uma vez, enxergam na ideia de absoluta subordinação dos agentes políticos à Constituição, em verdade, uma sujeição destes ao Judiciário e às Cortes Constitucionais, o que acarretaria em franco desequilíbrio entre os poderes estatais e no protagonismo dos órgãos competentes para exercício da jurisdição constitucional. Mais ainda: a completa juridicização do espaço público tenderia a restringir excessivamente os campos de escolhas políticas. Há que se considerar, contudo, que o crescimento das Constituições é antes um fenômeno político que jurídico. Em verdade, a teoria neoconstitucionalista, como destacado anteriormente, tende a olhar e explicar o passado. Em outras palavras, não foi o neoconstitucionalismo (em termos conceituais) que deu ensejo a um modelo constitucional que se orienta pela expansão do sistema de direitos fundamentais, a submeter e restringir o campo de escolhas políticas. Fora que a positivação de valores morais sociais, conferindo-lhes a natureza de direitos fundamentais, é por si só uma escolha política de uma geração que, como tem sido em toda história do constitucionalismo, tende a limitar as opções das gerações futuras. AMADO. *Derechos y Pretextos*, p. 256-258.
(264) ARIZA. *La Ciencia Jurídica... op. cit.*, p. 242.

se enxergue nesta uma instância procedimental por cujo intermédio manifestações sociais podem ser validamente formuladas[265]. Na discussão sobre a necessidade de conciliar conservação e evolução da ordem jurídica, respeito às vontades dos grupos majoritários e proteção aos minoritários, a jurisdição constitucional pode desempenhar papel relevante, contribuindo decisivamente para delimitar estes espaços, garantindo a participação da comunidade neste processo.

Esta discussão se faz presente e adquire especial relevância diante da realidade vivenciada, na qual os mecanismos jurisdicionais de proteção ao texto constitucional se veem extremamente valorizados. E este é um fato que não deve causar estranheza, afinal, restaria vazio de sentido proclamar a supremacia e a intangibilidade das Constituições se não fossem agregadas a elas salvaguardas eficazes, capazes de efetivamente permitir o expurgo de quaisquer medidas que, de alguma forma, viessem a manietar sua força[266].

Ainda causa algum espanto, contudo, o papel alargado que vem sendo desempenhado pelas instâncias judiciais, que há tempos já não mais se limitam à ideia de um guardião constitucional inerte. Afinal, reconhecendo-se natureza normativa ao núcleo essencial da Constituição, aquele de onde emana a fonte de validade de todas as demais normas infraconstitucionais, abre-se espaço para a completa juridicização do debate acerca da compatibilidade entre diferentes planos normativos. Isto porque, diversamente da compreensão vigente sob a ótica de um Positivismo kelseniano (segundo o qual só há submissão da lei à Constituição sob o ponto de vista formal), o controle de validade dos atos normativos não se limita à sujeição do juiz à lei. Em verdade, tal atividade se coloca, nos dias atuais, muito mais como um processo de análise crítica do significado dos enunciados normativos, de forma a permitir não apenas o controle de sua legitimidade constitucional, mas, acima de tudo, sua adequação às expectativas sociais cambiantes[267].

Desta feita, enquanto sob o paradigma forjado por Hans Kelsen o controle de constitucionalidade equivaleria a um teste quanto à compatibilidade formal das leis à Constituição, o mais possível isento de um juízo de adequação daquelas ao modelo social por esta última delineado, no modelo neoconstitucionalista, espera-se que compreenda uma análise de conteúdo, em um processo interpretativo construtivo. Com isto, a pauta de valores fundamentais positivada constitucionalmente se coloca como fundamento de validade de todo o ordenamento jurídico, na medida em que a atividade de concretização dos direitos seja feita de forma a melhor atender às necessidades reais das gerações presentes[268]. E mais ainda: devendo todo sistema jurídico infraconstitucional se ajustar ao conteúdo normativo constitucional,
(...) la Constitución se convierte en un prius lógico por el que ha de pasar todo contenido normativo, una especie de prerrequisito interpretativo para toda norma infraconstitucional[269].

A conjugação dos elementos até aqui descritos (positivação de valores; supremacia constitucional; aplicação direta; vinculação; normatividade) conduz à certeza de que o panorama hoje delineado para o constitucionalismo conduz à valorização dos direitos fundamentais e ao reconhecimento de sua força normativa e plena aplicabilidade, permitindo reconhecer uma ampla vinculação, tanto dos Poderes Públicos quanto de particulares, a seus comandos.

3. Eficácia horizontal e natureza prestacional dos direitos fundamentais

Os direitos fundamentais têm por característica comum impor um ônus e carregarem um custo material, em algum grau, tanto para a sociedade civil quanto para os entes públicos, aos quais incumbe primordialmente o papel de destinatários dos efeitos inerentes ao sistema protetivo forjado por aqueles. Tais ônus, inerentes a todos os direitos básicos da existência humana, se refletem tanto nas abstenções impostas quanto nas prestações frequentemente demandadas, obrigando à disponibilidade de meios materiais para implementar condições fáticas que possibilitem seu exercício efetivo[270]. Independentemente da natureza que ostentem – direitos de liberdade ou sociais – todos, de alguma forma mais ou menos essencial à sua realização, carregam em si esta característica.

Para Victor Abramovich e Christian Courtis[271]:

> *(...) algunos derechos sociales se caracterizan principalmente por exigir del Estado acciones positivas – los llamados derechos-prestación, es decir, aquellos que requieren la distribución de algún tipo de prestación a sus titulares (...) – pero (...) esto también sucede con los derechos civiles – que exigen prestaciones de la administración de justicia, o de los registros civiles, (...) o de las fuerzas de seguridad.*

As obrigações que lhes são consequentes consubstanciam-se em deveres de respeito, proteção, garantia e promoção dos objetivos que materializam, o que pode contemplar tanto atitudes positivas quanto negativas. Como sustenta Ingo Sarlet, os direitos caracterizados como prestacionais "(...) necessariamente devem ser considerados em sentido amplo, na medida

---

(265) HABERMAS. Três modelos normativos de democracia. *op. cit.*, p. 288.
(266) GUASTINI. La 'constitucionalización'... *op. cit.*, p. 156.
(267) ALEXY. Tres Escritos... *op. cit.*, p. 47-48. SANCHÍS, Luis Prieto. Iusnaturalismo, Positivismo y Control de la Ley. Los presupuestos históricos, ideológicos y doctrinales de la jurisdicción constitucional. Fundamentos. *Cuadernos Monográficos de Teoría del Estado, Derecho Público e Historia Constitucional*. Oviedo: Junta General del Principado de Asturias. n. 4. 2006. p. 33.
(268) SANCHÍS. Iusnaturalismo, Positivismo y Control de la Ley. *op. cit.*, p. 94-95.
(269) CALLEJON, Maria Luisa Balaguer. *La interpretación de la Constitución por la Jurisdicción Ordinaria*. Madrid: Civitas, 1990. p. 59.
(270) SARLET, Ingo Wolfgang. *A Eficácia dos Direitos Fundamentais*. 4. ed. Porto Alegre: Livraria do Advogado, 2004. p. 200.
(271) ABRAMOVICH, Victor; COURTIS, Christian. Apuntes sobre la Exigibilidad Judicial de los Derechos Sociales. In: SARLET, Ingo Wolfgang (org.). *Direitos Fundamentais Sociais*: Estudos de Direito Constitucional, Internacional e Comparado. Rio de Janeiro: Renovar, 2003. p. 138.

em que não se restringem (...) aos direitos sociais (...)"[272]. Reforça-se, desta feita, o vínculo existente entre direitos de liberdade, sociais e culturais, sendo certo que todos dependem, em maior ou menor grau, da implementação de normas e políticas para sua realização. "Temos, portanto, que um mesmo direito fundamental abrange muitas vezes um complexo de posições jurídicas, isto é, de direitos e deveres, negativos e positivos"[273].

O ponto de vista ora defendido não é unívoco, pairando ainda dúvidas acerca do surgimento de deveres estatais como decorrência direta da estipulação de direitos fundamentais. Leciona Gustavo Amaral, analisando a questão dos direitos sociais, que três correntes podem ser identificadas[274]:

> (...) a dos que negam eficácia aos direitos sociais, já que a carga positiva depende de mediação do legislador e de meios materiais, a dos que vêem os direitos sociais com o mesmo nível que os direitos individuais, muitas vezes decorrendo uns dos outros e uma terceira, que vê os direitos sociais vigendo sob a reserva do possível, eis que a realização demanda emprego de meios financeiros.

Admitindo-se a possibilidade de o núcleo essencial das normas instituidoras de direitos fundamentais ser irrestritamente realizável, vê-se, junto com Robert Alexy, que o "(...) Estado é, portanto, necessário não só como instância de concretização mas também como instância de decisão para a realização dos direitos do homem"[275]. A atuação estatal voltada a concretizar as promessas de proteção trazidas pelos direitos fundamentais afigura-se essencial, colocando-se o ente político como o principal responsável pelo cumprimento das prestações, positivas ou negativas, que se mostrem necessárias.

A materialização deste dever pode se dar tanto no plano legislativo, pela regulamentação do texto constitucional tendente a viabilizar sua plena exigibilidade, quanto na seara administrativa, por intermédio da implementação de políticas públicas necessárias ao cumprimento dos deveres dos entes estatais, sempre objetivando a realização de seu núcleo essencial, o qual "*(...) se refiere a la dimensión institucional que define el sentido, alcance y condiciones de ejercicio de los derechos fundamentales*"[276].

Há que se questionar, contudo, até que ponto o Estado está sozinho no cumprimento destas tarefas. Até onde se estende, na prática, a noção de eficácia horizontal atribuída aos direitos fundamentais.

Existem posicionamentos conceituais diferentes e divergentes acerca do tema, especialmente quando o olhar se volta para os direitos fundamentais sociais, cuja carga prestacional é sempre mais elevada quando comparados com os direitos de liberdade. Wilson Steinmetz apresenta e analisa estas correntes, permitindo construir uma visão abrangente a respeito da controvérsia.

Em Tomás Quadra-Salcedo, identifica-se uma vertente que entende somente serem os direitos sociais realizáveis por meio de ações positivas do Estado, único sujeito destinatário dos comandos emanados de semelhantes normas. Como são direitos que dependem de medidas concretas para serem fruídos, não há que se atribuir a particulares alguma forma de vínculo, nem mesmo quando se vêem na contingência de não criar obstáculos. A consequência seria a impossibilidade de aplicar tais direitos em relações privadas, horizontalmente, restringindo-se sua abrangência às relações verticais, entre Estado e indivíduo.

A realidade dos sistemas constitucionais, contudo, mostra o equívoco desta noção, na medida em que diversos são os direitos fundamentais sociais que claramente criam obrigações para particulares, permitindo sustentar uma eficácia horizontal. E o espaço das relações de trabalho certamente oferece alguns dos melhores exemplos, como se verá na sequência[277].

De outro lado, há autores como Ingo Sarlet que apresentam uma visão oposta, no sentido de afirmar que a totalidade dos direitos sociais geram obrigações – em graus variados – tanto para o Estado quanto para os cidadãos, de sorte que operariam igualmente no plano das relações interindividuais, de forma irrestrita[278].

As visões antagônicas, pautadas em um critério de tudo ou nada, parecem dissonantes da realidade constitucional. De fato, o que se percebe é que existem direitos fundamentais sociais cuja efetivação depende exclusivamente da ação estatal e outros que têm como obrigados também os particulares, de modo que a postura intermediária claramente se mostra a mais coerente.

É importante refutar qualquer pretensão que vise a esgotar no agir do Poder Público o esforço por concretizar direitos essenciais. Afinal, não se pode esquecer a existência de direitos fundamentais cuja implementação demanda prestações de entidades privadas ou até mesmo de pessoas físicas. E aqui talvez os melhores exemplos sejam oferecidos pelos direitos trabalhistas.

Em que pese a maior responsabilidade atribuída aos entes públicos, é certo que tais direitos geram obrigações também entre os membros da coletividade, pelo que ações ou abstenções se afiguram plenamente exigíveis nas relações intersubjetivas com vista a proteger ou realizar direitos, buscando-se,

---

(272) SARLET. *A Eficácia dos Direitos Fundamentais*, p. 202.
(273) SARLET. *A Eficácia dos Direitos Fundamentais*, p. 219.
(274) AMARAL, Gustavo. *Direito, Escassez e Escolha*. Em busca de critérios para lidar com a escassez de recursos e as decisões trágicas. Rio de Janeiro: Renovar, 2001. p. 61.
(275) ALEXY, Robert. Direitos Fundamentais no Estado Constitucional Democrático. *Revista de Direito Administrativo*. Trad. Luis Afonso Heck. Rio de Janeiro: Renovar. n. 217, p. 62, jul./set. 1999.
(276) LUÑO, Antonio-Enrique Pérez. La Tutela de los Derechos Fundamentales en la Constitución Española de 1978. *in Estudios en Homenaje al Doctor Héctor Fix-Zamudio* – treinta años como investigador de las ciencias jurídicas. México: Universidad Nacional Autónoma de México, 1988. t. III, p. 2345.
(277) STEINMETZ, Wilson. *A Vinculação dos Particulares a Direitos Fundamentais*. São Paulo: Malheiros, 2004. p. 276-277.
(278) STEINMETZ. *A Vinculação dos Particulares... op. cit.*, p. 278.

ainda que coercitivamente, permear com sentimentos de respeito e solidariedade os relacionamentos humanos[279].

3.1. Particularidades do espaço das relações de trabalho

Quando se analisa globalmente os direitos fundamentais aplicados à relações de trabalho, destaca-se sua natureza *multidimensional*. Em seu conjunto, asseguram a liberdade individual, promovem a igualdade e tutelam os trabalhadores coletivamente, enquanto classe. As *funções individual e social* destes direitos se fundem para formar um sistema dual de proteção, como destacado por Dieter Grimm, que, por sua vez, cria uma rede de obrigações que afetam tanto Poderes Públicos quanto particulares.

No campo trabalhista, ilustrando a percepção defendida por Luis Prieto Sanchís, são poucos os espaços que restam imunes à Constituição, o que implica em dizer que praticamente todos os aspectos das relações de trabalho encontram-se diretamente subordinados a algum direito fundamental. Estes, por sua vez, na condição de princípios supremos do ordenamento jurídico (ou *normas gerais reguladoras das relações sociais*, nos dizeres de Riccardo Guastini), não só orientam a produção e a interpretação legislativa, mas também determinam parâmetros de conduta, gerando, como consequência, a ampla possibilidade de serem aplicados diretamente às relações privadas.

Todos estes aspectos conceituais devem ser levados em consideração quando se analisa o grau de vinculação dos indivíduos como destinatários de obrigações decorrentes destes direitos.

Quando se fala, por exemplo, em restrições a revistas íntimas como aplicação do dever de respeito à intimidade ou em proibição de discrimínem pautado em gênero, orientação sexual ou crença religiosa, o que está em jogo é a liberdade individual do trabalhador. Nestes casos, é evidente que as normas definidoras de direitos fundamentais vinculam igualmente Estado e particulares, no caso os empregadores, caracterizando sua eficácia horizontal e aplicabilidade imediata, ao regularem diretamente relações humanas.

Note-se que em todos estes casos há igualmente um dever de agir estatal, materializado na necessidade de implementar mecanismos para regulamentar, fiscalizar, controlar e, em caso de descumprimento das normas de conduta pertinentes, aplicar as sanções cabíveis. Como dito linhas acima, a lógica vigente é da divisão de responsabilidades entre Estado e indivíduos, aspecto central ao constitucionalismo contemporâneo.

As relações de trabalho são, ainda, um dos principais espaços de incidência dos direitos fundamentais sociais, dada a natureza dos vínculos estabelecidos e do sistema de exploração humana que caracteriza o modelo produtivo capitalista. Aqui se nota claramente que nem todos os direitos podem ser implementados por meio de ações privadas. Como afirma Steinmetz:

> (...) os direitos fundamentais sociais dos trabalhadores urbanos e rurais, exceto aqueles cujo sujeito destinatário exclusivo é o Estado, vinculam os particulares. (...) uma análise estrutural simples das normas que atribuem esses direitos revela, de imediato, que, na maioria dessas normas (...) os particulares figuram como sujeitos destinatários imediatos. Tais normas operam, portanto, eficácia imediata ou direta[280].

Pode-se pensar, por exemplo, na fixação do valor do Salário Mínimo e nas políticas para sua valorização. Obviamente, há a necessidade de uma ação legislativa, o que adentra em um espaço de monopólio estatal e inviabiliza o agir privado. Não há que se falar, portanto, em eficácia horizontal, neste caso. Semelhante raciocínio se estende a questões como o seguro-desemprego ou a aposentadoria, direitos cuja implementação somente pode se dar por meio de ações estatais concretas, não cabendo aos particulares qualquer responsabilidade.

Já quando se pensa na proteção à saúde e à integridade física do trabalhador, é evidente que deste preceito emerge uma série de ações concretas que podem ser exigidas dos empregadores, independentemente de intermediação legislativa. Aliás, a aplicação horizontal e direta dos direitos fundamentais em casos como este pode, até mesmo, levar à supressão de um dispositivo infraconstitucional que se mostre insuficiente ou desvantajoso ao trabalhador, permitindo a tutela de sua situação laboral pela aplicação imediata do comando constitucional.

Percebe-se, em suma, que a regra é a possibilidade de aplicação direta e imediata dos direitos fundamentais que regulam relações trabalhistas, independentemente de sua natureza social ou de liberdade. Apenas naqueles casos em que só ao Estado é possível exigir alguma conduta tal eficácia se vê limitada.

O que se nota, em termos conceituais, é que, no âmbito das relações trabalhistas, os direitos fundamentais se manifestam em todas as suas dimensões. Como *direitos à proteção*, quando demandam do Estado ações concretas tendentes a preservar os trabalhadores[281]. Aqui entram a atividade legislativa (ao definir o valor do Salário Mínimo, por exemplo), administrativa (ao coibir a exploração do trabalho escravo, por exemplo) e judicial (em sua atividade cotidiana de compor os conflitos individuais e coletivos). Neste caso, em diversos momentos também afetam os empregadores, emergindo sua eficácia horizontal, como ilustrado acima.

Também se mostram como *direitos de defesa* que visam a impedir intervenções que venham a lesar interesses privados,

---

(279) VIEIRA, Oscar Vilhena. *Direitos Fundamentais*. Uma leitura da jurisprudência do STF. São Paulo: Malheiros, 2006. p. 46-47.
(280) STEINMETZ. *A Vinculação dos Particulares... op. cit.*, p. 279.
(281) STEINMETZ. *A Vinculação dos Particulares... op. cit.*, p. 129.

no que geram consequentes deveres de omissão[282]. Além dos exemplos dados anteriormente envolvendo liberdades individuais, como a orientação sexual ou a crença religiosa, também é possível pensar na preservação da livre-iniciativa, já que esta constitui a base para o funcionamento do sistema capitalista de produção e figura, consequentemente, como condição para que empregos sejam criados e mantidos.

Percebe-se, assim, que uma e outra função dos direitos fundamentais – proteção e defesa – convergem para um mesmo objetivo: assegurar a eficácia e o pleno exercício dos direitos por indivíduo. Sempre o Estado figura como sujeito destinatário, acarretando-lhe um dever de agir intenso. Em diversos casos – certamente a maioria – também outros particulares são chamados a assegurar a efetivação destes direitos. Seja sua carga eficacial predominantemente voltada a assegurar a liberdade individual ou a promover a igualdade, sempre podem vir a regular diretamente relações interindividuais.

E, assim, dada a complexidade do campo das relações laborais, este se mostra um rico espaço de análise quanto às diferentes possibilidades de aplicação dos direitos fundamentais, oferecendo desafios constantes no sentido não só de assegurar sua plena realização, mas também de ampliar sua eficácia, permitindo uma tutela efetiva aos trabalhadores, materializando, assim, o modelo constitucional de proteção abrangente incorporado no Brasil desde 1988.

4. REFERÊNCIAS BIBLIOGRÁFICAS

ABRAMOVICH, Victor; COURTIS, Christian. Apuntes sobre la Exigibilidad Judicial de los Derechos Sociales. In: SARLET, Ingo Wolfgang (org.). *Direitos Fundamentais Sociais:* Estudos de Direito Constitucional, Internacional e Comparado. Rio de Janeiro: Renovar, 2003.

ALEXY, Robert. Direitos Fundamentais no Estado Constitucional Democrático. *Revista de Direito Administrativo.* Trad. Luis Afonso Heck. Rio de Janeiro: Renovar n. 217, jul./set. 1999.

ALEXY, Robert. Colisão de direitos fundamentais e realização de direitos fundamentais no estado de direito democrático. *Revista de Direito Administrativo.* Trad. Luis Afonso Heck. Rio de Janeiro: Renovar n. 217, jul./set. 1999.

ALEXY, Robert. *Tres Escritos sobre los Derechos Fundamentales y la Teoría de los Principios.* Trad. Carlos Bernal Pulido. Bogotá: Universidad Externado de Colombia, 2003.

ALEXY, Robert. Derechos Fundamentales y Estado Constitucional Democrático. In: CARBONELL, Miguel (org.). *Neoconstitucionalismo(s).* 2. ed. Madrid: Trotta, 2005.

AMADO, Juan Antonio García. Derechos y Pretextos. Elementos de crítica del neoconstitucionalismo. In: CARBONELL, Miguel (org.). *Teoría del Neoconstitucionalismo.* Ensayos escogidos. Madrid: Trota, 2007.

AMARAL, Gustavo. *Direito, Escassez e Escolha.* Em busca de critérios para lidar com a escassez de recursos e as decisões trágicas. Rio de Janeiro: Renovar, 2001.

ARIZA, Santiago Sastre. La Ciencia Jurídica ante el Neoconstitucionalismo. In: CARBONELL, Miguel (org.). *Neoconstitucionalismo(s).* 2. ed. Madrid: Trotta, 2005.

BÖCKENFÖRDE, Ernst-Wolfgang. Sobre la situación de la dogmática de los derechos fundamentales tras 40 años de Ley Fundamental. In: *Escritos sobre Derechos Fundamentales.* Baben-Baden: Nomos Verlagsgesellschaft, 1993.

CALLEJON, Maria Luisa Balaguer. *La Interpretación de la Constitución por la Jurisdicción Ordinaria.* Madrid: Civitas, 1990.

CANARIS, Claus Wilhelm. *Direitos Fundamentais e Direito Privado.* Trad. Ingo W. Sarlet e Paulo Mota Pinto. Coimbra: Almedina, 2003.

COMANDUCCI, Paolo. Formas de (neo)constitucionalismo: un análisis metateórico. In: CARBONELL, Miguel (org.). *Neoconstitucionalismo(s).* 2. ed. Madrid: Trotta, 2005.

CRUZ, Luis M. *La Constitución como Orden de Valores.* Problemas jurídicos y políticos. Un estudio sobre los orígenes del neoconstitucionalismo. Granada: Comares, 2005.

DENNINGER, Erhard. Diversità, Sicurezza e Solidarietà. Un nuovo paradigma per il potere costituente e per lo sviluppo dei diritti dell'uomo? in *Diritti dell'uomo e Legge Fondamentale.* Trad. Carlo Amirante. Torino: Giappichelli, 1998.

ENTERRÍA, Eduardo García de. *La Constitución como Norma y el Tribunal Constitucional.* 4. ed. Navarra: Thomson Civitas, 2006.

FERRAJOLI, Luigi. Pasado y Futuro del Estado de Derecho. In: CARBONELL, Miguel (org.). *Neoconstitucionalismo(s).* 2. ed. Madrid: Trotta, 2005.

FIGUEROA, Alfonso Garcia. La Teoría del Derecho en Tiempos de Constitucionalismo. In: CARBONELL, Miguel (org.). *Neoconstitucionalismo(s).* 2. ed. Madrid: Trotta, 2005.

GOUVÊA, Marcos Maselli. *O Controle Judicial das Omissões Administrativas.* Novas perspectivas de implementação dos direitos prestacionais. Rio de Janeiro: Forense, 2003.

GRIMM, Dieter. *Constitucionalismo y Derechos Fundamentales.* Trad. Raúl Sanz Burgos. Madrid: Trotta, 2006.

GUASTINI, Riccardo. La 'constitucionalización' del ordenamiento jurídico: el caso italiano. *Estudios de Teoría Constitucional.* Trad. José Maria Lujambio. México: Universidad Nacional Autónoma de México, 2001.

---

(282) STEINMETZ. *A Vinculação dos Particulares... op. cit.,* p. 130.

GUASTINI, Riccardo. Sobre el Concepto de Constitución. In: CARBONELL, Miguel (org.). *Teoría del Neoconstitucionalismo*. Ensayos escogidos. Madrid: Trota, 2007.

HABERMAS, Jürgen. Três modelos normativos de democracia. In: *A Inclusão do Outro*. Estudos sobre teoria política. Trad. Paulo Astor Soethe. 2. ed. São Paulo: Loyola, 2004.

HABERMAS, Jürgen. O Estado Democrático de Direito: uma amarração paradoxal de princípios contraditórios? In: *Era das Transições*. Trad. Flávio B. Siebeneichler. Rio de Janeiro: Tempo Brasileiro, 2003.

HESSE, Konrad. *A Força Normativa da Constituição*. Trad. Gilmar Ferreira Mendes. Porto Alegre: Sérgio Antonio Fabris, 1991.

KELSEN, Hans. *Teoria Pura do Direito*. Trad. João Baptista Machado. 7. ed. São Paulo: Martins Fontes, 2006.

LOEWENSTEIN, Karl. *Teoría de la Constitución*. Trad. Alfredo Gallego Anabitarte. 2. ed. 4. reimp. Barcelona: Ariel, 1986.

LUNARDI, Soraya; DIMOULIS, Dimitri. Teorias explicativas da Constituição brasileira. In: DIMOULIS, Dimitri *et alli* (org.). *Resiliência Constitucional*. Compromisso maximizador, consensualismo político e desenvolvimento gradual. São Paulo: FGV, 2013.

LUÑO, Antonio-Enrique Pérez. La Tutela de los Derechos Fundamentales en la Constitución Española de 1978. In: *Estudios en Homenaje al Doctor Héctor Fix-Zamudio* – treinta años como investigador de las ciencias jurídicas. México: Universidad Nacional Autónoma de México, 1988, t. III.

MIRANDA, Jorge. *Contributo para uma Teoria da Inconstitucionalidade*. reimp. Coimbra: Coimbra Editora, 1996.

SANCHÍS, Luis Prieto. *Justicia Constitucional y Derechos Fundamentales*. Madrid: Trotta, 2003.

SANCHÍS, Luis Prieto. Iusnaturalismo, Positivismo y Control de la Ley. Los presupuestos históricos, ideológicos y doctrinales de la jurisdicción constitucional. Fundamentos. *Cuadernos Monográficos de Teoría del Estado, Derecho Público e Historia Constitucional*. Oviedo: Junta General del Principado de Asturias n. 4, 2006.

SANCHÍS, Luis Prieto. El Constitucionalismo de los Derechos. In: CARBONELL, Miguel (org.). *Teoría del Neoconstitucionalismo*. Ensayos escogidos. Madrid: Trota, 2007.

SARLET, Ingo Wolfgang. *A Eficácia dos Direitos Fundamentais*. 4. ed. Porto Alegre: Livraria do Advogado, 2004.

SMEND, Rudolf. El Tribunal Constitucional Federal alemán en la Ley Fundamental de Bonn de 1949. In: *Ensayos sobre la Libertad de Expresión, de Ciencia y de Cátedra como Derecho Fundamental y sobre el Tribunal Constitucional Federal Alemán*. Trad. Joaquín Brage Camazano. México: Universidad Nacional Autónoma de México, 2005.

STARCK, Christian. La légitimité de la justice constitutionnelle et le principe démocratique de majorité. In: *Legitimidade e Legitimação da Justiça Constitucional*. Colóquio no 10º aniversário do Tribunal Constitucional. Coimbra: Coimbra Editora, 1995.

STEINMETZ, Wilson. *A Vinculação dos Particulares a Direitos Fundamentais*. São Paulo: Malheiros, 2004.

VIEIRA, Oscar Vilhena. *Direitos Fundamentais*. Uma leitura da jurisprudência do STF. São Paulo: Malheiros, 2006.

ZAGREBELSKY, Gustavo. *El Derecho Dúctil*. Ley, derechos, justicia. Trad. Marina Gascón. 6. ed. Madrid: Trotta, 2005.

PARTE II
A PROTEÇÃO INTERNACIONAL DOS DIREITOS HUMANOS DOS TRABALHADORES

CAPÍTULO 6

ANTECEDENTES HISTÓRICOS, FUNDAMENTOS E PRINCÍPIOS DO DIREITO INTERNACIONAL DO TRABALHO

Georgenor de Sousa Franco Filho[283]

1. Antecedentes históricos

Na primeira metade do século XIX, despontaram ideias de internacionalizar a legislação social e trabalhista, e a Revolução Industrial promoveu importantes mudanças na economia, demonstrando que a desigualdade pela diferença afeta emprego e procura de emprego. Muitas mudanças ocorreram com a introdução da máquina a vapor, inventada em 1775 por James Watt substituindo o trabalho escravo e a servidão. Foi nessa época que surgiu a primeira preocupação para minorar os males da classe trabalhadora: um controle de jornada, com gradual redução de horas extras exageradas. Nessa linha, a Lei Francesa de 1841 limitou em oito anos a idade mínima para admissão.

O socialismo utópico, pregado no início, acompanhado do materialismo histórico assentado no Manifesto Comunista de Marx e Engels, influenciaram a 1ª Internacional da Associação Internacional dos Trabalhadores, realizada em Genebra, em 1866, quando foi adotada resolução pedindo uma legislação social internacional.

A doutrina socialista rapidamente se expandiu, e, na sua esteira, Bismark implantou, em 1883, o sistema do seguro social.

A preocupação com a criação de regras trabalhistas intensificou-se. E, como corolário, sucessivos congressos ocorreram na Europa. Na França, foi criado o *Conseil des prud'hommes*, e na Itália, em 1927, foi adotada a *Carta del Lavoro*.

Em 1890, a Conferência de Berlim, que não era diplomática, reuniu representantes de 13 países da Europa que adotaram um protocolo sobre idade mínima para emprego e várias recomendações a partir de projeto apresentado por Daniel Le Grand.

Em 1897, realizou-se o Congresso de Bruxelas, de natureza científica, que adotou projeto para criar uma associação internacional, e que, mesmo com a queda do governo da Bélgica, serviu de embrião para a Associação Internacional de Proteção Legal dos Trabalhadores, de natureza privada, que foi criada na Basileia, em 01.05.1900.

Reunindo trabalhadores dos Estados Unidos da América, França e Inglaterra, foi a realizada a Conferência de Leeds, em 1916, ocasião em que foi pedido que, no tratado de paz que selasse o final da primeira grande guerra mundial, fosse aberto espaço para cuidarem da situação dos trabalhadores.

Finalmente, em 1917, ocorreu a Conferência de Berna, que antecedeu à criação da Organização Internacional do Trabalho (OIT). Nessa oportunidade, proibiu-se o trabalho noturno para a mulher na indústria e foi reconhecida a insalubridade, sendo proibido o manuseio de produtos químicos.

Antes disso, surgiram as primeiras grandes reformas sociais, introduzidas na Inglaterra por Robert Owen. Considerado o pai das cooperativas, Owen criou as *trade unions* na Inglaterra, inspirando os primeiros regulamentos de fábricas, tendo adotado um em sua fábrica de tecidos em New Lamark, no início do século XIX. Dentre as mudanças que introduziu, ressalte-se a limitação para jornada de crianças, além de ter escrito um *memoire* ao Congresso de Aix-la-Chapelle, em 1818, propondo normas sobre questões trabalhistas.

Robert Owen é um dos mais importantes nomes da história do Direito do Trabalho e, segundo Valticos, não pretendia uma regulamentação internacional, tendo apenas preconizado uma ação internacional no campo do trabalho e sugerido adoção de normas internas nas fábricas da época[284], como as implantadas nas suas, o que, ao que parece, poderia ser o mais prático e imediato então.

Na França, outros nomes se destacaram. Blanqui sugeriu, na primeira metade do século XIX, a celebração de tratados entre Estados sobre questões sociais, e Louis René Villermé, na mesma época, propôs fossem negociados acordos entre fabricantes.

Realce especial deve ser dado a outro francês, Daniel Le Grand, considerado o precursor da OIT. Foi quem propôs

---

(283) Desembargador do Trabalho de carreira do TRT da 8ª Região. Doutor em Direito Internacional pela Faculdade de Direito da Universidade de São Paulo. Doutor *Honoris Causa*. Professor Titular de Direito Internacional e do Trabalho da Universidade da Amazônia. Presidente Honorário da Academia Brasileira de Direito do Trabalho. Membro da Academia Paraense de Letras.

(284) VALTICOS, Nicolas. *Derecho internacional del trabajo*. Trad. Maria José Triviño. Madrid: Tecnos, 1977. p. 30.

uma lei internacional do trabalho, encaminhando um projeto nesse sentido aos governos dos países industrializados. Eram cinco os principais pontos de seu projeto: limitação da jornada de trabalho, direito ao descanso dominical, controle do trabalho noturno, permissão apenas para maiores de 12 anos ingressarem no mercado de trabalho e proibição do trabalho para crianças menores de 12 anos.

Ademais, a forma de administrar igualmente mudou. Iniciaram-se com o taylorismo desenvolvido por Frederick Taylor, pai da administração científica, propugnando pela organização racional do trabalho, a fim de obter acréscimo significativo no nível operacional.

Depois foi o fordismo de Henry Ford, adotado na sua *Ford Motor Company*, como modelo de produção em massa, implantado no início de 1914, automatizando sua fábrica de veículos, mediante o uso de técnicas tayloristas, como padronização e simplificação.

Seguiu-se o toyotismo da Toyota, embora criado nos Estados Unidos da América pelo americano Taiichi Ohno, que se identifica como um modo de organização produtiva que ganhou projeção global, com base no princípio *just in time* (produzir apenas o necessário).

Mais tarde, o volvismo, criado pelo indiano Emti Chavanmco, na Suécia, aparece como um sistema de administração empresarial altamente informatizado, com a participação direta dos trabalhadores e intensa colaboração sindical.

Hoje em dia, vivemos no *gatismo*, de Bill Gates, o criador da *Microsoft*, onde tudo – ou quase tudo – é informatizado e o ser humano começa a ser apenas mais uma peça nessa complexa engrenagem.

2. Fundamentos

Podemos identificar dois fundamentos basilares para o Direito Internacional do Trabalho: um, o histórico, representado, sobretudo, pela Revolução Francesa e seus ideais de liberalismo. Outro, ideológico-espiritual, fundado especialmente na doutrina social da Igreja Católica Romana, a partir da *Rerum Novarum* de Leão XIII.

Com efeito, o fundamento histórico decorre da Revolução Francesa, retirando o poder da monarquia, trazendo a pregação de um liberalismo exacerbado, de uma falsa igualdade, da permanência da opressão ao proletariado e da ascensão da burguesia, e, na sua esteira, a Lei *Le Chapelier*, proibindo as associações de trabalhadores.

Esse marco histórico pregando a autonomia da vontade acabou por causar danos ao lado mais fraco, o trabalhador, até Robert Owen, na sua fábrica de tecidos, em New Lamark, na Escócia, preconizar as primeiras regras protetoras, seguido do manifesto de Marx e Engels, na defesa do proletário.

Desses passos, junto com as razões ideológico-espirituais introduzidas pela *Rerum Novarum*, advêm as bases fundamentais do moderno Direito do Trabalho.

Do liberalismo revolucionário, caminhou-se para a tutela do Estado, adotando-se uma legislação social por vezes rígida, criticada porque estaria prejudicando o andamento da economia, daí estar o mundo hoje vivendo passos largos na direção da ampla flexibilização das normas trabalhistas que pode acabar chegando à total desregulamentação, que será o retorno ao liberalismo exacerbado do passado.

O fundamento ideológico/espiritual está consubstanciado na Doutrina Social da Igreja. As suas bases foram lançadas pela encíclica *Rerum Novarum* (Coisas Novas), de Leão XIII, em 15.03.1891.

Segundo a totalidade da doutrina, a razão fundamental para Leão XIII editar essa encíclica decorreu da realidade constatada de uma tremenda desigualdade entre os homens e consequente exploração dos menos favorecidos pelas classes dominantes. Daí o fundamento ideológico/espiritual do Direito do Trabalho fundar-se nos ensinamentos papalinos, fruto da razão mesma de ser da Igreja Católica Romana, que prega a igualdade entre os homens e a necessidade de redução da pobreza com melhor distribuição de recursos e tratamento mais justo e digno aos seres humanos.

3. Princípios

A Declaração da Filadélfia de 10.5.1944 elenca, no art. 1, os princípios que fundamentam a Organização Internacional do Trabalho (OIT). Alguns entendem que se trata dos princípios do Direito Internacional do Trabalho, porém, pensamos que são apenas os que fundam o mais importante organismo internacional que cuida de matéria trabalhista, mas não do Direito Internacional do Trabalho como um todo. São eles que demonstramos abaixo.

Os dois primeiros são as liberdades de expressão e de associação que se destinam a garantir a livre manifestação da vontade do trabalhador e o direito de criar sindicatos e a eles se associar ou não, lembrados pelo Papa Leão XIII na sempre citada *Rerum Novarum*. Encontram-se esses princípios inscritos na Constituição de 1988: o *pluralismo político* (art. 1º, V), e as liberdades de expressão (art. 5º, IX) e de associação (art. 5º, XVII), inclusive sindical (art. 8º, *caput*).

A penúria é a pobreza crítica, que gera desigualdade social. Aqui, certamente reside um dos maiores problemas da humanidade nos dias correntes. A Declaração lembra que essa condição é um perigo para a prosperidade geral, significando que se trata de um mal para todos que precisa ser combatido.

O quarto princípio é a luta contra a carência, que deve proporcionar a aproximação de governos e de representantes das categorias econômica e profissional para, democraticamente, avaliarem seus problemas conjuntos e as formas de sua solução, visando o bem da humanidade.

Existem, porém, princípios que podem ser chamados de especiais ou próprios (embora não sejam exclusivos) do Direito Internacional do Trabalho, a saber: justiça e política social, proteção, igualdade de direitos e oportunidades, boa-fé, respeito aos direitos humanos e solução pacífica de conflitos.

O princípio da justiça social consiste em admitir que o Estado deve atender às reivindicações e desejos da sociedade no sentido de garantir, promover e reduzir efetivamente as desigualdades sociais, proporcionando, verdadeiramente, dignidade a todos os seres humanos. Para sua consecução, o Direito Internacional do Trabalho age através de seus mecanismos de atuação (tratados, declarações, recomendações), adotando o princípio da justiça social, a fim de eliminar discriminações sociais, proporcionando melhor qualidade de vida, mais justa distribuição de renda, gerando mais empregos, reduzindo as desigualdades, tudo diretamente vinculado ao princípio da política social. Assim, os princípios da justiça social e da política social caminham conjuntamente em busca do mesmo ideal.

O princípio da proteção é o mais importante princípio do Direito do Trabalho e, induvidosamente, é, na sua inteireza, o mesmo para o Direito Internacional do Trabalho. Boa parte da doutrina, como lembram Américo Plá Rodriguez[285] e Alfredo J. Ruprecht[286], admite que está consubstanciado em três regras básicas. A primeira é a *in dubio pro operario*, segundo a qual sempre se aplica a regra mais benéfica ao trabalhador. A segunda é a da norma mais favorável, porque, em havendo conflito hierárquico de normas, prevalecerá aquela que for mais favorável ao trabalhador. A última é a da condição mais benéfica, cuidando da aplicação temporal da norma, segundo a qual a nova não prejudica a anterior, se esta for mais benéfica.

Ensina Pinho Pedreira, acerca do princípio da igualdade de direitos e oportunidades, que:

> A adoção do princípio da igualdade no Direito do Trabalho foi retardada pela consideração de que ele só se justifica no direito público, em virtude da necessidade de limitação do Estado, que, no exercício do seu *jus imperii*, tinha a possibilidade de cometer arbitrariedades contra os cidadãos. Não poderia, entretanto, esse princípio ser transportado para o direito privado, porque neste os sujeitos se encontram em posição de paridade e a aplicação do princípio da igualdade violaria a autonomia privada e a liberdade contratual.[287]

Essa lição indica a visão liberal que se pretendeu, no final do século XVIII e primeiras décadas do século XIX, atribuir ao Direito do Trabalho. O Estado interveio, passando *a exercer sua verdadeira missão, como órgão de equilíbrio, como orientador da ação individual, em benefício do interesse coletivo, que era, em suma, o próprio interesse estatal,* como doutrina Segadas Vianna[288].

Atuar de boa-fé importa mesmo em limitar a própria vontade, de modo a não prejudicar terceiros. Com efeito, sobre o princípio da boa-fé, ensina Francisco Rossal de Araújo que:

> *O princípio do honeste vivere – mínimo de lealdade, honestidade, veracidade, coerência e probidade – afasta a tese da intangibilidade do consentimento. O princípio da boa-fé funciona como limitador da autonomia da vontade, adequando a declaração volitiva a limites éticos e resguardando o equilíbrio contratual.*[289]

Assim, podemos identificar duas formas de boa-fé: a subjetiva e a objetiva. A boa-fé subjetiva se refere à conduta íntima da pessoa, a lealdade de seu modo de agir, dentro de uma consciência de que está agindo corretamente. A objetiva é a exteriorização de comportamento, a demonstração externalizada de atitudes confiáveis, honestas, segundo uma conduta social adequada.

No Direito Internacional geral, a Convenção de Viena sobre Direito dos Tratados, que o Brasil ratificou, contempla, no art. 26, a regra da *pacta sunt servanda*, quando consagra: *Todo tratado em vigor obriga as partes e deve ser cumprido por elas de boa-fé.*

Esse comando aplica-se, também, ao Direito Internacional do Trabalho, quando os tratados internacionais sobre o tema também devem ser observados e cumpridos de boa-fé objetiva e subjetivamente.

O Direito Internacional do Trabalho cuida da vida humana, no que respeita às atividades de cada qual, para sua subsistência e dos seus, avaliando, em nível internacional, formas adequadas para reduzir desigualdades, minimizar sofrimentos, garantir razoáveis condições de sobrevivência. Daí emerge o princípio do respeito aos direitos humanos.

Essa preocupação com os direitos humanos, no âmbito do Direito Internacional do Trabalho, faz revelar-se mais evidente quando se constata seu novo dimensionamento, não mais apenas as condições de trabalho e os direitos previdenciários, mas para além, cuidando de direitos humanos relacionados com trabalho em geral, desemprego, reflexos sociais das questões econômicas, política social das transnacionais, reforma agrária, atenção aos vulneráveis, formação técnico-profissionalizante, combate ao desemprego e ao subemprego, economia informal, meio ambiente do trabalho e outros temas correlatos, como apontado, inclusive, por Arnaldo Süssekind[290].

---

(285) PLÁ RODRIGUEZ, Américo. *Princípios de direito do trabalho*. Trad. Wagner D. Giglio. São Paulo: LTr, 1993. p. 42-3.
(286) RUPRECHT, Alfredo J. *Os princípios do direito do trabalho*. Trad. Edilson Alkimin Cunha. São Paulo: LTr, 1995. p. 14.
(287) PINHO PEDREIRA DA SILVA, Luiz de. *Principiologia de direito do trabalho*. Salvador: Contraste, 1996, p. 185.
(288) VIANNA, José de Segadas *et alii*. *Instituições de direito do trabalho (I)*. 22. ed. São Paulo: LTr, 2005, p. 38.
(289) ARAÚJO, Francisco Rossal de. *A boa-fé no contrato de emprego*. São Paulo: LTr, 1996. p. 32.
(290) SÜSSEKIND, Arnaldo Lopes. *Direito internacional do trabalho*. 3. ed. São Paulo: LTr, 2000, p. 24.

Dentre as funções principais do Direito do Trabalho, encontra-se a de pacificar as divergências decorrentes das relações de trabalho. Procura-se no Direito Internacional do Trabalho buscar implementar mecanismos eficientes para superar conflitos, mediante a utilização de instrumentos harmônicos que, levando em conta a mobilidade humana[291] tão crescente nos dias correntes, aplique formas pacíficas para solucionar essas dificuldades de convivência e de inter-relacionamento.

O princípio da solução pacífica de conflitos é expressamente referido no preâmbulo da Constituição brasileira, da mesma forma como nossas relações internacionais são regidas também por esse princípio (art. 4º, VII).

Esses são os princípios que informam o Direito Internacional do Trabalho.

4. REFERÊNCIAS BIBLIOGRÁFIAS

ARAÚJO, Francisco Rossal de. *A boa-fé no contrato de emprego*. São Paulo: LTr, 1996.

FRANCO FILHO, Georgenor de Sousa. *Curso de Direito do Trabalho*. 2. ed. São Paulo: LTr, 2016.

PINHO PEDREIRA DA SILVA, Luiz de. *Principiologia de direito do trabalho*. Salvador: Contraste, 1996.

PLÁ RODRIGUEZ, Américo. *Princípios de direito do trabalho*. Trad. Wagner D. Giglio. São Paulo: LTr, 1993.

RUPRECHT, Alfredo J. *Os princípios do direito do trabalho*. Trad. Edilson Alkimin Cunha. São Paulo: LTr, 1995.

SÜSSEKIND, Arnaldo Lopes. *Direito internacional do trabalho*. 3. ed. São Paulo: LTr, 2000.

VALTICOS, Nicolas. *Derecho internacional del trabajo*. Trad. Maria José Triviño. Madrid: Tecnos, 1977.

VIANNA, José de Segadas *et alii*. *Instituições de direito do trabalho (I)*. 22. ed. São Paulo: LTr, 2005.

---

[291] Sobre mobilidade humana, v. nosso *Curso de Direito do Trabalho*. 2. ed. São Paulo: LTr, 2016. p. 382-9.

CAPÍTULO 7
A ORGANIZAÇÃO INTERNACIONAL DO TRABALHO E OS INSTRUMENTOS INTERNACIONAIS DE PROTEÇÃO AO TRABALHADOR

Georgenor de Sousa Franco Filho [292]

1. Produção legislativa da OIT

A Organização Internacional do Trabalho (OIT) é a agência especializada das Nações Unidas que cuida de questões trabalhistas. É dela que se originam os principais instrumentos que regulam as relações de trabalho em nível internacional, com vistas à proteção do trabalhador e a lhe proporcionar melhores condições de vida e desempenho de atividades.

Anualmente, em julho, a Conferência Internacional do Trabalho, que reúne todos os Estados-membros da OIT para discutir importantes temas sobre problemas trabalhistas verificados em todo o mundo e, a partir de estudos realizados previamente, votam e aprovam (ou não) convenções e recomendações internacionais do trabalho, que, nas palavras de Nicolas Valticos, *constituyen las fuentes principales del derecho internacional del trabajo*[293], embora não sejam as únicas.

Nas reuniões anuais, pode-se utilizar, além dos idiomas oficiais francês e inglês, o espanhol como língua de trabalho, bem como alemão e russo, com cooperação da Repartição, e árabe, grego, italiano, japonês, eventualmente, com colaboração dos Estados-membros.

Observe-se que, para fins de classificar fontes, devemos considerar como tratado *lato sensu* tanto as convenções como as recomendações, e, como tal, são as fontes formais do Direito Internacional do Trabalho[294].

O principal instrumento das questões trabalhistas em nível internacional é a convenção internacional do trabalho, tratado em seu sentido mais estrito, que está sujeito à ratificação pelos Estados que vierem a adotá-la. A recomendação é um tratado cujo tema abordado ainda não está devidamente maduro, servindo como preparatório ou complementar para uma convenção, não sendo ratificável.

Até junho de 2016, a OIT havia aprovado 189 Convenções e 204 Recomendações. O Brasil, até o mesmo mês, havia ratificado 96 convenções, das quais 14 foram denunciados e 80 permanecem em vigor. Ao conjunto de convenções e recomendações internacionais do trabalho costuma-se denominar de *Código Internacional do Trabalho*, sendo de notar, nesse aspecto, que há alguns anos a Repartição Internacional do Trabalho não mais tem editado o conjunto dessas normas, limitando-se apenas à divulgação dos *avulsos* dos documentos aprovados.

Todas essas convenções e recomendações objetivam a proteção do trabalhador em seu sentido mais amplo, alcançando não apenas a pessoa física, como também envolvendo diversos aspectos das relações de trabalho.

Ensina Arnaldo Süssekind que as convenções ratificadas são fonte formal de direito, e quando não ratificadas são, como também o são as recomendações, fonte material, *porquanto servem de inspiração e modelo para a atividade legislativa nacional, os atos administrativos de natureza regulamentar, os instrumentos de negociação coletiva e os laudos de arbitragem voluntária ou compulsória dos conflitos coletivos de interesse, neste último caso compreendidas as decisões dos tribunais do trabalho dotados de poder normativo*[295].

As convenções internacionais do trabalho possuem uma classificação mais específica no âmbito da OIT, podendo ser divididas em três grupos, como aponta Carlos Roberto Husek: as autoaplicáveis, as de princípios e as promocionais. As primeiras produzem efeitos imediatos e independem de regulamentação para serem

---

(292) Desembargador do Trabalho de carreira do TRT da 8ª Região. Doutor em Direito Internacional pela Faculdade de Direito da Universidade de São Paulo. Doutor *Honoris Causa*. Professor Titular de Direito Internacional e do Trabalho da Universidade da Amazônia. Presidente Honorário da Academia Brasileira de Direito do Trabalho. Membro da Academia Paraense de Letras.
(293) VALTICOS, Nicolas. *Derecho internacional del trabajo*. Trad. Maria Jose Triviño. Madrid: Tecnos, 1977. p. 144.
(294) Cf. ROUSSEAU, Charles. *Direito internacional publico profundizado*. Buenos Aires, La Ley, 1966. p. 28. Para Bonfils, as fontes do direito internacional positivo são o costume e os tratados (BONFILS, Henry. *Manuel de Droit International Public (Droit des gens)*. 3. ed. Paris: Rousseau, 1901. 23). Na mesma linha de pensamento, Hildebrando Aciolly (*Tratado de direito internacional Publico* (I). Rio de Janeiro: Imprensa Nacional, 1933. p. 19). Neste estudo, limitaremos ao exame dos tratados em sentido lato, que inclui, por igual, as recomendações.
(295) SÜSSEKIND, Arnaldo Lopes. *Direito internacional do trabalho*. 3. ed. São Paulo: LTr, 2000. p. 181. No mesmo sentido: MAZZUOLI, Valério de Oliveira. *Curso de direito internacional público*. 6. ed. São Paulo: RT, 2012. p. 1040, e FRANCO FILHO, Georgenor de Sousa; MAZZUOLI, V. de O. Incorporação e aplicação das convenções internacionais da OIT no Brasil. In: FRANCO FILHO, G. de S. e MAZZUOLI, V. de O. (org.). *Direito internacional do trabalho*: o estado da arte sobre a aplicação das convenções internacionais da OIT no Brasil. São Paulo: LTr, 2016. p. 16.

aplicadas. As principiológicas requerem que os Estados-membros provem adaptações internas. As últimas apresentam objetivos e propõem programas para sua consecução[296].

Por sua vez, a OIT costuma agrupar três espécies de convenções: as fundamentais, as prioritárias ou de governança e as técnicas, que são a maioria[297].

Assim, temos sete convenções fundamentais, a saber: **Convenção n. 29**, sobre o trabalho forçado, de 1930, Convenção n. 87, sobre a liberdade sindical e a proteção do direito de sindicalização, de 1948, Convenção n. 98 sobre o direito de sindicalização e de negociação coletiva, de 1949, Convenção n. 100 sobre igualdade de remuneração, de 1951, Convenção n. 105, sobre a abolição do trabalho forçado, de 1957, Convenção n. 111, sobre a discriminação em emprego e ocupação, de 1958, Convenção n. 138, sobre a idade mínima, de 1973, e Convenção n. 182 sobre as piores formas de trabalho infantil, de 1999[298].

As prioritárias são quatro: Convenção n. 81, sobre a inspeção do trabalho, de 1947, Convenção n. 122, sobre a política de emprego, de1964, Convenção n. 129, sobre a inspeção do trabalho na agricultura, de 1969, e Convenção n. 144, sobre a consulta tripartite de normas internacionais do trabalho, de 1976[299].

Todas as demais são as chamadas técnicas, que cuidam de temas específicos: jornada de trabalho, trabalho da mulher e do menor, marítimo, férias, repouso, acidente do trabalho, trabalho noturno, perigoso e insalubre, matéria previdenciária, indígenas, trabalhador migrante, etc.

2. Procedimento para elaboração

Para que sejam adotadas convenções ou recomendações pela Conferência, o procedimento de sua elaboração consta da Constituição da entidade, que é o mesmo que se adota para os casos de revisão de convenção, ocorrência verificada quando constatada a necessidade de rever e atualizar o tratamento dado ao assunto anteriormente.

Incumbe ao Conselho de Administração elaborar, com base na proposta do Diretor-Geral, a ordem do dia da Conferência (art. 14), encaminhada por *Memorandum* aos Estados-membros. O tema inscrito pode ser impugnado (art. 16) e permanecerá pautado desde que tenha a aceitação de 2/3 da Conferência. Eventualmente, o Conselho de Administração pode submeter antes a uma conferência técnica preparatória, como ocorreu, *v. g.*, com trabalho no mar, submetido, em 1920, à Comissão Paritária Marítima.

3. Dupla discussão

Geralmente, os temas indicados para serem convencionalizados são submetidos a um sistema de dupla discussão, conforme preconiza o art. 39 do Regulamento da Conferência. Significa que a matéria será discutida em duas conferências sucessivas.

Inicia-se com um *informe preliminar* sobre a situação da proposta em cada Estado e um questionário sobre a viabilidade de adoção pelos Estados-membros, encaminhados pela Repartição, 18 meses antes da realização da CIT. Em seguida, com base nessas respostas, uma comissão técnica tripartite vai examinar na Conferência se deve ser objeto de uma convenção ou uma recomendação, sendo encaminhado, então, para a primeira discussão.

Em seguida, a Repartição elabora o projeto para segunda discussão, novamente encaminhado aos Estados-membros para exame e restituído para que seja elaborado *informe final*, mais uma vez enviado a todos.

Finalmente, na Conferência, a Comissão Técnica delibera sobre o texto que vai ao plenário. Aprovado, segue para o Comitê de Redação para redação definitiva e retorna para adoção final.

4. Discussão simples

O art. 38 do Regulamento da Conferência prevê a hipótese de procedimento de discussão simples, que ocorre quando o tema é urgente e necessita de deliberação mais imediata. Não existe, nesses casos, o duplo exame da matéria, tratando-se esta modalidade de uma exceção à regra geral adotada pela OIT.

A Repartição encaminha um breve informe, com a legislação e a prática nacionais e um questionário que, em prazo mais reduzido, será apreciado e respondido pelos Estados-membros e submetido à Conferência seguinte, como proposta de convenção ou recomendação.

5. Adoção de Convenção e Recomendação

Seja uma convenção ou uma recomendação, esses tratados são adotados durante a Conferência. As regras para aceitação de propostas delas estão inseridas no art. 19 da Constituição da OIT.

Será a deliberação daquela assembleia geral que fará surgir uma convenção ou uma recomendação internacional do trabalho, esta quando o assunto tratado (total ou parcialmente) não permitir que seja logo admitido com *status* de convenção. É o disposto no art. 19, 1.

De qualquer forma, qualquer dos dois tratados será considerado aceito se, na votação final, forem registrados 2/3 favoráveis dos votos dos delegados presentes (art. 19, 2).

---

(296) HUSEK, Carlos Roberto. *Curso básico de direito internacional público e privado do trabalho*. São Paulo: LTr, 2009. p. 115-6.
(297) Cf. <http://www.ilo.org/dyn/normlex/es/f?p=NORMLEXPUB:12000:0::NO:::>. Acesso em: 23 jul. 2016.
(298) O Brasil ratificou todas as convenções fundamentais, exceto a n. 87 em decorrência da regra contida no art. 8º da Constituição de 1988, que consagra, lamentavelmente, o princípio da unicidade sindical.
(299) Dentre as convenções prioritárias, somente a n. 129, que cuida da inspeção do trabalho na agricultura, o Brasil ainda não ratificou.

A Constituição da OIT apresenta o *iter* que a Conferência deve observar para adotar convenção ou uma recomendação de aplicação geral, quando deverá considerar as condições dos países envolvidos, quanto a clima, desenvolvimento incompleto da organização industrial ou circunstâncias especiais relativas à indústria, sugerindo modificações que se adequem a essas condições particulares (art. 19, 3).

Consoante o art. 19, 4, dois exemplares dos tratados aprovados serão assinados apenas pelo Presidente da Conferência e pelo Diretor-Geral da Repartição, em cujos arquivos um será depositado, e encaminhado o outro ao Secretário-Geral das Nações Unidas para fins de registro, conforme preconiza o art. 102, 1, da Carta de São Francisco. Essa forma de assinatura é diferente dos tratados internacionais, nos quais todos os Estados participantes assinam.

Existem tarefas específicas que os Estados-membros devem adotar para cada espécie de tratado aprovado, conforme as regras estabelecidas nos ns. 5 e 6 do art. 19.

Em se tratando de convenção (art. 19, 5), os Estados-membros serão cientificados para a ratificação, que deverá ocorrer em um ano depois do encerramento da conferência, prorrogável por mais seis meses, a fim de que se transforme em lei, cientificando-se o Diretor-Geral da Repartição quanto às medidas adotadas, inclusive, se for o caso, a ratificação formal da convenção. Quando não for autorizada a ratificação (no caso brasileiro, a competência é exclusiva do Congresso Nacional, *ex vi* do art. 119, n. I, da Constituição), o Estado-membro não terá qualquer obrigação pelo tratado, salvo informar o fato ao Diretor-Geral, expondo as dificuldades que impedem ou retardam essa ratificação.

Quando se trata de recomendação (art. 19, 6), os Estados-membros são informados a fim de a considerarem por meio de lei nacional ou instrumento similar, providência que deverá ser tomada, internamente, em até 18 meses depois do encerramento da Conferência que a aprovou. Em seguida, será informado o Diretor-Geral, devendo o Estado-membro assim proceder inclusive quanto às medidas que tomar. Nesse aspecto, Ericson Crivelli destaca que são exatamente essas as duas modalidades de obrigações dos Estados-membros no que respeita às recomendações[300].

Importantíssimo, por seu conteúdo de reconhecimento do princípio do protetor, é o disposto no art. 19, 8, da Constituição da OIT. Consigna:

> 8. *Em caso algum, a adoção, pela Conferência, de uma convenção ou recomendação, ou a ratificação, por um Estado-Membro, de uma convenção, deverão ser consideradas como afetando qualquer lei, sentença, costumes ou acordos que assegurem aos trabalhadores interessados condições mais favoráveis que as previstas pela convenção ou recomendação.*

Significa que o direito interno, quando for mais benéfico, é o que prevalecerá, em existindo conflito entre normas. Com efeito, nenhuma convenção ou recomendação será aplicada se, no Estado-membro, existir norma legal, judiciária (sentença normativa) ou negociada proporcionando aos trabalhadores condições mais favoráveis. É a consagração do princípio do *favor laboris*.

6. Convenção particular

Quando, ao final de uma votação, o projeto submetido à Conferência não alcança o quórum de 2/3 dos presentes, poderá ser objeto de uma convenção particular, celebrada entre os Estados-membros que desejarem (art. 21, 1).

Concluída dessa forma, a convenção chamada *particular* será informada ao Diretor-Geral da Repartição pelos Governos do Estados interessados, da mesma forma como ao Secretário-Geral da ONU, para o registro de que trata o acima referido art. 102 da Carta de São Francisco.

7. Problemas de elaboração

O exercício criativo de um tratado internacional não é tarefa fácil. Envolve, pelo menos, interesses diferentes de Estados soberanos diversos. Quando se trata da criação de uma convenção ou uma recomendação internacional do trabalho, a situação fica mais delicada e verificamos a existência de diversos outros aspectos, como passamos a demonstrar.

Inicialmente, deve ser considerado o nível das normas conforme o grau de desenvolvimento, considerando os diferentes graus de desenvolvimento dos Estados, normas essas que devem ser tanto quanto possível genéricas para atender maior número de Estados. Note-se que a OIT tem realizado estudos e avaliações econômicas e sociais nos diversos países para verificar a real situação do trabalho do mundo, o que é fundamental para as normas que venham a surgir.

Importantes as suas fontes de inspiração, às vezes buscadas no direito interno dos diversos países, sendo de observar que é na Europa que os direitos humanos são mais evoluídos. Demais disso, deve ser assinalado que as normas regionais podem ser completadas pelas normas internacionais. Nessa linha, observa Valticos que convenções e recomendações *constituyen, para los gobiernos, una fuente de inspiración permanente para la orientación de su política social y la elaboración de su legislación de trabajo*[301].

De tudo, porém, o aspecto mais relevante é o pertinente ao grau de flexibilidade das normais aprovadas, que devem ser redigidas de forma a que possam se adaptar a países diferentes (art. 19, 3).

A flexibilidade das normas internacionais pode ocorrer quanto às normas de fundo em face das diferenças entre condições econômicas e sociais, e quanto aos métodos de aplicação,

---

(300) CRIVELLI, Ericson. *Direito internacional do trabalho contemporâneo*. São Paulo: LTr, 2010, p. 75.
(301) VALTICOS, N.. *op. cit.*, p. 139.

em decorrência das diferenças de procedimentos e tradições jurídicas nos diferentes países.

Anotam-se diversas formas de flexibilização, e apontamos, aqui, as seguintes:

1. o uso de métodos alternativos para aplicação de uma convenção internacional do trabalho, como, a Convenção n. 96, sobre trabalho temporário, prevendo a supressão progressiva de agências de colocação com fins lucrativos, que o Brasil ratificou e, posteriormente, denunciou;

2. a utilização de expressões genéricas, tipo quando refere adotar *medidas apropriadas*, sem determinar expressamente quais sejam;

3. a condição de propugnar a adoção de normas duradouras, isto é, adaptáveis ao longo do tempo. Trata-se do delicado problema jurídico de revisão de convenções internacionais do trabalho, quando a antiga convenção (revisada) continua a viger para os que não ratificaram a nova (revisora);

4. a identificação clara dos direitos codificáveis, isto é, saber a natureza dos direitos que podem ser objeto de normas internacionais. Nesse passo, existem regras de aplicabilidade imediata, como, proibição de trabalho forçado e liberdade sindical, e outras que são programáticas, como os planos gerais, servindo de exemplo a Convenção sobre política de emprego.

8. Conclusão

A importância dos instrumentos normativos oriundos da OIT para o Direito do Trabalho do mundo contemporâneo é induvidosa. Tanto é assim que Valticos acentua que *las normas contenidas en los convenios y las recomendaciones se han convertido en una especie de texto de consulta al que los Estados recurren normalmente*[302]. São eles meios indispensáveis para, em nível internacional, garantir a proteção do trabalhador.

Na lição de Plá Rodriguez, no Direito do Trabalho, o princípio de proteção visa *proteger uma das partes com o objetivo de, mediante essa proteção, alcançar-se uma igualdade substancial e verdadeira entre as partes*[303], e quem é protegido é o trabalhador.

Trata-se do mais importante princípio do Direito do Trabalho e, induvidosamente, é, na sua inteireza, o mesmo para o Direito Internacional do Trabalho. Na definição de Pinho Pedreira, é *aquele em virtude do qual o Direito do Trabalho, reconhecendo a desigualdade de fato entre os sujeitos da relação jurídica de trabalho, promove a atenuação da inferioridade econômica, hierárquica e intelectual dos trabalhadores*[304].

Boa parte da doutrina, como lembram Américo Plá Rodriguez[305] e Alfredo J. Ruprecht[306], admite que está consubstanciado em três regras básicas. A primeira é a *in dubio pro operario*, segundo a qual sempre se aplica a regra mais benéfica ao trabalhador. A segunda é a da norma mais favorável, porque, em havendo conflito hierárquico de normas, prevalecerá aquela que for mais favorável ao trabalhador. A última é a da condição mais benéfica, cuidando da aplicação temporal da norma, segundo a qual a nova não prejudica a anterior, se esta for mais benéfica[307].

Com efeito, no âmbito da OIT, as convenções e as recomendações internacionais do trabalho representam, *ultima ratio*, o mais evoluído estágio da construção do Direito do Trabalho que, protetor como deve ser, não impede que se desenvolva o mundo e se garanta melhorias para a comunidade internacional na sua integralidade com vistas a preservar o superior princípio da dignidade humana.

9. REFERÊNCIAS BIBLIOGRÁFICAS

ACIOLLY, Hildebrando. *Tratado de direito internacional público* (I). Rio de Janeiro: Imprensa Nacional, 1933.

BONFILS, Henry. *Manuel de Droit International Public (Droit des gens)*. 3. ed. Paris: Rousseau, 1901.

CRIVELLI, Ericson. *Direito internacional do trabalho contemporâneo*. São Paulo: LTr, 2010.

FRANCO FILHO, Georgenor de Sousa e MAZZUOLI Valério de Oliveira (org.s). *Direito internacional do trabalho: o estado da arte sobre a aplicação das convenções internacionais da OIT no Brasil*. São Paulo: LTr, 2016.

HUSEK, Carlos Roberto. *Curso básico de direito internacional público e privado do trabalho*. São Paulo: LTr, 2009.

MAZZUOLI, Valério de Oliveira. *Curso de direito internacional público*. 6. ed. São Paulo: RT, 2012.

PINHO PEDREIRA DA SILVA, Luiz de. *Principiologia do direito do trabalho*. Salvador: Contraste, 1996:

---

(302) VALTICOS, N. op. cit., p. 139.
(303) PLÁ RODRIGUEZ, Américo. *Princípios de direito do trabalho*. Trad. Wagner D. Giglio. São Paulo: LTr, 1993. p. 28.
(304) PINHO PEDREIRA DA SILVA, Luiz de. *Principiologia do direito do trabalho*. Salvador: Contraste, 1996. p. 28.
(305) PLÁ RODRIGUEZ, A. op. cit., p. 42-3.
(306) RUPRECHT, Alfredo J. *Os princípios do direito do trabalho*. Trad. Edilson Alkimin Cunha. São Paulo: LTr, 1995. p. 14.
(307) Acerca dos princípios que informam o Direito Internacional do Trabalho, v., nesta obra e nesta parte, Capítulo 6, onde tratamos do tema.

PLÁ RODRIGUEZ, Américo. *Princípios de direito do trabalho*. Trad. Wagner D. Giglio. São Paulo: LTr, 1993.

ROUSSEAU, Charles. *Direito internacional publico profundizado*. Buenos Aires: La Ley, 1966.

RUPRECHT, Alfredo J. *Os princípios do direito do trabalho*. Trad. Edilson Alkimin Cunha. São Paulo: LTr, 1995.

SÜSSEKIND, Arnaldo Lopes. *Direito internacional do trabalho*. 3. ed., São Paulo: LTr, 2000.

VALTICOS, Nicolas. *Derecho internacional del trabajo*. Trad. Maria Jose Triviño. Madrid: Tecnos, 1977.

CAPÍTULO 8
ESTRUTURA E FUNCIONAMENTO DA ORGANIZAÇÃO INTERNACIONAL DO TRABALHO

Luiz Eduardo Gunther[308]

1. A estrutura e o funcionamento da organização internacional do trabalho

1.1. Natureza jurídica

Considera-se a OIT, doutrinariamente, uma pessoa jurídica de direito público internacional. Deve ser, contudo, lembrada a posição de Américo Plá Rodriguez no sentido de que a OIT tem suficiente significação e importância para que seja estudada em si mesma, sem a necessidade de referi-la a conceitos destinados a outro gênero de institutos[309]. Deve-se agregar alguns fundamentos importantes, sobre os quais existe consenso e de cuja consideração não se pode omitir ao descrever sua natureza jurídica. Enunciam-se quatro argumentos a esse respeito:

a) a OIT é uma pessoa jurídica independente. Ela surge claramente do art. 39 de sua Constituição, ao estabelecer que gozará de completa personalidade jurídica e, particularmente, de capacidade legal para contratar, para adquirir bens móveis e imóveis e deles dispor e para comparecer em juízo;

b) a OIT é um organismo especializado, de acordo com as prescrições contidas no art. 57 da Carta das Nações Unidas. É essa a denominação que se atribui às instituições de direito administrativo internacional;

c) constitui uma associação de Estados de caráter federativo, o que implica, naturalmente, certa restrição da soberania de cada Estado. Essas restrições referem-se somente a um aspecto da atividade do Estado e limitam-se àquelas que surgem do texto expresso da Constituição do organismo;

d) possui uma composição tripartite, o que impede incluí-la em qualquer categoria jurídica conhecida anteriormente à sua criação. Mesmo atualmente, passados quase 100 anos de sua fundação, nenhum sistema jurídico adota essa fórmula de funcionamento, seja no campo constitucional, seja no campo internacional.

1.2. O tripartismo como base institucional

O tripartismo é a base institucional da OIT. Entende-se por tripartismo a participação dos Estados membros em pé de igualdade dentro dos trabalhos da OIT, não somente dos representantes governamentais, mas, também, dos empregadores e dos trabalhadores. O tripartismo demonstrou ser um sistema eficaz de ação dentro da OIT e uma garantia de viabilidade na aplicação prática dos seus acordos. O tripartismo conferiu, além disso, à OIT, um ambiente de ativa e permanente negociação. Diversos estudos, declarações e instrumentos precisaram e reafirmaram, por outra parte, "o sentido e matizes do tripartismo no seio da Organização"[310].

No discurso dirigido à Conferência Internacional do Trabalho, em 1969, disse Sua Santidade o Papa Paulo VI:

> Vossa Carta original e orgânica faz concorrer as três forças que se movem na dinâmica humana do trabalho moderno: os homens do governo, os empregadores e os trabalhadores. E Vosso método consiste em harmonizar essas três forças; não fazê-las opor-se, senão que concorrer em uma colaboração valente e fecunda através de um constante diálogo ao estudo e solução de problemas sempre emergentes e sem cessar renovados[311].

Alguns anos depois, Sua Santidade o Papa João Paulo II, dirigindo-se à 68ª Reunião da Conferência, celebrada em junho de 1982, fez também suas essas mesmas palavras pronunciadas anteriormente pelo Papa Paulo VI[312].

Pode-se afirmar o caráter essencialmente democrático e inclusivo do tripartismo, que mostra a originalidade e a força dessa organização.

1.3. Os organismos que compõem a OIT

O art. 388 do Tratado de Versalhes estabeleceu que a organização permanente compreenderia: a) uma Conferência geral dos

---

(308) Professor do Centro Universitário Curitiba – UNICURITIBA. Desembargador do Trabalho no TRT9. Pós-Doutorando pela PUC-PR. Membro do Conselho Editorial da Revista Jurídica do UNICURITIBA, do Instituto Memória – Centro de Estudos da Contemporaneidade e da Editora JM. Integrante da Academia Nacional de Direito do Trabalho e do Instituto Histórico e Geográfico do Paraná. Orientador do Grupo de Pesquisa que edita a Revista Eletrônica do TRT9 (<http://www.mflip.com.br/pub/escolajudicial/>).
(309) PLÁ RODRIGUEZ, Américo. *Los convenios internacionales del trabajo*. Montevideo: Facultad de Derecho y Ciencias Sociales de la Universidad de la Republica, 1965. p. 208-209.
(310) MONTT BALMACEDA, Manuel. *Princípios de derecho internacional del trabajo la OIT*. 2. ed. Santiago-Chile: Juridica de Chile, 1998. p. 70.
(311) *Idem*.
(312) MONTT BALMACEDA, 1998, p. 70.

representantes dos Membros; e b) uma Repartição Internacional do Trabalho, sob a direção de um Conselho Administrativo[313].

Essa redação parecia relegar ao Conselho da Administração o posto de mero corpo diretor da Repartição, sem categoria de órgão independente. O texto da Constituição da OIT, atualmente em vigor, põe em relevo, no entanto, a verdadeira hierarquia do Conselho de Administração. Segundo o art. 2º dessa Constituição, existem três órgãos fundamentais: a) a Conferência Internacional do Trabalho; b) o Conselho de Administração; e c) a Repartição (*Bureau*) Internacional do Trabalho[314].

Esses três grandes órgãos equivalem ao que, em uma sociedade anônima corrente, são a Assembleia Geral (órgão deliberante); o Diretório (órgão diretivo), e a Gerência (órgão executivo)[315].

Todos os Estados membros participam desses organismos de uma ou de outra maneira, uma vez que o tripartismo é o fundamento institucional.

1.4. A Conferência Internacional do Trabalho

A Conferência geral dos delegados, denominada Conferência Internacional do Trabalho, segundo o art. 3º da Constituição da OIT, forma-se com quatro delegados dos Estados membros, dois dos quais serão delegados do governo e os outros dois representarão, respectivamente, os trabalhadores e os empresários. O art. 4º da Constituição da OIT reconhece um voto a favor de cada delegado; no caso em que um Estado-membro não haja designado um dos delegados não governamentais a que tiver direito, caberá a outro delegado não governamental o direito de tomar partes nas discussões, mas não o de votar[316].

Os delegados governamentais são agentes do Estado-membro e, portanto, gozam de privilégios diplomáticos. Os delegados setoriais (que representam os trabalhadores e os empregadores) não possuem o caráter de órgãos do Estado e são designados pelas organizações classistas mais representativas, ainda quando o ato formal de acreditá-los seja efetuado pelo governo de cada país. Os delegados não representam, estritamente, os Estados-membros em sua totalidade. Na realidade, somente o fazem os governamentais. Os delegados dos trabalhadores e dos empregadores somente representam a sua classe[317].

Cada delegado tem poder de voto individual, e todos os votos possuem idêntico peso, a despeito da população ou da importância econômica do País que representam[318].

Todos os anos, no mês de junho, a OIT promove a Conferência Internacional do Trabalho, uma assembleia geral da qual participam todos os Estados-membros[319].

Todos os delegados desfrutam dos mesmos direitos e podem se expressar com inteira liberdade, bem como votar de acordo com seu conhecimento das matérias e consciências, mesmo de forma oposta aos demais delegados e representantes de seu próprio Estado[320]. Os delegados, ainda, podem ser acompanhados por conselheiros técnicos, e "o Ministro de Estado responsável pela pasta do trabalho de cada país também pode assistir à Conferência e, se for o caso, intervir no debate"[321].

Compete à Conferência Internacional do Trabalho, essencialmente, o seguinte: a) adotar convenções e recomendações, atos de caráter normativo que adiante serão analisados; b) controlar a aplicação, pelos Estados-membros, das normas internacionais do trabalho constantes das convenções e recomendações; c) deliberar sobre a admissibilidade de novos Estados-membros (por maioria de dois terços dos delegados); d) aprovar o orçamento da Organização; e) nomear os juízes do Tribunal Administrativo; e f) apreciar o relatório do Diretor-Geral da Repartição Internacional do Trabalho[322].

A Conferência Internacional constitui-se em uma assembleia universal que delibera sobre os principais temas mundiais ligados ao trabalho humano.

1.5. O Conselho de Administração

O Conselho de Administração compõe-se de 56 pessoas, sendo 28 representantes dos Governos, 14 representantes dos empregadores e 14 representantes dos empregados. Dos 28 representantes dos Governos, dez serão nomeados pelos Estados-membros de maior importância industrial e 18 serão nomeados pelos Estados-membros designados para esse fim pelos delegados governamentais da Conferência, excluindo-se os delegados daqueles 10 membros acima mencionados[323]. Atualmente, os Estados considerados de maior importância industrial são (em ordem alfabética): Alemanha, Brasil, China, Estados Unidos,

---

(313) NASCIMENTO, Amauri Mascaro. *Compêndio de direito do trabalho*. São Paulo: LTr, 1976. p. 72.
(314) SÜSSEKIND, Arnaldo. *Convenções da OIT e outros tratados*. 3. ed. São Paulo: LTr, 2007. p. 15-16.
(315) PLÁ RODRIGUEZ, 1965, p. 105-106.
(316) ORGANIZAÇÃO INTERNACIONAL DO TRABALHO. *Constituição da Organização Internacional do Trabalho (OIT) e seu anexo (Declaração de Filadélfia)*. Disponível em: <http://www.oitbrasil.org.br/sites/default/files/topic/decent_work/doc/constituicao_oit_538.pdf>. Acesso em: 22.ago.2016.
(317) DE BUEN L., Néstor. *Derecho del trabajo*. 3. ed. México: Porrúa, 1979. t. I. p. 387.
(318) ZANGRANDO, Carlos. *Curso de direito do trabalho*. São Paulo: LTr, 2008. t. I. p. 326.
(319) *Idem*.
(320) HUSEK, Carlos Roberto. *Curso básico de direito internacional público e privado do trabalho*. São Paulo: LTr, 2009. p. 96.
(321) *Idem*.
(322) CAMPOS, João Mota de (Coord.). *Organizações internacionais*. Lisboa: Fundação Calouste Gulbenkian, 1999. p. 395-396.
(323) SÜSSEKIND, 2007, p. 17.

França, Índia, Itália, Japão, Reino Unido e Rússia[324]. Os representantes dos empregadores e dos empregados serão, respectivamente, eleitos pelos delegados dos empregadores e pelos delegados dos trabalhadores presentes à Conferência[325]. Os dez representantes dos governos designados pelos Estados de maior importância industrial são permanentes, os demais são renovados de três em três anos[326].

O Conselho de Administração é um órgão que administra, sob forma colegiada, a OIT, reunindo-se em Genebra três vezes ao ano (fevereiro-março, maio e novembro), resumindo-se suas atividades da seguinte forma: a) promover o cumprimento das deliberações da Conferência; b) supervisionar as atividades da Repartição Internacional do Trabalho e designar o Diretor-Geral desse órgão; c) escolher a ordem do dia das sessões da Conferência; d) elaborar o projeto de orçamento da organização; e e) criar comissões especiais para o estudo de determinados problemas incluídos na jurisdição da Organização[327].

Assevera Arnaldo Süssekind que determinadas questões, da competência do Conselho de Administração da OIT, são examinadas, de modo preliminar, por Comissões que integram sua estrutura, sendo os respectivos relatórios submetidos, depois, ao Pleno do Órgão, a quem cabe adotar as resoluções propostas ou, simplesmente, tomar nota dos relatórios. As Comissões são de/sobre: a) Programa, Orçamento e Administração; b) Programas de Atividades Práticas; c) Atividades Industriais; d) Organismos Internacionais; e) Regulamento e Aplicação de Convenções e Recomendações; f) Liberdade Sindical; g) Rateio de Contribuições; e h) Discriminação[328].

1.6. A Repartição Internacional do Trabalho

A Repartição Internacional do Trabalho, também conhecida por *Bureau* Internacional do Trabalho (RIT/BIT) é um órgão permanente, previsto nos arts. 8º a 10 da Constituição da OIT. Funciona como Secretariado da Organização. Surge como coração da OIT, pois assegura o funcionamento dos respectivos serviços técnicos e burocráticos, que dele dependem, e mantém delegações permanentes por todo o mundo – o que permite uma certa descentralização de determinadas atividades, manifestando, assim, presença ativa nos domínios em que exerce as suas funções[329].

De um modo geral, a Repartição terá quaisquer poderes e funções que a Conferência ou o Conselho de Administração julgarem conveniente atribuir-lhe (art. 10 da Constituição da OIT).

De acordo com as diretrizes que o Conselho de Administração possa dar-lhe, a Repartição tem as seguintes atividades principais:

a) preparar os documentos sobre os diversos assuntos da ordem do dia das reuniões da Conferência;

b) prestar aos governos, quando estes lhe solicitarem, toda a ajuda possível para elaborar a legislação baseada nas decisões da Conferência e melhorar as práticas administrativas e os sistemas de inspeção;

c) cumprir, de conformidade com as disposições da Constituição, os deveres que lhe incumbam relativamente à aplicação efetiva das Convenções;

d) redigir e publicar, nos idiomas que o Conselho de Administração estime convenientes, publicações sobre questões relativas à indústria e ao trabalho que tenham interesse internacional[330].

A Repartição é chefiada por um Diretor-Geral designado pelo Conselho de Administração e que perante este responde, seja pela utilização dos fundos da Organização (art. 13.5), seja no que respeita ao conjunto das tarefas a seu cargo. Eleito por cinco anos, é assistido por dois Diretores-Gerais Adjuntos e dois Sub-Diretores-Gerais. São, uns e outros, personalidades que gozam do estatuto de funcionários internacionais, cuja competência específica é condição de sua nomeação e "cuja independência no exercício das suas funções os Estados-membros estão obrigados a respeitar, não procurando influenciá-los de modo algum no desempenho das respectivas atribuições"[331].

A Repartição Internacional do Trabalho constitui-se em instrumento de trabalho técnico e científico que tem a seu cargo a relação entre a organização e os governos dos Estados-membros, "as entidades profissionais de trabalhadores e empregadores e a opinião pública e é, fundamentalmente, o órgão de preparação das Conferências"[332].

Em síntese, a Repartição "é o motor da instituição, a força que impulsiona seus fins e realiza uma parte importante deles"[333].

Assim, a voo de pássaro, resumiram-se os órgãos vitais da OIT, como se compõem e como funcionam. Passa-se agora a verificar como funciona a estrutura normativa da OIT.

---

(324) ORGANIZAÇÃO INTERNACIONAL DO TRABALHO. *Institucional.* Conselho de Administração. Disponível em: <http://www.ilo.org/public//portugue/region/ampro/brasilia/inst/struct/conselho.htm>. Acesso em: 22 ago. 2016.
(325) SÜSSEKIND, *op. cit.*, p. 17.
(326) SÜSSEKIND, Arnaldo et al. *Instituições de direito do trabalho.* 22. ed. São Paulo: LTr, 2005. v. 2. p. 1552.
(327) SÜSSEKIND, Arnaldo. *Direito internacional do trabalho.* 3. ed. São Paulo: LTr, 2000. p. 159-169.
(328) SÜSSEKIND, 2005, p. 1552.
(329) CAMPOS, 1999, p. 398.
(330) MONTT BALMACEDA, 1998, p. 107.
(331) CAMPOS, 1999, p. 397-398.
(332) DE BUEN L., 1979, p. 389.
(333) DE LA CUEVA, Mario. *El nuevo derecho mexicano del trabajo.* 6. ed. México: Editorial Porrúa, 1980. t. I, p. 36.

2. A estrutura normativa da OIT

2.1. As convenções e os protocolos da OIT

As convenções da OIT são tratados multilaterais abertos, de natureza normativa, elaborados pela Conferência Internacional do Trabalho, a fim de regulamentar o trabalho no âmbito internacional, além de outras questões que lhe são conexas.

O art. 19 da Constituição da OIT dispõe que, se a Conferência Internacional do Trabalho pronunciar-se pela aceitação de propostas relativas a um assunto na sua ordem do dia, deverá decidir se essas propostas tomarão a forma de uma convenção ou de uma recomendação (nesta hipótese, quando o assunto tratado, ou um de seus aspectos, não permitir a adoção imediata de uma convenção). Em ambas as situações, para que uma convenção ou recomendação seja aceita em votação final pela Conferência, são necessários dois terços dos votos presentes. O Diretor-Geral da Repartição remete a cada um dos Estados-membros uma cópia autêntica da convenção ou da recomendação.

A todos os Estados-membros será dado conhecimento da convenção para fins de ratificação. Os Estados-membros têm o compromisso de submeter, dentro do prazo de um ano (a contar do encerramento da sessão da Conferência), a convenção à autoridade competente sobre a matéria, a fim de que esta a transforme em lei ou tome medidas de outra natureza. Também quanto à recomendação, será dado conhecimento a todos os Estados-membros para que a considerem, atendendo à sua efetivação por meio de lei nacional ou por qualquer outra forma. Igualmente todos os Estados-membros terão o prazo de um ano, depois do encerramento da sessão da Conferência, para submeter a recomendação à autoridade competente para que esta a transforme em lei ou tome medidas de outra natureza[334].

A convenção, em verdade, constitui-se em um tratado-lei de caráter multilateral. É um tratado-lei porque desse documento emanam normas jurídicas de caráter geral, aplicáveis indefinidamente em todos os Estados que a ela aderirem, vale dizer, não se criam normas jurídicas particulares suscetíveis de se esgotar por sua só aplicação em um caso concreto. É de caráter multilateral porque a ela podem aderir muitos Estados[335].

Dessa dupla característica (tratado-lei/multilateral), surge o desdobramento elaborativo da convenção em dois momentos ou atos:

a) a criação da norma jurídica internacional, ou seja, o ato-regra realizado pela Conferência Internacional ao aprovar por dois terços de votos o texto de uma convenção;

b) o ato-condição realizado a partir de cada Estado-membro ao ratificar a convenção, pelo qual se compromete a ele submeter-se, nascendo desse momento a obrigatoriedade da norma, contanto que se tenham cumprido as condições estipuladas no ato-regra (determinado número de ratificações, transcurso de certo prazo, etc.)[336].

Recentemente, um novo instrumento passou a ser adotado pela OIT: os protocolos, destinados a aperfeiçoar e atualizar as convenções, conferindo-lhes flexibilidade. Assim, protocolo é um instrumento que revê parcialmente uma convenção, evitando a adoção de um novo instrumento, com o objetivo de atualizá-la, dado que esses importantes instrumentos de direito humanos foram elaborados em contexto diferente do atual, em que a globalização da economia promove um rápido avanço econômico. O protocolo está aberto à ratificação pelos Estados que já ratificaram a convenção respectiva. Do ponto de vista legal, é analisado da mesma forma que as convenções, adotado da mesma maneira e possuidor dos mesmos efeitos. Sua aprovação também ocorre na Conferência Internacional do Trabalho.

Observe-se que as convenções e os protocolos equiparam-se a tratados internacionais, enquanto as recomendações constituem fonte de inspiração legislativa. As resoluções possuem natureza mais específica, de detalhamentos de questões internas e externas da própria OIT, enquanto as declarações condensam princípios.

A Organização Internacional do Trabalho ratificou seis protocolos, a saber: Protocolo n. 29, de 2014, relativo à Convenção sobre o Trabalho Forçado ou Obrigatório, de 1930; Protocolo n. 81, de 1995, relativo à Convenção sobre a Inspeção do Trabalho, de 1947; Protocolo n. 89, de 1990, relativo à Convenção sobre o Trabalho Noturno das Mulheres na Indústria, de 1948; Protocolo n. 110, relativo à Convenção sobre as Condições de Emprego dos Trabalhadores em Fazendas, de 1958; Protocolo n. 147, de 1966, relativo à Convenção sobre as Normas Mínimas da Marinha Mercante, de 1976; e Protocolo n. 155, de 2002, relativo à Convenção sobre Segurança e Saúde dos Trabalhadores, de 1981.

Nenhum desses protocolos, porém, foi ratificado pelo Brasil. Entretanto, em setembro de 2015, o Ministério do Trabalho e Emprego publicou a Portaria n. 1.237, instituindo Grupo de Trabalho Tripartite para organizar instrumentos da OIT ainda não ratificados pelo Brasil (convenções, protocolos e recomendações)[337].

Os protocolos não possuem tradução oficial para o português na página da Internet da Organização Internacional do

---

(334) SÜSSEKIND, 2007, p. 21-22.
(335) PLÁ RODRIGUEZ, 1965, p. 296.
(336) Idem.
(337) REVISTA CIPA. OIT: GT analisará normas não ratificadas pelo Brasil. Edição 445, out. 2016. Disponível em: <http://revistacipa.com.br/oit-gt-analisara-normas-nao-ratificadas-pelo-brasil/>. Acesso em: 22 ago. 2016.

Trabalho no Brasil (<http://www.oitbrasil.org.br>). Para consulta no cenário nacional, existe apenas a tradução formulada por Projeto de Pesquisa de iniciativa do Tribunal Regional do Trabalho da 9ª Região[338].

Há nessa temática, em nosso País, um campo grande de estudos científicos a ser explorado.

2.2. As recomendações da OIT

Enquanto as convenções são tratados internacionais em sentido estrito, as recomendações não são tratados e visam tão somente sugerir ao legislador dos Estados-membros mudanças no seu direito interno relativamente às questões que disciplina. As recomendações possuem papel acessório, definido a partir do princípio geral segundo o qual se adota essa forma quando o objeto tratado não se preste à adoção imediata de uma convenção.

Distinguem-se três funções principais da recomendação:

a) é a forma mais apropriada quando um tema ainda não está maduro para se adotar uma convenção, e a recomendação, derivada da autoridade da Conferência, contribui para a criação de uma consciência social comum, abrindo espaço para que se adote posteriormente uma convenção a respeito;

b) uma segunda função é a de servir de complemento a uma convenção, podendo ser útil para inspirar os governos, porém, sem o mesmo caráter obrigatório que os termos de uma convenção;

c) a recomendação tem um valor intrínseco em certo número de casos: quando as normas que contém possuem um caráter técnico detalhado, isso pode ser útil às administrações nacionais, contribuindo para a elaboração de uma legislação uniforme sobre a matéria, deixando, no entanto, a possibilidade de se se implementarem adaptações conforme a necessidade dos países; o mesmo acontece quando a recomendação trata de questões nas quais as situações e as práticas variam de tal maneira de um país a outro, que dificilmente poder-se-ia pensar em compromissos internacionais estritos a respeito das medidas preconizadas[339].

São muitos escassos, no Brasil, os estudos sobre o papel das recomendações no conhecimento e na interpretação do Direito Internacional do Trabalho.

2.3. Como se distinguem as convenções das recomendações

Quando ratificadas pelo Brasil, as convenções da OIT constituem autênticas fontes formais de Direito. Entretanto, as recomendações aprovadas pela Conferência Internacional do Trabalho atuam apenas como fontes materiais de direito, porque servem de inspiração e de modelo para a atividade legislativa[340]. A diferenciação entre elas é puramente formal, uma vez que, materialmente, ambas podem tratar dos mesmos assuntos ou temas.

As convenções e as recomendações internacionais do trabalho que foram adotadas ao longo dos anos, e que tratam dos temas mais diversos, constituem um conjunto frequentemente denominado de Código Internacional do Trabalho. É certo que não se trata de um código no sentido literal da expressão. Não possui um caráter obrigatório; as convenções que constituem parte dele são instrumentos distintos que podem ser objeto de obrigações particulares, e as recomendações que contém não podem surtir obrigação alguma. Inclusive em suas partes obrigatórias não possuem um caráter igualmente executório, uma vez que suas disposições, para serem efetivas, geralmente necessitam de legislações nacionais que as incorporem, e também pelo fato de terem sido, frequentemente, redigidas em termos gerais, por causa da necessidade de uma certa flexibilidade. Este "Código", portanto, não é imutável e não pode constituir mais do que uma cristalização, em um dado momento, de normas internacionais do trabalho em perpétua evolução[341].

O termo *Código Internacional do Trabalho* pode ser utilizado, contudo, uma vez que os instrumentos, inclusive formalmente distintos que o compõem, integram-se logicamente em um todo coerente. A expressão *Código Internacional do Trabalho* tem um sentido mais preciso quando se refere e uma apresentação metódica e sistemática das normas internacionais do trabalho (convenções, recomendações e outras normas) estabelecidas pela Repartição Internacional do Trabalho, e que compreende, além dos textos adotados, classificados por matérias, diversos comentários e notas explicativas, especialmente sobre os trabalhos preparatórios e as interpretações das quais os textos tenham sido objeto[342].

Desse modo, embora não exista, formalmente, um Código Internacional do Trabalho, assim se denomina, na prática, a publicação do conjunto de normas internacionais pela OIT, que abrange especialmente convenções e recomendações, e também outros documentos de importância relativos à área de sua abrangência, figurando as resoluções e outros documentos como seus anexos. No anexo desse "Código", ao tratar da natureza e do fundamento constitucional das convenções e recomendações, assim as distingue: a) as convenções são instrumentos que criam obrigações jurídicas ao serem ratificadas; e b) as recomendações não estão abertas à ratificação, apenas sinalizando pautas para orientar a ação nacional e para a legislação e a prática nacionais[343].

---

(338) GUNTHER, Luiz Eduardo; SILVA, Andréa Duarte; BUSNARDO, Juliana Cristina. Convenções não ratificadas, protocolos e resoluções da Organização Internacional do Trabalho: tradução como forma de conferir-lhes efetividade na atividade jurisdicional. *Revista do Tribunal Regional do Trabalho da 9ª Região*, a. 40, n. 72, jan./dez. 2015. p. 23-245. p. 201-236.
(339) VALTICOS, Nicolas. *Derecho internacional del trabajo*. Trad. Maria José Triviño. Madrid: Tecnos, 1977. p. 234-236.
(340) SÜSSEKIND, Arnaldo. *Comentários à Constituição*. Rio de Janeiro: Freitas Bastos, 1990. v. I, p. 336.
(341) VALTICOS, 1997, p. 148-149.
(342) *Ibidem*, p. 149.
(343) ORGANIZACIÓN INTERNACIONAL DEL TRABAJO. *Convenios y recomendaciones internacionales del trabajo 1919-1984 adoptados por la Conferencia Internacional del Trabajo*. Ginebra: Oficina Internacional del Trabajo, 1985. p. 1735.

Entre as convenções e as recomendações, podem ser encontradas analogias e diferenças. As principais analogias são as seguintes:

a) tanto as convenções quanto as recomendações constituem fonte de Direito Internacional do Trabalho, enquanto ambos os instrumentos representam normas adotadas pela Conferência Internacional do Trabalho destinadas a ser incorporadas ao ordenamento jurídico dos Estados-membros (convenções), ou simplesmente a orientar dito ordenamento (recomendações);

b) ambas geram certas obrigações similares para os Estados, tais como: b1) submeter o instrumento à autoridade ou autoridades a quem compete o assunto, para o efeito de que deem forma de lei ou adotem outras medidas; b2) dever de informar ao Diretor-Geral da Repartição Internacional do Trabalho sobre as medidas adotadas para submeter o instrumento às autoridades competentes e comunicá-las ao Estado-membro, especificando a autoridade ou autoridades competentes e as medidas por elas adotadas; e b3) informar ao Diretor-Geral da Repartição sobre o estado da legislação interna e a prática no que diz respeito aos assuntos tratados no instrumento, precisando em que medida se dispõe ou se propõe a pôr em execução as disposições da convenção ou da organização[344].

No entanto, existem, também, diferenças substanciais entre essas normativas da OIT:

a) a convenção constitui uma forma de tratado internacional, a recomendação não;

b) a convenção pode ser, por conseguinte, objeto de ratificação pelo correspondente Estado-membro, o que, logicamente, não pode ocorrer com uma recomendação;

c) ratificada uma convenção, o Estado-membro adotará medidas necessárias para tornar efetivas suas disposições. Não sendo incorporadas ao ordenamento interno as sugestões da recomendação, não permanece qualquer obrigação por parte dos Estados-membros;

d) enquanto no caso das convenções podem se apresentar diversos problemas de interpretação, entrada em vigor, denúncia, revisão e efeitos no caso de retirada de um Estado da OIT, todos derivados da ratificação do instrumento, nenhuma dessas situações tem lugar no caso das recomendações[345].

Nicolas Valticos entende residir, no aspecto relativo à eficácia, a diferença entre esses dois instrumentos, uma vez que, por conceito, uma recomendação não pode ser objeto de compromissos internacionais e os Estados dispõem da margem que desejam para lhes dar o efeito que julguem oportuno, embora estejam obrigados a submeter tanto as recomendações como as convenções às autoridades nacionais competentes, informando-lhes sobre a execução dessa obrigação e sobre o curso dado a tal ou qual recomendação[346].

Importante ressaltar o equívoco já cometido no Brasil de ratificar uma recomendação. Como diz Francisco Rezek, não há inconveniente algum em que o governo envie ao Congresso o texto dessas recomendações, que pretendem operar como fonte de inspiração legislativa. O erro está em "recebê-las como se fossem tratados, e em aprová-las por decreto legislativo, como que supondo possível a sua ratificação"[347].

Conforme salienta Sergio Pinto Martins, apesar de a recomendação não precisar ser aprovada ou promulgada, o Decreto 3.597, de 12.01.2000, promulgou a Recomendação n. 190 da OIT e o Decreto Legislativo 51, de 30.06.1974, aprovou o texto da Recomendação n. 139 da OIT[348].

As convenções, insista-se, equivalem a um tratado celebrado entre Estados; as recomendações, por outro lado, são simples sugestões que se dirigem aos Estados-membros para que, se aceitas, se formule um projeto de lei[349].

O art. 19 da Constituição da OIT estabelece a diferença entre as convenções e as recomendações: a primeira é o equivalente a um tratado celebrado pelos Poderes Executivos dos Estados-membros, e deve ser aceita ou recusada em seus termos, sem que se possam introduzir nela modificações. A recomendação, ao contrário, é uma sugestão que se dirige aos Estados-membros com o objetivo de que, se aceita, formule-se um projeto de lei com ela em harmonia para ser discutido pelo Poder Legislativo. Essas diferenças podem ser resumidas em uma fórmula que parece apropriada, segundo Mario de La Cueva: "a convenção, ratificada pelo órgão competente do Estado-membro, converte-se, automaticamente, em direito positivo, enquanto a recomendação necessita de uma lei posterior que positive seus princípios."[350]

No Brasil, há ainda um longo caminho a percorrer, no sentido de deixar claro aos legisladores pátrios que apenas as convenções podem ser ratificadas e incorporadas como tratados internacionais.

2.4. Outros atos adotados pela Conferência Internacional do Trabalho – resoluções e declarações da OIT

Além das convenções e recomendações, existem outros atos que podem ser adotados pela Conferência Internacional do Trabalho. Esses atos, de diferente designação e natureza, são adotados para responder a questões surgidas no seio da

---

(344) MONTT BALMACEDA, 1998, p. 134-135.
(345) *Ibidem*, p. 135.
(346) VALTICOS, 1977, p. 234-236.
(347) REZEK, J. F. *Direito dos tratados*. Rio de Janeiro: Forense, 1984. p. 159.
(348) MARTINS, Sergio Pinto. *Direito do trabalho*. 21. ed. São Paulo: Atlas, 2005. p. 107.
(349) DE BUEN L., 1979, p. 390.
(350) DE LA CUEVA, 1980, p. 36-37.

Organização e que justificam a sua intervenção. Eles melhor se adaptam a problemas que se propõem a enfrentar e que podem não justificar, ou não justificam, ainda, seja aprovada uma convenção ou uma recomendação a respeito. Esses atos são denominados *declarações* e *resoluções*, de alcance atualmente pouco preciso; ocorrem quando a OIT se pronuncia "sobre questões complexas que ainda não surgem suficientemente amadurecidas para poderem ser objeto de um ato normativo constringente"[351].

Tanto as resoluções quanto as declarações da OIT, embora regulamente aprovadas pela Conferência Internacional do Trabalho, não possuem regramento definindo o alcance que têm. A característica comum que revelam é serem atos unilaterais de uma Organização Internacional. Para além dessa constatação, a incerteza terminológica e a ambiguidade conceitual são a regra.

As resoluções, adotadas pela Conferência Internacional do Trabalho, representam, em geral, valiosas pautas destinadas a orientar os Estados e a própria OIT em matéria de sua competência. Algumas dão lugar a árduas discussões no seio da Conferência; outras constituem verdadeiros princípios para os órgãos de fiscalização da OIT, como sucedeu, com as resoluções adotadas nas Conferências de 1952 e 1970 que versaram, respectivamente, "sobre a independência do movimento sindical e sobre os direitos sindicais e suas relações com as liberdades civis"[352].

Não se pode deixar de reconhecer, por outro lado, a Declaração Universal dos Direitos do Homem, adotada pela Assembleia Geral da ONU, em dezembro de 1948, como uma declaração internacional de suprema hierarquia que, apesar de não ratificável, consagra direitos humanos fundamentais, os quais são conceituados pela doutrina na categoria dos direitos naturais ou supraestatais.

As resoluções internas da OIT (*ad intra* – atos autonormativos), aprovadas pela Conferência Internacional do Trabalho em *quorum* simples (metade mais um dos presentes), são juridicamente obrigatórias, fontes de direito interno (não dependem do consentimento dos Estados-membros, na qualidade de seus destinatários), por se tratar de atos autônomos, sendo indispensáveis para assegurar o funcionamento e a própria existência da entidade.

As resoluções externas da OIT (*ad extra* – atos heteronormativos, vale dizer, todos aqueles não compreendidos como internos, pelo critério de exclusão), constituem fontes de direito internacional, dependendo de reconhecimento formal, sendo instrumentos capazes de gerar certas obrigações para os Estados-membros, conforme estabelecido no tratado constitutivo da entidade.

As declarações da OIT, por causa do valor exortatório e jurídico de que se revestem, podem contribuir, de forma efetiva, para a formação de regras costumeiras, ou, especialmente, para a criação de princípios gerais de direito. Tais são os casos da Declaração de Filadélfia (1944) sobre os fins e objetivos da OIT e a Declaração sobre Princípios e Direitos Fundamentais no Trabalho (1998).

O ideal é que seja alterado o art. 19 da Constituição da OIT (com base no art. 36 dessa Carta Magna), uma vez comprovados os valores jurídicos e os efeitos das resoluções e declarações, para que estas passem a fazer parte, formalmente, das normas internacionais do trabalho reconhecidas pelos Estados-membros, como já ocorre com as convenções e as recomendações.

3. A estrutura de controle da OIT

3.1. As atividades fundamentais da OIT

Além de seu papel de legisladora internacional no domínio do trabalho, a OIT desenvolve atividades fundamentais voltadas a: a) verificar a aplicação das normas por ela adotadas por meio do exame do comportamento dos Estados-membros; b) um sistema de recursos no caso de não aplicação das convenções ratificadas; e c) um domínio particular da ação fiscalizadora relativamente ao controle do exercício da liberdade sindical.

Pode-se afirmar, então, que há três tipos de controle das normas internacionais do trabalho. O primeiro refere-se ao controle de comportamento dos Estados-membros, que se faz pela Comissão de Peritos na Aplicação de Convenções e Recomendações (cujos membros são eleitos pelo Conselho de Administração) e pela Comissão de Aplicação de Normas da Conferência (cuja composição é tripartite, designada a cada ano pela Conferência Internacional). O segundo procedimento ocorre quando o Estado-membro não aplica a convenção ratificada, possibilitando a denúncia pelo descumprimento por intermédio de medidas denominadas reclamações e queixas. O terceiro procedimento se dá pela verificação em matéria sindical, cuja tramitação ocorre no Comitê de Liberdade Sindical (que emana do Conselho de Administração, formado por nove membros), e pode passar à Comissão de Investigação e de Conciliação (composta por dez personalidades escolhidas pelo Conselho de Administração).

3.2. A comissão de peritos na aplicação de convenções e recomendações e a comissão de aplicação de normas da conferência (comissão tripartite)

O primeiro dos procedimentos de controle das normas internacionais do trabalho refere-se à verificação do comportamento dos Estados-membros. Esse controle é feito por intermédio do exame dos relatórios periódicos fornecidos pelos Estados-membros à OIT. Para tal desiderato, instituíram-se dois órgãos auxiliares, a Comissão de Peritos na Aplicação de Convenções e Recomendações e a Comissão de Aplicação de Normas da Conferência.

---

(351) CAMPOS, 1999, p. 409-410.
(352) MONTT BALMACEDA, 1988, p. 135-136.

A Comissão de Peritos na Aplicação de Convenções e Recomendações compõe-se por especialistas de diferentes países e culturas. Esses *experts*, normalmente em número de 20, são eleitos pelo Conselho de Administração. Seus nomes são propostos pelo Diretor-Geral da Repartição Internacional do Trabalho, tendo em vista suas qualidades profissionais e morais, além de imparcialidade e independência para decidir. A duração do mandato é de três anos, renovável. Muitos dos Peritos permanecem como membros da Comissão por muitos anos, com reconduções sucessivas[353].

Naturalmente, a escolha desses integrantes deve recair entre personalidades com grande experiência nas questões de política social e de legislação do trabalho. Esses membros não devem ser considerados representantes de governo, mas sim independentes, não vinculados nem a serviços não governamentais nem a organizações profissionais. O princípio fundamental do mandato dos membros dessa Comissão de Peritos consiste em dar provas de imparcialidade e de objetividade e cumprir suas tarefas de maneira completamente independente dos seus respectivos governos e de todos os Estados-membros[354].

Aos membros dessa comissão de Peritos incumbe realizar um exame técnico preliminar das informações recebidas dos governos e de outras informações disponíveis, e a verificar em que medida os países cumpriram suas obrigações. Seus comentários tomam a forma de um pedido de explicações enviado diretamente aos governos envolvidos, ou, em caso de séria e persistente desconformidade, de observações reunidas em um documento tornado público e comunicado à Conferência Internacional do Trabalho[355].

Em síntese, a Comissão de Peritos na Aplicação de Convenções e Recomendações é um organismo permanente, criado pela OIT em 1926, composto por 20 membros, nomeados pelo Conselho de Administração, com mandato de três anos, renovável. Essa Comissão apura se os atos normativos adotados pela OIT foram objeto de adequada atenção pelos Estados-membros, vale dizer, se observaram as obrigações de comportamento que lhe são devidas.

Outro órgão subsidiário é a Comissão Tripartite, denominada Comissão de Aplicação de Normas da Conferência Internacional do Trabalho, cujo papel fundamental é apreciar o relatório da Comissão de Peritos, assinalando eventual descumprimento das normas internacionais pelos Estados-membros e dando publicidade a esses registros, como forma de exercer política sobre os transgressores.

A Comissão de Peritos é um órgão permanente do Conselho de Administração. A Comissão de Aplicação de Normas da Conferência, de composição tripartite, também é um órgão permanente, mas da Conferência Internacional do Trabalho.

Assevera Arnaldo Süssekind que, enquanto a Comissão de Peritos, é integrada por juristas independentes, com mandatos renovados a cada três anos, a Comissão tripartite é composta de "representantes dos governos, de empregadores e de trabalhadores, indicados em cada reunião da Conferência"[356]. A primeira (Comissão de Peritos) é um órgão técnico-jurídico independente, que se reúne a portas fechadas; a segunda (Comissão Tripartite) "é um órgão técnico-político, representativo dos três grupos que configuram o tripartismo da OIT, sendo públicas as suas sessões"[357].

Como assinalado, a OIT verifica se as normas por ela adotadas são aplicadas pelos Estados-membros. Esse é um primeiro procedimento, cujos órgãos permanentes, que executam essas tarefas, são a Comissão de Peritos na Aplicação das Convenções e das Recomendações (cujos membros são eleitos pelo Conselho de Administração) e a Comissão de Aplicação de Normas da Conferência (composição tripartite designada a cada ano pela Conferência Internacional).

A Comissão de Aplicação de Normas da Conferência considera o informe da Comissão de Peritos, em particular as observações sobre países individualizados, e redige uma lista de casos sobre os quais deseja enfocar suas deliberações; os governos interessados podem apresentar respostas por escrito ou podem ser convidados a se expressar oralmente.

3.3. As reclamações e as queixas

O segundo procedimento adotado pela OIT ocorre quando o Estado-membro não aplica a convenção ratificada. A Constituição da OIT prevê, nessa hipótese, outra modalidade de controle, isto é, a possibilidade de acesso dos interessados institucionais habilitados a denunciar esse descumprimento, como os organismos profissionais, qualquer Estado-membro ou o Conselho de Administração. Essas arguições por não cumprimento, também chamadas de vias recursais, podem apresentar-se por intermédio de medidas como as reclamações ou as queixas.

A reclamação dirige-se contra o Estado-membro, acusando-o de não ter assegurado a aplicabilidade de uma convenção ratificada. Somente uma organização profissional de trabalhadores ou uma associação profissional de trabalhadores pode apresentar a reclamação. O Conselho de Administração, recebendo a reclamação, designa um comitê com a finalidade de instruir o processo e apresentar um relatório. Se o Conselho de Administração considerar fundada a reclamação, publica-a no Boletim Oficial da Repartição Internacional do Trabalho acompanhada da resposta do Estado-membro; mas pode, também, com base na reclamação (cujo procedimento está previsto no art. 24 da Constituição da OIT), iniciar o processo de queixa.

---

(353) SERVAIS, Jean-Michel. *Derecho internacional del trabajo*. Trad. Jorgelina F. Alimenti. Buenos Aires: Heliasta, 2011. p. 321.
(354) SÜSSEKIND, 2000, p. 249.
(355) SERVAIS, 2011, p. 321.
(356) SÜSSEKIND, *op. cit.*, p. 258.
(357) *Idem*.

Relativamente à queixa (prevista nos arts. 26 e 34 da Constituição da OIT), só têm o direito de apresentá-la sujeitos de Direito Internacional, isto é, um Estado-membro ou o Conselho de Administração. O Conselho de Administração pode transmitir a queixa ao Estado-membro e aguardar uma manifestação/declaração deste, ou, desde logo, constituir uma Comissão de Inquérito para elaborar relatório sobre a acusação e recomendar medidas adequadas. Publicado o relatório dessa Comissão de Inquérito, por meio do Diretor-Geral da Repartição, o Estado-membro em causa pode: a) conformar-se com as conclusões e recomendações; ou b) afirmar a sua contrariedade, declarando se quer submeter o caso à Corte Internacional de Justiça (art. 29, 2, da Constituição da OIT). De qualquer modo, não acatadas as conclusões, o Conselho de Administração pode recomendar que a Conferência Internacional do Trabalho adote as medidas convenientes para assegurar a execução das recomendações.

Verifica-se, nesse procedimento, o caráter persuasivo implementado pelo sistema da OIT, cuja atuação não é punitiva. Como se pode recordar, nos sistemas nacionais sempre há consequências condenatórias, nas demandas trabalhistas e previdenciárias, quando procedentes as reclamações. Para a OIT, a publicidade do que se decide e a exortação para a tomada de medidas pelo Estado-membro constituem medidas suficientes. Aí reside a grande crítica, talvez injusta, que se faz a esse organismo, que, sendo uma espécie de tribunal, deveria determinar condenações, como pode fazer a Organização Mundial do Comércio. A preocupação da OIT, no entanto, não é punir, mas avisar/denunciar, prevenir e ajudar com programas específicos para que o Estado-membro implemente medidas de ajuste com a aplicação das normas internacionais do trabalho.

3.4. A Comissão de Investigação e de Conciliação e o Comitê de Liberdade Sindical

O terceiro procedimento de controle das normas internacionais do trabalho se dá pela verificação em matéria sindical. Como já visto, o primeiro procedimento de controle é efetuado pelos órgãos permanentes auxiliares da OIT, a Comissão de Peritos na Aplicação de Convenções e Recomendações e pela Comissão de Aplicação de Normas da Conferência Internacional do Trabalho. O segundo procedimento ocorre quando o Estado-membro não aplica a convenção ratificada, possibilitando as vias recursais da reclamação ou da queixa.

O Preâmbulo da Constituição da OIT afirma, expressamente, que entre os objetivos da entidade está o de assegurar o direito à liberdade de associação sindical. As queixas em matéria de liberdade sindical, podem ser dirigidas contra: a) Estados não membros da OIT (apresentadas à ONU, no Conselho Econômico e Social e transmitidas ao Conselho de Administração da OIT); b) qualquer Estado-membro. Esse mecanismo possibilitou a instituição de dois órgãos, a Comissão de Investigação e de Conciliação e o Comitê de Liberdade Sindical.

O Comitê de Liberdade Sindical (emanado do Conselho de Administração e composto por nove membros – três representando os governos nacionais, três os trabalhadores e três os patrões) procede à instrução do processo com base na queixa e na resposta apresentadas, encerrando-o com uma decisão que: a) considera inadmissível a queixa, por insuficientemente fundamentada ou pelo seu caráter político; b) declara a queixa admissível e fundada, propondo sugestões que a OIT deve fazer ao governo acusado; e c) recomenda ao Conselho de Administração que transmita o caso à Comissão de Investigação e de Conciliação. Este órgão (Comissão de Investigação e de Conciliação) compõe-se de dez personalidades escolhidas pelo Conselho de Administração. Para que a queixa tenha seguimento, nessa hipótese, deve contar com o prévio acordo do governo interessado (na falta desse acordo, a recomendação do Comitê não tem seguimento). Intervindo essa Comissão, encerra-se o processo com um relatório transmitido ao Conselho de Administração e às partes (queixoso e visado pela queixa), destinando-o à publicação. Aqui existe uma situação curiosa, pois o relatório não apresenta conclusões obrigatórias. Cumpre às partes interessadas tirar do relatório as consequências adequadas e encontrar uma forma de "resolver, por via de acordo, os problemas pendentes"[358].

Verifica-se que também esse terceiro procedimento, agora específico para o controle em matéria sindical, mostra o quanto a OIT possui um sistema *sui generis* para examinar o cumprimento de suas normas. Para essa organização internacional, a busca por atingir seus objetivos por meio da persuasão e do consenso é constante e elogiável.

3.5. Um exemplo histórico – a greve dos petroleiros – A decisão do Comitê de Liberdade Sindical – As consequências

Um exemplo histórico de submissão ao Comitê de Liberdade Sindical é o caso brasileiro da greve dos petroleiros. A OIT, por intermédio do Comitê de Liberdade Sindical, apreciou queixa apresentada pela CUT (Central Única dos Trabalhadores) (caso n. 1.839). O Brasil foi acusado de descumprir a Convenção n. 98, sobre o direito de sindicalização e negociação coletiva, em razão da greve dos petroleiros. Alegou-se que houve descumprimento do acordo coletivo celebrado em 05.10.1994, decorrente de entendimentos efetuados entre a Federação Única dos Petroleiros, o Presidente da CUT, o Presidente da República (na época do acordo, Itamar Franco) e os Ministros da Fazenda, do Trabalho e de Minas e Energia. Depois de deflagrada a greve pela categoria, instaurou-se dissídio coletivo. O Tribunal Superior do Trabalho julgou a greve abusiva e declarou a nulidade do acordo. A empresa despediu 59 empregados, dentre os quais dirigentes sindicais. A informação prestada pelo Governo brasileiro à OIT foi no sentido de que as dispensas foram necessárias para garantir o abastecimento de produtos essenciais à comunidade, tais como combustíveis

---

(358) Por todos, CAMPOS, 1999, p. 410-419. E também PLÁ RODRIGUEZ, 1965, p. 353-363; MONTT BALMACEDA, 1998, p. 141-152; SÜSSEKIND, 2000, p. 246-284; SÜSSEKIND, 2007, p. 545-1553.

e gás de cozinha, cuja falta estava afetando a vida da população e que as demissões estavam amparadas pela Lei n. 7.783/1989. Acrescentava que não houve violação de acordo coletivo porque o que existia era apenas um Protocolo de Intenções, firmado em 25.11.1994[359].

O Comitê de Liberdade Sindical decidiu solicitando ao Conselho de Administração da OIT que fossem aprovadas as seguintes recomendações:

a) o Comitê pede ao Governo que adote medidas para modificação da legislação, a fim de que a submissão dos conflitos coletivos de interesses às autoridades judiciais seja possível somente de comum acordo entre as partes ou, então, no caso de serviços essenciais, no sentido estrito do termo (aqueles cuja interrupção poderia pôr em perigo a vida, a segurança ou a saúde da pessoa em toda ou em parte da população);

b) o Comitê insiste com o Governo que garanta que os contratos coletivos entre empresas e sindicatos sejam respeitados. Pede-lhe também que incentive os interlocutores sociais a resolverem os conflitos coletivos mediante da negociação coletiva;

c) o Comitê pede ao Governo que tome medidas para facilitar a reintegração em seus postos de trabalho dos 59 dirigentes sindicais e sindicalistas despedidos pela empresa PETROBRAS[360].

Em 26.03.1996, o Congresso Nacional aprovou o Projeto de Lei de anistia aos petroleiros. Seu conteúdo cingia-se a livrar os sindicatos da categoria das multas (que chegavam a mais de dois milhões de reais por sindicato) e anular as demissões de lideranças sindicais. O Presidente da República vetou o projeto de lei por considerá-lo inconveniente e comprometedor da harmonia e independência dos poderes. Porém, sensível à possibilidade de inviabilização da atividade sindical no âmbito da indústria petrolífera, decorrente do excessivo valor das multas aplicadas, encaminhou ao Congresso novo projeto de anistia para adequar o valor das multas à capacidade de pagamento dos sindicatos. Sobreveio, assim, a Lei n. 9.869, de 14.07.1998, que concedeu anistia das multas cominadas pelo Tribunal Superior do Trabalho às entidades sindicais representativas da categoria dos trabalhadores na indústria de extração, exploração, estocagem, transferência, perfuração, destilação, produção e refinação de petróleo e seus derivados, gás natural e outros similares da indústria petroquímica, química e de plásticos e afins, entre 01.09.1994 e a data de publicação da lei, em decorrência de sentenças judiciais declaratórias de ilegalidade ou abusividade de movimento grevista ou de improcedência de reivindicações de categorias profissionais[361].

3.6. A Queixa n. 2.739 apresentada por centrais sindicais brasileiras ao Comitê de Liberdade Sindical

Sob o título "A OIT e a questão da liberdade sindical no Brasil: a análise do caso 2.739", a Federação dos Trabalhadores em Transportes Rodoviários do Estado do Paraná noticia a apresentação de queixa, protocolada em 02.11.2009, na sede da OIT, em Genebra, Suíça, perante o Comitê de Liberdade Sindical, chancelada por todas as Centrais Sindicais do Brasil, denunciando violação do exercício de liberdade sindical por ingerência de órgãos estatais, expressas em decisões do Judiciário Trabalhista, e de medidas tomadas por integrantes do Ministério Público do Trabalho e do Ministério Público do Estado de São Paulo. Atacam o posicionamento jurisprudencial representado pelas súmulas e decisões denunciadas, bem como o *modus operandi* de componentes do Ministério Público no tocante ao sistema de custeio das entidades sindicais e organização dos trabalhadores nas greves, valendo-se os queixosos de interpretação protetiva localizada nos precedentes do Comitê de Liberdade Sindical[362].

3.7. O sistema de interpretação, controle e sanções da OIT – A eficácia do procedimento

O sistema de interpretação, controle e sanções da OIT é muito peculiar, sofrendo críticas por sua alegada inefetividade. Segundo o Ministro João Oreste Dalazen, a OIT somente ganhará maior expressão internacional quando "os padrões mínimos de proteção ao trabalho que aprovar estiverem atrelados em pactos de comércio global"[363]. Esse mesmo magistrado considera indispensável, na forma ideal, que a OIT e a OMC deem-se as mãos, de modo que "no comércio internacional haja exigência efetiva das normas mínimas universais de proteção ao trabalho"[364].

Como se pode verificar neste estudo, os sistemas de controle pela OIT, a respeito do cumprimento de seus princípios e normas, pelos Estados-membros, são graduais, múltiplos e complexos. A aplicabilidade de suas medidas em cada país causa significativa repercussão, o que normalmente induz os Estados-membros a corrigir as situações denunciadas, muitas vezes com a mediação da própria OIT, "chegando-se, assim, com maior frequência, a resultados positivos para ambas as partes, apesar das compreensíveis cautelas e suscetibilidades nacionais"[365].

A Constituição da OIT não estabelece quais as sanções aplicáveis aos Estados-membros que descumprem as obrigações referentes aos instrumentos internacionais que emite. Limita-se, no art. 33, a dizer o seguinte:

---

(359) Decisão do comitê de liberdade sindical da OIT sobre a greve dos petroleiros. *Revista LTr*, São Paulo: p. 19. v. 60. n. 01 jan. 1996.
(360) Decisão do comitê de liberdade sindical da OIT sobre a greve dos petroleiros, 1996, p. 19.
(361) BRASIL. *Lei n. 9.869, de 14 de julho de 1998*. Concede anistia de multas cominadas pelo Tribunal Superior do Trabalho às entidades sindicais representativas dos empregados da Empresa Petróleo Brasileiro S/A. – PETROBRAS, no período em que menciona. DOU. 15.07.1998.
(362) LUNARD, Sandro. *A OIT e a questão da liberdade sindical no Brasil*: a análise do "caso 2739". Disponível em: <http://www.anima-opet.com.br/pdf/anima-4-Professor/anima4-Sandro-Lunard.pdf >. Acesso em: 9 ago. 2016.
(363) DALAZEN, João Oreste. Relatório de participação na 88ª Reunião da Conferência Internacional – Genebra – 2000. *Revista do TST*, Brasília-DF: v. 66. n. 3.p. 242-243. jul. a set. de 2000.
(364) *Idem*.
(365) MONTT BALMACEDA, 1998, p. 152.

Se um Estado-membro não se conformar, no prazo prescrito, com as recomendações eventualmente contidas no relatório da Comissão de Inquérito, ou na decisão da Corte Internacional de Justiça, o Conselho de Administração poderá recomendar à Conferência a adoção de qualquer medida que lhe pareça conveniente para assegurar a execução das mesmas recomendações[366].

A não observância, na prática, das obrigações internacionais relativas à OIT tem ensejado advertências pela Conferência aos respectivos Estados-membros, o que configura sanção de ordem moral[367]. A Comissão de Peritos na Aplicação de Convenções e Recomendações submete anualmente à Conferência um relatório, indicando, nos seus diversos capítulos, uma relação (lista) dos países que não cumpriram as obrigações estatuídas nos arts. 19 e 22 da Constituição da OIT. O empenho com que os delegados governamentais procuram defender os seus países das acusações ou dúvidas arguidas sobre o descumprimento de suas obrigações e a divulgação internacional da lista aprovada evidenciam a eficácia do procedimento[368].

Trata-se, em verdade, de um sistema de controle absolutamente *sui generis* e que tem contado com a aprovação dos seus Estados-membros. Prova-o a longa duração da entidade, desde 1919, com possibilidade de chegar aos 100 anos de funcionamento em 2019 (faltando, portanto, apenas três anos!).

Examinam-se, a seguir, as peculiaridades do Tribunal Administrativo da OIT.

4. O Tribunal Administrativo da OIT

4.1. A origem do Tribunal Administrativo da OIT

O primeiro Tribunal Administrativo Internacional foi criado no âmbito da Sociedade das Nações (Liga das Nações), que tinha competência para decidir sobre os conflitos supervenientes entre as organizações internacionais e seus funcionários e agentes[369].

Esse pioneiro Tribunal não apenas serviu como modelo para a criação de outros Tribunais análogos, mas sobreviveu à própria existência da Sociedade das Nações.

A Assembleia Geral da Sociedade das Nações criou esse Tribunal Administrativo em 20.09.1927, ao qual poderiam, também, ter acesso, para defesa de seus direitos, os funcionários da Repartição Internacional do Trabalho. O Tribunal poderia, pura e simplesmente, ter desaparecido quando se extinguiu a Sociedade das Nações, ou transitado para a esfera da ONU. Porém, na última Assembleia Geral da Sociedade das Nações (em 18.04.1946), resolveu-se mantê-lo, "ligando-o à estrutura da OIT como Tribunal Administrativo, para ficar na dependência da respectiva Conferência Internacional do Trabalho"[370].

Mais tarde, a ONU preferiu instituir um Tribunal Administrativo próprio, que viria a ser criado por sua Assembleia Geral, em 1949. Esse Tribunal Administrativo da ONU exerce, também, a sua jurisdição no âmbito de certas organizações internacionais dela subsidiárias, como a Organização da Aviação Civil Internacional e a Organização Marítima Internacional[371].

A sobrevivência da OIT e do Tribunal Administrativo, depois da II Guerra Mundial, demonstra a importância e a atualidade de se conhecer a temática.

4.2. A abrangência do Tribunal

A abrangência do Tribunal Administrativo da OIT ultrapassa o quadro dessa entidade. Embora inserido no sistema institucional da OIT, o Tribunal não é privativo dessa Organização, dado que, por força do respectivo Estatuto, está aberto a qualquer organização internacional de caráter interestatal que reconheça a sua competência[372].

Assim, o TAOIT possui competência que ultrapassa os limites da organização, pois diversas instituições especializadas aceitaram sua jurisdição, tais como a Organização das Nações Unidas para Agricultura e Alimentação (FAO, criada em 1945), a Organização Meteorológica Mundial (OMM, criada em 1950), a OMS (de 1946), a UNESCO (de 1945) e a União Internacional de Telecomunicações (UIT, criada em 1865, com o nome de União Telegráfica Internacional). Também outras organizações internacionais submetem-se à jurisdição do Tribunal, como a Agência Internacional de Energia Atômica (AIEA), criada em 1957, com sede em Viena[373].

Dessa forma, o Tribunal Administrativo da OIT examina questões relativas a funcionários e ex-funcionários da Repartição Internacional do Trabalho e de outras organizações internacionais que reconhecem sua jurisdição. Hoje é aberto a mais de 58.000 funcionários internacionais na ativa ou ex-funcionários de 63 organização internacionais. A jurisprudência do Tribunal inclui mais de 3.600 julgamentos, disponíveis em inglês e em francês[374].

---

(366) SÜSSEKIND, 2000, p. 283.
(367) SÜSSEKIND, 2005, p. 1592.
(368) *Idem.*
(369) DINH, Nguyen Quoc; DAILLIER, Patrick; PELLET, Alain. *Direito internacional público*. Trad. Vítor Marques Coelho. Lisboa: Fundação Calouste Gulbenkian, 1999. p. 807.
(370) CAMPOS, 1999, p. 399.
(371) *Idem.*
(372) DINH; DAILLIER; PELLET, *op. cit.*, p. 807.
(373) CRETELLA JÚNIOR, José; CRETELLA NETO, José. Tribunais administrativos internacionais. *Revista de Direito Administrativo*. Rio de Janeiro: n. 240. p. 167-183. p. 175. abr./jun. 2005.
(374) INTERNATIONAL LABOUR ORGANIZATION. *ILO Administrative Tribunal*. Disponível em: <http://www.ilo.org/tribunal/lang--en/index.htm>. Acesso em: 16 nov. 2016.

4.3. A composição do Tribunal, sessões, competência e recursos

O Tribunal Administrativo da OIT tem sede em Genebra e, como dito, possui competência para apreciar e julgar os litígios surgidos entre os funcionários e as organizações internacionais. Compõe-se de sete juízes eleitos por três anos pela Conferência Internacional do Trabalho, sendo possível uma reeleição. O Estatuto do TAOIT recebeu uma recente alteração (na 105ª Reunião da Conferência Internacional do Trabalho, ocorrida em junho de 2016), e hoje possui 11 artigos e um anexo[375].

Esse Tribunal tem uma sessão ordinária anual e eventualmente sessões extraordinárias. Tem por competência anular medidas adotadas relativamente aos recorrentes, funcionários das organizações internacionais sujeitas à sua jurisdição, e para lhes atribuir, se cabível, indenizações pelos prejuízos sofridos. Os recursos apreciados referem-se a medidas tomadas por essas organizações internacionais que violem contratos de trabalho, tais como os relativos ao regime de pensões e indenizações em caso de invalidez ou de aposentadoria. Uma ação será admitida somente se a decisão contestada for definitiva, tendo o interessado esgotado todos os recursos administrativos preliminares. Decide o Tribunal por maioria de votos, podendo pronunciar a anulação da medida incriminada por abuso de poder ou conceder uma reparação pecuniária.

Pelo sistema antigo, a decisão era definitiva para o funcionário recorrente, mas não para as organizações internacionais partes no litígio, que podiam se dirigir à Corte Internacional de Justiça e solicitar um parecer sobre a validade da decisão proferida pelo Tribunal Administrativo[376].

Desse modo, para o funcionário requerente, o julgamento do Tribunal Administrativo da OIT era definitiva e sem recurso (art. VI, § 1º, do Estatuto do Tribunal Administrativo da OIT). Do ponto de vista das organizações internacionais, a situação era diferente. Por um mecanismo especial de revisão, estabelecido em 1954, somente as organizações podiam solicitar à Corte Internacional de Justiça um parecer consultivo sobre a validade do julgamento proferido (art. XII, § 1º, do Estatuto)[377]; portanto, o parecer do Tribunal tinha, nessa circunstância, força obrigatória.

Ocorre, porém, que na 105ª sessão da Conferência Internacional do Trabalho, ocorrida em junho de 2016, foi aprovada uma alteração ao Estatuto. O art. XII, alvo de muitas críticas por ser contrário aos princípios da igualdade de acesso à justiça e da igualdade processual, foi revogado, enquanto o art. VI teve um acréscimo no inciso primeiro. Diz, agora, o art. VI que o Tribunal tomará suas decisões por maioria de votos, e que as decisões serão definitivas e inapeláveis. Acresceu-se, no entanto, a seguinte frase nesse mesmo item: "Entretanto, o Tribunal poderá examinar os recursos de interpretação, de execução ou de revisão de uma sentença."[378]

No Preâmbulo da Resolução, aprovada pela Conferência Internacional do Trabalho, justificou-se a necessidade de derrogar o art. XII do Estatuto do Tribunal para garantir igualdade de acesso à justiça às instituições empregadoras e a seus funcionários[379].

Agora, então, por força dessa nova realidade, deve-se compreender que tanto as organizações como os empregados dessas entidades poderão apresentar ao Tribunal recursos de interpretação, de execução ou de revisão de uma sentença.

Em 1955, a Unesco utilizou o processo de parecer consultivo junto à Corte Internacional do Trabalho. Quatro funcionários dessa Organização (norte-americanos) haviam se recusado a responder a um questionário proveniente dos Estados Unidos (cuja finalidade era assegurar a fidelidade política – época do macartismo). Em face dessa recusa, o Diretor-Geral da Unesco não renovou os contratos desses funcionários. O Tribunal Administrativo da OIT (julgamentos ns. 17, 18, 19 e 21) considerou abusivas essas não renovações e concedeu indenizações aos requerentes. O Conselho Executivo da Organização consultou a Corte Internacional de Justiça sobre a validade desse julgamento, obtendo, em resposta, um parecer (de 23.10.1954) "que recusava todas as objeções ao julgamento em questão"[380].

4.4. Um célebre julgado do embaixador brasileiro José Mauricio Bustani – Diretor-Geral da Organização para a Proibição das Armas Químicas (OPAQ)

Há uma célebre decisão do Tribunal Administrativo da OIT sobre a legalidade da interrupção do mandato do Embaixador José Mauricio Bustani na Organização para a Proibição das Armas Químicas (OPAQ). O Embaixador do Brasil em Londres, José Mauricio Bustani, foi Diretor-Geral da OPAQ de 1997 a 2001 (primeiro mandato) e de 2001 a 2002 (segundo mandato, interrompido). Essa entidade foi criada em 1997 para implementar a Convenção para a Proibição das Armas Químicas (CPAQ).

Em 2002, por iniciativa dos Estados Unidos, convocou-se uma Conferência Especial dos Estados-membros, resultando na demissão do Diretor-Geral sem qualquer processo legal. A interrupção do mandato do Diretor-Geral da OPAQ constituiu fato sem precedente na história dos organismos internacionais. Depois de deixar a entidade, o Embaixador Bustani

---

(375) INTERNATIONAL LABOUR ORGANIZATION. *Amendments to the statute of the ILO Administrative Tribunal adopted*. Disponível em: <http://www.ilo.org/global/about-the-ilo/how-the-ilo-works/departments-and-offices/jur/legal-instruments/WCMS_498369/lang--en/index.htm>. Acesso em: 7 nov. 2016.
(376) CAMPOS, 1999, p. 400. Também INTERNATIONAL LABOUR ORGANIZATION. *Amendments to the Statute of the ILO Administrative Tribunal adopted*, op. cit.
(377) DINH; DAILLIER; PELLET, 1999, p. 807.
(378) INTERNATIONAL LABOUR ORGANIZATION. *International Labour Conference Provisional Record*. OIT: Genebra, 2016. p. 9/7.
(379) *Ibidem*, p. 9/5.
(380) *Idem*.

buscou o parecer do Tribunal Administrativo da Organização Internacional do Trabalho sobre a legalidade de sua demissão sumária.

Em julho de 2003, o Tribunal considerou ilegal a decisão da Conferência Especial de afastar o Diretor-Geral, anulando-a. O Tribunal reafirmou o princípio da independência dos chefes de organismos internacionais e ordenou que o Embaixador Bustani fosse indenizado por danos morais (50.000 euros) e materiais (correspondendo, basicamente, aos salários que teria recebido até o fim do seu mandato como Diretor-Geral em maio de 2005), além de 5.000 euros em custas.

O que motivou o Embaixador Bustani a processar a OPAQ foi estabelecer jurisprudência internacional sobre a legalidade dos atos que ferem os princípios básicos das organizações internacionais (independência e neutralidade do Diretor-Geral e igualdade jurídica dos Estados-membros).

Essa decisão do Tribunal da OIT confirma, também, a obrigatoriedade do cumprimento de sentenças internacionais por parte dos organismos internacionais que reconhecem a jurisdição dos Tribunais correspondentes[381].

Por esse exemplo concreto, pode-se constatar a importância contemporânea do Tribunal Administrativo da OIT.

5. REFERÊNCIAS BIBLIOGRÁFICAS

BRASIL. *Lei n. 9.869, de 14 de julho de 1998*. Concede anistia de multas cominadas pelo Tribunal Superior do Trabalho às entidades sindicais representativas dos empregados da Empresa Petróleo Brasileiro S/A. – PETROBRAS, no período em que menciona. DOU 15.07.1998.

CAMPOS, João Mota de (Coord.). *Organizações internacionais*. Lisboa: Fundação Calouste Gulbenkian, 1999.

CRETELLA JÚNIOR, José; CRETELLA NETO, José. Tribunais administrativos internacionais. *Revista de Direito Administrativo*. Rio de Janeiro: n. 240. 167-183. p. 175 abr./jun. 2005, p. 175.

DALAZEN, João Oreste. Relatório de participação na 88ª Reunião da Conferência Internacional – Genebra – 2000. *Revista do TST*. Brasília-DF: p. 242-243, v. 66, n. 3, jul. a set. de 2000.

DE BUEN L., Néstor. *Derecho del trabajo*. 3. ed. México: Porrúa, 1979, t. I.

DE LA CUEVA, Mario. *El nuevo derecho mexicano del trabajo*. 6. ed. México: Editorial Porrúa, 1980, t. I.

Decisão do comitê de liberdade sindical da OIT sobre a greve dos petroleiros. *Revista LTr*, São Paulo: LTr, 1996 v. 60, n. 01, jan., 1996.

DINH, Nguyen Quoc; DAILLIER, Patrick; PELLET, Alain. *Direito internacional público*. Trad. de Vítor Marques Coelho. Lisboa: Fundação Calouste Gulbenkian, 1999.

GUNTHER, Luiz Eduardo; SILVA, Andréa Duarte; BUSNARDO, Juliana Cristina. Convenções não ratificadas, protocolos e resoluções da Organização Internacional do Trabalho: tradução como forma de conferir-lhes efetividade na atividade jurisdicional. *Revista do Tribunal Regional do Trabalho da 9ª Região*, a. 40, n. 72, jan./dez., p. 23-245. 2015.

HUSEK, Carlos Roberto. *Curso básico de direito internacional público e privado do trabalho*. São Paulo: LTr, 2009.

INTERNATIONAL LABOUR ORGANIZATION. *Amendments to the statute of the ILO Administrative Tribunal adopted*. Disponível em: <http://www.ilo.org/global/about-the-ilo/how-the-ilo-works/departments-and-offices/jur/legal-instruments/WCMS_498369/lang--en/index.htm>. Acesso em: 7 nov. 2016.

_____. *ILO Administrative Tribunal*. Disponível em: <http://www.ilo.org/tribunal/lang--en/index.htm>. Acesso em: 16 nov. 2016.

_____. *International Labour Conference Provisional Record*. OIT: Genebra, 2016.

LUNARD, Sandro. *A OIT e a questão da liberdade sindical no Brasil: a análise do "caso 2739"*. Disponível em: <http://www.anima-opet.com.br/pdf/anima4-Professor/anima4-Sandro-Lunard.pdf>. Acesso em: 9 ago. 2016.

MARTINS, Sergio Pinto. *Direito do trabalho*. 21. ed. São Paulo: Atlas, 2005.

MONTT BALMACEDA, Manuel. *Princípios de derecho internacional del trabajo la OIT*. 2. ed. Santiago-Chile: Juridica de Chile, 1998.

NASCIMENTO, Amauri Mascaro. *Compêndio de direito do trabalho*. São Paulo: LTr, 1976.

ORGANIZAÇÃO INTERNACIONAL DO TRABALHO. *AJONU*. Disponível em: <https://ajonu.org/2012/10/17/organizacao-internacional-do-trabalho-oitilo/>. Acesso em: 7 nov. 2016.

_____. *Constituição da Organização Internacional do Trabalho (OIT) e seu anexo (Declaração de Filadélfia)*. Disponível em: <http://www.oitbrasil.org.br/sites/default/files/topic/decent_work/doc/constituicao_oit_538.pdf>. Acesso em: 22 ago. 2016.

_____. *Institucional*. Conselho de Administração. Disponível em: <http://www.ilo.org/public//portugue/region/ampro/brasilia/inst/struct/conselho.htm>. Acesso em: 22.ago.2016.

ORGANIZACIÓN INTERNACIONAL DEL TRABAJO. *Convenios y recomendaciones internacionales del trabajo 1919-1984 adoptados*

---

(381) Textos sobre o tema estão disponíveis em: https://jus.com.br/artigos/21678/direito-e-diplomacia-internacional-embaixador-jose-mauricio-bustani-o-brasileiro-que-poderia-ter-evitado-a-guerra-do-iraque. Acesso em:8.ago.2016 e http://g1.globo.com/mundo/noticia/2013/10/brasileiro-foi-1o-diretor-de-organizacao-premiada-com-nobel-da-paz.html. Acesso em: 8 ago. 2016.

por la Conferencia Internacional del Trabajo. Ginebra: Oficina Internacional del Trabajo, 1985.

PLÁ RODRIGUEZ, Américo. *Los convenios internacionales del trabajo.* Montevideo: Facultad de Derecho y Ciencias Sociales de la Universidad de la Republica, 1965.

REVISTA CIPA. *OIT: GT analisará normas não ratificadas pelo Brasil.* Edição 445, out. 2016. Disponível em: <http://revistacipa.com.br/oit-gt-analisara-normas-nao-ratificadas-pelo-brasil/>. Acesso em: 22 ago. 2016.

REZEK, J. F. *Direito dos tratados.* Rio de Janeiro: Forense, 1984.

SERVAIS, Jean-Michel. *Derecho internacional del trabajo.* Trad. de Jorgelina F. Alimenti. Buenos Aires: Heliasta, 2011.

SÜSSEKIND, Arnaldo *et al. Instituições de direito do trabalho.* 22. ed. São Paulo: LTr, 2005, v. 2.

_____. *Comentários à Constituição.* Rio de Janeiro: Freitas Bastos, 1990, v. I.

_____. *Convenções da OIT e outros tratados.* 3. ed. São Paulo: LTr, 2007.

_____. *Direito internacional do trabalho.* 3. ed. atualizada e com novos textos. São Paulo: LTr, 2000.

VALTICOS, Nicolas. *Derecho internacional del trabajo.* Trad. de Maria José Triviño. Madrid: Tecnos, 1977.

ZANGRANDO, Carlos. *Curso de direito do trabalho.* São Paulo: LTr, 2008, t. I.

CAPÍTULO 9
O TRABALHO DECENTE NA PERSPECTIVA DO DIREITO INTERNACIONAL DO TRABALHO

Luiz Eduardo Gunther[382]

1. A Importância das normas internacionais do trabalho

Até o final do século XIX, não existia um organismo internacional que pudesse viabilizar propostas para um conteúdo mínimo de proteção ao trabalho. Somente em 1919, depois do término da I Guerra Mundial, tornou-se possível fundar uma organização internacional que se preocupasse de forma central com o trabalho humano.

Ao criar, em sua primeira Seção, a OIT, a Parte XIII do Tratado de Versalhes compreendia quatro capítulos, abrangendo a organização, o funcionamento, as prescrições gerais e as medidas transitórias da nova entidade. No Preâmbulo dessa Seção, considera-se que a Sociedade das Nações tem por objetivo estabelecer a paz universal e que tal paz não pode ser fundada senão sobre a base da justiça social e que o trabalho humano não pode ser considerado uma mercadoria. Explicita também que não adotar um regime de trabalho realmente humano pode implicar em efeitos sociais da concorrência internacional. As Altas Partes Contratantes dizem estar movidas por sentimentos de justiça e de humanidade, assim como pelo desejo de assegurar uma paz duradoura mundial[383]. Ressalta esse Preâmbulo, no dizer de Arnaldo Süssekind, a tríplice justificativa que consagra o Direito do Trabalho e visa a universalizar, de forma "humanitária, política e econômica"[384], as leis social-trabalhistas.

No texto do artigo 427 do Tratado de Versalhes, que se tornou famoso por ter relacionado os princípios fundamentais do Direito do Trabalho, reconheceu-se de forma expressa que "o trabalho não há de ser considerado como mercadoria ou artigo de comércio"[385].

Com esse preceito, registra Mario de La Cueva, afirma-se a essência do Direito do Trabalho: "o trabalho não é uma mercadoria; equivale a sustentar que, em todos os casos, deve respeitar-se a dignidade da pessoa humana."[386]

A Constituição da OIT preocupa-se, já no seu Preâmbulo, com a hipótese de um país não adotar um regime de trabalho realmente humano, uma vez que, sob sua ótica, isso "constitui obstáculo aos esforços de outras nações que desejem melhorar a vida dos trabalhadores em seus países"[387]. Com essa manifestação, inserida em seu texto maior, a OIT explicita seu temor com relação aos efeitos sociais da concorrência internacional, cada vez mais acirrada[388].

Na Quarta Sessão do Comitê Preparatório da Conferência Mundial de Direitos Humanos, realizada em Genebra em abril e maio de 1993, a OIT apresentou um documento em que registrava concentrar-se, na esfera da atividade econômica, em questões que dissessem respeito à proteção dos direitos humanos fundamentais envolvendo aspectos como o trabalho forçado, a discriminação no emprego, o trabalho informal e a liberdade de associação sindical[389].

Afinal, para que servem as normas aprovadas pela OIT? Essas normas internacionais do trabalho dirigem-se a dois âmbitos muito especiais. Em um primeiro plano fixam "metas a serem alcançadas por políticas nacionais e estabelecem um marco para a cooperação internacional". Em outro, fomentam o tripartismo, protegem os direitos humanos fundamentais e "traduzem um consenso internacional sobre como regular e garantir níveis mínimos de proteção aos trabalhadores, aceitáveis para a comunidade internacional"[390].

---

(382) Professor do Centro Universitário Curitiba – UNICURITIBA. Desembargador do Trabalho no TRT9. Pós-Doutorando pela PUC-PR. Membro do Conselho Editorial da Revista Jurídica do UNICURITIBA, do Instituto Memória – Centro de Estudos da Contemporaneidade e da Editora JM. Integrante da Academia Nacional de Direito do Trabalho e do Instituto Histórico e Geográfico do Paraná. Orientador do Grupo de Pesquisa que edita a Revista Eletrônica do TRT9 (<http://www.mflip.com.br/pub/escolajudicial/>).
(383) *El tratado de Versalles de 1919 y sus antecedentes*. Madrid: Instituto Ibero-Americano de Derecho Comparado, 1920. p. 427-442.
(384) SÜSSEKIND, Arnaldo. *Direito internacional do trabalho*. 3. ed. atual. São Paulo: LTr, 2000. p. 101-102.
(385) *Ibidem*, p. 103.
(386) LA CUEVA, Mario de. *El nuevo derecho mexicano del trabajo*. . México: Editorial Porrúa, 1979. t. I, p. 276.
(387) SÜSSEKIND, Arnaldo. *Convenções da OIT e outros tratados*. 3. ed. São Paulo: LTr, 2007. p. 15-16.
(388) SCHMIDT, Martha Halfeld Furtado de Mendonça. Breves anotações sobre as convenções fundamentais da OIT. In: LAGE, Émerson José Alves; LOPES, Mônica Sette (Orgs.). *O direito do trabalho e o direito internacional, questões relevantes*: homenagem ao Professor Osíris Rocha. São Paulo: LTr, 2005. p. 94-112. p. 94.
(389) TRINDADE, Antônio Augusto Cançado. *Tratado de direito internacional dos direitos humanos*. 2. ed. Porto Alegre: Sérgio Antonio Fabris, 2003. v. 1, p. 305.
(390) BARZOTTO, Luciane Cardoso. *Direitos humanos e trabalhadores*: atividade normativa da Organização Internacional do Trabalho e os limites do direito internacional do trabalho. Porto Alegre: Livraria do Advogado Editora, 2007. p. 94.

Desde a sua criação até hoje, a OIT desempenha papel notável na defesa e promoção de padrões sociais compatíveis com a dignidade própria da pessoa humana. Vale-se essa organização, nesse prisma, de sua competência normativa internacional, produzindo inúmeros diplomas sobre diversos temas juslaboralistas, além de outros relacionados à promoção integral do ser humano. Compreende-se essa extensa obra normativa no sentido de permitir a avaliação da atualidade das normas internacionais em face dos progressos sociais, econômicos e tecnológicos, e também no aspecto dos conteúdos das normas reclamarem a urgência de sua efetividade[391].

Em uma imagem muito interessante, Jean-Claude Javillier compara o Direito Internacional do Trabalho (no seio do qual se abriga a OIT) ao Direito Comparado do Trabalho. Em sua ótica, aquele é irmão deste. Retornando-se às origens e ao essencial, universalismo e particularismo, e considerando-se a ordem das relações profissionais e do Direito, pode-se considerá-los "naturalmente complementares e interligados, arautos das respostas mais modernas aos desafios sociais, econômicos e políticos"[392].

As normas internacionais do trabalho, em verdade, em movimento dinâmico, dirigem-se sucessivamente a:

a) fixar metas para as políticas nacionais;

b) estabelecer marco para a cooperação internacional;

c) fomentar o tripartismo;

d) proteger os direitos humanos fundamentais;

e) traduzir consenso sobre a regulação e garantia de níveis mínimos de proteção aos trabalhadores.

A OIT promove padrões sociais compatíveis com a dignidade da pessoa humana valendo-se de sua competência normativa. Produz, também, diplomas que levam em conta a promoção integral do ser humano e os progressos sociais, econômicos e tecnológicos.

2. A Declaração da Organização Internacional do Trabalho sobre os princípios e direitos fundamentais no trabalho

A Declaração de Filadélfia, de 1944, incorporada à Constituição da OIT, proclamou vários princípios fundamentais na esfera dos direitos trabalhistas e humanos. No seu Preâmbulo, a Conferência Internacional do Trabalho reafirmou os princípios fundamentais sobre os quais repousa a Organização, principalmente os seguintes:

a) o trabalho não é uma mercadoria;

b) a liberdade de expressão e de associação é uma condição indispensável ao progresso ininterrupto;

c) a pobreza, seja onde for, constitui um perigo para a prosperidade geral;

d) a luta contra a carência, em qualquer nação, deve ser conduzida com infatigável energia, e por um esforço internacional contínuo e conjugado, no qual os representantes dos empregados e dos empregadores discutam em igualdade com os dos Governos, e tomem decisões de caráter democrático, visando ao bem comum[393].

Um novo impulso para o universalismo do Direito Internacional do Trabalho foi dado pela Organização Internacional do Trabalho em 1998. Adotou-se, nesse momento, uma declaração relativa aos princípios e direitos fundamentais do trabalho e seus desdobramentos. Embora se trate de um instrumento promocional, deve-se ressaltar que traduz a consciência de uma necessidade da comunidade internacional no sentido de proclamar "um piso social no mundo do trabalho"[394].

Saliente-se que, na última década do século passado, quando se debatiam os limites da globalização-mundialização e a validade-universalidade dos direitos trabalhistas-humanos fundamentais, a Conferência Internacional do Trabalho declarou que todos os Estados-membros, ainda que não tivessem ratificado as convenções que tratam dos princípios e direitos fundamentais do trabalho, tinham um compromisso, derivado do fato de pertencer à Organização, de respeitar, promover e tornar realidade, "de boa-fé e de conformidade com a Constituição, os princípios relativos aos direitos fundamentais"[395].

Essa Declaração Internacional de 1988 não se constitui apenas em mais um documento histórico; tem valor muito maior, pois estabelece novos contornos para a questão da cláusula social[396] nos tratados internacionais. Pelo menos de forma temporária essa possibilidade de exigência de cláusulas sociais foi afastada, na medida em que se estabeleceu a OIT como o foro das questões trabalhistas. Um aspecto importante da Declaração é permitir à OIT atuar sempre

---

(391) REIS, Daniela Muradas. *O princípio da vedação do retrocesso no direito do trabalho.* São Paulo: LTr, 2010. p. 97-98.
(392) JAVILLIER, Jean-Claude. Por uma contribuição dos professores universitários à dinâmica das normas internacionais do trabalho. In: LAGE, Émerson José Alves; LOPES, Mônica Sette (Orgs.). *O direito do trabalho e o direito internacional, questões relevantes*: homenagem ao Professor Osíris Rocha. São Paulo: LTr, 2005. p. 16-34. p. 28.
(393) SÜSSEKIND, 2007, p. 29.
(394) JAVILLIER, 2005, p. 23.
(395) SÜSSEKIND, op. cit., p. 380.
(396) Jean-Michel Servais trata a cláusula social como um dilema instalado no limite entre o Direito e a Economia. Para ele, a ideia de complementar os tratados internacionais de comércio com aquilo que se denomina "cláusula social", que impõe mínimas ou equitativas normas trabalhistas, baseia-se em um fundamento aparentemente simples: se um país permite que suas companhias empreguem trabalhadores em condições deploráveis de trabalho e por salários miseráveis – dois conceitos que devem ser definidos – poderá exportar seus produtos a um preço mais baixo e assim obter uma vantagem desleal sobre seus competidores. Por isso, a proposta de obrigar o país a garantir direitos mínimos a seus trabalhadores no marco das regulações econômicas internacionais (*Derecho internacional del trabajo*. Trad. de Jorgelina F. Alimenti. Buenos Aires: Heliasta, 2011. p. 30).

com sentido pedagógico, voltando-se a ajudar os países que necessitam adotar padrões trabalhistas nos moldes das normas internacionais estabelecidas naquele instrumento. Não é mais necessário, portanto, o uso de sanções tão temidas pelos países em desenvolvimento, como a inserção da cláusula social nos tratados, por exemplo, "principalmente pelo fato de que, aceita (a cláusula social), outras restrições às suas ações no comércio internacional também poderiam ocorrer"[397].

Existe um debate conceitual entre cláusula social e trabalho infantil. Dentro do âmbito das cláusulas sociais, as políticas públicas mais comumente defendidas são a proibição legal ao trabalho infantil por meio da imposição de idade mínima para o indivíduo ingressar no mercado de trabalho e o estabelecimento de sanções comerciais contra países que utilizam o trabalho infantil na produção de bens e serviços[398].

Por meio do exemplo citado, pode-se aferir o valor natural da Declaração solene da OIT de 1998, ao representar a reafirmação, pelos governos, empresários e trabalhadores, da universalidade dos princípios fundamentais e direitos básicos em um momento em que se disseminavam a incerteza e o questionamento desses princípios. Outro aspecto marcante advém da decisão coletiva tomada pelo caminho correto, isto é, "decorrente da busca pela aspiração à equidade, ao progresso social e à erradicação da pobreza, ao invés de sanções comerciais que podem estar encobrindo abusos protecionistas"[399].

Michel Hansenne, Diretor-Geral da Repartição Internacional do Trabalho à época, ao apresentar a Declaração da OIT sobre os Princípios e Direitos Fundamentais no Trabalho e seu Seguimento, na 86ª Reunião da Conferência Internacional do Trabalho, realizada em Genebra em junho de 1998, apresenta respostas aos desafios gerados pela globalização da economia. Afirma que, mesmo sendo a globalização da economia um fator de crescimento econômico e uma condição essencial para o progresso social, tudo confirma que não se trata de uma condição suficiente para assegurar dito progresso. Segundo ele, o crescimento deve ser acompanhado de um mínimo de regras de funcionamento social fundadas em valores comuns, em virtude das quais os próprios interessados tenham a possibilidade de reivindicar uma participação justa nas riquezas que tenham contribuído para criar. A Declaração de 1998 da OIT pretendia, então, conciliar a preocupação de estimular os esforços de todos os países em conseguir que o progresso social acompanhasse o progresso da economia, por um lado e, por outro, respeitar "a diversidade de situações e as possibilidades e as preferências de cada país"[400].

Os direitos sociais e sindicais passam, nesse momento, a ser explicitados como direitos humanos fundamentais. Na Declaração da OIT de 1998, consagram-se quatro princípios fundamentais, que estabelecem direitos apoiados em oito Convenções Internacionais do Trabalho, a saber:

a) o princípio da liberdade sindical e do reconhecimento efetivo do direito de negociação coletiva (Convenção n. 87 sobre a liberdade sindical e a proteção do direito sindical, de 1948; Convenção n. 98 sobre o direito de sindicalização e de negociação coletiva, de 1949);

b) o princípio da eliminação de todas as formas de trabalho forçado ou obrigatório (Convenção n. 29 sobre o trabalho forçado ou obrigatório de 1930; Convenção n. 105 relativa à abolição do trabalho forçado, de 1957);

c) o princípio da abolição efetiva do trabalho infantil (Convenção n. 138 sobre a idade mínima de admissão ao emprego, de 1973; Convenção n. 182 sobre a proibição das piores formas de trabalho infantil e a ação imediata para a sua eliminação, de 1999);

d) o princípio da eliminação da discriminação em matéria de emprego e ocupação (Convenção n. 100 sobre a igualdade de remuneração entre homens e mulheres trabalhadores por trabalho de igual valor, de 1951; Convenção n. 111 sobre a discriminação em matéria de emprego e profissão, de 1958)[401].

Essas Convenções são denominadas de fundamentais pela OIT, e, dos 187[402] Estados-membros, apenas 139 ratificaram sua totalidade, sendo que o Brasil não ratificou apenas a de n. 87, sobre liberdade sindical e proteção ao direito de sindicalização[403].

Essa reafirmação feita nesse documento de 1998 é realmente notável, tendo-se em vista que praticamente todos os países existentes pertencem à OIT, e que o número de Estados independentes é, atualmente, muito maior que em 1919.

O compromisso assumido por todos esses países na Declaração eleva o preço de se infringirem direitos fundamentais. Não porque enuncie novos direitos, mas porque institui um segmento efetivo baseado em relatórios periódicos dos países sobre as quatro categorias de direitos fundamentais acima

---

(397) SOUZA, André Portela; CHAHAD, José Paulo Z. Os direitos fundamentais dos trabalhadores, a cláusula social e comércio internacional: o caso do trabalho infantil no Brasil. In: CHAHAD, José Paulo Zeetano; CACCIAMALI, Maria Cristina (Orgs.). *Mercado de trabalho no Brasil*: novas práticas trabalhistas, negociações coletivas e direitos fundamentais no trabalho. São Paulo: LTr, 2003. p. 433-468 p. 447.

(398) *Ibidem*, p. 448.

(399) SOUZA; CHAHAD, 2003, p. 447.

(400) HANSENNE, Michel. *Apresentação à declaração da OIT sobre os princípios e direitos fundamentais no trabalho e seu seguimento*. Tradução de Edílson Alckmin Cunha. Genebra: OIT, 1998. p. 3-4.

(401) SÜSSEKIND, 2007, p. 380, 387-391, 112-113, 55-62, 134-135, 222-228 e 372-376.

(402) NORMLEX. *ILO member States*. Disponível em: <http://www.ilo.org/dyn/normlex/en/f?p=NORMLEXPUB:1:0::NO:::>. Acesso em: 8 nov. 2016.

(403) NORMLEX. *Ratifications of fundamental conventions by country*. Disponível em: <http://www.ilo.org/dyn/normlex/en/f?p=1000:10011:1622624853818609::::P10011_DISPLAY_BY:1>. Acesso em: 8 nov. 2016.

mencionadas, e na dupla obrigação da OIT de elaborar, anualmente, um informe global e de realocar recursos para ajudar os Estados-membros a aplicarem ditos princípios. A finalidade da Declaração é promover o respeito aos direitos humanos, e não castigar omissões. Nesse sentido, a persuasão moral, respaldada por informações amplamente difundidas, podem ser alertas poderosos.

A defesa da cláusula social, às vezes acusada de beneficiar os países desenvolvidos, movimenta-se em duas direções principais. A primeira delas consiste em unificar o interesse dos trabalhadores organizados, no movimento sindical internacional, pois busca introduzir uma tendência oposta ao rebaixamento das condições sociais via diminuição de salários e precarização das relações trabalhistas. A segunda direção indica que setores do empresariado passaram a um movimento de defesa da ética nas relações comerciais, que apresenta alguns pontos de convergência com a luta dos trabalhadores[404].

O desrespeito a determinados princípios estabelecidos nas convenções pode levar o assunto ao exame do Conselho de Administração da OIT e da plenária anual da Conferência Internacional do Trabalho. Embora não exista poder para impor e coagir, há a sanção moral e o constrangimento, que podem "levar à mudança de atitudes e ao encaminhamento de providências pelos governos"[405].

A Constituição brasileira de 1988 mostra-se coincidente, em várias passagens, com os direitos fundamentais reafirmados no artigo 2º da Declaração de Princípios e Direitos Fundamentais no Trabalho da OIT, como se verifica abaixo:

a) a liberdade de associação – art. 5º, XVII;

b) o reconhecimento das convenções e dos acordos coletivos de trabalho – art. 7º, XXVI;

c) a eliminação de todas as formas de trabalho forçado ou obrigatório – art. 5º, XLVIII, 'c', quando proíbe a pena de trabalhos forçados;

d) a efetiva abolição do trabalho infantil – art. 6º, ao proteger a infância;

e) a eliminação de qualquer forma de discriminação em matéria de emprego e ocupação – art. 7º, XXXII[406].

A Declaração de Princípios da OIT não contemplou, porém, a obrigatoriedade de introdução da cláusula social nos contratos comerciais. Tal compulsoriedade já havia sido repelida, aliás, pela Organização Mundial do Comércio (OMC), na Conferência de Cingapura de 1997[407].

Reafirma-se, na Declaração de 1998, a universalidade dos princípios fundamentais e dos direitos básicos. Permite-se que a OIT atue com sentido pedagógico, auxiliando os países para que adotem padrões trabalhistas conforme as normas internacionais. Aspira-se, na Declaração, a equidade, o progresso social e a erradicação da pobreza em lugar de sanções comerciais como as cláusulas sociais nos tratados. Em resumo, o progresso social deve acompanhar o progresso da economia, respeitando a diversidade dos Estados-membros.

A Declaração de 1998 da OIT deve ser conhecida por todos os Estados-membros, quanto aos direitos e princípios fundamentais, e deve ser promovida por meio de divulgação e de medidas políticas que levem à sua efetividade.

Para que isso aconteça, é necessário compreender e, sobretudo, aplicar os quatro grupos de princípios abrangidos pelas convenções da OIT, reconhecidas como fundamentais: o princípio da liberdade sindical e do reconhecimento efetivo do direito de negociação coletiva (Convenções ns. 87 e 98); o princípio da eliminação de todas as formas de trabalho forçado ou obrigatório (Convenções ns. 29 e 105); o princípio da abolição efetiva do trabalho infantil (Convenções ns. 138 e 182); e o princípio da eliminação da discriminação em matéria de emprego e ocupação (Convenções ns. 100 e 111).

2.1. Como se promove a Declaração de 1998 da OIT

Para promover essa Declaração, a OIT executa um programa denominado InFocus[408], que tem em mira três propósitos principais:

a) conscientizar os governos pela promoção da Declaração da OIT, sobre os Princípios e Direitos Fundamentais no Trabalho e seu seguimento nos países;

b) aprofundar o entendimento de como estes princípios e direitos fundamentais podem reforçar o desenvolvimento, a democracia e a igualdade, além de ajudar a habilitar todos os homens e mulheres;

---

(404) Organização Internacional do Trabalho. *Princípios e direitos fundamentais no trabalho*: declaração e normas da OIT. Brasília: OIT, ACTRAV, 2000. p. 2.
(405) Idem.
(406) BARROS JUNIOR, Cássio de Mesquita. Direito internacional. In: NASCIMENTO, Amauri Mascaro (Coord.). *A transição do direito do trabalho no Brasil*: estudos em homenagem a Eduardo Gabriel Saad. São Paulo: LTr, 1999. p. 44-58.
(407) OLIVEIRA, Dalva Amélia de. *Reformas*: a atualização da legislação trabalhista e os direitos fundamentais no trabalho, segundo a declaração de princípios da OIT. São Paulo: LTr, 2004. p. 88.
(408) Segundo a página da OIT/Brasil, a OIT executa uma variedade de programas, projetos e atividades de informação, pesquisas e estudos e ações de cooperação técnica realizados por diversos departamentos e serviços técnicos, pelos programas InFocus do escritório central, e por uma rede de escritórios regionais, escritórios de área e equipes técnicas multidisciplinares de apoio a atividades regionais e nacionais. Os oito programas InFocus estão relacionados com os quatro objetivos estratégicos e concentram atividades voltadas para temas de alta prioridade para a OIT: promoção da Declaração, negociação coletiva, erradicação do trabalho infantil, investimentos em conhecimentos teóricos e práticos e empregabilidade, intensificação do emprego mediante a criação de pequenas empresas, respostas a crises e reconstrução, segurança social e econômica no século XXI, trabalho sem risco e fortalecimento do diálogo social. Disponível em: <http://www.ilo.org/public//portugue/region/ampro/brasilia/act/progr/in_focus/index.htm>. Acesso em: 8 nov. 2016.

c) promover políticas que materializem estes princípios e direitos dentro das condições de desenvolvimento de cada país.

Cássio de Mesquita Barros Junior afirma que a Declaração da OIT sobre os Princípios e Direitos Fundamentais no Trabalho e seu Seguimento servem como "ponto de referência a toda a comunidade internacional: legisladores, sindicatos de empregados e de empregadores, empresas multinacionais, organizações internacionais, organizações não governamentais"[409].

A Declaração da OIT de 1998, afinal de contas, representa um avanço, um retrocesso, ou permite que tudo continue como antes?

Arnaldo Süssekind considerou que a proposta adotada na Conferência de junho de 1998 é mais "tímida" do que inicialmente se pretendia. Referido autor sugere, aos responsáveis pela ordem econômica internacional, o convencimento de que a progressiva ampliação da multidão de excluídos poderá "fraturar o sistema vigente". Nesse sentido, concita esses responsáveis para que formulem e participem, de maneira efetiva, "de um pacto de solidariedade fundado na corresponsabilidade global, em proveito da humanidade"[410].

Em sentido contrário, há compreensão dessa carta de princípios como "avançada", por envidar esforços implementando meios coercitivos para que os Países-membros da OIT, "ainda que não tenham ratificado as convenções prestigiadas na declaração, obriguem-se a cumprir os seus objetivos". Segundo essa corrente, o documento internacional considerou a realidade reputando fundamentais direitos que condizem "com a liberdade, dignidade e desenvolvimento do ser humano, compatíveis com os mínimos sociais" e prestigiou, de igual forma, a liberdade de trabalho e de associação, "que resulta de uma evolução conduzida pelo anseio de liberdade política, liberando o cidadão das amarras do Estado paternalista"[411].

Compreende-se a Declaração da OIT de 1998 como um marco histórico e jurídico, pois reconhece a preponderância do social sobre o econômico e preocupa-se em melhorar as condições de trabalho dos seus Estados-membros.

2.2. O princípio da liberdade sindical e do reconhecimento efetivo do direito de negociação coletiva (Convenções ns. 87, de 1948, e 98, de 1949)

A Convenção n. 87, que trata da liberdade sindical e da proteção ao direito de sindicalização foi aprovada na 31ª Reunião da Conferência Internacional do Trabalho (São Francisco – 1948), e entrou em vigor no plano internacional em 04.07.1950.

Essa Convenção possui um grau de importância tão grande que a OIT, apenas dois anos depois de sua aprovação pela Conferência Internacional, mais precisamente em 1950, criou o Comitê de Liberdade Sindical, "encarregado de fiscalizar a observância pelas nações desse princípio (da liberdade sindical). Essa situação levou o Professor Oscar Ermida Uriarte a afirmar que "a liberdade sindical é o único de todos os direitos fundamentais que conta com um órgão especializado na sua fiscalização". O fundamento dessa atuação consistiria, basicamente, no fato de que os países, por terem aderido à OIT por meio da Declaração de Filadélfia, se obrigariam a cumprir os seus preceitos, em especial aqueles considerados de maior importância e gravidade[412].

Sobre a regulamentação da atividade sindical na OIT, dois instrumentos possuem valor importante nessa matéria: a Resolução de 1970 sobre direitos sindicais e sua relação com os direitos civis e a Declaração de 1998, relativa aos princípios e direitos fundamentais no trabalho. O primeiro documento citado estabelece, de modo original e explícito (é pioneiro nisso) a interdependência entre a liberdade sindical e as demais liberdades civis. O segundo documento coloca a liberdade sindical em primeiro lugar, quando apresenta o catálogo dos quatro princípios e direitos fundamentais no trabalho, significando considerá-la como um dos principais instrumentos de luta pela vigência dos outros direitos fundamentais. Essa Declaração, portanto, atualiza e reforça o valor da liberdade sindical, convertendo-se no último passo pela consagração em todos os tratados e convenções sobre os direitos humanos, elevando-a (a liberdade sindical) "a patrimônio jurídico da humanidade"[413].

Não há qualquer dúvida, portanto, de que a Convenção n. 87 da OIT é considerada a mais importante das Convenções da OIT, tendo sido ratificada por 153[414] dos 187 Estados-membros da Organização. O Brasil não se insere entre os países que aderiram a esse tratado multilateral. O Presidente Eurico Gaspar Dutra, em obediência à Constituição da OIT, encaminhou o texto da Convenção ao Congresso Nacional (Mensagem n. 256, de 31.05.1949). Até hoje, porém, não foi possível sua aprovação pelo contraste em relação às Cartas Magnas de 1946, 1967 e 1988. Na época do encaminhamento, a Constituição de 1946 legitimava o exercício, pelos sindicatos, de funções delegadas pelo Poder Público previstas na CLT. A Constituição de 1967 manteve essa norma e explicitou que nessas funções se incluía, desde logo, a de arrecadar contribuições instituídas por lei para custeio de suas atividades. A vigente Constituição, de 1988, por sua vez impôs a unicidade de representação sindical em todos os níveis e manteve a contribuição compulsória dos integrantes das respectivas categorias para o custeio do sistema[415].

---

(409) BARROS JUNIOR, 2001, p. 85-93.
(410) SÜSSEKIND, 2000, p. 313.
(411) OLIVEIRA, 2004, p. 88.
(412) VALTICOS, Nicolas. *Derecho internacional del trabajo*. Trad. de Maria Jose Triviño. Madri: Tecnos, 1977. p. 524.
(413) VALTICOS, 1977, p. 23.
(414) NORMLEX. *Ratifications of fundamental conventions by country. op. cit.*
(415) SÜSSEKIND, 2007, p. 387.

A outra Convenção da OIT, que também faz parte do primeiro dos princípios da Declaração da OIT de 1988, é a de n. 98, aprovada na 32ª Reunião da Conferência Internacional do Trabalho (Genebra – 1949), com entrada em vigor no plano internacional em 18.07.1951.

Também a negociação coletiva foi consagrada como garantia fundamental em todos os outros tratados e convenções mundiais ou regionais. Enfatize-se, assim como sucede com a liberdade sindical, que as normas internacionais mais detalhadas e precisas sobre o tema são provenientes da OIT. Podem ser referidos como instrumentos dessa organização que trataram desse direito com maior cuidado:

a) a Recomendação 91 (de 1951) sobre contratos coletivos, que se ocupa da definição, dos efeitos, da extensão, da interpretação e do controle das convenções coletivas, assim como do processo de negociação;

b) a Recomendação 92 (de 1951) sobre a conciliação e a arbitragem voluntárias, dirigida para apoiar os processos negociais por meio do recurso facultativo aos meios extrajudiciais de solução de conflitos;

c) a Convenção 98 (1949) sobre o direito de sindicalização e de negociação coletiva, que traz à baila a necessidade de adotar medidas adequadas às condições nacionais dirigidas ao estímulo e ao fomento da negociação coletiva para regular as condições de emprego;

d) a Convenção 151 (1978) sobre as relações de trabalho na administração pública se ocupa do tema negocial no âmbito setorial;

e) a Convenção 154 e a Recomendação 163 (ambas de 1981) definem a negociação coletiva, estabelecendo a titularidade do direito, seu conteúdo e as medidas necessárias para seu fomento[416].

As Convenções ns. 98 e 154, bem como a Recomendação n. 163, de 1981, referem-se à promoção da negociação coletiva e determinam que os Estados tomem providências positivas nesse sentido. Essas providências objetivam tornar a negociação coletiva "possível para todos os empregadores e para todas as categorias de trabalhadores, em todos os níveis". Direcionam-se, também, à progressiva extensão da negociação ao conjunto das questões que envolvem o estabelecimento das condições de trabalho e de emprego. Também se voltam a regulamentar as relações entre empregadores e trabalhadores, o que leva, igualmente, a implementar "a regulamentação das relações entre empregadores e suas organizações e uma ou várias organizações de trabalhadores"[417].

O Congresso Nacional, pelo Decreto Legislativo n. 49, de 27.08.1952, aprovou a Convenção n. 98 da OIT, que foi ratificada em 18.11.1952, promulgada pelo Decreto n. 33.196, de 29.06.1953, e que passou a ter vigência no Brasil em 19.11.1953. Por essa Convenção, já ratificada por 164 países, os trabalhadores brasileiros devem ser protegidos contra qualquer discriminação antissindical, principalmente atos que tenham como condição para admissão ou permanência no emprego a não filiação a um sindicato ou deixar de dele participar; despedidas ou qualquer outra medida prejudicial, quando motivadas por filiação sindical ou participação em atividades sindicais fora do horário de trabalho ou, com o consentimento do trabalhador, durante as horas de trabalho. Esse instrumento também determina a adoção de medidas adequadas às condições nacionais para estimular e fomentar o pleno desenvolvimento e a utilização dos procedimentos de negociação voluntária de convenções coletivas entre, de um lado, os empregadores, e, de outro, as organizações de trabalhadores com o objetivo de regulamentar condições de trabalho[418].

As convenções fundamentais da OIT em matéria de liberdade sindical completaram 60 anos em 2008 (Convenção n. 87) e 2009 (Convenção n. 98), respectivamente. Depois de 60 anos de sua adoção, essas Convenções já não constituem tratados internacionais relevantes unicamente para os países que as tenham ratificado, pois se converteram em referência universal em matéria de liberdade sindical e negociação coletiva.

Essa importância especial encontra sua primeira ilustração no fato de que o Pacto das Nações Unidas de 1966 sobre Direitos Humanos se refere expressamente à Convenção n. 87 da OIT em suas disposições relativas à liberdade sindical. Em 1998, a relevância e a aplicabilidade universal das duas Convenções foram consagradas pela Declaração da OIT sobre Direitos Fundamentais no Trabalho, que proclama que todos os Estados-membros da OIT que tenham ou não ratificado essas Convenções, se comprometem a respeitar, promover e realizar seus princípios.

Da mesma maneira, a Declaração sobre a Justiça Social para uma Globalização Equitativa, adotada pela OIT em 2008, afirma que o respeito às Convenções sobre liberdade de negociação é essencial para que todos os Estados-membros possam alcançar os objetivos de respeito aos direitos trabalhistas, de promoção do emprego e de melhoria da proteção social. Finalmente, o trabalho de desenvolvimento do significado e alcance das disposições das duas Convenções, aplicado de maneira tripartite (representações dos governos, trabalhadores e empregadores) pelo Comitê de Liberdade Sindical da OIT, "contribuiu de forma decisiva para a especial transcendência e impacto das Convenções 87 e 98"[419].

---

(416) VALTICOS, 2011, p. 51-52.
(417) SERVAIS, Jean-Michel. *Elementos de direito internacional e comparado do trabalho*. Trad. Edilson Alkmin Cunha. São Paulo. LTr, 2001. p. 55-56.
(418) ROMITA, Arion Sayão. *Direitos fundamentais nas relações de trabalho*. 4. ed. rev. e aum. São Paulo: LTr, 2012. p. 234.
(419) BEAUDONNET, Xavier. Liberdade sindical e negociação coletiva – entrevista. *Revista da Associação Latino-Americana de Juízes do Trabalho*, ano 4, n. 6, p. 16-18. set. 2010.

O registro, em primeiro lugar, na Declaração de 1998, desses dois princípios (liberdade sindical e reconhecimento efetivo do direito à negociação coletiva) mostra a importância atribuída pela OIT ao fenômeno sindical e aos seus desdobramentos. A liberdade sindical cria um espaço democrático na atividade do trabalho. Ao se reconhecer a importância vital da negociação coletiva, mostra-se um caminho de diálogo entre trabalhadores e empregadores, propiciador, ainda, de melhoria nas condições de trabalho de forma permanente.

2.3. O princípio da eliminação de todas as formas de trabalho forçado ou obrigatório (Convenções ns. 29 de 1930 e 105, de 1957)

A segunda série de direitos fundamentais, reconhecidos pela Declaração da OIT de 1998, inicia-se pela Convenção n. 29, que trata da abolição do trabalho forçado, e tem vigência no Brasil desde 25.04.1958, tendo sido ratificada por 178[420] países. A Convenção n. 105, que trata do mesmo tema, possui 175[421] ratificações e vigora no Brasil desde 18.06.1966. Trabalho forçado ou obrigatório é todo trabalho ou serviço exigido de uma pessoa sob a ameaça de sanção e para a qual não tenha se oferecido espontaneamente.

Segundo o relatório Índice de Escravidão Global 2016 da Fundação *Walk Free*, divulgado em 30.05.2016, estima-se que cerca de 45,8 milhões de pessoas em todo o mundo estão sujeitas à alguma forma de escravidão moderna. Entre as formas de escravidão, estão o tráfico de pessoas, o trabalho infantil, a exploração sexual, o recrutamento de pessoas para conflitos armados e o trabalho forçado em condições degradantes, com extensas jornadas, sob coerção, violência, ameaça ou dívida fraudulenta[422].

Segundo a Professora Flávia Piovesan, o trabalho escravo manifesta-se quando direitos fundamentais são violados, como o direito a condições justas de um trabalho que seja livremente escolhido e aceito, o direito à educação e o direito a uma vida digna. Nesse sentido, o trabalho escravo, à luz da universalidade dos direitos humanos, "viola sobretudo a ideia fundante dos direitos, baseada na dignidade humana, como um valor intrínseco à condição humana"[423].

Menciona-se, por importante, o Projeto da OIT denominado "Consolidando e Disseminando Esforços para Combater o Trabalho Forçado no Brasil e no Peru", com prazo de 2012 a 2017 e que apresenta os seguintes objetivos específicos:

a) incrementar o conhecimento sobre trabalho forçado entre os principais parceiros no Brasil;

b) aumentar o diálogo social e a capacidade institucional para a implementação de políticas públicas para erradicar o trabalho forçado nos níveis nacional e estaduais no Brasil;

c) incrementar o engajamento do setor privado e das organizações de empregadores no combate ao trabalho forçado no Brasil;

d) reduzir a vulnerabilidade socioeconômica dos grupos suscetíveis ao trabalho forçado na área de intervenção do projeto;

e) melhorar as políticas para combater o trabalho forçado no Peru[424].

O Código Penal brasileiro tipificou o crime de redução à condição análoga à de escravo no artigo 149, com penas de reclusão de dois a oito anos, multa e pena correspondente à violência. Aumenta-se a pena pela metade quando o crime é cometido contra criança ou adolescente ou, ainda, por motivo de preconceito de raça, cor, etnia, religião ou origem.

Reduzir alguém à condição análoga à de escravo significa, entre outros aspectos:

a) submetê-lo a trabalhos forçados ou à jornada exaustiva;

b) sujeitá-lo a condições degradantes de trabalho;

c) restringir-lhe, por qualquer meio, a locomoção em razão de dívida contraída com o empregador ou preposto;

d) cercear-lhe o uso de qualquer meio de transporte, com a finalidade de retê-lo no local de trabalho;

e) mantê-lo sob vigilância ostensiva no local de trabalho, ou se lhe apoderar dos documentos ou objetos pessoais, com o fim de retê-lo no local de trabalho.

No dizer de Luiz Regis Prado, compreende-se na expressão *condição análoga à de escravo* "toda e qualquer situação de fato na qual se estabeleça, de modo concreto, a submissão da vítima à posse e domínio de outrem"[425].

Imperioso registrar que o consentimento do ofendido é irrelevante. Mesmo que o próprio sujeito passivo concorde com a inteira supressão de sua liberdade pessoal, não há a exclusão do delito, posto que tal ocorrência "importaria em anulação da personalidade"[426].

Caracterizando-se como um direito fundamental da pessoa humana, portanto, ainda que o trabalhador aceite tal

---

(420) NORMLEX. *Ratifications of fundamental conventions by country.* op. cit.
(421) Idem.
(422) VERDÉLIO, Andreia. Escravidão moderna atinge 45,8 milhões de pessoas no mundo. *Agência Brasil*, 30.05.2016. Disponível em: <http://agenciabrasil.ebc.com.br/direitos-humanos/noticia/2016-05/escravidao-moderna-atinge-458-milhoes-de-pessoas-no-mundo>. Acesso em: 16 nov. 2016.
(423) PIOVESAN, Flávia. Trabalho escravo e degradante como forma de violação aos direitos humanos. In: NOCCHI, Andrea Saint Pastous; VELLOSO, Gabriel Napoleão; FAVA, Marcos Neves (Coords.). *Trabalho escravo contemporâneo*: o desafio de superar a negação. 2. ed. São Paulo: LTr, 2011. p. 134-146. p. 134.
(424) ORGANIZAÇÃO INTERNACIONAL DO TRABALHO. *Promover o emprego, proteger as pessoas.* Disponível em: <http://www.ilo.org/brasilia/programas-projetos/WCMS_430934/lang--pt/index.htm>. Acesso em: 8 nov. 2016.
(425) PRADO, Luiz Regis. *Comentários ao Código Penal*: doutrina, jurisprudência selecionada: conexões lógicas com os vários ramos do direito. 4. ed. rev. atual. e ampl. São Paulo: RT, 2007. p. 529.
(426) *Ibidem*, p. 530.

condição, o crime não é afastado, e tampouco a atuação das autoridades em resgatá-lo dessa situação[427].

Podem ser considerados fatores que facilitam a identificação dessa conduta, na dicção de Marcelo José Ferlin D'Ambroso:

a) controle físico (impossibilidade material de condições de saída do local, por ausência de transporte, local inóspito, proibição, vigilância etc.) e psicológico (engodo, artifício, argumento moral, concernente à servidão por dívida ou simples promessa de paga que nunca acontece ou de forma irrisória);

b) ausência de remuneração (ou mínima);

c) violência física;

d) exploração econômica pelo empregador ou por terceiros (*truck system* ou "barracão" – venda de gêneros alimentícios e de primeira necessidade, ferramentas etc. ao trabalhador);

e) aliciamento: recrutamento "voluntário" de pessoas em condições de vulnerabilidade ou ludibriadas mediante deslocamento geográfico (potencializa a fragilização da vítima);

f) falta de água potável: água é fonte de vida, negá-la a alguém é negar a sua sobrevivência[428].

De 1995 a 2015, 49.816 pessoas foram libertadas da escravidão, no Brasil, por meio de operações realizadas de maneira conjunta pelo Ministério do Trabalho, Ministério Público do Trabalho, Polícia Federal e Polícia Rodoviária Federal. Tradicionalmente, esse tipo de mão de obra é empregada em atividades econômicas, desenvolvidas na zona rural, como a pecuária, a produção de carvão e os cultivos de cana-de-açúcar, soja e algodão. Nos últimos anos, essa situação também tem sido verificada em centros urbanos, especialmente na indústria têxtil, construção civil e mercado do sexo. Infelizmente, há registros de trabalho escravo em todos os Estados brasileiros[429].

A Proposta de Emenda Constitucional (PEC) n. 438 foi apresentada em 1999 pelo ex-senador Ademir Andrade (PSB-PA), sob o n. 57/1999. Ela propõe nova redação ao artigo 243 da Constituição Federal, que trata do confisco de propriedades em que forem encontradas lavouras de plantas psicotrópicas ilegais. A nova proposta estende a expropriação – sem direito à indenização – também para casos de exploração de mão de obra análoga à escravidão. A PEC n. 438/2001 define ainda que as propriedades confiscadas serão destinadas ao assentamento de famílias como parte do programa de reforma agrária ou ao uso social urbano[430]. Ocorre, porém, que a medida continua sem aprovação, pois em junho de 2014 passou a constar, do texto da emenda, que só poderia ser alvo de expropriação o empregador em cujas propriedades fosse constatada exploração de trabalho escravo "na forma da lei". A lei em questão é a que regulamenta a emenda constitucional. Enquanto não há regulamentação, a PEC continua sem ser aplicada[431].

A 103ª sessão da Conferência Internacional do Trabalho (ocorrida em junho de 2014 em Genebra) adotou um novo protocolo legalmente vinculante para reforçar a luta contra o trabalho forçado em todo o mundo. O Protocolo n. 29[432] foi adotado como forma de atualizar a Convenção n. 29, de 1930, pois, embora o documento reconheça o papel fundamental da Convenção, admitiu "que existem lacunas em sua aplicação que exigem a adoção de medidas adicionais" e que "o contexto e as formas de trabalho forçado ou obrigatório mudaram e que o tráfico de pessoas com o objetivo de trabalho forçado ou obrigatório, que pode envolver a exploração sexual, são motivos de crescente preocupação internacional e que sua eliminação eficaz requer medidas urgentes". O Protocolo reforça o marco legal internacional ao introduzir novas obrigações relacionadas com a prevenção do trabalho forçado, com a proteção das vítimas e com o acesso a indenizações, por exemplo, no caso de danos materiais ou físicos[433].

O Protocolo n. 29 da OIT ainda não foi ratificado pelo Brasil, mas uma versão em português pode ser encontrada na Revista do Tribunal Regional do Trabalho da 9ª Região[434]. Na mesma sessão da Conferência Internacional do Trabalho, também foi adotada a Recomendação n. 203 sobre o trabalho forçado (medidas complementares)[435], que oferece diretrizes técnicas para a aplicação do Protocolo n. 29. Ambas as medidas representam um passo importante na luta contra o trabalho forçado e refletem o compromisso de governos, empregadores e trabalhadores com a eliminação das formas modernas de escravidão.

---

(427) ZAINAGHI. Domingos Sávio. A proibição do trabalho escravo ou forçado. In: COLNAGO, Lorena de Mello Rezende; ALVARENGA, Rúbia Zanotelli de (Orgs.). *Direitos humanos e direito do trabalho*. São Paulo: LTr, 2013. p. 276-284. p. 280.
(428) D'AMBROSO, Marcelo José Ferlin. Características do trabalho escravo contemporâneo. In: COLNAGO, Lorena de Mello Rezende; ALVARENGA, Rúbia Zanotelli de (Orgs.). *Direitos humanos e direito do trabalho*. São Paulo: LTr, 2013. p. 268-275. p. 273-274.
(429) Repórter Brasil. *Dados sobre trabalho escravo no Brasil*. Disponível em: <http://reporterbrasil.org.br/dados/trabalhoescravo/>. Acesso em: 2 set. 2016.
(430) Repórter Brasil. *Proposta de Emenda Constitucional 438/2001*. Disponível em: <http://www.trabalhoescravo.org.br/conteudo/proposta-de-emenda-constitucional-4382001>. Acesso em: 16 nov. 2016.
(431) LIBÓRIO, Bárbara; NALON, Tai. Sem regulamentação, PEC do trabalho escravo está parada há 2 anos no Senado. *UOL Notícias*. Disponível em: <http://noticias.uol.com.br/politica/ultimas-noticias/2016/05/13/sem-regulamentacao-pec-do-trabalho-escravo-esta-parada-ha-2-anos-no-senado.htm>. Acesso em: 16 nov. 2016.
(432) NORMLEX. *P029 – PROTOCOL OF 2014 TO THE FORCED LABOUR CONVENTION, 1930*. Disponível em: <http://www.Ilo.Org/dyn/normlex/en/f?P=normlexpub:12100:0::no:12100:p12100_instrument_id:3174672:no>. Acesso em: 2 set. 2016.
(433) ORGANIZAÇÃO INTERNACIONAL DO TRABALHO. *OIT adota novo Protocolo para combater as formas modernas de trabalho forçado*. Disponível em: <http://www.oit.org.br/content/oit-adota-novo-protocolo-para-combater-formas-modernas-de-trabalho-forcado>. Acesso em: 16 nov. 2016.
(434) GUNTHER, Luiz Eduardo; SILVA, Andréa Duarte; BUSNARDO, Juliana Cristina. Convenções não ratificadas, protocolos e resoluções da Organização Internacional do Trabalho: tradução como forma de conferir-lhes efetividade na atividade jurisdicional. *Revista do Tribunal Regional do Trabalho da 9ª Região*, a. 40, n. 72, p. 23-245. jan./dez., 2015.
(435) NORMLEX. *R203 – Forced Labour (Supplmentary Measures) Recommendation, 2014 (n. 203)*. Disponível em: <http://www.ilo.org/dyn/normlex/en/f?p=NORMLEXPUB:12100:0::NO::P12100_INSTRUMENT_ID:3174688>. Acesso em: 9 nov. 2016.

O reconhecimento do princípio da eliminação de todas as formas de trabalho forçado ou obrigatório, pela OIT, mostra à humanidade a urgência em reconhecer o ser humano e sua dignidade como pontos centrais em qualquer forma de trabalho.

2.4. O princípio da abolição efetiva do trabalho infantil (Convenções ns. 138, de 1973 e 182, de 1999)

Relativamente ao terceiro tema dos direitos fundamentais, a abolição efetiva do trabalho infantil, a Convenção n. 138, que trata da admissão ao emprego, já teve 168[436] ratificações, e vigora no Brasil desde 28.06.2002.

A Convenção n. 182 trata da proibição das piores formas de trabalho infantil e da ação imediata para sua eliminação, possui 180[437] ratificações (é a Convenção com maior número de ratificações mundialmente, faltando apenas sete para atingir a totalidade dos Estados-membros), e está em vigência no Brasil desde 02.02.2001.

Pela Convenção n. 138, compromete-se o Estado ratificante a adotar uma política nacional que assegure a efetiva abolição do trabalho infantil e eleve, progressivamente, a idade mínima de admissão ao emprego ou trabalho a um nível adequado ao pleno desenvolvimento físico e mental do jovem. A idade mínima não será inferior à idade de conclusão da escolaridade obrigatória e, em qualquer hipótese, não será inferior a 15 anos.

O Estado-membro deve, segundo a Convenção n. 182, adotar medidas imediatas e eficazes para lograr a proibição e a eliminação das piores formas de trabalho infantil, aplicando-se a qualquer pessoa menor de dezoito anos. A expressão "piores formas de trabalho infantil" abrange:

a) qualquer forma de escravidão ou condição análoga à de escravo, como venda e tráfico de crianças, servidão por dívidas ou condição de servo, trabalho forçado ou obrigatório, recrutamento forçado ou obrigatório de crianças para utilização em conflito armado;

b) utilização, recrutamento ou oferecimento de crianças para prostituição, produção de pornografia ou ações pornográficas;

c) utilização, recrutamento ou oferecimento de crianças para realização de atividades ilícitas, especialmente produção e tráfico de entorpecentes;

d) trabalho que, por sua natureza e condições em que é executado, cause provável dano à saúde ou à moral das crianças.

Segundo a ONU, 168 milhões de crianças estão trabalhando enquanto deveriam estar na escola. Dessas, 120 milhões têm entre 5 e 14 anos e 5 milhões estão em condições semelhantes à escravidão. Isso acontece, principalmente, em países menos desenvolvidos da América Latina, África e do sudeste asiático, onde 20% das crianças saem da escola para entrar no mercado de trabalho até os 15 anos. Enquanto isso, no Brasil pouco mais de 14% dos jovens entre 15 e 17 anos estão empregados em trabalhos considerados perigosos, sendo grande parte na agricultura e na indústria[438]. Segundo Tárcio José Vidotti, esses pequenos cidadãos "sofrerão as consequências sociais, físicas e psíquicas dessa chaga social que lhes irá amargar o presente e estorvar o futuro"[439].

O constituinte derivado brasileiro, ciente dessas importantes diretrizes no que diz respeito ao trabalho infantil, por meio da Emenda Constitucional n. 20/98, modificou o texto original da Constituição de 1988. O menor de 14 anos estava proibido de executar qualquer trabalho, salvo na condição de aprendiz (redação anterior do inciso XXXIII do art. 7º da Constituição de 1988), entendendo-se como aprendiz o menor entre 12 e 18 anos que esteja sujeito à formação metódica de um mister em que exerça seu trabalho (parágrafo único do art. 80 da CLT). A Emenda Constitucional n. 20/98 alterou a redação do inciso XXXIII do art. 7º da Carta Magna quanto à idade mínima para o trabalho. A partir de então, é vedado o trabalho a menores de 16 anos (e não mais 14), salvo na condição de aprendiz, a partir de 14 anos[440].

Nos dias 09 a 11 de outubro de 2012, realizou-se, em Brasília, o seminário "Trabalho Infantil, Aprendizagem e Justiça do Trabalho", organizado e promovido pelo Tribunal Superior do Trabalho e pelo Conselho Superior da Justiça do Trabalho. Nesse evento, deu-se a público a "Carta de Brasília pela Erradicação do Trabalho Infantil" no dia 11 de outubro de 2012. Nesse documento, listam-se importantes aspectos relacionados ao tema, que merecem registro e seguimento, pois a Carta, com firmeza:

1) **recorda** o compromisso assumido pelo Brasil perante a comunidade internacional, de erradicar as piores formas de trabalho infantil até 2015 e todas as formas até 2020, o que exige planejamento, articulação e ações estratégicas;

2) **expressa** perplexidade e preocupação com os ns. ainda elevados do trabalho infantil no País: cerca de três milhões e seiscentos mil crianças, com discreto aumento na faixa dos 10 aos 13 anos (PNAD IBGE 2011), o que denota a insuficiência das políticas públicas atuais para extirpar essa chaga social;

3) **relembra** que a exploração do trabalho infantil constitui grave violação dos direitos humanos;

4) **exige** o cumprimento das normas das Convenções números 138 e 182 da Organização Internacional do Trabalho, ratificadas pelo País, equivalentes à lei interna;

---

(436) NORMLEX. *Ratifications of fundamental conventions by country*. op. cit.
(437) Idem.
(438) MAIS DE 160 MILHÕES DE CRIANÇAS TRABALHAM NO MUNDO, SEGUNDO A ONU. Disponível em: <http://g1.globo.com/bom-dia-brasil/noticia/2015/06/mais-de-160-milhoes-de-criancas-trabalham-no-mundo-segundo-onu.html>. Acesso em: 2 set. 2016.
(439) VIDOTTI, Tárcio José. Anomalias brasileiras: a chaga do trabalho infantil. In: PAIXÃO, Cristiano; RODRIGUES, Douglas Alencar; CALDAS, Roberto de Figueiredo (Coords.). *Os novos horizontes do direito do trabalho*: homenagem ao Ministro José Luciano de Castilho Pereira. São Paulo: LTr, 2005. p. 143.
(440) MARTINS, Sergio Pinto. *Direito do trabalho*. 21. ed. São Paulo: Atlas, 2005. p. 613.

5) **afirma** a competência material da Justiça do Trabalho para conhecer e decidir sobre autorização para trabalho de criança e do adolescente, nos termos do artigo 114, I, da Constituição Federal, com a redação que lhe deu a Emenda Constitucional n. 45/2004, seja ante a natureza da pretensão (labor subordinado em favor de outrem, passível, em tese, de configurar relação de trabalho), seja ante a notória e desejável especialização da matéria;

6) **encarece**, de todos os envolvidos, a cabal implementação do Plano Nacional de Prevenção e Erradicação do Trabalho Infantil;

7) **enfatiza** que a aplicação da proteção integral e prioritária à criança e ao adolescente assegurará reação suficiente e válida contra as tentativas reiteradas de exploração do trabalho infantil;

8) **ressalta** que o incentivo ao incremento dos contratos de aprendizagem não pode olvidar que esse instrumento presta-se à capacitação e à profissionalização do jovem trabalhador, não admitindo a precarização do trabalho humano;

9) **proclama** que é necessário democratizar o acesso à aprendizagem e, em especial, introduzir egressos do trabalho infantil nos cursos do sistema "s";

10) **repudia** o trabalho infantil doméstico, que atinge particularmente o universo infantil feminino;

11) **rechaça** a aprovação dos Projetos de Emenda Constitucional ns. 18 e 35 de 2011, que propõe a redução da idade mínima de trabalho para catorze anos, em inaceitável retrocesso social;

12) **convoca** toda a sociedade brasileira, por ocasião deste 12 de outubro, dia da criança, para lutar unida e com todas as forças pela erradicação do trabalho infantil.[441]

O trabalho infantil no Brasil irradia-se por diversas áreas de atividades e por muitas localidades, cidades e Estados. As crianças costumam trabalhar na produção de fumo, algodão, sisal, cana-de-açúcar, na aplicação de agrotóxicos, no corte de madeira, em carvoarias e lixões. Ainda costumam ser aliciadas para trabalho no "tráfico de drogas ou exploradas sexualmente".[442]

O Censo de 2010 registra a existência de 70.000 (setenta mil) crianças trabalhando na cultura da mandioca, "mas o trabalho mais arriscado é nas casas de farinha, como as do interior de Pernambuco". Constata-se, na cidade de Glória de Goitá, crianças "trabalhando de forma exaustiva sem nenhuma proteção".[443]

O prazo de 2015 para erradicar as piores formas de trabalho infantil e de 2020 para erradicar todo o trabalho infantil provavelmente não será cumprido. Embora tenha caído de 19,6% em 1992 para 8,3% em 2011, estima-se que ainda exista um contingente variável de um milhão e meio a quase dois milhões de crianças e adolescentes trabalhando em atividades perigosas e insalubres no Brasil.[444]

Na Primeira Jornada de Direito Material e Processual na Justiça do Trabalho, realizada em 23.11.2007, foram aprovados dois enunciados (18 e 19) que se referem ao trabalho dos menores, cujos textos reproduzem-se aqui:

> Enunciado n. 18: PRINCÍPIO DA PROTEÇÃO INTEGRAL. TRABALHO DO ADOLESCENTE. ILEGALIDADE DA CONCESSÃO DE AUTORIZAÇÃO JUDICIAL. A Constituição Federal veda qualquer trabalho anterior à idade de dezesseis anos, salvo na condição de aprendiz, a partir dos quatorze anos (art. 7º, inciso XXXIII, CF, arts. 428 a 433 da CLT). Princípio da proteção integral que se impõe com prioridade absoluta (art. 227, *caput*), proibindo a emissão de autorização judicial para o trabalho antes dos dezesseis anos.[445]

De forma mais específica, quanto aos direitos assegurados, o Enunciado n. 19 explicita:

> TRABALHO DO MENOR. DIREITOS ASSEGURADOS SEM PREJUÍZO DE INDENIZAÇÃO SUPLEMENTAR. A proibição de trabalho ao menor visa protegê-lo e não prejudicá-lo (exegese CF, art. 7º, *caput* e XXXIII e art. 227). De tal sorte, a Justiça do Trabalho, apreciando a prestação de labor pretérito, deve contemplá-lo com todos os direitos como se o contrato proibido não fosse, sem prejuízo de indenização suplementar que considere as peculiaridades do caso.[446]

Recentemente, a Seção Especializada em Dissídios Coletivos (SDC), do Tribunal Superior do Trabalho, anulou uma cláusula de convenção coletiva firmada entre dois sindicatos na área do comércio no Rio Grande do Sul que sugeria permissão para trabalho noturno, perigoso ou insalubre a menores de 18 anos. A Ministra Kátia Magalhães Arruda, relatora, excluiu o item do texto avençado entre os sindicatos, destacando que a Constituição Federal veda o trabalho noturno, perigoso ou insalubre a menores de 18 anos e qualquer trabalho a menores de 16 anos, salvo na condição de aprendiz, a partir de 14 anos. Fundamentou, também, tratar-se de direito estabelecido na Carta Magna e, portanto, "revestido de indisponibilidade absoluta, não passível de nenhum tipo de ajuste negocial". Para a Ministra, esse dispositivo viola a Convenção n. 138 da OIT, ratificada no Brasil desde junho de 2001. Como o nosso país assumiu o compromisso internacional de erradicar o trabalho infantil em suas piores formas até 2016, estando inseridas entre essas o trabalho perigoso e insalubre, configura-se "inviável a homologação de qualquer norma contrária a tal preceito".[447]

---

(441) Carta de Brasília pela Erradicação do Trabalho Infantil. *Revista do Tribunal Superior do Trabalho*. v. 79, n. 1, p. 269-270. jan./mar. de 2013.
(442) Meta de eliminar trabalho infantil não será cumprida. Jornal *Gazeta do Povo* de Curitiba. Caderno Vida e Cidadania. 02.06.2013, p. 7.
(443) *Idem.*
(444) *Idem.*
(445) MONTESSO, Cláudio José; STERN, Maria de Fátima Coêlho Borges; ELY, Leonardo. *1ª Jornada de Direito Material e Processual na Justiça do Trabalho*. São Paulo: LTr, 2008. p. 34-38.
(446) *Ibidem*, p. 38.
(447) BRASIL. Tribunal Superior do Trabalho. TST anula cláusula que autorizava trabalho nortuno, insalubre ou perigoso a menor de 18 anos. *Notícias do TST*. 17.05.2013. Disponível em: <http://www.tst.jus.br/noticias/-/asset_publisher/89Dk/content/tst-anula-clausula-que-autorizava-trabalho-noturno-insalubre-ou-perigoso-a-menores-de-18-anos>. Acesso em: 09 ago 2016.

O princípio da abolição efetiva do trabalho infantil constitui-se em motor importante da Declaração de 1998. Trata-se de conscientizar a humanidade da importância de impedir o trabalho infantil pelas consequências nefastas que gera na sociedade como um todo.

2.5. O princípio da eliminação da discriminação em matéria de emprego e ocupação (Convenções ns. 100 de 1951 e 111 de 1958)

No que diz respeito à quarta série de direitos fundamentais dos trabalhadores, traduzida na Declaração da OIT de 1998, a Convenção 100, já ratificada por 172[448] países, e no Brasil em vigor desde 25 de abril de 1958, trata do salário igual para trabalho de igual valor entre o homem e a mulher. Ao ratificar essa Convenção, o Estado-membro deve garantir a aplicação do princípio de igualdade de remuneração entre a mão de obra masculina e a mão de obra feminina por trabalho de igual valor, na medida em que o permitam os métodos vigentes de fixação dos níveis de remuneração. Deve ser utilizado o método de avaliação objetiva do emprego.

Determina a Convenção n. 100 a igualdade de salário e remuneração entre homens e mulheres quando "executam trabalho de igual valor, assim consideradas as prestações direta e indiretamente pagas, em pecúnia ou *in natura*, pelo empregador ao empregado em razão do contrato de trabalho". Para fins de aplicabilidade dessa Convenção, a igualdade do trabalho no que diz respeito ao tratamento salarial deve considerar parâmetros estabelecidos pela legislação nacional, o que impõe, conforme explica Daniela Muradas Reis, "o dever de previsão no ordenamento nacional de critérios objetivos e universais comparativos para fins de igualdade salarial, o que no nosso ordenamento está expresso no art. 461 da CLT"[449].

Referindo-se a um estudo importante sobre o mercado de trabalho e a mulher na América Latina, publicado pela OIT no dia 8 de março de 2005 (Dia Internacional da Mulher), Carlos Alberto Gomes Chiarelli ressalta haver um longo caminho a percorrer para findar as desigualdades, pois:

> As mulheres, em média, ganham trinta por cento (30%) menos do que os homens, mesmo ocupando empregos iguais. Elas detêm apenas um por cento (1%) da riqueza mundial, e ganham dez por cento (10%) das receitas mundiais, apesar de constituírem quarenta e nove por cento (49%) da população.[450]

Registra, contudo, Erika Paula de Campos não bastar que a igualdade entre homens e mulheres, prevista no inciso I, do artigo 5º, da Constituição Federal seja considerada preceito maior, garantia individual e fundamental, sendo necessário, sobretudo, haver "efetividade da redução das desigualdades".[451]

Embora a força de trabalho feminina no Brasil apresente uma das maiores taxas de crescimento da América Latina, "as mulheres encontram-se ainda em desvantagem em relação aos homens em termos de salários, cargos e condições de trabalho"[452].

Indispensável, por isso, no plano prático, "conferir efetividade às normas de não discriminação já existentes". Deve-se, assim, reconhecer as mulheres como seres igualmente dotados de racionalidade e autoridade, permitindo-lhes condições de igualdade substancial e viabilizando-lhes o acesso equitativo:

a) à representatividade política;

b) às decisões institucionais; e

c) ao exercício dos direitos fundamentais, em especial no trabalho[453].

A Convenção n. 111 da OIT, que trata da discriminação em matéria de emprego e ocupação, teve vigência nacional a partir de 26.11.1966 e foi ratificada por 173[454] países. Essa Convenção obriga o Estado-membro a formular e a aplicar uma política nacional que promova a igualdade de oportunidades e de tratamento, com o fim de eliminar qualquer discriminação nos seguintes planos: acesso à formação profissional; admissão no emprego e nas diversas ocupações; e condições de trabalho.

Como fatores de discriminação típica, a Convenção n. 111 da OIT menciona: raça, cor, sexo, religião, opinião política, ascendência nacional ou origem social. Entretanto, podem, também, identificar-se outras hipóteses na realidade prática, tais como:

a) condenação por delito;

b) antecedentes criminais;

c) grau de instrução;

d) caráter legítimo ou não da filiação;

e) estado de saúde física ou mental;

f) laços de parentesco com outros trabalhadores da empresa;

g) aparência física etc.[455]

---

(448) NORMLEX. *Ratifications of fundamental conventions by country*. op. cit.
(449) REIS, Daniela Muradas. Discriminação nas relações de trabalho e emprego: reflexões éticas sobre o trabalho, pertença e exclusão social e os instrumentos jurídicos de retificação. In: BARZOTTO, Luciane Cardoso (Coord.). *Trabalho e igualdade*: tipos de discriminação no ambiente de trabalho. Porto Alegre: Livraria do Advogado; Escola Judicial do TRT da 4ª região, 2012. p. 15-33 p. 29.
(450) CHIARELLI, Carlos Alberto. *Temas contemporâneos na sociedade do trabalho*. São Paulo: LTr, 2007. p. 305-306.
(451) CAMPOS, Erika Paula de. Igualdade entre homens e mulheres – art. 5º, inc. I, da Constituição Federal de 1988. In: VILLATORE, Marco Antônio; HASSON, Roland (Coords.); ALMEIDA, Ronald Silka de (Org.). *Direito constitucional do trabalho vinte anos depois*. Constituição Federal de 1988. Curitiba: Juruá, 2008. p. 67.
(452) PAULA, Carlos Alberto Reis de. Discriminação nas relações de trabalho. In: PAIXÃO, Cristiano; RODRIGUES, Douglas Alencar; CALDAS, Roberto Figueiredo (Coords.). *Os novos horizontes do direito do trabalho*: homenagem ao Ministro José Luciano de Castilho Pereira. São Paulo: LTr, 2005. p. 176-199 p. 184.
(453) OLIVEIRA, Christiana D'Arc Damasceno. *(O) direito do trabalho contemporâneo*: efetividade dos direitos fundamentais e dignidade da pessoa humana no mundo do trabalho. São Paulo: LTr, 2010. p. 109.
(454) NORMLEX. *Ratifications of fundamental conventions by country*. op. cit.
(455) BARZOTTO, Luciane Cardoso. Igualdade e discriminação no ambiente de trabalho. In: BARZOTTO, Luciane Cardoso (Coord.). *Trabalho e igualdade*: tipos

Outros instrumentos da OIT consideram também a não discriminação como princípio, versando sobre "responsabilidades familiares, trabalho a tempo parcial, povos indígenas e tribais, invalidez, trabalho da mulher e trabalhadores migrantes". A Recomendação n. 111 da OIT, por exemplo, estabelece que a promoção da igualdade de oportunidade e de tratamento em emprego e profissão é matéria de interesse público. Ressalta, também, que toda pessoa deverá gozar, sem discriminação, da igualdade de oportunidade e de tratamento com relação a:

I) acesso a serviços de orientação e de classificação profissionais;

II) acesso a treinamento e a emprego de sua própria escolha de acordo com suas conveniências individuais quanto a esse treinamento ou emprego;

III) promoção de acordo com seu caráter, experiência, capacidade e eficiência pessoais;

IV) estabilidade no emprego;

V) remuneração por trabalho de igual valor;

VI) condições de trabalho que incluam horas de trabalho, períodos de repouso, férias anuais remuneradas, medidas de segurança e de saúde no trabalho, como também medidas de seguridade social e condições de bem-estar e de benefícios sociais em razão de emprego[456].

O reconhecimento da igualdade entre homens e mulheres e o impedimento da discriminação em matéria de emprego e ocupação são temas essenciais, também, relativamente aos quais a OIT desenvolve acompanhamento em todos os Estados-membros.

3. O significado da expressão "trabalho decente"

O reconhecimento da necessidade do trabalho decente constitui um marco na história da humanidade. Representou o topo da evolução a que se dedica a OIT, desde 1919, quanto ao trabalho humano. O trabalho decente é o ponto de convergência dos quatro objetivos estratégicos da OIT: o respeito aos direitos no trabalho (em especial aqueles definidos como fundamentais pela Declaração relativa aos Direitos e Princípios Fundamentais no Trabalho e seu seguimento adotada em 1998: (i) liberdade sindical e reconhecimento efetivo do direito de negociação coletiva; (ii) eliminação de todas as formas de trabalho forçado; (iii) abolição efetiva do trabalho infantil; e (iv) eliminação de todas as formas de discriminação em matéria de emprego e ocupação), a promoção do emprego produtivo e de qualidade, a extensão da proteção social e o fortalecimento do diálogo social[457].

Com o objetivo de possibilitar uma globalização justa, capaz de favorecer a inclusão social, a OIT defende a ideia de um trabalho decente para todos, homens e mulheres[458]. Para isso, constituiu uma Comissão Mundial sobre a dimensão social da globalização, que recomendou, em seu relatório final de 2004, que o trabalho decente se convertesse em objetivo global, "a ser alcançado mediante políticas complementares em escala nacional e internacional"[459].

O núcleo de estratégia da OIT tem como principal pilar a noção de trabalho decente orientado para o respeito aos direitos fundamentais no trabalho[460]. Para assinalar suas prioridades e atualizar seu enfoque para o século XXI, a OIT formulou o conceito de trabalho decente. Fundamentou-se no reconhecimento de que o trabalho é fonte "de dignidade pessoal, estabilidade familiar, paz na comunidade", e também "de democracias que produzem para as pessoas e crescimento econômico que aumenta as possibilidades de trabalho produtivo e o desenvolvimento das empresas". Considera a OIT que "o emprego produtivo e o trabalho decente são elementos-chave para alcançar a redução da pobreza"[461].

O Programa de Trabalho direciona-se a alcançar quatro objetivos estratégicos: criar postos de trabalho; garantir os direitos dos trabalhadores; ampliar a promoção social; e promover o diálogo e a composição dos conflitos no trabalho[462].

Trabalho decente significa um trabalho suficiente em qualidade ou em quantidade. Um trabalho que seja satisfatório para o ser humano que o realiza. A adoção de um determinado regime de trabalho não termina "com o simples reconhecimento de direitos fundamentais, mas sim com o atingimento de sua vigência efetiva e concreta"[463].

Segundo Ericson Crivelli, o enunciado do trabalho decente encontra-se disposto em três documentos básicos. A ideia foi apresentada pela primeira vez pelo Diretor-Geral da OIT no seu relatório anual à Conferência Internacional de 1999. Foi exposta pela segunda vez em 2000, como ideia central de uma proposta para a redução da pobreza, apresentada pela OIT às sessões extraordinárias de seguimento dos compromissos da cúpula social realizada em Genebra (denominada Copenhague + 5). Pela terceira vez, em 2001, o Diretor-Geral reapresenta o tema no relatório anual por meio do documento intitulado "Reduzir o déficit de trabalho decente: um desafio global"[464].

---

de discriminação no ambiente de trabalho. Porto Alegre: Livraria do Advogado; Escola Judicial do TRT da 4ª Região. 2012. (p. 35-53). p. 43.
(456) BARZOTTO, 2012, p. 43 e 45-46.
(457) Organização Internacional do Trabalho. *O que é trabalho decente*. Disponível em: <http://www.oitbrasil.org.br/content/o-que-e-trabalho-decente>. Acesso em: 4 set.2016.
(458) Oficina Internacional del Trabajo. *Trabajo*. Genebra, n. 33, p. 4, fev. 2000.
(459) Oficina Internacional del Trabajo. *Trabajo*. Genebra, p. 5, n. 50, mar. 2004.
(460) JAVILLIER, Jean-Claude. *Introducción a OIT*. Derechos fundamentales en el trabajo. Madri: Ministerio de Trabajo y Asuntos Sociales, 2003. p. 12.
(461) ROMITA, 2012, p. 239.
(462) Oficina Internacional del Trabajo. *Trabajo*. Genebra, p. 5, n. 57, setembro 2006.
(463) MANSUETI, Hugo Roberto. Trabajo decente y la práctica. *Revista de Direito do Trabalho*. São Paulo: Revista dos Tribunais, ano 36, n. 138, abr.-jun. 2010.
(464) CRIVELLI, Ericson. *Direito internacional do trabalho contemporâneo*. São Paulo: LTr, 2010. p. 174.

O relatório de 1999, apresentado à Conferência Internacional da OIT pelo seu Diretor-Geral, teve como finalidade ressaltar aos Estados-membros a urgência de romper oportunidades para que homens e mulheres pudessem conseguir um "trabalho decente e produtivo em condições de liberdade, igualdade, segurança e dignidade humana"[465].

Juan Somavia, Diretor-Geral da OIT à época, em discurso promovido em Brasília em maio de 2006 sob o título "Promovendo o trabalho decente nas Américas: uma agenda hemisférica, 2006-2015", a respeito dos direitos individuais, assinalou a existência de trabalho infantil (de 5 a 14 anos) em elevada magnitude, pessoas afetadas pelo regime de trabalho forçado, persistente discriminação por gênero, por origem étnica, idade e enfermidade "particularmente com respeito aos trabalhadores que vivem com o HIV/AIDS"[466].

Quanto ao HIV e a AIDS e o mundo do trabalho, a Recomendação n. 200 da OIT estabeleceu que os Estados-membros devem:

a) adotar políticas e programas nacionais sobre o HIV e a AIDS e o mundo do trabalho e sobre saúde e segurança do trabalho onde ainda não existam; e

b) integrar suas políticas e programas sobre o HIV e a AIDS e o mundo do trabalho a planos de desenvolvimento e estratégias de redução da pobreza, inclusive a estratégias relativas ao trabalho decente, às empresas sustentáveis e à geração de renda, conforme o caso[467].

Em 2008, por consenso dos Estados-membros, dos trabalhadores e dos empregadores, a 97ª Conferência Internacional do Trabalho aprovou a "Declaração sobre a Justiça Social para uma Globalização Equitativa", direcionada a fortalecer a capacidade da OIT "para promover o Programa de Trabalho Decente e encontrar uma resposta eficaz para os crescentes desafios da globalização". Os objetivos desse Programa, "para promover e alcançar o progresso e a justiça social", são caracterizados por: emprego, proteção social, diálogo social e tripartismo, além dos direitos e princípios fundamentais no trabalho"[468].

Considera-se importante ressaltar que essa Declaração, por seu significado, representa um importante avanço no sentido de promover e realizar a Declaração relativa aos Princípios e Direitos Fundamentais no Trabalho, de 1998[469].

O trabalho decente é considerado, pela OIT, como elemento essencial para o bem-estar das pessoas. Pode-se, assim, por ele, "não apenas propiciar renda, mas também abrir caminhos para avanços socioeconômicos mais amplos com benefícios para cidadãos, famílias e comunidades". Desenvolveu-se, nesse sentido, a Agenda Internacional do Trabalho Decente para "fomentar e auxiliar o desenvolvimento de agendas nacionais e programas específicos de trabalho no âmbito das experiências nacionais". Desse modo, cada país poderá desenvolver "políticas públicas específicas", garantindo que "a atividade produtiva da pessoa humana ocorra em condições de liberdade, igualdade, segurança, dignidade e amplo diálogo social"[470].

O campo e a amplitude das deficiências do trabalho decente são avaliados, com uma certa precisão, em termos quantitativos (o que é essencial) "pelo Direito Internacional do Trabalho". Sem dúvida, "a norma jurídica é um instrumento indispensável para aplicar essa estratégia". Há no entanto, um requisito preliminar: a existência "de um Estado de direito". Como salienta Jean-Claude Javillier, "o custo da ausência desse Estado de direito nunca é devidamente avaliado, nem muito realçado". Entretanto, "o Estado de direito é um elemento indispensável", vale dizer, "um ponto de apoio essencial a toda estratégia de luta contra a pobreza e promoção do trabalho decente"[471].

Estabelecendo um contraponto entre os vocábulos livre-mercado e democracia, Vladimir Safatle escreveu um artigo denominado "Contra a Democracia". No texto, assinala que um dos pilares do paradigma liberal é a crença de que livre-mercado e democracia são termos que nunca podem entrar em contradição. Entretanto, afirma, se uma ideia ruiu nos últimos anos, foi exatamente a que vê, no livre-mercado, o modelo de uma sociedade civil livre. Em sua análise diz que, deixado a si mesmo, o mercado é o regime que extorque contratos dos que não têm força social para afirmar sua liberdade dos que não têm escolha real por estarem submetidos ao risco constante da precariedade e da vulnerabilidade. Para esse autor, a crise que o mundo vive hoje é a prova maior de que livre-mercado e democracia não andam necessariamente juntos. Existem situações, em verdade, que o primeiro pode destruir o segundo[472].

Considera-se a igualdade de gênero na agenda de trabalho decente como fundamental. O objetivo principal da OIT é promover o trabalho decente. Entende-se por trabalho decente "um trabalho produtivo e adequadamente remunerado, exercido em condições de liberdade, igualdade, segurança e dignidade humana". Essa noção de igualdade (ou equidade) torna-se, assim, um elemento central na Agenda de Trabalho Decente

---

(465) *Ibidem*, p. 175.
(466) MANSUETI, 2010, p. 163.
(467) Recomendação n. 200 sobre o HIV e a AIDS e o mundo do trabalho. Brasília: OIT, 2010. p. 16.
(468) ROMITA, 2012, p. 239-240.
(469) *Ibidem*, 2012, p. 240.
(470) ASSIS, Luís Fabiano de. Trabalho decente. In: SCHWARZ, Rodrigo Garcia (Org.). *Dicionário de direito do trabalho, de direito processual do trabalho e de direito previdenciário aplicado ao direito do trabalho*. São Paulo: LTr, 2012. p. 977-979. p. 978.
(471) JAVILLIER, 2003, p. 29.
(472) SAFATLE, Vladimir. Contra a democracia. Jornal *Folha de São Paulo*. A2, 19.02.2013.

e faz referência às diversas formas de desigualdade e exclusão que afetam os grupos humanos na sociedade, "baseadas tanto no sexo como na origem e condições socioeconômicas, raça, etnia, nacionalidade, opções políticas e religiosas, entre outras". No esforço de se alcançar esse objetivo, deve outorgar-se "às mulheres trabalhadoras uma especial atenção, já que elas estão em desvantagens em muitos aspectos"[473].

O conceito de trabalho decente compreende, em primeiro lugar, um trabalho livre de qualquer discriminação. Em segundo lugar, a promoção da igualdade (equidade) é um "elemento que deve estar sempre presente em forma transversal", nas quatro áreas estratégicas que definem a Agenda de Trabalho Decente: a) a promoção dos direitos do trabalho; b) a criação de mais e melhores empregos; c) a ampliação da proteção social; d) o fortalecimento da organização e representação dos atores no mundo do trabalho e o diálogo social[474].

Firmou-se, no Brasil, em 2003, memorando de entendimento com a OIT objetivando estabelecer um programa de cooperação técnica para a "promoção de uma agenda de trabalho decente no país". Tendo em vista "os graves déficits na efetividade dos direitos sociais no Brasil", as ações derivadas da Agenda Nacional e de outras iniciativas dirigidas à promoção do trabalho decente no país destacam, de modo prioritário, o seguinte:

a) a geração e manutenção de empregos formais;

b) a tutela do meio ambiente do trabalho (e a prevenção de acidentes de trabalho);

c) a erradicação do trabalho infantil (especialmente em suas piores formas);

d) a eliminação do trabalho em condições análogas às de escravo;

e) a expansão do diálogo social;

f) a extensão da proteção social a um contingente mais expressivo de trabalhadores, sobretudo mulheres, jovens, indígenas e grupos vulneráveis às mais variadas formas de discriminação e exploração[475].

Compreende a missão da OIT melhorar a situação de seres humanos, "que hoje se expressa no fomento de oportunidades sustentáveis para o trabalho decente ou digno". Trabalho decente, na ótica dessa Organização, "resulta em maior produtividade e em condições mais favoráveis ao crescimento econômico".

Fica evidente a impossibilidade de não se poder deixar as condições de trabalho e a questão dos direitos "na dependência do mercado", porque "sem regulação, os sistemas econômicos geram oportunidades para alguns países e não para outros, assim como desigualdades de acesso a benefícios dentro de cada país"[476].

Há uma importante relação entre o trabalho decente e a juventude. Nesse sentido, estudo revela que a inserção dos jovens no mundo do trabalho no Brasil é precária e são elevados os déficits de trabalho decente. Os jovens "enfrentam altas taxas de desemprego e de informalidade, baixos rendimentos e ausência de proteção social". Por estarem em trabalhos precários, ainda, muitas vezes de caráter temporário, "estão submetidos a elevadas taxas de rotatividade"[477].

Segundo estimativas da OIT, a quantidade de trabalhadores domésticos em todo o mundo oscila entre 50 e 100 milhões, e muitos países os excluem da legislação protetiva dos empregados. Os trabalhadores domésticos realizam suas árduas tarefas solitariamente, ou em pequenos grupos em residências privadas. Encontram-se em uma situação de vulnerabilidade permanente e de risco de ficarem excluídos das redes de segurança sociais e jurídicas[478].

Por diversas razões, no entanto, as estatísticas oficiais tendem a subestimar o número de trabalhadores domésticos. O caso da Índia é particularmente surpreendente, dada a magnitude da diferença: as estimativas da cifra de trabalhadores doméstico nesse país oscilam entre 2,5 e 90 milhões. Esses empregados desempenham um importante papel na cidadania, e permitem que outros possam sair de casa e ganhar a vida. Apesar disso, permanecem invisíveis e desprotegidos e sua contribuição não costuma ser reconhecida[479].

No dizer de Lorena de Mello Rezende Colnago, amparada em informações da OIT Brasil, "o setor que apresentou o maior déficit de trabalho decente e proteção normativa do mundo todo foi o doméstico". A aprovação da Convenção n. 189 (na 100ª Conferência da OIT em 16.06.2011) teria sido motivada por esse fato[480].

Ressalta a mencionada autora que a Convenção n. 189 da OIT tenta eliminar os resquícios da discriminação e desvalorização do trabalho realizado no âmbito familiar. Ante a expressiva votação obtida, sendo um instrumento de abrangência mundial, o simples fato de ter sido aprovada pela Conferência Internacional já está contribuindo para uma mudança de perspectiva no cenário trabalhista mundial. Na qualidade

---

(473) ABRAMO, Laís. *Trabajo decente x equidad de género en América Latina*. Santiago, Oficina Internacional del Trabajo, 2006. p. 15.
(474) *Idem*.
(475) ABRAMO, 2006, p. 15.
(476) BARZOTTO, 2012, p. 126-127.
(477) CONSTANZI, Rogério Nagamine. *Trabalho decente e juventude no Brasil*. Brasília: OIT, 2009. p. 133.
(478) Oficina Internacional del Trabajo. *Trabajo*. Genebra, n. 72, p. 27, ago. de 2011.
(479) *Ibidem*, p. 29.
(480) COLNAGO, Lorena de Mello Rezende. O trabalho doméstico: primeiras impressões da Emenda Constitucional n. 72/2013. In: GUNTHER, Luiz Eduardo; MANDALOZZO, Silvana Souza Netto (Coords,); BUSNARDO, Juliana Cristina; VILLATORE, Marco Antônio César (Orgs.). *Trabalho doméstico*: teoria e prática da Emenda Constitucional 72, de 2013. Curitiba: Juruá, 2013. p. 195-211. p. 198.

de fonte material do Direito do Trabalho, essa norma da OIT acelerou, no Brasil, a tramitação da "proposta de emenda constitucional que equipara os direitos entre trabalhadores domésticos e urbanos, confluindo na reforma constitucional do art. 7º, por meio da EC 72, de 02.04.2013"[481].

Considera-se relevante levar em conta a importância dos instrumentos normativos da OIT, no momento em que no Brasil ocorre a ampliação dos direitos dos trabalhadores domésticos, em decorrência do que estabelece a Emenda Constitucional n. 72, de 2 de abril de 2013. Nesse sentido, a Convenção n. 189 e a Recomendação n. 201 possuem objetivos semelhantes, mas não idênticos. A Convenção deve ser internalizada como tratado. A Recomendação, porém, "deve seguir outra orientação, aplicando-se como fonte material para a atividade legislativa, como referência para interpretar o direito brasileiro ou inspiração para suprimento de lacunas"[482].

Pode-se, assim, dizer que o § 3º do artigo 5º da Constituição Federal, inserido pela Emenda Constitucional n. 45, de 2004, não se aplica às recomendações da OIT, pois esse dispositivo refere-se apenas a "tratados e convenções internacionais". Desse modo, não pode haver dúvida sobre a impossibilidade de internalizar a Recomendação n. 201 ao ordenamento jurídico interno do Brasil como as convenções da OIT, por não constituir tratado internacional. Tratando-se de recomendação da OIT de fonte material de direito, assim, poderá servir, sem dúvida, como:

a) inspiração e modelo para a atividade legislativa;

b) referência útil para a interpretação de dispositivos de direito interno;

c) fonte de inspiração para suprir eventuais lacunas da legislação nacional.[483]

Conforme registram Alessandra Barichello Boskovic e Marco Antônio César Villatore, na 100ª reunião da Conferência Internacional do Trabalho, ocorrida no dia 16 de junho de 2011, em Genebra, na Suíça, sede da OIT desde 1920, elegados dos Estados-membros adotaram a Convenção n. 189, sobre "trabalho decente para domésticos", por 396 votos a favor, 16 votos contra e 42 abstenções"[484].

A norma internacional destinou-se a equiparar a condição dos domésticos à dos demais trabalhadores. O objetivo, portanto, da Convenção n. 189 da OIT volta-se ao reconhecimento mundial de que "os empregados domésticos são trabalhadores e como profissionais merecem o respeito e a dignidade como seres humanos no exercício de seus afazeres"[485].

O trabalho doméstico, inserido agora no contexto da globalização econômica, continua sendo um trabalho desvalorizado, mal remunerado e pouco regulamentado, como reconhece a OIT, não requerendo "qualificação e é geralmente exercido por mulheres". Cresce, além do mais, mundialmente, em pleno século XXI, "de forma precarizada, permanecendo um desafio para as Agendas de Trabalho Decente da OIT"[486].

Consoante assevera Rúbia Zanotelli de Alvarenga, o trabalho é o principal fator de dignidade e de valorização do ser humano, em todos os aspectos de sua vida. Nesse sentido, pode-se considerar a exigência de um trabalho decente como garantia de um direito humano e fundamental do trabalhador, assegurando-lhe o acesso aos bens materiais, ao bem-estar, à satisfação profissional e ao completo desenvolvimento de suas potencialidades e de sua realização pessoal, bem como o direito à sua integração social. Com essa fundamentação, explicita a autora que "somente pela realização do direito ao trabalho decente, previsto no art. 6º da CF/88, será preenchido o conteúdo reclamado no art. 1º, III, e no *caput* do art. 170 da Carta Magna de 1988"[487].

Todo o ensino do Direito do Trabalho, em todas as partes do mundo, deveria se iniciar pela explicação do significado do trabalho decente. Essas duas palavras passam a ser, no século XXI, essenciais para a compreensão do trabalho humano. Não se pode admitir qualquer atividade humana que não corresponda ao sentido do trabalho decente, tal como o dispôs a Organização Internacional do Trabalho.

---

(481) *Ibidem*, p. 209.
(482) FONTOURA, Jorge; GUNTHER, Luiz Eduardo. A Recomendação 201 da OIT sobre o trabalho doméstico decente: naureza jurídica, aplicação e efetividade. In: GUNTHER, Luiz Eduardo; MANDALOZZO, Silvana Souza Netto (Coords.). BUSNARDO, Juliana Cristina; VILLATORE, Marco Antônio César (Orgs.).*Trabalho doméstico*: teoria e prática da Emenda Constitucional 72, de 2013. Curitiba: Juruá, 2013. p. 151-169. p. 167-168.
(483) FONTOURA; GUNTHER, 2013, p. 167-168.
(484) BOSKOVIC. Alessandra Barichello; VILLATORE, Marco Antônio César. Trabalho decente doméstico e a necessidade de mais legislação para o Brasil ratificar a Convenção 189 da Organização Internacional do Trabalho e suas consequências sociais e econômicas. In: GUNTHER, Luiz Eduardo; MANDALOZZO, Silvana Souza Netto (Coords.). BUSNARDO, Juliana Cristina; VILLATORE, Marco Antônio César (Orgs.).*Trabalho doméstico*: teoria e prática da Emenda Constitucional 72, de 2013. Curitiba: Juruá, 2013. p. 27-44. p. 31.
(485) BRUGINSKI, Marcia Kazenoh. A concretização do direito humano ao trabalho decente para os empregados domésticos – enfoque na Convenção 189 da OIT e na Emenda Constitucional 72/2013. In: GUNTHER, Luiz Eduardo; MANDALOZZO, Silvana Souza Netto (Coords.); BUSNARDO, Juliana Cristina; VILLATORE, Marco Antônio César (Orgs.).*Trabalho doméstico*: teoria e prática da Emenda Constitucional 72, de 2013. Curitiba: Juruá, 2013. p. 223-232, p. 226.
(486) OLIVEIRA, Nancy Mahra de Medeiros Nicolas. Emenda Constituional 72/13: superação da desigualdade? In: GUNTHER, Luiz Eduardo; MANDALOZZO, Silvana Souza Netto (Coords.); BUSNARDO, Juliana Cristina; VILLATORE, Marco Antônio César (Orgs).*Trabalho doméstico*: teoria e prática da Emenda Constitucional 72, de 2013. Curitiba: Juruá, 2013. p. 245-256. p. 250.
(487) ALVARENGA, Rúbia Zanotelli de. *Trabalho decente*: direito humano e fundamental. São Paulo: LTr, 2016. p. 13.

4. REFERÊNCIAS BIBLIOGRÁFICAS

ABRAMO, Laís. *Trabajo decente x equidad de género en América Latina*. Santiago, Oficina Internacional del Trabajo, 2006.

ALVARENGA, Rúbia Zanotelli de. *Trabalho decente*: direito humano e fundamental. São Paulo: LTr, 2016.

ASSIS, Luís Fabiano de. Trabalho decente. In: SCHWARZ, Rodrigo Garcia (Org.). *Dicionário de direito do trabalho, de direito processual do trabalho e de direito previdenciário aplicado ao direito do trabalho*. São Paulo: LTr, 2012.

BARROS JUNIOR, Cássio de Mesquita. Direito internacional. In: NASCIMENTO, Amauri Mascaro (Coord.). *A transição do direito do trabalho no Brasil*: estudos em homenagem a Eduardo Gabriel Saad. São Paulo: LTr, 1999.

BARZOTTO, Luciane Cardoso. *Direitos humanos e trabalhadores*: atividade normativa da Organização Internacional do Trabalho e os limites do direito internacional do trabalho. Porto Alegre: Livraria do Advogado Editora, 2007.

_____. Igualdade e discriminação no ambiente de trabalho. In: BARZOTTO, Luciane Cardoso (Coord.). *Trabalho e igualdade*: tipos de discriminação no ambiente de trabalho. Porto Alegre: Livraria do Advogado; Escola Judicial do TRT da 4ª Região, 2012.

BEAUDONNET, Xavier. Liberdade sindical e negociação coletiva – entrevista. *Revista da Associação Latino-Americana de Juízes do Trabalho*, ano 4, n. 6, set. 2010.

BOSKOVIC, Alessandra Barichello; VILLATORE, Marco Antônio César. Trabalho decente doméstico e a necessidade de mais legislação para o Brasil ratificar a Convenção 189 da Organização Internacional do Trabalho e suas consequências sociais e econômicas. In: GUNTHER, Luiz Eduardo; MANDALOZZO, Silvana Souza Netto (Coords.); BUSNARDO, Juliana Cristina; VILLATORE, Marco Antônio César (Orgs.). *Trabalho doméstico*: teoria e prática da Emenda Constitucional 72, de 2013. Curitiba: Juruá, 2013.

BRASIL. Tribunal Superior do Trabalho. TST anula cláusula que autorizava trabalho nortuno, insalubre ou perigoso a menor de 18 anos. *Notícias do TST*. 17.05.2013. Disponível em: <http://www.tst.jus.br/noticias/-/asset_publisher/89Dk/content/tst-anula-clausula-que-autorizava-trabalho-noturno-insalubre-ou-perigoso-a-menores-de-18-anos>. Acesso em: 09 ago. 2016.

BRUGINSKI, Marcia Kazenoh. A concretização do direito humano ao trabalho decente para os empregados domésticos – enfoque na Convenção 189 da OIT e na Emenda Constitucional 72/2013. In: GUNTHER, Luiz Eduardo; MANDALOZZO, Silvana Souza Netto (Coords.); BUSNARDO, Juliana Cristina; VILLATORE, Marco Antônio César (Orgs.). *Trabalho doméstico*: teoria e prática da Emenda Constitucional 72, de 2013. Curitiba: Juruá, 2013.

CAMPOS, Erika Paula de. Igualdade entre homens e mulheres – art. 5º, inc. I, da Constituição Federal de 1988. In: VILLATORE, Marco Antônio; HASSON, Roland (Coord.); ALMEIDA, Ronald Silka de (Org.). *Direito constitucional do trabalho vinte anos depois*. Constituição Federal de 1988. Curitiba: Juruá, 2008.

Carta de Brasília pela Erradicação do Trabalho Infantil. *Revista do Tribunal Superior do Trabalho*. v. 79, n. 1, p. 269-270. jan./mar. de 2013.

CHIARELLI, Carlos Alberto. *Temas contemporâneos na sociedade do trabalho*. São Paulo: LTr, 2007.

COLNAGO, Lorena de Mello Rezende. O trabalho doméstico: primeiras impressões da Emenda Constitucional 72/2013. In: GUNTHER, Luiz Eduardo; MANDALOZZO, Silvana Souza Netto (Coords.); BUSNARDO, Juliana Cristina; VILLATORE, Marco Antônio César (Orgs.). *Trabalho doméstico*: teoria e prática da Emenda Constitucional 72, de 2013. Curitiba: Juruá, 2013.

CONSTANZI, Rogério Nagamine. *Trabalho decente e juventude no Brasil*. Brasília: OIT, 2009.

CRIVELLI, Ericson. *Direito internacional do trabalho contemporâneo*. São Paulo: LTr, 2010.

D'AMBROSO, Marcelo José Ferlin. Características do trabalho escravo contemporâneo. In: COLNAGO, Lorena de Mello Rezende; ALVARENGA, Rúbia Zanotelli de (Orgs.). *Direitos humanos e direito do trabalho*. São Paulo: LTr, 2013.

_____. *El tratado de Versalles de 1919 y sus antencedentes*. Madrid: Instituto Ibero-Americano de Derecho Comparado, 1920.

FONTOURA, Jorge; GUNTHER, Luiz Eduardo. A Recomendação 201 da OIT sobre o trabalho doméstico decente: naureza jurídica, aplicação e efetividade. In: GUNTHER, Luiz Eduardo; MANDALOZZO, Silvana Souza Netto (Coords.); BUSNARDO, Juliana Cristina; VILLATORE, Marco Antônio César (Orgs.).*Trabalho doméstico*: teoria e prática da Emenda Constitucional 72, de 2013. Curitiba: Juruá, 2013.

GUNTHER, Luiz Eduardo; SILVA, Andréa Duarte; BUSNARDO, Juliana Cristina. Convenções não ratificadas, protocolos e resoluções da Organização Internacional do Trabalho: tradução como forma de conferir-lhes efetividade na atividade jurisdicional. *Revista do Tribunal Regional do Trabalho da 9ª Região*, a. 40, n. 72, p. 23-245. jan./dez., 2015.

HANSENNE, Michel. *Apresentação à declaração da OIT sobre os princípios e direitos fundamentais no trabalho e seu seguimento*. Trad. de Edílson Alckmin Cunha. Genebra: OIT, 1998.

JAVILLIER, Jean-Claude. *Introducción a OIT*. Derechos fundamentales en el trabajo. Madri: Ministerio de Trabajo y Asuntos Sociales, 2003.

_____. Por uma contribuição dos professores universitários à dinâmica das normas internacionais do trabalho. In: LAGE, Émerson José Alves; LOPES, Mônica Sette (Orgs.). *O direito do trabalho e o direito internacional, questões relevantes*: homenagem ao Professor Osíris Rocha. São Paulo: LTr, 2005. p. 16-34.

LA CUEVA, Mario de. *El nuevo derecho mexicano del trabajo*. Tomo I. México: Editorial Porrúa, 1979.

LIBÓRIO, Bárbara; NALON, Tai. Sem regulamentação, PEC do trabalho escravo está parada há 2 anos no Senado. *UOL Notícias*.

Disponível em: <http://noticias.uol.com.br/politica/ultimas-noticias/2016/05/13/sem-regulamentacao-pec-do-trabalho-escravo-esta-parada-ha-2-anos-no-senado.htm>. Acesso em: 16 nov. 2016.

MAIS DE 160 MILHÕES DE CRIANÇAS TRABALHAM NO MUNDO, SEGUNDO A ONU. Disponível em: <http://g1.Globo.Com/bom-dia-brasil/noticia/2015/06/mais-de-160-milhoes-de-criancas-trabalham-no-mundo-segundo-onu.Html>. Acesso em: 2 set. 2016.

MANSUETI, Hugo Roberto. Trabajo decente y la práctica. *Revista de Direito do Trabalho*. São Paulo: Revista dos Tribunais, ano 36, n. 138, abr.-jun. 2010. p. 160-197.

MARTINS, Sergio Pinto. *Direito do trabalho*. 21. ed. São Paulo: Atlas, 2005.

Meta de eliminar trabalho infantil não será cumprida. Jornal *Gazeta do Povo* de Curitiba. Caderno Vida e Cidadania. 02.06.2013, p. 7.

MONTESSO, Cláudio José; STERN, Maria de Fátima Coêlho Borges; ELY, Leonardo. *1ª Jornada de Direito Material e Processual na Justiça do Trabalho*. São Paulo: LTr, 2008.

NORMLEX. *ILO member States*. Disponível em: <http://www.ilo.org/dyn/normlex/en/f?p=NORMLEXPUB:1:0::NO:::>. Acesso em: 8 nov. 2016.

_____. *P029 – PROTOCOL OF 2014 TO THE FORCED LABOUR CONVENTION, 1930*. Disponível em: <http://www.ilo.org/dyn/normlex/en/f?p=NORMLEXPUB:12100:0::NO:12100:P12100_INSTRUMENT_ID:3174672:NO>. Acesso em: 2 set. 2016.

_____. *R203 – Forced Labour (Supplmentary Measures) Recommendation, 2014 (n. 203)*. Disponível em: <http://www.ilo.org/dyn/normlex/en/f?p=NORMLEXPUB:12100:0::NO::P12100_INSTRUMENT_ID:3174688>. Acesso em: 9 nov. 2016.

_____. *Ratifications of fundamental conventions by country*. Disponível em: <http://www.ilo.org/dyn/normlex/en/f?p=1000:10011:162262485 3818609::::P10011_DISPLAY_BY:1>. Acesso em: 8 nov. 2016.

Oficina Internacional del Trabajo. *Trabajo*. Genebra, n. 33, fev. de 2000.

_____. *Trabajo*. Genebra, n. 50, mar. 2004.

_____. *Trabajo*. Genebra, n. 57, set. 2006.

_____. *Trabajo*. Genebra, n. 72, ago. 2011.

OLIVEIRA, Christiana D'Arc Damasceno. *(O) direito do trabalho contemporâneo*: efetividade dos direitos fundamentais e dignidade da pessoa humana no mundo do trabalho. São Paulo: LTr, 2010.

OLIVEIRA, Dalva Amélia de. *Reformas*: a atualização da legislação trabalhista e os direitos fundamentais no trabalho, segundo a declaração de princípios da OIT. São Paulo: LTr, 2004.

OLIVEIRA, Nancy Mahra de Medeiros Nicolas. Emenda Constituional 72/13: superação da desigualdade? In: GUNTHER, Luiz Eduardo; MANDALOZZO, Silvana Souza Netto (Coords.); BUSNARDO, Juliana Cristina; VILLATORE, Marco Antônio César (Orgs.). *Trabalho doméstico*: teoria e prática da Emenda Constitucional 72, de 2013. Curitiba: Juruá, 2013.

ORGANIZAÇÃO INTERNACIONAL DO TRABALHO. *OIT adota novo Protocolo para combater as formas modernas de trabalho forçado*. Disponível em: <http://www.oit.org.br/content/oit-adota-novo-protocolo-para-combater-formas-modernas-de-trabalho-forcado>. Acesso em: 16 nov. 2016.

_____. *O que é trabalho decente*. Disponível em: <http://www.oitbrasil.org.br/content/o-que-e-trabalho-decente>. Acesso em: 4 set. 2016.

_____. *Princípios e direitos fundamentais no trabalho*: declaração e normas da OIT. Brasília: OIT, ACTRAV, 2000.

_____. *Promover o emprego, proteger as pessoas*. Disponível em: <http://www.ilo.org/brasilia/programas-projetos/WCMS_430934/lang--pt/index.htm>. Acesso em: 8 nov. 2016.

_____. *Recomendação 200 sobre o HIV e a AIDS e o mundo do trabalho*. Brasília: OIT, 2010.

PAULA, Carlos Alberto Reis de. Discriminação nas relações de trabalho. In: PAIXÃO, Cristiano; RODRIGUES, Douglas Alencar; CALDAS, Roberto Figueiredo (Coords.). *Os novos horizontes do direito do trabalho*: homenagem ao Ministro José Luciano de Castilho Pereira. São Paulo: LTr, 2005.

PIOVESAN, Flávia. Trabalho escravo e degradante como forma de violação aos direitos humanos. In: NOCCHI, Andrea Saint Pastous; VELLOSO, Gabriel Napoleão; FAVA, Marcos Neves (Coords.). *Trabalho escravo contemporâneo*: o desafio de superar a negação. 2. ed. São Paulo: LTr, 2011.

PRADO, Luiz Regis. *Comentários ao Código Penal*: doutrina, jurisprudência selecionada: conexões lógicas com os vários ramos do direito. 4. ed. rev. atual., e ampl. São Paulo: RT, 2007.

REIS, Daniela Muradas. Discriminação nas relações de trabalho e emprego: reflexões éticas sobre o trabalho, pertença e exclusão social e os instrumentos jurídicos de retificação. In: BARZOTTO, Luciane Cardoso (Coord.). *Trabalho e igualdade*: tipos de discriminação no ambiente de trabalho. Porto Alegre: Livraria do Advogado; Escola Judicial do TRT da 4ª Região, 2012.

_____. *O princípio da vedação do retrocesso no direito do trabalho*. São Paulo: LTr, 2010.

Repórter Brasil. *Dados sobre trabalho escravo no Brasil*. Disponível em: <http://reporterbrasil.org.br/dados/trabalhoescravo/>. Acesso em: 2 set. 2016.

_____. *Proposta de Emenda Constitucional 438/2001*. Disponível em: <http://www.trabalhoescravo.org.br/conteudo/proposta-de-emenda-constitucional-4382001>. Acesso em: 16 nov. 2016.

ROMITA, Arion Sayão. *Direitos fundamentais nas relações de trabalho*. 4. ed. rev. e aum. São Paulo: LTr, 2012.

SAFATLE, Vladimir. Contra a democracia. Jornal *Folha de São Paulo*. A2. 19.02.2013.

SCHMIDT, Martha Halfeld Furtado de Mendonça. Breves anotações sobre as convenções fundamentais da OIT. In: LAGE, Émerson José Alves; LOPES, Mônica Sette (Orgs.). *O direito do trabalho e o direito internacional, questões relevantes*: homenagem ao Professor Osíris Rocha. São Paulo: LTr, 2005. p.

SERVAIS, Jean-Michel. *Elementos de direito internacional e comparado do trabalho*. Trad. Edilson Alkmin Cunha. São Paulo. LTr, 2001.

_____. *Derecho internacional del trabajo*. Trad. Jorgelina F. Alimenti. Buenos Aires: Heliasta, 2011.

SOUZA, André Portela; CHAHAD, José Paulo Z. Os direitos fundamentais dos trabalhadores, a cláusula social e comércio internacional: o caso do trabalho infantil no Brasil. In: CHAHAD, José Paulo Zeetano; CACCIAMALI, Maria Cristina (Orgs.). *Mercado de trabalho no Brasil*: novas práticas trabalhistas, negociações coletivas e direitos fundamentais no trabalho. São Paulo: LTr, 2003.

SÜSSEKIND, Arnaldo. **Convenções da OIT e outros tratados**. 3. ed. São Paulo: LTr, 2007.

_____. **Direito internacional do trabalho**. 3. ed. atual. São Paulo: LTr, 2000.

TRINDADE, Antônio Augusto Cançado. **Tratado de direito internacional dos direitos humanos**. 2. ed. Porto Alegre: Sérgio Antonio Fabris, 2003. v. 1.

VALTICOS, Nicolas. **Derecho internacional del trabajo**. Trad. de Maria José Triviño. Madri: Tecnos, 1977.

VIDOTTI, Tárcio José. Anomalias brasileiras: a chaga do trabalho infantil. In: PAIXÃO, Cristiano; RODRIGUES, Douglas Alencar; CALDAS, Roberto de Figueiredo (Coords.). **Os novos horizontes do direito do trabalho**: homenagem ao Ministro José Luciano de Castilho Pereira. São Paulo: LTr, 2005.

ZAINAGHI. Domingos Sávio. A proibição do trabalho escravo ou forçado. In: COLNAGO, Lorena de Mello Rezende; ALVARENGA, Rúbia Zanotelli de (Orgs.). **Direitos humanos e direito do trabalho**. São Paulo: LTr, 2013.

CAPÍTULO 10
A VIGÊNCIA INTERNACIONAL DAS CONVENÇÕES DA ORGANIZAÇÃO INTERNACIONAL DO TRABALHO E O PROCEDIMENTO DE RATIFICAÇÃO, REVISÃO, DENÚNCIA E DE INTERNALIZAÇÃO DAS CONVENÇÕES RATIFICADAS NO BRASIL

Luiz Eduardo Gunther[488]

1. O reconhecimento dos direitos humanos aos trabalhadores

Um dos temas mais importantes na área do Direito Internacional do Trabalho e, consequentemente, das convenções da OIT é saber quais são os direitos humanos dos trabalhadores. Dito de outra maneira, quais Convenções da OIT versam sobre direitos humanos?

A importância desse assunto liga-se a um debate central sobre a ratificação de tratados. Se versam sobre direitos humanos podem ter hierarquia supralegal ou de emenda constitucional. Caso contrário, seu valor restringe-se ao de uma lei ordinária.

Nas palavras de Luciane Cardoso, "o reconhecimento dos direitos humanos aos trabalhadores impõe que o progresso social ande lado a lado com o progresso econômico, porque um não decorre necessariamente do outro"[489].

Em nível mundial, os direitos humanos encaixam-se perfeitamente na universalidade reclamada pela globalização. Se se mundializa o investimento, o comércio e a produção, como não mundializar os direitos? E que parte do Direito é ontologicamente universal, senão "os direitos humanos, entendidos como aqueles essenciais à pessoa humana como tal", onde quer que ela esteja, e "qualquer que seja o vínculo de nacionalidade, cidadania, domicílio ou residência que possa ter – ou não – com determinado Estado nacional"[490]?

Existe um importante elenco de direitos trabalhistas que são – sem dúvida – direitos humanos. O novo Direito do Trabalho pós-neoliberal deve fundar-se na "reconstrução do Direito Social sobre a base desses direitos trabalhistas que são direitos humanos – específicos e inespecíficos" – e que, enquanto tais, estão "supraordenados pelas normas internacionais e pela Constituição do legislador nacional"[491].

Desde a Declaração de Princípios e Direitos Fundamentais no Trabalho, aprovada pela OIT em 1988, costuma-se crer que os quatro direitos incluídos nesse pronunciamento[492] são os únicos que devem ser respeitados em tempos de globalização. Isso, a todas as luzes, carece de fundamento jurídico, uma vez que todos os direitos humanos trabalhistas possuem o mesmo substrato e a mesma justificação jurídica[493].

Torna-se necessário, assim, apresentar uma relação de direitos humanos trabalhistas que decorrem dos seguintes instrumentos internacionais: Declaração Americana dos Direitos do Homem (1948), Declaração Universal dos Direitos Humanos (1948), Pacto de Direitos Civis e Políticos (1966), Pacto Internacional de Direitos Econômicos, Sociais e Culturais (1966), Convenção Americana de Direitos Humanos (1969), Protocolo de São Salvador (1988), Convenção Europeia para a Proteção dos Direitos Humanos e das Liberdades Cidadãs, as Cartas Sociais Europeias (1961 e 1988) e a Carta Africana de Direitos Humanos e dos Povos (1981). Nesse catálogo, podem ser mencionados os seguintes "Direitos Humanos Trabalhistas":

---

(488) Professor do Centro Universitário Curitiba – UNICURITIBA. Desembargador do Trabalho no TRT9. Pós-Doutorando pela PUC-PR. Membro do Conselho Editorial da Revista Jurídica do UNICURITIBA, do Instituto Memória – Centro de Estudos da Contemporaneidade e da Editora JM. Integrante da Academia Nacional de Direito do Trabalho e do Instituto Histórico e Geográfico do Paraná. Orientador do Grupo de Pesquisa que edita a Revista Eletrônica do TRT9 (<http://www.mflip.com.br/pub/escolajudicial/>).
(489) CARDOSO, Luciane. Direitos humanos dos trabalhadores. In: LAGE, Émerson José Alves; LOPES, Mônica Sette (Orgs.). *O direito do trabalho e o direito internacional, questões relevantes*: homenagem ao professor Osiris Rocha. São Paulo: LTr, 2005. p. 68-74. p. 73.
(490) ERMIDA URIARTE, Oscar. Políticas laborales después del neoliberalismo. In: OJEDA AVILÉS, Antonio et al. (Coords.). *Temas centrales del derecho del trabajo del siglo XXI*. Peru: Ara Editores, 2009. p. 405-425. p. 423.
(491) Idem.
(492) Dizem respeito aos seguintes princípios: a) da liberdade sindical e reconhecimento efetivo do direito à negociação coletiva; b) da eliminação de todas as formas de trabalho forçado ou obrigatório; c) da abolição efetiva do trabalho infantil; e d) da eliminação da discriminação em matéria de emprego e ocupação.
(493) VILLAVICENCIO RÍOS, Alfredo. Los tratados sobre derechos humanos y sus interpretaciones como parte del bloque de constitucionalidad. In: OJEDA AVILÉS, Antônio et al (Coord.). *Temas centrales del derecho del trabajo del siglo XXI*. Peru: Ara Editores, 2009. p. 59-92. p. 76.

– liberdade de trabalho;

– proibição do trabalho forçado ou obrigatório;

– direito ao trabalho;

– proteção contra o desemprego;

– proteção contra a despedida;

– proibição da discriminação em matéria de emprego e ocupação;

– igualdade de remuneração por trabalho de igual valor;

– proibição da discriminação de pessoas com responsabilidades familiares;

– segurança e a higiene no trabalho;

– direito a condições justas, equitativas e satisfatórias do trabalho (a jornada máxima de trabalho, o descanso semanal remunerado, o descanso remunerado durante feriados e as férias periódicas pagas);

– direito à remuneração mínima;

– direito à promoção no emprego;

– direito à formação profissional;

– direito à informação e à consulta no seio da empresa;

– direito à informação e à consulta nos procedimentos de despedimento coletivo;

– direito à tutela dos créditos em caso de insolvência de seus empregadores;

– liberdade sindical;

– direito à proteção dos representantes dos trabalhadores e às facilidades para o exercício de suas funções;

– negociação coletiva;

– direito de greve;

– direito à seguridade social (à assistência médica; às prestações monetárias ou seguros de desemprego, enfermidade, invalidez, viuvez, velhice e outros casos; às prestações por acidentes de trabalho e enfermidades profissionais; às prestações de maternidade, etc.);

– proteção especial aos menores de idade, às mulheres trabalhadoras, aos trabalhadores migrantes e aos inválidos[494].

Essa relação adquire importância na medida em que permite esclarecer quando uma convenção da OIT se ocupa de um direito humano e quando tem por objeto regular algum instituto ou tema das relações trabalhistas alheios a tal campo de incidência[495].

Pela exposição, se vê como é ampla a incidência daquilo que se convencionou chamar de "Direitos Humanos dos Trabalhadores", não se restringindo apenas às Convenções da OIT ligadas à Declaração de 1998.

2. Aprovação das convenções e recomendações pela Conferência da Organização Internacional do Trabalho: vigência, revisão e denúncia

2.1. Aprovação das convenções e recomendações

As convenções da OIT são aprovadas pela Conferência Internacional do Trabalho, que possui composição tripartite (representação dos governos, dos trabalhadores e dos empregadores dos Estados-membros).

Para que a Conferência adote uma convenção ou uma recomendação, requer-se, na votação final, dois terços dos votos dos delegados presentes, segundo o artigo 19, item 2, da Constituição da OIT[496]. O item 1 deste artigo indica também que a Conferência terá que determinar se o instrumento que adota haverá de tomar a forma:

a) de uma convenção internacional; ou

b) um recomendação, se a questão tratada ou um de seus aspectos não se prestarem, nesse momento, para a adoção de uma convenção[497].

2.2. Vigência nos planos nacional e internacional

Aprovada uma convenção pela Conferência, ela terá vigência no plano internacional e no plano interno em diferentes momentos. É o fenômeno que Américo Plá Rodriguez denominou de vigência objetiva e subjetiva. A vigência objetiva é a vigência da convenção em si mesma, enquanto a vigência subjetiva significa a obrigatoriedade de uma convenção para um determinado Estado. Como se deve entender, "a vigência subjetiva pressupõe a objetiva, ou seja, que nenhuma convenção pode obrigar a um Estado, se previamente não entrou em vigor"[498].

As convenções registram em seu próprio texto que sua vigência se inicia, como regra (embora às vezes com pequenas variações), 12 meses depois do registro de duas ratificações na Repartição Internacional do Trabalho. O Diretor-Geral da Repartição comunicará essa data a todos os Estados-membros[499].

---

(494) VILLAVICENCIO RÍOS, 2009, p. 77-78.
(495) Idem.
(496) ORGANIZAÇÃO INTERNACIONAL DO TRABALHO. Constituição da Organização Internacional do Trabalho (OIT) e seu anexo (Declaração de Filadélfia). Disponível em: <http://www.oitbrasil.org.br/sites/default/files/topic/decent_work/doc/constituicao_oit_538.pdf>. Acesso em: 17 nov. 2016.
(497) VALTICOS, Nicolas. Derecho internacional del trabajo. Trad. Maria José Triviño. Madrid: Tecnos, 1977. p. 223.
(498) PLÁ RODRIGUEZ, Américo. Los convenios internacionales del trabajo. Montevideo: Facultad de Derecho y Ciencias Sociales de la Universidad de la Republica, 1965. p. 235.
(499) SÜSSEKIND, Arnaldo. Direito Internacional do Trabalho. 3. ed. São Paulo: LTr, 2000. p. 193.

A partir do momento em que está vigente no plano internacional, a convenção obrigará cada Estado-membro 12 meses depois da data em que confirmar a ratificação[500].

Há diferenças quanto ao período da vigência internacional e da interna. Uma vez em vigor no plano internacional, a convenção tem vigência indeterminada. A vigência nacional (subjetiva), no entanto, decorrente da ratificação, é de dez anos, "prorrogando-se por novos decênios se o respectivo Estado não a denunciar nos doze meses subsequentes a cada período de dez anos"[501].

Distingue-se, normalmente, entre ato-condição e ato-regra, no que tange ao fenômeno da internalização das convenções da OIT. Com a prática do ato-condição (ratificação) o Estado-membro adere ao ato-regra (convenção aprovada pela Conferência). Preserva-se, desse modo, a soberania dos Estados porque não há obrigação de ratificar nem por parte dos países cujos delegados governamentais votaram a favor do tratado multilateral aberto[502].

As recomendações da OIT, por outro lado, consideradas fonte material de direito, não criam obrigação para os Estados-membros. Conforme o artigo 19, item 6, da Constituição da OIT, os Estados-membros têm, apenas, a obrigação de "submeter, no prazo máximo de 18 meses, a recomendação à autoridade que, de acordo com seu direito interno, for competente para legislar ou adotar outras medidas referentes à matéria versada"[503].

2.3. Revisão das convenções (protocolos)

Um procedimento análogo ao de adotar convenções segue-se, *mutatis mutandis*, no caso de suas revisões. O Conselho de Administração, geralmente com base em informações oferecidas pela Repartição Internacional do Trabalho, e depois de consultar os governos, decide se é desejável inscrever na ordem do dia da Conferência a revisão total ou parcial de uma convenção. A Repartição Internacional submete, em continuidade, à Conferência o projeto de reforma da convenção, estabelecido com base nas conclusões do Conselho de Administração e correspondente à questão ou questões cuja revisão figura na ordem do dia. Embora raramente ocorra, regras análogas se aplicam ao caso de revisão de recomendações[504].

A Conferência tem adotado, também, protocolos às convenções existentes. Protocolo é um instrumento que revê parcialmente uma convenção e está aberto à ratificação pelos Estados que já ratificaram a Convenção respectiva. Seu objetivo é atualizar as Convenções. Do ponto de vista legal, é analisado da mesma forma que as convenções, adotado da mesma maneira e possui os mesmos efeitos. Também é aprovado pela Conferência Internacional do Trabalho, a exemplo dos demais instrumentos já abordados[505].

A Conferência da Organização Internacional do Trabalho adotou o primeiro Protocolo em 1982, a respeito da Convenção n. 110, de 1958, sobre as condições de emprego dos trabalhadores em fazendas (1958). Posteriormente, foram adotados Protocolos à Convenção n. 81, de 1947, relativa à inspeção do trabalho na indústria e no comércio (em 1995), à Convenção n. 89, de 1948, sobre o trabalho noturno das mulheres na indústria (em 1990), à Convenção n. 147, de 1976, sobre as normas mínimas da Marinha Mercante (em 1996), à Convenção 155, de 1981, sobre a segurança e saúde dos trabalhadores (em 2002) e à Convenção n. 29, de 1930, relativa ao trabalho forçado ou obrigatório (em 2014)[506].

Apesar da importância do tema, nada se diz na Constituição da OIT, nem no Regulamento da Conferência, sobre as emendas às convenções (revisões ou protocolos). Trata-se, evidentemente, de uma lamentável omissão; porém, que tem, como contrapartida, "a vantagem de deixar o campo livre para a regulação desse tema nas cláusulas finais das convenções"[507].

2.4. Denúncia das convenções

Um Estado-membro pode liberar-se das obrigações assumidas a respeito de uma convenção que tenha ratificado, inclusive de suas obrigações constitucionais a ela relativas, por meio de uma denúncia.

Existem dois tipos de denúncias. Em primeiro lugar, a que resulta automaticamente da ratificação de uma convenção revisora de outra anterior, de acordo com as disposições finais tradicionais. Em segundo lugar, as denúncias puras e simples que são comunicadas ao Diretor-Geral da OIT.

Constam, atualmente, das disposições finais do corpo das convenções, os seguintes termos:

> 1. Todo Membro que tenha ratificado a presente Convenção poderá denunciá-la após o decurso de um período de dez anos, contados da data de sua entrada em vigor inicial, mediante um ato encaminhado ao Diretor Geral para seu registro. A denúncia surtirá efeito doze meses após a data em que tenha sido registrada.

Há uma disposição complementar, que também é habitual na redação das convenções:

---

(500) *Idem*.
(501) *Ibidem*, p. 194.
(502) *Ibidem*, p. 190.
(503) *Ibidem*, p. 195.
(504) VALTICOS, 1977, p. 224.
(505) GUNTHER, Luiz Eduardo; SILVA, Andréa Duarte; BUSNARDO, Juliana Cristina. Convenções não ratificadas, protocolos e resoluções da Organização Internacional do Trabalho: tradução como forma de conferir-lhes efetividade na atividade jurisdicional. *Revista do Tribunal Regional do Trabalho da 9ª Região*, a. 40. p. 201-202. n. 72, jan./dez. 2015.
(506) *Ibidem*, p. 202.
(507) PLÁ RODRIGUEZ, 1965, p. 329.

2. Os Membros que tenham ratificado a presente Convenção e que, no prazo de um ano, contado desde o final do período de dez anos mencionado no parágrafo anterior, não tenham usado do direito de denúncia previsto neste Artigo, ficarão obrigados durante um novo período de dez anos e, no sucessivo, poderão denunciar a presente Convenção ao final de cada período de dez anos, nas condições previstas neste Artigo.[508]

Prevê-se, portanto, uma série de prazos:

a) um período de validade da convenção – habitualmente dez anos, excepcionalmente cinco anos – computado desde a data em que entrou em vigor; e

b) um período de pré-aviso entre a data na qual a denúncia é registrada e a data em que surte efeitos, sempre de um ano.

Dessa maneira, o Estado que tenha ratificado uma determinada convenção não pode denunciá-la se não tiver obtido o número de ratificações requerido para vigência[509].

3. A incorporação das normas da organização internacional do trabalho ao direito interno: as obrigações dos estados-membros depois da adoção de uma convenção pela conferência internacional do trabalho

As convenções da OIT equivalem a Tratados Multilaterais, submetendo-se ao regime de incorporação como estes para valerem como normas internas. As Recomendações precisam de uma norma posterior que positive seus princípios, não podendo ser incorporadas da mesma forma que as convenções.

Quando adotada uma convenção em uma Conferência, surgem as seguintes obrigações para cada um dos Estados-membros da Organização:

a) submeter a convenção à autoridade competente para o efeito de que se lhe dê forma de lei ou se adotem outras medidas (obrigação substantiva – refere-se a uma atitude substancial do Estado dentro de sua vida interna);

b) informar à Repartição Internacional do Trabalho sobre:

b1) as medidas adotadas para submeter a convenção às autoridades competentes e as medidas tomadas por elas;

b2) a ratificação formal da convenção, no caso que se produza;

b3) o estado da legislação e a prática a respeito dos assuntos a que se refere a convenção, no caso que não se produza tal ratificação; e

b4) as dificuldades que impedem ou atrasam a ratificação de dita convenção. (Trata-se esse item 'b' da *obrigação informativa* – dever adjetivo de informação sobre qual é a situação real a respeito de vários pontos que se especificam)[510].

A adoção dessas normas apoia-se em amplo consenso internacional, de natureza tripartite, o que favorece sua implantação nos direitos nacionais. A partir dessa aprovação, a OIT esforça-se para promover sua aplicação segundo métodos que vão além do clássico direito internacional. As principais obrigações dos Estados-membros, assim, advêm com a ratificação, ato totalmente unilateral, pelo qual se comprometem a cumpri-las. Ficam, além disso, esses Estados, "obrigados a fazer relatórios regulares sobre a conformidade de seu direito e de sua prática com esses instrumentos"[511].

3.1. O ato jurídico complexo pelo qual se ratifica uma convenção da OIT

Como ensina Arnaldo Süssekind, a ratificação de uma convenção adotada pela Conferência Internacional do Trabalho corresponde a um ato jurídico complexo, que se desdobra em várias fases:

a) submissão da convenção, pelo Governo Federal (Poder Executivo), à autoridade competente;

b) deliberação da autoridade competente (no Brasil, o Congresso Nacional) sobre a aprovação, ou não, da convenção, para o que a Constituição da OIT não consigna qualquer prazo;

c) na hipótese de aprovação da convenção pela autoridade competente nacional, cumpre ao Governo respectivo promover sua ratificação, mediante depósito do instrumento de ratificação na Repartição (*Bureau*) Internacional do Trabalho (RIT/BIT);

d) embora nada disponha a respeito a Constituição da OIT, constitui praxe recomendável tornar público, por meio de ato governamental, a ratificação da convenção, com o esclarecimento sobre a data em que terá início sua vigência no território nacional. Nos países que adotam o monismo jurídico, a eficácia jurídica interna depende da divulgação exigida para as leis. É o que ocorre, no Brasil, por meio do decreto de promulgação, expedido pelo Poder Executivo.[512]

3.2. O procedimento de internalização dos tratados no Brasil – o novo paradigma do STF a partir de 2008

Como os tratados são reconhecidos pelo ordenamento jurídico brasileiro? Qual é a diferença de tratamento entre aqueles que versam e os que não versam sobre direitos humanos?

---

(508) Tomou-se como exemplo o constante do art. 11 da Convenção n. 185, última ratificada pelo Brasil, em 2010. ORGANIZAÇÃO INTERNACIONAL DO TRABALHO. *Convenção sobre os Documentos de Identidade da gente do mar (Revista)*. Disponível em: <http://www.oitbrasil.org.br/node/519>. Acesso em: 17 nov. 2016.
(509) SERVAIS, Jean-Michel. *Elementos de direito internacional e comparado do trabalho*. Trad. Edilson Alkmin Cunha. Prefácio e revisão técnica Estêvão Mallet. São Paulo: LTr, 2001. p. 68.
(510) PLÁ RODRIGUEZ, 1965, p. 257.
(511) SERVAIS, 2001, p. 33-34.
(512) SÜSSEKIND, Arnaldo. *Instituições de direito do trabalho*. 21. ed. São Paulo: LTr, 2003. v. 2, p. 1.532.

A problemática acima relaciona-se à mudança de paradigma adotada pelo Supremo Tribunal Federal no que diz respeito à hierarquia dos tratados, incorporados ao ordenamento jurídico brasileiro antes da EC n. 45/2004. É disso que se procura tratar aqui.

A convenção da OIT equivale a um Tratado Internacional. Assim sendo, para sua internalização, os requisitos são os mesmos. Podem ser sintetizados em quatro fases: negociação; assinatura; *referendum*; ratificação; e promulgação[513].

Na primeira fase (negociação), discutem-se as condições e os termos do tratado a ser celebrado, papel exercido pela União, no Brasil, pelo Ministério das Relações Exteriores. A segunda fase (assinatura) compete privativamente ao Presidente da República (art. 84, VIII, da CF/1988) ou à pessoa por este indicado (denominado plenipotenciário). Na terceira fase, o ato é referendado pelo Congresso Nacional (art. 49, I, da CF/1988). Sendo aprovado o projeto de decreto legislativo, o Presidente do Senado Federal o promulga, encaminhando-o para ser publicado no Diário Oficial da União. Na quarta fase, o Presidente da República o ratifica e promulga, expedindo o decreto executivo, que, "depois de publicado, internaliza o tratado internacional ao direito interno, com o *status* de lei ordinária federal"[514].

Como explicita Sergio Pinto Martins, a publicação do texto da norma internacional no Diário do Congresso Nacional não tem o condão de torná-la obrigatória. A norma internacional, efetivamente, só passa a viger "depois de oficialmente publicada" (art. 1º da Lei de Introdução ao Código Civil), o que ocorre com o decreto de promulgação publicado no Diário Oficial da União. A partir de então, "a norma internacional, traduzida para o português, é tornada pública, sendo indicada a data de sua vigência"[515].

Os direitos e garantias expressos na Constituição da República Federativa do Brasil, de 1988, "não excluem outros decorrentes do regime e dos princípios por ela adotados, ou dos tratados internacionais em que o nosso país seja parte" (art. 5º, § 2º). Por esse enunciado, os tratados internacionais que versam sobre direitos humanos, internalizados no Brasil, teriam que passar a valer como norma constitucional. Essa, contudo, não foi a orientação do Supremo Tribunal Federal adotada na ADIn 1.480-3-DF, que, ante o art. 7º, I, da CF/1988, considerou que a Convenção n. 158 da OIT, que ingressava no ordenamento jurídico como lei ordinária, não poderia substituir a lei complementar exigida para a regulamentação da dispensa arbitrária ou sem justa causa. Portanto, para o STF, os tratados internacionais ingressavam no ordenamento jurídico brasileiro como lei ordinária, independentemente do tema versado. Essa situação mudou com a Emenda Constitucional n. 45, de 2004, que estabeleceu: "Os tratados e convenções internacionais sobre direitos humanos que forem aprovados, em cada Casa do Congresso Nacional, em dois turnos, por três quintos dos votos dos respectivos membros, serão equivalentes às emendas constitucionais." (art. 5º, § 3º, da Constituição)

Ao julgar, em *habeas corpus*, o tema da prisão civil do depositário infiel, o Supremo Tribunal Federal, recentemente, em mudança de rumo, entendeu que prevalece o Pacto de São José da Costa Rica, tratado de direitos humanos, sobre a lei ordinária, ante a hierarquia supralegal daquele. Na dicção do voto prevalente, do Ministro Gilmar Mendes, proferiu-se decisão histórica, pois o Brasil passa, agora, a aderir "ao entendimento adotado em diversos países no sentido da supralegalidade dos tratados internacionais sobre direitos humanos na ordem jurídica interna"[516].

Desse modo, é possível inferir que as Convenções da OIT internalizadas antes da Emenda Constitucional n. 45/2004 "ostentam, no Brasil, natureza supralegal, pelo que afastam a aplicação de toda a legislação ordinária ou complementar com elas conflitantes"[517]. Evidentemente, essas Convenções não podem contrariar a Constituição da República, "pela sua supremacia sobre todo o ordenamento jurídico nacional"[518].

A partir de 1º de janeiro de 2005, por causa da EC n. 45/2004 e do § 3º do art. 5º, introduzido na Constituição, desde que internalizadas com o *quorum* estabelecido, as convenções da OIT passam a ter *status* de emendas constitucionais.

Versando sobre direitos humanos (§ 3º do art. 5º, acrescentado pela EC n. 45 à CF/1988), o tratado aprovado por dois turnos em cada Casa do Congresso Nacional, por três quintos dos votos dos seus membros, equivalerá à emenda constitucional[519].

Modificando sua jurisprudência, o Supremo Tribunal Federal, em dezembro de 2008, passou a entender que os Tratados e Convenções Internacionais que versem sobre direitos humanos "têm patamar supralegal (acima das leis ordinárias e complementares)". Entretanto, sendo a ratificação feita "com o quórum especial das emendas constitucionais – e apenas nessa hipótese –, alcançam *status* de emenda constitucional"[520].

---

(513) CAMILO, Adélia Procópio. Convenções da Organização Internacional do Trabalho. In: VIANA, Márcio Túlio; RENAULT, Luiz Otávio Linhares; FATTINI, Fernanda Carolina; FABIANO, Isabela Márcia de Alcântara; BENEVIDES, Sara Cosk (Coords.). *O que há de novo em direito do trabalho*. Homenagem a Alice Monteiro de Barros e Antônio Álvares da Silva. 2. ed. São Paulo: LTr, 2012. p. 638-640.
(514) CAMILO, 2012, p. 638-640.
(515) MARTINS, Sergio Pinto. *Direito do trabalho*. 21. ed. São Paulo: Atlas, 2005. p. 105.
(516) Ver, a respeito, os acórdãos paradigmas proferidos nos Recursos Extraordinários ns. 466.343 e 349.703 e também nos *Habeas Corpus* ns. 87.585 e 92.566, acessíveis no sítio do Supremo Tribunal Federal: <www.stf.jus.br>.
(517) OLIVEIRA, Sebastião Geraldo de. *Proteção jurídica à saúde do trabalhador*. 5. ed. São Paulo: LTr, 2010. p. 73.
(518) Idem.
(519) Ibidem, p. 640.
(520) DELGADO, Gabriela Neves. Direitos humanos dos trabalhadores: perspectiva de análise a partir dos princípios internacionais do direito do trabalho e do direito previdenciário. In: DELGADO, Mauricio Godinho; DELGADO, Gabriela Neves (Org.). *Direito do trabalho e seguridade social*: direito do trabalho coletivo, administrativo, ambiental e internacional. São Paulo: Editora Revista dos Tribunais, 2012. (Coleção doutrinas essenciais; v. 3). (p. 1101-1118). p. 1116.

Quando os Tratados Internacionais não versarem sobre direitos humanos, "ingressam no ordenamento jurídico pátrio na condição hierárquica equivalente à das leis ordinárias"[521].

Os tratados internacionais, na tradição brasileira, são publicados duas vezes no procedimento de internalização. Em primeiro lugar, logo depois de sua aprovação pelo Congresso Nacional, por decreto legislativo. Em segundo lugar, no Diário Oficial da União, sob a forma de decreto de promulgação pelo Poder Executivo, com o objetivo de inserção do tratado no ordenamento jurídico nacional[522].

Conforme a síntese efetuada por Carlos Antônio Nobrega Filho, a Convenção n. 158 da OIT foi elaborada e aprovada na 68ª Sessão da Conferência Internacional do Trabalho, em 1982.

O Congresso Nacional autorizou a ratificação pelo Decreto Legislativo n. 68, de 16 de setembro de 1992. O depósito da carta de ratificação foi efetuado na RIT (da OIT) em 05 de janeiro de 1995. O Decreto de Promulgação n. 1.855, do Presidente da República, foi publicado em 11 de abril de 1996[523].

Depois de aprovada a Convenção Internacional do Trabalho pelo Congresso Nacional, cabe ao Presidente da República comunicar sua ratificação ao Diretor-Geral do BIT, "que encaminhará ao Secretário-Geral da ONU para fins de registro nos termos do art. 102 da Carta das Nações Unidas (Constituição da OIT, arts. 19, 5, d e 20)". Em 05.01.1995, o Brasil comunicou ao Diretor-Geral do BIT a ratificação da Convenção n. 158. Mas, somente 15 meses depois desse comunicado, o Presidente da República promulgou a ratificação da Convenção n. 158 da OIT pelo Decreto n. 1.855 de 1996, publicado no DOU em 11.04.1996[524].

No âmbito internacional, o Brasil se obrigou relativamente à Convenção n. 158 da OIT 12 meses depois do registro da ratificação (art. 16, 3, da Convenção n. 158). Quanto à vigência na ordem interna, no entanto, "somente o decreto de promulgação configura ato formal final do procedimento de ratificação no direito brasileiro"[525].

Os tratados que versam sobre direitos humanos e foram internalizados no Brasil anteriormente aos critérios da EC n. 45/2004 merecem uma análise mais detida. Naturalmente, pelo sistema adotado em nosso país, "os tratados já aprovados sobre a matéria não atendem ao requisito de aprovação em dois turnos de votação em cada Casa do Congresso Nacional, por maioria qualificada". Nesse impasse, poderão surgir duas correntes a respeito do tema. Uma restritiva, impeditiva do reconhecimento de superioridade hierárquica a leis ordinárias. E outra ampliativa, que, por uma interpretação sistemática, possa reconhecer o *status* de superioridade hierárquica desses tratados internalizados. Prevalecendo uma interpretação restritiva, qualquer questão relacionada a esses tratados "permanecerá sujeito à controvérsia quanto ao art. 5º, § 2º, da CF/1988 e a EC 45/2004 não terá efeito sensível sobre a aplicação dos tratados já promulgados"[526].

Para que esses tratados internalizados recebam tratamento de superioridade às leis ordinárias, necessário se torna "lançar mão de uma interpretação sistemática". Para tanto, deve ser considerado o art. 5º, § 2º, da CF/1988, depreendendo-se "os postulados da indivisibilidade e da irretroatividade dos direitos humanos"[527]. Ainda, torna-se necessário aplicar o princípio que deve reger a República Federativa do Brasil, fixado no art. 4º, II, de prevalência dos direitos humanos. Somente assim a revogação material dos tratados já vigentes pode dar-se em nível hierárquico superior às leis ordinárias.

Nesse tópico, procurou-se explicar como as Convenções da OIT, que têm natureza jurídica de tratados multilaterais, são internalizadas em nosso país e as fases que devem ser obedecidas.

E, também, uma vez incorporadas, qual a hierarquia dessas Convenções em nosso ordenamento jurídico.

3.3. Todas as Convenções da OIT versam sobre direitos humanos (fundamentais)?

Remanesce um debate a ser resolvido, ainda: todas as Convenções da OIT versam sobre direitos humanos (fundamentais)? Chamando de direitos humanos social-trabalhistas, Arnaldo Süssekind ressalta que o Direito Internacional do Trabalho, na esteira do novo Direito Internacional Público, vem consagrando alguns direitos naturais do homem, os quais "independem de normas jurídicas para serem respeitados, eis que concernem a todos os seres humanos"[528].

Carlos Roberto Husek alinha-se a essa orientação, esclarecendo que os direitos sociais são fundamentais porque

---

(521) Idem.
(522) BATISTA, Vanessa Oliveira. A integração dos tratados internacionais no direito brasileiro. *Revista Brasileira de Estudos Políticos*. v. 80. p. 138-139. jan. de 1995.
(523) NOBREGA FILHO, Carlos Antônio. Um novo diálogo entre o direito internacional e o direito do trabalho brasileiro: o *status* jurídico de supralegalidade das convenções da OIT. *Revista Trabalhista Direito e Processo*. ano 10, n. 38. Abr./Jun. 2011. p. 162-181. p. 178.
(524) SILVA, Walküre Lopes Ribeiro da; MAIOR, Jorge Luiz Souto. Validade e eficácia da Convenção n. 158 da OIT perante o ordenamento jurídico brasileiro. In: DELGADO, Mauricio Godinho; DELGADO, Gabriela Neves (Orgs.). *Direito do trabalho e seguridade social*: direito do trabalho coletivo, administrativo, ambiental e internacional. São Paulo: Editora Revista dos Tribunais, 2012. (Coleção doutrinas essenciais; v. 3). p. 1154-1155.
(525) *Ibidem*, p. 1155.
(526) LUPI, André Lipp Pinto Basto. A aplicação dos tratados de direitos humanos no Brasil a partir da EC 45/2004. In: DELGADO, Mauricio Godinho; DELGADO, Gabriela Neves (Orgs.). *Direito do trabalho da seguridade social*: direito do trabalho coletivo, administrativo, ambiental e internacional. São Paulo: Editora Revista dos Tribunais, 2012. (Coleção doutrinas essenciais; v. 3). p. 1011-1028. p. 1026.
(527) Idem.
(528) SÜSSEKIND, 2000. p. 20.

representam o direito a uma vida digna, plena, de exercício de cidadania, de erradicação da pobreza, de valores sociais do trabalho e da livre-iniciativa, "de uma sociedade livre, solidária e justa, de prevalência dos direitos humanos, de repúdio ao racismo e outras formas de manifestação do poder"[529].

Carlos Zangrando recorda "que as questões relativas ao trabalho humano fazem parte dos assim chamados 'direitos humanos' (Declaração Universal dos Direitos do Homem, arts. 23 e 24)"[530].

Em princípio, uma convenção da OIT trata de direitos humanos. A exceção é não fazê-lo. Nesse caso, é necessária uma justificativa razoável, explicitando o conteúdo da norma internacional.

3.4. A Convenção da OIT ou a norma interna aplicam-se quando um desses diplomas (com vigência simultânea) assegura aos trabalhadores interessados condições mais favoráveis?

A Constituição da OIT soluciona a dúvida sobre a prevalência da convenção ou do direito interno com as seguintes palavras:

> Em caso algum, a adoção, pela Conferência, de uma Convenção ou Recomendação, ou a ratificação, por um Estado-membro, de uma Convenção, deverão ser consideradas como afetando qualquer lei, sentença, costumes ou acordos que assegurem aos trabalhadores interessados condições mais favoráveis que as previstas pela Convenção ou Recomendação.[531]

Assim, sendo mais favorável o direito nacional, resultante de lei, sentença, costume ou acordo, a norma da convenção da OIT "não terá eficácia no Estado que ratificou a respectiva convenção"[532].

Esse princípio é fundamental para que se considere, sempre, em todas as situações, a norma mais favorável ao trabalhador.

3.5. As Convenções da OIT ratificadas (ou não) como fontes de Direito do Trabalho no Brasil – O princípio da subsidiariedade

As Convenções da OIT ratificadas pelo Brasil obviamente constituem fontes formais de Direito.

A questão trazida a exame é o valor que as Convenções da OIT não ratificadas podem representar em nosso universo jurídico.

Avulta aí o papel do princípio da subsidiariedade, ainda pouco explorado em nosso Direito.

As Convenções da OIT possuem grande importância, não apenas porque constituem um marco de referência, mas também porque em alguns Estados integram sua legislação positiva, uma vez ratificadas. Independente de serem ou não ratificadas, no entanto, comportam uma grande vantagem, que é a de permitir estabelecer a existência de certas normas internacionalmente aceitáveis, posto que são produtos de um consenso adotado por uma Conferência Internacional, onde estão representantes de governos, de trabalhadores e de empregadores de mais de 170 Países-membros[533].

As políticas trabalhistas diante das crises não justificam o desmantelamento do regime tutelar criado pelo Direito do Trabalho. Devem significar, ao contrário, uma constante adaptação às dinâmicas mudanças da sociedade. Mas esse processo de mudança e adaptação não pode significar uma renúncia aos princípios gerais do Direito do Trabalho, nem um abandono às suas principais instituições, entre as quais a proteção contra a dispensa injustificada, que segue tendo vigência por razões de justiça social e de coexistência equilibrada entre os atores sociais[534].

A Primeira Jornada de Direito Material e Processual na Justiça do Trabalho aprovou um Enunciado especificamente sobre a aplicabilidade das Convenções da OIT. Trata-se do Enunciado n. 3, que se refere às Normas Internacionais como fontes do Direito, dividido em dois itens. O primeiro item possui a seguinte redação:

> I – FONTES DO DIREITO DO TRABALHO. DIREITO COMPARADO. CONVENÇÕES DA OIT NÃO RATIFICADAS PELO BRASIL. O Direito Comparado, segundo o art. 8º da Consolidação das Leis do Trabalho, é fonte subsidiária do Direito do Trabalho. Assim, as Convenções da Organização Internacional do Trabalho não ratificadas pelo Brasil podem ser aplicadas como fontes do direito do trabalho, caso não haja norma de direito interno pátrio regulando a matéria.[535]

O item II do Enunciado n. 3 amplia ainda mais as fontes do Direito do Trabalho no que diz respeito às normas da OIT:

> II – FONTES DO DIREITO DO TRABALHO. DIREITO COMPARADO. CONVENÇÕES E RECOMENDAÇÕES DA OIT. O uso das normas internacionais, emanadas da Organização Internacional do Trabalho, constitui-se em importante ferramenta de efetivação do Direito Social e não se restringe à aplicação direta das Convenções ratificadas pelo país. As demais normas da OIT, como as Convenções não ratificadas e as Recomendações, assim como os relatórios dos seus peritos, devem servir como fonte de

---

(529) HUSEK, Carlos Roberto. *Curso básico de direito internacional público e privado do trabalho*. São Paulo: LTr, 2009. p. 119.
(530) ZANGRANDO, Carlos. *Curso de direito do trabalho*. São Paulo: LTr, 2008. t. 1. t. 1.
(531) SÜSSEKIND, Arnaldo. *Convenções da OIT e outros tratados*. 3. ed. São Paulo: LTr, 2007. p. 23.
(532) SÜSSEKIND, 2000, p. 234.
(533) HERNANDEZ ÁLVAREZ, Óscar. La protección del empleo en situaciones de crisis: características generales propias de un sistema de protección al empleo. In: COSMÓPOLIS, Mario Pasgo (Coord.). *Actualidad del derecho del trabajo*. Peru: De Jure Academia Iberoamericana de Derecho del Trabajo y de la Seguridad Social, 2009. p. 87-106. p. 94-95.
(534) *Ibidem*, p. 95.
(535) *Primeira Jornada de Direito Material e Processual na Justiça do Trabalho*. MONTESSO, Cláudio José; STERN, Maria de Fátima Coêlho Borges; ELY, Leonardo (coords.). São Paulo: LTr, 2008. p. 35.

interpretação da lei nacional e como referência a reforçar decisões judiciais baseadas na legislação doméstica.[536]

Interpretando esse Enunciado, Francisco Antonio de Oliveira afirma que, de forma induvidosa, as normas originárias da Organização Internacional do Trabalho, como um todo, "constituem referencial por excelência para serem utilizadas como subsídios nas relações de trabalho". Em sua perspectiva, essas normas podem servir como estímulo à edição de leis e "contribuir para o desenvolvimento do país, quer sejam ou não ratificadas". Por isso, nada impede que a interpretação de lei nacional "leve em conta normas preceituais contidas nas Convenções, Recomendações, etc., desde que não haja norma em contrário".[537]

Ganha relevo, em muitos Estados, com fundamento na experiência europeia, "o chamado princípio da subsidiariedade, utilizado como guia da elaboração da Constituição da Europa, de 2004".[538]

Considera-se, pois, o princípio da subsidiariedade como reconhecidamente incidente no Direito Internacional Público. Dessa forma, também é aplicável ao Direito Internacional do Trabalho. Pode-se, assim, considerar as normas internacionais em diversos níveis de análise institucional, tais como: "a perspectiva macroavaliativa da estrutura de instituições e das possibilidades decisórias das jurisdições nacionais até a microanálise de processos decisórios".[539]

Os tratados que compõem o Direito Internacional do Trabalho devem sempre ser levados em consideração, ratificados ou não. Na ausência de ratificações, o Direito Internacional do Trabalho, em verdade, constitui inspiração para que legisladores elaborem seus textos, governos desenvolvam políticas públicas, sindicatos definam sua posição em negociações coletivas, empresas elaborem seus códigos de conduta e o Judiciário robusteça seus julgamentos[540].

Quando, porém, as normas internacionais do trabalho recebem ratificações, "sua densidade é não apenas persuasiva, mas também jurídica". Desse modo, suas publicações significam apenas "promover concretamente as obrigações assumidas pelo Estado no âmbito das relações internacionais".[541]

Recordou-se neste item o precedente da Primeira Jornada de Direito Material e Processual na Justiça do Trabalho, realizada em Brasília, que, de forma pioneira, considera como fonte subsidiária do Direito do Trabalho as Convenções da OIT não ratificadas, inexistindo norma de direito interno regulando a matéria.

3.6. A dupla significação do Direito Internacional do Trabalho

De todo o exposto, infere-se que a significação do Direito Internacional é dupla: as convenções, aprovadas pelo Congresso Nacional e dadas a conhecimento público pelo Poder Executivo, são direito positivo e, portanto, os trabalhadores e os sindicatos podem exigir sua aplicação e cumprimento em forma individual ou coletiva. Por outro lado, e em razão de sua pertinência à Constituição brasileira, são normas imperativas, cujos benefícios não poderão reduzir-se nas negociações coletivas nem em decisões da Justiça do Trabalho. Desse ponto de vista, portanto, o Direito Internacional do Trabalho é "um segundo mínimo indestrutível, que se coloca em uma escala apenas abaixo da Constituição da República".[542]

Em rápidas pinceladas, estão aí as noções gerais de como se ratificam as Convenções da OIT no Brasil, e qual o valor hierárquico que possuem.

4. As principais Convenções da OIT sobre a saúde do trabalhador (148, 155 e 161)

As principais Convenções da OIT sobre a saúde do trabalhador foram relacionadas por Sebastião Geraldo de Oliveira, como sendo as de ns. 103, 115, 121, 127, 134, 136, 139, 148, 152, 155, 159, 161, 162, 163, 167, 170, 171, 174, 176, 182, 184 e 187.

A Convenção n. 148, que passou a vigorar no ordenamento jurídico brasileiro em 14.01.1983, trata da contaminação do ar, ruído e vibrações. O propósito é prevenir e limitar os riscos profissionais provenientes dessas contaminações no local de trabalho. Para a OIT, a contaminação do meio ambiente do trabalho por gases, vapores, fumos e poeiras é o problema mais grave da indústria, não se limitando à área da empresa, sendo uma ameaça para toda a população que reside nas proximidades. Inovação importante desse instrumento é permitir aos representantes dos empregados e dos empregadores acompanhar essa inspeção. Os representantes dos trabalhadores não seriam os membros da CIPA, mas os dirigentes sindicais, que podem, "com maior liberdade e independência, apontar os eventuais descumprimentos das normas de segurança e saúde do trabalhador nos locais de trabalho".[543] Além disso, o empregado tem o direito a receber informações "sobre os riscos a que está exposto, com as instruções adequadas para se proteger ou para a prevenção e limitação dos riscos".[544] A Convenção n. 155, que entrou em vigor no Brasil em 18.05.1993, refere-se à segurança e saúde dos trabalhadores. Estabelece

---

(536) *Idem.*
(537) OLIVEIRA, Francisco Antonio de. *Comentário às súmulas do TST.* 8. ed. rev., atual. e ampl. São Paulo: Editora Revista dos Tribunais, 2008. p. 714.
(538) ASSIS, Luís Fabiano de. Direito internacional do trabalho. In: SCHWARZ, Rodrigo Garcia (Org.). *Dicionário de direito do trabalho, de direito processual do trabalho e de direito previdenciário aplicado ao direito do trabalho.* São Paulo: LTr, 2012. p. 362-366. p. 363.
(539) *Idem.*
(540) *Idem.*
(541) *Idem.*
(542) CUEVA, Mario de la. *El nuevo derecho mexicano del trabajo.* 6. ed. México: Porrúa, 1980. t. 1, p. 37.
(543) OLIVEIRA, 2010, p. 75-78.
(544) OLIVEIRA, 2010, p. 79.

esse instrumento que é obrigação dos empregadores garantir que os locais de trabalho, o maquinário, os equipamentos, as operações e os processos, que estiverem sob seu controle, "são seguros e não envolvem risco algum para a segurança e a saúde dos trabalhadores"[545]. Por fim, a Convenção n. 161, que trata dos serviços de saúde no trabalho, com vigência no Brasil desde 18.05.1991. Estabeleceu esse instrumento normativo que a responsabilidade primeira com relação à segurança e à saúde dos trabalhadores é do empregador. Realmente, "os serviços de saúde não conseguem agir ou se desincumbir a contento de suas funções sem ter o apoio e o respaldo do empregador"[546].

5. A Convenção n. 132, que trata das férias

Uma das Convenções mais polêmicas internalizadas no Brasil é a n. 132. A Convenção n. 132 trata das férias anuais remuneradas e entrou em vigor a partir do Decreto de promulgação n. 3.197, de 05.10.1999. Somente pelo Decreto Presidencial de promulgação, que ordena sua execução e "publicação no Diário Oficial da União, dá-se a eficácia jurídica do tratado em todo o território brasileiro"[547]. Como a publicação do decreto presidencial ocorreu no DOU de 06.10.1999, é a partir dessa data que ocorreu a vigência em todo o território nacional. Existem alguns pontos que merecem ser analisados, a respeito dessa Convenção, e que podem ser considerados modificadores da legislação nacional:

a) aplicação a todos os trabalhadores, com exceção dos marítimos – ao ratificar a Convenção n. 132, o Brasil comunicou à OIT que haverá em nosso país sempre 30 (trinta) dias de férias, não ressalvando as domésticas. Desse modo, a partir da promulgação desse instrumento internacional, as férias das domésticas passaram a ser de 30 dias, à semelhança do que já ocorria com os empregados celetistas. Por força do art. 4º do instrumento, "os empregados domésticos passaram também a ter direito às férias proporcionais"[548];

b) férias proporcionais – período mínimo de serviço. Os arts. 5.1 e 11 da Convenção n. 132 derrogaram o art. 147 do texto consolidado. Ao estabelecerem um período mínimo de serviço para a aquisição do direito a férias a todo empregado, sem qualquer restrição, consagram o direito a férias proporcionais (com fruição desse período, indenização compensatória ou crédito de férias equivalentes) "a todo empregado com menos de 1 (um) ano de casa que deixa voluntariamente o serviço"[549];

c) determinação da época de férias. Os arts. 10.1 e 10.2 da Convenção n. 132 estabelecem três requisitos para a concessão de férias pelo empregador: 1. necessidade do trabalho; 2. consulta prévia do empregado, exceto se fixada por regulamento, acordo coletivo, sentença arbitral ou qualquer outra forma, conforme a prática nacional; 3. possibilidade de repouso e lazer segundo as conveniências do empregado. Desse modo, está revogado o *caput* do art. 136 da CLT, que previa "somente o atendimento do interesse do empregador para a fixação do período de gozo de férias"[550];

d) feriados oficiais ou decorrentes do costume não são computados no período de gozo das férias. Dispõe o art. 6.1 da Convenção que os dias feriados oficiais ou costumeiros, quer se situem ou não dentro do período de férias anuais, não serão computados como parte do período mínimo de férias anuais remuneradas. Em razão desse dispositivo, existindo um feriado dentro ou fora do seu período de férias, "o empregado terá direito a férias integrais mais o(s) feriado(s)". Por isso, "derrogada a expressão 'dias corridos' da escala de férias prevista no art. 130 da CLT"[551];

e) fracionamento das férias. Cabe à autoridade competente de cada país signatário da Convenção autorizar ou não o fracionamento do período de férias remuneradas. É o que dispõe o art. 8.1 da Convenção. Autorizado o fracionamento, um dos períodos não poderá ser inferior ao correspondente a duas semanas de trabalho ininterrupto, salvo convenção ou acordo coletivo em contrário. O § 1º do art. 134 da CLT consigna que somente em casos excepcionais serão as férias concedidas em dois períodos, um dos quais não poderá ser inferior a 10 (dez) dias corridos. Em consequência, considera-se que "esse dispositivo foi derrogado pelo art. 8.2 do tratado ratificado"[552];

f) cessação do contrato de trabalho. O art. 4º, § 1º, da Convenção n. 132 da OIT, estabelece que toda pessoa que tenha completado, no curso de um ano determinado, um período de serviço de duração inferior ao período necessário à obtenção de direito à totalidade das férias proporcionais prescritas no art. 3º, terá direito, nesse ano, a férias de duração proporcionalmente reduzidas. Sendo assim, mesmo se houver dispensa por justa causa, o obreiro fará jus a férias proporcionais, o mesmo ocorrendo com o empregado que pedir demissão (ou, tecnicamente, melhor dizendo, demitir-se) antes de completar o período aquisitivo, "ficando derrogado o parágrafo único do art. 146 e o art. 147 do Texto Consolidado, cabendo ao TST a revisão do Enunciado 261"[553]. Ocorre que o C. TST, mesmo depois da revisão das Súmulas ns. 14 e 261 deixou claro que

---

[545] Ibidem, p. 79-83.
[546] Ibidem, p. 83-85.
[547] BARROS JUNIOR, Cássio de Mesquita. A Convenção 132 da OIT e seu impacto sobre o regime de férias. *Revista de Direito do Trabalho*, São Paulo: RT a. 28, p.38-48, 43 esp. p. out./dez. 2002.
[548] BARROS, Alice Monteiro de. *Curso de direito do trabalho*. 6. ed. São Paulo: LTr, 2010. p. 743-744.
[549] BARROS JUNIOR, 2002, p. 45.
[550] Ibidem, p. 46.
[551] Idem.
[552] Ibidem, p. 47.
[553] MOURA, Luiz Arthur de. A Convenção 132 da OIT e a revogação dos artigos da Consolidação das Leis do Trabalho referentes às férias. *Revista de Direito do Trabalho*. São Paulo: RT, a 29, p. 141-156, esp., out./dez. 2003.

o empregado não as perderá na saída voluntária (demissão), recebendo-as por metade na culpa recíproca. Desse modo, segundo essa orientação, na hipótese de justa causa, o empregado não teria jus a férias proporcionais. É bom lembrar, entretanto, "que a Convenção 132 da OIT assegura as férias proporcionais, independentemente da causa da extinção (de cessação) do contrato, dado o fundamento biofisiológico do instituto"[554]. Segundo Cláudia Salles Vilela Vianna, quando da rescisão contratual, ainda que por justa causa ou pedido de demissão, "terá o empregado direito ao recebimento de férias proporcionais, independentemente do número de meses trabalhados no período aquisitivo"[555].

Registre-se, a respeito da polêmica sobre a aplicabilidade da Convenção n. 132 da OIT, quatro correntes de pensamento distintas:

a) a análise se procede a partir das diretrizes estabelecidas na Lei de Introdução ao Código Civil para sucessão de normas no tempo, segundo a qual "a lei posterior revoga a anterior quando (...) seja com ela incompatível (...)", "adotando o critério da aplicação imediata da lei, e identidade de matéria, pela compatibilidade, contradição ou especialização"[556];

b) aplica-se excepcionalmente a teoria da acumulação, estabelecendo-se o confronto entre a norma nacional e internacional para aferir qual a mais vantajosa, não havendo risco a se fracionar o ordenamento jurídico nacional. Além disso, "se a lei brasileira fosse mais favorável, seria desnecessária a sua ratificação como sugere a própria OIT"[557];

c) considera-se a teoria do conglobamento como critério para a aplicação da norma mais favorável, não fracionando os preceitos ou institutos jurídicos, porque o conjunto normativo é apreendido globalmente, no seu todo, tendo em vista o mesmo universo temático. Por essa teoria, alguns concluem que, "sendo a legislação brasileira mais favorável ao empregado, não se deve aplicar a Convenção 132"[558];

d) analisando-se os conflitos entre a Convenção n. 132 da OIT e o Texto Consolidado, deve-se observar a seguinte regra: sempre que a legislação brasileira for mais benéfica do que a norma internacional, "prevalecerá a legislação brasileira", "pois assim determina o art. 19, § 8º, da Constituição da OIT"[559].

Esse tema ainda é objeto de cizânia na Justiça do Trabalho, especialmente no que tange ao direito às férias proporcionais quando há dispensa por justa causa ou por culpa recíproca.

6. Uma síntese da Convenção n. 158 da OIT

Há uma música muito conhecida no Brasil cujo título é "Me dê Motivo". Seu criador, o músico Tim Maia, diz lá pelas tantas "me dê motivo para ir embora". É disso que trata a Convenção n. 158 da OIT. Da justificativa para a dispensa. O empregado quer saber os motivos pelos quais está sendo dispensado. É insuficiente dizer que a despedida é sem justa causa (ou sem motivo). Parece que sempre por trás de uma dispensa há uma razão, uma justificativa.

Quando se fala em justificativa para a dispensa, deve-se refletir sobre o que significa o vocábulo "dispensa". De maneira ampla, seria possível entender a palavra *dispensa* como noção jurídica que compreende não apenas a rescisão unilateral do empresário por motivos disciplinares, mas "qualquer outra cessação unilateralmente imposta pelo empresário ao trabalhador, ainda que fundada em causa alheia ao descumprimento contratual deste"[560].

Não há qualquer controvérsia quando se afirma que, para a esmagadora maioria da população brasileira, o emprego garante a própria existência. Não se trata, apenas, de uma oportunidade de vender a força de trabalho, mas sobretudo de encontrar, no emprego, "vínculos sociais e, numa sociedade baseada na ideia de que o trabalho é algo que dignifica, autoestima". Nesse sentido, a dispensa do empregado representa mais do que "a iminência de dificuldades econômicas para ele e sua família". Por isso, chamam os economistas "as conjunturas econômicas baixas de depressão", uma vez que, existindo, "anda em baixa também o moral da população"[561].

Parece, portanto, justo e razoável exigir-se do empregador "que dispense o empregado somente quando existem motivos para tanto". Considera-se, assim, que a atitude arbitrária de privar alguém do seu meio ou existência, "sem ao menos dar motivo para isso, sempre foi retrógrado, deselegante e imoral e é, definitivamente, também, no Brasil, ilegal"[562].

Como diz Dorothee Susanne Rüdiger, "a ratificação da Convenção n. 158 é, portanto, um ato político que representa um primeiro passo em direção à maior valoração do emprego"[563].

---

(554) BARROS, 2010, p. 744.
(555) VIANNA, Cláudia Salles Vilela. *Manual prático das relações trabalhistas*. 6. ed. São Paulo: LTr, 2004. p. 453.
(556) COUTINHO, Aldacy Rachid. As férias depois da Convenção 132 da OIT. *Revista do Tribunal Regional do Trabalho da 9ª Região*, a. 27, n. 48, jul./ dez. 2002. (p. 13-44). p. 14-15.
(557) BARROS, *op. cit.*, p. 743.
(558) HUSEK, 2009, p. 23-24 e 139.
(559) MOURA, 2003, p. 148.
(560) BAYLOS GRAU, Antonio; PÉRES REY, Joaquín. *A dispensa ou a violência do poder privado*. Trad. Luciana Caplan. São Paulo: LTr, 2009. p. 25.
(561) RÜDIGER, Dorothee Susanne. Motivos, procedimentos e efeitos da dispensa individual na Convenção n. 158 da OIT e no direito francês e alemão. In: DELGADO, Mauricio Godinho; DELGADO, Gabriela Neves (Orgs.). *Direito do trabalho da seguridade social*: direito do trabalho coletivo, administrativo, ambiental e internacional. São Paulo: Editora Revista dos Tribunais, 2012. (Coleção doutrinas essenciais; v. 3). p. 1063-1079, p. 1077.
(562) RÜDIGER, 2012, p. 1077.
(563) *Ibidem*, p. 1079.

Encontra-se o empregado diante de uma situação semelhante à do cidadão diante do Estado. Tem a relação de trabalho um caráter existencial para quem trabalha. O Estado deve observar o princípio da legalidade "quando toma medidas que interferem nos direitos fundamentais dos cidadãos". Sendo análoga à situação do empregado diante da empresa, a dispensa, "em razão de suas consequências existenciais, deve obedecer a regras estatuídas por lei ou por normas coletivamente negociadas"[564].

O trâmite do processo elaborativo da Convenção n. 158 deu lugar, em sua época, a árduas discussões e negociações entre governos, empregadores e trabalhadores no seio da comissão respectiva da Conferência Internacional do Trabalho. Considerou-se, especialmente, que a aplicação de algumas de suas disposições podia implicar de fato uma verdadeira "inamovibilidade" no cargo. Finalmente, aceitas algumas disposições tendentes a atenuar esse risco, o instrumento foi aprovado pela Assembleia com a abstenção, entretanto, de quase a totalidade dos delegados empregadores[565].

Na lição de Eduardo Biacchi Gomes e Ronald Silka de Almeida, escudada em trecho do voto do Ministro Celso de Mello, proferido na ADIn 1.480-3-DF, os termos da Convenção n. 158 viriam a "regularizar" a regra inscrita no art. 7º, I, da Constituição, como "verdadeira fórmula de ponderação, que institucionalizou solução de caráter transacional destinada a conciliar posições contrastantes"[566].

Conforme o art. 4º da Convenção n. 158, só é possível a dispensa quando ocorre um motivo subjetivo ou um motivo objetivo. O motivo subjetivo decorre de comportamento faltoso do empregado e o motivo objetivo está vinculado ao empregador ou à empresa[567]. Trata-se de uma fórmula bastante aberta, garantindo sempre ao trabalhador o emprego, "salvo se houver uma motivação patronal do ato da dispensa". Por outro lado, garante sempre "a liberdade de dispensa por parte do empregador, exigindo-se apenas que o ato seja motivado"[568]. Para melhor entendimento, em resumo, "nem o empregado tem estabilidade nem o empregador tem liberdade ampla de dispensar o empregado: em qualquer hipótese, a dispensa vincula-se a um motivo ou justificativa"[569].

A proteção contra o despedimento não significa impedir que o empregador possa despedir os trabalhadores. Trata-se de estabelecer que o despedimento se realize com uma causa justificada, vale dizer, o empregador deve apresentar razões explicativas de que não é arbitrária a decisão de terminar a relação trabalhista. A proteção em favor do trabalhador no momento da dispensa se justifica com os mesmos argumentos do próprio Direito do Trabalho, com o acréscimo que sem essa especial proteção o Direito do Trabalho perderia efetividade. Assim, a justificação da causa que motiva a dispensa é a que se exige neste direito. Uma formulação mais precisa sobre as causas justificadas da terminação trabalhista foi desenvolvida pela OIT pela Convenção n. 158, de 1982, e sua Recomendação n. 166. Embora a Convenção não tenha recebido um número significativo de ratificações pelos Estados-membros, isso não reduz sua importância para ilustrar o conteúdo da proteção contra o despedimento[570].

A Convenção define seu conteúdo como sendo a terminação da relação de trabalho por iniciativa do empregador, ficando excluídas as demais possibilidades (a renúncia do trabalhador ou o acordo entre trabalhador e empregador sobre a extinção do contrato trabalhista). A proteção contra a dispensa formulada pelos instrumentos internacionais de direitos humanos coincide com o âmbito de aplicação estabelecido pela Convenção n. 158 da OIT[571].

Apesar das estatísticas de desemprego nos países, o trabalho continua sendo "uma parte essencial da condição humana". Para muitos, isso representa a primária fonte de ingresso do qual depende a sobrevivência física. O trabalho é crucial para o desfrute dos "direitos de sobrevivência" como a alimentação, vestimenta ou moradia. O desemprego afeta o nível de satisfação de outros direitos humanos como o direito à educação, à cultura e à saúde. Por isso, o reconhecimento da ideia de que "o trabalho é um elemento integral para a manutenção da dignidade e do auto respeito do indivíduo"[572].

As dispensas estão ligadas à pessoa ou à conduta do assalariado, de uma parte, e, de outra, se baseiam nas necessidades da empresa ou do serviço. Evidentemente devem ser consideradas "não as causas declaradas da dispensa, mas seus verdadeiros motivos; é ao juiz, quando julga, que compete buscar a verdade sob as aparências"[573].

Naturalmente que as denominadas "más razões" não podem justificar a dispensa. A Convenção n. 158 e a Recomendação n. 166 relacionam os motivos não válidos para a dispensa que implicam discriminação:

---

(564) Ibidem, p. 1078.
(565) MONTT BALMACEDA, Manuel. Princípios de derecho internacional del trabajo de la OIT. 2. ed. actual. Chile: Editorial Jurídica de Chile, 1998. p. 236.
(566) GOMES, Eduardo Biacchi; ALMEIDA, Ronald Silka de. Convenção 158 da OIT e os instrumentos jurídicos de conciliação do direito internacional. In: GUNTHER, Luiz Eduardo; PIMPÃO, Rosemarie Diedrichs (Coords.). Conciliação: um caminho para a paz social. Curitiba: Juruá, 2012. p. 861-873. p. 870.
(567) MANNRICH, Nelson. Dispensa coletiva e negociação coletiva prévia: novas diretrizes. In: AZEVEDO, André Jobim de; VILLATORE, Marco Antônio (Coords.). Direito do trabalho. XIV Jornada Luso-Hispano-Brasileira. Curitiba: Juruá, 2010. p. 23-48. p. 34.
(568) MANNRICH, 2010, p. 34.
(569) Idem.
(570) CANESSA MONTEJO, Miguel F. La protección contra el despido en el derecho internacional. In: OJEDA AVILÉS, Antonio et al. (Coord.). Temas centrales del derecho del trabajo del siglo XXI. Perú: Ara Editores, 2009. p. 295.
(571) Idem.
(572) CANESSA MONTEJO, 2009, p. 295.
(573) SERVAIS, 2001, p. 218.

a) filiação sindical ou participação em atividades sindicais "fora das horas de trabalho ou, com o consentimento do empregador, durante as horas de trabalho";

b) exercício de um mandato de representação dos trabalhadores (ou o fato de havê-lo solicitado);

c) raça, cor, sexo, estado civil, encargos de família, gravidez, religião, opinião política, ascendência nacional ou origem social;

d) idade, "salvo disposições legislativas e a prática nacional no que concerne à aposentadoria"[574].

A Convenção n. 158 e a Recomendação n. 166 também explicitam os motivos que não podem ser tidos como razoáveis para a despedida, pois decorrem do exercício de um direito pelo trabalhador:

a) licença-maternidade

b) falta por doença ou acidente (a Convenção orienta que a definição da falta temporária ao trabalho, quando um atestado médico é exigido, e toda limitação possível devem ser estabelecidas em âmbito nacional);

c) serviço militar ou cumprimento de outras obrigações[575].

Anote-se que é da Recomendação n. 166, de 1982, que trata também da cessação da relação de trabalho, o acréscimo da idade (sujeita a regras relacionadas com a aposentadoria), do serviço militar obrigatório "e outros deveres cíveis como razões não justificadas para a cessação"[576].

Os procedimentos que devem ser observados para a cessação da relação de trabalho e para o recurso contra a cessação são estabelecidos, também, pela Convenção. Para que o trabalhador não tenha que suportar sozinho o ônus da prova de que a cessação foi injustificada, a Convenção estabelece uma de duas possibilidades ou ambas:

a) o ônus da prova da existência de uma razão válida recairá sobre o empregador;

b) os organismos competentes devem ter poderes para chegar a uma conclusão tendo em conta as provas produzidas pelas partes e de acordo com as normas estabelecidas pela legislação e prática nacionais[577].

Determina a Convenção um razoável período de pré-aviso ou uma indenização como alternativa, a menos que o trabalhador seja culpado de falta grave, e uma indenização por cessação e/ou outras formas de proteção de rendimentos (seguro ou assistência de desemprego, ou outros benefícios da segurança social). A falta grave terá que ser de tal natureza que não seria razoável pedir ao empregador que continuasse a empregar o trabalhador durante o prazo de pré-aviso. Ainda, no caso de cessação injustificada da relação de trabalho, e se a decisão não puder ser alterada e/ou a reintegração do trabalhador não for praticável, será paga uma compensação adequada[578].

Finalmente, quando a cessação da relação de trabalho ocorre por motivos econômicos, tecnológicos, estruturais ou análogos, disposições complementares referem-se à obrigação do empregador de "consultar os representantes dos trabalhadores e notificar a autoridade competente, tão cedo quanto possível, fornecendo a informação relevante"[579].

Parece evidente, diante do que se procurou explicitar, a importância da Convenção n. 158 da OIT para democratizar as relações de trabalho e trazer cidadania ao ambiente laboral.

6.1. Vigência das Convenções da OIT nos âmbitos nacional e internacional – A compatibilidade da Convenção n. 158 da OIT com o ordenamento jurídico brasileiro – A necessidade de justificativa para as dispensas individuais e coletivas

Aprovada em 1982 pela Conferência Internacional do Trabalho, a Convenção n. 158 foi admitida pelo Congresso Nacional por Decreto Legislativo em 1992 e promulgada por Decreto do Executivo Federal em abril de 1996. No mesmo ano, em dezembro, a Convenção foi denunciada pelo Brasil.

Trata-se, portanto, de registrar essa história, explicando a compatibilidade da norma internacional com o ordenamento jurídico brasileiro.

Considera-se, ainda, importante explicitar a fundamentação necessária para as dispensas individuais e coletivas. Quanto a estas, inclusive, o precedente do C. TST.

A Convenção n. 158, que trata do término da relação de trabalho por iniciativa do empregador, foi aprovada na 68ª Reunião da Conferência Internacional, em Genebra, no dia 22 de junho de 1982. Sua vigência internacional deu-se a partir de 23 de novembro de 1998.

No Brasil, essa Convenção restou aprovada pelo Decreto Legislativo n. 68, de 16 de setembro de 1992. A promulgação ocorreu pelo Decreto n. 1.855, de 10 de abril de 1996. Alguns meses depois, em 20 de dezembro de 1996, efetivava-se a denúncia pelo Decreto n. 2.100.

O Presidente Fernando Henrique Cardoso tornou público que deixaria de vigorar para o Brasil, a partir de 20 de novembro de 1977, a Convenção da OIT n. 158, por ter sido "denunciada por Nota do Governo brasileiro à Organização

---

(574) *Ibidem*, p. 219.
(575) LEONARDI, Leonardo. *Resumos de normas internacionais de trabalho*. Trad. Fernando M. Mauricio de Carvalho. Lisboa: Confederação Geral dos Trabalhadores Portugueses – Interssindical Nacional/Artes Gráficas Ltda., 1988. p. 38.
(576) *Ibidem*, p. 38-39.
(577) LEONARDI, 1998, p. 39.
(578) *Idem*.
(579) *Idem*.

Internacional do Trabalho, tendo sido a denúncia registrada, por esta última, a 20 de novembro de 1996"[580].

Em linguagem técnico-jurídica, o vocábulo "denúncia" significa que o país declara encerrado o compromisso anteriormente assumido de cumprir os dispositivos de um Tratado Internacional (como a Convenção n. 158 da OIT).

Os fundamentos invocados pelo Governo brasileiro, para essa denúncia, direcionaram-se no sentido de que manter em rigor a adesão a essa norma internacional acarretaria perda de competitividade no cenário globalizado. Também justificou-se com uma certa "confusão jurídica" que estaria sendo gerada, em razão das conflitantes decisões entre os Tribunais durante o curto espaço de tempo em que vigorou no País.

Na parte inicial de sua apresentação, o texto da Convenção invoca a Recomendação sobre o Término da Relação de Trabalho, de 1963, salientando terem sido "registradas importantes novidades na legislação e na prática de numerosos Estados-membros relativas às questões que essa Recomendação abrange"[581].

Sob a perspectiva dessas novidades, considerou a Conferência Internacional do Trabalho oportuno adotar novas normas internacionais sobre a matéria, tendo em conta, de forma particular, os graves problemas detectados nessa área "como consequência das dificuldades econômicas e das mudanças tecnológicas ocorridas durante os últimos anos em grande número de países"[582].

O ponto central da Convenção refere-se à necessidade de uma justificação para "o término da relação de trabalho por iniciativa do empregador". Esse término só pode ocorrer se houver "uma causa justificada", relacionada com a capacidade do trabalhador; ou "com sua capacidade ou seu comportamento ou baseada nas necessidades de funcionamento da empresa, estabelecimento ou serviço" (art. 4)[583].

Pode-se dizer que a aprovação da Convenção n. 158 pela Conferência Internacional do Trabalho, em 1982, representou uma espécie de segunda fase na intensa atividade normativa da OIT, que teve início depois da Segunda Guerra Mundial. Com a ampliação da comunidade internacional e a diversidade das condições socioeconômicas dos Estados-membros, passou a OIT "a diminuir gradativamente as diferenças entre as Convenções e as Recomendações"[584].

Deixaram as Convenções de ser tão precisas para aproximar-se da flexibilidade das Recomendações, uma vez que passaram a tratar de temas cada vez mais abrangentes sob uma ótica mais genérica[585].

A flexibilidade da Convenção visa, nada mais, nada menos, do que "sua adaptação à ordem jurídica interna, de modo a permitir que esta consagre imediatamente determinados direitos"[586].

A vigência no âmbito internacional constitui pressuposto essencial para que uma Convenção da OIT, ratificada, possa ter eficácia em relação ao Estado que a ratificou. Não se confunde, assim, vigência internacional com vigência nacional. No âmbito da OIT, o início da vigência de cada Convenção, "quer no âmbito internacional, quer em relação a cada Estado que a ratificou, é previsto expressamente no diploma aprovado pela Conferência". Normalmente, estabelecem as Convenções que "a vigência internacional se inicia 12 meses após o registro de duas ratificações"[587].

Relativamente à vigência nacional, ou interna, o ato de internalização tem natureza complexa. Para que sejam incorporados ao ordenamento interno, no Brasil, os tratados, acordos e as convenções internacionais "necessitam de prévia aprovação do Poder Legislativo, que exerce a função de controle e fiscalização dos atos do Executivo". Com a aprovação pelo Congresso Nacional, o Presidente do Senado promulga o Decreto Legislativo, que é publicado no Diário Oficial da União, "iniciando-se a partir daí os procedimentos cabíveis para a entrada em vigor do Tratado Internacional no nosso ordenamento jurídico". Essa fase, que ocorre perante o Poder Legislativo, "tem por finalidade atestar que o Ato Internacional já existe e que foram cumpridas todas as formalidades internas para sua celebração". Nesse momento o compromisso "internacionalmente firmado já é juridicamente exigível". Entretanto, "para que a norma se considere efetivamente promulgada, é indispensável sua publicação, dando conhecimento à população da sua existência"[588].

A Convenção n. 158 da OIT passou a ter vigência internacional em 23 de novembro de 1998, quando dois Estados-membros a ratificaram, e esses atos foram registrados pelo Diretor-Geral da entidade[589]. Os dois primeiros Estados-membros que ratificaram essa Convenção foram Espanha (26.04.1985) e Venezuela (06.05.1985). Até o momento, registram-se 35 ratificações, incluindo, por exemplo, Austrália, França e Portugal.

---

(580) BRASIL. *Decreto n. 2.100, de 20 de dezembro de 1996*. Torna pública a denúncia, pelo Brasil, da Convenção n. 158 da OIT relativa ao Término da Relação de Trabalho por Iniciativa do Empregador. DOU de 23.12.96, p. 27860.
(581) MARTINS, Sergio Pinto. *Convenções da OIT*. São Paulo: Atlas, 2009. p. 694.
(582) MARTINS, 2009, p. 694.
(583) *Ibidem*, p. 696.
(584) SILVA; MAIOR, 2012, p. 1157.
(585) VALTICOS, 1977, p. 109.
(586) SILVA; MAIOR, *op. cit.*, p. 1157.
(587) PRETTI, Gleibe. *Direito internacional do trabalho e convenções da OIT ratificadas pelo Brasil*. São Paulo: Ícone, 2009. p. 24-25.
(588) PRETTI, 2009, p. 24.
(589) MARTINS, 2009, p. 630, 694 e 701.

Nos Estados-membros da OIT que ratificaram a Convenção n. 158, considera-se imprescindível a existência de causas jurídicas relevantes, "fundadas em motivações de ordem técnica, econômica ou financeira, para a resilição unilateral do contrato de trabalho por ato do empregador"[590].

Como norma internacional do trabalho, também, emanada da OIT, cita-se a Recomendação n. 119, dispondo que nenhuma despedida deveria ocorrer "sem um justo motivo vinculado à aptidão ou à conduta do trabalhador, ou fundado sobre as necessidades do funcionamento da empresa, do estabelecimento ou do serviço"[591].

Na medida em que a Constituição da República Federativa do Brasil, em seu inciso I do art. 7º, "protege a relação de emprego contra a despedida arbitrária", sem dúvida está a consagrar "direito social fundamental (topograficamente em primeiro lugar na ordem dos direitos fundamentais trabalhistas)". Leve-se em conta, ainda, que no § 1º do art. 5º da nossa Carta Magna, o dispositivo constitucional assinalado "tem aplicação imediata"[592].

Um dos defensores mais ardorosos da eficácia da Convenção n. 158 da OIT é o Magistrado e Professor Jorge Luiz Souto Maior. Em decisão da qual foi relator, quando convocado perante o E. TRT da 15ª Região, argumentou que a Convenção n. 158 da OIT, de forma compatível com o ordenamento jurídico brasileiro, impede que o empregador dispense seu empregado por represálias "ou simplesmente para contratar outro com salário menor". Ressalta, entretanto, que em caso de real necessidade a dispensa estaria assegurada. Relativamente à dispensa coletiva, seria necessária a justificativa em "necessidade do funcionamento da empresa, estabelecimento ou serviço", com base em "motivos econômicos, tecnológicos, estruturais ou análogos". Supera esse julgado, também, eventuais dificuldades de apuração ou análise dos motivos alegados, invocando "como parâmetro legal a regra e as interpretações doutrinárias e jurisprudenciais já dadas ao art. 165 da CLT"[593].

Em caso de grande repercussão nacional, envolvendo a empresa EMBRAER, o TRT da 15ª Região considerou ilícitas as resilições contratuais em massa, fundamentando-se no malferimento da boa-fé objetiva e na abusividade do ato patronal diante da ausência de diálogo entre as partes, por meio de negociação coletiva, antes da realização das dispensas em massa. O C. TST, por sua Seção de Dissídios Coletivos, debruçou-se sobre "as consequências econômicas e sociais da dispensa de mais de 4000 trabalhadores". Não mereceu acolhimento a dispensa coletiva efetivada sem prévia negociação sindical. O Ministro Mauricio Godinho Delgado, que redigiu o acórdão, salientou que embora mencionada lei complementar (art. 7º, I, da CF/1988, "relação de emprego protegida contra despedida arbitrária ou sem justa causa, nos termos de lei complementar..."), "a Constituição delegou ao legislador infraconstitucional apenas a eleição de sanções decorrentes da despedida arbitrária". A proteção ao trabalhador, prevista na Carta Magna, constituiria direito fundamental, com aplicação imediata, "impedindo a atuação do aplicador do Direito em sentido contrário ao seu conteúdo". Não pode a inércia do legislador, em regulamentar as consequências e sanções previstas na hipótese de dispensa coletiva, "impedir a aplicação de direitos previstos constitucionalmente" (art. 7º, I, e outros), "tais como a dignidade da pessoa humana e os valores sociais do trabalho e da livre-iniciativa, que são fundamentos da República". Os parâmetros que devem ser observados, à míngua de lei específica, extraem-se "de tratados internacionais do qual o Brasil seja parte e do direito comparado, como determinam o art. 4º da LICC e o art. 8º da CLT"[594].

Analisando esse acórdão, a doutrina constatou que "fixa a premissa para casos futuros, de observância da regra da Convenção n. 158 da OIT", no sentido de determinar seja a dispensa coletiva precedida de discussão ampla junto ao Sindicato que representa a categoria profissional, "buscando elidi-la ou ao menos encontrar um modo de minimizar seus efeitos nocivos". Determina, também, esse paradigmático julgado, antes referido:

a) a prévia comunicação da intenção de despedir "a uma autoridade competente ou órgão criado para tal fim";

b) um prazo razoável entre o aviso e a dispensa, "para que os trabalhadores possam realmente buscar novos postos de trabalho". Por fim, a análise do fenômeno da dispensa coletiva leva em conta que "essa circunstância extrapola a esfera do trabalhador atingido, causando lesão social que, por isso mesmo, tem que ser coibida, na medida do possível, pelo Estado"[595].

Não é razoável imaginar que a Convenção n. 158, no momento em que estiver sendo aplicada no Brasil, ultrapassadas todas as dúvidas e recursos possíveis, possa ser uma panaceia, a pedra filosofal, a solução para todos os problemas nas relações de trabalho. Como diz Márcio Túlio Viana, "a Convenção 158 não fará milagres". Trata-se, segundo ele, apenas de uma das muitas "estratégias possíveis para enfrentar um mundo cada vez mais globalizado e (paradoxalmente) desigual". Por isso, "a Convenção só será útil se receber uma interpretação que a valorize"[596].

---

(590) HENRIQUE, Virgínia Leite. Dispensa arbitrária ou sem justa causa (verbete). In: SCHWARZ, Rodrigo Garcia (Org.). *Dicionário de direito do trabalho, de direito processual do trabalho e de direito previdenciário aplicado ao direito do trabalho*. São Paulo: LTr, 2012. p. 377.
(591) *Idem*.
(592) *Ibidem*, p. 378.
(593) CAMPINAS. *Tribunal Regional do Trabalho da 15ª Região*. Proc. 00935.2002.088.15.00-3 – RO 15846/04-PATR). 6ª T. – Rel. Juiz Jorge Luiz Souto Maior. DOESP 07.05.2004.
(594) BRASIL. *Tribunal Superior do Trabalho*. Processo ED-RODC n. 30.900 – 12.2009.5.15.00000. Seção Especializada em Dissídios Coletivos. Rel. Min Mauricio Godinho Delgado, DEJT, 04.09.2009.
(595) SEVERO, Valdete Souto. Dispensa coletiva (Verbete). In: SCHWARZ, Rodrigo Garcia (Org.). *Dicionário de direito do trabalho, de direito processual do trabalho e de direito previdenciário aplicado ao direito do trabalho*. São Paulo: LTr, 2012. p. 385.
(596) VIANA, Márcio Túlio. Trabalhando sem medo: alguns argumentos em defesa da Convenção 158 da OIT. In: DELGADO, Mauricio Godinho; DELGADO,

Nessa exposição, mostrou-se um pouco o modo de compreender-se os termos da Convenção n. 158 e como ela repercutiu e poderá continuar repercutindo nas relações trabalhistas em nosso país.

6.2. A denúncia da Convenção n. 158 da OIT e os questionamentos sobre a regularidade do Decreto n. 2.100/1996 – A ADIn n. 1.635-3, de 2009

Um tratado de direito internacional deixa de ser exigível quando ocorre a denúncia. Essa regra também se aplica às Convenções da OIT.

A Convenção n. 158 da OIT foi denunciada, mas existe uma discussão judicial no Supremo Tribunal Federal a respeito de sua regularidade.

O debate trava-se em torno da ausência de manifestação do Congresso Nacional, da não observância do prazo de dez anos e da inexistência de consultas efetivas às entidades sindicais, como determina a Convenção n. 144 da OIT.

A matéria está *sub judice* perante o Supremo Tribunal Federal.

O Decreto n. 2.100, de 20 de dezembro de 1996, tornou público que deixou de vigorar, para o Brasil, a partir de 20 de novembro de 1997, a Convenção n. 158 da OIT, "visto haver sido denunciada por Nota do Governo brasileiro à Organização Internacional do Trabalho, tendo sido a denúncia registrada, por esta última, a 20 de novembro de 1996".[597]

O STF havia concedido "em parte" medida cautelar em ação direta de inconstitucionalidade contra a internalização da Convenção n. 158 da OIT no Brasil. Mas a ADIn 1.480-3, a respeito, "acabou sendo arquivada, por se entender que houve perda de objeto com a posterior denúncia da Convenção 158 da OIT".[598]

Essa decisão de arquivamento, proferida em 26.06.2001 pelo Ministro Celso de Mello, não mereceu a interposição de qualquer recurso dentro do prazo, ocorrendo a baixa ao arquivo do STF em 21.08.2001.

Há uma dúvida, judicialmente levantada, sobre a regularidade da denúncia da Convenção n. 158 da OIT. O instrumento teria sido denunciado irregularmente, por ato unilateral do Poder Executivo, sem manifestação do Congresso Nacional, o que violaria "o princípio da coparticipação dos Poderes Executivo e Legislativo na denúncia dos tratados", pois cabe ao Congresso Nacional resolver definitivamente sobre tratados (art. 49, I, da CF/1988)[599].

Outra irregularidade seria a inobservância do prazo de dez anos para a apresentação da denúncia, "contados da data inicial da vigência da convenção" (art. 16 da Convenção n. 158)[600].

Consoante essa orientação doutrinária, seria nulo o ato da denúncia, podendo-se considerar vigente a Convenção. Desse modo, integraria o ordenamento pátrio com força normativa constitucional, assumindo o papel da norma regulamentadora da proteção contra as despedidas arbitrárias e estabelecendo critérios para a dispensa sem justa causa prevista no inciso I do art. 7º, constitucional[601].

Haveria, ainda, a possibilidade de conferir *status* de emenda constitucional (§ 3º do art. 5º da CF/1988) à referida Convenção, "por tratar de um direito humano fundamental", considerando-se, também, que o Brasil, "em suas relações internacionais rege-se pelo princípio da prevalência dos direitos humanos (art. 4º, inciso II, da CF/1988)"[602].

Tramita perante o Supremo Tribunal Federal a ADIn 1.625-3, questionando o ato da denúncia da Convenção n. 158 da OIT pelo Brasil. Conforme certidão de 29.03.2006 do STF:

> Após os votos dos Senhores Ministros Mauricio Corrêa (Relator) e Carlos Britto, que julgavam procedente, em parte, a ação para, emprestando ao Decreto Federal 2.100, de 20 de dezembro de 1966, interpretação conforme o artigo 49, inciso I, da Constituição Federal, determinar que a denúncia da Convenção 158 da OIT condiciona-se ao referendo do Congresso Nacional, a partir do que produz a sua eficácia, e do voto do Presidente, Ministro Nelson Jobim, que julgava improcedente a ação, pediu vista dos autos o Senhor Ministro Joaquim Barbosa.[603]

O Ministro Joaquim Barbosa, em seu voto, esclarece "não ser possível ao Presidente da República denunciar tratados sem o consentimento do Congresso Nacional"[604].

Considerando o fato de "a denúncia já estar produzindo efeitos no plano internacional, o Ministro apresenta, na conclusão, dois alertas importantes. O primeiro deles no seguinte sentido: a declaração de inconstitucionalidade somente terá o efeito de tornar o ato de denúncia não obrigatório no Brasil, por falta de publicidade. Como consequência, o Decreto que internalizou a Convenção n. 158 da OIT no Brasil continua em vigor. Caso o Presidente da República deseje que a denúncia

---

Gabriela Neves (Orgs.). *Direito do trabalho e da seguridade social*: direito do trabalho coletivo, administrativo, ambiental e internacional. São Paulo: Editora Revista dos Tribunais, 2012. (Coleção doutrinas essenciais; v. 3). p. 1119-1133. p. 1132.
(597) GARCIA, Gustavo Filipe Barbosa. *Curso de direito do trabalho*. 6. ed. rev., atual. e ampl. Rio de Janeiro: Forense, 2012. p. 601-602.
(598) *Ibidem*, p. 605.
(599) HENRIQUE, 2012, p. 377.
(600) MARTINS, 2009, p. 630 e 701.
(601) HENRIQUE, *op. cit.*, p. 378.
(602) HENRIQUE, 2012, p. 378.
(603) GARCIA, 2012, p. 607.
(604) GOMES, 2012, p. 870.

produza efeitos também internamente, terá de pedir a autorização do Congresso Nacional e, somente então, promulgar novo decreto dando publicidade da denúncia já efetuada no plano internacional.⁽⁶⁰⁵⁾

O segundo alerta, não menos importante, direcionou-se a compreender que:

> a declaração de inconstitucionalidade somente atinge o decreto que deu a conhecer a denúncia. Nada impede que o Presidente da República ratifique novamente a Convenção 158 da OIT. A impossibilidade de ratificação de tratados é concreta, já tendo, inclusive, acontecido no Brasil com a Convenção 81, da OIT (...).⁽⁶⁰⁶⁾

Pode-se tratar, em tese, da denominada inconstitucionalidade por "ratificação imperfeita". Isso significaria a hipótese do tratado aprovado violar as regras constitucionais "de competência e de procedimento para sua celebração, aprovação parlamentar, ratificação, promulgação e entrada em vigor". Ocorreria aquilo que seria possível chamar de "denúncia imperfeita, por não obedecer às regras mencionadas".⁽⁶⁰⁷⁾

Posteriormente ao voto do Ministro Joaquim Barbosa (em 2009 – o julgamento iniciou-se em 2003), a Ministra Rosa Weber votou "pela inconstitucionalidade formal do decreto por meio do qual foi dada ciência da denúncia da Convenção".⁽⁶⁰⁸⁾ A ministra destacou que o que se discute não é a validade da denúncia em si, mas do decreto, que implica a revogação de um tratado incorporado ao ordenamento jurídico como lei ordinária. Seu voto partiu da premissa de que, nos termos da Constituição, leis ordinárias não podem ser revogadas pelo Presidente da República, e o decreto que formaliza a adesão do Brasil a um tratado internacional, aprovado e ratificado pelo Congresso, equivale à lei ordinária. Segundo seu entendimento, esse procedimento não se coaduna com o Estado Democrático de Direito:

> A derrogação de norma incorporadora de tratado pela vontade exclusiva do presidente da República, a meu juízo, é incompatível com o equilíbrio necessário à preservação da independência e da harmonia entre os Poderes (artigo 2º da Constituição da República), bem como com a exigência do devido processo legal (artigo 5º, inciso LIV).⁽⁶⁰⁹⁾

O Ministro Teori Zavascki retomou a análise da questão (em 14.09.2016), apresentando um voto-vista que acompanhou a orientação de que é necessária a participação do Poder Legislativo na revogação de tratados e sugeriu modulação de efeitos para que a eficácia do julgamento seja prospectiva.

Salientou o Ministro a relevância que os tratados têm atualmente, principalmente os sobre direitos humanos, que, ao serem aprovados com procedimento especial, incorporam-se como norma de hierarquia constitucional. Embora considere indiscutível que o Poder Executivo tenha papel de destaque no âmbito das relações exteriores, na opinião do ministro "fica difícil justificar que o presidente da República possa, unilateralmente, revogar tratados dessa natureza".⁽⁶¹⁰⁾

Nessa mesma sessão, o julgamento foi interrompido com pedido de vista do Ministro Dias Toffoli⁽⁶¹¹⁾.

A ADIn n. 1.625, proposta contra o Decreto n. 2.100/1996, que denunciou a Convenção n. 158, questiona a falta de assentimento prévio do Congresso Nacional, argumentando que a Constituição de 1988 determina que toda e qualquer denúncia do governo brasileiro, relativamente a tratados internacionais, "seja devidamente aprovada pelo Congresso Nacional, sem o que estar-se-á violando o art. 49, inciso I".⁽⁶¹²⁾

Segundo uma linha doutrinária, "a denúncia de tratados pelo Poder Executivo, sem autorização do Poder Legislativo, viola o texto constitucional em seus princípios". Dessa maneira, "se o Presidente da República necessita da aprovação do Congresso para ratificar o tratado, dela também necessita para denunciá-lo".⁽⁶¹³⁾

Nesse sentido, também Valério de Oliveira Mazzuoli, para quem a participação do Parlamento no procedimento de denúncia "faz com que se respeite o paralelismo que deve existir entre os atos jurídicos de assunção dos compromissos internacionais com aqueles relativos à sua extinção".⁽⁶¹⁴⁾

Segundo parte da doutrina, a prática da norma internacional ser denunciada somente por ato do Presidente da República considera-se admissível, uma vez que a sustentação da vigência do tratado depende da vontade de ambos os poderes de Estado, "o Legislativo, representado pelo Congresso Nacional, e o Executivo, representado pelo Presidente da República. Passando a inexistir uma dessas vontades, o tratado deixa de vigorar".⁽⁶¹⁵⁾

Nesse sentido, é o posicionamento de José Francisco Rezek, pois o ânimo negativo de um dos dois poderes políticos em relação ao tratado "há de determinar sua denúncia, visto que significa o desaparecimento de umas das bases em que se apoiava o consentimento do Estado".⁽⁶¹⁶⁾

---

(605) *Idem.*
(606) *Ibidem,* p. 871.
(607) GOMES, 2012, p. 871
(608) SUPREMO TRIBUNAL FEDERAL. *Notícias STF.* Em voto-vista, ministra considera inconstitucional decreto que revogou convenção da OIT. 11.11.2015. Disponível em: <http://www.stf.jus.br/portal/cms/verNoticiaDetalhe.asp?idConteudo=303837&caixaBusca=N>. Acesso em: 17 nov. 2016.
(609) *Idem.*
(610) SUPREMO TRIBUNAL FEDERAL. *Notícias STF.* Pedido de vista suspende julgamento sobre denúncia da Convenção 158 da OIT. Disponível em: <http://www.stf.jus.br/portal/cms/verNoticiaDetalhe.asp?idConteudo=325338&caixaBusca=N>. Acesso em: 17 nov. 2016.
(611) *Idem.*
(612) ZANGRANDO, 2008, p. 333.
(613) *Idem.*
(614) MAZZUOLI, Valério de Oliveira. *Curso de direito internacional público.* São Paulo: RT, 2006. p. 147-148.
(615) GARCIA, 2012, p. 608.
(616) REZEK, José Francisco. *Direito internacional público:* curso elementar. 5. ed. São Paulo: Saraiva, 1995. p. 115-116.

Em sentido oposto a esses autores, manifesta-se Rogério Magnus Varela Gonçalves, para quem: "a denúncia deveria ter sido firmada com a consulta ao Congresso Nacional. Esta inobservância macula a forma rescisória firmada pelo Governo brasileiro."[617]

Invoca, ainda, Arnaldo Süssekind o art. 1º, § 3º, da Lei de Introdução ao Código Civil brasileiro, para afirmar que "a legislação alterada ou revogada pela vigência nacional do tratado não se restabelece com a denúncia da sua ratificação"[618].

Interpretando o que diz a Convenção n. 144 da OIT, ratificada pelo Brasil, Arnaldo Süssekind explica que esse tratado multilateral exige que haja "consultas efetivas" sobre eventuais propostas de denúncia de Convenções ratificadas. Essas propostas de denúncia devem ser feitas à órgão de que participem, em pé de igualdade, "delegados eleitos pelas associações de âmbito nacional que, em face de sistema jurídico interno, sejam as mais representativas dos empregadores e dos trabalhadores"[619].

Se o Estado-membro, que a ratificou, desrespeitar a Convenção n. 144, "torna a denúncia vulnerável pelo prisma formal, podendo ser objeto de reclamação à OIT, que será apreciada pelo seu Conselho de Administração". As organizações sindicais que reúnam trabalhadores ou empregadores podem ter a iniciativa desse procedimento, sendo ampla a legitimidade para essa finalidade[620].

Uma vez que as Convenções da OIT somente se incorporam à legislação nacional quando aprovadas pelo Congresso Nacional e ratificadas pelo Presidente da República, parece "injurídico admitir sua revogação por simples ato administrativo do Poder Executivo"[621].

Relativamente à data em que o Estado pode denunciar a convenção ratificada, duas posições antagônicas surgiram. A primeira entende que o decênio se conta da data em que teve início a vigência internacional da convenção. A segunda considera que o decênio concerne à vigência da ratificação de cada país. A primeira teoria prevalece no seio da OIT. E a segunda é abraçada por Arnaldo Süssekind[622].

Como ressalta Carlos Zangrando, conforme a Convenção n. 144 da OIT, ratificada pelo Brasil, a simples "denúncia" da Convenção n. 158 "não poderia se operar sem que fosse efetivamente discutida, de forma tripartite, entre representantes do governo, trabalhadores e empregadores". E isso, como diz o doutrinador, "não aconteceu"[623].

A Convenção n. 144 da OIT trata das consultas tripartites a respeito das normas internacionais do trabalho. Foi aprovada na 61ª Reunião da Conferência Internacional do Trabalho, em Genebra, no dia 21 de junho de 1976, e passou a ter vigência internacional em 16 de maio de 1978. No Brasil, foi aprovada pelo Decreto Legislativo n. 6, de 01.06.1989, com ratificação em 27.09.1994. A vigência nacional se deu a partir de 27 de setembro de 1995. Nessa norma internacional, garantiu-se o compromisso, de todo Membro que ratifique a Convenção, de pôr em prática procedimentos que assegurem consultas efetivas "entre os representantes do governo, dos empregadores e dos trabalhadores, sobre os assuntos relacionados com as atividades da OIT a que se refere o artigo 5, parágrafo 1" (art. 2, § 1). No art. 5, 1, 'e', menciona-se que "o objetivo dos procedimentos previstos na presente Convenção será o de celebrar consultas sobre (...) as propostas de denúncia de convenções ratificadas"[624].

Essa Convenção n. 144, de 1976, ampliou consideravelmente "o campo de atuação do tripartismo da OIT"[625]. Portanto, mais uma razão para que a denúncia não possa surtir efeitos.

Nesse importante item que trata da denúncia da Convenção 158 da OIT, o objetivo pretendido voltou-se a expor como a matéria vem sendo debatida judicialmente no Brasil e as suas possíveis consequências.

6.3. Um estudo para viabilizar a regulamentação do art. 7º, I, da CF/1988

Poderá ocorrer a hipótese de a Convenção n. 158 da OIT ser viabilizada juridicamente no Brasil por uma série de fatores imponderáveis: decisão do STF sobre a regularidade ou não da denúncia, eventual comportamento do Congresso Nacional, possibilidade de nova discussão no STF, entendimento pela não autoaplicabilidade, entre outras razões.

Por isso, é importante estudar, discutir e apresentar sugestões para uma regulamentação efetiva do inciso I do art. 7º da Constituição Brasileira.

Para esse debate, apresenta-se uma análise a respeito, tendo por foco a importância de se regular o tema da "dispensa arbitrária ou sem justa causa".

Os seres humanos aspiram a uma certa estabilidade em suas vidas. O trabalho é parte essencial desse desejo. Portanto, manter-se o trabalho como fonte de subsistência significa conceder a dignidade necessária àquele que mantém a si próprio e, também, à sua família[626].

---

(617) GONÇALVES, Rogério Magnus Varela. *Direito constitucional do trabalho*: aspectos controversos da automação. Porto Alegre: Livraria do Advogado, 2003. p. 126.
(618) SÜSSEKIND, 2000, p. 238.
(619) *Ibidem*, p. 237.
(620) *Ibidem*, p. 237-238.
(621) *Ibidem*, p. 238.
(622) *Ibidem*, p. 239.
(623) ZANGRANDO, 2008, p. 333.
(624) MARTINS, 2009, p. 404-408.
(625) SÜSSEKIND, 2000, p. 151.
(626) GUNTHER, Luiz Eduardo. Apresentação. In: HASSON, Roland. *Desemprego e desproteção*. Curitiba: Juruá, 2006. p. 7.

Quando se pensam as grandes questões de Direito do Trabalho, normalmente se deixa de lado o foco mais importante: o que interessa ao trabalhador não é apenas ter um emprego, ainda que provisório, precário, mas, ao contrário, continuar suas atividades, não só para a manutenção das necessidades imediatas, do seu sustento, mas para ser alguém, merecer respeito, ser considerado útil a si mesmo e aos seus semelhantes.

O sistema de dispensa sem justa causa, ou demissão sem motivo, contribui para a precariedade das relações de trabalho. A Declaração de Filadélfia, hoje incorporada ao texto constitucional da OIT (o qual o Brasil se obrigou a cumprir, sendo Estado-membro), já afirmava com todas as letras: "o trabalho não é uma mercadoria." Portanto, na atualidade, não é mais possível tratar o trabalhador como se fosse uma mercadoria, substituindo-o como uma coisa que não possui mais utilidade.

O Brasil tem uma declaração principiológica no inciso I do art. 7º de seu texto constitucional. O desafio é a regulamentação do que seja dispensa arbitrária e as suas consequências[627].

A Convenção n. 158 da OIT estabelece:

> Não se dará término à relação de trabalho de um trabalhador a menos que exista para isso causa justificada relacionada com sua capacidade ou seu comportamento ou baseada nas necessidades de funcionamento da empresa, estabelecimento ou serviço (art. 4º).[628]

Embora esse tratado de Direito do Trabalho tenha sido internalizado ao ordenamento jurídico do Brasil, o E. Supremo Tribunal Federal rejeitou sua aplicabilidade porque, em face da Constituição (art. 7º, I) a matéria só poderia ser tratada por Lei Complementar[629].

Parece certo que o legislador constituinte, ao proteger a relação de emprego contra a despedida arbitrária ou sem justa causa, "visou assegurar um dos direitos fundamentais dentro da perspectiva dos próprios objetivos da República, planificados, antes de tudo, na construção de uma sociedade livre, justa e solidária"[630]. Desse modo, considera-se "intolerável que a dissolução do pacto laboral fique sujeita ao arbítrio patronal ou que seja pacificamente aceita como inerente ao domínio empresarial"[631].

Como explica a Magistrada e Professora Marlene T. Fuverki Suguimatsu, ocorreram tentativas de atribuir efetividade ao art. 7º, I, da CF/1988, por meio de alguns projetos de leis – complementares e ordinárias – "assim como na doutrina e jurisprudência e até mesmo pela desastrada tentativa de ratificação da Convenção 158 da OIT". Lembra, no seu texto, que o Supremo Tribunal Federal, embora tenha reconhecido que "a eficácia do dispositivo não ficou condicionada à edição de Lei Complementar" (ADI (MC) 1.721-DF, Relator Min. Ilmar Galvão), acabou por concluir que "a solução para a hipótese de despedida injusta já se encontra no art. 10 do ADCT, que aumentou a multa do FGTS, antes de 10%, para 40%". Rebela-se, no entanto, com essa conclusão, por não haver se considerado "o fim maior da proteção, que é a garantia de permanência no emprego, como derivação do direito fundamental à vida e ao trabalho"[632].

Uma tentativa importante de regulamentar o art. 7º, I, da Constituição Federal de 1988, registrou-se na obra do Professor e Advogado Roland Hasson. Pelo art. 1º, ficaria vedada a despedida arbitrária, assim definida como aquela que não resultar de razões de ordem disciplinar, técnica, financeira ou econômica. Pelo art. 2º, uma vez questionada a demissão do trabalhador perante o Judiciário Trabalhista, seria do empregador o ônus de demonstrar a existência dos motivos que tornam a despedida não arbitrária. No art. 3º, estabelece que, se a despedida for considerada arbitrária, caberá a reintegração do trabalhador em todos os seus efeitos, assegurando as mesmas condições de trabalho e pagamento de salários atrasados. No art. 4º garante que, se, além de arbitrária, a despedida for considerada abusiva, o trabalhador receberá também a indenização prevista no art. 10, I, dos ADTC da CF/1988. Na sua explicação, diz o Professor que, com texto simples assim, acredita dar-se significativo passo "no ordenamento jurídico brasileiro para assegurar ao trabalho a proteção constitucional já existente", conferindo-se "dignidade ao trabalhador e segurança à nação"[633].

Com sua obra, Roland Hasson pretendeu fazer um trabalho que tivesse utilidade, fosse inteligível e voltado à compreensão de um público amplo. Escolheu para tanto o melhor tema possível: a manutenção do emprego. A tese abraçada, explicada convincentemente no texto, teve apoio incondicional no clássico livro de Mario de La Cueva, para quem essa orientação:

> *representa uno de los postulados más bellos para el servicio del hombre y para la seguridad de su futuro: la disolución de las relaciones individuales de trabajo puede únicamente decretarse por el patrono si existe una causa justificada.*[634]

---

(627) GUNTHER, 2006, p. 8.
(628) MARTINS, 2009, p. 696.
(629) GUNTHER, op. cit., p. 8.
(630) LIMA NETO, Arnor. A proteção contra a despedida arbitrária ou sem justa causa do trabalhador brasileiro no contexto dos direito fundamentais e sua efetividade. In: HASSON, Roland. *Direito dos trabalhadores e direitos fundamentais.* Curitiba: Juruá, 2003. p. 41-59 . p. 58.
(631) *Idem.*
(632) SUGUIMATSU, Marlene T. Fuverki. Relação de emprego e (de) proteção contra despedida arbitrária ou sem justa causa: o art. 7º, I, da Constituição. In: VILLATORE, Marco Antônio; HASSON, Roland (Coords.). *Direito constitucional do trabalho*: vinte anos depois. Constituição Federal de 1988. Curitiba: Juruá, 2008. p. 167-179. p. 177.
(633) HASSON, Roland. *Desemprego e desproteção.* Curitiba: Juruá, 2006. p. 83-85.
(634) CUEVA, 1980, p. 240-241.

Para garantir efetivamente o emprego, ao regulamentar-se o art. 7º, I, da CF/1988, o ideal seria conferir a todo trabalhador brasileiro "garantias efetivas contra a despedida arbitrária em prol das semelhantes às que são asseguradas aos membros das CIPAS – Comissão Interna de Prevenção de Acidentes". Somente seriam admitidas "despedidas não arbitrárias, isto é, aquelas calcadas em razão de ordem disciplinar, técnica, financeira ou econômica"(635).

Nesse último tópico do trabalho, considerou-se necessário falar sobre a falta de regulamentação do inciso I, do art. 7º, da CF/1988.

Nesse sentido, registrou-se a proposta Roland Hasson, que, de forma clara e profunda, traz uma visão sintética do problema e apresenta uma sugestão para solucioná-lo.

7. REFERÊNCIAS BIBLIOGRÁFICAS

ASSIS, Luís Fabiano de. Direito internacional do trabalho. In: SCHWARZ, Rodrigo Garcia (Org.). *Dicionário de direito do trabalho, de direito processual do trabalho e de direito previdenciário aplicado ao direito do trabalho*. São Paulo: LTr, 2012.

BARROS JUNIOR, Cássio de Mesquita. A Convenção 132 da OIT e seu impacto sobre o regime de férias. *Revista de Direito do Trabalho*, São Paulo: RT, 2002. a. 28, p. 38-48 out./dez. 2002.

BARROS, Alice Monteiro de. *Curso de direito do trabalho*. 6. ed. São Paulo: LTr, 2010.

BATISTA, Vanessa Oliveira. A integração dos tratados internacionais no direito brasileiro. *Revista Brasileira de Estudos Políticos*. V. 80. p. 138-139. jan. de 1995.

BAYLOS GRAU, Antonio; PÉRES REY, Joaquín. *A dispensa ou a violência do poder privado*. Trad. Luciana Caplan. São Paulo: LTr, 2009.

BRASIL. *Decreto n. 2.100, de 20 de dezembro de 1996*. Torna pública a denúncia, pelo Brasil, da Convenção n. 158 da OIT relativa ao Término da Relação de Trabalho por Iniciativa do Empregador. DOU de 23.12.96, p. 27860.

_____. *Tribunal Superior do Trabalho*. Processo ED-RODC n. 30.900 – 12.2009.5.15.00000. Seção Especializada em Dissídios Coletivos. Rel. Min Mauricio Godinho Delgado, DEJT, 04.09.2009.

CAMILO, Adélia Procópio. Convenções da Organização Internacional do Trabalho. In: VIANA, Márcio Túlio; RENAULT, Luiz Otávio Linhares; FATTINI, Fernanda Carolina; FABIANO, Isabela Márcia de Alcântara; BENEVIDES, Sara Cosk (Coords.). *O que há de novo em direito do trabalho*. Homenagem a Alice Monteiro de Barros e Antônio Álvares da Silva. 2. ed. São Paulo: LTr, 2012.

CAMPINAS. *Tribunal Regional do Trabalho da 15ª Região*. Proc. 00935.2002.088.15.00-3 – RO 15846/04-PATR), 6ª T., Rel. Juiz Jorge Luiz Souto Maior. DOESP 07.05.2004.

CANESSA MONTEJO, Miguel F. La protección contra el despido en el derecho internacional. In: OJEDA AVILÉS, Antonio *et al.* (Coords.). *Temas centrales del derecho del trabajo del siglo XXI*. Perú: Ara Editores, 2009.

CARDOSO, Luciane. Direitos humanos dos trabalhadores. In: LAGE, Émerson José Alves; LOPES, Mônica Sette (Orgs.). *O direito do trabalho e o direito internacional, questões relevantes*: homenagem ao professor Osiris Rocha. São Paulo: LTr, 2005.

COUTINHO, Aldacy Rachid. As férias depois da Convenção 132 da OIT. *Revista do Tribunal Regional do Trabalho da 9ª Região*, a. 27, n. 48, p. 13-44, jul./ dez. 2002.

CUEVA, Mario de la. *El nuevo derecho mexicano del trabajo*. 6. ed. México: Porrúa, 1980. t.1.

DELGADO, Gabriela Neves. Direitos humanos dos trabalhadores: perspectiva de análise a partir dos princípios internacionais do direito do trabalho e do direito previdenciário. In: DELGADO, Mauricio Godinho; DELGADO, Gabriela Neves (Orgs.). *Direito do trabalho e seguridade social*: direito do trabalho coletivo, administrativo, ambiental e internacional. São Paulo: Revista dos Tribunais, 2012. (Coleção doutrinas essenciais; v. 3).

ERMIDA URIARTE, Oscar. Políticas laborales después del neoliberalismo. In: OJEDA AVILÉS, Antonio *et al.* (Coord.). *Temas centrales del derecho del trabajo del siglo XXI*. Perú: Ara Editores, 2009. p. 405-425.

GARCIA, Gustavo Filipe Barbosa. *Curso de direito do trabalho*. 6. ed. rev., atual. e ampl. Rio de Janeiro: Forense, 2012.

GOMES, Eduardo Biacchi; ALMEIDA, Ronald Silka de. Convenção 158 da OIT e os instrumentos jurídicos de conciliação do direito internacional. In: GUNTHER, Luiz Eduardo; PIMPÃO, Rosemarie Diedrichs (Coords.). *Conciliação*: um caminho para a paz social. Curitiba: Juruá, 2012. p. 861-873.

GONÇALVES, Rogério Magnus Varela. *Direito constitucional do trabalho*: aspectos controversos da automação. Porto Alegre: Livraria do Advogado, 2003.

GUNTHER, Luiz Eduardo. Apresentação. In: HASSON, Roland. *Desemprego e desproteção*. Curitiba: Juruá, 2006.

_____; SILVA, Andréa Duarte; BUSNARDO, Juliana Cristina. Convenções não ratificadas, protocolos e resoluções da Organização Internacional do Trabalho: tradução como forma de conferir-lhes efetividade na atividade jurisdicional. *Revista do Tribunal Regional do Trabalho da 9ª Região*, a. 40, n. 72, jan./dez. 2015.

HASSON, Roland. *Desemprego e desproteção*. Curitiba: Juruá, 2006.

HENRIQUE, Virgínia Leite. Dispensa arbitrária ou sem justa causa (verbete). In: SCHWARZ, Rodrigo Garcia (Org.). *Dicionário de direito do trabalho, de direito processual do trabalho e de direito previdenciário aplicado ao direito do trabalho*. São Paulo: LTr, 2012.

---

(635) HASSON, *op. cit.*, p. 82.

HERNANDEZ ÁLVAREZ, Óscar. La protección del empleo en situaciones de crisis: características generales propias de un sistema de protección al empleo. In: COSMÓPOLIS, Mario Pasgo (Coord.). *Actualidad del derecho del trabajo*. Perú: De Jure Academia Iberoamericana de Derecho del Trabajo y de la Seguridad Social, 2009.

HUSEK, Carlos Roberto. *Curso básico de direito internacional público e privado do trabalho*. São Paulo: LTr, 2009.

LEONARDI, Leonardo. *Resumos de normas internacionais de trabalho*. Trad. Fernando M. Mauricio de Carvalho. Lisboa: Confederação Geral dos Trabalhadores Portugueses – Interssindical Nacional/Artes Gráficas Ltda., 1988.

LIMA NETO, Arnor. A proteção contra a despedida arbitrária ou sem justa causa do trabalhador brasileiro no contexto dos direitos fundamentais e sua efetividade. In: HASSON, Roland. *Direito dos trabalhadores e direitos fundamentais*. Curitiba: Juruá, 2003.

LUPI, André Lipp Pinto Basto. A aplicação dos tratados de direitos humanos no Brasil a partir da EC 45/2004. In: DELGADO, Mauricio Godinho; DELGADO, Gabriela Neves (Orgs.). *Direito do trabalho da seguridade social*: direito do trabalho coletivo, administrativo, ambiental e internacional. São Paulo: Revista dos Tribunais, 2012. (Coleção doutrinas essenciais; v. 3).

MANNRICH, Nelson. Dispensa coletiva e negociação coletiva prévia: novas diretrizes. In: AZEVEDO, André Jobim de; VILLATORE, Marco Antônio (Coords.). *Direito do trabalho*. XIV Jornada Luso-Hispano-Brasileira. Curitiba: Juruá, 2010.

MARTINS, Sergio Pinto. *Convenções da OIT*. São Paulo: Atlas, 2009.

_____. *Direito do trabalho*. 21. ed. São Paulo: Atlas, 2005.

MAZZUOLI, Valério de Oliveira. *Curso de direito internacional público*. São Paulo: RT, 2006.

MONTT BALMACEDA, Manuel. *Princípios de derecho internacional del trabajo de la OIT*. 2. ed. actual. Chile: Editorial Jurídica de Chile, 1998.

MOURA, Luiz Arthur de. A Convenção 132 da OIT e a revogação dos artigos da Consolidação das Leis do Trabalho referentes às férias. *Revista de Direito do Trabalho*, São Paulo: RT, 2003. a. 29, out./dez. 2003.

NOBREGA FILHO, Carlos Antônio. Um novo diálogo entre o direito internacional e o direito do trabalho brasileiro: o *status* jurídico de supralegalidade das convenções da OIT. *Revista Trabalhista Direito e Processo*. Ano 10, n. 38. p. 162-181, a abr./jun. 2011.

OLIVEIRA, Francisco Antonio de. *Comentário às súmulas do TST*. 8. ed. rev., atual. e ampl. São Paulo: Revista dos Tribunais, 2008.

OLIVEIRA, Sebastião Geraldo de. *Proteção jurídica à saúde do trabalhador*. 5. ed. São Paulo: LTr, 2010.

ORGANIZAÇÃO INTERNACIONAL DO TRABALHO. *Constituição da Organização Internacional do Trabalho (OIT) e seu anexo (Declaração de Filadélfia)*. Disponível em: <http://www.oitbrasil.org.br/sites/default/files/topic/decent_work/doc/constituicao_oit_538.pdf>. Acesso em: 17 nov. 2016.

_____. *Convenção sobre os Documentos de Identidade da gente do mar (Revista)*. Disponível em: <http://www.oitbrasil.org.br/node/519>. Acesso em: 17 nov. 2016.

PLÁ RODRIGUEZ, Américo. *Los convenios internacionales del trabajo*. Montevideo: Facultad de Derecho y Ciencias Sociales de la Universidad de la Republica, 1965.

PRETTI, Gleibe. *Direito internacional do trabalho e convenções da OIT ratificadas pelo Brasil*. São Paulo: Ícone, 2009.

Primeira Jornada de Direito Material e Processual na Justiça do Trabalho. MONTESSO, Cláudio José; STERN, Maria de Fátima Coêlho Borges; ELY, Leonardo (coords.). São Paulo: LTr, 2008.

REZEK, José Francisco. *Direito internacional público*: curso elementar. 5. ed. São Paulo: Saraiva, 1995.

RÜDIGER, Dorothee Susanne. Motivos, procedimentos e efeitos da dispensa individual na Convenção n. 158 da OIT e no direito francês e alemão. In: DELGADO, Mauricio Godinho; DELGADO, Gabriela Neves (Orgs.). *Direito do trabalho da seguridade social*: direito do trabalho coletivo, administrativo, ambiental e internacional. São Paulo: Revista dos Tribunais, 2012. (Coleção doutrinas essenciais; v. 3).

SERVAIS, Jean-Michel. *Elementos de direito internacional e comparado do trabalho*. Trad. Edilson Alkmin Cunha. Prefácio e revisão técnica Estêvão Mallet. São Paulo: LTr, 2001.

SEVERO, Valdete Souto. Dispensa coletiva (Verbete). In: SCHWARZ, Rodrigo Garcia (Org.). *Dicionário de direito do trabalho, de direito processual do trabalho e de direito previdenciário aplicado ao direito do trabalho*. São Paulo: LTr, 2012.

SILVA, Walküre Lopes Ribeiro da; MAIOR, Jorge Luiz Souto. Validade e eficácia da Convenção n. 158 da OIT perante o ordenamento jurídico brasileiro. In: DELGADO, Mauricio Godinho; DELGADO, Gabriela Neves (Orgs.). *Direito do trabalho e seguridade social*: direito do trabalho coletivo, administrativo, ambiental e internacional. São Paulo: Revista dos Tribunais, 2012. (Coleção doutrinas essenciais; v. 3).

SUGUIMATSU, Marlene T. Fuverki. Relação de emprego e (de) proteção contra despedida arbitrária ou sem justa causa: o art. 7º, I, da Constituição. In: VILLATORE, Marco Antônio; HASSON, Roland (Coords.). *Direito constitucional do trabalho*: vinte anos depois. Constituição Federal de 1988. Curitiba: Juruá, 2008.

SUPREMO TRIBUNAL FEDERAL. *Notícias STF*. Em voto-vista, ministra considera inconstitucional decreto que revogou convenção da OIT. 11.11.2015. Disponível em: <http://www.stf.jus.br/portal/cms/verNoticiaDetalhe.asp?idConteudo=303837&caixaBusca=N>. Acesso em: 17 nov. 2016.

_____. *Notícias STF*. Pedido de vista suspende julgamento sobre denúncia da Convenção 158 da OIT. Disponível em: <http://www.stf.jus.br/portal/cms/verNoticiaDetalhe.asp?idConteudo=325338&caixaBusca=N>. Acesso em: 17.nov.2016.

SÜSSEKIND, Arnaldo. *Convenções da OIT e outros tratados*. 3. ed. São Paulo: LTr, 2007.

_____. *Direito Internacional do Trabalho*. 3. ed. São Paulo: LTr, 2000.

_____. *Instituições de direito do trabalho*. v. 2. 21. ed. São Paulo: LTr, 2003. v. 2.

VALTICOS, Nicolas. *Derecho internacional del trabajo*. Trad. Maria José Triviño. Madrid: Tecnos, 1977.

VIANA, Márcio Túlio. Trabalhando sem medo: alguns argumentos em defesa da Convenção 158 da OIT. In: DELGADO, Maurício Godinho; DELGADO, Gabriela Neves (Orgs.). *Direito do trabalho e da seguridade social*: direito do trabalho coletivo, administrativo, ambiental e internacional. São Paulo: Revista dos Tribunais, 2012. (Coleção doutrinas essenciais; v. 3).

VIANNA, Cláudia Salles Vilela. *Manual prático das relações trabalhistas*. 6. ed. São Paulo: LTr, 2004.

VILLAVICENCIO RÍOS, Alfredo. Los tratados sobre derechos humanos y sus interpretaciones como parte del bloque de constitucionalidad. In: OJEDA AVILÉS, Antônio *et al* (Coord.). *Temas centrales del derecho del trabajo del siglo XXI*. Perú: Ara Editores, 2009.

ZANGRANDO, Carlos. *Curso de direito do trabalho*. São Paulo: LTr, 2008. t. 1.

CAPÍTULO 11
ORGANICIDADE E FUNDAMENTALIDADE DA CORTE INTERAMERICANA DE DIREITOS HUMANOS

Vitor Salino de Moura Eça[636]

1. Introdução

A Corte Interamericana de Direitos Humanos é uma instituição judicial autônoma cujo objetivo é a interpretação e aplicação da Convenção Americana de Direitos Humanos[637]. A Corte detém competência contenciosa e consultiva, e é constituída por sete juízes eleitos pela Assembleia Geral da Organização dos Estados Americanos – OEA.

Pontue-se que a OEA foi fundada 1948, em Bogotá, para alcançar uma ordem de paz e de justiça, para promover a solidariedade, intensificar a colaboração e defender a soberania dos países-membros, suas integridades territoriais e sua independência[638]. Ela congrega os 35 Estados independentes das Américas e constitui o principal fórum governamental, político, jurídico e social do hemisfério.

A Convenção Americana de Direitos Humanos, também conhecida como Pacto de San José da Costa Rica, onde foi firmada em 1969, é um instrumento onde os Estados comprometeram-se a respeitar e a garantir direitos e liberdades nela reconhecidos e a garantir o seu livre e pleno exercício a toda pessoa que esteja sujeita à sua jurisdição[639].

A Corte Interamericana de Direitos Humanos tem sua funcionalidade regida pelo Estatuto aprovado pela Resolução AG/RES n. 448, em outubro de 1979, tendo sua sede em San José, Costa Rica, mas poderá realizar reuniões em qualquer Estado-membro da OEA, quando a maioria dos seus membros considerar conveniente, e mediante aquiescência prévia do Estado respectivo.

Convém aclarar que ela não é um tribunal comum[640], onde as pessoas levam suas queixas, mas sim um organismo onde somente os Estados-Partes e a Comissão Interamericana de Direitos Humanos têm a possibilidade de submeter um caso à decisão da Corte. Os Estados-Partes são aqueles que ratificaram a Convenção da OEA, entidade que criou a Corte, e a Comissão é uma assembleia de sete especialistas em Direitos Humanos, que representam todos os membros da OEA.

Nesta ordem de ideias, ainda que o Estado Americano não seja Estado-Parte, ou seja, não tenha ratificado a Convenção da OEA que criou a Corte, ainda assim fica sujeito às atribuições da Comissão Interamericana, porquanto todos estão obrigados a atender a Declaração Americana sobre Direitos e Deveres do Homem, que promove e fiscaliza o cumprimento dos Direitos Humanos no continente.

Note-se que, ao lado da Corte, a Comissão Interamericana tem um papel fundamental para a salvaguarda dos Direitos Humanos, porquanto segundo o artigo 106 da Carta da OEA cabe à comissão promover o respeito e a defesa dos Direitos Humanos e servir como órgão consultivo da Organização sobre DDHH. Ademais, é a Comissão o órgão autorizado a receber as Petições de pessoas naturais e

---

(636) Pós-doutor em Direito Processual Comparado pela Universidad Castilla-La Mancha, na Espanha. Professor Adjunto IV da PUC-Minas (CAPES 6), lecionando nos cursos de mestrado e doutorado em Direito. Professor visitante em diversas universidades nacionais e estrangeiras. Professor conferencista na Escola Nacional da Magistratura do Trabalho – ENAMAT e na Escola Superior de Advocacia da Ordem dos Advogados do Brasil. Pesquisador junto ao Centro Europeo y Latinoamericano para el Diálogo Social - España. Membro efetivo, dentre outras, das seguintes sociedades: Academia Brasileira de Direito do Trabalho – ABDT; Asociación Iberoamericana de Derecho del Trabajo y de la Seguridad Social – AIDTSS; Asociación de Laboralistas – AAL; Equipo Federal del Trabajo – EFT; Escuela Judicial de América Latina – EJAL; Instituto Brasileiro de Direito Social Júnior – IBDSCJ; Instituto Latino-Americano de Derecho del Trabajo y de la Seguridad Social – ILTRAS; Instituto Paraguayo de Derecho del Trabajo y Seguridad; e da Societé Internationale de Droit du Travail et de la Sécurité Sociale.
(637) Historiando, aclaramos que a expressão *Direitos Humanos* foi utilizada pela primeira vez na Carta das Nações Unidas, de 1945, mas se propagou internacionalmente de modo mais vigoroso por meio da Declaração Universal dos Direitos do Homem, de 1948.
(638) A OEA considera quatro valores, que são democracia, direitos humanos, segurança e desenvolvimento. Eles se apoiam mutuamente e estão transversalmente interligados por meio de uma estrutura que inclui o diálogo político, inclusividade, cooperação, instrumentos jurídicos e mecanismos de acompanhamento, que fornecem a ela as ferramentas para realizar eficazmente seu trabalho.
(639) A jurisdição internacional é um fenômeno recente, fruto do Século XX. A solução histórica era arbitral, utilizada para este fim desde antes de Era Cristã, quando a escolha arbitral recaía sobre os monarcas e chefes de Estado e, depois, foi delegada aos representantes das missões diplomáticas. Convém que se registre que a primeira Corte Judiciária mundial, permanente, foi criada em 1907, que é a Corte de Justiça Centro-Americana, instituída por Tratado firmado por Costa Rica, El Salvador, Guatemala, Honduras e Nicaraguá. E a primeira com caráter de universalidade a Corte Permanente de Justiça Internacional, criada em 1922. Para além da jurisdição geral, há também um tribunal com jurisdição especializada, que é o Tribunal Internacional dos Direitos do Mar.
(640) Tampouco é uma Corte para apelações ou revisões das decisões proferidas pelos tribunais nacionais.

de entidades não governamentais que informam a violação dos Direitos Humanos, assim como a Comunicação, que é a manifestação formal feita por parte dos Estados. E, além destes, somente a Comissão pode levar os casos à Corte Interamericana, cuja crescente importância vem sendo percebida com nitidez, já que faz exame prévio das questões a serem submetidas à Corte.

Ao analisar a Corte, pretendemos reafirmar a importância dos Direitos Humanos, que no magistério de Rúbia Zanotelli de Alvarenga são direitos inerentes à condição humana e anteriores ao reconhecimento do direito positivo. São direitos oriundos de consequências ou de reivindicações geradas por situações de injustiça ou de agressão a bens fundamentais do ser humano (ALVARENGA, 2016, p. 96).

O objetivo específico deste trabalho é descrever a funcionalidade da Corte, desde a forma de ingresso dos magistrados, anotando as suas competências e atribuições, consultivas e judiciais, além da organização e desempenho institucional da CIDH, coadjuvada de modo exemplar pela Comissão Interamericana. Há destaque do modo decisional, notas dos modos de execução e, por fim, pareceres consultivos e sentenças de casos envolvendo matéria trabalhista.

2. Composição e Magistratura

A Corte compor-se-á de sete juízes, nacionais dos Estados-membros da Organização, eleitos a título pessoal dentre juristas da mais alta autoridade moral, de reconhecida competência em matéria de direitos humanos, que reúnam as condições requeridas para o exercício das mais elevadas funções judiciais, de acordo com a lei do Estado do qual sejam nacionais, ou do Estado que os propuser como candidatos.

Jamais pode haver dois juízes da mesma nacionalidade.

Os juízes da Corte serão eleitos, em votação secreta e pelo voto da maioria absoluta dos Estados-Partes na Convenção, na Assembleia Geral da Organização, de uma lista de candidatos propostos pelos mesmos Estados.

Cada um dos Estados-Partes pode propor até três candidatos, nacionais do Estado que os propuser ou de qualquer outro Estado-membro da Organização dos Estados Americanos. Quando se propuser uma lista de três candidatos, pelo menos um deles deverá ser nacional de Estado diferente do proponente.

Os juízes da Corte são temporários e eleitos por um período de seis anos, com a possibilidade de uma reeleição.

Seis meses antes da realização do período ordinário de sessões da Assembleia Geral da OEA, antes da expiração do mandato para o qual houverem sido eleitos os juízes da Corte, o Secretário-Geral da OEA solicitará, por escrito, a cada Estado-Parte da Convenção, que apresente seus candidatos dentro do prazo de noventa dias. O Secretário-Geral da OEA preparará uma lista em ordem alfabética dos candidatos apresentados e a levará ao conhecimento dos Estados-Partes, se for possível, pelo menos 30 dias antes do próximo período de sessões da Assembleia Geral da OEA.

Os mandatos serão contados a partir de 1º de janeiro do ano seguinte ao de sua eleição e estender-se-ão até 31 de dezembro do ano de sua conclusão, mas os juízes permanecerão em funções nos casos de que já houverem tomado conhecimento e que se encontrem em fase de sentença e, para tais efeitos, não serão substituídos pelos novos juízes eleitos[641].

A eleição dos juízes far-se-á, se possível, no decorrer do período de sessões da Assembleia Geral da OEA, imediatamente anterior à expiração do mandato dos juízes cessantes.

O juiz que for nacional de algum dos Estados-Partes no caso submetido à Corte, conservará o seu direito de conhecer do mesmo. Se um dos juízes chamados a conhecer do caso for de nacionalidade de um dos Estados-Partes, outro Estado-Parte no caso poderá designar uma pessoa de sua escolha para fazer parte da Corte na qualidade de juiz *ad hoc*.

Se os juízes chamados a conhecer do caso, nenhum for da nacionalidade dos Estados-Partes, cada um destes poderá designar um juiz *ad hoc*[642].

O *quorum* para as deliberações da Corte é constituído por cinco juízes.

Se for necessário, para preservar o *quorum* da Corte, os Estados-Partes da Convenção, em sessão do Conselho Permanente da OEA, por solicitação do Presidente da Corte, nomearão um ou mais juízes interinos, que servirão até que sejam substituídos pelos juízes eleitos.

Ao tomar posse de seus cargos, os juízes prestarão o seguinte juramento ou declaração solene: "Juro" — ou – "declaro solenemente que exercerei minhas funções de juiz com honradez, independência e imparcialidade, e que guardarei segredo de todas as deliberações". O juramento será feito perante o Presidente da Corte, se possível na presença de outros juízes.

A Corte elege, dentre seus membros, o Presidente e Vice-Presidente, por dois anos, os quais poderão ser reeleitos.

O Presidente dirige o trabalho da Corte, a representa, ordena a tramitação dos assuntos que forem submetidos à Corte e preside suas sessões.

O Vice-Presidente substitui o Presidente em suas ausências temporárias e ocupa seu lugar em caso de vaga. Nesse último caso, a Corte elegerá um Vice-Presidente para substituir o anterior pelo resto do seu mandato.

---

[641] As vagas da Corte decorrentes de morte, incapacidade permanente, renúncia ou remoção dos juízes serão preenchidas, se possível, no próximo período de sessões da Assembleia Geral da OEA. Entretanto, a eleição não será necessária quando a vaga ocorrer nos últimos seis meses do mandato do juiz que lhe der origem.
[642] Se o Estado com direito a designar um juiz *ad hoc* não o fizer dentro dos trinta dias seguintes ao convite escrito do Presidente da Corte, considerar-se-á que tal Estado renuncia ao exercício desse direito.

No caso de ausência do Presidente e do Vice-Presidente, suas funções serão desempenhadas por outros juízes, na ordem de precedência, ou seja, de acordo com sua antiguidade no cargo.

Os juízes *ad hoc* e interinos terão precedência depois dos titulares, por ordem de idade. Entretanto, se um juiz *ad hoc* ou interino houver servido previamente como juiz titular, terá precedência sobre os demais juízes *ad hoc* ou interinos.

Os juízes gozam, desde o momento de sua eleição e enquanto durarem os seus mandatos, das imunidades reconhecidas aos agentes diplomáticos pelo direito internacional.

Os cargos de juiz da Corte ou de membro da Comissão são incompatíveis com outras atividades que possam afetar sua independência ou imparcialidade conforme o que for determinado nos respectivos estatutos.

Os juízes da Corte e os membros da Comissão perceberão honorários e despesas de viagem na forma e nas condições que determinarem os seus estatutos, levando em conta a importância e independência de suas funções. Tais honorários e despesas de viagem serão fixados no orçamento-programa da Organização dos Estados Americanos, no qual devem ser incluídas, além disso, as despesas da Corte e da sua Secretaria.

Somente por solicitação da Comissão ou da Corte, conforme o caso, cabe à Assembleia Geral da Organização resolver sobre as sanções aplicáveis aos membros da Comissão ou aos juízes da Corte que incorrerem nos casos previstos nos respectivos estatutos. E, mesmo assim, para expedir uma resolução, será necessária maioria de dois terços dos votos dos Estados-membros da Organização, no caso dos membros da Comissão; e, além disso, de dois terços dos votos dos Estados-Partes na Convenção, se se tratar dos juízes da Corte.

Não se poderá exigir aos juízes responsabilidades em tempo algum por votos e opiniões emitidos ou por atos desempenhados no exercício de suas funções.

Os juízes estarão à disposição da Corte e deverão trasladar-se à sede desta ou ao lugar em que realizar suas sessões, quantas vezes e pelo tempo que for necessário, conforme o Regulamento.

Os honorários do Presidente e dos juízes da Corte serão fixados de acordo com as obrigações e incompatibilidades, levando em conta a importância e independência de suas funções. Os juízes perceberão, além disso, diárias e despesas de viagem, quando for cabível.

Os juízes *ad hoc* perceberão os honorários que forem estabelecidos regulamentarmente, de acordo com as disponibilidades orçamentárias da Corte.

O exercício do cargo de Juiz da Corte Interamericana de Direitos Humanos é incompatível com o exercício dos seguintes cargos e atividades: a) membros ou altos funcionários do Poder Executivo, com exceção dos cargos que não impliquem subordinação hierárquica ordinária, bem como agentes diplomáticos que não sejam Chefes de Missão junto à OEA ou junto a qualquer dos seus Estados-membros; b) funcionários de organismos internacionais; e c) quaisquer outros cargos ou atividades que impeçam os juízes de cumprir suas obrigações ou que afetem sua independência ou imparcialidade, ou a dignidade ou o prestígio do seu cargo.

As incompatibilidades unicamente causarão a cessação do cargo e das responsabilidades correspondentes, mas não invalidarão os atos e as resoluções em que o juiz em questão houver interferido.

Os juízes estarão impedidos de participar em assuntos nos quais eles ou seus parentes tiverem interesse direto ou em que houverem intervindo anteriormente como agentes, conselheiros ou advogados, ou como membros de um tribunal nacional ou internacional ou de uma comissão investigadora, ou em qualquer outra qualidade, a juízo da Corte.

Se algum dos juízes estiver impedido de conhecer, ou por qualquer outro motivo justificado, considerar que não deve participar em determinado assunto, apresentará sua escusa ao Presidente. Se este não a acolher, a Corte decidirá. E, quando um ou mais juízes estiverem inabilitados, em conformidade com este artigo, o Presidente poderá solicitar aos Estados-Partes da Convenção que em sessão do Conselho Permanente da OEA designem juízes interinos para substituí-los.

Os juízes e o pessoal da Corte deverão manter, no exercício de suas funções e fora delas, uma conduta acorde com a investidura dos que participam da função jurisdicional internacional da Corte. Responderão perante a Corte por essa conduta, bem como por qualquer falta de cumprimento, negligência ou omissão no exercício de suas funções.

A renúncia de um juiz deverá ser apresentada por escrito ao Presidente da Corte. A renúncia não se tornará efetiva senão depois de sua aceitação pela Corte.

A incapacidade de um juiz de exercer suas funções será determinada pela Corte. O Presidente da Corte notificará a aceitação da renúncia ou a declaração de incapacidade ao Secretário-Geral da OEA, para os devidos efeitos.

3. Funcionamento da Corte e procedimentalidades

A Secretaria da Corte funcionará sob a imediata autoridade do Secretário, de acordo com as normas administrativas da Secretaria-Geral da OEA no que não for incompatível com a independência da Corte.

O Secretário será nomeado pela Corte, e a escolha recairá em um funcionário de confiança desta, com dedicação exclusiva, e terá seu escritório na sede e deverá assistir às reuniões que a Corte realizar fora dela. Haverá um Secretário Adjunto que o auxiliará em seus trabalhos e o substituirá em suas ausências temporárias.

O pessoal da Secretaria será nomeado pelo Secretário-Geral da OEA em consulta com o Secretário da Corte.

A Corte Interamericana detém competência territorial para fatos ocorridos em todo Continente Americano, atinentes à violação dos direitos e garantias da Convenção Americana – competência material, no plano pessoal são Estados Americanos, e um ingrediente adicional, que é a competência *ratione temporis*, isto é, a partir do momento em que o estado ratifica a Convenção e, assim, aceita a competência contenciosa da Corte.

O acesso usual à Corte é mediante o encaminhamento de petições e comunicados à Comissão, nas quais se alegue a violação de qualquer dos direitos consagrados na Convenção da OEA, sendo que todas as manifestações que envolverem o mesmo caso serão agrupadas para solução conjunta.

A Corte não exige a constituição de advogado, podendo as manifestações ser firmadas pelos dignatários estatais.

As informações devem ser prestadas no prazo fixado pela comissão, consoante as circunstâncias de cada caso. Há, no entanto, todo um ambiente de colaboração, onde são admitidas considerações adicionais. E muitas vezes são criados grupos de trabalho, no âmbitos da Comissão Interamericana, com propostas de encaminhamento ou de solução, tudo com vistas à depuração do caso submetido à deliberação do plenário objetivando a admissibilidade[643].

Se reconhecida a admissibilidade, haverá a solicitação de informações ao Governo do Estado ao qual pertença a autoridade apontada como responsável pela violação alegada, com cópia da peça de ingresso.

Recebidas as informações ou transcorrido o prazo estabelecido, será verificado se existem ou subsistem os motivos da petição ou comunicação. Se negativo, o expediente será arquivado. Poderá também a Comissão declarar a inadmissibilidade ou a improcedência, com base na própria manifestação da parte ou em provas supervenientes. Não sendo arquivado o feito, e com o fim de coletar informações, a Comissão procederá a um exame mais acurado, devendo os Estados prestar esclarecimentos, com o dever de prestar auxílio em relação a todo o necessário.

Durante toda a investigação, são estimuladas a composição e a observância dos Direitos Humanos, mas, não sendo possível e subsistindo os motivos determinantes, a Comissão encaminhará relatório aos Estados interessados com proposições e recomendações tidas como adequadas, assinando-se um prazo de três meses para a solução.

No interregno, o Estado costuma adotar as providências sugeridas. Não o fazendo pode a Comissão ou o próprio Estado submeter o caso à Corte.

Note-se que essas circunstâncias de verificação preliminar figuram como verdadeiras condições da ação, e que a Corte somente admite o processamento depois do esgotamento das possibilidades compositivas e investigatórias quanto à pertinência da denúncia.

A Corte realizará sessões ordinárias e extraordinárias. Os períodos ordinários de sessões serão determinados regulamentarmente pela Corte, e os períodos extraordinários de sessões serão convocados pelo Presidente ou por solicitação da maioria dos juízes.

Como já vimos, o *quorum* para as deliberações da Corte é constituído por cinco juízes, e as decisões da Corte serão tomadas pela maioria dos juízes presentes. Em caso de empate, o Presidente terá o voto de qualidade. Os juízes vencidos poderão juntar os seus votos, externando suas opiniões.

As audiências usualmente são públicas, a menos que a Corte, em casos excepcionais, decida de outra forma. No entanto, suas deliberações costumam ser secretas, a menos que a Corte decida de outra forma. Nada obstante, as decisões, juízos e opiniões da Corte são comunicados em sessões públicas e as partes são notificadas por escrito.

A própria Corte elaborará suas normas de procedimento, assim como o seu Regulamento.

Cabe ao Presidente ou às comissões da Corte determinar a tramitação processual, com exceção das sentenças definitivas e dos pareceres consultivos.

Os despachos ou resoluções que não forem de simples tramitação, exarados pelo Presidente ou por comissões da Corte, poderão sempre ser apelados ao plenário da Corte.

Pontue-se que a Corte elaborará seu próprio projeto de orçamento e submetê-lo-á à aprovação da Assembleia Geral da OEA, por intermédio da Secretaria-Geral, com liberdade para administrá-lo.

4. Relações com Estados e organismos

As relações da Corte com o país-sede serão regulamentadas mediante um convênio, e a sede da Corte terá caráter internacional.

As relações da Corte com os Estados, com a OEA e seus órgãos, e com outros organismos internacionais de caráter governamental relacionados com a promoção e defesa dos direitos humanos serão regulamentadas mediante convênios especiais.

A Comissão Interamericana de Direitos Humanos comparecerá e será tida como parte perante a Corte, em todos os casos relativos à função jurisdicional desta, em conformidade com o Estatuto.

A Corte poderá celebrar convênios de cooperação com instituições que não tenham fins lucrativos, tais como faculdades

---

[643] Tais informações são documentadas e se tornam disponíveis a qualquer interessado, além de integrarem o Relatório Anual submetido à Assembleia Geral da OEA.

de direito, associações e corporações de advogados, tribunais, academias e instituições educacionais ou de pesquisa em disciplinas conexas, a fim de obter sua colaboração e de fortalecer e promover os princípios jurídicos e institucionais da Convenção em geral, e da Corte em especial.

Em relação ao Brasil, este convênio foi firmado com o Conselho Nacional de Justiça – CNJ, a quem compete os atos formativos e informativos no país, além da guarda e divulgação da jurisprudência da Corte.

A Corte submeterá à Assembleia Geral da OEA, em cada período ordinário de sessões, um relatório sobre suas atividades no ano anterior, quando deverá indicar os casos em que um Estado não houver dado cumprimento a suas sentenças. Na ocasião, poderá submeter à Assembleia Geral da OEA proposições ou recomendações para o melhoramento do sistema interamericano de direitos humanos, no que diz respeito ao trabalho da Corte.

5. Decisões da Corte

Na função contenciosa, a decisão da Corte é uma sentença, e deve ser fundamentada. Se a sentença não expressar no todo ou em parte a opinião unânime dos juízes, qualquer deles terá direito a que se agregue à sentença o seu voto dissidente ou individual.

A sentença da Corte será definitiva e inapelável[644]. Em caso de divergência sobre o sentido ou alcance da sentença, a Corte interpretá-la-á, a pedido de qualquer das partes, desde que o pedido seja apresentado dentro de 90 dias contados da notificação da sentença, em situação equivalente aos Embargos de Declaração.

Quando decidir que houve violação de um direito ou liberdade protegidos nesta Convenção Americana de Direitos Humanos, a Corte determinará que se assegure ao prejudicado o gozo do seu direito ou liberdades violadas. Determinará também, se isso for procedente, que sejam reparadas as consequências da medida ou situação que haja configurado a violação desses direitos, bem como o pagamento de indenização justa à parte lesada.

Além da reparação propriamente dita, os Estados ficam obrigados a investir em prevenção, educando as pessoas e conferindo treinamento aos seus servidores.

Em casos de extrema gravidade e urgência, e quando se fizer necessário evitar danos irreparáveis às pessoas, a Corte, nos assuntos de que estiver conhecendo, poderá tomar as medidas atinentes ao caso concreto.

A sentença da Corte deve ser notificada às partes no caso e transmitida aos Estados-Partes na Convenção. Estes comprometem-se a cumprir a decisão da Corte em todo caso em que forem partes.

A parte da sentença que determinar indenização compensatória poderá ser executada no país respectivo pelo processo interno vigente para a execução de sentenças contra o Estado. Isso significa que os mecanismos de direito interno, próprios para o cumprimento de sentenças, podem acessoriamente ser aplicados.

Remanesce, como se sabe, a função consultiva da Corte, cujas decisões são Pareceres.

Os Estados-membros da Organização poderão consultar a Corte sobre a interpretação da Convenção ou de outros tratados concernentes à proteção dos direitos humanos nos Estados americanos.

Será igualmente possível consultá-la, no que lhes compete, pelo Conselho de Ministros das Relações Exteriores, nos moldes do Capítulo X, da Carta da Organização dos Estados Americanos, reformada pelo Protocolo de Buenos Aires[645].

A Corte, a pedido de um Estado-membro da Organização, poderá ainda emitir pareceres com análise em abstrato sobre a compatibilidade entre qualquer de suas leis internas e os instrumentos internacionais.

6. Jurisprudência da Corte

O CNJ é o guardião da jurisprudência em língua portuguesa da Corte Interamericana de Direitos Humanos, de acordo com o Convênio assinado por ambos os órgãos. Nele se prevê, em linhas gerais, colaboração ampla e direta entre os dois órgãos, a partir do interesse mútuo em promover, velar e difundir as normas internacionais e a jurisprudência dos Tribunais de Direitos Humanos, com ênfase para aquelas oriundas do Sistema Interamericano de Direitos Humanos.

---

(644) Pontificando sobre o tema, esclarece Francisco Rezek, que o Estado réu não tem a prerrogativa de recusar a jurisdição da Corte quando está obrigado a aceitá-la por força de Tratado, ou por ser da *cláusula facultativa de jurisdição obrigatória*. Explica o referido autor que esta cláusula está inserida até no Estatuto da Corte Internacional de Justiça, mas é de aceitação facultativa. Por meio dela, os seus signatários se obrigam, por antecipação, a aceitar a jurisdição da Corte sempre que demandados por Estados também por ela comprometidos, o que se dá por reciprocidade (REZEK, 2010, p. 374).

(645) Os Ministros das Relações Exteriores poderão convocar reuniões a fim de considerar problemas de natureza urgente e de interesse comum para os Estados americanos, e para servir de Órgão de Consulta. Qualquer Estado-membro pode solicitar a convocação de uma Reunião de Consulta. A solicitação deve ser dirigida ao Conselho Permanente da Organização, o qual decidirá, por maioria absoluta de votos, se é oportuna a reunião. A agenda e o regulamento da Reunião de Consulta serão preparados pelo Conselho Permanente da Organização e submetidos à consideração dos Estados-membros. Se, em caso excepcional, o Ministro das Relações Exteriores de qualquer país não puder assistir à reunião, far-se-á representar por um delegado especial. Em caso de ataque armado ao território de um Estado americano ou dentro da zona de segurança demarcada pelo tratado em vigor, o Presidente do Conselho Permanente reunirá o Conselho, sem demora, a fim de determinar a convocação da Reunião de Consulta, sem prejuízo do disposto no Tratado Interamericano de Assistência Recíproca no que diz respeito aos Estados-Partes no referido instrumento. Fica estabelecida uma Comissão Consultiva de Defesa para aconselhar o Órgão de Consulta a respeito dos problemas de colaboração militar, que possam surgir da aplicação dos tratados especiais existentes sobre matéria de segurança coletiva. A Comissão Consultiva de Defesa será integrada pelas mais altas autoridades militares dos Estados americanos que participem da Reunião de Consulta. Excepcionalmente, os governos poderão designar substitutos. Cada Estado terá direito a um voto. A Comissão Consultiva de Defesa será convocada nos mesmos termos que o Órgão de Consulta, quando este tenha que tratar de assuntos relacionados com a defesa contra agressão. Quando a Assembleia Geral ou a Reunião de Consulta ou os governos lhe cometerem, por maioria de dois terços dos Estados-membros, estudos técnicos ou relatórios sobre temas específicos, a Comissão também se reunirá para esse fim.

A parceria segue o princípio do diálogo jurisprudencial, pelo qual a jurisprudência local se integra à jurisprudência do sistema interamericano de direitos humanos e vice-versa, em uma espécie de via de mão dupla.

Ficam no *site* do CNJ, para consulta pública, as Medidas Provisórias, Pareceres Consultivos, Relatórios Anuais, Boletins de Jurisprudência, Sentenças, além de outras Resoluções.

Convêm-nos fazer um recorte dos casos mais recentes que envolvem o Brasil, e em que foram apreciadas situações de trabalhadores.

No plano contencioso, temos o Caso Escher e Outros *vs* Brasil, que se originou de denúncia envolvendo trabalhadores da Cooperativa Agrícola de Conciliação Avante Ltda. – "COANA" e a Associação Comunitária de Trabalhadores Rurais – ADECON", com sentença de 6 de julho de 2009.

No plano consultivo, temos o Parecer Consultivo OC-n. 18/03, de 17 de setembro de 2003, série A, n. 18, que trata da Condição Jurídica e Direitos dos Migrantes Indocumentados, e a uma Resolução, no caso dos trabalhadores da Fazenda Brasil Verde *vs*. Brasil, quando foi expedida a Resolução da Corte Interamericana de Direitos Humanos de 11 de dezembro de 2015.

7. Conclusão

Vimos que a Corte Interamericana de Direitos Humanos é uma instituição judicial e consultiva, cujo objetivo é a interpretação e aplicação da Convenção Americana de Direitos Humanos, da qual o funcionamento pressupõe requerimento dos Estados-membros ou recomendação da Comissão Interamericana de Direitos Humanos, depois da verificação preliminar de pertinência da queixa, e posterior à superação de todas as possibilidades compositivas e das recomendações feitas por esta última.

A Comissão tem papel fundamental para o alargamento da proteção dos direitos que são objeto de nossa investigação, na medida em que ela é único órgão autorizado a receber Petição de pessoas naturais e organismos não governamentais que denunciem a violação de Direitos Humanos e recomendar à Corte o processamento da queixa.

A Corte é composta por sete juízes, nacionais dos Estados-membros da Organização dos Estados Americanos, eleitos dentre juristas da mais alta autoridade moral, de reconhecida competência em matéria de Direitos Humanos, com *quorum* de deliberação de cinco membros.

A Corte também se relaciona com os Estados, com a OEA e seus órgãos, além de outros organismos internacionais de caráter governamental relacionados com a promoção e defesa dos direitos humanos serão regulamentadas mediante convênios especiais, e que o CNJ é depositário da jurisprudência da CIDH no Brasil.

Na função contenciosa as decisões são sentenças, enquanto na função consultiva são pareceres. As sentenças são inapeláveis, e vinculam os Estados-membros da OEA. E, para além do dispositivo, quando se decidir que houve violação de um direito ou liberdade protegidos na Convenção Americana de Direitos Humanos, a Corte determinará que se assegure ao prejudicado o gozo do seu direito ou liberdades violadas, sem prejuízo de reparação das consequências e indenização justa à parte lesada.

Por fim, foram destacadas, a título ilustrativo, as mais recentes decisões da CIDH envolvendo matéria trabalhista, tudo com o objetivo de divulgar sua atuação e suportar as pesquisas dos juslaboralistas.

8. REFERÊNCIAS BIBLIOGRÁFICAS

ALVARENGA, Rúbia Zanotelli de. *Direitos Humanos*. São Paulo: LTr, 2016.

ASCENSIO, Hervé. *La notion de jurisdiction internationale*. La jurisdictionnalisation du droit international. Société Française pour le Droit International. Paris: Pedone, 2003.

EÇA, Vitor Salino de Moura. Jurisdição Transnacional de Proteção de Direitos Humanos Trabalhistas. In: *Direitos Humanos dos Trabalhadores*. ALVARENGA, Rúbia Zanotelli de. (Coord.) São Paulo: LTr, 2016.

PIOVESAN, Flávia. *Direitos Humanos e o Direito Constitucional Internacional*. 16. ed. São Paulo: Saraiva, 2016.

REZEK, Francisco. *Curso elementar de Direito Internacional Público*. 12. ed. São Paulo: Saraiva, 2010.

TRINDADE, Antonio Augusto Cançado. *El ejercicio de la función judicial internacional:* memorias de la Corte Interamericana de Derechos Humanos. Belo Horizonte: Del Rey, 2011.

PARTE III
AS CONVENÇÕES FUNDAMENTAIS DA ORGANIZAÇÃO INTERNACIONAL DO TRABALHO

CAPÍTULO 12
A CONVENÇÃO FUNDAMENTAL N. 87 DA ORGANIZAÇÃO INTERNACIONAL DO TRABALHO

Ricardo José Macêdo de Britto Pereira[646]

1. A importância da Convenção n. 87 da OIT para (o Direito Internacional do Trabalho)

A liberdade sindical constitui para a Organização Internacional do Trabalho mais que uma exigência integrante do catálogo de direitos que ela tem por missão promover, para a melhoria das relações de trabalho nos Estados-membros. Trata-se de um princípio que antecede a própria criação da entidade e que irradiará os seus efeitos no perfil da Organização e nos objetivos por ela perseguidos. A liberdade sindical desempenha um papel de postulado que proporciona as condições para a existência e funcionamento da OIT, na forma como concebida e como se apresenta à comunidade internacional. Sua composição tripartite, pelos governos, representantes dos trabalhadores e dos empresários dos Estados-membros, lhe confere um caráter democrático e assegura a legitimidade de sua atividade, para que possa cumprir os fins previstos em sua Constituição.

Isso é realizável na medida em que haja um efetivo grau de representatividade sindical em todos os Estados-membros. Sua garantia permite que a OIT capte a realidade concreta vivida em cada território correspondente e que os delegados sejam os verdadeiros portadores das aspirações e dos problemas compartilhados pelos membros das coletividades em nome dos quais atuam. A presença no seio da Organização de representantes dos atores sociais dos Estados-membros reforça o compromisso da entidade com a liberdade sindical.

O descaso com a liberdade sindical, além de comprometer o regular desenvolvimento das relações trabalhistas, desvirtua a participação das forças sociais nas atividades da Organização, entre as quais se encontra a elaboração do Direito Internacional do Trabalho.

Por outro lado, a liberdade sindical, por si só, não é suficiente para garantir uma representatividade autêntica. Deve estar associada às fórmulas capazes de centralizar e articular a representação, o que muitas vezes se depara com desafios, como a fragmentação de interesses ou outros problemas que afetam não só o tripartismo, mas a democracia como um todo. No entanto, de maneira alguma, são elementos que justificam seu abandono e tampouco indicam sua falta de "vitalidade"[647].

A liberdade sindical está, assim, na própria essência de um Direito Internacional do Trabalho, em cuja elaboração se conte com a real participação dos destinatários das normas que o compõem. O efetivo exercício desse direito se reflete de maneira positiva em toda a atuação da entidade. É por essa via que são canalizados os interesses defendidos pelas categorias profissional e econômica até a OIT.

Apesar de desempenhar esse papel fundamental na atuação da OIT, a liberdade sindical não se traduziu, num primeiro momento, em normas diretamente referidas à entidade ou por ela aprovadas.

No contexto precedente à criação da Organização, a liberdade sindical adquiria significativa importância, considerando a encíclica *Rerum Novarum,* as nascentes organizações internacionais de trabalhadores e o papel desempenhado por eles durante a Primeira Guerra Mundial. Tudo isso contribuiria a que, na Conferência de Paz que sucedeu ao conflito mundial, participassem, de maneira inédita, junto aos representantes dos governos, representantes de empregadores e de trabalhadores. Ainda assim, no Tratado de Versalles, foi reconhecido, de maneira tímida, o direito de associação de trabalhadores e empregadores para a consecução de fins não contrários às leis. Na Constituição da OIT, o princípio da liberdade sindical figurava tão só no preâmbulo. A liberdade sindical, em suma, experimentava um considerável grau de expansão na prática, que não se fazia acompanhar de um desenvolvimento normativo[648].

---

(646) Doutor pela Universidade Complutense de Madri. Professor Titular do Centro Universitário do Distrito Federal, UDF-Brasília, no Mestrado em Direito das Relações Sociais e Trabalhistas. Mestre pela Universidade de Brasília. Pesquisador colaborador do Programa de Pós-graduação da Faculdade de Direito da Universidade de Brasília. Colíder do Grupo de Pesquisa da Faculdade de Direito da UNB "Trabalho, Constituição e Cidadania". Subprocurador-Geral do Ministério Público do Trabalho.
(647) Cfr. *El trabajo en el mundo*. Oficina Internacional del Trabajo, Ginebra, 1995, p. 89.
(648) Harold DUNNING. Orígenes del Convenio núm. 87 sobre libertad sindical y derecho de sindicación. *Revista Internacional del Trabajo*. v. 117, n. 2, p. 169 e ss., 1998.

O consenso existente em torno da participação conjunta de governos, trabalhadores e empresários na construção de um Direito Internacional do Trabalho, capaz de desempenhar, no plano geral, a função de estabilizar os conflitos trabalhistas, não correspondia a uma posição neutra, superadora das divergências ideológicas que caracterizaram o período que se seguiu à criação da OIT. Essas divergências se acentuavam na medida em que era possível identificar que "o regime internacional sócio-laboral coincidia com necessidades estratégicas da grande indústria e das finanças e estava fortemente promovido pelo internacionalismo liberal".[649] O embate ideológico constituía um importante obstáculo à produção normativa da OIT. A superação desse problema dependia da capacidade da Organização de mostrar-se como espaço aberto às variadas tendências, e assim conciliar parte das posições ideológicas, encontrando campo suficiente para sua atuação.

Esse processo não se verificou de maneira imediata. O confronto ideológico que dificultava a consagração normativa da liberdade sindical não se referia ao valor da liberdade sindical em si, mas a determinadas "circunstâncias que impediam momentaneamente seu reconhecimento pela Conferência".[650] O problema não era a existência de sindicatos e sim a modalidade que deveriam assumir, sobretudo a posição em relação ao Estado, um dos pontos centrais do debate, que carrega a complexa questão em torno do exercício da liberdade sindical e da legislação produzida pelo Estado para regulá-la.

A manifestação normativa sobre o tema, na terceira reunião, de 1921, quando a Conferência adotou a Convenção n. 11, assegurando aos trabalhadores da agricultura os mesmos direitos de associação dos trabalhadores da indústria, não significou grande avanço. Como não havia instrumento tratando esta matéria, mais que a efetiva liberdade sindical, o que se buscou assegurar foi tratamento igualitário entre os trabalhadores da indústria e do campo, de acordo com as normas internas sobre a liberdade sindical em cada membro que ratificasse a convenção.

A tentativa de incluir a proposta de uma posterior convenção sobre a liberdade sindical, em 1927, não teve seguimento, por causa das divergências que, até a Segunda Guerra, impediriam que a liberdade sindical encontrasse, no âmbito da OIT, uma convenção para se expressar.

Com a Declaração de Filadélfia, incorporada à Constituição da OIT, foi reforçado textualmente o compromisso da entidade "com os direitos dos trabalhadores, entre eles as liberdades de expressão e de associação e o direito de negociação coletiva".[651] A partir daí, verifica-se um giro no tratamento normativo da liberdade sindical, que coincide com a vinculação da OIT às Nações Unidas.

A primeira iniciativa de elaboração de um documento internacional sobre liberdade sindical foi impulsionada pelo Conselho Econômico e Social da ONU. Houve debates sobre a conveniência de o referido conselho levar adiante o projeto. Ao final, o próprio conselho decidiu remeter o assunto à OIT. Nesse período, a existência independente da OIT esteve sob ameaça e seu reconhecimento como instância legítima para conduzir a elaboração de normas internacionais sobre o tema foi fundamental para sua sobrevivência[652].

Durante as discussões na OIT, os pontos discordantes mais importantes se referiram à proposta patronal de fazer constar expressamente, ao lado da liberdade de filiação, a de não filiação a sindicatos, e a de um grupo de delegados, que defendia a não extensão da garantia da liberdade sindical aos empregadores. Ambas foram rejeitadas.

Contribuiu para a aprovação da Convenção n. 87, na 31ª Conferência, em 1948, o receio de que o tema fora retomado pelas Nações Unidas. Em verdade, a aprovação resultou de um "consenso geral sobre o valor do princípio da liberdade sindical nem sobre o alcance de sua proteção internacional que seguiu faltando naquele momento, dissenso que se agravaria nos anos seguintes à guerra fria".[653] Na mesma ocasião, incluiu-se na ordem do dia da 32ª reunião de 1949 o tema "Direito de sindicalização e negociação coletiva", que resultaria na Convenção n. 98. As Convenções ns. 87 e 98 passaram a ser os "instrumentos fundamentais em matéria de liberdade sindical",[654] que "se consideram normalmente como um todo".[655]

Foram instituídos meios de tutela diferenciados em relação aos direitos contidos nas demais convenções aprovadas, que desempenharam um papel fundamental na aplicação do direito de liberdade sindical. Além do aspecto instrumental de garantia, esses meios conferem uma posição destacada a esse direito, posto que sua utilização não se condiciona à ratificação das referidas convenções pelos Estados-membros. Apesar de os procedimentos criados não estarem expressamente na Constituição da OIT, dela extraem seu fundamento, e "completam"[656] os mecanismos expressamente previstos: os relatórios do artigo 19, a partir dos quais se preparam os estudos gerais relativos aos obstáculos à ratificação das convenções; os relatórios apresentados à Comissão de peritos sobre as

---

(649) Carlos Alberto FERNÁNDEZ PARDO. *Régimen internacional del trabajo. La OIT en la política mundial*. Buenos Aires, Villela Editor, 2001. p. 105.
(650) J. M. BONVIN. *L'organisation internationale du travail. Étude sur une agence productrice de normes*. Paris: Presses Universitaires de France, 1998. p. 201.
(651) Cf. H. DUNNING. *op. cit.*, p. 177.
(652) H. DUNNING. *op. cit.*, pp. 178/9.
(653) Cf. Miguel RODRÍGUEZ-PIÑERO. La libertad sindical y el Convenio 87 (1948) OIT. Relaciones laborales. *Revista crítica de teoría y práctica*. p. 124. t. 1. 1999
(654) Libertad sindical y negociación colectiva. *Informe de la Comisión de Expertos en Aplicación de Convenios y Recomendaciones*. 81ª reunión. Ginebra, OIT, 1994, p. 3.
(655) H. DUNNING. *op. cit.*, p. 182.
(656) "... mas não substituem o procedimento de controle regular e permanente". H. DUNNING. *op. cit.*, p. 119.

medidas adotadas a respeito das convenções ratificadas, previstas no artigo 22; a reclamação, artigo 24; e a queixa, no artigo 26.

A tutela diferenciada do direito de liberdade sindical opera por meio de dois órgãos: a Comissão de Investigação e de Conciliação em Matéria de Liberdade Sindical e o Comitê de Liberdade Sindical. A Comissão, criada em 1950, mediante acordo entre a OIT e o Conselho Econômico e Social das Nações Unidas, é composta por pessoas independentes designadas pelo Conselho de Administração. Ela examina queixas submetidas ao Conselho de Administração por violações dos princípios de liberdade sindical. Sua atribuição é investigar, mas pode solucionar os problemas mediante acordo com os governos envolvidos. O exame pode alcançar Estados que não são membros da OIT, mas pertencem às Nações Unidas. Nesse caso, o Conselho Econômico e Social delibera sobre "o curso de ação que corresponda, que pode consistir em solicitar o consentimento do governo interessado para que o caso se submeta à Comissão ou em qualquer outra medida". A atuação da Comissão não depende da ratificação da convenção sobre liberdade sindical presumidamente violada a que se refere a queixa. Contudo, o trâmite, nessa hipótese, se condiciona ao consentimento dos implicados nas violações indicadas. No caso de ratificação da convenção violada, "a Comissão de Investigação e Conciliação passa a ser uma comissão de inquérito designada conforme o artigo 26 da Constituição da OIT"[657]. A exigência de consentimento associada à longa duração do procedimento e ao custo das investigações são fatores que contribuíram para que poucos casos fossem examinados pela Comissão[658].

Distinta é a atuação do Comitê de Liberdade Sindical, órgão do Conselho de Administração, criado em 1951, de composição tripartite. O Comitê também examina as queixas que contêm alegação de violação dos princípios sobre liberdade sindical. Originalmente, ocupava-se da análise prévia dos casos e a recomendação de estudos de apoio nos problemas cuja relevância justificava o posterior seguimento pela Comissão de Investigação e de Conciliação. Com o tempo, essa situação se modifica, "dando lugar a que o próprio Comitê efetue o estudo das questões que lhe são submetidas e decida sobre elas em detalhados informes"[659]. Sua atuação tampouco se condiciona à ratificação pelo Estado-membro das convenções sobre liberdade sindical. Só que, em caso de não ratificação, não há necessidade do consentimento dos governos aos quais as queixas se dirigem. O Comitê de Liberdade Sindical pode recomendar o envio do caso à Comissão de Investigação. Como em geral o Comitê dispõe de informações suficientes para examinar as denúncias, não costuma fazer essa recomendação. Submete suas conclusões diretamente ao Conselho de Administração que, em caso de violação, efetua as gestões para que o governo envolvido "retifique a situação e informe, dentro de um prazo determinado, sobre as medidas que haja tomado"[660]. Na hipótese em que o Estado não haja ratificado a convenção, o próprio Comitê "efetua o seguimento das medidas adotadas sobre as queixas. Se o Estado, ao contrário, a ratificou, a encarregada do seguimento é a Comissão de Peritos em Aplicação de Convenções e Recomendações"[661].

As decisões do Comitê são adotadas por unanimidade. No curso dos procedimentos, vale-se, também, de "vias de conciliação em caso de conflito"[662]. A partir do exame dos casos, tem sido possível a elaboração de um corpo de princípios que orientam não só a resolução dos problemas concretos, mas que servem de diretrizes para a legislação e jurisprudência nacionais, como parâmetro de ajuste do ordenamento interno à interpretação realizada pela OIT dos princípios sobre liberdade sindical[663]. É em razão da reconhecida autoridade e prestígio da atuação do Comitê que se definem suas decisões, qualificando-as de "quase judiciais". A doutrina do Comitê sobre liberdade sindical oferece uma interpretação do conteúdo explícito e implícito das convenções, no qual se incluem os direitos de negociação coletiva e de greve[664]. Definitivamente, a tarefa do Comitê de Liberdade Sindical foi fundamental para o reconhecimento da "validade internacional dos princípios da liberdade sindical e em haver estabelecido que os governos, até certo ponto, devem render contas internacionalmente pela política sindical que aplicam"[665].

A interpretação oficial das normas internacionais do trabalho incumbe, em princípio, à Corte Internacional de Justiça. A Constituição da entidade assim o prevê no artigo 37, § 1º. Não obstante, os órgãos de controle desempenham suas funções a partir do sentido e entendimento que conferem às normas, cujo resguardo lhes compete. A extensa jurisprudência proveniente da Comissão de Peritos e do Comitê de Liberdade Sindical na matéria é resultado da autorização implícita existente na Constituição necessária à realização do controle ali previsto. Ademais, instituiu-se a prática de solicitar à Oficina Internacional do Trabalho a interpretação das

---

(657) H. DUNNING. *op. cit.*, p. 121.
(658) Bernard GERNIGON. El Comité de Libertad Sindical de la OIT: Características principales e influencia en España. Relaciones laborales. *Revista crítica de teoría y práctica*, t. 1. p. 145. 1999, p. 145.
(659) José Ignacio GARCIA NINET y Jaime YANINI BAEZA. Sentido e impacto de los Convenios 87 y 98 de la OIT sobre la realidad sindical española. *Revista del Ministerio de Trabajo y Asuntos Sociales*. Derecho social, internacional y comunitario. n. 2, p. 71/2. 1997.
(660) *OIT. Las normas internacionales del trabajo*. Manual de Educación Obrera. 4. ed. Ginebra: Oficina Internacional del Trabajo, 1998. p. 124.
(661) Lee SWEPSTON. Desarrollo de las normas sobre derechos humanos y libertad sindical mediante el control de la OIT. *Revista internacional del trabajo*. v. 117, n. 2, Ginebra, OIT, p. 196. 1998.
(662) B. GERNIGON. *op. cit.*, p. 143 e 146.
(663) *Libertad sindical y negociación colectiva. Informe.* cit., p. 8.
(664) GARCIA NINET e YANINI BAEZA. *op. cit.*, p. 72.
(665) *OIT. Las normas internacionales ... cit.*, p. 128.

normas internacionais para seu correto cumprimento. Em matéria de liberdade sindical é o Comitê que a faz.[666]

2. Titulares e conteúdo dos direitos previstos na Convenção n. 87 da OIT

A Convenção n. 87 da OIT prevê em seu texto a possibilidade de trabalhadores e empregadores, sem qualquer distinção e autorização prévia, constituírem as organizações que assim entenderem, bem como a elas se filiarem, a condição de observar os seus estatutos. Essas organizações terão direito de elaborar os seus estatutos, eleger seus representantes, organizar a gestão e formular os programas de ação. As autoridades públicas são impedidas de limitar o exercício desses direitos e interferir nas organizações, que não estão sujeitas à suspensão ou dissolução administrativa. As organizações de trabalhadores e empregadores poderão constituir federações e confederações e a elas se filiar, e todas elas poderão se filiar às organizações internacionais de trabalhadores e empregadores. A legislação nacional definirá a medida desses direitos para os membros das Forças Armadas e das polícias.

A Convenção n. 87 da OIT não estabelece restrições à titularidade dos direitos ali previstos, nem mesmo em relação aos servidores públicos. Tanto o Comitê de Liberdade Sindical[667] como a Comissão de Peritos[668] reafirmam a literalidade do disposto na convenção, na parte que garante a liberdade sindical, "sem nenhuma distinção" aos trabalhadores e empregadores. A única restrição mencionada consiste em que a legislação nacional determine a medida de aplicação das disposições da convenção às Forças Armadas e à polícia. Com efeito, elas alcançam todos os trabalhadores do Estado. Considerando que as legislações nacionais se valem de termos distintos para referir-se a realidades semelhantes ou do mesmo termo para fazer alusão a realidades discrepantes, a exclusão de setores da Administração Pública do âmbito da convenção, criaria uma dificuldade para a delimitação prática de qualquer diferenciação. Nos trabalhos precedentes à aprovação da convenção, já se expressava a intenção de dispensar o mesmo tratamento aos trabalhadores privados e públicos, incluídos neste último grupo os funcionários[669].

De acordo com o Comitê de Liberdade Sindical, o artigo 2º da Convenção n. 87, que consagra o princípio da não discriminação em matéria sindical, mediante a expressão "sem qualquer distinção", garante a liberdade sindical de forma ampla, sem distinção de ocupação, sexo, cor, raça, crença, nacionalidade, opiniões políticas, etc., de setor privado ou público[670].

A definição de membros das Forças Armadas que autoriza a exclusão deve ser interpretada de maneira restritiva, não incluindo, por exemplo, o pessoal civil dos estabelecimentos industriais ou do serviço burocrático das Forças Armadas[671].

Ao pessoal superior e de direção, o Comitê admite a exclusão de filiação sindical em organizações que representem outros trabalhadores, mas garantindo a criação de suas próprias organizações, não se admitindo a ampliação do conceito, para não enfraquecer as organizações dos demais trabalhadores. A promoção artificial de trabalhadores, para o fim de impedir a criação de sindicatos, viola o princípio da liberdade sindical[672].

O Comitê considera que o direito de liberdade sindical alcança os trabalhadores autônomos e profissionais liberais, temporários, em regime de experiência, comissionados, em zonas francas[673].

Não respeita os princípios de liberdade sindical, a existência de dispositivos de constituição nacional proibindo a criação de mais de um sindicato por categoria profissional ou econômica, qualquer que seja o grau de organização, numa determinada base territorial, que não poderá ser inferior à área de um município. Os trabalhadores podem querer evitar a multiplicação de entidades sindicais, mas a unidade do movimento não deve resultar de imposição do Estado, via legislativa. Quando os governos entenderem pela conveniência da unidade para fortalecer o movimento sindical, será preferível estimular os sindicatos a se associarem livremente para formarem associações fortes e unidas. O Comitê não toma partido em relação a um movimento sindical unificado ou ao pluralismo sindical. Não se quis fazer da pluralidade sindical uma obrigação, mas se exige que ela seja possível em todos os casos. O monopólio sindical imposto pela via legislativa se distingue das cláusulas de práticas e segurança sindical que, por acordo coletivo, vincula emprego e sindicalização.[674]

Os trabalhadores devem decidir se preferem constituir sindicatos de empresa ou outra forma como sindicato de indústria ou de ofício, devendo-se admitir a criação de mais de um sindicato por empresa, se assim o desejarem, ou mesmo por ofício ou profissão. Garantem-se inclusive organizações que agrupem trabalhadores em centros de trabalho e localidades diferentes[675].

---

(666) POTOBSKY, G. e DE LA CRUZ, H. *La organización internacional del Trabajo. El sistema normativo internacional*. Los instrumentos sobre derechos humanos fundamentales. Buenos Aires, Astrea, 1990. p. 50.
(667) *La libertad sindical*. Recopilación de decisiones y principios del Comité de Libertad Sindical del Consejo de Administración de la OIT. 5. ed., Ginebra, Oficina Internacional do Trabalho, 2006, verbetes 212 e ss., p. 48 e ss.
(668) *La libertad sindical. Recopilación...* cit., verbetes 48 e ss, p. 24.
(669) *La libertad sindical y negociación colectiva...* cit., pars. 48 e 49, p. 24 e 25.
(670) *La libertad sindical. Recopilación...* cit., verbetes 205, 212 e 216, p. 45, 46 e 47.
(671) *La libertad sindical. Recopilación...* cit., verbetes 219. 220, 223 e 224, p. 48 e 49.
(672) *La libertad sindical. Recopilación...* cit., verbetes 230, 231 e 234, p. 50 e 51.
(673) *La libertad sindical. Recopilación...* cit., verbetes 235, 236, 237, 239 e 240, p. 51 e 52.
(674) *La libertad sindical. Recopilación...* cit., verbetes 277, 287, 290 e 291, p. 62, 63, 64 e 65.
(675) *La libertad sindical. Recopilación...* cit., verbetes 279, 280, 282 e 283, p. 62 e 63.

O temperamento entre a unidade e a pluralidade sindicais ocorre por meio da figura do sindicato mais representativo, expressamente prevista no artigo 3º, V, da Constituição da OIT. Tal diferenciação não autoriza o esvaziamento das organizações sindicais que não obtiveram o reconhecimento como representativas. É necessário, ademais, que os critérios para definir a maior representatividade sejam objetivos, preestabelecidos e precisos. As vantagens devem ser restritas a alguns aspectos, como negociação coletiva, consulta às autoridades e designação de delegados junto a organismos internacionais. Em nenhum caso, devem influenciar na liberdade de escolha dos trabalhadores de filiação às entidades que julguem convenientes. As organizações não representativas não perdem o direito de ser porta-vozes de seus membros ou de representá-los em caso de reclamação individual[676].

O Comitê admite sistema de registro introduzido por lei, outorgando direito exclusivo de negociação aos sindicatos registrados, desde que a concessão do registro se baseie em critério objetivo e preestabelecido, sem que se proíba a constituição de outros sindicatos[677].

As cláusulas de segurança sindical estabelecidas em negociação coletiva ficam a critério do Estado-membro, ao contrário da que é imposta por lei. A questão do desconto de contribuições sindicais pelos empregadores e seu repasse aos sindicatos deve ser resolvida por negociação coletiva[678].

Os sujeitos da negociação coletiva são as organizações sindicais e só excepcionalmente a negociação poderá se dar diretamente com representantes dos trabalhadores, se não existirem organizações sindicais no âmbito de negociação[679].

Considerando a necessidade de proteção da liberdade sindical em sua dimensão individual e coletiva, a Comissão de Peritos chama a atenção sobre a modalidade de violação desse direito, nos casos em que legislações favoreçam de forma desproporcional "direitos individuais em detrimento dos direitos coletivos, enfraquecendo dessa maneira o movimento sindical através de uma sucessão de medidas legislativas que, consideradas isoladamente, poderiam ser compatíveis com os princípios de liberdade sindical"[680].

O exame do complexo conteúdo da liberdade sindical dá margem a considerações da mais variada ordem. Aqui, serão abordados alguns aspectos relacionados com a vinculação da liberdade sindical com os direitos humanos em geral e com a negociação coletiva, fazendo alguma referência à greve. O que importa sublinhar é o caráter fundamental da negociação coletiva e da greve para a OIT, não em razão de um reconhecimento expresso em convenções internacionais, mas porque parte de seu conteúdo se encontra no direito de liberdade sindical.

A liberdade sindical corresponde a um processo cujo desenvolvimento está diretamente vinculado ao exercício dos direitos humanos. A partir dessa vinculação, não se pode construir um catálogo de direitos humanos que não inclua a liberdade sindical, assim como não é possível o desenvolvimento da liberdade sindical à margem da proteção dos direitos humanos. A interdependência entre a liberdade sindical e os direitos humanos em geral determinou que a OIT, para a garantia do direito em toda sua extensão, se dedicasse à tutela dos direitos humanos implicados em seu exercício.

Na atividade normativa dos anos imediatamente posteriores a sua criação, até a Segunda Guerra Mundial, entre os diversos pontos relacionados com as condições de trabalho, somente uma convenção tratou dos direitos humanos: a de n. 29, adotada em 1930, sobre o trabalho forçado.

É com a Declaração de Filadélfia que a OIT, além de sua missão dirigida às questões econômicas e sociais, passa a concentrar a atenção na necessidade da promoção do "desenvolvimento espiritual da pessoa, em condições de liberdade e dignidade"[681].

A aprovação da Convenção n. 87 da OIT no mesmo ano da Declaração Universal dos Direitos Humanos não é uma aproximação meramente cronológica, mas o resultado da interdependência entre os direitos que formam os dois documentos[682]. A partir daí, foram diversos os instrumentos mais diretamente relacionados com os direitos humanos, no âmbito trabalhista, como em 1951, a Convenção n. 100 sobre igualdade de remuneração (de homens e mulheres), a Convenção n. 105 sobre abolição do trabalho forçado, complementando a de 1930, e a Convenção n. 111 sobre discriminação. Essas convenções, ao lado das anteriores relativas à proteção da liberdade sindical e negociação coletiva, e de posteriores destinadas a combater o trabalho infantil (ns. 138 e 182) formarão o grupo temático da Declaração de princípios e direitos fundamentais no trabalho de 1998.

Em 1970, a Conferência Internacional do Trabalho adotou resolução "sobre os direitos sindicais e sua relação com

---

(676) *La libertad sindical. Recopilación...* cit., verbetes 309 a 315, p.s. 70/72.
(677) *La libertad sindical. Recopilación...* cit., verbete 312, p. 71.
(678) *La libertad sindical. Recopilación...* cit., verbetes 321 a 330, págs. 73/4.
(679) Bernard GERNIGON, Alberto ODERO e Horacio GUIDO. Principios de la OIT sobre la negociación colectiva. *Revista Internacional del Trabajo.* v. 119, n. 1, p. 40, 2000.
(680) *Libertad sindical y negociación colectiva. Informe ...* cit., par. 27, p. 15.
(681) L. SWEPSTON. La OIT y los derechos humanos: del Tratado de Versalles a la nueva Declaración relativa a los principios y derechos fundamentales en el trabajo. RL. Relaciones Laborales. *Revista crítica de teoría y práctica.* v. 15, n. 1. p. 117/188, 1999. José Luis GIL y GIL y Tatiana USHAKOVA. "La Declaración de la OIT relativa a los principios y derechos fundamentales en el trabajo". *Documentación Laboral,* n. 59, ACARL, p. 101 e ss., 1999. O texto entre aspas se refere a esta última.
(682) RODRÍGUEZ-PIÑERO. OIT, derechos humanos y libertad sindical. *Relaciones laborales. Revista crítica de teoría y práctica,* p. 3. 1999. t. 1.

as liberdades civis", enumerando diversas liberdades civis expressas na Declaração Universal de Direitos Humanos, como a liberdade e a segurança da pessoa, a proteção contra a prisão e detenção arbitrária, a liberdade de opinião e expressão, de reunião, direito a um processo regular por tribunais independentes e proteção ao direito de propriedade das organizações sindicais[683].

A Comissão de Peritos, em diversas ocasiões, manifestou a necessidade de proteger as liberdades civis e políticas como condição para o desenvolvimento satisfatório da liberdade sindical, ressaltando a dependência recíproca entre elas[684]. Da mesma maneira, o Comitê de Liberdade Sindical afirmou que "um movimento sindical verdadeiramente livre e independente só pode desenvolver-se dentro de um clima no qual se respeitem os direitos humanos fundamentais". Acentuou, também, que "o sistema democrático é fundamental para o exercício dos direitos sindicais". Ademais, essa exigência de respeito aos direitos sindicais e aos restantes direitos humanos incumbe a todos, não dependendo "do nível de desenvolvimento do país de que se trate"[685].

A vinculação da liberdade sindical aos demais direitos humanos, na interpretação da OIT, ampliou seu conteúdo, que corresponde à "soma de todos os direitos e liberdades imprescindíveis para que possam existir e funcionar eficazmente sindicatos democráticos que estejam em condições de defender e promover os interesses dos trabalhadores".[686]

Considerando a dependência da liberdade sindical à garantia das liberdades básicas, surge a questão das cláusulas e práticas de segurança sindical (contratação de trabalhadores vinculada à sindicalização), que restringem liberdades fundamentais vinculadas ao exercício dos direitos sindicais e também a pluralidade sindical. Esse problema se vincula à liberdade sindical negativa, que esteve presente nas discussões para a aprovação das convenções fundamentais sobre liberdade sindical. Se o ordenamento de um país aceita esse tipo de cláusula, isso não impedirá a ratificação das convenções[687]. Deve-se ter em consideração que a adoção dessas práticas ou cláusulas em alguns países não resulta de divergências ideológicas ou da intenção de discriminar ou prejudicar os trabalhadores. Em seus respectivos contextos, ao contrário, elas constituem importante elemento de fortalecimento do movimento sindical e de racionalização do mercado de trabalho[688].

A liberdade sindical alcança também o direito de ação coletiva. A Convenção n. 87 reúne parte dos elementos do complexo conteúdo do direito de liberdade sindical; não todos. Dirige-se à proteção dessa liberdade especialmente quando os atos praticados tenham origem nos poderes públicos. Expressa a faceta de proteção "jurídico-política" da liberdade sindical. A consagração da liberdade sindical na Convenção n. 87, como liberdade pública, constitui o "núcleo fundamental" do direito, "tanto na vertente individual quanto em sua vertente coletiva". Ao tempo em que garante o direito individual de sindicalização, eliminando eventuais obstáculos oferecidos pelos poderes públicos, assegura, no plano coletivo, a liberdade de constituição, organização e funcionamento sem intervenção dos referidos poderes. Isso tem proporcionado a "conexão da liberdade sindical com as demais liberdades públicas", fator fundamental para a "democratização de muitos Estados"[689].

Na dimensão coletiva da liberdade sindical, incluem-se a possibilidade de negociação coletiva das condições de trabalho e a greve. A liberdade sindical não se completa sem a garantia de procedimentos de negociação. A negociação coletiva, para "ser viável e eficaz", deve se basear na "independência e autonomia das partes e no caráter livre e voluntário das negociações", reduzida (a menor possível) interferência das "autoridades públicas nos acordos bipartidos", atribuindo-se primazia aos sujeitos da negociação "empregadores e suas organizações e as organizações sindicais"[690].

A partir do conteúdo da liberdade sindical disperso nas duas convenções, garante-se o espaço para que os sindicatos possam valer-se "diante dos empresários e ao Estado" da "ação reivindicativa e participativa que inclui exercício da negociação coletiva e a greve". Jogou um papel importante na determinação do conteúdo da liberdade sindical a interpretação realizada pelo Comitê de Liberdade Sindical e a Comissão de Peritos, que:

> "construíram uma sólida doutrina para integrar dentro do direito à liberdade todo tipo de atividade sindical relativa à defesa dos direitos dos trabalhadores (reuniões, manifestações, publicações, etc.) e, mais em concreto, o direito à negociação coletiva (que aparece como tal de forma diferenciada na Declaração de 1998) e o direito de greve, em que pese não figurar expressamente na Convenção 87 (...)."[691]

O Comitê de Liberdade Sindical considera o direito de livre negociação das condições de trabalho com os empregadores "um elemento essencial da liberdade sindical". Nas atividades preparatórias para a aprovação da Convenção n. 87, houve o registro dos fins relevantes mediante a garantia da liberdade

---

(683) *Vide* POTOBSKI. El Convenio n. 87, su impacto y la acción de la OIT. *Revista internacional del trabajo*. v. 117, p. 235, n. 2, Ginebra, OIT, 1998.
(684) *Libertad sindical y negociación colectiva. Informe...* cit., par. 26, p. 14.
(685) Cf. *La libertad sindical. Recopilación...* cit., verbetes 34, 35 e 41, p. 13/14.
(686) Cf. OIT. *Las normas internacionales* ... cit., p. 117.
(687) OIT. *Las normas internacionales* ... cit., p. 126.
(688) *Vide.* Bruno VENEZIANI. *Stato e autonomia collettiva*. Diritto sindacale comparato. Bari: Cacucci Editore, 1992. p. 84.
(689) Cf. M. RODRÍGUEZ-PIÑERO. La libertad sindical y el Convenio 87... cit., p. 126/7 e 129.
(690) Cf. B. GERNIGON, A. ODERO e H. GUIDO. Principios de la OIT sobre la negociación colectiva. cit., p. 38.
(691) Cf. M. RODRÍGUEZ-PIÑERO. *La libertad sindical y el convenio 87...* cit., p. 137.

sindical, entre os quais se encontrava a possibilidade de as organizações criadas sem a intervenção dos poderes públicos "determinar, por meio de convenções coletivas levadas a cabo livremente, os salários e outras condições de trabalho"[692]. Para a OIT, o "direito de organização é essencial para a representação coletiva dos interesses, e o exercício do direito de negociação coletiva é a chave para que essa representação converta-se em realidade"[693].

Esse direito genérico de negociação coletiva se configura na OIT como um processo destinado à conclusão de um acordo coletivo sobre condições de trabalho e emprego. O efeito vinculante do acordo em relação aos contratos individuais é fixado pelo legislador ou pelo próprio contrato coletivo, segundo a legislação de cada país.

São pelo menos três os pilares que orientam esse direito genérico de negociação coletiva, segundo os instrumentos da OIT. O primeiro deles é a negociação livre e voluntária. De acordo com esse princípio, qualquer medida governamental destinada a forçar as organizações à negociação coletiva ou a imposição de alcançar um acordo é com ele incompatível. O segundo é a liberdade para decidir o nível da negociação, de maneira que se uma legislação prevê limitação neste aspecto viola a liberdade dos interessados de decidir o mais conveniente para eles. Por último, o princípio da boa-fé, que se traduz na exigência de que as partes negociadoras assumam a postura de estabelecer uma negociação autêntica, com o propósito de chegar a um acordo ou, quando isso não seja possível, que se evidenciem os esforços para a obtenção daquele resultado. Uma vez realizado o acordo, deve ser cumprido e aplicado nos termos pactados[694].

São princípios que se referem à negociação coletiva como direito fundamental e podem ser identificados na dimensão coletiva do conteúdo do direito de liberdade sindical. Além deles, há conteúdos variáveis segundo a legislação de cada país, consistentes em medidas para fomentar, garantir e revestir de eficácia jurídica os acordos resultantes da negociação coletiva, assim como para estabelecer restrições para a salvaguarda de outros valores constitucionais.

O Comitê de Liberdade Sindical ressalta a promoção da liberdade sindical no âmbito interno dos Estados-membros, como uma das tarefas da OIT, de maneira que as matérias com ela relacionadas "não correspondem já ao domínio reservado dos Estados e que a ação que a Organização empreende a esse fim não pode ser considerada como uma intervenção nos assuntos internos (...)"[695].

A ação da OIT respeita a disciplina legislativa que não prejudica o conteúdo essencial da liberdade sindical. Assim, o Comitê não vislumbra violação aos princípios da liberdade sindical a legislação que contém mecanismos para "promover os princípios democráticos no seio das organizações sindicais ou bem para garantir o desenvolvimento normal do procedimento eleitoral respeitando os direitos dos membros..."[696]. A legislação pode, como referido, estabelecer a distinção entre sindicato mais representativo e outros sindicatos para fins de negociação coletiva, desde que obedeça a critérios objetivos e não impeça o funcionamento dos sindicatos minoritários[697]. Da mesma maneira, a relação entre os contratos individuais e as convenções coletivas se determina segundo cada sistema de negociação coletiva dos países. O Comitê só examina a compatibilidade desses sistemas com as convenções e princípios da liberdade sindical[698].

Também se reconhece a relação entre o conteúdo da liberdade sindical e um genérico direito de greve, sem que para chegar a essa conclusão houvesse necessidade de uma disposição expressa desse direito nos textos referidos à liberdade sindical[699]. Como ressaltado no informe da Comissão de Peritos, o Comitê de Liberdade Sindical, já em sua segunda reunião, em 1952, ressaltava o princípio do direito de greve, declarando-o como "elemento essencial do direito sindical"[700]. Essa elaboração do Comitê, que coincide com a da Comissão, encontra fundamento jurídico no artigo 3º da Convenção n. 87, que trata da liberdade de organizar as atividades e os programas de ação, e também o artigo 10, em que se prevê o fomento e a defesa dos interesses dos trabalhadores pelas organizações livremente criadas[701]. Ademais, "o direito de greve é o corolário lógico do pleno exercício do direito à negociação coletiva. Sem ele, a negociação pode resultar intrascendente e inoperante"[702].

Entre os princípios do direito de greve, encontra-se o de que seu exercício seja prioritariamente reconhecido às organizações sindicais. Trata-se de um direito aplicável, como regra, a todas as categorias de trabalhadores. As exclusões e limitações devem ser interpretadas de maneira restritiva e a medida prejudicial ao correto exercício desse direito constitui ato de discriminação sindical. A greve tem por finalidade a

---

(692) Cf. *La libertad sindical. Recopilación...* cit., p. 171 e 174, verbetes. 782 e 799.
(693) Cf. *Su voz en el trabajo...* cit., p. 37.
(694) B. GERNIGON, A. ODERO e H. GUIDO. *Op* cit., p. 44/7.
(695) Cf. *La libertad sindical. Recopilación...* cit., pár. 2, p. 7.
(696) Cf. *La libertad sindical. Recopilación...* cit., pár. 361, p. 83.
(697) *La libertad sindical. Recopilación...* cit., párs. 819 a 843, p. 179.
(698) *La libertad sindical. Recopilación...* cit., pár., 910, p. 198.
(699) Vide. B. GERNIGON, A. ODERO e H. GUIDO. Principios de la OIT sobre el derecho de huelga. *Revista internacional del Trabajo.* OIT. v. 117, n. 4, p. 473, 1988.
(700) Cf. *Libertad sindical y negociación colectiva...* cit., pár. 146, p. 69.
(701) A. ODERO. El derecho de huelga en la función pública y en los servicios esenciales: los principios de la OIT. Relaciones laborales. *Revista crítica de teoría y práctica,* 1999, p. 169. t.1.
(702) Cf. *Su voz en el trabalho...* cit., p. 40.

"promoção e defesa dos interesses econômicos e sociais dos trabalhadores".[703] Dessa maneira, fica claro que a interferência do legislador nacional para disciplinar aspectos do direito de greve, desde parâmetros razoáveis, não afronta o conteúdo fundamental integrante do direito de liberdade sindical. As restrições e exclusões são possíveis, mas se preserva a integridade do direito de liberdade sindical na medida em que existam "garantias compensatórias".[704]

3. A força normativa da Convenções Internacionais da OIT

É natural uma cautela na elaboração das normas internacionais e sua aplicação no plano interno, inclusive, para superar as divergências de caráter ideológico. Isso depende de um significativo grau de criatividade, tanto na determinação do conteúdo das normas como nas estratégias adotadas para seu cumprimento.

Em geral, a força normativa dos instrumentos internacionais não resulta dos tradicionais mecanismos formais de exigência dos direitos. Depende, sobretudo, do conteúdo das disposições. Quanto mais genérico, moderado e conciliador se apresenta, maior é a possibilidade de obter efeitos no plano interno dos Estados. A autoridade dessas normas não deriva, com exclusividade, das garantias existentes para sua concretização.

No caso específico da OIT, a prudência na elaboração de suas normas e na eleição dos mecanismos para sua aplicação é bastante evidente. Pode-se dizer que a influência da atividade da OIT, gradualmente, adquiriu importância, sem que se adotassem técnicas impositivas e radicais. Houve um incremento na recepção de suas normas. As razões são variadas, como a conscientização de que sua aplicação interfere na condição de vida das pessoas e contribui à paz social, ou o fato de que são indispensáveis para integrar uma comunidade internacional de interesses, que pode ter importantes consequências no plano interno. Seja qual for a razão, isso foi possível em razão do grau de legitimidade alcançado por essas normas.

O objetivo da OIT é a eliminação dos obstáculos que impedem a receptividade interna de suas normas. A via persuasiva, nesse contexto, adquire protagonismo destacado. Não existe uma preocupação da OIT com o reconhecimento da natureza jurídica de seus atos, a fim de alcançar determinados efeitos. Para a operacionalidade de suas normas, costuma-se apelar a valores morais, produzindo resultados que dificilmente seriam obtidos mediante argumentos calcados em termos de exigência jurídica[705].

Contribui, também, à ação da OIT, sua composição tripartite. Os problemas são levados pelos próprios atores sociais, que têm experiência e conhecimento de sua real dimensão, facilitando a adoção de medidas e a criação de mecanismos adequados para resolvê-los. Ademais, são os trabalhadores e empregadores os principais agentes encarregados de fazer valer as normas internacionais no ambiente de trabalho. Há maior disposição na aplicação satisfatória dessas normas na medida em que os próprios interessados contribuem, por meio de seus representantes, para a formação de seu conteúdo. Assim, elimina-se ou diminui o tipo de resistência que pode haver em caso de uma regulamentação imposta. O modo tripartite de operar nas questões trabalhistas e sociais favorece a obtenção do consenso para a criação e aplicação das normas, mais que outros mecanismos.[706]

Na Constituição da OIT não há um instrumento que seja capaz de exigir, de forma imediata, o cumprimento das normas internacionais. O mais eficaz possui forte conteúdo moral: a publicidade. Não subsiste a possibilidade de recorrer a sanções de natureza econômica, tal como previsto na versão original da Constituição. Em caso de descumprimento das recomendações de uma comissão de investigação ou da decisão da Corte Internacional de Justiça, a Conferência pode adotar medidas necessárias para o cumprimento das recomendações, mediante a iniciativa do Conselho de Administração (artigo 33). Não obstante, "em vez de recorrer a sanções, as organizações internacionais especializadas têm preferido tomar medidas que implicam uma conciliação e um modo pragmático de defender suas regras".[707]

Por ocasião da criação da entidade, foi anunciada a tentativa de alguns delegados de criar um "poder legislativo internacional", cujas normas seriam automaticamente aplicadas aos Estados-membros, sem a necessidade de um ato posterior para a produção de efeitos no plano interno. Uma posição intermediária defendia a possibilidade de observância das normas internacionais, quando dentro de um prazo o governo não se manifestasse contra sua aplicação. Ao final, a solução acolhida foi a mais moderada, pela qual se exige a prática de atos pelos Estados, variáveis de acordo com o tipo de instrumento adotado, convenção ou recomendação, para que produza efeitos jurídicos no ordenamento interno[708]. Além do ato formal de incorporação, a eficácia interna depende do "sistema constitucional ou a prática vigente em cada país, que pode responder a duas doutrinas básicas distintas: a monista e a dualista". De acordo com esta última, a ratificação das convenções não é suficiente para a inclusão das disposições internacionais no

---

(703) Cf. B. GERNIGON, A. ODERO e H. GUIDO. "Principios de la OIT sobre el derecho de huelga cit...., p. 476. A. ODERO. *op. cit.*, p. 171.
(704) Cf. *La libertad sindical. Recopilación...* cit., pár. 533, p. 121.
(705) Isso está bem presente nos debates sobre as atribuições da Comissão de Investigação e de Conciliação. *Vide* Jean-Michel BONVIN. *L'organisation internationale du travail*. Étude sur une agence productrice de normes. Paris: Presses Universitaires de France, 1998. p. 276 e ss.
(706) Steven OATES. International labour standards: the challenges of the 21st century. *The ILO and the Social Challenges of the 21st Century*: The Geneva lectures. Ed. By Roger Blanpain & Chris Engels. The Hague/London/Boston (Kluwer Law International). 2001, p. 93/4.
(707) Cf. *Los derechos humanos*: responsabilidad de todos. Memoria del Director General. Parte I. Conferencia Internacional del Trabajo, 75ª reunión, 1988. Ginebra: Oficina Internacional del Trabajo. p. 65.
(708) Cf. Geraldo W. Von POTOBSKY y Héctor G. Bartolomei DE LA CRUZ. *La organización internacional del trabajo*. El sistema normativo internacional. Los instrumentos sobre derechos humanos fundamentales. Buenos Aires: Astrea, 1990. p. 23/24.

ordenamento interno. Exige-se um ato legislativo complementar[709]. Nos sistemas monistas, ainda que a produção de efeitos jurídicos em rigor seja sucedâneo natural da ratificação de uma convenção, existe o problema das normas que não satisfazem as condições de uma disposição *self-executing*[710].

Poder-se-ia deduzir que a opção foi por uma espécie de *soft power* para fazer valer o Direito Internacional, de maneira que a produção de efeitos no plano interno estaria condicionada inteiramente ao arbítrio de cada membro, sem transferência de qualquer parcela de soberania.

A natureza jurídica das convenções[711], se tratados-leis ou tratados-contratos, a modalidade de obrigação dos Estados em relação aos instrumentos aprovados, sob a forma de convenção e os destinatários internacionais dessas obrigações, se a OIT ou os Estados-membros, suscitam grande controvérsia.

Um dos argumentos favoráveis à posição de que se trata de um "tratado-lei", é a "existência objetiva das convenções independentemente de ratificação"[712]. A aprovação de convenções origina obrigações para os Estados-membros de submeter às autoridades nacionais competentes, assim como de informar à OIT, que pode aplicar medidas de controle específicas por seus órgãos. "Os princípios e as normas das convenções constituem, ademais, pontos de referência para esses órgãos na avaliação das situações existentes nos distintos países."[713]

A discussão fornece elementos que colocam em evidência que não se está ante uma separação absoluta entre a competência normativa da OIT e a dos Estados-membros. Dessa intersecção de competências, as convenções podem constituir fonte direta de determinadas obrigações, à margem do ato--condição de ratificação.

O reconhecimento de efeitos normativos externos à convenção favorece a valorização do conteúdo da constituição da OIT, e de sua capacidade como fonte normativa de caráter também substantivo. O respeito aos direitos integrantes do núcleo substancial da Constituição é o que permite a adoção de procedimentos de controle de violação de convenções não ratificadas. A aprovação da Declaração da OIT relativa aos princípios e direitos fundamentais no trabalho, em 1988, corresponde à consagração do processo de identificação e revalorização desse núcleo da Constituição, formado por um grupo de direitos dos quais emanam efeitos diretos, com independência da ratificação das convenções correspondentes. Por outro lado, não se acolheu na declaração um sistema de queixas individuais mais contundente[714], como defendiam os representantes dos trabalhadores. Optou-se por mecanismos de seguimento baseados em informes e não mediante o reforço de instrumentos jurídicos para garantir o conteúdo dos princípios e direitos fundamentais, a ponto de produzir uma interferência mais acentuada das normas internacionais nas questões internas. Isso poderia, em efeito inverso, pôr em risco a possibilidade de evolução no respeito aos valores fundamentais, por causa da possível resistência que se ofereceria a uma ação mais pretensiosa.

Não significa que a Declaração se reduza a uma chamada moral para a observância de seu conteúdo. Faz-se expressa remissão ao compromisso de todos os membros, pelo fato de pertencer à Organização, de "respeitar, promover e fazer realidade, de boa-fé e de conformidade com a Constituição, os princípios relativos aos direitos fundamentais...". É possível extrair um fundamento jurídico ao vínculo dos Estados-membros com a proteção dos princípios e direitos ali expressos. Não se está ante uma mera enunciação de direitos morais. Por outro lado, sua aprovação não cria obrigações adicionais para os Estados-membros, a não ser observar a apresentação de memórias e do informe global, na forma estabelecida para seu seguimento, cujas regras constituem um desenvolvimento dos artigos 19 e 22 da Constituição, com caráter "complementar e distinto dos mecanismos de supervisão da OIT"[715]. Não se impuseram medidas punitivas e imediatas à violação dos princípios e direitos consagrados nem houve o propósito de que seu conteúdo fora automaticamente incorporado aos ordenamentos jurídicos dos Estados-membros, com independência da ratificação das respectivas convenções. Ao revés, com a Declaração, buscou-se o incremento da ratificação das convenções consideradas fundamentais.

Essa ambiguidade da Declaração parece ser o resultado da ausência de uma preocupação em torno ao enquadramento jurídico dos direitos e princípios que a integram. Ao fim e ao cabo, uma precisão nesse sentido poderia dar margem a questionamentos relacionados com a intricada divergência entre positivismo jurídico e direito natural, que a OIT prefere deixar de lado, em benefício dos efeitos práticos de sua ação[716].

A superação das dificuldades relacionadas com a observância dos princípios e direitos fundamentais não é tarefa simples. A adoção de técnicas reativas à violação dos direitos consagrados dificilmente serviria de maneira eficaz aos propósitos da OIT. Já

---

(709) Cf. G. POTOBSKY e B. da CRUZ. *op. cit.*, p. 40.
(710) *Vide*. Virginia A. LEARY. *International labour convention and national law.* The effectiveness of the automatic incorporation of treaties in national legal systems. The Hague/Boston/London (Martinus Nijhoff Publishers), 1982, *passim*.
(711) *Vide*. G. POTOBSKY Y B. DE LA CRUZ. *op. cit.*, pp. 25 y ss. Américo PLA RODRÍGUEZ. *Los convenios internacionales del trabajo*. Motevideo, 1965. p. 281 y ss.
(712) Ressalte-se que a expressão anteriormente existente à reforma da Constituição da OIT, em 1945, era "projeto de convenção". Cf. G. POTOBSKY e B. da CRUZ. *op. cit.*, p. 29/30.
(713) Cf. G. POTOBSKY e B. da CRUZ. *op. cit.*, *ibid*.
(714) A maneira do que provoca a atuação do Comitê de liberdade sindical.
(715) Cf. *Su voz en el trabajo*. Informe del director general. Informe global con arreglo al seguimiento de la Declaración de la OIT relativa a los principios y derechos fundamentales en el trabajo. Conferencia Internacional del Trabajo. 88ª Reunión, Informe I (B) Ginebra: Oficina Internacional del Trabajo, 2000. p. 1.
(716) *Vide*. BOVIN. *op. cit.*, *passim*.

por estratégia de enfrentamento distinta, mediante técnicas de caráter promocional, é possível alcançar resultados positivos, como vem ocorrendo.

É necessário ter em conta, independentemente da discussão em torno da natureza das disposições da Declaração, sua importância como meio de proporcionar valor argumentativo adicional às disposições internas dos Estados-membros na matéria. Esse elemento, ainda que de maneira indireta, reforça a juridicidade das disposições internas que correspondem aos princípios e direitos fundamentais no trabalho proclamados pela OIT.

Os princípios e direitos fundamentais no trabalho são a resposta à dimensão dos mercados, que supervalorizam o fator competitividade para seu funcionamento. A Declaração busca impedir a obtenção de vantagens comparativas que afetam os interesses vitais dos trabalhadores. O caráter fundamental dos princípios e direitos indica que eles constituem exigências indispensáveis e mínimas, para que as relações de trabalho possam se desenvolver dentro de um marco de respeito à dignidade humana. Esse marco se traduz na "garantia efetiva da liberdade dentro do ambiente de trabalho". O *status* de trabalhador deve corresponder ao exercício de uma atividade laboral "livre e com respeito de sua própria personalidade e de seus direitos como indivíduo"[717]. Sem a proteção desses valores que formam parte da Declaração não se concebe um sistema de relações trabalhistas. A Declaração vem, portanto, com o objetivo claro de modificar realidades e "está pensada para influir e condicionar não só a ação política dos Estados senão também perfilhar e condicionar as diretrizes básicas da atuação da própria OIT"[718].

3.1 As discussões sobre a ratificação da Convenção n. 87 da OIT pelo Estado Brasileiro.

A ratificação da Convenção n. 87 pelo Estado Brasileiro tramita no Congresso Nacional desde 1949 (Mensagem Presidencial n. 256/1949). Aprovada na Câmara dos Deputados, aguarda deliberação do Senado (PDS n. 16/1984). A grande questão refere-se à compatibilidade da convenção com a previsão constitucional de unicidade e contribuição prevista em lei. Em vários pareceres elaborados nas comissões do Senado, não se vislumbrou incompatibilidade entre a Convenção e a Constituição, pois aquela é voltada para a proteção contra a interferência indevida do Estado no meio sindical. O parecer mais recente, contudo, do Senador Paulo Paim, altera posição anterior para votar pela rejeição da proposta.

A ratificação da Convenção n. 87 da OIT poderia observar o quórum previsto no artigo 5º, § 3º, da Constituição, com equivalência às Emendas Constitucionais. No entanto, as divergências de caráter político-ideológico em torno do tema, ou mesmo a existência de apoio por parte dos representantes de trabalhadores e empregadores à unicidade, eliminam qualquer perspectiva de sua ocorrência nos próximos tempos.

A opinião desses representantes deve ser levada em conta, até porque soaria extremamente arbitrário aprovar uma reforma sindical sem a participação direta dos interessados na formulação de seu conteúdo. O Direito Coletivo do Trabalho não é simpático a uma intervenção unilateral e externa, uma vez que busca o diálogo permanente e a ampla participação dos sujeitos diretamente envolvidos nas relações de trabalho. A consolidação de uma identidade coletiva não se dá com independência do processo democrático ou mesmo anteriormente a ele, ou seja, fora de um "contexto compartilhado intersubjetivamente de entendimento possível"[719].

O sistema de organização sindical implantado com a Constituição de 1988 representou alguns avanços, sem dúvida alguma, se comparado ao anteriormente existente. No entanto, a previsão da unicidade, como limitação intrínseca, é incompatível com a estrutura dos direitos fundamentais, que deve se basear na sua máxima amplitude e efetividade e não o contrário, impedindo que ele produza os seus efeitos em razão de um modelo exclusivo de organização, sem alternativas. Tal modelo só se justifica como de transição, condição que com o tempo se torna cada vez mais evidente[720].

A proibição de criação de mais de um sindicato por categoria na mesma base territorial, que não pode ser inferior a um Município (artigo 8º, II, da CF), possui previsão constitucional ao passo que a contribuição obrigatória está localizada no plano infraconstitucional, considerando que a Constituição fez menção à contribuição prevista em lei, sem especificar sua natureza, ao lado da contribuição confederativa, esta sim inserida no texto constitucional (artigo 8º, IV, da CF).

As relações coletivas de trabalho no Brasil foram marcadas, durante longo período, pela forte intervenção do Estado e pela dependência dos sindicatos ao poder estatal, usufruindo, portanto, de escassa autonomia, com uma prática deficiente de negociação coletiva e o direito de greve inviabilizado, em razão de sua proibição. A partir do final da década de 70 do século passado é que emergem um movimento sindical com considerável autonomia e representatividade, centrais sindicais, incremento da negociação coletiva e greves mais contundentes[721]. De fato, havia dúvidas quanto à sobrevivência do incipiente movimento sindical num marco jurídico de liberdade plena e daí, talvez, a opção política pela preservação da unicidade no processo constituinte. Deve-se ressaltar que a unicidade apenas

---

(717) Cf. Jordi BONET PEREZ. *Principios y derechos fundamentales en el trabajo*. La declaración de la OIT de 1998. Bilbao: Universidad de Deusto, 1999. p. 19.
(718) Cf. J. BONET PEREZ. *op. cit.*, p. 21.
(719) Habermas, Jürgen. *La inclusión del otro*. Barcelona: Paidós, 1999. p. 141.
(720) Assim tenho abordado em outros textos. A reforma da organização sindical na Constituição. As perspectivas da relação de trabalho no Brasil. *As reformas sindical e trabalhista*. Adriane Reis Araújo (coord.). Brasília: ESMPU, 2006. p. 30. E também Aspectos constitucionais da reforma sindical. *Revista LTr*. Legislação do Trabalho, 69-05/565/572.
(721) Arión SAYÃO ROMITA. O direito coletivo antes e depois da Constituição de 1988. A transição do Direito do Trabalho no Brasil. Estudos em homenagem a Eduardo Gabriel Saad. São Paulo: LTr, 1999. p. 71.

foi expressamente prevista em duas Constituições brasileiras, a de 1937 e a de 1988, cujas linhas são bastante antagônicas.

A preservação de elementos autoritários num texto democrático vem trazendo problemas para a delimitação das disposições constitucionais e afetam o sistema de organização sindical como um todo.

A unicidade não foi capaz de impedir o surgimento massivo de entidades. Ela, contraditoriamente, convive com um número elevado de sindicatos na medida em que não há qualquer movimento ou tendência de agrupamento do movimento sindical. O que se percebe é um processo de fragmentação provocado por desmembramentos e dissociações que efetivamente colocam em dúvida a prática da unicidade a despeito de sua previsão textual.

A figura do sindicato mais representativo tem sido explorada pela doutrina[722] com o objetivo de sua real implantação em nosso sistema. Neste aspecto, o Judiciário pode atuar para assegurar o direito de entidades representativas em detrimento das entidades que não o são. Assim, é possível resgatar o princípio democrático, até que haja consenso para a aprovação de uma legislação sobre a matéria.

E, neste ponto, há uma questão que afeta a possibilidade de ampla discussão, que é a ausência de representatividade de algumas entidades sindicais. É por meio da representatividade que se garante a participação efetiva dos trabalhadores e empregadores no processo democrático. Medidas destinadas a assegurar essa participação no processo decisório e a democracia interna nas entidades são condições estruturantes de qualquer sistema de representação profissional e econômico, de modo que sem elas o próprio debate fica prejudicado.

A criação de mecanismos que estabeleçam critérios de representatividade pode eliminar do movimento sindical entidades que são criadas, com alguma frequência, por interesses outros que não a defesa dos integrantes da categoria. Sindicatos dessa natureza proliferaram com a Constituição de 1988.

A Lei n. 11.648/2008, que criou as centrais sindicais, estabelece critérios de representatividade para o reconhecimento das centrais o que acaba forçando a maior representatividade dos sindicatos que são a elas filiados. Porém, muitos sindicatos não são vinculados a nenhuma central sindical, o que faz com que o alcance da referida lei nesse aspecto seja limitado.

De qualquer forma, é necessário agir com cuidado numa possível reforma sindical, especialmente na parte alusiva à organização, pois o atual sistema vem desde a década de 30 do século passado e o movimento sindical, de uma forma ou outra, acabou se ajustando às suas limitações. Uma ruptura brusca, num efeito inverso, pode afetar em muito a defesa dos interesses dos trabalhadores, trazendo mais prejuízos em lugar de benefícios.

A ratificação da Convenção n. 87 da OIT, com a alteração da estrutura sindical prevista na Constituição, não é uma medida que possa ser tomada independentemente de qualquer circunstância. Ela pode acarretar uma liberalização e desorganização, comprometendo ainda mais o funcionamento do sistema.

Considera-se extremamente relevante para o desenvolvimento satisfatório das relações coletivas de trabalho o combate às práticas antissindicais. Em verdade, não são só os atos isolados de empregadores que restringem o exercício dos direitos de liberdade sindical, mas uma cultura antissindical que se difunde no âmbito do Estado e da sociedade. Alimentam essa cultura, por exemplo, a jurisprudência trabalhista desfavorável ao exercício dos direitos vinculados à liberdade sindical e as tendências de criminalização dos movimentos reivindicatórios por setores estatais, da mídia e da sociedade.[723]

Nesse sentido, cabe mencionar o elevado número de concessões de interditos proibitórios nos movimentos grevistas, que afastam qualquer possibilidade de diálogo no momento de tensão, acirrando os ânimos. Não faz sentido valer-se de medida que protege a posse e a propriedade, como vem admitindo o Judiciário trabalhista, para limitar o exercício da greve. Os trabalhadores não podem ser considerados como "invasores" em relação ao local de trabalho, pois são necessários à dinâmica empresarial e isso não se altera em razão de greve.[724]

A noção de ordem pública é utilizada para impor determinadas condutas, no sentido de garantir condições mínimas de trabalho, com independência do que pretendem os atores envolvidos. É certo que ela cumpriu papel importante no surgimento e consolidação do Direito Individual do Trabalho, para controlar o poderio empresarial, mas é inegável também o seu propósito de controle social ou de prevenção ao descontrole, voltando-se, neste aspecto, contra os próprios trabalhadores. Essas outras variáveis do conceito de ordem pública são utilizadas com frequência para limitar direitos e liberdades trabalhistas, a pretexto de previsibilidade e segurança nas relações sociais. O conceito de ordem pública deve ser extraído da própria Constituição. O sacrifício injustificado de direitos fundamentais não é com ele compatível[725].

---

(722) Ebert, Paulo Roberto, Lemgruber. *Sindicato mais representativo e mutação constitucional*. Uma proposta de releitura do art. 8º, II, da Constituição Federal. São Paulo: LTr, 2007.

(723) Há alguns avanços nessa área, como a alteração da Súmula n. 219 do TST prevendo honorários quando o sindicato atua como substituto processual, bem como a modificação do entendimento sobre a ultra-atividade das convenções e acordos coletivos de trabalho na Súmula n. 277 do TST. Porém, as limitações encontram-se na Súmula n. 369 do TST, que limita o número de dirigentes com garantia de emprego, na OJs ns. 365 e 369 da SBDI1, que negam garantia de emprego para os membros do conselho fiscal e o delegado sindical.

(724) A questão do interdito proibitório foi levada ao Comitê de Liberdade Sindical por centrais e entidades sindicais representantes de trabalhadores bancários, que concluiu pela necessidade de se respeitar os princípios em matéria de realização de piquetes de greve (Caso 2792. Informe definitivo n. 363, de março de 2012), disponível em: <http://www.ilo.org/dyn/normlex/es/f?p=1000:50002:0::NO:50002:P50002_COMPLAINT_TEXT_ID:3057153>

(725) Nesse sentido, José Carlos de Bartolomé CENZANO. *El orden público como límite al ejercicio de los derechos y libertades*. Madrid: CECP, 2002. Segundo o autor, a grande confusão em torno da noção constitucional de ordem pública como limite impreciso e crescente na sua utilização asfixia direitos fundamentais e, sobretudo, liberdades públicas. p. 37.

A pressão exercida sobre os movimentos coletivos provoca a fragmentação e a individualização dos interesses, dos instrumentos e das respostas necessários ao enfrentamento de problemas que são de toda uma coletividade.

Não há dúvida de que os agentes públicos devem atuar para corrigir desvios, mas devem refletir sobre os efeitos de ações e decisões que interferem diretamente na liberdade sindical. Ademais, não se pode condenar o movimento sindical por defender a unicidade e a contribuição obrigatória. Essa foi a opção do constituinte, sendo, pois, posição que não está desconforme com a Constituição.

Apesar da força expansiva que o discurso dos direitos fundamentais vem logrando e que é responsável pela ampliação da eficácia jurídica da autonomia sindical, o movimento sindical sofre, ao mesmo tempo e de forma também generalizada, enorme aversão por parte de empregadores, do Estado e de cidadãos, entre os quais dos próprios trabalhadores, muitas vezes influenciados por atuações e julgamentos dos poderes públicos ou então por avaliações realizadas por profissionais da comunicação.

Sendo assim, verifica-se, no plano teórico, o fortalecimento do direito de liberdade sindical, e do seu elemento nuclear, a autonomia sindical, ao passo que, sob o ponto de vista prático, se vivencia grande dificuldade de exercê-lo para produzir os efeitos perseguidos pelos trabalhadores. À força jurídica da liberdade sindical se contrapõe uma cultura antissindical que a neutraliza e que não pode ser desconsiderada no estudo da autonomia sindical. Essa cultura é favorecida por mudanças estruturais no sistema de produção de bens e serviços que tornaram muito mais difíceis a mobilização e o próprio contato físico dos trabalhadores[726].

É necessário colocar em evidência as contradições entre o discurso jurídico e as resistências ao exercício satisfatório do direito de liberdade sindical para encontrar caminhos para a ação coletiva de trabalhadores. Examino essas contradições a partir da distinção entre estrutura e função em matéria sindical. Estrutura diz respeito à constituição do sindicato e sua relação com os integrantes de uma categoria. Função refere-se à ação do sindicato como sujeito coletivo e que está diretamente relacionada com a autonomia sindical.

A nossa tradição coloca ênfase na estrutura, isto é, no sistema existente que trata da criação de sindicatos e da relação entre eles e os trabalhadores, atribuindo menos importância à função. Em razão da necessidade de mudanças estruturais, a autonomia sindical é deixada num plano secundário. A unicidade e a contribuição obrigatória contaminariam tudo o que resulta da ação dos sindicatos assim organizados. Persegue-se um modelo, o do sindicato plenamente livre, e com a sua implantação é que se passaria à etapa seguinte, garantia dos espaços para sua atuação.

A preocupação excessiva com a estrutura em detrimento da função é equivocada. É necessário reconhecer a importância da autonomia sindical como elemento central do direito de liberdade sindical, de maneira a garantir às entidades sindicais existentes espaços para atuação na defesa dos interesses dos trabalhadores, ainda que não sejam as entidades desejadas por todos. É mais importante ter sindicatos e garantir espaços para que eles possam agir do que restringir a atuação dos existentes em razão das deficiências do sistema de organização sindical vigente. Evidentemente, quando se fala em sindicatos, deve-se observar um mínimo de estrutura e organização sem as quais fica comprometido o próprio conceito. Só é possível considerar sindicato a entidade que representa trabalhadores e, como consagrado na jurisprudência alemã, tenha algum poder diante dos empregadores e suas entidades representativas para reivindicar condições dignas e satisfatórias de trabalho. Sindicatos que existem, invariavelmente, para beneficiar os próprios dirigentes, são controlados pelo Estado ou pelos empregadores, para servir de instrumento de exploração do trabalhador, devem ser eliminados, sendo inadmissível qualquer garantia de espaço para sua atuação.

A autonomia sindical, como a possibilidade de ação e de definição das estratégias para defesa dos interesses dos trabalhadores, é variável de acordo com a percepção da sociedade a respeito do movimento sindical, especialmente no tocante à compreensão das ações e identificação com as reivindicações propostas, bem como com a postura de agentes do estado em face do exercício da liberdade sindical. A autonomia sindical dirige-se, sobretudo, ao poder público, contra uma possível interferência que restrinja a ação de organizações profissionais para a defesa dos interesses por elas perseguidos. Com a consagração da denominada eficácia horizontal dos direitos fundamentais, particulares, sobretudo o empregador e as entidades representativas de seus interesses, também devem respeitar o espaço necessário para a organização e ação coletiva de trabalhadores.

Não são suficientes as garantias previstas no texto normativo, mas também o ambiente e o processo em que são implementadas. A autonomia sindical como reconhecimento[727] significa que se trata de garantia e espaço conquistados. A efetividade da autonomia sindical, mais do que pressuposto escrito no texto constitucional, condiciona-se a novas atitudes por parte dos atores sociais e dos agentes públicos; baseia-se na conscientização, por todos os envolvidos, de sua importância para o aprimoramento da democracia e melhoria de condição de vida de todos os trabalhadores.

---

(726) Tratei dessas transformações no sistema produtivo e a flexibilização do direito do trabalho tendo como contraponto o princípio de proteção no texto "El principio de protección como límite a la flexibilidad laboral" integrante da obra coletiva *Relaciones Laborales, Organización de la empresa y globalización*. Ed. Cinca, Fundación Largo Caballero, Madrid, 2010, p. 337/355.
(727) Há várias obras dedicadas à questão do reconhecimento no estudo dos conflitos sociais. Entre eles HONNETH, Axel. *Luta por reconhecimento*. A gramática moral dos conflitos sociais. 2. ed., São Paulo: Ed. 34, 2009. TAYLOR, Charles. *Argumentos filosóficos*. Ensayo sobre el conocimiento, el lenguaje y la modernidad. Barcelona: Paidós, 1997.

A Convenção n. 87 da OIT não é uma fórmula mágica e sua ratificação não produzirá os efeitos pretendidos, se não houver a convicção compartilhada por todos os setores da sociedade e do estado de que é necessário fortalecer o movimento sindical, em lugar de atacá-lo. A ratificação da Convenção n. 87 não pode servir apenas para eliminar algumas práticas de sindicatos consideradas reprováveis, sem que haja a valorização da organização sindical, do diálogo social e de respeito aos direitos dos trabalhadores.

Enquanto não se cria esse ambiente favorável à ratificação da Convenção n. 87, compete aos atores encarregados de aplicar e interpretar os dispositivos da ordem jurídico-trabalhista, preservar a liberdade sindical, valendo-se de garantias contidas na referida convenção. A hermenêutica constitucional impõe a constante releitura da legislação vigente para promover sua harmonização com os dispositivos da Constituição e dos tratados internacionais. Esse dinamismo decorre da atividade dos intérpretes de adequação entre norma e realidade. O ordenamento jurídico sindical brasileiro encontra-se inteiramente defasado, o que confere grande espaço aos atores para promoverem a alteração do sistema por meio de recursos interpretativos. Dessa maneira, vislumbra-se a possibilidade de aperfeiçoar o Direito Coletivo do Trabalho, ainda que sem a alteração imediata de alguns elementos de sua estrutura.

CAPÍTULO 13
A CONVENÇÃO FUNDAMENTAL n. 98 DA ORGANIZAÇÃO INTERNACIONAL DO TRABALHO

Gustavo Filipe Barbosa Garcia[728]

1. Introdução

O presente estudo tem como objetivo apresentar comentários e considerações a respeito da Convenção n. 98 da Organização Internacional do Trabalho, relativa à aplicação dos princípios do direito de organização e de negociação coletiva.

Trata-se de norma internacional de grande relevância, pois estabelece a proteção contra atos atentatórios à liberdade e à atividade sindical, com destaque à proibição dos chamados *atos antissindicais*.

Com esse objetivo, primeiramente, cabe analisar aspectos essenciais, relativos à estrutura da Organização Internacional do Trabalho, bem como sobre as suas convenções e a forma de sua aprovação.

2. Estrutura da Organização Internacional do Trabalho

A Organização Internacional do Trabalho foi instituída pelo Tratado de Versalhes, de 1919, em sua Parte XIII. Posteriormente, a Declaração de Filadélfia, de 1944, complementou aquelas disposições.

Cabe destacar que os países que integram a Organização das Nações Unidas são automaticamente membros da OIT.

A Organização Internacional do Trabalho é composta de três órgãos principais[729].

A *Conferência ou Assembleia Geral* é o órgão de deliberação da OIT, que se reúne no local indicado pelo Conselho de Administração.

A Conferência é constituída pelos Estados-membros, com sessões pelo menos uma vez por ano, nas quais comparecem delegações compostas de forma tripartite, ou seja, por membros do governo, representantes dos trabalhadores e dos empregadores.

O seu principal objetivo é o de estabelecer as diretrizes fundamentais a serem observadas no âmbito da OIT, *elaborando as convenções e recomendações*.

O *Conselho de Administração* exerce a função executiva e de administração da Organização Internacional do Trabalho, composto por representantes dos trabalhadores, empregadores e do governo. Além de se reunir, em regra, três vezes ao ano, elege o Diretor-Geral da Repartição Internacional do Trabalho, bem como institui comissões permanentes ou especiais.

A *Repartição Internacional do Trabalho*, que é a secretaria da OIT, tem como objetivo documentar e divulgar as suas atividades, publicando as convenções e recomendações, além de editar publicações sobre temas de interesse sobre o Direito do Trabalho na comunidade internacional. A Repartição Internacional do Trabalho é dirigida pelo Diretor-Geral.

3. Convenções e Recomendações da Organização Internacional do Trabalho

As Convenções da Organização Internacional do Trabalho possuem natureza de tratados internacionais multilaterais, estabelecendo normas obrigatórias àqueles Estados que as ratificarem. Cabe esclarecer, entretanto, que essa ratificação, em si, não é obrigatória pelo Estado-membro.

Em verdade, não se pode confundir a vigência da Convenção da OIT no plano interno, com a sua vigência internacional. Esta normalmente ocorre a partir de 12 meses depois do registro de duas ratificações por Estados-membros, na Repartição Internacional do Trabalho.

Depois da aprovação da Convenção pela Conferência Internacional do Trabalho, o governo do Estado-membro deve submetê-la ao órgão nacional competente, no prazo máximo de 18 meses (art. 19, § 5º, *b*, da Constituição da OIT).

A ratificação da Convenção ocorre por meio de ato formal do chefe de Estado, dirigido ao Diretor-Geral da Repartição Internacional do Trabalho.

As recomendações da OIT, por sua vez, têm o papel preponderante de servir como sugestão ou indicação ao direito

---

(728) Livre-docente pela Faculdade de Direito da Universidade de São Paulo. Doutor em Direito pela Faculdade de Direito da Universidade de São Paulo. Pós-doutorado em Direito pela Universidade de Sevilla. Especialista em Direito pela Universidade de Sevilla. Professor Universitário em Cursos de Graduação e Pós-Graduação em Direito. Membro Pesquisador do IBDSCJ. Membro da Academia Brasileira de Direito do Trabalho, Titular da Cadeira 27. Advogado. Foi Procurador do Trabalho do Ministério Público da União, ex-Juiz do Trabalho das 2ª, 8ª e 24ª Regiões e ex-Auditor Fiscal do Trabalho.

(729) Cf. GARCIA, Gustavo Filipe Barbosa. *Curso de direito do trabalho*. 10. ed. Rio de Janeiro: Forense, 2016. p. 134.

interno dos Estados[730], podendo anteceder ou complementar uma Convenção.

Conforme o art. 19, item 6, *b*, da Constituição da OIT, cada Estado-membro se compromete a submeter, dentro do prazo de um ano a partir do encerramento da sessão da Conferência (ou quando, em razão de circunstâncias excepcionais, logo que seja possível, sem exceder o prazo de 18 meses depois do referido encerramento), a recomendação às autoridades competentes em relação à matéria, "a fim de que estas a transformem em lei ou tomem medidas de outra natureza".

A Convenção e a Recomendação devem ser aprovadas pela Conferência Internacional do Trabalho por duas vezes, em dois anos seguidos.

A denúncia é o aviso-prévio dado pelo Estado, no sentido de que não pretende continuar aplicando a norma internacional.

A revisão é ato pelo qual a norma internacional pode ser adaptada às novas realidades e aperfeiçoada.

A reclamação refere-se à forma que as organizações profissionais ou de empregadores utilizam para informar e mostrar o não cumprimento de Convenção da OIT, a qual é dirigida ao Conselho de Administração.

A queixa é o processo contra o Estado-membro, por não ter adotado medidas para o cumprimento de convenção ratificada, sendo apresentada à Repartição Internacional do Trabalho, que a encaminha ao Conselho de Administração.

O controle de aplicação das convenções ratificadas pelo Estado-membro é feito pela Comissão de Peritos em Aplicação de Convenções e Recomendações da Conferência Internacional do Trabalho. Trata-se de órgão técnico, composto de membros independentes, que se reúnem anualmente e tem as suas observações submetidas à Comissão de Conferência[731].

4. Aprovação da Convenção n. 98 da OIT

A Convenção n. 98 da Organização Internacional do Trabalho foi aprovada na 32ª reunião da Conferência Internacional do Trabalho, ocorrida em Genebra, em 8 de junho de 1949, tendo entrado em vigor, no plano internacional, em 18 de julho de 1951.

A norma internacional em questão foi aprovada posteriormente à decisão de serem adotadas diversas proposições relativas à aplicação dos *princípios do direito de organização e de negociação coletiva*, questão que constituía o quarto ponto na ordem do dia da referida sessão da OIT.

Depois de ter decidido que as proposições acima indicadas tomariam a forma de uma *convenção internacional*, adotou-se, no dia 1º de julho de 1949, a denominada "Convenção Relativa ao Direito de Organização e de Negociação Coletiva".

Cabe esclarecer que as normas internacionais, mesmo depois de celebradas no âmbito internacional, devem passar por um processo de aprovação, para que possam integrar o ordenamento jurídico nacional.

Em conformidade com o art. 84, inciso VIII, da Constituição da República, compete privativamente ao Presidente da República celebrar tratados, convenções e atos internacionais, sujeitos a referendo do Congresso Nacional.

No caso em estudo, depois da aprovação de convenção pela Organização Internacional do Trabalho, isso ainda não significa a sua incorporação ao ordenamento jurídico nacional, a qual exige que sejam observadas as regras de procedimento previstas no Direito interno.

Nesse sentido, na atualidade, de acordo com o art. 49, inciso I, da Constituição da República Federativa do Brasil, é da competência exclusiva do Congresso Nacional resolver definitivamente sobre tratados, acordos ou atos internacionais que acarretem encargos ou compromissos gravosos ao patrimônio nacional.

Logo, o Congresso Nacional pode aprovar ou rejeitar a norma internacional celebrada. Essa *aprovação* ocorre por meio de Decreto Legislativo.

Depois da aprovação, a norma internacional deve ser objeto de *ratificação*, entendida, em termos estritos, como a comunicação internacional de que a norma foi aprovada internamente, normalmente por meio de depósito no órgão internacional.

A norma internacional celebrada, aprovada e ratificada deve ser *promulgada* pelo Presidente da República, por meio de Decreto presidencial, atestando a validade da norma jurídica.

Por fim, a promulgação da norma jurídica deve ser *publicada* no Diário Oficial da União, para receber a publicidade que se exige para a entrada em vigor.

No caso da Convenção n. 98 da Organização Internacional do Trabalho, no plano interno brasileiro, ela foi *aprovada* pelo Decreto Legislativo n. 49, de 27 de agosto de 1952, do Congresso Nacional.

A sua *ratificação* pelo Brasil ocorreu em 18 de novembro de 1952.

Com isso, a Convenção n. 98 da Organização Internacional do Trabalho foi *promulgada* pelo Decreto n. 33.196, de 29 de junho de 1953, o qual foi *publicado* no Diário Oficial da União, Seção 1, em 4 de julho de 1953.

A sua vigência, no plano nacional, teve início a partir de 18 de novembro de 1953.

---

(730) Cf. NASCIMENTO, Amauri Mascaro. *Curso de direito do trabalho*. 19. ed. São Paulo: Saraiva, 2004. p. 101.
(731) Cf. MARTINS, Sergio Pinto. *Direito do trabalho*. 22. ed. São Paulo: Atlas, 2006. p. 73-74.

5. A Convenção n. 98 da OIT e a Declaração de Princípios e Direitos Fundamentais no Trabalho

A Organização Internacional do Trabalho, na 86ª sessão da sua Conferência Internacional do Trabalho, em junho de 1998, aprovou a *Declaração relativa aos Princípios e Direitos Fundamentais no Trabalho*.

Trata-se de documento de grande relevância, no qual foram reiterados importantes preceitos, no sentido de que: a criação da OIT procede da convicção de que *a justiça social é essencial para garantir uma paz universal e permanente*, o crescimento econômico é essencial, mas insuficiente, para assegurar a equidade, o progresso social e a erradicação da pobreza, o que confirma a necessidade de que a OIT promova políticas sociais sólidas, justiça e instituições democráticas; a OIT deve mobilizar o conjunto de seus meios de ação normativa, de cooperação técnica e de investigação em todos os âmbitos de sua competência, e em particular no âmbito do emprego, a formação profissional e as condições de trabalho, a fim de que no âmbito de uma estratégia global de desenvolvimento econômico e social as políticas econômicas e sociais se reforcem mutuamente com vistas à criação de um desenvolvimento sustentável de ampla base; a OIT deve prestar especial atenção aos problemas de pessoas com necessidades sociais especiais, em particular os desempregados e os trabalhadores migrantes, mobilizar e estimular os esforços nacionais, regionais e internacionais encaminhados à solução de seus problemas, e promover políticas eficazes destinadas à criação de emprego; com o objetivo de *manter o vínculo entre progresso social e crescimento econômico, a garantia dos princípios e direitos fundamentais no trabalho* se reveste de importância e significado especiais ao assegurar aos próprios interessados a possibilidade de reivindicar livremente e em igualdade de oportunidades uma participação justa nas riquezas a cuja criação tem contribuído, assim como a de desenvolver plenamente seu potencial humano; a OIT é a organização internacional e o órgão competente para estabelecer normas internacionais do trabalho, gozando de apoio e reconhecimento universais na *promoção dos direitos fundamentais no trabalho como expressão de seus princípios constitucionais*.

A mencionada Declaração da Organização Internacional do Trabalho faz referência, ainda, aos *princípios relativos aos direitos fundamentais do trabalho*, os quais são objeto de importantes convenções.

Nesse sentido, destacam-se *a liberdade sindical e o reconhecimento efetivo do direito de negociação coletiva*, a eliminação de todas as formas de trabalho forçado ou obrigatório; e a abolição efetiva do trabalho infantil; a eliminação da discriminação em matéria de emprego e ocupação.

Tendo em vista o tema em estudo, no que se refere à *liberdade sindical* e ao *reconhecimento da negociação coletiva*, as Convenções da OIT consideradas fundamentais, e cuja ratificação merece prioridade, são a Convenção n. 87, de 1948, sobre a liberdade sindical, ainda não ratificada pelo Brasil, bem como a *Convenção n. 98*, de 1949, sobre direito de organização e negociação coletiva, ratificada pelo Brasil em 18.11.1952, e aqui estudada[732].

6. Convenção n. 98 da OIT: proteção contra atos atentatórios à liberdade sindical

Nos termos do art. 1º da Convenção n. 98 da Organização Internacional do Trabalho, *os trabalhadores devem gozar de proteção adequada contra quaisquer atos atentatórios à liberdade sindical em matéria de emprego*[733].

Essa proteção deve, especialmente, aplicar-se a atos destinados a:

a) subordinar o emprego de um trabalhador à condição de não se filiar a um sindicato ou deixar de fazer parte de um sindicato;

b) dispensar um trabalhador ou prejudicá-lo, por qualquer modo, em virtude de sua filiação a um sindicato ou de sua participação em atividades sindicais, fora das horas de trabalho, ou com o consentimento do empregador, durante as horas de trabalho.

O dispositivo em questão trata, portanto, dos chamados *atos antissindicais*[734], isto é, condutas que afrontam o regular exercício da atividade sindical, causando prejuízos injustificados ao titular de direitos sindicais[735].

A *liberdade de associação*, de modo amplo, é o direito que as pessoas têm de se unirem, de forma duradoura, tendo em vista objetivos comuns, dando origem a grupos organizados, ou seja, as associações.

O sindicato é entendido, justamente, como uma associação especial, de natureza privada, voltada à defesa dos interesses comuns de grupos de trabalhadores ou de empregadores[736].

Portanto, a *liberdade de associação sindical* significa a garantia de existência e formação de organizações sindicais. Com isso, as pessoas podem se agrupar, de forma organizada, em sindicatos.

---

(732) Cf. SÜSSEKIND, Arnaldo. *Direito internacional do trabalho*. 3. ed. São Paulo: LTr, 2000. p. 319.
(733) Cf. <http://www.oitbrasil.org.br/node/465>.
(734) Cf. MARTINEZ, Luciano. *Condutas antissindicais*. São Paulo: Saraiva, 2013. p. 216: "A caracterização de uma conduta antissindical, nos sistemas jurídicos em que a liberdade sindical é um direito (especialmente naqueles em que ela é um direito fundamental), demanda, em princípio, dois singelos elementos: o *primeiro* é a constatação de uma lesão a direitos de liberdade sindical; o *segundo*, a imputação dessa lesão ao comportamento antijurídico de um sujeito qualquer, independentemente da demonstração de culpa." (destaques do original)
(735) Cf. ERMIDA URIARTE, Oscar. *A proteção contra os atos anti-sindicais*. Trad. Irany Ferrari. São Paulo: LTr, 1989. p. 17.
(736) Cf. DELGADO, Maurício Godinho. *Curso de direito do trabalho*. 11. ed. São Paulo: LTr, 2012. p. 1368-1369.

Nesse enfoque, a liberdade de associação sindical é uma modalidade específica do direito fundamental, mais amplo, de associação.

A *liberdade de filiação sindical*, mencionada no art. 1º, 2, *a*, da Convenção n. 98 da OIT, por seu turno, pode ser tanto *positiva*, assegurando a associação ao ente sindical, como *negativa*, no sentido de garantir o direito de não se filiar ou de deixar o quadro de associados do sindicato.

O mencionado dispositivo da norma internacional em estudo, de forma expressa, considera que o empregador incorre em conduta antissindical se sujeitar o emprego de um trabalhador à condição de não se filiar a um sindicato, ou deixar de fazer parte de um sindicato.

No Brasil, a liberdade de filiação sindical, de forma mais específica, é assegurada no art. 8º, inciso V, da Constituição Federal de 1988, remontando à liberdade de associação, mais genérica, prevista no seu art. 5º, inciso XVII[737].

Sendo assim, "ninguém será obrigado a filiar-se ou a manter-se filiado a sindicato" (art. 8º, inciso V, da CRFB/1988).

Tendo em vista a garantia de liberdade de filiação sindical, veda-se o tratamento discriminatório àquele que é sindicalizado, bem como o tratamento privilegiado àquele que não se associou ao sindicato.

Mesmo na hipótese inversa, também não se admite o tratamento privilegiado ou preferencial ao empregado filiado ao sindicato.

Nesse sentido, a Orientação Jurisprudencial n. 20 da SDC do Tribunal Superior do Trabalho assim prevê:

> Empregados sindicalizados. Admissão preferencial. Condição violadora do art. 8º, V, da CF/88. Viola o art. 8º, V, da CF/1988 cláusula de instrumento normativo que estabelece a preferência, na contratação de mão de obra, do trabalhador sindicalizado sobre os demais.

A rigor, a liberdade de filiação sindical pode ser: *individual*, em que o trabalhador e o empregador têm o direito de ingressar como filiado do sindicato; bem como *coletiva*, na qual a própria entidade sindical, em si, decide se filiar a outro ente sindical superior, seja ele de amplitude nacional ou mesmo internacional.

O art. 1º, 2, *a*, da Convenção n. 98 da OIT, está focado, de modo específico, quanto à liberdade de filiação sindical, individual, do trabalhador.

A *dispensa discriminatória* do empregado, mencionada no art. 1º, 2, *b*, Convenção n. 98 da OIT, por seu turno, é aquela decorrente, no caso, da filiação do empregado a um sindicato, ou de sua participação em atividades sindicais.

A própria Convenção n. 158 da Organização Internacional do Trabalho, no art. 5º, *a* e *b*, prevê, entre os *motivos que não constituem causa justificada para o término da relação de trabalho* a filiação a um sindicato ou a participação em atividades sindicais fora das horas de trabalho (ou, com o consentimento de empregador, durante as horas de trabalho), bem como o fato de ser candidato a representante dos trabalhadores, ou atuar ou ter atuado nessa qualidade.

Como se pode notar, as disposições acima proíbem a *dispensa discriminatória* que envolva a prática de atos antissindicais, relacionados ao término da relação de emprego em razão da filiação ou do exercício de atividade sindical.

No caso de dispensa discriminatória, com abuso do direito de cessação do contrato de trabalho exercido pelo empregador, defende-se que a consequência é a nulidade do referido ato de dispensa, gerando o direito à reintegração, inclusive com fundamento na Lei n. 9.029/1995.

No Brasil, o art. 8º, inciso VIII, da Constituição da República, prevê a estabilidade provisória do dirigente sindical, representando caso de proibição expressa e específica de ato antissindical.

Nesse sentido, "é vedada a dispensa do empregado sindicalizado a partir do registro da candidatura a cargo de direção ou representação sindical e, se eleito, ainda que suplente, até um ano depois do final do mandato, salvo se cometer falta grave nos termos da lei"[738].

A Consolidação das Leis do Trabalho, no art. 543, § 3º, também dispõe no mesmo sentido[739].

Quanto à denominação dos *atos antissindicais*, aqui estudados, também são encontradas as expressões "foro sindical" (mais utilizada em países da América Latina) e "práticas desleais" (mais comum nos Estados Unidos da América do Norte)[740].

---

(737) "XVII – é plena a liberdade de associação para fins lícitos, vedada a de caráter paramilitar."
(738) Cf. Súmula 369 do TST: "Dirigente sindical. Estabilidade provisória. I – É assegurada a estabilidade provisória ao empregado dirigente sindical, ainda que a comunicação do registro da candidatura ou da eleição e da posse seja realizada fora do prazo previsto no art. 543, § 5º, da CLT, desde que a ciência ao empregador, por qualquer meio, ocorra na vigência do contrato de trabalho. II – O art. 522 da CLT foi recepcionado pela Constituição Federal de 1988. Fica limitada, assim, a estabilidade a que alude o art. 543, § 3º, da CLT a sete Dirigentes sindicais e igual número de suplentes. III – O empregado de categoria diferenciada eleito dirigente sindical só goza de estabilidade se exercer na empresa atividade pertinente à categoria profissional do sindicato para o qual foi eleito dirigente. IV – Havendo extinção da atividade empresarial no âmbito da base territorial do sindicato, não há razão para subsistir a estabilidade. V – O registro da candidatura do empregado a cargo de dirigente sindical durante o período de aviso prévio, ainda que indenizado, não lhe assegura a estabilidade, visto que inaplicável a regra do § 3º do art. 543 da Consolidação das Leis do Trabalho."
(739) Cf. Súmula 379 do TST: "Dirigente sindical. Despedida. Falta grave. Inquérito judicial. Necessidade. O dirigente sindical somente poderá ser dispensado por falta grave mediante a apuração em inquérito judicial, inteligência dos arts. 494 e 543, § 3º, da CLT".
(740) Cf. BARROS, Alice Monteiro de. *Curso de direito do trabalho*. 2. ed. São Paulo: LTr, 2006. p. 1.241.

Na realidade, o "foro sindical" é mais específico para as medidas de proteção ao dirigente da entidade sindical, ou mesmo aos empregados que exercem atividade sindical ou coletiva.

Os autores de condutas antissindicais são normalmente os empregadores e as organizações patronais.

No entanto, em tese, é possível que certos empregados, e mesmo organizações de trabalhadores, incidam em atos antissindicais, prejudicando o livre e regular exercício da atividade de organização patronal.

Além disso, o próprio Estado pode incorrer na referida prática, seja ao legislar de forma contrária aos preceitos da liberdade sindical, seja quando, ao figurar como empregador, incidir em perseguição contra servidores que exerçam, legitimamente, a atividade sindical.

Cabe salientar, de todo modo, que a Convenção n. 98 da OIT, no art. 1º, versa, de forma específica, sobre condutas antissindicais praticadas por empregadores.

Para assegurar o legítimo e regular exercício do direito à liberdade sindical, em suas diferentes dimensões, devem ser estabelecidas medidas de prevenção (para que se evite a lesão) e reparação de atos antissindicais (como a declaração de nulidade da dispensa ilícita e consequente reintegração do dirigente sindical, ou a respectiva conversão em indenização).

Prosseguindo quanto à análise da Convenção n. 98 da OIT, o seu art. 2º prevê que as organizações de trabalhadores e de empregadores devem gozar de *proteção adequada contra quaisquer atos de ingerência de umas em outras, quer diretamente, quer por meio de seus agentes ou membros, em sua formação, funcionamento e administração.*

Logo, quanto ao tema acima indicado, tanto as organizações de trabalhadores, como também de empregadores, devem ser devidamente protegidas contra quaisquer *atos de ingerência* de umas em face das outras.

Quanto ao tema, são particularmente considerados *atos de ingerência*: medidas destinadas a provocar a criação de organizações de trabalhadores dominadas por um empregador ou uma organização de empregadores, ou a manter organizações de trabalhadores por outros meios financeiros, com o fim de deixar essas organizações sob o controle de um empregador ou de uma organização de empregadores.

As chamadas *práticas desleais*, de forma um pouco mais ampla, são condutas ilícitas do empregador, englobando a *ingerência* indevida nas organizações de trabalhadores, dificultando ou impedindo o exercício de direitos sindicais, bem como *atos de discriminação sindical* e de recusa injustificada quanto à negociação coletiva.

Pode-se entender, assim, que a expressão *condutas antissindicais* é mais ampla, pois engloba o *foro sindical*, os atos de *discriminação antissindical*, os *atos de ingerência* e as *práticas desleais*.

Além disso, organismos apropriados às condições nacionais é que devem, se necessário, ser estabelecidos para assegurar o respeito do direito de organização definido nos arts. 1º e 2º da Convenção n. 98 da OIT, acima estudados (art. 3º).

No caso do Brasil, quanto ao tema, merece destaque a atuação da Justiça do Trabalho[741].

Com a Emenda Constitucional n. 45/2004, os conflitos "sobre representação sindical, entre sindicatos, entre sindicatos e trabalhadores, e entre sindicatos e empregadores" passaram para a competência da Justiça do Trabalho, conforme art. 114, inciso III, da Constituição da República.

Essa competência é de ordem absoluta, observando-se que a primeira parte do dispositivo constitucional engloba as ações sobre representação sindical, e a segunda parte abrange as ações entre sindicatos, entre sindicatos e trabalhadores, e entre sindicatos e empregadores[742].

Cabe fazer menção, ainda, ao Ministério Público do Trabalho, o qual, por integrar o Ministério Público como um todo, é instituição permanente, essencial à Justiça, promovendo a defesa da *ordem jurídica*, do *regime democrático* e *dos interesses sociais e individuais indisponíveis* (art. 127 da Constituição Federal de 1988)[743].

Havendo conflitos sindicais, há casos em que se legitima a atuação do Ministério Público do Trabalho, em defesa do *princípio da liberdade sindical*.

Nesse sentido, assim dispõe o Enunciado n. 28 aprovado na 1ª Jornada de Direito Material e Processual na Justiça do Trabalho, ocorrida em 23.11.2007:

> MINISTÉRIO PÚBLICO DO TRABALHO. CONFLITOS SINDICAIS. LEGITIMIDADE. O Ministério Público do Trabalho possui legitimidade para promover as ações pertinentes para a tutela das liberdades sindicais individuais e coletivas, quando violados os princípios de liberdade sindical, nos conflitos inter e intra-sindicais, por meio de práticas e condutas antissindicais nas relações entre sindicatos, sindicatos e empregadores, sindicatos e organizações de empregadores ou de trabalhadores, sindicatos e trabalhadores, empregadores e trabalhadores, órgãos públicos e privados e as entidades sindicais, empregadores ou trabalhadores.

---

(741) Cf. NASCIMENTO, Amauri Mascaro. *Direito contemporâneo do trabalho*. São Paulo: Saraiva, 2011. p. 174: "Quando se configurar conduta antissindical, o juiz do trabalho, mediante provocação do sindicato ou do interessado, dispõe de meios jurídicos para fazer cessar a ação ilícita. Pode ordenar, por decisão liminar ou cautelar, a imediata cessação dos atos ilegais sob pena de multa diária. Conforme o caso, pode condenar o infrator ao pagamento de indenização por dano moral. Se o constrangimento é físico, pode, por meio da autoridade policial, tomar medidas para impedir a violação."
(742) Cf. GARCIA, Gustavo Filipe Barbosa. *Competência da Justiça do trabalho*: da relação de emprego à relação de trabalho. Rio de Janeiro: Forense, 2012. p. 266-268.
(743) Cf. GARCIA, Gustavo Filipe Barbosa. *Curso de direito processual do trabalho*. 5. ed. Rio de Janeiro: Forense, 2016. p. 119.

Pode-se dizer que essa atuação do Ministério Público, dentro desses limites, não afronta o inciso I, do art. 8º, da Constituição da República Federativa do Brasil, que veda a interferência e a intervenção do Poder Público na organização sindical. Entende-se que essa proibição é aplicada, mais especificamente, ao Poder Executivo, como ocorria antes da Constituição Federal de 1988, quanto ao Ministério do Trabalho.

Logo, a mencionada vedação de interferência e intervenção (art. 8º, inciso I, da CRFB/1988) dirige-se ao Poder Executivo[744], mas não ao Poder Legislativo e ao Poder Judiciário (quanto às suas atividades típicas, de legislar e julgar), pois os entes sindicais, assim como todos aqueles que mantêm relações jurídicas na sociedade, estão sob o império da lei (art. 5º, inciso II, da CRFB/1988), bem como estão sujeitos ao controle jurisdicional de seus atos (art. 5º, inciso XXXV, da CRFB/1988).

A atuação de um órgão estatal que seja isento, em defesa da ordem jurídica, do regime democrático, e dos interesses sociais e individuais indisponíveis, mesmo em matéria sindical, não corresponde à interferência ou intervenção na organização sindical, nem configura violação do princípio da liberdade sindical.

Registre-se ser a liberdade sindical um direito fundamental, essencial ao regime democrático. Trata-se, na realidade, da aplicação do direito de liberdade, de forma específica, às relações coletivas de trabalho.

O Ministério Público do Trabalho, no caso, atua justamente em favor da *promoção da liberdade sindical*, impedindo violações a esse princípio, bem como coibindo atos antissindicais que envolvam direitos metaindividuais nas relações de trabalho.

O art. 4º da Convenção 98 da OIT, por seu turno, estabelece o dever de serem tomadas, se necessário, medidas apropriadas às condições nacionais, para *fomentar e promover o pleno desenvolvimento e utilização dos meios de negociação voluntária entre empregadores ou organizações de empregadores e organizações de trabalhadores*, com o objetivo de regular, por meio de convenções, os termos e condições de emprego.

O objetivo, assim, é de fomentar a negociação coletiva, justamente por ser considerada a forma mais adequada de solução dos conflitos coletivos de trabalho, podendo dar origem a convenções e acordos coletivos.

Especificamente quanto ao tema, a Convenção n. 154 da Organização Internacional do Trabalho, de 1981, trata justamente da *necessidade de estímulo à negociação coletiva de trabalho*.

No Brasil, o art. 7º, inciso XXVI, da Constituição Federal de 1988, prevê o direito ao "reconhecimento das convenções e acordos coletivos de trabalho". O art. 8º, inciso VI, por seu turno, dispõe ser "obrigatória a participação dos sindicatos nas negociações coletivas de trabalho".

O art. 5º da Convenção n. 98 da OIT esclarece que a medida segundo a qual as garantias previstas pela referida Convenção serão aplicadas às Forças Armadas e à polícia deve ser determinada pela legislação nacional. Ademais, em consonância com os princípios estabelecidos no § 8º do art. 19 da Constituição da Organização Internacional do Trabalho[745], a ratificação da Convenção n. 98, por parte de um Estado-membro, não deve ter o efeito de afetar qualquer lei, sentença, costume ou acordo que já existam e concedam aos membros das Forças Armadas e da polícia as garantias previstas pela mencionada Convenção.

No Brasil, o art. 142, § 3º, inciso IV, da Constituição da República, dispõe que "ao militar são proibidas a sindicalização e a greve". Essa proibição alcança tanto os militares das Forças Armadas, constituídas pela Marinha, pelo Exército e pela Aeronáutica, como os militares dos Estados e do Distrito Federal (art. 42, § 1º, da Constituição Federal de 1988).

A Convenção n. 98 da OIT, entretanto, não trata da situação dos funcionários públicos a serviço do Estado, e não deve ser interpretada, de modo algum, em prejuízo dos seus direitos ou de seus estatutos (art. 6º).

Quanto ao tema, a Convenção n. 151, de 1978, dispõe sobre as Relações de Trabalho na Administração Pública, tendo sido aprovada pelo Decreto Legislativo n. 206, de 7 de abril de 2010, do Congresso Nacional.

No sistema jurídico brasileiro, a Constituição da República Federativa do Brasil, no art. 37, inciso VI, garante ao servidor público civil o direito à livre associação sindical, enquanto o inciso VII, do mesmo dispositivo constitucional, assegura o direito de greve, a ser exercido nos termos e nos limites definidos em lei específica.

7. Disposições finais da Convenção n. 98 da OIT

Nos termos do seu art. 7º, as ratificações formais da Convenção n. 98 da Organização Internacional do Trabalho devem ser comunicadas ao Diretor-Geral da Repartição Internacional do Trabalho, bem como por ele registradas.

A referida Convenção somente obriga aos Estados-membros da Organização Internacional do Trabalho cuja ratificação tenha sido registrada pelo Diretor-Geral.

Ela entrou em vigor 12 meses depois que as ratificações de dois Estados-membros foram registradas pelo Diretor-Geral. Em seguida, a Convenção em estudo entrou em vigor para cada Estado-membro 12 meses depois da data em que sua ratificação tiver sido registrada (art. 8º da Convenção n. 98).

---

(744) Cf. MARTINS, Sergio Pinto. *Direito do trabalho*. 26. ed. São Paulo: Atlas, 2010. p. 720.

(745) "Em caso algum, a adoção, pela Conferência, de uma convenção ou recomendação, ou a ratificação, por um Estado-Membro, de uma convenção, deverão ser consideradas como afetando qualquer lei, sentença, costumes ou acordos que assegurem aos trabalhadores interessados condições mais favoráveis que as previstas pela convenção ou recomendação."

Os arts. 9º e 10 da Convenção n. 98 da OIT, ao que tudo indica, dispõem a respeito de temas distintos da sua matéria nuclear. Nesse sentido, é prevista a proibição de qualquer desconto dos salários cuja finalidade seja assegurar pagamento direto ou indireto do trabalhador ao empregador, a representante deste ou a qualquer intermediário (tal como um agente encarregado de recrutar a mão de obra), com o fim de obter ou conservar um emprego. Ademais, o salário não pode ser objeto de penhora ou cessão, a não ser segundo as modalidades e nos limites prescritos pela legislação nacional.

Todo Estado-membro que tiver ratificado a Convenção 98 poderá denunciá-la no fim de um período de dez anos depois da data da entrada em vigor inicial dessa Convenção, por ato comunicado ao Diretor-Geral da Repartição Internacional do Trabalho e por ele registrado. A denúncia não terá efeito senão um ano depois de ter sido registrada.

Da mesma forma, todo Estado-membro que, tendo ratificado a Convenção n. 98, dentro do prazo de um ano depois da expiração do período de dez anos mencionado acima, não fizer uso da faculdade de denúncia prevista, será obrigado por novo período de dez anos e, depois disso, pode denunciar a presente convenção no fim de cada período de dez anos, nas condições previstas no presente artigo (art. 11).

O Diretor-Geral da Repartição Internacional do Trabalho deve notificar a todos os Estados-membros da Organização Internacional do Trabalho sobre o registro de todas as ratificações que lhe forem comunicadas pelos Membros da OIT.

Notificando aos Estados-membros da Organização o registro da segunda ratificação que lhe for comunicada, o Diretor-Geral deve chamar a atenção dos Membros da OIT para a data em que a Convenção n. 98 entrar em vigor (art. 12).

O Diretor-Geral da Repartição Internacional do Trabalho deve enviar ao Secretário-Geral das Nações Unidas, para fim de registro, conforme o art. 102 da Carta das Nações Unidas, informações completas a respeito de todas as ratificações, declarações e atos de denúncia que houver registrado conforme os artigos precedentes (art. 13 da Convenção n. 98).

Cada vez que julgar necessário, o Conselho de Administração da Repartição Internacional do Trabalho deve apresentar à Conferência Geral um relatório sobre a aplicação da Convenção n. 98, bem como examinar se é necessário inscrever na ordem do dia da Conferência a questão de sua revisão total ou parcial (art. 14 da Convenção n. 98).

No caso de a Conferência adotar nova convenção de revisão total ou parcial da Convenção n. 98, e a menos que a nova convenção disponha diferentemente: a) a ratificação, por um Estado-membro, da nova convenção de revisão, acarretará, de pleno direito, denúncia imediata da Convenção em estudo, quando a nova convenção de revisão tiver entrado em vigor; b) a partir da data da entrada em vigor da nova convenção de revisão, a Convenção n. 98 cessará de estar aberta à ratificação dos Membros.

A Convenção n. 98 deve ficar, em qualquer caso, em vigor, na forma e no conteúdo, para os Estados-membros que a tiverem ratificado e que não tiverem ratificado a convenção de revisão (art. 15).

Por fim, cabe salientar que as versões em francês e em inglês do texto da Convenção n. 98 da Organização Internacional do Trabalho fazem igualmente fé (art. 16).

8. REFERÊNCIAS BIBLIOGRÁFICAS

BARROS, Alice Monteiro de. *Curso de direito do trabalho*. 2. ed. São Paulo: LTr, 2006.

DELGADO, Mauricio Godinho. *Curso de direito do trabalho*. 11. ed. São Paulo: LTr, 2012.

ERMIDA URIARTE, Oscar. *A proteção contra os atos anti-sindicais*. Trad. Irany Ferrari. São Paulo: LTr, 1989.

GARCIA, Gustavo Filipe Barbosa. *Competência da Justiça do trabalho*: da relação de emprego à relação de trabalho. Rio de Janeiro: Forense, 2012.

_____. *Curso de direito do trabalho*. 10. ed. Rio de Janeiro: Forense, 2016.

_____. *Curso de direito processual do trabalho*. 5. ed. Rio de Janeiro: Forense, 2016.

MARTINEZ, Luciano. *Condutas antissindicais*. São Paulo: Saraiva, 2013.

MARTINS, Sergio Pinto. *Direito do trabalho*. 26. ed. São Paulo: Atlas, 2010.

NASCIMENTO, Amauri Mascaro. *Curso de direito do trabalho*. 19. ed. São Paulo: Saraiva, 2004.

_____. *Direito contemporâneo do trabalho*. São Paulo: Saraiva, 2011.

SÜSSEKIND, Arnaldo. *Direito internacional do trabalho*. 3. ed. São Paulo: LTr, 2000.

CAPÍTULO 14
CONVENÇÃO N. 100 DA ORGANIZAÇÃO INTERNACIONAL DO TRABALHO: PELA IGUALDADE ENTRE HOMENS E MULHERES NA REMUNERAÇÃO DE TRABALHOS DE IGUAL VALOR

Alessandra Barichello Boskovic[746]

1. Introdução

A opressão às mulheres é característica marcante nas sociedades desde os mais remotos tempos, mas "a Revolução Francesa é, para o direito da mulher, o primeiro marco histórico digno de nota. Com ela, as mulheres perceberam que poderiam pugnar por um lugar na sociedade, pela conquista do espaço público" (PINHO, 2005, p. 30).

Entretanto, em que pese a relevância histórica da Revolução Francesa para o feminismo[747], muita luta foi empreendida desde então. Naele Ochoa Piazzeta (2000, p. 28) sintetiza: "[as mulheres] reuniram-se, debateram, lutaram e não lograram êxito em seu intento. Todavia, foi a partir do século XIX que a questão feminina foi colocada na ordem do dia e os reflexos daquelas manifestações ecoaram na contemporaneidade."

Atenta à necessidade de promover a igualdade de gênero também no mercado de trabalho, em 29 de junho de 1951, a Organização Internacional do Trabalho adotou a Convenção n. 100[748], fruto da 34ª reunião da Conferência Internacional do Trabalho[749], realizada em 6 de junho daquele mesmo ano.

O objetivo da referida sessão foi a adoção de proposições para balizamento do princípio da igualdade entre homens e mulheres, mais especificamente no que tange às remunerações pagas para atividades profissionais de igual valor.

Todo País-membro que ratificar a Convenção n. 100[750] deverá promover a igualdade de remuneração entre homens e mulheres, sempre que o trabalho desenvolvido for de igual valor[751].

Esse objetivo poderá ser alcançado, segundo sugere a Convenção, por meio de: (i) leis ou regulamentos nacionais; (ii) mecanismos legalmente estabelecidos e reconhecidos para a fixação de salários; (iii) convenções ou acordos coletivos entre empregadores e trabalhadores; ou (iv) pela combinação desses meios.

Além disso, a critério de cada um dos Estados signatários, poderão ser adotadas medidas para estabelecer uma avaliação objetiva de empregos, tendo-se por base a atividade a ser executada.

---

(746) Mestre e Doutoranda em Direito Econômico e Socioambiental pela PUCPR. Especialista em Direito material e processual do Trabalho pelo UNICURITIBA. Advogada e Professora de Direito do Trabalho e Direito Previdenciário na Faculdade de Educação Superior do Paraná (FESP) e na Faculdade da Indústria (FIEP/FAMEC). Coordenadora adjunta do curso de especialização em Direito do Trabalho e Processual do Trabalho na Pontifícia Universidade Católica do Paraná (PUCPR).

(747) Leda de Oliveira Pinho (2005, p. 24) esclarece que a expressão "feminismo""tanto pode evocar, dependendo do emissor e do receptor da linguagem, a ideia de uma posição radical, cega e não-científica em defesa da mulher e de desprestígio do homem, como pode lembrar os estudos críticos, conscientes e científicos desenvolvidos nas últimas décadas, por mulheres e homens, sinceramente interessados na realização da pessoa humana, no progresso social e na paz mundial. O termo, portanto, transita do discurso anedótico, ultrapassado e não-comprometido, ao discurso sério, contemporâneo e engajado". É neste segundo sentido que se utiliza a expressão 'feminismo' no presente estudo.

(748) "As Convenções da Organização Internacional do Trabalho (OIT) são tratados multilaterais abertos, de caráter normativo. Multilaterais, porque podem ter um número irrestrito de partes; abertos, porque podem ser ratificadas, sem limitação de prazo, por qualquer dos Estados-membros da OIT, ainda que esse Estado não integrasse a Organização quando da aprovação do tratado [...]; de caráter normativo, porque contém normas cujo destino é a incorporação ao direito interno dos países que manifestaram sua adesão ao respectivo tratado." (SÜSSEKIND, 1994, p. 29).

(749) Constituição da Organização Internacional do Trabalho. Art. 3º. 1. "A Conferência geral dos representantes dos Estados-Membros realizará sessões sempre que for necessário, e, pelo menos, uma vez por ano. Será composta de quarto representantes de cada um dos Membros, dos quais dois serão Delegados do Governo e os outros dois representarão, respectivamente, os empregados e os empregadores". (OIT, 1946).

(750) Em dezembro de 2012, a Convenção n. 100 já havia sido ratificada por 167 países (OIT, 2012b, p. 86-86).

(751) Convenção n. 100, artigo 1º "Para os fins desta Convenção:

a) o termo 'remuneração' compreende o vencimento ou salário normal, básico ou mínimo, e quaisquer vantagens adicionais pagas, direta ou indiretamente, pelo empregador ao trabalhador em espécie ou *in natura*, e resultantes do emprego;

b) a expressão 'igual remuneração de homens e mulheres trabalhadores por trabalho de igual valor' refere-se a tabelas de remuneração estabelecidas sem discriminação baseada em sexo."

Os métodos classificatórios a serem seguidos nessa avaliação deverão ser escolhidos pelas autoridades responsáveis pela fixação de tabelas de remuneração ou nos locais onde tais tabelas forem fixadas por negociação coletiva, pelas partes contratantes.

No Brasil, a Convenção n. 100 foi aprovada pelo Decreto Legislativo n. 24, de 29 de maio de 1956 e, em 25 de abril de 1957, foi depositada para ratificação pelo então Presidente Juscelino Kubitschek. Promulgado pelo Decreto n. 41.721, de 25 de junho de 1957, o texto foi publicado no Diário Oficial de 28 de junho de 1957.

2. Convenção n. 100: êxitos e fracassos

Em que pese seja indiscutivelmente nobre a causa defendida pela Convenção n. 100, certos aspectos bem-sucedidos devem ser enaltecidos em contraposição a algumas disposições que aparentemente fracassaram em seus objetivos.

Uma grande contribuição desta Convenção, como assinalam Landau e Beigbeder (2008, p. 67), é a ampla definição oferecida para o termo 'remuneração'. Os autores destacam, inclusive, que o conceito esculpido pela Convenção n. 100 foi copiado pelo Tratado de Roma e pela Legislação da União Europeia. Observe-se:

Convenção n. 100, artigo 1º:

> Para os fins desta Convenção:
>
> a) o termo 'remuneração' compreende o vencimento ou salário normal, básico ou mínimo, e quaisquer vantagens adicionais pagas, direta ou indiretamente, pelo empregador ao trabalhador em espécie ou in natura, e resultantes do emprego; (...)

Tratado de Roma, artigo 119:

> Cada Estado-Membro, durante a primeira fase e posteriormente, deverá garantir a manutenção da aplicação do princípio de que homens e mulheres devem receber salário igual por trabalho igual.
>
> Para efeitos do presente artigo, "remuneração" significa o salário básico e qualquer outra consideração, seja em dinheiro ou em espécie, que o trabalhador recebe, direta ou indiretamente, em razão do emprego de seu empregador.
>
> A igualdade de remuneração sem discriminação com base no sexo significa:
>
> a) que o pagamento para o mesmo trabalho com taxas peça será calculado com base na mesma unidade de medida;
>
> b) que a remuneração para o trabalho por unidade de tempo seja a mesma para o mesmo trabalho.

A igualdade de pagamento não se limita, portanto, ao vencimento básico do trabalhador. Inclui todas as demais vantagens adicionais pagas em decorrência daquela relação de trabalho.

No Brasil, a Consolidação das Leis do Trabalho (CLT), datada de 1943 – preexistente, portanto, à Convenção n. 100 –, já apresentava uma definição bastante larga de remuneração, incluindo vantagens além do salário-base.

Os artigos 457 e 458, em suas redações originais, rezavam:

> Art. 457. Compreende-se na remuneração do empregado, para todos os efeitos legais, além do salário devido e pago diretamente pelo empregador, como contraprestação do serviço, as gorjetas que receber.
>
> § 1º Integram o salário, não só a importância fixa estipulada, coma também as comissões, percentagens e gratificações pagas pelo empregador.
>
> § 2º Não se incluem nos salários as gratificações que não tenham sido ajustadas, as diárias para viagem e as ajudas de custo.
>
> § 3º As diárias para viagem serão computadas como salário desde que excedam de 50% do salário percebido pelo empregado.
>
> Art. 458 Além do pagamento em dinheiro, compreendem-se no salário, para todos os efeitos legais, a alimentação, habitação, vestuário ou outras prestações *in natura*, que o empregador, por força do contrato ou do costume, fornecer habitualmente ao empregado.
>
> Parágrafo único. Não serão considerados como salário, para efeitos previstos neste artigo, os vestuários, equipamentos e outros acessórios fornecidos ao empregado e utilizados no local de trabalho para a prestação dos respectivos serviços.

Diversas alterações na redação destes artigos, perpetradas pelas Leis ns. 1.999/1953, 8.860/1994, 10.243/2001 e 12.761/2012, bem como pelo Decreto-Lei n. 229/1967, promoveram um melhor balizamento do conceito de remuneração (como a detalhada descrição do salário *in natura* contida nos parágrafos e incisos do artigo 458)[752].

Como se verifica, a normativa brasileira já se encontrava de acordo com a orientação da OIT mesmo antes de ratificada a Convenção n. 100. Todas as alterações ocorridas ao longo dos anos nas normas relativas à remuneração mantiveram o respeito e a coerência com o diploma internacional.

---

(752). Art. 457. Compreendem-se na remuneração do empregado, para todos os efeitos legais, além do salário devido e pago diretamente pelo empregador, como contraprestação do serviço, as gorjetas que receber. (Redação pela Lei n. 1.999/1953)

§ 1º Integram o salário não só a importância fixa estipulada, como também as comissões, percentagens, gratificações ajustadas, diárias para viagens e abonos pagos pelo empregador. (Redação pela Lei n. 1.999/1953)

§ 2º Não se incluem nos salários as ajudas de custo, assim como as diárias para viagem que não excedam de 50% (cinqüenta por cento) do salário percebido pelo empregado. (Redação pela Lei n. 1.999/1953)

§ 3º Considera-se gorjeta não só a importância espontaneamente dada pelo cliente ao empregado, como também aquela que for cobrada pela empresa ao cliente, como adicional nas contas, a qualquer título, e destinada a distribuição aos empregados. (Redação pelo Dec. Lei n. 229/67)

Outro fator relevante a se destacar na Convenção n. 100 como vitorioso é a recomendação do uso da negociação coletiva como mecanismo de promoção da igualdade de remuneração entre gêneros.

A atuação sindical, muito mais individualizada e atenta às realidades específicas de cada ramo econômico ou categoria profissional do que as normas gerais trabalhistas, é uma valiosa ferramenta na luta pela promoção da igualdade remuneratória entre homens e mulheres. Políticas de capacitação e incentivo à negociação sindical voltada a este objetivo podem se demonstrar bastante eficientes.

Todavia, há que se mencionar um ponto de aparente fracasso da Convenção n. 100. Uma das razões pelas quais é tão pequeno o progresso alcançado nesta seara da igualdade remuneratória entre homens e mulheres (conforme se demonstrará no próximo capítulo) consiste nas dificuldades de aplicação da Convenção, tanto no aspecto legal como no prático, já que permanece aberto o conceito de 'trabalho de igual valor'.

É o que reconheceu o Comitê de Especialistas na aplicação de Convenções e Recomendações (2007, *apud* LANDAU; BEIGBEDER, 2008, p. 68):

> *The Committee notes that difficulties in applying the Convention in law and in practice result in particular from a lack of understanding of the scope and implications of the concept of "work of equal value". This concept is a cornerstone of the Convention and lies at the heart of the fundamental right of equal remuneration for men and women for work of equal value, and the promotion of equality.*[753]

O Comitê observou que percepções históricas sobre o papel da mulher na sociedade, juntamente com pressupostos estereotipados sobre as aspirações, preferências e capacidades femininas, contribuíram para a segregação da mulher no mercado de trabalho.

Atentos a tais fatos, observam Landau e Beigbeder (2008, p. 68):

> *This resulted in the undervaluation of jobs predominantly perfomed by women, such as kindergarten teachers and nurses that are remunerated relatively less than jobs of equal value performed by men. The concept of work of equal value is essential in order to redress the results of occupational segregation and permits a wider scope of comparison between Jobs performed by men and women in different places or enterprises, or between different employers.*[754]

No Brasil, em que pese internalizada a Convenção n. 100 já em 1957, ainda em 2012 o 'trabalho de igual valor' permanece um conceito aberto, sem definição delimitada e consolidada.

A Constituição Federal proíbe diferenças de salários por motivo de sexo (artigo 7º, XXX) e a CLT determina que "a todo trabalho de igual valor corresponderá salário igual, sem distinção de sexo" (artigo 5º). Permanecem sem resposta, contudo, quais são os critérios comparativos para avaliação da igualdade – ou desigualdade – de atividades desenvolvidas por dois trabalhadores de gêneros diferentes.

Neste sentido, parte da jurisprudência tem concentrado esforços na tentativa de preencher este conceito, respondendo, no caso concreto, o que seria um trabalho de igual valor.

Art. 458. Além do pagamento em dinheiro, compreende-se no salário, para todos os efeitos legais, a alimentação, habitação, vestuário ou outras prestações "in natura" que a empresa, por força do contrato ou do costume, fornecer habitualmente ao empregado. Em caso algum será permitido o pagamento com bebidas alcoólicas ou drogas nocivas. (Redação pelo Dec-Lei n. 229/67)

§ 1º Os valores atribuídos às prestações "in natura" deverão ser justos e razoáveis, não podendo exceder, em cada caso, os dos percentuais das parcelas componentes do salário-mínimo (arts. 81 e 82). (Incluído pelo Dec-Lei n. 229/67)

§ 2º Para os efeitos previstos neste artigo, não serão considerados como salário as seguintes utilidades concedidas pelo empregador: (Redação pela Lei n. 10.243/01)

I – vestuários, equipamentos e outros acessórios fornecidos aos empregados e utilizados no local de trabalho, para a prestação do serviço; (Incluído pela Lei n. 10.243/01)

II – educação, em estabelecimento de ensino próprio ou de terceiros, compreendendo os valores relativos a matrícula, mensalidade, anuidade, livros e material didático; (Incluído pela Lei n. 10.243/01)

III – transporte destinado ao deslocamento para o trabalho e retorno, em percurso servido ou não por transporte público; (Incluído pela Lei n. 10.243/01)

IV – assistência médica, hospitalar e odontológica, prestada diretamente ou mediante seguro-saúde; (Incluído pela Lei n. 10.243/01)

V – seguros de vida e de acidentes pessoais; (Incluído pela Lei n. 10.243/01)

VI – previdência privada; (Incluído pela Lei n. 10.243/01)

VII – (VETADO) (Incluído pela Lei n. 10.243/01)

VIII – o valor correspondente ao vale-cultura. (Incluído pela Lei n. 12.761/12).

§ 3º habitação e a alimentação fornecidas como salário-utilidade deverão atender aos fins a que se destinam e não poderão exceder, respectivamente, a 25% (vinte e cinco por cento) e 20% (vinte por cento) do salário-contratual. (Incluído pela Lei n. 8.860/94)

§ 4º Tratando-se de habitação coletiva, o valor do salário-utilidade a ela correspondente será obtido mediante a divisão do justo valor da habitação pelo número de co-habitantes, vedada, em qualquer hipótese, a utilização da mesma unidade residencial por mais de uma família. (Incluído pela Lei n. 8.860/94)

(753) Tradução livre: O Comitê reconhece que dificuldades na aplicação da Convenção na lei e na prática resultam, em particular, da falta de entendimento do escopo e implicações do conceito de "trabalho de igual valor". Este conceito é uma pedra angular da Convenção e situa-se no coração do direito fundamental da igualdade de remuneração para homens e mulheres por trabalho de igual valor.

(754) Tradução livre: Isso resultou na desvalorização de atividades predominantemente executadas por mulheres, como educadoras de infância e enfermeiras, que são remuneradas relativamente menos do que postos de trabalho de igual valor predominantemente exercidos por homens. O conceito de trabalho de igual valor é essencial para corrigir os resultados de segregação ocupacional e permite um leque maior de comparação entre trabalhos realizados por homens e mulheres em lugares ou empresas diferentes, ou entre diferentes empregadores.

Tomando por base o instituto da equiparação salarial, previsto no artigo 461 da CLT[755], alguns julgados vêm considerando trabalho de igual valor aquele "feito com igual produtividade e com a mesma perfeição técnica, entre pessoas cuja diferença de tempo de serviço não for superior a 2 (dois) anos" (CLT, art. 461, § 1º).

A título ilustrativo, colaciona-se ementa do Tribunal Regional do Trabalho da 9ª Região:

> EQUIPARAÇÃO SALARIAL – REQUISITOS – Nos termos do art. 461 da CLT, sendo idêntica a função, a todo trabalho de igual valor, prestado ao mesmo empregador, na mesma localidade, corresponderá igual salário, sem distinção de sexo, nacionalidade ou idade, dando concretização ao princípio da igualdade de remuneração para um trabalho de igual valor, previsto na Convenção 100 da OIT (promulgada pelo Decreto n. 41.721/57). Considera-se trabalho de igual valor aquele feito com igual produtividade e com a mesma perfeição técnica, valendo destacar que a equiparação salarial só é possível se o empregado e o paradigma exercerem a mesma função, desempenhando as mesmas tarefas, não importando se os cargos têm, ou não, a mesma denominação, conforme item III da Súmula 06 do C. TST. (TRT 9ª Região. 10390-2009-007-09-00-8 (ACO-19700-2010). 4ª Turma. Relator: Luiz Celso Napp. Publicado no DEJT em 25.06.2010.)

Trata-se de um bom início de delineamento do conceito em questão. Na falta de resposta clara na legislação, os Tribunais valeram-se da analogia[756] para não deixar sem solução as lides envolvendo a matéria.

3. Contexto global atual

Em que pese os esforços para promoção da isonomia entre homens e mulheres no que tange às oportunidades profissionais, condições de trabalho e remunerações pagas por atividades de igual valor, a realidade ainda permanece muito aquém do que se almeja.

Segundo o relatório *Global Employment Trends for Women* (OIT, 2012a), em dezembro de 2012, as taxas de desemprego de mulheres ainda eram mais altas do que as de homens em todo o mundo – e a atual crise econômico-financeira só fez agravar essa desigualdade.

O relatório examina as condições das mulheres no mercado de trabalho analisando cinco comparativos entre os gêneros: (i) desemprego; (ii) emprego; (iii) participação na força de trabalho; (iv) vulnerabilidade; e (v) segregação setorial e profissional.

Entre os anos de 2002 e 2007, a desigualdade de gênero no que tange ao desemprego era constante em torno de 0,5 pontos percentuais, com a taxa de desemprego feminino em 5,8% e a taxa masculina em 5,3% (média global)[757]. A crise econômica alimentou esta desigualdade, que cresceu para 0,7% em 2012, com projeções demonstrando que não haverá qualquer redução significativa no quadro até 2017[758].

Sobre a relação emprego-população, o relatório concluiu que a diferença de gênero foi reduzida em nível global entre os anos de 2002 e 2007, mas, ainda assim, pode ser considerada elevada: 24,5 pontos percentuais. Esta redução das diferenças foi particularmente forte na América Latina, África, Oriente Médio e nas economias avançadas. Com a crise econômica, contudo, a desigualdade voltou a crescer, especialmente na Europa Central e Oriental.

Quanto à participação na força de trabalho, a desigualdade de gênero diminuiu globalmente na década de 1990, caindo de 28 para 26 pontos percentuais. Todavia, na última década, entre os anos de 2002 e 2012, essa diferença permaneceu constante, com as taxas de participação na força de trabalho dos homens e das mulheres decrescendo de forma equilibrada.

Em comparação com os homens, as mulheres sofrem ainda com uma reduzida qualidade do 'emprego'. O relatório concluiu que o trabalho vulnerável (que compreende trabalhadores em regime familiar não remunerado e trabalhadores informais) é mais difundido entre mulheres do que entre os homens. Em 2012, houve uma desigualdade de gênero, em âmbito global, de 2 pontos percentuais, com uma maior participação das mulheres no trabalho vulnerável (50% das mulheres, em comparação com 48% dos homens).

Por fim, afirma o relatório, há uma patente segregação setorial entre homens e mulheres. Em 2012, em nível global, um terço das mulheres trabalhavam na agricultura, aproximadamente metade delas trabalhavam em serviços, e apenas um sexto atuava na indústria. Nas economias avançadas, essa segregação se evidencia ainda mais intensamente: o emprego das mulheres na indústria representa apenas a metade da média global, enquanto o segmento de serviços atrai 85% da força produtiva feminina (principalmente na educação e na saúde).

Além das desigualdades de gênero no acesso a boas oportunidades profissionais, as remunerações pagas para homens e

---

(755) CLT, art. 461: "Sendo idêntica a função, a todo trabalho de igual valor, prestado ao mesmo empregador, na mesma localidade, corresponderá igual salário, sem distinção de sexo, nacionalidade ou idade."
(756) Dec-Lei n. 4.657/42 (Lei de Introdução às Normas do Direito Brasileiro), art. 4º. "Quando a lei for omissa, o juiz decidirá o caso de acordo com a analogia, os costumes e os princípios gerais de direito."
(757) Neste período, eram 72 milhões de mulheres desempregadas para 1,2 bilhão de mulheres empregadas. Quanto aos homens, os desempregados eram 98 milhões, comparados a 1,8 bilhão de empregados (OIT, 2012a, p. vi).
(758) A análise de tendências regionais demonstra que, antes da crise (2002 a 2007), as mulheres apresentavam maiores taxas de desemprego em comparação com os homens na África, no sul e sudeste da Ásia e na América Latina. Na contramão, no leste asiático, na Europa central e oriental e, mais recentemente, nas economias mais avançadas, o desemprego feminino era menor do que o masculino. A crise, contudo, parece ter agravado as disparidades de gênero no desemprego em todas as regiões, independentemente de estarem ou não na linha de frente da crise. Nas localidades onde o desemprego feminino era menor do que o masculino, observa-se uma equiparação, com o índice de desigualdade próximo a zero (OIT, 2012a, p. vi).

mulheres em atividades de igual valor permanecem díspares. O estudo *Promoting equity: Gender-neutral job evaluation for equal pay* (OIT, 2008) aponta uma série de causas para esta desigualdade.

Questões como o nível educacional, a área de atuação, a experiência profissional, a antiguidade no mesmo emprego, o número de horas de trabalho, o tamanho na organização na qual se trabalha, dentre outros fatores, são os primeiros aspectos a interferir significativamente na faixa salarial do trabalhador – seja ele homem ou mulher.

A par disso, contudo, outros elementos interferem nesta dinâmica de mercado, muitas das vezes em desfavor das mulheres: estereótipos e preconceitos; adoção de métodos de avaliação de trabalho projetados em função das exigências dos postos de trabalho tradicionalmente atribuídos a homens; e menor poder de barganha pelas trabalhadoras do sexo feminino que, em geral, são menos sindicalizadas e ocupam, em sua maioria, empregos precários.

Os dados do Instituto Brasileiro de Geografia e Estatística (IBGE) vão ao encontro das conclusões emitidas pela OIT, demonstrando que o Brasil não foge ao contexto global.

No ano de 2006, a taxa de ocupação da população masculina era de 93,52%, contra 88,9% da população feminina (IBGE, 2007). Ainda, naquele mesmo ano, 35,99% dos trabalhadores homens possuíam anotação em suas carteiras de trabalho (CTPS), enquanto apenas 20,49% de mulheres gozavam desta segurança (IBGE, 2009)[759].

Em outras palavras, além de enfrentarem um mercado de trabalho mais restrito do que os homens, as trabalhadoras brasileiras ainda estão, comprovadamente, mais expostas ao trabalho vulnerável.

Quanto à remuneração percebida, a faixa salarial das mulheres é bastante além do que a dos homens. No início de 2011, a média remuneratória dos homens brancos era de R$ 2.324,33, contra R$ 1.619,97 das mulheres brancas. Entre a população negra, as médias masculina e feminina caem para R$ 1.224,22 e R$ 897,75, respectivamente (IBGE, 2011).

4. O modelo sueco e a perspectiva de um futuro mais igualitário entre homens e mulheres

Para contornar a questão, a OIT (2012a, p. 42) sugere o modelo implementado na Suécia, onde as leis antidiscriminação têm evoluído e se aperfeiçoado através do tempo. Em 2009, a nova Lei de Discriminação (Código Sueco de Estatutos) substituiu sete leis anteriores, incluindo a Lei de Igualdade de Oportunidades, de 1991.

Em relação à igualdade de remuneração, a nova Lei exige que a cada três anos todas as empresas com 25 empregados (ou mais) elaborem um plano de ação para a igualdade de remuneração, expondo as medidas necessárias para a sua realização, incluindo estimativas de custo e um cronograma para a implementação.

Cumpre ressaltar que esta política de promoção da igualdade remuneratória não foi uma novidade da Lei de 2009. Em verdade, a Lei de Discriminação aperfeiçoa um instituto já existente, reduzindo algumas dificuldades no seu cumprimento: anteriormente, os planos eram exigidos de todas as empresas com 10 ou mais empregados, e deveriam ser elaborados anualmente.

Mesmo afrouxando as exigências para as empresas, o plano de não discriminação remuneratória mantém algumas características cruciais, como a transparência e supervisão. Além disso, organizações de trabalhadores devem ter acesso a informações confidenciais sobre salários e um Provedor de Justiça da Igualdade supervisionará todo o procedimento.

Considerando que o cronograma é previsto para os próximos três anos, e que a nova lei data de 2009, a OIT ressalta que ainda é muito cedo para avaliar as consequências desta nova legislação, no entanto, leis anteriores provaram ser razoavelmente eficazes na redução da desigualdade salarial.

Apesar disso, uma pesquisa do governo Sueco feita com 600 empregadores revelou que 44% das empresas encontraram diferenças salariais injustificadas e ajustes foram feitos para as mulheres (cerca de 90%) e os homens (cerca de 10%).

Trata-se, certamente, de um indício positivo indicando um possível caminho para a superação dos ranços históricos e dificuldades normativas na promoção da igualdade de remuneração entre homens e mulheres.

---

(759) No ano de 2006, apenas 56,48% dos trabalhadores brasileiros (homens e mulheres) possuíam anotação em suas carteiras de trabalho (IBGE, 2009).

5. REFERÊNCIAS BIBLIOGRÁFICAS

INSTITUTO BRASILEIRO DE GEOGRAFIA E ESTATÍSTICA (IBGE). Série FDT221: Taxa de ocupação, por sexo. 2007. Disponível em: <http://seriesestatisticas.ibge.gov.br/series.aspx?vcodigo=FDT221&t=taxa-ocupacao-sexo-populacao-10-anos>. Acesso em: 16 jan. 2013.

_____. Série PD352: Carteira de trabalho assinada – Empregados total e por sexo. 2009. Disponível em: <http://seriesestatisticas.ibge.gov.br/series.aspx?vcodigo=PD352&t=carteira-trabalho-assinada-empregados-total-sexo>. Acesso em: 16 jan. 2013.

_____. Série PE347: Rendimento médio real do trabalho principal, por sexo e cor. 2011. Disponível em: <http://seriesestatisticas.ibge.gov.br/series.aspx?vcodigo=PE347&t=rendimento-medio-real-trabalho-principal-sexo>. Acesso em: 16 jan. 2013.

LANDAU, Eve C.; BEIGBEDER, Yves. *From ILO Standarts do EU Law*: The case of equality between men and women at work. The Netherlands: Martinus Nijhoff Publishers, 2008.

ORGANIZAÇÃO INTERNACIONAL DO TRABALHO (OIT). Constituição da Organização Internacional do Trabalho, 1946. Disponível em: <http://www.oitbrasil.org.br/sites/default/files/topic/decent_work/doc/constituicao_oit_538.pdf>. Acesso em: 02 nov. 2012.

_____. *Global Employment Trends for Women*. Geneva: International Labour Office, 2012a. 1 v.

_____. Information document on ratifications and standards-related activities. Third item on the agenda: Information and reports on the application of Conventions and Recommendations. *Report III* (Part 2). Geneva: International Labour Office, 2012b.

_____. *Promoting equity*: Gender-neutral job evaluation for equal pay. Geneva: International Labour Office, 2008.

PIAZZETA, Naele Ochoa. Previsão constitucional da igualdade de gênero. *Revista Consulex*, Brasília, DF, ano 4, v. 1, n. 42, p. 28-31, jun. 2000.

PINHO, Leda de Oliveira. *Princípio da igualdade*: investigação na perspectiva de gênero. Porto Alegre: Sergio Antonio Fabris, 2005.

TRIBUNAL REGIONAL DO TRABALHO DA 9ª REGIÃO. 10390-2009-007-09-00-8 (ACO-19700-2010). 4ª Turma. Relator: Luiz Celso Napp. Publicado no DEJT em 25.06.2010. Disponível em: <http://www.trt9.jus.br/internet_base/jurisprudenciaman.do?evento=Editar&chPlc=3848031>. Acesso em: 14 jan. 2013.

SÜSSEKIND, Arnaldo. *Convenções da OIT*. São Paulo: LTr, 1994.

CAPÍTULO 15
COMENTÁRIOS À CONVENÇÃO N. 111 DA ORGANIZAÇÃO INTERNACIONAL DO TRABALHO

Domingos Sávio Zainaghi[760]

A Convenção n. 111 da Organização Internacional do Trabalho, foi aprovada na 42ª reunião da Conferência Internacional do Trabalho, em Genebra em 1958, entrando em vigor em 15 de junho de 1960.

O assunto discriminação em matéria de emprego e profissão foi o quarto ponto da ordem do dia na sessão de 4 de junho de 1958.

Posteriormente à discussão sobre o assunto, foi decidido que as disposições sobre discriminação ganharia *status* de convenção internacional.

A Declaração de Filadélfia, que é a Constituição da Organização Internacional do Trabalho, aprovada na 29ª reunião da Conferência Internacional do Trabalho realizada em Montreal em 1946. Essa Constituição substituiu a adotada em 1919.

O art. 40 e seu inciso, II, a, da Constituição da OIT, afirma que a paz, para ser duradoura, deve assentar sobre a justiça social, e que todos os seres humanos de qualquer raça, crença ou sexo, têm o direito de assegurar o bem-estar material e o desenvolvimento espiritual dentro da liberdade e da dignidade, tranquilidade econômica e com as mesmas possibilidades.

A Convenção n. 111 teve por escopo dar ao tema discriminação a importância que o mesmo merece, sendo composta de seis artigos.

A norma internacional ora comentada recebeu a denominação "discriminação em matéria de emprego e ocupação".

Originariamente foi redigida com 14 artigos, e hoje a Convenção n. 111 tem 6 artigos vigendo, já que os de número 7 a 14, correspondem a artigos da Convenção n. 88.

Passamos a analisar cada um dos artigos vigentes.

Art. 1 —

1. Para os fins da presente convenção o termo "discriminação" compreende:

a) toda distinção, exclusão ou preferência fundada na raça, cor, sexo, religião, opinião política, ascendência nacional ou origem social, que tenha por efeito destruir ou alterar a igualdade de oportunidade ou de tratamento em matéria de emprego ou profissão;

b) qualquer outra distinção, exclusão ou preferência que tenha por efeito destruir ou alterar a igualdade de oportunidades ou tratamento em matéria de emprego ou profissão que poderá ser especificada pelo Membro interessado depois de consultadas as organizações representativas de empregadores e trabalhadores, quando estas existam, e outros organismos adequados.

2. As distinções, exclusões ou preferências fundadas em qualificações exigidas para um determinado emprego não são consideradas como discriminação.

3. Para os fins da presente convenção as palavras 'emprego' e 'profissão' incluem o acesso à formação profissional, ao emprego e às diferentes profissões, bem como às condições de emprego.

Vê-se que a norma da OIT alcançou todas as formas de discriminação, sejam elas em razão de raça, cor, sexo, religião, opinião, política, ascendência nacional ou origem social, e, como o texto deixa claro, tenham tais discriminações o efeito (e não o intuito) de destruir ou alterar a igualdade de oportunidade ou de tratamento em matéria de emprego ou profissão.

Como destacado acima, a convenção sob comento afirma que os atos de discriminação devem ter causado os efeitos especificados em seguida.

Seria melhor, ao nosso sentir, que, no lugar de exigir a efetiva consumação dos atos discriminatórios, se exigisse apenas o intuito de causá-los, antes mesmo da efetivação.

Nossa opinião prende-se ao fato de que uma vez praticada a discriminação, o dano já existe, e não se deveria esperar os seus efeitos, que desaguarão quase sempre no pedido de demissão do trabalhador.

Logo, o mero intuito de praticar atos discriminatórios, antes mesmo da ocorrência dos efeitos previstos na convenção, já causam danos ao trabalhador.

A alínea "b" do art. 1º, simplesmente complementa a anterior, pois esta dá a entender que o rol ali previsto seria taxativo. A alínea "b", ao contrário, amplia as previsões da alínea "a" e, ainda, deixa claro que o rol de ambas as alíneas é exemplificativo,

---

[760] Doutor e mestre em Direito do Trabalho pela PUC-SP. Pós-doutorado em Direito do Trabalho pela Universidade Castilha-La Mancha, Espanha. Presidente honorário da Asociación Iberoamericana de Derecho del Trabajo y de la Seguridad Social e do Instituto Iberoamericano de Derecho Deportivo. Membro do Instituto Cesarino Jr. De Direito Social. Da Societé Internationale de Droit du Travail et de la Seguridad Social. Membro da Academia Paulista de Direito. Advogado. Jornalista.

persistindo ao "Membro interessado depois de consultadas as organizações representativas de empregadores e trabalhadores, quando estas existam, em outras organizações adequadas, amplie os motivos para a caracterização dos autos discriminatórios".

Foi o ocorreu no Brasil, com a sanção da Lei n. 9.029/1995, que em seu art. 2º, assim deferiu (como crime).

Voltando à análise da convenção, vejamos o item 2 do artigo 1º, que assim declara:

> 2. As distinções, exclusões ou preferências fundadas em qualificações exigidas para um determinado emprego não são consideradas como discriminação.

Sabiamente, são excluídas do rol de discriminações, os motivos ou razões específicas de uma função ou cargo, sejam elas na contratação ou nas promoções.

No Brasil, nossa legislação proíbe, por exemplo, que nos anúncios de emprego se coloque como requisito ter o candidato experiência anterior numa determinada função, por prazo inferior a seis meses.

> Art. 442-A. Para fins de contratação, o empregador não exigirá do candidato a emprego comprovação de experiência prévia por tempo superior a 6 (seis) meses no mesmo tipo de atividade

No item 3 do art. 1º, a Convenção, acresceu aos termos emprego e profissão, "o acesso à formação profissional, ao emprego e às diferentes profissões, bem como às condições de emprego".

Quis a norma internacional, ampliar o alcance de sua profissão, não a restringindo ao emprego ou à profissão, mas também os acessos a cursos de formação profissional oferecidos a trabalhadores, pelos empregadores ou outras instituições, como sindicatos.

> Art. 2 — Qualquer Membro para o qual a presente convenção se encontre em vigor compromete-se a formular e aplicar uma política nacional que tenha por fim promover, por métodos adequados às circunstâncias e aos usos nacionais, a igualdade de oportunidades e de tratamento em matéria de emprego e profissão, com o objetivo de eliminar toda discriminação nessa matéria.

Neste ponto, a Convenção n. 111, exige que os Membros da OIT, se comprometam a formular e aplicar políticas que objetivem a promoção da igualdade de oportunidades e tratamento em matéria de emprego e profissão, buscando alcançar a eliminação da discriminação laboral.

A Constituição da República Federativa do Brasil assim proclama:

> Art. 7º (...)
>
> XXX – proibição de diferença de salários, de exercício de funções e de critério de admissão por motivo de sexo, idade, cor ou estado civil;
>
> XXXI – proibição de qualquer discriminação no tocante a salário e critérios de admissão do trabalhador portador de deficiência;
>
> XXXII – proibição de distinção entre trabalho manual, técnico e intelectual ou entre os profissionais respectivos; (...)

E a Consolidação das Leis do Trabalho assevera:

> Art. 3º
>
> Parágrafo único. Não haverá distinções relativas à espécie de emprego e à condição de trabalhador, nem entre o trabalho intelectual, técnico e manual.
>
> Art. 461. Sendo idêntica a função, a todo trabalho de igual valor, prestado ao mesmo empregador, na mesma localidade, corresponderá igual salário, sem distinção de sexo, nacionalidade ou idade.
>
> Art. 3. Qualquer Membro para o qual a presente convenção se encontre em vigor deve por métodos adequados às circunstâncias e aos usos nacionais:
>
> a) esforçar-se por obter a colaboração das organizações de empregadores e trabalhadores e de outros organismos apropriados, com o fim de favorecer a aceitação e aplicação desta política;
>
> b) promulgar leis e encorajar os programas de educação próprios a assegurar esta aceitação e esta aplicação;
>
> c) revogar todas as disposições legislativas e modificar todas as disposições ou práticas administrativas que sejam incompatíveis com a referida política;
>
> d) seguir a referida política no que diz respeito a empregos dependentes do controle direto de uma autoridade nacional;
>
> e) assegurar a aplicação da referida política nas atividades dos serviços de orientação profissional, formação profissional e colocação dependentes do controle de uma autoridade nacional;
>
> f) indicar, nos seus relatórios anuais sobre a aplicação da convenção, as medidas tomadas em conformidade com esta política e os resultados obtidos.

A OIT determinou que qualquer Membro tem o dever de fomentar a colaboração com organizações de trabalhadores e empregadores, bem como de outras entidades, no intuito de se aceitar e principalmente aplicar as previsões da convenção.

Devem, assim, os Membros da OIT, promulgar normas que visem a efetiva aplicação da Convenção, bem como incentivar a criação e efetivação de planos educativos sobre o tema, com o que se aceite e se aplique à referida norma internacional.

É dever, também, dos Membros, caso tenham em seu ordenamento normas que contrariem os termos da Convenção, que as revoguem.

Os termos da Convenção alcançam os serviços públicos, como se denota pela leitura da alínea "d" do art. 3º.

Determina, ainda, o art. 3º, "e", que a convenção deve ser aplicada nos serviços de orientação e formação profissionais, bem como nas de colocação de trabalhadores.

Devem, também, os países signatários, apresentar relatório dirigido à OIT das medidas e os resultados destas na aplicação da Convenção n. 111.

Art. 4 — Não são consideradas como discriminação quaisquer medidas tomadas em relação a uma pessoa que, individualmente, seja objeto de uma suspeita legítima de se entregar a uma atividade prejudicial à segurança do Estado ou cuja atividade se encontre realmente comprovada, desde que a referida pessoa tenha o direito de recorrer a uma instância competente, estabelecida de acordo com a prática nacional.

Aqui a convenção declara que práticas de trabalhadores que atentem à segurança de um estado, caso punidas pelo empregador, e desde que este tenha tido todo o direito de se defender, não serão consideradas discriminatórias.

No Brasil, o parágrafo único, do art. 482, da CLT, demonstra que o país adotou essa orientação da normativa internacional.

Art. 482.

Parágrafo único. Constitui igualmente justa causa para dispensa de empregado a prática, devidamente comprovada em inquérito administrativo, de atos atentatórios à segurança nacional.

Art. 5 — 1. As medidas especiais de proteção ou de assistência previstas em outras convenções ou recomendações adotadas pela Conferência Internacional do Trabalho não são consideradas como discriminação.

2. Qualquer Membro pode, depois de consultadas as organizações representativas de empregadores e trabalhadores, quando estas existam, definir como não discriminatórias quaisquer outras medidas especiais que tenham por fim salvaguardar as necessidades particulares de pessoas em relação às quais a atribuição de uma proteção ou assistência especial seja, de uma maneira geral, reconhecida como necessária, por motivos tais como o sexo, a invalidez, os encargos de família ou o nível social ou cultural.

Aqui a própria convenção exclui de seu alcance medidas de proteção previstas em outras normas da OIT, que possam ser entendidas como discriminatórias.

E o item dois traz a previsão salutar de se excluir do rol dos atos discriminatórios, aqueles que visem à proteção de certos trabalhadores, como podemos citar, os trabalhadores portadores de necessidades especiais.

Art. 6 — Qualquer membro que ratificar a presente convenção compromete-se a aplicá-la aos territórios não metropolitanos, de acordo com as disposições da Constituição da Organização Internacional do Trabalho.

Fechando a Convenção (em sua redação atual), o artigo *supra*, determina que países que tenham estendida sua soberania fora de seu território também apliquem a norma da OIT.

O Brasil aprovou a Convenção n. 111, em 24 de novembro de 1964, pelo Decreto Legislativo n. 104, ratificando-a em 26 de novembro de 1965, com promulgação em 19 de janeiro de 1968, por força do Decreto n. 62.150, passando a viger a partir de 26 de novembro de 1966.

CAPÍTULO 16
O TRABALHO INFANTIL SOB A PERSPECTIVA INTERNACIONAL

Lelio Bentes Corrêa[761]

1. Antecedentes Históricos

A luta contra o trabalho infantil não é, em absoluto, nova. Data do final do Século XVIII, o movimento pela imposição de limites à exploração da mão de obra de crianças e adolescentes, impulsionado pelas atrocidades cometidas contra crianças e testemunhadas pela sociedade europeia, especialmente nas minas e fábricas de tecidos da primeira Revolução Industrial, onde muitas crianças pereceram por acidentes, por doenças ocasionadas pelas péssimas condições de higiene no ambiente de trabalho ou por pura exaustão. Daí resultou a adoção, em 1802, na Inglaterra, da primeira lei trabalhista de que se tem notícia na era moderna: a *Factories Act*[762] estabelecia regras mínimas de higiene, além de limitar a **oito horas** a jornada de trabalho de crianças na faixa etária dos **9 aos 13 anos de idade**, enquanto adolescentes entre 14 e 18 anos de idade não poderiam trabalhar mais de doze horas diárias. Crianças com menos de **9 anos de idade** não seriam mais admitidas no trabalho, devendo ser matriculadas em escolas primárias que os donos das indústrias deveriam estabelecer.

A despeito da fraca implementação do comando legal, despido de mecanismos que assegurassem a sua efetividade, e dos protestos do então emergente patronato industrial – para quem tal iniciativa legislativa constituiria uma inaceitável intromissão do Estado na iniciativa privada, pondo em risco a própria sobrevivência da atividade econômica[763]–, o movimento se expandiu para outros países europeus: a França proibiu, em 1813, o trabalho de menores de **10 anos** em minas[764] e, em 1841, fixou jornada máxima de oito horas para trabalhadores na faixa etária entre **8 e 12 anos de idade**, e de **doze horas** para a faixa etária entre **12 e 16 anos de idade**[765], enquanto a *Alemanha* limitou, em 1839, a jornada de trabalho a **dez horas** para trabalhadores na faixa etária dos **9 aos 16 anos de idade**[766]. Em 1886, a Itália estabeleceu a idade mínima de **9 anos** para admissão no trabalho, fixando em oito horas a jornada para trabalhadores com até **12 anos de idade**[767].

A Organização Internacional do Trabalho, no mesmo ano da sua criação, em 1919, adotou seis Convenções: uma sobre a limitação de jornada na indústria (Convenção n. 1), outra sobre fomento ao emprego (Convenção n. 2), uma sobre proteção à maternidade (Convenção n. 3), uma sobre a proibição do trabalho noturno da mulher em minas, indústrias e construção (Convenção n. 4), a Convenção n. 5, sobre a idade mínima para admissão no trabalho na indústria[768], e a Convenção n. 6, sobre o trabalho noturno de jovens na indústria. A Convenção n. 5 fixava a idade de **14 anos** para admissão no trabalho em minas, indústrias, construção e transportes, com exceções específicas asseguradas a Japão e Índia, enquanto a Convenção n. 6 estabelecia a proibição do trabalho noturno a menores de 18 anos de idade naqueles mesmos setores referidos na Convenção n. 5, com exceções expressamente delimitadas, a partir da idade de 16 anos.

2. Legislações Nacionais

Não obstante tais esforços e o tempo até aqui transcorrido, é surpreendente notar que poucas Constituições no mundo estabelecem uma idade mínima específica para admissão no trabalho. Consoante anotação da Comissão de Peritos em Aplicação de Convenções e Recomendações da OIT[769], tal provisão constitucional é mais frequentemente encontrada na

---

[761] Ministro do Tribunal Superior do Trabalho. Membro da Comissão de Peritos da Organização Internacional do Trabalho. Mestre em Direito Internacional dos Direitos Humanos pela Universidade de Essex – Reino Unido.
[762] URL: http://en.wikipedia.org/wiki/Factories_Act_1802#Factory_Act_1802.
[763] Sandy Hobbs, Jim McKechnie e Michael Lavalette, In: *Child Labor: a world history companion*. Editado por ABC-CLIO Inc., Santa Barbara, California, USA, 1999, p. 102. Ver também o memorial do Conselho Municipal de Blackburn with Darwen – UK URL: http://www.cottontown.org/page.cfm?pageid=458.
[764] Decreto Imperial de 3 de janeiro de 1813, Título IV, Seção II, artigo 29 – URL:http://www.les-militants-de-fo-dans-la-loire.org/spip.php?article267.
[765] Lei n. 9203, de 22 de março de 1841, artigo II (*Bulletin des Lois*, 1841, n. 795) – URL: http://www.les-militants-de-fo-dans-la-loire.org/spip.php?article76.
[766] Cf. Michael E. O'Sullivan."*Review of Dieter Kastner, Kinderarbeit im Rheinland*: Entstehung und Wirkung des ersten preussischen Gesetzes gegen die Arbeit von Kindern In: *Fabriken von 1839*", H-German, H-Net Reviews, January, 2006. URL: http://www.h-net.org/reviews/showrev.cgi?path=314271145975354.
[767] Lei n. 2657, de 11 de fevereiro de 1886. Anteriormente à unificação, uma Lei Sardenha de 20 de janeiro de 1859 já proibira o trabalho de menores de dez anos de idade nas minas. Fonte: Michele Gurrado. *La Tutela del Lavoro Minorile nell'evoluzione legislativa*, In: *Diritto.it* URL: <http://www.diritto.it/articoli/lavoro/gurrado.html>.
[768] O conteúdo das Convenções da OIT pode ser obtido no sítio: <http://www.ilo.org/dyn/normlex/en/f?p=1000:12000:0::NO:::. Textos das Convenções da OIT em Português podem ser obtidos no sítio do escritório da OIT no Brasil –URL: <http://www.oitbrasil.org.br/convention>.
[769] Comissão de Peritos em Aplicação de Convenções e Recomendações da OIT: "*Dando uma Face Humana à Globalização – Estudo Geral Sobre as Convenções Fundamentais Concernentes a Direitos no Trabalho à Luz da Declaração da OIT sobre Justiça Social para uma Globalização Equitativa*", Genebra, 2012, parágrafos 11-12. URL: http://www.ilo.org/wcmsp5/groups/public/---ed_norm/---relconf/documents/meetingdocument/wcms_174846.pdf.

América Latina, onde países como Brasil, Equador, El Salvador, Guatemala, Honduras, México e Panamá destacam-se por alçar à esfera constitucional a limitação da idade mínima para admissão no trabalho.

Interessante notar que não há, tampouco, uniformidade quanto às idades estabelecidas para tal fim: enquanto as Constituições do Brasil e do Congo fixam a idade mínima de **16 anos**, as Constituições da Macedônia, da Sérvia, de Seicheles e da Zâmbia proíbem o trabalho a menores de **15 anos**. Outras Constituições, a seu turno, contêm provisões genéricas sobre o tema, ora consagrando a proibição do trabalho nocivo ao desenvolvimento físico e moral da criança (Bielorrússia), ou em conflitos armados (África do Sul), ora dispondo sobre sua proteção contra o tráfico de seres humanos (Guiné) ou contra sua exploração em condições de trabalho forçado (Afeganistão)[770].

Por outro lado, um número significativo de Constituições dispõe sobre o direito de crianças e adolescentes à educação, erigindo em obrigação do Estado prover educação gratuita durante o período de escolaridade obrigatória[771]. Tal observação reveste-se de grande importância, na medida em que a educação ocupa um papel de destaque nos esforços para a erradicação do trabalho infantil. Com efeito, a garantia de acesso à educação gratuita e de qualidade previne o ingresso precoce de crianças e adolescentes no mercado de trabalho, além de favorecer o desenvolvimento pleno das suas potencialidades, aumentando as suas chances de se tornarem adultos produtivos e socialmente integrados.

Tal raciocínio encontra-se no âmago da Convenção n. 138 da Organização Internacional do Trabalho[772], adotada em 1973 com o escopo de estabelecer uma idade mínima para admissão no trabalho em todos os ramos de atividade.

3. A Convenção n. 138 da Organização Internacional do Trabalho

A Convenção n. 138 substituiu todas as dez Convenções setoriais anteriormente editadas pela OIT com propósito semelhante e estabelece, em seu artigo 1º, para os Estados que ratifiquem a Convenção, a obrigação de:

> adotar uma política nacional que assegure a efetiva abolição do trabalho infantil e o aumento progressivo da idade mínima para admissão no emprego ou trabalho a um nível consistente com o pleno desenvolvimento físico e mental de crianças e adolescentes.

Para tal fim, deverá o Estado, ao ratificar a Convenção, especificar, em declaração anexa, uma idade mínima para admissão no emprego ou trabalho, válida em todo o território nacional (artigo 2º). Tal idade não deverá ser inferior à de conclusão do período de **escolaridade obrigatória**, nem a 15 anos de idade – admitida, porém, a fixação de uma idade inicial de 14 anos na hipótese de as condições econômicas e educacionais do país não permitirem a adoção de limite de idade superior.

A Convenção prevê, ainda, a possibilidade de o Estado-parte, em razão de suas insuficientes condições econômicas, limitar, inicialmente, o alcance da Convenção, mediante declaração **anexa ao ato de ratificação** em que se especifiquem os ramos de atividade e tipos de empreendimento aos quais serão aplicáveis os seus dispositivos (artigos 4º e 5º). Uma das possibilidades de exclusão, expressamente referida na norma em comento, é o trabalho em empreendimentos familiares, de pequena escala, que produzam para o consumo local e não façam uso regular de empregados (artigo 5º, § 3º).

Frise-se que tais exclusões deverão ser consignadas uma única vez e de forma expressa. Assim, uma vez especificada a idade mínima para admissão no trabalho e definidas as categorias excluídas do alcance da Convenção, só serão admitidas futuras declarações que **elevem** a idade mínima para admissão no trabalho (artigo 2º, § 2º) ou **estendam** a sua cobertura (artigo 5º, § 4º, *b*). Vigora, assim, em relação à Convenção n. 138, o princípio da **vedação do retrocesso**[773].

Não obstante, a Comissão de Peritos em Aplicação de Convenções e Recomendações da OIT tem observado, com preocupação, o fato de vários países, embora não tendo lançado mão da faculdade de exclusão anteriormente mencionada, limitarem o alcance da Convenção mediante leis nacionais, especialmente no tocante ao **trabalho doméstico** e ao **trabalho no âmbito familiar**[774]. Tal conduta, a par de caracterizar violação das obrigações assumidas por força da ratificação da Convenção, compromete seriamente a eficácia da norma internacional, na medida em que **67,5%** do total do trabalho infantil encontrado no mundo, na faixa etária dos 5 aos 17 anos, situa-se no âmbito familiar, não remunerado (correspondendo a mais de **145 milhões** de crianças e adolescentes), enquanto estima-se que outros **15,5 milhões** estejam engajados no trabalho infantil doméstico[775]. Exatamente por isso, o Relatório Global produzido pela OIT em 2010[776] alerta para a necessidade de se intensificarem os esforços dos Estados-membros, adotando-se

---

(770) Comissão de Peritos em Aplicação de Convenções e Recomendações da OIT: *Dando uma Face Humana à Globalização – Estudo Geral sobre as Convenções Fundamentais Concernentes a Direitos no Trabalho à Luz da Declaração da OIT sobre Justiça Social para uma Globalização Equitativa*, op.cit., parágrafo 11.
(771) Comissão de Peritos em Aplicação de Convenções e Recomendações da OIT: *Dando uma Face Humana à Globalização – Estudo Geral sobre as Convenções Fundamentais Concernentes a Direitos no Trabalho à Luz da Declaração da OIT sobre Justiça Social para uma Globalização Equitativa*, op.cit., parágrafo 13.
(772) URL: http://www.oitbrasil.org.br/node/492.
(773) Para um estudo aprofundado sobre o tema, ver: "*O Princípio da Vedação do Retrocesso no Direito do Trabalho*", de Daniela Muradas Reis, Ed. LTr, São Paulo, 2010.
(774) Comissão de Peritos em Aplicação de Convenções e Recomendações da OIT: *Dando uma Face Humana à Globalização – Estudo Geral sobre as Convenções Fundamentais Concernentes a Direitos no Trabalho à Luz da Declaração da OIT sobre Justiça Social para uma Globalização Equitativa*, op.cit., parágrafo 339.
(775) Comissão de Peritos em Aplicação de Convenções e Recomendações da OIT: "*Dando uma Face Humana à Globalização – Estudo Geral sobre as Convenções Fundamentais Concernentes a Direitos no Trabalho à Luz da Declaração da OIT sobre Justiça Social para uma Globalização Equitativa*, op.cit., parágrafos 358 – 360.
(776) Relatório do Diretor-Geral da OIT à 99ª Conferência Internacional do Trabalho: *Intensificar a Luta Contra Trabalho Infantil*, Genebra, 2010, parágrafo 353.

medidas inovadoras visando à erradicação do trabalho infantil doméstico e no âmbito familiar. Em seu relatório, o Diretor-Geral da OIT chama a atenção para a necessidade de ampliar a visão internacional sobre o tema, passando-se a encarar o fenômeno do trabalho infantil sob a ótica da cadeia de consumo (e não apenas da cadeia produtiva), aí incluídos produção, transporte, distribuição e comercialização, bem como dar-lhe combate em todos os países envolvidos na produção de bens destinados ao consumo internacional, em vez de concentrar as ações num único país.

De igual forma, a Comissão de Peritos tem chamado a atenção para a necessidade de assegurar a mais ampla e efetiva cobertura (por meio da legislação, do aparato de fiscalização estatal e de mecanismos sociais de monitoramento) aos preceitos da Convenção, a fim de alcançar inclusive crianças que trabalham por conta própria, no setor informal, ou sem remuneração[777]. A ausência de um patrão ou de uma relação formal de emprego não é suficiente para excluir a criança ou adolescente da proteção outorgada pela Convenção. Ao revés, essa circunstância recomenda cuidados redobrados, na medida em que amiúde oculta relações altamente espoliativas, impostas aos grupos mais vulneráveis.

A Convenção n. 138 admite o trabalho executado num contexto de educação vocacional ou técnica, a partir dos **14 anos de idade** (ou 12 anos, no caso de países insuficientemente desenvolvidos, como já referido anteriormente), consoante previsão contida nos seus artigos 6º e 7º. Não se admite o trabalho de menores de 18 anos em condições que, "por sua natureza ou pelas circunstâncias em que executado, tendam a pôr em risco a saúde, a segurança ou a moral" de crianças e adolescentes (artigo 3º).

A Convenção admite ainda, em seu artigo 7º, que leis nacionais autorizem o **trabalho leve** de adolescentes a partir dos **13 anos** de idade, admitido como tal aquele que não ofereça risco à sua saúde ou desenvolvimento e que não prejudique a sua frequência escolar, sua participação em programas de orientação vocacional ou treinamento ou a **sua capacidade de se beneficiar da instrução recebida**. Extrai-se, daí, que a Convenção tem por escopo assegurar a crianças e adolescentes o direito à educação em sua concepção mais ampla, garantindo o **acesso, a frequência e o aproveitamento** escolares.

O artigo 8º da Convenção n. 138 estabelece a possibilidade de a **autoridade competente**, depois de consulta com as organizações representativas de empregadores e trabalhadores interessadas, mediante autorizações expedidas em casos individuais, permitir exceções à idade mínima para propósitos **como participação em *performances* artísticas**. Tais autorizações deverão limitar o número de horas e prescrever as condições em que o trabalho será permitido.

A Comissão de Peritos da OIT tem chamado a atenção para a necessidade de os Estados-partes que ainda não regulamentaram o tema, dando organicidade ao sistema de expedição dessas autorizações, fazerem-no o mais breve possível, a fim de prevenir inconsistências e omissões que possam comprometer a eficácia restritiva do dispositivo. Importante ressaltar que o reconhecimento do direito de crianças e adolescentes a participar de *performances* artísticas deriva da imperiosa observância do seu direito à **livre expressão** e à **celebração da sua própria cultura** – não se justificando a concessão de tais autorizações pelo critério meramente econômico.

4. A Convenção n. 182 da Organização Internacional do Trabalho

A Convenção n. 182 da OIT[778], adotada em 1999, a seu turno, estabelece, para os Estados ratificantes, a obrigação de adotar, em caráter de urgência, "medidas imediatas e eficazes que garantam a proibição e a eliminação das piores formas de trabalho infantil" (artigo 1º). A Convenção veda o trabalho ou utilização de qualquer pessoa menor de 18 anos de idade em:

a) regime de escravidão ou similares, tais como venda e tráfico de crianças, servidão por dívida e trabalho forçado ou compulsório, inclusive recrutamento compulsório para utilização em conflitos armados;

b) atividade de prostituição, produção de pornografia ou atuações pornográficas;

c) atividades ilícitas, particularmente na produção e tráfico de entorpecentes; e

d) trabalhos que, por sua natureza ou pelas circunstâncias em que executados, ofereçam risco à sua saúde, segurança e moral. Quanto a este último grupo de atividades, a Convenção estabelece a obrigação de cada Estado-parte de definir, depois de consulta com as organizações representativas de empregadores e de trabalhadores interessadas, os tipos de trabalho proibidos para menores de 18 anos de idade (artigo 4º, § 1º).

No Brasil, tal lista, adotada mediante o Decreto n. 6.481, de 12.06.2008, contempla hoje **93 atividades**, que vão desde o trabalho com máquinas pesadas e na construção civil até o cultivo do algodão, trabalho em lixões, em câmaras frigoríficas e trabalho doméstico. Ademais, a lista encontra-se sob o crivo e revisão permanente da Comissão Nacional para Erradicação do Trabalho Infantil – CONAETI[779], composta atualmente por 31 instituições representativas do governo, de empregadores e de trabalhadores, bem como da sociedade civil, além de contar com a colaboração permanente da OIT e do UNICEF.

Incumbe, ainda, a cada Estado-parte elaborar programas de ação com vistas a eliminar, como prioridade, as piores formas de trabalho infantil, a serem implementados em consulta

---

(777) Comissão de Peritos em Aplicação de Convenções e Recomendações da OIT: *Dando uma Face Humana à Globalização – Estudo Geral Sobre as Convenções Fundamentais Concernentes a Direitos no Trabalho à Luz da Declaração da OIT sobre Justiça Social para uma Globalização Equitativa*, op. cit., parágrafos 341 – 345.
(778) URL: <http://www.oitbrasil.org.br/node/518>.
(779) URL: <http://www.mte.gov.br/trab_infantil/conaeti.asp>

com instituições governamentais competentes e organizações de empregadores e de trabalhadores (em um contexto tripartite, portanto), mas levando-se em consideração, nos termos do artigo 6º da Convenção, as "*opiniões de outros grupos interessados, caso apropriado*" – reconhecendo-se, assim, a relevância do papel desempenhado, nesse processo, pela sociedade civil.

Mais de 90 Estados-partes adotaram planos de ação e programas de âmbito nacional para a erradicação das piores formas de trabalho infantil até hoje. No Brasil, o Plano Nacional de Prevenção e Erradicação do Trabalho Infantil foi publicado em 2004, e revisto em 2011[780]. O Plano revisado contempla, entre outras medidas, a centralização da responsabilidade pelas ações e o respectivo monitoramento semestral, uma vez que, ao final de 2008, mais de 70% das ações propostas no Plano Nacional não haviam sido implementadas. Uma das prováveis razões do problema, segundo especialistas, seria a multiplicidade de responsáveis por uma mesma ação.

Compete, ademais, aos Estados-partes estabelecer mecanismos apropriados para monitorar a aplicação das disposições que dão cumprimento à Convenção (artigo 5º), adotando todas as medidas necessárias à sua efetiva implementação, inclusive **sanções penais** (artigo 6º), além de designar a **autoridade competente** responsável por sua aplicação (artigo 7º).

Apesar de algumas iniciativas legislativas – não exitosas até o momento –, o ordenamento jurídico brasileiro continua carente de dispositivos que estabeleçam sanções suficientemente dissuasivas. A conduta de exploração do trabalho infantil, mesmo nas suas piores formas, não se encontra sequer penalmente tipificada, levando operadores do direito a socorrer-se de institutos correlatos (maus-tratos, exploração sexual, corrupção de menores, etc.) na tentativa de reprimir tal prática.

Paralelamente à atuação repressiva, determina a Convenção, no já referido artigo 7º, que os Estados-partes adotem medidas efetivas e **com prazo determinado**, a fim de: a) impedir a ocupação de crianças nas piores formas de trabalho infantil; b) dispensar a necessária e apropriada assistência direta para retirar crianças das piores formas de trabalho infantil e assegurar sua reabilitação e integração social; c) garantir o acesso de toda criança retirada das piores formas de trabalho infantil à educação fundamental gratuita e, quando possível e adequado, à formação profissional; d) identificar crianças particularmente expostas a riscos e entrar em contato direto com elas; e e) levar em consideração a situação especial das meninas[781].

5. Desafios na Implementação da Normativa Internacional

Como visto, o marco normativo (internacional e nacional) é abrangente e detalhado. Mecanismos de enfrentamento do trabalho infantil e estratégias para a sua erradicação encontram-se claramente delineados nos instrumentos internacionais, que receberam significativo número de ratificações: dos 187 Estados-membros da OIT, **169** ratificaram a Convenção n. 138, enquanto **180** ratificaram a Convenção n. 182[782] (ambas as Convenções foram ratificadas pelo Brasil em 28.06.2001).

O que impede, então, alcançar o objetivo almejado pela comunidade internacional? Por que ainda hoje 215 milhões de crianças e adolescentes são vítimas do trabalho infantil no mundo (cerca de 60% delas nas suas piores formas)[783]? Por que, no Brasil, 189 mil crianças na faixa etária dos cinco aos nove anos de idade ainda trabalham, somando-se a 3,4 milhões de crianças e adolescentes ocupados, na faixa etária dos 10 aos 14 anos, identificados pelo recenseamento conduzido pelo IBGE em 2010[784]? Por que o aumento do trabalho infantil na faixa etária dos 10 aos 13 anos na Região Norte[785] (onde se concentra grande parte dos investimentos estatais destinados a impulsionar o desenvolvimento urbano), além de algumas capitais no Sul e Sudeste com elevado grau de desenvolvimento econômico?

A resposta parece estar na fraca implementação dos ditames legais – situação que nos remete aos primórdios do movimento contra o trabalho infantil, ainda na Primeira Revolução Industrial, já descritos anteriormente. Os programas sociais postos em marcha até o momento, conquanto úteis no sentido de debelar a situação de penúria econômica que se abatia sobre famílias inteiras, condenando-as a repetir o círculo vicioso da pobreza, não parecem aptos ainda a alcançar grupos de maior vulnerabilidade, especialmente famílias que extraem seu sustento da economia informal – catadores, ambulantes, etc. Os mecanismos de transferência de renda associados à frequência escolar tendem a sofrer importante desgaste na medida em que desacompanhados de alterações significativas na oferta e qualidade do ensino público. A ausência de escolas de tempo integral favorece a convivência perniciosa do subsídio estatal com o trabalho infantil no contraturno da escola.

De igual modo, muitas vezes a atuação de agentes do Estado responsáveis pela garantia do direito de crianças e adolescentes à educação gratuita e de qualidade, e ao desenvolvimento pleno de suas potencialidades, a salvo da exploração econômica, perde-se em

---

(780) URL: <http://9cndca.sdh.gov.br/download/Plano%20Nacional%20Preven%C3%A7%C3%A3o%20e%20Erradica%C3%A7%C3%A3o%20do%20Trabalho%20Infantil.pdf>
(781) Os Países-membros adotaram a proposta formulada pelo Diretor-Geral da OIT no seu Relatório Global sobre o Trabalho Infantil, apresentado à 95ª Conferência Internacional do Trabalho, intitulado: *O Fim do Trabalho Infantil: Um objetivo ao Alcance*. Referido Plano de Ação estabelece a meta de erradicar as piores formas de trabalho infantil até 2016 – meta que foi ratificada pelo Conselho de Administração da OIT em março de 2007 parágrafo 368 (URL: <http://www.ilo.org/ipec/programme/WCMS_113276/lang--en/index.htm>).
(782) Ratificações registradas no escritório da Organização Internacional do Trabalho, em Genebra, até 22 de setembro de 2016 (<http://www.ilo.org/dyn/normlex/en/f?p=NORMLEXPUB:1:0>).
(783) Relatório do Diretor-Geral da OIT à 99ª Conferência Internacional do Trabalho: *Intensificar a Luta contra Trabalho Infantil*, Genebra, 2010, parágrafo 19.
(784) PNAD IBGE, 2011 URL: <http://www.ibge.gov.br/home/presidencia/noticias/noticia_visualiza.php?id_noticia=2222&id_pagina=1>
(785) PNAD IBGE, 2011, *op. cit.*

questões formais e num voluntarismo que culmina por renegar o comando constitucional no sentido de assegurar prioridade absoluta aos direitos da criança e do adolescente (artigo 227 da Constituição da República).

As autorizações para trabalho outorgadas judicialmente exemplificam perfeitamente o caso. Estima-se que cerca de 33.000 autorizações para trabalho de crianças e adolescentes, nas mais diversas atividades, foram expedidas por Juízes (muitas delas com o aval de Membros do Ministério Público) de 2005 a 2011[786]. Em muitas situações, não se encontra evidência da consideração de qualquer outro critério para o deferimento dessas autorizações, senão o já conhecido determinismo social ("*filho de pobre tem que trabalhar desde cedo*"), aliado a uma visão menorista, típica do Código de Menores de 1927, ultrapassada desde a década de 90 do século passado ("*é melhor a criança e o adolescente pobres estarem trabalhando do que furtando, assaltando ou consumindo drogas na rua*"). Afinal, o que justifica o deferimento de uma autorização para um adolescente trabalhar num lixão?

Uma visão contemporânea, constitucional e humanista do ordenamento jurídico impõe ao agente estatal questionamento mais profundo, a fim de assegurar tutela efetiva aos direitos da infância e da adolescência. Qual o benefício real para a formação profissional, cultural e humana do engajamento do adolescente no mercado de trabalho? Quais as razões para o seu desejo de trabalhar: falta de acesso a oportunidades de educação, penúria econômica? Nesse caso, quais as alternativas de assistência social à disposição, e de quem é a responsabilidade pela garantia de acesso aos mais necessitados? Não seria mais adequado pôr cobro aos gestores de políticas públicas responsáveis pela oferta de oportunidades adequadas – e verdadeiramente acessíveis – de educação (formal ou informal), desenvolvimento de habilidades intelectuais, sociais – e, se compatível, profissionais – do que impingir ao adolescente o ônus pela inércia estatal? É razoável que a criança e o adolescente menos favorecidos economicamente sejam compelidos a ingressar precocemente no mercado de trabalho (com o aval do Estado-Juiz), sacrificando as suas oportunidades de educação e aquisição das habilidades necessárias a uma vida produtiva e digna na idade adulta?

Ademais, a Convenção n. 138 define, em seu artigo 8º, já referido anteriormente, a obrigatoriedade de tais autorizações disporem sobre o número de horas (diárias, semanais e mensais) a serem trabalhadas, bem como sobre as condições em que o trabalho poderá ser executado (abrangendo, inclusive, mas não se restringindo a isso: condições de higiene e segurança, garantia de acesso regular à educação, adequada proteção contra qualquer risco ao seu desenvolvimento físico, psicológico e moral, e remuneração). Daí resulta claro que o ato de autorização será necessariamente fundamentado, dispondo sobre todas as condições anteriormente referidas, sob pena de nulidade.

Não nos é dado perder mais tempo. A urgência da situação exige ação consciente e determinada por parte dos gestores públicos, mas também da parte dos agentes responsáveis pela implementação da lei e afirmação dos direitos fundamentais e humanos.

Num tal contexto, afigura-se válido questionar os fundamentos sobre os quais se assenta a jurisprudência do egrégio Superior Tribunal de Justiça, até aqui majoritariamente construída no sentido de reconhecer a competência da Justiça Comum (Varas da Infância e da Adolescência) para exame dos pedidos de autorização para o trabalho de adolescentes. Lamentável constatar que tais pronunciamentos originam-se, quase que em sua totalidade, de **conflitos negativos** de competência suscitados por **Juízes e Juízas do Trabalho**, que culminam por abdicar da oportunidade de intervir de forma consciente no fenômeno social, orientando-se pelos critérios superiores e paradigmáticos da prioridade absoluta dos direitos de crianças e adolescentes e do seu reconhecimento como sujeitos de direito.

A ampla competência reconhecida pelo artigo 114 da Constituição da República à Justiça do Trabalho *para processar e julgar as ações oriundas da relação de trabalho* (inciso I), bem como outras controvérsias decorrentes da relação de trabalho, na forma da lei (inciso IX), abarca, pelo critério da especialização, todas as questões relacionadas ao mundo do trabalho – inclusive aquelas prévias à própria formalização da relação laboral[787]. Assim têm decidido as Cortes pátrias, por exemplo, ao afirmar a competência da Justiça do Trabalho para exigir de sociedades de economia mista e empresas públicas a observância do mandamento constitucional relativo à obrigatoriedade do concurso público **prévio** à admissão, ou para assegurar tutela coletiva a interesses de uma categoria, beneficiando os seus atuais e **futuros** integrantes.

Quanto ao argumento, comumente brandido, da existência de alusão expressa, na própria CLT, à autorização do Juiz de Menores para o trabalho exercido nas ruas, praças e outros logradouros (artigo 405, § 2º) ou em empresas circenses e teatros, boates, cinemas, cabarés e estabelecimentos análogos (artigo 406), há que se contrapor o fato histórico de que tais dispositivos foram inseridos na CLT em 1967, sob a égide do Código de Menores de 1927[788], do qual muitos são os dispositivos simplesmente reproduzidos na norma consolidada. O Código de 1927 notabilizou-se, como ressalta Rosemary de Souza Pereira[789], por sua visão da criança e do adolescente como *objeto de vigilância da autoridade pública*. Para o legislador do começo do Século XX, a criança e o adolescente ("*menor abandonado ou delinquente*") são o problema, para o qual o trabalho é resposta adequada. Os poderes conferidos ao Juiz de Menores, nos termos do referido diploma, são vastos, inclusive de: emitir, para a proteção e assistência dos menores, qualquer provimento que ao seu prudente arbítrio parecer conveniente, ficando sujeito à responsabilidade pelos abusos de

---

(786) EBC-Agência Brasil. URL: <http://agenciabrasil.ebc.com.br/noticia/2011-10-21/justica-autoriza-mais-de-33-mil-criancas-trabalhar-em-lixoes-fabricas-de-fertilizantes-e-obras>.
(787) Em reunião promovida pelo Conselho Nacional do Ministério Público, em parceria com o Conselho Nacional de Justiça e o Ministério do Trabalho e Emprego, realizada em Brasília – DF, em 22 de agosto de 2012, de que participaram Juízes e Juízas da Infância e da Adolescência, Juízes e Juízas do Trabalho, Membros do Ministério Público Estadual e do Trabalho e Auditores Fiscais do Trabalho, aprovou-se conclusão no sentido de reconhecer à Justiça do Trabalho competência para o exame dos pedidos de autorização para trabalho de adolescentes. URL: <http://portal.mte.gov.br/data/files/8A7C812D398D4D8E01399D0525853348/Encontro%20Nacional%20sobre%20o%20Trabalho%20Infantil%20-%20MTE%20CNJ%20CNMP%20-%20Conclus%C3%B5es.pdf>.
(788) Decreto n. 17.943-A, de 12 de outubro de 1927. URL: <http://www.planalto.gov.br/ccivil_03/decreto/1910-1929/d17943a.htm>.
(789) Mestre em Serviço Social pela Pontifícia Universidade Católica – PUC de São Paulo. URL: <http://www.pucsp.br/pos/ssocial/teses/1990_1999/teses_1998_10.htm>.

poder (artigo 131); fiscalizar o trabalho de menores (artigo 147, XI) e praticar todos os atos de jurisdição voluntária tendentes à proteção e assistência aos menores de 18 anos, embora não sejam abandonados, ressalvada a competência dos juízes de órfãos (artigo 147, XIII). Esse enfoque encontra-se superado desde 1979, quando adotado um novo Código de Menores[790], que se limita a afirmar, quanto à proteção do trabalho do *menor, que será regulada por legislação especial* (artigo 83).

Ainda, mais recentemente, em 1990, o Estatuto da Criança e do Adolescente inovou mais radicalmente o enfoque do tema, afirmando a condição de crianças e adolescentes de *sujeitos de direito*, ressaltando a sua condição de *pessoas em condição peculiar de desenvolvimento*. O ECA consagra o direito dos adolescentes à **profissionalização** e ao pleno desenvolvimento de suas capacidades. O trabalho deixa de ser a solução para um "problema social", e o acesso ao ensino obrigatório e gratuito é afirmado como *direito subjetivo público* (artigo 54, § 1º). O enfoque legal mudou radicalmente. Não se afigura razoável, portanto, invocar o texto anacrônico da CLT para dar sobrevida a um instituto sepultado no direito comum há mais de 20 anos.

O direito à profissionalização se exercita, inicial e prioritariamente, na escola, com a aquisição das habilidades intelectuais e sociais necessárias ao futuro desempenho profissional. Ainda como parte do processo de formação, tais habilidades podem ser aperfeiçoadas (no Brasil, a partir dos 14 anos de idade) em processo de **aprendizagem**, exercitada em ambiente de trabalho protegido, intermediada por entes de formação técnico-profissional metódica e com a devida atenção ao seu **caráter pedagógico**. Importante ressaltar, nesse passo, que, nos termos do artigo 428 da CLT, o contrato de aprendizagem é **contrato de trabalho especial**, a que se reconhecem direitos típicos da relaçãolaboral, tais como: anotação na Carteira de Trabalho e Previdência Social, percepção do salário mínimo-hora e cobertura previdenciária.

De outro lado, está o aprendiz sujeito a obrigações legais e regime disciplinar comparável ao dos empregados (artigo 443 da CLT).

Relevante trazer à colação, nesse passo, o entendimento sufragado pela Exma. Ministra Nancy Andrighi, do Superior Tribunal de Justiça, quando do julgamento, pela Segunda Seção daquela egrégia Corte, do Conflito de Competência n. 83.804-MS (2007/0089311-1), DJe de 05.03.2008, no sentido de reconhecer a competência da 1ª Vara do Trabalho de Dourados para processar e julgar ação cautelar de exibição de documentos movida por *"policial mirim"*- contra a Associação Educacional da Juventude de Ribeirão Preto, ao fundamento de que a relação havida entre as partes assemelhava-se à aprendizagem. Assim, *uma vez que a aprendizagem se configura como relação de trabalho, a disputa existente entre as partes se sujeita à competência da Justiça Laboral*.

Nada obstante a controvérsia jurisprudencial, é fundamental que o Poder Judiciário se faça presente – e acessível – em tais situações, a fim de fazer valer os direitos consagrados na normativa nacional e internacional. É necessário que todos – juízes de direito e do trabalho, membros do Ministério Público comum e especializado, auditores fiscais do trabalho – compreendam e aceitem desempenhar o importante papel que lhes é reservado na efetiva implementação dos preceitos assecuratórios desses que se destacam entre os mais fundamentais direitos da cidadania: o direito à vida livre de exploração e ao pleno desenvolvimento das potencialidades com que brindado cada ser humano. Afinal, está também em nossas mãos a responsabilidade de transformar em realidade palpável o que é, para muitos, distante promessa e, para todos nós, ainda um sonho: a plena e definitiva erradicação do trabalho infantil.

---

(790) Lei n. 6.697, de 10 de outubro de 1979. URL: <http://www.planalto.gov.br/ccivil_03/leis/1970-1979/L6697.htm>.

CAPÍTULO 17
A ELIMINAÇÃO DE TODAS AS FORMAS DE TRABALHO FORÇADO OU OBRIGATÓRIO: CONVENÇÕES ns. 29 E 105 DA ORGANIZAÇÃO INTERNACIONAL DO TRABALHO

Rúbia Zanotelli de Alvarenga[791]

1. Introdução

Este trabalho apresenta um título que figura, para boa parte da população mundial, como utópico, em face da realidade verificada ante a existência da prática impositiva do trabalho forçado, comprovada, hodiernamente, por denúncias feitas aos órgãos governamentais de repressão a tal crime e a manchetes veiculadas pelos meios de comunicação – em particular nos países em desenvolvimento – e, no Brasil, por similaridade, o descrédito não poderia (ou poderia?) ser diferente.

Motivou-me escrevê-lo, afora meu desejo pessoal de longa data de fazê-lo, uma releitura da obra de um prócer da Literatura Brasileira – Graciliano Ramos – que deu à luz o clássico *São Bernardo*, romance publicado em 1934. Nele, assim como em outros romances do autor, Graciliano Ramos se volta para a vida social dramática vivida no Nordeste brasileiro, apresentando o drama particular de um personagem que foi ajudante de cego e caixeiro-viajante até se tornar latifundiário.

O desenrolar de São Bernardo mostra a ascensão de Paulo Honório em um período de fartura até a sua decadência final, que, por fim, termina solitário e em difícil situação financeira. Os fatos revelam a visão que Paulo Honório, personagem-narrador, carrega do mundo e evidencia que, em nenhum momento, ele abandona o seu autoritarismo, mesmo quando o seu declínio fica claro para o leitor. Há uma força telúrica que circunda o romance, ligando o homem à terra, assim Paulo Honório insiste em ficar na fazenda até o final, com a fiel presença de seu guarda-costas, Casimiro Lopes, e de seu filho. Embora sinta culpa, o personagem-narrador não se arrepende completamente e justifica esse comportamento pela profissão que escolheu. Paulo Honório é a representação do **latifundiário brasileiro**. O autor Graciliano Ramos estudou profundamente o **perfil** dessa alma cercada de solidão e de injustiças cometidas contra a mulher: Madalena. O narrador-personagem tem plena consciência de que é apenas um bruto forçado às incumbências da profissão. Conforme Paulo Honório vai se revelando no livro, ele vai descobrindo e mostrando ao leitor os seus psíquicos. Portanto, **a análise socioeconômica do trabalhador braçal é descortinada aos poucos, desnudando a miséria, a exploração e o descaso em que vivem os empregados da Fazenda São Bernardo**. Como **latifundiário**, o narrador-personagem não se preocupa com a qualidade de vida de seus trabalhadores, mas, sim, com a capacidade de produção de um deles. A vida do homem parece ser vista como o que pode render financeiramente, **considerando-se apenas a capacidade produtiva**[792] (grifos nossos).

Nessa narrativa, a personagem principal, Paulo Honório, é a personificação do latifundiário explorador da mão de obra alheia, que exacerba o quanto pode a relação trabalho-produção, como afirma Aline Silva[793], na análise que faz sobre essa exploração em relação a algumas personagens submetidas à crueza à qual Paulo Honório submete seus empregados.

Segundo Silva:

> Em diferentes momentos, episódios, como as surras aplicadas em Costa Brito e em Marciano são justificados pela necessidade de manter o poder, a imagem, o direito inalienável e não passível de questionamento do discurso de proprietário e, acima de tudo, do discurso de homem – condição não partilhada pelos detratores da prática de Paulo Honório, de acordo com a lógica do narrador. A partir disso, lança-se mão do estigma para conferir autenticidade às atitudes e para justificar uma interdição desejada por ele, como se pode observar na fala do personagem Marciano e em suas consequências: — [...] **E ninguém mais aguenta viver nesta terra. Não se descansa. Era verdade, mas nenhum morador me havia ainda falado de semelhante modo.** [...] Mandei-lhe o braço

---

(791) Doutora e Mestre em Direito do Trabalho pela PUC-Minas. Professora Titular do Centro Universitário do Distrito Federal – UDF, Brasília. Advogada.
(792) SILVA, Aline. *Às margens*: violência em São Bernardo. *Blog* Transversos. *Link* Original. Disponível em: <http://graciliano.com.br/site/2013/01/as-margens-violencia-em-s-bernardo>. Acesso em: 15 set. 2015.
(793) *Idem. passim.*

ao pé do ouvido e derrubei-o. Levantou-se zonzo, bambeando, recebeu mais uns cinco trompaços e levou outras tantas quedas. A última deixou-o esperneando na poeira. Enfim, ergueu-se e saiu de cabeça baixa, trocando os passos e limpando com a manga o nariz, que escorria sangue. — [...] Marciano não é propriamente um homem. [...] É um molambo. [...] É molambo, porque nasceu molambo. [...] Fiz aquilo porque achei que devia fazer aquilo. **Ouso falar que as péssimas condições de trabalho e a exploração da mão-de-obra foram a razão da ruptura do interdito operada por Marciano**. Desse episódio advém a intolerância de Paulo Honório, que transforma a agressão física em valor a pagar pela manifestação de discordância. Como já percebido anteriormente, o poder, intimamente relacionado ao uso do discurso, só se revela conferido pelo narrador a si mesmo. (grifos nossos)

A narrativa é uma denúncia flagrante da prática do trabalho forçado no período coronelístico no país. Surpreende que essa prática, denunciada por Graciliano Ramos, em 1934, continue ocorrendo em vários rincões deste país e, pior, também em centros urbanos, onde usurpadores transgridem as Leis trabalhistas, impondo serviços forçados a pessoas que, por necessidade de sobrevivência, submetem-se às mais degradantes condições para subsistirem, sendo desrespeitadas, em todos os sentidos, em sua dignidade de pessoa humana.

Surpreende que se continue a conviver com matérias jornalísticas, como as que irei expor a seguir, depois de décadas de o Brasil ser signatário das Convenções ns. 29 e 105 da Organização Internacional do Trabalho (OIT). Da primeira, a partir de 1957; da segunda, a partir de 1965.

Cabem, em relação às Convenções ns. 29 e 105 da OIT, duas considerações pontuais. O Brasil só ratificou a Convenção n. 29 – que dispõe sobre a eliminação de qualquer forma de trabalho forçado ou compulsório, em todas as suas formas – adotada pela Conferência Geral da OIT, na sua 14ª sessão, em 28 de junho de 1930, que entrou em vigor em maio de 1932, no plano internacional, em 25 de abril de 1957. Esse hiato temporal, de quase 25 anos, explica o porquê de tanta complacência em relação aos abusos impostos pelos empregadores aos empregados sem que houvesse a aplicação de medidas legais para coibir a prática do trabalho forçado país afora. Tanto que, como supracitado, literatas a exemplo de Graciliano Ramos, dentre outros prosadores, principalmente representantes da segunda fase do Modernismo brasileiro, denominada Regionalista, documentaram em seus relatos o mesmo fenômeno. Jorge Amado e José Lins do Rego também expõem a degradante situação em algumas de suas obras.

Com a Convenção Fundamental n. 105 da OIT, portadora de apenas dez artigos, adotada pela Conferência Geral da Organização Internacional do Trabalho, na sua 40ª sessão, em 25 de junho de 1957 (coincidentemente o ano em que o Brasil ratifica a Convenção n. 29 da OIT), que entrou em vigor no plano internacional em 17 de janeiro de 1959, acontece o mesmo lapso temporal, pois ela só vem a ser ratificada pelo país em 18 de janeiro de 1965, portanto, seis anos depois de ter entrado em vigor no plano internacional, ou seja, enquanto o Brasil se adequava para colocar em vigor as Leis da Convenção n. 29 da OIT, já havia a Convenção n. 105 da mesma vigorando no âmbito internacional. Esses vácuos temporais contribuíram para que a "tradição" da exploração da mão de obra em regime de trabalho escravo ou em regime forçado continuasse a campear vários labores da cadeia produtiva sem ser incomodada pelas Leis já em vigor em outros países, principalmente os europeus.

Assim sendo, a partir do momento da ratificação de cada uma dessas Convenções, até a efetivação de suas Leis, houve grande retardo no reconhecimento e na "aceitação" da nova concepção trabalhista que, até hoje, causa estranheza aos *"Paulos Honórios"* ainda existentes país adentro, os quais insistem em burlar as Leis visando, prioritariamente, ao maior lucro, infligindo sofrimento aos trabalhadores sob suas ordens. Por isso, em pleno século XXI, são comuns notícias como as expostas a seguir[794]:

POLÍCIA LIBERTA PERUANOS VÍTIMAS DE TRABALHO ESCRAVO EM CONFECÇÃO DE SP. A Polícia Civil libertou 18 peruanos vítimas de trabalho escravo em uma oficina de costura clandestina no bairro da Penha, na Zona Leste de São Paulo. Eles também eram mantidos em cárcere privado no local por um boliviano de 28 anos, que era o empregador e foi preso em flagrante. O Departamento de Homicídios e Proteção à Pessoa (DHPP) chegou até o local na quarta-feira (15) após receber uma denúncia de dois costureiros. Eles conseguiram fugir por um vão do telhado e chamaram a polícia no dia anterior. De acordo com o delegado titular da 1ª delegacia da divisão de proteção à pessoa, César Camargo, os peruanos eram mantidos em condições de extrema vulnerabilidade. "Eles dormiam no subterrâneo, sem janela e (*sic*) ventilação. Os quartos pareciam celas de cadeia, e eles tinham que trabalhar 16 horas por dia", – relatou. Os peruanos vieram para o Brasil depois de receberam uma proposta de emprego com a promessa de salário de R$ 2 mil. As passagens de ônibus foram pagas pelo boliviano. Eles entraram pelo Acre, rota que não é usual, segundo o DHPP. Quando o grupo chegou a São Paulo, passaram (*sic*) a receber R$ 600 por mês e não podiam (*sic*) sair do imóvel. "O interessante é que muitas pessoas não percebiam a situação vulnerável em que estavam e eram agradecidas

---

(794) LEITE. Isabela. *Polícia liberta peruanos vítimas de trabalho escravo em confecção de SP*. Disponível em: <http://g1.globo.com/sao-paulo/noticia/2015/07/policia-liberta-peruanos-vitimas-de-trabalho-escravo-em-confeccao-de-sp.html>. Acesso em: 10 set. 2015.

(*sic*) pela 'oportunidade' que estavam tendo, como se o Efraim (boliviano empregador) fosse um salvador" – completou o delegado. Dos 18 peruanos libertados, 11 são homens e 07 mulheres, entre elas três adolescentes. O Consulado do Peru foi acionado e ofereceu abrigo ao grupo. Segundo a polícia, eles poderão retornar ao país de origem ou regularizar a documentação para trabalhar de forma digna no Brasil. O boliviano identificado como o patrão e explorador dos costureiros foi preso e vai responder por trabalho escravo. A pena é de 2 a 8 anos de prisão, mas pode ser ampliada por causa da exploração da mão-de-obra de menores na oficina. **R$ 0,30 por peça e castigo**. As vítimas de trabalho escravo relataram à polícia que recebiam R$ 0,30 por peça de roupa costurada e que precisavam produzir pelo menos 100 unidades por dia. Como não conseguiam atingir nem mesmo metade da meta, elas eram punidas e não recebiam o café da manhã. Algumas peças apreendidas pela polícia na oficina tinham etiquetas coreanas, e a segunda etapa da investigação pretende identificar quem são os contratantes do local. (grifo nosso)

Ou, também, como esta, a seguir, corroborando a prática de trabalho escravo, descrita por Graciliano Ramos, em *São Bernardo*, numa versão contemporânea desse labor ilegal em fazendas no interior do país[795]:

> FAZENDEIRO DO PARÁ É CONDENADO A 91 ANOS DE PRISÃO POR TRABALHO ESCRAVO. A Justiça Federal condenou o fazendeiro Lindomar Resende Soares, do Pará, a 91 anos de prisão em regime fechado por manter trabalhadores em regime de trabalho semelhante ao de escravo. Ele tem direito a recorrer da sentença em liberdade. A sentença é do final de julho, mas só foi divulgada agora pelo Ministério Público Federal (MPF). Segundo o MPF, o fazendeiro é filho de Davi Resende, um dos maiores pecuaristas da região Norte, que foi prefeito de Ulianópolis, no sul do Pará, e morreu no ano passado em naufrágio no rio Xingu. Além da prisão, Soares foi condenado a pagar multa de R$ 283 mil. Até a publicação dessa notícia, o **UOL** não conseguiu contato com o advogado do fazendeiro. Trabalhadores foram encontrados em condições precárias. Em 2005, segundo o MPF, o Ministério do Trabalho fiscalizou a fazenda Santa Luzia, em Ulianópolis, e libertou 31 pessoas mantidas em condições degradantes, além de duas crianças que ajudavam a preparar a comida dos trabalhadores. De acordo com o Ministério Público, os trabalhadores ficavam em barracos de lona, com piso de terra batida, sem instalações sanitárias, sem acesso à água potável, consumindo comida estragada, sem nenhum equipamento de proteção para o trabalho na terra e com salários extremamente baixos. Eles não conseguiam sair da fazenda, muito distante de qualquer estrada, e ainda eram obrigados a comprar comida e equipamentos a preços altos no armazém da propriedade, sistema conhecido como escravidão por dívida. Fazendeiro culpou o capataz. Em depoimento à Justiça Federal, o fazendeiro confirmou a situação dos trabalhadores, mas afirmou que a responsabilidade era do capataz contratado para trazer os funcionários para a fazenda. (grifos nossos)

Ocorrências de tal natureza, vistas à luz da releitura de *São Bernardo*, levaram-me a *"linkar"* dois momentos tão distantes temporalmente e tentar descobrir causas para a insistência de alguns empregadores continuarem com tal prática, embora, como se verá, no próximo capítulo, as Convenções ns. 29 e 105 da OIT já estarem, ambas, há um tempo razoável, implantadas no sistema jurisdicional trabalhista do país e, também, por haver severa punição àqueles que infringem essas Leis.

1.1 A eliminação de todas as formas de trabalho forçado ou obrigatório: Convenções ns. 29 e 105 da OIT

Esta seção se inicia com destaque para o pensamento de Julpiano Chaves Cortez (2014): "O trabalho escravo, em suas variadas formas, sempre fez parte da história da humanidade, distinguindo-se na antiguidade por seu aviltamento e pela ausência total de liberdade da pessoa escravizada." (CORTEZ, 2014, p. 9).

Já Elisaide Trevisam (2015) pontifica que "a escravidão faz-se presente na atualidade em escala mundial e, particularmente, encontra-se elevada nos países em desenvolvimento, uma vez que estes apresentam o maior índice de trabalho forçado, sob o reflexo de uma economia capitalista" (TREVISAN, 2015, p. 2015)

Segundo a análise da autora:

> No capitalismo desenfreado da atualidade, de um lado encontra-se a classe social mais bem amparada procurando mão-de-obra barata, e, de outro lado, os cidadãos que não veem seus direitos naturais protegidos e efetivados pelo Estado, ante a necessidade de sobrevivência, se submetem (*sic*) a um trabalho em condições precárias e de forma submissa, se é que se pode designar tal forma como trabalho. (TREVISAN, 2015, p. 24)

Ainda, consoante a autora:

> É de se destacar a relação entre trabalho escravo e a luta potencial, internacional e nacional dos

---

[795] DANTAS. Marinalva. *Fazendeiro do Pará é condenado a 91 anos de prisão por trabalho escravo*. Disponível em: <http://g1.globo.com/economia/noticia/2015/05/em-20-anos-50-mil-trabalhadores-em-situacao-de-escravidao-foram-salvos.html>. Acesso em: 16 set. 2015.

direitos humanos pela erradicação desse fenômeno complexo e desafiador da atualidade globalizada, refletindo sobre o princípio da dignidade da pessoa humana como qualidade intrínseca reconhecida em cada ser humano. (TREVISAN, 2015, p. 24)

Por isso, a questão da liberdade e da dignidade no trabalho é primordial. No âmbito do Direito Internacional do Trabalho, o que levou o trabalho forçado ou obrigatório a ser objeto das duas Convenções da OIT: 29 e 105, ambas ratificadas pelo Brasil.

A Convenção n. 29 da OIT dispõe sobre a eliminação de qualquer modo de trabalho forçado ou compulsório em todas as suas formas. Ela foi adotada pela Conferência Geral da OIT, na sua 14ª sessão, em 28 de junho de 1930, e entrou em vigor no plano internacional em 1º de maio de 1932, sendo ratificada pelo Brasil em 25 de abril de 1957.

A mencionada Convenção preceitua, *in verbis*

> Art. 1º – 1. Todos os membros da Organização Internacional do Trabalho que ratificam a presente Convenção se obrigam a suprimir o emprego do trabalho forçado ou obrigatório sob todas as suas formas no mais curto prazo possível.

Nos termos do item 1 do art. 2º da Convenção n. 29 da OIT, a expressão *"trabalho forçado ou obrigatório"*, compreende "todo trabalho ou serviço exigido de uma pessoa sob a ameaça de sanção e para o qual ela não tiver se oferecido espontaneamente".

Isabela Parelli Hadda Flaitt (2014), ao analisar o artigo supramencionado, estatui que a "característica nuclear do trabalho escravo contemporâneo continua sendo a não apresentação voluntária para realizar o serviço (ou não voluntariedade em permanecer no emprego, em face da situação degradante)" (FLAITT, 2014, p. 271).

A esse respeito, enfoca José de Souza Martins (2008), citando Vito Palo Neto (2008), que o trabalho escravo tem como elemento característico e fundamental a perda da liberdade humana, seja de forma direta ou indireta. De tal modo, segundo o autor, para se analisar determinada situação que envolve trabalho escravo, é preciso atentar-se ao elemento principal: a coerção física e moral, que cerceia a livre opção e a livre ação do trabalhador (PALO NETO, 2008, p. 41).

De acordo com Julpiano Chaves Cortez (2015), "o trabalho forçado, no Brasil, se dá, mais comumente, pelo regime da "servidão por dívidas". Nessa situação, o trabalhador se vê subjugado ao patrão, mediante coação física e/ou (*sic*) moral, justificada pela existência de um suposto débito contraído por aquele" (CORTEZ, 2015, p. 21).

Para Vilma Dias Bernardes Gil (2014):

> A escravidão moderna se caracteriza não só pela restrição ao direito de ir e vir do trabalhador, mas, também, pela sua submissão a condições indignas e inseguras nos locais de trabalho e a jornadas exaustivas com violação do seu direito a um ambiente seguro e equilibrado. (GIL, 2014, p. 96.)

José Cláudio Monteiro de Brito Filho (2014), por sua vez, avalia que o trabalho escravo não deve ser visto apenas como restrição à liberdade de locomoção do trabalhador, mas, sim, como uma ofensa ao trabalho decente (BRITO FILHO, 2014, p. 31).

Conforme Julpiano Chaves Cortez (2015), "o trabalho escravo compreende não apenas o trabalho forçado, atrelado à restrição da liberdade, mas também o trabalho degradante, com restrições à autodeterminação do trabalhador" (CORTEZ, 2015, p. 18).

Como observa o referido autor:

> O trabalho em condição análoga à de escravo é caracterizado não só pela violência (coação física, moral e psicológica) contra a liberdade do trabalhador no exercício de sua atividade laboral, mas também em situações menos explícitas de violação da liberdade, que maculam o seu direito de livre escolha e aceitação do trabalho e suas características, como ocorre na obrigação de se ativar em jornadas exaustivas e/ou (*sic*) em locais com péssimas condições de trabalho e onde imperam condições degradantes ao meio ambiente de trabalho, com abuso e desrespeito ao bem maior do ser humano, que é a sua dignidade. (CORTEZ, 2015, p. 18.)

Então, o trabalho prestado em condição análoga à de escravo é considerado gênero, do qual são espécies o trabalho forçado e o trabalho degradante. Nesse enleio, impende destacar que o art. 149 do Código Penal tipifica como crime o trabalho em condição análoga à de escravo, *in verbis*:

> Art. 149. Reduzir alguém a condição análoga à de escravo, quer submetendo-o a trabalhos forçados ou à jornada exaustiva, quer sujeitando-o a condições degradantes de trabalho, quer restringindo, por qualquer meio, sua locomoção em razão de dívida contraída com o empregador ou preposto: (Redação dada pela Lei n. 10.803, de 11.12.2003)
>
> Pena – reclusão, de dois a oito anos, e multa, além da pena correspondente à violência. (Redação dada pela Lei n. 10.803, de 11.12.2003)
>
> § 1º Nas mesmas penas incorre quem:
>
> I – cerceia o uso de qualquer meio de transporte por parte do trabalhador, com o fim de retê-lo no local de trabalho;
>
> II – mantém vigilância ostensiva no local de trabalho ou se apodera de documentos ou de objetos pessoais do trabalhador, com o fim de retê-lo no local de trabalho.
>
> § 2º A pena é aumentada de metade, se o crime é cometido:
>
> I – contra criança ou adolescente;
>
> II – por motivo de preconceito de raça, cor, etnia, religião ou origem.

Nesta toada, José Cláudio Monteiro de Brito Filho (2014), ao traçar a caracterização jurídica do trabalho escravo típico, previsto no art. 149, *caput*, do Código Penal Brasileiro (CPB), estatui que é: a) o trabalho forçado ou em jornada excessiva; b) o trabalho em condições degradantes; c) o trabalho com restrição de locomoção, em razão de dívida contraída. Prosseguindo, podem-se denominar trabalho escravo, por equiparação, os modos previstos no § 2º do art. 149 do CPB, que trata da retenção no local de trabalho: a) por cerceamento do uso de qualquer meio de transporte; b) por manutenção de vigilância ostensiva; ou c) por retenção de documentos ou de objetos de uso pessoal do trabalhador (BRITO FILHO, 2014, p. 54).

O cerceamento quanto ao uso de qualquer meio de transporte ocorre nos locais de difícil acesso, em que há limitação, por parte do empregador, do transporte do empregado, com o objetivo de retê-lo no local de trabalho. A vigilância ostensiva, por sua vez, consiste na situação em que o empregador mantém vigilância para que o empregado não deixe o local de trabalho, sendo que esta é feita por pessoas armadas, com o objetivo de amedrontar e de impedir a fuga dos trabalhadores. Por último, tem-se a retenção pelo empregador de documentos (CTPS, CI, Título de Eleitor, Certidão de Nascimento, etc.) ou de objetos pessoais do trabalhador (arma, relógios, óculos, calçados, etc.), com a finalidade de retê-lo no local de trabalho (CORTEZ, 2015, p. 26).

Julpiano Chaves Cortez (2015) ainda assinala as seguintes características do trabalho em condição análoga à de escravo: a) trabalho forçado; b) jornada exaustiva; c) condições degradantes; d) restrições de locomoção por dívida e situações equiparadas como o cerceamento do uso de transporte, a vigilância ostensiva e a retenção de documentos ou de objetos (CORTEZ, 2015, p. 21).

Já Isabela Parelli Haddad Flaitt (2014), em estudo sobre as Convenções ns. 29 e 105 da OIT, lança a diferença entre trabalho forçado e trabalho degradante, ao elucidar que o primeiro "se constitui em todas as hipóteses em que apresente, na prestação de serviço, o fator de restrição da liberdade" (FLAITT, 2014, p. 271-272).

Consoante a autora, dos trabalhos forçados são características: falsas promessas de boas condições de trabalho e de salário (para aliciar trabalhadores – ação que constitui outro crime – arts. 206 e 207 do CPB); servidão por dívidas (conhecida por *truck system*), vedada pelo Ordenamento Jurídico (art. 462 da CLT); a contratação pelos denominados "gatos"; coação explícita (física) ou implícita (moral ou psicológica), como castigos físicos, abuso sexual, prestação de serviço sob vigilância armada, abandono do trabalhador em lugar isolado. Também o caracterizam: a ausência de registro em Carteira de Trabalho e de Previdência Social (CTPS) e de outras formalidades trabalhistas; péssimas condições de alojamento, de alimentação, de condições sanitárias; falta de fornecimento de equipamento de proteção e de vestuário adequado ao trabalho; falta de água potável para os trabalhadores, violando a NR-24 e a NRR-01 do Ministério do Trabalho e Emprego (MTE), que tratam das condições sanitárias no local de trabalho.

Já o trabalho degradante caracteriza-se, segundo a autora, como sendo:

> O labor em condições indignas, como a jornada exaustiva, as condições precárias de higiene, segurança e saúde, ou qualquer hipótese de labor ou ambiente de trabalho aviltante em que não se exija a restrição da liberdade, embora, em certas ocasiões, possa estar presente, simultaneamente ao contingenciamento da liberdade, também essa característica. (FLAITT, 2014, p. 271.)

Logo, concorde Isabela Parelli Haddad Flaitt (2014), a restrição da liberdade – requisito imprescindível na concepção clássica de escravidão – não é fator determinante para a caracterização do *trabalho escravo* contemporâneo, o qual ocorre, também, nas situações de *trabalho degradante*, sem o contingenciamento da liberdade ou, pelo menos, tendo tal elemento mitigado, já que o labor em situações degradantes é realizado por falta de opção do obreiro e não por livre e espontânea vontade, em razão, por exemplo, do alto índice de desemprego na localidade ou da ausência de empregos em melhores condições de dignidade. Adoto, aqui, a assaz precisa visão da ilustre autora, haja vista que, segundo a mesma, está presente a "não voluntariedade também em hipóteses de trabalho degradante, o que se assemelharia à restrição da liberdade do obreiro, ainda que não seja um contingenciamento direto e sob ameaças do patrão" (FLAITT, 2014, p. 271).

A restrição ou o cerceamento da liberdade dos trabalhadores se dão:

> Por meio de ameaças físicas, terror psicológico, dívidas com o patrão, promessas de penalidades, dentre outras atitudes cruéis e desumanas do ofensor, em que pese muitas vezes possa ocorrer também de os trabalhadores serem trancados em locais indignos, sem alimentação adequada e sem o mínimo existencial para viver com dignidade, tal como na era escravocrata clássica, fator muito comum no tráfico de mulheres para fins de prostituição. (FLAITT, 2014, p. 272.)

Julpiano Chaves Cortez (2015), ao analisar a restrição de locomoção por dívida, enfatiza tratar-se de "procedimentos adotados pelo empregador que cerceiam o direito de ir e vir do trabalhador, privando-o em sua liberdade de locomoção, com violação ao princípio da dignidade da pessoa humana". O autor cita o exemplo do empregado que é obrigado a adquirir mercadorias apenas em loja ou armazém mantido pelo empregador e por preços superiores aos do mercado (*"truck system"* ou "sistema do barracão"), tornando a dívida impagável e forçando o devedor a continuar no serviço (CORTEZ, 2015, p. 26).

Já o trabalho degradante "é aquele em que, ainda que não haja diretamente o contingenciamento da liberdade, se (*sic*) verifica a existência de condições indignas e aviltantes de labor" (FLAITT, 2014, p. 272).

No escólio de Julpiano Chaves Cortez (2015), manter a pessoa em condições degradantes de trabalho consiste em:

> Submetê-la a péssimas condições de trabalho e de remuneração, é não cumprir as condições mínimas de trabalho, é exigir a prestação de serviços em local de trabalho que não ofereça condições mínimas de higiene, iluminação, ventilação, alimentação adequada, refeitório, água potável, alojamento, instalações sanitárias, lavatórios, chuveiros, vestiários etc., com restrições à autodeterminação da pessoa. (CORTEZ, 2015, p. 22.)
>
> Portanto, dois bens jurídicos são tutelados pelo art. 149 do Código Penal Brasileiro (CPB): *a dignidade* e *a liberdade*. Dignidade e liberdade andam juntas na definição do trabalho escravo, sendo os bens jurídicos tutelados pelo artigo supracitado do CPB, qualquer que seja o modo de execução. (BRITO FILHO, 2014, p. 65.)

Neste enleio, insta destacar que o item 2 do art. 2º da Convenção 29 enumera as hipóteses não consideradas como espécies de trabalho forçado ou obrigatório, *in verbis*:

> 2. A expressão "trabalho forçado ou obrigatório" não compreenderá, entretanto, para os fins desta Convenção:
>
> a) qualquer trabalho ou serviço exigido em virtude de leis do serviço militar obrigatório com referência a trabalhos de natureza puramente militar;
>
> b) qualquer trabalho ou serviço que faça parte das obrigações cívicas comuns de cidadãos de um país soberano;
>
> c) qualquer trabalho ou serviço exigido de uma pessoa em decorrência de condenação judiciária, contanto que o mesmo trabalho ou serviço seja executado sob fiscalização e o controle de uma autoridade pública e que a pessoa não seja contratada por particulares, por empresas ou associações, ou posta à sua disposição;
>
> d) qualquer trabalho ou serviço exigido em situações de emergência, ou seja, em caso de guerra ou de calamidade ou de ameaça de calamidade, como incêndio, inundação, fome, tremor de terra, doenças epidêmicas ou epizoóticas, invasões de animais, insetos ou de pragas vegetais, e em qualquer circunstância, em geral, que ponha em risco a vida ou o bem-estar de toda ou parte da população;
>
> e) pequenos serviços comunitários que, por serem executados por membros da comunidade, no seu interesse direto, podem ser, por isso, considerados como obrigações cívicas comuns de seus membros, desde que esses membros ou seus representantes diretos tenham o direito de ser consultados com referência à necessidade desses serviços.

No tocante à *jornada exaustiva*, Julpiano Chaves Cortez (2015) afirma ser aquela que "ultrapassa os limites normais da duração do trabalho estabelecida em lei, sendo prejudicial à saúde física e mental do trabalhador e imposta sem o seu livre consentimento". O autor assinala que "a conduta irregular do empregador, como no caso da jornada exaustiva, para que seja caracterizada como trabalho em condição degradante, deve haver instrumentalização ("coisificação") do trabalhador, por meios ilegais (violência, ameaça, fraude etc.), com limitação do seu direito de livre escolha". (CORTEZ, 2015, p. 22).

Ao lado da Convenção n. 29, existe a Convenção Fundamental n. 105 da OIT, com apenas 10 artigos, adotada pela Conferência Geral da Organização Internacional do Trabalho na sua 40ª sessão, em 25 de junho de 1957, que entrou em vigor em nível internacional no dia 17 de janeiro de 1959, sendo ratificada pelo Brasil em 18 de junho de 1965.

A Convenção n. 105 da OIT trata da *interdição do recurso ao trabalho forçado ou obrigatório* para certos fins. Assim, o Estado que a ratifica se obriga a suprimir e a não fazer uso de trabalho forçado ou obrigatório nos seguintes casos, *in verbis*:

> Art. 1º Qualquer Membro da organização Internacional do Trabalho que ratifique a presente convenção se compromete a suprimir o trabalho forçado ou obrigatório, e a não recorrer ao mesmo sob forma alguma:
>
> a) como medida de coerção ou de educação política ou como punição por ter ou expressar opiniões políticas ou pontos de vista ideologicamente opostos ao sistema político, social e econômico vigente;
>
> b) como método de mobilização e de utilização da mão-de-obra para fins de desenvolvimento econômico;
>
> c) como meio de disciplinar a mão-de-obra;
>
> d) como punição por participação em greves;
>
> e) como medida de discriminação racial, social, nacional ou religiosa.

Por derradeiro, insta ressaltar, em consonância com Isabela Parelli Haddad Flaitt (2014), que persiste o trabalho escravo contemporâneo. De acordo com a autora, as modalidades de trabalho forçado são consequências lógicas da globalização – que, a cada dia, transpassa as barreiras entre os países de forma desenfreada – e da concorrência desleal – em razão da competição entre países social e economicamente desiguais – dentre outros fatores, que ensejam a precarização do trabalho humano e do próprio ser humano, o qual se torna, novamente, um objeto de trabalho, tal qual já o fora nos primórdios da escravidão clássica tratado como mercadoria (FLAITT, 2014, p. 269).

2. Conclusão

Como o referencial teórico da seção anterior bem demonstra, as penas para quem infringir as normas expressas pelos artigos das Convenções ns. 29 e 105 da OIT são severas; porém, muitos ainda as transgridem, arriscando-se a sofrer os rigores da lei.

É notório que houve grandes progressos na efetivação dos órgãos de fiscalização das leis reguladoras do trabalho ao longo dos últimos anos no país. O grande número de flagrantes efetivados depois de denúncias ou depois de minuciosas sindicâncias feitas por fiscais do Ministério do Trabalho (MTE) totalizam o saldo positivo de 50 mil libertações de trabalhadores sujeitados a trabalho escravo ou trabalho forçado ao longo dos últimos 25 anos, como o comprova a matéria jornalística adiante[796]:

---

(796) MARTELLO. Alexandro. *Em 20 anos, 50 mil trabalhadores em situação de escravidão foram 'salvos'*. Disponível em: <http://g1.globo.com/economia/no-

EM 20 ANOS, 50 MIL TRABALHADORES EM SITUAÇÃO DE ESCRAVIDÃO FORAM 'SALVOS'. Balanço foi divulgado no 20º aniversário do Grupo de Fiscalização Móvel. 95% dos trabalhadores são homens, e a maioria (23,6%) veio do Maranhão. Quase 50 mil trabalhadores em situação análoga à escravidão foram resgatados nos últimos 20 anos, informou o Ministério do Trabalho, nesta quarta-feira (13), em cerimônia que celebra o aniversário do Grupo Especial de Fiscalização Móvel (GEFM). O evento aconteceu no mesmo dia em que foi abolida a escravatura no Brasil, em 1888. O GEFM, que atua no combate ao trabalho análogo ao de escravo, é integrado por auditores-fiscais do Trabalho, membros do Ministério Público do Trabalho; delegados e agentes da Polícia Federal, Policiais Rodoviários Federais; por membros da Procuradoria Geral da República e defensores Públicos da União. "Quase 50 mil trabalhadores [em situação análoga à escravidão] foram resgatados e têm de ser oferecidas condições de voltarem a ser trabalhadores. Para evitar que se repita esse ato vergonhoso para a sociedade. Temos de dar e eles condições de Educação, conhecimento, de acesso à qualificação profissional, de ter acesso a condições para não precisarem mais se humilhar e se submeterem à vontade dos poderosos. Temos de ter ferramentas e ações concretas" – disse o ministro do Trabalho, Manoel Dias. Segundo ele, os trabalhadores que são resgatados recebem cursos de qualificação profissional e, também, o seguro-desemprego. "Se você não criar condições para acesso ao conhecimento, ele continua sendo presa fácil para repetição desse crime hediondo" – declarou o ministro.

O Ministério do Trabalho esclareceu que o trabalho escravo se caracteriza por condições degradantes, como alojamento precário, falta de assistência médica, péssima alimentação, falta de saneamento básico e água potável, além de maus-tratos e de violência. Também se caracteriza pela retenção do salário, isolamento geográfico e retenção de documentos. O Ministério avaliou que o trabalho em condições análogas às de escravo ainda é uma realidade no Brasil. "A despeito da abolição da forma tradicional de trabalho escravo, que ocorreu em 13 de maio de 1888, é fato que essa categoria sobreviveu sob novos formatos, onde (*sic*) o trabalhador não é mais que uma coisa ou um objeto do direito de propriedade de outrem. E, talvez por isso, o trabalho escravo contemporâneo seja ainda mais aviltante à dignidade humana" – acrescentou.

De acordo com números do Ministério do Trabalho, 95% dos trabalhadores resgatados nos últimos 20 anos pelo Grupo Especial de Fiscalização Móvel são homens, 83% tinham entre 18 e 44 anos e 33% eram analfabetos, enquanto que 39% tinham chegado somente até a quarta série. Segundo os dados oficiais, a maioria (23,6%) veio do Maranhão. Outros 9,4% são provenientes da Bahia, enquanto 8,9% vieram do Pará. Minas Gerais (8,3%), Tocantins (5,6%), Piauí (5,5%) e Mato Grosso (5,5%) completam o *ranking*. Dos trabalhadores resgatados, ainda de acordo com o governo, 29% trabalhavam na pecuária, 25% com cana-de-açúcar, 19% com outras lavouras, 8% com carvão, 5% com construção, 5% com desmatamento, 3% com reflorestamento, 1% com mineração, 1% com confecção e outros 1% (*sic*) com extrativismo.

Como é possível depreender dessa notícia, o Ministério do Trabalho e Emprego (MTE) não se manteve inerte ao longo das duas últimas décadas. Ao contrário, ele vem desempenhando um trabalho efetivo na luta pela erradicação do trabalho forçado, com a criação do Grupo Especial de Fiscalização Móvel (GEFM), que atua no combate ao trabalho análogo ao de escravo, ou seja, tem ocorrido a operacionalização da fiscalização por parte dos auditores fiscais. Continua, porém, havendo a prática. Por quê?

Tudo leva a crer que ainda exista a crença na impunidade, principalmente por parte dos detentores de algum poder político, como é o caso de alguns vereadores, prefeitos e deputados, possuidores de áreas agrárias, em muitos rincões do país, os quais acreditam na ineficácia da fiscalização. Tese confirmada pelo Ministro Manoel Dias, em excerto expresso, posteriormente, na entrevista supracitada. Segundo Dias, são grandes os desafios a serem vencidos para que, efetivamente, a incidência da prática desse tipo de trabalho, com características análogas ao do escravo ou às do trabalho forçado, diminua no país. Segundo Dias, em entrevista Alexandro Martello (2015)[797]:

> Apesar da celebração dos 20 anos da criação do Grupo Especial de Fiscalização Móvel, o Governo informou que ainda há alguns desafios no combate ao trabalho análogo ao escravo no país. Um deles é combater os atos de violência que sofrem os auditores-fiscais do Trabalho. Foi lembrada a **chacina de Unaí**, ocorrida em janeiro de 2004, quando quatro funcionários do Ministério do Trabalho foram mortos em uma emboscada no momento em que investigavam uma denúncia de trabalho escravo em fazendas da região. Outro desafio, segundo o Governo, é o retorno da chamada "lista suja", que mostrava empregadores que se utilizam do trabalho escravo. A divulgação da lista, que foi suspensa em dezembro de 2014 pelo STF, é considerada pela ONU um modelo de combate à escravidão contemporânea em todo o mundo. O ministro do Trabalho, Manoel Dias, disse esperar que, "em um prazo não muito longo", o governo consiga restabelecer a publicação da lista negra. O aumento do

---

ticia/2015/05/em-20-anos-50-mil-trabalhadores-em-situacao-de-escravidao-foram-salvos.html>. Acesso em: 01 set. 2015.

(797) MARTELLO. Alexandro. *Em 20 anos, 50 mil trabalhadores em situação de escravidão foram 'salvos'*. Disponível em: <http://g1.globo.com/economia/noticia/2015/05/em-20-anos-50-mil-trabalhadores-em-situacao-de-escravidao-foram-salvos.html>. Acesso em 01 set. 2015.

número de auditores-fiscais do trabalho também é elencado como desafio. Segundo o governo, atualmente, há menos de 2,6 mil auditores em atividade, o menor nível desde o começo da década de 90. Para o Ministério do Trabalho, seriam necessários, no mínimo, mais 5 mil auditores-fiscais do trabalho. Manoel Dias disse que solicitou a contratação de mais 700 auditores ainda neste ano. **O Ministério também citou três projetos que tramitam no Congresso Nacional que propõem limitar o conceito de trabalho escravo. "Todos querem retirar condições degradantes e jornada de trabalho exaustiva do artigo 149 do Código Penal. Se aprovados, os projetos causarão grave retrocesso no combate a essa prática criminosa" – diz o governo.** (grifo nosso)

É flagrante, no que diz respeito à prática da utilização da mão de obra a feitio de trabalho escravo ou a feitio de trabalho forçado, o traço histórico-cultural remanescente do período escravocrata no Brasil. A memória daquele tempo teima em permanecer em plena atual era de globalização, quando a produção a baixo custo faz toda diferença, logicamente, implicando detrimento físico, econômico e psicológico do trabalhador. Este, geralmente analfabeto ou analfabeto funcional, desprovido de oportunidades de colocação mercadológica que pague acima do salário mínimo, vê-se, ainda, explorado por aproveitadores que o forçam a trabalhar em condições subumanas ou escravas, ferindo-lhe a dignidade humana e, não raro, tolhendo-lhe o direito de ir e vir, em especial pela prática de escravidão por dívida. Tudo isso alhures comprovado no presente artigo.

No entanto, a resposta à pergunta "Por quê?", feita anteriormente, encontra resposta nos apontamentos do Ministro Manoel Dias na matéria supratranscrita. É preciso intensificar a fiscalização, aumentar o número de auditores fiscais, vencer obstáculos de infraestrutura. Todavia, a resposta mais clara à problemática da continuidade da exploração desumana da mão de obra alheia está no grifo feito na última citação, em que fica clara a mentalidade "Paulonoriana" ainda vigente neste país, no qual o retrocesso permeia mentes que se encontram no Congresso Nacional e pleiteiam, com Projetos de Lei, em trâmite, limitar o conceito de trabalho escravo, retirando do artigo 149 do Código Penal as expressões "condições degradantes" e *"jornada de trabalho exaustiva"*.

3. REFERÊNCIAS BIBLIOGRÁFICAS

BRITO FILHO, José Claudio Monteiro. *Trabalho decente*. 3. ed. São Paulo: LTr, 2013.

CORTEZ, Julpiano Chaves. *Trabalho escravo no contrato de emprego e os direitos fundamentais*. 2. ed. São Paulo: LTr, 2014.

DANTAS. Marinalva. *Fazendeiro do Pará é condenado a 91 anos de prisão por trabalho escravo*. Disponível em: <http://g1.globo.com/economia/noticia/2015/05/em-20-anos-50-mil-trabalhadores-em-situacao-de-escravidao-foram-salvos.html>. Acesso em: 16 set. 2015.

FLAITT, Isabela Parelli Haddad. O trabalho escravo à luz das convenções ns. 29 e 105 da organização internacional do trabalho. In: ALVARENGA, Rúbia Zanotelli de; COLNAGO, Lorena de Mello Rezende. *Direito internacional do trabalho e as convenções internacionais da OIT comentadas*. São Paulo: LTr, 2014.

GIL, Vilma Dias Bernardes. Fiscalização e trabalho forçado. In: GOMES, Ana Virgínia Moreira; FREITAS JÚNIOR, Antonio Rodrigues (Org.). *A declaração de 1988 da OIT sobre princípios e direitos fundamentais no trabalho*: análise do seu significado e efeitos. São Paulo: LTr, 2014.

LEITE. Isabela. *Polícia liberta peruanos vítimas de trabalho escravo em confecção de SP*. Disponível em: http://g1.globo.com/sao-paulo/noticia/2015/07/policia-liberta-peruanos-vitimas-de-trabalho-escravo-em-confeccao-de-sp.html>. Acesso em: 10 set. 2015.

MARTELLO. Alexandro. *Em 20 anos, 50 mil trabalhadores em situação de escravidão foram 'salvos'*. Disponível em: <http://g1.globo.com/economia/noticia/2015/05/em-20-anos-50-mil-trabalhadores-em-situacao-de-escravidao-foram-salvos.html>. Acesso em: 01 set. 2015.

PALO NETO, Vito. *Conceito jurídico e combate ao trabalho escravo contemporâneo*. São Paulo: LTr, 2008.

SILVA, Aline. *Às margens*: violência em São Bernardo. *Blog* Transversos. *Link* Original. Disponível em: <http://graciliano.com.br/site/2013/01/as-margens-violencia-em-s-bernardo>. Acesso em: 15 set. 2015.

TREVISAM, Elisaide. *Trabalho escravo no Brasil contemporâneo. Entre as presas da clandestinidade e as garras da exclusão*. Curitiba: Juruá, 2015.

PARTE IV
DIREITOS FUNDAMENTAIS NAS RELAÇÕES DE TRABALHO

CAPÍTULO 18
A CONSTITUCIONALIZAÇÃO DOS DIREITOS SOCIAIS TRABALHISTAS NAS CARTAS CONSTITUCIONAIS BRASILEIRAS

Rúbia Zanotelli de Alvarenga[798]

1. Introdução

Em se tratando de constitucionalização dos direitos sociais trabalhistas, convém destacar que a primeira Constituição Brasileira – outorgada por D. Pedro I – foi a de 1824. Inspirada nos princípios da Revolução Francesa, ela aboliu as corporações de ofício e assegurou a ampla liberdade para o trabalho (art. 179, incisos 25 e 29).

A Constituição Política do Império do Brasil, elaborada por um Conselho de Estado, tinha 179 artigos. Compreende o primeiro Código Político Máximo e a mais duradoura de todas as Constituições, seguindo o modelo europeu de liberalismo. Não contemplava regras protetoras aos direitos trabalhistas, tendo em vista que, à época, predominava a escravidão e, recém-independente, o Brasil ainda estava sob a influência das Ordenações Portuguesas.

Importante destacar que as duas primeiras Constituições brasileiras sofreram forte influência do liberalismo.

Quanto à Constituição de 1891, apesar de não ter realizado grandes inovações, ela trouxe o embrião do direito à sindicalização ao reconhecer a liberdade de associação, já que o país vinha da abolição da escravatura em 1888 sem se ter uma noção nítida das alterações que seriam causadas pelo trabalho livre. Foi, todavia, sob a vigência desta Constituição que surgiu o Direito do Trabalho em nível constitucional. Em 1926, durante a reforma constitucional, foi estabelecida, no art. 34, a competência privativa do Congresso Nacional para legislar sobre o trabalho. Verifica-se, então, que a Constituição de 1891 reconheceu a liberdade de associação (§ 8º do art. 72), que tinha, na época, caráter genérico.

As posteriores Cartas Magnas também serão aqui apresentadas em suas respectivas previsões constitucionais relativas aos direitos sociais trabalhistas em sua base como a Constituição de 1934 – primeira Constituição brasileira a ter normas específicas de direitos trabalhistas por influência do constitucionalismo social. Assim como a Constituição de 1946 foi a primeira a adotar a expressão "Direito do Trabalho".

2. A Constituição de 1824

Destaca Sergio Pinto Martins que "a Constituição de 1824 tratou de abolir as corporações de ofício (art. 179, XXV), pois deveria haver liberdade do exercício de ofícios e profissões"[799].

Por esta razão, Kátia Magalhães Arruda assinala que o período correspondente à primeira Constituição brasileira deve ser analisado em relação com o seu momento histórico, no qual predominava a escravidão, não havendo de se falar com profusão em direitos de trabalhadores livres[800].

De acordo com Georgenor de Sousa Franco Filho:

> O último artigo da Carta Imperial cuidava, dentre outros aspectos, da inviolabilidade dos direitos civis e políticos (art. 179, *caput*), garantia qualquer gênero de trabalho, cultura, indústria ou comércio, desde que não ofendesse costumes públicos, segurança e saúde dos cidadãos (inciso XXIV) e abolia, certamente a nota mais relevante, as Corporações de Ofícios, seus Juízes, Escrivães e Mestres (inciso XXV), medida que na Europa ocorrera com a Lei *Le Chapelier*, em 1791.[801]

Sob tal prisma, pontifica José Felipe Ledur:

> Os direitos sociais aparecem embrionariamente na Constituição outorgada de 25-3-1824, no Título relativo às "Garantias dos Direitos Civis e Políticos". O art. 179, alínea 24, dispunha que "nenhum gênero de trabalho, de cultura, indústria ou comércio pode ser proibido, uma vez que não se oponha aos costumes públicos, à segurança e à saúde dos cidadãos. A dimensão negativa, de defesa frente à intervenção estatal, do direito ao trabalho ali reco-

---

(798) Doutora e Mestre em Direito do Trabalho pela PUC – Minas. Professora Titular do Centro Universitário do Distrito Federal – UDF, Brasília. Advogada.
(799) MARTINS, Sergio Pinto. *Direito do trabalho*. 29. ed. São Paulo: Atlas, 2012. p. 10.
(800) ARRUDA, Kátia Magalhães. *Direito constitucional do trabalho*: sua eficácia e o impacto do modelo neoliberal. São Paulo: LTr, 1998. p. 31.
(801) FRANCO FILHO, Georgenor de Sousa. *Curso de direito do trabalho*. São Paulo: LTr, 2015. p. 49.

nhecido naturalmente, se (*sic*) relaciona à concepção de Estado Liberal então prevalecente em países europeus e importada pelo Brasil. De qualquer modo, vale fixar que a conexão entre trabalho, segurança e saúde, como também a instrução primária e gratuita a todos os cidadãos, estabelecida na alínea 32 do mesmo art. 179, obtiveram reconhecimento jurídico há quase duzentos anos.[802]

Historicamente, Sergio Pinto Martins lembra que a Lei do Ventre Livre dispôs que, a partir de 28 de setembro de 1871, os filhos de escravos nasceriam livres. O menino ficaria sob a tutela do senhor ou de sua mãe até o oitavo aniversário, quando o senhor poderia optar entre receber uma indenização do governo ou usar o trabalho do menino até os 21 anos completos. Então, em 28 de setembro de 1885, foi aprovada a Lei Saraiva-Cotegipe – conhecida como Lei dos Sexagenários – que libertou os escravos com mais de 60 anos. Contudo, mesmo depois de livre, o escravo deveria prestar mais três anos de serviços gratuitos ao seu senhor.[803]

Em 13 de maio de 1888, foi assinada a Lei Áurea pela Princesa Isabel que aboliu a escravatura no Brasil.

3. A Constituição de 1891

Segundo Georgenor de Sousa Franco Filho, a Constituição de 1891 foi profundamente individualista, nos moldes da Constituição americana que a influenciou, limitando-se apenas a permitir a livre associação (art. 72, § 8º) e a garantir o livre exercício de qualquer profissão moral, intelectual e industrial (§ 24)[804].

Destaca Vólia Bomfim Cassar que a Constituição de 1891 somente garantiu o livre exercício de qualquer profissão (art. 72, § 24) e a liberdade de associações (art. 72, § 8º), o que embasou o Superior Tribunal Federal (STF) a considerar lícita a organização de sindicatos[805].

Sergio Pinto Martins, ao analisar esse período histórico, demonstra que as transformações que vinham ocorrendo na Europa em consequência da Primeira Guerra Mundial e a criação da Organização Internacional do Trabalho (OIT), em 1919, incentivaram a formulação de normas trabalhistas no Brasil. De acordo com o autor, existiam muitos imigrantes que deram origem a movimentos operários reivindicando melhores condições de trabalho e salários. Razão pela qual começa a surgir uma política trabalhista idealizada por Getúlio Vargas em 1930[806]. Ainda constata o autor:

Havia leis ordinárias que tratavam de trabalho de menores (1891), da organização de sindicatos rurais (1903) e urbanos (1907), de férias etc. O Ministério do Trabalho, Indústria e Comércio foi criado em 1930, passando a expedir decretos, a partir dessa época, sobre profissões, trabalho das mulheres (1932), salário-mínimo (1936), Justiça do Trabalho (1939) etc. Getúlio Vargas editou a legislação trabalhista em tese para organizar o mercado de trabalho em decorrência da expansão da indústria. Realmente, seu objetivo era controlar os movimentos trabalhistas do momento.[807]

No viés desta temática, também assevera José Felipe Ledur:

A essa época, o país já abolira o regime escravo. Mas os senhores rurais valeram-se de fórmulas como o *truck system* para reter em suas fazendas os trabalhadores recém-egressos da escravidão, comprometendo-lhes sua liberdade real. A partir de 1917, as greves e os movimentos dos trabalhadores, voltados à melhoria de sua condição social, formaram um componente político a mais a perturbar a estabilidade liberal. A presença regulamentadora do poder público passou a ser exigida, apesar da resistência dos defensores da liberdade contratual no domínio das relações de trabalho. A ebulição social no primeiro pós-guerra europeu deu origem à OIT, em 1919, evidenciando a importância que os direitos sociais adquiriam no plano internacional. Esses fatos também influíram no Brasil, estendendo para cá a chamada "questão social", que acabou por exigir a revisão do liberalismo em sua versão brasileira.[808]

José Felipe Ledur afirma que, já na primeira parte do século XX, a legislação social começou a empreender seus passos no Brasil, para o que concorreram a industrialização e a urbanização. A Lei n. 3.724, de 1919, é das primeiras regras de proteção aos trabalhadores perante a acidentes do trabalho. Leis esparsas passaram a regrar direitos previdenciários de caráter público para categorias de trabalhadores específicos, como a Lei Eloy Chaves, que criou as Caixas de Aposentadoria e Pensões para os ferroviários, depois estendidas a outras categorias profissionais. Também direitos do trabalho de categorias profissionais específicas foram surgindo, alcançando sistematização final na Consolidação das Leis Trabalhistas (CLT) em 1943.[809]

---

(802) LEDUR, José Felipe. *Direitos fundamentais sociais*. Efetivação no âmbito da democracia participativa. Porto Alegre: Livraria do Advogado, 2009. p. 73.
(803) MARTINS, Sergio Pinto. *Direito do trabalho*. 29. ed. São Paulo: Atlas, 2012. p. 11.
(804) FRANCO FILHO, Georgenor de Sousa. *Curso de direito do trabalho*. São Paulo: LTr, 2015. p. 49.
(805) CASSAR, Vólia Bomfim. *Direito do trabalho*. 9. ed. Rio de Janeiro: Forense, 2014. p. 17.
(806) MARTINS, *op. cit.*, 2012, p. 11, nota 5.
(807) *Id.*, 2012, p. 11.
(808) LEDUR, José Felipe. *Direitos fundamentais sociais*. Efetivação no âmbito da democracia participativa. Porto Alegre: Livraria do Advogado, 2009. p. 74.
(809) *Id.*, p. 74.

4. A Constituição de 1934

Em relação à Constituição de 1934, elevaram-se os direitos trabalhistas e eles passaram a ter *status* constitucional, ao se estabelecerem, nos arts. 120 e 121, os seguintes direitos: salário mínimo, jornada de oito horas, repouso semanal (não era remunerado), pluralidade sindical, indenização por despedida imotivada, criação da Justiça do Trabalho – ainda não integrante do Poder Judiciário.

Cabe ressaltar que a Carta de 1934 foi elaborada sob forte influência da Constituição de Weimar (social-democrata) e da Constituição americana (liberal-individualista)[810].

Neste aspecto, Pedro Calmon, citado por Segadas Vianna, estatui que a Constituição de 1934 não seria mais liberal-democrática; porém, social-democrática. Assim:

> Instituiu Justiça do Trabalho, salário mínimo, limitação de lucros, nacionalização de empresas, direta intervenção do Estado para normalizar, utilizar ou orientar as forças produtoras, organização sindical. Ao direito de propriedade impôs um limite: o interesse social ou coletivo, na forma que a lei determinar.[811]

Concorde Segadas Vianna, com a Constituição de 1934, desaparecia, portanto, "no Brasil, a democracia igualitária, individualista, não intervencionista, que permitia ao livre capitalismo a exploração do trabalho em benefício exclusivo de alguns sob os olhares complacentes de um Estado proibido de intervir"[812].

Ainda de acordo com Segadas Vianna:

> A Constituição de 1934 assegurava autonomia sindical, dava a todos o direito de prover à própria subsistência e à de sua família mediante trabalho honesto; determinava que a lei promovesse o amparo à produção e estabelecesse as condições do trabalho tendo em vista a proteção social do trabalhador e os interesses econômicos do País; estatuía a proibição de diferença de salário para o mesmo trabalho por motivo de idade, sexo, nacionalidade ou estado civil; determinava a fixação de salário mínimo; proibia o trabalho de menores de 14 anos, o trabalho noturno dos menores de 16 e nas indústrias insalubres às mulheres e aos menores de 18 anos; assegurava a indenização ao trabalhador injustamente dispensado, a assistência médica e sanitária ao trabalhador e à gestante, e também para esta, o descanso antes e depois do parto sem prejuízo do salário.[813]

No tocante à Constituição de 1934, conforme Georgenor de Sousa Franco Filho:

> A Assembleia Constituinte convocada durante a ditadura Vargas elaborou a Constituição promulgada a 16.07.1934, de conotação social-democrática, e, no art. 113, garantia a inviolabilidade de direitos, inclusive aquele concernente à subsistência, como o n. 34, afirmando que a todos cabe o direito de prover à própria subsistência e à de sua família, mediante trabalho honesto, amparando o Poder público as pessoas indigentes.[814]

No mesmo viés, ensina Paulo Thadeu Gomes da Silva:

> O constitucionalismo social, no Brasil, teve início com a Constituição de 1934, esta trouxe em seu texto, além dos clássicos direitos individuais, uma ordem social protetora dos direitos trabalhistas. Essa mudança de enfoque ocorre pela urbanização do país como um todo e pela mudança da estrutura social do poder, que sai das mãos da oligarquia agrária e vai parar sob o manto de uma burguesia da cidade, o que coincide com o fim da República Velha.[815]

Em razão disso, relata Kátia Magalhães Arruda que a Constituição de 1934 foi considerada um marco importante para a legislação social. Algumas de suas conquistas foram mantidas nas Constituições que a seguiram – as de 1937, 1946 e 1967. Foi estabelecida, em seu art. 115, importante norma de aspecto social, veja-se: "*A ordem econômica deve ser organizada conforme os princípios da justiça e as necessidades da vida nacional, de modo que possibilite a todos existência digna.*" Ainda foi garantida, na Constituição de 1934, a pluralidade sindical e a aceitação das convenções coletivas de trabalho, a observância do princípio da isonomia salarial, o salário mínimo, a proteção ao trabalho das mulheres e dos menores, o repouso hebdomadário, as férias anuais remuneradas. Trouxe, por sorte, como grande inovação, a criação da Justiça do Trabalho, embora não integrante do Poder Judiciário à época[816]. Trata-se da primeira Constituição brasileira a ter normas específicas de Direito do Trabalho, frutos do constitucionalismo social[817].

---

(810) CASSAR, Vólia Bomfim. *Direito do trabalho*. 9. ed. Rio de Janeiro: Forense, 2014. p. 18.
(811) VIANNA, Segadas. Evolução do direito do trabalho no Brasil. In: SÜSSEKIND, Arnaldo; MARANHÃO, Délio; VIANNA, Segadas; TEIXEIRA, Lima (Orgs.). *Instituições de direito do trabalho*. 22. ed. V. 1. São Paulo: LTr, p. 74.
(812) *Id.*, p. 75.
(813) *Id.*, p. 75.
(814) FRANCO FILHO, Georgenor de Sousa. *Curso de direito do trabalho*. São Paulo: LTr, 2015. p. 49.
(815) SILVA, Paulo Thadeu Gomes da. *Direitos fundamentais*: contribuição para uma teoria geral. São Paulo: Atlas, 2010. p. 23.
(816) ARRUDA, Kátia Magalhães. *Direito constitucional do trabalho*: sua eficácia e o impacto do modelo neoliberal. São Paulo: LTr, 1998. p. 33.
(817) GARCIA, Gustavo Filipe Barbosa. *Curso de direito do trabalho*. 8. ed. Rio de Janeiro: Forense, 2014. p. 34.

Como observa Georgenor de Sousa Franco Filho:

> O grande fruto da Constituição de 1934 foi a criação da Justiça do Trabalho, como integrante do Poder Executivo, vinculada ao então Ministério do Trabalho, Indústria e Comércio (art. 122), com seus órgãos possuindo composição paritária, nem sequer exigida formação jurídica, bastante ser pessoa de experiência e notória capacidade moral e intelectual (parágrafo único).[818]

A primeira Constituição Brasileira a inscrever um título sobre a ordem econômica e social foi a de 1934. Inspirada na Constituição de Weimar, a Carta de 1934, contudo, contém um paradoxo: o corporativismo e o pluralismo sindical[819].

A respeito desse paradoxo, expõe Carlos Henrique Bezerra Leite:

> A Carta de 1934 reconheceu a pluralidade e autonomia sindical, bem como as convenções coletivas de trabalho, mas silenciou-se sobre a greve. Assegurava o direito à isonomia salarial, salário mínimo, jornada diária de 8 horas, férias, repouso semanal remunerado, preferencialmente aos domingos, indenização em caso de dispensa sem justa causa, regulamentação das profissões. Proibia o trabalho noturno aos menores de 16 anos, o trabalho insalubre para os menores de 18 anos e para as mulheres etc. Em suma, o diploma constitucional de 1934 era intervencionista e já mostrava sua preferência pelo *Welfare State* (estado do bem-estar).[820]

Reiterando-se, conforme Sergio Pinto Martins, a Constituição de 1934 foi a primeira Constituição brasileira a tratar especificamente do Direito do Trabalho. Compreende-se a influência do constitucionalismo social, que só veio a ser sentida no Brasil em 1934. Destarte, ela garantia: liberdade sindical (art. 120), isonomia salarial, salário mínimo, jornada de oito horas de trabalho, proteção do trabalho das mulheres e dos menores, repouso semanal, férias anuais remuneradas (§ 1º do art. 121)[821].

Também assinala Georgenor de Sousa Franco Filho:

> Constituição evoluída para a época, a de 1934 introduziu o título IV, tratando da ordem econômica e social, admitindo o reconhecimento de sindicatos e associações profissionais, adotando o pluralismo sindical (art. 120). Para os direitos trabalhistas foi dedicado o art. 121, devendo a lei promover o amparo à produção e estabelecer condições de trabalho na cidade e no campo, para proteger socialmente o trabalhador e os interesses econômicos do país.

O referido art. 121 foi muito expressivo, tendo em vista que, concorde Georgenor de Sousa Franco Filho, seu § 1º contemplava os seguintes direitos trabalhistas: a isonomia salarial, o salário mínimo, a jornada de trabalho de oito horas/dia, restrições ao trabalho do menor, repouso semanal, férias anuais remuneradas, indenização por dispensa sem justa causa, assistência e previdência a maternidade, velhice, invalidez, acidente de trabalho e morte, regulamentação de todas as profissões e reconhecimento das convenções coletivas de trabalho. Além desses direitos, outros temas foram tratados, como o trabalho agrícola (§ 4º), a organização de colônias dessa natureza (§ 5º) e a situação do trabalhador migrante (§§ 6º e 7º)[822].

5. A Constituição de 1937

A Constituição de 1937, por sua vez, recebeu grande influência da Constituição italiana, o que acabou acarretando um retrocesso para a liberdade sindical, na medida em que os sindicatos foram vistos como exercentes de funções delegadas do Poder Público, distorcendo suas atividades para aspectos assistencialistas e encarando movimentos grevistas como antissociais[823].

Como a Constituição de 1934 teve vida curta, Georgenor de Sousa Franco Filho ressalta que Getúlio Vargas implantou um regime ditatorial e outorgou uma Carta, conhecida como Polaca, em 10 de novembro de 1937. Assim sendo:

> Durante quase cinco anos, vigeu em plenitude, apesar de ser profundamente restritiva da liberdade. A partir do Decreto n. 10.358, de 31.08.1942, quando foi declarado estado de guerra no Brasil contra as potências do Eixo (Alemanha, Itália e Japão), o dispositivo que tratava dos direitos trabalhistas (art. 137) foi suspenso, mantido apenas o art. 136, que considerava o trabalho um dever social, que deveria ser exercido honestamente, da mesma forma com o de livre circulação no território brasileiro e o de a pessoa poder exercer sua atividade regular (art. 122, § 2º).[824]

Cumpre destacar que, antes da suspensão de 1942, o art. 137 conservava vários artigos do Diploma de 1934. Destarte, o repouso semanal foi fixado aos domingos. Ainda foram criadas: a licença anual remunerada por ano de serviço, a estabilidade no emprego e a garantia do contrato de trabalho em caso de sucessão. Além de ser reconhecida a assistência administrativa e judicial por entidade de classe. Como a referida Constituição era extremamente corporativista, seu art. 138, também suspenso em 1942, reconhecia a liberdade de associação profissional e sindical, adotando a unicidade sindical.

---

(818) FRANCO FILHO, Georgenor de Sousa. *Curso de direito do trabalho*. São Paulo: LTr, 2015. p. 49.
(819) LEITE, Carlos Henrique Bezerra. *Constituição e direitos sociais trabalhistas*. São Paulo: LTr, 1997. p. 17.
(820) LEITE, Carlos Henrique Bezerra. *Constituição e direitos sociais trabalhistas*. São Paulo: LTr, 1997. p. 17.
(821) MARTINS, Sergio Pinto. *Direito do trabalho*. 29. ed. São Paulo: Atlas, 2012. p. 11.
(822) FRANCO FILHO, Georgenor de Sousa. *Curso de direito do trabalho*. São Paulo: LTr, 2015. p. 49.
(823) ARRUDA, Kátia Magalhães. *Direito constitucional do trabalho*: sua eficácia e o impacto do modelo neoliberal. São Paulo: LTr, 1998. p. 33.
(824) FRANCO FILHO, *op. cit.*, 2015. p. 50, nota 24.

Deveria o sindicato ser reconhecido formalmente pelo Estado, que lhe forneceria uma carta-patente, exercendo funções delegadas pelo Poder Público, tendo, de igual modo, implantado o imposto sindical, hoje considerado contribuição sindical[825].

Diante do que Sergio Pinto Martins elucida:

> A Carta Constitucional de 10.11.1937 marca uma fase intervencionista do Estado, decorrente do golpe de Getúlio Vargas. Era uma Constituição de cunho eminentemente corporativista, inspirada na Carta del Lavoro, de 1927, e na Constituição polonesa. O próprio art. 140 da referida Carta era claro no sentido de que a economia era organizada em corporações, sendo consideradas órgãos do Estado, exercendo função delegada de poder público. O Conselho de Economia Nacional tinha por atribuição promover a organização corporativa da economia nacional (art. 61, a) [...].[826]

Nesta seara, argumenta Segadas Vianna: "É inegável que a Carta de 1937 se acentuou pelo seu caráter revolucionário, especialmente legitimando a intervenção do Estado no domínio econômico." E prossegue:

> Fixando como norma que "o trabalho é um dever social" e que o "trabalho intelectual, técnico e manual tem direito à (sic) proteção e solicitude especiais do Estado", fixou a de 1937, melhor que a de 1934, as diretrizes da legislação do trabalho. E nela se continham os preceitos básicos sobre o repouso semanal, a indenização por cessação das relações de trabalho sem que o empregado a ela tenha dado causa, as férias remuneradas, o salário mínimo, o trabalho máximo de oito horas, a proteção à mulher e ao menor, o seguro social, a assistência médica e higiênica etc[827].

Para Carlos Henrique Bezerra Leite, a Constituição de 1937 representou um retrocesso em relação à Constituição democrática anterior, por ter restringido a autonomia privada coletiva. A greve passou a ser considera ilegal, antissocial e nociva à produção. Sendo assim, os sindicatos perderam a autonomia e passaram a atuar como assistencialistas, descaracterizando o seu verdadeiro papel de luta em favor da classe trabalhadora. Foi implantado, então, o princípio do sindicato único, reconhecido pelo Estado, com representação legal exclusiva da categoria, "o imposto sindical" compulsório, que só poderia ser cobrado pelo sindicato que tivesse carta de reconhecimento do Governo. Enfim, os sindicatos passaram a atuar com delegação do Poder Público. Já no tocante aos direitos individuais, quase nada restou modificado em relação à Carta de 1934[828].

Foi uma Constituição outorgada por Getúlio Vargas, com apoio das Forças Armadas e com índole corporativa. No campo dos direitos individuais, Kátia Magalhães Arruda também reforça que a Carta de 1937 manteve o elenco de direitos da Constituição anterior e garantiu direitos coletivos como o reconhecimento dos sindicatos, a imposição da contribuição sindical, a unicidade sindical e a previsão para o contrato coletivo de trabalho. A greve e o *lockout* foram considerados recursos antissociais.[829]

Em tal linha, Sergio Pinto Martins leciona:

> A Constituição de 1937 instituiu o sindicato único, imposto por lei, vinculado ao Estado, exercendo funções delegadas de poder público, podendo haver intervenção estatal direta em suas atribuições. Foi criado o imposto sindical, como uma forma de submissão das entidades de classe ao Estado, pois este participava do produto de sua arrecadação. Estabeleceu-se a competência normativa dos tribunais do trabalho, que tinha por objetivo principal evitar o entendimento direto entre trabalhadores e empregadores. A greve e o *lockout* foram considerados recursos antissociais, nocivos ao trabalho e ao capital e incompatíveis com os interesses da produção nacional (art. 139). Em razão disso, havia a imposição de condições de trabalho, pelo poder normativo, nos conflitos coletivos de trabalho. Essas regras foram copiadas literalmente da Carta del Lavoro italiana.[830]

Consoante Georgenor de Sousa Franco Filho, foi mantida, ainda fora do Poder Judiciário, a Justiça do Trabalho (art. 139, 1ª parte), criada na Constituição de 1934, tendo a greve e o *lockout* sido declarados recursos antissociais nocivos ao trabalho e ao capital e incompatíveis com os superiores interesses da produção nacional (art. 139, 2ª parte)[831].

6. A Constituição de 1946

Em relação à Constituição Democrática de 1946, nenhuma alteração foi realizada no sentido de desintegrar a inspiração corporativista, embora ela tenha trazido avanços para o direito de greve e para o pagamento do salário noturno superior ao recebido em trabalho diurno. Esta Constituição estabeleceu a participação do trabalhador nos lucros da empresa, norma que não recebeu regulamentação sob a égide da referida Carta, além de

---

(825) FRANCO FILHO, Georgenor de Sousa. *Curso de direito do trabalho*. São Paulo: LTr, 2015. p. 50.
(826) MARTINS, Sergio Pinto. *Direito do trabalho*. 29. ed. São Paulo: Atlas, 2012, p. 11.
(827) VIANNA, Segadas. Evolução do direito do trabalho no Brasil. In: SÜSSEKIND, Arnaldo; MARANHÃO, Délio; VIANNA, Segadas; TEIXEIRA, Lima (Org.). *Instituições de direito do trabalho*. 22. ed. V. 1. São Paulo: LTr. p. 76.
(828) LEITE, Carlos Henrique Bezerra. *Constituição e direitos sociais dos trabalhadores*. São Paulo: LTr, 1997. p. 18.
(829) CASSAR, Vólia Bomfim. *Direito do trabalho*. Rio de Janeiro: Forense, 2014. p. 18.
(830) MARTINS, Sergio Pinto. *Direito do trabalho*. 29. ed. São Paulo: Atlas, 2012. p. 11.
(831) FRANCO FILHO, Georgenor de Sousa. *Curso de direito do trabalho*. São Paulo: LTr, 2015. p. 50.

ter incorporado a Justiça do Trabalho ao Poder Judiciário (art. 94, V), mantendo os vogais e instituindo o seu poder normativo[832].

Carlos Henrique Bezerra Leite considera a Constituição Democrática de 1946 uma das mais avançadas da época por ter declarado o trabalho como um dever social, tendo como objeto assegurar a todos existência digna. O autor ainda ressalta que o aspecto negativo relativo à Constituição de 1946 foi o de deixar para a legislação ordinária o encargo de regular a organização sindical, o que nunca foi feito. Apesar de esta Constituição ter reconhecido o direito de greve na forma da Lei e as convenções coletivas, foi mantido o sistema corporativista imposto pela Carta de 1937, como o sindicato único e a contribuição sindical obrigatória[833].

No escólio de Messias Pereira Donato, "a Constituição Democrática de 1946 foi a primeira a valer-se da expressão direito do trabalho. Estabeleceu a competência exclusiva da União (art. 5º, a) para sobre ele legislar sem excluir a legislação estadual supletiva ou complementar (art. 6º)"[834].

Ainda, consoante o autor, ao dispor sobre a legislação do trabalho, a Carta de 1946 tinha em conta a melhoria "da condição" do trabalhador e enunciou os direitos sociais sob o título da Ordem Econômica e Social, a exemplo da de 1934. Já os direitos e garantias individuais vinham sob o título Declaração dos Direitos, que abrangia igualmente os direitos políticos, a saber: os da nacionalidade e da cidadania. Cada título vinha exaltado em sua área específica, sem cominação institucional de uma com a outra, apesar de enunciar que a ordem econômica devesse "ser organizada" conforme os princípios da justiça social. Nesse sentido, predispôs-se a conciliar a liberdade e a iniciativa com a valorização do trabalho, tido como obrigação social a ser garantido a todos com vistas a uma existência digna. Para o autor em tela, trata-se de objetivo bem mais ambicioso do que o agasalhado pelo constituinte de 1934, visto que entendeu a organização da ordem econômica de acordo com os "princípios da justiça e as necessidades da vida nacional" de modo a possibilitar existência digna a todos[835].

Portanto, segundo Messias Pereira Donato:

> A Constituição de 1946 fez incluir a Justiça do Trabalho no Poder Judiciário e lhe atribuiu relevante papel na organização da vida social, em função da competência ampla que lhe conferiu para dirimir dissídios individuais e coletivos entre empregados e empregadores, valendo-se, neste último caso, de seu poder normativo, bem como para dirimir as demais controvérsias oriundas das relações de trabalho regidas por legislação especial. Alçou no nível constitucional a estabilidade "na empresa ou na exploração rural". Mantendo vivo o corporativismo, fez aliar ao poder normativo da Justiça do Trabalho a submissão à ordenação legal do direito de greve, da constituição do sindicato, de sua representação legal nas convenções coletivas de trabalho, além de conservar-lhe o exercício de funções delegadas pelo poder público. Preceituou a remuneração do repouso semanal e nos feriados civis e religiosos. Instituiu a participação obrigatória e direta nos lucros da empresa, assistência aos desempregados, na dependência de lei ordinária, estendeu a abrangência do salário mínimo à família do trabalhador. Além do salário, assegurou o emprego na licença à gestante.[836]

Vólia Bomfim Cassar expõe que a Carta de 1946 dispôs sobre a participação dos empregados nos lucros da empresa, o repouso semanal remunerado, feriados, concedeu a estabilidade decenal a todos os trabalhadores, reconheceu o direito de greve, incluiu a Justiça do Trabalho ao Poder Judiciário, retirando este órgão da esfera do Executivo. Os julgadores e conciliadores da Justiça do Trabalho, até então nomeados (e não concursados), passaram a se chamar juízes e os dois conciliadores passaram a se chamar vogais, posteriormente classistas[837].

Georgenor de Sousa Franco Filho, ao discorrer acerca da Constituição de 1946, enumera as seguintes conquistas sociais:

> A Justiça do Trabalho passou a integrar o Poder Judiciário (art. 94, V), e os direitos trabalhistas foram tratados, exemplificativamente no art. 157: salário mínimo regionalizado, isonomia salarial, adicional noturno, participação nos lucros das empresas conforme lei, limitação da jornada diária em oito horas, repouso semanal agora remunerado, férias anuais também remuneradas, higiene e segurança do trabalho, proteção ao trabalho do menor e à mulher gestante, percentagem entre trabalhadores brasileiros e estrangeiros, estabilidade e indenização por dispensa imotivada, reconhecimento das convenções coletivas de trabalho, assistência sanitária, hospitalar e médica preventiva e aos desempregados, previdência social, seguro contra acidente de trabalho, igualdade entre trabalho manual, técnico e intelectual.[838]

Foi reconhecido o direito de greve (art. 158) e a livre associação profissional ou sindical, mas mantida à semelhança da Carta de 1937 (art. 159).[839]

---

(832) ARRUDA, Kátia Magalhães. *Direito constitucional do trabalho*: sua eficácia e o impacto do modelo neoliberal. São Paulo: LTr, 1998. p. 34.
(833) LEITE, Carlos Henrique Bezerra. *Constituição e direitos sociais dos trabalhadores*. São Paulo: LTr, 1997. p. 18.
(834) DONATO, Messias Pereira. *Curso de direito individual do trabalho*. 6. ed. São Paulo: LTr, 2008. p. 57.
(835) DONATO, Messias Pereira. *Curso de direito individual do trabalho*. 6. ed. São Paulo: LTr, 2008. p. 57.
(836) *Id.*, 2008, p. 58.
(837) CASSAR, Vólia Bomfim. *Direito do trabalho*. 9. ed. Rio de Janeiro: Forense, 2014. p. 18.
(838) FRANCO FILHO, Georgenor de Sousa. *Curso de direito do trabalho*. São Paulo: LTr, 2015. p. 50.
(839) *Id.*, 2015, p. 50.

7. A Constituição de 1967

Em relação à Constituição de 1967, houve poucas inovações. Ela deu ao Tribunal Superior do Trabalho (TST) a feição de corte máxima trabalhista, instituiu o salário-família e o Fundo de Garantia por Tempo de Serviço (FGTS), repetiu o preceito da participação nos lucros, ampliou a previsão de cogestão – norma continuou sem regulamentação ou aplicabilidade – e limitou o direito de greve. Tudo em absoluta consonância com a doutrina da segurança nacional.[840]

Para Carlos Henrique Bezerra Leite, a Constituição de 1967 manteve o mesmo sistema corporativista previsto na Constituição de 1946, proibindo, ainda, a greve nos serviços públicos e atividades essenciais. A novidade, no campo dos direitos individuais trabalhistas, foi a integração do trabalhador na organização e no desenvolvimento da empresa, por meio da participação nos lucros e, excepcionalmente, na sua gestão, nos termos da Lei. Além disso, a idade mínima de ingresso do adolescente no mercado de trabalho formal retrocedeu de 14 para 12 anos de idade, e o regime do FGTS, criado pela Lei n. 5.107/1966, passou a coexistir com a estabilidade decenal (art. 492 da CLT)[841].

Vólia Bomfim Cassar destaca que a Constituição de 1967 "manteve os direitos previstos na Carta de 1946 e objetivou a continuidade da revolução de 1964"[842], já que "a (sic) 31 de março de 1964, instalou-se, em nosso país, um movimento político-militar que desaguou na queda do Presidente João Goulart, sendo eleito novo presidente o Marechal Castelo Branco"[843].

Carlos Henrique Bezerra Leite assinala que, a partir da Constituição de 1967, foram editados vários atos institucionais com o objetivo de consolidar o regime estabelecido pela Revolução (golpe militar), fortificando o Poder Executivo e reduzindo o radicalismo de esquerda sob a égide da Constituição de 1946. Foi, então, que o Presidente Castelo Branco determinou a elaboração de um novo texto constitucional, que entrou em vigor somente em 24 de março de 1967. Embora autoproclamando-se promulgada, foi imposta pela força militar, razão pela qual é classificada como Constituição semioutorgada[844].

No tocante à atividade sindical (arts. 159 e 166), não houve nenhuma modificação expressiva[845].

8. A Constituição de 1988

Já a Constituição de 1988, promulgada em 5 de outubro, aborda os Direitos e Garantias Fundamentais em seu Título II, classificando-os em 5 (cinco) espécies, cada qual alocada em um capítulo próprio, a saber: a) Dos direitos e deveres individuais e coletivos, no Capítulo I, art. 5º; b) Dos direitos sociais, no Capítulo II, arts. 6º ao 11; c) Da nacionalidade, no Capítulo III, arts. 12 e 13); d) Dos direitos políticos, no Capítulo IV, arts. 14 a 16; e e) Dos partidos políticos, no Capítulo V, art. 17.

Conforme Sergio Pinto Martins, na Constituição Federal de 1988, os direitos trabalhistas foram incluídos no Capítulo II, "Dos Direitos Sociais", do Título II, "Dos Direitos e Garantias Fundamentais", ao passo que, nas Constituições anteriores, os direitos trabalhistas sempre eram inseridos no âmbito da ordem econômica e social. Por isso, o art. 7º da Lei Maior vem a ser uma verdadeira CLT, em decorrência de tantos direitos trabalhistas que ali se encontram albergados[846].

De acordo com Silvio Beltramelli Neto, a Constituição Federal de 1988 inova ao declarar os direitos sociais dentro do mesmo título em que declara os direitos civis e políticos, denotando, por um lado, a mesma importância que a concretização de todos eles deve experimentar e, por outro, o perfil social conferido a todo o ordenamento jurídico brasileiro, de observância obrigatória nos âmbitos estatal e privado[847].

Ainda concorde Silvio Beltramelli Neto, a Constituição Federal de 1988 não adotou a nomenclatura "direitos econômicos, sociais e culturais" – mais corriqueira nos tratados internacionais de direitos humanos – preferindo agrupar estes três direitos sob a expressão única "direitos sociais", que dá nome ao Capítulo II do Título II, localização dedicada ao propósito de reafirmar a inclusão desses direitos no rol dos direitos fundamentais, até por questão de coerência com os compromissos e objetivos sociais assumidos nos primeiros artigos da Carta Maior (arts. 1º e 3º)[848].

Sob a égide do pensamento de Ricardo Mauricio Freire Soares, os direitos sociais, por conseguinte, estão voltados para a substancialização da liberdade e da igualdade dos cidadãos, objetivando, em última análise, a tutela da pessoa humana em face das necessidades de ordem material, com vistas à garantia de uma existência digna. Tais direitos, segundo o autor, catalisam um projeto de emancipação e de afirmação da dignidade do ser humano, oportunizando a transição da cidadania do plano jurídico-formal para o campo real das relações socioeconômicas, sem a qual não se realiza o direito justo.

Quanto à previsão constitucional dos direitos sociais trabalhistas, vê-se que a Constituição Federal de 1988 elenca os direitos individuais trabalhistas no Capítulo II, consagrados no 7º e os direitos coletivos trabalhistas nos arts. 8º a 11. Assim,

---

(840) ARRUDA, Kátia Magalhães. *Direito constitucional do trabalho*: sua eficácia e o impacto do modelo neoliberal. São Paulo: LTr, 1998. p. 34.
(841) LEITE, Carlos Henrique Bezerra. *Constituição e direitos sociais dos trabalhadores*. São Paulo: LTr, 1997. p. 20.
(842) CASSAR, Vólia Bomfim. *Direito do trabalho*. 9. ed. Rio de Janeiro: Forense, 2014. p. 19.
(843) LEITE, Carlos Henrique Bezerra. *Constituição e direitos sociais dos trabalhadores*. São Paulo: LTr, 1997. p. 19.
(844) *Id.*, 1997. p. 20.
(845) FRANCO FILHO, Georgenor de Sousa. *Curso de direito do trabalho*. São Paulo: LTr, 2015. p. 50.
(846) MARTINS, Sergio Pinto. *Direito do trabalho*. 29. ed. São Paulo: Atlas, 2012. p. 12.
(847) BELTRAMELLI NETO, Silvio. *Direitos humanos*. Salvador: Juspodivm, 2014. p. 99.
(848) *Id.*, 2014. p. 126.

os direitos sociais dos trabalhadores podem ser classificados em direitos trabalhistas individuais (art. 7º) e em direitos trabalhistas coletivos (art. 8º a 11 da CF/88).

O art. 7º da Constituição Federal de 1988 traz, em seu *caput*, um rol exemplificativo de direitos trabalhistas individuais, ao estabelecer: *"São direitos dos trabalhadores urbanos e rurais, além de outros que visem à melhoria de sua condição social."*

Insta destacar, conforme assegura Francisco Meton Marques de Lima:

> O Direito do Trabalho constitui um dos instrumentos por meio do qual se promove a justiça social. Consequentemente, a finalidade posta no fundo de toda norma trabalhista é a justiça social, compreendida sempre de maneira progressiva, seguindo os passos da sociedade, cujas exigências são crescentes[849].

Também em consonância com Francisco Meton Marques de Lima, o art. 7º "fixa o piso básico da dignidade humana, mas referenda todo o progresso social que vier por meio de qualquer outro instrumento"[850]. Sendo assim:

> Na Constituição, a base dogmática do princípio da progressão são os arts. 3º ("Constituem objetivos da República Federativa do Brasil: II – garantir o desenvolvimento nacional; III – erradicar a pobreza e a marginalização e reduzir as desigualdades sociais e regionais; [...]"), art. 7º, *caput* (melhoria da condição social do trabalhador); art. 170, III, incorporar a regra da função social da propriedade.[851]

O autor em comento defende que o mancal constitucional do princípio da progressão social é o Título VIII da Constituição que se inicia com o art. 193 (*"A ordem social tem por base o primado do trabalho e por objetivo o bem-estar e a justiça social"*).

Nesta oportunidade, vale enumerar o rol de direitos sociais trabalhistas ao qual o art. 7º da Carta Magna de 1988 se refere. São os seguintes: proteção contra a despedida arbitrária, ou sem justa causa, nos termos da Lei Complementar, que ainda não foi aprovada, a qual deverá prever indenização compensatória; seguro-desemprego; manutenção do FGTS; salário mínimo; 13º salário; duração da jornada de trabalho normal não superior a oito horas diárias e 44 horas semanais; remuneração da hora extra superior, no mínimo, em 50% à da normal; férias remuneradas, com acréscimo de um terço do salário normal; e licença à gestante, sem prejuízo do emprego e do salário, com a duração de 120 dias.

O art. 8º da Constituição Federal de 1988 estabelece diretrizes sociais para o direito coletivo do trabalho por se dedicar: ao estudo da liberdade e da autonomia sindical; à estrutura sindical brasileira – unicidade e critério de enquadramento das entidades sindicais; à substituição processual pelos sindicatos; à fixação pela assembleia geral de contribuição sindical que, em se tratando de categoria profissional, será descontada em folha para custeio do sistema confederativo da representação sindical respectiva, independentemente da contribuição prevista em lei; à liberdade de filiação e de desfiliação sindical; à representação obrigatória pelos sindicatos nas negociações coletivas de trabalho; ao direito do aposentado de votar e de ser votado nas organizações sindicais; e à garantia de emprego do empregado que exerce direção ou representação sindical.

O art. 9º assegura proteções ao direito de greve dos trabalhadores, facultando-lhes decidir sobre a oportunidade de exercê-lo e sobre os interesses que devam por meio dele defender.

O art. 10 assegura a participação dos trabalhadores e empregadores nos colegiados dos órgãos públicos em que seus interesses profissionais ou previdenciários sejam objeto de discussão e deliberação.

E o art. 11, por fim, aduz que, nas empresas de mais de 200 empregados, é assegurada a eleição de um representante destes com a finalidade exclusiva de promover-lhes o entendimento direto com os empregadores.

Há ainda que se destacarem como direitos fundamentais trabalhistas: a) os inscritos no Título VIII, que tratam da Ordem Social, nos arts. 193 a 231; b) os previstos nos arts. 200, inciso VIII, e 225, que visam a proteger o meio ambiente geral, constituindo o meio ambiente do trabalho parte integrante deste; c) os estabelecidos no *caput* e incisos II, III, IV, V, VI, VIII, IX, X, XII, XIII, XIV, XVI, XVII, XVIII, XIX, XX, XXI, XXXV, XXXVI, XLVII, XLI, do art. 5º; e d) o art. 6º, que enumera os direitos sociais à educação, à saúde, à alimentação, ao trabalho, à moradia, ao lazer, à segurança, à previdência social, à proteção à maternidade e à infância e à assistência aos desamparados.

Em relação aos direitos fundamentais sociais previstos no art. 6º da Constituição Federal de 1988, Silvio Beltramelli Neto os considera "uma Declaração Brasileira de Direitos Sociais, contemplando em um só dispositivo todos os bens tutelados sob esta rubrica"[852].

Tais direitos permitem que o trabalhador tenha acesso ao direito à integração social, que, de acordo com Paulo Eduardo V. Oliveira, consiste em uma das espécies ou categorias (*ao lado da proteção física, mental, moral e intelectual*) de direitos da personalidade no Direito do Trabalho. Ainda, para o autor supramencionado, o direito da personalidade à integração social visa a assegurar ao trabalhador o direito de ser essencialmente político, essencialmente social, tendo em vista que a pessoa humana tem direito ao convívio familiar, ao convívio com grupos

---

(849) LIMA, Francisco Meton Marques de. *Os princípios de direito do trabalho na lei e na jurisprudência.* 5. ed. São Paulo: LTr, 2015. p. 251.
(850) *Id.*, 2015, p. 49.
(851) *Id.*, 2015, p. 50.
(852) BELTRAMELLI NETO, Silvio. *Direitos humanos.* Salvador: Juspodivm, 2014. p. 126.

intermediários existentes entre o indivíduo e o Estado, com grupos a que se associa pelas mais diversas razões (recreação, defesa de interesses corporativos, convicção religiosa, opção político-partidária etc.), direito do exercício da cidadania (esta tomada no sentido estrito – *status* ligado ao regime político – e no sentido lato – direito de usufruir todos os bens de que a sociedade dispõe ou de que deve dispor para todos e não só para eupátridas, tais como: educação escolar nos diversos níveis, seguridade social (saúde pública, da previdência ou da assistência social)[853].

É preciso considerar também como diretrizes sociais trabalhistas, os arts. 1º, 2º, 3º, 5º, 7º, 8º e 170 da Carta Constitucional de 1988, que visam a informar o estudo e a compreensão do Direito Constitucional do Trabalho, conduzindo o intérprete e aplicador do Direito do Trabalho a invocá-los como importante mecanismo de interpretação e de eficácia dos direitos fundamentais trabalhistas, a saber: a cidadania (art. 1º, II); o valor social do trabalho e a livre-iniciativa (art. 1º, IV); a liberdade, a justiça social e a solidariedade (art. 3º, I); o desenvolvimento nacional (art. 3º, II); a erradicação da pobreza e da marginalização e redução das desigualdades sociais e regionais (art. 2º, III); o bem-estar coletivo e o não tratamento discriminatório por motivo de origem, raça, sexo, cor, idade ou quaisquer outras formas de preconceito e discriminação (art. 2º, IV); a igualdade (art. 5º, *caput*); o direito à intimidade (art. 5º, X); o direito à imagem (art. 5º, V); a justiça social (art. 170, *caput*); a valorização do trabalho humano (art. 170, *caput*); a função social da empresa (art. 170, III); a busca do pleno emprego (art. 170, IV); a proibição do retrocesso social ou da prevalência da condição mais benéfica ao trabalhador (art. 7º, *caput*); a não discriminação (art. 7º, XXX, XXXI e XXXII); a liberdade sindical (art. 8º, *caput*); a autonomia sindical ou a não interferência estatal nos sindicatos (art. 8º, I); e a necessária intervenção sindical nas negociações coletivas (art. 8º, VI).

Conforme Silvio Beltramelli Neto, em relação aos direitos fundamentais, a Constituição de 1988 pauta-se por diretrizes sociais, para muito além da preservação de interesses econômicos e particulares, que solidarizam vários dos seus dispositivos acerca do perfil do Estado brasileiro, como: a) art. 1º, III e IV – os fundamentos da República – dignidade da pessoa humana e valor social do trabalho; b) art. 3º – os objetivos da República – todos essencialmente sociais (construir uma sociedade livre, justa e solidária, garantir o desenvolvimento nacional, erradicar a pobreza e a marginalização e reduzir as desigualdades sociais e regionais, promover o bem de todos sem preconceitos de origem, raça, sexo, cor, idade e quaisquer outras formas de discriminação); c) art. 6º – a declaração de direitos fundamentais sociais como à educação, à saúde, à alimentação, ao trabalho, à moradia, ao lazer, à segurança, à previdência social, à proteção à maternidade e à infância, à assistência aos desamparados; d) art. 5º, XXIII – direito à propriedade – respeitada a sua função social; e e) art. 170, *caput* e incisos II, VII e VIII – os princípios da atividade econômica – vinculados aos aspectos sociais – e a ordem econômica fundada na valorização do trabalho humano e na livre-iniciativa, tendo por fim assegurar a todos existência digna, conforme os ditames da justiça social, observados os princípios da função social da propriedade, da redução das desigualdades regionais e sociais e da busca do pleno emprego[854].

Em razão disso, Airton Pereira Pinto assevera que os textos esculpidos pelos legisladores no art. 1º, incisos II, III e IV da Constituição Federal de 1988, são verdadeiros princípios a serem seguidos e observados pelos legisladores ordinários, intérpretes e estudiosos do direito, por representarem luminares a espargir luzes com efeitos sociais e jurídicos para a ordem política, social, econômica, cultural e moral, agasalhados na própria Carta e presentes nas demais ordenações menores.[855] O autor destaca que a cidadania e a dignidade da pessoa humana, bem como os valores sociais do trabalho, enquanto princípios fundamentais do Estado democrático de direito brasileiro, imbricam-se para formar um espaço privilegiado de exercício e de reconhecimento de direitos outros, como os direitos humanos sociais[856].

Diante disso, segue-se, aqui, a visão de Vólia Bomfim Cassar. Para a autora, a Constituição da República de 1988 elevou os princípios à categoria de norma. Por este novo paradigma, embora não se devam abandonar as regras, ou seja, o positivismo, pois ordenam a sociedade e conferem paz social, o direito caminha no sentido de não encarar os princípios constitucionais como fontes secundárias, preponderando, assim, as cláusulas abertas, que são mais plásticas e menos concretas e que permitem ao direito solucionar maior número de questões e acompanhar as novas necessidades sociais[857].

Conforme o assaz pensamento de Vólia Bomfim Cassar, a Justiça deve ir além do positivismo, e, por todos os princípios constitucionais terem eficácia imperativa, eles são considerados normas jurídicas.[858]

A Constituição é norma de conduta ou de comportamento e não apenas uma Carta Política. Não é mera diretriz, mera luz ou papel. Agora o Estado é personalista, pois leva em conta o homem, historicamente situado, vislumbrando os interesses e as necessidades do indivíduo concreto, abandonando a ideia do homem ideal, do bom pai de família, que o direito civil preconizava[859].

Como a autora bem expressa, neste momento pós-positivista, o direito se afasta um pouco da regra escrita e se aproxima

---

(853) OLIVEIRA, Paulo Eduardo V. *O dano pessoal no direito do trabalho.* 2. ed. São Paulo: LTr, 2010. p. 30.
(854) BELTRAMELLI NETO, Silvio. *Direitos humanos.* Salvador: Juspodivm, 2014. p. 98.
(855) PINTO, Airton Pereira. *Direito do trabalho, direitos humanos sociais e a Constituição Federal.* São Paulo: LTr, 2006. p. 87.
(856) PINTO, Airton Pereira. *Direito do trabalho, direitos humanos sociais e a Constituição Federal.* São Paulo: LTr, 2006. p. 87.
(857) CASSAR, Vólia Bomfim. *Direito do trabalho.* 9. ed. Rio de Janeiro: Forense, 2014. p. 154.
(858) *Id.*, 2014, p. 154.
(859) *Id.*, 2014, p. 157.

mais da ética, da Justiça e da moral. Expande-se a ideia da normatividade dos princípios, constituindo-se, portanto, os princípios constitucionais como fontes formais do direito, porque são normas.[860]

Sob tal ótica, somente depois da Constituição de 1988, os direitos sociais trabalhistas ganharam a dimensão de direitos humanos fundamentais. A Constituição Federal de 1988 constituiu um marco na história jurídico-social e política dos direitos fundamentais trabalhistas, por ter elegido a dignidade da pessoa humana a eixo central do Estado Democrático de Direito e dos Direitos Humanos Fundamentais.

Também no magistério de Vólia Bomfim Cassar, a Constituição Federal de 1988 retomou o homem como figura principal a ser protegida e abandonou o conceito individualista e privatista, priorizando o coletivo, o social e a dignidade da pessoa, arrolando, ainda, em seu art. 7º, inúmeros direitos dos trabalhadores[861].

Kátia Magalhães Arruda ressalta que a Constituição de 1988 erigiu os direitos sociais a um patamar expressivo ao vincular a interpretação das normas hierarquicamente inferiores – e até mesmo a interpretação das próprias normas constitucionais – ao crivo da função social. Conforme esta autora, tal fato torna-se significativo no tocante aos direitos trabalhistas, haja vista que, juntamente com a soberania, a cidadania, o pluralismo político e a dignidade da pessoa humana, nos princípios fundamentais de todo o texto constitucional, encontram-se os valores sociais do trabalho e da livre-iniciativa como suportes básicos sobre os quais a Carta Política sustenta a coerência do Ordenamento Jurídico Pátrio.

Ao constitucionalizar o Direito do Trabalho, o Texto Máximo de 1988 impôs ao restante do universo jurídico uma influência e inspiração justrabalhista até então desconhecidas na história do país; pois retirou o Direito do Trabalho de seu local delimitado (e, no Brasil, até mesmo isolado), lançando sua influência sobre o conjunto da cultura jurídica do país[862].

Mauricio Godinho Delgado dá relevo ao fato de que a Lei n. 8.078/1990 – construída a partir de indução constitucional (arts. 5º, XXXII e 170, V, da CF/1988) – incorpora, de forma inovadora, institutos e figuras típicas e clássicas ao Direito Material e Processual do Trabalho, como: a) a noção de ser coletivo; b) a responsabilidade objetiva; c) a teoria da desconsideração da personalidade jurídica; d) o princípio da norma mais favorável; e) o princípio da inversão do ônus da prova; e f) o caráter objetivo à noção de "cláusulas abusivas"[863].

Apesar disso, os direitos fundamentais contidos nos Capítulos I, II, III, IV e V da Constituição Federal de 1988 não representam rol taxativo ou *numerus clausus*, e sim exemplificativo ou *numerus apertus*, em decorrência da disposição contida no art. 5º, § 2º, que assim estatui: *"Os direitos e garantias expressos nesta Constituição não excluem outros decorrentes do regime e dos princípios por ela adotados, ou dos tratados internacionais em que a República Federativa do Brasil seja parte."*

A esse respeito, pontifica Ingo Wolfgang Sarlet:

> O conceito materialmente aberto de direitos fundamentais consagrado pelo art. 5º, § 2º, da nossa Constituição é de uma amplitude ímpar, encerrando expressamente, ao mesmo tempo, a possibilidade de identificação e construção jurisprudencial de direitos materialmente fundamentais não escritos (no sentido de não expressamente positivados), bem como de direitos fundamentais constantes em outras partes do texto constitucional e nos tratados internacionais [...].[864]

Por derradeiro, em consonância com o magistério de Tereza Aparecida Asta Gemignani:

> A Carta de 1988 deu um passo significativo ao aproximar o direito da justiça, ao valorizar a ética como substrato de edificação do edifício jurídico, para tanto atribuindo eficácia normativa aos princípios e centralidade aos direitos fundamentais inseridos em seu corpo.[865]

9. Conclusão

Verifica-se, a esta altura do levantamento ora proposto, ter havido um longo e moroso percurso a ser perpassado por sete Cartas Magnas para, "finalmente", chegar-se a um "porto seguro" das garantias constitucionais aos direitos trabalhistas.

O princípio da dignidade da pessoa humana, expressamente enunciado pelo art. 1º, inciso III, da Constituição de 1988, além de constituir o valor unificador de todos os direitos fundamentais, por estes representarem uma concretização daquele, também cumpre função legitimadora do reconhecimento de direitos fundamentais implícitos, decorrentes de ou previstos em tratados internacionais, revelando, de tal sorte, sua íntima relação com o art. 5º, § 2º, da CF/1988.

Por outro lado, é imperioso suscitar que, apesar dos pontos de avanço democrático produzidos pela Constituição brasileira de 1988, conforme demonstrado no presente artigo, esta Carta Maior regulou hipóteses de flexibilização de direitos sociais trabalhistas, prevista no art. 7º, VI, XIII e XIV, preservando

---

(860) *Id.*, 2014. p. 158.
(861) CASSAR, Vólia Bomfim. *Direito do trabalho*. 9. ed. Rio de Janeiro: Forense, 2014. p. 19.
(862) DELGADO, Mauricio Godinho. *Curso de direito do trabalho*. 13. ed. São Paulo: LTr, 2014. p. 126.
(863) *Id.*, 2014, p. 126.
(864) SARLET, Ingo Wolgang. *A eficácia dos direitos fundamentais*. 12. ed. Porto Alegre: Livraria do Advogado, 2015. p. 87.
(865) GEMIGNANI, Tereza Aparecida Asta. *A constitucionalização dos direitos trabalhistas*: novo modelo de normatividade. São Paulo: LTr, 2014. p. 39.

algumas contradições antidemocráticas do antigo modelo autoritário corporativista da Era Vargas (1930/1940), como a) a unicidade e o sistema de enquadramento sindical (art. 8º, II, CF/1988); b) a contribuição sindical obrigatória (art. 8º, IV, *in fine*, CF/1988); e c) o Poder Normativo da Justiça do Trabalho, embora tenha sofrido redução por meio da EC n. 45, de 2004, que estabeleceu pressuposto processual para a instauração de dissídios coletivos de natureza econômica – *o comum acordo entre as partes coletivas envolvidas* (nova redação do art. 114, § 2º, CF/1988, depois da EC n. 45/2004).

Isso, contudo, não desnatura a Constituição de 1988 como a mais significativa Carta de Direitos Sociais já escrita na história jurídica e política do Brasil.

Pode-se afirmar, então, que os direitos fundamentais trabalhistas se apresentam como princípios fundamentais do Direito Constitucional do Trabalho em face de a sua proteção ter sido conferida pela Constituição de 1988 mesmo que "tardiamente". Destarte, tais direitos, como princípios fundamentais do Direito Constitucional do Trabalho, também se destacam, agora, como normas peculiares do Direito do Trabalho.

10. REFERÊNCIAS BIBLIOGRÁFICAS

ARRUDA, Kátia Magalhães. *Direito constitucional do trabalho*: sua eficácia e o impacto do modelo neoliberal. São Paulo: LTr, 1998.

BELTRAMELLI NETO, Silvio. *Direitos humanos*. Salvador: Juspodivm, 2014.

CASSAR, Vólia Bomfim. *Direito do trabalho*. 9. ed. Rio de Janeiro: Forense, 2014.

DELGADO, Mauricio Godinho. *Curso de direito do trabalho*. 13. ed. São Paulo: LTr, 2014.

DONATO, Messias Pereira. *Curso de direito individual do trabalho*. 6. ed. São Paulo: LTr, 2008.

FRANCO FILHO, Georgenor de Sousa. *Curso de direito do trabalho*. São Paulo: LTr, 2015.

GARCIA, Gustavo Filipe Barbosa. *Curso de direito do trabalho*. 8. ed. Rio de Janeiro: Forense, 2014.

GEMIGNANI, Tereza Aparecida Asta. *A constitucionalização dos direitos trabalhistas*: novo modelo de normatividade. São Paulo: LTr, 2014.

LEDUR, José Felipe. *Direitos fundamentais sociais*. Efetivação no âmbito da democracia participativa. Porto Alegre: Livraria do Advogado, 2009.

LEITE, Carlos Henrique Bezerra. *Constituição e direitos sociais dos trabalhadores*. São Paulo: LTr, 1997.

LIMA, Francisco Melton Marques de. *Os princípios de direito do trabalho na lei e na jurisprudência*. 4. ed. São Paulo: LTr, 2015.

MARTINS, Sergio Pinto. *Direito do trabalho*. 29. ed. São Paulo: Atlas, 2012.

OLIVEIRA, Paulo Eduardo V. *O dano pessoal no direito do trabalho*. 2. ed. São Paulo: LTr, 2010.

PINTO, Airton Pereira. *Direito do trabalho, direitos humanos sociais e a Constituição Federal*. São Paulo: LTr, 2006.

SARLET, Ingo Wolfgang. *A eficácia dos direitos fundamentais*. 12. ed. Porto Alegre: Livraria do advogado, 2015.

SILVA, Paulo Thadeu Gomes da. *Direitos fundamentais*: contribuição para uma teoria geral. São Paulo: Atlas, 2010.

VIANNA, Segadas. Evolução do direito do trabalho no Brasil. In: SÜSSEKIND, Arnaldo; MARANHÃO, Délio; VIANNA, Segadas; TEIXEIRA, Lima (Orgs.). *Instituições de direito do trabalho*. 22. ed. São Paulo: LTr. v. 1.

CAPÍTULO 19
O DIREITO CONSTITUCIONAL DO TRABALHO DEPOIS DA CONSTITUIÇÃO DE 1988 E A APLICAÇÃO DO PRINCÍPIO CONSTITUCIONAL DA DIGNIDADE DA PESSOA HUMANA NAS RELAÇÕES DE TRABALHO

Ricardo José Macêdo de Britto Pereira[866]

1. Direito Constitucional do Trabalho. Considerações gerais

O fenômeno da constitucionalização do Direito do Trabalho surge no século XX e alcança o momento atual como referência paradigmática do estudo e desenvolvimento do Direito do Trabalho.

No início daquele século, experimentou-se um movimento concomitante de internacionalização dos direitos trabalhistas, com a criação da Organização Internacional do Trabalho em 1919, e de sua elevação ao plano constitucional, com as Constituições do México, de 1917, e de Weimar, de 1919. A despeito da importância de tal tendência, não houve mudança expressiva na concepção de Estado Legal de Direito, que se consolidou sobretudo na Alemanha em finais do século XIX, expandindo-se com enorme força pela Europa e significativo impacto em outros continentes.

Na segunda metade do século passado, com o fim da Segunda Guerra Mundial, o processo de constitucionalização e de internacionalização do Direito adquire novo impulso, sustentado em renovadas bases. É a partir daí que se amplia o compromisso internacional com os direitos humanos e, no plano interno, se consagra a supremacia das constituições, cujas normas passam a determinar todo o ordenamento infraconstitucional. As Constituições, além de proclamar direitos subjetivos, estabelecem uma ordem objetiva de valores, que se irradia por todas as normas jurídicas. Não se trata de uma mudança restrita à hierarquia das normas no ordenamento jurídico, mas de profunda alteração de significado das disposições jurídicas de todos os ramos do direito, obedecendo a linha comum valorativa consagrada nos textos constitucionais. Nesse sentido é que a constitucionalização do direito, em geral, e do Direito do Trabalho, especificamente, representa uma mudança paradigmática.

A convergência dos diversos ramos para a Constituição dá origem a novas reflexões e estudos em todas as disciplinas jurídicas. Com o Direito do Trabalho não foi diferente e, assim, houve uma profusão de obras intituladas *Direito Constitucional do Trabalho*.

O Direito Constitucional do Trabalho, entretanto, ao contrário do que aconteceu com as especificações dos diversos ramos do direito no passado, não corresponde a uma disciplina que surge, se desenvolve e atinge grau de consistência a ponto de doutrinadores reivindicarem sua autonomia. Trata-se de uma expressão que representa uma nova perspectiva do Direito do Trabalho a partir da Constituição e do Direito Constitucional. O Direito Constitucional do Trabalho expressa uma vinculação necessária entre o Direito do Trabalho e o Direito Constitucional, em razão da interferência da Constituição na ordem jurídico-trabalhista como um todo. Caso o Direito Constitucional do Trabalho se desvencilhasse do Direito do Trabalho, teríamos duas esferas distintas e insuficientes de regulação das relações de trabalho, o que daria margem ao fracionamento de princípios, institutos e garantias, com possibilidade de interpretações e aplicações dissonantes.

A constitucionalização do Direito do Trabalho significa importante processo de deslocamento do eixo do estudo e da aplicação do Direito do Trabalho, em razão da influência das normas e doutrinas constitucionais. Por um lado, reforçam-se alguns institutos tradicionalmente consagrados, a partir da incidência de novos instrumentos previstos na Constituição. Por outro, promove-se a revisão de conceitos, alguns há muito consolidados, em razão de exigências de novas posturas que as normas constitucionais impõem.

O propósito, portanto, do Direito Constitucional do Trabalho não é apenas estudar as disposições constitucionais em matéria de Direito do Trabalho, mas como as normas constitucionais em geral interferem no âmbito laboral.

---

(866) Doutor pela Universidade Complutense de Madri. Professor Titular do Centro Universitário do Distrito Federal, UDF-Brasília, no Mestrado em Direito das Relações Sociais e Trabalhistas. Mestre pela Universidade de Brasília. Pesquisador colaborador do Programa de Pós-graduação da Faculdade de Direito da Universidade de Brasília. Colíder do Grupo de Pesquisa da Faculdade de Direito da UNB "Trabalho, Constituição e Cidadania". Subprocurador-Geral do Ministério Público do Trabalho.

Essa interferência passou a ser determinante do conteúdo e do sentido das normas infraconstitucionais em matéria trabalhista.

O processo de constitucionalização do Direito do Trabalho pode sofrer desvios no seu curso, porém, vem se mostrando irreversível. Com a passagem do Estado Legal para o Estado Constitucional de Direito, a norma trabalhista, como integrante do conjunto de garantias, deixa de se dirigir tão somente à proteção do patrimônio e da integridade física do hipossuficiente. O constitucionalismo amplia esse âmbito para tutelar outros aspectos da vida do trabalhador, como sua integridade psíquica e moral. A proteção integral no trabalho decorre da exigência de respeito à dignidade da pessoa humana. Além disso, são criadas as condições para a efetivação dos direitos fundamentais nas relações de trabalho, transformando os locais de trabalho, de âmbito de supremacia do poderio empresarial, em espaços democráticos, de exercício da cidadania.

A constitucionalização do Direito do Trabalho, na atualidade, reveste-se de enorme importância. Os grandes debates do Direito do Trabalho, como reforma da legislação sindical e trabalhista e flexibilização das normas trabalhistas, devem levar em conta os princípios e as regras constitucionais. Na doutrina trabalhista, aumentam significativamente as obras que abordam as questões do mundo do trabalho com ênfase no Direito Constitucional. Na jurisprudência, são inúmeros os conflitos trabalhistas solucionados a partir de normas constitucionais, inclusive aqueles que, por muito tempo, foram objeto de aplicação isolada do ordenamento infraconstitucional.

A propósito, há forte vinculação entre os objetivos do Estado Constitucional e o Direito do Trabalho. Ambos se dedicam à emancipação do ser humano mediante garantias de inclusão social.

Em nosso caso, o processo de constitucionalização do Direito do Trabalho, correspondente a essa significação, é desencadeado tão somente a partir da Constituição de 1988. Apesar de as constituições anteriores possuírem dispositivos tratando de matéria trabalhista, a sua leitura se realizava de acordo com a tradição legalista.

Como esclarece Rubia Zanotelli de Alvarenga:

> A Carta Magna de 1988 representa, pois, a matriz do Direito Constitucional do Trabalho, não só pela proteção que ela confere aos direitos sociais trabalhistas, mas também por ter inaugurado, no país, uma fase de maturação para o Direito do Trabalho, cuja análise somente pode ser empreendida desde que conjugada com os direitos fundamentais trabalhistas que têm como fundamento a *dignidade da pessoa humana*.

Diante de tais considerações, verifica-se que somente após a Constituição Federal de 1988 pode-se falar, efetivamente, na existência de um Direito Constitucional do Trabalho no Brasil.[867]

2. A centralidade dos direitos sociais dos trabalhadores na Constituição e a importância de seu efetivo cumprimento

O trabalho sempre esteve presente nos estudos sociais, sendo inquestionável o seu caráter propulsor de integração social e também motor de transformações na sociedade. Por algum tempo, acreditou-se que o trabalho seria o fator de ruptura das estruturas de relações de poder do sistema capitalista, deixando de ser subordinado ao capital, para levar a um modelo de sociedade em que o trabalho seria auto-organizado.

A redução das expectativas em torno de mudanças tão radicais levou a alguns teóricos contemporâneos a questionarem a centralidade do trabalho na sociedade. De fato, uma situação de completa emancipação do trabalho em relação ao capital, ao ponto de eliminar o trabalho subordinado, parece ter deixado de ser incluída mesmo nas projeções mais comprometidas com a defesa dos trabalhadores.

Veja-se a propósito a análise de Habermas:

> Os clássicos da teoria social, desde Marx até Weber, estavam de acordo que a estrutura da sociedade burguesa moldou-se através do trabalho abstrato, por um tipo de trabalho remunerado, regido pelo mercado, aproveitado de forma capitalista e organizado empresarialmente. Como a forma desse trabalho abstrato desenvolveu uma força tão percuciente que penetrou todos os domínios, as expectativas utópicas também puderam dirigir-se à esfera da produção, em suma, para a emancipação do trabalho da determinação externa. As utopias dos primeiros socialistas condensavam-se na imagem do Falanstério: uma organização social fundada no trabalho livre e igual dos produtores. Da própria produção organizada de maneira justa deveria resultar a forma de vida comunal dos trabalhadores livremente associados. A idéia de autogoverno dos trabalhadores ainda inspirou os movimentos de protesto do final dos anos 60. Com toda a crítica ao primeiro socialismo, Marx também perseguiu, no primeiro tomo da *Ideologia Alemã*, essa mesma utopia de uma sociedade do trabalho.
>
> *Chegou, enfim, o momento em que os indivíduos devem apropriar-se da totalidade das forças produtivas existentes a fim de atingirem a auto-atividade ...A apropriação dessas forças não é mais do que o desenvolvimento das capacidades individuais que correspondem aos instrumentos materiais de produção. Só nesse nível a auto-atividade coincide com a vida material, o que corresponde ao desenvolvimento dos indivíduos totalizados e ao abandono de todo crescimento natural.*

---

(867) ALVARENGA, Rubia Zanotelli. *Trabalho decente*. Direito humano e fundamental. São Paulo. LTr, 2016. p. 62.

A utopia de uma sociedade do trabalho perdeu sua força persuasiva — e isso não apenas porque as forças produtivas perderam sua inocência ou porque a abolição da propriedade privada dos meios de produção manifestamente não resulta por si só no governo autônomo dos trabalhadores. Acima de tudo, a "utopia perdeu seu ponto de referência na realidade: a força estruturadora e socializadora do trabalho abstrato. Claus Offe compilou convincentes "indicações da força objetivamente decrescente de fatores como trabalho, produção e lucro na determinação da constituição e do desenvolvimento da sociedade em geral".[868]

Não obstante, esse "esgotamento das energias utópicas", para utilizar a expressão de Habermas, não diminuiu a importância do trabalho para a sociedade como um todo e para os indivíduos, estejam eles trabalhando ou não num dado momento.

Axel Honneth ressalta o desinteresse e a desilusão dos teóricos em relação à emancipação do trabalho e ao reconhecimento por meio dele, porém, reage a esse distanciamento. De acordo com suas palavras:

Aquilo que ocorre na organização real do trabalho, a tendência ao retorno de um trabalho desprotegido como terceirizado, em tempo parcial ou domiciliar, se reflete igualmente de modo travesso no deslocamento da atenção intelectual e no interesse sócio-teórico: desiludidos, aqueles que ainda há quarenta anos colocavam toda esperança na humanização ou na emancipação do trabalho, voltam suas costas para o mundo do trabalho para dedicarem-se a temas bem diferentes, distantes da produção. (...)

As tendências a uma retirada do mundo do trabalho do centro de reflexão crítica naturalmente não correspondem, de modo algum, à opinião vigente na população. Apesar de todos os prognósticos nos quais se falou do fim da sociedade do trabalho, não se verificou uma perda da relevância do trabalho no mundo socialmente vivido: a maioria da população segue derivando primariamente sua identidade do seu papel no processo organizado do trabalho; (...)

Não se pode falar de uma perda de importância do trabalho unicamente no sentido do mundo vivido, mas também em sentido normativo: o desemprego segue sendo experimentado como um estigma social e como mácula individual, relações precárias de trabalho são percebidas como fardos, a flexibilização do mercado de trabalho em amplos círculos da população é vista com reservas e mal-estar (Morgenroth, 2003, p. 17-24; Wilson, 1996). A busca por um local de trabalho que não apenas assegure a subsistência, mas também satisfaça individualmente de modo algum desapareceu; ela tão somente deixou de determinar as discussões públicas e as arenas da disputa política; contudo, deduzir deste estranho e encabulado silêncio que as exigências de uma reformulação das relações de trabalho pertençam definitivamente ao passado seria empiricamente falso e quase cínico. (...)[869]

A perda do referencial de um modelo de sociedade baseada no trabalho autônomo não comprometeu o valor social do trabalho na sociedade, considerando que o trabalho preserva a sua centralidade na vida das pessoas e da sociedade no sistema capitalista. O trabalho dependente perdeu o caráter de vilão contra a emancipação dos trabalhadores e passou a ser, ao contrário, perseguido como modalidade de trabalho que melhor se ajusta ao desencadeamento dos mecanismos de um sistema protetivo compatível com essa condição.

Em outras palavras, o trabalho socialmente valioso e a sua adequada proteção social deixaram de ser ideais vinculados à superação do capitalismo, passando a integrar as bases civilizatórias de quaisquer sociedades.

A conciliação entre capital e trabalho foi possível mediante uma fórmula notável, por meio da qual se assegura a possibilidade de o empregador perseguir que sua atividade seja lucrativa, bem como a de se apropriar desse resultado. Por outro lado, a liberdade do trabalho é garantida com a observância de um patamar mínimo, que deve ser rigorosamente observado pelas partes, e da organização e ação sindicais para a defesa de interesses comuns.

Como ressalta Mauricio Godinho Delgado, a relação de emprego "resulta da síntese de um diversificado conjunto de fatores (ou elementos) reunidos em um dado contexto social ou interpessoal... Os elementos fático-jurídicos componentes da relação de emprego são cinco: a) prestação de trabalho por pessoa física a um tomador qualquer; b) prestação efetuada com pessoalidade pelo trabalhador; c) também efetuada com não eventualidade; d) efetuada ainda sob subordinação ao tomador dos serviços; e) prestação de trabalho efetuado com onerosidade".[870]

O trabalho dependente foi assimilado pelo ordenamento jurídico, na qualidade de subordinação jurídica, como elemento essencial para a configuração da relação de emprego, modalidade de relação de trabalho a qual é destinada a maior carga de proteção social.

A subordinação é a contrapartida de poderes reconhecidos pelo ordenamento jurídico aos empregadores voltados à

---

(868) HABERMAS, Jürgen. A nova intransparência. A crise do estado de bem-estar social e o esgotamento das energias utópicas. *Revista Novos Estudos – CEBRAP*, n. 18, p. 103-114 set. de 1987.
(869) HONNETH, Axel. Trabalho e reconhecimento: tentativa de uma redefinição. Civitas. *Revista de Ciências Sociais*. v. 8, n. 1, 46-67, 2008.
(870) DELGADO, Mauricio Godinho. *Curso de Direito do Trabalho*. 13. ed. São Paulo: LTr, 2014. p. 291.

organização e ao controle da atividade empresarial, justamente para perseguir o resultado lucrativo em seu empreendimento. Como é possível observar, toda essa construção é própria do sistema capitalista, que assegura a livre- iniciativa, por um lado, e o valor social do trabalho por outro.

No entanto, a subordinação jurídica não recai sobre a pessoa do trabalhador, mas sobre a atividade por ele realizada. A rigor, a subordinação possui caráter objetivo e não subjetivo.

O trabalho subordinado, portanto, é a forma preferencial e regular de prestação de serviços na sociedade, que é capaz de oferecer a máxima proteção prevista no ordenamento jurídico.

Isso quer dizer que o trabalho digno não almeja a eliminação do trabalho subordinado. O que se rechaça é o trabalho desregulado que converte o trabalhador em mercadoria.

3. O referencial da dignidade da pessoa humana no contexto do trabalho

Existe intensa controvérsia em torno da temática dos direitos fundamentais, o que torna extremamente arriscado enveredar pelas diversas concepções existentes, para extrair algo que possa ser útil ao presente estudo. Porém, não é possível deixar de destacar a referência dos *direitos fundamentais* à *dignidade humana*, sobretudo porque na Constituição de 1988 há menção expressa a ela, no artigo 1º, III, como fundamento da República Federativa do Brasil.

Os *direitos fundamentais* não se reduzem a disposições estritamente jurídicas e são incompreensíveis se desvinculados dos valores que visam proteger ou alcançar. Ao lado da dimensão jurídica existe uma dimensão moral. A primeira proporciona razões para a observância da conduta estabelecida e a segunda a justifica, porque conforme com esses valores, ou critica condutas que os contrariam[871].

Há uma variedade de concepções de *direitos fundamentais*. Enquanto correntes dão ênfase à dimensão moral, por meio de uma vinculação forte entre direito e moral, outras conferem relevo à dimensão jurídica e estabelecem uma vinculação débil entre os dois planos[872].

As pretensões morais justificadas derivam da ideia de dignidade humana e sua recepção pelo direito positivo é essencial para a realização eficaz de sua finalidade protetiva. Para a pretensão moral ser justificada, é necessário que seu conteúdo seja generalizável e, consequentemente, igualitário, "atribuível a todos os destinatários possíveis, sejam eles genéricos, 'homem' ou 'cidadão' ou os situados, 'trabalhador', 'mulher', 'administrado', 'usuário' ou 'consumidor', 'pessoa com deficiência', 'criança', etc."[873].

É a dimensão moral, ou seja, a referência à dignidade, a responsável pela expansão dos direitos fundamentais, na medida em que confere um sentido de validade que transcende os ordenamentos jurídicos nacionais. Os direitos fundamentais se dirigem aos seres humanos enquanto tais e não como membros de um estado[874].

A ideia de *dignidade humana*, inserida em várias Constituições, foi fortemente influenciada pela doutrina kantiana, que diferenciou o que possui preço, e é substituível, do que está acima de todo preço e, por não ser substituível, possui dignidade[875]. Esse "valor interno absoluto" de cada ser humano é atributo da "pessoa aparelhada com identidade moral e auto-responsabilidade, dotada de razão prática e capacidade de autodeterminação"[876].

Embora dignidade não se restrinja à autonomia, é inquestionável o potencial da citada doutrina como ideia eixo de se eliminar a dominação dos seres humanos pelos mais poderosos e sua conversão em instrumento para a satisfação de interesses alheios. Separa-se o âmbito das relações mercantis, de intercâmbio patrimonial, consoante atos de disposição, da esfera dos direitos que tutelam a dignidade humana, não disponível e não negociável.

A dignidade humana vem sendo contextualizada para atender as exigências da democracia e do pluralismo. Não se trata de uma essência imutável alheia às ações humanas. São as ações concretas que constroem espaços de lutas pela dignidade humana[877].

Como acentua Habermas, o "apelo dos direitos humanos alimenta-se da indignação dos humilhados pela violação de sua dignidade humana"[878].

O conceito de dignidade humana se abre em vários de seus aspectos para que sua densidade resulte de um processo comunicativo de disputa e compartilhamento de sentidos intra e intercultural, do reconhecimento do outro para "ampliação dos círculos de reciprocidade" e a consequente ampliação de sua "capacidade de inclusão social"[879].

---

(871) ATIENZA, Manuel. *El sentido del derecho*. Barcelona: Ariel, 2000. p. 212.
(872) Em relação à primeira (vinculação forte), pode-se citar como exemplo a teoria principiológica de Ronald DWORKIN, cujo foco é a justificação moral das decisões sobre direitos e responsabilidades. Em relação à segunda (vinculação branda), pode-se citar a teoria garantista de Luigi FERRAJOLI. Apesar da distinção no aspecto mencionado, as teorias de ambos os autores possuem pontos de encontro.
(873) PECES BARBA, Gregorio. *Lecciones de Derechos Fundamentales*. Madrid: Dickson, 2004. p. 29 e ss.
(874) HABERMAS, Jürgen. *La inclusión del otro*. Estudios de teoría política. Barcelona: Paidós, 1999. p. 175.
(875) KANT, Immanuel. *Fundamentação da Metafísica dos Costumes*. Lisboa: Edições 70, 1991. p. 81.
(876) HABERLE, Peter. A dignidade humana como fundamento da comunidade estatal. SARLET, Ingo Wolfgang (Org.). *Dimensões da Dignidade. Ensaios de Filosofia do Direito e Direito Constitucional*. Porto Alegre: Livraria do Advogado, 2005, p. 117.
(877) FLORES, Joaquín Herrera. Los derechos humanos en el contexto de la globalización: três precisiones conceptuales. *Direitos humanos e globalização*: fundamentos e possibilidades desde a teoria crítica. Rio de Janeiro: Lumen Iuris, 2004. p. 68.
(878) HABERMAS, Jürgen. *Sobre a Constituição da Europa*. Trad. Denilson Luis Werle, Luiz Repa e Rúrion Melo. São Paulo: Ed. Unesp, 2012. p. 11.
(879) SANTOS, Boaventura de Sousa. Introdução: para ampliar o cânone do reconhecimento, da diferença e da igualdade. Reconhecer para libertar. *Os caminhos*

A noção de dignidade humana foi incorporada ao movimento trabalhista na metade do século XIX e associada à ideia de justiça, o que permitiu que ela extrapolasse do campo do pensamento para a prática jurídica[880].

Com propriedade, coloca Gabriela Neves Delgado:

> O trabalho deve ser compreendido em sua significação ética, ou seja, em qualquer época e cultura o homem deve afirmar e consolidar, na universalidade do tempo e do espaço, considerada qualquer hipótese e circunstância, sua condição de ser humano. Além disso, por meio do trabalho, o homem também deve realizar-se e revelar-se em sua identidade social.[881]

O trabalho digno permeou toda a história do Direito do Trabalho, embora seja nos últimos tempos que vem merecendo atenção diferenciada por parte da doutrina e da jurisprudência trabalhistas. No plano internacional, a dignidade no trabalho é a base para o programa de trabalho decente promovido pela Organização Internacional do Trabalho.

Embora a ideia de dignidade estivesse sempre presente nas reivindicações trabalhistas, a incidência dos direitos fundamentais nas relações de trabalho ocorreu de forma parcial. Alguns direitos trabalhistas foram constitucionalizados a partir da primeira metade do século XX, precisamente aqueles que diferenciaram o direito do trabalho do direito civil na sua origem: organização e ação coletivas e direitos a prestações estatais, como garantir por lei salário mínimo e duração máxima de trabalho. Esse fato possui enorme relevância, na medida em que direitos fundamentais no ordenamento jurídico passaram a prever atuação e não apenas omissão do Estado[882].

As ações contra o trabalho digno se voltam justamente para retirar do campo do Direito do Trabalho as prestações de serviços realizadas por trabalhadores, inserindo elementos de relações mercantis e civis, no intuito de afastar o sistema de proteção social.

Apesar da tendência expansiva do discurso do trabalho digno, há o confronto com discursos dos detentores de poderes, que buscam converter tudo e todos em objeto para criação e acumulação de riquezas, bem como preservar e incrementar capacidades de influenciar na dinâmica social. Esses discursos, de acentuado caráter ideológico, neutralizam ou anulam a força dos direitos fundamentais contra propósitos de converter os seres humanos e o meio ambiente em simples mecanismos para a agregação de recursos econômicos e de poder.

O discurso contra o trabalho digno persegue: a *naturalização* das violações a esses direitos como se fossem inevitáveis, inviabilizando o potencial transformador dos direitos fundamentais; a *individualização* dos interesses, esvaziando organizações e ações coletivas para alcançar equilíbrios em relações de poder díspares, que atribuem a cada um, de acordo com suas capacidades, a responsabilidade de enfrentar o poderio social, econômico ou político; o *pseudoassistencialismo*, no sentido de que a exploração de seres humanos é apresentada como oportunidade. Sem elas, a situação dos explorados estaria ainda pior. Esses argumentos, associados a vários outros, colocam a exploração dos seres humanos como prática normal e aceitável, além de chance pessoal de recuperação de situações desfavoráveis, cabendo à vítima, e só a ela, as providências para as mudanças de sua vida[883].

O indivíduo isolado se depara com sujeitos coletivos que se aproveitam de estruturas consolidadas para a satisfação do bem comum e as enfraquecem, as desvirtuam ou as utilizam em seu favor, deixando de cumprir seus objetivos coletivos. A cultura da individualização leva à indiferença e à ausência de sentimentos em relação ao outro.

A liberação dos espaços de regulação integra a lógica do mercado, que invade âmbitos que deveriam ser orientados por outras lógicas. O mercado total, responsável por mercantilizar todos os espaços da vida, prestigia a propaganda, mais do que a qualidade do produto, sobrepõe o virtual em detrimento do real, a imagem desfocada do ente e o ter no lugar do ser. Os coletivos no âmbito da empresa já não correspondem à coesão do grupo, mas mera agregação, sem perseguir objetivo próprio, e sim os determinados pelos administradores, que somente se concretizam para alcançar as metas do empreendimento. Os próprios trabalhadores são os encarregados de lutarem pelo cumprimento dessas metas e eliminar aqueles que não se ajustam ou não se empenham como o exigido. Não há necessidade de chefia para esse fim. O exército de reserva de trabalhadores fomenta a adoção dessa prática seletiva, sendo os danos daí provocados muitas vezes transferidos para a sociedade como um todo.

Esse contexto é favorecido por várias mudanças experimentadas nos sistemas de produção, e também é impulsionado, pois afinado com os seus anseios, por uma orientação ultraliberal. Numa inversão total e desprezo pelas lutas históricas, o pensamento ultraliberal chega ao ponto de difundir que a produtividade dos trabalhadores é diretamente proporcional a suas dificuldades econômicas e a maior exposição

---

do cosmopolitismo cultural. Rio de Janeiro: Civilização Brasileira, 2003. p. 62/3. Tb. SARLET, Ingo Wolfgang. As dimensões da dignidade da pessoa humana: construindo uma compreensão jurídico-constitucional necessária e possível. *Dimensões* cit., p. 22 e ss.
(880) HABERLE, Peter. *op. cit.,* p. 118.
(881) DELGADO, Gabriela Neves. *Direito fundamental ao trabalho digno.* São Paulo: LTr, 2006. p. 236.
(882) Segundo Fernando Valdés DAL-RÉ, a consagração dos direitos trabalhistas (liberdade coletiva e prestação) na Constituição "é o resultado histórico de uma profunda ruptura do modelo constitucional até então imperante". Já os direitos fundamentais da pessoa do trabalhador não resultaram de reformas dos textos constitucionais; "sua silenciosa aparição e discreta consolidação" decorrem de "uma reconstrução dogmática da noção mesma de direito fundamental, em um 'refinamento' na interpretação desse direitos (DEL REY GUANTER)". Los derechos fundamentales de la persona del trabajador entre la resistencia a su reconocimiento y la reivindicación de su ejercicio. Relaciones Laborales. *Revista Crítica de Teoría y Práctica.* n. 20, año XIX, p. 4/5, oct. 2003.
(883) PEREIRA, Ricardo José Macêdo de Britto. *Ação civil pública no processo do trabalho.* Salvador: Juspodium, 2016. p. 131 e ss.

aos riscos. Propaga-se o despautério que quanto menor a proteção maior a produtividade. Segundo essa corrente, a ordem econômica não pode se subordinar ao controle democrático e às demandas por justiça social, pois, como se fosse portadora de autoridade científica, não faz sentido politizá-la. A distribuição do trabalho, bem como de seus frutos, só pode corresponder, exclusivamente, ao mercado.[884]

4. A centralidade dos direitos sociais dos trabalhadores na Constituição e a realização do princípio democrático

A previsão do valor social do trabalho e da dignidade da pessoa humana não é acidental. Trata-se de previsões estruturantes e que, portanto, modelam o estado e a sociedade brasileira. No aspecto dogmático, a referência ao trabalho é conceitual, de modo que qualquer teoria da Constituição brasileira de 1988 que não leve em conta a centralidade do trabalho no ordenamento jurídico brasileiro apresenta-se deficitária.

O reconhecimento da relevância da proteção da dignidade como condição do desenvolvimento da personalidade do trabalhador transborda do ambiente laboral, para alcançar todos os aspectos de sua vida, em qualquer circunstância em que se encontre.

Esse processo exige a revisão dogmática dos princípios gerais que conferiram autonomia e lógica particular ao Direito do Trabalho. Com a refundação desse ramo resultante do processo de sua constitucionalização, a unidade constitucional absorve seus princípios próprios, para reformular e reforçar os direitos e as garantias trabalhistas, que se convertem em alicerces do piso civilizatório delineado no texto constitucional.

É importante esclarecer que essa revisão considerada necessária não abandona as conquistas obtidas pelo Direito do Trabalho, que sempre perseguiu uma proteção especial para o trabalhador. Ao contrário; o que se busca é o incremento dessa proteção e que não apenas leve em conta as necessidades materiais, mas sua condição de ser humano titular de direitos dentro e fora da empresa.

No passado, satisfazendo o empregador as parcelas de natureza pecuniária previstas na legislação, o exercício de seu poderio em relação ao comportamento do trabalhador na empresa era praticamente ilimitado.

Na atualidade, diversas atitudes patronais, antes insuscetíveis de questionamento, sofrem limites estabelecidos pela incidência dos direitos de personalidade dos trabalhadores e pela necessidade de preservar a sua dignidade.

No direito do trabalho, o local de trabalho, além da assimetria de poder que nele se faz presente, é onde o trabalhador deixa boa parte de sua energia e do seu tempo. A permanência do trabalhador nesse contexto dá margem a variadas práticas atentatórias a sua dignidade. Negar a incidência dos direitos fundamentais nas relações de trabalho representaria enorme retrocesso na construção dogmática da disciplina que vem se consolidando nos últimos tempos, em direção à plena cidadania nos locais de trabalho.

O reconhecimento da incidência dos direitos fundamentais nas relações de trabalho, independentemente da intermediação do legislador, contribui para a formação de uma consciência coletiva por parte de trabalhadores, empregadores e sindicatos, acerca da necessidade de se respeitar, impreterivelmente, determinados direitos no local de trabalho, justamente por serem fundamentais, cuja difusão pode constituir importante inibidor de práticas discriminatórias e atentatórias à dignidade dos trabalhadores[885].

No passado, considerava-se que o trabalhador, ao adentrar em seu local de trabalho, desvestia-se de sua condição de cidadão. O exercício do poderio patronal em relação ao comportamento do trabalhador na empresa era praticamente ilimitado.

A relação empregador-empregado possuía caráter bastante autoritário. Nas versões mais extremas, ela se converteu em modalidade de relação especial de poder no interior da empresa, caracterizada pela sujeição acentuada da pessoa para a persecução da finalidade empresarial, que se verificava com independência dos interesses de quem se submete ao poder. Aplicava-se às empresas a mesma lógica utilizada nos sistemas prisionais, militares e disciplinares, entre outros[886].

Não havia a preocupação com o exercício de direitos fundamentais, tampouco com a defesa da integridade moral. O que se passava no ambiente de trabalho fazia parte das estratégias empresariais para alcançar o resultado do negócio, desde que garantida a contraprestação pelo trabalho e a segurança do trabalhador no local de prestação de sua atividade.

O comprometimento da democracia como um todo resulta de sua não observância nos espaços cotidianamente ocupados pelos trabalhadores. Como ressalta Wolfgang Däubler, "se põe em perigo a longo prazo a democracia se esta só existe para o indivíduo em seu 'tempo livre', por assim dizê-lo, e termina apenas chega à empresa e troca de vestimenta, convertendo-se novamente em súdito"[887].

A jurisprudência do Tribunal Constitucional espanhol é categórica no sentido de que a celebração do contrato de trabalho não retira do trabalhador os direitos que a Constituição lhe

---

(884) SUPIOT, Alain. *El Espíritu de Filadelfia*. La justicia social frente al mercado total. Barcelona: Península, 2011. p. 35.
(885) Juan Maria Bilbao UBILLOS ao tratar da vinculação dos poderes públicos ao princípio da igualdade enfatiza sua vinculação também nas relações trabalhistas, "terreno no qual a presença do interesse público é maior". Proibição de discriminação e relações entre particulares. *A Constitucionalização do Direito*. Fundamentos teóricos e aplicações específicas. Rio de Janeiro: Lumen Juris, 2007. p. 392.
(886) HERRARTE, I. Lasagabaster. *Las relaciones de sujeción especial*. Madrid: Civitas, 1994. p. 39 e ss.
(887) Los trabajadores y la Constitución. Contextos. *Revista crítica de Derecho social*. n. 2, 1998. p. 71.

concede como cidadão. O contrato de trabalho não legitima a supressão de direitos fundamentais, de modo que o trabalhador não perde sua condição de cidadão ao passar pela porta da empresa. O que não significa que a aplicação seja irrestrita, admitindo-se limitação de seu exercício, por exemplo, para preservar, em situações específicas, o dever de segredo de dados da empresa, a prestação de trabalho nas empresas de tendência ideológica ou os deveres contratuais[888].

A natureza contratual do vínculo entre empregado e empregador, com as reformulações necessárias, adquire importância, na medida em que legitima o poder do primeiro dentro dos limites da legislação e preserva a liberdade e a consciência do trabalhador, uma vez que não se trata de um poderio desmedido do patrão como no liberalismo.

A liberdade do trabalhador, que é contida na relação individual, em razão do caráter indisponível das condições de trabalho asseguradas por lei, é operada por procedimentos de participação dentro da empresa, mediante comitês e delegados, e também nos setores econômicos e sociais da Administração Pública que se refiram as suas condições de vida e trabalho. Estes mecanismos de participação e colaboração, como canal pelo qual convergem as mais variadas reivindicações, contribuem à afirmação do caráter contratual da relação trabalhista, por favorecer o desenvolvimento da personalidade dos trabalhadores.

O contrato constitui instrumento relevante para a concretização dessa participação. Não como instituto exclusivo de direito privado, que dá forma jurídica às relações de intercâmbio mercantil. A referência ao contrato não possui um efeito retrospectivo, como no passado, para legitimar o abandono dos sujeitos à real relação de forças. A noção ampliativa de contrato permite a abertura de espaços aos conflitos, como modalidade de garantia para alcançar o equilíbrio interno da relação jurídica.

O contrato na atualidade adquire uma função prospectiva e dinâmica, que substitui o exame estático da natureza jurídica de determinados vínculos entre pessoas, com base numa concepção restritiva. Sua função, além das tradicionais, consiste em encontrar flancos para que os que se sujeitam às diversas modalidades de poder social, político e econômico exerçam a defesa de seus interesses. A necessidade dessa abertura aumenta na medida da intensificação do exercício de poder e do prolongamento de sua duração no tempo.

Essa noção de contrato o transforma de típico instrumento de mercado, para troca de bens patrimoniais, em instrumento de relações pessoais, para intercâmbio de todo tipo de interesses.

A natureza contratual do vínculo entre empregado e empregador, portanto, não alimenta a individualização das relações de trabalho. Garantem-se, ao contrário, as liberdades fundamentais dos trabalhadores, justamente para adotar estratégias de ação para a defesa de seus interesses, garantia fundamental, inclusive, para resguardar a representatividade dos sindicatos.

A individualização das relações de trabalho compromete a unidade dos trabalhadores, o sentimento de solidariedade e a disposição de luta por melhores condições de trabalho.

Em que pesem as diferenças existentes entre as modalidades de prestação de trabalho na atual economia, elas compartilham o fato comum de que se enfrentam a uma "estrutura de poder socioeconômico" que dificulta a organização e satisfação dos interesses dos trabalhadores. A partir do momento em que essas diferenças são mutuamente compreendidas, é possível "uma coesão social e, portanto, direcionada para ações comuns". O ambiente ideal para a articulação dos trabalhadores pressupõe a cidadania dentro e fora da empresa e o diálogo como elementos essenciais da relação trabalhista. Um e outro exigem flexibilização das posições rígidas de autoridade e dependência pessoal sobre as quais foi estruturado o Direito do Trabalho. A busca do diálogo real, a partir "da boa vontade e da razão", contribui para a solução equilibrada e neutralização da "relação de forças e poder das partes em conflito". Existe ainda grande resistência à aplicação de técnicas mais democráticas no interior das empresas que superam "modelos culturais caducos de direção e subordinação"[889].

O compromisso do Direito do Trabalho, constituído pelo jogo aberto entre intervenção estatal e autonomia coletiva, passa a ser com a "pessoa plena e, portanto, *sui iuris*, senhor de si mesmo", dentro de seu contexto de vida. Com o apoio de outros direitos sociais, este ramo do direito se voltará para a solução dos problemas de uma sociedade efetivamente desigual.[890]

A liberdade sindical adquire especial importância no processo de constitucionalização do Direito do Trabalho. Por meio dela, os trabalhadores possuem a possibilidade de encontrar meios de organização e defesa dos interesses nas condições mais adversas. As sociedades, depois de diversas experiências frustradas, não possuem um objetivo ou modelo previamente estabelecido, capaz de oferecer um nível de bem-estar social, sem a participação dos interessados. No caso dos trabalhadores, a melhoria de sua condição social e de trabalho não é algo que possa ser alcançado sem levar em conta as necessidades e expectativas veiculadas por eles próprios. O contrato possui esta missão de revelar o trabalhador não como sujeito abstrato, mas inserido em seu meio, para fazer sua inclusão no processo decisório.

---

(888) ROIG, Antoni. *Los derechos fundamentales de los trabajadores. El uso laboral y sindical del correo electrónico e internet en la empresa*. Valencia: Tirant lo Blanch, 2007. p. 22 e 41. As sentenças do Tribunal Constitucional mencionadas são STC 88/1985, STC 106/96, SSTC 213/2002, 47/1985, 19/85, 129/89.
(889) MÜCKENBERGER, Ulrich. Ideas para redefinir la relación de trabajo. *Revista Internacional del Trabajo*. v. 115, n. 6, p. 742 e ss., 1996.
(890) BORRAJO DACRUZ, Efrén. *Introducción al Derecho del Trabajo*. 9. ed. Madrid: Tecnos, 1996. p. 77.

5. O processo de especificação e coletivização dos direitos fundamentais

Depois da Segunda Guerra Mundial, o processo de internacionalização do direito assume características bem diferenciadas da internacionalização que ocorreu na primeira metade do século XX. A evolução do direito internacional do trabalho serve de exemplo. Até a primeira metade daquele século, a única convenção aprovada na Organização Internacional do Trabalho sobre direitos fundamentais foi a de n. 29, de 1930, sobre trabalho forçado. Somente na segunda metade do século é que a organização internacional se voltou para a aprovação de instrumentos consagradores de direitos fundamentais. Além disso, como resultado das experiências históricas, a separação entre direito e moral que se consolidou na primeira metade do século XX passou a ser questionada a partir da segunda metade do século, de modo que as constituições do pós-guerra e os instrumentos internacionais consagrando direitos, destacando a Declaração Universal dos Direitos Humanos, passaram a inserir em seus textos referência à dignidade humana[891].

Concomitante a esse movimento, surge outro de especificação dos direitos, que resulta do avanço do historicismo sobre o racionalismo. O direito passa a ser considerado vinculado às pessoas com nome e rosto, inseridas num contexto social. O direito não pode desconsiderar, ao contrário, exige identificar, a situação social que concretamente os titulares dos direitos detêm[892].

Daí a emergência de direitos específicos voltados para a situação de categorias de pessoas em posições sociais desfavoráveis, como as mulheres e os imigrantes. A condição física e mental de determinadas pessoas acarreta desvantagens nas relações sociais, dando origem a direitos das crianças e adolescentes, bem como das pessoas com deficiência. O processo de especificação dos direitos visa, também, identificar situações específicas dos indivíduos em relações econômicas, em que a outra parte possui posição preponderante, hegemônica ou de visível superioridade. É o caso dos consumidores, que passaram a titularizar direitos compatíveis com a sua situação quando enfrentam sujeitos coletivos de grande capacidade econômica.

As situações descritas revelam desigualdades relevantes para o direito que, se não forem adequadamente neutralizadas, impedem a satisfação de necessidades básicas dos membros dessas coletividades.

Trata-se do que a doutrina denomina de "técnica da igualdade como diferenciação; a equiparação é uma meta e a diferenciação uma técnica para alcançar essa equiparação"[893].

O processo de internacionalização e especificação dos direitos é voltado para se alcançar uma cidadania inclusiva e social que leva à questão da representação política dos grupos excluídos, como o dos imigrantes, que não participam das escolhas políticas e, consequentemente, das decisões que dizem respeito à sua vida e sobrevivência[894].

Atualmente, não é possível cogitar de uma democracia real, sem levar em conta a situação de grupos específicos, que são colocados completamente à margem do sistema, em todos os aspectos, sem usufruir dos benefícios e serviços que a coletividade oferece.

Há uma gama de termos que indicam a luta pela inclusão social pelos movimentos emancipatórios, tais como "multiculturalismo, justiça multicultural, direitos coletivos, cidadanias plurais" que expressam as "tensões entre a diferença e a igualdade, entre a existência de reconhecimento da diferença e de redistribuição que permita a realização da igualdade"[895].

A realização dos indivíduos inseridos em seus contextos de vida não é possível sem alguma forma de coletivização. Essa é a razão pela qual "os direitos coletivos são um dado inquestionável da realidade política e jurídica contemporânea e das ciências sociais"[896].

O individual e o coletivo se implicam mutuamente. Ao lado "da identidade individual, existe também uma identidade de grupo, e isto dá lugar a um jogo recíproco entre ambos tipos de identidades"[897]. A discussão em torno da existência de direitos coletivos, feita sob a contraposição entre individualistas e comunitaristas, é reflexo da "inevitável (e insuperável) dialética que existe entre a individualidade e a sociabilidade dos seres. A alternativa excludente entre uma e outra posição perde sentido ante a unidade dos "processos de individuação e socialização" integrada "nos conceitos fundamentais dos direitos"[898].

Até porque os direitos coletivos não são "uma essência ontológica, mas uma convenção de linguagem que designa o êxito de um processo formalizado de formação da vontade de uma pluralidade organizada de pessoas"[899].

---

(891) ROIG, Maria José Añón; AÑON, José García. VVAA. *Lecciones de derechos sociales*. Valencia: Tirant lo Blanc, 2004. p. 41.
(892) *op. cit.*, p. 42.
(893) *op. cit.*, p. 43.
(894) *op. cit.*, p. 44.
(895) SANTOS, Boaventura de Sousa; NUNES, João Arriscado. *Reconhecer para libertar*. Os caminhos do cosmopolitismo cultural. Rio de Janeiro: Civilização Brasileira, 2003. p. 25.
(896) CALERA, N. López. ¿*Hay derechos colectivos?* Individualidad y socialidad en la teoría de los derechos. Barcelona: Ariel, 2000. p. 17 e ss.
(897) JÁUREGUI, Gurutz. Derechos individuales *versus* derechos colectivos: una realidad inescindible. In: ROIG, F. J. Ansuátegui. *Una discusión sobre derechos colectivos*. Madrid: Dykinson, 2001. p. 55.
(898) HABERMAS, Jürgen. Acerca de la legitimación basada en los derechos humanos. *La constelación posnacional*. Ensayos políticos. Barcelona: Paidós, 2000. p. 162. Como ressalta o autor, "as pessoas jurídicas só podem chegar a ser indivíduos mediante a socialização, a integridade da pessoa só pode ser protegida quando se protege seu livre acesso às relações interpessoais e às tradições culturais nas que pode manter e conservar sua própria identidade. O individualismo corretamente entendido está incompleto sem essa chispa de 'comunitarismo."
(899) GIUGNI, Gino. *Diritto Sindacale*. Bari: Cacucci Editore, 2001. p. 60.

6. Regime jurídico dos direitos fundamentais dos trabalhadores na Constituição de 1988 no contexto do trabalho digno

O Texto Constitucional, logo em seu artigo introdutório, consagra os valores sociais do trabalho e da livre-iniciativa (artigo 1º, IV, CF). O trabalho socialmente protegido figura ao lado da liberdade reconhecida para os empreendedores, que é direcionada ao cumprimento de sua função social, assim como se verifica em relação ao direito de propriedade e sua função social (artigo 5º, XXII e XXIII, da CF).

Para realizar os valores fundamentais, a Constituição brasileira de 1988 estabeleceu um modelo de relações de trabalho, por meio do qual cabe ao empregador dirigir e controlar a sua empresa, incluindo-se o comando da atividade prestada pelos empregados por ele contratados. Além dos direitos enumerados no artigo 7º da Constituição, aplicam-se outros que visem à melhoria da condição social dos trabalhadores urbanos e rurais. Esse modelo confere especial destaque aos fatos constitutivos dessas relações, que prevalecem em benefício dos empregados, quando comparados com condições de trabalho menos favoráveis (princípio da condição mais benéfica). De igual maneira, há toda uma importância em relação a esses fatos quando em desacordo com os registros e os documentos que as formalizam (princípio da primazia da realidade).

Outro elemento integrante do modelo de relações de trabalho adotado na Constituição de 1988 é a consideração do trabalhador na sua subjetividade e intersubjetividade, ou seja, como sujeito de direitos, cuja identidade é moldada, sobretudo, em função do trabalho que realiza e das relações que em razão dele estabelece. A finalidade do ramo especializado sempre foi a de que o empregado detivesse a condição de sujeito e não objeto de direito, como ocorreu anteriormente em boa parte da história da prestação de trabalho na humanidade.

No aspecto normativo, a Constituição consagrou, no âmbito do princípio de proteção, o princípio da norma mais favorável. Pelo princípio protetor, o trabalho é algo distinto de uma mercadoria e o trabalhador um ser humano e não uma ferramenta. Está diretamente vinculado à dignidade do trabalhador. O princípio opera criando desigualdades a seu favor para compensar o desequilíbrio na relação de trabalho, protegendo o trabalhador contra imposições patronais abusivas.

A previsão expressa na Constituição de direitos buscando a melhoria da condição social do trabalhador resulta do reconhecimento constitucional de uma posição de desvantagem dos trabalhadores urbanos e rurais em relação a outra parte da relação jurídica. Os direitos ali previstos constituem um mínimo para alcançar a elevação de tais condições.

O princípio de proteção trabalhista tem o seu *status* constitucional reconhecido em decisões do Supremo Tribunal Federal.

Convém citar o seguinte trecho de decisão proferida em Recurso Extraordinário:

> 8. O direito individual do trabalho tem na relação de trabalho, estabelecida entre o empregador e a pessoa física do empregado, o elemento básico a partir do qual constrói os institutos e regras de interpretação. Justamente porque se reconhece, no âmbito das relações individuais, a desigualdade econômica e de poder entre as partes, as normas que regem tais relações são voltadas à tutela do trabalhador. Entende-se que a situação de inferioridade do empregado compromete o livre exercício da autonomia individual da vontade e que, nesse contexto, regras de origem heterônoma – produzidas pelo Estado – desempenham um papel primordial de defesa da parte hipossuficiente. Também por isso a aplicação do direito rege-se pelo princípio da proteção, optando-se pela norma mais favorável ao trabalhador na interpretação e na solução de antinomias.
>
> 9. Essa lógica protetiva está presente na Constituição, que consagrou um grande número de dispositivos à garantia de direitos trabalhistas no âmbito das relações individuais (...).[900]

O catálogo de direitos e garantias fundamentais que compõe o Título II é extenso e variado, dando margem a dificuldades para a formulação de um regime jurídico específico, como também para a identificação de elementos materiais comuns a todos os direitos fundamentais formalmente previstos na Constituição. As garantias previstas no artigo 5º, §§ 1º e 2º, da Constituição, apesar de apontar para a autoaplicabilidade de todos os direitos ali previstos e da não exaustividade do rol constitucional, são muitas vezes temperadas pela jurisprudência.

Contudo, o regime dos direitos trabalhistas deve ser definido considerando-se a centralidade do trabalho digno na Constituição e o princípio de proteção daí decorrente. O estudo do regime jurídico dos direitos fundamentais sociais se ocupa das questões da fundamentalidade de todos os direitos sociais que integram o Título II da Constituição, da aplicação direta e imediata desses direitos e da proteção máxima conferida pelo ordenamento jurídico.

Em princípio, pode-se dizer que todos os direitos formalmente previstos no Título II da Constituição são direitos fundamentais no sentido material. Ocorre que, no artigo 5º, § 2º, a Constituição faz alusão a direitos fundamentais decorrentes do regime e dos princípios adotados e dos tratados internacionais em que a República do Brasil seja parte. Referido dispositivo dá respaldo à diferenciação entre direitos formalmente fundamentais e direitos materialmente fundamentais. Os direitos fundamentais expressamente previstos (formais) não excluem

---

(900) BRASIL. Supremo Tribunal Federal. *Recurso Extraordinário n. 590.415*, Relator Ministro Roberto Barroso, DJe de 29.05.2015. Disponível em: <www.stf.jus.br>. Acesso em: 15 ago. 2016.

outros não expressos (materiais). Portanto, há direitos fundamentais materiais que não o são no sentido formal.

A indagação que se faz é se, no sentido inverso, haveria direitos sociais formalmente constitucionais que não são materialmente constitucionais.

Sarlet considera "insustentável outorgar aos poderes constituídos (mesmo à Jurisdição Constitucional) a atribuição de decidir sobre a verdadeira ou falsa fundamentalidade das posições consagradas como direitos fundamentais no Título II da nossa Constituição"[901].

O possível entendimento de que há direitos que não são, por natureza, constitucionais abre espaços para iniciativas de desconstitucionalização dos direitos sociais dos trabalhadores, o que desprestigia o valor social do trabalho, oferecendo riscos de debilitação e flexibilização dos direitos laborais. Sendo assim, defende-se a fundamentalidade de todos os direitos arrolados nos artigos 7º a 11 da Constituição.

As investidas para a desconstitucionalização dos direitos sociais dos trabalhadores se baseiam numa possível disponibilidade de alguns direitos incluídos no texto constitucional, o que retiraria a sua fundamentalidade. Interpretações como essa desprezam a centralidade do trabalho digno no ordenamento constitucional e os alicerces que o estruturam.

Depois da promulgação da Constituição de 1988, o tema da flexibilização do Direito do Trabalho adquiriu novo impulso, lastreado na previsão constitucional de alteração de direitos estabelecidos, mediante convenção e acordos coletivos de trabalho. São quatro os dispositivos relacionados com essa discussão: os incisos VI, XIII, XIV e XXVI do artigo 7º da Constituição, que tratam respectivamente da "irredutibilidade do salário, salvo o disposto em convenção ou acordo coletivo"; duração normal do trabalho, facultando "a compensação de horários e a redução da jornada, mediante acordo ou convenção coletiva de trabalho"; "jornada de seis horas para o trabalho realizado em turnos ininterruptos de revezamento, salvo negociação coletiva"; e o "reconhecimento das convenções e acordos coletivos de trabalho".

Entende-se por flexibilização trabalhista o conjunto de ideias, práticas e interpretações contra a rigidez da norma trabalhista. A flexibilização se verifica em pelo menos dois aspectos: mudança da legislação para conferir maior margem de manobra para os empregadores e transferência de competência regulatória da lei para instrumentos coletivos. Este último aspecto provoca enormes discussões. Os partidários da flexibilização ampla defendem que a Constituição ao flexibilizar salário e jornada, principais condições de trabalho, consagrou a possibilidade de flexibilização das condições que possuem menos importância. O princípio de proteção previsto na Constituição, porém, não dá respaldo a tal tese.

Essa abertura atribuída aos direitos sociais pela Constituição converteu-se numa grande disputa de significados. De um lado, ressaltam-se os avanços consagrados no Texto Constitucional, ampliando os direitos e garantias sociais dos trabalhadores. De outro, defende-se a relativização dos patamares mínimos de condições de trabalho, como decorrência de uma opção constitucional pela flexibilização, por meio dos instrumentos resultantes da negociação coletiva.

Ainda que haja dispositivos que possam ser utilizados para dar apoio a uma flexibilização de direitos, o conjunto normativo constitucional expressa nítido compromisso com um modelo de trabalho socialmente protegido. De qualquer forma, a intensidade do debate faz com que a interpretação dos direitos sociais trabalhistas transite desde a reversibilidade desses direitos, mediante reduções autorizadas pela via da convenção e do acordo coletivo, passando pela proibição de retrocesso, que impede qualquer reversão, chegando até a progressividade, consubstanciada nos avanços das condições de trabalho.

Convém destacar que a flexibilização dos direitos trabalhistas não se restringe a uma questão de alcance e limites dos instrumentos coletivos em relação aos direitos assegurados pelo ordenamento jurídico. Ela também resulta da interpretação conferida pelos diversos atores aos dispositivos aplicáveis às relações de trabalho. Há uma perceptível cisão entre uma jurisprudência mais tradicional, de cunho patrimonialista, que resulta da leitura desses dispositivos a partir da Consolidação das Leis do Trabalho, e outra, de caráter humanista, que relê os mesmos dispositivos com suporte em princípios e valores consagrados na Constituição.

A proibição de retrocesso é originária no direito alemão e significa que, aprovada lei sobre direitos sociais, a alteração ou supressão somente é possível por meio de medidas compensatórias. Deve-se ressaltar que essa técnica surge no contexto da Lei Fundamental de 1949, que rompe com a tradição iniciada na Constituição de Weimar de ênfase aos direitos sociais. Direitos sociais básicos, como o direito ao trabalho, seguridade social e moradia não integraram o catálogo de direitos fundamentais da Lei Fundamental alemã. O fim do nacional-socialismo e o início da guerra fria contribuíram para que os direitos fundamentais fossem basicamente direitos de liberdade. Além disso, previa-se que a reunificação da Alemanha não demoraria e nova Constituição seria elaborada, com a inclusão dos direitos sociais. Não foi o que ocorreu. Porém, isso não impediu o desenvolvimento do Estado Social e de uma jurisprudência constitucional reconhecendo o dever do Estado "de zelar por um equilíbrio entre as diferenças sociais e, em consequência, por uma ordem social justa"[902].

Apesar de bastante questionada, a proibição de retrocesso é aplicada por diversas cortes constitucionais. Além disso, o Pacto Direitos Econômicos, Sociais e Culturais, no artigo 2.1, estabelece que:

---

(901) SARLET, Ingo Wolfgang. *A eficácia dos direitos fundamentais.* 5. ed. Porto Alegre: Livraria do Advogado, 2005. p. 80.
(902) KEMPER, Otto Ernst. Alemania. *Los derechos sociales fundamentales en la Unión Europea.* Seminario Internacional. UCM/ICEI, Friedrich Ebert Stiftung.

os "Estados-Partes do presente Pacto comprometem-se a adotar medidas, tanto por esforço próprio como pela assistência e cooperação internacionais, principalmente nos planos econômico e técnico, até o máximo de seus recursos disponíveis, que visem assegura, *progressivamente*, por todos os meios apropriados, o, pleno exercício e dos direitos reconhecidos no presente Pacto, incluindo, em particular, a adoção de medidas legislativas".

As críticas no sentido de que a proibição de retrocesso enrijece o direito não procedem. A aplicação da proibição de retrocesso não é feita como se fosse regra de caráter absoluto. Trata-se de um princípio, que é tomado em conta de acordo com as circunstâncias fáticas e jurídicas do momento de sua incidência. Apesar do nome, não há uma proibição de retrocesso se de acordo com a avaliação em torno dessas circunstâncias constata-se que não é possível avançar, nem mesmo preservar determinadas condições sociais conquistadas. Nesse caso, considerando o princípio da proporcionalidade, o retrocesso deve ser necessário e a medida adequada para a resolução da situação. Além disso, deve haver medidas compensatórias para que o prejuízo não seja suportado apenas pela parte beneficiária da condição que está sendo alterada ou suprimida.

Os avanços sociais devem ser buscados, respeitando-se tais possibilidades. Na ausência de condições adversas ou justificativas plausíveis, a reversibilidade e o retrocesso são inaceitáveis, violando dispositivos constitucionais. A Constituição não é indiferente à situação dos trabalhadores, de modo que não é razoável a interpretação que nega valor jurídico ao *caput* de seu artigo 7º. Esse entendimento é reforçado pelo disposto no § 2º do artigo 114 da Constituição, que prevê a melhoria das condições sociais de trabalho por meio de acordos e convenções coletivas de trabalho.

O princípio de proteção no trabalho consagrado no texto constitucional orienta a interpretação de todos os direitos trabalhistas, no plano individual ou coletivo. Ele não é desconsiderado no Direito Coletivo do Trabalho em razão da equivalência das partes contratantes, como sujeitos coletivos. O princípio de proteção, na formulação clássica da doutrina, proteção do hipossuficiente, ou seja, de caráter subjetivo, não corresponde ao texto da Constituição de 1988. A proteção constitucional dirige-se às condições de trabalho e sociais, ou seja, de caráter objetivo, como espécie de cláusula de irreversibilidade ou de vedação de retrocesso.

Fosse o princípio de proteção presente no texto constitucional de caráter subjetivo, a conclusão a que se chegaria é que no Direito Coletivo seria possível desconsiderar a melhoria das condições de trabalho prevista no *caput* do artigo 7º, para autorizar os sujeitos coletivos, que se encontram no mesmo patamar, a deliberarem sem qualquer limite. Contudo, a interpretação do texto constitucional impõe, especialmente aos sindicatos, zelar pela progressão das condições de trabalho.

Em relação ao inciso VI, do artigo 7º, da Constituição, que *assegura a irredutibilidade do salário, salvo o disposto em convenção ou acordo coletivo de trabalho*, não é possível extrair de seu texto autorização aos sindicatos para reduzir salários, de forma discricionária.

A regra é a irredutibilidade do salário, que se insere dentro do princípio de proteção. Para que a exceção prevaleça e produza efeitos válidos, é necessário que ela observe tal princípio. A redução do salário, como medida drástica que afeta condição fundamental de trabalho, só se justifica se a empresa passa realmente por situação econômico-financeira grave, comprovada mediante informações fornecidas ao sindicato profissional. Constatada a necessidade da providência, verifica-se sua idoneidade e adequação, no sentido de certificar que outras medidas mais amenas, como flexibilização de jornada, suspensão dos contratos de trabalho para capacitação dos trabalhadores, não serão suficientes para resolver os problemas da empresa. Além disso, deve-se exigir algo em contrapartida. Se os trabalhadores vão contribuir para o empresário superar momento de crise, por lapso temporal determinado, nada mais razoável do que resguardar os empregos pelo período correspondente à redução salarial. Por todas essas razões é que a medida mais danosa aos trabalhadores, que é a dispensa coletiva, só pode ser considerada válida mediante convenção ou acordo coletivo de trabalho.

A proibição de retrocesso é incompatível com a redução pura e simples, além de incondicional, do salário dos trabalhadores. Trata-se de medida excepcional, considerando tratar-se de uma das mais relevantes condições de trabalho, que deve ser autorizada mediante uma justificativa consistente, ou seja, o direito (irredutibilidade) deve ser garantido em toda sua amplitude e o sacrifício ali previsto (redução) deve consistir em medida excepcional. Dessa forma, somente quando a empresa passa por dificuldades econômicas justifica-se impor restrição ao direito dos trabalhadores, via convenção ou acordo coletivo. Esta colaboração do trabalhador, fundamental para a empresa superar os momentos de dificuldade, com a transferência, na prática, da responsabilidade ao empregado de parte do risco do negócio, implica contrapartida. O trabalhador sofrerá um prejuízo, mas deve ser compensado de alguma maneira, como o reconhecimento, por exemplo, de um período de estabilidade. Afinal, comunhão de esforços e partilha de sacrifícios significam reciprocidade.

A interpretação do dispositivo como modalidade de regra, que autoriza o sindicato a abrir mão de direitos dos trabalhadores, invocado juntamente com o artigo 7º, XXVI, que prevê o *reconhecimento das convenções e acordos coletivos de trabalho*, vem provocando a flexibilização dos direitos trabalhistas, com enorme prejuízo aos trabalhadores.

O mesmo entendimento pode ser aplicável ao inciso XIV do citado artigo 7º. A elevação da jornada de trabalho em turnos ininterruptos não pode ser aceita sem um benefício equivalente, pois não é razoável que o sindicato autorize o trabalhador a permanecer na mesma situação que o texto constitucional buscou modificar, ao estabelecer proteção especial por meio da jornada reduzida. Apesar do crescimento da corrente jurisprudencial determinando o pagamento das horas extraordinárias excedentes da sexta, acabou prevalecendo a posição em sentido contrário, que deu origem à Súmula de n. 423 do Tribunal Superior do Trabalho.

Konrad-Adenauer-Stiftung, Madrid, 19 y 20 de octubre de 2000. cit., p. 78 y ss.

A flexibilização das normas infraconstitucionais deve seguir o mesmo princípio e jamais ser admitida como renúncia de direitos.

No tocante à aplicação direta e imediata dos direitos fundamentais sociais, com a promulgação da Constituição houve uma transformação imediata de realidades, a partir da aplicação de diversas de suas disposições. A modificação na vida dos trabalhadores foi, desde logo, significativa, ao estabelecer, entre outras vantagens, a redução da duração semanal de trabalho (artigo 7º, XIII), a majoração do adicional de horas extras (artigo 7º, XVI), o gozo de férias com o acréscimo de remuneração (artigo 7º, XVII) e a licença-gestante de 120 dias (artigo7º, XVIII).

Por outro lado, algumas medidas foram encomendadas para uma implantação futura ou paulatina, como a proteção ao mercado de trabalho da mulher, mediante incentivos específicos, nos termos da lei (artigo 7º, XX), a redução dos riscos inerentes ao trabalho, por meio de normas de saúde, higiene e segurança (artigo 7º, XXII) e a proteção em face da automação (artigo 7º, XXVII), ou seja, os câmbios sociais determinados pelos preceitos constitucionais não se verificam todos eles de uma hora para outra, mas como parte de um processo. Os intérpretes da Constituição, destacando-se o papel fundamental do legislador, possuem o dever de criar as condições para a realização das mudanças. A dimensão objetiva dos direitos fundamentais, cujos valores consagrados irradiam por todo o ordenamento jurídico, vincula a atividade dos intérpretes constitucionais.

De qualquer forma, a posição da doutrina majoritária é que a aplicabilidade imediata prevista no artigo 5º, § 1º, da Constituição não abrange apenas os direitos do art. 5º, ou os direitos individuais, mas, também, os direitos coletivos, sociais, de nacionalidade e políticos.[903].

Por fim, aborda-se o tema da máxima proteção constitucional dos direitos sociais fundamentais dos trabalhadores. O § 4º do artigo 60 da Constituição proíbe emenda constitucional visando abolir os direitos e garantias individuais. Pode-se imaginar que o dispositivo alcança apenas os direitos previstos no artigo 5º. No entanto, não é o que sucede. Os direitos sociais são também direitos individuais, embora leve em conta o trabalhador inserido em seu meio e não como indivíduo abstrato. Mas também os direitos coletivos, como é o da liberdade sindical, estão agasalhados pelo dispositivo constitucional. Todo direito coletivo possui uma dimensão individual, que deve ser protegida, sob pena de inviabilizar seu exercício.

A tendência na doutrina é atribuir aos direitos sociais a condição de cláusulas pétreas.

Sarlet entende, ainda, que não se incluíssem os direitos sociais no rol de cláusulas pétreas, esses direitos poderiam ser considerados "autênticos limites materiais implícitos à reforma constitucional". Prossegue o autor:

(...) Para além do exposto, verifica-se que todos os direitos fundamentais consagrados em nossa Constituição (mesmo os que não integram o Título II) são, na verdade e em última análise, direitos de titularidade individual, ainda que alguns sejam de expressão coletiva. É o indivíduo que tem assegurado o direito de voto, assim como é o indivíduo que tem direito à saúde, assistência social, aposentadoria etc. Até mesmo o direito a um meio ambiente saudável e equilibrado (CF, 225), em que pese seu habitual enquadramento entre os direitos de terceira dimensão, pode ser reconduzido a uma dimensão individual, pois, mesmo um dano ambiental que venha a atingir um grupo dificilmente quantificável e delimitável de pessoas (indivíduos) gera um direito à reparação para cada prejudicado.[904]

Gustavo Felipe Barbosa Garcia pondera que à primeira vista apenas os direitos previstos no artigo 5º estariam acobertados pelo artigo 60, § 4º, IV, da Constituição. Porém, o próprio artigo 5º, no § 2º, amplia o rol de direitos fundamentais, de modo que diversas regras e princípios, como o da norma mais benéfica, decorrente do princípio de proteção, conforme previsão do *caput* do artigo 7º, os princípios da seguridade social, os objetivos fundamentais da República, os direitos sociais previstos no artigo 6º da Constituição, para concluir que:

> em caso de nova disposição prejudicial aos direitos sociais, haveria inaceitável violação ao chamado princípio da vedação do retrocesso social, e presente no sistema jurídico nacional, conforme previsões contidas nos arts. 1º, incisos III e IV, 3º, inciso III, 4º, inciso II, 6º, 7º, *caput*, 170, *caput*, 193, entre outras disposições da Constituição da República Federativa do Brasil".[905]

Prossegue o autor, mencionando as emendas constitucionais que alteraram os artigos 6º e 7º da Constituição, sem vislumbrar violação a cláusulas pétreas: a Emenda Constitucional n. 26/2000, que acrescentou o direito à moradia no artigo 6º da Constituição; a Emenda Constitucional n. 20/1998 que alterou o inciso XII do artigo 7º, relativo ao salário-família, condicionando o direito à baixa renda nos termos da lei; a Emenda Constitucional n. 53/2006, que alterou o inciso XXV do artigo 7º, reduzindo a idade, de seis para cinco anos, de assistência gratuita aos filhos e dependentes em creches e pré-escolas; a Emenda Constitucional n. 28/2000, que alterou o inciso XXIX do artigo 7º, igualando a prescrição do trabalhador rural ao do trabalhador urbano; e, por fim, a Emenda Constitucional 20/1998, que alterou o inciso XXXIII, elevando a idade mínima de trabalho de 14 para 16 anos.

---

[903] BONTEMPO, A. G. Direitos Sociais: eficácia e acionabilidade à luz da Constituição de 1988. Curitiba: Juruá, 2005. p. 180. GRAU, Eros R. A ordem econômica na Constituição de 1988. São Paulo: Malheiros, 1996. p. 344. SILVA, José A. Aplicabilidade das Normas Constitucionais. São Paulo: Malheiros, 2004. p. 165.
[904] SARLET, Ingo W. *A eficácia cit.*, p. 366.
[905] GARCIA, Gustavo Felipe Barbosa. Direitos sociais e limites do poder constituinte de reforma. *Revista do Ministério Público do Trabalho*. Ano XXII, n. 43, março 2012. p. 113-127.

7. REFERÊNCIAS BIBLIOGRÁFICAS

ALVARENGA, Rubia Zanotelli. *Trabalho decente*. Direito humano e fundamental. São Paulo: LTr, 2016.

ATIENZA, Manuel. *El sentido del derecho*. Barcelona: Ariel, 2000.

BONTEMPO, A.G. *Direitos Sociais*: eficácia e acionabilidade à luz da Constituição de 1988. Curitiba: Juruá, 2005.

BORRAJO DACRUZ, Efrén. *Introducción al Derecho del trabajo*. 9. ed. Madrid: Tecnos, 1996.

BRASIL. Supremo Tribunal Federal. Recurso Extraordinário n. 590.415, Relator Ministro Roberto Barroso, DJe de 29.05.2015. Disponível em: <www.stf.jus.br>. Acesso em: 15 ago. 2016.

CALERA, N. López. *¿Hay derechos coletivos?* Individualidad y socialidad en la teoría de los derechos. Barcelona: Ariel, 2000.

DAL-RÉ, Fernando Valdés. Los derecho fundamentales de la persona del trabajador entre la resistencia a su reconocimiento y la reivindicación de su ejercicio. Relaciones Laborales. *Revista Crítica de Teoría y Práctica*. n. 20, Año XIX, oct. 2003.

DÄUBLER, Wolfgang. Los trabajadores y la Constitución. Contextos. *Revista crítica de Derecho social*. n. 2, 1998.

DELGADO, Gabriela Neves. *Direito fundamental ao trabalho digno*. São Paulo: LTr, 2006.

DELGADO, Mauricio Godinho. *Curso de Direito do Trabalho*. 13. ed. São Paulo: LTr, 2014.

FLORES, Joaquín Herrera. Los derechos humanos en el contexto de la globalización: trés precisiones conceptuales. *Direitos humanos e globalização*: fundamentos e possibilidades desde a teoria crítica. Rio de Janeiro: Lumen Iuris, 2004.

GARCIA, Gustavo Felipe Barbosa. Direitos sociais e limites do poder constituinte de reforma. *Revista do Ministério Público do Trabalho*, ano XXII, n. 43, março 2012.

GIUGNI, Gino. *Diritto Sindacale*. Bari: Cacucci Editore, 2001.

GRAU, Eros R. *A ordem econômica na Constituição de 1988*. São Paulo: Malheiros, 1996.

HABERLE, Peter. A dignidade humana como fundamento da comunidade estatal. *Dimensões da Dignidade*. Ensaios de Filosofia do Direito e Direito Constitucional. SARLET, Ingo Wolfgang (Org.). Porto Alegre: Livraria do Advogado, 2005.

HABERMAS, Jürgen. A nova intransparência. A crise do estado de bem-estar social e o esgotamento das energias utópicas. *Revista Novos Estudos – CEBRAP*, n. 18, setembro de 1987.

HABERMAS, Jürgen. Acerca de la legitimación basada en los derechos humanos. *La constelación posnacional*. Ensayos políticos. Barcelona: Paidos, 2000.

HABERMAS, Jürgen. *La inclusión del otro*. Estudios de teoría política. Barcelona: Paidos, 1999.

HABERMAS, Jürgen. *Sobre a Constituição da Europa*. Trad. Denilson Luis Werle, Luiz Repa e Rúrion Melo. São Paulo: Ed. Unesp, 2012.

HERRARTE, I. Lasagabaster. *Las relaciones de sujeción especial*. Madrid: Civitas, 1994.

HONNETH, Axel. Trabalho e reconhecimento: tentativa de uma redefinição. Civitas. *Revista de Ciências Sociais*, v. 8, n. 1, 2008.

JÁUREGUI, Gurutz. Derechos individuales *versus* derechos colectivos: una realidad inescindible. In: ROIG, F. J. Ansuátegui. *Una discusión sobre derechos colectivos*. Madrid: Dykinson, 2001.

KANT, Immanuel. *Fundamentação da Metafísica dos Costumes*. Lisboa: Edições 70, 1991.

KEMPER, Otto Ernst. Alemania. *Los derechos sociales fundamentales en la Unión Europea*. Seminario Internacional. UCM/ICEI, Friedrich Ebert Stiftung, Konrad-Adenauer-Stiftung, Madrid, 19 y 20 de octubre de 2000.

MÜCKENBERGER, Ulrich. Ideas para redefinir la relación de trabajo. *Revista Internacional del Trabajo*. v. 115, 1996.

PECES BARBA, Gregorio. *Lecciones de Derechos Fundamentales*. Madrid: Dickson, 2004.

PEREIRA, Ricardo José Macêdo de Britto. *Ação civil pública no processo do trabalho*. Salvador: Juspodium, 2016.

ROIG, Antoni. Los derechos fundamentales de los trabajadores. *El uso laboral y sindical del correo electrónico e internet en la empresa*. Valencia: Tirant lo Blanch, 2007.

ROIG, Maria José Añón; AÑON, José García. VVAA. *Lecciones de derechos sociales*. Valencia: Tirant lo Blanc, 2004.

SANTOS, Boaventura de Sousa. Introdução: para ampliar o cânone do reconhecimento, da diferença e da igualdade. Reconhecer para libertar. *Os caminhos do cosmopolitismo cultural*. Rio de Janeiro: Civilização Brasileira, 2003.

SANTOS, Boaventura de Sousa; NUNES, João Arriscado. *Reconhecer para libertar*. Os caminhos do cosmopolitismo cultural. Rio de Janeiro: Civilização Brasileira, 2003.

SARLET, Ingo Wolfgang. *A eficácia dos direitos fundamentais*. 5. ed. Porto Alegre: Livraria do Advogado, 2005.

SARLET, Ingo Wolfgang. As dimensões da dignidade da pessoa humana: construindo uma compreensão jurídico-constitucional necessária e possível. *Dimensões da Dignidade*. Ensaios de Filosofia do Direito e Direito Constitucional. SARLET, Ingo Wolfgang (Org.). Porto Alegre: Livraria do Advogado, 2005.

SILVA, José A. *Aplicabilidade das Normas Constitucionais*. São Paulo: Malheiros, 2004.

SUPIOT, Alain. *El Espíritu de Filadelfia*. La justicia social frente al mercado total. Barcelona: Península, 2011.

UBILLOS, Juan Maria Bilbao. Proibição de discriminação e relações entre particulares. *A Constitucionalização do Direito*. Fundamentos teóricos e aplicações específicas. Rio de Janeiro: Lumen Juris, 2007.

CAPÍTULO 20
A NECESSÁRIA PROTEÇÃO À DIGNIDADE DA PESSOA DO TRABALHADOR E AO LABOR DIGNO OU DECENTE[906]

José Claudio Monteiro de Brito Filho[907]

1. Generalidades

Quando falamos em Direitos Humanos, elencamos um conjunto mínimo de direitos que têm o objetivo de garantir aos seres humanos a proteção de seu principal atributo, que é a dignidade da pessoa humana.

Esses direitos são das mais variadas ordens, e se espraiam, do ponto de vista do Direito, como um conjunto de normas jurídicas, por todos os subsistemas jurídicos, aplicando-se às mais diversas situações, algumas relacionadas a seres humanos que se encontram em situações específicas, como é o caso daqueles que vivem de seu trabalho, os trabalhadores.

Assim, adiantando o que será discutido ao longo desse texto, parece-nos óbvio que o que justifica os Direitos Humanos como um conjunto, justifica também qualquer subconjunto que seja parte deles (dos Direitos Humanos), como é o caso dos direitos essenciais, básicos, indispensáveis dos trabalhadores, e que a Organização Internacional do Trabalho convencionou chamar de Trabalho Decente.

Falar da proteção da dignidade do trabalhador, dessa feita, é falar dos direitos que protegem, que garantem essa dignidade.

E é a respeito dessa dualidade, que em verdade configura algo único para cada trabalhador, que pretendemos discorrer no presente ensaio, sendo objetivo central sustentar a dignidade da pessoa humana como o fundamento para o conjunto de direitos que se denomina Trabalho Decente, ao mesmo tempo em que demonstraremos que funcionam os direitos reconhecidos nesse subconjunto dos Direitos Humanos como a concretização da ideia de dignidade em relação aos que vivem do trabalho.

Na perspectiva metodológica, o estudo é teórico-normativo, analisando a doutrina existente a respeito da questão, sendo a principal referência Immanuel Kant, com suporte no conjunto normativo, especialmente internacional, que trata da matéria.

O estudo inicia discutindo a dignidade da pessoa humana sob a ótica de ser o fundamento dos Direitos Humanos e do Trabalho Decente, prossegue com a construção que deu origem a esse subconjunto (o Trabalho Decente) e encerra com considerações finais a respeito da conveniência da proteção da dignidade e do Trabalho Decente, por ser esta, em nosso entender, a ordem que, do ponto de vista lógico, mas também do ponto de vista didático, melhor serve para elucidar as questões aqui debatidas.

2. A dignidade da pessoa humana como fundamento dos Direitos Humanos e do Trabalho Decente

Como dito no item anterior, tomamos a dignidade da pessoa humana como o fundamento dos Direitos Humanos e, por via de consequência, do Trabalho Decente. Nesse sentido, acreditamos que tanto a existência dos Direitos Humanos como a definição dos direitos que vão compor esse conjunto são decorrência dela, da dignidade. Necessário, então, traçarmos algumas linhas a respeito.

Para iniciar, devemos, desde logo, expor brevemente e rechaçar a ideia esposada por Norberto Bobbio, da impossibilidade de se ter um fundamento absoluto para os Direitos Humanos. O autor, para contrariar a ideia de um fundamento para os Direitos Humanos, vai levantar três dificuldades: de ser a expressão Direitos Humanos muito vaga; de serem os Direitos Humanos uma classe variável, além de heterogênea; e, por fim, de revelarem "uma antinomia entre os direitos invocados pelas mesmas pessoas"[908].

Por esses motivos acredita Bobbio que, ao contrário de um fundamento, é possível identificar diversos fundamentos e que "o problema fundamental em relação aos direitos do homem, hoje, não é tanto de *justificá-los*, mas o de *protegê-los*. Trata-se de um problema não filosófico, mas político"[909] (destaques do autor).

---

(906) O presente texto toma por base uma parte do capítulo 3 do nosso livro denominado *Trabalho decente* (4. ed. São Paulo: LTr, 2016), e o capítulo 3 também do nosso *Direitos humanos* (São Paulo: LTr, 2015).
(907) Doutor em Direito das Relações Sociais pela PUC/SP. Professor do Programa de Pós-graduação em Direito da Universidade Federal do Pará. Professor do Programa de Pós-graduação e do Curso de Graduação em Direito do Centro Universitário do Estado do Pará. Titular da Cadeira n. 26 da Academia Brasileira de Direito do Trabalho.
(908) *A era dos direitos*. 16. tir.. Trad. Carlos Nelson Coutinho. Rio de Janeiro: Campus, 1992. p. 17-22.
(909) *Ibidem*, p. 24.

Fazendo, desde logo, alguns comentários a respeito das dificuldades levantadas por Bobbio, é possível dizermos que Direitos Humanos só é expressão vaga quando não se tem uma base para sua identificação. A dignidade é essa base e, no momento em que ela é identificada, é possível, com clareza, identificar o conteúdo dos Direitos Humanos.

Quanto a ser classe variável, heterogênea e capaz de revelar antinomias, é possível dizermos que sua variabilidade, nos termos expostos por Bobbio, que decorreriam da historicidade dos Direitos Humanos, não milita contra a ideia de um fundamento absoluto, pois, embora as transformações históricas tenham o condão de gerar novos direitos que podem ser definidos como Direitos Humanos, isso não desnatura o fato de que há um fundamento único e maior para todo esse reconhecimento; apenas impõe um reconhecimento de outra ordem: o de que a evolução dos seres humanos é geradora de novos anseios e que alguns deles, em dado momento, podem vir a ser considerados essenciais aos indivíduos.

Isso, aliás, nada mais é do que o reconhecimento da complexidade das necessidades humanas, até das mais básicas, pelo que são múltiplos os direitos que devem ser reconhecidos para sua satisfação. Caso queiramos entender isso como heterogeneidade, então os Direitos Humanos são heterogêneos, mas ainda assim podem ser reconhecidos como derivados de único fundamento.

Por fim, afirma Bobbio que os direitos "são antinômicos no sentido de que o desenvolvimento deles não pode proceder paralelamente", usando como argumento para tal o fato de existirem, ao mesmo tempo, direitos individuais, que chama de liberdades, e direitos sociais, que denomina poderes[910].

Acreditamos que não, ou seja, que é perfeitamente possível a existência dos direitos de liberdade, ao mesmo tempo em que presentes os decorrentes da ideia de igualdade. É até possível que, no caso concreto, em determinadas circunstâncias surjam conflitos entre os diversos direitos, como poderia ocorrer, também, entre dois direitos de liberdade, ou entre dois direitos de justiça. Imaginemos, por exemplo, a convivência sempre sujeita a atritos do direito à livre manifestação do pensamento com o direito à intimidade. Isso, entretanto, é, apenas, como dissemos antes, o reconhecimento da complexidade e da extensão dos Direitos Humanos, não impedindo que, ainda assim, se considere que todos eles decorrem de único fundamento.

Por essas razões, acreditamos perfeitamente possível a existência de um fundamento único para os Direitos Humanos. É preciso, todavia, que indiquemos qual a razão da opção pela dignidade.

Aqui seguimos, entre outros, o pensamento de Fábio Konder Comparato, para quem o valor do direito decorre daquele que o criou, o homem. Para o autor, então, o fundamento não pode ser outro que não o próprio homem, "considerado em sua dignidade substancial de pessoa"[911].

Nesse sentido, é o fato de ser o homem dotado de dignidade ou, como diz Comparato, "um ser cujo valor ético é superior a todos os demais no mundo"[912], que impõe para si um mínimo de direitos. Natural, então, que a dignidade seja considerada o fundamento base.

Contudo, em que consiste a dignidade?

Como a maioria dos autores há de concordar, não é simples reduzirmos em palavras o significado da dignidade da pessoa humana. Como tantos outros conceitos, parece ser mais fácil identificarmos o que atenta contra a dignidade do que identificá-la em si mesma.

Optamos aqui, todavia, fugindo da tentação de usarmos desse expediente, ou seja, de definirmos de forma inversa, por apresentarmos definição que, em nosso entender, exprime de forma completa a ideia de dignidade da pessoa humana. É a apresentada por Ingo Wolfgang Sarlet, para quem dignidade é:

> a qualidade intrínseca e distintiva de cada ser humano que o faz merecedor do mesmo respeito e consideração por parte do Estado e da comunidade, implicando, neste sentido, um complexo de direitos e deveres fundamentais que assegurem a pessoa tanto contra todo e qualquer ato de cunho degradante e desumano, como venham a lhe garantir as condições existenciais mínimas para uma vida saudável, além de propiciar e promover sua participação ativa e corresponsável nos destinos da própria existência e da vida em comunhão com os demais seres humanos.[913]

Essa definição traz os elementos indispensáveis para que possamos considerar o que é a dignidade. Devemos voltar, todavia, para uma dúvida anterior, ainda não totalmente satisfeita: por que deve ser ela considerada, usando novamente as palavras de Comparato, a razão justificadora[914] dos Direitos Humanos? Deve ser assim considerada, como se depreende do uso que fizemos das lições de Comparato, porque ela é o traço distintivo entre o homem e os demais seres vivos.

E aí diversas explicações existem. Vamos trabalhar, por opção, com duas ordens de ideias: a do Cristianismo e a de Kant, aceitando, ao final, a segunda. A respeito de período anterior e de outras ideias, sugerimos a leitura de um dos autores que utilizaremos daqui por diante: Eduardo Ramalho Rabenhorst[915].

---

(910) *Ibidem*, p. 21.
(911) Fundamento dos direitos humanos. In: MARCÍLIO, Maria Luiza e outro (Coords.). *Cultura dos direitos humanos*. São Paulo: LTr, 1998. p. 60.
(912) *Ibidem*, p. 74.
(913) *Dignidade da pessoa humana e direitos fundamentais na Constituição Federal de 1988*. 2. ed. rev. e ampl. Porto Alegre: Livraria do Advogado, 2002. p. 62.
(914) Fundamento dos direitos humanos. In: MARCÍLIO, Maria Luiza e outro (Coords.). *Cultura dos direitos humanos*. São Paulo: LTr, 1998. p. 55.
(915) *Dignidade humana e moralidade democrática*. Brasília: Brasília Jurídica, 2001.

Começando com o Cristianismo, neste, segundo Rabenhorst, entende-se que Deus teria atribuído ao homem uma destinação superior, sendo o único criado à imagem e semelhança de seu Criador[916].

A dignidade, então, seria uma consequência da vontade divina, e manifestar-se-ia por conta de ter o homem um corpo e também uma alma.

Essa ideia, a propósito, fica clara na mensagem que o Papa Pio XII dirige, em 3 de novembro de 1948, aos trabalhadores da empresa Fiat, quando diz:

> O homem é imagem de Deus uno e trino, e, portanto, também é pessoa, é irmão do homem-Deus Jesus Cristo, e com ele e por ele, herdeiro de uma vida eterna: eis a sua verdadeira dignidade.[917]

Segundo Rabenhorst, no Cristianismo, a dignidade adquire uma dimensão qualitativa, "no sentido de que nenhum indivíduo possuiria maior ou menor grau de dignidade frente aos demais"[918].

O problema de aceitar a dignidade na perspectiva do Cristianismo é que, em primeiro lugar, ela é baseada em uma explicação que só pode ser comprovada por meio da fé, estando além do físico[919], o que traz problemas para sua assimilação, principalmente para os que professam outras crenças, ou para os que não têm crença.

Além do mais, entendemos, a dignidade humana no Cristianismo resta comprometida porque um de seus componentes, a igualdade[920], embora garantida quanto à dignidade humana[921], é vista de forma relativamente flexível, por cultuar o Cristianismo ideias como a da resignação, pregando a igualdade em outro mundo que não o terreno.

A outra possibilidade de trabalharmos a ideia de dignidade é com Kant e a razão e é, como dissemos, a que adotamos[922]. Não fazemos isso sem razão, como será visto adiante. A propósito, como afirma Michael Sandel, "A importância atribuída por Kant à dignidade humana define nossas concepções atuais dos direitos humanos universais"[923].

Para Kant, como explica Rabenhorst, no reino das finalidades humanas tudo ou tem preço ou dignidade. No primeiro caso, o que tem preço pode ser comparado ou trocado; já no caso da dignidade, ela funciona como atributo do que não pode sê-lo, ou seja, o que tem dignidade não é passível de substituição ou comparação. Como o homem, ser racional e dotado de autonomia, é o único capaz de fazer suas escolhas[924], ele é considerado como o único, também, que é possuidor de dignidade. Não pode o homem, então, em nenhuma circunstância ser considerado de outra forma que não como um fim em si mesmo[925]. Continua Rabenhorst afirmando que, "Na perspectiva Kantiana, a dignidade humana se funda, portanto, no lugar que o homem ocupa na escala dos seres"[926].

Kant, a propósito, assim explica:

> No reino dos fins tudo tem um preço ou uma dignidade. Quando uma coisa tem um preço, pode-se pôr em vez dela qualquer outra como equivalente; mas quando uma coisa está acima de todo o preço, e portanto não permite equivalente, então ela tem dignidade.[927]

---

(916) *Ibidem*, p. 24.
(917) SANCTIS, Frei Antonio de. Encíclicas e documentos sociais: da *rerum novarum* à *octogesima adveniens*. São Paulo: LTr, 1991. v. 1, p. 182.
(918) *Dignidade humana e moralidade democrática*. Brasília: Brasília Jurídica, 2001. p. 25.
(919) Cleber Francisco Alves, falando da noção de dignidade no enfoque da Igreja Católica, ensina que: "não se pode olvidar que a noção de dignidade humana está visceralmente fundada numa autêntica compreensão do que é o homem, e a respeito do verdadeiro sentido de sua vida, sentido esse que não pode ser encontrado apenas numa perspectiva reduzida à sua dimensão material, econômica ou social, mas deve ser respondido também quanto à dimensão psíquica e espiritual, voltada para o transcendente, indissociável em sua natureza." (*O princípio constitucional da dignidade da pessoa humana*: o enfoque da doutrina social da igreja. Rio de Janeiro: Renovar, Biblioteca de Teses, 2001. p. 160.)
(920) Aqui a observação necessária de que entendemos outros ideais políticos ou princípios que são caros ao homem e ao Direito, como a liberdade e a igualdade, como componentes — importantes, mas, ainda assim, componentes — da dignidade.
(921) O mesmo Pio XII, na mensagem anteriormente indicada, afirma nesse sentido, dispondo: A Igreja [...] garante a plena igualdade quanto à dignidade humana(SANCTIS, Frei Antonio de. Encíclicas e documentos sociais: da *rerum novarum* à *octogesima adveniens*. São Paulo: LTr, 1991. v. 1, p. 183).
(922) Nesses dois casos, observemos, trabalha-se a dignidade em uma perspectiva universal, o que, para nós, é imprescindível para compreender a ideia de Direitos Humanos. Há outras formas de compreender a dignidade, que seria um princípio vinculado à cultura dos povos, o que rejeitamos. Para ver a discussão sugerimos o nosso, já indicado, *Direitos humanos* (São Paulo: LTr, 2015, capítulo 5).
(923) *Justiça* – o que é fazer a coisa certa. Trad. Heloísa Matias e Maria Alice Máximo. Rio de Janeiro: Civilização Brasileira, 2011. p. 137.
(924) A respeito dessa liberdade, é importante observarmos que, para Kant, a liberdade é decorrente do dever e não da inclinação, ou seja, a liberdade existe para se fazer o que é certo, a partir de um juízo racional, e não para que a ação ocorra de acordo com nossas necessidades, nossos desejos, nossos apetites, até porque, nessa hipótese e, em certos casos, não se diferenciaria o ser racional dos seres não racionais, que também fazem escolhas. Isso fica claro na seguinte explicação de Sandel: "Para agir livremente, de acordo com Kant, deve-se agir com autonomia. E agir com autonomia é agir de acordo com a lei que imponho a mim mesmo — e não de acordo com os ditames da natureza ou das convenções sociais. Uma forma de entender o que Kant quis dizer quando fala em agir com autonomia é comparar o conceito de autonomia com o seu oposto. Kant inventa uma palavra para melhor definir esse contraste — *heteronomia*. Quando ajo com heteronomia, ajo de acordo com determinações exteriores. Eis um exemplo: quando você deixa cair uma bola de bilhar, ela não está agindo livremente. Seu movimento é comandado pelas leis da natureza — nesse caso, a lei da gravidade. [...] Agir livremente não é escolher as melhores formas para atingir determinado fim; é escolher o fim em si — uma escolha que os seres humanos podem fazer e bolas de bilhar (e a maioria dos animais) não podem" (*Justiça* – o que é fazer a coisa certa. Trad. Heloísa Matias e Maria Alice Máximo. Rio de Janeiro: Civilização Brasileira, 2011. p.141-142).
(925) O que impede a instrumentalização do ser humano, que equivaleria a considerá-lo como possuindo preço, que é o atributo dos seres não racionais.
(926) *Dignidade humana e moralidade democrática*. Brasília: Brasília Jurídica, 2001. p. 34.
(927) KANT, Immanuel. *Fundamentação da metafísica dos costumes*. Tradução de Paulo Quintela. Lisboa: Edições 70, 2003. p. 77. De certa forma, repetindo o que foi visto acima, com Rabenhorst, é possível dizer o seguinte: em relação à dignidade da pessoa humana, a chave para isso é entender a separação que foi feita

A dignidade, dessa feita, deve ser considerada como atributo do ser humano, algo que dele faz parte e, portanto, o faz merecedor de um mínimo de direitos.

Notemos que, como afirma Sarlet, nessa perspectiva, a dignidade, "como qualidade intrínseca da pessoa humana, é irrenunciável e inalienável, constituindo elemento que qualifica o ser humano como tal e dele não pode ser destacado"[928].

Ao se indicar a razão, a autonomia que tem o ser humano de fazer as suas escolhas, todavia, aparentemente é possível entrarmos em uma armadilha, pois, como nem todos os seres humanos são dotados de razão e consciência, ao que tudo indica seria possível dizermos que a dignidade não é atributo de todos os seres humanos, ou, por outro lado, que esse não é o fundamento que garantiria de forma universal a dignidade e, por via de consequência, os Direitos Humanos.

Não, porque a razão, aqui, deve ser entendida de forma potencial, com uma dupla face. Como lembra Sarlet, a autonomia é considerada em abstrato, como sendo a capacidade potencial que cada ser humano tem de autodeterminar sua conduta, não dependendo da sua efetiva realização no caso da pessoa em concreto, de tal sorte que também o absolutamente incapaz (por exemplo, o portador de grave deficiência mental) possui exatamente a mesma dignidade que qualquer outro ser humano física e mentalmente capaz[929].

Respondendo à mesma questão, da razão como propriedade natural que assegure idêntico valor a todos os seres humanos, e enfrentando da mesma forma a questão de que nem todos os homens serem dotados de razão, Rabenhorst afirma que a "solução consistiria talvez em dizer que, nesses casos, a racionalidade permaneceria em estágio potencial"[930].

Acreditamos que, mais do que talvez, a explicação é de fácil absorção, pois o que se está a considerar, no caso, é o padrão comum do ser humano, que o distingue dos demais seres. Nada mais natural que esse padrão gere consequências para todos, até por conta do componente igualdade, presente na dignidade.

Esse reconhecimento da dignidade, em abstrato, finda por conduzir ao entendimento de que ela tem uma dupla face: de um lado, o poder de fazer escolhas, de exercitar a autonomia; de outro, o direito de ter respeito mínimo por parte do Estado e de toda a comunidade[931].

A dignidade, a propósito, tem sido reconhecida, pelos principais textos nacionais e internacionais, como a base da vida em sociedade e dos Direitos Humanos.

Por exemplo, o art. I da Declaração Universal dos Direitos Humanos enuncia:

> Todos os homens nascem livres e iguais em dignidade e direitos. São dotados de razão e consciência e devem agir em relação uns aos outros com espírito de fraternidade.

Esse enunciado, ressaltamos, indica que a Declaração, ao menos nesse ponto, queda-se à ideia da razão como justificadora da dignidade e de direitos mínimos. E mais: revela que a dignidade deve produzir efeitos no plano material, como vetor que impõe obrigações ao Estado e a toda a sociedade.

É que não podemos falar em dignidade da pessoa humana se isso não se materializa em suas próprias condições de vida. Como falarmos em dignidade sem direito à saúde, ao trabalho, enfim, sem o direito de participar da vida em sociedade com um mínimo de condições[932]?

E isso permite finalizarmos o item relacionando Direitos Humanos e dignidade.

Uma possível crítica a respeito da dignidade Kantiana é de que ela é apresentada em abstrato, sem indicar, concretamente, o que seria esse atributo.

A crítica não procede por, pelo menos, duas razões. Primeiro, Kant estava, na *Fundamentação da metafísica dos costumes*, trabalhando com a proposta de discutir a lei moral, a partir do conhecimento *a priori*, e não faria sentido, quando tratou da dignidade, fazer um movimento em direção ao conhecimento *a posteriori*. Isso cabe aos seus intérpretes, quando a situação o exige.

Segundo, embora não tenha indicado o que é, concretamente, a dignidade, Kant demarcou claramente seu espaço, ao colocar, em sua oposição, o preço. Assim, respeitamos a dignidade do ser racional quando não praticamos atos que possam incliná-lo (o ser racional) em direção a atributo que não possui: o preço, ou seja, instrumentalizá-lo. Concretamente, isso ocorre quando respeitamos direitos básicos do ser racional, como diria Kant, ou do ser humano, como dizemos agora, e esses direitos básicos, por óbvio, constituem o que denominamos de Direitos Humanos, daí a natural relação entre estes e a dignidade, justificando que esta seja o fundamento daqueles.

Essa relação entre Direitos Humanos e dignidade da pessoa humana é, a propósito, crucial para a compreensão do item seguinte, pois, como veremos adiante, o Trabalho Decente nada mais é que parte desse conjunto maior denominado de Direitos Humanos, como já indicamos anteriormente.

---

por Kant entre aquele (o ser humano) que deve ser tratado como um fim em si mesmo, o que o faz merecedor de um mínimo de direitos, em razão de possuir o atributo da dignidade, e o que pode ser tratado como meio (o ser não racional), ou seja, instrumentalizado, por ter como atributo o preço.
(928) *Dignidade da pessoa humana e direitos fundamentais na Constituição Federal de 1988*. 2. ed., rev. e ampl., Porto Alegre: Livraria do Advogado, 2002. p. 41.
(929) *Ibidem*, p. 45.
(930) *Dignidade humana e moralidade democrática*. Brasília: Brasília Jurídica, 2001. p. 44.
(931) Ver aqui, novamente, SARLET (*Dignidade da pessoa humana e direitos fundamentais na Constituição Federal de 1988*. 2. ed., rev. e ampl. Porto Alegre: Livraria do Advogado, 2002. p. 50).
(932) Para complementar as ideias aqui expendidas a respeito de Kant, sugerimos ler o Capítulo 5, p. 133-174, do já anteriormente mencionado livro *Justiça – o que é fazer a coisa certa*, de Michael Sandel (Trad. Heloísa Matias e Maria Alice Máximo. Rio de Janeiro: Civilização Brasileira, 2011).

3. O trabalho decente

Apresentada a dignidade da pessoa humana, e sua condição de fundamento dos Direitos Humanos, vamos agora mostrar o suporte para que seja ela também o fundamento do Trabalho Decente, começando pela construção desse que, para nós, repetimos ainda uma vez, é um subconjunto dos Direitos Humanos.

Para isso, iniciamos dizendo que, no bojo dos Direitos Humanos, estão direitos específicos dos trabalhadores, englobados na segunda geração ou dimensão, que trata, entre outros, dos direitos econômicos[933] e sociais.

Esses, os direitos de segunda dimensão, principalmente os sociais, observemos, não são constituídos apenas dos direitos trabalhistas. Basta ver o art. 6º da Constituição da República para notarmos que, dentre os direitos sociais, estão contidos o direito à educação, à saúde, à moradia, ao lazer, à segurança, à previdência social, além de outros.

Como direitos sociais temos, dessa feita, conjunto de direitos que, tão importantes quanto os direitos civis e políticos, exaltam necessidades do ser humano, que são fundamentais para sua integração à vida em sociedade[934].

Diferenciam-se dos direitos humanos de 1ª dimensão porque, via de regra, exigem, ao contrário da simples abstenção do Estado, prestações positivas deste, ou seja, importam investimentos e políticas definidas do Estado para serem oferecidos.

Alexandre de Moraes afirma que os direitos sociais têm por finalidade a melhoria de condições de vida aos hipossuficientes, visando à concretização da igualdade social[935].

Os objetivos diretos dos direitos sociais, entretanto, não os tornam distintos ou antagônicos dos direitos de 1ª dimensão, pois todos eles, incluindo os mais recentes, de fraternidade, caminham no mesmo sentido, que é possibilitar dignidade ao ser humano, embora isso ocorra, ao menos preferencialmente, em distintos planos do indivíduo: os de 1ª dimensão no plano individual, os de 2ª no plano coletivo, e os de 3ª dimensão, principalmente, no que se hoje convencionou chamar de interesses difusos, em decorrência de seu alto grau de abstração.

As três dimensões dos direitos humanos, então, completam-se mutuamente, interagindo entre si.

A respeito dessa interação, Amauri Mascaro Nascimento afirma:

> Não há contraposição entre os direitos humanos clássicos individuais e os direitos sociais. Interpenetram-se, apesar do diferente contexto ideológico que os inspirou. Não se fundem, mas se implicam de modo dialético, exercendo uma mútua influência, que os aperfeiçoa.[936]

Esse, também, o pensamento de Flávia Piovesan, que vale citar na íntegra:

> Ao conjugar o valor da liberdade com o valor da igualdade, a Declaração demarca a concepção contemporânea de direitos humanos, pela qual os direitos humanos passam a ser concebidos como uma unidade interdependente, inter-relacionada e indivisível. Assim, partindo-se do critério metodológico, que classifica os direitos humanos em gerações, adota-se o entendimento de que uma geração de direitos não substitui a outra, mas com ela interage. Isto é, afasta-se a ideia de sucessão "geracional" de direitos, na medida em que se acolhe a ideia da expansão, cumulação e fortalecimento dos direitos humanos consagrados, todos essencialmente complementares e em constante dinâmica de interação. Logo, apresentando os direitos humanos uma unidade indivisível, revela-se esvaziado o direito à liberdade, quando não assegurado o direito à igualdade e, por sua vez, esvaziado revela-se o direito à igualdade, quando não assegurada a liberdade.
>
> Vale dizer, sem a efetividade dos direitos econômicos, sociais e culturais, os direitos civis e políticos se reduzem a meras categorias formais, enquanto, sem a realização dos direitos civis e políticos, ou seja, sem a efetividade da liberdade entendida em seu mais amplo sentido, os direitos econômicos e sociais carecem de verdadeira significação. Não há mais como cogitar da liberdade divorciada da justiça social, como também infrutífero pensar na justiça social divorciada da liberdade. Em suma, todos os direitos humanos constituem um complexo integral, único e indivisível, em que os diferentes direitos estão necessariamente inter-relacionados e interdependentes entre si.[937]

---

(933) Almir de Oliveira refere que, para a Convenção Americana de Direitos Humanos, são direitos econômicos: salários justos, emprego e condições de trabalho aceitáveis (*Curso de direitos humanos*. Rio de Janeiro: Forense, 2000. p. 74).
(934) Especificamente em relação ao trabalho, encontramos nas Memórias do Diretor-Geral da Organização Internacional do Trabalho esclarecimento que, entendemos, oferece a motivação necessária para a caracterização do trabalho e dos direitos dele decorrentes como integrantes dos Direitos Humanos: "La experiencia diaria nos recuerda que para todos el trabajo es un aspecto definitorio de la existencia humana. El trabajo es un medio para sustentar la vida y satisfacer las necesidades básicas. Pero es también la actividad mediante la cuál las personas afirman su propia identidad, tanto ante sí mismas como ante quienes les rodean. El trabajo es crucial para el ejercicio de opciones personales, para el bienestar de la familia y para la estabilidad de la sociedad." (*Reducir el deficit de trabajo decente: un desafío global*. 1. ed., Ginebra – Suiza: Oficina Internacional del Trabajo, 2001. p. 6).
(935) *Direito constitucional*. 6. ed. São Paulo: Atlas, 1999. p. 186.
(936) *Teoria geral do direito do trabalho*. São Paulo: LTr, 1998. p. 285.
(937) A Constituição brasileira de 1988 e os tratados internacionais de proteção dos direitos humanos. In: MARCÍLIO, Maria Luiza e outro (Coords.). *Cultura dos direitos humanos*. São Paulo: LTr, 1998. p. 137-139.

No mesmo sentido, ainda, o posicionamento que Belisário dos Santos Júnior extrai da Resolução n. 32/130 da ONU. Afirma o autor: "é impossível a realização dos direitos civis e políticos sem o usufruto dos direitos econômicos sociais e culturais."[938]

Discrepando, em parte, desse posicionamento, temos Ricardo Lobo Torres. Segundo o autor, a jusfundamentalidade dos direitos sociais se reduz ao mínimo existencial, em seu duplo aspecto de proteção negativa contra a incidência de tributos sobre os direitos sociais mínimos de todas as pessoas e de proteção positiva consubstanciada na entrega de prestações estatais materiais em favor dos pobres[939].

Por que em parte? Por não negar o autor o reconhecimento dos direitos sociais, ou melhor, de parte deles, em circunstâncias determinadas e, em alguns casos, em favor de grupos determinados, como integrantes dos Direitos Humanos, o que constituiria o "mínimo existencial", na visão de Ricardo Lobo Torres.

Essa técnica, por outro lado, finda por limitar, e muito, o rol dos direitos sociais reconhecidos como Direitos Humanos, ou, como afirma o autor, como tocados pela "jusfundamentalidade"[940].

Essa dissonância no pensamento, que não é tênue, entretanto, quando pensada em termos enumerativos, tomando por base a indispensabilidade do direito para a preservação da dignidade, reduz-se significativamente[941], se pensada em termos de uma pauta mínima[942].

Retornando aos direitos voltados especificamente para os trabalhadores, estão eles reconhecidos em diversos textos.

Pela sua relevância, o mais importante é a mencionada Declaração Universal dos Direitos Humanos que trata, em diversos artigos, de disposições que compõem o mínimo de direitos do homem-trabalhador.

Esses direitos estão concentrados, basicamente, nos arts. XXIII e XXIV, que prescrevem[943]:

Artigo XXIII

1. Todo ser humano tem direito ao trabalho, à livre escolha de emprego, a condições justas e favoráveis de trabalho e à proteção contra o desemprego.

2. Todo ser humano, sem qualquer distinção, tem direito a igual remuneração por igual trabalho.

3. Todo ser humano que trabalha tem direito a uma remuneração justa e satisfatória, que lhe assegure, assim como à sua família, uma existência compatível com a dignidade humana e a que se acrescentarão, se necessário, outros meios de proteção social.

4. Todo ser humano tem direito a organizar sindicatos e a neles ingressar para proteção de seus interesses.

Artigo XXIV Todo ser humano tem direito a repouso e lazer, inclusive a limitação razoável das horas de trabalho e a férias remuneradas periódicas.[944]

Esse rol, observamos, não esgota o conjunto do que poderíamos denominar de direitos mínimos do homem-trabalhador. Não inclui expressamente, por exemplo, o direito ao trabalho que preserve a saúde do trabalhador e que possa ser prestado com segurança. Não se refere, de forma direta, do direito ao tratamento igualitário entre os diversos postulantes a um trabalho, ou ocupantes de emprego, embora haja a garantia genérica no art. II[945]. Fornece, entretanto, a ideia básica do que é o conjunto mínimo de direitos dos trabalhadores.

É composto do direito ao trabalho, principal meio de sobrevivência daqueles que, despossuídos de capital, vendem sua força de trabalho; da liberdade de escolha do trabalho e, uma vez obtido o emprego, do direito de nele encontrar condições justas, tanto no tocante à remuneração como no que diz respeito ao limite de horas trabalhadas e períodos de repouso. Garante ainda o direito dos trabalhadores de se unirem em associação, com o objetivo de defesa de seus interesses.

Isso revela que o que os arts. XXIII e XXIV da Declaração traçam são os postulados básicos dos trabalhadores desde o seu agrupamento a partir das primeiras coalisões, no início da Revolução Industrial.

Não só, porém, da Declaração Universal dos Direitos Humanos, ficando nos textos internacionais, podemos extrair o conjunto mínimo de direitos dos trabalhadores. É possível vislumbrarmos esse rol básico nas chamadas "convenções fundamentais" da Organização Internacional do Trabalho – OIT.

São elas as que tratam da liberdade sindical (arts. 87 e 98), da proibição de trabalho forçado (29 e 105), da proibição de

---

(938) Participação e cidadania. In: MARCÍLIO, Maria Luiza e outro (Coords.). *Cultura dos direitos humanos*. São Paulo: LTr, 1998. p. 30.
(939) A metamorfose dos direitos sociais em mínimo existencial. In: SARLET, Ingo Wolfgang (Org.). *Direitos fundamentais sociais*: estudos de direito constitucional, internacional e comparado. Rio de Janeiro: Renovar, 2003. p. 1-2.
(940) *Ibidem*, p. 2.
(941) Fazemos aqui a observação de que o tratamento singelo dado ao tema justifica-se, apenas, nos objetivos deste estudo. Existe, por óbvio, discussão muito mais complexa que, entretanto, não cabe ainda aqui trilhar.
(942) O trabalho, como aludimos em nota anterior, usando pensamento extraído de Memórias do Diretor-Geral da OIT, está enquadrado tanto na concepção mais ampla de Direitos Humanos, como na visão de *Ricardo Lobo Torres* a respeito do mínimo existencial, por ser indispensável à satisfação das necessidades básicas das pessoas; por ser elemento formador de sua identidade; e por ser o garantidor de suas opções pessoais.
(943) Podem ser extraídos diversos direitos trabalhistas de outros artigos, sendo estes, entretanto, os que tratam de forma direta da matéria.
(944) Disponível em: <http://www.dudh.org.br/wp-content/uploads/2014/12/dudh.pdf>. Acesso em: 6 nov. 2015.
(945) Artigo II 1 – Todo ser humano tem capacidade para gozar os direitos e as liberdades estabelecidos nesta Declaração, sem distinção de qualquer espécie, seja de raça, cor, sexo, idioma, religião, opinião política ou de outra natureza, origem nacional ou social, riqueza, nascimento, ou qualquer outra condição. 2 – Não será também feita nenhuma distinção fundada na condição política, jurídica ou internacional do país ou território a que pertença uma pessoa, quer se trate de um território independente, sob tutela, sem governo próprio, quer sujeito a qualquer outra limitação de soberania (*idem*).

trabalho abaixo de uma idade mínima (138 e 182) e da proibição de discriminação (100 e 111).

Esse rol básico, hoje em dia, está expressamente definido na Declaração da OIT sobre os princípios e direitos fundamentais no trabalho, adotada na 86ª sessão da Conferência Internacional do Trabalho, em junho de 1998. Seu objetivo é oferecer "um novo meio de promoção de tais direitos e princípios, muito especialmente para os estados que não ratificaram estas convenções"[946].

Por outro lado, seu conteúdo confunde-se com o "mínimo social que todos os Estados devem respeitar no processo de mundialização no âmbito do mandato da OIT"[947].

Tudo isso fica claro pela leitura do item 2 da Declaração, onde consta:

> 2. Declara que todos os Membros, ainda que não tenham ratificado as convenções aludidas, têm um compromisso derivado do fato de pertencer à Organização de respeitar, promover e tornar realidade, de boa-fé e de conformidade com a Constituição, os princípios relativos aos direitos fundamentais que são objeto dessas convenções, isto é:
>
> a) a liberdade sindical e o reconhecimento efetivo do direito de negociação coletiva;
>
> b) a eliminação de todas as formas de trabalho forçado ou obrigatório;
>
> c) a abolição efetiva do trabalho infantil; e
>
> d) a eliminação da discriminação em matéria de emprego e ocupação.[948]

A propósito, cabe dizermos que, na atualidade, garantir o trabalho decente é o primeiro dos objetivos da OIT, no processo de modernização e renovação que empreende. Isso fica claro nas Memórias do Diretor-Geral da Organização, relativamente à 89ª reunião da Conferência Internacional do Trabalho (2001), quando, listando os objetivos de seu Programa, indica, ao início, a proposta de: *Centrar las energias de la OIT en el trabajo decente como una de las principales demandas globales de nuestra época.*[949]

Podemos verificar, por fim, esse conjunto mínimo no Pacto Internacional dos Direitos Econômicos, Sociais e Culturais, aprovado na XXI Sessão da Assembleia Geral das Nações Unidas, em Nova Iorque, em 19 de dezembro de 1966, e, depois de ratificado pelo Brasil, com o Decreto de Execução do Presidente da República tomando o número 591, de 6 de julho de 1992, publicado no Diário Oficial da União de 7 de julho de 1992[950].

Do Pacto, os artigos que nos interessam são os seguintes:

ARTIGO 6º

1. Os Estados-Partes do presente Pacto reconhecem o direito ao trabalho, que compreende o direito de toda pessoa de ter a possibilidade de ganhar a vida mediante um trabalho livremente escolhido ou aceito, e tomarão medidas apropriadas para salvaguardar esse direito.

2. As medidas que cada Estado-Parte do presente Pacto tomará a fim de assegurar o pleno exercício desse direito deverão incluir a orientação e a formação técnica e profissional, a elaboração de programas, normas e técnicas apropriadas para assegurar um desenvolvimento econômico, social e cultural constante e o pleno emprego produtivo em condições que salvaguardem aos indivíduos o gozo das liberdades políticas e econômicas fundamentais.

ARTIGO 7º

Os Estados-Partes do presente Pacto reconhecem o direito de toda pessoa de gozar de condições de trabalho justas e favoráveis, que assegurem especialmente:

a) Uma remuneração que proporcione, no mínimo, a todos os trabalhadores:

i) Um salário eqüitativo e uma remuneração igual por um trabalho de igual valor, sem qualquer distinção; em particular, as mulheres deverão ter a garantia de condições de trabalho não inferiores às dos homens e perceber a mesma remuneração que eles por trabalho igual;

ii) Uma existência decente para eles e suas famílias, em conformidade com as disposições do presente Pacto;

b) A segurança e a higiene no trabalho;

c) Igual oportunidade para todos de serem promovidos, em seu Trabalho, à categoria superior que lhes corresponda, sem outras considerações que as de tempo de trabalho e capacidade;

d) O descanso, o lazer, a limitação razoável das horas de trabalho e férias periódicas remuneradas, assim como a remuneração dos feriados.

ARTIGO 8º

1. Os Estados-Partes do presente Pacto comprometem-se a garantir:

a) O direito de toda pessoa de fundar com outras, sindicatos e de filiar-se ao sindicato de escolha, sujeitando-se unicamente aos estatutos da organização interessada, com o objetivo de promover e de proteger seus interesses econômicos e sociais. O exercício desse direito só poderá ser objeto das restrições previstas em lei e que sejam necessárias, em uma sociedade democrática, no interesse da segurança nacional ou da ordem pública, ou para proteger os direitos e as liberdades alheias;

---

(946) Conforme "Declaração de Princípios da OIT: um novo instrumento para promover os direitos fundamentais" (*Guia de educação operária*. 1. ed. Suíça: Repartição Internacional do Trabalho, 2000. p. 2), como consta da introdução, assinada por Manuel Simón Velasco, Diretor do Escritório de Atividades para Trabalhadores da OIT.
(947) *Ibidem*, p. 5.
(948) *Ibidem*, p. 17.
(949) *Reducir el deficit de trabajo decente*: un desafío global. 1. ed. Ginebra – Suiza: Oficina Internacional del Trabajo, 2001. p. 1.
(950) Disponível em: <http://www.presidencia.gov.br/ccivil_03/decreto/1990-1994/D0591.htm>. Acesso em: 28 set. 2015.

b) O direito dos sindicatos de formar federações ou confederações nacionais e o direito destas de formar organizações sindicais internacionais ou de filiar-se às mesmas;

c) O direito dos sindicatos de exercer livremente suas atividades, sem quaisquer limitações além daquelas previstas em lei e que sejam necessárias, em uma sociedade democrática, no interesse da segurança nacional ou da ordem pública, ou para proteger os direitos e as liberdades das demais pessoas;

d) O direito de greve, exercido de conformidade com as leis de cada país.

2. O presente artigo não impedirá que se submeta a restrições legais o exercício desses direitos pelos membros das forças armadas, da política ou da administração pública.

3. Nenhuma das disposições do presente artigo permitirá que os Estados-Partes da Convenção de 1948 da Organização Internacional do Trabalho, relativa à liberdade sindical e à proteção do direito sindical, venham a adotar medidas legislativas que restrinjam – ou a aplicar a lei de maneira a restringir as garantias previstas na referida Convenção.

ARTIGO 9º

Os Estados-Partes do presente Pacto reconhecem o direito de toda pessoa à previdência social, inclusive ao seguro social.

Além desses, outros mais existem. Os que estão acima transcritos, entretanto, revelam o conjunto básico dos direitos do homem-trabalhador. Observemos que, elaborados claramente a partir do que consta da Declaração Universal dos Direitos Humanos, foram-no de forma mais detalhada e completa, sendo de notar, por exemplo, a referência à segurança e saúde no trabalho, que se repete, ainda, no art. 12.

Com base nos textos acima, de validade internacional, e com os acréscimos que propomos, podemos, em síntese, listar como direitos mínimos do homem-trabalhador os seguintes, fazendo desde logo pequena divisão:

No plano individual:

Direito ao trabalho, que é a base sobre a qual se assentam todos os demais, dele desdobramentos, e pode ser analisado de diversas formas, sendo que, principalmente, como obrigação do Estado de criar condições para que o trabalhador possa exercer uma ocupação que lhe permita e à sua família subsistir.

É um direito, todavia, que não vem sendo respeitado na medida necessária. Conforme estimativas da OIT, em 1999, *"hay en el mundo 150 millones de desempleados absolutos, pero la realidad es mucho más sombria, ya que otros muchos tienen que ganarse la vida con un trabajo ocasional, o por cuenta propia muy poco productivo, o al amparo de otras formas de subempleo"*[951].

Por outro lado, a expectativa que se tem é que esse número deverá cair ainda mais, com a automação continuando a retirar da atividade produtiva, de forma crescente, os postos de trabalho.

A situação fica ainda mais grave quando se percebe que os Estados, embora aparentemente preocupem-se com a questão, adotam visão muito mais adequada à atuação do capital, criando medidas que favorecem a atividade produtiva com fins simplesmente econômicos, e não sociais.

Além do mais, nem sempre os Estados utilizam o seu orçamento na área social para investir na criação de empregos ou na qualificação dos trabalhadores, criando espaços para que possam subsistir sem precisar estar atrelados a benefícios concedidos pelo Poder Público. No Brasil, é o caso do Programa Bolsa Família, que é necessário, mas incompleto, no sentido acima defendido.

O pior de tudo é que a falta de trabalho acaba gerando o discurso de que é necessário reduzir as condições de trabalho existentes para acolher os trabalhadores excluídos do mercado, em lógica que somente favorece a concentração de riqueza e o alargamento das desigualdades.

Liberdade de escolha do trabalho. O trabalho deve ser de livre escolha do trabalhador, respeitadas as condições que a lei estabelecer, não sendo possível sujeitar o trabalhador ao exercício não espontâneo do trabalho.

Segundo a OIT, "O controle abusivo de um ser humano sobre outro é a antítese do trabalho decente"[952]. Por isso, não se pode falar em Direito ao Trabalho, muito menos em condições mínimas para o exercício do trabalho, quando este não é livre.

Igualdade de oportunidades para e no exercício do trabalho. O trabalho deve ser oferecido a todos os que possuam as habilidades necessárias, sem distinções (leia-se discriminações) de qualquer natureza, bem como as oportunidades, dentro das organizações, devem ser oferecidas dentro da mesma óptica.

Nesse aspecto, os Estados caminharam muito pouco, ainda. Não obstante a discriminação seja repudiada internacionalmente, ela ainda é fonte de muita desigualdade; no trabalho, onde se encontra a circunstância ideal para a discriminação, pela relação de poder que se estabelece, mais ainda.

Como já afirmamos, na relação de emprego "encontra-se a condição ideal para quem vai discriminar: o fato de que nela existe, via de regra, a sujeição de um homem pelo outro, decorrentes das necessidades do primeiro de trabalhar e com isso garantir sua sobrevivência e de sua família"[953].

A propósito, como afirma a OIT, *"Los trabajadores no se reparten al azar entre los distintos tipos de trabajo y situaciones de los mercados laborales. En el trabajo que hacen influyen poderosamente diversos factores, como su raza, su origen étnico, su casta, su edad o su género"*[954].

---

(951) *Trabajo decente*. 1. ed., Ginebra – Suiza: Oficina Internacional del Trabajo, 1999. p. 24.
(952) *Não ao trabalho forçado*. Genebra – Suíça: Oficina Internacional do Trabalho, 2001. p. 1.
(953) *Discriminação no trabalho*. São Paulo: LTr, 2002. p. 43.
(954) *Trabajo decente*. 1. ed., Ginebra – Suiza: Oficina Internacional del Trabajo, 1999. p. 32.

Direito de exercer o trabalho em condições que preservem a saúde do trabalhador. Preocupação que, desafortunadamente, não data de muito tempo, a preservação da saúde do trabalhador e, mais ainda, de sua vida, deve ser a principal, dentro de uma saudável relação capital-trabalho. De nada adianta ao trabalhador um emprego, mesmo que com remuneração razoável, se sua saúde é comprometida.

A primeira meta em matéria de condições de trabalho, então, deve ser a preservação do ambiente em condições de salubridade e segurança, pois a qualidade de vida é o ponto de partida para qualquer forma de relacionamento ou de atividade.

Ainda estamos longe disso. Para se ter uma ideia da dimensão do problema, a OIT indica a ocorrência de aproximadamente 250 milhões de acidentes com trabalhadores, por ano, com 300 mil mortes no mesmo período[955]. Informa, ainda, apenas em relação aos Estados Unidos da América, a perda de 200 milhões de dias de trabalho por ano somente como resultado de depressão relacionada com o trabalho[956]. E isso não porque seja inevitável, mas principalmente porque mínimos cuidados não são observados, como ocupar o trabalhador poucos minutos por dia para instruí-lo a respeito das normas de saúde e segurança.

Direito a uma justa remuneração. Como meio de subsistência do trabalhador e de sua família, a paga que recebe deve ser, além de compatível com os serviços prestados, suficiente para a satisfação de suas necessidades e dos que lhe são dependentes.

A justa remuneração pelo trabalho, aliás, ao lado da posse equitativa da terra, deve ser considerada como um dos principais direitos econômicos, na classificação tradicional em gerações ou dimensões que recebem os Direitos Humanos.

Já sendo a remuneração reduzida, e, mais, único meio de subsistência do trabalhador, deve ser garantida, ao menos, em patamar mínimo, não podendo ser ainda eliminada ou reduzida por meio de artifícios, como acontece nas hipóteses em que o trabalhador é reduzido à condição análoga à de escravo, quando é comum que o obreiro simplesmente não receba salários sob o pretexto de que suas dívidas ultrapassam o valor a receber[957].

Direito a justas condições de trabalho, principalmente limitação da jornada de trabalho e existência de períodos de repouso. A História revela que, sem uma mínima proteção, a tendência dos tomadores de serviços é exaurir os trabalhadores com jornadas excessivas e negação do direito ao descanso, além de oferecerem sempre as piores condições para a prestação do serviço. É preciso, então, garantir um mínimo de condições aos trabalhadores, com ênfase para as que tratam da duração do trabalho e dos períodos de repouso.

Especificamente em relação à jornada, desde o início da Revolução Industrial, a questão foi entendida como crucial para os trabalhadores.

Segundo António Menezes Cordeiro:

> O tempo de trabalho tornou-se um problema nuclear na sequência da Revolução Industrial. Perdidas as regras das antigas corporações, os trabalhadores vieram a ficar desamparados. A autonomia privada que lhes era formalmente reconhecida jogava contra eles: as condições do mercado e, em especial, a abundância de mão de obra conduziam ao desmesurado alongamento do dia de trabalho, em termos bem vivos nas páginas que documentam a questão social. Muitos dos passos iniciais do Direito do Trabalho destinaram-se, assim, a regular o tempo de trabalho.[958]

Arnaldo Süssekind, a respeito da limitação do tempo de trabalho, afirma sua universalização, "visando à proteção do trabalho humano e à dignificação do trabalhador"[959].

De fato, é hoje entendimento geral que o trabalhador deve ter a duração de seu trabalho limitada, sendo os fundamentos que sustentam essa posição, como ensinam Délio Maranhão e Luiz Inácio B. Carvalho, de uma tríplice natureza: biológica, social e econômica[960], pois é preciso respeitar os limites físicos do trabalhador, prevenindo a fadiga e outros males decorrentes do excesso de horas de trabalho; é necessário permitir a vida do trabalhador em comunidade, fora do local de trabalho, entre outras razões que justificam a limitação da jornada e a fixação de períodos de repouso, durante a jornada e entre jornadas; bem como ao longo da semana e do ano; e, ainda, é imprescindível manter o rendimento normal do trabalhador, além de não se inviabilizar a criação de novos postos de trabalho.

As condições relativas ao tempo de trabalho, então, são de importância tal que justificam sua inclusão entre os direitos mínimos que configuram o trabalho decente. Por essa razão é que a jornada exaustiva foi, no Brasil, tipificada como ilícito penal, sendo uma das hipóteses em que se configura a redução do ser humano à condição análoga à de escravo.

Proibição do trabalho infantil. O trabalho de crianças e adolescentes é problemático desde a Revolução Industrial, sendo prejudicial ao desenvolvimento do ser humano, em todos os níveis. É preciso, então, fixar limite etário para o exercício do trabalho, além, é claro, de criar condições para que as famílias possam subsistir sem a participação ativa dos menores.

O limite para o exercício do trabalho de crianças e adolescentes, no plano internacional, é fixado pela Convenção n. 138,

---

(955) *Trabajo decente.* 1. ed., Ginebra – Suiza: Oficina Internacional del Trabajo, 1999. p. 43.
(956) *Reducir el deficit de trabajo decente:* un desafío global. 1. ed., Ginebra – Suiza: Oficina Internacional del Trabajo, 2001. p. 11.
(957) Ver, a propósito, o nosso *Trabalho escravo:* caracterização jurídica (São Paulo: LTr, 2014. p. 86-96).
(958) *Manual de direito do trabalho.* Coimbra: Almedina, 1991. p. 688.
(959) *Instituições de direito do trabalho.* 18. ed. São Paulo: LTr, 1999. v. 2, p. 800.
(960) *Direito do trabalho.* 17. ed. Rio de Janeiro: Fundação Getúlio Vargas, 1993. p. 100.

da OIT, em 15 anos, exceção feita às piores formas de trabalho infantil, quando se pretende pura e simplesmente sua eliminação para todas as crianças e adolescentes, sem idade mínima estabelecida (Convenção n. 182).

Nada disso vem acontecendo. O trabalho de crianças e adolescentes é uma triste realidade, ainda muito longe de ser alterada.

No plano coletivo

Liberdade sindical. A existência de direitos mínimos dos trabalhadores no plano individual, revela-nos a História, deve-se em muito à sua capacidade de união em associações para defesa de seus interesses. Isso só ocorre, ao menos de forma eficaz, se esse direito de organizar associações e, nelas, decidir quais as linhas de ação mais convenientes para a defesa de seus interesses, ocorrer em clima de liberdade, com proteção para aqueles que recebem o encargo de representar os trabalhadores.

É da possibilidade de união dos trabalhadores, ressaltemos, que nascem as principais garantias contra a exploração do trabalho humano. Negar a sindicalização livre, então, bem como os instrumentos que decorrem da união dos trabalhadores, é negar praticamente todos os mínimos direitos dos trabalhadores, pois o Estado, quando concede esses direitos, via de regra, o faz pela pressão organizada exercida pelos que vivem do trabalho e por seus representantes. Os empregadores da mesma forma; suas "concessões" somente acontecem quando as entidades representativas dos trabalhadores forçam nesse sentido.

Não é por outro motivo, então, que a OIT inclui a liberdade sindical entre os direitos necessários para a existência do trabalho decente[961].

No plano da seguridade

Proteção contra o desemprego e outros riscos sociais. O trabalhador, tendo, na maioria das vezes, como único patrimônio sua força de trabalho, necessita de proteção contra os riscos sociais, aqueles que impedem ou diminuem sua capacidade de subsistência, sendo um deles o desemprego que, como vimos logo no início do item, assume proporções que, sem nenhum alarmismo, são gigantescas.

A OIT calcula, com a ressalva feita pela própria Entidade de que suas informações são fragmentadas, que somente 20% dos trabalhadores no mundo estão amparados por medidas de proteção social adequadas. Mais, *"en muchos países de bajos ingresos, la protección institucional para los ancianos e inválidos, o para casos de enfermedad y atención de salud, abarca tan sólo a una mínima parte de la población"*[962].

Finalizando o item, esses direitos mínimos do homem-trabalhador é que devem caraterizar o que denominamos Trabalho Decente. Menos que isso é sujeitar o trabalhador a condições de trabalho que estão abaixo do necessário para que seja preservada sua dignidade.

Assim, embora reconheçamos as razões que levam a OIT a se fixar em quatro pontos básicos: liberdade de trabalho; igualdade no trabalho; proibição do trabalho infantil; e liberdade sindical, acreditamos que o elenco mínimo é maior[963].

Não há Trabalho Decente sem condições adequadas à preservação da vida e da saúde do trabalhador. Não há Trabalho Decente sem justas condições para o trabalho, principalmente no que toca às horas de trabalho e aos períodos de repouso.

Não há Trabalho Decente sem justa remuneração pelo esforço despendido. Não há Trabalho Decente se o Estado não toma todas as medidas necessárias para a criação e para a manutenção dos postos de trabalho. Não há, por fim, Trabalho Decente se o trabalhador não está protegido dos riscos sociais, parte deles originada do próprio trabalho humano.

Trabalho Decente, então, é um conjunto mínimo de direitos do trabalhador que corresponde: ao direito ao trabalho; à liberdade de trabalho; à igualdade no trabalho; ao trabalho com condições justas, incluindo a remuneração, e que preservem sua saúde e segurança; à proibição do trabalho infantil; à liberdade sindical; e à proteção contra os riscos sociais.

Negar o trabalho nessas condições, dessa feita, é negar os Direitos Humanos do trabalhador e, portanto, atuar em oposição aos princípios básicos que os regem, principalmente o maior deles, a dignidade da pessoa humana. Como afirmado pela OIT, *"en todas partes, y para todos, el trabajo decente es un medio para garantizar la dignidad humana"*[964].

4. Considerações finais

No parágrafo anterior, e que encerra o ítem, deixamos clara a relação entre a proteção do Trabalho Decente e da dignidade da pessoa humana.

É que, em relação aos trabalhadores, as condições básicas de exercício do trabalho, o que inclui a liberdade sindical e a proteção contra os riscos sociais, materializam, concretizam o atributo prinicpal dos seres humanos, que é a sua dignidade.

Isso faz com que a proteção do Trabalho Decente seja o objetivo maior do Estado e da sociedade em relação aos que vivem de sua força de trabalho, pois essa é a condição básica para que todos possam viver com dignidade, tendo o mínimo necessário para cumprir seus planos de vida, quaisquer que sejam esses planos.

Esse deve ser o objetivo primeiro do conjunto normativo trabalhista (em sentido amplo), e dos que atuam nessa seara.

---

(961) Como não é nossa intenção, neste estudo, enveredar pela análise das relações coletivas do trabalho, sugerimos ver, entre outros, o nosso *Direito sindical* (5. ed. São Paulo: LTr, 2015).
(962) *Reducir el deficit de trabajo decente*: un desafío global. 1. ed. Ginebra – Suiza: Oficina Internacional del Trabajo, 2001. p. 10.
(963) Isso não significa desconsiderar a proposta da OIT de fixar um conjunto fundamental de direitos para os trabalhadores, pois é a partir, principalmente, das ideias apresentadas pela Organização que, hoje, os Estados e a sociedade planejam suas estratégias. Significa apenas reconhecer que o rol apresentado é insuficiente.
(964) *Reducir el deficit de trabajo decente*: un desafío global. 1. ed. Ginebra – Suiza: Oficina Internacional del Trabajo, 2001. p. 9.

5. REFERÊNCIAS BIBLIOGRÁFICAS

ALVES, Cleber Francisco. *O princípio constitucional da dignidade da pessoa humana*: o enfoque da doutrina social da Igreja. Rio de Janeiro: Renovar, Biblioteca de Teses, 2001.

BOBBIO, Norberto. *A era dos direitos*. 16. tir. Tradução de *L'età dei Diritti*. Rio de Janeiro: Campus, 1992.

BRITO FILHO, José Claudio Monteiro de. *Discriminação no trabalho*. São Paulo: LTr, 2002.

_____. *Trabalho escravo*: caracterização jurídica. São Paulo: LTr, 2014.

_____. *Direitos humanos*. São Paulo: LTr, 2015.

_____. *Direito sindical*. 5. ed. São Paulo: LTr, 2015.

_____. *Trabalho decente*. 4. ed. São Paulo: LTr, 2016.

CORDEIRO, António Menezes. *Manual de direito do trabalho*. Coimbra: Almedina, 1991.

KANT, Immanuel. *Fundamentação da metafísica dos costumes*. Trad. Paulo Quintela. Lisboa – Portugal: Edições 70, 2003.

MARANHÃO, Délio e outro. *Direito do trabalho*. 17. ed. Rio de Janeiro: Fundação Getúlio Vargas, 1993.

MARCÍLIO, Maria Luiza e outro (Coords.). *Cultura dos direitos humanos*. São Paulo: LTr, 1998.

MORAES, Alexandre de. *Direito constitucional*. 6. ed. São Paulo: Atlas, 1999.

NASCIMENTO, Amauri Mascaro. *Teoria geral do direito do trabalho*. São Paulo: LTr, 1998.

OLIVEIRA, Almir de. *Curso de direitos humanos*. Rio de Janeiro: Forense, 2000.

ORGANIZAÇÃO INTERNACIONAL DO TRABALHO. *Não ao trabalho forçado*. Genebra – Suíça: Oficina Internacional do Trabalho, 2001.

_____. *Reducir el deficit de trabajo decente*: un desafío global. 1.ed., Ginebra – Suiza: Oficina Internacional del Trabajo, 2001.

_____. *Declaração de Princípios da OIT*: um novo instrumento para promover os direitos fundamentais. Guia de educação operária. 1. ed. Suíça: Repartição Internacional do Trabalho, 2000.

_____. *Trabajo decente*. 1. ed. Ginebra – Suiza: Oficina Internacional del Trabajo, 1999.

RABENHORST, Eduardo Ramalho. *Dignidade humana e moralidade democrática*. Brasília: Brasília Jurídica, 2001.

SANCTIS, Frei Antonio de. *Encíclicas e documentos sociais*: da rerum novarum à octogesima advenius. São Paulo: LTr, 1991. v. 1.

SANDEL, Michael. *Justiça – o que é fazer a coisa certa*. Trad. Heloísa Matias e Maria Alice Máximo. Rio de Janeiro: Civilização Brasileira, 2011.

SARLET, Ingo Wolfgang (Org.). *Direitos fundamentais sociais*: estudos de direito constitucional, internacional e comparado. Rio de Janeiro: Renovar, 2003.

_____. *Dignidade da pessoa humana e direitos fundamentais na Constituição Federal de 1988*. 2. ed. rev. e ampl. Porto Alegre: Livraria do Advogado, 2002.

SÜSSEKIND, Arnaldo e outros. *Instituições de direito do trabalho*. 18. ed. São Paulo: LTr, 1999. v. 2.

CAPÍTULO 21

O DIREITO FUNDAMENTAL AO LAZER, À DESCONEXÃO DO TRABALHO, AO PROJETO DE VIDA E À VIDA DE RELAÇÕES

André Araújo Molina[965]

1. Introdução

As relações-modelo de trabalho do período da Revolução Industrial eram representadas pelas linhas de produção nas fábricas, com o deslocamento físico dos operários para ativarem-se dentro do estabelecimento industrial, época em que eram submetidos à exaustiva jornada de trabalho, à míngua de regulação legal protetiva, na medida em que os contratos eram regidos pelo direito comum, com a liberdade de contratação e de pactuação das condições desfavoráveis.

Como reação ao modelo econômico de exploração, nasceu o Direito do Trabalho enquanto ramo jurídico autônomo, criando diversos limites, principalmente, em relação ao tempo em que os operários ficavam à disposição dos empregadores em seus estabelecimentos. O ordenamento jurídico trabalhista, focado que estava no modelo-padrão, conseguiu delimitar temporalmente e com nitidez os lapsos em que se considerava o trabalhador à disposição do empregador e o tempo que seria reservado para suas atividades privadas, gerando como decorrência os direitos às horas extras, aos descansos semanais remunerados, aos intervalos, às férias, às licenças e às interrupções dos contratos de trabalho, tanto é que, entre nós, desde a Constituição de 1934, há limitação de jornada prevista em nível constitucional[966].

Ocorre que os avanços tecnológicos das ultimas décadas projetaram-se sobre os contratos de trabalho, possibilitando, por meio das novas tecnologias – como o computador, a internet, *notebook*, *tablets* e *smartphones* –, uma maior flexibilidade quanto ao local de prestação de serviços e o horário de realização das atividades, por sua vez, também diluindo os limites entre os períodos de trabalho e a vida privada, lazer, descanso e a convivência social e familiar dos trabalhadores, reclamando do ordenamento jurídico trabalhista a necessidade de se reinventar para regular essa nova realidade dos contratos flexíveis, principalmente recorrendo aos direitos humanos previstos nos tratados internacionais e aos direitos fundamentais positivados na Constituição Federal, fazendo-os incidir diretamente nas relações.

A partir da incidência desses novos direitos, reconhece-se atualmente que, além das suas obrigações profissionais, deverá ser observado o resguardo aos momentos de lazer, descanso e desconexão do trabalhador, cuja violação sujeita os infratores, na perspectiva da responsabilidade civil, não mais apenas à quitação das repercussões de caráter trabalhistas típico, mas principalmente à recomposição das repercussões pessoais, inclusive quanto aos danos existenciais.

2. A eficácia dos direitos fundamentais nas relações de trabalho

Ao final da Segunda Guerra Mundial, quase todos os Estados ocidentais promulgaram novas constituições, todas elas com diversas garantias de proteção à dignidade da pessoa humana, com um catálogo de princípios de defesa oponíveis contra o Estado, mas também com a previsão de garantias fundamentais sociais positivas (a uma prestação) e os direitos da coletividade. A antiga divisão estanque entre direito público e direito privado perdeu a sua função dogmática, na medida em que novos direitos fundamentais passaram a incidir tanto nas relações entre os cidadãos e o Estado quanto nas relações entre os particulares, unificando o sistema jurídico contemporâneo e colocando a Constituição no seu centro.

Essas mesmas constituições, como a brasileira de 1988, contêm diversas cláusulas de função social da propriedade, de função social das famílias, de defesa do consumidor, de interveniência nas relações de trabalho, entre outras autorizações que justificam a interpenetração dos direitos fundamentais no direito privado. Se na Idade Moderna os códigos civis eram as fontes mais importantes do direito privado, em tempos de pós-modernidade, são as próprias constituições os

---

(965) Doutor em Filosofia do Direito (PUC-SP), Mestre em Direito do Trabalho (PUC-SP), Especialista em Direito Processual Civil (UCB-RJ) e em Direito do Trabalho (UCB-RJ), Bacharel em Direito (UFMT), Professor da Escola Superior da Magistratura Trabalhista de Mato Grosso (ESMATRA/MT) e Juiz do Trabalho Titular na 23ª Região.

(966) Art. 121. A lei promoverá o amparo da produção e estabelecerá as condições do trabalho, na cidade e nos campos, tendo em vista a proteção social do trabalhador e os interesses econômicos do País. § 1º A legislação do trabalho observará os seguintes preceitos, além de outros que colimem melhorar as condições do trabalhador:

(...) c) trabalho diário não excedente de oito horas, reduzíveis, mas só prorrogáveis nos casos previstos em lei; (...) e) repouso hebdomadário, de preferência aos domingos; f) férias anuais remuneradas;

eixos centrais em torno dos quais gravitam todos os ramos do direito, inclusive o do trabalho.

A preocupação constitucional com os temas de direito comum recebeu o nome de constitucionalização do direito privado, querendo significar que esse ramo não mais fica à margem da regulação constitucional, devendo todas as regras de direito ser interpretadas a partir das garantias constitucionais, ou na feliz síntese de Paulo Ricardo Schier, passar pela filtragem constitucional, quando as normas devem ser interpretadas a partir do paradigma normativo constitucional[967].

Avançando a partir da premissa acima, passou a ser preocupação recente nos países ocidentais desvendar: em que medida os direitos fundamentais incidem no direito privado? Se os particulares poderiam invocar um direito fundamental para aplicação em suas relações com os outros particulares (eficácia horizontal)? E se a invocação poderia ser diretamente da Constituição ou dependeria de uma prévia atividade de mediação legislativa ordinária?

A discussão da eficácia dos direitos fundamentais nas relações privadas só ganhou espaço na dogmática constitucional brasileira depois da Constituição de 1988, a partir principalmente da tese de Ingo Wolfgang Sarlet[968].

Radica o debate na interpretação do artigo 5º, § 1º, da CF/1988, para quem as normas definidoras dos direitos e garantias fundamentais têm aplicação imediata. Nada obstante a expressa manifestação de que os direitos fundamentais possuem aplicação imediata, não cuidou o poder constituinte de dizer quem são os sujeitos a eles submetidos, em quais relações os direitos aplicar-se-iam imediatamente e em que medida a incidência se daria.

As linhas doutrinárias se dividem entre os que defendem a inexistência de eficácia dos direitos fundamentais nas relações privadas e no segundo grupo estão os que defendem a eficácia entre particulares. O segundo grupo é dividido entre três subgrupos (com algumas notas variantes entre cada tese): 1) aqueles que defendem a eficácia mediata ou indireta; 2) os que defendem a eficácia imediata, sem necessidade de nenhuma intermediação legislativa; e 3) os que defendem a posição intermediária, conforme a estrutura do princípio específico de direito fundamental, que esteja ou não a exigir a manifestação prévia do legislador ou já autorizasse a aplicação direta e imediata.

O grupo que ainda defende a inexistência de eficácia dos direitos nas relações privadas, nada obstante seja cada vez menor, é composto de liberalistas, bem como de civilistas radicais, que buscam a preservação da pureza dogmática da disciplina. Argumentam que as relações privadas são resolvidas ou pelo direito civil em sentido lato ou pelo penal, ficando a Constituição apenas como documento político que estabelece os limites de atuação do Estado perante os particulares, acenando ao constitucionalismo inicial. Para esse grupo, a aplicação dos direitos fundamentais nas relações privadas acabaria por degradar o princípio da autonomia de vontade que o alicerça e, na esteira, desnaturaria toda a disciplina[969].

Jane Reis Gonçalves Pereira percebeu que "as concepções que negam qualquer forma de vinculação dos particulares aos direitos fundamentais, encontram, no diálogo jurídico, cada vez menos ressonância, refletindo hoje uma abordagem mais ideológica do que descritiva do ordenamento".[970], até porque, completamos nós, desde a Constituição mexicana de 1917 e da brasileira de 1934, há previsão de diversos direitos trabalhistas em *locus* constitucional, todos incidentes nas relações de trabalho, que são, também, relações entre sujeitos privados.

Já no grupo dos que defendem a existência de eficácia dos direitos nas relações privadas, mas de forma indireta e mediada pelo legislador, estão Dimitri Dimoulis e Leonardo Martins, para quem o § 1º do artigo 5º da Constituição é claro em vincular apenas os poderes públicos e não diretamente os particulares. Nos casos de omissão legislativa é que estaria o Poder Judiciário – quem está vinculado aos direitos constitucionais – obrigado a buscar diretamente na Constituição a solução para os casos, contudo, mediados pelas cláusulas gerais da legislação. Os direitos fundamentais não seriam aplicados diretamente, mas ajudariam a construir a melhor interpretação das cláusulas gerais do direito civil, essas sim diretamente aplicáveis nas relações entre particulares, a resolver os casos concretos[971].

Os defensores da mediação legislativa temem que o juiz realize essa tarefa, pois esse não possui legitimação popular para determinar o nível de vigência social dos direitos, ainda mais quando atuam sem critérios e limites para essa aplicação, óbices que não existem com a necessidade de mediação legislativa.

Contudo, por outro viés, impedir que o juiz invoque e aplique os direitos fundamentais de forma direta, impedindo-o de implementar a diretriz constitucional, irá levar a um desprestígio dos direitos fundamentais. Nessa linha de raciocínio, a partir do momento em que se confere apenas ao legislador a tarefa de concretizar os direitos fundamentais, transmudar-se-ão para direitos legais, comuns, passíveis de ineficácia em caso de mora legislativa, ficando os cidadãos em estado de inação aguardando os direitos fundamentais serem implementados pelos legisladores e sem recurso ao Poder Judiciário para a sua completa efetivação prática.

Em todo caso em que houver má interpretação ou abuso pelo magistrado na aplicação direta dos direitos fundamentais,

---

(967) SCHIER, Paulo Ricardo. *Filtragem constitucional*: construindo uma nova dogmática jurídica. Porto Alegre: Sérgio Antonio Fabris Editor, 1999.
(968) SARLET, Ingo Wolfgang. *A Eficácia dos Direitos Fundamentais*. 6. ed. Porto Alegre: Livraria do Advogado, 2006.
(969) Por todos: BITTAR, Carlos Alberto. *O direito civil na Constituição de 1988*. São Paulo: RT, 1990.
(970) PEREIRA. *Interpretação Constitucional e Direitos Fundamentais*, p. 486.
(971) DIMOULIS; MARTINS. *Teoria Geral dos Direitos Fundamentais*, p. 110.

haverá a possibilidade de recurso às instâncias superiores e também a possibilidade de o legislador regulamentar por lei ordinária, mediando a aplicação do direito fundamental e dando solução diversa daquela abraçada pela jurisprudência, por conseguinte, afastando o decisionismo e a insegurança jurídica.

Por outro lado, a maioria dos autores enxerga no sistema constitucional brasileiro autorização para a eficácia direta, entre os quais Ingo Wolfgang Sarlet, para quem os direitos fundamentais na Constituição de 1988 têm como destinatários os mais diversos sujeitos – Estado, particulares ou ambos –, contudo, quando não houver uma vinculação expressa em determinado dispositivo constitucional para um deles em especial, a vinculação será para todos e deve ela atender ao princípio da eficácia direta que decorre do artigo 5º, § 1º, da Constituição[972].

Também Daniel Sarmento defende a eficácia imediata na generalidade das relações privadas, pois a Constituição atual adotou um modelo intervencionista e social, bem por isso todos os direitos fundamentais devem ser imediatamente aplicados às relações privadas. Isso se dá pela opção do constituinte de busca da redução das desigualdades, da distribuição de renda, que para serem conseguidas necessitam de uma maior intervenção do Estado nas relações privadas e um maior ativismo judicial.

Defende que as tristes características da sociedade brasileira justificam um reforço na tutela dos direitos humanos também no campo privado, onde reinam a opressão e a violência. Tal situação desalentadora impõe ao jurista com consciência social a adoção de posições comprometidas com a mudança do *status quo*. Por isso, conclui o autor que "não hesitamos em afirmar que a eficácia dos direitos individuais na esfera privada é direta e imediata no ordenamento jurídico brasileiro. Esta, para nós, não é só uma questão de direito, mas também de ética e justiça"[973].

A partir da mesma premissa sociológica, defende Luiz Eduardo de Toledo Coelho que dentro desse quadro e como mecanismo de acelerar a concretização da Constituição, em busca de uma sociedade livre, justa e solidária, e com o intuito de realizar o disposto no artigo 3º da Constituição, é que os direitos fundamentais e o princípio da dignidade humana devem ser aplicados direta e imediatamente a todas as relações, sejam elas públicas ou privadas[974].

Advogam os autores do grupo que enquanto em países desenvolvidos o nível de atendimento dos direitos sociais mais básicos é satisfatório, demonstrando que o legislador ordinário e o administrador estão atentos e diligentes quanto aos princípios fundamentais, nos países com baixo nível de desenvolvimento social, como é o nosso caso, em que o legislador e o executor não atendem as diretrizes constitucionais, violando-as por omissão, incumbe ao Judiciário fazê-las efetivas, aplicando-as de forma direta e imediata a partir do texto constitucional.

Especificamente nos limites da doutrina trabalhista, as primeiras reflexões adotam a diferenciação de que nas relações privadas entre iguais deve haver um maior prestígio da liberdade e da autonomia, incidindo os direitos fundamentais de forma mediata, mas, nas relações de trabalho, enquanto palco de exercício de poder social, jurídico e econômico, os direitos fundamentais devem ter eficácia direta e aplicabilidade imediata, conclusão que é abraçada por Joselita Nepomuceno Borba[975] e Andréa Presas Rocha[976], ressalvando que a segunda reconhece a necessidade de ponderação, respeitando os direitos de que o empregador também é titular, quando do momento da incidência direta dos direitos fundamentais dos trabalhadores.

A posição doutrinária majoritária que defende a eficácia horizontal direta e imediata dos direitos fundamentais nas relações privadas, inclusive nas de trabalho, foi adotada pelos Tribunais Superiores brasileiros nos últimos anos.

Nos primeiros julgamentos do Supremo Tribunal Federal quanto ao tema, não houve a preocupação de desenvolver uma teoria mais aprofundada. Restringiu-se a analisar alguns casos concretos, nos quais se adotou implicitamente a teoria da eficácia imediata, mas mesmo assim sem justificar analiticamente sua tomada de posição, a favor de uma e não de outra visão. Foi somente em outubro de 2005, com o julgamento do RE n. 201.819, que a Corte debruçou com mais cuidado sobre o tema da eficácia dos direitos fundamentais nas relações privadas e se posicionou, conforme as circunstâncias daquele caso concreto, expressamente pela recepção da tese da aplicação direta e imediata às relações privadas.

Antes disso, no julgamento do RE 161.243[977], especificamente quanto ao Direito do Trabalho, o Supremo Tribunal Federal entendeu que o regulamento de empresa da companhia aérea Air France não poderia conter cláusula discriminatória em detrimento de trabalhadores não franceses, no caso do recorrente trabalhador brasileiro, fazendo incidir diretamente o princípio constitucional da igualdade.

A ementa do acórdão está assim redigida:

CONSTITUCIONAL. TRABALHO. PRINCÍPIO DA IGUALDADE. TRABALHADOR BRASILEIRO EMPREGADO DE EMPRESA ESTRANGEIRA: ESTATUTOS DO PESSOAL DESTA: APLICABILIDADE AO TRABALHADOR ESTRANGEIRO E AO TRABALHADOR BRASILEIRO. C.F., 1967, art. 153, § 1º; C.F., 1988, art. 5º, *caput*. I. – Ao recorrente, por não ser francês, não obstante trabalhar para a empresa francesa, no Brasil,

---

(972) SARLET. *A eficácia dos direitos fundamentais*, p. 394/400, *passim*.
(973) SARMENTO. *A vinculação dos particulares aos direitos fundamentais no direito comparado e no Brasil*, p. 247/248.
(974) COELHO. *Os direitos fundamentais e o princípio da dignidade da pessoa humana aplicados às relações privadas*, p. 238.
(975) BORBA. *Direitos fundamentais. Eficácia horizontal direta nas relações sociais entre capital e trabalho*, p. 80.
(976) ROCHA. *A efetividade dos direitos de cidadania nas relações de emprego*, p. 40/41.
(977) STF – 2ª Turma – RE n. 161.243 – Rel. Min. Carlos Velloso – DJ 19.12.1997.

não foi aplicado o Estatuto do Pessoal da Empresa, que concede vantagens aos empregados, cuja aplicabilidade seria restrita ao empregado de nacionalidade francesa. Ofensa ao princípio da igualdade: C.F., 1967, art. 153, § 1º; C.F., 1988, art. 5º, *caput*). II. – A discriminação que se baseia em atributo, qualidade, nota intrínseca ou extrínseca do indivíduo, como o sexo, a raça, a nacionalidade, o credo religioso, etc., é inconstitucional. Precedente do STF: Ag 110.846 (AgRg)-PR, Célio Borja, RTJ 119/465. III. – Fatores que autorizariam a desigualização não ocorrentes no caso. IV. – R.E. conhecido e provido.

Todavia foi apenas em julgamento do ano de 2005[978] que o Tribunal adotou expressamente a tese da aplicação direta dos direitos fundamentais nas relações privadas, fundamentando racionalmente a sua tomada de posição, quando foi levada à Suprema Corte a situação fática da eficácia dos princípios do devido processo legal, do contraditório e da ampla defesa no procedimento interno de exclusão de associados dos quadros das pessoas jurídicas de direito privado.

A hipótese de fato era refinada, visto que os procedimentos previstos no estatuto social foram todos atendidos, com a composição de comissão especial para a apuração das irregularidades que pudessem gerar expulsão, muito embora não prevista no estatuto a garantia de ampla defesa dos associados. A questão a ser definida era se, para além das regras definidas no estatuto, as instituições privadas também são obrigadas a obedecer aos direitos fundamentais, à míngua de cláusula estatutária ou na legislação ordinária que trata das associações civis.

O Ministro Gilmar Mendes fundamentou que a associação civil, embora com personalidade jurídica de direito privado, exerce uma atividade essencial de cobrança e distribuição de direitos autorais, logo se afeiçoa a um serviço público por delegação legislativa. Tal particularidade do caso concreto autorizaria a aplicação direta e imediata dos direitos fundamentais na relação privada, por conseguinte, os direitos fundamentais do devido processual legal, ampla defesa e do contraditório, deveriam ser observados, mesmo que não previstos no estatuto, fazendo-os incidir de forma direta e imediata.

O acórdão não manifestou se a solução seria a mesma nas relações entre particulares sem a característica de um deles exercer serviço "quase" público.

O Ministro Joaquim Barbosa disse em seu voto que entende que a Carta Constitucional de 1988 autoriza a incidência dos direitos fundamentais nas relações entre particulares, com a ressalva de que a incidência deve se verificar caso a caso, com parcimônia, para que não se inviabilize a esfera de autonomia privada dos indivíduos, substituindo-se a vontade destes pela coletiva-constitucional.

Alinhando aos dois ministros citados para formar maioria no julgamento, o Ministro Celso de Mello advogou a tese de que a autonomia privada, além de encontrar limitações legislativas expressas (por exemplo, aquelas dos artigos 57 e 1.085 do Código Civil), não pode ser exercida em detrimento ou com desrespeito aos direitos e as garantias de terceiros, especialmente os positivados com estatura constitucional. Em palavras outras, não apenas as balizas da legislação ordinária devem ser seguidas, mas principalmente os direitos fundamentais, que têm eficácia imediata e aplicação direta.

A partir da sinalização do Supremo Tribunal, notadamente depois da adoção expressa da eficácia direta e imediata no julgado de 2005, o Tribunal Superior do Trabalho também, em diversos acórdãos, valeu-se da mesma conclusão para fazer incidir os direitos fundamentais nas relações de trabalho, de forma direta e sem a necessidade de intermediação legislativa ordinária, como nos casos de considerar discriminatória a dispensa imediata posteriormente ao o retorno de licença-médica[979] ou nos casos das revistas abusivas nos pertences dos trabalhadores[980].

Destaca-se uma decisão do ano de 2013 em que a Corte Trabalhista reconheceu expressamente que nos procedimentos para aplicação de justa causa aos empregados dos conselhos de fiscalização profissional, deveriam incidir de forma direta e imediata os direitos fundamentais da ampla defesa e do contraditório, razões pelas quais o Tribunal anulou a justa causa aplicada pelo empregador sem a observância das garantias fundamentais.[981]

---

(978) STF – 2ª Turma – RE n. 201.819 – Rel. Min. Gilmar Mendes – DJ 27.10.2006.
(979) "Todo o arcabouço jurídico sedimentado em torno da matéria deve ser considerado, outrossim, sob a ótica da eficácia horizontal dos direitos fundamentais, como limitação negativa da autonomia privada, sob pena de ter esvaziado seu conteúdo deontológico." (TST – 3ª Turma – RR n. 105500-32.2008.5.04.0101 – Redª. Desigª. Minª. Rosa Weber – DEJT 05.08.2011.)
(980) TST – 6ª Turma – RR n. 154700-23.2006.5.09.0009 – Rel. Min. Mauricio Godinho Delgado – DEJT 02.12.2011.
(981) "CONSELHO REGIONAL DE ENGENHARIA, ARQUITETURA E AGRONOMIA NO CEARÁ. DISPENSA POR JUSTA CAUSA. INOBSERVÂNCIA DOS PRINCÍPIOS CONSTITUCIONAIS DO CONTRADITÓRIO E DA AMPLA DEFESA E DO DEVIDO PROCESSO LEGAL. EFICÁCIA HORIZONTAL DOS DIREITOS FUNDAMENTAIS. A controvérsia dos autos cinge-se em saber se se aplica aos processos administrativos instaurados no âmbito dos conselhos de fiscalização profissional, para apuração de falta grave, os princípios do contraditório e da ampla defesa e do devido processo legal. A jurisprudência desta Corte superior já firmou o entendimento de que os conselhos regionais e federais de fiscalização do exercício profissional não possuem natureza autárquica em sentido estrito, ao contrário, são autarquias *sui generis*, dotadas de autonomia administrativa e financeira, não lhes sendo aplicáveis as normas relativas à administração interna das autarquias federais. Logo, esses conselhos profissionais, como é o caso do reclamado, são considerados entes paraestatais. Nesse contexto, verifica-se que não se lhes aplica a Lei n. 9.784/99, que dispõe sobre normas básicas sobre o processo administrativo no âmbito da Administração Federal direta e indireta, já que não pertencem à Administração Pública. Entretanto, essa tese não afasta a necessária observância dos direitos fundamentais previstos na Constituição Federal, os quais protegem todos os brasileiros e estrangeiros, residentes aqui ou de passagem pelo território nacional. Com efeito, o artigo 5º, inciso LV, da Carta Magna assegura aos litigantes, em processo judicial ou administrativo, e aos acusados em geral o contraditório e a ampla defesa, com os meios e recursos a ela inerentes. Esse dispositivo é aplicável não só aos processos judiciais, mas também aos processos administrativos, inclusive aos procedimentos instaurados fora do Poder público. Trata-se da eficácia horizontal dos direitos fundamentais, reconhecida pela doutrina moderna, conferindo-lhes aplicabilidade no âmbito privado, de modo que os direitos fundamentais assegurados pela Constituição devem ser observados tanto nas relações entre o Estado e cidadãos como nas intersubjetivas. Esse entendimento garante a aplicabilidade dos direitos fundamentais previstos na Constituição Federal às relações de trabalho, sem prejuízo dos

A partir do inventário das diversas posições doutrinárias, das adotadas pelo Supremo Tribunal Federal e pelo Tribunal Superior do Trabalho em favor de uma eficácia horizontal direta dos direitos fundamentais nas relações de trabalho, concluímos o tópico com o reconhecimento de que atualmente os direitos humanos previstos em tratados internacionais e os direitos fundamentais constitucionais são incidentes nas relações de trabalho, de modo que a inserção do empregado e do empregador em uma relação de emprego não lhes retira as condições de sujeitos de direitos fundamentais. As relações trabalhistas impõem às duas partes algumas obrigações e restrições especiais, conforme a legislação específica determinar, mas não afasta a regulação inclusive pelas normas constitucionais que têm os sujeitos particulares como seus destinatários.

Aprofundando na observação, constatamos que os direitos fundamentais incidentes nas relações de trabalho podem ser divididos em duas categorias: na primeira, os direitos específicos dos trabalhadores, aqueles dispostos nos artigos 7º a 11 da Constituição, cujos destinatários são os trabalhadores exclusivamente e, em segundo, os direitos inespecíficos dos trabalhadores, ou seja, todos os demais direitos constitucionais que os cidadãos possuem e, ao inserirem-se em uma relação de trabalho, trazem consigo, avolumando-os aos específicos[982].

Metaforicamente, ao contratar uma relação de emprego, o empregado não retira a sua roupa de cidadão ao colocar o uniforme de trabalho, na mesma linha do que defende a doutrina portuguesa de José João Abrantes:

> O empregador somente poderá limitar a liberdade do trabalhador quando tal lhe seja especificamente permitido (legal, convencional ou contratualmente) e/ou se houver subjacentes à sua atuação interesses que, no caso concreto, se mostrem merecedores de uma tutela superior à daquela liberdade. O trabalhador deve lealdade ao contrato, mas só a este, exatamente nos mesmos termos em que também o empregador a deve. De resto, na empresa ele continua a ser cidadão de corpo inteiro, mantendo, em princípio, os direitos de que todos os outros cidadãos também são titulares.[983]

Enfim, o ordenamento jurídico trabalhista atual incidente nas relações de trabalho deixou de ter em evidência apenas a legislação ordinária especializada que é a CLT, para admitir que as relações de trabalho também são reguladas inclusive pela Constituição Federal (direitos específicos e inespecíficos dos trabalhadores), pelos tratados internacionais, pela legislação ordinária – CLT, Código Civil 2002 e legislação extravagante –, pelas normas coletivas, regulamentos de empresa, pelos precedentes judiciais (no contexto do artigo 927 do CPC de 2015) e pelos contratos de trabalho, destacando-se entre os diversos direitos incidentes os da preservação da vida privada, das garantias ao lazer, descanso, à desconexão e a realização dos projetos de vida do cidadão-trabalhador.

3. Direito ao lazer, à desconexão, à realização dos projetos de vida e à vida de relações do cidadão-trabalhador

A filosofia individualista e o modelo de produção capitalista vigente nos últimos séculos incutiu na sociedade a ideia de dignidade pelo trabalho, de sorte a marginalizar aqueles que não trabalhavam e a valorizar aqueles que se dedicavam ao trabalho, culminando com um influxo sociológico e psicológico de que o cidadão deveria colocar o trabalho em primeiro lugar. Ocorre que, nas últimas décadas, há filosofias mais humanistas, pesquisas médicas e sociológicas que demonstram um quadro de degradação física e mental pelo trabalho excessivo, indicando que o foco atual é a busca do equilíbrio entre o trabalho e a vida social; o desgaste produtivo e o descanso; e a vida comunitária e a sua intimidade, pessoal, afetiva e familiar, cujo segundo grupo de garantias fundamentais proporcionou a construção recente de um direito geral à desconexão do trabalho, tutelando o descanso como bem jurídico[984].

Do reconhecido no tópico anterior, deriva que as partes integrantes dos contratos de trabalho devem obediência, para além das cláusulas contratuais e da legislação ordinária especializada, também aos direitos humanos e fundamentais,

---

direitos trabalhistas previstos na Carta Magna. No caso dos autos, verifica-se que os princípios do contraditório e da ampla defesa e do devido processo legal foram violados no procedimento instaurado para apuração de falta grave do reclamante. Desse modo, constata-se que o Regional, ao manter a nulidade do inquérito administrativo instaurado para apuração de falta grave do reclamante, após o qual o obreiro foi dispensado por justa causa, conferiu aplicabilidade irrepreensível aos direitos fundamentais previstos na Constituição Federal, observando, fielmente, sua eficácia nas relações trabalhistas. Recurso de revista não conhecido." (TST – 2ª Turma – RR n. 267300-64.2003.5.07.0003 – Rel. Min. José Roberto Freire Pimenta – DEJT 24.05.2013).

(982) No mesmo sentido é a compreensão de Christiana D'Arc Damasceno Oliveira: "Relembre-se que há direitos fundamentais que incidem nas relações de trabalho, que não são tipicamente trabalhistas. Dirigem-se a qualquer cidadão e, portanto, também ao trabalhador, que não se despede sua condição de pessoa plena ao integrar o contrato de labuta, motivo pelo qual, além dos direitos propriamente trabalhistas ou específicos (aqueles que só podem ser exercidos por ele enquanto tal, arts. 7º a 11 da CF), são-lhe direcionados direitos outros, ditos trabalhistas não específicos. De efeito, o ingresso do trabalhador no âmbito laboral, no qual goza de direitos fundamentais trabalhistas típicos, não lhe suprime sua condição de dignidade e, por exemplo, direitos albergados no art. 5º da CF, como o de objeção de consciência (inciso VIII), liberdade de exercício de ofício ou profissão (inciso XIII), liberdade de expressão (inciso IV) e direitos de personalidade (direito à intimidade, à vida privada, à honra e à imagem, incisos V, X e XII), sendo integrantes do patamar normativo nas relações de labor tanto os direitos propriamente trabalhistas como os direitos trabalhistas não específicos, todos a figurarem como aspectos limitativos do poder do tomador de serviços." (*Direito à desconexão do trabalhador*, p. 1181/1182.)

(983) ABRANTES. *Contrato de trabalho e direitos fundamentais*, p. 200/201.

(984) Pedro Romano Martinez ensina que: "O direito ao repouso também tem sido justificado por motivos atinentes à proteção da família, ao direito à cultura, ao direito a uma melhor preparação a vários níveis do trabalhador, em que se inclui a sua formação profissional. Daí a tendência da legislação laboral, desde a 2ª metade do século passado, no sentido de um aumento significativo do direito ao repouso, não só ao impor o alargamento do descanso semanal, mas também a generalização das férias." (*Direito do Trabalho*, p. 561.)

os quais incidem nas relações, de forma direta e imediata, ficando fácil reconhecer que os trabalhadores ostentam os direitos sociais inespecíficos à educação, à saúde, ao trabalho e ao lazer (artigos 6º, 7º, IV, 217, § 3º, e 227, todos da Constituição Federal de 1988)[985], que são materializados nos artigos seguintes, com o direito à limitação de jornada (artigo 7º, XIII), ao repouso semanal (artigo 7º, XV), ao gozo de férias anuais remuneradas (artigo 7º, XVII), à convivência familiar (artigo 227), entre outros, todos eles confluindo para um princípio geral de desconexão do trabalho.

Anota Christiana D'Arc Damasceno Oliveira que não bastasse, a par dos direitos fundamentais trabalhistas específicos ou propriamente trabalhistas, "o direito à desconexão também está relacionado a direitos fundamentais trabalhistas não específicos, a exemplo do direito fundamental social ao lazer (art. 6º, *caput*, da CF), e dos direitos à intimidade e à vida privada (art. 5º, incisos V e X, da Lei Maior)"[986].

Márcia Vieira Maffra conceitua "o direito a se desconectar do trabalho, como o direito individual do trabalhador de liberar-se das ordens emanadas do seu empregador nos interregnos de descanso legalmente estabelecidos, e também como prerrogativa da própria sociedade e da família".[987], praticamente a mesma compreensão de Célio Pereira Oliveira Neto, para quem "o direito de desconexão representa sob o viés do direito do trabalho, o desligamento do labor em prol da vida privada, ao livre gozo do tempo, permitindo equilíbrio entre as atividades de labor, lazer e descanso"[988].

E o direito à desconexão incide nos contratos de trabalho clássicos, ainda relacionados aos modos de produção *fordista*, *taylorista* ou *toyotista*, quando são celebrados contratos-padrão em que os trabalhadores vinculavam-se por um prazo indeterminado e por jornada integral, colocando-se à disposição do empregador para a execução de ordens, de modo que, fora dos limites temporais legais, ostentam os trabalhadores o direito ao descanso.

Mas o direito tem maior incidência nas relações pós-modernas flexíveis de trabalho, mormente quando o empregado vincula-se à fonte produtiva por meio de instrumentos tecnológicos, diluindo as fronteiras entre os períodos de trabalho e de descanso, como nas diversas modalidades de teletrabalhadores. Não é porque o empregado trabalha fora do estabelecimento ou mesmo apenas por vinculação tecnológica que poderá ser convocado a trabalhar a todo o momento, avançando as suas atividades profissionais sobre os períodos de descanso, em uma mixagem que confunde a sua vida pessoal, familiar e social do ser humano.

Amauri Mascaro Nascimento aponta que a conexão tecnológica e flexível com as fontes de trabalho permite aos trabalhadores uma maior independência para a realização dos atos profissionais, proporciona uma produção mais rápida e maior pela empresa, resultando num produto mais barato e com maior qualidade.

Contudo, prossegue o jurista, as vantagens alcançadas são muito tênues em relação às desvantagens que provoca, como o isolamento do trabalhador, a desagregação sindical, a poluição gerada pelo uso da tecnologia, o desemprego estrutural e uma permanente conexão do trabalhador ao seu tomador, afetando a sua saúde, vida pessoal, familiar e social, na medida em que o Direito do Trabalho brasileiro ainda não se adaptou completamente a essa nova realidade, trazendo mecanismos de separação entre o trabalho e as atividades pessoais.

Amauri Mascaro Nascimento sugere que sejam adotados entre nós mecanismos jurídicos já experimentados com sucesso em outros países, como os direitos da personalidade do Código do Trabalho de Portugal, o trabalho autônomo dependente econômico da Espanha, a tipologia contratual, a reconstrução da subordinação e o desenvolvimento da parassubordinação do Direito italiano e que avancemos no princípio da autonomia privada coletiva, respeitando a valorização da dignidade humana, como na experiência sindical da França[989].

Seguindo nessa linha evolutiva, uma das recentes novidades legislativas, o artigo 6º da CLT foi revisado pela Lei n. 12.551/2011, que disciplinou a inexistência de distinção entre o trabalho realizado no estabelecimento da empresa, o executado no domicílio do empregado ou o realizado a distância, com a utilização de meios telemáticos e informatizados de comando, controle e supervisão, quando estar-se-á caracterizada a subordinação jurídica, cuja legislação reconhece que as ferramentas tecnológicas podem ser usadas para manter o empregado dentro das malhas de comando do empregador, afetando o seu direito à desconexão.

Significa que todos os empregados, inclusive os em domicílio ou mesmo os teletrabalhadores, também são protegidos pelos limites de jornada impostos pelo ordenamento jurídico para o trabalho, de modo a garantir a todos o usufruto da sua vida privada, familiar e social, não socorrendo a antiga alegação de trabalho externo ou em domicílio como argumento para desrespeito do direito ao descanso.

Nessa mesma conclusão chega Márcia Vieira Maffra ao ponderar que é de rigor reconhecer "o direito à jornada ao teletrabalhador, sob pena de negar a este empregado submetido

---

(985) Nesse particular, merece referência destacada o trabalho inaugural de Otávio Amaral Calvet, *Direito ao lazer nas relações de trabalho*. São Paulo: LTr, 2006.
(986) E complementa a autora: "O direito à desconexão pode ser definido como aquele que assiste ao trabalhador de não permanecer sujeito à ingerência, solicitações ou contatos emanados do respectivo empregador pessoa física ou do empreendimento empresarial para o qual o obreiro trabalha, em seu período destinado ao descanso diário (intervalos intra e interjornada), semanal (descanso semanal remunerado) ou anual (férias), e ainda em situações similares (licenças), em especial diante da existência das novas tecnologias (*blackberry, palm, pager, fax,* celular, e ainda computador ou *notebook* munidos de internet ou de rede)." (OLIVEIRA. *Direito à desconexão do trabalhador*, p. 1180/1181).
(987) MAFFRA. *Direito à desconexão no universo do trabalho*, p. 505.
(988) OLIVEIRA NETO. *Direito de desconexão frente às novas tecnologias no âmbito das relações de trabalho*, p. 88.
(989) NASCIMENTO. *Novas tecnologias, internet e relações no trabalho*, p. 50/52.

a regime especial e mais gravoso de prestação de serviços os direitos fundamentais básicos garantidos aos demais empregados, dentre eles o direito à desconexão"[990].

O direito à desconexão garante aos trabalhadores a desvinculação plena do trabalho, inclusive da possibilidade potencial de ser convocado a realizar as suas atividades. Em termos práticos, o direito de não ser chamado pelo telefone, pelo *e-mail* ou aplicativos de comunicadores instantâneos durante os momentos em que estiver fora do horário de trabalho, incluindo-se os períodos de prestação de horas extras, regimes de prontidão ou escalas de sobreaviso.

Com precisão observou Jorge Luiz Souto Maior que fazer sua refeição ou gozar férias com uma linha telefônica direta com o superior hierárquico, ainda que o aparelho não seja acionado concretamente, estando, contudo, sob a ameaça de sê-lo a qualquer momento, representa negação plena do descanso[991], no que completa Christiana D'Arc Damasceno de Oliveira que ainda que os contatos não cheguem a se efetivar concretamente, também produz efeitos deletérios similares, a exigência de que o trabalhador esteja ininterruptamente disponível para tanto, passível de ser localizado e acionado por meio das modernas tecnologias[992].

Nessa linha de ideias, ainda que com censurável atraso, a jurisprudência do Tribunal Superior do Trabalho evoluiu da posição em que não considerava como tempo à disposição do empregador, em regime de sobreaviso, quando o empregado permanecia em sua residência ou adjacências conectado com aparelhos de BIP ou telefone celular, podendo ser convocado a qualquer momento para o trabalho (OJ n. 49 da SDI1 do TST, de 1995 e cancelada em 2011). Fundamentava o Tribunal que o empregado não estava com a sua liberdade cerceada, na medida em que poderia se deslocar livremente, descansar e realizar as suas atividades pessoais, ainda que portando o equipamento eletrônico e mantendo certa adstrição geográfica.

Não enxergava o Tribunal Superior, na linha da advertência doutrinária alhures referida, que a mera disponibilidade e a potencial ameaça de sê-lo contatado a qualquer momento, já tolhia a autonomia e o direito de autodeterminação, afetando o direito ao lazer e à desconexão do trabalhador, maculando a qualidade de seu descanso e, no limite, cerceando parcela importante de sua liberdade, visto que não poderia, por exemplo, viajar com os filhos, frequentar um curso de aperfeiçoamento ou mesmo dormir sem maiores preocupações.

Um primeiro passo foi estender as horas de sobreaviso dos ferroviários, com suas consequências de pagamento suplementar e limitação em escalas, para os eletricitários (Súmula n. 229 do TST, de novembro de 2003), tendo em conta que a situação fática entre as categorias era bastante parecida, na medida em que são organizadas equipes de plantão para atender as necessidades empresariais.

Contudo, atualmente, a posição do Tribunal é no sentido de que a conexão por meio de aparelhos celulares e demais instrumentos tecnológicos, que deixam os trabalhadores em estado de permanente disposição, importam em violação dos seus direitos trabalhistas, gerando direito ao pagamento da disponibilidade, a título de horas de sobreaviso, por aplicação analógica do artigo 244 da CLT, interpretado pela atual redação da Súmula n. 428, II, do TST[993].

No entanto mesmo os períodos de regime de sobreaviso, ainda que regiamente remunerados, devem observar o limite de 24 horas em cada escala, conforme artigo 244, § 2º, *in fine*, da CLT, de modo que a exigência de permanente disposição do trabalhador para ser convocado ao trabalho, avançando para além dos limites da escala de sobreaviso, ofendendo os intervalos interjornadas ou intersemanais, configura ato ilícito, sujeitando o empregador ao dever de ressarcimento.

O último passo de atualização jurisprudencial, que se encontra em vias de consolidação no Tribunal Superior do Trabalho, é o reconhecimento de que o mero pagamento das horas de sobreaviso ou das horas extras, quando os empregados permanecem na iminência de convocação ou quando são efetivamente convocados, respectivamente, não mais recompõe a ruptura do sistema jurídico, na medida em que as violações aos direitos fundamentais também repercutem sobre aspectos de natureza imaterial ou pessoais do ser humano trabalhador, cujo tema será objeto de preocupação nos próximos tópicos do trabalho.

Nessa mesma linha de atualização jurisprudencial e legislativa em torno do tema do direito à desconexão, as Leis ns. 12.619/2012 e 13.103/2015 retiraram os motoristas profissionais da ausência de limitação de jornada, porque considerados trabalhadores externos (artigo 62 da CLT), para inseri-los no paradigma do controle e limitação, com a fixação de jornada máxima, intervalos intrajornada e interjornadas, repouso semanal remunerado e tempo de espera, conforme os artigos 235-A a 235-G da CLT, tudo como decorrência da possibilidade tecnológica de controle à distância do trabalho dos motoristas que se deslocam para longe do estabelecimento e que nem por isso ficam a salvo dos direitos fundamentais de descanso e lazer.

Outro ponto que merece destaque é o que mesmo para os empregados que exerçam cargo de gestão empresarial, sendo excluídos do capítulo de jornada da Consolidação (na forma do

---

(990) Maffra, *op. cit.*, p. 514.
(991) SOUTO MAIOR. *Do direito à desconexão do trabalho*, p. 298.
(992) OLIVEIRA, *op. cit.*, p. 1181.
(993) "(...) II – Considera-se em sobreaviso o empregado que, à distância e submetido a controle patronal por instrumentos telemáticos ou informatizados, permanecer em regime de plantão ou equivalente, aguardando a qualquer momento o chamado para o serviço durante o período de descanso." (DEJT de 25.09.2012.)

artigo 62), continuam sendo sujeitos ativos dos direitos fundamentais que radicam na desconexão do trabalho, significando que não é pelo fato de assumir a função de gerente geral de um estabelecimento, estando alheio ao registro de jornada, que os específicos trabalhadores não tenham o direito ao lazer, ao descanso, às férias, à convivência familiar e social, bem como de realizar os seus projetos de vida e exercitar as suas relações, a salvo das amarras do contrato de trabalho, não justificando a assunção do cargo de gestão à permanente disposição do gerente para portar um aparelho de telefone celular apto a que seja convocado para o trabalho em todo e qualquer momento que o empreendedor necessitar.

Na realidade portuguesa, o Código do Trabalho de 2009, com as revisões de 2012 e 2014, também possui algumas categorias de empregados de hierarquia mais elevada que estão isentos de horário de trabalho, mas nem por isso estão a salvo da proteção dos direitos fundamentais, continuando a ter os direitos de gozo das férias, descansos semanais remunerados, folga em feriados, bem como de ter respeitado o intervalo interjornadas.

Comentando o artigo 219º do Código do Trabalho luso, Pedro Romano Martinez conclui que a não sujeição ao limite máximo do período normal de labor, na hipótese de isenção prevista em lei, tem de ser interpretada criteriosamente, não se admitindo que, por via deste regime especial, o trabalhador seja obrigado a trabalhar ininterruptamente, nem sequer que constitua rotina desempenhar a atividade 12 ou 14 horas por dia. Efetivamente, o que caracteriza a isenção de horário não é a falta de sujeição aos limites máximos normais, previstos na Constituição, mas essencialmente a ausência de horas predeterminadas para o início, pausa para descanso e o termo do trabalho. "Deste modo, ainda que vigore a regra da isenção sem sujeição a limites máximos, além de o trabalhador ter direito às férias, aos descansos semanais e feriados, tem de ser respeitado o descanso interjornadas, que por via de regra não poderá ser inferior a onze horas (art. 214º CT)."[994]

Na realidade brasileira contemporânea, tendo em foco a mesma situação jurídica de incidência dos direitos fundamentais, mesmo os gerentes, os externos sem registro de jornada, os exercentes de cargos de alta envergadura empresarial, têm o direito fundamental de se desconectar do trabalho, de desligar o telefone, sair para passear com os seus filhos, dormir, consumir bebida alcoólica em eventos ou comemorações, desfrutar de todos os momentos da vida fora do ambiente e local de trabalho, de sorte que constitui ato ilícito a supressão indevida pelo empregador.

4. Danos existenciais como decorrência da violação do direito à desconexão

Em atividade conceitual, o jurista pode definir dano como a repercussão da violação a um interesse juridicamente protegido. Referida violação repercute sobre a vítima podendo atingir seus interesses patrimoniais ou extrapatrimoniais, independentemente do objeto violado. Pode haver violação de uma coisa, mas com repercussões patrimoniais e extrapatrimoniais, como pode haver violação do ser humano, com ambas as repercussões. Dessa premissa, segue que não se define o gênero dos danos em função de quem é atingido pela violação – coisa ou pessoa –, mas as repercussões sobre a vítima, as quais podem alcançar ambos os gêneros a partir de um único ato ilícito.

Um singelo exemplo do que estamos falando seria o caso de um casal em véspera de completar bodas de ouro e que deixa as alianças de casamento para polimento em uma joalheria. O extravio das alianças, que são objetos patrimoniais (coisas), repercute sobre as vítimas nas esferas patrimonial (perdas e danos) e extrapatrimonial (integridade psicológica – danos morais).

A propósito do tema, o professor Carlos Fernández Sessarego foi quem introduziu na América do Sul o estudo dos danos ao projeto de vida, tendo partido da mesma premissa da divisão das repercussões dos danos para concluir que tanto os danos à pessoa (danos subjetivos) como os danos às coisas (danos objetivos), podem ter, indistintamente, consequências patrimoniais e extrapatrimoniais ou também apresentar, simultaneamente, ambos os tipos de consequências[995].

Na experiência doutrinária brasileira, as repercussões patrimoniais são conhecidas como danos materiais e as extrapatrimoniais, como danos morais. Essa experiência dogmática foi recolhida pela Constituição Federal de 1988, no artigo 5º, V[996] e X[997], e, mais recentemente, no artigo 186 do Código Civil[998], onde o legislador utiliza as expressões danos materiais e danos morais. Especificamente no artigo 5º, V, da Constituição, o constituinte acrescenta os danos à imagem, o que levou a doutrina e a jurisprudência a reconhecer os danos estéticos como uma espécie autônoma de dano (Súmula n. 387 do STJ).

Recentemente, parte da doutrina civil brasileira, inspirada na experiência dogmática e jurisprudencial italiana – pioneira no trato jurídico da dignidade humana e sua incidência nas relações privadas, visto que a Constituição italiana de 1947 foi a primeira que reconheceu juridicamente a dignidade como fundamento central do sistema –, recolheu a classificação

---

(994) MARTINEZ. *Direito do Trabalho*, p. 549.
(995) "*Es de advertir, como es obvio, que tanto los daños subjetivos o daños a la persona como los daños objetivos o sobre las cosas, pueden tener indistintamente consecuencias patrimoniales como extrapatrimoniales o presentar simultáneamente ambos los tipos de consecuencias. Ello dependerá, como es obvio, de la posibilidad o no de valorizar en dinero tales consecuencias.*" (SESSAREGO. *Hacia una nueva sistematizacion del daño a la persona, passim*).
(996) V – é assegurado o direito de resposta, proporcional ao agravo, além da indenização por <u>dano material, moral ou à imagem</u>; (...).
(997) X – são invioláveis a intimidade, a vida privada, a honra e a imagem das pessoas, assegurado o direito a indenização pelo <u>dano material ou moral</u> decorrente de sua violação; (...).
(998) Art. 186. Aquele que, por ação ou omissão voluntária, negligência ou imprudência, violar direito e causar dano a outrem, ainda que exclusivamente moral, comete ato ilícito.

peninsular para divisar o grande gênero das repercussões extrapatrimoniais dos danos em variadas espécies, entre as quais os danos morais, os danos biológicos e os danos existenciais.

O Código Civil italiano de 1942 previa originalmente no artigo 2.043 que deveria haver ressarcimento do dano injusto por parte daqueles que cometeram um fato doloso ou culposo. E, mais à frente, no artigo 2.059, havia previsão de que os danos não patrimoniais (*danni non patrimoniali*) deveriam ser ressarcidos somente nos casos determinados em lei[999]. Da previsão seguiu-se o primeiro entendimento de que quanto aos danos extrapatrimoniais havia um rol taxativo, somente admitindo o ressarcimento civil quando a violação amoldava-se também a uma previsão expressa do Código Penal. Dito de outro modo, constituindo também crime o ato ilícito, estava autorizado o ressarcimento dos danos extrapatrimoniais, além das repercussões patrimoniais, nas ações de responsabilidade civil.

A partir de uma leitura do artigo 2º da Constituição italiana de 1947[1000] – isto é, interpretando o Código Civil de 1942 à luz dos direitos fundamentais da nova Constituição –, houve uma reação doutrinária à limitação legislativa para reconhecer que, embora os danos não patrimoniais ou danos morais, genericamente falando, precisassem de fato típico criminal, haveria, ao seu lado, diversas outras violações de direitos constitucionais, como o direito à saúde (artigo 32 da Constituição italiana), que geravam também outros danos, então batizados de danos biológicos.

A interpretação evolutiva foi acolhida pela Corte Constitucional[1001].

Em um segundo momento, a doutrina avançou para concluir que dentro do novo conceito de danos biológicos estavam inseridas situações bastante diversificadas, que não guardavam mais direta relação com o direito constitucional à saúde. Foi quando os professores Paolo Cendon e Patrizia Ziviz divisaram os danos biológicos dos danos existenciais (*danno esistenziale*)[1002]. Os últimos seriam caracterizados a partir da violação da existência do sujeito, em certos aspectos de sua vida social e familiar; seriam detectáveis nos impedimentos sofridos pela vítima em relação às atividades que contribuem para o seu desenvolvimento pessoal. Enquanto o dano moral era verificável por um sofrimento da vítima, por sua vez, os danos existenciais por um "não fazer", a frustração dos projetos de vida (*perturbamento dell agenda*").

Mais uma vez, a Corte de Cassação italiana avançou para reconhecer a divisão entre os danos biológicos e os danos existenciais.[1003]

Também em outros países a frustração aos projetos de vida e à vida de relações desencadeia repercussões extrapatrimoniais autônomas, como o *préjudice d'agrément* na França, a *loss of amenities of life* do direito inglês e estadunidense, a *perdre de jouissance de vie* na Província do Quebec-Canadá, a frustração do projeto de vida da pessoa no Peru e os danos existenciais em Portugal, culminando com a adoção pacífica pela Corte Interamericana de Direitos Humanos.

Se no sistema jurídico italiano reconhecem-se os danos patrimoniais, morais, biológicos e existenciais, em nosso sistema jurídico brasileiro – porque decorrente da vontade constituinte do artigo 5º, V e X, além de todo o rol de direitos e garantias fundamentais que incidem nas relações entre particulares – também há a recepção das três espécies de danos extrapatrimoniais: morais, biológicos (estéticos, aqui em nós, ainda que os danos biológicos italianos conformem um conceito muito mais amplo que os danos estéticos, englobando-os) e existenciais. O próprio artigo 186 do Código Civil brasileiro reconhece que aquele que violar direito e causar dano a outrem, ainda que exclusivamente moral, comete ato ilícito, ou seja, o nosso sistema de responsabilidade civil é aberto, não taxativo, bastando ao lesado comprovar violação de direito, nexo causal e um dano em sentido amplo para obter o ressarcimento ou a reparação.

Eugenio Facchini Neto e Tula Wesendonck também compreendem que o dano existencial é espécie de danos extrapatrimoniais, inclusive que, no Brasil, esse grande gênero é confundido com os danos morais. A partir da distinção, ensinam que "os danos existenciais podem ser entendidos como uma espécie do gênero mais amplo dos danos imateriais ou extrapatrimoniais, que entre nós costumam ser chamados de danos morais."[1004]

Amaro Alves de Almeida Neto conclui o seu estudo sobre o tema dizendo que o ser humano tem um direito fundamental constitucionalmente assegurado de fazer ou deixar de fazer o que bem entender, desde que, evidentemente respeitados o direito do próximo e os limites legais, não podendo ser molestado por quem quer que seja, em qualquer aspecto de sua vida, seja físico, psíquico ou social. O ser humano tem o direito de programar o transcorrer da sua vida da melhor forma que lhe pareça, sem a interferência nociva de ninguém. Tem a pessoa o direito às suas expectativas, aos seus anseios, aos seus projetos, aos seus ideais, desde os mais singelos até os mais grandiosos: tem o direito a uma infância feliz, a constituir uma família, estudar e adquirir capacitação técnica, obter o seu sustento e o seu lazer, ter saúde física e mental, ler, praticar esporte, divertir-se, conviver com os seus amigos, praticar a sua crença

---

(999) Art. 2059. Danni non patrimoniali. Il danno non patrimoniale deve essere risarcito solo nei casi determinati dalla legge (Cod. Proc. Civ. 89; Cod. Pen. 185, 598).
(1000) Art. 2º. La Repubblica riconosce e garantisce i diritti inviolabili dell'uomo, sia come singolo, sia nelle formazioni sociali ove si svolge la sua personalità, e richiede l'adempimento dei doveri inderogabili di solidarietà politica, economica e sociale.
(1001) "Il danno – biologico (o fisiologico) é danno specifico, é un tipo di danno, identificandosi con un tipo di evento. Il danno morale subiettivo é, invece, un genere di danno – conseguenza, che può derivare da una serie numerosa di tipi di evento; così come genere di danno – conseguenza, condizione obiettiva di risarcibilità, è il danno patrimoniale, che, a sua volta, può derivare da diversi eventi tipici." (ITÁLIA. Corte Costituzionale. Sentenza n. 184, del 14 luglio 1986).
(1002) CENDON, P., ZIVIZ, P. Il danno esistenziale. Milano: Giuffrè, 2000. CENDON, P., ZIVIZ, P. Il risarcimento del danno esistenziale. Milano: Giuffrè, 2003.
(1003) Corte de Cassação (Decisões n. 6572, de 24.03.2006, e n. 26972, de 11.11.2008).
(1004) FACCHINI NETO; WESENDONCK. Danos existenciais, p. 230.

e o seu culto, descansar na velhice, enfim, gozar a vida com dignidade, essa é a agenda do ser humano: caminhar com tranquilidade no ambiente em que sua vida se manifesta rumo ao seu projeto de vida[1005].

A Corte Interamericana de Direitos Humanos reconheceu que um cidadão colombiano, injustamente torturado e preso, com posterior absolvição no processo judicial, teria tido os seus projetos de vida violados, na medida em que foi obrigado a deixar o país, sua família foi coagida, teve de mudar de trabalho, assim como outras condutas que impactaram seriamente seu patrimônio familiar. A Corte manifestou no sentido de que os atos ilícitos violaram os direitos humanos, mudaram radicalmente sua vida e causaram ruptura de sua personalidade e seus laços familiares. Ao final, para fixar a condenação em danos imateriais, esclareceu que *"todos han padecido una grave alteración en sus condiciones de existencia, en sus relaciones familiares y sociales, así como en sus posibilidades de desarrollar sus propios proyectos de vida"*[1006].

Há numerosas situações na execução do contrato de trabalho em que, inobstante não seja violada diretamente a dignidade do trabalhador – requisito para os danos morais em sua perspectiva constitucional-objetivista que adotamos[1007] –, há violação de outros direitos, que têm a dignidade como seu antecedente remoto, como o direito ao lazer (artigo 6º), a limitação de jornada (artigo 7º, XIII), ao repouso semanal remunerado (artigo 7º, XV), gozo de férias anuais (artigo 7º, XVII), acesso à educação fora do horário de trabalho (artigo 205), acesso à cultura em seus momentos de lazer (artigo 215), realização de atividades desportivas (artigo 217) e convivência familiar (artigos 227 e 229), além de que atenta contra o direito de que toda "pessoa tem direito ao repouso e aos lazeres, especialmente, a uma limitação razoável da duração do trabalho e as férias periódicas pagas" (Declaração Universal dos Direitos Humanos de 1948).

A violação desses direitos fundamentais por ato ilícito do empregador, de modo a afetar a vida de relações e os projetos de vida dos trabalhadores, causariam os danos existenciais indenizáveis nas relações de trabalho.

Recepcionando o dano existencial nas relações de trabalho, Júlio César Bebber o compreende como toda lesão que compromete a liberdade de escolha e frustra o projeto de vida que a pessoa elaborou para sua realização como ser humano. Fala-se existencial porque o impacto gerado pelo dano provoca um vazio existencial na pessoa que perde a fonte de gratificação vital. Por projeto de vida, compreenda-se o destino escolhido pela pessoa, o que decidiu fazer com a sua vida. O ser humano, por natureza, busca extrair o máximo das suas potencialidades. Por isso, as pessoas permanentemente projetam o futuro e realizam escolhas no sentido de conduzir sua existência à realização do projeto de vida. O fato injusto que frustra esse destino (impede a sua plena realização) e obriga a pessoa a se resignar com o seu futuro é chamado de dano existencial[1008].

Sônia Mascaro Nascimento igualmente reconhece que a frustração ao projeto de vida e à vida de relações pela conduta patronal ilegal geram os danos existenciais no trabalhador. "Isto porque, este deixa de conviver com sua família, não tem mais tempo para o lazer e para o estudo, está mais suscetível de ser acometido de doenças ocupacionais, dentre outros incontáveis prejuízos."[1009] Diante dessa situação, em que o trabalhador não mais consegue autodeterminar-se e planejar sua vida, será configurado o dano existencial. Para a autora, os casos mais comuns nas relações de trabalho são a exigência de jornada excessiva, reiterada e além dos limites legais, e a violação dos períodos de descanso.

No mesmo sentido é a conclusão de Igor Antônio da Silva Tavares, para quem o dano existencial pode ser identificado quando há prestação recorrente de horas extras. Essa imposição do empregador certamente causa danos tanto à vida de relação, visto que impede o adequado convívio social de seu empregado, quanto ao projeto de vida, vez que o tempo de não trabalho, no qual o cidadão desenvolve os seus projetos pessoais, é consumido pelo labor em sobrejornada impositiva[1010].

O decisivo é verificar, no caso concreto, se está diante de uma violação direta da dignidade humana, quando se configuraria o dano moral objetivo[1011]; ou se está diante de uma frustração dos projetos de vida do trabalhador, um prejuízo à sua vida de relações pessoais e familiares, pela privação de sua autonomia pessoal, causada pelo desrespeito aos seus direitos fundamentais ao lazer, à limitação de jornada, ao repouso semanal remunerado, ao gozo de férias anuais, ao acesso à educação e cultura fora do horário de trabalho, realização de atividades desportivas, reflexão e convivência familiar, todos ligados ao direito à desconexão do trabalho, quando configurados os danos existenciais[1012].

(1005) ALMEIDA NETO. *Dano existencial*, p. 33.
(1006) CIDH. Caso Gutiérrez Soler vs. Colômbia. Fondo, Reparaciones y Costas. Sentença de 12 de setembro de 2005, série C, n. 132, Relator Juiz Antônio Augusto Cançado Trindade.
(1007) MOLINA. *Teoria dos Princípios Trabalhistas*, p. 221 e seg.
(1008) BEBBER. *Danos extrapatrimoniais (estético, biológico e existencial)*, p. 28.
(1009) NASCIMENTO. *Dano existencial nas relações de trabalho*, passim.
(1010) TAVARES. *Jornada de trabalho, direito à desconexão e dano existencial*, p. 721.
(1011) "Como decomposição prática do conceito de dignidade humana nas relações de trabalho, tem-se que, quando o magistrado trabalhista verificar que ocorreu violação da dignidade, estar-se-á atendido o requisito para a condenação em indenização por danos morais, individuais ou coletivos." (André Araújo Molina, *Teoria dos Princípios Trabalhistas*, p. 223).
(1012) Há vozes minoritárias na doutrina, como a de Luiz Marcelo Góis, que defendem a impossibilidade de cumulação do pagamento das horas extras com a indenização pelos danos pessoais, alegando *bis in idem*. O referido autor avança para propor a criação de um adicional de desconexão, representado pelo pagamento de um valor mensal fixo, calculado percentualmente a partir do salário do obreiro, para indenizar-lhe a potencialidade de manter-se conectado ao trabalho (*Adicional de desconexão*, passim). De nossa parte, a posição inventariada, além de confundir a lesão com as diversas repercussões sobre a vítima,

No mesmo sentido, conclui Célio Pereira Oliveira Neto que "a violação ao direito de desconexão representada pelo descumprimento ordinário das normas que regem jornada de trabalho, descanso e lazer, pode gerar dano existencial ao trabalhador, quando ocasionar lesão ao projeto de vida e à vida de relações"[1013].

Márcia Vieira Maffra concorda que, nas ações individuais, o trabalhador poderá requerer a tutela inibitória para evitar a violação dos direitos ao lazer e à desconexão, os danos materiais concernentes ao pagamento das horas extras já realizadas, além do dano existencial, na medida em que a conduta do empregador o prejudica ou impede de concluir seus projetos de vida e de manter suas relações sociais fora do ambiente de trabalho, quer seja no âmbito familiar, recreativo ou íntimo[1014].

Também Christiana D'Arc Damasceno Oliveira admite que a violação do direito à desconexão não se satisfaz apenas com a quitação dos direitos de ordem trabalhista, como as horas extras, o descanso semanal remunerado em dobro etc., mas com a fixação complementar de uma indenização por danos imateriais, que para a autora são os danos morais[1015].

Ao compreendermos que o direito à desconexão representa a confluência de alguns direitos fundamentais, integrantes não apenas do patrimônio jurídico dos trabalhadores, individualmente considerados, mas também da sua família e de toda a sociedade, segue que se consideram como titulares do direito os empregados, os trabalhadores em sentido amplo, a família, o Estado e a sociedade, desafiando não somente a atuação processual individual das vítimas diretas, mas também dos entes legitimados coletivos, como o Ministério Público do Trabalho e os Sindicatos, em ações de natureza coletiva, para a inibição das condutas irregulares e a reparação, individual homogênea, coletiva e difusa, dos danos causados.

Inclusive para Deborah Branquinho Cardoso, a principal ferramenta de combate à prática gerencial de conexão contínua dos empregados é a atuação em âmbito preventivo e coletivo pelo Ministério Público do Trabalho, na medida em que, quanto ao tema dos direitos fundamentais, a atuação repressiva jamais conseguirá recompor o *status quo* anterior, depois de violado o direito. Por isso que as ações de natureza inibitória coletiva são capazes de desmotivar a violação das normas que regulamentam os momentos de descanso e lazer, assim como podem desencorajar a imposição de sobrejornada habitual, de maneira que a ordem judicial assuma um caráter eficaz, essencialmente, preventivo e pedagógico[1016].

Potencializando todas as situações-tipo de danos existenciais, o ponto comum é a verificação de que, no limite, o direito fundamental violado é a liberdade fenomênica do ser humano, é a frustração do seu direito de se autodeterminar, de poder escolher livremente o que fazer de sua vida pessoal, familiar e social fora do ambiente e horário normal de trabalho.

Luís Roberto Barroso diz que as ideias de liberdade e autonomia estão vinculadas à dignidade humana. Para ele, a autonomia dos indivíduos é o elemento ético da dignidade. "É o fundamento do livre arbítrio dos indivíduos, que lhes permite buscar, da sua própria maneira, o ideal de viver bem e de ter uma vida boa. A noção central aqui é de autodeterminação: uma pessoa autônoma define as regras que vão reger a sua vida."[1017]

Continua o professor a ensinar que a autonomia do indivíduo pressupõe o preenchimento de determinadas condições, como a razão (a capacidade mental de tomar decisões informadas), a independência (ausência de coerção, de manipulação e de privações essenciais) e a escolha (existência real de alternativas), por isso que a "autonomia, portanto, corresponde à capacidade de alguém tomar decisões e de fazer escolhas pessoais ao longo da vida, baseadas na sua própria concepção de bem, sem influências externas indevidas"[1018].

A compreensão do problema da autonomia do indivíduo e a sua violação por atos do empregador que frustrem os seus projetos de vida, por esta perspectiva epistemológica, ajuda a aclarar a desnecessidade de prova de quais projetos de vida ou relações familiares, sociais ou afetivas foram atingidos, na medida em que já constituiu dano a simples impossibilidade de se autodeterminar em razão das influências externas ilícitas. A prova da gravidade da violação apenas contribui com a extensão da indenização, mas não com a sua configuração, que ocorre antes.

Além das consequências danosas ordinárias da jornada excessiva na vida dos trabalhadores constituírem fatos notórios, dispensando a prova, por outro lado, a exigência de prova material também converteria a situação processual da vítima em tarefa impossível de ser atendida, revelando aquilo que a doutrina processual chama de "prova diabólica" ou

---

afastando a alegação de *bis in idem*, por sua vez, acaba por institucionalizar a máxima exploração do trabalhador, que ao receber um pequeno adicional – segundo o autor de 10% sobre o salário básico – deveria permanecer sempre conectado ao trabalho, quando o sistema jurídico, notadamente o internacional e o constitucional, querem é vedar a intromissão das obrigações profissionais na vida privada do trabalhador, cujos prejuízos alcançam a sua família e toda a sociedade.

(1013) OLIVEIRA NETO. *Direito de desconexão frente às novas tecnologias no âmbito das relações de trabalho*, p. 101.
(1014) MAFFRA. *op. cit.*, p. 517.
(1015) "Na hipótese de violação persistente e reiterada do direito à desconexão pelo tomador de serviços, será viável a apresentação judicial de ação munida de pedidos de indenização por danos morais e de tutela inibitória voltada para que o empregador se abstenha de praticar a conduta em detrimento do empregado, sob pena de multa diária e outras sanções de natureza processual. (...) O pagamento de indenização por dano moral nas hipóteses reportadas acima, no entanto, não afasta a incidência, *v. g.*, quando se trata de hipóteses de teletrabalho ocorrente no bojo de uma relação de emprego, de consectários trabalhistas específicos, a exemplo do pagamento de horas extras com o respectivo adicional quando houver efetivo controle da jornada de trabalho do teletrabalhador (aspecto que pode ou não estar presente no teletrabalho prestado por empregado) e sejam ultrapassados os parâmetros legais." (OLIVEIRA. *Direito à desconexão do trabalhador*, p. 1184/1185).
(1016) CARDOSO. *O dano existencial causado pela não desconexão do trabalho*, p. 296.
(1017) BARROSO. *A dignidade da pessoa humana no direito constitucional contemporâneo*, p. 81.
(1018) BARROSO. *Ibidem.*

prova de situação negativa. Se é direito do ser humano ter os seus momentos de reflexão e descanso, imagine-se hipoteticamente – apenas para ilustrar, embora centenas de situações similares possam ser imaginadas –, que um trabalhador tem como projeto de vida dedicar-se à leitura, à prática de esportes, pescarias, cozinhar com a família, namorar, dormir até mais tarde aos finais de semana, brincar com os filhos, degustar vinhos etc., a questão é saber de que forma é possível realizar a prova em uma audiência trabalhista de que a jornada excessiva lhe impediu de realizar tais atividades?

A violação do direito fundamental do trabalhador ocorre no momento em que haja imposição pelo empregador de realização de jornada excessiva e reiterada (influência externa indevida), tolhendo a independência de se autodeterminar, bem como subtraindo-lhe o direito ao gozo de férias, descansos semanais, intervalos interjornadas, lazer e convivência familiar, social e afetiva.

Disso segue que ocorrem danos existenciais tanto no caso de o empregado reprovar em seu curso superior noturno, diante das reiteradas faltas causadas pela jornada de trabalho excessiva, como no caso do colega que, em face das mesmas jornadas impostas, sequer teve autonomia pessoal de resolver fazer ou não o mesmo curso superior. A indenização (extensão dos danos) no primeiro caso é maior, mas no segundo também há danos existenciais, ainda que a indenização seja mais modesta.

A dificuldade de o magistrado avaliar em que medida a jornada excessiva frustrou os projetos de vida do trabalhador, não pode ser motivo para a rejeição do pedido de indenização. Também nesse ponto diz Carlos Fernandez Sessarego:

> *Somos conscientes de las dificultades por las que podría atravesar el juez para determinar la magnitud de un "daño al proyecto de vida" de la persona, de cada persona en particular, así como aquellas que se presentan en el momento de fijar una adecuada reparación. Esta situación constituye un problema imposible de resolver con exactitud matemática, la misma que se agrava dadas tanto las características propias de cada ser humano como la trascendencia que para él comporta su proyecto de vida. Sin embargo, la indudable existencia de estas evidentes dificultades no pueden conducir a soslayar o a ignorar la importancia y las graves repercusiones que genera el "daño al proyecto de vida" y a negar, por consiguiente, su reparación.*[1019]

Em nosso sentir, o problema da exigência da prova do dano existencial deriva da compreensão, já ultrapassada, de que os danos morais seriam subjetivos (dor, vexame, sofrimento, humilhação etc.), por isso, insuscetíveis de comprovação e, por corolário, *in re ipsa*, mas os danos existenciais, vinculados a uma frustração, seriam suscetíveis de verificação, demandando prova objetiva do prejuízo.

Contudo, na perspectiva objetivista dos danos morais, em que não se investiga os aspectos interiores da vítima – até porque moralmente questionáveis e faticamente impossíveis de provar[1020] –, apenas se verifica se houve violação objetiva da dignidade humana, quando há configuração dos danos morais. Quanto aos danos existenciais – porque também espécie de danos extrapatrimoniais –, basta a prova da violação objetiva do direito do trabalhador ao lazer, limitação de jornada, repouso semanal remunerado, gozo de férias anuais, acesso à educação e à cultura fora do horário de labor, realização de atividades desportivas, reflexão e convivência familiar. Apenas no caso de alegação especial quanto à vítima é que deveria ela fazer prova da maior extensão dos danos, como no caso de alegar que a jornada de trabalho excessiva, além de violar os direitos fundamentais, teria agravado a sua situação pessoal ao lhe impedir de se apresentar em um memorável recital, já que a trabalhadora é integrante da Orquestra do Estado de Mato Grosso. A prova do fato especial apenas agravaria a indenização[1021].

Para as hipóteses ordinárias, seria até tautológico exigir da vítima prova objetiva de que a sonegação dos períodos de férias por longos anos de trabalho teria violado seu direito ao lazer, descanso e convivência familiar, como defende parcela da doutrina[1022], inclusive as vezes baralhando as consequências patrimoniais com as extrapatrimoniais[1023]. Levando ao

---

(1019) SESSAREGO. *El daño al proyecto de vida*, passim.
(1020) "A toda evidência, a definição do dano moral não pode depender do sofrimento, dor ou qualquer outra repercussão sentimental do fato sobre a vítima, cuja efetiva aferição, além de moralmente questionável, é faticamente impossível. A definição do dano moral como lesão a atributo da personalidade tem a extrema vantagem de se concentrar sobre o objeto atingido (o interesse lesado), e não sobre as consequências emocionais, subjetivas e eventuais da lesão. A reportagem que ataca, por exemplo, a reputação de paciente em coma não causa, pelo particular estado da vítima, qualquer dor, sofrimento, humilhação. Apesar disso, a violação à sua honra configura dano moral e exige reparação." (Anderson Schreiber, *Direitos da Personalidade*, p. 17.)
(1021) Decisivo observar, em uma perspectiva processual, que a autora da ação do exemplo citado poderia tanto trazer como causa de pedir a jornada excessiva e reiterada, a jornada excessiva episódica como causadora da perda da apresentação musical, como também a jornada excessiva e reiterada como causadora de danos existenciais, os quais seriam agravados com a perda da apresentação musical. No primeiro exemplo, dispensável a prova objetiva de prejuízo, na segunda modalidade de causa de pedir deveria ela provar o dano especial alegado e, na terceira hipótese, a prova da perda do recital pela exigência ilícita de trabalho além do limite legal, agravaria a extensão dos danos, majorando o valor da indenização por danos existenciais.
(1022) "(...) a) o dano moral tem repercussão íntima (padecimento da alma, dor, angústia, mágoa, sofrimento etc.), Sua dimensão, portanto, é subjetiva e, por isso, não exige prova; b) os danos estéticos (alteração no aspecto físico exterior com a qual a pessoa terá de conviver nas relações sociais), biológico (impede ou reduz à vida de relação da pessoa) e existencial (renúncia a uma atividade concreta) têm repercussão externa. Suas dimensões, portanto, são objetivas e podem ser objeto de prova." (Júlio César Bebber, *op. cit.*, p. 29.)
(1023) "Importante, assim, ressaltar que para se ter o dano existencial, necessário se faz a comprovação do prejuízo ao projeto de vida e/ou à vida de relações e o nexo de causalidade com a conduta. Assim, a não concessão de férias por longo período, a sobrecarga de horas extras além do limite legal de forma reiterada ou o tempo de deslocamento casa-trabalho, por si só, não são condutas capazes de gerar o dano existencial. Ressalta-se que a própria legislação já possui punições próprias e específicas para tais infrações, como, por exemplo, a multa administrativa, o pagamento de horas extraordinárias com adicional de no mínimo 50%, o

extremo o raciocínio da necessidade de prova material dos prejuízos para configuração dos danos existenciais, chegaríamos ao caso de um trabalhador submetido à condição análoga à de escravo (artigo 149, *caput*, do Código Penal – jornada exaustiva) ter rejeitada a indenização, na medida em que não há prova alguma de que a sua restrição de liberdade, diante da jornada imposta, ter-lhe-ia causado prejuízo à vida de relações e aos projetos de vida, ainda que na esfera criminal houvesse condenação pelo fato típico citado.

Jorge Luiz Souto Maior bem apreendeu a distinção entre as repercussões materiais e pessoais da imposição de jornada de trabalho excessiva, violando os direitos fundamentais do empregado ligados ao princípio da desconexão ao trabalho, com o cometimento de ato ilícito empresarial que precisa ser indenizado. O autor também avança para reconhecer que o dano configura-se independentemente de prova material dos reflexos da jornada excessiva em sua vida privada:

> Assim, o empregador, que exige de seu empregado a prestação de serviços em regime de horas extras de forma ordinária abusa de seu direito, agredindo o interesse social e mesmo econômico, comete, portanto, ato ilícito, cuja correção, evidentemente, não se dará pelo mero pagamento do adicional de horas extras. O dano do trabalhador, aliás, não depende de prova, pois se configura pelo próprio fato em si do trabalho em horas extras de forma ordinária (ainda mais quando não remuneradas devidamente), na medida em que a própria lei estabeleceu o limite das horas de trabalho para proteção da saúde do trabalhador (questão de ordem pública) e também para ampliar o acesso ao mercado de trabalho (também questão de ordem pública).[1024]

É por isso que insistimos na defesa da tese de que a configuração dos danos existenciais, de ordinário, não exige prova material do prejuízo, configurando-se cronologicamente antes, pela violação do direito de exercer livremente a sua liberdade pessoal. Dito de outro modo, quando o empregador retira do trabalhador, pela imposição de jornada excessiva (limites horizontais e verticais), o direito de escolha de como exercer sua liberdade pessoal enquanto ser humano, configurar-se-ão os danos existenciais. O prejuízo pessoal, familiar ou social específico poderá agravar a indenização, mas não é requisito para a sua configuração. Disso segue que tanto o trabalhador casado e pai de vários filhos quanto o solteiro sem filhos sofrem danos existenciais pela imposição da jornada excessiva e reiterada, embora o segundo não tenha como provar objetivamente que teve sua convivência familiar e afetiva violada. O fato em si de retirar-lhe a liberdade de optar entre constituir ou não família, de se relacionar ou não fora do ambiente de trabalho, já configura violação dos seus direitos fundamentais (dano) e, por conseguinte, direito à indenização.

5. Revisão crítica da jurisprudência do Tribunal Superior do Trabalho

O Tribunal Superior do Trabalho, tomando posição jurídica de vanguarda, tem sido receptivo à condenação na indenização por danos existenciais nos casos de violação do direito ao lazer, à desconexão e na frustração dos projetos de vida e da vida de relações dos empregados por atos ilícitos dos empregadores, mormente nos casos de supressão dos períodos de gozo de férias e na imposição de jornada excessiva e reiterada.

Nas primeiras decisões, o objeto de fato dos acórdãos referia-se ao trabalho sem a concessão dos períodos de férias[1025], depois passou a reconhecer que a jornada de trabalho excessiva também era ofensiva dos direitos fundamentais dos trabalhadores, reclamando, além da condenação nas horas extras e no adicional (repercussões patrimoniais), a indenização por danos existenciais (repercussões extrapatrimoniais) do ato ilícito.

No primeiro julgado[1026], as razões de fato demonstravam que o trabalhador teve uma jornada uniforme das 07 às 21 horas, com uma hora de intervalo, de segunda-feira a sábado, além de trabalhar três domingos por mês e metade dos feriados das 07 horas às 16 horas, com uma hora de intervalo intrajornada. A situação perdurou por cinco anos e três meses. O autor sequer recebia as horas extras, na medida em que o empregador o enquadrava no artigo 62, II, da CLT.

O Tribunal fixou a premissa de que o dano existencial é espécie de dano imaterial, ao lado do dano moral, sendo caracterizado quando o trabalhador sofre limitações em relação à sua vida fora do ambiente de trabalho em razão de condutas ilícitas praticadas pela empresa, impossibilitando-o de estabelecer a prática de atividades e desenvolver seus projetos de vida. Também firmou a premissa de que não é qualquer conduta isolada e de curta duração que é considerada como dano existencial. A terceira premissa é que o trabalho prestado em jornadas que excedem habitualmente o limite legal de duas horas extras diárias, tido como parâmetro tolerável, representa afronta aos direitos fundamentais do trabalhador e prejudica as relações sociais e seu desenvolvimento pessoal. O TST não exigiu prova material do prejuízo causado na vida privada do trabalhador pela jornada excessiva, como a frustração objetiva de algum projeto pessoal, profissional ou familiar, na medida em que a violação em si do limite tolerável de jornada diária já geraria ato ilícito, bem como também não levou em consideração o fato de as horas extras terem sido objeto de condenação em capítulo próprio do acordão revisado. Em conclusão, manteve a decisão recorrida que fixou a indenização por danos existenciais no valor de R$ 23.183,80.

---

pagamento em dobro das férias não concedidas." (Sônia Mascaro Nascimento, *op. cit.*, p. 971).
(1024) SOUTO MAIOR. *Do direito à desconexão do trabalho*, p. 311.
(1025) TST – 7ª Turma – RR n. 1900-28.2010.5.03.0044 – Relatora Ministra Delaíde Miranda Arantes – DEJT 23.11.2012 e também TST – 1ª Turma – RR n. 727-76.2011.5.24.0002 – Relator Ministro Hugo Carlos Scheuermann – DEJT 28.06.2013.
(1026) TST – 4ª Turma – RR n. 78-64.2012.5.04.0251 – Relatora Ministra Maria de Assis Calsing – DEJT 14.11.2014.

A decisão debatida, embora não tenha avançado para fixar um critério objetivo para que a jornada excessiva configurasse dano existencial, é digna de elogios ao distinguir as várias repercussões do ato ilícito e, com isso, não confundir que a condenação em horas extras e adicionais em nada embaraça a condenação em danos existenciais, eis que as repercussões são diferentes: uma patrimonial, outra extrapatrimonial. Outro ponto do acordão digno de aplausos é o reconhecimento de que a extrapolação em si do limite tolerável de jornada por algum período de tempo já é suficiente para configuração dos danos existenciais, por retirar do trabalhador o seu direito constitucional abstrato de se relacionar fora do ambiente de trabalho e de realizar seus projetos de vida, independentemente de prova efetiva de prejuízo.

O segundo julgado do Tribunal[1027] refere-se à situação de fato em que o trabalhador foi contratado como ajudante geral e submetido a uma carga de trabalho de segunda a sexta-feira das 18h00 às 07h00, com intervalo de uma hora, pelo período de cinco meses. Considerando a contagem reduzida da hora noturna, o acordão concluiu que a liça era de 13 horas diárias, continuamente. O valor da condenação em R$ 12.000,00 foi mantido.

A decisão superior enfrentou o tema sob a conceituação de dano moral, em respeito aos limites semânticos trazidos pela petição inicial e pelo acordão revisando, mas deixou bastante claro em sua fundamentação que a jornada excessiva reflete nítido desrespeito ao direito de descanso e à comunhão familiar, violando a dignidade humana do trabalhador.

Os três pontos fundamentais da decisão são que a contagem ficta para as jornadas de trabalho, como no caso da hora noturna reduzida, deve ser levada em conta para configurar jornada de trabalho excessiva; que o pagamento das horas extras e adicionais pertinentes é irrelevante para a condenação nas repercussões extrapatrimoniais, não atenuando em nada a conduta ilícita empresarial; bem como que não é exigível prova objetiva de nenhum prejuízo na vida pessoal, familiar ou social do trabalhador para que possa ocorrer o dano. Esse último ocorre com a violação em si da sua dignidade humana, no caso representada pelos direitos à vida, bem-estar individual e social, não mercantilização do trabalho, valorização do trabalho e emprego, e a subordinação da propriedade à sua função socioambiental.

Na terceira decisão[1028], o Tribunal Superior enfrentou a situação de uma empregada que se ativava em um dia 06 horas às 21 horas e no dia seguinte, alternadamente, das 12 horas às 18 horas, com apenas duas folgas ao mês, trabalhando em parte dos dias destinados aos descansos semanais e feriados, no período de agosto de 2011 a abril de 2012.

A fundamentação do acordão inicia reconhecendo que os danos existenciais estão ainda em elaboração doutrinária e jurisprudencial no Brasil, mas avança para diferenciá-los dos danos morais, visto que estes, eminentemente subjetivos, interiorizados, configuram-se pelos sentimentos subjetivos do ofendido, porém, os danos existenciais exigem consequências externas na vida da vítima, em razão da alteração para pior dos seus atos de vida e da forma de relacionar com os outros, prejudicando sua realização e comprometendo a capacidade de gozar plenamente a vida. "Esse componente externo e a exigência de a vítima demonstrá-lo é que diferenciariam o dano existencial do próprio dano moral."

O acordão reconhece que, em tese, a sobrejornada habitual e excessiva, exigida pelo empregador, tipifica dano existencial, mas em situações extremas em que haja demonstração inequívoca do comprometimento da vida de relações do trabalhador. Entretanto, na visão do Tribunal, não era a hipótese em julgamento, visto que a jornada excessiva deu-se em dias alternados e o contrato durou apenas nove meses. O mais decisivo para a maioria que se formou na decisão da Turma foi a ausência de provas efetivas de que a jornada extenuante tenha causado prejuízos de forma grave e irremediável à vida de relação do empregado. A decisão deixou assentado que: "Esse último aspecto afigura-se-me sobremodo importante para tipificar e não banalizar, em casos de jornada excessiva, o dano existencial, pois virtualmente pode consultar aos interesses do próprio empregado a dilatação habitual da jornada."

A mesma decisão avançou, em nosso sentir com razão, para exigir que a jornada excessiva tenha sido imposta pelo empregador e não realizada no interesse do operário, quer por vaidade, compulsão, ganância, necessidade de sobrevivência, quer motivado por alguma necessidade pessoal de provar algo a alguém ou a si mesmo. Há trabalhadores viciados em trabalho, que não conseguem se desligar do trabalho e muitas vezes, por iniciativa própria, deixa de lado os filhos, os pais, os amigos e a família.

Em outra decisão mais recente[1029], o Tribunal considerou que as horas *in itinere* e o tempo à disposição deveriam integrar a jornada de trabalho para todos os efeitos, contudo, não reconheceu o direito aos danos existenciais por considerar que os prejuízos deveriam estar provados nos autos. A Turma aprofundou, em relação aos precedentes anteriores, para adotar a posição expressa de que, ao contrário dos danos morais que são configurados *in re ipsa*, os danos existenciais apenas se configuram nas hipóteses em que a vítima fizer prova de que a jornada excessiva e reiterada causou-lhe danos efetivos à sua vida de relações e aos seus projetos de vida. Da fundamentação do acórdão extrai-se a seguinte passagem:

> Não é qualquer conduta isolada e de curta duração, por parte do empregador, que pode ser considerada como dano existencial. Para isso, a conduta deve perdurar no tempo, sendo capaz de alterar o objetivo de vida do trabalhador, trazendo-lhe um prejuízo em suas relações sociais.

[1027] TST – 3ª Turma – AIRR n. 1399-02.2012.5.15.0099 – Relator Ministro Mauricio Godinho Delgado – DEJT 28.11.2014.
[1028] TST – 4ª Turma – RR n. 154-80.2013.5.04.0016 – Relator Ministro João Oreste Dalazen – DEJT 31.03.2015.
[1029] TST – 4ª Turma – ARR n. 11513-67.2013.5.18.0103 – Relatora Ministra Maria de Assis Calsing – DEJT 29.05.2015.

Ressalte-se, por oportuno, que o não pagamento de horas *in itinere* ou do tempo à disposição, por si só, não configura ato ilícito cometido pelo empregador a dar ensejo à condenação aos danos existenciais. Apenas o contumaz descumprimento da legislação trabalhista, como o excesso de labor em sobrejornada, além do limite legal, o que configura exploração da mão de obra, portanto, ato ilícito, juntamente com a comprovação do prejuízo ao seu desenvolvimento pessoal e às relações sociais, representa afronta aos direitos fundamentais do trabalhador, o que caracteriza o efetivo dano existencial.

Portanto, o dano existencial pressupõe a ocorrência concomitante do ato ilícito e a comprovação do prejuízo.

Pois bem. Na hipótese dos autos, o Regional consignou que não foi demonstrada a "extirpação concreta de projetos de vida", em razão da supressão de minutos diários (tempo à disposição para troca de uniforme e horas *in itinere*), destacando que havia razoável controvérsia acerca dos direitos perseguidos.

Desse modo, correto o entendimento do Regional, porque a ofensa não pode ser presumida, pois o dano existencial, ao contrário do dano moral, não é *in re ipsa*, de forma a se dispensar o Autor do ônus probatório do ato ilícito cometido e da ofensa sofrida.

Não houve demonstração cabal do prejuízo. Logo, não há de se falar em indenização por dano existencial.

A partir da revisão crítica das decisões do Tribunal Superior do Trabalho, observamos que o tema dos danos existenciais vem ganhando espaço no debate jurisprudencial trabalhista e que, nada obstante ainda esteja em construção, alguns requisitos já são uniformes: 1) que a jornada excessiva tenha violado os limites impostos pelo direito material, inclusive as contagens fictas, o tempo à disposição e as horas *in itinere*; 2) que a extrapolação seja reiterada, postergada no tempo e não episódica; 3) que a jornada exaustiva tenha sido imposta pelo empregador e não feita de forma espontânea pelo trabalhador; e 4) que as repercussões patrimoniais (condenação em horas extras e os respectivos adicionais) são independentes das repercussões extrapatrimoniais (indenização por danos existenciais), de modo que a quitação das horas extras ou a concessão de compensação de jornada, não impede que se reconheçam os danos existenciais por violação do direito à desconexão.

As divergências ainda se assentam no aspecto temporal-horizontal, na medida em que a segunda decisão considerou cinco meses como tempo suficiente para configuração do ilícito, enquanto a terceira decisão considerou nove meses de contrato um período muito curto. A outra divergência de fundo entre as decisões é a respeito da necessidade ou não de prova material objetiva dos prejuízos causados pela jornada excessiva. Enquanto nas primeiras decisões configurar-se-ia *in re ipsa*, nos últimos julgados, a prova efetiva do prejuízo material sofrido pelos empregados foi elevada ao *status* de requisito principal.

A nossa opinião sobre os dois requisitos ainda divergentes é que o limite horizontal objetivo é a exigência pelo empregador de jornada excessiva em período superior a 45 dias por ano, pelo menos enquanto critério operacional, como pauta argumentativa inicial[1030], de modo que quanto mais a jornada exaustiva foi imposta, maior será a extensão dos danos e o valor da indenização, a partir de quando o limite horizontal seja extrapolado.

Já quanto à necessidade ou não de prova material do dano, defendemos que o dano configura-se pela simples violação objetiva do direito fundamental dos trabalhadores de autodeterminar-se, de exercer sua autonomia, de gozar de sua vida de relações e projetos de vida fora do horário de trabalho, inclusive estando dentro da sua álea de liberdade optar por constituir família ou não, por se relacionar ou não socialmente, por frequentar ou não algum curso, de modo que a violação ao seu patrimônio jurídico ocorreria com a restrição de sua liberdade, independente de prova material nos autos da maior ou menor extensão, mas, muito antes disso, o só fato de lhe retirar a possibilidade de, autonomamente, deliberar sobre seus projetos de vida, configura os danos existenciais indenizáveis, cujas repercussões ordinárias independem de prova (fatos notórios). Apenas as alegações especiais, mais graves, demandariam a necessidade de prova e atrairia o ônus probatório para a vítima.

Também observamos, inclusive no segundo precedente revisado acima, que a imposição de jornada de trabalho excessiva tem gerado condenações ora sob o título de danos morais ora como danos existenciais, conforme a compreensão jurídica dos autores da ação, ao fundamentarem a inicial e fazerem os pedidos, e dos magistrados ao julgá-las. Ao se adotar a posição mais recente dos julgados do Tribunal Superior do Trabalho, de que os danos morais configuram-se *in re ipsa* e que os danos existenciais demandariam prova material do prejuízo, o debate da questão será artificializado, além de se desconsiderar que ambos são atualmente verificáveis pela perspectiva constitucional-objetiva. Bastará aos autores, mesmo verificando restrição do seu direito de autodeterminação pela imposição de jornada excessiva, fundamentar e fazer o pedido de indenização por danos morais para que, placidamente, não lhe seja exigida prova alguma de prejuízo, na medida em que os danos morais configurar-se-iam *in re ipsa*, conforme a jurisprudência remansosa do próprio Tribunal Superior do Trabalho.

6. Conclusões

As novas tecnologias que se projetaram sobre os contratos de trabalho flexíveis da atualidade diluíram as antigas fronteiras entre os períodos de trabalho e de descanso, lazer e realização dos projetos de vida do cidadão-trabalhador, como corolário, é cada vez maior o número de trabalhadores que estão permanentemente conectados com o trabalho, por via reflexa retirando-lhes a possibilidade de gozo dos direitos fundamentais ligados ao direito geral à desconexão do trabalho.

(1030) MOLINA. *Dano existencial por jornada de trabalho excessiva, passim.*

Contudo, mais recentemente, tanto a doutrina quanto a jurisprudência dos Tribunais Superiores brasileiros reconheceram que os direitos humanos previstos nos tratados internacionais e os direitos fundamentais constitucionais são incidentes de forma direta e imediata nas relações privadas, entre as quais as de trabalho, decorrendo que o ordenamento jurídico trabalhista atual não é mais coincidente apenas com a CLT, mas com os direitos internacionais, os constitucionais, os gerais do Código Civil e da legislação extravagante, todos eles construindo um arcabouço normativo que deve ser respeitado nos contratos de trabalho.

Se é certo que os direitos constitucionais ao descanso, lazer, convivência afetiva, familiar e social, saúde etc. são incidentes nas relações de trabalho, passou a ser admitido que a violação deles também requer uma reação do sistema jurídico, primeiro na forma da recomposição dos danos materiais, como as horas extras, o pagamento em dobro das férias, as horas de sobreaviso, porém, principalmente, deverá haver o reconhecimento das repercussões pessoais do ato ilícito sobre a vítima, cuja reparação ocorrerá por meio dos danos existenciais.

7. REFERÊNCIAS BIBLIOGRÁFICAS

ABRANTES, José João. *Contrato de trabalho e direitos fundamentais*. Coimbra: Coimbra Editora, 2005.

ALMEIDA NETO, Amaro Alves de. Dano existencial – A tutela da dignidade da pessoa humana. *Revista Síntese de Direito Civil e Processual Civil*, v. 12, n. 80, p. 1/36, nov./dez. 2012.

BARROSO, Luís Roberto. *A dignidade da pessoa humana no direito constitucional contemporâneo*: a construção de um conceito jurídico à luz da jurisprudência mundial. Belo Horizonte: Fórum, 2014.

BEBBER, Júlio César. Danos extrapatrimoniais (estético, biológico e existencial) — breves considerações. *Revista LTr*, v. 73, n. 01, p. 23/28, jan. 2009.

BORBA, Joselita Nepomuceno. Direitos fundamentais. Eficácia horizontal direta nas relações sociais entre capital e trabalho. Riscos do trabalho e a obrigação de reparar os danos deles decorrentes. In: ALMEIDA, Renato Rua (Coord.). *Direitos fundamentais aplicados ao Direito do Trabalho*. São Paulo: LTr, 2010.

CARDOSO, Deborah Branquinho. O dano existencial causado pela não desconexão do trabalho e pelo descumprimento das normas de saúde e segurança do meio ambiente laboral. *Revista do TRT da 18ª Região*, Goiânia, ano 14, v. 16, p. 285-299, 2014.

CENDON, P.; ZIVIZ, P., *Il danno esistenziale*. Milano: Giuffrè, 2000.

_____; _____. *Il risarcimento del danno esistenziale*. Milano: Giuffrè, 2003.

COELHO, Luiz Eduardo de Toledo. Os direitos fundamentais e o princípio da dignidade da pessoa humana aplicados às relações privadas. *Revista de Direito Constitucional e Internacional*, São Paulo, ano 16, n. 62, p. 216/239, jan./mar. 2008.

DIMOULIS, Dimitri; MARTINS, Leonardo. *Teoria Geral dos Direitos Fundamentais*. São Paulo: Revista dos Tribunais, 2008.

ESTRADA, Manuel Martin Pino. O teletrabalho escravo. *Revista de Direito do Trabalho*, São Paulo, n. 146, p. 171/187, 2012.

FACCHINI NETO, Eugenio; WESENDONCK, Tula. Danos existenciais: "precificando" lágrimas? *Revista de Direitos e Garantias Fundamentais*, Vitória, n. 12, p. 229-267, jul./dez. 2012.

GÓIS, Luiz Marcelo. Adicional de desconexão: o tempo à disposição do empregador à luz das novas fronteiras da empresa. *Arquivos do Instituto Brasileiro de Direito Social Cesarino Júnior*, v. 39, p. 59-78, 2015.

MAFFRA, Márcia Vieira. Direito à desconexão no universo do trabalho. In: GUERRA, Giovanni Antônio Diniz; VASCONCELOS, Ricardo Guerra; CHADI, Ricardo (Orgs.). *Direito do Trabalho*, Belo Horizonte: FUMARC, 2015, v. 2, p. 505-520.

MARTINEZ, Luciano. *Curso de Direito do Trabalho*. 7 ed. São Paulo: Saraiva, 2016.

MARTINEZ, Pedro Romano. *Direito do Trabalho*. 7 ed. Coimbra: Almedina, 2015.

MOLINA, André Araújo. *Teoria dos Princípios Trabalhistas*. A aplicação do modelo metodológico pós-positivista ao Direito do Trabalho. São Paulo: Atlas, 2013.

_____. Dano existencial por jornada de trabalho excessiva: critérios objetivos (horizontais e verticais) de configuração. *Revista do Tribunal Superior do Trabalho*, v. 81, n. 4, p. 107-134, out./dez. 2015.

MOREIRA, Eduardo Ribeiro. A teoria das restrições dos direitos fundamentais. *Revista de Direito Constitucional e Internacional*, São Paulo, ano 17, n. 69, p. 86/109, out./dez. 2009.

NASCIMENTO, Amauri Mascaro. Novas tecnologias, internet e relações no trabalho. *Revista do Tribunal Regional do Trabalho da 15ª Região*, Campinas, n. 38, 2011, p. 45/52.

NASCIMENTO, Sônia Mascaro. Dano existencial nas relações de trabalho. *Revista LTr*, São Paulo, v. 78, n. 08, p. 965/972, ago. 2014.

OLIVEIRA, Christiana D'Arc Damasceno. Direito à desconexão do trabalhador. Repercussões no atual contexto trabalhista. *Revista LTr*, São Paulo, v. 74, n. 10, p. 1180/1188, out. 2010.

OLIVEIRA NETO, Célio Pereira. Direito de desconexão frente às novas tecnologias no âmbito das relações de emprego. *Arquivos do Instituto Brasileiro de Direito Social Cesarino Júnior*, v. 39, p. 79-104, 2015.

PEREIRA, Jane Reis Gonçalves. *Interpretação Constitucional e Direitos Fundamentais*. Uma contribuição ao estudo das restrições aos direitos fundamentais na perspectiva da teoria dos princípios. Rio de Janeiro: Renovar, 2006.

ROCHA, Andréa Presas. A efetividade dos direitos de cidadania nas relações de emprego – em defesa de uma eficácia direta. In: ALMEIDA, Renato Rua de (Coord.). *Direitos fundamentais aplicados ao Direito do Trabalho*. São Paulo: LTr, 2010.

SARMENTO, Daniel. A vinculação dos particulares aos direitos fundamentais no direito comparado e no Brasil. In: BARROSO, Luís Roberto (org.). *A Nova Interpretação Constitucional*. Ponderação, Direitos Fundamentais e Relações Privadas. 2 ed. Rio de Janeiro: Renovar, 2006.

SCHREIBER, Anderson. *Direitos da Personalidade*. 3 ed. São Paulo: Atlas, 2014.

SESSAREGO, Carlos Fernandez. Hacia una nueva sistematización del daño a la persona. *Cuadernos de Derecho*, n. 03, Faculdad de Derecho de la Universidad de Lima, Lima, sept. de 1993.

_____. El daño al proyecto de vida. Derecho PUC, *Revista de la Faculdad de Decrecho de la Pontificia Universidad Católica*, Lima, n. 50, dic. 1996.

SOUTO MAIOR, Jorge Luiz. Do direito à desconexão do trabalho. *Revista do Tribunal Regional do Trabalho da 15ª Região*, Campinas, n. 23, p. 296/313, jul./dez. 2003.

STEINMETZ, Wilson. *A vinculação dos particulares a direitos fundamentais*. São Paulo: Malheiros, 2004.

TAVARES, Igor Antônio da Silva. Jornada de trabalho, direito à desconexão e dano existencial. *Revista LTr*, São Paulo, v. 80, n. 06, p. 714/725, jun. 2016.

CAPÍTULO 22

LIMITAÇÕES AOS PODERES DO EMPREGADOR E OS DIREITOS DA PERSONALIDADE DO TRABALHADOR

Rúbia Zanotelli de Alvarenga[1031]

1. Introdução

A ideia de proteção aos direitos da personalidade do ser humano representa algo próprio e inerente à sua natureza da qual irradiam direitos fundamentais ao seu pleno desenvolvimento e necessários à preservação dos seus aspectos físico, psíquico ou mental, moral, intelectual e social (acesso ao direito à integração social).

Por assim ser, a proteção aos direitos da personalidade no Direito do Trabalho tem como finalidade precípua resguardar as qualidades e os atributos essenciais do trabalhador, de forma que lhe seja assegurada a preservação da sua integridade física, psíquica ou mental, intelectual, moral e social (acesso ao direito à integração social). Violados quaisquer direitos da personalidade do trabalhador, estará sendo violada a sua dignidade.

De tal sorte, o estudo dos direitos da personalidade tem como base primordial o princípio da dignidade da pessoa humana, uma vez que os direitos da personalidade são direitos essenciais ao desenvolvimento desta, representando uma garantia para a preservação de sua preconizada dignidade.

Assim sendo, pode-se afirmar que os direitos da personalidade são inatos e inerentes à pessoa humana e a ela ligados de maneira permanente e perpétua. São direitos que nascem com a pessoa humana e que a acompanham durante toda a sua existência, tendo como escopo a proteção aos atributos da personalidade e à dignidade da pessoa humana – em todos os aspectos supramencionados

De tal modo, eles possuem uma concepção jusnaturalista, pois são pertencentes ao ser humano pela sua mera condição humana. Isso faz com que independam de previsão normativa.

São os direitos pertinentes à teia de relações sociais formada pela pessoa no meio em que atua, como trabalhador, como membro de comunidades, como participante de coletividades sem o que não poderia desenvolver suas potencialidades nem usufruir os bens econômicos, sociais e culturais a que aspira.

Ora, o presente artigo, como o objetivo fulcral, pretende lançar luzes sobre o tema, a fim de lhe reforçar e lhe reafirmar a importância, bem como ressaltar sua magnitude.

2. Os direitos da personalidade: conceito e caracterização

De acordo com Elimar Szaniawski:

> A tutela do direito geral da personalidade abarca toda atividade da personalidade humana, protegendo os bens jurídicos da vida, da integridade corporal, da saúde, da liberdade, da privacidade, entre outros, destinados ao desenvolvimento de todo o homem como ser individual.[1032]

Sob tal ótica, o conteúdo básico do Direito do Trabalho se insere na busca pela proteção e pela preservação da dignidade do ser humano em todos os seus níveis, seja material ou econômico, físico, psíquico ou mental, moral, intelectual e, ainda, social (*acesso ao direito à integração social*).

Urge destacar que o direito à integração social está estabelecido no art. 6º da Constituição Federal de 1988. São direitos fundamentais sociais *gerais*, os quais Sílvio Beltramelli Neto elenca como "uma Declaração Brasileira de Direitos Sociais, contemplando, em um só dispositivo, todos os bens tutelados sob esta rubrica"[1033].

Reza o art. 6º da Constituição de 1988:

> Art. 6º São direitos sociais a educação, a saúde, a alimentação, o trabalho, a moradia, o lazer, a segurança, a previdência social, a proteção à maternidade e à infância, a assistência aos desamparados, na forma desta Constituição.

No que diz respeito aos direitos sociais previstos no art. 6º da Carta Magna, Arion Sayão Romita demonstra tratar-se de direitos que não assistem ao indivíduo como tal, considerado

---

(1031) Doutora e Mestre em Direito do Trabalho pela PUC-Minas. Professora Titular do Centro Universitário do Distrito Federal – UDF, Brasília. Advogada.
(1032) SZANIAWSKI, Elimar. *Direitos de personalidade e sua tutela*. 2. ed. São Paulo: Revista dos Tribunais, 2005. p. 170.
(1033) BELTRAMELLI NETO, Silvio. *Direitos humanos*. Salvador: Juspodivm, 2014. p. 126.

abstratamente, mas, sim, à pessoa em sua vida de relação no grupo em que convive, ao indivíduo tomado em concreto, ao indivíduo situado[1034].

Tais direitos permitem que o trabalhador tenha acesso ao direito à integração social, que, segundo Paulo Eduardo V. Oliveira, consiste em uma das espécies ou categorias (*ao lado da proteção física, mental, moral e intelectual*) de direitos da personalidade no Direito do Trabalho[1035].

Conforme este autor, o direito da personalidade à integração social visa a assegurar ao trabalhador o direito de ser essencialmente político e essencialmente social, tendo em vista que a pessoa humana tem direito ao convívio familiar, ao convívio com grupos intermediários existentes entre o indivíduo e o Estado, com grupos a que se associa pelas mais diversas razões (recreação, defesa de interesses corporativos, convicção religiosa, opção político-partidária etc.), direito do exercício da cidadania (esta tomada no sentido estrito – *status* ligado ao regime político – e no sentido lato – direito de usufruir todos os bens de que a sociedade dispõe ou de que deve dispor para todos e não só para eupátridas, tais como: educação escolar nos diversos níveis, seguridade social (saúde pública, da previdência ou da assistência social).[1036]

Quanto ao acesso ao direito à integração social, observa-se que Paulo Eduardo V. Oliveira o enquadra como uma quarta espécie de direito da personalidade do trabalhador.

Enquanto protetores da dignidade da pessoa humana, os direitos da personalidade têm por objeto assegurar os elementos constitutivos da personalidade do ser humano que jamais desapareçam no tempo e nunca se separam do seu titular.

Neste artigo, classificam-se os direitos da personalidade entre os que visam a proteger os aspectos físico, psíquico, moral, intelectual e social (acesso ao direito à integração social) do ser humano a serem aclarados. **O direito à integridade física** é aquele, por exemplo, que tutela do direito à vida, à higidez física, ao alimento, o direito ao próprio corpo e à destinação do cadáver. **O direito à integridade psíquica**, por sua vez, possui a finalidade de promover a saúde mental do ser humano. **O direito à integridade intelectual** é o direito à liberdade de pensamento e de autoria científica, artística e literária e o direito de inventor. **O direito à integridade moral** protege a intimidade, a honra, a vida privada, o recato, a liberdade, o nome e o pseudônimo, o segredo profissional e doméstico, a identidade pessoal, familiar e social, a imagem, a moral de autor intelectual e a sua voz.

O direito à integração social confere ao trabalhador a possibilidade de usufruir, com plenitude, todos os direitos sociais previstos no art. 6º da Constituição Federal de 1988.

Corroborando o pensamento jusnaturalista, Carlos Alberto Bittar conceitua os direitos da personalidade como aqueles que integram a essência do ser humano como condição da sua própria existência, tratando-os como direitos naturais ou direitos inatos, consistindo em atributos ou dotes próprios que individualizam cada pessoa, sendo condizentes com a natureza humana e sendo anteriores ao Estado, cujo dever é de reconhecê-los e de protegê-los em face do poder público e em relação às incursões de particulares, impondo um comportamento negativo pelo poder-dever de aplicar sanção, no caso de desrespeito ou de ofensa. Para o autor em tela, o ordenamento positivo existe em função do homem em sociedade[1037].

E ainda:

> São os direitos que transcendem, pois, o ordenamento jurídico positivo, porque ínsitos à própria natureza do homem, como ente dotado de personalidade. Intimamente ligados ao homem, para sua proteção, independentemente de relação imediata com o mundo exterior ou outra pessoa, são intangíveis, *de lege lata*, pelo Estado, ou pelos particulares[1038].

Carlos Alberto Bittar ainda considera os direitos do homem, ou da personalidade, aqueles que o ser humano possui em face de sua própria condição. São, portanto, direitos naturais, ou inatos, impostergáveis, anteriores ao Estado e inerentes à natureza livre do homem[1039].

Na mesma linha de raciocínio, encontra-se o pensamento de Maria Aparecida Alkimin, ao estatuir acerca da importância da corrente jusnaturalista para permitir melhor compreensão dos direitos da personalidade nas relações de trabalho:

> O direito natural está acima do direito positivo; dele independe, ao passo que o direito positivo só tem sentido diante da existência do direito natural, sendo que as leis que embasam o direito positivo devem obediência à lei natural, pois expressa conteúdo ético moral, retratando a razão humana e divina, portanto, dotada de validade em si mesma.[1040]

Em vista disso, Rubens Limongi França afirma que os direitos da personalidade não podem ser somente os previstos expressamente pelo ordenamento positivo. Para cumprirem seu fim individual e social, eles não precisam ser concebidos ou reconhecidos pelo Estado. São direitos que se relacionam com atributos inerentes à condição da pessoa humana[1041].

Elimar Szaniawski também enquadra os direitos da personalidade no conceito de direito natural por se apoiarem na

---

[1034] ROMITA, Arion Sayão. *Direitos fundamentais nas relações de trabalho*. São Paulo: LTr, 2014. p. 132.
[1035] OLIVEIRA, Paulo Eduardo V. *O dano pessoal no direito do trabalho*. 2. ed. São Paulo: LTr, 2010. p. 30.
[1036] OLIVEIRA, Paulo Eduardo V. *O dano pessoal no direito do trabalho*. 2. ed. São Paulo: LTr, 2010. p. 30.
[1037] BITTAR, Carlos Alberto. *Os direitos da personalidade*. 6. ed. Rio de Janeiro: Forense Universitária, 2003. p. 13.
[1038] *Id.*, 2003, p. 12.
[1039] *Id.*, 2003, p. 12.
[1040] ALKIMIN, Maria Aparecida. *Violência na relação de trabalho e a proteção à personalidade do trabalhador*. Curitiba: Juruá, 2009. p. 54.
[1041] FRANÇA, Rubens Limongi. Manual de direito civil. Doutrina geral do direito objetivo, doutrina geral dos direitos subjetivos, doutrina especial dos direitos privados da personalidade. *Revista dos Tribunais*, v. 1, 1980. p. 214.

natureza das coisas. É o direito natural que assegurará o respeito à dignidade da pessoa humana, donde surgirá a noção de direitos da personalidade em todos os seus aspectos e amplitude[1042].

Ensina Sílvio de Salvo Venosa: "Esses direitos da personalidade ou personalíssimos relacionam-se com o Direito Natural, constituindo o mínimo necessário do conteúdo da própria personalidade"[1043].

Os direitos da personalidade independem de serem reconhecidos pelo ordenamento jurídico brasileiro, eis que inerentes ao ser humano. A concepção jusnaturalista está ligada à ideia de que os direitos da personalidade transcendem ao direito positivado, porquanto inerentes à condição humana. Por isso, eles não podem ser enumerados de forma taxativa, sendo, pois, inesgotáveis e ilimitados.

Para compreender melhor o regime de proteção aos direitos da personalidade, bem como a sua importância e as suas limitações, é indispensável reconhecê-los como direitos humanos fundamentais. Cabe, contudo, fazer uma breve distinção entre os direitos humanos e os direitos fundamentais por serem duas expressões comumente consideradas sinônimas.

Ingo Wolfgang Sarlet, a respeito do tema, esclarece:

> Em que pese sejam ambos os termos ("direitos humanos" e "direitos fundamentais") comumente utilizados como sinônimos, a explicação corriqueira e, diga-se de passagem, procedente para a distinção é de que o termo "direitos fundamentais" se aplica para aqueles direitos do ser humano reconhecidos e positivados na esfera do direito constitucional positivo de determinado Estado; ao passo que a expressão "direitos humanos" guardaria relação com os documentos de direito internacional, por referir-se àquelas posições jurídicas que se reconhecem ao ser humano como tal, independentemente de sua vinculação com determinada ordem constitucional, e que, portanto, aspiram à validade universal para todos os povos e tempos, de tal sorte que revelam um inequívoco caráter supranacional (internacional).[1044]

Assim, direitos fundamentais se relacionam aos direitos humanos reconhecidos e positivados na esfera do direito constitucional de determinado Estado. Logo, se os direitos fundamentais são os direitos humanos incorporados, positivados, em regra, na ordem constitucional de um Estado, então os direitos fundamentais têm como antecedente o reconhecimento dos direitos humanos.

Marcelo Freire Sampaio Costa assinala que a distinção mais relevante entre as nomenclaturas direitos humanos e direitos fundamentais cinge-se à questão da "concreção positiva". Os direitos fundamentais possuem sentido preciso, restrito, despido da ideia de atemporalidade e de vigência para todos os povos, por estarem juridicamente institucionalizados na esfera do direito positivo de determinado Estado – também limitados ao lapso temporal de vigência da carta de direitos desse ente. Já os direitos humanos assumem contorno mais amplo, por sua previsão em declarações e em convenções internacionais com a pretensão de perenidade. Ele destaca constituições que não reconhecem, em seus textos, a totalidade de direitos humanos consagrados em textos internacionais e a CF/1988 ter positivado, como direitos fundamentais, alguns ainda nem constantes em cartas internacionais[1045].

Os direitos humanos, assim, representam consequências de reivindicações geradas por situações de injustiça ou de agressão a bens fundamentais do ser humano. São os direitos da pessoa humana, pela sua natureza, que transcendem os direitos fundamentais, em decorrência de seu conteúdo dotado de uma ordem de princípios universais, válidos em todos os lugares e em todos os tempos, para todos os povos, independentemente de mera positivação jurídica.

Os direitos da personalidade não representam rol taxativo, uma vez que a sua tutela poderá ser estendida a novos atributos da personalidade, não necessitando do reconhecimento pelo Estado, a fim de terem força normativa. Por isso, são considerados direitos humanos fundamentais de todo trabalhador.

Para Carlos Bittar: "Os direitos da personalidade são aqueles que o ser humano tem em face de sua própria condição", ou seja, eles são "direitos naturais, ou inatos, impostergáveis, anteriores ao Estado, e inerentes à natureza livre do homem"[1046].

Então, concorde Aluísio Henrique Ferreira, não prospera o pensamento positivista que sobressalta a necessidade da positivação dos direitos da personalidade sem a qual inexistiriam direitos meramente inatos que façam exigência de ordem moral por ausência de força normativa[1047].

Neste enleio, destaca Gilberto Haddad Jabur: "Os direitos da personalidade são [...] carentes de taxação exauriente e indefectível. São todos indispensáveis ao desenrolar saudável e pleno das virtudes psicofísicas que ornamentam a pessoa."[1048]

[1042] SZANIAWSKI, Elimar. *Direitos de personalidade e sua tutela*. 2. ed. São Paulo: Revista dos Tribunais, 2005. p. 241.
[1043] VENOSA, Sílvio de Salvo. *Direito civil*: responsabilidade civil. 7. ed. São Paulo: Atlas, 2007. p. 168.
[1044] SARLET, Ingo Wolfgang. *A eficácia dos direitos fundamentais*. 6. ed. Porto Alegre: Livraria do Advogado, 2006. p. 36.
[1045] COSTA, Marcelo Freire Sampaio. *Eficácia dos direitos fundamentais entre particulares*: juízo de ponderação no processo do trabalho. São Paulo: LTr, 2010. p. 32.
[1046] BITTAR, Carlos Alberto. *Os direitos da personalidade*. 6. ed. Rio de Janeiro: Forense Universitária, 2003. p. 23.
[1047] FERREIRA, Aluísio Henrique. *O poder diretivo do empregador e os direitos da personalidade do empregado*. São Paulo: LTr, 2011. p. 71.
[1048] JABUR, Gilberto Haddad. *Liberdade de pensamento e direito à vida privada*: conflitos entre direitos da personalidade. São Paulo: Revista dos Tribunais, 2000. p. 28.

3. Os direitos da personalidade e o Direito do Trabalho

Importante pontuar que a Constituição Federal de 1988 protege os direitos da personalidade do trabalhador e a sua condição de dignidade, *in verbis*:

> Artigo 5º [...]
>
> Inciso X – são invioláveis a intimidade, a vida privada, a honra e a imagem das pessoas, assegurado o direito à indenização pelo dano material ou moral decorrente de sua violação;
>
> [...]

Imperioso ressaltar que os direitos da personalidade arrolados não se esgotam no art. 5º da Constituição Federal de 1988. Consoante Elimar Szaniawski:

> A Constituição tutela outros direitos da personalidade especiais, mediante a inserção de outros princípios e direitos que decorrem diretamente do princípio matriz, o direito à dignidade da pessoa humana.[1049]

Sob tal aspecto, os direitos da personalidade também encontram a sua previsão legal em vários dispositivos constitucionais, quais sejam: art. 5º, *caput*, e incisos I, II, III, IV, V, VI, VIII, IX, X, XI, XII, XIII, XV, XVII, XXVII, XXVIII, alíneas *a* e *b*, e XXIX e XXXV.

Seguindo-se a visão de Marcelo Roberto Bruno Válio, o termo "direitos da personalidade" recebeu o adjetivo de *princípios constitucionais da personalidade* por estes se encontrarem inseridos na classificação dos direitos da personalidade.

E assevera o autor:

> Podemos afirmar, acerca da existência de princípios constitucionais de personalidade, destacando-se os princípios constitucionais de personalidade da dignidade da pessoa humana, da igualdade, do direito à imagem, do direito à intimidade e da integridade física e moral.[1050]

Então, como destaca Marcelo Roberto Bruno Válio, na Constituição Federal de 1988, vislumbra-se o princípio da dignidade da pessoa humana, no inciso III, do art. 1º – o da igualdade; no *caput*, do art. 5º – o do direito à intimidade; no inciso X, do art. 5º – o do direito à imagem; no inciso V, do art. 5º – além do direito à integridade física e moral[1051]. Pode-se concluir que os direitos da personalidade apresentam-se como princípios constitucionais do trabalho pela simples proteção conferida pela Constituição Federal de 1988 aos mesmos.

De acordo com Marcelo Roberto Bruno Válio, não há como negar o fluxo irradiante dos princípios constitucionais da personalidade no Direito do Trabalho, tendo em vista que o que se pretende é "elevar certas disposições inseridas na Constituição Federal, que tratam de normas da personalidade, a um patamar mais elevado, dando-lhes a denominação de princípios para uma futura e eficiente tutela" em suas palavras[1052].

Além da previsão constitucional, os direitos da personalidade também estão previstos no Código Civil (CC). O CC brasileiro, em consonância com a Constituição Federal de 1988, dedicou um capítulo específico (Cap. II, arts. 11 a 21) à proteção aos direitos da personalidade. O CC dispõe: sobre a intransmissibilidade dos direitos da personalidade (art. 11); sobre a inafastabilidade do controle judicial de lesão ou de ameaça a direito da personalidade (art. 12); sobre a proteção dos direitos físicos da personalidade, como o direito à vida, o direito ao corpo e o direito às partes do corpo (arts. 13 a 15); sobre o direito ao nome e ao sobrenome, bem como sobre sua utilização por terceiros (arts. 16 a 19); sobre a proteção à honra, à boa-fé e à respeitabilidade (art. 20); e sobre a proteção à vida privada (art. 21).

Informa Danilo Doneda que a introdução trazida pelo Código Civil de 2002, quanto à tutela aos direitos da personalidade, reflete "uma mudança paradigmática do Direito Civil, que se reconhece como parte de um ordenamento, cujo valor máximo é a proteção da pessoa humana"[1053].

Para Eugênio Chini Neto, foi com base no fenômeno da constitucionalização do direito privado, reconhecido pela Lei n. 10.406/2002, que o novo Código Civil disciplinou um capítulo próprio (Cap. II) sobre os direitos da personalidade, ao contrário do Código Civil de 1916. Essa nova proteção trazida pelo Código Civil de 2002, em correspondência com as inovações constitucionais de 1988, deu-se em decorrência da necessidade de reconhecimento de valores existenciais da pessoa humana – tão bem expressos pela nova Constituição da República[1054].

Depois que o direito brasileiro elevou a dignidade humana a *status* de princípio fundamental do Estado – elemento central dos direitos da personalidade –, a valorização da pessoa fez com que o Código Civil de 1916 se tornasse ultrapassado, urgindo a necessidade de reformulação dos direitos da personalidade, a fim de que fossem devidamente tutelados.

Desse modo, como ressalta Laert Mantovani Júnior, a despatrimonialização do direito civil e as consequentes valorização e proteção do ser humano são frutos da evolução social que deve ser acompanhada pelo Direito[1055].

(1049) SZANIAWSKI, Elimar. *Direitos de personalidade e sua tutela*. 2. ed. São Paulo: Revista dos Tribunais, 2005. p. 144.
(1050) VÁLIO, Marcelo Roberto Bruno. *Os direitos da personalidade nas relações de trabalho*. São Paulo: LTr, 2006. p. 33.
(1051) *Id*., 2006, p. 33.
(1052) *Id*., 2006, p. 33.
(1053) CHINI NETO, Eugênio. Reflexões histórico-evolutivas sobre a constitucionalização do direito privado. In: SARLET, Ingo Wolfgang (Org.). *Constituição, direitos fundamentais e direito privado*. 2. ed. Porto Alegre: Livraria do Advogado, 2006. p. 35.
(1054) *Id*., 2006, p. 50.
(1055) MANTOVANI JUNIOR, Laert. *O direito constitucional à intimidade e à vida privada do empregado e o poder diretivo do empregador*. São Paulo: LTr, 2010. p. 27.

A respeito da questão, leciona Carlos Mário da Silva Velloso:

> O Código, posto não dispor de modo mais holístico sobre o tema, dele cuidou, entretanto, de forma a permitir que a doutrina e, sobretudo, a jurisprudência, exercitem, como é da essência de ambas, a sua função criadora no reconhecimento de outros direitos personalíssimos, na linha e no rumo do princípio maior da ordem jurídico-constitucional brasileira, e que fundamenta o Estado democrático de direito, que é a dignidade da pessoa humana, sede e base dos direitos da personalidade.[1056]

A proteção aos direitos da personalidade também está prevista em legislações especiais, como a Lei dos Transplantes (Lei n. 9.434/1997 e Lei n. 10.211/2001) e a Lei dos Direitos Autorais (Lei n. 9.610/1998). Sobre os Direitos Autorais, consultar ainda o art. 5º, incisos XXVII, XXVIII e XXIX, da CF/1988, e o art. 27, alínea 2, da Declaração Universal dos Direitos Humanos de 1948.

No âmbito do direito internacional do trabalho, a Organização Internacional do Trabalho (OIT) não elaborou, até o presente, qualquer Convenção ou Recomendação que tratasse, especificamente, dos direitos da personalidade no âmbito das relações de trabalho. Apesar disso, a maioria das convenções internacionais do trabalho contém normas relativas à tutela dos direitos da personalidade nos aspectos físico, psíquico ou mental, moral, intelectual e social (acesso ao direito à integração social); em especial, no campo da saúde física, mental e social do trabalhador, da higiene, da medicina e da segurança no trabalho.

No Direito do Trabalho brasileiro, a Consolidação das Leis Trabalhistas (CLT) prevê norma expressa sobre direitos da personalidade no art. 373-A, VI, introduzido pela Lei n. 9.799, de 26.05.1999, que veda a revista íntima nas empregadas; e os arts. 482, alíneas *j* e *k*, e 483, alíneas *a, b, c, d, e* e *f, in verbis*:

> Art. 373-A. Ressalvadas as disposições legais destinadas a corrigir as distorções que afetam o acesso da mulher ao mercado de trabalho e certas especificidades estabelecidas nos acordos trabalhistas, é vedado:
>
> [...]
>
> VI – proceder o empregador ou preposto a revistas íntimas nas empregadas ou funcionárias.
>
> Art. 482. Constituem justa causa para rescisão do contrato de trabalho pelo empregador:
>
> [...]
>
> j) ato lesivo da honra ou da boa fama praticado no serviço contra qualquer pessoa, ou ofensas físicas, nas mesmas condições, salvo em caso de legítima defesa, própria ou de outrem;
>
> k) ato lesivo da honra ou da boa fama ou ofensas físicas praticadas contra o empregador e superiores hierárquicos, salvo em caso de legítima defesa, própria ou de outrem;
>
> Art. 483. O empregado poderá considerar rescindido o contrato e pleitear a devida indenização quando:
>
> a) forem exigidos serviços superiores às suas forças, defesos por Lei, contrários aos bons costumes ou alheios ao contrato;
>
> b) for tratado pelo empregador ou por seus superiores hierárquicos com rigor excessivo;
>
> c) correr perigo manifesto de mal considerável;
>
> d) não cumprir o empregador as obrigações do contrato;
>
> e) praticar o empregador ou seus prepostos, contra ele ou pessoas de sua família, ato lesivo da honra e boa fama;
>
> f) o empregador ou seus prepostos ofenderem-no fisicamente, salvo em caso de legítima defesa, própria ou de outrem;
>
> (...)

A CLT também faz referência à proteção aos direitos da personalidade do trabalhador quando, em seu art. 29, proíbe o empregador de proceder a qualquer espécie de anotação desabonadora acerca da conduta do empregado em sua Carteira de Trabalho e Previdência Social (CTPS).

Na seara infraconstitucional do Direito do Trabalho brasileiro, o art. 1º, da Lei n. 9.029/1995, proíbe a adoção de qualquer prática discriminatória e limitativa para efeito de acesso à relação de emprego, ou sua manutenção, por motivo de sexo, origem, raça, cor, estado civil, situação familiar ou idade, ressalvadas, neste caso, as hipóteses de proteção ao menor, previstas no inciso XXXIII, art. 7º, da Constituição Federal de 1988.

E, por último, vislumbra-se a disposição contida no art. 216-A, do Código Penal (CP), que tipifica como crime o assédio sexual (*por chantagem*) laboral, *in verbis*:

> Art. 216-A. Constranger alguém com o intuito de obter vantagem ou favorecimento sexual, prevalecendo-se o agente da sua condição de superior hierárquico ou ascendência inerentes ao exercício de emprego, cargo ou função.
>
> Pena – detenção de 1 (um) a 2 (dois) anos.
>
> § 2º A pena é aumentada em até um terço, se a vítima é menor de 18 (dezoito) anos.

Cabe ressaltar que, uma vez verificada a lacuna da legislação trabalhista no que tange à aplicação dos direitos da personalidade, as disposições contidas no CC de 2002, referentes ao capítulo dos direitos da personalidade, devem-se aplicar ao Direito do Trabalho, desde que em conformidade com o art. 8º da CLT.

(1056) VELLOSO, Carlos Mário da Silva. Os direitos da personalidade no Código Civil português e no Novo Código Civil brasileiro. In: ALVIM, Arruda; CÉSAR, Joaquim Pontes de Cerqueira; ROSAS, Roberto (Coord.). *Aspectos controvertidos do novo Código Civil*. Obra em homenagem ao ministro José Carlos Moreira Alves. São Paulo: Revista dos Tribunais, 2003. p. 122.

Aplicam-se, portanto, na seara do trabalho, as regras da legislação comum, mediante a aplicação subsidiária dos arts. 11 a 21 do CC/2002, que tratam dos direitos da personalidade.

Mui apropriado deverem ser observadas as ponderações de Mauricio Godinho Delgado (2010) quanto ao tema:

> Qualquer dos princípios gerais que se aplique ao Direito do Trabalho sofrerá, evidentemente, uma adequada compatibilização com os princípios e regras próprias a este ramo jurídico especializado, de modo que a inserção da diretriz geral não se choque com a especificidade inerente ao ramo jus-trabalhista.[1057]

Como se verifica, a CLT não tratou de forma sistematizada os direitos da personalidade no âmbito das relações de trabalho. Não existe, portanto, um capítulo específico da CLT que assegure a proteção aos direitos da personalidade no Direito do Trabalho.

Apesar disso, elucida Carlos Henrique Bezerra Leite:

> Sem embargo da autorização do parágrafo único do art. 8º da CLT para a aplicação subsidiária do Código Civil de 2002, o certo é que a própria Constituição Federal de 1988, por ser a fonte de todo o ordenamento jurídico brasileiro, já é condição suficiente para sanar a lacuna do texto consolidado.[1058]

Não obstante a previsão normativa acerca dos direitos da personalidade na CF/1988, no CC brasileiro, na CLT e em legislações infraconstitucionais, tais direitos não são considerados *numerus clausus*.

Eugênio Hainzenreder Júnior enfatiza que a não apresentação de um rol exaustivo dos direitos da personalidade representa uma atitude louvável do legislador brasileiro. Para o autor, não há possibilidade de tutelar todos os reflexos da personalidade nas mais variadas manifestações, em decorrência de a dinâmica das relações sociais ensejar sempre novas formas de proteção ao indivíduo[1059].

Iduna Weinert, no mesmo viés, também orienta:

> O tema não se esgotou nem se esgotará jamais, vez que, a cada momento, novas facetas do direito da personalidade poderão ser reveladas, sendo certo, por outro lado, que as conquistas até aqui obtidas são irreversíveis, vez que, guiadas por um movimento em espiral, sem retorno.[1060]

Faz-se necessário registrar, ainda, a disposição contida no § 2º, art. 5º, da CF/1988, que consagra a tutela aberta aos direitos da personalidade, quando estipula que os direitos e as garantias expressos no texto constitucional não são exaustivos, admitindo outras manifestações dos direitos fundamentais.

Neste sentido, o § 2º do art. 5º da Constituição Federal de 1988 consagra a possibilidade do reconhecimento da fundamentalidade de outros direitos decorrentes do regime e dos princípios por ela adotados, além dos tratados internacionais em que o Brasil figure como parte.

Magistra Laert Mantovani Júnior:

> A sociedade evolui de forma rápida, a evolução tecnológica propicia crescimento e mudanças profundas nas diversas áreas do conhecimento; o que é considerado atual hoje se torna obsoleto amanhã. Neste mundo de alterações constantes, as relações sociais não estão imunes, pelo contrário, fazem parte do todo e sofrem de forma direta toda essa evolução. Neste contexto, considerar os direitos da personalidade somente aqueles positivados seria despir a pessoa humana da proteção necessária para o seu pleno desenvolvimento.[1061]

Apesar de a CLT apresentar lacunas na função de proteger os atributos da personalidade no âmbito das relações de trabalho, essa ausência de proteção específica e direta quanto aos direitos da personalidade do trabalhador, na CLT ou mesmo em leis esparsas de natureza trabalhista, não enfraquece a tutela efetiva das questões relativas à integridade física, psíquica, moral, intelectual e social (acesso ao direito à integração social) no trabalho.

Tendo-se em vista que, conforme Ana Paula Pavelski:

> A dignidade da pessoa humana, por excelência, é fundamento dessa ausência de *numerus clausus*, quando se trata dos direitos da personalidade. Isto (*sic*) porque a dignidade, assim entendida, não decorre meramente da lei, mas tem seu conteúdo traçado por diversas conquistas históricas, pelas quais o ser humano conseguiu estabelecer parâmetros para se proteger de atos praticados por outros humanos.[1062]

É preciso destacar, para além, que os direitos fundamentais foram abordados no Título II da Constituição Federal de 1988. Trata-se do capítulo que aborda a proteção aos direitos e garantias individuais.

(1057) DELGADO, Mauricio Godinho. *Curso de direito do trabalho*. 9. ed. São Paulo: LTr, 2010. p. 192.
(1058) LEITE, Carlos Henrique Bezerra. Os direitos da personalidade na perspectiva dos direitos humanos e do direito constitucional do trabalho. In: CALVO, Adriana; BRAMANTE, Ivani Contini (Org.). *Aspectos polêmicos e atuais do direito do trabalho*. São Paulo: LTr, 2007. p. 40.
(1059) HAINZENREDER JÚNIOR, Eugênio. *Direito à privacidade e poder diretivo do empregador*. São Paulo: Atlas, 2009. p. 36.
(1060) WEINERT, Iduna E. O direito da personalidade como direito natural geral. *Revista de informação legislativa – Senado Federal*. Subsecretaria de Edições Técnicas, Brasília, ano 27, n. 108, p. 50-69, p. 55 out./dez. 1990.
(1061) MANTOVANI JÚNIOR, Laert. *O direito constitucional à intimidade e à vida privada do empregado e o poder diretivo do empregador*. São Paulo: LTr, 2010. p. 23.
(1062) PAVELSKI, Ana Paula. *Os direitos da personalidade do empregado*. Curitiba: Juruá, 2009. p. 122.

Em assim sendo, os direitos da personalidade não podem sofrer qualquer alteração *in pejus* pelo legislador constituinte derivado, na medida em que se encontram devidamente inseridos no rol das cláusulas pétreas, conforme preceitua o art. 60, § 4º, inciso IV, da CF/1988.

4. Limitações ao poder empregatício

O poder empregatício, que é conferido ao empregador e que se estabelece no contexto da relação de emprego por meio do exercício dos poderes diretivo, regulamentar, fiscalizatório e disciplinar, não pode ser exercido de forma ilimitada.

Ao empregador é lícito e necessário organizar a sua atividade econômica de produção e estabelecer o cumprimento dos demais poderes. Ocorre que os poderes conferidos ao empregador não podem ser exercidos de forma ilimitada, assim como a subordinação jurídica do empregado não se configura de forma incondicional e absoluta.

Para Nilson de Oliveira Nascimento, pelo poder diretivo, o empregador: "organiza a empresa, controla a prestação de serviços e dá destinação concreta à prestação de serviços do empregado, com vistas à realização das finalidades do empreendimento"[1063].

Todavia, esse poder não pode ser exercido de forma absoluta, muito menos permite que o empregador comande a empresa de forma unilateral de modo a sufocar a autonomia da vontade dos empregados.

Como bem expressa Floriano Barbosa Júnior:

> O poder de mando não deve e não pode, legitimamente, prestar-se apenas a atender aos interesses do patrão, mas, sim, de todos os que compõem a empresa e, também, pela própria natureza do estado social, em benefício da sociedade.[1064]

São diversos os limites que despontam perante o poder empregatício, todos convergindo na direção de assegurar certo nível de dignidade, de garantias e de direitos ao trabalhador.

Citem-se, ilustrativamente, neste rol de limites: a própria existência do Direito do Trabalho, com seus princípios e regras interventivos do contrato; a existência de várias instituições interventivas no contrato de trabalho como sindicatos dos trabalhadores, Auditoria Fiscal Trabalhista, Ministério Público do Trabalho, Justiça do Trabalho; a existência do princípio da proporcionalidade de fundo constitucional; o fortalecimento do conceito jurídico de "abuso do direito"; e o novo mundo dos direitos da personalidade do trabalhador – objeto especialmente enfatizado neste artigo.

Segundo Maria Aparecida Alkimin, a subordinação jurídica do empregado não o sujeita ao poder diretivo ilimitado do empregador; em verdade, tal poder encontra limites nos direitos da personalidade que compõem as liberdades públicas salvaguardadas pela Constituição Federal de 1988, que veda ao empregador:

> a) discriminar o trabalhador (incs. I e VIII);
>
> b) obrigá-lo a fazer ou a não fazer algo expressamente previsto em lei (inc. II); submetê-lo a tortura e a tratamento desumano ou degradante (inc. III);
>
> c) impedir a manifestação do seu pensamento (inc. IV);
>
> d) violar sua liberdade de consciência e crença (inc. VI); além de sua intimidade, imagem, honra e vida privada (inc. X); entre outras liberdades públicas.[1065]

Desse modo, avalia-se a questão à luz do pensamento de Nilson de Oliveira Nascimento:

> Não existem razões de ordem ética, moral ou legal capazes de permitir o acolhimento da ideia de que o empregado que figura como parte em um contrato de trabalho não possa desfrutar os seus direitos fundamentais[1066].

O poder de direção sofre restrições estabelecidas pelos direitos fundamentais que visam a assegurar a proteção aos direitos da personalidade de todas as pessoas. Este poder também irá sofrer limitações pela Constituição, pela legislação, pela convenção coletiva e acordo coletivo de trabalho, pelo regulamento interno da empresa e, por último, pelo contrato de trabalho.

Consoante Nilson de Oliveira Nascimento:

> A atuação do poder diretivo do empregador fica limitada à observância das normas constitucionais que garantem ao trabalhador os seus direitos fundamentais e que possuem repercussão nas suas relações jurídicas da esfera privada. Tendo em vista que o contrato de trabalho é uma relação jurídica privada, evidentemente que deve ser alcançado pela ordem constitucional, razão pela qual as condições contratuais e, consequentemente, os direitos do trabalhador devem estar de acordo com os direitos fundamentais previstos no texto constitucional.[1067]

Ainda, conforme ensinamentos de Nilson de Oliveira Nascimento, observa-se, assim, que o poder diretivo, pelo qual

---

(1063) NASCIMENTO, Nilson de Oliveira. *Manual do poder diretivo do empregador*. São Paulo: LTr, 2009. p. 75.
(1064) BARBOSA JÚNIOR, Floriano. *Direito à intimidade*: direito fundamental e humano na relação de emprego. São Paulo: LTr, 2008. p. 68.
(1065) ALKIMIN, Maria Aparecida. *Violência na relação de trabalho e a proteção à personalidade do trabalhador*. Curitiba: Juruá, 2009. p. 78.
(1066) NASCIMENTO, Nilson de Oliveira. *Manual do poder diretivo do empregador*. São Paulo: LTr, 2009. p. 75.
(1067) NASCIMENTO, Nilson de Oliveira. *Manual do poder diretivo do empregador*. São Paulo: LTr, 2009. p. 76.

o empregador exerce o domínio sobre o seu empreendimento, não implica afirmar que ele seja detentor de poder absoluto em relação à prestação de serviços do empregado, eis que o trabalhador não está obrigado a se sujeitar a toda e qualquer ordem emanada do empregador(1068).

A subordinação jurídica oriunda da relação de emprego não autoriza o empregador a extrapolar as prerrogativas inerentes ao poder diretivo. Razão pela qual tal poder encontra limites nos direitos da personalidade que visam a assegurar a proteção à integridade física e psíquica, moral, intelectual e social do trabalhador.

Assevera Mauricio Godinho Delgado, no âmbito do poder empregatício:

> [...] rejeita-se todo tipo de prática punitiva que agrida a dignidade do trabalhador ou que atente contra direito individual fundamental. Não há guarida no Direito do Trabalho para condutas ou métodos de fiscalização ou disciplinamento que se choquem (sic) contra o exercício, pelo obreiro, de direito individual que lhe seja assegurado pela ordem jurídica.(1069)

Pelos valiosos ensinamentos de Mauricio Godinho Delgado, a ideia de abuso do direito corresponde "ao mau uso de uma vantagem ou prerrogativa jurídica, seu exercício errado, excessivo, descomedido e, portanto, injusto"(1070).

Para Edilton Meireles, abuso do direito é "exercício de um direito que excede manifestamente os limites impostos na Lei, pelo seu fim econômico ou social, pela boa-fé e pelos costumes, decorrente de ato comissivo ou omissivo"(1071).

E, para o devido esclarecimento do tema em comento, torna-se pertinente ressaltar o pensamento de Edilton Meireles:

> Comumente se tem como ilícito todo ato antijurídico num conceito amplo que envolve os que são praticados sem respaldo na Lei ou em desacordo com sua finalidade, função social e econômica, desrespeito ao princípio da boa-fé e violação aos bons costumes e à moral. E, diante dessa conceituação ampla, não podemos deixar de enquadrar o abuso do direito como ato ilícito.(1072)

Também de acordo com Edilton Meireles, existem três pressupostos que caracterizam o abuso do direito, quais sejam: a) praticar um ato permitido pelo direito positivo; b) decorrer de um ato comissivo ou omissivo; e c) ultrapassar os limites normais do exercício regular de um direito.(1073)

Neste ponto, então, há que se fazer a distinção entre abuso do direito e ato ilícito.

Ainda, concorde Edilton Meireles, o ato ilícito é aquele pelo qual o sujeito viola frontalmente a norma, agindo de forma antijurídica de maneira direta e objetiva; ao passo que, no abuso do direito, ao revés, o indivíduo, a pretexto de exercitar seu direito, faz mau uso dele, ultrapassando os limites postos pela norma ou pelos princípios gerais, praticando verdadeiro ato contrário à lei (na medida em que lhe excede). Assim, por exemplo, ouvir música é lícito, mas até certo volume (limite)(1074).

Edilton Meireles inclusive estabelece: "No ato ilícito, o sujeito não exercita qualquer direito; já no abuso do direito, o indivíduo usa o direito de forma a exceder certos limites para tal exercício"(1075).

Como expressa Jouvin, citado por Edilton Meireles: "O abuso do direito surge, quando o titular usa-o de maneira excessiva, desarrazoada, anormal, não-costumeira, extraordinária, extravagante, incoerente, irregular ou agravante".(1076)

Na visão sempre oportuna de Ana Paula Pavelski, abusar do direito significa "exercer um direito conferido pelo ordenamento jurídico de forma que sejam extrapolados limites como a finalidade social ou econômica deste direito, os bons costumes e a boa-fé"(1077). A autora estatui que o abuso do direito está previsto de maneira explícita no Direito do Trabalho no art. 14 da Lei de Greve (7.783/1989).

E continua:

> Não se deve esquecer que, hodiernamente, os direitos e deveres advindos do contrato de trabalho não mais podem ser encarados apenas como a prestação – empregado labora – e a contraprestação – empregador paga salário. É fato que a ligação entre preceitos celetistas, civis e constitucionais permite a aplicação, no contrato de trabalho, de institutos como a função social do contrato e a boa-fé objetiva(1078).

No magistério de Aluísio Henrique Ferreira, diz-se abuso de direito o exercício irregular do poder de direção de modo a extrapolar os limites impostos pelo seu fim econômico ou

---

(1068) Id., 2009, p. 78.
(1069) DELGADO, Mauricio Godinho. *Curso de direito do trabalho*. 9. ed. São Paulo: LTr, 2010. p. 670.
(1070) DELGADO, Mauricio Godinho. *Princípios de direito individual e coletivo do trabalho*. 3. ed. São Paulo: LTr, 2010. p. 173.
(1071) MEIRELES, Edilton. *Abuso do direito na relação de emprego*. São Paulo: LTr, 2005. p. 23.
(1072) MEIRELES, Edilton. *Abuso do direito na relação de emprego*. São Paulo: LTr, 2005. p. 28.
(1073) Id., 2005, p. 32.
(1074) Id., 2005, p. 32.
(1075) Id., 2005, p. 28.
(1076) Id., 2005, p. 23.
(1077) PAVELSKI, Ana Paula. *Os direitos da personalidade do empregado*. Curitiba: Juruá, 2009. p. 92.
(1078) PAVELSKI, Ana Paula. *Os direitos da personalidade do empregado*. Curitiba: Juruá, 2009. p. 101.

social, da boa-fé e dos bons costumes. É aquele, portanto, que se encontra eivado de desproporcionalidade no exercício do poder de direção[1079].

A propósito, reza o art. 187, do Código Civil, ao definir como ilícito o ato que *"excede manifestamente os limites impostos pelo seu fim econômico ou social, pela boa-fé e pelos bons costumes"*.

O ordenamento jurídico brasileiro incorporou na Constituição Federal de 1988, como um dos fundamentos do Estado Democrático de Direito, o princípio da dignidade da pessoa humana.

Eros Roberto Grau, compartilhando deste entendimento, leciona:

> A dignidade da pessoa humana não é apenas o fundamento da República, mas também o fim ao qual se deve voltar a ordem econômica. Esse princípio compromete todo o exercício da atividade econômica, sujeitando os agentes econômicos, sobretudo as empresas, a se pautarem dentro dos limites impostos pelos direitos humanos. Qualquer atividade econômica que for desenvolvida no nosso país deverá se enquadrar no princípio mencionado[1080].

O requisito da subordinação compreende o direito de o empregador comandar, dar ordens, donde nasce a obrigação correspondente de o empregado obedecer a essas ordens, sempre, é claro, nos limites legais e ético-morais.

Ademais, assegura Rosana Marques Nunes que a propriedade privada, como fundamento do poder empregatício, apesar de prevista entre os direitos individuais, não mais pode ser vista como legítimo direito individual, uma vez que seu conceito foi relativizado no momento em que passou a fazer parte dos princípios da ordem econômica, integrantes dos ditames da justiça social.[1081]

Mantendo-se em foco o pensamento de Rosana Marques Nunes:

> Devido à afetação da propriedade privada pela função social, está eliminado o conceito de propriedade como fonte de poder pessoal ilimitado, de forma que a atuação do empregador somente será legítima, se voltada à efetiva consecução dos fins e valores da ordem econômica.[1082]

O princípio da função social da propriedade impõe, ao proprietário da empresa ou a quem detém o poder de controle, o dever de não o exercer em prejuízo de outrem apenas, mas de também o exercer em benefício de outrem. Em vista disso, a função social da propriedade impõe o exercício de comportamentos positivos por parte do seu detentor em relação à mesma.

Assim sendo, de acordo com Rosana Marques Nunes, a empresa não pode visar somente ao lucro, devendo atentar para os interesses do trabalhador e da coletividade, já que o direito de propriedade – como integrante do rol de direitos fundamentais – deve ser visto "em conjunto e de forma ponderada com os demais direitos e princípios constitucionais"[1083].

E mais:

> Os direitos fundamentais alcançam todas as pessoas que atuam no mercado de trabalho, projetando-se sobre os vínculos de emprego, de modo que é preciso que o empregador concilie seu legítimo interesse em defender seu patrimônio com a necessidade do indispensável respeito à dignidade do trabalhador.[1084]

Por isso, em consonância com Nilson de Oliveira Nascimento:

> A incidência dos direitos fundamentais no âmbito do contrato de trabalho se assenta na necessidade de assegurar o respeito à dignidade do trabalhador e fixar limites ao exercício da prerrogativa empresarial e tornar a relação de emprego mais justa e equilibrada.[1085]

Márcio Túlio Viana, ao se expressar em relação ao direito de resistência do empregado, sustenta:

> O contrato de trabalho tem uma peculiaridade – que é o poder diretivo. Pois bem: o *jus resistentiae* é a sua contraface. Não, é claro, no sentido de que ambos possam se efetivar concomitantemente, um anulando o outro. Mas no sentido de que o uso irregular do primeiro faz nascer o segundo.[1086]

Como elucida Aluísio Henrique Ferreira, é necessária a busca do respeito à condição de ser humano do trabalhador, devendo o trabalho se revelar uma fonte de dignificação e de transcendência da pessoa, jamais podendo se admitir que seja abuso ou retrocesso social, preservando-se a estabilidade das relações jurídicas laborais, de maneira que o trabalhador não tenha direitos personalíssimos lesados e que o empregador possa exercer legitimamente os poderes que lhe são inerentes[1087].

(1079) FERREIRA, Aluísio Henrique. *O poder diretivo do empregador e os direitos da personalidade do empregado*. São Paulo: LTr, 2011. p. 51.
(1080) GRAU, Eros Roberto. *A ordem econômica na Constituição de 1988*. 5. ed. São Paulo: Malheiros, 2000. p. 221.
(1081) NUNES, Rosana Marques. *A revista íntima como cláusula restritiva de direitos fundamentais no direito do trabalho*. São Paulo: LTr, 2011. p. 34.
(1082) NUNES, Rosana Marques. *A revista íntima como cláusula restritiva de direitos fundamentais no direito do trabalho*. São Paulo: LTr, 2011. p. 35.
(1083) *Id*., 2011, p. 36.
(1084) *Id*., 2011, p. 36.
(1085) NASCIMENTO, Nilson de Oliveira. *Manual do poder diretivo do empregador*. São Paulo: LTr, 2009. p. 179.
(1086) VIANA, Márcio Túlio. *Direito de resistência*. São Paulo: LTr, 1996. p. 74.
(1087) FERREIRA, Aluísio Henrique. *O poder diretivo do empregador e os direitos da personalidade do empregado*. São Paulo: LTr, 2011. p. 135.

Maria Aparecida Alkimin, acerca da violação aos direitos da personalidade nas relações de emprego, assim se manifesta:

> Quaisquer das violências apontadas (assédio sexual ou moral, discriminação etc.) torna degradante o ambiente do trabalho, tornando insuportável a manutenção do vínculo empregatício ante constrangimentos e humilhações dirigidos ao trabalhador, o qual tem a faculdade de promover a resolução do contrato de trabalho, tanto nos casos dos atos patronais como de seus subordinados que desmereçam a dignidade do trabalhador ou no caso de qualquer outro descumprimento grave das obrigações contratuais.[1088]

O poder do empregador não é, portanto, absoluto. Há, por parte do empregado, o direito de resistência, isto é, de não cumprir ordens ilegais, abusivas ou não contratuais. O empregador excede o poder empregatício, quando emite uma ordem ilícita ou abusiva, de modo a afrontar os direitos fundamentais do empregado. Diante dessa afronta, surgirá o direito de resistência pelo empregado.

O *jus resistentiae* representa verdadeiro direito fundamental do empregado e traduz-se em exercício regular do direito preconizado pelo art. 188, I, do Código Civil brasileiro. Tal direito será exercido, quando os poderes do empregador forem manifestos ilícita ou abusivamente, conferindo ao empregado o direito de resistir a tal violação.

A CLT apresenta em seu art. 483, e alíneas, a garantia para o exercício lícito do *jus resistentiae* pelo empregado, nos casos em que: forem exigidos serviços superiores às suas forças, defesos por Lei, contrários aos bons costumes, ou alheios ao contrato; for tratado pelo empregador ou por seus superiores hierárquicos com rigor excessivo; correr perigo manifesto de mal considerável; praticar o empregador ou seus prepostos, contra ele ou pessoas de sua família, ato lesivo da honra e da boa fama ou ofenderem-no fisicamente, salvo em caso de legítima defesa, própria ou de outrem.

Conforme bem delineia José Affonso Dallegrave Neto, ocorre, contudo, que o direito de resistência assegurado ao empregado, na prática, dificilmente é utilizado pelo trabalhador em decorrência do temor que este tem de perder o emprego, ainda mais em decorrência dos níveis de desemprego. Quando o direito de resistência é exercido pelo empregado, quase sempre o empregador não o tolera e exerce a dispensa do próprio[1089].

Logo, o poder empregatício, nas suas quatro dimensões (diretivo ou organizativo, regulamentar, fiscalizatório e disciplinar) encontra limites na dignidade básica da pessoa física do trabalhador e nos direitos da personalidade do empregado.

5. Conclusão

Vê-se, então, que o poder diretivo do empregador deve ser exercido de modo que não transponha os limites da boa-fé e dos bons costumes, ou seja, de modo a não ferir a dignidade do trabalhador.

Ademais, torna-se imperioso registrar que o trabalho deve representar um meio de satisfação e de realização pessoal do trabalhador, de modo a propiciar-lhe o desenvolvimento intelectual e social. É dessa forma que deve ser conduzida e organizada a atividade econômica de produção do empregador.

Fica claro que tanto o exercício do poder diretivo quanto a subordinação jurídica do empregado devem ser pautados por limites. O poder diretivo deve se desenvolver de forma razoável, de modo a não contrariar a boa-fé objetiva, os direitos da personalidade do trabalhador e a dignidade da pessoa humana.

O Direito do Trabalho nasceu impulsionado pela preocupação com os direitos sociais do empregado, especialmente numa fase em que, com o advento da Revolução Industrial, os novos meios de produção e o nascedouro do capitalismo chamaram o Estado à obrigação de zelar pelo trabalhador – muitas vezes ofendido em sua condição de ser humano.

A prática abusiva ou o exercício ilegal do poder empregatício pelo empregador confere ao empregado o direito de resistência para que possa recusar a submissão quanto a procedimentos invasivos e a ordens arbitrárias do empregador durante a execução do seu labor diário. Portanto, se o empregador extrapolar no exercício do poder empregatício, cabe ao empregado denúncia indireta do contrato de trabalho, fundado em uma ou mais alíneas do art. 483 da CLT, sem prejuízo da indenização por danos materiais ou morais no caso de decorrente lesão (art. 5º, X, CF/1988).

Fundar o Direito sobre a dignidade da pessoa humana, pela aplicação plena dos Direitos Humanos, representa fazer valer o ideário de justiça social tão preconizado pela Constituição Federal de 1988. Caso contrário, torna-se válido, e juridicamente protegido, o direito obreiro de resistência no âmbito empregatício, que atribui ao empregado a utilização dos mecanismos processuais que visam a eliminar ou a atenuar o uso excessivo e abusivo do poder diretivo no direito do trabalho.

Por derradeiro, consta-se que não há como se estudar o poder empregatício sem se estabelecer o conceito de abuso do direito.

(1088) ALKIMIN, Maria Aparecida. *Assédio moral na relação de trabalho*. 2. ed. Curitiba: Juruá, 2008. p. 168.
(1089) DALLEGRAVE NETO, José Affonso. *Responsabilidade civil no direito do trabalho*. 3. ed. São Paulo: LTr, 2009. p. 349.

6. REFERÊNCIAS BIBLIOGRÁFICAS

ALKIMIN, Maria Aparecida. *Violência na relação de trabalho e a proteção à personalidade do trabalhador.* Curitiba: Juruá, 2009.

_____. *Assédio moral na relação de trabalho.* 2. ed. Curitiba: Juruá, 2008.

BARBOSA JÚNIOR, Floriano. *Direito à intimidade:* direito fundamental e humano na relação de emprego. São Paulo: LTr, 2008.

BARROS, Alice Monteiro de. *Curso de direito do trabalho.* 7. ed. São Paulo: LTr, 2011.

BELTRAMELLI NETO, Silvio. *Direitos humanos.* Salvador: Juspodivm, 2014.

BITTAR, Carlos Alberto. *Os direitos da personalidade.* 6. ed. Rio de Janeiro: Forense Universitária, 2003.

CHINI NETO, Eugênio. Reflexões histórico-evolutivas sobre a constitucionalização do direito privado. In: SARLET, Ingo Wolfgang (Org.). *Constituição, direitos fundamentais e direito privado.* 2. ed. Porto Alegre: Livraria do Advogado, 2006.

COSTA, Marcelo Freire Sampaio. *Eficácia dos direitos fundamentais entre particulares:* juízo de ponderação no processo do trabalho. São Paulo: LTr, 2010.

DALLEGRAVE NETO, José Affonso. *Responsabilidade civil no direito do trabalho.* 3. ed. São Paulo: LTr, 2009.

DELGADO, Mauricio Godinho. *Princípios de direito individual e coletivo do trabalho.* 3. ed. São Paulo: LTr, 2010.

_____. *Curso de direito do trabalho.* 9. ed. São Paulo: LTr, 2010.

FERREIRA, Aluísio Henrique. *O poder diretivo do empregador e os direitos da personalidade do empregado.* São Paulo: LTr, 2011.

FRANÇA, Rubens Limongi. Manual de direito civil. Doutrina geral do direito objetivo, doutrina geral dos direitos subjetivos, doutrina especial dos direitos privados da personalidade. *Revista dos Tribunais,* v. 1, 1980.

GRAU, Eros Roberto. *A ordem econômica na Constituição de 1988.* 5. ed. São Paulo: Malheiros, 2000.

HAINZENREDER JÚNIOR, Eugênio. *Direito à privacidade e poder diretivo do empregador.* São Paulo: Atlas, 2009.

JABUR, Gilberto Haddad. *Liberdade de pensamento e direito à vida privada:* conflitos entre direitos da personalidade. São Paulo: Revista dos Tribunais, 2000.

LEITE, Carlos Henrique Bezerra. Os direitos da personalidade na perspectiva dos direitos humanos e do direito constitucional do trabalho. In: CALVO, Adriana; BRAMANTE, Ivani Contini (Orgs.). *Aspectos polêmicos e atuais do direito do trabalho.* São Paulo: LTr, 2007.

MANTOVANI JUNIOR, Laert. *O direito constitucional à intimidade e à vida privada do empregado e o poder diretivo do empregador.* São Paulo: LTr, 2010.

MEIRELES, Edilton. *Abuso do direito na relação de emprego.* São Paulo: LTr, 2005.

NASCIMENTO, Nilson de Oliveira. *Manual do poder diretivo do empregador.* São Paulo: LTr, 2009.

NUNES, Rosana Marques. *A revista íntima como cláusula restritiva de direitos fundamentais no direito do trabalho.* São Paulo: LTr, 2011.

OLIVEIRA, Paulo Eduardo V. *O dano pessoal no direito do trabalho.* 2. ed. São Paulo: LTr, 2010.

PAVELSKI, Ana Paula. *Os direitos da personalidade do empregado.* Curitiba: Juruá, 2009.

ROMITA, Arion Sayão. *Direitos fundamentais nas relações de trabalho.* São Paulo: LTr, 2014.

SARLET, Ingo Wolfgang. *A eficácia dos direitos fundamentais.* 6. ed. Porto Alegre: Livraria do Advogado, 2006.

SZANIAWSKI, Elimar. *Direitos de personalidade e sua tutela.* 2. ed. São Paulo: Revista dos Tribunais, 2005.

VÁLIO, Marcelo Roberto Bruno. *Os direitos da personalidade nas relações de trabalho.* São Paulo: LTr, 2006.

VELLOSO, Carlos Mário da Silva. Os direitos da personalidade no código civil português e no Novo Código Civil brasileiro. In: ALVIM, Arruda; CÉSAR, Joaquim Pontes de Cerqueira; ROSAS, Roberto (Coords.). *Aspectos controvertidos do novo Código Civil.* Obra em homenagem ao ministro José Carlos Moreira Alves. São Paulo: Revista dos Tribunais, 2003.

VENOSA, Sílvio de Salvo. *Direito civil:* responsabilidade civil. 7. ed. São Paulo: Atlas, 2007.

VIANA, Márcio Túlio. *Direito de resistência.* São Paulo: LTr, 1996.

WEINERT, Iduna E. O direito da personalidade como direito natural geral. *Revista de informação legislativa – Senado Federal.* Subsecretaria de Edições Técnicas, Brasília, ano 27, n. 108, p. 55. out./dez. 1990.

CAPÍTULO 23
DIREITOS FUNDAMENTAIS À SAÚDE E SEGURANÇA NO TRABALHO INTEGRANTES DE UMA ORDEM DE VALORES: PROMOÇÃO POR MEIO DO PROCESSO JUDICIAL

José Felipe Ledur[1090]
Raul Zoratto Sanvicente

1. Introdução

O texto que apresentamos à reflexão dos leitores envolve a saúde e a segurança no trabalho, matéria com a qual ocupam-se desde longa data os profissionais que atuam na Justiça do Trabalho, mas que teve sua perspectiva substancialmente alterada a partir do momento em esse ramo do Poder Judiciário assumiu a competência para dirimir litígios envolvendo a indenização devida aos trabalhadores em razão de agravos a sua capacidade laboral oriundos de acidentes e doenças ocupacionais.

A abordagem que fazemos diz respeito não à responsabilidade civil e seus temas correlatos, como o dano, o nexo causal, a culpa, a responsabilidade objetiva ou a quantificação da indenização acidentária. Antes, envolve o exame das opções valorativas da Constituição que estão na base dos direitos fundamentais sociais à saúde, ao trabalho e à segurança (art. 6º da Constituição Federal), e que obtiveram concreção no sistema especial de direitos fundamentais do trabalho formado pelos arts. 7º a 11 da Constituição Federal. Em segundo lugar, presente a experiência oriunda do exame de sucessivos casos trazidos nas reclamatórias trabalhistas, considerou-se relevante tratar de questões que sobrevêm da precária qualidade da prova com a qual, repetidas vezes, o julgador vê-se confrontado. Essa prova, afinal, é decisiva para que o Judiciário dê parcela de contribuição à efetividade dos direitos à saúde e segurança no ambiente laboral mediante adequada reparação aos agravos a esses direitos se oriundos da prática de ilícitos por quem é o empregador ou tomador do trabalho.

2. Fundamentos jurídico-constitucionais
2.1. Reflexão preliminar

Direitos fundamentais vinculam-se estreitamente ao surgimento ou manutenção de determinada ordem política, embora também possam subsistir depois de sua derrocada na medida em que sedimentados socialmente ou continuem a ser uma resposta a questões que envolvam a liberdade do indivíduo perante a ordem política. Os direitos fundamentais podem tanto ser considerados como posições jurídicas que subsistem antes e diante do Estado, o qual está obrigado a reconhecê-los respeitá-los. Esses direitos podem também ser compreendidos como posições jurídicas que não pertencem ao indivíduo enquanto ser humano, mas como membro da comunidade política, do Estado, e por este reconhecidos e garantidos[1091].

Os direitos fundamentais sociais e coletivos dos trabalhadores, cujo elenco se encontra do art. 7º ao art. 11 da Constituição de 1988, melhor se harmonizam com a segunda concepção exposta. Isso porque o reconhecimento desses direitos não repousa na condição pessoal do seu titular, mas no fato de exercer trabalho que requer proteção jusfundamental. Eles foram resultado de intensa mobilização da sociedade civil dos anos 80 do século passado, e a sua categorização como direitos fundamentais pretendeu ser uma resposta ao enorme déficit que se verificava (e ainda verifica) no que diz respeito ao acesso aos bens da vida essenciais por imensa parcela da população brasileira. Daí por que o caráter jusfundamental de série de *direitos do trabalho* (direitos sociais) constitui fato histórico ao qual o intérprete deve permanente atenção, mediante a aplicação de métodos de interpretação conforme a natureza desses direitos. Não se cogita da "outorga ou concessão" de direitos fundamentais, como sucedera com diversas constituições brasileiras anteriores a 1988. Por isso, esses direitos fundamentais não estão sujeitos a esvaziamento de seu conteúdo ou mesmo restritos à só figuração formal na ordem jurídico-constitucional, como ainda ocorre, por causa de sucessivas legislaturas

---
[1090] Desembargador do Trabalho no TRT4, Mestre em Direito Público e Doutor em Direito do Estado.
[1091] Nesse sentido, Bodo Pieroth e Bernhard Schlink, In: *Direitos Fundamentais* (Trad. António Francisco de Sousa e António Franco). São Paulo: Saraiva. 2011. p. 48.

sem compromisso com a Constituição, com algumas posições jusfundamentais, *v. g.*, a da proteção em face de dispensa imotivada ou sem justa causa prevista no art. 7º, I, da Constituição.

É possível afirmar que o estatuto jurídico que a Constituição atribui aos direitos fundamentais sociais dos trabalhadores possui sentido integrador, na medida em que os reconhece e integra aos direitos fundamentais em geral porque essenciais ao desenvolvimento e consolidação da personalidade do sujeito, da sua cidadania e dignidade, em sociedade livre, justa e solidária, consoante os arts. 1º, III, e 3º, da Constituição. Os direitos fundamentais dos trabalhadores, dentre os quais normas relativas à saúde e à segurança do trabalho que se encontram no art. 7º do texto constitucional destinam-se a promover a igualdade material e proporcionar "liberdade real" que os direitos clássicos não asseguraram ao não proprietário.

2.2. Previsão constitucional do direito à indenização

Segundo concepção emergente da categorização adotada pela Constituição, os direitos fundamentais não se destinam, exclusivamente, a assegurar posições subjetivas, de defesa do indivíduo em face do Estado – característica dos direitos fundamentais de constituições liberais. Certos direitos fundamentais sociais (mas não só eles) podem exigir prestações materiais ou normativas do Estado, de sorte a que o titular possa exercitá-los ou deles fazer uso. Esse encargo estatal, que se espera seja cumprido pelo legislador, designa-se como dever de configuração ou conformação.

Alguns direitos fundamentais do trabalho (arts. 7º a 11 da CF) continuam a ter o Estado como destinatário tanto de direitos de defesa quanto de direitos a prestações. Isso se dá, por exemplo, na defesa em face de legislação discriminatória negativa e na liberdade de organização sindical; no direito a normas de segurança e higiene do trabalho, no direito à aposentadoria e no direito à assistência gratuita aos filhos e dependentes desde o nascimento até cinco anos. Entretanto, o principal destinatário (obrigado) imediato é o empregador ou tomador de trabalho prestado por pessoa física, cabendo ao titular da posição jusfundamental, no exercício do direito de ação (de defesa), demandar os deveres de proteção que remanescem com o Estado. Aqui é pertinente relembrar a possibilidade de os direitos fundamentais serem eficazes em face de particulares ou terceiros (doutrina germânica da *Drittwirkung*), sendo certo que os direitos fundamentais sob exame detêm eficácia direta.

Na Constituição vigente, o direito às indenizações decorrentes de acidentes do trabalho passou a receber proteção jusfundamental, ou seja, pela vez primeira esse direito passou a ser contemplado no rol dos direitos fundamentais – dos direitos fundamentais do trabalho –, valendo ressaltar que o Supremo Tribunal Federal atribuiu à Justiça do Trabalho a competência para dirimir conflitos a esse respeito quando do julgamento do Conflito de Competência n. 7.204-1, em 29.6.2005[1092]. O certo é que a partir de 1988 o direito em apreço não tem seu fundamento no direito civil, como até então ocorria, mas sim na própria Constituição Federal. Atualmente, a circunstância de a legislação infraconstitucional dispor acerca da caracterização dos acidentes e doenças ocupacionais (Lei n. 8.213/1991), bem assim das regras relativas à responsabilidade civil, dentre os quais os critérios concernentes à definição da indenização pelos danos materiais e morais (Código Civil de 2003)[1093], não leva a que referida indenização seja qualificada como de direito civil. A configuração ou conformação infraconstitucional do direito em apreço por meio de regras previdenciárias e de direito civil não produz esse efeito. Essa configuração ou conformação visa proporcionar o efetivo exercício do direito fundamental à indenização em vista de acidentes do trabalho. Mas seu fundamento normativo permanece na Constituição, em direito que se distingue por seu caráter fundamental.

2.3. Conteúdo axiológico, teleológico e protetivo emergente das regras constitucionais alusivas à saúde e à segurança do trabalho

2.3.1. Conteúdo axiológico

O elenco de princípios, valores, objetivos e direitos fundamentais clássicos e sociais que encontramos na abertura da Constituição brasileira são normas que conformam uma ordenação jurídico-objetiva de valor que serve de base para o restante das normas da Constituição e da ordem jurídica em geral. Para apreender o conteúdo axiológico da saúde e da segurança do trabalho, vale considerar o preâmbulo da Constituição, que garante o exercício dos direitos sociais; a dignidade humana e os valores sociais do trabalho e da livre-iniciativa (art. 1º); e o objetivo fundamental da República voltado à erradicação da pobreza, da marginalização e da redução das desigualdades (art. 3º). Enquanto direitos fundamentais em concreto, o rol dos direitos fundamentais do trabalho são decisões jurídico-objetivas de valor da Constituição, ou seja, integram categoria de direitos essenciais reconhecidos pelo Estado a membros da comunidade política que vivem da prestação de trabalho[1094].

(1092) Por relevante, vale reportar que sob a ordem jurídica anterior a 05.10.1988 diversas regras infraconstitucionais trataram da matéria acidentária, a começar pelo Decreto Legislativo n. 3724 de 1919, tido como a primeira lei acidentária brasileira, a qual impôs ao empregador o ônus por indenizações acidentárias. O Decreto n. 24.637 de 1934, passou a considerar doenças profissionais como acidentes. Já o Decreto-lei n. 7.036, de 1944, previu a responsabilidade do empregador somente em caso de dolo. Entretanto, a jurisprudência do Supremo Tribunal Federal, especialmente por sua Súmula n. 229, admitiu a responsabilidade também em caso de culpa grave. No que diz especificamente com a responsabilidade civil em casos de acidentes do trabalho, a jurisprudência a desenvolveu com suporte em regras do Código Civil de 1916. Em realidade, as normas alusivas à responsabilidade civil para indenizações acidentárias que hoje se encontram no Código Civil de 2003 são configurações infraconstitucionais de direito que encontra seu fundamento no art. 7º, XXVIII, da Constituição Federal.
(1093) Os arts. 927 e seguintes do Código Civil dispõem acerca da obrigação de indenizar e nos arts. 944 e seguintes desse código há regras alusivas a critérios para definir as reparações indenizatórias, inclusive as oriundas de acidentes do trabalho.
(1094) Bodo Pieroth e Bernhard Schlink (*Direitos Fundamentais*, ob. cit., p. 68-71) abordam a evolução da dogmática dos direitos fundamentais na Alemanha com a passagem do Estado Liberal para o Estado Social, com destaque para a atuação do Tribunal Constitucional, o qual passa a atribuir aos direitos fundamentais

As considerações relativas ao sentido axiológico dos direitos fundamentais têm como propósito pôr ênfase na necessidade de se superar compreensão de direito fundamental como o equivalente exclusivo, ainda que relevante, de um direito público subjetivo que permite ao indivíduo defender-se de intervenções em sua liberdade e propriedade por meio do exercício de uma ação. O valor que os direitos fundamentais possuem objetivamente (com conteúdo de princípio) transcende essa limitação, e nessa medida também servem para constituir a base sobre a qual se assenta o ordenamento jurídico em geral.

2.3.2. Conteúdo teleológico

A indenização acidentária prevista no inciso XXVIII do art. 7º da Constituição tem como objetivo primordial assegurar meios materiais a quem não mais dispõe, integral ou parcialmente, de condições para responder por sua existência. As regras legais destinadas a dar configuração a esse direito inscrevem-se entre aqueles "outros" direitos a que se reporta o *caput* do art. 7º, e que visem à melhoria da condição social dos trabalhadores urbanos e rurais. Tanto na indenização assegurada no texto constitucional quanto nas regras infraconstitucionais relativas à caracterização do acidente do trabalho e das doenças ocupacionais, bem assim das que dispõem acerca da responsabilidade civil, há sentido finalístico porque essas normas visam garantir o acesso a meios materiais que fomentem a igualdade e contribuam ao exercício efetivo da liberdade, da "liberdade real".

2.3.3. Conteúdo protetivo dos direitos fundamentais

Na dogmática constitucional mais atualizada, adquiriram relevância as funções jurídico-objetivas dos direitos fundamentais. A compreensão dos direitos fundamentais exclusivamente como direitos públicos subjetivos, de defesa, do indivíduo em face do Estado, resultou superada no período do pós-guerra do século passado. Na medida em que se percebeu a fragilidade da pessoa diante de Estados fascistas, que não tomavam em consideração a dignidade de indivíduos em razão da sua raça ou ideologia política, o direito constitucional evoluiu para o reconhecimento, também, de funções jurídico-objetivas dos direitos fundamentais. Dentre elas, a função de proteção, segundo a qual os direitos fundamentais devem proteger indivíduos fragilizados diante de forças econômicas e sociais de poder, requerendo-se do Estado o exercício dos correspondentes deveres de proteção. Diante dos fundamentos históricos do Direito do Trabalho, pode-se identificar nos direitos fundamentais do trabalho de nossa Constituição o reconhecimento pelo Estado de deveres de proteção em face dos que necessitam oferecer seu trabalho no mercado laboral para obter o sustento.

A função jurídico-objetiva em apreço vem adquirindo destacada importância enquanto proteção em face de riscos oriundos de organização econômica e social cada vez mais dependente da técnica e da competição, por isso mesmo causadora de agravos e doenças de variada tipologia aos indivíduos em geral e aos trabalhadores em particular. É por isso que a função jurídico-objetiva traduzida na proteção possui um lugar essencial na dogmática mais atualizada dos direitos fundamentais em geral e dos direitos fundamentais do trabalho em particular.

3. Conceito de acidente do trabalho

3.1. Conceituação

Acidente do trabalho (nele compreendido a doença ocupacional oriunda do trabalho) é o evento danoso que decorre do exercício de trabalho em favor do empregador ou tomador de trabalho. Trata-se de infortúnio que provoca danos corporais ou psíquicos, causando perturbações funcionais permanentes ou temporárias na capacidade para o trabalho. E, em casos extremos, a própria morte[1095]. Decompondo a fórmula, tem-se que há um acontecimento infausto; em segundo lugar, há um nexo causal ou etiológico que evidencia a relação de causa e efeito entre o exercício do trabalho e o dano, este de consequências variáveis. Importante notar que o dano, ou sua extensão, nem sempre é constatável de forma contemporânea ao infortúnio. Exemplo disso são as condições adversas de trabalho que, por sua atuação nefasta e contínua sobre o organismo humano, provocam doenças que eventualmente se manifestam depois da conclusão do contrato de trabalho.

A Lei n. 11.430/2006, que trata do nexo técnico epidemiológico, ampliou o conceito de acidente em seu art. 21-A ao introduzir o conceito genérico de *agravo* no lugar de *lesão*. O § 4º do art. 337 do Regulamento da Previdência Social (Decreto n. 3.048/1999) define o que seja "agravo", passando a mencionar tanto a lesão quanto a doença, transtorno à saúde em geral[1096].

3.2. Espécies de acidente

O *acidente tipo* ou típico vem a ser o acidente em sentido estrito. A definição encontra-se no art. 19 da Lei n. 8.213/1991. É o acidente que se caracteriza por meio de evento único, súbito, imprevisto e bem configurado no tempo.[1097] As consequências em geral são imediatas, diversamente do que ocorre com as doenças ocupacionais.

O *acidente de percurso* é o que ocorre no trajeto da casa para o trabalho e do trabalho para a casa. Está definido no art. 21, "d", da Lei n. 8.213/1991. Em princípio, não acarreta responsabilidade civil ao empregador, mas tão somente

---

componente axiológico, superando-se a perspectiva individualista que até então vigorava. Essas reflexões podem ser úteis quando se pensa na evolução de nosso Direito, historicamente marcado por proclamações com limitados desdobramentos na vida prática.
(1095) Ver Sebastião Geraldo de Oliveira, In: *Indenizações por Acidente do Trabalho ou Doença Ocupacional*. 8. ed. São Paulo: LTr. 2014. p. 48.
(1096) Sebastião Geraldo de Oliveira desenvolve abrangente e substancial estudo sobre as agressões por acidente do trabalho, nele naturalmente compreendidas as lesões à saúde, à integridade física ou à vida do trabalhador (*in Proteção Jurídica à Saúde do Trabalhador*. 6. ed. São Paulo: LTr. p. 252 e ss.).
(1097) Nesse sentido, José Affonso Dallegrave Neto, In: *Responsabilidade Civil no Direito do Trabalho*. 5. ed. São Paulo: LTr. 2014. p. 392.

consequências no plano previdenciário e trabalhista (direito ao auxílio-doença acidentário, ao FGTS e à garantia do emprego nos 12 meses seguintes à alta previdenciária prevista no art. 118 da Lei n. 8.213/1991. É preciso diferenciar essa espécie de acidente de infortúnios havidos enquanto o trabalhador está trabalhando, seja mediante o uso de veículo fornecido pelo empregador, seja mediante o uso de veículo do próprio empregado. A propósito, há jurisprudência crescente que reconhece a responsabilidade objetiva do empregador ao exigir o trabalho externo em rodovias que oferecem precárias condições de trânsito.

Acidentes por definição legal são as doenças equiparadas a acidentes do trabalho (art. 21 da Lei n. 8.213/1991). Desde a lei acidentária de 1919, as doenças provocadas pelo trabalho são consideradas acidentes do trabalho. As doenças ocupacionais vêm a ser o gênero de três espécies de doenças.

A primeira delas é a doença profissional, a qual decorre do exercício de determinada atividade, de determinada profissão. São também denominadas de "tecnopatias". Exemplos: empregado de uma mineradora que trabalha exposto ao pó de sílica e contrai a silicose[1098]; trabalhadores que labutam em minas de extração de carvão e que contraem doenças pulmonares. Nesses casos, a relação da doença com o trabalho decorre de presunção absoluta, não passível de prova em contrário.

A segunda é a doença do trabalho ou mesopatia, também designada de "doença profissional atípica". Entretanto, a sua relação com o trabalho decorre de presunção relativa, de modo que a relação causal é passível de prova contrária. Aqui se cogita, via de regra, de culpa contra a legalidade, ou seja, cabe ao empregador se desvencilhar do ônus de demonstrar que atendeu devidamente as normas regulamentares atinentes ao trabalho, que manteve o Programa de Controle de Medidas de Saúde Ocupacional (PCMSO) ou o Programa de Prevenção de Riscos Ambientais (PPRA).

Terceira espécie é a doença com nexo técnico epidemiológico previdenciário (NTEP). Trata-se de alteração trazida pela Lei n. 11.430/2006, a qual introduz o art. 21-A na Lei n. 8.213/1991, norma que estabelece relação entre a atividade da empresa e a doença motivadora da incapacidade elencada na Classificação Internacional de Doenças. As razões que determinaram o surgimento da regra legal está na baixa notificação acerca de acidentes no local do trabalho, fato identificável nos temores do empregador em arcar com série de ônus trabalhistas e previdenciários (verbas trabalhistas atípicas decorrentes da responsabilidade civil; garantia de emprego do art. 118 da Lei n. 8.213/1991; majoração da alíquota do seguro de acidente do trabalho previsto no art. 202-A do Decreto n. 3048/1999, a ação regressiva do INSS prevista no art. 120 da Lei n. 8.213/1991). Também aqui há presunção relativa de que a doença tem origem no trabalho, de sorte que ao empregador cabe a prova de que a origem é de outra natureza.

Apesar das resistências destacadas, as informações acerca da incidência de acidentes e doenças ocupacionais é vital para a formulação de políticas públicas destinadas a conter os infortúnios decorrentes do trabalho. Há necessidade da criação de consciência acerca do custo econômico/social dos acidentes/doenças, seja para o trabalhador e o empregador, seja para toda a sociedade. Para efeito da referida formulação, a preferência na contratação com o Estado ou na participação em programas de redução fiscal poderia ser avaliada com base no nível de incidência de acidentes/doenças ocupacionais em cada empresa.

Cabe mencionar que, no acidente que ocorre no recinto da empresa, é dela o ônus de fazer contraprova à alegação do empregado de que sofreu infortúnio ao executar as suas funções laborais ou a elas vinculadas. Isso de algum modo parece axiomático, uma vez que o empregador detém o poder de dirigir o trabalho e, nessa condição, tem como deter meios para saber e demonstrar a inocorrência de acidente alegado pelo trabalhador.

É relevante frisar que mesmo nas lesões que sobrevenham quando dos intervalos de trabalho no ambiente empresarial, ou quando o trabalhador esteja executando atos vinculados à realização do trabalho (como a realização de refeições, a troca de vestuário), caracteriza-se o acidente do trabalho. E neste caso o ônus de demonstrar a ocorrência de excludente de responsabilidade permanece com o empregador.

Quando se trata de trabalho realizado externamente, longe dos olhos do empregador, é do empregado o ônus de demonstrar que eventual agravo a sua incolumidade física ou mental decorreu de acidente.

4. Prova judicial acerca dos acidentes ou doenças do trabalho

Questão extremamente grave, porque decisiva à devida verificação de agravos à saúde e incidência das normas de proteção acerca das quais se discorreu no item 1 *supra*, é a prova judicial acerca dos infortúnios laborais. Certamente, muitas reparações acidentárias não se efetivam porque o sistema probatório na Justiça do Trabalho contém falhas que impedem a demonstração efetiva dos fatores determinantes dos acidentes e doenças do trabalho. Na sequência, far-se-á breve exame das espécies de prova utilizadas judicialmente e das medidas eventualmente úteis para melhorar a sua qualidade.

4.1. Espécies de Prova

4.1.1. Prova documental

A organização da atividade produtiva exige do empregador a observância das regras de proteção à saúde do trabalhador no espaço empresarial. Isso se dá, por exemplo, por meio do Programa de Prevenção de Riscos Ambientais – PPRA, do Programa de Controle Médico de Saúde Ocupacional – PCMSO – e do

---

(1098) OLIVEIRA, Sebastião Geraldo de. *Indenizações por Acidente do Trabalho ou Doença Ocupacional*. 8. ed., São Paulo: LTr. p. 51.

Laudo Técnico de Condições Ambientais do Trabalho – LTCAT. Consoante dispõe a NR-9, exige-se do empregador a atualização periódica dos laudos concernentes a esses Programas. Mas não é só isso. Há outros documentos que o juiz pode exigir para verificar a situação geral relativa à saúde e segurança dos trabalhadores no âmbito da empresa[1099]. Se inexistentes essas provas, configura-se presunção relativa de que o empregador é o responsável por acidentes do trabalho ou doenças ocupacionais. Trata-se da culpa contra a legalidade, na medida em que o empregador se omitiu de dever legal. No caso, embora de difícil demonstração, o empregador somente afastará sua responsabilidade mediante prova contundente de que as condições de trabalho não foram a causa do acidente/doença do trabalho.

Se o infortúnio ocorreu no trabalho externo, a prova de sua ocorrência em princípio pertence ao trabalhador, não havendo como exigir prova documental acerca da observância da prevenção a cargo do empregador.

4.1.2. Prova pericial

A prova por excelência para a averiguação de acidentes ou de doenças do trabalho sem dúvida é a pericial. Por vezes, há a possibilidade – e até necessidade – de se realizar mais de uma perícia quando se trata de doença adquirida no trabalho. Neste caso, a perícia deve ser feita por profissional habilitado para investigar a origem da doença. No caso de doenças ocupacionais, a perícia ergonômica mostra-se relevante em "n" hipóteses. A recordar que a ciência ergonômica cuida da adequação do local e da forma de trabalho às condições físico-constitutivas do trabalhador. Portanto, a perspectiva que deve orientar essas perícias é a adequação ou não dos móveis ou das mesas de trabalho, assim como das máquinas utilizadas na produção, às características da pessoa do trabalhador.

Uma perícia deficiente conduz à jurisdição errônea. Daí a relevância de qualificar, de um lado, os profissionais que auxiliam o Juízo; de outro, os próprios julgadores, para que possam detectar as falhas periciais e supri-las, se for o caso, no uso da faculdade conferida pela norma processual (art. 479 do NCPC) que permite ao juiz desvincular-se ao laudo. A competência da Justiça do Trabalho para matéria acidentária é ainda nova e o simples senso comum na interpretação dos fatos não se mostra suficiente para julgamento de casos que se apresentam, no mais das vezes, bastante complexos.

O problema vem sendo enfrentado em várias frentes. O próprio Ministério do Trabalho e Emprego, se bem que não realize perícias, por dever legal atribui aos seus auditores fiscais a incumbência de analisar acidentes. Para isso, possui orientações que são valiosas também para os julgadores e seus auxiliares, os peritos. Como exemplo, a publicação denominada Guia de Análise de Acidentes de Trabalho, na qual é desenvolvido o conceito de fatores imediatos, subjacentes e latentes. Por meio deles percebe-se que, tanto mais breve a investigação (circunscrita às causas imediatas), maior a possibilidade de se atribuir à vítima a responsabilidade pelo infortúnio.

De outro lado, o CNJ – Conselho Nacional de Justiça, expediu resolução recente (Resolução n. 233, de 13 de julho de 2016) que dispõe sobre a criação de cadastro de profissionais e órgãos técnicos ou científicos no âmbito da Justiça de primeiro e segundo graus. Por esse instrumento, que não se limita à mera listagem de nomes de profissionais, os tribunais de qualquer ramo disporão de ferramenta de gestão e incremento da qualidade do trabalho auxiliar do Juízo. Para o ramo do Judiciário, especializado em Direito do Trabalho, o chamado CPTEC – Cadastro Eletrônico de Peritos e Órgãos Técnicos ou Científicos terá especial serventia. São numerosas as perícias médicas, ergonômicas, de engenharia de segurança e outras realizadas na Justiça do Trabalho. Não apenas pela cobertura territorial que o Judiciário trabalhista oferece em nível nacional, uma vez presente em grande número de municípios, mas também em razão do grande número de acidentes reportados somente na chamada economia formal (704,1 mil, conforme Anuário Estatístico da Previdência Social de 2014, número ao qual se agregam os de anos anteriores ainda em processamento e os que não se relacionam a segurados da Previdência, sobretudo os da economia informal), a quantidade de perícias que são designadas e feitas diariamente é de larga magnitude. Daí a relevância do tema e a oportunidade da organização desse serviço auxiliar. Desvios nesta área comprometem a jurisdição.

Ressalta-se que peritos não inscritos no CPTEC não poderão ser nomeados em processos e mesmo os assistentes técnicos indicados pelas partes deverão estar devidamente inscritos.

(1099) Sobre a prova documental, importante ter presente a listagem de documentos exigíveis do empregador e de órgãos públicos, consoante o Enunciado n. 6 do Programa Trabalho Seguro (CSJT): (...) 6. AÇÕES DE ACIDENTES DE TRABALHO. PROVA DOCUMENTAL. DETERMINAÇÃO DE APRESENTAÇÃO DE DOCUMENTOS PELO EMPREGADOR, INSS/SUS E MTE. I – O órgão julgador poderá determinar sejam apresentados documentos pelo empregador, INSS/SUS e MTE, conforme especificidades do pedido e observado o anexo I, sendo admitida a inversão do ônus da prova, inclusive quanto aos encargos e despesas daí decorrentes. II – Os documentos a que se refere o Enunciado acima serão juntados pelo empregador ou entidade depositária, conforme relação não exaustiva abaixo: Pela empresa: I – Programa de Prevenção de Riscos Ambientais – PPRA, previstos na NR-9 da Portaria n. 3214/78 do MTE; II – Laudo Técnico de Condições Ambientais do Trabalho – LTCAT, previstos na NR-9 da Portaria n. 3214/78 do MTE; III – Programa de Controle Médico de Saúde Ocupacional – PCMSO, nos termos da NR-7 da Portaria n. 3214/78, acompanhado dos respectivos relatórios; IV- Perfil Profissiográfico Previdenciário – PPP; V – exames médicos admissional, periódicos e demissional, de que tratam o art. 168 da CLT e a NR-7 da Portaria 3214/78; VI – cópia do Livro de Registro de Fiscalizações realizadas pelo MTE; VII – certificados de treinamento do autor da ação; VIII – AET – Análise Ergonômica do Trabalho (NR 17); IX – CAT; X – Prontuário médico (cópia integral); XI – Relação de afastamentos inferiores a 15 dias relativos aos últimos 5 anos; XII – Cartão de ponto e recibos de férias do período da contratualidade do autor da ação; XIII – Atas das CIPAS do período da contratualidade. Pelo INSS/SUS: I – FAP – Fator Acidentário de Prevenção referente à empresa; II – Códigos de afastamento referentes aos benefícios previdenciários concedidos ao autor; III – laudos periciais produzidos; IV – CATs expedidas nos últimos cinco anos; V – Cópia integral do procedimento administrativo de concessão de benefícios previdenciários. Pelo MTE: I – autos de infração dos últimos 5 anos II – GFIP (número de afastamentos da empresa).

O cadastro sofrerá avaliações periódicas e o desempenho do profissional deverá ser anotado. Perceptível, portanto, a mudança de paradigma no processo de atuação desses auxiliares do Juízo.

Com relação ao conteúdo e à condução da prova pericial em matéria acidentária, é relevante citar iniciativa do Programa Nacional de Prevenção de Acidentes de Trabalho, o chamado Programa Trabalho Seguro, criado em 2011 pelo CSJT – Conselho Superior da Justiça do Trabalho. Dirigido a todas as regiões da Justiça do Trabalho, no ano de 2012, foi realizado um fórum virtual com a participação de juízes de todos os tribunais para a discussão da prova pericial na matéria em foco. Foram produzidos dois documentos[1100] que, conquanto não vinculantes, conferem transparência e efetividade à prova pericial.

O documento "Diretrizes sobre Prova Pericial em Acidentes do Trabalho e Doenças Ocupacionais" propõe sugestões de diretrizes para a avaliação e a elaboração da prova pericial em questões referentes ao meio ambiente, segurança e saúde do trabalho. Já as "Propostas de Enunciados sobre Perícias Judiciais em Acidente do Trabalho e Doenças Ocupacionais" trazem conteúdo similar sob a forma de verbetes. Como destaque, regras de condução da investigação pericial, listagem de documentos exigíveis ao empregador, avaliação de nexo técnico epidemiológico com a devida fundamentação em caso de desconsideração, além de preconizar a participação do magistrado na prova, em atuação colaborativa, recomendações acerca dos parâmetros para quantificação da perda da capacidade laborativa (Classificação Internacional de Funcionalidade, Incapacidade e Saúde – CIF, elaborada pela Organização Mundial de Saúde), superação do chamado ato inseguro e reconhecimento da condição insegura de trabalho.

4.3.3. Prova oral

A prova oral (depoimento das partes e das testemunhas) com frequência revela-se necessária para complementar laudos periciais que não esclarecem devidamente a matéria fática, ou até para desconstituir conclusões periciais que, sem suficiente informação acerca das condições de trabalho, acabam por identificar nos próprios trabalhadores a causa de sua doença. Consoante experiência que provém do exame de inúmeras ações acidentárias, não é incomum que os peritos atribuam a causa dos agravos à saúde do trabalhador a sua constituição física, à presença de fatores indicativos de doença degenerativa. Essas situações naturalmente são passíveis de verificação, mas eventualmente pode o modo de execução das tarefas laborais concorrer para a manifestação da doença, ou seja, como fator concausal que fez eclodir a doença que até então só existia de modo latente.

É certo que a reconstituição precisa do cenário laboral de meses ou anos de trabalho é obra impossível para uma perícia que via de regra colhe informações das partes envolvidas na controvérsia. As imperfeições atingem todas as ciências humanas, como o direito, a medicina, a psiquiatria e até mesmo ciência exata como a engenharia. Daí porque a coleta de informações de pessoas não envolvidas diretamente no conflito muitas vezes é decisiva para o alcance da chamada verdade real.

5. Conclusão

Cabe lançar breve conclusão quanto às reflexões sobre os fundamentos jurídicos da indenização devida pelos agravos à saúde oriundos do trabalho, bem como quanto aos mecanismos processuais que servem à apuração da origem laboral ou não das doenças manifestadas por quem trabalha como empregado ou mesmo como prestador de trabalho em sentido amplo.

A primeira delas diz com a gravidade do tema, na medida em que acidentes ou doenças ocupacionais causam repercussões muitas vezes funestas à vida da pessoa que sofreu o agravo à saúde ou mesmo dos herdeiros em caso de acidentes fatais; ao empresário obrigado a indenizar infortúnios e também à sociedade, seja pela supressão ou diminuição da capacidade de trabalho de milhares de pessoas, seja porque cabe a ela, mediante as contribuições previdenciárias, assegurar prestações materiais aos que não podem responder, provisória ou definitivamente, por sua própria existência.

Em segundo lugar, a ordem jurídica nacional evoluiu no sentido de considerar a saúde um direito com dignidade jusfundamental, o mesmo valendo para a indenização assegurada ao trabalhador que veio a sofrer agravos à sua saúde em razão de fatos não atribuíveis a ele. O reconhecimento dessa vulnerabilidade especial em razão do exercício do trabalho, bem assim do direito à indenização quando o agravo à saúde resulta de causas externas, mostra que o constituinte de 1988 foi sensível ao déficit protetivo no mundo do trabalho.

Cabe ao intérprete e aplicador do direito fazer uso do manancial normativo (princípios, valores e regras) de origem constitucional e infraconstitucional para justamente resolver os conflitos que sobrevêm da verificação de acidentes do trabalho e doenças ocupacionais. Nesse sentido, uma vez que à Justiça do Trabalho foi conferida a competência para decidir acerca das reparações acidentárias a cargo do empregador ou tomador do trabalho, o juiz do trabalho deve ter consciência da gravidade de sua responsabilidade nesse terreno.

Por fim, os mecanismos processuais, sobretudo a prova pericial voltada à verificação da origem laboral ou não dos agravos à saúde de quem trabalha, exigem aperfeiçoamento precisamente em razão do valor que está em jogo quando se apuram as origens das doenças que acometem quem trabalha.

(1100) A íntegra desses documentos encontra-se em <http://www.trt4.jus.br/portal/portal/ts/diretrizes> Acesso em: 13 set. 16.

6. REFERÊNCIAS BIBLIOGRÁFICAS

DALLEGRAVE NETO, José Affonso. *Responsabilidade Civil no Direito do Trabalho* 5. ed. São Paulo: LTr, 2014.

OLIVEIRA, Sebastião Geraldo. *Indenizações por Acidente do Trabalho ou Doença Ocupacional* 8. ed. São Paulo: LTr, 2014.

_____. *Proteção Jurídica à Saúde do Trabalhador.* 6. ed. São Paulo: LTr, 2011.

PIEROTH, Bodo; SCHLINK, Bernhard. *Direitos Fundamentais.* Trad. António Francisco de Sousa e António Franco. São Paulo: Saraiva, 2011.

CAPÍTULO 24
DIREITOS FUNDAMENTAIS X LIVRE-INICIATIVA: CRITÉRIOS OBJETIVOS PARA A CONCRETIZAÇÃO DO EXERCÍCIO DAS LIBERDADES INTELECTUAIS NAS RELAÇÕES DE TRABALHO, EM SINTONIA COM AS EXIGÊNCIAS DA LIVRE-INICIATIVA E FUNDAMENTAÇÃO DAS DECISÕES RESOLUTÓRIAS DAS TENSÕES RESPECTIVAS NO AMBIENTE DE TRABALHO

Alexandre Agra Belmonte[1101]

1. Liberdade

São direitos fundamentais as prerrogativas fundadas na dignidade da pessoa humana, visando assegurar-lhe liberdade, igualdade e tratamento solidário, como instrumentos destinados a lhe propiciar a participação ativa em sociedade e justas oportunidades para o alcance das aspirações e dos bens da vida.

Segundo o professor Arion Sayão Romita, são *"aqueles que, em dado momento histórico, fundados no reconhecimento da dignidade da pessoa humana, asseguram a cada homem as garantias de liberdade, igualdade, solidariedade, cidadania e justiça"* (ROMITA, 2005, p. 36).

Liberdade é o direito fundamental conferido à pessoa humana de pensar e agir segundo a própria determinação. É um direito que dá ao indivíduo o poder de se locomover e circular livremente e de fazer as suas escolhas, expressar as suas opiniões, sentimentos e convicções e atuar, nos limites da lei (art. 5º, II, da CF). É, enfim, o poder de autodeterminação, sem o qual não é possível o alcance da dignidade.

A dignidade consiste no respeito às qualidades essenciais para propiciar a existência da pessoa humana como ser integral e essa existência integral só está ao seu alcance quando lhe é permitido o desenvolvimento, com liberdade, sem discriminação, em igualdade de oportunidades e com garantia de tratamento solidário e justo, da autonomia espiritual e da participação ativa no próprio destino e na vida em sociedade. Os direitos e garantias fundamentais previstos nos arts. 5º a 17 da CF/1988 visam assegurá-la.

Um dos três lemas da Revolução Francesa, as liberdades, constituem os direitos civis e políticos fundamentais de primeira geração, como prerrogativas oponíveis contra os abusos do poder do Estado.

Ocorre que grupos privados também exercem poder, favorecendo a verificação de abusos nas relações entre particulares e propiciando condutas lesivas à dignidade humana, pelo que se verificou a necessidade dos direitos fundamentais atuarem não apenas em face do poder público do Estado, mas também nas relações privadas.

Ora, nas relações de trabalho, o poder do empregador é, em relação ao trabalhador, fator de desequilíbrio.

Com efeito, o empregador tem o poder organizacional da atividade, de determinar o conteúdo e o modo da prestação subordinada de serviço, de produzir e impor regras de obediência (de funcionamento interno e de controle da prestação de serviços) e ainda pode aplicar sanções pelo descumprimento. Essas características, inerentes ao contrato de trabalho e ao ambiente em que ele se desenvolve, são suscetíveis de impor limitações às liberdades do trabalhador, gerando a sua hipossuficiência e propiciando abusos no exercício do poder diretivo.

Assim, além da garantia prestacional do Estado, de intervenção por meio da regulação de direitos sociais individuais e coletivos destinados à recomposição da igualdade de fato (arts. 7º a 11 da CF), também devem incidir ou nelas repercutir outros direitos fundamentais que permitam ao trabalhador, livre perante o Estado, almejar ser livre também perante o empregador (arts. 5º, I, II, III, IV, V, VI, VIII, IX, X, XII, XIII, XIV, XVI, XVII, XX, XXVII, XLII, 6º, 12, II, § 2º, 170 e 220, *caput*, da CF).

Daí decorre que a liberdade é, portanto, um direito fundamental oponível tanto contra o Estado, como também, nas relações privadas de trabalho, contra o empregador.

(1101) Doutor em Justiça e Sociedade pela UGF. Ministro do Tribunal Superior do Trabalho. Membro da Academia Brasileira de Direito do Trabalho. Professor do IESB.

Sabido que a liberdade é um direito fundamental, que deve repercutir nas relações privadas e que o trabalhador, como ser integral, tem esse direito garantido também nas relações de trabalho, indaga-se: a) que tipos de liberdade podem se manifestar no ambiente de trabalho? b) existe limitação para o exercício dessas liberdades? c) que restrições são inadmissíveis? d) como conciliar as exigências da livre-iniciativa e as características do contrato de trabalho, que são fatores naturalmente limitadores da liberdade do empregado, com o direito fundamental ao exercício das liberdades?

2. Que tipos de liberdade podem se manifestar no ambiente de trabalho?

Além de outras:

- **a física da pessoa humana**, abrangente dos direitos de livre locomoção e de livre circulação (art. 5º, XV e LIV, da CF);
- **de autodeterminação** (art. 5º, II);
- **de consciência e crença e de convicção filosófica e política** (art. 5º, VI e VIII);
- **de manifestação do pensamento e de expressão individual** (arts. 5º, IV e IX);
- **de informação** (art. 5º, XIV);
- **de associação, reunião e de expressão coletiva** (arts. 5º, XVI, XVII, XVIII, XX, 8º, *caput* e 9º)
- **de ação profissional** (art. 5º, XIII);
- **de inviolabilidade da intimidade, vida privada, honra, imagem e sigilo da correspondência e comunicações** (art. 5º, X e XI).

O empregador não pode impedir o trabalhador de sair da empresa ou de se comunicar externamente com quem quer que seja; de fazer ou deixar de fazer alguma coisa, exceto em virtude de lei e do contrato, respeitados a moral e bons costumes; de ter e exercer as suas convicções pessoais e crenças; de exteriorizar o pensamento e livremente expressar-se; de ser informado e informar-se; de se associar, reunir-se e fazer greve; de escolher e exercer livremente trabalho ou profissão.

Outrossim, o empregador não pode agir de forma a invadir a intimidade, a vida privada e a correspondência do trabalhador ou violar a sua honra e imagem.

Verifica-se, portanto, que além dos direitos sociais específicos dos trabalhadores, previstos nos arts. 7º a 11 da CLT, há direitos igualmente fundamentais, aplicáveis à pessoa humana em geral, que também repercutem nas relações de trabalho.

Como objeto do estudo proposto, vamos nos ater às liberdades de consciência e crença e de manifestação do pensamento e de expressão, que compõem a liberdade de pensamento em sentido amplo e verificar a sua incidência e efeitos no ambiente de trabalho.

3. Liberdade de pensamento

A liberdade de pensamento em sentido amplo abrange o livre pensamento, que é o seu caráter interno ou subjetivo, e a exteriorização do pensamento, que é o seu aspecto externo ou objetivo. Diz respeito tanto ao poder do indivíduo de fazer as escolhas internas de consciência e crença, como ao de fazer atuar essas escolhas por meio de cultos e liturgias, de reuniões de cunho político, religioso e sindical com as respectivas ideologias, de manifestar opiniões, emitir juízos de valor, de expressar o conteúdo de sua atividade de criação (intelectual artística e científica) e de se comunicar.

Contudo, o trabalhador é livre para manifestar as suas convicções e crenças também no ambiente de trabalho ou o contrato de trabalho lhe impõe limitações – e até que ponto – a esse direito fundamental?

Em outras palavras, se o trabalhador é um ser integral, ao qual a Constituição garante, como cidadão, o direito de formar as suas convicções crenças e de exteriorizar o seu pensamento, há limites para o seu exercício no ambiente de trabalho?

Para se ter uma ideia da dimensão dos problemas que podem ocorrer no cotidiano das empresas, apresentamos as seguintes indagações:

– É ofensiva à liberdade ideológica do trabalhador a dispensa de um empregado de uma fundação destinada a ajudar imigrantes que, fora de suas atividades profissionais, preside um partido político francamente hostil à presença de imigrantes no país?

– É atentatória à liberdade de expressão do trabalhador a dispensa de um professor de religião de uma escola católica, por ter a diretoria descoberto que, conversando com os alunos no intervalo das aulas, externou sua opinião acerca do divórcio e do aborto, mostrando-se favorável a ambos? E se se tratasse de um professor de matemática?

– É atentatória à liberdade de expressão a dispensa de um professor por ter a direção da escola onde trabalha descoberto que é autor de um livro erótico?

– É atentatória à liberdade de crença a despedida, por justa causa, de um professor de uma escola judaica, por ter resolvido pregar em sala de aula o antissemitismo?

– Poderia um trabalhador que usa barba como um dos mandamentos de sua religião alegar discriminação religiosa ou restrição indevida de sua liberdade de religião e postular indenização por danos morais, porque a sua admissão em vaga para trabalhar na cozinha de um restaurante foi negada por ter se recusado a retirá-la (apesar de alertado para o fato de que assim exigiam as normas sanitárias e de higiene vigentes naquele estabelecimento)?

– Pode um trabalhador, invocando a liberdade de consciência, se recusar a atender um passageiro de uma companhia aérea, sob a justificativa de ter integrado a ditadura militar ou de ter sido um de seus torturadores?

De igual sorte, poderia um garçom recusar-se a continuar atendendo uma mesa em que o cliente por duas vezes a ele se dirigiu de forma agressiva ou ofensiva? Ou, sendo judeu, recusar-se a continuar atendendo uma mesa em que os integrantes estão abertamente a defender ideais nazistas, entre eles a morte de judeus?

Os católicos observam o domingo como dia de guarda, enquanto os judeus e os adventistas do sétimo dia entendem que esse dia recai no sábado e os muçulmanos que a sexta-feira é dia santo. Que procedimento deve o empregador adotar diante do interesse de cada fiel, de que o descanso semanal recaia no dia correspondente à sua crença?

– Pode o empregador convocar os empregados à participação obrigatória em culto ou festa da Natal?

As entidades de tendência se caracterizam por estarem dirigidas à difusão ou promoção de certa ideologia. Imaginemos então as seguintes hipóteses:

a) a de um apresentador de horário nobre de um canal de televisão, encarregado de disseminar a doutrina evangélica, que resolve, publicamente, assumir a sua condição de homossexual e passa a viver com um companheiro. Ele pode ser despedido por contrariar a orientação religiosa do empregador?

b) a de um vigilante da entidade detentora da concessão do canal de televisão e de um jardineiro de uma capela católica, que assumem a condição de homossexual e igualmente passam, cada qual, a viver com um companheiro.

Eles podem ser despedidos por contrariarem a orientação religiosa do empregador?

– Atenta contra a liberdade política a despedida de trabalhador que se manifesta contra o candidato que o empregador apoia no interesse do seu empreendimento?

– Pode o jornalista empregado se recusar a veicular notícia capaz de lesar a sua consciência profissional e prejudicar a sua dignidade?

– Pode o jornalista empregado postular a rescisão indireta do contrato em caso de mudança radical da linha editorial do empregador, que passa a perseguir escândalos e notícias sensacionalistas?

– O empregado tem o direito de receber no trabalho correspondência enviada pela entidade sindical, o de abri-la e de tomar conhecimento do conteúdo durante o expediente ou a vedação fere a liberdade sindical, que é uma liberdade de expressão coletiva?

O direito à informação diz respeito ao direito de transmitir e colher informações e de ser mantido informado. Distingue-se da liberdade de expressão, relacionada ao direito de exteriorizar pensamentos, crenças, ideias, opiniões e juízos de valor. Indaga-se então o que está o empregador obrigado a informar ao empregado, o que cabe a este espontaneamente informar e o que o empregador não pode exigir que o empregado informe?

– Atenta contra a vida privada e liberdade sexual o rompimento do contrato de trabalho mantido com a apresentadora de um programa infantil, que resolve participar de um filme pornográfico ou que, frequentadora assídua da noite, constantemente se envolve em brigas e escândalos?

As hipóteses acima apresentadas colocam em confronto, de um lado, a liberdade de pensamento em seus mais variados aspectos e, de outro, o poder diretivo do empregador, decorrente da liberdade de iniciativa e do estado de subordinação caracterizador do contrato de trabalho. Ambos são direitos fundamentais, pelo que indaga-se: – qual deve prevalecer?

Como a legislação brasileira é omissa em relação à matéria e os conflitos a ela relacionados se avolumam, verifica-se a atualidade e importância do tema proposto, qual seja, a investigação do espaço que tem o trabalhador para manifestar as suas convicções, até que ponto pode livremente transferi-las para o serviço executado, sem interferir no direito alheio e qual o limite das sondagens que o empregador pode fazer para a verificação do perfil do trabalhador e de sua adequação para o cargo que pretende preencher.

4. Livre-iniciativa, poder diretivo e seus limites

Nos termos do art. 170, *caput*, da CF, a ordem econômica, que tem por fim assegurar a todos existência digna, conforme os ditames da justiça social, é fundada, entre outros, nos valores sociais do trabalho humano e na livre-iniciativa.

A livre-iniciativa compreende a liberdade de empresa, ou seja, a de criar, organizar e definir o objeto de atividade econômica direcionada ao acesso ao mercado. Envolve o trabalho humano e, consequentemente, a dignidade da pessoa na execução desse trabalho.

Como o trabalho é o veículo de inserção do trabalhador no sistema econômico e de distribuição de renda, para o fim de propiciar-lhe o acesso aos bens da vida deve ser respeitado o seu valor social. Essa valorização é que permitirá, com igualdade de oportunidades, a construção de uma sociedade livre, justa e solidária (art. 3º, I, da CF), que objetiva erradicar a pobreza e a marginalização, além de reduzir as desigualdades sociais e regionais (art. 3º, III, da CF).

O trabalho não é, contudo, apenas o veículo de atendimento das necessidades de existência do ser humano. É também forma dele alcançar a realização. Por meio do trabalho, o ser humano se mantém e desenvolve as potencialidades, agindo e participando da sociedade, na busca uma vida plena e aberta a oportunidades. Assim, é preciso assegurar que o trabalho se desenvolva em condições dignas (FREITAS JUNIOR, 2006, p. 104).

Tem-se, portanto, que se o valor é um atributo destinado a dar dignidade ao ser humano e o trabalho é um valor, o valor social do trabalho deve corresponder a tudo aquilo que qualifica o trabalho como meio de subsistência, de progresso material, espiritual e de realização do ser humano como parte do grupo social que integra.

Logo, se os princípios da dignidade da pessoa humana e dos valores sociais do trabalho são destinados ao alcance, com liberdade, igualdade e fraternidade ou solidariedade, do desenvolvimento espiritual da pessoa humana e do seu progresso material, necessitam ser integrados pelos direitos e garantias fundamentais que assegurem a sua concretização, entre eles, a liberdade.

Assim, no exercício dos direitos de liberdade, o trabalhador pode, livremente, ter as suas convicções e crenças, votar no político de sua preferência, relacionar-se intimamente com as pessoas do seu agrado, manter correspondência com quem desejar, associar-se a sindicato, frequentar as reuniões correspondentes, votar e ser votado.

Ocorre que se os direitos fundamentais visam proteger o homem em sua integralidade, abrangendo, em sede de liberdade de pensamento, o respeito às suas convicções e crenças, atos, opiniões e juízos de valor, nem todas as posturas e atividades adequadas à vida privada do trabalhador são condizentes com a vida pública, na qual está inserida a atividade profissional. Em outras palavras, podem não se ajustar à boa-fé e lealdade contratuais.

Com efeito, o empregado tem o direito de externar as suas convicções e opiniões pessoais, mas não lhe cabe fazê-lo perante o cliente em relação a uma mercadoria na qual atua na condição de vendedor, dizendo, por exemplo, que é uma droga, dá defeitos constantes e que a oferecida pela empresa concorrente é mais barata e de melhor qualidade.

O trabalhador tem o direito de ter as suas crenças e aderir às liturgias. Mas não o de ostensivamente usar colares de umbanda em um colégio católico.

O empregado é livre para manter relacionamento íntimo com colega de trabalho. Mas não o de ser visto se esfregando com o parceiro nos banheiros e escadas do ambiente de trabalho.

O jogador de futebol é livre para ter a sua vida privada, mas nem por isto lhe é autorizado ficar assiduamente até altas horas da madrugada em boates ou ingerindo bebida alcoólica, de forma a prejudicar o seu rendimento no trabalho, como atleta em relação ao qual se exige vigor físico e alto rendimento.

Tem-se, portanto, que, quando o empregado se vincula ao empregador por meio de um contrato de trabalho, ele se submete ao seu poder diretivo e a restrições inerentes ao conjunto de prerrogativas dirigidas à administração da estrutura, em relação à qual está vinculado.

O poder diretivo, que compreende aspectos organizacionais, disciplinares, regulamentares e de controle, e assim divide-se em *poder de organização, poder regulamentar, poder de controle ou fiscalização* e *poder disciplinar*, atua, na execução do contrato de trabalho, como fator limitador do exercício dos direitos fundamentais do trabalhador, entre eles, as liberdades.

Mas quais são os limites do poder diretivo do empregador?

Na execução do contrato, principalmente em virtude do estado de subordinação em que o trabalho é realizado, não há dúvidas de que o poder de comando, quando indevidamente utilizado, é veículo propício ao cometimento de abusos, que podem atingir aspectos morais e patrimoniais do trabalhador.

Tem-se, portanto, que o poder diretivo e o correlato estado de subordinação representam potencial risco ao desenvolvimento da personalidade do trabalhador e, consequentemente, à sua dignidade.

Daí resulta que o poder diretivo tem por limite os direitos fundamentais do trabalhador, posto que a respectiva ofensa termina por atingir a dignidade da pessoa humana e os valores sociais do trabalho, entendido este como o meio econômico necessário à percepção dos bens da vida e de realização.

Enfim, se os direitos fundamentais do trabalhador são limitados pelo poder diretivo, verifica-se que estes também não podem ser exercidos sem limitação.

Indaga-se, por consequência, quais são esses limites e como fazer o ajuste ou harmonização entre o poder diretivo, decorrente da liberdade de iniciativa e as liberdades do trabalhador, em que estão inseridos todos os aspectos da liberdade de pensamento.

5. A eficácia dos direitos fundamentais no âmbito do contrato de trabalho e os princípios da proporcionalidade e da razoabilidade na interpretação das tensões entre direitos fundamentais e sua delimitação

Como então resolver a questão da eficácia dos direitos fundamentais no âmbito do contrato de trabalho, ou seja, da compatibilização da liberdade de empresa com os direitos fundamentais do trabalhador, se tais direitos não são hierarquizados?

Na otimização das regras e princípios constitucionais, costumam ser utilizados dois princípios: o alemão da proporcionalidade e o estado-unidense da razoabilidade, que atuam de modo distinto.

A proporcionalidade, que surgiu no Estado liberal como reação ao Estado absolutista num sistema romano-germânico e, portanto, escrito de Direito (*civil law*), como freio aos desmandos do monarca, para limitação dos excessos, busca da adequação ou pertinência, necessidade ou exigibilidade de um direito, na ponderação comparativa de interesses ou direitos.

O subprincípio da ponderação (ou da proporcionalidade em sentido estrito) enseja, quando incidente mais de um direito fundamental sobre o caso concreto, o balanceamento, de maneira que, ajustados em peso e importância, continuem a reger o caso concreto. O sopesamento de fins a serem alcançados e de bens e interesses protegidos diante da situação concreta é que determinará que princípio, segundo os valores vigentes, deve atuar com mais intensidade para a resolução da tensão.

A proporcionalidade em sentido estrito diz respeito aos princípios como mandados de otimização com relação às possibilidades jurídicas, enquanto na verificação da adequação e necessidade, recorre-se às possibilidades fáticas.

A razoabilidade, que surgiu de tensões sociais num sistema anglo saxão ou não escrito de Direito (*common law*), sem a intenção de limitar o poder soberano, busca o exercício racional, moderado, comedido do próprio direito, ou seja, sem compará-lo a outro. Em termos de equidade, impõe a harmonização da norma geral com os casos individuais, de modo a compatibilizar as normas gerais e abstratas com as individualidades do caso concreto. Sob o ponto de vista da congruência, exige sintonia entre as normas e as suas condições externas de aplicação.

O sistema brasileiro aceita ambos, concomitantemente. Como exemplo, o parágrafo único do art. 944 do Código Civil brasileiro, que determina a aplicação do princípio da proporcionalidade na aferição do dano em sua extensão, mas igualmente impõe a aplicação do princípio da razoabilidade para o ajuste equitativo da indenização se verificada a desproporção diante das circunstâncias do caso concreto.

Em resumo, em ocorrendo colisão entre normas (princípios e regras) constitucionais quanto aos bens juridicamente protegidos, no caso, entre o poder diretivo decorrente da livre-iniciativa e os direitos fundamentais decorrentes da dignidade da pessoa humana e do valor social do trabalho, a doutrina propõe a observância dos princípios da unidade da Constituição (interpretação da Constituição como sistema integrado de valores, princípios e regras jurídicas), da concordância prática ou harmonização (compatibilização ou ponderação dos valores para a maximização da observância e minimização das restrições, de modo que não se atribua prevalência absoluta de um sobre outro) e da proporcionalidade (necessidade ou exigibilidade, adequação dos meios e ponderação de interesses segundo o peso ou importância dos princípios no caso concreto) ou razoabilidade.

Utilizadas essas noções, torna-se preciso investigar, levando-se em conta a unidade da Constituição, se o ato patronal, por exemplo, de coibir uma manifestação de trabalhadores; de proibir o uso de certa vestimenta no ambiente de trabalho; ou de repreender o professor quanto à sua conduta em sala de aula, na ponderação dos valores que informam os princípios e regras constitucionais dos bens jurídicos em tensão, foi adequado, necessário e proporcional. Em sentido inverso, se a liberdade de expressão e de manifestação do trabalhador foi abusiva ou exercida nos limites do razoável.

Ora, o trabalhador tem o direito, com base no princípio da livre-iniciativa, de abrir o próprio negócio, mas não tem o de concorrer com o empregador, sem a sua autorização, o que faz pressupor o abuso no exercício dessa liberdade, com fundamento na concorrência desleal.

O trabalhador tem o direito de ter as suas crenças e de aderir às liturgias correspondentes, mas não o de usar colares de umbanda durante o expediente em um colégio católico.

Faz parte da liberdade o direito que tem o trabalhador de se associar ou não a sindicato, comparecer às reuniões, votar e ser votado e manifestar as suas convicções a respeito ou sobre outros assuntos, mas não lhe é permitido fazer discursos e campanhas durante o expediente e realizar atos de policiamento ideológico.

Vê-se, portanto, que os direitos fundamentais não são absolutos ou ilimitados. Os limites ao exercício das liberdades dependem, nas relações de trabalho, do ajuste entre os direitos fundamentais aplicáveis aos trabalhadores, previstos na Constituição e os demais direitos fundamentais, entre eles o poder diretivo, decorrente do princípio da livre-iniciativa.

6. Critérios para o estabelecimento de limites da liberdade de pensamento do trabalhador

Verificamos que os limites à liberdade de pensamento e seus componentes – no caso, as liberdades de consciência, crença, de manifestação do pensamento, de expressão, de comunicação e de informação – dependem do ajuste entre os direitos fundamentais dos trabalhadores, previstos na Constituição e os direitos e liberdades igualmente assegurados pelo ordenamento, entre eles o poder diretivo, decorrente da liberdade de iniciativa, igualmente de natureza fundamental.

Por um lado, o exercício, pelo trabalhador, de seus direitos fundamentais não pode atentar contra a realização da finalidade principal da empresa e nem gerar o descumprimento do contrato de trabalho, estabelecido com base na boa-fé e na lealdade.

Por outro, o poder diretivo, decorrente da livre-iniciativa, não pode ofender a dignidade do trabalhador e o valor social do trabalho.

Do exposto, resulta que as tensões entre direitos fundamentais dos trabalhadores e liberdade de iniciativa devem ser analisadas em concreto. As prestações das partes, inerentes ao contrato e sua funcionalidade, estão sujeitas à interpretação e aplicação do direito, de modo a se obter a concordância prática, resultante da Constituição como unidade. A máxima efetividade dos valores constitucionais ou sua otimização, leva à ponderação dos interesses em questão, na busca da harmonização da ampla liberdade com a mais ampla autonomia negocial. E essa efetividade deve ser obtida por meio do princípio da proporcionalidade, que conjuga, a um só tempo, necessidade, adequação e vedação ao excesso.

No entanto, é possível estabelecer critérios para resolver essa tensão?

Fábio Rodrigues Gomes sustenta que sim e propõe critérios que, aplicados às relações trabalhistas, serviriam para a verificação da legitimidade da conduta patronal diante da tentativa de limitação do direito fundamental. São eles:

a) a identificação do direito fundamental sob restrição (pelo ato patronal);

b) a delimitação da finalidade da limitação do direito fundamental (motivo);

c) a verificação da adequação ou pertinência entre a limitação ao exercício do direito fundamental em análise e a atividade do trabalhador (coerência, em tese, da limitação imposta);

d) a identificação, no caso avaliado, do grau de coerência entre a limitação e a atividade do trabalhador na empresa:

d.1) se forte ou mais intensa, a análise da extensão do ato sob o postulado da proibição do excesso (razoabilidade);

d.2) se fraca ou menos intensa, a ponderação dos bens em confronto, para o estabelecimento de uma relação de preferência, segundo o peso e importância (proporcionalidade). (GOMES, 2005, p. 47-77)

Aplicando os critérios metodológicos acima apresentados, verificamos ser possível estabelecer soluções para as mais diversas hipóteses, a saber:

Caso 1: a diretoria de uma escola católica resolve despedir, por justa causa, um professor de religião ao descobrir que no decorrer do ano letivo, o docente, indagado pelos alunos, externou sua opinião pessoal acerca do divórcio e do aborto, mostrando-se favorável a ambos.

Identifica-se a liberdade de expressão (e de cátedra) como o direito fundamental sob limitação.

Verifica-se que há justificativa para a limitação: evitar que os alunos tomem contato com ideologia diferente da ensinada pela escola, sob o pressuposto de que a escolha da escola com a ideologia por ela ensinada foi, presumidamente, o motivo determinante para que os pais dos alunos, por vontade coletiva, ali os matriculassem.

Há, portanto, coerência entre a limitação para que o professor não divulgue doutrinas ideológicas distintas da ensinada pela escola e a atividade profissional por ele exercida. Essa coerência seria fraca, se se tratasse de um professor de matemática, que não é o profissional encarregado de divulgar a doutrina ideológica, não lhe sendo vedado, quando indagado e sabedor de se tratar de uma instituição de tendência, moderadamente manifestar a sua convicção pessoal. Mas seria forte se partisse de professor de religião, encarregado do ensino da doutrina ideológica da instituição ligada à igreja católica.

Em se tratando de professor de matemática, na ponderação entre a liberdade de expressão e a autonomia privada da escola católica, a conduta patronal, embora adequada à promoção do fim almejado (impedir a divulgação de ideias contrárias às suas no interior do estabelecimento) e necessária (por não existir meio alternativo igualmente eficaz na promoção do fim pretendido), o ato patronal teria se mostrado desproporcional, uma vez que a importância da realização do fim almejado pelo empregador não justificaria o grau de limitação imputado à liberdade constitucional do empregado, que teria exteriorizado ideologia distinta em sala de aula não como objeto de seus ensinamentos, mas puramente de acordo com as suas convicções e crenças pessoais.

Solução distinta se aplicaria ao professor de religião nas mesmas condições. A sua atitude atentaria contra a boa-fé e lealdade inerentes ao contrato, inviabilizando a sua continuidade e levando à despedida por justa causa como resposta proporcional e adequada à conduta.

Caso 2: emissora de TV resolve despedir, por justa causa, uma apresentadora de programa infantil que em meio ao contrato resolve participar de um filme pornográfico.

Aqui também identifica-se a liberdade de expressão como o direito fundamental sob limitação.

Verifica-se que há justificativa para a limitação: evitar que os telespectadores infantis tomem contato com conduta distinta do padrão comum, capaz de influenciar a sua formação moral.

É lícita a participação em filmes pornográficos, como também é lícito apresentar programa infantil de televisão. Mas o exercício das duas atividades pela mesma pessoa é incompatível.

Há, portanto, coerência entre a limitação para que apresentadora tenha conduta privada compatível com a atividade profissional por ela exercida na empresa. E essa coerência é forte.

Com efeito, na ponderação entre a liberdade de expressão e a autonomia privada da concessionária, a conduta patronal de despedir a apresentadora por justa causa revelou-se adequada à promoção do fim almejado e, portanto, proporcional, uma vez que a importância da realização do fim almejado pelo empregador justificou o grau de limitação imputado à liberdade constitucional da empregada.

Sendo forte o grau de coerência, porque os atos relatados da vida privada repercutem no contrato de trabalho, com influência na formação moral dos telespectadores infantis, verifica-se que a resposta patronal foi adequada, necessária e proporcional à conduta.

Caso 3: uma fundação destinada a ajudar imigrantes resolve despedir, por justa causa, um empregado que fora de suas atividades profissionais, preside um partido político francamente hostil à presença de imigrantes no país.

Nesta hipótese, identifica-se a liberdade ideológica como o direito fundamental restringido pelo empregador e como justificativa para a limitação à necessidade de evitar o desacordo ideológico interno a respeito do cerne da atividade desempenhada pela fundação (defesa de imigrantes).

Sendo o empregador uma organização de tendência, há forte relação de coerência entre a restrição do direito fundamental e a atividade profissional exercida pelo empregado. Conclui-se que existe uma limitação imanente e legítima anteposta à liberdade ideológica do empregado, eis que é inerente ao exercício de sua atividade profissional na organização de tendência a compatibilidade ou comunhão com o pensamento político do empregador, sendo lícita a dispensa do trabalhador (GOMES, 2005, p. 63, 66 e 68).

Utilizando essas noções, podemos responder a duas outras indagações inicialmente feitas, ou seja: a) se um professor de uma escola judaica que, por ter resolvido pregar em sala de aula o antissemitismo, pode ser despedido por justa causa; b) se um professor de uma escola pode ser despedido, por justa causa, pela direção por ter descoberto que é autor de um livro erótico.

No primeiro caso, estaríamos diante de hipótese em que a escola tem determinada orientação e os pais dos alunos a escolhem exatamente para que essa tendência oriente a formação dos alunos. É, pois, plenamente cabível a limitação ao direito fundamental de livre expressão, pelo que a conduta do trabalhador, sabedor dessa tendência e do dever implícito de respeito a ela no ambiente de trabalho afronta a orientação patronal, levando assim à licitude da despedida, sendo o afastamento do professor medida coerente, adequada e proporcional à cessação da divulgação de ideias contrárias ao objetivo da instituição.

Já na outra hipótese, não se justificaria que o professor, que não utiliza o livro ou as ideias nele contidas como material de ensino, fosse despedido pelo que escreveu. É incabível a restrição ao direito fundamental de liberdade de expressão, que não tem relação com a atividade profissional do trabalhador e nem repercute em seu trabalho. Para evitar essa interferência, muitos autores preferem escrever certos livros utilizando pseudônimo.

Tem-se, portanto, que a liberdade de pensamento no ambiente de trabalho não é absoluta e ilimitada, devendo se ajustar à lealdade e boa-fé inerentes ao contrato de trabalho, observadas as suas peculiaridades, à finalidade principal da empresa e aos demais direitos fundamentais.

7. Resolução das demais questões inicialmente postas

Pode um trabalhador invocar a liberdade de consciência para justificar ter-se negado a atender um passageiro de uma companhia aérea Argentina, que integrou a ditadura militar?

– Pode, desde que solicite a outro trabalhador que faça o atendimento ou repasse o problema à supervisão, para a resolução da questão. Tal procedimento permitirá harmonizar a liberdade de iniciativa, posto que a venda de passagens permite a realização do objeto social da empresa e o lucro necessário ao pagamento dos salários dos empregados, sem ferir a liberdade de consciência do trabalhador.

Que procedimento deve o empregador adotar diante do interesse do fiel de que o descanso semanal recaia no dia correspondente à crença do trabalhador?

– Desde que o descanso em outro dia da semana não comprometa o normal funcionamento da empresa, como propõe o Código do Trabalho português como regra geral, não há problema.

Pode o empregador convocar os empregados à participação obrigatória em culto ou festa da Natal?

– Evidentemente, não. O Estado brasileiro é laico e essa orientação deve ser estendida às empresas, atentando contra a liberdade religiosa determinação em contrário.

Pode ser despedido por contrariar a orientação religiosa do empregador, um apresentador de horário nobre de um canal de televisão, encarregado de disseminar a doutrina evangélica, que resolve, publicamente, assumir a sua condição de homossexual e passa a viver com um companheiro?

Pelas mesmas razões, pode ser despedido um vigilante da entidade detentora da concessão do canal de televisão ou um jardineiro de uma capela católica, que assumem a condição de homossexual e igualmente passam, cada qual, a viver com um companheiro?

Ora, entre as entidades destinadas à satisfação de interesses extrapatrimoniais, estão as entidades ideológicas ou de tendência, assim entendidas as que pressupõem a adesão a uma determinada ideologia ou concepção de vida, do homem ou do mundo, como ocorre com as dirigidas ao alcance de fins políticos, religiosos, confessionais, de caridade, educativos, artísticos e similares, como as associações antiaborto ou pró-imigração.

As entidades de tendência se caracterizam por estarem dirigidas à difusão ou promoção de certa ideologia que, com base no pluralismo político e social, constituem expressão do exercício de direitos fundamentais. A manifestação da ideologia que caracteriza as entidades de tendência resulta da liberdade de expressão.

Ocorre que o regime de privilégio das entidades de tendência em relação à vinculação de trabalhadores à sua ideologia não se aplica a todos os cargos ou funções.

O empregador somente poderá limitar a liberdade de expressão do trabalhador exercente de função que tenha correspondência direta com os fins da entidade e cuja atuação discrepante da ideologia do empregador não cause, por esse motivo, danos à imagem da entidade ou ao seu normal funcionamento, ou seja, nas hipóteses em que as tarefas se encontram ideologicamente ligadas à missão da entidade de tendência, o trabalhador assume o compromisso de respeitar a orientação ideológica no desempenho de suas funções.

Nas hipóteses apreciadas, quanto à segunda, embora a entidade para o qual trabalha desenvolva atividade com caráter ideológico, o posto é neutro, eis que as tarefas desempenhadas pelos trabalhadores não têm conteúdo ideológico ou representativo do empregador, pelo que, *a priori*, não causam perturbação que justifique a despedida.

Quanto à primeira hipótese, a entidade é de natureza ideológica e o posto é de tendência, por desempenhar o trabalhador tarefa de alto conteúdo ideológico, pelo que a sua conduta, independentemente do mérito ou do respeito que se deve ter quanto à orientação sexual de cada pessoa, contraria e põe em risco a ideologia da instituição.

Pode o jornalista empregado se recusar a veicular notícia capaz de lesar a sua consciência profissional e prejudicar a sua dignidade?

– Sim, com fundamento na cláusula de consciência.

Pode o jornalista empregado postular a rescisão indireta do contrato em caso de mudança radical da linha editorial do empregador, que passa a perseguir escândalos e notícias sensacionalistas?

– Pode. A sua contratação deu-se numa linha editorial correspondente à sua imagem como profissional. A mudança de linha pode comprometer a sua respeitabilidade e consciência.

O empregado tem o direito de receber no trabalho correspondência enviada pela entidade sindical, o de abri-la e de tomar conhecimento do conteúdo durante o expediente?

– Tem, desde que não comprometa o seu desempenho ou atrapalhe as suas obrigações normais. O que não lhe cabe panfletar ou fazer discursos durante o expediente.

O que está o empregador obrigado a informar ao empregado, o que cabe a este espontaneamente informar e o que o empregador não pode exigir que o empregado informe?

– Tudo aquilo que tenha relação com o contrato de trabalho.

8. Conclusões

O exercício da liberdade de pensamento, no ambiente de trabalho, tem por limites o poder diretivo, a boa-fé e lealdade contratuais.

Por sua vez, o exercício da livre-iniciativa, concretizada no poder diretivo tem por limite os direitos fundamentais dos trabalhadores, entre eles a liberdade de pensamento, para a concretização do respeito à dignidade e valor social do trabalho.

Assim, é imprescindível harmonizar, em concreto, as tensões entre esses direitos fundamentais para o estabelecimento dos ajustes que concretizem, a um só tempo, a livre-iniciativa e exercício dos direitos fundamentais dos trabalhadores.

Para possibilitar esse ajuste, critérios científicos podem e devem auxiliar na resolução das tensões, para se evitar o arbítrio.

Por outro lado, os atos patronais devem ter justificativa e as decisões judiciais devem ser fundamentadas, sob pena de nulidade (art. 93, IX, da Constituição), o que leva à busca de critérios que devem ser demonstrados como caminho para a solução das tensões no ambiente de trabalho. E que servirão de paradigma para casos futuros

Na nossa compreensão, os critérios propostos neste artigo, utilizados com base na aplicação conjunta dos princípios da proporcionalidade e da razoabilidade, permitem, com segurança, a avaliação e a resolução das tensões, demonstrando o caminho utilizado para a prevalência ora das exigências da livre-iniciativa, ora dos direitos fundamentais dos trabalhadores.

9. REFERÊNCIAS BIBLIOGRÁFICAS

ALEXY, Robert. *Teoria dos Direitos Fundamentais*. São Paulo: Malheiros, 2008.

ALVES, Ricardo de Paula. Vida Pessoal do Empregado, Liberdade de Expressão e Direitos Fundamentais do Trabalhador – Considerações sobre a experiência do direito francês. São Paulo: Revista de Direito do Trabalho, Ano 27, RT, out-dez. 2001.

ÁVILA, Humberto. *Teoria dos Princípios*. 4. ed., 2. tir. São Paulo: Malheiros, 2005.

APOSTOLIDES, Sara Costa. *Do Dever Pré-Contratual de Informação e da sua Aplicabilidade na Formação do Contrato de Trabalho*. Coimbra: Almedina, 2008.

ASSIS, Rui. *Legislação Laboral*. 1. ed.. Coimbra: Coimbra Editora, 2009.

FAVA, Marcos Neves. Dilema – Liberdade de Expressão e Proteção à Honra e à Intimidade, na Perspectiva da Tutela Internacional dos Direitos Humanos. São Paulo: *Revista LTr* 72, n. 05, maio 2008.

FERNANDES, Maria Malta. *Os Limites à Subordinação Jurídica do Trabalhador – Em Especial ao Dever de Obediência*. Lisboa: Quid Juris, 2008.

FREITAS JUNIOR, Antonio Rodrigues de. *Direito do Trabalho e Direitos Humanos*. São Paulo: BH Ed. e Distribuidora de Livros, 2006.

GOMES, Fábio Rodrigues. A Eficácia dos Direitos Fundamentais na Relação de Emprego: Algumas Propostas Metodológicas para a Incidência das Normas Constitucionais na Esfera Juslaboral. *Revista do Tribunal Superior do Trabalho*. Brasília: v. 71, n. , set./dez. 2005.

MORAES, Maria Celina Bodin de. O Princípio da Dignidade Humana, In: *Princípios do Direito Civil Contemporâneo*. Rio de Janeiro: Renovar, 2006.

ROMITA, Arion Sayão. *Direitos Fundamentais nas Relações de trabalho*. São Paulo: LTr, 2005.

SILVA NETO, Manoel Jorge e. *Direitos Fundamentais e o Contrato de Trabalho*. São Paulo: LTr, 2005.

TRABULO, Márcia; NASCIMENTO, Esmeralda. *O Dever de Informação no Direito do Trabalho – Obrigações Legais do Empregador*. Porto: Fronteira do Caos Editores, 2007.

CAPÍTULO 25
LIBERDADE RELIGIOSA E RELAÇÕES DE TRABALHO. QUESTÕES CONTROVERTIDAS. AS ORGANIZAÇÕES DE TENDÊNCIA E O DEVER DE ACOMODAÇÃO RAZOÁVEL (DUTY OF REASONABLE ACCOMMODATION)

Manoel Jorge e Silva Neto[1102]

1. Importância e atualidade do tema

Temos afirmado que os direitos individuais à intimidade, vida privada, imagem – os reputados direitos da personalidade – estão carecendo de tratamento mais cuidadoso e sistemático pela ciência do direito do trabalho, especialmente porque, nos domínios do vínculo empregatício, caracterizado por intensa subordinação jurídica, são os trabalhadores, na maioria das hipóteses, levados a transigir a respeito de tais direitos, razão suficiente para tornar injuntiva análise mais atenta por parte de todos aqueles que vivenciam os problemas afetos à relação de emprego de modo particular e às relações de trabalho de forma generalizada.

E a problemática da liberdade religiosa não se distancia substancialmente do quadro desenhado, ou seja, conquanto por repetidas vezes se noticie a existência de determinações empresariais vulneradoras da escolha ou mesmo do exercício da liberdade de religião, viceja desconfortável omissão da doutrina no trato de tema tão relevante para o cidadão-trabalhador.

É que, muito embora tenha obtido um posto de trabalho na unidade empresarial, o trabalhador continua com as suas convicções e preferências de ordem político-ideológica e – como não poderia deixar de ser – também as de cunho espiritual.

Desde o período mais remoto da história da civilização, o homem sempre esteve atavicamente atrelado às questões sobrenaturais e ao medo do desconhecido.

A religião, como objeto cultural, surgiu como tentativa de conhecer o inexplicável, de desvendar o que se encontrava encoberto, diminuindo, desta forma, o nível de ansiedade e insegurança do ser humano.

Pretende-se, nesse artigo, trazer algumas considerações em torno da liberdade religiosa tomando por parâmetro os dispositivos constitucionais pertinentes, além de necessária incursão pela importante temática das organizações de tendência.

1.1. A Cláusula Constitucional da Não Discriminação e as Relações de Trabalho

A alteridade é um dado inafastável das relações humanas.

Do grego *alter*, que significa "outro", não se pode, em rigor, imaginar ser humano que não guarde consigo a atávica tendência ao relacionamento com outros seres humanos.

Dizia Aristóteles, na Antiguidade, que o ser humano é naturalmente um animal político. O indivíduo que, deliberada e conscientemente, se segrega ao convívio de outros, ou é um deus ou é um bruto[1103].

Contudo, ainda que delimite a natureza humana em tal medida, o atavismo pertinente ao relacionamento com outros seres humanos provoca, por paradoxal que possa parecer, inúmeros problemas de cunho relacional, dentre os quais pode ser destacado o relativo aos comportamentos ilegitimamente discriminatórios.

2. Discriminação legítima e ilegítima

O art. 3º, IV, da Constituição assinala que constituem objetivos fundamentais da República Federativa do Brasil promover o bem de todos, sem preconceito de origem, raça, sexo, cor, idade e quaisquer formas de discriminação.

Por sua vez, o art. 5º, *caput*, revela que todos são iguais perante a lei, sem distinção de qualquer natureza.

(1102) Subprocurador-Geral do Trabalho (DF). Professor Visitante na Universidade da Flórida – *Levin College of Law* (EUA). Professor Visitante na Universidade François Rabelais (FRA). Membro da Academia Brasileira de Direito do Trabalho (Cadeira n. 64).
(1103) Cf. *A Política*, I. 9.

São, assim, a base constitucional destinada a que se interdite a produção de norma jurídica ou de qualquer outro ato em dissonância da regra isonômica.

No entanto, o problema da adequação dos atos normativos e dos particulares ao princípio da isonomia não se reconduz apenas à constatação de se, com efeito, houve a escolha por um critério distintivo para desequiparar os indivíduos. A rigor, se poderá chegar à hipótese em que, mesmo eleito um discrímen, não haver agravo ao princípio da igualdade. E como tal pode se suceder?

Explica-nos Celso Antônio Bandeira de Mello que "(...) qualquer elemento residente nas coisas, pessoas ou situações, pode ser escolhido pela lei como fator discriminatório, donde se segue que, de regra, não é no traço de diferenciação escolhido que se deve buscar algum desacato ao princípio isonômico (...). (...) as discriminações são recebidas como compatíveis com a cláusula igualitária apenas e tão-somente quando existe um vínculo de correlação lógica entre a peculiaridade diferencial acolhida por residente no objeto, e a desigualdade de tratamento em função dela conferida, desde que tal correlação não seja incompatível com interesses prestigiados na Constituição"[1104].

Por conseguinte, teremos por legítima a discriminação – e, portanto, não ofensiva ao postulado da igualdade – quando o critério distintivo eleito para desequiparar as pessoas se encontre plenamente justificado pela situação fática.

Imagine-se a circunstância em que determinado empregador deva escolher entre dois empregados de sexos diferentes a quem agraciará com promoção para exercício de cargo de diretoria em filial localizada num país que, reconhecida e notoriamente, impõe sérias restrições à presença feminina no mercado de trabalho em razão de postulados religiosos (Arábia Saudita, por exemplo). Optando, como certamente optará, pelo empregado do sexo masculino, poderia se cogitar de desrespeito à isonomia por consumada a escolha com base no critério sexo? É certo que não, fundamentalmente porque a discriminação operada pela empresa está autorizada por uma situação da vida que compele a unidade à escolha do empregado.

O mesmo raciocínio pode e deve ser utilizado para efeito de contratação de trabalhadores para exercerem atividade em filiais no exterior que possuam o singular problema mencionado. É certo que as admissões convergirão integralmente para trabalhadores do sexo masculino, sem que isso proporcione qualquer agravo ao princípio da igualdade, estando legítima, destarte, a desequiparação consumada.

Se, entretanto, por razões ditadas exclusivamente por idiossincrasias do empregador, nega a promoção ou impede a contratação da trabalhadora, a hipótese, sem dúvida, é de discriminação ilegítima, por não fundada em circunstância autorizativa do procedimento desequiparador.

E não se restringem ao fator sexo as ocorrências discriminatórias legítimas e ilegítimas no âmbito da relação contratual de trabalho, já que o critério idade pode ser igualmente colhido, como na hipótese de empresa de moda que contrate apenas trabalhadores até um certo limite de idade para desfile de coleção dirigida ao público jovem. No caso, o discrímen foi legitimado pelo fato de que o evento se voltava a público de menor faixa etária, tornando conveniente (ou mesmo comercialmente necessária) a contratação de modelos em consonância com a faixa dos consumidores que se deseja conquistar.

Outra é a situação, todavia, quando se nega posto de trabalho a candidato que tenha cinquenta anos, apenas por tal condição, apenas pelo fato de o empregador achar o laborista "velho" demais para ser integrado à empresa, e fechando os olhos aos grandes benefícios que um empregado mais experiente pode lhe trazer. A discriminação, aqui, é absolutamente ilegítima pelo que encerra de preconceito e de completa ausência de fato que consinta o empresário a desequiparar com base no critério idade.

São, enfim, inúmeras as hipóteses que autorizam e reprovam a discriminação no emprego; o que nos parece decisivo para iniciar as nossas divagações acerca do tema é reconhecer a insuficiência da regra genérica do art. 5º, *caput*, da Constituição para solucionar as graves incertezas que rondam o assunto e, além disso, saber que a discriminação estará legitimada quando houver correlação lógica entre o fator de desequiparação e a situação da vida de que se trata.

Todavia, as referências iniciais dos subsídios teóricos relativos ao princípio da igualdade se nos apresentam indispensáveis para bem compreender o real problema da discriminação no emprego com base no critério da escolha religiosa do trabalhador, cujas hipóteses mais habituais passaremos doravante a enunciar.

A discriminação ilegítima se perfaz habitualmente no mero e simples preconceito.

Embora seja situação verdadeiramente surreal, informa-se que realmente aconteceu numa das Varas do Trabalho de Salvador, na Bahia.

O reclamante chegou ao balcão da Vara do Trabalho que separa o recinto judiciário do atendimento às partes e perguntou ao servidor a quantas andava o processo movido contra determinada empresa.

– "O juiz *despachou* e estamos aguardando o advogado se *manifestar*", respondeu o funcionário da Vara.

Ao que retrucou a parte:

– "Não gosto dessas coisas! Se eu soubesse que o advogado era metido com *macumba*, não tinha contratado ele!"

[1104] Cf. *Conteúdo Jurídico do Princípio da Igualdade*, p. 17.

Como se vê, trata-se (ainda que remotamente factível a situação) de circunstância reveladora de preconceito dirigido contra os segmentos religiosos afro-brasileiros, comportamento que deve ser reprovado e combatido tendo em vista os nefastos efeitos resultantes da intolerância religiosa ao longo da história da civilização.

3. Os empregadores de tendência religiosa

Diante das inúmeras ocorrências que afetam o mundo do trabalho em razão do fenômeno religioso, desenganadamente não se poderá esquecer do problema relativo aos denominados *empregadores de tendência*.

Aloisio Cristovam dos Santos Júnior esclarece acerca da necessidade de exame de três espécies de organizações: as organizações religiosas em sentido estrito, as organizações confessionais e as organizações empresariais que, conquanto não religiosas ou confessionais, integram às suas finalidades a ideologia religiosa[1105].

As organizações religiosas em sentido estrito se identificam ao grupo, comunidade ou instituição religiosa propriamente dita. São entidades que se dedicam ao exercício de atividade tipicamente religiosa[1106].

Outrossim, igrejas costumam criar e manter sob seu controle organizações vocacionadas à prestação de serviços na área de educação, saúde e assistência social, sendo que, para tal finalidade, organizam empresas comerciais cujo objetivo é dar suporte ou facilitar o cumprimento da missão institucional religiosa. São as *entidades confessionais*[1107].

Finalmente, há ainda as *organizações que agregam a finalidade ideológico-religiosa* à sua atividade econômica.

São entidades que, embora não se vinculem às organizações religiosas e exercitem atividade lucrativa, adotam política institucional conformada por certos valores éticos de compostura religiosa[1108].

4. A proteção à liberdade religiosa no âmbito das relações de trabalho

Para que se tenha uma ideia do que nos propomos em termos de busca de maior compreensão da liberdade religiosa dos trabalhadores, concretizando-a, colocamos os seguintes questionamentos: I) É possível, sob o manto da liberdade de crença, admitir que empregados façam proselitismo de determinado segmento religioso no âmbito interno da empresa? II) É facultado ao empregador convocar os seus trabalhadores para participarem de culto vinculado à certa religião, como habitualmente ocorre em datas especiais (inauguração de novas instalações da empresa ou de filiais, festas de final de ano, etc.)? III) Pode o empregador, nos domínios físicos da unidade empresarial, construir templo representativo de segmento religioso? IV) Podem as organizações religiosas de tendência contratar exclusivamente empregados que professem a fé por elas abraçada? V) O empregado Adventista do Sétimo Dia tem direito a guardar os dias de sábado para o culto? VI) O desconto a título de dízimo ofende o princípio da intangibilidade salarial? VII) Existe vínculo de emprego entre o religioso e a entidade à qual está vinculado?

As questões trazidas, necessariamente, reconduzem a exame da temática dentro de um contexto de ordem supra-individual, visto que, conquanto integrado ao plexo de garantias individuais do art. 5º a liberdade religiosa, em substância, é um fenômeno comunitário; as pessoas vivem-no em conjunto, prestam culto em conjunto e sentem mesmo que a religião implica uma relação de umas com as outras[1109].

4.1. É possível, sob o manto da liberdade de crença, admitir que empregados façam proselitismo de determinado segmento religioso no âmbito interno da empresa?

Quanto ao primeiro quesito, que versa sobre a possibilidade de empregados persuadirem colegas de trabalho ao ingresso em segmento religioso, fazendo-o dentro da empresa e durante o horário de trabalho ou no intervalo intrajornada, é certo que a liberdade de crença outorga ao indivíduo a garantia de crer ou não crer em coisa alguma, além de lhe permitir divulgar a sua crença ou descrença.

Léon Duguit adverte, todavia, que o crente tem a certeza inabalável de que está em possessão da verdade e, ao fazer proselitismo, muito provável que se tornará intolerante, já que a escolha religiosa e a tolerância são duas realidades que se excluem mutuamente[1110].

Conta-se que aconteceu numa empresa, novamente na Bahia.

A empregada fora dispensada por justa causa em virtude de insistentemente tentar converter os colegas de trabalho para o seu segmento religioso, visto que chegou mesmo a acompanhar um deles até o banheiro ...

(1105) Cf. *Liberdade Religiosa e Contrato de Trabalho* – A dogmática dos direitos fundamentais e a construção de respostas constitucionalmente adequadas aos conflitos religiosos no ambiente de trabalho, p. 69.
(1106) *Idem*, p. 69.
(1107) Cf. Aloisio Cristovam dos Santos Junior, *op. cit.*, p. 76.
(1108) *Idem*, p. 78.
(1109) Cf. Jorge Miranda, Manual..., cit., p. 359.
(1110) Cf. Léon Duguit, Traité..., cit., p. 453. O texto original dá a exata ideia do entendimento do autor sobre a opção religiosa e tolerância: *"C'est que la liberté religieuse n'est pas seulement la liberté d'opinion, elle est encore autre chose; et, en tant qu'elle est liberté d'opinion, elle apparaîte dans des conditions particulières tenant au caractère propre des croyances religieuses. Le croyant a la certitude qu'il est en possession de la vérlté. Par conséquent, il fera forcément du prosélytisme et sera facilement*

Discordando da motivação para a dispensa, a trabalhadora ingressou com reclamação trabalhista postulando o pagamento das parcelas rescisórias que entendia lhe serem devidas.

No dia da audiência inaugural, a juíza do trabalho deu-se por impedida e determinou a remessa dos autos a outro magistrado, porque a trabalhadora tentou convertê-la em mesa de audiência ...

É exatamente em razão de situações desta natureza e com lastro na característica intolerância conformadora da liberdade de crença que não admitimos o exercício da garantia no ambiente de trabalho.

A empresa é o local para onde se dirigem os trabalhadores com o propósito de realização profissional e material, mas é indiscutível se tratar de comunidade altamente heterogênea, mais ainda quando formada por diversas categorias profissionais.

A heterogeneidade latente no corpo de trabalhadores abre seríssimo precedente se se possibilitar a empregado faça proselitismo de sua uma religião dentro da empresa, já que muitos colegas podem eventualmente já ter feito a opção – ou mesmo não ter consumado escolha qualquer, o que é garantido pela Constituição, como vimos –, criando-se, assim, constrangimentos com imprevisíveis consequências, quer em virtude de a defesa de concepção religiosa perante quem já abraçou outro segmento significar grave ofensa à liberdade de crença, quer porque o trabalhador agnóstico pode não aceitar de modo passivo a investida do crente.

Não obstante possa se tratar de problema ocasionado por um único empregado, o fato é que a situação leva à ofensa de interesses transindividuais dos trabalhadores, no caso a liberdade de crença e também o meio ambiente do trabalho, pois as atitudes voltadas à obtenção de adeptos e conversão de agnósticos causam profundo mal-estar, mais ainda quando provêm de superior hierárquico.

Sendo assim, uma vez ocorrida a circunstância, abre-se ao empregador a faculdade de extinguir por justa causa a relação contratual de todos os que se utilizam de tal prática, em face da incontinência de conduta (art. 482, *b*, CLT).

Além disso, poderá também o sindicato profissional ou o Ministério Público conduzir a questão ao Poder Judiciário, pleiteando a adequação da(s) conduta(s) do(s) empregado(s) que incorre(m) no equívoco diante da transgressão a interesse individual indisponível dos trabalhadores.

Evidentemente que o proselitismo religioso assume outros contornos quando se está diante da prestação de trabalho a organizações de tendência.

Com efeito, pode até ser obrigatório o referido proselitismo em se tratando de empregado contratado por organização de tendência, visto que a finalidade institucional invariavelmente está presa à disseminação de determinada fé religiosa, fazendo com que o empregador possa, de modo legítimo, impor ao laborista a obrigação de divulgar a fé ou até mesmo converter adeptos ao segmento religioso da entidade, em casos nos quais se observe a vinculação do trabalhador à atividade-fim da empresa de tendência.

Contrario sensu, trabalhadores não envolvidos direta e pessoalmente com o propósito confessional (faxineiros, seguranças, etc.) não podem ser obrigados ao proselitismo religioso.

A esse tema (atividade-fim, atividade-meio e organização de tendência) retornaremos no subitem 3.4.

4.2. É facultado ao empregador convocar os seus trabalhadores para participarem de culto vinculado à certa religião, como habitualmente ocorre em datas especiais (inauguração de novas instalações da empresa ou de filiais, festas de final de ano etc.)?

Outra questão interessantíssima e que comumente ocorre no trato das relações entre empregado e empregador se refere aos eventos organizados na empresa quando, não raro, são convocados os trabalhadores para participar de culto de um dado segmento religioso.

Inaugurações de filiais e festas de final de ano muitas vezes se convertem em velada ofensa à liberdade religiosa dos trabalhadores, quando o empresário escolhe a celebração de culto de sua preferência.

Ora, da mesma forma do Estado, a empresa está obrigada a assumir postura imparcial quanto aos segmentos religiosos; a empresa, enfim, não tem religião. O proprietário pode ter; os trabalhadores também, mas a empresa, enquanto coletividade destinada à satisfação material e profissional de todos a ela vinculados, está proibida de abraçar uma dada seita religiosa, exceção feita às organizações religiosas e às suas respectivas entidades de tendência.

Desta forma, defendemos o *modelo de neutralidade*, segundo o qual, à semelhança do que sucede com o estado laico, a empresa não deve ter qualquer preferência ou inclinação religiosa, incumbindo-se-lhe apenas assegurar o afastamento da expressão religiosa do espaço empresarial[1111].

---

intolérant. Je ne dis pas que teus les croyants sont intolérants, mais je dis qu'ils lo sen naturellement. Pour erre tolérant, lo croyant est obligé de faire un effot sur lui-même, de se falre véritablement violence. On a dit que la tolérance était la charité de l'esprit. Cela n'est vrai que pour le croyant que ne sera tolérant que par devoir de charité. La foi religieuse et la tolérance son deus choses qui s'excluent raticnnellement et naturellement. La religion fait los apôtres et les martyrs; mais alia fait aussi lee inquisiteurs et les tortionnaires. La même religion a fait Vicent de Paul et Torquemada."

(1111) Cf. Aloisio Cristovam dos Santos Junior, *Liberdade Religiosa e Contrato de Trabalho* – A dogmática dos direitos fundamentais e a construção de respostas constitucionalmente adequadas aos conflitos religiosos no ambiente de trabalho, p. 64. O Autor informa ainda a existência de mais dois modelos: o da *tolerância* e o *multicultural*. "(...) O *modelo da tolerância* parte da pressuposição de que não se deve negar à empresa a possibilidade de assumir uma cosmovisão religiosa.

Por isso que o "convite" endereçado aos trabalhadores a fim de que participem de culto por ocasião do Natal é flagrante desrespeito à liberdade de religião. A propósito, a inexistência de atividade empresarial durante feriados religiosos – como o Natal – não contradiz a afirmação feita no parágrafo anterior, à vista do fato de que a lei proíbe a abertura do estabelecimento em tais dias.

Um fato interessante que não deve escapar à nossa apreciação com referência a trabalho executado em dias religiosos concerne à seguinte pergunta: pode o empregado eximir-se quanto à sua presença na empresa em data tida por inadequada por sua facção religiosa, mesmo não sendo feriado reconhecido por lei?

Em rigor, nada impede que ele, mediante comunicação prévia ao empresário, informe-o a respeito da impossibilidade de comparecimento naquele dia, desde que compense a ausência em data a ser estipulada.

Se o empregador não atende ao pleito formulado, aberta está a via para requerer judicialmente a rescisão indireta do contrato de trabalho (art. 483, *b*, CLT), além de outras providências que possam e devam ser adotadas com o fim de salvaguardar a garantia fundamental dos trabalhadores à liberdade religiosa.

Outrossim, um dos caracteres mais marcantes para a configuração do vínculo empregatício é a subordinação jurídica. Poderia ser dito que tal elemento caracterizador da relação de emprego determina o obedecimento irrestrito do empregado às diretrizes traçadas pelo empregador para o desenvolvimento da prestação de trabalho, e nada mais. Seria assim? Parece-nos que a subordinação expande o seu raio de ação para fazer com que o trabalhador se insira de tal forma à realidade empresarial que até mesmo a escolha por uma religião seja consumada pelo empregador, de modo ostensivo ou subliminarmente.

E o empregado se integra, hoje, tão intensamente à vida da empresa que passa a ser conhecido como o João da firma tal, chegando ao cúmulo de o seu crachá valer muito mais do que a própria carteira de identidade quando se dirige ao comércio para aquisição de bens por meio do crediário.

Maria Aparecida Rhein Schirato, em entrevista concedida à Revista "VEJA" sob o título "Empresa não é mãe", adverte para as sequelas irreversíveis que podem comprometer, por definitivo, a identidade do cidadão-trabalhador. Para ela, a empresa como grande mãe gera filhos dependentes, trabalhadores inseguros e sem vida pessoal, quando, inclusive, foi constatado que vários empregados nunca haviam controlado a sua própria conta bancária porque o salário era depositado a cada 15 dias. Ademais, boa parte das contas pagas em débito automático e, com diversos benefícios administrados pela empresa, o empregado vai-se distanciando da vida. E o maior perigo deste distanciamento é ele ser confundido com a empresa; é ele começar a acreditar que é tudo aquilo que os inúmeros adereços empresariais e benefícios corporativos lhe proporcionam: passar na frente da fila do *check-in*, ter preferência para ocupar mesa em restaurante, o cheque especial. Ele passa a se movimentar como instituição, como organização. O trabalhador não tem mais posse de si mesmo, não sabe mais quanto ele custa, quanto vale, e até não sabe a respeito do que pode oferecer ao mercado[1112].

Em um quadro delineador de tamanha alienação, está aberto o espaço para que se perpetre contra os empregados toda gama de sortilégios, dentre os quais os direcionados à supressão de sua liberdade religiosa.

O empregador não pode "convidar" empregados para a participação em cultos de segmento religioso, ainda que seja um simples "convite", especialmente porque, no âmbito das relações de trabalho, a expressa recusa ou ausência ao evento por parte do trabalhador poderá soar não como um ato representativo da sua liberdade religiosa, mas sim como demonstração explícita de rebeldia.

Por conseguinte, à exceção dos cultos ecumênicos, que funcionam como elemento integrativo das confissões religiosas, qualquer outra celebração na empresa está vedada pelo sistema constitucional, competindo precipuamente ao Ministério Público do Trabalho, por conta da sua vocação institucional, atuar no sentido de impedir a realização dos eventos, instando, para isso, o Judiciário Trabalhista para a proteção do interesse transindividual[1113].

4.3. Pode o empregador, nos domínios físicos da unidade empresarial, construir templo representativo de segmento religioso?

De uma certa forma, ao definirmos que a empresa não pode ter religião (exceto as organizações religiosas propriamente ditas e os empregadores de tendência), já acenamos para a proibição quanto a ser construído na unidade empresarial um templo representativo de confissão religiosa, pois a edificação seria paradigmática do envolvimento da pessoa jurídica com certa seita.

Não relutamos em concluir que, diante da ocorrência, torna-se imperiosa a conversão do templo em espaço ecumênico, cuja resistência do empregador não leva a outro resultado que

---

Não haveria, assim, qualquer problema na afirmação de valores ético-religiosos por parte das organizações religiosas, que, contudo, devem externá-los de forma transparente, comunicando claramente a sua intenção aos empregados e àqueles que aspiram a um posto de trabalho na organização. (...) O *modelo multicultural* privilegia o pluralismo externo. Deve ser permitido que as empresas assumam livremente suas cosmovisões, religiosas ou não, assegurando-se-lhes igualdade de tratamento no mundo socioeconômico e o respeito pelos valores éticos das subculturas religiosas que representa" – grifos não constam do original (*op. cit.*, p. 64/67).

[1112] Fonte: Revista "VEJA", 14.04.99, p. 11-13.
[1113] Interesse *transindividual* é todo aquele que ultrapassa a órbita de um sujeito de direito. Podem ser classificados de acordo com a terminologia utilizada pelo art. 81, parágrafo único, I/III, do Código de Defesa do Consumidor: *interesses difusos, coletivos* e *individuais homogêneos*.

o seu fechamento ou mesmo demolição, por mais radicais que possam transparecer as soluções aqui trazidas, que perseguem, todavia, a proteção à liberdade religiosa dos trabalhadores.

4.4. Podem as organizações religiosas contratar exclusivamente empregados que professem a fé por elas abraçada?

As entidades religiosas, com o escopo de atingimento dos seus propósitos institucionais, necessitam contratar trabalhadores. E, nesse momento, é necessário investigar acerca da possibilidade de o empregador restringir o universo dos eventuais contratados àqueles que professam a fé religiosa abraçada pela organização.

Reside, no caso, colisão entre o direito individual à liberdade religiosa do empregado e o direito de propriedade ou mesmo o direito à liberdade de religião da própria entidade responsável pela contratação.

É o que pode ocorrer com os professores de entidades confessionais ligadas ao ensino, que são espécie de organização de tendência.

A liberdade de ensinar não alcança o elevado grau de permitir ao docente a reprovação, em sala de aula, dos princípios religiosos do estabelecimento, substituindo-os pelos próprios, porque isso reconduziria à insólita situação mediante a qual o direito fundamental à liberdade de religião do laborista receberia, na balança da ponderação, peso muito maior do que idêntico direito que a entidade de tendência institucionalmente busca realizar. Haveria, assim, uma colisão entre o direito *individual* à liberdade religiosa do empregado e o direito *institucional* à liberdade religiosa da organização.

E, aqui, não se trata de conceber a infundada ideia de que o direito individual do docente valeria menos que o da pessoa jurídica para a qual ele presta o trabalho.

A questão não é essa.

A principal questão que se põe nessa circunstância é a referente ao *dever de acomodação razoável*.

Cuida examinar: o empregador de tendência tem o dever de acomodar as ideias religiosas antagônicas ou mesmo ateístas de professor contratualmente vinculado ao estabelecimento?

– Evidentemente que não.

A entidade confessional colima determinados objetivos, que são lícitos e protegidos pelo sistema do direito positivo constitucional, que identicamente protege o direito à liberdade religiosa do professor e também a liberdade de expressão, que por vezes poderá igualmente ingressar na rota de colisão com os propósitos das organizações de tendência.

Se a ideia de acomodação razoável se dirige a celebrar o princípio da proporcionalidade no recinto de relações de trabalho, dentre outras, buscando a ponderação dos direitos fundamentais em colisão por meio da aplicação do raciocínio de que a empresa está obrigada a acolher a crença ou a descrença do empregado, desde que seja razoável, não parece adequado concluir que organização de tendência que foi criada com o objetivo de sedimentar específicos preceitos religiosos esteja juridicamente obrigada a tolerar, nos seus quadros, docentes que se contrapõem à diretiva de ensino do estabelecimento mediante a disseminação de dogmas religiosos contrapostos.

Se como dito linhas atrás, a liberdade de ensinar não alcança o elevado grau de permitir ao docente a reprovação, em sala de aula, de princípios religiosos do estabelecimento confessional, logicamente disso decorre que o âmbito material de proteção ao direito individual à liberdade religiosa do professor crente ou mesmo o direito a expressar seu agnosticismo em sala de aula se encontra circunstancial e consistentemente mais restringido.

Como o exercício de todo direito fundamental está submetido a restrições, a carga de restrição dependerá do âmbito material de exercício do direito. Não é o direito em si que é restringível, mas o seu exercício[1114].

Logo, o exercício do direito individual à liberdade religiosa pelo professor que integra segmento religioso diverso daquele que conforma os princípios do estabelecimento confessional será objeto de óbvia restrição diante das circunstâncias fáticas que circundam o indigitado exercício.

Se, ao invés, o exercício do direito se opera em situação mediante a qual se depara com franca afinidade entre os princípios religiosos do trabalhador e as diretrizes confessionais da entidade contratante, observar-se-á evidente alargamento no exercício do direito, que, inclusive, poderá até mesmo ser estimulado pelo empregador diante dos propósitos de adesão às convicções religiosas cujo papel do docente é simplesmente fundamental nesse contexto.

E, no particular, qualquer docente, e não apenas do professor de religião.

Com perdão ao trocadilho, professor não apenas *informa*, mas sobretudo *forma*.

Sendo assim, diante do atavismo docente quanto à sistemática formação do educando, pouco importa qual seja a disciplina que ministrará no estabelecimento: português, ciências, matemática, desenho, língua estrangeira, história ou geografia. Decisivo para concluir acerca da legítima restrição a ser oposta pelo empregador quanto à contratação de docentes é reconhecer que professores sempre *formam* alunos, e que a liberdade de religião conferida de modo absoluto ao profissional de ensino produziria o deletério efeito de tornar pó a iniciativa empresarial para o fim de alcançar os objetivos confessionais.

(1114) Cf. Virgílio Afonso da Silva, *Direitos Fundamentais* – Conceito. Restrições. Eficácia, São Paulo: Malheiros Editores, 2009.

Contudo, vale, aqui, uma advertência: essa legitimidade alcança apenas os professores e educadores de um modo geral que mantêm contato direto e pessoal com os educandos. Não é razoável compreender que outros tantos profissionais que realizam *atividade-meio* igualmente devam ser retirados do conjunto dos crentes que professam a mesma religião incorporada aos fins institucionais da entidade. Portanto, faxineiros, seguranças e outros profissionais que não se ligam à *atividade-fim* da escola confessional estão fora da exigência que alcança os docentes e qualquer limitação no ato de contratar seguramente configura discriminação ilegítima.

E mais: embora o contrato de trabalho tenha a natureza de contrato de adesão e *intuitu personae* relativamente ao empregado[1115], é evidente que, no caso de professores, há número expressivo de estabelecimentos que não são confessionais, abrindo-se, portanto, o espaço para o exercício da liberdade de convicção do docente, inclusive para divulgar o seu agnosticismo ou ateísmo em sala de aula, visto que a restringibilidade quanto ao exercício do direito é bem menor.

Em síntese e apresentando um esboço de tese para o tema, pode-se dizer que a legitimidade para exigir exclusivamente profissionais vinculados ao segmento religioso patrocinador da pessoa jurídica confessional se atém apenas àqueles que integram a *atividade-fim* da entidade confessional. Todos os demais que se inserem no âmbito da *atividade-meio* devem ser contratados sem as exigências e formalidades antes previstas.

4.5. O empregado Adventista do Sétimo Dia tem o direito de guardar os dias de sábado para o culto?

Como todas as questões pertinentes ao exercício da liberdade de religião, o problema relativo ao empregado adepto da religião Adventista do Sétimo Dia não é de fácil resolução.

Destaque, uma vez mais, para a técnica de ponderação de interesses.

Induvidosamente, não há outro procedimento interpretativo mais adequado para resolver o impasse senão a técnica de ponderação de interesses, mediante a qual não se sacrificará jamais um interesse constitucionalmente tutelado em proveito exclusivo daquele que se lhe contrapõe.

Com isso, vejamos as particularidades do problema.

Sabe-se que Adventistas do Sétimo Dia guardam o período compreendido entre as 18:00h da sexta-feira até as 18:00h do sábado para a devoção religiosa e liturgia.

Sucede que muitas empresas têm atividade normal durante tais dias, o que acontece com frequência naquelas submetidas a turnos ininterruptos de revezamento, bem assim bares, restaurantes e lojas localizadas em *shopping centers*.

Como compatibilizar o exercício da liberdade religiosa pelo trabalhador com o poder diretivo do empregador, que é apanágio da propriedade privada da empresa?

Repita-se que evidentemente não haverá espaço para a utilização das técnicas tradicionais de interpretação urdidas no altiplano do pensamento privatístico-civilista.

Ponderando-se os direitos em colisão, compreendemos que não poderá ser prestigiado de modo absoluto o direito individual à liberdade religiosa do trabalhador; entrementes, também não é o caso de assegurar-se exercício sem peias do poder diretivo empresário, pena de se desconsiderar a função social da empresa – postulado caríssimo ao direito constitucional brasileiro.

Por via de consequência, temos que, à luz do princípio da cedência recíproca, cada *norma-princípio* deve ceder em parte para tornar viável a indispensável harmonização do sistema constitucional.

Como conseguir isso?

Obtém-se por meio do raciocínio tópico-problemático, fazendo com que seja admitido o exercício do direito individual à liberdade religiosa do trabalhador adventista mediante a compensação de jornada, aumentando-se a duração diária do trabalho em duas horas, por exemplo, permitindo-se-lhe, assim, que se ausente do estabelecimento no período compreendido entre as 18:00h da sexta-feira e as 18:00h do sábado.

Contudo, pode haver resistência empresarial à concessão de folga relativa ao período da sexta ao sábado.

No caso de isso vir a ocorrer, o intérprete deve examinar se as condições empresariais efetivamente impedem a compensação solicitada pelo trabalhador, como nas hipóteses das atividades empresariais indicadas exemplificativamente linhas atrás.

Se, todavia, é perfeitamente possível a compensação, mas o empregador a recusa, parece-nos que a circunstância abre a possibilidade de duas soluções de cunho judicial: i) o empregado ingressa com ação trabalhista contra o empregador, argumentando a existência de rescisão indireta do contrato de trabalho, fundamentando-a no tratamento com rigor excessivo, ditado no art. 483, alínea *c*, da Consolidação das Leis do Trabalho; e ii) o empregado formula denúncia ao Ministério Público do Trabalho (que poderá ser *anônima*), com o que o órgão deverá iniciar investigação e, na hipótese de o empregador não subscrever termo de ajustamento de conduta, deverá o *Parquet* ingressar com ação civil pública, com pedido específico de tutela de urgência e/ou preceito cominatório, a fim de impedir o empresário de prosseguir com o comportamento francamente ofensivo à cláusula constitucional da não discriminação e ao direito individual à liberdade de religião do laborista.

(1115) Ou seja, somente o trabalhador contratado é que poderá prestar o trabalho, formando-se distinto vínculo entre o empregador e quem quer que venha a se inserir no estabelecimento no lugar do empregado contratado, salvo substituições esporádicas, tais como férias, licenças médicas etc.

4.6. O desconto a título de dízimo ofende o princípio da intangibilidade salarial?

O princípio da intangibilidade salarial tem residência constitucional: "Art. 7º – São direitos dos trabalhadores urbanos e rurais, além de outros que visem à melhoria de sua condição social: I – (...); VI – irredutibilidade do salário, salvo o disposto em convenção ou acordo coletivo."

Neste momento, pretende-se saber se a efetivação de descontos a título de dízimo em razão da vinculação do trabalhador a dado segmento religioso ofende o antedito princípio da intangibilidade salarial.

E a primeira observação se refere à natureza do desconto, ou seja, se detém ou não compostura trabalhista.

Nessa linha de compreensão, não é correto concluir que haja qualquer tipo de relação entre o desconto efetivado e o contrato de trabalho.

Não obstante, a discussão, no caso, concerne à (i) legitimidade do desconto consumado pelo empregador depois da anuência expressa do empregado formalizada no âmbito da organização religiosa à qual pertence.

Observe-se o disposto no art. 462, *caput*, da Consolidação das Leis do Trabalho: "Ao empregador é vedado efetuar qualquer desconto nos salários do empregado, salvo quando este resultar de *adiantamentos*, de *dispositivos de lei* ou de *contrato coletivo*."

Quatro são as exceções firmadas pela CLT ao princípio da intangibilidade salarial: i) adiantamentos feitos ao empregado pelo empregador; ii) expressa previsão legal para o desconto; iii) acordo ou convenção coletiva de trabalho; e iv) indenização por dano causado ao empregador.

Fora das previsões taxativamente apontadas pelo texto consolidado, não há como se concluir pela licitude do desconto.

José Augusto Rodrigues Pinto e Rodolfo Pamplona Filho esclarecem que "o desconto salarial é submetido a rígido controle legal. Tal controle restringe fortemente sua margem de licitude, de modo a só torná-lo aceito com respaldo em *autorização legal ou normativa, cláusula contratual conforme a lei ou indenização de dano causado ao empregador na execução do contrato*".[1116]

Assim, desconto de dizimista não encontra amparo legal e o empregador que o efetiva está obrigado à respectiva devolução.

Reconhecemos, no entanto, que há precedente jurisprudencial que caminha no sentido contrário ao entendimento aqui esposado[1117].

4.7. Existe vínculo de emprego entre o religioso e a entidade à qual está vinculado?

A questão, no momento, é desvendar se pastor evangélico, por exemplo, pode manter vínculo de emprego com a respectiva organização religiosa.

Embora os religiosos assumam obrigações para com as entidades às quais se relacionam, não nos parece que, diante do regular exercício da atividade pela instituição, possa subsistir liame empregatício.

É que, em casos tais, o liame que prende o pastor à Igreja Evangélica é fundamentalmente de ordem vocacional; não houve deliberada ou implícita vontade das partes dirigida à celebração de contrato de trabalho; ou mesmo à luz do princípio da primazia da realidade não se poderá concluir em tal direção, visto que a causa determinante do relacionamento entre o religioso e a organização está assentada na propagação da fé.

Todavia, é evidente que o desvirtuamento do propósito religioso, transformando a igreja em instrumento destinado à apropriação de riqueza, determinará a existência do vínculo de emprego.

Assim é o pronunciamento dos tribunais trabalhistas[1118], embora haja decisão que reconheça o vínculo de emprego tendo em vista os lucros obtidos por algumas igrejas neopentecostais[1119].

(1116) Cf. Repertório de Conceitos Trabalhistas, p. 170.
(1117) "SALÁRIO – DESCONTO – DÍZIMO – O dízimo é prática religiosa que nenhuma vinculação guarda com o contrato de trabalho, sendo lícito, no entanto, o seu desconto pela Igreja Adventista do Sétimo Dia, empregador, do salário do reclamante, que autorizou expressamente o mesmo, inexistindo nos autos qualquer prova de que tal autorização fora feita sob coação" (TRT 7ª R. – RO 02443/99 – Ac. n. 4798/99 – Rel. Juiz Manoel Arízio Eduardo de Castro – J. 21.07.1999).
(1118) "AGRAVO DE INSTRUMENTO – PASTOR EVANGÉLICO – RELAÇÃO DE EMPREGO – NÃO-CONFIGURAÇÃO – REEXAME DE PROVA VEDADO PELA SÚMULA N. 126 DO TST – O vínculo que une o pastor à sua igreja é de natureza religiosa e vocacional, relacionado à resposta a uma chamada interior e não ao intuito de percepção de remuneração terrena. A subordinação existente é de índole eclesiástica, e não empregatícia, e a retribuição percebida diz respeito exclusivamente ao necessário para a manutenção do religioso. Apenas no caso de desvirtuamento da própria instituição religiosa, buscando lucrar com a palavra de Deus, é que se poderia enquadrar a igreja evangélica como empresa e o pastor como empregado. No entanto, somente mediante o reexame da prova poder-se-ia concluir nesse sentido, o que não se admite em recurso de revista, a teor da Súmula n. 126 do TST, pois as premissas fáticas assentadas pelo TRT foram de que o Reclamante ingressou na Reclamada apenas visando a ganhar almas para Deus e não se discutiu a natureza espiritual ou mercantil da Reclamada. Agravo desprovido." (TST – AIRR 3652 – 4ª T. – Rel. Min. Ives Gandra Martins Filho – DJU 09.05.2003).
"PASTOR DE IGREJA EVANGÉLICA – MISSÃO EVANGELIZADORA – AUSÊNCIA DE LIAME EMPREGATÍCIO – Diante da natureza missionária e evangelizadora não há como se reconhecer relação de trabalho subordinado entre pastores e sua igreja, pois padre e pastor não são empregados da igreja e sim a voz da própria igreja que chega ao povo." (TRT 20ª R. – RO 01172-2002-920-20-00-0 – (1729/02) – Proc. 01.03-1547/01 – Red. Juiz Carlos Alberto Pedreira Cardoso – J. 27.08.2002.)
(1119) "RELAÇÃO DE EMPREGO – PASTOR EVANGÉLICO – Na atualidade, em que a expansão da religiosidade não se limita a um fim exclusivo, a função do pastor supera essa fronteira natural, pela necessidade de verdadeiro espírito empreendedor, dentro de uma organização empresarial moderna em que as igrejas pentecostais transformam-se, com exigência constante de lucro e produtividade dos pastores que ajudam a construir verdadeiros impérios, circunstância que

5. Conclusões

Do quanto se expôs, finalmente é possível alcançar as seguintes conclusões:

- será legítima a discriminação – e, portanto, não ofensiva ao postulado da igualdade – quando o critério distintivo eleito para desequiparar as pessoas se encontre plenamente justificado pela situação fática;

- são três as espécies de organizações: as organizações religiosas em sentido estrito, as organizações confessionais e as organizações empresariais que, conquanto não religiosas ou confessionais, integram às suas finalidades a ideologia religiosa;

- a empresa é o local para onde se dirigem os trabalhadores com o propósito de realização profissional e material, mas é indiscutível se tratar de comunidade altamente heterogênea, mais ainda quando formada por diversas categorias profissionais, razão por que não cabe o proselitismo religioso no ambiente do trabalho;

- o proselitismo religioso assume outros contornos quando se está diante da prestação de trabalho a organizações de tendência, porquanto poderá até ser obrigatório o referido proselitismo em se tratando de empregado contratado por tal organização, visto que a finalidade institucional invariavelmente está presa à disseminação de determinada fé religiosa, fazendo com que o empregador possa, de modo legítimo, impor ao laborista a obrigação de divulgar a fé ou até mesmo converter adeptos ao segmento religioso da entidade, em casos nos quais se observe a vinculação do trabalhador à atividade-fim da empresa de tendência;

- *contrario sensu*, trabalhadores não envolvidos direta e pessoalmente com o propósito confessional (faxineiros, seguranças, etc.) não podem ser obrigados ao proselitismo religioso;

- defendemos o *modelo de neutralidade*, segundo o qual, à semelhança do que sucede com o estado laico, a empresa não deve ter qualquer preferência ou inclinação religiosa, incumbindo-se-lhe apenas assegurar o afastamento da expressão religiosa do espaço empresarial, razão por que o "convite" endereçado a trabalhadores a fim de que participem, por exemplo, de culto por ocasião do Natal é flagrante desrespeito à liberdade de religião;

- nada impede que o empregado, mediante comunicação prévia ao empresário, informe-o a respeito da impossibilidade de comparecimento em dia guardado para culto e reflexão, desde que compense a ausência em data a ser estipulada; cumprindo salientar que, se o empregador não atende ao pleito formulado, aberta está a via para requerer judicialmente a rescisão indireta do contrato de trabalho (art. 483, b, CLT), além de outras providências que possam e devam ser adotadas com o fim de salvaguardar a garantia fundamental dos trabalhadores à liberdade religiosa;

- à exceção de cultos ecumênicos, que funcionam como elemento integrativo das confissões religiosas, qualquer outra celebração na empresa está vedada pelo sistema constitucional, competindo precipuamente ao Ministério Público do Trabalho, por conta da sua vocação institucional, atuar no sentido de impedir a realização dos eventos, instando, para isso, o Judiciário Trabalhista para a proteção do interesse transindividual;

- se a empresa não pode ter religião – exceção às entidades confessionais ou de tendência –, acena-se para a proibição quanto a ser construído na unidade empresarial templo representativo de confissão religiosa, pois a edificação seria paradigmática do envolvimento da pessoa jurídica com certa seita;

- a liberdade de ensinar não alcança o elevado grau de permitir ao docente a reprovação, em sala de aula, de princípios religiosos do estabelecimento, substituindo-os pelos próprios, porque isso reconduziria à insólita situação mediante a qual o direito fundamental à liberdade de religião do laborista receberia, na balança da ponderação, peso muito maior do que idêntico direito que a entidade de tendência institucionalmente busca realizar. Haveria, assim, uma colisão entre o direito *individual* à liberdade religiosa do empregado e o direito *institucional* à liberdade religiosa da organização;

- se a ideia de acomodação razoável se dirige a celebrar o princípio da proporcionalidade no recinto de relações de trabalho, dentre outras, buscando a ponderação dos direitos fundamentais em colisão por meio da aplicação do raciocínio de que a empresa está obrigada a acolher a crença ou a descrença do empregado, desde que seja razoável, não parece adequado concluir que organização de tendência que foi criada com o objetivo de sedimentar específicos preceitos religiosos esteja juridicamente obrigada a tolerar, nos seus quadros, docentes que se contrapõem à diretiva de ensino do estabelecimento mediante a disseminação de dogmas religiosos contrapostos;

- o âmbito material de proteção ao direito individual à liberdade religiosa do professor crente ou mesmo o direito a expressar seu agnosticismo em sala de aula se

---

retira, a mais não poder, o espírito de gratuidade que norteava essas relações, anteriormente. Recebendo o pastor pelos serviços prestados, inclusive aqueles que escapam aos limites da religiosidade, é razoável concluir que as relações entre pastor e igrejas às quais serve configuram, ao exato teor do art. 3º da CLT, vínculo e emprego, que resta, nesta oportunidade, reconhecido." (TRT 9ª R. – RO 6939/2001 – (12514/2002) – Rel. p/o Ac. Juiz Ney Jose de Freitas – DJPR 03.06.2002.)

- encontra circunstancial e consistentemente mais restringido quando presta trabalho a ente confessional;

- diante do atavismo docente quanto à sistemática formação do educando, pouco importa qual seja a disciplina que ministrará no estabelecimento: português, ciências, matemática, desenho, língua estrangeira, história ou geografia. Decisivo para concluir acerca da legítima restrição a ser oposta pelo empregador quanto à contratação de docentes é reconhecer que professores sempre *formam* alunos, e que a liberdade de religião conferida de modo absoluto ao profissional de ensino produziria o deletério efeito de tornar pó a iniciativa empresarial para o fim de alcançar os objetivos confessionais;

- essa legitimidade alcança apenas professores e educadores de um modo geral que mantêm contato direto e pessoal com educandos. Não é razoável compreender que outros tantos profissionais que realizam *atividade-meio* igualmente devam ser escolhidos do conjunto dos crentes que professam a mesma religião incorporada aos fins institucionais da entidade. Portanto, faxineiros, seguranças e outros profissionais que não se ligam à *atividade-fim* da escola confessional estão fora da exigência que alcança os docentes e qualquer limitação no ato de contratar seguramente configura discriminação ilegítima;

- a legitimidade para exigir exclusivamente profissionais vinculados ao segmento religioso patrocinador da pessoa jurídica confessional se atém apenas àqueles que integram a *atividade-fim* da entidade confessional. Todos os demais que se inserem no âmbito da *atividade-meio* devem ser contratados sem as exigências e formalidades antes previstas;

- é possível admitir o exercício do direito individual à liberdade religiosa do trabalhador adventista mediante a compensação de jornada, aumentando-se a duração diária do trabalho em duas horas, por exemplo, permitindo-se-lhe, assim, que se ausente do estabelecimento no período compreendido entre as 18:00h da sexta-feira e as 18:00h do sábado;

- Se perfeitamente possível a compensação, mas o empregador a recusa, parece-nos que a circunstância abre a possibilidade de duas soluções de cunho judicial: i) o empregado ingressa com ação trabalhista contra o empregador, argumentando a existência de rescisão indireta do contrato de trabalho, fundamentando-a no tratamento com rigor excessivo, ditado no art. 483, alínea *c*, da Consolidação das Leis do Trabalho; e ii) o empregado formula denúncia ao Ministério Público do Trabalho (que poderá ser *anônima*), com o que o órgão deverá iniciar investigação e, na hipótese de o empregador não subscrever termo de ajustamento de conduta, deverá o *Parquet* ingressar com ação civil pública, com pedido específico de tutela de urgência e/ou preceito cominatório, a fim de impedir o empresário de prosseguir com o comportamento francamente ofensivo à cláusula constitucional da não discriminação e ao direito individual à liberdade de religião do laborista;

- embora os religiosos assumam obrigações para com as entidades às quais se relacionam, não nos parece que, diante do regular exercício da atividade na instituição, possa subsistir liame empregatício;

- o desconto a título de dízimo é ofensivo ao princípio da intangibilidade salarial, porque quatro são as exceções firmadas pela CLT: i) adiantamentos feitos ao empregado pelo empregador; ii) expressa previsão legal para o desconto; iii) acordo ou convenção coletiva de trabalho; e iv) indenização por dano causado ao empregador.

6. REFERÊNCIAS BIBLIOGRÁFICAS

ARISTÓTELES. *Política*. 3. ed. Brasília: Editora Universidade de Brasília, 1997, tradução, introdução e notas de Mário da Gama Cury.

BANDEIRA DE MELLO, Celso Antônio. *Conteúdo Jurídico do Princípio da Igualdade*. 3. ed. São Paulo: Malheiros Editores, 1993.

DUGUIT, Leon. *Traité du Droit Constitutionnel*. Paris: Ancienne Librairie Fontemoing & Cie., Éditeurs, 1925 v. 5.

MIRANDA, Jorge. *Manual de Direito Constitucional*. 2. ed. Coimbra: Coimbra, 1993. t. 4.

RODRIGUES PINTO, José Augusto; PAMPLONA FILHO, Rodolfo. *Repertório de Conceitos Trabalhistas*. São Paulo: LTr. Direito Individual, 2000.

SANTOS JÚNIOR, Aloisio Cristovam. *Liberdade Religiosa e Contrato de Trabalho* – A Dogmática dos Direitos Fundamentais e a Construção de Respostas Constitucionalmente Adequadas aos Conflitos Religiosos no Ambiente de Trabalho. Niterói: Impetus, 2013.

SILVA NETO, Manoel Jorge e. *Curso de Direito Constitucional*. 8. ed. São Paulo: Saraiva. 2013.

_____. *Proteção Constitucional à Liberdade Religiosa*. 2. ed. São Paulo: Saraiva. 2013.

CAPÍTULO 26
A COLISÃO DE DIREITOS FUNDAMENTAIS TRABALHISTAS E A APLICAÇÃO DO PRINCÍPIO DA PROPORCIONALIDADE

Raquel Betty de Castro Pimenta[1120]
Victor Hugo Criscuolo Boson[1121]

1. Introdução

Direitos fundamentais trabalhistas, colisão de direitos e *aplicação do princípio da proporcionalidade* são as questões apresentadas no presente artigo. Considerando a norma constitucional como um *sistema aberto*[1122], no qual princípios podem se articular concretamente em termos de tensão, busca-se apresentar a *ponderação* enquanto procedimento disponível ao intérprete para a resolução dos chamados *casos difíceis*, inclusive em sede de laboral.

Este texto tem um duplo objetivo. Propõe-se, em primeiro lugar, a estabelecer e a apresentar os contornos da eficácia horizontal dos direitos fundamentais trabalhistas que, em tensão nos *casos difíceis*, exigem soluções diversas das apresentadas pelos tradicionais métodos hermenêuticos, sendo apresentado o procedimento da *ponderação* como meio argumentativo racional para a decibilidade de tais casos. Em segundo lugar, e levando em conta as dimensões referidas, propõe-se a apresentar recentes enfrentamentos jurisprudenciais, em casos julgados pelo Tribunal Superior do Trabalho, nos quais as decisões perpassam pelo reconhecimento da existência concreta de tensões entre direitos fundamentais.

A apresentação teórica e prática dos objetivos acima definidos evidencia que áreas jurídicas que lidam com situações fáticas de *subordinação* (como ocorre com o contrato de trabalho) e normativas de *proteção social* (como ocorre com o Direito do Trabalho) aumentam as possibilidades de tensões concretas entre direitos fundamentais, na medida em que tornam suscetíveis de violação não apenas os *direitos, liberdades e garantias do indivíduo*, mas também os *direitos sociais tutelados pela ordem jurídica*, caso dos empregados em face dos empregadores.

2. Eficácia horizontal de direitos fundamentais, colisão e a ponderação de princípios: a aplicação do princípio da proporcionalidade

Os direitos fundamentais não se aplicam somente nas relações entre o Estado e os particulares, mas também entre as partes de toda relação jurídica em que não participem entes públicos. Nas palavras de Ingo Wolfgang Sarlet: "para além de vincularem todos os poderes públicos, os direitos fundamentais exercem sua eficácia vinculante também na esfera jurídico-privada, isto é, no âmbito das relações jurídicas entre particulares".[1123]

Como é cediço, a teoria dos direitos fundamentais foi construída, em um primeiro momento, a partir da constatação de que os cidadãos deveriam ser protegidos em face do poder estatal. Entretanto, com o passar do tempo, ficou claro que outras esferas de poder social também podem figurar como violadoras dos direitos fundamentais, como explica Sarlet:

(1120) Doutora em Direito pela Università di Roma Tor Vergata e pela Universidade Federal de Minas Gerais em cotutela internacional, Servidora do Tribunal Regional do Trabalho da 3ª Região e professora da Pós-Graduação *Lato Sensu* em Direito do Trabalho da Pontifícia Universidade Católica de Minas Gerais e da Pós-Graduação *Lato Sensu* em Advocacia Trabalhista da Ordem dos Advogados do Brasil (OAB-MG).
(1121) Mestre em Direito pela Universidade Federal de Minas Gerais e professor da Pós-Graduação *Lato Sensu* em Direito do Trabalho da Pontifícia Universidade Católica de Minas Gerais.
(1122) CANOTILHO, José Joaquim Gomes. *Direito constitucional e teoria da Constituição*. 7. ed. Coimbra: Almedina, 2003. p. 1159.
(1123) SARLET, Ingo Wolfgang. *A eficácia dos direitos fundamentais*. 7 ed. rev. atual. e ampl. Porto Alegre: Livraria do Advogado, 2007. p. 398. Sobre a eficácia dos direitos fundamentais nas relações jurídicas entre particulares ou a eficácia horizontal dos direitos fundamentais, vejam-se, além de SARLET, Ingo Wolfgang. *A eficácia dos direitos fundamentais*. 7. ed. rev. atual. e ampl. Porto Alegre: Livraria do Advogado. 2007. p. 398-406, também VIEIRA DE ANDRADE, José Carlos. *Os direitos fundamentais na Constituição Portuguesa de 1976*. 3. ed. Coimbra: Almedina, 2006. p. 246-281; PEREIRA, Jane Reis Gonçalves. *Interpretação constitucional e direitos fundamentais*. Rio de Janeiro: Renovar, 2006. p. 431-497; PEREIRA, Jane Reis Gonçalves. Apontamentos sobre a aplicação das normas de direito fundamental nas relações jurídicas entre particulares. In: BARROSO, Luís Roberto (Org.). *A nova interpretação constitucional*: ponderação, direitos fundamentais e relações privadas. 3. ed. Rio de Janeiro: Renovar, 2008. p. 119-192; SARMENTO, Daniel. A vinculação dos particulares aos direitos fundamentais no direito comparado e no Brasil. In: BARROSO, Luís Roberto (Org.). *A nova interpretação constitucional*: ponderação, direitos fundamentais e relações privadas. 3. ed. Rio de Janeiro: Renovar, 2008. p. 193-284 e MARINONI, Luiz Guilherme. *Técnica processual e tutela dos direitos*. São Paulo: Revista dos Tribunais, 2004. p. 169-175.

... no Estado social de Direito não apenas o Estado ampliou suas atividades e funções, mas também a sociedade cada vez mais participa ativamente do exercício do poder, de tal sorte que a liberdade individual não apenas carece de proteção contra os poderes públicos, mas também contra os mais fortes no âmbito da sociedade, isto é, os detentores de poder social e econômico, já que é nesta esfera que as liberdades se encontram particularmente ameaçadas.[1124]

José Joaquim Gomes Canotilho explica que, no contexto de uma sociedade desigual, a agressão aos direitos, liberdades e garantias pode resultar não apenas dos poderes públicos, mas também de *poderes sociais* ou *privados* (associações, empresas, igrejas, partidos), restando indispensável a extensão dos direitos fundamentais às relações entre particulares, afirmando que "a função de protecção objectiva dos direitos, liberdades e garantias não pode deixar de implicar a eficácia destes direitos no âmbito de relações privadas caracterizadas pela *situação desigualitária* das partes"[1125].

Daniel Sarmento esclarece ainda mais a relevância de se estender às relações entre particulares (particularmente, *nas relações privadas assimétricas*) a aplicação direta e efetiva dos direitos fundamentais, vinculando-a persuasivamente à própria razão de ser da existência do Direito do Trabalho. Segundo o autor, a anterior concepção liberal dos direitos fundamentais confinava-os ao espaço das relações verticais entre cidadão e Estado, em que se exigia a proteção do indivíduo diante de possíveis desmandos das autoridades públicas, mas entendia desnecessário estender os direitos fundamentais ao campo privado, por compreender a sociedade civil como o espaço por excelência da autonomia privada, em que as pessoas e entidades privadas estariam em uma posição de paridade[1126]. No entanto, ressalta:

> ... a desigualdade material justifica a ampliação da proteção dos direitos fundamentais na esfera privada, porque se parte da premissa de que a assimetria de poder prejudica o exercício da autonomia privada das partes mais débeis. É assim, enfim, porque se entende que quando o ordenamento jurídico deixa livres o forte e o fraco, esta liberdade só se torna efetiva para o primeiro. O hipossuficiente, no mais das vezes, vai acabar curvando-se diante do arbítrio do mais poderoso, ainda que, do ponto de vista puramente formal, seu comportamento possa parecer decorrente do exercício da sua autonomia privada.[1127]

Ainda, na visão do autor, no caso brasileiro, diante da gritante desigualdade social e da enorme vulnerabilidade de amplos setores da população, a questão da eficácia horizontal dos direitos fundamentais assume relevo ímpar, tornando-se imprescindível reforçar a proteção a estes direitos nas relações travadas com outros particulares mais poderosos, como os empregadores. Acentua, portanto, que em certos domínios, como o do Direito do Trabalho, que tem como premissa a desigualdade fática entre as partes, "*a vinculação aos direitos fundamentais deve mostrar-se especialmente enérgica*, enquanto a argumentação ligada à autonomia da vontade dos contratantes assume um peso inferior"[1128].

Destarte, no campo das relações de trabalho, a patente desigualdade entre as partes torna imperiosa a aplicação da teoria da eficácia horizontal dos direitos fundamentais, como explica José João Abrantes:

> O contrato de trabalho, porque implica o envolvimento integral do trabalhador, aumentando a probabilidade de ameaças aos seus direitos fundamentais enquanto pessoa humana, representou, desde sempre, por toda a parte, nos ordenamentos democráticos, o âmbito natural para o desenvolvimento de uma tal eficácia dos preceitos e valores constitucionais, tornando-se necessário responder à questão de saber se – e até que ponto – os interesses na base do poder do empregador exigem e justificam, no caso concreto, a limitação da liberdade do trabalhador.[1129]

Dessa forma, tratar de direitos fundamentais não prescinde da consideração de sua eficácia horizontal nas relações de trabalho[1130], que decorre da necessidade de compensar a

---

(1124) SARLET, Ingo Wolfgang. *A eficácia dos direitos fundamentais*. 7. ed. rev. atual. e ampl. Porto Alegre: Livraria do Advogado, 2007. p. 401.
(1125) CANOTILHO, José Joaquim Gomes. *Direito constitucional e teoria da constituição*. 7. ed. Coimbra: Almedina, 2003. p. 1293.
(1126) SARMENTO, Daniel. A vinculação dos particulares aos direitos fundamentais no direito comparado e no Brasil. In: BARROSO, Luís Roberto (Org.). *A nova interpretação constitucional*: ponderação, direitos fundamentais e relações privadas. 3. ed. Rio de Janeiro: Renovar, 2008. p. 272-274.
(1127) SARMENTO, Daniel. A vinculação dos particulares aos direitos fundamentais no direito comparado e no Brasil. In: BARROSO, Luís Roberto (Org.). *A nova interpretação constitucional*: ponderação, direitos fundamentais e relações privadas. 3. ed. Rio de Janeiro: Renovar, 2008. p. 273.
(1128) SARMENTO, Daniel. A vinculação dos particulares aos direitos fundamentais no direito comparado e no Brasil. In: BARROSO, Luís Roberto (Org.). *A nova interpretação constitucional*: ponderação, direitos fundamentais e relações privadas. 3. ed. Rio de Janeiro: Renovar, 2008. p. 274.
(1129) ABRANTES, José João. *Direitos fundamentais da pessoa humana no trabalho*. Coimbra: Almedina, 2014. p. 12.
(1130) Especificamente sobre a eficácia horizontal (ou entre particulares) dos direitos fundamentais na esfera trabalhista em geral, vejam-se AMARAL, Júlio Ricardo de Paula. *Eficácia dos direitos fundamentais nas relações trabalhistas*. São Paulo: LTr, 2007; COSTA, Marcelo Freire Sampaio. *Eficácia dos direitos fundamentais entre particulares*: juízo de ponderação no processo do trabalho. São Paulo: LTr, 2010; GAMONAL, Sergio. *Cidadania na empresa e eficácia diagonal dos direitos fundamentais*. São Paulo: LTr, 2011; ALMEIDA, Renato Rua de. Eficácia dos direitos fundamentais nas relações de trabalho. In: ALMEIDA, Renato Rua de (Coord.); CALVO, Adriana; ROCHA, Andrea Presas (Orgs.). *Direitos fundamentais aplicados ao direito do trabalho*. São Paulo: LTr, 2010. p. 143-149; PAES, Arnaldo Boson. Os limites do poder de direção do empregador em face dos direitos fundamentais dos trabalhadores. In: ALMEIDA, Renato Rua de; OLMOS, Cristina Paranhos (Org.). *Direitos Fundamentais Aplicados ao Direito do Trabalho II*. São Paulo: LTr, 2012. p. 9-19; LEITE, Carlos Henrique Bezerra. Eficácia horizontal dos direitos fundamentais na relação de emprego. *Revista Fórum Trabalhista*, Belo Horizonte: Fórum, ano 1, n. 1, p. 25-41, jul./ago. 2012.

desigualdade fática entre as partes da relação de trabalho subordinado.

Ocorre que, em uma mesma relação, a de emprego, pode incidir de forma direta e imediata uma multiplicidade de direitos fundamentais, cujos titulares não são apenas os trabalhadores, mas também tratam de valores garantidores de direitos fundamentais dos empregadores. Surgem, portanto, casos de aparente colisão de direitos constitucionalmente assegurados, em que se faz necessário ao intérprete recorrer a critérios e técnicas de ponderação destes interesses.

Ao falarmos em *ponderação*, certamente estamos nos referindo, em grande medida, à tradição representada na Teoria da Argumentação, proposta por Robert Alexy[1131]. Alexy desenvolve uma teoria jurídica destinada à identificação de elementos axiológicos na Constituição alemã, assumindo a ideia veiculada pelo Tribunal Constitucional alemão de que a norma constitucional seria uma "ordem concreta de valores".

O autor busca empreender uma teoria que seja capaz de impactar para que juízes fundamentem argumentativamente de modo racional decisões que exigem a ponderação. Toda essa teoria se volta não para quaisquer casos (ou simplesmente para os *casos fáceis*), mas para *casos difíceis*.

Comecemos pelos chamados *casos fáceis*. Fáceis porque, segundo Alexy, podem ser resolvidos pela mera previsão de uma regra escrita. Alexy distingue o gênero normas entre regras escritas e princípios[1132]. Casos fáceis são aqueles já previstos em regras escritas válidas no ordenamento jurídico e que não demandam, por isso, maiores problematizações de resolução normativa, uma vez que ela já se encontra dada no sistema de regras.

Para esses casos, aplica-se a técnica da *subsunção*: premissa maior – a regra – incidindo sobre a premissa menor – os fatos – e tendo como produto a aplicação do conteúdo da norma ao caso concreto, ou seja, existindo uma regra válida, então deve-se fazer exatamente o que ela exige: deve ser aplicada ao caso concreto, nem mais nem menos[1133].

E existindo um conflito abstrato entre regras escritas, uma delas há de prevalecer em face da outra. A aplicação de uma regra é operada no conhecido modo, sugerido por Ronald Dworkin, *tudo ou nada*[1134]: ou ela é válida e aplicável, ou ela não é válida e não se aplica. Os critérios para a validade de uma regra são clássicos e bastante densificados pela hermenêutica jurídica, sendo usualmente encerrados na *hierarquia*, na *especialidade* e na *anterioridade*[1135].

Diferentemente do que ocorre com os casos fáceis, há casos em que há colisão de princípios constitucionais, de direitos fundamentais, que disputam a normatização de uma situação que não encontra sua solução em uma previsão do tipo regra escrita. Para esses casos, fala-se na utilização do método da *ponderação*.

Alexy desenvolve um método próprio – o da *ponderação* –, a incidir, conforme as palavras de Luís Roberto Barroso:

> [em casos que] não são resolvidos por uma subsunção simples. Será preciso um raciocínio de estrutura diversa, mais complexo, capaz de trabalhar multidirecionalmente, produzindo a regra concreta que vai reger a hipótese a partir de uma síntese dos distintos elementos normativos incidentes sobre aquele conjunto de fatos. De alguma forma, cada um desses elementos deverá ser considerado na medida de sua importância e pertinência para o caso concreto, de modo que, na solução final, tal qual em um quadro bem pintado, as diferentes cores possam ser percebidas, embora alguma(s) dela(s) venha(m) a se destacar sobre as demais. Esse é, de maneira geral, o objetivo daquilo que se convencionou denominar *técnica da ponderação*.[1136]

Alexy afirma que esses são casos típicos em que as regras jurídicas não conseguem, sem que se recorra a outras esferas, dar respostas. São os assim chamados *casos difíceis*.

(1131) ALEXY, Robert. *Teoría de la argumentación jurídica*. Trad. M. Atienza e I. Espejo. Madri: Centro de Estudios Políticos y Constitucionales, 2007; ALEXY, Robert. *Teoria dos direitos fundamentais*. São Paulo: Malheiros, 2008.
(1132) As regras são normas que só podem ser satisfeitas ou não. Se uma regra vale, então deve se fazer exatamente o que ela exige; nem mais nem menos. Desse modo, as regras contêm determinações no âmbito daquilo que é fática e juridicamente possível (ALEXY, Robert. *Teoria dos direitos fundamentais*. São Paulo: Malheiros, 2008, p. 91). De modo diverso do das regras, os princípios "não contêm um mandamento definitivo, mas apenas prima facie. Da relevância de um princípio em um determinado caso não decorre que o resultado seja aquilo que o princípio exige para esse caso. Princípios representam razões que podem ser afastadas por razões antagônicas (...). O caso das regras é totalmente diverso. Como as regras exigem que seja feito exatamente aquilo que elas ordenam, elas têm a mesma extensão do seu conteúdo no âmbito das possibilidades jurídicas e fáticas" (ALEXY, Robert. *Teoria dos direitos fundamentais*. São Paulo: Malheiros, 2008. p. 104).
(1133) ALEXY, Robert. *Teoria dos direitos fundamentais*. São Paulo: Malheiros, 2008. p. 91.
(1134) DWORKIN, Ronald. Is law a system of rules? In: Summers, Robert (Org.). *Essays in Legal Philosophy*. Berkeley: University of California Press, 1968. p. 38-65.
(1135) Especificamente quanto aos critérios de resolução do conflito de normas do tipo *regra* na seara justrabalhista brasileira, ver: DELGADO, Maurício Godinho. *Curso de Direito do Trabalho*. São Paulo: LTr, 2009. p. 184-186; NASCIMENTO, Amauri Mascaro. *Iniciação ao Direito do Trabalho*. São Paulo: LTr, 1991, p. 68-69; SÜSSEKIND, Arnaldo. Conflitos de leis trabalhistas no espaço. *Revista do Trabalho*, Rio de Janeiro, v. 28, n. 1, pp. 23-25, jan./abr. 1960; MAGANO, Octavio Bueno. Conflito de leis trabalhistas no espaço (lineamentos). *Revista LTr*, São Paulo: LTr, ano 51, n. 8, p. 917-920, ago. 1987; DALLEGRAVE NETO, José Affonso. Conflito de leis trabalhistas no espaço. *Síntese Trabalhista*, Porto Alegre: Síntese, n. 130, p. 47-57, abr. 2000; MALLET, Estêvão. Conflito de leis trabalhistas no espaço e globalização. *Revista LTr*, São Paulo, v. 62, n. 3, p. 330-333, 1998; MARTINS, Sergio Pinto. Conflitos de leis trabalhistas no espaço e a circulação de trabalhadores. *Revista da Faculdade de Direito da Universidade de São Paulo*, São Paulo, v. 94, p. 181-196, 1999; MALLET, Estêvão. Conflito de leis trabalhistas no tempo. *Trabalho & Doutrina*, São Paulo, n. 17, p. 71-81, 1998..
(1136) BARROSO, Luís Roberto. Colisão entre liberdade de expressão e direitos da personalidade. Critérios de ponderação. Interpretação constitucionalmente adequada do Código Civil e da Lei de Imprensa. In: *Revista de Direito Privado*, v. 18, 2004; Revista dos Tribunais, p. 9.

Nesses, a moral é empregada complementarmente ao direito para resolvê-los, ou seja, conforme Alexy, os casos difíceis não podem ser decididos por razões exclusivamente de direito (regras). O intérprete deve se pautar por outros elementos que não propriamente jurídicos, especialmente as considerações de justiça. Considerações de justiça pertencem ao conjunto de razões morais, e tais considerações são consideradas prioritárias, porque a moral prevaleceria para a tomada de tal decisão. Emerge daí uma concepção não positivista do direito[1137].

Em razão da abertura semântica das normas de direitos fundamentais, o autor acrescenta a noção de que estes se trata de princípios com feição de *mandamentos de otimização*, uma vez que podem entrar em colisão cuja resolução, no caso concreto, exige que o intérprete recorra a uma *ponderação*.

Por meio da difundida *máxima da proporcionalidade*, a ponderação será o modo que Alexy encontrará para dirimir as tensões em que há colisão de princípios. Quando dois princípios entram em colisão, um dos dois princípios tem que ceder ante o outro. Mas isto não significa declarar inválido o princípio que não teve curso, nem que haja de se introduzir no princípio que não teve curso uma cláusula de exceção. Ao contrário, o que acontece é que, sob certas circunstâncias, um dos princípios precede ao outro. Sob outras condições, a questão da precedência pode ser solucionada de forma diversa[1138].

Isso significa que o conflito de regras se dá na dimensão da validade, e o de princípios na dimensão do peso[1139]. E essa ideia de peso significa que o conflito entre princípios será resolvido tendo em vista uma hierarquização dos mesmos. Não se trata de uma hierarquização absoluta, mas de uma hierarquização tendo-se em vista o caso concreto, realizada pelo procedimento de ponderação dos princípios envolvidos na situação. A ponderação, como concebida por Alexy, refere-se a "qual dos interesses, abstratamente do mesmo nível, possui maior peso no caso concreto"[1140].

A ponderação é procedimento. E procedimento que se compõe, segundo Alexy, por três etapas (ou máximas parciais): a adequação, a necessidade e a proporcionalidade em sentido estrito.

A primeira das máximas parciais é a da *adequação*. Essa máxima tem, em verdade, a natureza de um critério negativo. Ela examina se os meios escolhidos são adequados para se atingir determinado fim. Ela busca combater meios não adequados[1141].

A segunda máxima ressaltada por Alexy é a máxima da *necessidade*. Ela exige que, dentre dois meios tidos como adequados para determinada finalidade, seja escolhido aquele que provoque uma intervenção de modo menos intenso a um dado princípio afetado, ou seja, para se atingir determinado fim, deve-se escolher o meio mais suave. Esta máxima objetiva, fundamentalmente, a vedação de sacrifícios desnecessários a direitos fundamentais.

Por fim, a máxima da *proporcionalidade em sentido estrito* – a terceira máxima parcial da ponderação. Ela é idêntica à própria lei do sopesamento, que tem a seguinte redação: *quanto maior for o grau de não satisfação ou de afetação de um princípio, tanto maior terá que ser a importância da satisfação do outro*, ou seja, primeiro é avaliado o grau de não satisfação ou afetação de um dos princípios. Depois, em segundo passo, avalia-se a importância da satisfação do princípio colidente. Por último, em um terceiro passo, deve ser avaliado se a importância da satisfação do princípio colidente justifica a afetação ou a não satisfação do outro princípio[1142].

O autor vai elaborar, então, a sua "fórmula do peso"[1143], uma equação que representa a máxima da proporcionalidade em sentido estrito e por meio dela permitir ao intérprete atribuir graus de intervenção e importância (leve, moderado ou sério-forte) a cada um dos princípios a fim de estabelecer qual prevalecerá.

Enquanto as duas primeiras máximas parciais se encarregam de esclarecer as possibilidades fáticas, a última será responsável pela solução das possibilidades jurídicas do conflito, recebendo do autor o nome de lei do sopesamento (ou da ponderação).

Combatendo acusações de que a ponderação constituir-se-ia em uma "fórmula vazia", Alexy defende que, ainda que a ponderação não trace um parâmetro pelo qual se elimine toda e qualquer discricionariedade, ela oferece um critério argumentativo racional na medida em que propõe uma teoria da argumentação jurídica racional que inclui uma teoria da argumentação prática geral. As suposições que subjazem aos juízos sobre a intensidade de intervenção e o grau de importância não devem ser arbitrárias. Para a sua apresentação, dirá Alexy, devem ser apresentadas *razões plausíveis*[1144].

Essas considerações fazem Alexy assumir uma busca por "critérios para a racionalidade do discurso". Alexy está engajado, como ressalta Marcelo Campos Galuppo[1145], em encontrar *mecanismos racionais* de ponderação, buscando repelir

---

(1137) ALEXY, Robert. The nature of arguments about the nature of law. In: MEYER, Lukas; PAULSON, Stanley; POGGE, Thomas. *Rights Culture and the Law*. Oxford: Oxford University Press, 2003.
(1138) ALEXY, Robert. *Teoria dos direitos fundamentais*. São Paulo: Malheiros, 2008. p. 93.
(1139) ALEXY, Robert. *Teoria dos direitos fundamentais*. São Paulo: Malheiros, 2008. p. 94.
(1140) ALEXY, Robert. *Teoria dos direitos fundamentais*. São Paulo: Malheiros, 2008. p. 95.
(1141) ALEXY, Robert. *Teoria dos direitos fundamentais*. São Paulo: Malheiros, 2008. p. 590.
(1142) ALEXY, Robert. *Teoria dos direitos fundamentais*. São Paulo: Malheiros, 2008. p. 593-594.
(1143) A fórmula já foi acima transcrita: *quanto maior for o grau de não satisfação ou de afetação de um princípio, tanto maior terá que ser a importância da satisfação do outro*.
(1144) ALEXY, Robert. *Teoria dos direitos fundamentais*. São Paulo: Malheiros, 2008. p. 599.
(1145) GALUPPO, Marcelo Campos. Os princípios jurídicos no Estado Democrático de Direito: ensaio sobre o modo de sua aplicação. *Revista de Informação Legislativa*. Brasília, n. 143, jul./set. 1999, p. 194.

teorias decisionistas do direito e a discricionariedade veiculada em correntes jurídicas.

Podemos ir além da ponderação como procedimento à disposição apenas do juiz (intérprete-autorizado) e pensá-la também como procedimento à disposição do legislador para a construção de leis, no espaço de liberdade a ele conferido constitucionalmente para edificar regras. Alexy, nesse sentido, irá afirmar que "as regras, se racionalmente justificáveis, resultam de uma ponderação de princípios".[1146]

Conforme elucida Thomas da Rosa Bustamante:

> quando o legislador estabelece uma regra, esta pode ser apresentada como o resultado de uma escolha (obviamente dentro de uma margem de discricionariedade deixada pela Constituição) acerca da precedência de determinado princípio constitucional na situação que constitui a hipótese de incidência dessa regra.[1147]

José Joaquim Gomes Canotilho pontua que juízos de adequação, necessidade e proporcionalidade em sentido estrito devem ser aplicados a conflitos de *bens jurídicos de qualquer espécie*, aplicando-se a todas as espécies de atos dos poderes públicos. Vinculam, portanto, o *legislador*, a *administração* e a *jurisdição*[1148].

Como se vê, a ponderação pode ser tomada como procedimento argumentativo racional cuja abrangência de aplicabilidade é ampla, podendo tutelar bens jurídicos de qualquer natureza, e de aplicabilidade decisória nas mais variadas instâncias do Estado de Direito.

3. Sistema aberto de regras e princípios e tensões no mundo do trabalho

Como vimos acima, enquanto *sistema aberto*[1149], a Constituição comporta princípios que podem se relacionar, nos casos concretos, em termos de tensão.

Essas tensões denotam o pluralismo e a diversidade de ideias e de atores presentes na construção da norma constitucional. Denotam o pluralismo e a diversidade que caracterizam a norma constitucional não apenas enquanto assentado normativo posto, mas também enquanto espaço jurídico-político que é arena para uma luta de sentidos e pretensões em busca de reconhecimento. Tensões estas que não são, ademais, definitivas, mas sempre ressignificadas, na medida em que, como nos lembra Michel Rosenfeld, ao falar de uma *identidade do sujeito constitucional*[1150], varia conforme os atores que a interpretam: um perene fazer-se e refazer-se.

Decerto que a normatização das relações de trabalho também se sujeita, inúmeras vezes, a esse conflito entre linhas constitucionais (direitos fundamentais) diversas que podem, quando expostas na realidade concreta da vida, se diferenciar no sentido de certa tensão.

Ressalta Mauricio Godinho Delgado, ao tratar das inter-relações entre Constituição, Estado Democrático de Direito e segmento justrabalhista, a pluralidade de instituições da democracia geradas no âmbito da sociedade civil decisivas na acepção do constitucionalismo contemporâneo. Como exemplo, estão os meios de comunicação de massa, entidades associativas diversas (como sindicatos, entidades de regulação profissional, associações civis de um modo geral), assim como empresas e forças econômicas (o chamado *mercado econômico*). Enfatiza o autor, desse modo, a suscetibilidade de que variadas e diversas dessas forças e conjunturas estejam presentes na definição da moldura jurídico-política (constitucional) de uma dada sociedade civil, inclusive no que pertine às relações laborais[1151].

Na normatização do mundo do trabalho, esse jogo complexo de forças pode ser visto, por exemplo, na medida em que a Constituição da República Federativa do Brasil consagra, a um só tempo, a *valorização do trabalho* (inclusive mediante políticas de intervenção no plano da liberdade privada) e a *livre-iniciativa*.

No que tange à valorização do trabalho, a Constituição da República Federativa do Brasil, ao dimensionar os quadros de regulação do trabalho humano, traz importante perspectiva de afirmação da *dignidade humana*, articulada mediante um *dever fundamental de proteção ao trabalho*. Nesse sentido, como expõe Gabriela Neves Delgado, *o trabalho valorizado pelo texto constitucional é o trabalho digno*[1152].

(1146) ALEXY, Robert. Apêndice n. 6. In: BUSTAMANTE, Thomas da Rosa. *Argumentação 'contra legem'* – a teoria do discurso e a justificação jurídica nos casos mais difíceis. Rio de Janeiro: Renovar, 2005. p. 323.
(1147) BUSTAMANTE, Thomas da Rosa. Princípios, regras e conflitos normativos: uma nota sobre a superabilidade das regras jurídicas e as decisões *contra legem*. *Direito, Estado e Sociedade*, v. 37, p. 156.
(1148) CANOTILHO, José Joaquim Gomes. *Direito constitucional e teoria da Constituição*. 7. ed. Coimbra: Almedina, 2003. p. 272.
(1149) Canotilho lança as bases de compreensão da Constituição enquanto *sistema aberto de regras e princípios*: "(1) é um *sistema jurídico* porque é um sistema dinâmico de normas; (2) é um *sistema aberto* porque tem uma *estrutura dialógica* (Caliess), traduzida na disponibilidade e 'capacidade de aprendizagem' das normas constitucionais para captarem a mudança da realidade e estarem abertas às concepções cambiantes da 'verdade' e da 'justiça'; (3) é um *sistema normativo*, porque a estruturação das expectativas referentes a valores, programas, funções, e pessoas, é feita através das normas; (4) é um *sistema de regras e de princípios*, pois as normas do sistema tanto podem revelar-se sob a forma de *princípios* como sob a sua forma de *regras*." CANOTILHO, José Joaquim Gomes. *Direito constitucional e teoria da Constituição*. 7. ed. Coimbra: Almedina, 2003. p. 1159.
(1150) ROSENFELD, Michel. *A Identidade do Sujeito Constitucional*. Trad. Menelick de Carvalho Netto. Belo Horizonte: Mandamentos, 2003.
(1151) DELGADO, Mauricio Godinho. Constituição da República, Estado Democrático de Direito e Direito do Trabalho. In: DELGADO, Mauricio Godinho; DELGADO, Gabriela Neves. *Constituição da República e direitos fundamentais*: dignidade da pessoa humana, justiça social e direito do trabalho. 3. ed. São Paulo: LTr, 2015. p. 32.
(1152) DELGADO, Gabriela Neves. Estado Democrático de Direito e Direito Fundamental ao Trabalho Digno. In: DELGADO, Mauricio Godinho; DELGADO, Gabriela Neves. *Constituição da República e direitos fundamentais*: dignidade da pessoa humana, justiça social e direito do trabalho. 3. ed. São Paulo: LTr, 2015. p. 63.

Seja como princípio, fundamento ou valor, a Constituição traz como marca fundamental a normatização do trabalho em condições de dignidade. Desse modo, o valor social do trabalho é fundamento da República Federativa do Brasil (art. 1º, IV, da CF), direito social (art. 6º) protegido e densificado em variadas dimensões individuais (art. 7º) e coletivas (art. 8º) e balizador da ordem econômica nacional (art. 170).

Esses traços de afirmação do trabalho humano como dimensão promovida a princípio-fundamento-valor na ordem constitucional brasileira, convivem, de outro lado, com a promoção da *livre-iniciativa*, também alçada a fundamento da República e da ordem econômica (art. 1º, IV; e art. 170).

Luís Roberto Barroso decompõe o princípio da *livre-iniciativa* em alguns elementos que lhe dão conteúdo, todos eles desdobrados no texto constitucional. Pressupõe referido princípio, em primeiro lugar, segundo o autor, a existência da propriedade privada, isto é, da apropriação particular dos bens e dos meios de produção (CF, arts. 5º, XXII, e 170, II). De parte isto, integra, igualmente, o núcleo da ideia de livre-iniciativa a liberdade de empresa, conceito materializado no parágrafo único do art. 170, que assegura a todos o livre exercício de qualquer atividade econômica, independentemente de autorização, salvo nos casos previstos em lei. Em terceiro lugar, situa-se a livre-concorrência, lastro para a faculdade de o empreendedor estabelecer os seus preços, que hão de ser determinados pelo mercado, em ambiente competitivo (CF, art. 170, IV). Por fim, é da essência do regime de livre-iniciativa a liberdade de contratar, decorrência lógica do princípio da legalidade, fundamento das demais liberdades, pelo qual ninguém será obrigado a fazer ou deixar de fazer alguma coisa senão em virtude de lei (CF, art. 5º, II)[1153].

A livre-iniciativa, nessa ordem de compreensão, também pode ser decomposta na legitimação, pelo ordenamento jurídico, do poder concedido ao sujeito empregador em face do empregado, externalizado nos poderes diretivo, fiscalizatório, regulamentar e punitivo[1154], ou seja, o trabalho humano, na leitura constitucional que se faz, é contextualizado em uma ambiência de *livre-iniciativa* do empregador, condicionada, no entanto, a vieses assecuratórios do *trabalho digno enquanto valor social.*

Ainda que se entenda, de modo acertado, que a livre-iniciativa está condicionada à observância da valorização social do trabalho, inclusive porque estão colocados lado a lado em dispositivos constitucionais, não se pode perder de vista a possibilidade de conflitos em concreto entre os dois princípios, haja vista a validade de ambos enquanto direitos constitucionais que não podem, em abstrato, ser elididos.

Essa coexistência de diretrizes do texto constitucional certamente ocasiona, no campo prático, variadas tensões entre *livre-iniciativa* e *valorização social do trabalho*. É o caso de conflitos que envolvam, por exemplo, direito de propriedade e sua função social, ou ainda, poder diretivo e meio ambiente de trabalho saudável.

Nas palavras de Alexandre Agra Belmonte, trata-se de colisões entre os direitos fundamentais aplicáveis aos trabalhadores, previstos na Constituição, e os demais direitos fundamentais, entre eles o poder diretivo, decorrente do princípio da livre-iniciativa, cuja decidibilidade em casos difíceis demandará a *ponderação*:

> Assim, em ocorrendo colisão entre princípios e normas constitucionais quanto aos bens juridicamente protegidos, no caso, entre o poder diretivo decorrente da livre-iniciativa e os direitos fundamentais decorrentes da dignidade da pessoa humana e dos valores sociais do trabalho, a doutrina propõe a promoção de um juízo de ponderação, com observância dos princípios (...) da concordância prática (harmonização dos valores para a maximização da observância e minimização das restrições) e da proporcionalidade (necessidade, adequação e proporcionalidade segundo o peso ou importância dos princípios no caso concreto).[1155]

Também questões envolvendo a livre-iniciativa em face de expressões não relacionadas originariamente a direitos sociais dos trabalhadores, mas a direitos e garantias individuais do cidadão (portanto, direitos fundamentais não trabalhistas), suscitam no campo prático do contrato de trabalho complexas tensões a exigir respostas fundamentadas pelo crivo da ponderação.

O contrato de trabalho, na medida em que pressuposto na noção de *subordinação*, tem uma componente de empoderamento da figura do empregador expressa na titularidade dos poderes diretivo, fiscalizatório, regulamentar e punitivo em face daquele que ocupa a posição de subordinado – o empregado. Ademais, o contrato de trabalho tem por suposto fático-jurídico a *pessoalidade*, que se revela no envolvimento da personalidade do trabalhador na consecução do contrato (indissociabilidade do trabalho em relação à pessoa que o presta) e no caráter *intuitu personae* que o permeia. Essa componente

---

(1153) BARROSO, Luís Roberto. A ordem econômica constitucional e os limites à atuação estatal no controle de preços. *Revista dos Tribunais*, São Paulo, v. 91, n. 795, p. 189-190, 2002.

(1154) A propósito da relação entre livre-iniciativa e poder empregatício, em termos de fundamento normativo, ver: "O poder de direção, portanto, pode ser conceituado como as prerrogativas que derivam inclusive da índole constitucional (livre-iniciativa) que atribuem ao empregador o direito de livre organização empresarial, desde a ideia inicial de seu empreendimento (projeto de criação) até a consolidação do negócio em todas as suas fases, e na seara trabalhista, o poder de estruturar funcional e hierarquicamente as relações internas entre o trabalho e o capital, inclusive a elaboração do regulamento de empresa." SANTOS, Enoque Ribeiro dos. Limites ao poder disciplinar do empregador: a tese do poder disciplinar compartilhado. *Revista de Direito do Trabalho*, São Paulo, v. 34, n. 129, p. 80, jan./mar. 2008.

(1155) BELMONTE, Alexandre Agra. *A tutela das liberdades nas relações de trabalho*: limites e reparação das ofensas às liberdades de consciência, crença, comunicação, manifestação do pensamento, expressão, locomoção, circulação, informação, sindical e sexual do trabalhador. São Paulo: LTr, 2013. p. 50.

pessoal e subordinativa do vínculo trabalhista agrava as probabilidades de violação, por exemplo, da liberdade e dos direitos de personalidade do trabalhador em face do poder utilizado pelo empregador e derivado da livre-iniciativa.

Nesses termos, no âmbito do contrato de trabalho, questões complexas e de difícil solução podem se apresentar em termos de colisão de direitos, expostas muito comumente em fraturas como a da intimidade privada em face do dever de informação do trabalhador, do direito à liberdade de expressão e de opinião na empresa perante a imagem do empreendimento, do direito à integridade física e moral diante de práticas relacionadas a componentes organizacionais do empregador.

Em todos esses casos de tensões de princípios na realidade contratual laboral, cuja decisão não esteja possível no plano da *regras*, cabe ao intérprete ponderar, no caso concreto, se a limitação a determinado direito fundamental do trabalhador é *adequada, necessária* e *proporcional em sentido estrito*. Cumpre, desse modo, perquirir: a presença da *adequação*, ou seja, (*a*) se a restrições a direitos individuais do trabalhador contribuem para os objetivos empresariais de execução do contrato; da *necessidade*, ou seja, (*b*) se a restrição a direito fundamental do trabalhador é o meio mais suave para a promoção, com a mesma intensidade, daquele interesse; e da proporcionalidade em sentido estrito, ou seja, (*c*) se, em uma relação de custos e benefícios, pautada não pela lógica econômica, mas por parâmetros extraídos da Constituição, a promoção do objetivo visado pelo empregador não implica em sacrifício a direito do empregado que seja de maior peso em relação ao objetivo do empregador. Enfim, toda e qualquer restrição a direito fundamental do trabalhador tem de ser compatível com o princípio da proporcionalidade, cabendo ao Poder Judiciário analisar, caso a caso, a conformidade ou não da medida restritiva[1156].

Deve, desse modo, ser proporcional, medida adotada pelo empregador que seja restritiva de direito fundamental do empregado. A extensão dessa exigência se reporta não apenas à fase de execução do contrato de trabalho, mas, também, e inclusive, aos momentos pré-contratual[1157] e pós-contratual[1158].

4. Colisão de direitos fundamentais trabalhistas em casos examinados pelo Tribunal Superior do Trabalho

Como discutimos acima, a esfera trabalhista é, por excelência, campo de incidência e aplicação de direitos fundamentais. E,

exatamente por isso, no cotidiano da prática trabalhista, os tribunais são frequentemente instados a analisar casos de colisão entre direitos e interesses constitucionalmente assegurados às partes da relação laboral, no intuito de harmonizar os interesses dos empregadores e dos trabalhadores.

Muitas vezes, são colocados em choque os direitos fundamentais do empregador à livre-iniciativa e à propriedade, que se desdobram no regular exercício do poder empregatício, de um lado, e o princípio do valor social do trabalho, do outro, acompanhado dos direitos fundamentais dos trabalhadores à proteção de sua intimidade, privacidade, liberdade, honra, proteção à saúde e dignidade da pessoa humana.

O Tribunal Superior do Trabalho se debruça sobre diversas questões em que a colisão entre os direitos fundamentais trabalhistas se coloca como central para a resolução das lides levadas à apreciação judicial. Diversos processos tratam de situações em que se faz necessária a ponderação entre a preservação dos interesses que asseguram a liberdade de iniciativa e a afirmação do valor social do trabalho.

4.1. Uso de teste de polígrafo

São frequentes os casos que tratam da colisão aparente entre os direitos à intimidade e à privacidade do trabalhador e o exercício do poder empregatício voltado à proteção do direito de propriedade. À guisa de ilustração acerca da tensão entre os mencionados direitos, podem ser citados processos que tratam da possibilidade de submeter empregados ao equipamento "polígrafo" (popularmente designado como "detector de mentiras") como forma de proteção do patrimônio da empresa.

A utilização do teste de polígrafo é processada mediante um aparelho que mede e grava variações fisiológicas ocorridas na pessoa examinada, enquanto responde a perguntas feitas pelo aplicador do teste. Dessa forma, o polígrafo não detecta mentiras, e sim as reações fisiológicas do interrogado, a partir das quais podem ser utilizadas para deduzir se a pessoa que responde às perguntas está ou não dizendo a verdade.

A propósito da prática de utilização do teste, Juliana Medeiros de Barros, em trabalho dedicado à utilização de meios eletrônicos no ambiente laboral e se pautando em estudos técnicos, ressalta a possibilidade de falhas no método:

(1156) SARMENTO, Daniel; GOMES, Fábio Rodrigues. A eficácia dos direitos fundamentais nas relações entre particulares: o caso das relações de trabalho. *Rev. TST*, Brasília, v. 77, n. 4, p. 95-96, out./dez. 2011.

(1157) A título de exemplificação, a proteção aos direitos de personalidade do trabalhador na fase pré-contratual, mais precisamente no procedimento das técnicas de seleção de pessoal utilizadas na admissão do trabalhador, cujo objetivo é aferir as habilidades profissionais dos candidatos ao emprego. A esse propósito, ver o estudo detalhado de: ALVARENGA, Rúbia Zanotelli de. *Direitos da Personalidade do Trabalhador e Poder Empregatício*. São Paulo: LTr, 2013. p. 157-222.

(1158) Problematização da exigência da proporcionalidade na fase pós-contratual pode ser verificada, exemplificativamente, nos casos em que se discute cláusula de confidencialidade e não-concorrência em termos pós-contratuais. A medida de imposição de restrições ao empregado para laborar na concorrência em período ulterior ao do contrato, a par de cingir-se à esfera dos interesses meramente privados, somente pode ser reputada válida mediante juízo de ponderação, ante a colisão de direitos fundamentais, o livre exercício de trabalho ou profissão, de um lado, e a proteção da propriedade privada e o primado da livre-iniciativa, de outro. Na doutrina, cite-se: GOTTSCHALK, Egon Felix. A cláusula de não-concorrência nos contratos individuais de trabalho. *Revista LTr*, São Paulo, ano 34, p. 785-786, nov. 1970; BELTRAN, Ari Possidônio. Dever de fidelidade, dever de não-concorrência e cláusula de não-concorrência. *Revista LTr*, São Paulo, v. 66, n. 4, p. 419-424, abr. 2002; OLIVEIRA, Oris de. *A exclusão de concorrência no contrato de emprego*. São Paulo: LTr, 2005; MALLET, Estêvão. Cláusula de não concorrência em contrato individual de trabalho. *Revista da Faculdade de Direito da Universidade de São Paulo*, v. 100, p. 121-146 jan./dez. 2005; RAMALHO, Maria do Rosário Palma. *Direito do Trabalho Parte II*: Situações Laborais Individuais. Coimbra: Almedina, 2012. p. 932.

A maneira como a pergunta é apresentada pode afetar muito os resultados do exame. Há muitas variáveis que o psicofisiologista tem de levar em consideração, como crenças religiosas e cultura, por exemplo. A simples menção de um determinado ponto pode causar uma reação específica na pessoa que está se submetendo ao teste e isso pode ser interpretado erroneamente como um comportamento falso. O motivo da pergunta afeta o modo como a pessoa processa a informação e como ela responde.[1159]

Recentemente, a Terceira Turma do TST apreciou caso[1160] em que o empregado pugnava pela condenação da empresa ao pagamento de indenização por danos morais decorrentes da submissão a teste de polígrafo.

No entendimento da Turma Julgadora, o emprego do teste de polígrafo para fins de admissão invade a intimidade dos trabalhadores a ele submetidos. O acórdão ressaltou que o polígrafo não é sequer eficaz como meio de prova contra os empregados, sendo o resultado obtido por este teste meramente estimativo, não permitindo um diagnóstico seguro concernente à idoneidade moral da pessoa a ser contratada. Assim, o uso deste aparelho consiste em procedimento que afronta direitos fundamentais dos trabalhadores, sendo imperioso reconhecer o dever de reparação civil, por parte da empregadora, pelos danos morais causados.

Em embargos de declaração, a Terceira Turma destacou que o exame do caso concreto (pedido de indenização pela utilização do polígrafo na relação de trabalho) levou em consideração as aparentes colisões entre princípios fundamentais, utilizando o método da ponderação de bens, que se operacionaliza mediante os postulados da proporcionalidade, da unidade da Constituição e da concordância prática[1161].

Como visto, a solução dada ao caso concreto foi a de dar prevalência à proteção da intimidade e da dignidade do trabalhador, afastando a incidência dos princípios da livre-iniciativa e do direito de propriedade alegados pela empregadora como justificativa para a utilização do teste.

No mesmo sentido, se encontram julgados da Primeira Turma[1162] e da Sexta Turma do TST[1163].

4.2. Direito à liberdade de expressão religiosa

Em caso apreciado pela Primeira Turma do TST[1164], colocou-se em colisão o exercício do poder empregatício em face do direito fundamental de liberdade de crença religiosa do trabalhador.

O reclamante, que professa a religião adventista, tinha a pretensão de não trabalhar aos sábados, considerando a importância do descanso sabático para os seguidores desta religião. Para os adventistas, o período compreendido entre o pôr do sol da sexta-feira e o pôr do sol do sábado deve ser reservado para repouso e culto a Deus, considerado dia santificado e abençoado, no qual não devem ser desenvolvidas atividades laborativas[1165].

Para a empregadora, não haveria que se falar em alteração do seu sistema organizativo de jornadas de trabalho para abarcar a pretensão do empregado que, depois de 28 anos trabalhando em jornadas que incluíam as sextas-feiras e os sábados, modificou suas convicções religiosas e passou a exigir o tratamento diferenciado.

Ao analisar o caso, a Primeira Turma do TST considerou se tratar de conflito aparente entre princípios constitucionais. Ressaltou, por um lado, que ainda que se considere que o poder empregatício seja um desdobramento do princípio da livre-iniciativa, com o mesmo *status* constitucional da cláusula pétrea da liberdade de crença religiosa, mesmo assim os elementos do caso concreto comprovaram a possibilidade de compatibilizar a pretensão obreira com a faceta organizacional do poder diretivo da reclamada, já que restou evidenciada a possibilidade de escalar o empregado para o turno dos domingos, reservando-lhe o sábado para seu repouso semanal.

Assim, foi ressaltado no acórdão que a procedência da pretensão obreira permitiria a aplicação ponderada de ambos os princípios em conflito aparente, ao passo que a improcedência da pretensão levaria ao resultado oposto, já que redundaria na impossibilidade da continuidade do vínculo empregatício e na consequente privação de direitos por motivo de crença religiosa.

4.3. Rescisão por justa causa em virtude de ganho de peso

Em 2013, foi julgado pela Segunda Turma do TST caso[1166] que teve expressiva repercussão na mídia brasileira[1167], em que

---

(1159) BARROS, Juliana Augusta Medeiros de. *A utilização de meios eletrônicos no ambiente de trabalho*. São Paulo: LTr, 2012. p. 181.
(1160) BRASIL. Tribunal Superior do Trabalho. RR n. 1332-08.2011.5.05.0016. Relator Ministro Alexandre Agra Belmonte. Terceira Turma. Data de Julgamento: 4/5/2016.
(1161) BRASIL. Tribunal Superior do Trabalho. ED-RR n. 1332-08.2011.5.05.0016. Relator Ministro Alexandre Agra Belmonte. Terceira Turma. Data de Julgamento: 29/6/2016.
(1162) BRASIL. Tribunal Superior do Trabalho. RR n. 73500-44.2002.5.02.0036. Relator Ministro Lelio Bentes Corrêa. Primeira Turma. DEJT: 04.02.2011.
(1163) BRASIL. Tribunal Superior do Trabalho. RR n. 28140-17.2004.5.03.0092. Relator Ministro Mauricio Godinho Delgado. Sexta Turma. DEJT: 04.02.2011.
(1164) BRASIL. Tribunal Superior do Trabalho. RR n. 51400-80.2009.5.21.0017. Relator Ministro Hugo Carlos Scheuermann. Primeira Turma. Data de Julgamento: 24.6.2015.
(1165) Acerca da importância do descanso sabático para os que professam a religião adventista, vide "*Diretrizes sobre a observância do sábado*". Disponível em: <http://centrowhite.org.br/diretrizes-sobre-a-observancia-do-sabado/>. Acesso em 21 ago. 2016, e "*Igreja Adventista do Sétimo Dia*". Disponível em: <https://pt.wikipedia.org/wiki/Igreja_Adventista_do_S%C3%A9timo_Dia>. Acesso em: 21 ago. 2016.
(1166) BRASIL. Tribunal Superior do Trabalho. RR n. 2462-02.2010.5.02.0000. Redator designado Ministro Renato de Lacerda Paiva. Segunda Turma. Data de Julgamento: 27. 02. 2013.
(1167) O julgamento foi notícia nos principais jornais e portais eletrônicos do país. Vide "*TST reverte justa causa de mulher acima do peso demitida*", Disponível

se discutiu a validade da rescisão por justa causa aplicada a uma orientadora de empresa de promoção de programas de emagrecimento que havia descumprido cláusula contratual que a proibia de engordar.

A empregada, depois de mais de 14 anos prestando serviços como orientadora do programa de emagrecimento, passou a ganhar peso, o que representou descumprimento de cláusulas de seu contrato de trabalho em que se comprometia a manter-se dentro da faixa de peso ideal. Em decorrência, a empresa passou a aplicar penalidades disciplinares à empregada, como advertências e suspensão, culminando em rescindir o contrato de trabalho por justa causa, afirmando se tratar de ato de indisciplina.

No acórdão, a Segunda Turma do TST ressaltou que a situação trazida à apreciação do Poder Judiciário tratava de uma *empresa de conceito*, ou seja, para as quais é razoável, ante os objetivos propostos pelo empregador, exigir dos empregados o cumprimento de condições ou condutas essenciais à própria natureza do empreendimento. No caso, tratando-se a reclamada de uma empresa que pretende comercializar produtos e serviços voltados ao emagrecimento, seria razoável o estabelecimento de determinados padrões a serem observados por seus empregados, pois do contrário estaria totalmente esvaziada qualquer mensagem ou discurso propagado pela "orientadora" do segmento.

No entanto, em que pese o voto prevalecente não ter acolhido a tese obreira de ilicitude e nulidade da cláusula regulamentar que exigia a manutenção do "peso ideal" da empregada[1168], a conclusão do acórdão foi no sentido de que a inobservância daquela obrigação não caracterizava ato de indisciplina previsto na alínea *h* do art. 482 da CLT, a autorizar o despedimento por justa causa.

Para a Segunda Turma do TST, a rescisão por justa causa não observou os princípios da razoabilidade e proporcionalidade jurídicas que devem nortear as relações de trabalho, caracterizando abuso do poder disciplinar do empregador. Destacou que as mudanças no metabolismo da empregada e o consequente aumento da massa corporal podem ter se dado por fatores incontroláveis, que não poderiam ser considerados como fato gerador de indisciplina, mas sim de mudanças orgânicas que, antes de influenciarem negativamente na prestação laboral, afetam a saúde e a própria vida da trabalhadora.

Restou evidenciado, ainda, que a empresa poderia simplesmente rescindir o contrato de trabalho sem justa causa pelo fato de a empregada mais se adequar ao perfil do empreendimento, mas que a rescisão por justa causa representava abuso do exercício do poder empregatício.

No que se refere ao pleito de indenização por danos morais, em virtude da violação aos direitos fundamentais da trabalhadora à dignidade, igualdade e não discriminação, o recurso de revista não foi conhecido, por maioria de votos.

4.4. Proibição de relacionamentos amorosos entre colegas de trabalho

Nos últimos anos, o TST tem sido instado a julgar ações em que se discute a possibilidade de instituição, por parte dos empregadores, de limites a relacionamentos amorosos entre empregados, dentro e fora do local de trabalho, como desdobramento do seu poder empregatício.

Em uma destas reclamações, julgada em 11.06.2014, a Segunda Turma do TST entendeu pela configuração de danos morais decorrentes da dispensa por justa causa do reclamante e de sua colega de trabalho com a qual passou a conviver em união estável em decorrência do descumprimento de norma regulamentar interna da reclamada que proibia qualquer forma de relacionamento amoroso entre seus empregados[1169].

A situação fática evidenciada naqueles autos foi de que o trabalhador exercia o cargo de operador de supermercado, onde passou a ter relacionamento amoroso com uma colega do mesmo estabelecimento, mas que trabalhava no seu respectivo setor de segurança ou de controle patrimonial, o que representava descumprimento de norma interna da empresa que proibia os funcionários deste departamento de segurança de ter relacionamento amoroso com qualquer outro empregado.

Na referida decisão da Segunda Turma do TST, tais fatos foram considerados invasão injustificável da intimidade e do patrimônio moral de cada um dos empregados envolvidos, representando intolerável ofensa à sua dignidade e à sua liberdade individual. O acórdão ressaltou que os trabalhadores, ao se tornarem empregados da reclamada, não deixaram de ser pessoas e não poderiam ter sido proibidos, do modo absoluto estabelecido pela norma regulamentar em referência, de se relacionar amorosamente, mesmo que fora de seu ambiente de trabalho, com seus colegas.

---

em: <http://politica.estadao.com.br/blogs/fausto-macedo/tst-reverte-justa-causa-de-mulher-acima-do-peso-demitida/>. Acesso em: 21 ago. 2016; "*Ex-funcionárias dos Vigilantes do Peso que ganhou 20 kg tem justa causa revertida no TST*", Disponível em: <http://economia.uol.com.br/empregos-e-carreiras/noticias/redacao/2013/02/27/ex-funcionaria-do-vigilantes-do-peso-que-ganhou-20-kg-tem-justa-causa-revertida-no-tst.htm. Acesso em 21/8/2016; "*TST suspende justa causa de funcionária dos Vigilantes do Peso que engordou*", Disponível em: http://www.em.com.br/app/noticia/economia/2013/02/28/internas_economia,353598/tst-suspende-justa-causa-de-funcionaria-do-vigilantes-do-peso-que-engordou.shtml>. Acesso em: 21 ago. 2016.
(1168) A decisão não foi unânime. O Ministro José Roberto Freire Pimenta juntou voto vencido, em que ressaltou a nulidade da própria cláusula contratual, por se tratar de objeto impossível, apto a invalidar o negócio jurídico, além de salientar que daria provimento ao pleito de indenização por danos morais sofridos com a rescisão contratual por justa causa. Informações obtidas na aula *Hermenêutica Constitucional e Jurisdição em Direitos Fundamentais Sociais*, ministrada pelo Prof. Dr. José Roberto Freire Pimenta, por ocasião do 19º Curso de Formação Inicial de Magistrados da ENAMAT, realizado em Brasília em 09.10.2015.
(1169) BRASIL. Tribunal Superior do Trabalho. RR 122600-60.2009.5.04.0005, Redator designado Ministro José Roberto Freire Pimenta. Segunda Turma. DEJT: 08.08.2014.

Diante desse contexto fático, o Tribunal Superior do Trabalho entendeu ser indiscutível que preceitos constitucionais fundamentais foram gravemente atingidos de forma generalizada por essa conduta empresarial, como a dignidade da pessoa humana e a liberdade, tendo em vista que a vida pessoal de todos os seus empregados estava sendo ilícita e abusivamente limitada pela empregadora fora do ambiente de trabalho.

Analisando o julgamento proferido pelo TST nos casos em que se discute a validade da proibição, pelo empregador, de relacionamentos amorosos entre empregados, e o alcance do poder empregatício, José Roberto Freire Pimenta e Raquel Betty de Castro Pimenta ressaltam que:

> No entanto, é preciso reiterar, com toda a ênfase possível, que o exercício do poder diretivo da empresa não implica, de modo algum, na sujeição da pessoa do empregado aos ditames do empregador, principalmente nas questões que não se refiram diretamente às exigências e às necessidades do bom desenvolvimento do empreendimento econômico dirigido por este último. Ademais, mesmo nesta esfera mais restrita, o exercício do poder de direção empresarial deve sempre observar os limites estabelecidos na Constituição Federal e nas leis, devendo os atos empresariais, sejam eles tácitos, sejam escritos (regulamentos internos e demais normas internas), ser sempre razoáveis, sendo vedado o seu uso abusivo e contrário à função social que deve presidir e, ao mesmo tempo, servir de limite aos próprios atos empresariais.
>
> Destaca-se, aqui, a necessidade de haver, sempre, o mais estrito respeito ao princípio da dignidade da pessoa humana, preconizado no artigo 1º, inciso III, da Constituição Federal, o qual se concretiza pelo reconhecimento e pela positivação dos direitos e das garantias fundamentais, sendo o valor unificador de todos os direitos fundamentais, e à liberdade, que constitui um dos pilares principais de efetivação da dignidade humana.[1170]

Em casos como este, a eficácia horizontal dos direitos fundamentais dos trabalhadores à intimidade, à vida privada, à liberdade e à dignidade da pessoa humana limitam o exercício do poder empregatício, na medida em que afastam a possibilidade de instituição de normas empresariais que tenham como objetivo controlar os relacionamentos amorosos entre empregados que não interfiram de forma negativa, potencial ou concretamente, na dinâmica da prestação de serviços[1171].

A intervenção do sujeito empregador no sentido de controlar relacionamentos afetivos dos seus empregados, sem justificativa proporcional ligada à execução do contrato de trabalho, não se demonstra aceitável. Apenas em circunstâncias *adequadas, necessárias* e *proporcionais em sentido estrito* para o cumprimento do contrato laboral é que a intervenção do empregador em dimensões da vida privada do trabalhador poderia se justificar[1172].

Trata-se, portanto, de decisão que levou em consideração a necessária ponderação entre os direitos fundamentais postos em choque, em que preponderou a aplicação dos direitos de personalidade dos trabalhadores envolvidos.

4.5. Direito à saúde e os provadores de cigarros

Outro caso interessante é aquele em que se discute a possibilidade e a validade da manutenção da função de "provador de cigarro" em painel de avaliação sensorial instituído por empresa do ramo do tabaco, cujo objetivo é promover o controle de qualidade da produção e a verificação de produtos de empresas concorrentes mediante a designação temporária de empregados para a atividade de prova dos cigarros.

Uma ação civil pública interposta pelo Ministério Público do Trabalho foi apreciada pela Subseção 1 Especializada em Dissídios Individuais (SbDI-1) do TST[1173], na qual se discutia a colisão entre os princípios da legalidade e da livre-iniciativa com o princípio do valor social do trabalho e o direito à proteção da saúde dos trabalhadores designados para esta função.

Argumentou o MPT que a submissão de empregados à atividade de provadores de cigarro configura conduta ofensiva à saúde e à vida dos trabalhadores, tendo pleiteado, em sede

---

(1170) PIMENTA, José Roberto Freire; PIMENTA, Raquel Betty de Castro. Proibição, pelo empregador, de relacionamentos amorosos entre empregados e limites ao exercício do poder empregatício: a eficácia horizontal dos direitos fundamentais à intimidade, vida privada, liberdade e dignidade da pessoa humana. In: VIANA, Márcio Túlio; ROCHA, Cláudio Jannotti da (Coord). *Como aplicar a CLT à luz da Constituição*: alternativas para os que militam no foro trabalhista. São Paulo: LTr, 2016. p. 236.
(1171) PIMENTA, José Roberto Freire; PIMENTA, Raquel Betty de Castro. Proibição, pelo empregador, de relacionamentos amorosos entre empregados e limites ao exercício do poder empregatício: a eficácia horizontal dos direitos fundamentais à intimidade, vida privada, liberdade e dignidade da pessoa humana. In: VIANA, Márcio Túlio; ROCHA, Cláudio Jannotti da (Coords.). *Como aplicar a CLT à luz da Constituição*: alternativas para os que militam no foro trabalhista. São Paulo: LTr, 2016. p. 238.
(1172) Nesse sentido, precedente judicial português (Acórdão da RP de 9.03.1981) faz referência a atos de intimidade entre trabalhadores na empresa. No caso, avaliou o Tribunal português se um ato de intimidade sexual, observado por outros trabalhadores pelos orifícios da porta, configuraria ou não justa causa para dispensa dos trabalhadores envolvidos. Embora dissesse respeito à vida íntima dos trabalhadores, o ato de intimidade sexual no local de trabalho ultrapassou, segundo os intérpretes, os limites da utilização funcional daquele espaço, envolvendo, nesses termos, uma utilização do espaço de trabalho, decorrente da vida privada, que afetaria a execução do contrato. Desse modo, a conclusão dos julgadores foi no sentido de estar configurada a justa causa para dispensa, em razão de uma circunstância autorizadora.
(1173) BRASIL. Tribunal Superior do Trabalho. ERR n. 120300-89.2003.5.01.0015, Relator Ministro João Oreste Dalazen. Subseção 1 Especializada em Dissídios Individuais. Data de Julgamento: 21.02.2013.

de tutela inibitória, a condenação da empresa ré à obrigação de se abster de manter empregados no exercício de testes ou avaliações de cigarros ou outros produtos cancerígenos que causem dependência.

O pleito foi julgado procedente em primeiro e em segundo graus de jurisdição, tendo sido dado provimento ao referido pleito inibitório, condenando-se a empresa ré a se abster de manter a atividade de provadores de cigarro. Além disso, a reclamada foi condenada ao cumprimento de obrigações de fazer concernentes a manter e garantir, exclusivamente às suas expensas, a prestação de assistência para a realização periódica de exames médicos, por 30 (trinta) anos, bem como de assegurar tratamento médico e/ou hospitalar e tratamento antitabagista a cada um dos trabalhadores que assim o desejarem que desempenham e/ou desempenharam os referidos testes, tudo sob pena de multa cominatória.

Em sede de recurso de revista, as condenações foram mantidas, ocasião em que a Sétima Turma do TST ressaltou expressamente que: "no confronto com o princípio da livre-iniciativa privada, prepondera o direito fundamental à saúde".[1174]

Na visão de Sary Yoko Ishii, examinando a questão relativa ao pleito inibitório veiculado na referida ação civil pública, a atividade dos provadores de cigarro deveria mesmo ser proibida. Para a autora:

> No que tange ao direito fundamental ao trabalho sadio, condicionando-se reciprocamente com o direito à livre-iniciativa, apurou-se que seu núcleo essencial corresponde ao produto da valorização do trabalho humano como pressuposto para o exercício da liberdade de empresa, cuja atuação deverá promover e respeitar o primado da saúde do trabalhador, preservando a dignidade da pessoa humana, que, neste paradoxo, manifesta-se como proteção à saúde do trabalhador.
>
> Portanto, considerando os sinais das instituições que conformam o direito fundamental ao trabalho sadio – Organização Mundial da Saúde, ciências médicas, políticas públicas de saúde, Conselho Nacional de Saúde, Assembleia Nacional Constituinte 1987-1988 e sua consideração em relação à livre-iniciativa no bojo da Constituição Federal de 1988, Organização Internacional do Trabalho – extrai-se que a atividade dos provadores de cigarros na indústria do tabaco afronta o ordenamento jurídico-constitucional, não o ordenamento positivado, mas sim aquele delineado a partir do conteúdo essencial do direito fundamental ao trabalho sadio.[1175]

Entretanto, admitido o recurso de embargos interposto pela empresa, a linha que prevaleceu no julgamento da SbDI-1 do TST foi no sentido de que, apesar de ser inconteste a grave lesão à saúde dos empregados advindas de sua exposição a agentes fumígenos, de forma sistemática, mediante a experimentação de cigarros nos painéis de avaliação sensorial, o fato não justificaria a proibição da atividade profissional.

Ressaltou o acórdão que tanto a Constituição Federal quanto o próprio Direito do Trabalho não repudiam nem tampouco vedam o labor em condições de risco à saúde ou à integridade física do empregado, de tal forma que os malefícios do cigarro não poderiam induzir, *de per se*, o banimento das atividades do referido ofício ou profissão.

Além disso, restou consignado que inexiste no ordenamento jurídico brasileiro norma impeditiva do exercício da atividade profissional de "provador de cigarros", e que as vedações legais à exposição em recintos fechados à fumaça do cigarro seriam destinadas à proteção da saúde pública genericamente considerada, mas não se aplicariam às especificidades da atividade realizada nas empresas de tabaco, em seus painéis de avaliação sensorial.

Entendeu a maioria da SbDI-1, portanto, pela reforma das decisões anteriores, dando provimento ao recurso de embargos interposto pela empresa ré, para se dar prevalência aos princípios gerais da atividade econômica, fundados na valorização do trabalho humano e na livre-iniciativa, dentre os quais sobressaem a livre-concorrência e o livre exercício de qualquer atividade econômica (art. 170, *caput*, e inciso IV, e parágrafo único, da CF). Destacou-se, na ementa do acórdão, que:

> (...) 5. A aparente colisão de direitos fundamentais decorrente da atividade profissional de "provador" de cigarros há de solucionar-se mediante harmonização. Daí que as garantias constitucionais do livre exercício de profissão ou ofício (art. 5º, XIII, CF), da livre-iniciativa e do livre exercício de qualquer atividade econômica (art. 170, *caput* e inciso IV, e parágrafo único, CF) não podem ser cumpridas ilimitadamente e de forma indiscriminada, sem que haja uma preocupação com a saúde e a segurança dos empregados. *Mutatis mutandis*, tutelar o direito à saúde (art. 6º, *caput*, CF) e ao meio ambiente do trabalho ecologicamente equilibrado (art. 205, *caput*, CF) não deve implicar a completa inviabilização da atividade econômica e do livre exercício profissional, sob pena de "*esvaziamento do conteúdo*" destes últimos direitos fundamentais. Trata-se de assegurar o equilíbrio já adotado na

___

(1174) BRASIL. Tribunal Superior do Trabalho. RR n. 120300-89.2003.5.01.0015, Relator Ministro Pedro Paulo Manus. Sétima Turma. Data de Julgamento: 24.11.2010.

(1175) ISHII, Sary Yoko. O conteúdo essencial do direito ao trabalho sadio e os limites da livre-iniciativa: o caso dos provadores de cigarros na indústria do tabaco. In: DELGADO, Gabriela Neves; PIMENTA, José Roberto Freire; MELLO FILHO, Luiz Phillipe Vieira de; LOPES, Othon de Azevedo (Coord.). *Direito constitucional do trabalho*: princípios e jurisdição constitucional do TST. São Paulo: LTr, 2015. p. 219-220.

própria Constituição Federal e na CLT no tocante à regulamentação das atividades insalubres e perigosas, buscando minorar os riscos inerentes ao trabalho. (...)

8. Infundada, assim, a imposição de condenação à empresa que implique inviabilizar o exercício de uma atividade empresarial lícita e implique igualmente tolher o exercício de atividade profissional lícita, sob pena de, a pretexto de tutelar determinados direitos, vulnerarem-se outros de igual hierarquia constitucional, inclusive o Princípio da Separação dos Poderes.

Prevaleceu, ainda, a condenação da empresa ré ao pagamento de indenização pelos danos morais coletivos causados, tendo sido restabelecido o acórdão regional, neste particular. Ressaltou-se que, em que pese a licitude em si do ofício de "provador de cigarros", desenvolvido em favor de atividade econômica também lícita, é manifestamente perniciosa e lesiva à saúde dos empregados a referida atividade, em "Painel de Avaliação Sensorial", ainda que voluntariamente desempenhada. Verificado que o desenvolvimento de tal atividade acarreta lesão a direitos personalíssimos fundamentais (saúde e vida), conquanto não se possa proibi-la judicialmente, entendeu a maioria da SbDI-1 do TST que da conduta patronal emerge inequivocamente responsabilidade civil pela prática de ato ilícito, com a correlata obrigação de indenizar os danos morais perpetrados à coletividade indeterminada de empregados potencialmente sujeitos à atividade de experimentação de cigarros.

Desse modo, trata-se de decisão que buscou harmonizar os direitos fundamentais trabalhistas em confronto, atingindo resultado que deu efetividade não apenas aos direitos da empresa de livre exercício da atividade empresarial, por um lado, como também à reparação dos danos acarretados à saúde e à vida dos trabalhadores atingidos.

O caso ainda se encontra pendente de julgamento perante o Supremo Tribunal Federal, depois de serem admitidos os recursos extraordinários interpostos pelas partes[1176].

Todos os casos examinados demonstram a vasta gama de situações em que pode haver colisão entre direitos fundamentais trabalhistas, com a necessidade de o julgador se valer da técnica da ponderação e da aplicação do princípio da proporcionalidade para solucionar o caso concreto.

5. Considerações finais

O cotidiano prático das relações de trabalho, no que pertine aos direitos fundamentais, é permeado por situações concretas em que se colocam em colisão um emaranhado de princípios assecuratórios de direitos, liberdades e garantias do cidadão trabalhador e dos empregadores. Para solucionar estas tensões, se exige do intérprete um esforço argumentativo racional, que pode encontrar no método da proporcionalidade, dentre as respostas oferecidas pela hermenêutica contemporânea, uma saída possível.

A análise de casos julgados pelo Tribunal Superior do Trabalho evidencia de que forma têm sido tratadas estas questões de conflito entre direitos fundamentais, harmonizando-se, em cada caso concreto submetido à apreciação dos julgadores, os legítimos interesses dos empregadores e dos trabalhadores.

A área trabalhista representa, como visto, campo fértil para a exacerbação destas tensões, já que, em razão da extrema desigualdade de forças entre os polos da relação empregatícia, é alargado o espaço de implementação da eficácia horizontal dos direitos fundamentais.

Lida o ramo juslaboral com a subordinação do trabalhador pelo empregador, que detém o poder diretivo, fiscalizatório, regulamentar e punitivo. A subordinação de um em face do outro, aliada ao caráter pessoal do vínculo trabalhista, obviamente aumenta as chances de que direitos do trabalhador enquanto cidadão sejam violados por aquele que detém o poder empregatício. Lida, ademais, o ramo, com linhas de direitos fundamentais orientadas à proteção social do trabalhador, o que aumenta o catálogo de direitos fundamentais do empregado, na medida em que agrega aos direitos, liberdades e garantias individuais do cidadão os direitos sociais tutelados pela ordem jurídica.

Todos esses direitos são de observância obrigatória pelo empregador, sendo que, em casos de tensões de princípios na realidade contratual, cuja decisão não esteja possível no plano das *regras válidas*, cabe sempre ponderar se a limitação a determinado direito fundamental do trabalhador se demonstra *adequada*, *necessária* e *proporcional em sentido estrito*. A técnica da *ponderação* ressalta, portanto, como mecanismo possível para a decisão de *casos difíceis*, marcados nuclearmente pelo conflito de direitos fundamentais.

(1176) BRASIL. Tribunal Superior do Trabalho. ERR n. 120300-89.2003.5.01.0015, Consulta ao andamento processual. Disponível em: <http://ext02.tst.jus.br/pls/ap01/ap_red100.resumo?num_int=678231&ano_int=2009&qtd_acesso=13908447>. Acesso em: 21 ago. 2016.

6. REFERÊNCIAS BIBLIOGRÁFICAS

ABRANTES, José João. *Direitos fundamentais da pessoa humana no trabalho*. Coimbra: Almedina, 2014.

ALEXY, Robert. Apêndice n. 6. In: BUSTAMANTE, Thomas da Rosa. *Argumentação "contra legem"*: a teoria do discurso e a justificação jurídica nos casos mais difíceis. Rio de Janeiro: Renovar, 2005.

_____. *Teoría de la argumentación jurídica*. Tradução de M. Atienza e I. Espejo. Madri: Centro de Estudios Políticos y Constitucionales, 2007.

_____. *Teoria dos direitos fundamentais*. São Paulo: Malheiros, 2008.

ALEXY, Robert. The nature of arguments about the nature of law. In: MEYER, Lukas H.; PAULSON, Stanley L.; POGGE, Thomas W. *Rights Culture and the Law*. Oxford: Oxford University Press, 2003. p. 3-16.

ALMEIDA, Renato Rua de. Eficácia dos direitos fundamentais nas relações de trabalho. In: ALMEIDA, Renato Rua de (Coord.); CALVO, Adriana; ROCHA, Andrea Presas (Orgs.). *Direitos fundamentais aplicados ao direito do trabalho*. São Paulo: LTr, 2010.

ALVARENGA, Rúbia Zanotelli de. *Direitos da Personalidade do Trabalhador e Poder Empregatício*. São Paulo: LTr, 2013.

AMARAL, Júlio Ricardo de Paula. *Eficácia dos direitos fundamentais nas relações trabalhistas*. São Paulo: LTr, 2007.

BARCELLOS, Ana Paula de. Alguns parâmetros normativos para a ponderação constitucional. In: BARROSO, Luís Roberto (Org.). *A nova interpretação constitucional*: ponderação, direitos fundamentais e relações privadas. 3. ed. Rio de Janeiro: Renovar, 2008.

BARROS, Juliana Augusta Medeiros de. *A utilização de meios eletrônicos no ambiente de trabalho*. São Paulo: LTr, 2012.

BARROSO, Luís Roberto. A Ordem econômica constitucional e os limites à atuação estatal no controle de preços. *Revista dos Tribunais*, São Paulo, v. 91, n. 795, p. 55-76, 2002.

_____. Colisão entre liberdade de expressão e direitos da personalidade. Critérios de ponderação. Interpretação constitucionalmente adequada do Código Civil e da Lei de Imprensa. *Revista de Direito Administrativo*, Rio de Janeiro, v. 235, 2004, pp. 1-36.

BELMONTE, Alexandre Agra. *A tutela das liberdades nas relações de trabalho*: limites e reparação das ofensas às liberdades de consciência, crença, comunicação, manifestação do pensamento, expressão, locomoção, circulação, informação, sindical e sexual do trabalhador. São Paulo: LTr, 2013.

BELTRAN, Ari Possidônio. Dever de fidelidade, dever de não--concorrência e cláusula de não-concorrência. *Revista LTr*, São Paulo, v. 66, n. 4, p. 419-424, abril. 2002.

BRASIL. Tribunal Superior do Trabalho. ED-RR n. 1332-08.2011.5.05.0016. Relator Ministro Alexandre Agra Belmonte. Terceira Turma. Data de Julgamento: 29. 06. 2016.

BRASIL. Tribunal Superior do Trabalho. ERR n. 120300-89.2003.5.01.0015, Consulta ao andamento processual. Disponível em: <http://ext02.tst.jus.br/pls/ap01/ap_red100.resumo?num_int=678231&ano_int=2009&qtd_acesso=13908447>. Acesso em 21 ago. 2016.

BRASIL. Tribunal Superior do Trabalho. ERR n. 120300-89.2003.5.01.0015, Relator Ministro João Oreste Dalazen. Subseção 1 Especializada em Dissídios Individuais. Data de Julgamento: 21.02.2013.

BRASIL. Tribunal Superior do Trabalho. RR n. 1332-08.2011.5.05.0016. Relator Ministro Alexandre Agra Belmonte. Terceira Turma. Data de Julgamento: 04.05.2016.

BRASIL. Tribunal Superior do Trabalho. RR n. 2462-02.2010.5.02.0000. Redator designado Ministro Renato de Lacerda Paiva. Segunda Turma. Data de Julgamento: 27.02.2013.

BRASIL. Tribunal Superior do Trabalho. RR n. 51400-80.2009.5.21.0017. Relator Ministro Hugo Carlos Scheuermann. Primeira Turma. Data de Julgamento: 24.06.2015.

BRASIL. Tribunal Superior do Trabalho. RR n. 73500-44.2002.5.02.0036. Relator Ministro Lelio Bentes Corrêa. Primeira Turma. DEJT: 04.02.2011.

BRASIL. Tribunal Superior do Trabalho. RR n. 120300-89.2003.5.01.0015, Relator Ministro Pedro Paulo Manus. Sétima Turma. Data de Julgamento: 24.11.2010.

BRASIL. Tribunal Superior do Trabalho. RR n. 122600-60.2009.5.04.0005, Redator designado Ministro José Roberto Freire Pimenta. Segunda Turma. DEJT: 08.08.2014.

BUSTAMANTE, Thomas da Rosa. Princípios, regras e conflitos normativos: uma nota sobre a superabilidade das regras jurídicas e as decisões contra legem. *Direito, Estado e Sociedade*, Rio de Janeiro, v. 37, pp. 251-180, jul./dez. 2010.

CANOTILHO, José Joaquim Gomes. *Direito constitucional e teoria da constituição*. 7. ed. Coimbra: Almedina, 2003.

COSTA, Marcelo Freire Sampaio. *Eficácia dos direitos fundamentais entre particulares*: juízo de ponderação no processo do trabalho. São Paulo: LTr, 2010.

DALLEGRAVE NETO, José Affonso. Conflito de leis trabalhistas no espaço. *Síntese Trabalhista*, Porto Alegre: Síntese, n. 130, abr. 2000, pp. 47-57.

DELGADO, Gabriela Neves. Estado Democrático de Direito e Direito Fundamental ao Trabalho Digno. In: DELGADO, Mauricio Godinho; DELGADO, Gabriela Neves. *Constituição da República e direitos fundamentais*: dignidade da pessoa humana, justiça social e direito do trabalho. 3. ed. São Paulo: LTr, 2015.

DELGADO, Mauricio Godinho Delgado. *Curso de Direito do Trabalho*. 8. ed. São Paulo: LTr, 2009.

_____. Constituição da República, Estado Democrático de Direito e Direito do Trabalho. In: DELGADO, Mauricio Godinho; DELGADO, Gabriela Neves. *Constituição da República e direitos fundamentais*: dignidade da pessoa humana, justiça social e direito do trabalho. 3. ed. São Paulo: LTr, 2015.

DWORKIN, Ronald. Is law a system of rules?. In: Summers, Robert (Org.). *Essays in Legal Philosophy*. Berkeley: University of California Press, 1968.

GALUPPO, Marcelo Campos. Os princípios jurídicos no Estado Democrático de Direito: ensaio sobre o modo de sua aplicação. *Revista de Informação Legislativa*. Brasília, n. 143, p. 191-210. jul./set. 1999.

GAMONAL, Sergio. *Cidadania na empresa e eficácia diagonal dos direitos fundamentais*. São Paulo: LTr, 2011.

GOTTSCHALK, Egon Felix. A cláusula de não-concorrência nos contratos individuais de trabalho. *Revista LTr*, São Paulo, ano 34, p. 785-786, nov. 1970.

ISHII, Sary Yoko. O conteúdo essencial do direito ao trabalho sadio e os limites da livre-iniciativa: o caso dos provadores de cigarros na indústria do tabaco. In: DELGADO, Gabriela Neves; PIMENTA, José Roberto Freire; MELLO FILHO, Luiz Phillipe Vieira de; LOPES, Othon de Azevedo (Coords.). *Direito constitucional do trabalho*: princípios e jurisdição constitucional do TST. São Paulo: LTr, 2015.

LEITE, Carlos Henrique Bezerra. Eficácia horizontal dos direitos fundamentais na relação de emprego. *Revista Fórum Trabalhista*, Belo Horizonte: Fórum, ano 1, n. 1, p. 25-41 jul./ago. 2012.

MAGANO, Octavio Bueno. Conflito de leis trabalhistas no espaço (lineamentos). *Revista LTr*, São Paulo: LTr, ano 51, n. 8, ago. 1987, pp. 917-920.

MALLET, Estêvão. Conflito de leis trabalhistas no espaço e globalização. *Revista LTr*, São Paulo, v. 62, n. 3, p. 330-333, 1998.

_____. Cláusula de não concorrência em contrato individual de trabalho. *Revista da Faculdade de Direito da Universidade de São Paulo*, São Paulo, v. 100, p. 121-146, jan./dez. 2005.

_____. Conflito de leis trabalhistas no tempo. *Trabalho & Doutrina*, São Paulo, n. 17, p. 71-81, 1998.

MARINONI, Luiz Guilherme. *Técnica processual e tutela dos direitos*. São Paulo: Revista dos Tribunais, 2004.

MARTINS, Sergio Pinto. Conflitos de leis trabalhistas no espaço e a circulação de trabalhadores. *Revista da Faculdade de Direito da Universidade de São Paulo*, São Paulo, v. 94, p. 181-196, 1999.

NASCIMENTO, Amauri Mascaro. *Iniciação ao Direito do Trabalho*. 17. ed. São Paulo: LTr, 1991.

OLIVEIRA, Oris de. *A exclusão de concorrência no contrato de emprego*. 17. ed. São Paulo: LTr, 2005.

PAES, Arnaldo Boson. Os limites do poder de direção do empregador em face dos direitos fundamentais dos trabalhadores. In: ALMEIDA, Renato Rua de; OLMOS, Cristina Paranhos (Orgs.). *Direitos Fundamentais Aplicados ao Direito do Trabalho II*. São Paulo: LTr, 2012.

PEREIRA, Jane Reis Gonçalves. Apontamentos sobre a aplicação das normas de direito fundamental nas relações jurídicas entre particulares. In: BARROSO, Luís Roberto (Org.). *A nova interpretação constitucional*: ponderação, direitos fundamentais e relações privadas. 3. ed. Rio de Janeiro: Renovar, 2008.

_____. *Interpretação constitucional e direitos fundamentais*. Rio de Janeiro: Renovar, 2006.

PIMENTA, José Roberto Freire. *Hermenêutica Constitucional e Jurisdição em Direitos Fundamentais Sociais*. Aula ministrada por ocasião do 19º Curso de Formação Inicial de Magistrados da ENAMAT, realizado em Brasília, em 09.10.2015.

_____; PIMENTA, Raquel Betty de Castro. Proibição, pelo empregador, de relacionamentos amorosos entre empregados e limites ao exercício do poder empregatício: a eficácia horizontal dos direitos fundamentais à intimidade, vida privada, liberdade e dignidade da pessoa humana. In: VIANA, Márcio Túlio; ROCHA, Cláudio Jannotti da (Coord). *Como aplicar a CLT à luz da Constituição*: Alternativas para os que militam no foro trabalhista. São Paulo: LTr, 2016.

RAMALHO, Maria do Rosário Palma. *Direito do Trabalho Parte II*: Situações Laborais Individuais. Coimbra: Almedina, 2012.

ROSENFELD, Michel. *A Identidade do Sujeito Constitucional*. Trad. de Menelick de Carvalho Netto. Belo Horizonte: Mandamentos, 2003.

SANTOS, Enoque Ribeiro dos. Limites ao poder disciplinar do empregador: a tese do poder disciplinar compartilhado. *Revista de Direito do Trabalho*, São Paulo, v. 34, n. 129, p. 72-94. jan./mar. 2008.

SARLET, Ingo Wolfgang. *A eficácia dos direitos fundamentais*. 7 ed. rev., atual. e ampl. Porto Alegre: Livraria do Advogado, 2007.

SARMENTO, Daniel. A vinculação dos particulares aos direitos fundamentais no direito comparado e no Brasil. In: BARROSO, Luís Roberto (Org.). *A nova interpretação constitucional*: ponderação, direitos fundamentais e relações privadas. 3. ed. Rio de Janeiro: Renovar, 2008.

_____. *Direitos fundamentais e relações privadas*. 2 ed. Rio de Janeiro: Lumen Juris, 2008.

_____; GOMES, Fábio Rodrigues. A eficácia dos direitos fundamentais nas relações entre particulares: o caso das relações de trabalho. *Rev. TST*, Brasília, v. 77, n. 4, p. 60-101 out/dez 2011.

SILVA, José Afonso da. *Curso de direito constitucional positivo*. 26 ed. rev. e atual. São Paulo: Malheiros Editores, 2006.

SÜSSEKIND, Arnaldo. Conflitos de leis trabalhistas no espaço. *Revista do Trabalho*, Rio de Janeiro, v. 28, n. 1, p. 23-25, jan./abr. 1960.

VIEIRA DE ANDRADE, José Carlos. *Os direitos fundamentais na Constituição Portuguesa de 1976*. 3. ed. Coimbra: Almedina, 2006.

CAPÍTULO 27
AS LIMITAÇÕES AOS DIREITOS FUNDAMENTAIS TRABALHISTAS E O CONTROLE EXTRALABORAL REALIZADO PELO EMPREGADOR SOBRE A VIDA PRIVADA DO EMPREGADO

Rúbia Zanotelli de Alvarenga[1177]

1. Introdução

O trato das questões justrabalhistas requer redobrada atenção dada à condição inerente da coexistência de direitos e de deveres dos empregadores e dos empregados. Não raro, e, quase inevitável, surge o conflito entre uns e outros. Daí, poder-se servir da máxima que preconiza *"o direito de um termina onde começa o de outro"* para dirimir tão frequentes situações de choque entre o poder diretivo do empregador e o direito à privacidade do empregado.

Neste enleio, pois, o presente artigo pretende demonstrar, inclusive ilustrar, situações pertinentes a este possível eventual conflito na busca de se resguardarem ambas as partes amparadas pela lei, observando-se e respeitando-se o ordenamento jurídico vigente no que concerne às atividades extralaborais sob a ótica de uma preocupação sociojurídica.

2. Direito à vida privada

A vida privada está diretamente ligada aos relacionamentos de ordem social e familiar estabelecidos pelo empregado para o desenvolvimento das suas relações humanas no seio da sociedade.

Como bem expõe José Afonso da Silva: "A privacidade possui uma dimensão maior do que a intimidade, de modo a compreender todas as manifestações da esfera íntima, privada e da personalidade."[1178]

O direito à privacidade, enquanto direito da personalidade, visa a resguardar a pessoa natural de interferências externas que possam ser levadas ao espaço público por meio da revelação de fatos sobre a sua intimidade. Logo, estão compreendidos nele todos aqueles comportamentos e acontecimentos que a pessoa deseja não se tornarem públicos.

Ensina Arion Sayão Romita que a esfera da vida privada é mais ampla e sobrepõe-se à intimidade. Para o autor, nela se encaixam os aspectos que dizem respeito à privacidade do trabalhador. Por privacidade, assim, deve entender-se a faculdade que é assegurada ao empregado de excluir o acesso a informações capazes de afetar a sua sensibilidade[1179].

Ainda, consoante Arion Sayão Romita, a esfera da intimidade, por sua vez, é a interior, de raio menor, que envolve os aspectos mais recônditos da vida do trabalhador, ou seja, aqueles que ele deseja guardar só para si, isolando-os da intromissão do empregador. A esfera da vida privada sobrepõe-se à da intimidade, porque possui raio maior do que ela. Por privacidade, deve-se entender a faculdade assegurada ao empregado de excluir o empregador do acesso a informações e de impedir a divulgação das mesmas capaz de afetar a sua sensibilidade[1180].

Então, de acordo com Tércio Sampaio Ferraz Júnior, a vida privada "abrange situações em que a comunicação é inevitável (em termos de relação com alguém que, entre si, trocam mensagens) das quais, em princípio, são excluídos terceiros"[1181].

Ao analisar o direito à privacidade, Gilberto Haddad Jabur estabelece:

> O direito à vida privada é um agregado do qual também depende a manifestação livre e eficaz da personalidade, porque o bem-estar psíquico do indivíduo, consubstanciado no respeito à sua esfera íntima, constitui inegável alimento para o desenvolvimento sadio de duas virtudes. O resguardo dessa zona reservada, a subtração da curiosidade, é razão para o bem-viver e progresso da pessoa. Por isso é que o direito à vida privada, corolário de outro

---

(1177) Doutora e Mestre em Direito do Trabalho pela Pontifícia Universidade Católica de Minas Gerais. Professora Titular do Centro Universitário do Distrito Federal – UDF, Brasília. Advogada.
(1178) SILVA, José Afonso da. *Curso de direito constitucional positivo*. 28. ed. São Paulo: Malheiros, 2006. p. 208.
(1179) ROMITA, Arion Sayão. *Direitos fundamentais nas relações de trabalho*. 3. ed. São Paulo: LTr, 2009. p. 290.
(1180) *Ibid.*, p. 290.
(1181) FERRAZ JÚNIOR, Tercio Sampaio. Sigilo de dados: o direito à privacidade e os limites à função fiscalizadora do Estado. *Cadernos de Direitos Tributários e Finanças Públicas*. São Paulo: v. 1, n. 15, p. 149-162, p. 151, out./dez. 1992.

valor supremo que é – a dignidade da pessoa humana –, deve renovar a preocupação sociojurídica em conter as ameaças e lesões que diariamente sofre. A privacidade é o refúgio impenetrável pela coletividade, devendo, pois, ser respeitada."[1182]

Em razão disso, conforme Gustavo Tepedino: "O direito à privacidade consiste em tutela indispensável ao exercício da cidadania."[1183]

Já segundo Roxana Cardoso Borges:

> Ao reconhecer o direito à privacidade como direito da personalidade, reconhece-se a necessidade de proteger a esfera privada da pessoa contra a intromissão, curiosidade e bisbilhotice alheia, além de evitar a divulgação das informações obtidas por meio da intromissão indevida ou, mesmo, que uma informação obtida legitimamente seja, sem autorização, divulgada.[1184]

A propósito, reza o art. 21, do Código Civil, *in verbis*:

> Art. 21. A vida privada da pessoa natural é inviolável, e o juiz, a requerimento do interessado, adotará as providências necessárias para impedir ou fazer cessar ato contrário a esta norma.

Em consonância com os ensinamentos de Adriana Calvo: "A privacidade é uma forma de externar essa intimidade, que acontece em lugares onde a pessoa esteja ou se sinta protegida da interferência de estranhos, como a casa onde mora"[1185]. E a autora também ressalta: "O direito à privacidade constitui-se na escolha entre divulgar ou não o que é íntimo, e, assim, construir a própria imagem. A privacidade é um direito natural"[1186].

Ao traçar a distinção entre *intimidade* e *vida privada*, esclarece Adriana Calvo: "Por *íntimo* se deve entender tudo o que é interior ou simplesmente pessoal ('somente seu', como se costuma dizer popularmente); e por *privado*, o caráter de não-acessibilidade às particularidades contra a vontade do seu titular."[1187] A autora em comento ainda enfatiza: "O direito fundamental de privacidade e intimidade do empregado amparado constitucionalmente (art. 5º, inciso X, CF, e arts. 20 e 21 do CC) representa um espaço íntimo intransponível por intromissões de terceiros, principalmente do empregador."[1188]

Em razão disso, conforme Guilherme Augusto Caputo Bastos, a vida privada possui uma conotação mais abrangente do que o direito à intimidade, por alcançar, em suas palavras: "além da parte familiar do indivíduo, as suas amizades mais próximas, bem como os relacionamentos mantidos com determinados grupos fechados."[1189]

Constitui-se, pois, como invasão de privacidade o empregador interferir no tipo de amizade nutrida pelo empregado, se é homossexual, se deseja se casar ou se mantém um relacionamento íntimo com colega de trabalho na mesma empresa. E, diante do exposto, o trabalhador não está obrigado a responder a questões relativas à sua vida íntima ou à sua vida privada e pessoal, quer seja durante a fase pré-contratual, de cumprimento do contrato ou pós-contratual, tendo em vista que o direito à intimidade e à privacidade visa a tutelar a liberdade do ser humano em todas as suas dimensões – *pessoal*, *familiar* e *profissional*.

3. Limitações aos direitos fundamentais do trabalhador

Segundo Alexandre Agra Belmonte, a vida extraprofissional do trabalhador possui caráter autônomo em relação ao contrato de trabalho, já que não interessa ao empregador, *a priori*, a vida extralaboral do empregado, em relação à qual pode fazer atuar, em sua plenitude e sem as limitações contratuais, os direitos fundamentais. *Trata-se do princípio da irrelevância dos atos da vida privada do trabalhador para efeitos laborais*[1190]. Para ilustrar, o autor em tela cita o exemplo de um vigilante de uma entidade detentora de concessão de canal de televisão e de um jardineiro de uma capela católica, que assumem a homossexualidade e passam, igualmente, a viver com seu respectivo companheiro. A conduta extralaboral desses trabalhadores, fora do expediente, não diz respeito aos empregadores de tendência.

Contudo, há casos em que a conduta do empregado em sua vida pessoal ou privada pode influir diretamente e de forma negativa no seu cotidiano de trabalho e, por consequência, na boa imagem da empresa perante o público, bem como no seu bom funcionamento. Trata-se, por exemplo, do caso dos animadores ou dos apresentadores de programas de TV dirigidos a crianças e dos professores de educação infantil que se dispõem a participar de filmes pornográficos ou a posar nus para revistas ou que se envolvam, constantemente, em brigas ou em escândalos.

Como observa Alexandre Agra Belmonte, a função de uma apresentadora é assemelhada à de uma educadora, pelo que a sua conduta particular pode afetar o contrato de trabalho, sendo possível, ademais, verificar-se lícita a imposição de um padrão de conduta da vida privada adequada

---

(1182) JABUS, Gilberto Haddad. *Liberdade de pensamento e direito à vida privada*: conflitos entre direitos da personalidade. São Paulo: RT, 2000. p. 254.
(1183) TEPEDINO, Gustavo. *Temas de direito civil*. 3. ed. Rio de Janeiro: Renovar, 2004. p. 475.
(1184) BORGES, Roxana Cardoso. *Disponibilidade dos direitos de personalidade e autonomia privada*. São Paulo: Saraiva, 2005. p. 162.
(1185) CALVO, Adriana. O conflito entre o poder do empregador e a privacidade do empregado no ambiente do trabalho. *Boletim de Recursos Humanos*, São Paulo, v. 9, n. 12, p. 63, 2009.
(1186) *Ibid.*, p. 64.
(1187) *Ibid.*, p. 64.
(1188) *Ibid.*, p. 65.
(1189) BASTOS, Guilherme Augusto Caputo. *O dano moral no direito do trabalho*. São Paulo: LTr, 2003. p. 23.
(1190) BELMONTE, Alexandre Agra. *A tutela das liberdades nas relações de trabalho*. São Paulo: LTr, 2013. p. 73.

aos interesses do empregador"⁽¹¹⁹¹⁾. E tal se justifica: "quando a conduta extralaboral é suscetível de produzir reflexos no contrato de trabalho, de modo a ensejar a limitação de direitos fundamentais e até o rompimento do contrato."⁽¹¹⁹²⁾

Por outro lado, Alexandre Agra Belmonte adverte que a situação é distinta, quando a professora de uma escola católica, que não é figura pública, torna-se autora de um livro erótico e não o divulga em sala de aula. Verifica-se, na hipótese, que a conduta extralaboral da obreira não produz qualquer reflexo em seu contrato de trabalho, atuando a liberdade de expressão em sua plenitude⁽¹¹⁹³⁾. Também é exemplo de não restrição aos direitos fundamentais do trabalhador, quando Alexandre Agra Belmonte estatui: "não se justifica que um professor, que não utiliza um livro erótico de sua autoria ou as ideias nele contidas como material de ensino, venha a ser despedido por tê-lo escrito. É incabível a restrição ao direito fundamental de liberdade de expressão que não tem relação com a atividade profissional do trabalhador [...]."⁽¹¹⁹⁴⁾

Vê-se, desse modo, a possibilidade de se estabelecerem limitações aos direitos fundamentais do trabalhador "em virtude do estado de subordinação na prestação do trabalho e da boa-fé e lealdade contratuais adequar-se ao contrato de trabalho, impondo a adequação em ajuste que, naturalmente, limita ou inibe o exercício de tais direitos"⁽¹¹⁹⁵⁾.

Os direitos fundamentais do trabalhador, portanto, não podem ser exercidos de forma ilimitada, pois, conforme Alexandre Agra Belmonte, nas relações de trabalho, os limites ao exercício das liberdades dependem do ajuste entre os direitos fundamentais aplicáveis aos trabalhadores, previstos na Constituição, e os demais direitos fundamentais, entre eles o poder diretivo, decorrente este do princípio da livre-iniciativa.⁽¹¹⁹⁶⁾ Ademais, "o exercício, pelo trabalhador, de seus direitos fundamentais não pode inviabilizar a realização da finalidade principal da empresa e nem (sic) gerar o descumprimento do contrato de trabalho estabelecido com base na lealdade e boa-fé". Logo, o autor assinala que "as tensões entre os direitos fundamentais dos trabalhadores e o poder diretivo (liberdade de iniciativa) devem ser analisadas em concreto"⁽¹¹⁹⁷⁾.

Constata-se, no presente artigo, então, que *o controle extralaboral sobre a vida privada do empregado acarreta a colisão entre direitos fundamentais*, quais sejam: de um lado, o *direito fundamental à vida privada* – assegurado ao empregado; de outro, o *direito à propriedade privada* e o *direito à livre-iniciativa* – assegurados ao empregador. Ambos estão protegidos pela Constituição Federal de 1988, mas um dos dois terá que ceder diante do caso concreto. Essa tensão, por certo, é solucionada por meio *da aplicação do princípio da ponderação*, que consiste no critério solucionador entre os direitos fundamentais em choque. Assim sendo, o Juiz, ao concretizar um direito fundamental, deve estar ciente de que sua ordem precisa ser adequada, necessária e proporcional em sentido estrito.

Ao discorrer sobre o juízo de ponderação, Alexandre Agra Belmonte assinala que este visa a estabelecer a solução de tal conflito, fundamentando-se em três princípios, quais sejam: o da unidade da Constituição, que consiste na interpretação sistemática das normas e dos princípios; o da concordância prática, obtida por meio da harmonização que permita o melhor equilíbrio possível entre os princípios colidentes na busca da máxima concretização dos direitos envolvidos; e o da proporcionalidade, que objetiva, por meio do balanceamento e do estabelecimento de limites, a prevalência de um direito sobre o outro, quando absolutamente necessário para a resolução do conflito. E destaque-se: *o direito à propriedade do empregador, do qual resulta o poder diretivo, tem por limite a dignidade do empregado*. Mas este precisa, diante das características próprias e especiais das relações de trabalho, ser exercido conforme as necessidades do serviço, o que justifica a harmonização ou a prevalência diante da máxima operacionalidade conforme as circunstâncias⁽¹¹⁹⁸⁾.

Desse modo, para que se possa limitar, num caso concreto, um direito fundamental do trabalhador, é preciso averiguar se a limitação é necessária e proporcional para o alcance do objetivo pretendido. Então, estando, ora, em jogo a livre-iniciativa do empregador e a liberdade do empregado, e, ora, tendo ambos os direitos a igual dignidade constitucional, o Juiz deve optar pela solução que consiga o equilíbrio menos restritivo aos interesses em questão, ou seja, que o sacrifício de cada um dos bens jurídicos constitucionalmente protegidos seja adequado e necessário a salvaguardar outro⁽¹¹⁹⁹⁾. Sendo assim, é necessário que "a opção seja pela mínima compressão de cada um dos valores em jogo, de modo que a solução tenda a possibilitar a liberdade de iniciativa [do empregador], limitando o mínimo possível o exercício da liberdade do trabalhador"⁽¹²⁰⁰⁾.

Nesta linha de raciocínio, serão verificadas, a seguir, outras situações exceptivas de proteção à vida privada do empregado nas quais poderá haver o devido controle extralaboral pelo empregador sobre a vida privada do primeiro.

Controle extralaboral realizado pelo empregador sobre a vida privada do empregado.

(1191) BELMONTE, Alexandre Agra. *A tutela das liberdades nas relações de trabalho*. São Paulo: LTr, 2013. p. 74.
(1192) *Ibid.*, p. 74.
(1193) *Ibid.*, p. 75.
(1194) *Ibid.*, p. 237.
(1195) *Ibid.*, p. 56.
(1196) BELMONTE, Alexandre Agra. *A tutela das liberdades nas relações de trabalho*. São Paulo: LTr, 2013. p. 50.
(1197) *Ibid.*, p. 256.
(1198) *Id. O monitoramento da correspondência eletrônica nas relações de trabalho*. São Paulo: LTr, 2004. p. 74.
(1199) BELMONTE, Alexandre Agra. *A tutela das liberdades nas relações de trabalho*. São Paulo: LTr, 2013. p. 236.
(1200) *Ibid.*, p. 236.

O controle extralaboral é aquele realizado sobre a vida pessoal do trabalhador fora do local e do horário de trabalho. Em princípio, a submissão do trabalhador ao poder diretivo da empresa deve se limitar aos exatos contornos da execução das atividades laborativas estabelecidas em seu contrato de trabalho. Logo, a vida pessoal do empregado não é relevante nem se encontra sob o manto do poder empregatício.

Assim sendo, não cabe ao empregador, *a priori*, interferir na vida pessoal ou extralaboral do empregado fora do horário e do local de trabalho, tendo em vista que o trabalhador é livre para conduzir a sua vida privada da maneira que entender conveniente. Além disso, a vida particular do empregado é protegida pelo direito à privacidade e pelo direito à intimidade.

As atividades do empregado fora do contexto do contrato de trabalho – relacionadas com a sua vida privada – escapam da autoridade empresarial, desde que não repercutam prejudicialmente no contrato de trabalho e no exercício das atividades laborativas.

Concorde José João Abrantes, a subordinação do trabalhador deve ficar adstrita ao bom funcionamento da empresa e à correta execução do contrato, isto é, o trabalhador é livre para tudo aquilo que não diga respeito à execução do seu contrato, encontrando-se protegido contra limitações desnecessárias, somente podendo a liberdade ser restringida quando o respectivo exercício colidir com as exigências próprias da finalidade concreta da empresa e dos deveres contratuais[1201].

Existem, nesse sentido, determinadas funções que autorizam uma fiscalização do empregador fora do horário e do local de trabalho sobre a vida pessoal do empregado. É o caso, por exemplo, daquele que labora no setor de segurança. Trata-se de labor que exige um comportamento extralaboral condizente com a função exercida.

Laert Mantovani Júnior entende possível o empregador, no exercício de seu poder diretivo, fiscalizar a vida privada do trabalhador em setor de segurança, a fim de verificar se o comportamento adotado por este está de acordo com os princípios legais e morais. Negar ao empregador tal prerrogativa é colocar em risco a atividade por ele desenvolvida[1202].

Aqui se assente com o referido autor. Todavia, é imprescindível enfatizar-se que todo controle exercido sobre a vida pessoal do empregado deve ser realizado de forma justificada e equilibrada, tendo-se em vista que a aplicação indiscriminada e absoluta de tal controle pode conduzir o trabalhador a uma inadmissível situação de sujeição permanente ao interesse contratual do empresário.

Além disso, conforme Eduardo Milléo Baracat, o art. 5º, X, da Constituição Federal de 1988, estabelece limites ao exercício do poder de direção que se dá além dos muros da empresa[1203].

Existem, sim, situações especiais em que o controle extralaboral exercido sobre a vida pessoal do empregado é necessário para tornar viável o atendimento aos interesses e aos fins pretendidos pelo empregador. Trata-se de casos em que a conduta extralaboral do empregado (suas práticas fora do local e do horário de labor) interfere negativamente em seu contrato de trabalho.

De acordo com Eduardo Milléo Baracat e com Rosane Maria Vieira Mansur, esse controle será válido desde que esteja relacionado exclusivamente com as atividades profissionais do empregado e desde que envolva hábitos socialmente reprováveis vinculados à atividade econômica desenvolvida pelo empregador[1204].

A respeito do tema, ensina Amaury Haruo Mori:

> Os interesses protegidos do empregador referem-se à correta execução do contrato de trabalho. Se o trabalhador tem uma vida desregrada, tal conduta somente será relevante ao empregador na medida em que prejudique o cumprimento do contrato de trabalho. E é este prejuízo ou consequência que deve ser considerado nas decisões tomadas pelo empregador, e não as causas relacionadas com a vida extralaboral do trabalhador.[1205]

Maria do Rosário Palma Ramalho também destaca que, para haver o controle do empregador sobre a vida privada do empregado, é necessário que exista "[...] uma conexão objetiva entre as referidas condutas pessoais ou as restrições a direitos fundamentais e um dever especificamente laboral ou a existência de um interesse relevante da empresa que possa ser colocado em perigo por aquelas condutas"[1206]. São, pois, situações capazes de assegurar o regular cumprimento do contrato de trabalho ao qual se obrigou o empregado em relação ao empregador, bem como o correto funcionamento da atividade empresarial e o bom atendimento da prestação de serviços pelo primeiro ao empregador.

Na lição de Amaury Haruo Mori, o controle sobre a vida pessoal do empregado acontece em decorrência de "circunstâncias excepcionais, necessárias, adequadas e proporcionais para o cumprimento do contrato"[1207].

(1201) ABRANTES, José João. *Contrato de trabalho e direitos fundamentais*. Coimbra: Coimbra Editora, 2005. p. 115.
(1202) MANTOVANI JUNIOR, Laert. *O direito constitucional à intimidade e à vida privada do empregado e o poder diretivo do empregador*. São Paulo: LTr, 2010. p. 102.
(1203) BARACAT, Eduardo Milléo. *A boa-fé no direito individual do trabalhado*. São Paulo: LTr, 2003. p. 156.
(1204) BARACAT, Eduardo Milléo; MANSUR, Rosane Maria Vieira. Controle extralaboral. In: BARACAT, Eduardo Milléo (Coord.). *Controle do empregado pelo empregador*: procedimentos lícitos e ilícitos. Curitiba: Juruá, 2008. p. 233.
(1205) MORI, Amaury Haruo. *O direito à privacidade do trabalhador no ordenamento jurídico português*. São Paulo: LTr, 2011. p. 106.
(1206) RAMALHO, Maria do Rosário Palma. *Direito do trabalho. Parte II*: situações laborais individuais. Coimbra: Almedina, 2006. p. 815.
(1207) MORI, *op. cit.*, p. 105, nota 28.

Edilton Meireles também assinala que esse controle pode ser feito por meio da pactuação de cláusulas restritivas à conduta do empregado. Tal inserção decorre do princípio da boa-fé, uma vez que o empregado deve manter o seu estado de saúde e a sua capacidade produtiva para melhor desenvolver a atividade contratada[1208]. A cláusula restritiva de liberdade do empregado impõe a este um dever de lealdade que será estipulado pelo empregador em relação ao cumprimento do seu contrato de trabalho. Sua finalidade é assegurar, por exemplo, a preservação das condições físicas do atleta que lhe permitirão participar de competição desportiva, obtendo o melhor desempenho possível.

Edilton Meireles cita o exemplo da empresa desportiva que investe milhões na contratação de um jogador e que exige dele um comportamento extralaboral compatível com a manutenção de sua saúde e de sua capacidade física, com o objetivo de evitar riscos de acidentes. O autor apresenta o caso de litígio havido entre o jogador Romário e o clube Valencia Futelo, na Espanha, quando ocorreu a interferência deste sobre a capacidade física do esportista por conta da sua participação em partidas de futevôlei na praia, pois ela poderia trazer o risco de alguma contusão ou de desgaste muscular[1209].

Como observa Alexandre Agra Belmonte: "Além de potencialmente prejudicial à equipe, o baixo rendimento frustrará torcedores e repercutirá na boa-fé e lealdade contratuais, ensejando a atuação do poder disciplinar do empregador"[1210]. Em razão disso, justifica-se a limitação de direitos que, em outras atividades, não seria justificável, em nome do resguardo e da alta *performance* do atleta profissional. Dadas as peculiaridades existentes no desporto, também podem se verificar cláusulas restritivas de direitos, inclusive relacionadas a aspectos éticos do vínculo entre os atletas e as entidades de prática desportiva[1211].

Assim, em situações especiais, a empresa pode não só exigir contratualmente uma vida pessoal condizente com o trabalho a ser executado pelo empregado, como também manter o controle durante o cumprimento do seu contrato de trabalho.

Novamente, conforme ensina Edilton Meireles, todas as vezes em que a saúde e em que a capacidade do trabalhador forem essenciais para o melhor desenvolvimento das atividades empresariais, a restrição quanto à vida pessoal do empregado se mostrará razoável, especialmente, quando a empresa correr o risco de sofrer enormes ou irreparáveis prejuízos, como a perda da partida ou do campeonato. E, ainda: "Ora, para a entidade desportiva (e para a torcida) não interessa punir o jogador. O que importa, sim, é que o jogador esteja plenamente apto para laborar, defendendo a entidade esportiva em cada partida. Daí porque, em situações tais, admite-se a regra de exceção."[1212] O autor destaca que também se enquadram nesta exceção os trabalhos especiais prestados pelas modelos de empresas de desfiles, pelos locutores esportivos, pelos maestros de orquestras e pelos artistas.

Logo, exige-se do atleta ética e desempenho, visto que as competições requerem *performance* diferenciada, a ponto de se exigir *períodos de concentração* para as mesmas. A ingestão imoderada de álcool, por exemplo, é absolutamente prejudicial ao condicionamento físico e aos reflexos do atleta. Edilton Meireles assinala que a intensa dedicação a compromissos externos poderá se revelar no desempenho de atividade concorrente ou prejudicial aos jogos, aos treinos, às viagens e ao condicionamento físico do atleta. É o caso do atleta que participará de um jogo amistoso 24 horas antes de uma partida oficial pelo clube e que se submete a uma série de compromissos de propaganda com fotos em eventos de forma prejudicial às suas obrigações contratuais.

Quanto ao caráter ético, Alexandre Agra Belmonte ensina que há limitações também absolutamente justificáveis, como a de não violar segredos e a de não dar declarações que possam comprometer a imagem do empregador e o bom ambiente necessário às competições. No direito desportivo, é violação de segredo da empresa a divulgação de táticas de jogo ao time adversário[1213]. No caso do atleta profissional de futebol, portanto, a entidade desportiva poderá exigir que este evite qualquer atividade que possa reduzir o seu bom estado de saúde ou o seu condicionamento físico, bem como a sua capacidade produtiva, além de exigir recolher-se ao domicílio a partir de determinada hora, não ingerir determinados alimentos ou bebidas alcoólicas e seguir um regime durante as férias; caso contrário, poderá sofrer punições ou, até mesmo, ser dispensado por justa causa.

Em vista disso é que, no desporto, pelas suas peculiaridades (necessidade de alta *performance* para as competições e bom ambiente do grupo nos esportes coletivos), é possível se verificarem cláusulas restritivas de direito, inclusive relacionadas aos aspectos éticos do vínculo entre os atletas e as entidades de prática desportiva.

Veja-se, aqui, conforme o esteio de Alexandre Agra Belmonte, as cláusulas que podem ser verificadas nesse tipo de relacionamento:

> Proibição à ingestão imoderada de álcool ou alimentos, por prejudiciais ao condicionamento físico e reflexos do atleta; proibição à utilização de substâncias dopantes; proibição de intensa dedicação a compromissos externos prejudiciais aos jogos, treinos, viagens e condicionamento físico; proibição de participação em amistosos próximos

---

(1208) MEIRELES, Edilton. *Abuso do direito na relação de emprego*. São Paulo: LTr, 2005. p. 171.
(1209) *Ibid.*, p. 171.
(1210) BELMONTE, Alexandre Agra. *A tutela das liberdades nas relações de trabalho*. São Paulo: LTr, 2013. p. 79.
(1211) *Ibid.*, p. 75 e 110.
(1212) MEIRELLES, Edilton. *Abuso do direito na relação de emprego*. São Paulo: LTr, 2005. p. 172.
(1213) BELMONTE, Alexandre Agra. *A tutela das liberdades nas relações de trabalho*. São Paulo: LTr, 2013. p. 75.

a uma partida oficial pelo clube; proibição de declarações que possam revelar táticas de jogo ao time adversário ou de desavenças entre o atleta e a comissão técnica; proibição de frequência habitual a casas noturnas, churrascos e programas de forma incompatível com o condicionamento físico.[1214]

Destarte, assegura Alexandre Agra Belmonte que "em relação ao atleta profissional, a vedação a dar entrevistas sem autorização do empregador somente seria cabível em relação a comentários suscetíveis de quebrar a boa-fé e lealdade contratuais, quando capazes de revelar planos táticos ou de gerar discórdia entre a comissão técnica e os atletas".[1215] Os atletas profissionais, desse modo, possuem a obrigação de se manterem permanentemente em boa forma física, tendo seus hábitos alimentares controlados mesmo em gozo de férias. Mesmo nos dias de folga, os atletas podem ser monitorados por meio de dieta ingerida e até por imposição de restrições à ingestão de bebidas alcoólicas.

Para Amaury Haruo Mori:

> Não são atos relativos à vida íntima e privada do trabalhador que justificam alguma punição disciplinar ao desportista, mas os efeitos verificados nas suas condições físicas que evidenciam o desrespeito ao dever legal.[1216]

Determinados hábitos do atleta poderão influenciar sobremaneira a sua capacidade e resistência física, nomeadamente o consumo de bebidas alcoólicas, de tabaco e de drogas, a alimentação inadequada e a inobservância das condições de repouso, ou mesmo circunstâncias ligadas à vida sexual. Apesar de esses hábitos apresentarem ligações com a vida pessoal do indivíduo, o empregador terá o direito de ingerência sobre tais aspectos do praticante desportivo. Desse modo, o clube de futebol pode determinar ao jogador de futebol que se abstenha de sair à noite e de ingerir bebidas alcoólicas durante os dias de concentração, que são três dias por semana, conforme estatui a Lei n. 12.395/2011.

Consoante ensina Edilton Meireles:

> É isto que faz com que a subordinação jurídica do atleta profissional de futebol seja distinta em relação à subordinação jurídica dos contratos de trabalho em geral. O contrato de trabalho do atleta profissional de futebol apresenta um caráter mais amplo em sua subordinação, que não é estendida às demais relações empregatícias. Nela se inclui o controle do poder diretivo em relação aos aspectos pessoais e íntimos da vida privada do atleta, da sua alimentação, do uso de bebidas, das horas de sono, do peso e do seu comportamento sexual.[1217]

Jean Marcel Oliveira também assinala que a subordinação jurídica do atleta profissional de futebol:

> [...] possui traços muito mais acentuados que aquela inerente ao contrato de trabalho em geral, vez que a atuação do atleta tem interferência direta nos espectadores de uma eventual partida e também nos demais companheiros de equipe, posto que (sic) o futebol profissional é eminentemente de rendimento, buscando sempre resultados positivos. Uma falta praticada por um atleta compromete não somente sua imagem, mas também a da equipe como um todo.[1218]

De tal modo, tratando-se do período de concentração do atleta profissional de futebol, o aspecto amplo da sua subordinação jurídica passa a ter maior intensidade, por compreender este período algo destinado à potencialização do seu rendimento, por ser um momento em que ele deverá descansar, alimentar-se corretamente, observar as horas de sono, abster-se da ingestão de bebidas alcoólicas, visto que o referido período visa a resguardar a obtenção de sua melhor atuação no momento da competição e o equilíbrio de seus aspectos físico e psicológico.

Conforme expõe Jean Marcel Oliveira, o contrato de trabalho do atleta profissional de futebol compreende uma "modalidade profissional puramente intelectual, na qual toda a técnica para a realização do esporte é fruto da habilidade e criatividade do próprio atleta".[1219] Portanto, quando a conduta extralaboral do trabalhador repercutir de modo grave sobre o contrato de trabalho, o empregador poderá reger a sua vida pessoal, estabelecendo deveres acessórios de conduta e exigindo que o empregado observe determinado comportamento em sua vida pessoal. Tal situação compreende uma espécie de limitação aos direitos da personalidade do empregado no Direito do Trabalho.

Neste contexto, pertinente a lição de Maria do Rosário Ramalho:

> Em contraposição aos princípios gerais de respeito pela vida privada, familiar e social do trabalhador, e o respeito pelos direitos da personalidade do trabalhador, pode-se justificar a imposição de limites ao exercício dos direitos da personalidade do trabalhador e às suas atuações privadas, em razão da necessidade de compatibilizar estes direitos do trabalhador com direitos da personalidade do

---

(1214) BELMONTE, Alexandre Agra. *A tutela das liberdades nas relações de trabalho*. São Paulo: LTr, 2013. p. 75.
(1215) *Ibid.*, p. 110.
(1216) MORI, Amaury Haruo. *O direito à privacidade do trabalhador no ordenamento jurídico português*. São Paulo: LTr, 2011. p. 107.
(1217) MEIRELES, Edilton. *Abuso do direito na relação de emprego*. São Paulo: LTr, 2005. p. 172.
(1218) OLIVEIRA, Jean Marcel Mariano. *O contrato de trabalho do atleta profissional de futebol*. São Paulo: LTr, 2009. p. 115.
(1219) *Ibid.*, p. 52.

empregador, com as suas necessidades organizacionais, por força do caráter *intuitu personae* do contrato de trabalho, mesmo por força dos princípios da boa-fé e do abuso do direito, concretizados na ideia de que os direitos devem ser exercidos de forma adequada aos fins para os quais foram concedidos.[1220]

Como observa Alexandre Agra Belmonte, retomando o que é tocante aos desportos, "na avaliação da incontinência de conduta do atleta profissional, devem ser consideradas circunstâncias ligadas ao seu comportamento moral e social e ao condicionamento para a obtenção do melhor rendimento possível"[1221].

No direito desportivo, como o atleta profissional é figura pública, o seu comportamento e as suas declarações públicas poderão repercutir no contrato, podendo não somente atingir a equipe, a comissão técnica e os dirigentes, como também a avaliação da imagem da entidade de prática desportiva[1222].

Destarte, "o atleta é um ídolo, capaz de influenciar cortes de cabelo, uso de roupas e ingresso de novos sócios na entidade desportiva, que se tornam torcedores da agremiação e contribuem para a sua manutenção econômica e prestígio"[1223].

Neste sentido:

> A ética a ser observada resulta da figura pública do atleta, que está ligada à agremiação à qual pertence e que serve de exemplo para a sociedade e influi na formação moral dos jovens. Daí que amizades publicamente reconhecidas com traficantes, por exemplo, se revelam prejudiciais ao contrato, atingindo a imagem da entidade desportiva.[1224]

No direito desportivo, ainda em tela, poderão acarretar descrédito à reputação da entidade desportiva e a boa *performance* do atleta profissional a frequência a casas noturnas de forma incompatível com o condicionamento físico, a vida desregrada, regada a churrascos, a bebidas e a programas, a inobservância das horas necessárias de sono, bem como as declarações impensadas dadas à imprensa capazes de desestabilizar o grupo do qual fazem parte a equipe e a comissão técnica, dificultando a união e o ambiente respeitoso e saudável[1225].

Como bem expressa Edilton Meireles, espera-se de determinados empregados certa coerência entre a sua vida privada e os interesses da empresa. É necessário, assim, que a restrição aos direitos fundamentais seja justificada pela intenção de se evitar um dano grave à empresa, mas desde que também não cause uma grave lesão ao empregado[1226].

Esse também é o entendimento de José João Abrantes. Para o autor, fatos da vida extraprofissional não podem constituir causa real e séria para o despedimento de um trabalhador, a não ser se a sua conduta, em virtude da natureza das funções que exerce e da finalidade própria da empresa, criar uma verdadeira perturbação no seio desta. É considerado, assim, legítimo o despedimento de um funcionário de uma empresa de segurança que cometeu um furto na empresa cliente da sua empregadora, onde exercia funções de vigilância. Ora, a natureza daquelas funções e a finalidade própria da empresa justificam, no caso concreto, um especial rigor, até por causa da circunstância de o ato do trabalhador repercutir negativamente no crédito e na reputação da sua entidade patronal[1227].

Quanto à limitação atribuída ao direito à liberdade pessoal do empregado fora do horário e do local de trabalho, o pensamento aqui é de que o empregador não poderá restringi-la. É caso, em caráter ilustrativo, de uma multinacional que proíbe seu alto executivo de participar, na sua vida pessoal, de almoços ou de jantares com executivos de empresas concorrentes ou de se relacionar afetivamente com altos empregados de empresas concorrentes. Trata-se de proibição que extrapola os limites do poder de direção do empregador, pois este fato não inviabiliza o correto funcionamento da atividade econômica de produção do empregador, muito menos a reputação da empresa perante a sociedade.

No que se refere à liberdade de consumo do empregado fora do ambiente e da jornada de trabalho, também se entende, aqui, como abusiva a conduta do empregador que proíbe o empregado de consumir produtos de empresas concorrentes em local público. Como ilustração, pode-se citar o caso de uma empresa fabricante de famosa marca de cerveja que obriga seus funcionários, *não altos funcionários*, a somente consumir a bebida fabricada pela mesma.

Todavia, cabe destacar que, em se tratando de empregada considerada "garota-propaganda" de marca de cerveja, reconhecida nacionalmente, a proibição quanto ao consumo de bebidas de outras marcas, em público, revela-se legítima.

Nos dizeres de Marlon Marcelo Murari, "[...] por acarretar prejuízos à imagem da empregadora, abalando a fidelidade dos seus clientes, atuando como contrapropaganda do produto. Entretanto, quando a garota-propaganda está recolhida à sua privacidade e intimidade, é livre para consumir os produtos que bem entender, sem qualquer restrição"[1228].

(1220) RAMALHO, Maria do Rosário Palma. *Direito do trabalho. Parte II*: situações laborais individuais. Coimbra: Almedina, 2006. p. 815.
(1221) *Ibid.*, p. 76.
(1222) *Ibid.*, p. 76.
(1223) *Ibid.*, p. 76.
(1224) *Ibid.*, p. 76.
(1225) BELMONTE, Alexandre Agra. *A tutela das liberdades nas relações de trabalho*. São Paulo: LTr, 2013. p. 76.
(1226) MEIRELES, Edilton. *Abuso do direito na relação de emprego*. São Paulo: LTr, 2005. p. 122.
(1227) ABRANTES, José João. *Contrato de trabalho e direitos fundamentais*. Coimbra: Coimbra editora, 2005. p. 162.
(1228) MURARI, Marlon Marcelo. *Limites constitucionais ao poder de direção do empregador e os direitos fundamentais do empregado*: o equilíbrio está na dignidade da pessoa humana. São Paulo: LTr, 2008. p. 117.

Também aqui se considera válida a limitação atribuída à liberdade de consumo fora do local e do horário de trabalho aos empregados exercentes de cargo de chefia, de direção ou de supervisão na empresa, em decorrência do caráter de fidúcia que resguarda esta relação jurídica. Segundo Marcelo Marlon Murari: "quanto menor a subordinação, maior a autonomia privada do empregado para negociar limitações à sua liberdade [...]."[1229]

É possível ao diretor de uma multinacional fabricante de automóveis firmar cláusula contratual que estabelece a obrigatoriedade de circular somente com o veículo da marca fabricada pelo empregador. Tal limitação atribuída à liberdade de aquisição de veículo de outra marca é estabelecida com a finalidade de assegurar a proteção à imagem da empresa e à credibilidade do produto perante os consumidores. Essa situação, contudo, não deve ser estabelecida a um empregado não exercente de alto cargo por não abalar a imagem da empresa.

Edilton Meireles apresenta a mesma visão. Para ele, os altos empregados personificam a figura do empregador, tendo em vista que a compra, o uso de produtos ou a prática de atos em benefício da concorrente causa sério dano à imagem do empregador. Seria hipótese do diretor-empregado de montadora de veículo que adquirisse automóvel da concorrente, do diretor-empregado que preferisse viajar em companhia aérea concorrente ou mesmo de apresentador de noticiário que manifestasse maior simpatia pelo programa similar do concorrente, sem um motivo suficientemente forte para justificar tal conduta[1230].

De igual sorte, assinala Alexandre Agra Belmonte admitir-se a limitação a um comentarista político de jornal pertencente a determinado partido político de se manter, durante a execução do contrato, em comunhão de pensamento, também em sua vida privada, com órgão de comunicação que o emprega, sob pena de comentário distinto da diretriz do órgão de comunicação levar ao descrédito da orientação ideológica do jornal[1231].

Sabe-se que os direitos da personalidade do empregado poderão ser limitados, quando houver a finalidade de salvaguardar a imagem da empresa. A respeito, assevera Vólia Bomfim Cassar que o empregador não pode nem deve interferir na vida pessoal do empregado. Entretanto, a vida social do empregado também não pode influenciar na relação de emprego. Os aspectos da vida privada do empregado são irrelevantes para o empregador, salvo quando refletirem negativamente na empresa. Dessa maneira, o nexo causal entre a conduta social do trabalhador e o emprego é de extrema importância por constituir exceção[1232].

Quando a prática de atos de libertinagem e de pornografia ou a ocorrência do próprio desregramento da conduta sexual do trabalhador, dependendo da função exercida por ele no local de trabalho, interferir na sua prestação de serviços de modo a refletir negativamente na imagem da empresa e no próprio ambiente de trabalho, tornando inviável o cumprimento do seu labor e o bom funcionamento da atividade econômica de produção, haverá necessidade de controle do empregador sobre a conduta extralaboral do empregado. Trata-se do caso mencionado alhures da professora de educação infantil ou da apresentadora de programa infantil que participa de revistas ou de filmes pornográficos. Tal comportamento irá influenciar, sobremaneira, em seu labor, podendo a trabalhadora ser dispensada por justa causa, por motivo de incontinência de conduta ou mau procedimento, conforme estatui a alínea b, do art. 482, da CLT.

Vólia Bomfim Cassar, tratando a incontinência de conduta, relata o caso do empregado que aparece na mídia invadindo festas, comemorações e passeatas para, sem autorização, beijar a celebridade, podendo ter esta sua imagem social maculada. Se ficar conhecido como o "beijoqueiro" e exercer função de relevância na empresa, como a de diretor executivo de uma multinacional, negociando diretamente com os clientes, porá sua posição ou a da empresa em descrédito[1233].

De acordo com Alexandre Agra Belmonte, a incontinência de conduta:

> Diz respeito ao caráter ético e pode influir no contrato. Ela revela-se pelos excessos, pela inconveniência de hábitos e costumes, falta de pudor, imoderação de linguagem ou de gestos, caracterizado pelo uso de palavras ou de atos obscenos. São exemplos: assédio sexual, ligações para disque sexo e utilização de e-mail corporativo para a remessa de material pornográfico.[1234]

Por derradeiro, devidamente exemplificados os casos de atletas, bem como de garotas-propaganda e assim também de altos empregados e de artistas, resta que, como bem relata Alice Monteiro de Barros, o poder diretivo varia de acordo com a natureza da relação de emprego. Logo, no tocante aos empregados ocupantes de cargo de confiança, o poder diretivo do empregador é muito tênue, ao passo que, no trabalho desportivo, é mais rigoroso[1235]. Quanto à aplicação da justa causa, somente há relevância das condutas extralaborais do trabalhador para a configuração desta para fins de despedimento, quando tais condutas, por sua gravidade e por suas consequências, tornarem praticamente impossível a subsistência da relação de trabalho.

(1229) Ibid., p. 117.
(1230) MEIRELES, Edilton. Abuso do direito na relação de emprego. São Paulo: LTr, 2005. p. 122.
(1231) BELMONTE, Alexandre Agra. A tutela das liberdades nas relações de trabalho. São Paulo: LTr, 2013. p. 110.
(1232) CASSAR, Vólia Bomfim. Direito do trabalho. 5. ed. Rio de Janeiro: Impetus, 2011. p. 1.122.
(1233) CASSAR, Vólia Bomfim. Direito do trabalho. 5. ed. Rio de Janeiro: Impetus, 2011. p. 1.122.
(1234) BELMONTE, Alexandre Agra. A tutela das liberdades nas relações de trabalho. São Paulo: LTr, 2013. p. 76.
(1235) BARROS, Alice Monteiro de. Curso de direito do trabalho. 7. ed. São Paulo: LTr, 2011. p. 578.

4. Conclusão

Fica patente, então, a obrigatoriedade de se respeitarem os limites dos poderes do empregador e o cumprimento dos direitos do empregado – em especial à privacidade deste em suas esferas de atuação extralaboral, desde que atitudes ou comportamentos deste não afrontem prerrogativas contratuais daquele.

A vida pessoal do empregado, portanto, somente será relevante ao empregador na medida em que prejudique o cumprimento do seu contrato de trabalho. Assim, só haverá relevância das condutas extralaborais do empregado para fins de caracterização da sua dispensa por justa causa, se este comportamento acarretar a inviabilidade da subsistência da sua relação de emprego.

Para tanto, utilizaram-se, nesta oportunidade, diversas fontes notabilíssimas na seara justrabalhista, tanto por seu caráter teórico-discursivo acerca de questões mais amplas ou abrangentes, quanto por seu teor amplamente ilustrativo ou exemplificativo em sua origem jurisprudencial nos casos específicos em tela.

Ressalte-se, por fim, que o direito de uma parte não pode prevalecer sobre o direito de outra sem as devidas considerações e pertinentes análises dos casos, levando-se em conta a primazia dos Direitos da Personalidade e sua observância na aplicação no Direito do Trabalho.

5. REFERÊNCIAS BIBLIOGRÁFICAS

ABRANTES, José João. *Contrato de trabalho e direitos fundamentais*. Coimbra: Coimbra Editora, 2005.

BARACAT, Eduardo Milléo. *A boa-fé no direito individual do trabalhador*. São Paulo: LTr, 2003.

_____; MANSUR, Rosane Maria Vieira. Controle extralaboral. In: BARACAT, Eduardo Milléo (Coord.). *Controle do empregado pelo empregador:* procedimentos lícitos e ilícitos. Curitiba: Juruá, 2008.

BARROS, Alice Monteiro de. *Curso de direito do trabalho*. 7. ed. São Paulo: LTr, 2011.

BASTOS, Guilherme Augusto Caputo. *O dano moral no direito do trabalho*. São Paulo: LTr, 2003.

BELMONTE, Alexandre Agra. *O monitoramento da correspondência eletrônica nas relações de trabalho*. São Paulo: LTr, 2004.

_____. *A tutela das liberdades nas relações de trabalho*. São Paulo: LTr, 2013.

BORGES, Roxana Cardoso. *Disponibilidade dos direitos de personalidade e autonomia privada*. São Paulo: Saraiva, 2005.

CALVO, Adriana. O conflito entre o poder do empregador e a privacidade do empregado no ambiente do trabalho. *Boletim de Recursos Humanos*, São Paulo, v. 9, n. 12, p. 12-25.

CASSAR, Vólia Bomfim. *Direito do trabalho*. 5. ed. Rio de Janeiro: Impetus, 2011.

FERRAZ JÚNIOR, Tercio Sampaio. Sigilo de dados: o direito à privacidade e os limites à função fiscalizadora do Estado. *Cadernos de Direitos Tributários e Finanças Públicas*. São Paulo, v. 1, n. 15, p. 149-162, out./dez. 1992.

JABUS, Gilberto Haddad. *Liberdade de pensamento e direito à vida privada:* conflitos entre direitos da personalidade. São Paulo: RT, 2000.

MANTOVANI JUNIOR, Laert. *O direito constitucional à intimidade e à vida privada do empregado e o poder diretivo do empregador*. São Paulo: LTr, 2010.

MEIRELES, Edilton. *Abuso do direito na relação de emprego*. São Paulo: LTr, 2005.

MORI, Amaury Haruo. *O direito à privacidade do trabalhador no ordenamento jurídico português*. São Paulo: LTr, 2011.

MURARI, Marlon Marcelo. *Limites constitucionais ao poder de direção do empregador e os direitos fundamentais do empregado:* o equilíbrio está na dignidade da pessoa humana. São Paulo: LTr, 2008.

OLIVERIA, Jean Marcel Mariano. *O contrato de trabalho do atleta profissional de futebol*. São Paulo: LTr, 2009.

RAMALHO, Maria do Rosário Palma. *Direito do trabalho*. Parte II: situações laborais individuais. Coimbra: Almedina, 2006.

ROMITA, Arion Sayão. *Direitos fundamentais nas relações de trabalho*. 3. ed. São Paulo: LTr, 2009.

SILVA, José Afonso da. *Curso de direito constitucional positivo*. 28. ed. São Paulo: Malheiros, 2006.

TEPEDINO, Gustavo. *Temas de direito civil*. 3. ed. Rio de Janeiro: Renovar, 2004.

PARTE V
HERMENÊUTICA E INTERPRETAÇÃO CONSTITUCIONAL DAS NORMAS JURÍDICAS TRABALHISTAS: A APLICAÇÃO DOS PRINCÍPIOS CONSTITUCIONAIS DO TRABALHO

CAPÍTULO 28
TRABALHO PENOSO: PREVENÇÃO E REPARAÇÃO PELO DESGASTE SOFRIDO PELO TRABALHADOR

Raimundo Simão de Melo[1236]

1. Introdução

O objetivo deste trabalho é fazer algumas reflexões sobre o trabalho penoso no Brasil, diante do que dispõe a Constituição Federal de 1988 e as leis infraconstitucionais pertinentes ao tema. Abordarei o trabalho como castigo, como satisfação, como meio de se ganhar a vida e, finalmente, como tarefa desgastante para o ser humano nos tempos modernos, as suas consequências nefastas para o obreiro, a legitimidade para buscar a sua prevenção e reparação e as responsabilidades do empregador ou tomador de serviços diante do ordenamento jurídico brasileiro, especialmente das responsabilidades civis e trabalhistas, incluindo a tormentosa questão do adicional de remuneração pelo trabalho nas atividades penosas em razão da falta de regulamentação do disposto no inc. XXIII do art. 7º da Constituição Federal.

No final, apontarei algumas conclusões sobre o que vem sendo feito e o que deve ser feito para proteger o trabalhador que exerce atividades penosas.

2. Trabalho e dignidade humana na lei brasileira

Etimologicamente a palavra "trabalho" tem origem latina no termo *tripalium*, que era um instrumento com três estacas, utilizado para martirizar e torturar pessoas. Nos tempos primitivos, o trabalho era considerado como castigo, mas com o passar dos tempos ganhou o significado de algo dignificante para o ser humano, para que o homem pudesse viver do ganho com a venda das suas forças físicas e mentais para um tomador de serviços.

Com efeito, nos dias atuais, o trabalho é considerado como um meio de vida, um meio de se ganhar dinheiro para uma vida digna, mas também como uma satisfação de ser o homem útil numa sociedade politicamente organizada. É como consta das leis da maioria dos países do mundo, inclusive as brasileiras, especialmente a Constituição Federal de 1988, que no art. 1º estabelece como fundamentos da República Federativa do Brasil, entre outros, a dignidade da pessoa humana e os valores sociais do trabalho. O ar. 170 dessa Norma Maior, que trata da ordem econômica, diz que essa está fundada na valorização do trabalho humano e na livre-iniciativa, tendo por fim assegurar a todos existência digna, conforme os ditames da justiça social, observados, entre outros, os princípios da defesa do meio ambiente e da busca do pleno emprego, o que é complementado pelo art. 196, que assegura que a saúde é direito de todos e dever do Estado, garantido mediante políticas sociais e econômicas que visem à redução do risco de doença e de outros agravos e ao acesso universal e igualitário às ações e serviços para sua promoção, proteção e recuperação.

Com ênfase, estabelece a Constituição Federal brasileira no art. 7º e inc. XXII, que "São direitos dos trabalhadores urbanos e rurais, além de outros que visem à melhoria de sua condição social: ... redução dos riscos inerentes ao trabalho, por meio de normas de saúde, higiene e segurança".

O reconhecimento da dignidade da pessoa humana está na satisfação do bem-estar físico, intelectual, moral e psicológico do trabalhador, assegurando-lhe um ambiente saudável para cumprir as suas obrigações contratuais e funções e, consequentemente, obter recursos financeiros para satisfazer suas necessidades básicas, com a finalidade de obtenção de uma melhor qualidade de vida. A dignidade humana, pois, é o maior e principal fundamento para a proteção contra o trabalho penoso, desgastante e prejudicial à saúde dos trabalhadores.

Cabe lembrar que o termo saúde utilizado na lei é genérico e quer dizer corpo, alma e mente, pois o objetivo maior é revelar que seu âmbito de aplicação e proteção atinge não somente a higidez física, mas também pode alcançar a capacidade intelectual e psíquica da pessoa humana, o que pode variar de pessoa para pessoa[1237].

Nos tempos modernos, como se observa, o trabalho não pode mais ser considerado como um castigo, nem como uma forma de desgastar e causar danos ao ser humano trabalhador, pois a sua mais importante finalidade está em se considerá-lo como um meio digno de se ganhar a vida, uma vida com qualidade (CF, art. 225).

[1236] Consultor Jurídico e Advogado. Procurador Regional do Trabalho aposentado. Doutor e Mestre em Direito das Relações Sociais pela PUC-SP. Pós-graduado em Direito do Trabalho pela Universidade de São Paulo. Professor titular do Centro Universitário UDF/Mestrado e da Faculdade de Direito de São Bernardo do Campo/SP no Curso de Pós-graduação em Direito e Relações do Trabalho. Membro da Academia Brasileira de Direito do Trabalho. Autor de livros jurídicos, entre outros, *Direito ambiental do trabalho e a saúde do trabalhador*.

[1237] MARQUES, Christiani. *A proteção ao trabalho penoso*. São Paulo: LTr, 2007. p. 23.

Como bem assevera Christiani Marques ([1238]), "É inquestionável, portanto, que o trabalho é elemento essencial à vida. Logo, se a vida é o bem jurídico mais importante do ser humano e o trabalho é vital à pessoa humana, deve-se respeitar a integridade do trabalhador em seu cotidiano, pois atos adversos vão, por consequência, atingir a dignidade da pessoa humana".

Ao contratar um empregado cabe ao tomador de serviços assegurar-lhe um trabalho em condições dignas, seguras e adequadas, em que a sua saúde e integridade física e psicológica sejam preservadas. Assim, cabe ao tomador de serviços adotar todas as medidas possíveis para evitar danos e desgastes ao trabalhador, inclusive no tocante ao trabalho penoso, que não obstante os danos à saúde humana, não é proibido como regra em nosso país. É certo, contudo, que o tratamento desumano e degradante é proibido pela Constituição do Brasil (art. 5º, inc. III), que diz que "ninguém será submetido a tortura nem a tratamento desumano ou degradante".

3. Conceito de trabalho penoso

No Brasil, não existe lei que regulamente as atividades penosas e conceitue claramente o trabalho penoso e estabeleça qual o adicional a ser pago pelo empregador. É na doutrina, firmada especialmente por médicos e psicólogos, que encontramos subsídios a respeito do tema.

Assim, diz-se que trabalho penoso é o trabalho desgastante para a pessoa humana. É o tipo de trabalho que, por si ou pelas condições em que exercido, expõe o trabalhador a um esforço além do normal para as demais atividades e provoca desgaste acentuado no organismo humano. É o trabalho que, pela natureza das funções ou em razão de fatores ambientais, provoca uma sobrecarga física e/ou psíquica para o trabalhador.

4. Exemplos de trabalho penoso

O trabalho penoso é peculiar a determinadas atividades no setor rural, mas também é encontrado no setor urbano.

Na área rural, pode-se exemplificar com o trabalho dos cortadores de cana que, em jornadas normalmente superiores a oito horas por dia, expostos a altas temperaturas e a um sol escaldante, ativam-se em contato direto com o pelo da cana, quando crua, ou com a fuligem, quando queimada, além do contato direto com muitos tipos de agentes físicos, químicos e biológicos e com animais peçonhentos.

Parece mesmo que não se pode negar, de sã consciência, que o trabalho dos cortadores de cana é um trabalho penoso, árduo, pesado e degradante. É um trabalho que, além de expor o ser humano a toda sorte de intempéries, como a maioria dos trabalhos rurais (a temperatura pode atingir mais de 40°C, dependendo da região), os coloca em contato com risco de acidentes com animais peçonhentos, intoxicações por agrotóxicos, doenças osteomusculares pelos repetitivos e exaustivos movimentos diários, entre outros, submetendo-os a ritmos acelerados de trabalho, uma vez que o ganho, geralmente, é por produção, o que os obriga a trabalharem mais e mais para obterem um ganho mensal melhor.

Durante a exaustiva jornada laboral, o trabalhador repete os mesmos gestos, que são, entre outros, abraçar o feixe de cana, curvar-se, golpear com o podão a base dos colmos, levantar o feixe, girar e empilhar a cana em montes.

Conforme Francisco Alves (Professor e pesquisador do Departamento de Engenharia de Produção da Universidade Federal de São Carlos – UFSCar), que há mais de 20 anos pesquisa a produção no setor canavieiro, o excesso de trabalho dos cortadores de cana pode ser demonstrado pela rotina do dia a dia. Para uma produção diária de seis toneladas de cana, eles têm de cortar a cana rente ao solo para desprender as raízes; cortar a parte onde estão as folhas verdes, que por não ter açúcar não servem para as usinas; carregar a cana cortada para a rua central e arrumá-la em montes. Segundo esse pesquisador, tudo isso é feito rápido e repetidamente, a céu aberto, sob o sol e calor, na presença de fuligem, poeira e fumaça, por um período que varia entre 8 e 12 horas. Para isso, eles chegam a caminhar, ao longo do dia, uma distância de aproximadamente 4.400 metros, carregando nos braços feixes de 15 quilos por vez, além de despender cerca de 20 golpes de facão para cortar um feixe de cana. Isso equivale a aproximadamente 67 mil golpes por dia. Isso tudo se a cana for de primeiro corte, ereta, e não caída, enrolada. Do segundo corte em diante, há mais esforço.

Agora, imagine-se aqueles que cortam 12 ou mais toneladas por dia, o que não é raro acontecer, pois esses trabalhadores vêm de longínquas regiões do país, premidos pela miséria nas suas origens, dispostos a trabalhar, trabalhar e trabalhar para obter um ganho melhor, inclusive para sobreviver com a família na entressafra.

É normal, ainda, a exposição diária dos cortadores de cana a agentes físicos, químicos e biológicos, o que se traduz em doenças, traumas e acidentes de trabalho a eles relacionados. São exemplos comuns as dermatites, conjuntivites, desidratação, câimbras, dispneias, infecções respiratórias, alterações da pressão arterial, ferimentos etc. As cargas biopsíquicas configuram padrões de desgastes manifestos por meio de dores na coluna vertebral, dores torácicas, lombares, de cabeça, tensões nervosas e outros tipos de manifestações psicossomáticas, que, no conjunto, em algumas situações, levam à morte prematura do trabalhador. Como negar que esse trabalho é penoso e, aos trabalhadores, o direito a uma reparação pelo trabalho desgastante, além, antes disso, de melhorias nas condições de trabalho, como pausas quando chegam à exaustão?

Nesse sentido, tem sido intensa a atuação do Ministério Público do Trabalho, com o apoio de AFTs, na busca de melhoria das condições de trabalho desses trabalhadores, como será visto no item da prevenção.

[1238] Op. cit., p. 21.

No entanto, também existem outras atividades consideradas como penosas, fora do trabalho rural, senão pela lei, que ainda não existe, mas de acordo com orientações doutrinárias de outros ramos da ciência, por exemplo, a medicina e da psicologia.

Há Projetos de lei correndo no Congresso Nacional (a passos de tartarugas, é certo), por exemplo, considerando penosas as atividades de motorista e cobrador de ônibus, motorista de táxi, empregados de serviços de limpeza ou conservação de bueiros, galerias ou assemelhados, enfermeiros e auxiliares de enfermagem, caixas e vigilantes de banco, entre outras.

Em obra específica sobre o tema trabalho penoso, Christiani Marques[1239] diz que em estudos de trabalhadores bancários, algumas características dessa atividade demonstram a penosidade na atividade laboral. São elas: aumento do volume de trabalho; acúmulo de funções; submissão e resistência; horários predeterminados para o cumprimento de diferentes tarefas e pressão do próprio público, entre outras. Informa a autora que no Rio de Janeiro entre 1997 e 1999 foi realizado um trabalho na área da saúde, que considerou a atividade bancária de caixa como penosa, explicitando como características o sofrimento e o desgaste, o que se acentua com a forma organizacional dos bancos, a automação, a diversificação de produtos vendidos e a ameaça de desemprego pela automação. É sabido que, por exemplo, quando o resultado do fechamento dá negativo, o caixa de banco tem que pagar a diferença, o que acarreta muita pressão e desgaste psicológico.

A forte pressão psíquica, seja pelas metas que se exigem dos bancários, seja por assédio moral, pelas pressões oriundas da concorrência ou pela introdução de novas tecnologias, tudo isso aliado ao medo constante dos assaltos cada vez mais presentes, faz com que o trabalho seja realmente desgastante, estressante e penoso.

Em relação aos bancários, são conhecidíssimas, porque corriqueiras, as doenças decorrentes de problemas relacionados ao sistema musculoesquelético (LER/DORT) e à saúde mental, esta, por conta das pressões que sofrem no dia a dia.

O adoecimento do sistema musculoesquelético, conforme pesquisas feitas por sindicatos profissionais, atingem mais de 50% dos bancários, que apresentam sintomas compatíveis com LER/DORT. A incidência é muito alta, e, apesar de campanhas preventivas, o número de bancários afetados não para de aumentar. Além disso, a LER/DORT merece uma atenção especial, porque pode trazer incapacidade temporária ou permanente, além de ocasionar transtornos psicológicos decorrentes da doença, como a depressão e outros transtornos mentais.

Algumas das categorias de doenças diagnosticadas relacionadas com o trabalho dos bancários são **alcoolismo crônico** (pode iniciar com um uso abusivo de substância alcoólica e desencadear com outras drogas); **episódio depressivo** (é desencadeado ou agravado por circunstâncias do trabalho, com sintomas de tristeza persistente, choro fácil, alteração do apetite e do sono, culpa, sensação de fracasso, incapacidade de reação, falta e prazer, desespero, entre outros); **transtorno de estresse pós-traumático** (é uma situação de estresse ameaçador ou catastrófico de assaltos no trabalho, ameaça à integridade física ou outras circunstâncias ligadas ao trabalho); **síndrome de fadiga** (fadiga física e mental constante), **neurose profissional** (cansaço, desinteresse, irritabilidade, alterações do sono); e **síndrome de esgotamento profissional** (é uma espécie de estresse crônico. A pessoa que antes tinha muito envolvimento com o seu trabalho, com os clientes, com os colegas, começa a se desgastar, resistir, perder a energia e o interesse pelo trabalho).

É certo que essas doenças não são facilmente caracterizadas como do trabalho, deixando os médicos, muitas vezes, de estabelecer o nexo causal para reconhecimento, tratamento do mal e reparação dos danos decorrentes como doença ocupacional.

Para facilitar o reconhecimento do vínculo com o trabalho, porque presumido, foi criado o chamado Nexo Técnico Epidemiológico (NTEP), com a edição do art. 21-A, da Lei n. 8.213/1991, que assim estabelece:

"A perícia médica do INSS considerará caracterizada a natureza acidentária da incapacidade quando constatar ocorrência de nexo técnico epidemiológico entre o trabalho e o agravo, decorrente da relação entre a atividade da empresa e a entidade mórbida motivadora da incapacidade elencada na Classificação Internacional de Doenças — CID, em conformidade com o que dispuser o regulamento".

§ 1º. "A perícia médica do INSS deixará de aplicar o disposto neste artigo quando demonstrada a inexistência do nexo de que trata o *caput* deste artigo."

§ 2º. "A empresa poderá requerer a não aplicação do nexo técnico epidemiológico, de cuja decisão caberá recurso com efeito suspensivo, da empresa ou do segurado, ao Conselho de Recursos da Previdência Social."

O Nexo Técnico Epidemiológico (NTEP) é uma metodologia que tem o objetivo de identificar quais doenças e acidentes estão relacionados com a prática de uma determinada atividade profissional, levando-se em conta o indice de acidentalidade a ela inerente. Com o NTEP, quando o trabalhador adquire uma enfermidade relacionada com a atividade profissional desenvolvida, fica qualificado o acidente de trabalho para efeitos previdenciários. Nos casos em que houver relação estatística entre a doença ou lesão e o setor de atividade econômica do trabalhador, como é o caso da LER/DORT no setor bancário, o nexo epidemiológico determinará automaticamente que se trata de uma doença ocupacional, equiparada para todos os efeitos legais a ao acidente do trabalho.

Com a adoção dessa metodologia e o reconhecimento do nexo causal da doença com o trabalho, inverte-se para

---

(1239) *op. cit.*, p. 65.

o empregador o dever/ônus de provar que a doença não foi causada pela atividade desenvolvida pelo trabalhador, ou seja, o ônus da prova passa a ser do empregador e não mais do empregado. Antes dessa alteração legal, ao sofrer um acidente ou contrair uma doença do trabalho, o trabalhador era o responsável pela comprovação da relação dos danos causados com a atividade então desempenhada.

Muitas são as atividades bancárias que geram desgaste e sofrimento para o trabalhador, como na área de compensação, de digitação, de chefias, pois os chefes têm que cumprir metas determinadas pelo banco e, para tanto, além de se desgastarem, realizam grande pressão sobre os seus subordinados, que também se desgastam e ficam doentes. Quer dizer, forma-se um círculo vicioso. Cabe lembrar que a Consolidação das Leis do Trabalho, quando estabeleceu a jornada especial de seis horas para os bancários, que regra geral não é cumprida pelos bancos, levou em conta exatamente a penosidade do trabalho (art. 224), como afirmou o TRT da 2ª Região em decisão judicial a seguir ementada:

> **EMENTA:** Bancário. Cargo de confiança. Caracterização. O bancário foi contemplado com jornada de seis horas diante da penosidade da função (CLT, art. 224). A ressalva do § 2º dispõe, necessariamente, o exercício de função de direção, na qual se contenha como elemento fundamental a fidúcia (*idem*, § 1º). Não será sofisticando a denominação do cargo ou generalizando a ressalva que se comprometerá a duração da carga de trabalho, substituindo-se a contraprestação pelo trabalho extraordinário por mera gratificação. (TRT2. Processo 19990477640/1999. 8ª Turma. Ac. 20000544145; Rel. José Carlos Arouca.)

Como ilustra bem essa decisão, os bancos usam de malabarismos para fraudar a lei e não cumprirem a jornada de seis horas diárias dos bancários, a qual se justifica pelo trabalho penoso que exercem, o que causa aos trabalhadores inúmeros transtornos para a saúde, para a sua integridade física e psíquica e para a vida social e familiar.

O assédio moral nos bancos tem sido outra característica distinta da penosidade do trabalho, que é exercido com o objetivo de obtenção de lucro cada vez maior. O trabalhador, para crescer dentro de um banco, tem que vender, vender e vender todos os papéis colocados à disposição do público. Aí vêm a pressão, o constrangimento, a desmoralização e o posterior descarte do funcionário, que vai do mais baixo funcionário ao gerente.

A decisão judicial seguinte bem ilustra essa assertiva:

> **EMENTA:** DANO MORAL. SUBMISSÃO DO EMPREGADO A SITUAÇÃO HUMILHANTE E VEXATÓRIA. INDENIZAÇÃO REPARATÓRIA DEVIDA. A presente controvérsia bem demonstra como os interesses meramente materiais, na busca infinita do lucro, ainda se sobrepõem ao respeito à dignidade do ser humano, princípio constitucional muitas vezes ignorado nas relações contratuais. Restou demonstrado nos autos que o reclamante foi submetido por seu empregador a pressão psicológica, objetivando atingir determinadas metas relacionadas à captação de contas, que quando alcançadas, eram elevadas, inclusive acima da média referente a outras agências do mesmo porte. Ao não conseguir alcançar tal objetivo, foi o reclamante "premiado" com um "troféu", representado por uma botina, que permaneceu por cerca de um ano pendurada na sala de uma das gerências regionais do reclamado, identificando o Posto de Serviço de responsabilidade do autor como o último do "ranking" do reclamado, procedimento que tornou o trabalhador alvo de piadas e achincalhações dos demais colegas em reuniões das quais participava. Tal procedimento discriminatório, que evidentemente extrapola o poder diretivo do empregador, atingiu seriamente a imagem do reclamante diante dos profissionais da área em que atua, causando-lhe sofrimento íntimo, com reflexos deletérios para sua autoestima, circunstância que justifica plenamente a indenização fixada pelo MM. Juízo de origem, visando reparar o dano moral do qual foi vítima. (Proc. TRT 15ª região n. 01065-2006-050-15-00-0-RO; Rel. Fernando da Silva Borges, DOE de 06.03.2009.)

A condenação do Banco ao pagamento de indenização por dano moral decorreu do fato de o ex-gerente ter ficado conhecido como "Claudinho Botina", em referência a uma bota de cano curto que foi mantida pelo coordenador de postos de atendimento bancário na gerência regional sediada em Presidente Prudente. Exposta aos demais empregados, a botina era identificada como "troféu do gerente responsável pelo posto" e serviria para "chutar o traseiro" do bancário, uma punição por desempenho profissional considerado insuficiente. "O reclamado submeteu o reclamante a situação vexatória e humilhante", reagiu o relator do acórdão no TRT, que ressaltou que o bancário virou "alvo de piadas, achincalhação e risos" por parte dos colegas que participavam das reuniões na gerência regional. "É inegável o constrangimento a que foi submetido o reclamante, decorrente da situação vexatória em que foi colocado pelo empregador, a qual culminou por macular a sua imagem perante os colegas de trabalho, além de provocar evidente sofrimento íntimo, em decorrência do assédio moral que lhe foi impingido por representante do reclamado", acrescentou o relator no Tribunal.

No caso, o bancário foi admitido pelo banco em 1978 e se aposentou em 11 de agosto de 2005, totalizando quase 27 anos de trabalho para o mesmo empregador. Em 2004, começou o assédio moral, com pressões psicológicas por parte do coordenador de postos e cobrança de cumprimento de metas elevadas, que nem sempre eram alcançadas. A situação chegou ao ápice quando o posto sob responsabilidade do reclamante foi tachado como "o último do *ranking* do banco", e houve a consequente exposição da botina na gerência regional. O reclamado negou os episódios descritos e admitiu apenas a cobrança de metas, mas alegou que ela ocorria dentro de limites aceitáveis e era necessária "no contexto de uma empresa do ramo financeiro que está submetida a forte concorrência". Argumentou também que a maior produtividade alcançada pelos empregados por causa das metas estabelecidas resultava em diversos benefícios aos bancários, como o aumento da remuneração e o recebimento de prêmios.

Conforme consta do processo, ainda que o reclamante atingisse as metas fixadas, a situação não mudava, porque os objetivos impostos ao autor, e só a ele, eram aumentados para o período seguinte, de maneira que ele nunca atingia tais metas.

Como se vê, toda essa situação causou grande desgaste emocional no trabalhador reclamante, diante da vergonha, desapreço, humilhação e dor sofridos não somente diante dos colegas de trabalho, mas também do público bancário que frequentava aquele posto onde ele trabalhava e via o prêmio recebido pelos 27 anos de serviços prestados.

A decisão a seguir bem demonstra a penosidade do trabalho dos bancários e a profundidade dos males para a sua saúde física e mental, com graves consequências familiares, sociais e humanas:

> **EMENTA**: INDENIZAÇÃO ACIDENTÁRIA. DIREITO COMUM. DANO MATERIAL E MORAL. DOENÇA PROFISSIONAL. DIGITADOR. TENOSSINOVITE. LESÕES POR ESFORÇOS REPETITIVOS (LER). CULPA DO EMPREGADOR. Contraindo o empregado, na função de digitador, por culpa do empregador, a doença chamada tenossinovite, é devida a indenização postulada, inclusive, no caso, pelo dano moral experimentado. O que a apelante não quer olhar – nem entender quer – é para a dor que vai até o imo da alma da apelada, como mãe, que em nenhuma circunstância pode tomar um de seus filhos no colo, ampará-lo numa queda, consolá-lo durante um choro, protegê-lo no (costumeiro) medo noturno [...]. Nada de nada [...]. E ante o pedido do filho, ainda que com os olhos cheios de lágrimas, como que lha implorando o divino colo da mãe, ela nada pode fazer. Para o banco, isso pode ser apenas um dano físico, sem muito [...]. É compreensível que o banco sequer faça ideia do sofrimento miserável que qual faca cega rasga o peito e arranca os pedaços da alma dessa criatura humana a cada vez que o fato se repete. (Ap. Cível n. 116315-5, 6ª Vara Cível de Londrina/PR, Relator Juiz Rabelo Filho. in Martins, João Vianey Nogueira. O dano moral e as lesões por esforços repetitivos, p. 82-83.)

5. Prevenção do trabalho penoso

O primeiro mandamento para o empregador sobre o trabalho penoso, uma vez que não o é proibido no Brasil, é procurar adotar medidas que eliminem ou ao menos diminuam a penosidade e o consequente desgaste para a saúde dos trabalhadores.

Nesse sentido, nos últimos anos, tem se visto algumas iniciativas louváveis por parte de órgãos públicos, como do Ministério do Trabalho, do Ministério Público do Trabalho e da Justiça do Trabalho, esta, que julga as ações ajuizadas pelo MPT e pelos Sindicatos de Trabalhadores.

O caso a seguir relatado (Justiça Trabalho condena usina por expor cortadores de cana ao calor excessivo) bem ilustra essa novidade nas relações de trabalho, na busca de um trabalho seguro, como, aliás, vem sendo assim preconizado na importante campanha com esse nome, desencadeada pelo C. TST em 2011 e que continua em pleno desenvolvimento por esse Brasil afora.

O juiz da Vara do Trabalho de Tupã (SP), numa Ação Civil Pública ajuizada pelo Ministério Público do Trabalho (Processo n. 0000607-53.2012.5.15.0065 ACP-VT-Tupã), condenou uma Usina de Açúcar e Álcool a adotar medidas para prevenir acidentes que decorrem da exposição de cortadores de cana ao calor. A sentença é o resultado de um trabalho preventivo que vem sendo realizado pelos procuradores do Ministério Público do Trabalho desde 2011, especialmente no interior do Estado de São Paulo.

Com a importante decisão judicial, a empresa deve elaborar avaliação de risco da atividade de corte manual de cana, oferecendo medidas de aclimatação, orientação e treinamento dos cortadores de cana para evitar a sobrecarga térmica.

A empresa deve medir o índice chamado de IBUTG (Índice de Bulbo Úmido Termômetro de Globo), calculado sobre a temperatura e a umidade relativa do ar e a taxa de metabolismo dos trabalhadores em função da atividade desenvolvida.

Caso o IBUTG atinja 25 (equivalente à temperatura de 37°C), a usina deve conceder períodos de descanso aos cortadores de cana ou, em situações mais graves, suspender as atividades de corte de cana.

O período em que os trabalhadores se mantiverem parados por causa da interrupção da atividade pelo calor deve ser contado como tempo de trabalho, uma vez que estarão eles à disposição do empregador. As horas ou minutos serão remunerados com base na média de produção auferida pelos cortadores de cana.

À reclamada foi dado o prazo de 60 dias, a partir da notificação da decisão, para cumprir a sentença em sua integralidade, sob pena de ter que arcar com o pagamento de multa de R$ 10.000,00 por dia, sendo certo que na forma do § 2º do art. 12 da Lei n. 7.347/1985 "A multa cominada liminarmente só será exigível do réu após o trânsito em julgado da decisão favorável ao autor, mas será devida desde o dia em que se houver configurado o descumprimento". É dizer, não cumprir a decisão acreditando numa futura modificação em grau de recurso representa grande risco, pois, se confirmada e não cumprido o mandamental sentencial, a consequência econômica será pesada.

Essa Ação Civil Pública foi movida pelo Ministério Público do Trabalho posteriormente à constatação de descumprimento da Norma Regulamentadora n. 15, que prevê a medição do IBUTG nas frentes de trabalho e a adoção de medidas preventivas para a situação discutida, considerando-se a penosidade e o maior desgaste da atividade para os trabalhadores a ela expostos.

Como tem noticiado a imprensa escrita e falada, dezenas de cortadores de cana morreram no Estado de São Paulo e em outras localidades por esse país, em decorrência de jornadas exaustivas, aliadas à exposição a altas temperatura, à baixa umidade do ar e às demais condições penosas de trabalho a que são expostos os trabalhadores.

A iniciativa foi provocada pelos casos de infartos e acidentes cardiovasculares registrados nos canaviais na última década, pelo que os procuradores do Ministério Público do Trabalho passaram a cobrar das usinas a medição do calor nas frentes de trabalho, especialmente pelo fato de os trabalhadores do corte manual de cana laborarem a céu aberto e, portanto, sujeitos aos efeitos das condições climáticas, com possibilidade de sobrecarga térmica.

Por meio de aferições técnicas nos ambientes de trabalho dos cortadores de cana, de estudos e da incidência de acidentes e doenças ocupacionais envolvendo essa categoria de trabalhadores, os procuradores do trabalho produziram provas contundentes nas dezenas de inquéritos civis instaurados, o que levou à assinatura de alguns Termos de Ajustamento de Conduta (TAC) e ao ajuizamento de ações contra grandes grupos usineiros, com o objetivo de garantir intervalos em altas temperaturas, seguida de remuneração mínima.

Inciativas como essas devem ser implementadas em relação a outras atividades desgastantes para os trabalhadores, sendo exemplos o trabalho nos frigoríficos, para o qual a lei (CLT, art. 253) e a NR-36 já estabelecem pausas de descanso, mas que nem sempre são cumpridas, e a eliminação definitiva das horas extras no setor bancários. Não se deve esperar apenas pela atuação do Ministério Público do Trabalho, cabendo aos Sindicatos de trabalhadores igual iniciativa por meio de negociações coletivas, greves e ações coletivas, para as quais estão legitimados (CF, art. 8º, inc. III), Lei n. 8.073/1990, art. 3º (As entidades sindicais poderão atuar como substitutos processuais dos integrantes da categoria) e STF – RE n. 210.029-3.

6. O pagamento do adicional constitucional

O trabalho em atividades penosas, sem dúvida alguma, é desgastante e prejudicial ao ser humano, embora, como regra, não seja proibido, pelo que é necessária a prevenção dos seus males com medidas que possam diminuir as consequências para a saúde e a integridade física e psíquica dos trabalhadores, na forma do que dispõe o inc. XXII do art. 7º da Constituição Federal.

Além disso, estabelece a Lei Maior no art. 7º, inc. XXIII[1240], o pagamento dos adicionais de remuneração pelo trabalho penoso, o qual tem caráter de remuneração compensatória pelos males causados ao ser humano.

O objetivo desse pagamento, além do benefício remuneratório/compensatório para os trabalhadores, é constituir maior ônus para o empregador e, assim, forçá-lo a adotar medidas preventivas que diminuam os males para o ser humano.

É certo que às vezes torna-se mais barato para o empregador pagar o adicional do que adotar medidas preventivas. Depois, ainda existe outro fator importante, que é a ignorância dos riscos à saúde, que leva muitos trabalhadores a preferirem o pagamento a terem melhorias nas condições de trabalho, o que se alia a uma falta de empenho também de grande parte dos Sindicatos de Trabalhadores, que ainda não perceberam que o mais importante direito dos trabalhadores é um meio ambiente do trabalho sadio, adequado e protegido por normas de segurança, higiene e medicina do trabalho.

No caso do trabalho penoso, nem o chamado adicional de remuneração, criado pela Constituição Federal, tem sido pago, sob o fundamento de que não existe regulamentação legal específica para o caso.

Realmente não há lei trabalhista conceituando e regulamentando o trabalho penoso e o pagamento do respectivo adicional de remuneração. Há vários projetos de lei no Congresso Nacional tratando do tema, mas parece não haver vontade política na sua aprovação, principalmente porque passaria a ser certa a obrigação patronal quanto ao pagamento do respectivo adicional [1241].

(1240) CF, art. 7º: São direitos dos trabalhadores urbanos e rurais, além de outros que visem à melhoria de sua condição social: ... XXIII – adicional de remuneração para as atividades penosas, insalubres ou perigosas, na forma da lei; (...).

(1241) Eis um dos referidos projetos: PROJETO DE LEI DO SENADO N., DE 2006. Acrescenta dispositivos na Consolidação das Leis do Trabalho (CLT) para regulamentar o adicional de penosidade previsto no inciso XXIII do art. 7º da Constituição Federal. O CONGRESSO NACIONAL decreta: Art. 1º A Consolidação das Leis do Trabalho, aprovada pelo Decreto-Lei n. 5.452, de 1º de maio de 1943 passa a vigorar acrescida dos seguintes artigos: Art. 197. A Consideram-se atividades ou operações penosas, na forma da regulamentação aprovada pelo Ministério do Trabalho e Emprego, ou na forma acordada entre empregados e empregadores, por meio de convenção ou acordo coletivo de trabalho, aquelas que, por sua natureza ou métodos de trabalho, submetem o trabalhador à fadiga física ou psicológica. Art. 197-B. O exercício de trabalho em condições penosas, acima dos limites de tolerância estabelecidos pelo Ministério do Trabalho e Emprego, assegura a percepção de adicional de respectivamente quarenta por cento, vinte por cento e dez por cento da remuneração do empregado, segundo se classifiquem nos graus máximo, médio e mínimo. Parágrafo único. A caracterização e a classificação da atividade penosa far-se-ão por meio de perícia a cargo de Médico do Trabalho ou Engenheiro do Trabalho, registrado no Ministério do Trabalho e Emprego, que observará os seguintes critérios: I – o número de horas a que o trabalhador é submetido ao trabalho dessa natureza; II – a repetição de tarefa ou atribuição profissional considerada fatigante; III – as condições de salubridade do ambiente do trabalho; IV – o risco à saúde do trabalhador; V – os equipamentos de proteção individual adotados e os processos e meios utilizados como atenuantes da fadiga física e mental; VI – a existência ou não de períodos de descanso e de divisão do trabalho, que possibilite a rotatividade interna da mão-de-obra; V – o local de trabalho. Art. 197-C. O trabalho penoso obriga o empregador ou tomador do serviço, independentemente do pagamento do adicional respectivo, a observar os períodos de descanso recomendados pelo Ministério do Trabalho e Emprego. Art. 2º Até que seja regulamentada a presente Lei, compete à Justiça do Trabalho processar e julgar os pedidos de pagamento de indenização pelo exercício de trabalho penoso, exceto se norma de índole coletiva dispor sobre o pagamento do adicional de penosidade. Art. 3º Esta Lei entra em vigor na data de sua publicação. JUSTIFICAÇÃO: Passados dezoito anos da promulgação da Constituição de 1988, a doutrina e a jurisprudência trabalhistas consideram o direito ao adicional de penosidade uma norma constitucional de eficácia limitada. Na nova postura adotada pela doutrina e jurisprudência, de proteção à dignidade humana, tal entendimento não mais se justifica, pois se pode a jurisprudência conferir direitos trabalhistas a quem não é empregado, com muito mais razão poderá ela conferir eficácia plena aos direitos já consagrados aos empregados, até porque não é difícil definir o que seja um trabalho penoso. Penosa é a atividade que não apresenta riscos imediatos à saúde física ou mental, mas que, pelas suas condições adversas ao físico, ou ao psíquico, acaba minando as forças e a auto-estima do trabalhador, semelhantemente ao assédio moral. Aliás, ainda que não definido em lei, ninguém hoje dirá que não cabe ao trabalhador uma indenização por assédio moral. Assim, as próprias partes envolvidas poderão dispor sobre o assunto no âmbito do acordo ou convenção coletiva de trabalho, independentemente da norma a ser editada pelo Ministério do Trabalho e Emprego, dando efetividade a um direito de ordem constitucional que chega neste ano de 2006 à sua maioridade. Por esse motivo, solicito o apoio dos meus nobres Pares para a aprovação do presente projeto de lei. Sala das Sessões. Senador PAULO PAIM.

Essa regulamentação poderá ser feita de forma genérica pela lei ou, pontualmente, para determinada categoria, grupo ou classe de trabalhadores, por meio de negociação coletiva entre as classes profissional e econômica, o que é bastante adequado no sentido de poderem as partes adentrar a peculiaridades próprias de determinadas atividades. Porém, parece que os trabalhadores, por intermédio dos seus sindicatos, como regra geral, não têm se preocupado ainda com essa questão, o que reclama melhor organização com bandeira de luta pela melhoria das condições de trabalho e, enquanto isso não ocorre, com o pagamento do adicional [1242].

No setor público já existem alguns casos de leis sobre o trabalho penoso, como nos Estados de Minas Gerais e de Santa Catarina, que regulamentaram o pagamento do aludido adicional para os servidores públicos por meio, respectivamente, dos Decretos ns. 39.032/1997 e 4.307/1994.

O Estado de Santa Catarina conceituou, por Decreto (Decreto n. 4.307/1994, art. 1º, § 1º, inc. I), o que é atividade penosa, nos seguintes termos: "Para efeito deste Decreto, entende-se por atividades penosas, o trabalho árduo, difícil, molesto, trabalhoso, incômodo, doloroso, rude e que exige a atenção constante e vigilância acima do comum".

Os Anexos I e II desse Decreto elencam atividades, cargos e graus de penosidade (mínimo, médio e máximo) para efeito de pagamento do adicional de penosidade aos servidores públicos estaduais.

No Direito Previdenciário, o trabalho penoso tem encontrado tratamento legal com referência ao direito de aposentadoria especial por períodos mais curtos de tempo de serviço e pelo maior desgaste do trabalhador.

A Lei n. 8.213/1991 (art. 57), assegura que a "Aposentadoria especial será devida, uma vez cumprida a carência exigida nesta Lei, ao segurado que tiver trabalhado sujeito a condições especiais que prejudiquem a saúde ou a integridade física, durante 15 (quinze), 20 (vinte) ou 25 (vinte e cinco) anos, conforme dispuser a lei.

O Decreto n. 3.048/1999 (art. 68) diz que "A relação dos agentes nocivos químicos, físicos, biológicos ou associação de agentes prejudiciais à saúde ou à integridade física, considerados para fins de concessão de aposentadoria especial, consta do Anexo IV" do mesmo Decreto.

Assim, o empecilho para efetivação do direito ao adicional de penosidade, como tem sido aventado – falta de regulamentação –, pode ser superado pela aplicação analógica das normas previdenciárias e do disposto no inc. V do art. 5º da Constituição Federal, que assegura indenização proporcional ao agravo nos seguintes termos: "É assegurado o direito de resposta, proporcional ao agravo, além da indenização por dano material, moral ou à imagem".

Quer dizer, na forma da Constituição do Brasil, todo agravo deve ser proporcionalmente reparado. Trata-se de cláusula geral de reparação, como pilar do Estado Democrático de Direito.

Com efeito, um dos traços distintivos da Constituição Federal em relação às normas infraconstitucionais é a supremacia e eficácia imediata das suas normas, especialmente quando se referem a direitos fundamentais, como é o caso da prevenção e reparação dos danos à saúde do trabalhador. Assim estabelece § 1º do art. 5º que: "As normas definidoras dos direitos e garantias fundamentais têm aplicação imediata"

Igualmente, têm aplicação à espécie da reparação de danos os arts. 186 e 927 do Código Civil, que assim estabelecem:

> Art. 186. Aquele que, por ação ou omissão voluntária, negligência ou imprudência, violar direito e causar dano a outrem, ainda que exclusivamente moral, comete ato ilícito.
>
> Art. 927: Aquele que, por ato ilícito (arts. 186 e 187), causar dano a outrem, fica obrigado a repará-lo.

Parece não haver dúvida de que o trabalho penoso causa danos ao ser humano e que esse dano merece ser reparado, porque, ademais, trata-se de ofensa a direito da personalidade, na categoria dos direitos humanos.

Deve-se considerar, para tanto, que o trabalho humano está em ordem privilegiada em relação ao capital, pois a ordem constitucional vigente no Brasil sobrepõe a valorização do trabalho humano aos aspectos econômicos do capital (CF, art. 170, *caput*). Disso decorre que a empresa e qualquer empreendimento têm responsabilidade e função sociais a cumprirem.

Estes são fundamentos que inspiram o intérprete da Constituição a ter compromisso com a sua efetividade, optando por interpretações alternativas e plausíveis que permitam a atuação da vontade constitucional, inclusive na ocorrência de omissão do legislador infraconstitucional, como na espécie, pois a Carta Constitucional brasileira já tem mais de 24 anos e o aludido inc. XXIII do art. 7º não foi ainda regulamentado. Certamente não era essa a intenção do constituinte, que queria a prevenção dos riscos ambientais e, alternativamente, a punição econômica do ofensor da norma legal.

Desta forma, diante da inércia do Poder Legislativo para baixar a necessária regulamentação, e das classes profissional e econômica, comporta o caso a impetração de Mandado de Injunção, remédio este destinado a efetivar os direitos, garantias e liberdades fundamentais do cidadão diante da omissão do Congresso Nacional ou de qualquer outra autoridade na regulamentação de algum preceito constitucional, conforme estabelece a CF, art. 5º, inc. LXXI, *verbis*:

> Conceder-se-á mandado de injunção sempre que a falta de norma regulamentadora torne inviável o exercício dos direitos e

---

(1242) Há casos mesmos em que, não obstante o empregador adote medidas, a penosidade da atividade permanece, sendo cabível, pois, o pagamento do adicional respectivo.

liberdades constitucionais e das prerrogativas inerentes à nacionalidade, à soberania e à cidadania.

No Mandado de Injunção, busca-se uma normatização provisória para um grupo, categoria ou categoria de trabalhadores ou para todos os trabalhadores, conforme o caso, até que seja feita a regulamentação por lei ou por meio de instrumentos normativos.

Ao Judiciário, no Mandado de Injunção, cabe fazer o que deveria ter sido feito pelo Poder Legislativo ou órgão a quem incumbia a pretendia regulamentação, dizendo que determinada atividade é penosa e qual adicional deve ser pago aos trabalhadores, até que seja feita uma regulamentação pela lei ou pelas partes (empregados e empregadores).

Foi o que aconteceu no Mandado de Injunção n. 712-8, em que o Supremo Tribunal Federal, apreciando a questão do exercício do direito de greve dos servidores públicos civis, concluiu o julgamento da ação impetrada pelo Sindicato dos Servidores Públicos, que objetivava assegurar o exercício do direito de greve aos integrantes da categoria por ele representada, bem como que fosse suprida a lacuna legislativa, mediante a regulamentação do direito de greve no serviço público. O STF decidiu que dispositivos da Lei de Greve (Lei n. 7.783/1989), que regem o exercício da greve dos trabalhadores da iniciativa privada, também se aplicam, por analogia, às greves no serviço público, desde que com adaptações (supressões, acréscimos e alterações), levando-se em conta certas peculiaridades do serviço público. A ementa dessa importante decisão está assim vazada:

> **EMENTA**: MANDADO DE INJUNÇÃO. ART. 5º, LXXI DA CONSTITUIÇÃO DO BRASIL. CONCESSÃO DE EFETIVIDADE À NORMA VEICULADA PELO ARTIGO 37, INCISO VII, DA CONSTITUIÇÃO DO BRASIL. LEGITIMIDADE ATIVA DE ENTIDADE SINDICAL. GREVE DOS TRABALHADORES EM GERAL [ART. 9º DA CONSTITUIÇÃO DO BRASIL]. APLICAÇÃO DA LEI FEDERAL N. 7.783/89 À GREVE NO SERVIÇO PÚBLICO ATÉ QUE SOBREVENHA LEI REGULAMENTADORA. PARÂMETROS CONCERNENTES AO EXERCÍCIO DO DIREITO DE GREVE PELOS SERVIDORES PÚBLICOS DEFINIDOS POR ESTA CORTE. CONTINUIDADE DO SERVIÇO PÚBLICO. GREVE NO SERVIÇO PÚBLICO. ALTERAÇÃO DE ENTENDIMENTO ANTERIOR QUANTO À SUBSTÂNCIA DO MANDADO DE INJUNÇÃO. PREVALÊNCIA DO INTERESSE SOCIAL. INSUBSISTÊNCIA DO ARGUMENTO SEGUNDO O QUAL DAR-SE-IA OFENSA À INDEPENDÊNCIA E HARMONIA ENTRE OS PODERES [ART. 2º DA CONSTITUIÇÃO DO BRASIL] E À SEPARAÇÃO DOS PODERES [ART. 60, § 4º, III, DA CONSTITUIÇÃO DO BRASIL]. INCUMBE AO PODER JUDICIÁRIO PRODUZIR A NORMA SUFICIENTE PARA TORNAR VIÁVEL O EXERCÍCIO DO DIREITO DE GREVE DOS SERVIDORES PÚBLICOS, CONSAGRADO NO ARTIGO 37, VII, DA CONSTITUIÇÃO DO BRASIL.
>
> 1. O acesso de entidades de classe à via do mandado de injunção coletivo é processualmente admissível, desde que legalmente constituídas e em funcionamento há pelo menos um ano.
>
> 2. A Constituição do Brasil reconhece expressamente possam os servidores públicos civis exercer o direito de greve – artigo 37, inciso VII. A Lei n. 7.783/89 dispõe sobre o exercício do direito de greve dos trabalhadores em geral, afirmado pelo artigo 9º da Constituição do Brasil. Ato normativo de início inaplicável aos servidores públicos civis.
>
> 3. O preceito veiculado pelo artigo 37, inciso VII, da CB/88 exige a edição de ato normativo que integre sua eficácia. Reclama-se, para fins de plena incidência do preceito, atuação legislativa que dê concreção ao comando positivado no texto da Constituição.
>
> 4. Reconhecimento, por esta Corte, em diversas oportunidades, de omissão do Congresso Nacional no que respeita ao dever, que lhe incumbe, de dar concreção ao preceito constitucional. Precedentes.
>
> 5. Diante de mora legislativa, cumpre ao Supremo Tribunal Federal decidir no sentido de suprir omissão dessa ordem. Esta Corte não se presta, quando se trate da apreciação de mandados de injunção, a emitir decisões desnutridas de eficácia.
>
> 6. A greve, poder de fato, é a arma mais eficaz de que dispõem os trabalhadores visando à conquista de melhores condições de vida. Sua auto-aplicabilidade é inquestionável; trata-se de direito fundamental de caráter instrumental.
>
> 7. A Constituição, ao dispor sobre os trabalhadores em geral, não prevê limitação do direito de greve: a eles compete decidir sobre a oportunidade de exercê-lo e sobre os interesses que devam por meio dela defender. Por isso a lei não pode restringi-lo, senão protegê-lo, sendo constitucionalmente admissíveis todos os tipos de greve.
>
> 8. Na relação estatutária do emprego público não se manifesta tensão entre trabalho e capital, tal como se realiza no campo da exploração da atividade econômica pelos particulares. Neste, o exercício do poder de fato, a greve, coloca em risco os interesses egoísticos do sujeito detentor de capital – indivíduo ou empresa – que, em face dela, suporta, em tese, potencial ou efetivamente redução de sua capacidade de acumulação de capital. Verifica-se, então, oposição direta entre os interesses dos trabalhadores e os interesses dos capitalistas. Como a greve pode conduzir à diminuição de ganhos do titular de capital, os trabalhadores podem em tese vir a obter, efetiva ou potencialmente, algumas vantagens mercê do seu exercício. O mesmo não se dá na relação estatutária, no âmbito da qual, em tese, aos interesses dos trabalhadores não correspondem, antagonicamente, interesses individuais, senão o interesse social. A greve no serviço público não compromete, diretamente, interesses egoísticos do detentor de capital, mas sim os interesses dos cidadãos que necessitam da prestação do serviço público.
>
> 9. A norma veiculada pelo artigo 37, VII, da Constituição do Brasil reclama regulamentação, a fim de que seja adequadamente assegurada a coesão social.
>
> 10. A regulamentação do exercício do direito de greve pelos servidores públicos há de ser peculiar, mesmo porque "serviços ou atividades essenciais" e "necessidades inadiáveis da coletividade" não se superpõem a "serviços públicos"; e vice-versa.
>
> 11. Daí porque não deve ser aplicado ao exercício do direito de greve no âmbito da Administração tão-somente o disposto na Lei n. 7.783/89. A esta Corte impõe-se traçar os parâmetros atinentes a esse exercício.
>
> 12. O que deve ser regulado, na hipótese dos autos, é a coerência entre o exercício do direito de greve pelo servidor público e as

condições necessárias à coesão e interdependência social, que a prestação continuada dos serviços públicos assegura.

13. O argumento de que a Corte estaria então a legislar, o que se afiguraria inconcebível, por ferir a independência e harmonia entre os poderes [art. 2º da Constituição do Brasil] e a separação dos poderes [art. 60, § 4º, III], é insubsistente.

14. O Poder Judiciário está vinculado pelo dever-poder de, no mandado de injunção, formular supletivamente a norma regulamentadora de que carece o ordenamento jurídico.

15. No mandado de injunção o Poder Judiciário não define norma de decisão, mas enuncia o texto normativo que faltava para, no caso, tornar viável o exercício do direito de greve dos servidores públicos.

16. Mandado de injunção julgado procedente, para remover o obstáculo decorrente da omissão legislativa e, supletivamente, tornar viável o exercício do direito consagrado no artigo 37, VII, da Constituição do Brasil. (STF – MI n. 712-8, Rel. Min. Eros Grau, DJE de 30.10.2008.)

O Mandado de Injunção é uma ação como outras, que pode ser ajuizada por qualquer interessado, pessoa física ou jurídica, de direito público ou privado, por brasileiro ou estrangeiro residente no país, que, por ausência de regulamentação, não possa exercer em seu favor, direito, garantia ou liberdade constitucional.

Legitimados ativos para o Mandado de Injunção tutelar dos direitos e interesses metaindividuais (difusos, coletivos e individuais homogêneos) são os partidos políticos, as organizações sindicais, as associações, o Ministério Público, a União, os Estados, o Distrito Federal, os Municípios, as autarquias, as empresas públicas, as fundações, as sociedades de economia mista e as defensorias públicas, desde que, salvo o Ministério Público, haja pertinência temática em relação ao legitimado coletivo.

No caso do trabalho penoso são legitimados ativos para ajuizar essa medida os Sindicatos e o Ministério Público, inclusive o do Trabalho, como assegura o art. 83, inc. X da LC 75/93, in verbis: "Compete ao Ministério Público do Trabalho o exercício das seguintes atribuições junto aos órgãos da Justiça do Trabalho: ... promover mandado de injunção, quando a competência for da Justiça do Trabalho."

No caso, o Mandado de Injunção buscará uma tutela abstrata, a qual será aplicada nos casos concretos direta e espontaneamente pelos empregadores ou mediante comando judicial condenatório.

Solução imediata que nos parece cabível para os casos concretos individuais ou coletivos é o ajuizamento de Reclamação Trabalhista e Ação Civil Coletiva, com pedido de arbitramento de indenização substitutiva do adicional pelo trabalho penoso.

As reclamações trabalhistas individuais não são as mais adequadas para o caso, primeiro porque poucos serão os trabalhadores que as ajuizarão, porque, a final, ainda precisam do emprego, por pior que seja.

Apresenta-se como mais adequado o ajuizamento de Ações Civis Coletivas na forma do que dispõe o Código de Defesa do Consumidor, no art. 91, que diz:

> "Os legitimados de que trata o art. 82 poderão propor, em nome próprio e no interesse das vítimas ou seus sucessores, ação civil coletiva de responsabilidade pelos danos individualmente sofridos, de acordo com o disposto nos artigos seguintes".

Quanto ao comando condenatório dessa ação, estabelece o art. 95 que: "Em caso de procedência do pedido, a condenação será genérica, fixando a responsabilidade do réu pelos danos causados."

Como já frisado, tanto o Ministério Público do Trabalho como os Sindicatos têm legitimidade para ajuizar essa ação, sendo, ademais, de grande importância que o MPT tome a dianteira das primeiras medidas judiciais a serem ajuizadas, diante da sua maior visibilidade e experiência no assunto. Mas nada impede, ao contrário, tudo aconselha que também possam ser propostas pelas entidades sindicais, sozinhas ou em conjunto com o MPT, porquanto, como é sabido, os Sindicatos profissionais podem contribuir muito na concreção dos fatos e fundamentos jurídicos embasadores das demandas judiciais.

Num primeiro momento, se não houver uma boa reflexão, poderá parecer estranho e impossível o pedido reparatório ora proposto, mas em verdade, existem fundamentos legais e jurídicos para o seu acolhimento, podendo o juiz do trabalho arbitrar valores indenizatórios/compensatórios pelo trabalho penoso, como o faz no caso do dano moral, até que o legislador estabeleça parâmetros específicos sobre o que seja trabalho penoso e o valor do adicional.

Com efeito, cito a seguir importante precedente sobre o tema, num caso em que um trabalhador que levantava dormentes de 150 kg, juntamente com outro companheiro de trabalho, ganhou uma indenização por dano moral no valor de R$ 12.000,00, porque o trabalho foi considerado penoso para o ser humano.

Argumentou o TRT3 que a CLT prevê, em seu art. 198, que o peso máximo que um empregado pode remover individualmente é 60 kg, excetuando-se a remoção de material feita por impulso ou tração de vagonetes sobre trilhos, carros de mão ou quaisquer outros aparelhos mecânicos. No caso do processo analisado, ficou provado que o trabalho de um carpinteiro envolvia o levantamento de dormentes de madeira que pesavam aproximadamente 150 kg. Na visão do TRT, o serviço era penoso e desgastante, tendo o ex-empregador excedido em muito seu poder diretivo ao exigir esse esforço descomunal do empregado. A conduta patronal, como enfatizou o acórdão, violou a honra, a moral e a imagem do trabalhador.

Conforme as provas do processo, o trabalho do carpinteiro consistia em, juntamente com um colega, içar manualmente do solo dormentes de madeira de cerca de 4,5 metros e com peso médio de 150 kg, levando-os até um carrinho que ficava a 40 cm do chão. Depois, ele transportava o dormente até uma furadeira, içando-o novamente até a bancada, que ficava a cerca de 1,10 metros do chão. Dessa forma, conforme calculou o magistrado, o peso de 75 kg era levantado pelo trabalhador duas vezes na mesma operação. Primeiramente, até uma altura de 40 cm e daí até 1,1 metros. E isto todos os dias, durante cerca de dois anos e meio. Assim, ao submeter o carpinteiro à situação que lhe causava fadiga muscular, a empresa descumpriu regras de segurança, higiene e saúde do trabalhador. Se as normas de prevenção da fadiga indicam que o peso-limite de remoção de material, para o homem, é 60 kg, tem-se que a reclamada infringiu flagrantemente essa regra, destacou na sentença. O magistrado ponderou que o esforço para suportar cada quilo além do limite máximo é muito superior ao que se faz para suportar um quilo nos padrões aceitáveis. E explicou o seu raciocínio: levantar 20 kg e depois acrescentar mais 1 kg, somando 21 kg, solicita do corpo determinada energia, às vezes imperceptível. Porém, quando se está no limite máximo e é acrescentado apenas 1 kg, o gasto de energia é muito superior.

A final, a fadiga muscular e o desgaste físico demasiado trazem cansaço e causam sensação de impotência. Para o magistrado, isso com certeza fez com que o trabalhador deixasse de desempenhar outros atos de sua vida, afastando-o de sua convivência normal (TRT3, Processo RO n. 0001644-21.2010.5.03.0033).

Como se observa do relato acima, o Judiciário, no caso, optou por arbitrar uma indenização por dano moral pelo trabalho penoso, de uma só vez. Poderia, contudo, ter arbitrado um valor mensal durante o período trabalhado pelo reclamante em condições de penosidade, o que me parece que seria a melhor solução, pois assim a situação ficaria mais objetivada e próxima do que deve ser feito numa regulamentação legal, que é o estabelecimento de um percentual sobre o salário do trabalhador, a ser pago pelo empregador enquanto permanecer a situação do trabalho penoso.

Quanto à fundamentação jurídica para o deferimento da indenização pelo trabalho penoso cabe lembrar, neste particular, também a aplicação do art. 5º da Lei de Introdução às Normas do Direito Brasileiro, dispondo que, "na aplicação da lei, o juiz atenderá aos fins sociais a que ela se dirige e às exigências do bem comum".

A tarefa de mensuração, no caso concreto levado a juízo, enquanto não existir uma regulamentação legal, a exemplo do dano moral, ficará a cargo do juiz do trabalho, que, para tanto, deve se valer de laudo pericial sobre as condições de trabalho indicadas na petição inicial, aplicando por analogia as normas previdenciárias que tratam do tema no campo da aposentadoria especial e de outras normas legais pertinentes, como as que cuidam do adicional de periculosidade, arbitrando o adicional em 30% do salário do trabalhador (CLT, art. 193, § 1º) ou os adicionais de insalubridade de 10%, 20% ou 40%.

Pelos danos e desgastes causados ao ser humano pelo trabalho penoso e, ainda, levando em conta que esse pagamento tem caráter reparatório-preventivo-pedagógico-punitivo, na busca de melhores condições de trabalho, propugno pelo arbitramento de 30% dos salários percebidos pelo trabalhador.

A falta de norma regulamentadora, na espécie, não pode ser considerada como empecilho à fruição do direito de receber o adicional de penosidade, especialmente porque se trata de um direito fundamental, que, de acordo com a Constituição Federal, tem aplicação imediata e há mais de 24 anos se aguarda essa regulamentação, que não veio até agora e nem dá sinal de que virá tão cedo, pois certamente o poder econômico não quer que ela venha, pois, sem dúvida, 30% a mais nos salários encarece a folha de pagamento.

Como não é difícil imaginar, para o poder econômico é melhor mesmo continuar tudo como está, fazendo-se de conta que estamos respeitando a Constituição Federal, que assegura proteção máxima à dignidade humana, valoriza o trabalho e preconiza o pleno emprego (arts. 1º e 170).

É preciso que o Poder Judiciário cumpra o seu papel estabelecido na Constituição Federal (art. 5º, inc. LXXI e § 1º), substituindo o Congresso Nacional omisso, como preconizou o STF no Mandado de Injunção n. 712-8, enfatizando que: "... incumbe ao Poder Judiciário produzir a norma suficiente para tornar viável o exercício do direito de greve dos servidores públicos, consagrado no artigo 37, VII, da Constituição do Brasil."

Noutro importante fragmento da decisão, disse o STF que:

> ... é princípio assente em nosso direito positivo que, não havendo norma legal ou sendo omissa a norma existente, cumprirá ao juiz decidir o caso de acordo com a analogia, os costumes e os princípios gerais do direito (Lei de Introdução ao Cód. Civil, art. 4º; Cód. Proc. Civil, art. 126). Assim, o que pode tornar inviável o exercício de algum direito, liberdade ou prerrogativa constitucionalmente assegurados não será nunca a 'falta de norma regulamentadora' mas, sim, a existência de alguma regra ou princípio que proíba ao juiz recorrer à analogia, aos costumes ou aos princípios de direito para suprir a falta de norma regulamentadora. Havendo tal proibição, configura-se a hipótese de impossibilidade jurídica do pedido, diante da qual o juiz é obrigado a extinguir o processo sem julgamento de mérito (Cód. Proc. Civil, art. 267, VI), o que tornará inviável o exercício do direito, liberdade ou prerrogativa assegurados pela Constituição. (Trecho do voto do Min. do Eros Grau, citando o Professor José Ignácio Botelho de Mesquita.)

A CLT tem mandamento expresso e amplo para a situação de omissão do legislador, como se infere do art. 8º, *verbis*:

> As autoridades administrativas e a Justiça do Trabalho, na falta de disposições legais ou contratuais, decidirão, conforme o caso, pela jurisprudência, por analogia, por eqüidade e outros princípios e normas gerais de direito, principalmente do direito do trabalho, e, ainda, de acordo com os usos e costumes, o direito comparado, mas sempre de maneira que nenhum interesse de classe ou particular prevaleça sobre o interesse público.

Cabe lembrar que o pagamento do adicional de penosidade não é a melhor solução para o problema. O mais importante é que o empregador adote providências para eliminar a penosidade do trabalho ou ao menos minimizá-la. O pagamento do adicional ou indenização substitutiva é uma mera reparação/

compensação pelos problemas causados ao trabalhador pelo desgaste físico e/ou mental sofrido e, por outro lado, uma forma de punir o empregador.

Como diz Christiani Marques [1243], "... o empregador poderá exigir esta prestação de serviço, contudo deverá respeitar os limites legais, em consonância com o fundamento da dignidade da pessoa humana. Pagar o adicional não interfere na conduta abusiva e nem tampouco deixa de configurar o ato não abusivo, fora dos limites".

Essa reparação pelo pagamento do adicional de penosidade encontra respaldo ainda no art. 187 do Código Civil brasileiro, que estabelece: "Também comete ato ilícito o titular de um direito que, ao exercê-lo, excede manifestamente os limites impostos pelo seu fim econômico ou social, pela boa-fé ou pelos bons costumes."

Ademais, têm aplicação ao caso os arts. 186 e 927 do Código Civil, para, assim, se evitar o locupletamento ilícito da classe patronal, que há mais de 24 anos não paga o adicional por trabalho penoso, embora continue usufruindo o trabalho humano em atividades desgastantes e prejudiciais à saúde dos trabalhadores.

É preciso, portanto, punir economicamente o empregador que submete o trabalhador a trabalho penoso e, com objetivos meramente econômicos, nada lhe paga pelo desgaste e agravo provocados, desrespeitando o fim social da norma constitucional, que é a proteção da dignidade humana do obreiro.

7. Cumulatividade do adicional de penosidade com os de periculosidade e de insalubridade

Enquanto os adicionais de penosidade e de insalubridade visam a compensar o trabalhador pelos danos causados à sua saúde pelo contato paulatino com os respectivos agentes agressivos, o adicional de periculosidade destina-se à compensação pelo risco iminente à vida do obreiro que se ativa em contato com o agente perigoso.

O fato gerador deste último adicional é o risco que decorre do agente perigoso para a integridade física do trabalhador.

Quanto à cumulatividade dos adicionais de insalubridade com o de periculosidade, deve-se fazer uma análise do disposto no § 2º do art. 193 da CLT, que diz: "O empregado poderá optar pelo adicional de insalubridade que porventura lhe seja devido."

Dessa disposição, resultou o entendimento majoritário de que o empregado que postula o pagamento de adicional de insalubridade na Justiça do Trabalho deve renunciar ao adicional de periculosidade e vice-versa, porque os dois não se cumulam.

Não concordo com esse entendimento, *data venia*, porque, em Direito, duas ou mais verbas somente não se cumulam quando tiverem a mesma natureza jurídica, o que não é o caso em análise.

O adicional de insalubridade tem por fim "indenizar" o trabalhador pelos males causados à sua saúde pelo contato continuado com os respectivos agentes agressivos ao organismo humano. Os agentes insalubres provocam doenças no ser humano, de menor ou maior gravidade, de acordo com o tempo de exposição e fragilidade maior ou menor do organismo de cada trabalhador.

Diferentemente ocorre com a periculosidade, cujo adicional é devido simplesmente pelo risco/perigo potencial da ocorrência de acidente.

Consequentemente, se os dois adicionais têm causas e razões diferentes, devem ser pagos cumulativamente, sempre que o trabalhador se ativar concomitantemente em atividade insalubre e perigosa, cujo fundamento maior está no já mencionado inc. V do art. 5º da Constituição Federal, que assegura indenização proporcional ao agravo sofrido.

O C. TST acolheu a nossa tese no **Proc. n. TST-RR-773-47.2012.5.04.0015** embora a sua SDI-1 tenha reformado essa decisão, protagonizando um capítulo ruim de sua história ao não reconhecer valor às Convenções Internacionais do Trabalho da OIT, ratificadas pelo Brasil, que têm (segundo o Supremo Tribunal Federal) prevalência sobre todas as normas infraconstitucionais brasileiras. A Corte não aplicou as Convenções mais benéficas ao trabalhador, ao reformar o entendimento da 7ª Turma do TST que, controlando a convencionalidade da Consolidação das Leis do Trabalho, havia entendido pela prevalência das convenções internacionais da Organização Internacional do Trabalho para garantir aos empregados o direito à cumulação dos adicionais de insalubridade e periculosidade.

Nas palavras da própria Subseção I da Seção Especializada em Dissídios Individuais do TST:

> Não obstante as Convenções 148 e 155 da Organização Internacional do Trabalho (OIT) tenham sido incorporadas ao ordenamento jurídico brasileiro, elas não se sobrepõem à norma interna que consagra entendimento oposto, aplicando-se tão somente às situações ainda não reguladas por lei.

No julgamento turmário o Ministro Cláudio Brandão, relator do caso, havia bem compreendido a importância de se controlar a convencionalidade da CLT, tendo como paradigmas as Convenções da OIT, para o fim de garantir a possibilidade de cumulação dos adicionais. Assim se manifestou o Ministro Cláudio Brandão no julgamento citado:

> A partir de então, se as Convenções mencionadas situam-se acima da legislação consolidada, as suas disposições hão de prevalecer, tal como ocorreu com a autorização da prisão civil decorrente da condição de depositário infiel, afastada do ordenamento jurídico pátrio por decisão do STF. (...) Exceção haveria se as convenções mencionadas consagrassem normas menos favoráveis ao trabalhador, o que autorizaria o seu afastamento (...). Finalmente, embora despiciendo, incumbe salientar a imposição ao Judiciário para,

---

[1243] *A proteção ao trabalho penoso*, p. 181.

em sua atuação, tornar efetivas as aludidas normas, mais do que apenas reconhecer a sua existência e efetividade, diante da obrigatoriedade também a ele imposta, em face da vinculação de todo Estado brasileiro, e não apenas do Poder Executivo que a subscreveu. (...) Cabe, portanto, a este Tribunal proclamar a superação da norma interna em face de outra, de origem internacional, mas benéfica, papel, aliás, próprio do Judiciário (...).

Cabe, no caso, ademais, a aplicabilidade dos arts. 186 e 927 do Código Civil, que estabelecem a chamada cláusula geral de responsabilidade pela reparação de danos causados injustamente a outrem.

Já no tocante à cumulatividade dos adicionais de insalubridade e de periculosidade com o adicional de penosidade, nenhuma vedação legal existe a respeito.

Nesse sentido, já se pronunciou o TST no acórdão a seguir ementado:

> **EMENTA**: COMPENSAÇÃO. ADICIONAL DE PENOSIDADE. O art. 193 da CLT cuida especificamente do adicional de periculosidade e no § 2º permite ao empregado fazer a opção pelo adicional de insalubridade, não tendo relação com o adicional de penosidade. O inciso XXIII do art. 7º da Constituição Federal apenas prevê o adicional de remuneração para as atividades penosas, insalubres ou perigosas, na forma da lei. Desse modo, não se vislumbra a pretensa violação aos dispositivos legal e constitucional invocados, na medida em que um e outro não tratam da cumulatividade de pagamento de adicionais. Recurso não conhecido. (Proc. RR n. 68361/2000, DJ de 22.03.2005; 4ª Turma, Rel. Juiz Antonio Lazarim.)

Assentou o acórdão ser impossível a compensação dos valores pagos a título de adicional de penosidade com o adicional de insalubridade, eis que se trata de parcelas diversas.

A lei não veda a cumulação dos adicionais de insalubridade e de penosidade, sendo perfeitamente possível o seu pagamento concomitante. O art. 193 da CLT cuida especificamente do adicional de periculosidade e no § 2º permite ao empregado fazer a opção pelo adicional de insalubridade, não tendo relação com o adicional de penosidade.

8. Responsabilidade civil pelos agravos decorrentes do trabalho penoso

O pagamento do adicional de penosidade tem como fundamento o risco em tese de danos à saúde do trabalhador, sendo a sua natureza de verba trabalhista compensatória.

Diferentemente ocorre com a responsabilidade de natureza civil, decorrente de danos concretos, como nos acidentes de trabalho típicos e nas doenças ocupacionais. Essa responsabilidade consiste no pagamento de indenizações por danos material, moral, estético e pela perda de uma chance, conforme o agravo para a saúde do trabalhador, e são devidas pelo empregador independentemente das outras obrigações de natureza administrativa, trabalhista e dos benefícios previdenciários, porque decorrentes do descumprimento de deveres legais ou contratuais.

De conformidade com a Constituição Federal de 1988 (art. 7º e inc. XXVIII), são direitos dos trabalhadores urbanos e rurais, além de outros que visem à melhoria de sua condição social, seguro contra acidentes do trabalho, a cargo do empregador, sem excluir a indenização a que este está obrigado, quando incorrer em dolo ou culpa.

Antes, essa indenização era assegurada ao empregado acidentado, em caso de dolo ou culpa grave do empregador, conforme orientação jurisprudencial cristalizada na Súmula n. 229 do STF.

Referida indenização, oriunda do Direito Civil (arts. 159 do CC de 1916 e 186 do atual), é devida independentemente dos benefícios pagos pelo órgão previdenciário, pela chamada culpa objetiva.

Nas indenizações decorrentes do direito comum, o que se analisa é a existência de sequela e/ou incapacidade total ou parcial para o trabalho depois do acidente do trabalho sofrido pelo empregado e a ocorrência de dolo ou mera culpa do empregador (negligência, imprudência e/ou imperícia), como causa do infortúnio, conforme doutrina e jurisprudência clássicas, sendo certo que também cabe a aplicação da responsabilidade objetiva nas atividades de risco e em outras situações específicas, de acordo com jurisprudência majoritária do C. TST.

A indenização, como consagra o Código Civil, abrange não só o que o acidentado perdeu – dano emergente –, como também o que razoavelmente deixou de ganhar – lucro cessante. Dessa forma, se do acidente resultar defeito ou diminuição da capacidade de trabalho e o trabalhador não puder mais exercer a sua profissão ou tiver diminuído o valor do seu trabalho, a indenização abrangerá uma pensão correspondente à importância do trabalho, no todo ou em parte, conforme o caso, além das despesas do tratamento e lucros cessantes.

Também é cabível indenização por dano moral, por dano estético e pela perda de uma chance, conforme cada caso concreto a ser analisado.

9. Conclusões

Na forma da Constituição Federal do Brasil, o trabalho humano não é uma mercadoria e, por isso, recebeu proteção legal na busca do pleno emprego, em que se respeite a dignidade do trabalhador e os valores sociais a ele inerentes.

O trabalho penoso, como regra, não é proibido, mas ao tomador de serviços incumbe adotar normas de segurança, higiene e medicina do trabalho com o objetivo de eliminar a sua penosidade e os desgastes e males para o trabalhador ou, ao menos, diminuí-los (CF, art. 7º, inc. XXII).

Ao trabalhador exposto ao trabalho em atividades penosas a Constituição Federal assegura o pagamento de adicional de remuneração, na forma da lei (CF, art. 7º, inc. XXIII), que até o momento, 24 anos depois da Carta Maior, não foi feita, razão pela qual os empregadores, salvo raríssimas exceções, não remuneram os trabalhadores e, com isso, estão se locupletando ilicitamente com a situação (CC, arts. 186, 187 e 927).

Como justificado no corpo deste trabalho, a falta de regulamentação legal do dispositivo constitucional que criou o aludido adicional não é motivo ou empecilho para o não pagamento deste, podendo-se adotar, entre outras, as seguintes providências para se efetivar a fruição do direito fundamental à reparação pelo trabalho penoso, até que sobrevenha uma norma legal geral: a) regulamentação por negociação coletiva; b) normatização por decisão judicial em Mandado de Injunção; e c) arbitramento de indenização substitutiva compensatória por meio de decisões judiciais em Reclamações Trabalhistas individuais e nas Ações Civis Coletivas, estas que podem ser ajuizadas pelo Ministério Público do Trabalho ou pelos Sindicatos profissionais.

Em razão da sua natureza, o adicional de penosidade é cumulativo com os adicionais de periculosidade e de insalubridade.

Têm legitimidade para impetrar Mandado de Injunção visando à regulamentação do disposto no inc. XXIII do art. 7º da Constituição Federal os sindicatos e o Ministério Público, inclusive o Trabalho.

A legitimidade para pleitear o pagamento do adicional de penosidade é do trabalhador individualmente, do Sindicato profissional e do Ministério Público do Trabalho, estes dois últimos, por meio de Ação Civil Coletiva.

O empregador responde civilmente pelos danos material, moral, estético e pela perda de uma chance, conforme o caso, em razão dos agravos concretos à saúde dos trabalhadores, decorrentes do trabalho em atividades penosas.

Os direitos fundamentais têm aplicação imediata, mas isso depende dos operadores do direito.

Finalmente, se de um lado é preciso agir com ponderação e bom-senso, de outro não se deve deixar que os direitos fundamentais se transformem em meras promessas de amor, feitas para não serem cumpridas, como ocorre até o momento em relação ao pagamento do adicional de penosidade.

10. REFERÊNCIAS BIBLIOGRÁFICAS

ALVES, Cleber Francisco. *O princípio constitucional da dignidade da pessoa humana*: o enfoque da doutrina social da Igreja. Rio de Janeiro: Renovar, 2001.

ARENDT, Hannah. *A condição humana*. Trad. Roberto Raposo. 10. ed. Rio de Janeiro: Forense, 2000.

BRANDÃO, Cláudio. *Acidente do trabalho e responsabilidade civil do empregador*. São Paulo: LTr, 2006.

BUCK, Célia Regina. *Cumulatividade dos adicionais de insalubridade e periculosidade*. São Paulo: LTr, 2001.

CAIRO JÚNIOR, José. *O acidente do trabalho e a responsabilidade civil do empregador*. São Paulo: LTr, 2003.

DIREITO, Carlos Alberto Menezes; CAVALIERI FILHO, Sérgio. *Comentários ao novo Código Civil*. (Coord.) Sálvio de Figueiredo Teixeira. Rio de Janeiro: Forense, 2004. v. XIII.

FLORINDO, Valdir. *Dano moral e o direito do trabalho*. 3. ed. São Paulo: LTr, 1999.

FORMOLO, Fernando. A cumulatividade dos adicionais de insalubridade e periculosidade. *Revista Justiça do Trabalho*, São Paulo, ano 23, n. 269, p. 49/64, maio 2006.

GAGLIANO, Pablo Stolze; POMPLONA FILHO, Rodolfo. *Novo curso de Direito Civil*: responsabilidade civil, São Paulo: Saraiva, 2003, v. III.

GIVRY, Jean de. A humanização do ambiente de trabalho: a nova tendência na proteção do trabalhador. In: *Tendências do Direito do Trabalho contemporâneo*. São Paulo: LTr, 1980. p. 7/15, v. 3.

GONÇALVES, Carlos Roberto. *Responsabilidade civil*. 8. ed. São Paulo: Saraiva, 2003.

GRAU, Eros Roberto. *Ensaio e discurso sobre a interpretação/aplicação do Direito*. São Paulo: Malheiros, 2002.

MARQUES, Christiani. *A proteção ao trabalho penoso*. São Paulo: LTr, 2007.

MARTINS, João Vianey Nogueira. *O dano moral e as lesões por esforços repetitivos*. São Paulo: LTr, 2003.

MELO, Raimundo Simão de. *Direito ambiental do trabalho e a saúde do trabalhador*. 5. ed. São Paulo: LTr, 2013.

OLIVEIRA, Sebastião Geraldo de. *Proteção jurídica à saúde do trabalhador*. 2. ed. São Paulo: LTr, 1998.

_____. *Indenizações por acidente de trabalho ou doença ocupacional*. 2. ed. São Paulo: LTr, 2006.

PADILHA, Norma Sueli. *Do meio ambiente do trabalho equilibrado*. São Paulo: LTr, 2002.

PEREIRA, Caio Mário da Silva. *Responsabilidade civil*. 9. ed. Rio de Janeiro: Forense, 2002.

PIOVESAN, Flávia. *Direitos humanos e o direito constitucional internacional*. São Paulo: Max Limonad, 2004.

QUEIROGA, Antônio Elias de. *Responsabilidade civil e o novo Código Civil*. 2. ed. Rio de Janeiro: Renovar, 2003.

RIBEIRO, Herval Pina. *A violência oculta do trabalho* — As lesões por esforços repetitivos. Rio de Janeiro: FIOCRUZ, 1999.

ROCHA, Júlio César de Sá da. *Direito ambiental e meio ambiente do trabalho*: dano, prevenção e proteção jurídica. São Paulo: LTr, 1997.

_____. *Direito ambiental do trabalho*. São Paulo: LTr, 2002.

TRINDADE, Antônio Augusto Cançado. *Direitos humanos e meio ambiente* — paralelo dos sistemas de proteção internacional. Porto Alegre: Sérgio Antonio Fabris, 1993.

VENOSA, Sílvio de Salvo. *Direito Civil*: responsabilidade civil. 3. ed. São Paulo: Atlas, 2003, v. 4.

CAPÍTULO 29
A CONVENÇÃO N. 158 DA ORGANIZAÇÃO INTERNACIONAL DO TRABALHO E O DIREITO BRASILEIRO

Lorena Vasconcelos Porto[1244]

1. Aprovação e ratificação

Em 22 de junho de 1982, a Conferência Internacional do Trabalho, nome que recebe a Assembleia Geral da OIT, reunida em sua 68ª Sessão, na cidade de Genebra, aprovou a Convenção n. 158, relativa ao "Término da Relação de Trabalho por Iniciativa do Empregador"[1245]. O referido tratado[1246] entrou em vigor, no plano internacional, em 23 de junho de 1985, 12 meses depois do o registro de sua ratificação, junto ao Diretor-Geral da OIT, por dois países-membros, em obediência ao § 2º de seu art. 16.

O Brasil, país integrante da OIT, com fundamento no art. 49, I, da Constituição Federal de 1988, submeteu a referida Convenção à apreciação do Congresso Nacional, que a aprovou por meio do Decreto Legislativo n. 68, de 16 de setembro de 1992. A Carta de Ratificação foi depositada junto ao Diretor-Geral da OIT em 5 de janeiro de 1995, passando a Convenção, por força de seu art. 16, a viger, no plano interno, 12 meses depois de essa data, isto é, em 5 de janeiro de 1996. Em 10 de abril desse ano, veio à luz o Decreto n. 1.855, que cuidou de promulgar a Convenção, dando a ela publicidade no território nacional.

2. Conteúdo da Convenção n. 158

Cuidaremos, neste tópico, da análise dos principais dispositivos da Convenção n. 158, vez que não é possível de ser feita, na estreita sede do presente artigo, um maior detalhamento de seu conteúdo.

Conforme expresso em seu próprio título, a Convenção versa sobre o "Término da Relação de Trabalho por Iniciativa do Empregador". A referência a "empregador" limita a menção anterior à "relação de trabalho", esclarecendo que o tratado abrange as relações advindas de um contrato de emprego, o que é reafirmado por seu art. 2º.

Por outro lado, a alusão à "iniciativa do empregador", reiterada em seu art. 3º, revela que a Convenção exclui de sua abrangência hipóteses outras de cessação da relação empregatícia, tais como a demissão, a força maior, o *factum principis* e o distrato. Há situações, entretanto, que, não obstante a extinção do vínculo empregatício seja feita, formalmente, pelo obreiro, em verdade, ela resulta de uma infração empresarial. É a hipótese da denominada "rescisão indireta" ou "justa causa empresarial", prevista no art. 483 da Consolidação das Leis do Trabalho brasileira (CLT). Por motivo de equidade, deve-se considerá-la abrangida pelo tratado em comento[1247].

A Convenção, nos termos de seu art. 2º, aplica-se aos empregados de entidades que exerçam atividade econômica. Sendo esta referente à produção de bens e serviços voltada ao mercado, alguns autores defendem restar excluído da incidência de suas normas o empregado doméstico[1248], cujos serviços não podem ser utilizados por seu patrão com essa finalidade, consoante dispõe o art. 1º da Lei Complementar n. 150, de 1º de junho de 2015, que regula atualmente o contrato de trabalho doméstico no Brasil. Por outro lado, são abrangidos os empregados de associações, mesmo que beneficentes, pois estas visam à obtenção de lucro, mas com o objetivo de reinvesti-lo na consecução de seu objeto, não sendo ele apropriado pelos associados.

[1244] Procuradora do Ministério Público do Trabalho. Doutora em Autonomia Individual e Autonomia Coletiva pela Universidade de Roma II. Mestre em Direito do Trabalho pela PUC-MG. Especialista em Direito do Trabalho e Previdência Social pela Universidade de Roma II. Professora Titular do Centro Universitário UDF. Professora Convidada do Mestrado em Direito do Trabalho da Universidad Externado de Colombia, em Bogotá.

[1245] Nessa oportunidade, foi também aprovada a Recomendação n. 166, que versa sobre o mesmo tema da Convenção, explicitando diversos de seus dispositivos. As convenções são tratados internacionais, passíveis de ratificação pelos países-membros da OIT, enquanto que as recomendações são fonte material de direito, sendo o seu papel o de incentivar o legislador de cada país a adotar, internamente, os seus preceitos. Cfr. SÜSSEKIND, Arnaldo. *Direito Internacional do Trabalho*. 3. ed. São Paulo: LTr, 2000. p. 180-182.

[1246] Adota-se o entendimento de José Francisco Rezek de que "convenção" é apenas uma variante terminológica do tratado internacional, utilizando-se, portanto, esses termos como sinônimos. In: REZEK, José Francisco. *Direito internacional público*: curso elementar. 7. ed. São Paulo: Saraiva, 1998. p. 15-16.

[1247] OIT. *Protección contra el despido injustificado* – Conferencia Internacional del Trabajo. 82ª Reunião. Genebra: OIT, 1995. p. 10.

[1248] VIANA, Márcio Túlio et. al. *Teoria e Prática da Convenção 158*. São Paulo: LTr, 1996. p. 29.

O país-membro, com vistas a melhor adaptar a Convenção à realidade nacional, pode excluir de sua regulamentação, total ou parcialmente, algumas situações e espécies de empregados (art. 2º). São mencionadas expressamente as hipóteses de pactuação por prazo determinado, como é o caso daquelas previstas no art. 443 da CLT, dentre as quais encontra-se o contrato de experiência, também referido pela Convenção. Mas esta cuida de afirmar que esse tipo contratual (por prazo determinado) deve restringir-se a situações excepcionais, como forma de impedir que se elida a proteção por ela assegurada.

Permite-se também a exclusão de categorias de obreiros que gozem de uma proteção equivalente ou superior à prevista na Convenção, por força de normas especiais a eles aplicáveis. Seria o caso, por exemplo, dos empregados públicos da administração direta, autárquica ou fundacional, que, consoante entendimento firmado pela doutrina e jurisprudência nacionais, têm direito à estabilidade prevista no art. 41 da Constituição Federal brasileira de 1988[1249].

Outra possibilidade de exclusão refere-se à natureza e à dimensão da empresa empregadora e às condições de emprego particulares de determinados trabalhadores, como os ocupantes de cargo ou função de confiança e os obreiros que já possuem os requisitos para se aposentar.

O cerne da Convenção, no entanto, encontra-se em seu art. 4º, cujo enunciado segue transcrito:

> *Artigo 4. Não se dará término à relação de trabalho de um trabalhador a menos que exista para isso uma causa justificada relacionada com sua capacidade ou seu comportamento ou baseada nas necessidades de funcionamento da empresa, estabelecimento ou serviço.*

Condiciona-se, portanto, a validade da dispensa do empregado à existência de um motivo juridicamente relevante. Este pode estar relacionado à capacidade do trabalhador, isto é, à sua aptidão, habilidade ou qualificação técnica necessária ao exercício de sua função. Pode também se referir ao seu comportamento, o que nos remete ao conceito de justa causa, isto é, às condutas culposas ou dolosas, tipificadas em lei, que autorizam a resolução do contrato de trabalho pelo empregador[1250]. Os motivos relacionados às necessidades empresariais são referenciados pelos arts. 13 e 14 da Convenção e serão melhor explicitados abaixo.

Sendo o motivo da dispensa relacionado ao comportamento ou ao desempenho do trabalhador, o empregador deve conceder-lhe o direito de se defender previamente, conforme determinado pelo art. 7º da Convenção. A garantia do direito de defesa, assegurada pelo art. 5º, LV, da Constituição Federal de 1988, somente poderá ser recusada se houver motivo razoável (*e. g.*, cometimento de uma falta grave, como a agressão física ao patrão). A forma como será concretizado o exercício desse direito, na ausência de regulamentação legal a respeito, pode ser determinada pelo regulamento empresarial ou por norma coletiva.

O trabalhador que considere a sua dispensa injustificada, mesmo depois de ter se defendido perante o patrão, poderá questioná-la diante de um organismo neutro, como um tribunal (art. 8º da Convenção). Esse direito encontra-se assegurado pelo art. 5º, XXXV, da Carta Magna, que prevê a garantia do acesso ao Poder Judiciário. Tratando-se de controvérsia advinda de uma relação de emprego, a competência para dirimi-la é da Justiça do Trabalho (art. 114, I, CF/1988)[1251].

Poderá ser atribuído ao empregador o ônus de provar, perante o órgão julgador, a existência de um dos motivos inscritos no art. 4º, como forma de legitimar a dispensa por ele efetuada, conforme preceitua o art. 9º. Esse dispositivo prevê, ainda, a possibilidade de a legislação nacional estabelecer a competência dos órgãos julgadores para analisar a suficiência

---

(1249) Esse entendimento, infelizmente, não vem sendo aplicado aos empregados das empresas estatais, com exceção da Empresa Brasileira de Correios e Telégrafos (ECT), conforme nos revela a Orientação Jurisprudencial n. 247, da Seção de Dissídios Individuais – I, do Tribunal Superior do Trabalho (TST): "I - A despedida de empregados de empresa pública e de sociedade de economia mista, mesmo admitidos por concurso público, independe de ato motivado para sua validade; II - A validade do ato de despedida do empregado da Empresa Brasileira de Correios e Telégrafos (ECT) está condicionada à motivação, por gozar a empresa do mesmo tratamento destinado à Fazenda Pública em relação à imunidade tributária e à execução por precatório, além das prerrogativas de foro, prazos e custas processuais." No mesmo sentido, dispõe a Súmula n. 390 do TST: "I – O servidor público celetista da administração direta, autárquica ou fundacional é beneficiário da estabilidade prevista no art. 41 da CF/1988. II - Ao empregado de empresa pública ou de sociedade de economia mista, ainda que admitido mediante aprovação em concurso público, não é garantida a estabilidade prevista no art. 41 da CF/1988.". Todavia, a partir de 2014 e em razão de decisões do STF, algumas turmas do TST passaram a adotar entendimento contrário à OJ n. 247, I, e à Súmula n. 390, II, do TST, considerando necessária a motivação da dispensa dos empregados das empresas estatais. *Vide* DELGADO, Mauricio Godinho. *Curso de Direito do Trabalho*. 15. ed. São Paulo: LTr, 2016. p. 1238-1239.
(1250) Evaristo de Moraes Filho afirma que "(...) *podemos então conceituar a justa causa para a rescisão unilateral do contrato de trabalho, sem ônus para nenhuma das partes, como todo ato doloso ou culposamente grave, que faça desaparecer a confiança e a boa-fé que devem entre elas existir, tornando assim impossível o prosseguimento da relação*". In: FILHO, Evaristo de Moraes. *A justa causa na rescisão do contrato de trabalho*. 2. ed. Rio de Janeiro: Forense, 1968. p. 105. Wagner Giglio, por sua vez, assevera que a "*Justa causa poderia ser conceituada como todo ato faltoso grave, praticado por uma das partes, que autorize a outra a rescindir o contrato, sem ônus para o denunciante. A justa causa se constitui, essencialmente, portanto, pela prática de uma infração. Nem toda infração ou ato faltoso, entretanto, configura justa causa para a rescisão, pois é necessário que esse ato se revista de gravidade, como será visto. Interessa saber, portanto, o que são atos faltosos. Empregado e empregador se unem através de um contrato de trabalho que prevê obrigações mútuas: para o empregado, obrigações de obediência, diligência no serviço e fidelidade; para o empregador, de fornecer serviço, pagar salário, respeitar o empregado e cumprir as demais cláusulas do contrato. No desenrolar das relações de trabalho comete ato faltoso a parte que descumprir essas obrigações.*" In: GIGLIO, Wagner. *Justa causa*. 6. ed. São Paulo: Saraiva, 1996. p. 12. O rol principal das justas causas encontra-se no art. 482 da CLT, embora haja também condutas faltosas previstas em outros preceitos desse diploma legal (*v. g.*, arts. 158, parágrafo único e 240, parágrafo único) e em dispositivos da legislação extravagante (*v. g.*, art. 7º, § 3º, do Decreto n. 95.247/87, arts. 7º e 14º, da Lei n. 7.783/1989).
(1251) Observa-se que a Emenda Constitucional n. 45/2004, ao conferir nova redação ao art. 114 da CF/1988, ampliou a competência da Justiça do Trabalho que, se antes julgava precipuamente os conflitos advindos da relação de emprego, passou a ter competência para solucionar as lides oriundas das relações de trabalho em geral.

dos motivos alegados pelo empregador para efetuar a dispensa em razão das necessidades de funcionamento da empresa. A existência desses motivos e o seu nexo causal com a despedida do trabalhador podem, obviamente, ser averiguados por tais órgãos. Mas é que, mesmo que existentes tais problemas, podem eles, eventualmente, ser solucionados de outra forma, não sendo necessário, para tanto, que se proceda às dispensas. É exatamente essa análise que o dispositivo faculta que seja atribuída aos órgãos julgadores.

São previstas providências a serem tomadas na hipótese de tais órgãos concluírem que a dispensa do trabalhador foi injustificada (art. 10). Assim, se a legislação nacional não permitir que seja invalidado o término e ordenada a reintegração do trabalhador, ou se esta, em face da circunstâncias do caso concreto, não for aconselhável, será determinado o pagamento de uma indenização ou outra forma de reparação que seja adequada.

Os motivos que podem legitimar a dispensa do empregado, relacionados às necessidades da empresa, são, nos termos do art. 13 da Convenção, aqueles de ordem econômica, tecnológica, estrutural ou análoga. Em tais hipóteses, o empregado é dispensado não por ser ineficiente ou por ter praticado uma infração, mas porque o seu posto de trabalho foi extinto, por causas ligadas à própria empresa, à sua estrutura e funcionamento[1252]. Exemplos desses motivos, de ordem econômica, seriam a recessão, a inflação, a limitação de crédito, a diminuição brusca da demanda, a perda de domínio do mercado, a limitação da produção, os problemas de venda, a distribuição, a liquidez, a restrição de acesso à matéria-prima. Os motivos tecnológicos estão geralmente relacionados à informatização e à robótica, enquanto que os estruturais, como o próprio nome revela, têm caráter mais abrangente, implicando uma transformação em segmentos significativos da empresa, em sua parte orgânica, finalística e relacional[1253].

São previstos determinados procedimentos, que deverão ser adotados pelo empregador antes de proceder às despedidas fundadas nos motivos em comento. Menciona-se a consulta aos representantes dos trabalhadores, acompanhada de informações relativas às causas das dispensas que se pretende efetuar, bem como ao número e às categorias de trabalhadores envolvidos. Nessa oportunidade, poderão esses representantes negociar com a empresa medidas que possam evitar ou limitar as dispensas, e, caso estas sejam realmente necessárias, formas de se atenuarem os males advindos aos obreiros despedidos.

Além da consulta supramencionada, é prevista uma notificação escrita, feita pelo empregador à autoridade competente (v.g, um órgão do Poder Executivo), comunicando-a acerca das informações acima aludidas (motivos dos términos, trabalhadores envolvidos, etc.). O objetivo dessa notificação pode ser o de proporcionar que a autoridade em tela tente uma possível conciliação ou que tome medidas para ajudar os obreiros afetados. É ela de grande importância pelo fato de essas dispensas envolverem, em geral, vários trabalhadores, causando, assim, problemas econômicos e sociais à própria comunidade, além de aumentarem os gastos públicos, como os relativos ao seguro-desemprego.

A Convenção prevê que os procedimentos acima referidos poderão ser limitados às dispensas de, no mínimo, um certo número fixo de trabalhadores ou de um percentual em relação à totalidade de obreiros da empresa. Nada impede, entretanto, que sejam adotados em qualquer hipótese, mesmo se tratando da dispensa um único obreiro, como ocorre em alguns países[1254]. Os demais aspectos pertinentes a tais procedimentos, como prazos, ordem em que são realizados, objetivos por eles pretendidos, bem como os critérios definidores de quais trabalhadores serão alvo da dispensa, poderão ser estabelecidos em lei ou mesmo por meio das normas coletivas.

2.1. A Constituição Federal de 1988: art. 7º, inciso I

Em 5 de outubro de 1988, é promulgada uma nova Constituição no Brasil, símbolo da restauração da ordem democrática no País, depois de mais de duas décadas de vigência do regime ditatorial militar. Logo em seu preâmbulo, anuncia os objetivos a serem alcançados pelo Estado Democrático de Direito por ela consagrado, dentre os quais o exercício dos direitos sociais e individuais, o bem-estar, o desenvolvimento, a justiça, a harmonia social e a construção de uma sociedade fraterna. Por outro lado, em seu art. 3º, a Carta Magna afirma constituírem objetivos fundamentais da República Federativa do Brasil a construção de uma sociedade justa e solidária, o desenvolvimento nacional, a erradicação da pobreza e da marginalização, a redução das desigualdades sociais, a promoção do bem de todos. Aponta, portanto, para a necessidade de se buscar uma harmonização, um equilíbrio entre os interesses dos cidadãos, de modo a garantir que todos possam exercer os direitos constitucionalmente assegurados.

Ao elencar os fundamentos da República Federativa do Brasil (art. 1º), menciona a dignidade da pessoa humana e, em um mesmo inciso, lado a lado, os valores sociais do trabalho e da livre-iniciativa. Assegura, em seu art. 5º, o direito de propriedade, mas condiciona a sua proteção ao atendimento de uma função social (incisos XXII e XXIII).

Ao tratar da ordem econômica (art. 170), afirma que esta se funda na valorização do trabalho humano e na livre-iniciativa e tem por fim assegurar a todos existência digna, na busca

---

(1252) Quando referimos à extinção do posto de trabalho não aludimos apenas à supressão da função exercida pelo obreiro na empresa, pois que esta pode ser mantida, com a redução do número de pessoas que a exercem.
(1253) SILVA, Antônio Álvares da. *A Convenção 158 da OIT*. Belo Horizonte: RTM, 1996. p. 103-107.
(1254) OIT. *Protección contra el despido injustificado*, p. 128.

da justiça social. Ao enunciar os seus princípios, menciona a propriedade privada, a livre-concorrência, a livre-iniciativa, ao lado da função social da propriedade, da redução das desigualdades sociais e da busca do pleno emprego. Afirma também ser o primado do trabalho a base da ordem social, que tem por objetivos o bem-estar e a justiça sociais (art. 193).

A análise dos dispositivos constitucionais acima aludidos induz a conclusões importantes. Não resta dúvida de que a Carta da República acolheu o modo de produção capitalista, pois garante a propriedade privada dos meios de produção e a livre-iniciativa. Todavia, não ignora o fato de que, em uma economia capitalista, a grande maioria dos indivíduos não detém o domínio dos meios de produção, de forma que o trabalho constitui a sua fonte de subsistência. Assim sendo, a Carta Magna protege a atividade empresarial, assegura a ela a livre-iniciativa e a propriedade privada, mas, por meio dela, deve-se propiciar que os indivíduos possam trabalhar, de forma a obter os recursos necessários à sua sobrevivência em condições dignas, pois que somente dessa forma poderá se realizar a justiça social. É essa a harmonização buscada pela Constituição Federal, que explica a enunciação conjunta de princípios e objetivos aparentemente contraditórios. Pretende-se, portanto, a conciliação dos interesses dos trabalhadores e das empresas, do capital e do trabalho, em verdadeira síntese dessa relação dialética, de constante oposição[1255], pois, como já ensinava ARISTÓTELES, a virtude está no equilíbrio.

É dentro desse contexto que se pode compreender a norma expressa no art. 7º, I, da Constituição Federal, que prevê, dentre os direitos assegurados aos trabalhadores, *"a relação de emprego protegida contra a despedida arbitrária ou sem justa causa, nos termos de lei complementar, que preverá indenização compensatória, dentre outros direitos."* Desse modo, é imperativo que haja um motivo juridicamente relevante, socialmente aceitável, para que seja válida a dispensa do trabalhador.

Percebe-se que a Convenção n. 158 da OIT e a Carta Magna de 1988 apontam no mesmo sentido: a proteção da relação de emprego contra a dispensa imotivada. Buscam, do mesmo modo, a conciliação entre o capital e o trabalho, o equilíbrio entre os interesses da empresa e os direitos do trabalhador, o desenvolvimento econômico e a justiça social[1256]. Resta evidente, portanto, que Convenção em tela encontra-se em perfeita consonância com a Carta da República.

Importa destacar que a proteção contra a dispensa imotivada é prevista pelas ordens jurídicas de vários países, tais como Itália[1257], França[1258], Alemanha[1259], Espanha[1260] e Portugal[1261]. É assegurada também pela Constituição Europeia – aprovada em Roma, no dia 29 de outubro de 2004 – na parte relativa à "Carta dos Direitos Fundamentais", *in verbis*: *"Artigo II-90 – Proteção em caso de dispensa injustificada*

Todos os trabalhadores têm direito à proteção contra a dispensa injustificada, de acordo com o direito da União e com as legislações e práticas nacionais."[1262]

2.2. A hierarquia constitucional da Convenção n. 158 da OIT

A Constituição Federal de 1988, ao elencar os princípios que devem reger a República Federativa do Brasil, em suas relações internacionais, afirma a prevalência dos direitos humanos (art. 4º, III). Esse princípio relaciona-se intrinsecamente com a proteção da dignidade da pessoa humana, que constitui um dos fundamentos do Estado brasileiro (art. 1º, III). Essas normas revelam o compromisso da Lei Maior com o estabelecimento de regras internacionais de proteção aos direitos da pessoa humana, imprescindíveis à sua dignidade. Tal comprometimento revela-se, de modo bastante claro, no art. 5º, § 2º, da Carta Magna, *in verbis*:

Art. 5º.(...)

§ 2º Os direitos e garantias expressos nesta Constituição não excluem outros decorrentes do regime e dos princípios por ela adotados, ou dos tratados internacionais em que a República Federativa do Brasil seja parte. (sem grifos no original)

O preceito acima transcrito, consoante nos revela SIQUEIRA JÚNIOR, vem expresso em nossos textos constitucionais

---

[1255] *"Os modelos extremos que representam os interesses econômicos do empregador e os interesses sociais do empregado são liberdade absoluta de despedir e segurança plena no emprego que equivaleria à impossibilidade absoluta de dispensa. Nenhum deles, entretanto, é encontrado nos sistemas jurídicos contemporâneos, o que demonstra que já se acha em elaboração um desejável processo de síntese entre ambos."* SILVA, Antônio Álvares da. *Proteção contra a dispensa na nova Constituição*. Belo Horizonte: Del Rey, 1991. p. 59.
[1256] Nesse sentido, conferir SILVA, Antônio Álvares da. *A Convenção 158 da OIT*, p. 62-63 e VIANA, Márcio Túlio et. al. *Teoria e Prática da Convenção 158*. p. 78.
[1257] Cft., dentre outros, CARINCI, Franco; TAMAJO, Raffaele De Luca; TOSI, Paolo; TREU, Tiziano. *Diritto del Lavoro. Il rapporto di lavoro subordinato*. 9. ed. Torino: UTET, 2016. p. 413 e ss., VALLEBONA, Antonio. *Breviario di Diritto del Lavoro*. 10. ed. Torino: G. Giappichelli, 2015. p. 349 e ss., e GRANDI, Mario. *Licenziamento e reintegrazione: riflessioni storico-critiche*. Rivista Italiana di Diritto del Lavoro, ano XXII, v. I, p. 3-34, Milão, 2003.
[1258] AUZERO, Gilles, DOCKÈS, Emmanuel. *Droit du travail*. 29. ed. Paris: Dalloz, 2015. p. 463 e ss.
[1259] WEISS, Manfred; SCHMIDT, Marlene. *Germany*. International Encyclopaedia for Labour Law and Industrial Relations. coord. Roger Blanpain. The Hague: Kluwer Law International, 2010. p. 122 e ss., PANICI, Pier Luigi. Il diritto alla reintegrazione: nuove prospettive europee per la tutela contro i licenziamenti. *Il lavoro nella Giurisprudenza*, ano VIII, p. 614-21, Milão, Ipsoa Editore, jul. 2000; SILVA, Antônio Álvares da. *Proteção contra a dispensa na nova Constituição*. p. 66-89.
[1260] VALVERDE, Antonio Martín; GUTIÉRREZ, Fermín Rodríguez-Sañudo; MURCIA, Joaquín García. *Derecho del Trabajo*. 20. ed. Madrid: Tecnos, 2011. p. 743 e ss.
[1261] FERNANDES, António Monteiro. *Direito do Trabalho*. 15. ed. Coimbra: Almedina, 2010. p. 568 e ss.
[1262] "Article II-90 – *Protection in the event of unjustified dismissal. Every worker has the right to protection against unjustified dismissal, in accordance with Union law and national laws and practices.*" Treaty establishing a Constitution for Europe. Disponível em <http://www.unizar.es/euroconstitucion/Treaties/Treaty_Const.htm>. Acesso em: 07 set. 2016.

desde a Carta Magna de 1891, mas a menção aos tratados internacionais é uma inovação implementada pela Constituição Federal de 1988[1263]. Esse grande avanço ético-jurídico partiu da proposta apresentada à Assembleia Nacional Constituinte por Antônio Augusto Cançado Trindade, ex-Juiz da Corte Interamericana de Direitos Humanos e atual Juiz da Corte Internacional de Justiça[1264]. Esse dispositivo, em conjunto com outros preceitos da Carta Política (*v. g*, o Preâmbulo e os arts. 1º, II e III, 3º, I a IV, 4º, II), formam um verdadeiro sistema constitucional de proteção dos direitos humanos[1265].

Esses direitos são caracterizados pela sua universalidade e indivisibilidade. São universais porque o único requisito exigido à sua titularidade é a condição de pessoa humana[1266]. São indivisíveis porque interdependentes e inter-relacionados, de modo que o pleno gozo de um desses direitos pressupõe, necessariamente, o exercício dos demais. Como observado por Flávia Piovesan, "*os direitos civis e políticos hão de ser somados aos direitos sociais, econômicos e culturais, já que não há verdadeira liberdade sem igualdade e nem tampouco há verdadeira igualdade sem liberdade*"[1267].

Sendo, portanto, direitos inerentes a toda e qualquer pessoa, assumem uma dimensão internacional, na medida em que a sua tutela passa a ser de interesse não apenas de cada Estado em particular, mas de toda a comunidade internacional, o que se traduz na formulação de regras internacionais de proteção a esses direitos[1268].

Tratando-se de atributos essenciais à pessoa humana, esses direitos devem ser interpretados da forma mais abrangente possível, abrindo-se também um espaço à sua constante ampliação, sobretudo em razão da velocidade, cada vez maior, das mudanças verificadas no mundo contemporâneo. Consciente disso, o legislador constituinte, ao traçar, no Texto Constitucional, o elenco dos direitos fundamentais[1269], cuidou de fazê-lo de forma não taxativa (*numerus apertus*), de modo a permitir que aos expressamente consignados se reunissem outros, igualmente dignos de proteção. Logrou-se esse intento pelo dispositivo em tela – art. 5º, § 2º – conhecido como princípio da não identificação ou da cláusula aberta[1270].

Desse modo, a partir do disposto nesse preceito constitucional, é possível reconhecer-se três grupos de direitos e garantias fundamentais: os direitos e garantias expressos na Constituição, que são aqueles explicitamente enunciados pela Carta Magna; os direitos implícitos, que se encontram subentendidos nas regras de garantias ou são decorrentes do regime e dos princípios adotados pela Lei Maior; e os direitos e garantias inscritos nos tratados internacionais de que a República Federativa do Brasil seja parte[1271]. Esse mesmo entendimento é adotado por ilustres juristas como José Afonso da Silva e Manoel Gonçalves Ferreira Filho[1272].

Dessa forma, os direitos humanos expressos nos tratados internacionais celebrados pelo Estado brasileiro são reconhecidos pela Constituição Federal como integrantes do elenco de direitos fundamentais por ela protegidos. E não poderia ser diferente, pois que o reconhecimento e a proteção desses direitos é matéria eminentemente constitucional, formando, ao lado das normas que regulam a estrutura e a organização do Estado, a Constituição em seu sentido material[1273]. Não há possibilidade, portanto, de se atribuir um outro *status* que não o constitucional às normas definidoras de direitos ou garantias fundamentais. Com efeito, não é sequer possível traçar uma hierarquia entre esses direitos, de modo a se afirmar que alguns deles sobrepõem-se aos outros, até mesmo porque, consoante já se afirmou, guardam entre si uma relação de interdependência.

Destarte, por força do mandamento contido no art. 5º, § 2º, da Carta Magna, os tratados internacionais que veiculem normas protetivas dos direitos humanos são recepcionados, na ordem

---

(1263) JÚNIOR, Paulo Hamilton Siqueira. Tratados internacionais de direitos humanos. *Revista de Direito Constitucional e Internacional*, São Paulo, n. 43, ano 11, p. 07-30, p. 17 abr./jun. 2003.
(1264) TRINDADE, Antônio Augusto Cançado. *Tratado de Direito Internacional dos direitos humanos*. Porto Alegre: Sérgio Antonio Fabris Editor, 1997. v. I. p. 407.
(1265) TRINDADE, Antônio Augusto Cançado. *A incorporação das normas internacionais de proteção dos direitos humanos no direito brasileiro*. 2. ed. San José, Costa Rica: Instituto Interamericano de Direitos Humanos, 1996. p. 178-179.
(1266) "*Adolfo Gelsi Bidart observa que os Direitos Humanos são 'derechos básicos, sin los cuales no sería factíble una sociedad adecuada para el hombre que deben reconocerse a todo hombre por pertencer a (o derivan de) su modo de ser proprio'*." MAGALHÃES, José Luiz Quadros de. *Direitos Humanos na Ordem Jurídica Interna*. Belo Horizonte: Interlivros Jurídica de Minas Gerais, 1992. p. 20.
(1267) PIOVESAN, Flávia. A proteção dos direitos humanos no sistema constitucional brasileiro. *Revista da Procuradoria Geral do Estado de São Paulo*, São Paulo, p. 81-102, p. 92, jan./dez. 1999.
(1268) Essa percepção ganhou força depois da Segunda Guerra Mundial (1939-1945), expressando-se na Declaração Universal dos Direitos Humanos, promulgada pela Assembleia Geral da Organização das Nações Unidas (ONU), em 10 de dezembro de 1948, e nos demais documentos internacionais que a sucederam, como a Convenção Americana sobre Direitos Humanos, assinada em São José, na Costa Rica, em 22 de novembro de 1969.
(1269) Os direitos humanos diferenciam-se dos direitos fundamentais na medida em que aqueles são reconhecidos em documentos internacionais, enquanto que estes se encontram inscritos nas Constituições dos países. A tendência das modernas Constituições é incluir, cada vez mais, os direitos humanos no elenco dos direitos fundamentais por elas consagrados, sendo esse o escopo do art. 5º, § 2º, da Carta Magna de 1988.
(1270) MAZZUOLI, Valério de Oliveira. *Hierarquia constitucional e incorporação automática dos tratados internacionais de proteção dos direitos humanos no ordenamento brasileiro*. Revista de Informação Legislativa, Brasília, Senado Federal, n. 148, ano 37, p. 231-250, p. 236 out./dez. 2000.
(1271) MAZZUOLI, Valério de Oliveira. *Hierarquia constitucional e incorporação automática dos tratados internacionais de proteção dos direitos humanos no ordenamento brasileiro*, p. 234-235.
(1272) MAZZUOLI, Valério de Oliveira. *Hierarquia constitucional e incorporação automática dos tratados internacionais de proteção dos direitos humanos no ordenamento brasileiro*, p.235.
(1273) SILVA, José Afonso da. *Curso de Direito Constitucional Positivo*. 13. ed. São Paulo: Malheiros, 1997. p. 44-46. O entendimento de que os direitos fundamentais não podem estar previstos em qualquer lei, mas devem estar garantidos por uma lei igualmente fundamental, qual seja, a Constituição, é expresso pelo Prof. Joaquim Carlos Salgado, citado por MAGALHÃES, José Luiz Quadros de. *Direitos Humanos na Ordem Jurídica Interna*. p. 20.

jurídica interna, com o *status* de normas constitucionais⁽¹²⁷⁴⁾. De fato, não há como conceber a existência de normas definidoras de direitos fundamentais situadas abaixo da Carta da República, no mesmo plano da legislação infraconstitucional. Caso assim se entendesse, admitir-se-ia a livre revogação dessas normas pelo legislador ordinário, o que é inaceitável. Esse entendimento é acolhido por Antônio Augusto Cançado Trindade que, consoante acima mencionado, foi o autor da redação do art. 5º, § 2º, em proposta dirigida à Assembleia Nacional Constituinte⁽¹²⁷⁵⁾.

Isto posto, importa analisar o conteúdo da Convenção n. 158 da OIT, de modo a precisar a sua hierarquia na ordem jurídica interna. Consoante acima mencionado, esse instrumento normativo versa sobre a proteção da relação de emprego, que se encontra prevista expressamente no art. 7º, inciso I, da Carta Magna. Por garantir o direito ao trabalho, bem como por conferir eficácia aos demais direitos trabalhistas, essa proteção insere-se nos direitos do homem-trabalhador, os quais se situam dentre os direitos sociais, previstos no Capítulo II ("Dos direitos sociais") da Constituição Federal de 1988. Esses direitos, por sua vez, ao lado dos direitos individuais, coletivos, à nacionalidade e políticos, formam o Título II da Carta Magna, intitulado "Dos direitos e garantias fundamentais". Dessa forma, resta solar que a Convenção n. 158 é um tratado internacional que contém normas de proteção a direitos fundamentais⁽¹²⁷⁶⁾. Assim sendo, foi incorporada na ordem jurídica interna com o *status* constitucional, tornando-se parte integrante da Constituição Federal de 1988, por força de seu art. 5º, § 2º⁽¹²⁷⁷⁾.

Há que se observar que o art. 5º, § 2º, da Lei Maior, faz menção a "direitos" e "garantias", de modo a abranger todas as normas da Convenção n. 158 da OIT. Com efeito, as normas que versam, *v. g*, sobre a análise, pelo órgão julgador, da existência ou não de uma justificativa para a dispensa, encerram uma garantia, pois que são um meio destinado a assegurar o exercício e gozo de um direito, qual seja, o direito do trabalhador de não ser dispensado imotivadamente.

Desse modo, pelas razões acima expostas, pode-se afirmar que as normas da Convenção n. 158 têm *status* constitucional, sendo parte integrante da Constituição Federal de 1988.

3. A arguição da inconstitucionalidade da Convenção n. 158 perante o Supremo Tribunal Federal

Em 08.07.1996, a Confederação Nacional do Transporte (CNT) e a Confederação Nacional da Indústria (CNI) ajuizaram, perante o Supremo Tribunal Federal, a Ação Direta de Inconstitucionalidade (ADIn) n. 1.480, com pedido de concessão liminar da tutela jurisdicional. Por meio dessa ação, requeriam a declaração da invalidade constitucional do Decreto Legislativo n. 68, de 16.09.1992, que aprovou a Convenção n. 158, e do Decreto n. 1.855, de 10.04.1996, que cuidou de promulgá-la.

A Suprema Corte, por maioria, concedeu a medida liminar requerida, suspendendo a eficácia dos diplomas normativos acima aludidos, até o julgamento final da ADIn. Entretanto, em 20 de dezembro de 1996, sob a égide do Governo Fernando Henrique Cardoso, foi editado o Decreto presidencial n. 2.100, para tornar público o registro da denúncia da Convenção em tela, efetuado pelo Brasil, junto ao Diretor-Geral da OIT, em 20 de novembro daquele mesmo ano. O referido diploma mencionava que, a partir de 20 de novembro de 1997, isto é, um ano depois de registrada a denúncia, a Convenção n. 158 não estaria mais em vigor no País, consoante previsto pelo art. 17, parágrafo 1, desse tratado.

Em razão da mencionada denúncia, o Supremo Tribunal Federal (STF) julgou extinta a ADIn, em virtude da *"perda superveniente de seu objeto"*. Todavia, cumpre analisar os argumentos contrários à constitucionalidade dos diplomas legais que aprovaram e promulgaram a Convenção n. 158, apontados pelo STF quando da concessão de medida liminar na ADIn n. 1.480.

Foram três, basicamente, os argumentos contrários à validade da Convenção n. 158, apreciados pela Suprema Corte. Primeiramente, afirmou-se que o objeto da Convenção é a regulamentação do art. 7º, I, da Carta Magna, e, pelo fato de esse dispositivo exigir que isso seja feito por meio de lei complementar, seria o referido tratado inválido, por desobediência a esse preceito constitucional. Com efeito, de acordo com o entendimento consagrado pela Suprema Corte à época, o tratado internacional é incorporado à ordem jurídica interna com a hierarquia de lei ordinária, não podendo, portanto, regular matéria reservada à lei complementar⁽¹²⁷⁸⁾.

(1274) Essa posição é defendida por eminentes doutrinadores, tais como Flávia Piovesan, Ada Pellegrini Grinover, Antônio Scarance Fernandes, Antônio Magalhães Gomes Filho, Celso de Albuquerque Mello, Carlos Weiss, Cezar Augusto Rodrigues Costa, Clèmerson Merlin Clève, Fernando Luiz Ximenes Rocha e Jorge Miranda, este último em comentários a dispositivo semelhante presente na Constituição portuguesa. Essas referências são feitas por MAZZUOLI, Valério de Oliveira. *Hierarquia constitucional e incorporação automática dos tratados internacionais de proteção dos direitos humanos no ordenamento brasileiro*. p. 240.
(1275) TRINDADE, Antônio Augusto Cançado. *Tratado de Direito Internacional dos direitos humanos*, p. 407-408.
(1276) O direito ao trabalho e à proteção contra o desemprego vem expresso em documentos internacionais de proteção aos direitos humanos, como no art. 23, parágrafo 1, da "Declaração Universal dos Direitos Humanos", promulgada pela Assembleia Geral da Organização das Nações Unidas (ONU), em 10 de dezembro de 1948, *in verbis* "Toda pessoa tem direito ao trabalho, à livre escolha do trabalho, a condições equitativas e satisfatórias de trabalho e à proteção contra o desemprego". A proteção contra a dispensa imotivada é prevista ainda, como visto, pelo art. II-90 da Constituição Europeia.
(1277) Essa posição é defendida por Antônio Álvares da Silva, em sua obra *A constitucionalidade da Convenção 158 da OIT*. Belo Horizonte: RTM, 1996. p. 38-39.
(1278) Posteriormente, o STF, no julgamento do Recurso Extraordinário (RE) n. 466.343-SP, adotou o entendimento de que os tratados internacionais versando sobre direitos humanos, quando não aprovados segundo os parâmetros estabelecidos no art. 5º, § 3º, da CF/1988, ingressariam em nosso ordenamento jurídico com *status* supralegal, embora infraconstitucional. Assim, insistindo-se nos argumentos veiculados na ADIn 1.480, de que a Convenção n. 158 da OIT violaria o inciso I do art. 7º da CF/1988, o qual exige a edição de lei complementar para a adoção de medidas de proteção contra a despedida arbitrária ou sem justa causa, estes restariam superados pela tese da supralegalidade.

O segundo argumento refere-se ao art. 10 da Convenção, que prevê a possibilidade de o trabalhador despedido arbitrariamente ser reintegrado na empresa. Afirmou-se ser esse dispositivo contrário à forma de proteção assegurada pela Lei Maior, que é a indenização ressarcitória, mencionada expressamente no art. 7º, I, e no art. 10, I, do Ato das Disposições Constitucionais Transitórias (ADCT). Alegou-se, por fim, que a Convenção não seria imediatamente aplicável, em razão do disposto em seu art. 1º, sendo, portanto, *"mera proposta de legislação dirigida ao legislador interno"*.

Dos três argumentos acima mencionados, apenas o segundo não foi aceito pelo STF, pois que este considerou que a Convenção n. 158, em seu art. 10, não impõe que os países-membros adotem a reintegração como resposta à invalidação da dispensa, podendo estes optar pelo pagamento de uma indenização. Os outros dois argumentos foram acolhidos pela Suprema Corte, no julgamento da liminar.

A Convenção prescreve, em seu art. 1º, que cada país poderá dar efeito às suas disposições, no plano interno, pela legislação, quando isso não for feito por meio de contratos coletivos, laudos arbitrais, sentenças judiciais, ou outra forma adotada pela prática nacional. Em razão desse dispositivo, o STF afirmou que a Convenção não seria autoaplicável, pois que ela própria estaria condicionando a sua eficácia à regulamentação mediante legislação nacional. Mas não é esse o sentido do preceito em comento.

A texto da atual Constituição da OIT, aprovado na 29ª Reunião da Conferência Internacional do Trabalho, realizada em Montreal, em 1946, dispõe, em seu art. 19, § 3º:

> Ao elaborar uma convenção ou recomendação de aplicação geral, a Conferência deverá levar em conta os países em que as condições climáticas, o desenvolvimento incompleto da organização industrial ou outras circunstâncias especiais tornam as relações industriais substancialmente diferentes e deverá sugerir as modificações que correspondem, a seu ver, às condições particulares desses países[1279].

Esse dispositivo revela que a atividade normativa da OIT, com vistas à preservação do seu caráter universal, procura levar em consideração a grande diversidade existente entre os seus Estados-membros, por meio de disposições dotadas de maior generalidade, denominadas "fórmulas de flexibilidade", as quais permitem que os instrumentos possam ser adaptados às peculiaridades dos países[1280].

É nessa ordem de ideias que deve ser compreendido o art. 1º da Convenção n. 158. Por se tratar de um tratado multilateral, passível de ser ratificado e aplicado pelos diversos Estados-membros da OIT, a Convenção permite que estes regulamentem alguns de seus aspectos, para melhor adequá-la à realidade e às particularidades nacionais. Um exemplo é o art. 2º, que permite que o país-membro exclua algumas categorias de empregados, nos parâmetros ali fixados, de algumas ou de todas as disposições da Convenção. Essa permissibilidade não significa, de modo algum, ausência de eficácia, mas, ao contrário, será esta plena enquanto não vier a sofrer restrições, como ocorre com as normas de eficácia contida. Nesse sentido, são os ensinamentos de Antônio Álvares da Silva:

> Evidentemente não é esta a intenção do artigo 1º. Ao se referir à legislação nacional e á negociação coletiva para 'dar efeito' às disposições, a Convenção quis referir-se às diferentes passagens de seu texto onde certos aspectos da matéria são relegados à legislação complementar dos estados-membros, com o objetivo de flexibilizar e harmonizar seus dispositivos com a legislação local. Não significa que a própria Convenção 158 fique dependendo de lei e que seus dispositivos autoaplicáveis – que são todos, em nosso entendimento – não possam imediatamente entrar em vigência[1281].

Não podemos olvidar o princípio basilar de hermenêutica que prescreve que, diante da duas interpretações acerca de um dispositivo, deve-se optar por aquela que lhe confira maior efetividade. Esse princípio torna-se ainda mais imperativo no caso em tela, posto que a Convenção n. 158, por conter normas relativas a direitos e garantias fundamentais, tem aplicabilidade imediata, nos termos do art. 5º, § 1º, da Constituição Federal. Acerca desse dispositivo, José Afonso da Silva tece os seguintes comentários:

> Sua existência só por si (...) estabelece uma ordem aos aplicadores da Constituição no sentido de que o princípio é o da eficácia plena e a aplicabilidade imediata das normas definidoras dos direitos fundamentais: individuais, coletivos, sociais, de nacionalidade e políticos, de tal sorte que só em situação de absoluta impossibilidade se há de decidir pela necessidade de normatividade ulterior de aplicação. Por isso, revela-se, por seu alto sentido político, como eminente garantia política de defesa da eficácia jurídica e social da Constituição. [1282]

Outra norma de hermenêutica que deve ser invocada é o art. 5º do Decreto-lei n. 4.657, de 4 de setembro de 1942, conhecido como Lei de Introdução ao Código Civil brasileiro. Esse dispositivo estabelece que a interpretação de um diploma legal deve atender aos fins sociais a que ele se dirige e às exigências do bem comum. Ora, a interpretação conferida pelo STF viola esse dispositivo, posto que, retirando eficácia da Convenção n. 158, contraria a sua finalidade, de fundamental importância ao bem-estar social, que é a proteção da relação de emprego contra as dispensas imotivadas. Nesse sentido, pode-se invocar, ainda, o princípio da norma mais favorável, que prescreve que a norma justrabalhista deve ser interpretada no sentido mais favorável ao trabalhador[1283].

(1279) Art. 19, § 3º *"in framing any Convention or Recommendation of general application the Conference shall have due regard to those countries in which climatic conditions, the imperfect development of industrial organization, or other special circumstances make the industrial conditions substantially different and shall suggest the modifications, if any, which it considers may be required to meet the case of such countries."* Disponível em: < http://www.ilo.org/dyn/normlex/en/f?p=1000:62:6135403041771296::NO:62:P62_LIST_ENTRIE_ID:2453907:NO#A1>. Acesso em: 07 set. 2016. Tradução nossa.
(1280) SÜSSEKIND, Arnaldo. *Direito Internacional do Trabalho*, p. 183-185.
(1281) SILVA, Antônio Álvares da. *A Convenção 158 da OIT*, p. 120.
(1282) SILVA, José Afonso da. *Curso de Direito Constitucional Positivo*, p. 444.
(1283) DELGADO, Maurício Godinho. *Curso de direito do trabalho*. p. 202-204.

Demonstrada a insubsistência do argumento supraexplicitado, passemos à análise daquele eleito como fundamental pela Suprema Corte, para considerar inconstitucional a Convenção em tela: o da exigência de lei complementar pelo art. 7º, I, da Carta Magna, para regular a proteção ali prevista. À época, o STF tinha o entendimento, firmado por meio de diversas decisões[1284], de que o tratado internacional, aprovado pelo Congresso Nacional e promulgado pelo Presidente da República, é incorporado à ordem jurídica interna com a hierarquia de lei ordinária. Sendo esse o *status* da Convenção n. 158, não poderia ela tratar de matéria reservada constitucionalmente à lei complementar, razão pela qual seria inválida, formalmente, perante a Carta Magna[1285].

A decisão prolatada pela Suprema Corte recebeu duras críticas por parte de diversos autores. Afirmou-se que a equiparação do tratado internacional à lei ordinária não pode prosperar, posto inexistir qualquer norma constitucional expressa nesse sentido. Ao contrário, a Lei Maior, em seu art. 105, III, "a", aponta no sentido da equivalência entre o "tratado" e a "lei federal", aqui referida em sentido amplo, sem distinção entre lei ordinária e complementar. Assim, não haveria que se falar em inferioridade hierárquica do tratado em relação à lei complementar, podendo aquele, portanto, cumprir o papel reservado a esta.

Defendeu-se também a ausência de hierarquia normativa entre a lei ordinária e a lei complementar, uma vez que a diferenciação existente entre elas é apenas com relação ao *quorum* exigido para a sua aprovação, posto ser este qualificado com relação ao diploma complementar, nos termos do art. 69 da Carta Magna. A existência de uma formalidade mais rigorosa para a aprovação de lei complementar advém da necessidade de se conferir maior estabilidade a esse diploma, com relação a eventuais alterações, em virtude de ter ele a função de regular determinadas matérias de maior importância, sob a ótica constitucional. Ocorre que a Convenção n. 158 atenderia a esse escopo, na medida em que a sua denúncia, que equivaleria à revogação da lei, só poderia ser feita depois de dez anos de sua ratificação e, mesmo assim, só produziria efeitos depois de um ano de seu registro junto à OIT, consoante previsto por seu art. 17, parágrafo 1.

Demais disso, o tratado, por força do disposto no art. 5º, § 2º, da Constituição Federal, cumpriria o mesmo papel por esta reservado às leis complementares, qual seja, o de integrar o conteúdo dos preceitos constitucionais, compondo o denominado bloco de constitucionalidade. Assim, o preceito constante do art. 7º, inciso I, ao mencionar a lei complementar, não excluiria a possibilidade de a matéria ser regulada por um tratado internacional, que cumpre também o papel de integrar os dispositivos constitucionais. Essa exigência do diploma complementar dirigir-se-ia apenas ao legislador interno, que estaria jungido à edição dessa espécie normativa para regular validamente o preceito constitucional em análise.

Arguiu-se também, em favor da validade da Convenção em comento, o fato de ter sido ela aprovada pelo Congresso Nacional, pelo Decreto Legislativo n. 68/1992, o que revela a sua "constitucionalidade implícita". Com efeito, caso fosse esse tratado contrário à Lei Maior, não teria recebido a aprovação do Congresso Nacional. Isso ocorreu com a Convenção n. 87 da OIT, que versa sobre a autonomia sindical, a qual não foi aprovada pelo Parlamento Nacional, por ser contrária à Carta Política[1286].

Os argumentos acima expostos já seriam mais do que suficientes para rebater o entendimento adotado pelo STF, qual seja, o da inconstitucionalidade da Convenção n. 158. Todavia, há uma peculiaridade nesse tratado que nos leva a uma outra linha argumentativa, mais coerente e harmônica com as normas e o espírito da Constituição Federal de 1988.

Conforme suprademonstrado, a Convenção n. 158, sendo um tratado de proteção de direitos humanos, tem hierarquia constitucional. No momento em que ela foi ratificada pelo Brasil, tornou-se parte da Constituição Federal de 1988, o que conferiu contornos precisos à proteção contra as dispensas imotivadas, prevista em seu art. 7º, inciso I, tornando-a um direito de eficácia imediata.

Entretanto, a própria Convenção admite a restrição do alcance de algumas de suas normas (*v. g.*, exclusão de alguns empregados da proteção contra a dispensa arbitrária), o que poderá ser feito por legislação infraconstitucional. Esse é o papel a ser cumprido pela lei complementar referida pelo art. 7º, I, qual seja, o de limitar, no que for permitido, obviamente, a eficácia da proteção em tela, e não de conferir a ela efetividade, posto que esta já se faz presente.

Desse modo, torna-se claro o equívoco do entendimento adotado pelo STF. Não se pode falar que a Convenção n. 158 é inconstitucional por veicular matéria reservada à lei complementar pelo disposto no art. 7º, inciso I, da Carta Magna. Essa Convenção é parte integrante da Carta da República, integrando a proteção referida no aludido dispositivo constitucional. A lei complementar aí referida é que cuidará de regular alguns de seus aspectos, mas sempre em obediência ao disposto na Convenção, em razão de seu *status* constitucional.

4. A invalidade da denúncia da Convenção n. 158 da OIT

Resta-nos, por fim, analisar a questão relativa à denúncia da Convenção n. 158 pelo Decreto n. 2.100/1996.

Cumpre observar que em 19.06.1997, a Confederação Nacional dos Trabalhadores na Agricultura (CONTAG) e a

---

(1284) BARROSO, Luís Roberto. *Interpretação e aplicação da Constituição*: fundamentos de uma dogmática constitucional transformadora. 3. ed. São Paulo: Saraiva, 1999. p. 235.
(1285) Como visto, posteriormente o STF passou a adotar o entendimento da hierarquia supralegal dos tratados internacionais de direitos humanos.
(1286) VIANA, Márcio Túlio et. al. *Teoria e Prática da Convenção 158*. p. 84.

Central Única dos Trabalhadores (CUT) ajuizaram a ADIn n. 1.625, visando à declaração da inconstitucionalidade do Decreto n. 2.100/1996. Por maioria de votos, o plenário do STF julgou a CUT parte ilegítima, excluindo-a do polo ativo da ação. No julgamento do mérito, o Ministro Relator Mauricio Corrêa e o Ministro Carlos Britto proferiram seus votos no sentido da procedência parcial da ação, por entenderem ser necessário o referendo do Congresso Nacional, por força do art. 49, I, da Carta Magna, para que a denúncia fosse eficaz.

O Ministro Nelson Jobim, no entanto, pediu vista dos autos em 09.10.2003, requerendo a renovação da mesma em 28.04.2004, o que foi acatado pelo presidente da Corte à época, Ministro Mauricio Corrêa. Finalmente, em março de 2006, o então presidente do Tribunal, Ministro Nelson Jobim, na iminência de se aposentar do cargo, proferiu sua decisão, no sentido da improcedência da ação.

O Ministro Joaquim Barbosa, por sua vez, em 29.03.2006, requereu vista dos autos e, na sessão plenária de 03.06.2009, proferiu o seu voto no sentido da procedência total da ação. Na oportunidade, pediu vista dos autos a Ministra Ellen Gracie, a qual foi substituída, em razão de sua aposentadoria, pela Ministra Rosa Maria Weber, que, na sessão de 11.11.2015, proferiu voto também no sentido da procedência total da ação. Na oportunidade, pediu vista dos autos o saudoso Ministro Teori Zavascki, sendo esta a situação existente no momento em que se escreve o presente artigo.

Importa, primeiramente, expor uma diferença de fundamental importância existente entre os tratados internacionais, no que tange ao seu conteúdo[1287]. A distinção é feita entre os tratados de proteção dos direitos humanos e os tratados ditos comuns ou tradicionais, que versam sobre outras matérias, diversas dessa temática. Essa diferenciação é de grande relevância na medida em que influi na determinação de sua hierarquia normativa e nas formalidades necessárias à sua denúncia.

Com relação à hierarquia normativa dos tratados, é tema já analisado, cabendo apenas observar-se que, no que tange ao tratados comuns, há importante corrente doutrinária que, discordando do entendimento do STF de que teriam o *status* de lei ordinária, afirma que se situam abaixo da Constituição Federal e acima da legislação infraconstitucional[1288]. Importa também observar que se costuma invocar alguns dispositivos da Carta Magna (*v. g*, art. 105, III, "a"), para afirmar que esta teria atribuído aos tratados o *status* de norma infraconstitucional. Em virtude do disposto no art. 5º, § 2º, da Carta Política, só é possível concluir que os aludidos dispositivos fazem referência apenas aos tratados ditos comuns, pois que os de proteção aos direitos humanos integram a própria Constituição.

As normas constitucionais somente podem ser alteradas ou revogadas se obedecidas as exigências e formalidades previstas no art. 60 da Carta Magna, dentre as quais a necessidade de ser discutida e votada em cada Casa do Congresso Nacional (Câmara dos Deputados e Senado Federal), em dois turnos, exigindo-se, em ambos, os votos de 3/5 (três quintos) dos respectivos membros para a sua aprovação.

Demais disso, os dispositivos constitucionais que versam sobre as matérias enumeradas no § 4º do art. 60 não podem ser revogados e nem mesmo alterados (caso a alteração seja no sentido de sua restrição), constituindo as denominadas "cláusulas pétreas". Dentre estas, mencionam-se os preceitos relativos a "direitos e garantias individuais". Há o entendimento, no entanto, construído a partir de uma interpretação extensiva desse dispositivo, que inclui nas "cláusulas pétreas" não apenas os direitos individuais, mas todas as normas definidoras de direitos fundamentais[1289].

De fato, como já notamos, os direitos fundamentais são indivisíveis, de modo que a supressão de qualquer deles afeta, necessariamente, o exercício dos demais. Assim é, por exemplo, que o direito individual à vida não pode ser exercido sem que se garantam os direitos ao trabalho e à saúde, dentre outros[1290]. Desse modo, permitir-se a revogação desses últimos significaria admitir a própria supressão daquele direito individual, o que tornaria letra morta o disposto no art. 60, § 4º, IV, da Carta Magna. Assim sendo, os direitos fundamentais devem ser protegidos em seu conjunto, proibindo-se a abolição de qualquer deles, a qual não poderá ser feita pela via da emenda constitucional.

Nesse sentido, invocam-se as valiosas lições de INGO WOLFGANG SARLET:

> *Constituindo os direitos fundamentais sociais (assim como os políticos) valores basilares de um Estado Social e Democrático de Direito, sua abolição acabaria por redundar na própria destruição da identidade da nossa ordem constitucional,*

(1287) MAZZUOLI, Valério de Oliveira. *Tratados internacionais*. p. 197. No mesmo sentido, SILVA, Antônio Álvares. *A constitucionalidade da Convenção n. 158 da OIT*, p. 38-39.
(1288) MAZZUOLI, Valério de Oliveira. *Tratados internacionais*. p. 215-216.
(1289) Esse entendimento é defendido por diversos autores, como Valério Mazzuoli: "*Ou seja, a partir do ingresso de um tratado internacional de direitos humanos no ordenamento constitucional brasileiro, todos os seus dispositivos normativos passarão, desde o seu ingresso, a constituir cláusulas pétreas, não mais podendo ser suprimidos por qualquer maneira*.". MAZZUOLI, Valério de Oliveira. *Hierarquia constitucional e incorporação automática dos tratados internacionais de proteção dos direitos humanos no ordenamento brasileiro*, p. 245. Essa posição também é acolhida por Ivo Dantas, em sua obra *Constituição Federal*: teoria e prática, tendo sido igualmente expressa pelos Ministros Carlos Mário da Silva Velloso e Marco Aurélio Mello, do STF, no julgamento da ADIn n. 939-07/DF, consoante nos revela MORAES, Alexandre de. *Direito constitucional*. 13. ed. São Paulo: Atlas, 2003. p. 545.
(1290) A indivisibilidade e interdependência dos direitos fundamentais são defendidas por José Luiz Quadros de Magalhães, consoante nos revela o seguinte trecho: "*Embora estes direitos tenham características próprias, eles não são estanques. Pelo contrário. Os Direitos Sociais vêm complementar os Direitos Individuais, oferecendo meios para que cada indivíduo, e não apenas alguns, possa usufruir dos Direitos Individuais. Desta forma, se a Constituição prevê o direito à vida, não só deve o Estado respeitar este direito como também deve oferecer meios para que ele se realize através do direito social do trabalho, do direito à saúde, e ao lazer, entre outros.*" MAGALHÃES, José Luiz Quadros de. *Direitos Humanos na Ordem Jurídica Interna*. p. 280.

o que, por evidente, encontra-se em flagrante contradição com a finalidade precípua dos limites materiais. <u>Portanto, seja qual for o direito fundamental, a incidência material das 'cláusulas pétreas' deverá ser máxima, no sentido de que deve abranger todos os direitos fundamentais, inclusive os sociais</u>, mesmo quando sediados fora do Título II da Constituição. (sem grifos no original)[1291]

Nessa perspectiva, a Convenção n. 158, por conter normas relativas a direitos fundamentais, não poderia ser revogada, sendo vedada também a alteração efetuada no sentido da restrição de seu conteúdo. Dessa forma, a sua denúncia, efetuada pelo Decreto n. 2.100/1996, foi absolutamente irregular, posto que significou a própria revogação de seus preceitos. Mesmo que se adotasse uma interpretação restritiva do art. 60, § 4º, IV, da Carta da República, no sentido de não se incluírem dentre as cláusulas pétreas as normas relativas aos direitos sociais, como é o caso da Convenção em tela, ainda assim seria a denúncia totalmente inválida. Consoante acima mencionado, a revogação ou alteração de um preceito constitucional deve seguir todas as formalidades exigidas pelo art. 60 da Carta Magna, não sendo possível ser efetuada, portanto, mediante simples Decreto presidencial.

Destarte, qualquer que seja o entendimento adotado, a conclusão é a mesma: o Decreto n. 2.100/1996 é absolutamente inconstitucional. Há que se ressaltar que o entendimento expresso nos votos dos Ministros Maurício Corrêa e Carlos Britto, no julgamento da ADIn n. 1.625, *data venia*, não está correto. Afirmam os referidos Ministros que basta o referendo do Congresso Nacional para que se torne consumado o procedimento de denúncia da Convenção n. 158, que foi iniciado pelo Decreto n. 2.100/1996. Esse entendimento é perfeitamente aplicável aos tratados comuns. Para que sejam estes denunciados, a maioria da doutrina entende ser necessária a atuação conjunta da vontade do Presidente da República, por meio de um Decreto, e do Congresso Nacional, por meio do Decreto Legislativo[1292]. Todavia, os tratados de proteção dos direitos humanos não podem ser denunciados por essa forma, consoante acima demonstrado.

Há uma outra questão, de fundamental importância, que não foi suscitada pelos doutos Ministros, relativa aos vícios de ordem formal da denúncia.

O conceito de "ratificação" encontra-se já assentado pela doutrina internacionalista[1293]. É o ato pelo qual o Estado comunica àqueles que com ele celebraram um tratado internacional que este foi aprovado internamente, isto é, que as respectivas normas tornaram-se parte de seu ordenamento jurídico interno. Assim sendo, a ratificação da Convenção n. 158 pelo Brasil ocorreu com o depósito da correlata Carta junto ao Diretor-Geral da OIT, em 05.01.1995, o que foi feito depois da sua aprovação pelo Decreto Legislativo n. 68/1992.

A Convenção n. 158 prevê, em seu art. 16, parágrafo 3, que a sua vigência, no plano interno do país-membro, inicia-se 12 meses depois do registro, junto à OIT, da <u>ratificação</u> por ele efetuada. Por outro lado, em seu art. 17, parágrafo 1, prescreve que o país que a tiver <u>ratificado</u> somente poderá denunciá-la depois de 10 anos da sua entrada em vigor. Ora, tendo o Estado brasileiro feito o depósito da ratificação em 05.01.1995, a Convenção em tela passou a vigorar, no plano interno, em 05.01.1996. Assim sendo, a eventual denúncia somente poderia ter sido efetuada dez anos depois dessa data, a saber, a partir de 05.01.2006. Por essa razão, o Decreto n. 2.100/1996, a par de todas as demais irregularidades acima apontadas, deveria ter esperado mais dez anos para veicular a denúncia da Convenção em tela.

Cumpre observar, no entanto, que a posição prevalente no seio da OIT é no sentido de que o prazo de dez anos deve ser contado da entrada em vigor da Convenção no plano internacional, o que, no caso da Convenção n. 158, ocorreu em 23 de junho de 1985. Há aqueles, no entanto, que discordam desse entendimento, aderindo àquele defendido no presente artigo, como o ilustre juslaborista ARNALDO SÜSSEKIND:

> *A segunda corrente, a que nos filiamos, considera que o decênio concerne à vigência da ratificação de cada país. (...) Segundo o depoimento de João Carlos Alexim, ilustre Diretor da OIT no Brasil, o Departamento de Normas Internacionais da Organização já propôs que fosse modificada a orientação que vem sendo observada, porque o 'procedimento adotado até hoje não é o mais justo, o mais lógico.*[1294]

Há ainda um outro vício, de natureza formal, a inquinar a denúncia da Convenção n. 158. A Convenção n. 144 da OIT, de 1976, buscando dar prestígio ao tripartismo, que confere feição peculiar a esse organismo internacional, estabelece, em seu art. 2º, que:

> *todo membro da Organização Internacional do Trabalho que ratifique a presente Convenção se compromete a pôr*

[1291] SARLET, Ingo Wolfgang. Direitos sociais: o problema de sua proteção contra o poder de reforma na Constituição de 1988. *Revista de Direito Constitucional e Internacional*, p. 42-73, São Paulo: Revista dos Tribunais, n. 46, ano 12, p. 42-73. p. 64, 2004.

[1292] Entendem ser necessária a atuação conjunta do Presidente da República e do Congresso Nacional, para se consumar a denúncia, Pontes de Miranda, Celso Duvivier de Albuquerque Mello e Flávia Piovesan. Em sentido contrário, afirmando poder o Presidente da República ou Congresso Nacional, isoladamente, denunciarem um tratado, posiciona-se Francisco Rezek. In: MAZZUOLI, Valério de Oliveira. *Tratados internacionais*. p. 110-111.

[1293] "A ratificação, na definição de Sette Câmara, 'é ato pelo qual a autoridade nacional competente informa às autoridades correspondentes dos Estados cujos plenipotenciários concluíram, com os seus, um projeto de tratado, a aprovação que dá a este projeto e que o faz doravante um tratado obrigatório para o Estado que esta autoridade encarna nas relações internacionais' (...) Existem três sistemas sobre o poder competente para proceder à ratificação: a) competência exclusiva do Executivo (adotado nas monarquias absolutas, Itália fascista, etc.); b) divisão de competência entre o Executivo e o Legislativo, que pode ser dividido em dois tipos: 1 – o que obriga a intervenção do Congresso apenas em alguns tratados (França); 2 – o que obriga a intervenção do Congresso em todos os tratados (Brasil); c) sistema consagrando a primazia do Legislativo (Suíça, URSS)." MELLO, Celso Duvivier de Albuquerque. *Curso de direito internacional público*. 14. ed. Rio de Janeiro: Renovar, 2002. v. I. p. 221-222.

[1294] SÜSSEKIND, Arnaldo. *Direito Internacional do Trabalho*, p. 239.

em prática procedimentos que assegurem consultas efetivas, entre os representantes do governo, dos empregadores e dos trabalhadores, sobre os assuntos relacionados com as atividades da Organização Internacional do Trabalho a que se refere o artigo 5º, parágrafo 1º, mais adiante.

O referido art. 5º, parágrafo 1º, por sua vez, dispõe o seguinte:

> I. O objeto dos procedimentos previstos na presente Convenção será o de celebrar consultas sobre:
>
> (...)
>
> e. <u>as propostas de denúncia de convenções ratificadas</u>. (grifos nossos)

A Convenção n. 144, conforme revela os dispositivos acima transcritos, exige que os empregados e os empregadores do país, por intermédio dos competentes órgãos representativos em âmbito nacional, sejam efetivamente consultados acerca de eventuais propostas de denúncia de convenções ratificadas. Essa Convenção foi ratificada pelo Brasil, de modo que suas normas tornaram-se de observância obrigatória. No caso da Convenção n. 158, a sua denúncia não foi precedida por qualquer procedimento de consulta, razão pela qual é ela inválida, do ponto de vista formal. O desrespeito por um país-membro da OIT de uma Convenção por ele ratificada pode ser impugnado por qualquer organização profissional de trabalhadores ou de empregadores, mediante Reclamação, apresentada perante a Repartição Internacional do Trabalho e apreciada pelo Conselho de Administração da OIT, conforme previsto no art. 24 da Constituição da OIT.

Por todo o exposto, resta solar a inconstitucionalidade do Decreto n. 2.100/1996, não se podendo considerar válida a denúncia que por meio dele se pretendeu efetuar. Em razão disso, conclusão inarredável é a de que a Convenção n. 158 está em vigor no ordenamento jurídico brasileiro, entendimento este que se espera seja acolhido pelo Egrégio STF, no julgamento da ADIn n. 1.625.

5. Os tratados internacionais de direitos humanos e a Emenda Constitucional n. 45/2004

A Constituição Federal de 1988, em seu art. 60, como vimos, estabelece as exigências, formais e materiais, necessárias para a alteração de suas normas, por meio da denominada Emenda Constitucional (EC). No final de 2004, foi editada a EC n. 45, a qual, dentre outras modificações, introduziu o § 3º ao art. 5º, que reza o seguinte:

> Art. 5º (...)
>
> § 3º Os tratados e convenções internacionais sobre direitos humanos que forem <u>aprovados, em cada Casa do Congresso Nacional, em dois turnos, por três quintos dos votos dos respectivos membros</u>, serão equivalentes às emendas constitucionais. (sem grifos no original)

Assim, esse dispositivo passou a exigir que um tratado internacional que verse sobre direitos humanos, para que seja incorporado à Constituição, seja aprovado pelo Congresso Nacional pelo mesmo procedimento exigido pelo art. 60 para a aprovação das Emendas Constitucionais.

Essa norma, portanto, veio a dificultar a incorporação constitucional dos tratados internacionais de direitos humanos. Com efeito, se, de acordo com a redação original da Constituição de 1988, notadamente do seu art. 5º, § 2º, bastava a mera ratificação desses tratados, por meio de um Decreto Legislativo, a partir da EC n. 45 este procedimento foi consideravelmente dificultado, pela imposição de um rito muito mais complexo.

Pode-se dizer, portanto, que o § 3º do art. 5º, introduzido pela EC n. 45, veio a restringir o conteúdo e o alcance do § 2º do mesmo artigo, previsto pela redação original da Carta Magna. Com efeito, se nos termos deste, como vimos, bastava a aprovação do tratado por Decreto Legislativo e a sua promulgação por Decreto presidencial, sob a égide do novo dispositivo, é necessária a aprovação pelo rito das Emendas Constitucionais, bem mais complexo. O resultado é que se tornou consideravelmente mais difícil a incorporação constitucional dos tratados de direitos humanos, indo de encontro às normas originárias da Carta Magna, como o § 2º do art. 5º, o § 1º do mesmo artigo (que impõe a aplicabilidade imediata das normas de direitos e garantias fundamentais) e o art. 4º, II (que erige, como princípio da República Federativa do Brasil, a prevalência dos direitos humanos).

Conforme já explicitado, a CF/1988, em seu art. 60, § 4º, IV, determina que as normas constitucionais sobre direitos e garantias individuais são "cláusulas pétreas", não podendo ser revogadas ou restringidas por meio de Emenda Constitucional. Considerando que os §§ 1º e 2º do art. 5º estão dentre essas normas, isto é, são "cláusulas pétreas", eles não poderiam ter tido o seu conteúdo restringido pela EC n. 45. Nesse sentido, o § 3º do art. 5º, introduzido por essa emenda, é inconstitucional, por violar o art. 60, § 4º, IV.

Note-se que a existência de uma norma constitucional contrária à Constituição é perfeitamente possível, basta que a Emenda Constitucional não tenha obedecido às exigências do art. 60 da Carta Magna. Tal entendimento já foi adotado pela jurisprudência do STF que, nos termos do art. 102, *caput*, da CF/1988, é responsável pela "guarda da Constituição", garantindo a sua fiel aplicação e impedindo a sua violação. De fato, no julgamento da ADIn n. 939, o STF considerou que a EC n. 3, de 1993, que autorizou a criação do Imposto Provisório sobre a Movimentação Financeira (IPMF), ao desrespeitar "cláusulas pétreas", como a garantia fundamental do contribuinte consistente no princípio da anterioridade tributária, violou o art. 60, § 4º, da CF/1988. Essa emenda foi julgada inconstitucional pelo STF[1295].

(1295) Decisão proferida na ADI n. 939 e publicada no Diário de Justiça, em 18 de março de 1994. Disponível em <http://www.stf.jus.br/portal/diarioJustica/verDiarioProcesso.asp?numDj=&dataPublicacaoDj=18/03/1994&incidente=1571506&codCapitulo=5&numMateria=17&codMateria=1>. Acesso em: 07 set. 2016.

Todavia, em homenagem ao princípio da eventualidade, mesmo que venha a se considerar constitucional o § 3º do art. 5º, introduzido pela EC n. 45, esse dispositivo não pode se aplicar à Convenção n. 158 da OIT. Senão, vejamos.

A CF/1988, em seu art. 5º, XXXVI, prevê o princípio da irretroatividade das normas, ao rezar que "*a lei não prejudicará o direito adquirido, o ato jurídico perfeito e a coisa julgada*". Esse dispositivo, sendo uma garantia fundamental, é também uma "cláusula pétrea", estando sob o manto da intangibilidade. Assim, na ordem jurídica brasileira, a norma somente pode ter efeitos imediatos, não retroativos, regendo apenas situações vivenciadas após a sua vigência.

A Convenção n. 158 foi aprovada pelo Decreto Legislativo n. 68, de 1992, e promulgada pelo Decreto n. 1.855, de 1996. Desse modo, ela foi incorporada à ordem jurídica brasileira – mais precisamente à Constituição de 1988, como vimos – antes da aprovação da EC n. 45, de 2004. Assim, no momento em que essa emenda entrou em vigor, a incorporação constitucional da Convenção n. 158 já havia sido consumada, sendo, assim, um "ato jurídico perfeito". Dessa forma, exigir que essa Convenção seja novamente aprovada pelo Congresso Nacional, dessa vez seguindo as formalidades do § 3º do art. 5º, para que tenha *status* constitucional, é defender a aplicação retroativa da EC n. 45, em clara violação ao princípio da irretroatividade. Este deve ser necessariamente observado por todas as normas, sejam elas constitucionais – advindas do Poder Constituinte Derivado – ou infraconstitucionais.

Destarte, na eventual hipótese de se considerar válido o § 3º do art. 5º, introduzido pela EC n. 45, deve-se reconhecer que as exigências nele previstas se aplicam apenas à aprovação dos tratados internacionais de direitos humanos posteriores à sua vigência, e não àqueles que haviam sido ratificados anteriormente, como é o caso da Convenção n. 158.

Pelo exposto, resta claro que a EC n. 45/2004 em nada veio a alterar o entendimento defendido neste trabalho, qual seja, o de que a Convenção n. 158 da OIT foi incorporada à ordem jurídica brasileira com a hierarquia de norma constitucional e que a sua denúncia é absolutamente inválida.

6. Conclusão

A Convenção n. 158 da OIT condiciona a validade da dispensa do empregado à existência de um motivo juridicamente relevante, relacionado à sua capacidade, ao comportamento ou às necessidades de funcionamento da empresa. Nesse sentido, encontra-se em perfeita consonância com o art. 7º, inciso I, da Constituição Federal de 1988, que inclui essa proteção dentre os direitos do trabalhador, condicionando a sua instituição à edição de lei complementar.

Em virtude de conter normas de proteção a direito fundamental do homem-trabalhador, ao ser ratificada pelo Brasil, tornou-se parte integrante da Constituição Federal de 1988, por força do seu art. 5º, § 2º. Ao conferir contornos precisos ao aludido art. 7º, I, possibilitou que o direito neste previsto se tornasse de eficácia imediata. O papel da lei complementar neste previsto será apenas o de restringir alguns aspectos da referida Convenção, nas hipóteses e limites por ela permitidos.

Em sede da ADIn n. 1.480, foi arguida a invalidade da Convenção, tendo o STF deferido a liminar nela requerida, aduzindo argumentos contrários à sua constitucionalidade, os quais, no entanto, carecem de fundamentação. Essa ação foi extinta, em razão da posterior denúncia da Convenção, pelo Decreto presidencial, em 1996. A invalidade desse ato é clarividente, tendo sido impugnada pela ADIn n. 1.625, que está sendo atualmente julgada pela Suprema Corte.

O julgamento dessa denúncia, pelo STF, é imprevisível, tanto com relação à sua demora quanto ao seu resultado. Dessa forma, cumpre ao legislador editar a lei que regulamenta a proteção contra as dispensas imotivadas, prevista no art. 7º, I, da Constituição da República, podendo pautar-se pelas normas da própria Convenção n. 158. Em face da inércia legislativa, é também possível impetrar-se mandado de injunção, para que o STF confira efetividade ao direito à proteção contra a dispensa imotivada (art. 7º, I, da CF/1988), até que sobrevenha a lei regulamentadora.

7. REFERÊNCIAS BIBLIOGRÁFICAS

AUZERO, Gilles; DOCKÈS, Emmanuel. *Droit du travail*. 29. ed. Paris: Dalloz, 2015.

BARROSO, Luís Roberto. *Interpretação e aplicação da constituição*: fundamentos de uma dogmática constitucional transformadora. 3. ed. São Paulo: Saraiva, 1999.

CARINCI, Franco; TAMAJO, Raffaele de Luca; TOSI, Paolo; TREU, Tiziano. *Diritto del Lavoro*. Il rapporto di lavoro subordinato. 9. ed. Torino: UTET, 2016.

DELGADO, Mauricio Godinho. *Curso de Direito do Trabalho*. 15. ed. São Paulo: LTr, 2016.

FERNANDES, António Monteiro. *Direito do Trabalho*. 15. ed. Coimbra: Almedina, 2010.

FILHO, Evaristo de Moraes. *A justa causa na rescisão do contrato de trabalho*. 2. ed. Rio de Janeiro: Forense, 1968.

GIGLIO, Wagner. *Justa causa*. 6. ed. São Paulo: Saraiva, 1996.

GRANDI, Mario. Licenziamento e reintegrazione: riflessioni storico-critiche. *Rivista Italiana di Diritto del Lavoro*, Milão ano XXII, v. I, p. 3-34, 2003.

JÚNIOR, Paulo Hamilton Siqueira. Tratados internacionais de direitos humanos. *Revista de Direito Constitucional e Internacional*, São Paulo, n. 43, ano 11, p. 07-30, abr./jun. 2003.

MAGALHÃES, José Luiz Quadros de. *Direitos Humanos na Ordem Jurídica Interna*. Belo Horizonte: Interlivros Jurídica de Minas Gerais, 1992.

MAZZUOLI, Valério de Oliveira. Hierarquia constitucional e incorporação automática dos tratados internacionais de proteção dos direitos humanos no ordenamento brasileiro. *Revista de Informação Legislativa*, Brasília, Senado Federal, n. 148, ano 37, p. 231-50, out./dez. 2000.

MAZZUOLI, Valério de Oliveira. *Tratados internacionais*. São Paulo: Juarez de Oliveira, 2001.

MELLO, Celso Duvivier de Albuquerque. *Curso de direito internacional público*. 14. ed. Rio de Janeiro: Renovar, 2002. v. I.

MORAES, Alexandre de. *Direito constitucional*. 13. ed. São Paulo: Atlas, 2003.

OIT. *Protección contra el despido injustificado – Conferencia Internacional del Trabajo*. 82ª Reunião. Genebra: OIT, 1995.

PANICI, Pier Luigi. Il diritto alla reintegrazione: nuove prospettive europee per la tutela contro i licenziamenti. *Il lavoro nella Giurisprudenza*, ano VIII, Milão, Ipsoa Editore, p. 614-21, jul. 2000.

PIOVESAN, Flávia. A proteção dos direitos humanos no sistema constitucional brasileiro. *Revista da Procuradoria Geral do Estado de São Paulo*, São Paulo, p. 81-102, jan./dez. 1999.

REZEK, José Francisco. *Direito internacional público*: curso elementar. 7. ed. São Paulo: Saraiva, 1998.

SARLET, Ingo Wolfgang. Direitos sociais: o problema de sua proteção contra o poder de reforma na Constituição de 1988. *Revista de Direito Constitucional e Internacional*, São Paulo, Revista dos Tribunais, n. 46, ano 12, p. 42-73, 2004.

SILVA, Antônio Álvares da. *A constitucionalidade da Convenção 158 da OIT*. Belo Horizonte: RTM, 1996.

SILVA, Antônio Álvares da. *A Convenção 158 da OIT*. Belo Horizonte: RTM, 1996.

SILVA, Antônio Álvares da. *Proteção contra a dispensa na nova Constituição*. Belo Horizonte: Del Rey, 1991.

SILVA, José Afonso da. *Aplicabilidade das normas constitucionais*. 3. ed. São Paulo: Malheiros, 1999.

SILVA, José Afonso da. *Curso de Direito Constitucional Positivo*. 13. ed. São Paulo: Malheiros, 1997.

SÜSSEKIND, Arnaldo. *Direito Internacional do Trabalho*. 3. ed. São Paulo: LTr, 2000.

TRINDADE, Antônio Augusto Cançado. *A incorporação das normas internacionais de proteção dos direitos humanos no direito brasileiro*. 2. ed. San José, Costa Rica: Instituto Interamericano de Direitos Humanos, 1996.

TRINDADE, Antônio Augusto Cançado. *Tratado de Direito Internacional dos direitos humanos*. Porto Alegre: Sérgio Antônio Fabris Editor, 1997. v. I.

VALLEBONA, Antonio. *Breviario di Diritto del Lavoro*. 10. ed. Torino: G. Giappichelli, 2015.

VALVERDE, Antonio Martín; GUTIÉRREZ, Fermín Rodríguez-Sañudo; MURCIA, Joaquín García. *Derecho del Trabajo*. 20. ed. Madrid: Tecnos, 2011.

VIANA, Márcio Túlio (coord.); FILHO, Luiz Phillipe Vieira de Melo; HENRIQUE, Carlos Augusto Junqueira; JÚNIOR, José Eduardo de Resende Chaves; RENAULT, Luiz Otávio Linhares;REZENDE, Alaor Satuf. *Teoria e Prática da Convenção 158*. São Paulo: LTr, 1996.

WEISS, Manfred; SCHMIDT, Marlene. *Germany*. International Encyclopaedia for Labour Law and Industrial Relations. (coord.) Roger Blanpain. The Hague: Kluwer Law International, 2010.

CAPÍTULO 30
A PROTEÇÃO CONTRA A DISPENSA COLETIVA

Gustavo Filipe Barbosa Garcia[1296]

1. Introdução

Muito se discute a respeito do conceito e das consequências da dispensa coletiva.

No Brasil, em razão da ausência de disciplina legal específica sobre o tema, a questão se torna ainda mais complexa.

A despedida coletiva, por acarretar desdobramentos sociais profundos e normalmente negativos, exige a intensificação do debate, para que o sistema jurídico nacional possa avançar na sua regulamentação.

A jurisprudência muitas vezes acaba tendo de decidir a respeito de casos envolvendo despedidas de natureza coletiva, havendo dificuldades para a fixação da solução mais justa e conforme ao Direito.

No presente estudo, procura-se examinar a dispensa coletiva, no âmbito das modalidades de extinção do contrato de trabalho, e a previsão do tema na esfera do Direito Internacional, isto é, da OIT, podendo servir de parâmetro para a sua regulamentação no sistema jurídico brasileiro.

2. Cessação do contrato de trabalho

A cessação do contrato de trabalho pode ser conceituada como o término do referido negócio jurídico, isto é, o fim da relação jurídica de emprego[1297].

O término do vínculo de emprego, como gênero, engloba diversas espécies, conforme a seguir indicado.

A *resilição* do contrato de trabalho pode ser unilateral (denúncia) ou bilateral (distrato).

A resilição unilateral do contrato de trabalho (*denúncia*) significa a manifestação de vontade de apenas uma das partes, pondo fim ao negócio jurídico em questão.

Trata-se da dispensa sem justa causa ou da demissão.

A *dispensa arbitrária* do empregado é aquela que não se funda em qualquer causa justificada, seja de natureza disciplinar, econômico-financeira ou técnica.

O art. 165, *caput*, da CLT, embora tratando da garantia de emprego do representante da CIPA, define a "despedida arbitrária" como aquela "que não se fundar em motivo disciplinar, técnico, econômico ou financeiro".

Já a *dispensa sem justa causa* seria aquela "feita pelo empregador sem motivo dado pelo empregado"[1298].

Apesar disso, a rigor, é possível entender a "dispensa arbitrária" como aquela que não se funda em motivos *objetivos*, relacionados à empresa, referentes a fatores econômicos, financeiros, técnicos ou estruturais. Por sua vez, a "dispensa sem justa causa" seria aquela que não se funda em motivos *subjetivos*, ou seja, disciplinares, referentes ao empregado.

A chamada *dispensa obstativa*, por sua vez, seria aquela que tem o objetivo, fraudulento, de impedir que o empregado adquira determinado direito, como a estabilidade (art. 499, § 3º, da CLT).

Diferentemente, a *dispensa retaliativa* significa aquela "efetuada por represália do empregador. É o que ocorre quando o empregado é dispensado por ter ajuizado reclamação na Justiça do Trabalho ou por ter servido como testemunha em processo proposto contra a empresa"[1299].

Por fim, a *dispensa discriminatória* é aquela decorrente de características ou aspectos pessoais do empregado, como, idade, sexo, origem, raça, cor, estado civil, situação familiar, crença religiosa ou estado de gravidez, havendo previsão na Lei n. 9.029/1995.

A expressão "resilição unilateral" é prevista no art. 473 do Código Civil de 2002, ao tratar da extinção do contrato.

[1296] Livre-docente pela Faculdade de Direito da Universidade de São Paulo. Doutor em Direito pela Faculdade de Direito da Universidade de São Paulo. Pós-Doutorado em Direito pela *Universidad de Sevilla*. Especialista em Direito pela *Universidad de Sevilla*. Professor Universitário em Cursos de Graduação e Pós-Graduação em Direito. Membro Pesquisador do IBDSCJ. Membro da Academia Brasileira de Direito do Trabalho, Titular da Cadeira 27. Advogado. Foi Procurador do Trabalho do Ministério Público da União, ex-Juiz do Trabalho das 2ª, 8ª e 24ª Regiões e ex-Auditor Fiscal do Trabalho.
[1297] Cf. GARCIA, Gustavo Filipe Barbosa Garcia. *Curso de direito do trabalho*. 10. ed. Rio de Janeiro: Forense, 2016. p. 675.
[1298] MARTINS, Sergio Pinto. *Direito do trabalho*. 26. ed. São Paulo: Atlas, 2010. p. 370.
[1299] MARTINS, Sergio Pinto. *Direito do trabalho*. 26. ed. São Paulo: Atlas, 2010. p. 371.

A resilição bilateral do contrato de trabalho (*distrato*) é o acordo de vontades entre as partes da relação jurídica de emprego, para pôr fim a esse negócio jurídico.

Nesse enfoque, pode-se fazer menção à hipótese de um acordo judicial, ou mesmo extrajudicial, entre empregado e empregador, estabelecendo a cessação do vínculo de emprego.

O termo "distrato" é previsto no art. 472 do Código Civil de 2002.

A *resolução* do contrato de trabalho indica a sua terminação em razão de falta praticada por uma das partes, ou mesmo por ambas.

No caso do contrato de trabalho, tem-se a sua cessação com a dispensa por justa causa ou falta grave, dispensa indireta e culpa recíproca.

A terminologia "resolução" também é utilizada para os casos de cessação do contrato pela chamada "onerosidade excessiva", por indicar o seu término em razão de um ônus ou gravame imposto a uma das partes ou às partes, gerando a impossibilidade de sua execução, ou seja, acarretando a *inexecução* do contrato.

Observa-se a utilização do termo "resolução" do contrato nos arts. 475, 478 e 479 do Código Civil de 2002.

A *rescisão* do contrato de trabalho, conforme parte da doutrina, abrange os casos de extinção do contrato de trabalho em razão de nulidade.

Nesse sentido, a declaração de nulidade, ou mesmo a anulação do contrato, significa a sua rescisão.

Cabe acrescentar que a *revogação* é termo mais adequado à cessação de contrato a título gratuito, mas podendo excepcionalmente se verificar em modalidade onerosa, como ocorre no mandato.

De acordo com a classificação de Délio Maranhão, a *dissolução* do contrato de trabalho engloba as diversas formas de sua cessação que não seja a normal, tendo como subespécies a resilição, a resolução, a revogação, a rescisão e a força maior[1300].

De todo modo, deve-se reconhecer que a diferenciação acima nem sempre é adotada de forma unânime pela doutrina, bem como nem sempre é observada na jurisprudência e mesmo na legislação.

Para ilustrar esse aspecto, o termo "rescisão" é frequentemente utilizado como sinônimo de cessação, em termos genéricos, do contrato de trabalho, como se verifica no Capítulo V, do Título IV, da CLT (arts. 477 e seguintes).

No presente estudo, merece ênfase a dispensa ou despedida, como resilição unilateral do contrato de trabalho pelo empregador[1301], na modalidade coletiva.

3. Direito internacional

A Organização Internacional do Trabalho possui norma específica sobre o término da relação de trabalho por iniciativa do empregador.

Trata-se da Convenção n. 158, assinada em Genebra, em 22 de junho de 1982.

A relevância desse diploma internacional é manifesta, inclusive por estabelecer disposições relativas à dispensa coletiva.

A Convenção n. 158 da OIT foi aprovada, bem como promulgada no Brasil, pelo Decreto n. 1.855, de 10 de abril de 1996.

No entanto, o Decreto n. 2.100, de 20 de dezembro de 1996, tornou público que deixou de vigorar para o Brasil, a partir de 20 de novembro de 1997, a Convenção da OIT n. 158, "visto haver sido denunciada por Nota do Governo brasileiro à Organização Internacional do Trabalho, tendo sido a denúncia registrada, por esta última, a 20 de novembro de 1996".

O entendimento que prevaleceu foi no sentido de que o art. 7º, inciso I, da Constituição da República Federativa do Brasil, de 1988, exige "lei complementar" para regular a proteção da relação de emprego contra a despedida arbitrária ou sem justa causa.

Nesse enfoque, a Convenção n. 158 da OIT, ao ser aprovada pelo Brasil, passou a integrar o ordenamento jurídico, mas com *status* de lei ordinária. Assim, por não se tratar de lei complementar, haveria inconstitucionalidade formal.

Além disso, a referida Convenção n. 158 da OIT exigiria regulamentação pela legislação ou outras fontes normativas internas, não se figurando autoaplicável em sua totalidade, como se observa pela disposição de seu art. 1º[1302].

A respeito do tema, o Supremo Tribunal Federal chegou a conceder medida cautelar em ação direta de inconstitucionalidade, contra a referida aprovação da Convenção n. 158 da OIT:

(1300) Cf. MARANHÃO, Délio. *Instituições de direito do trabalho*. 18. ed. São Paulo: LTr, 1999. v. 1, p. 564-565.
(1301) Cf. GORELLI HERNÁNDEZ, Juan. *El coste económico del despido o el precio de la arbitrariedad*: un estudio sobre la eficacia del despido disciplinario ilícito. Andalucia: Consejo Andaluz de Relaciones Laborales, 2010. p. 17: "Nuestro ordenamiento regula la figura del despido consagrándolo en tres figuras diferenciadas: el despido disciplinario, el objetivo y el colectivo. En todas ellas estamos ante un negocio jurídico extintivo basado en la voluntad unilateral del empresario. Este mecanismo de extinción supone la atribución al empresario de una facultad esencial, que junto con las facultades de organización y dirección de la prestación de trabajo, le colocan en una posición de superioridad jurídica sobre el trabajador; no en vano, la relación laboral es una relación de carácter subordinado."
(1302) "Dever-se-á dar efeito às disposições da presente Convenção através da legislação nacional, exceto na medida em que essas disposições sejam aplicadas por meio de contratos coletivos, laudos arbitrais ou sentenças judiciais, ou de qualquer outra forma de acordo com a prática nacional."

Ação direta de inconstitucionalidade – Convenção n. 158/OIT – Proteção do trabalhador contra a despedida arbitrária ou sem justa causa – Arguição de ilegitimidade constitucional dos atos que incorporaram essa convenção internacional ao direito positivo interno do Brasil (Decreto Legislativo 68/1992 e Decreto 1.855/1996) – Possibilidade de controle abstrato de constitucionalidade de tratados ou convenções internacionais em face da Constituição da República – Alegada transgressão ao art. 7º, I, da Constituição da República e ao art. 10, I, do ADCT/88 – Regulamentação normativa da proteção contra a despedida arbitrária ou sem justa causa, posta sob reserva constitucional de lei complementar – Consequente impossibilidade jurídica de tratado ou convenção internacional atuar como sucedâneo da lei complementar exigida pela Constituição (CF, art. 7º, I) – Consagração constitucional da garantia de indenização compensatória como expressão da reação estatal à demissão arbitrária do trabalhador (CF, art. 7º, I, c/c o art. 10, I do ADCT/88) – Conteúdo programático da Convenção n. 158/OIT, cuja aplicabilidade depende da ação normativa do legislador interno de cada País – Possibilidade de adequação das diretrizes constantes da Convenção n. 158/OIT às exigências formais e materiais do Estatuto Constitucional Brasileiro – Pedido de medida cautelar deferido, em parte, mediante interpretação conforme à Constituição.

Procedimento constitucional de incorporação dos tratados ou convenções internacionais. É na Constituição da República – e não na controvérsia doutrinária que antagoniza monistas e dualistas – que se deve buscar a solução normativa para a questão da incorporação dos atos internacionais ao sistema de direito positivo interno brasileiro. O exame da vigente Constituição Federal permite constatar que a execução dos tratados internacionais e a sua incorporação à ordem jurídica interna decorrem, no sistema adotado pelo Brasil, de um ato subjetivamente complexo, resultante da conjugação de duas vontades homogêneas: a do Congresso Nacional, que resolve, definitivamente, mediante decreto legislativo, sobre tratados, acordos ou atos internacionais (CF, art. 49, I) e a do Presidente da República, que, além de poder celebrar esses atos de direito internacional (CF, art. 84, VIII), também dispõe – enquanto Chefe de Estado que é – da competência para promulgá-los mediante decreto. O *iter* procedimental de incorporação dos tratados internacionais – superadas as fases prévias da celebração da convenção internacional, de sua aprovação congressional e da ratificação pelo Chefe de Estado – conclui-se com a expedição, pelo Presidente da República, de decreto, de cuja edição derivam três efeitos básicos que lhe são inerentes: a) a promulgação do tratado internacional; b) a publicação oficial de seu texto; e c) a executoriedade do ato internacional, que passa, então, e somente então, a vincular e a obrigar no plano do direito positivo interno. Precedentes.

Subordinação normativa dos tratados internacionais à Constituição da República. No sistema jurídico brasileiro, os tratados ou convenções internacionais estão hierarquicamente subordinados à autoridade normativa da Constituição da República. Em consequência, nenhum valor jurídico terão os tratados internacionais, que, incorporados ao sistema de direito positivo interno, transgredirem, formal ou materialmente, o texto da Carta Política. O exercício do *treaty-making power*, pelo Estado brasileiro – não obstante o polêmico art. 46 da Convenção de Viena sobre o Direito dos Tratados (ainda em curso de tramitação perante o Congresso Nacional) –, está sujeito à necessária observância das limitações jurídicas impostas pelo texto constitucional.

Controle de constitucionalidade de tratados internacionais no sistema jurídico brasileiro. O Poder Judiciário – fundado na supremacia da Constituição da República – dispõe de competência, para, quer em sede de fiscalização abstrata, quer no âmbito do controle difuso, efetuar o exame de constitucionalidade dos tratados ou convenções internacionais já incorporados ao sistema de direito positivo interno.

Paridade normativa entre atos internacionais e normas infraconstitucionais de direito interno. Os tratados ou convenções internacionais, uma vez regularmente incorporados ao direito interno, situam-se, no sistema jurídico brasileiro, nos mesmos planos de validade, de eficácia e de autoridade em que se posicionam as leis ordinárias, havendo, em consequência, entre estas e os atos de direito internacional público, mera relação de paridade normativa. Precedentes. No sistema jurídico brasileiro, os atos internacionais não dispõem de primazia hierárquica sobre as normas de direito interno. A eventual precedência dos tratados ou convenções internacionais sobre as regras infraconstitucionais de direito interno somente se justificará quando a situação de antinomia com o ordenamento doméstico impuser, para a solução do conflito, a aplicação alternativa do critério cronológico (*lex posterior derogat priori*) ou, quando cabível, do critério da especialidade. Precedentes.

Tratado internacional e reserva constitucional de lei complementar. O primado da Constituição, no sistema jurídico brasileiro, é oponível ao princípio *pacta sunt servanda*, inexistindo, por isso mesmo, no direito positivo nacional, o problema da concorrência entre tratados internacionais e a Lei Fundamental da República, cuja suprema autoridade normativa deverá sempre prevalecer sobre os atos de direito internacional público. Os tratados internacionais celebrados pelo Brasil – ou aos quais o Brasil venha a aderir – não podem, em consequência, versar matéria posta sob reserva constitucional de lei complementar. É que, em tal situação, a própria Carta Política subordina o tratamento legislativo de determinado tema ao exclusivo domínio normativo da lei complementar, que não pode ser substituída por qualquer outra espécie normativa infraconstitucional, inclusive pelos atos internacionais já incorporados ao direito positivo interno.

Legitimidade constitucional da Convenção n. 158/OIT, desde que observada a interpretação conforme fixada pelo Supremo Tribunal Federal. A Convenção n. 158/OIT, além de depender de necessária e ulterior intermediação legislativa para efeito de sua integral aplicabilidade no plano doméstico, configurando, sob tal aspecto, mera proposta de legislação dirigida ao legislador interno, não consagrou, como única consequência derivada da ruptura abusiva ou arbitrária do contrato de trabalho, o dever de os Estados-Partes, como o Brasil, instituírem, em sua legislação nacional, apenas a garantia da reintegração no emprego. Pelo contrário, a Convenção n. 158/OIT expressamente permite a cada Estado-Parte (Artigo 10), que, em função de seu próprio ordenamento positivo interno, opte pela solução normativa que se revelar mais consentânea e compatível com a legislação e a prática nacionais, adotando, em consequência, sempre com estrita observância do estatuto fundamental de cada País (a Constituição brasileira, no caso), a fórmula da reintegração no emprego e/ou da indenização compensatória. Análise de cada um dos artigos impugnados da Convenção n. 158/OIT (Artigos 4º a 10) (STF, Pleno, ADI-MC n. 1480/DF, Rel. Min. Celso de Mello, j. 04.09.1997, *DJ* 18.05.2001.)

É certo que a referida Ação Direta de Inconstitucionalidade n. 1.480-3 acabou sendo arquivada, por se entender que houve perda de objeto decorrente da posterior denúncia da Convenção n. 158 da OIT, conforme decisão a seguir transcrita (*DJ* 08.08.2001):

> Trata-se de ação direta de inconstitucionalidade, ajuizada com o objetivo de questionar a validade jurídico-constitucional do Decreto Legislativo 68/1992, que aprovou a Convenção 158 da Organização Internacional do Trabalho (OIT), e do Decreto 1.855/1996, que promulgou esse mesmo ato de direito internacional público.
>
> O Plenário do Supremo Tribunal Federal, ao deferir, parcialmente, sem redução de texto, o pedido de medida cautelar, proferiu decisão que restou consubstanciada em acórdão assim ementado:
>
> [...]
>
> Acentue-se, por oportuno, que, em 20 de dezembro de 1996, o Estado brasileiro, por intermédio do Presidente da República, que agiu em sua condição de Chefe de Estado, denunciou a mencionada Convenção 158/OIT.
>
> Essa denúncia – que se tornou efetiva um ano após o seu registro junto à OIT, consoante previsto no Artigo 17, n. 1, da própria Convenção 158 – consubstanciou-se, formalmente, no Decreto 2.100, de 20/12/1996, cujo teor é o seguinte:
>
> '*O PRESIDENTE DA REPÚBLICA torna público que deixará de vigorar para o Brasil, a partir de 20 de novembro de 1997, a Convenção da OIT 158, relativa ao Término da Relação de Trabalho por Iniciativa do Empregador, adotada em Genebra, em 22 de junho de 1982, visto haver sido denunciada por Nota do Governo brasileiro à Organização Internacional do Trabalho, tendo sido a denúncia registrada, por esta última, a 20 de novembro de 1996*' (grifei).
>
> Isso significa que, já decorrido o lapso temporal de 1 (um) ano – e revelando-se plenamente eficaz, desse modo, o ato unilateral da denúncia – cessou, *tractu temporis*, quanto ao Estado brasileiro, a vigência da mencionada convenção internacional.
>
> Na realidade, consoante enfatiza autorizado magistério doutrinário (Luiz P. F. de Faro Junior, 'Direito Internacional Público', p. 352, item n. 829, 4. ed., 1965, Borsoi; Hildebrando Accioly/Geraldo Eulálio do Nascimento e Silva, 'Manual de Direito Internacional Público', p. 34, 12. ed., 1996, Saraiva; Celso D. de Albuquerque Mello, 'Os Tratados na Constituição' in 'As Tendências Atuais do Direito Público – Estudos em homenagem ao Prof. Afonso Arinos', p. 138, 1976, Forense; José Francisco Rezek, 'Direito dos Tratados', p. 485, item n. 405, 1984, Forense), a denúncia – enquanto manifestação soberana do Estado que a formula – qualifica-se, quanto à Alta Parte de que emana, como causa extintiva do tratado ou convenção internacional.
>
> Vê-se, portanto, que a Convenção n. 158/OIT não mais se acha incorporada ao sistema de direito positivo interno brasileiro, eis que, com a denúncia dessa convenção internacional, registrada, junto à OIT, em 1996, operou-se, quanto ao Brasil, a própria extinção do referido ato de direito internacional público, o que importa – considerada a integral cessação de sua eficácia – em situação configuradora de perda superveniente do objeto da presente ação direta de inconstitucionalidade.
>
> Não custa enfatizar, neste ponto, que, em decorrência do referido ato de denúncia, deixou de existir o próprio objeto sobre o qual incidiram os atos estatais – Decreto Legislativo 68/1992 e Decreto 1.855/1996 – questionados nesta sede de controle concentrado de constitucionalidade, não mais se justificando, por isso mesmo, a subsistência deste processo de fiscalização abstrata, independentemente da existência, ou não, no caso, de efeitos residuais concretos gerados por aquelas espécies normativas.
>
> A situação que vem de ser referida, não obstante a peculiaridade de que se reveste, equipara-se – considerada a cessação da vigência doméstica da Convenção 158/OIT – à revogação superveniente de diplomas legislativos ou de atos estatais impugnados em sede de ação direta, fazendo instaurar, por isso mesmo, típica hipótese de prejudicialidade do processo de controle normativo abstrato.
>
> Cabe rememorar, por oportuno, a propósito da situação que ora se registra na presente causa, que a jurisprudência do Supremo Tribunal Federal, em sucessivas decisões, tem enfatizado que a revogação superveniente dos atos estatais impugnados em ação direta de inconstitucionalidade – à semelhança do que ocorre com o exaurimento da eficácia das normas temporárias – provoca a extinção do processo de controle normativo abstrato, independentemente da existência de efeitos residuais concretos que possam derivar da aplicação dos diplomas questionados (*RTJ* 154/396, Rel. Min. Celso de Mello – *RTJ* 154/401, Rel. Min. Paulo Brossard – ADI 437-DF, Rel. Min. Celso de Mello, *DJU* de 17.08.1994 – ADI 876-RJ, Rel. Min. Celso de Mello, *DJU* de 01.07.1993 – ADI 1.063-DF, Rel. Min. Celso de Mello, *DJU* de 25.06.2001):
>
>> '*A revogação superveniente do ato normativo impugnado prejudica a ação direta de inconstitucionalidade, independentemente da existência de efeitos residuais concretos. Esse entendimento jurisprudencial do Supremo Tribunal Federal nada mais reflete senão a própria natureza jurídica do controle normativo abstrato, em cujo âmbito não se discutem situações de caráter concreto ou individual. Precedentes.*' (*RTJ* 160/145, Rel. Min. Celso de Mello.)
>
> Sendo assim, e tendo em consideração as razões expostas, julgo extinto este processo de controle abstrato de constitucionalidade, em virtude da perda superveniente de seu objeto.
>
> Arquivem-se os presentes autos.
>
> Publique-se. Brasília, 26 de junho de 2001.
>
> Ministro Celso de Mello, Relator.

Conforme o andamento do referido processo, observa-se que no dia 14.08.2001 decorreu o prazo para interposição de recurso de qualquer espécie da referida decisão de 26 de junho de 2001. Assim, em 16.08.2001, os autos foram remetidos à Seção de Baixa de Processos, e, por fim, no dia 21.08.2001, ocorreu a baixa ao arquivo do STF.

Não obstante, ainda se discute a constitucionalidade da referida denúncia da Convenção n. 158 da OIT pelo Brasil.

Existe inclusive outra ação direta de inconstitucionalidade em curso no STF, questionando o referido ato de denúncia, ainda pendente de decisão final, em razão de pedido de vista (ADIn n. 1.625-3).

A principal alegação é no sentido de que o Presidente da República não poderia, sem a participação do Congresso Nacional, denunciar a convenção aprovada (também) por este[1303].

Além disso, alega-se que a denúncia da Convenção n. 158, pelo Brasil, teria ocorrido fora do prazo permitido[1304].

Quanto à questão de ter sido a norma internacional denunciada somente por ato do Presidente da República, há entendimento de que essa prática é admissível, pois a sustentação da vigência do tratado depende da vontade de ambos os poderes de Estado, o Legislativo, representado pelo Congresso Nacional, e o Executivo, representado pelo Presidente da República. Passando a inexistir uma dessas vontades, o tratado deixa de vigorar.

Assim, tanto o Presidente da República, como o Congresso Nacional, cada um deles de forma autônoma, poderiam retirar a concordância quanto à vigência da norma internacional no ordenamento jurídico nacional.

Essa posição admite a denúncia do tratado tanto por ato isolado do Presidente da República, sob a forma jurídica de decreto, como pelo Congresso Nacional, sob a forma de lei[1305].

Nesse sentido, cabe transcrever as lições de José Francisco Rezek:

> Tenho como certo que o chefe de governo pode, por sua singular autoridade, denunciar tratados internacionais – como de resto vem fazendo, com franco desembaraço, desde 1926. [...]
>
> Parece bastante lógico que, onde a comunhão de vontades entre governo e parlamento seja necessária para *obrigar* o Estado, lançando-o numa relação contratual internacional, repute-se suficiente a vontade de um daqueles dois poderes para *desobrigá-lo* por meio da denúncia. Não há falar, assim, à luz impertinente do princípio do ato contrário, que, se as duas vontades tiverem de somar-se para a conclusão do pacto, é preciso vê-las de novo somadas para seu desfazimento. Antes, cumpre entender que as vontades reunidas do governo e do parlamento presumem-se firmes e inalteradas, desde o instante da celebração do tratado, e ao longo de sua vigência pelo tempo afora, como dois pilares de sustentação da vontade nacional. Isso levará à conclusão de que nenhum tratado – dentre os que se mostrem rejeitáveis por meio de denúncia – deve continuar vigendo *contra a vontade* quer do governo, quer do Congresso. O ânimo negativo de um dos dois poderes políticos em relação ao tratado há de determinar sua denúncia, visto que significa o desaparecimento de uma das bases que se apoiava o consentimento do Estado. (destaques do original)[1306]

É certo que no caso do Congresso Nacional, como se exige uma *lei* para a referida denúncia da norma internacional anteriormente ratificada, para que a referida modalidade legislativa específica seja aprovada, o respectivo processo impõe a promulgação e sanção pelo Presidente da República, com posterior publicação da lei. Nesse aspecto, observa-se certa posição diferenciada do Presidente da República em comparação com o Congresso Nacional, quanto ao tema da denúncia dos tratados, o que decorre do processo legislativo em vigor, previsto na Constituição da República.

Sobre essa questão, ainda segundo José Francisco Rezek:

> Aceito que seja esse ponto de vista, ter-se-ão como válidas todas as denúncias resultantes do puro alvitre governamental. Em contrapartida, estará também aceita a tese de que a vontade do Congresso

---

(1303) Cf. SÜSSEKIND, Arnaldo. *Direito internacional do trabalho*. 3. ed. São Paulo: LTr, 2000. p. 238: "Se as normas dos tratados, conforme reiteradamente tem decidido a Suprema Corte brasileira, se incorporam à legislação nacional, por ter sido a respectiva convenção aprovada pelo Congresso Nacional e depois ratificada pelo Presidente da República, revogando ou modificando as leis que dispunham em sentido contrário, parece-nos injurídico admitir sua revogação por simples ato administrativo do Poder Executivo. Até porque a legislação alterada ou revogada pela vigência nacional do tratado não se restabelece com a denúncia da sua ratificação (art. 1º [2º], § 3º, da Lei de Introdução ao Código Civil brasileiro). A denúncia, por conseguinte, deve ser autorizada pelo Congresso Nacional ou submetida ao seu referendo com a cláusula de condição suspensiva, eis que a denúncia da ratificação, no sistema da OIT, só tem eficácia 12 meses depois de registrada na República Internacional."

(1304) Cf. SÜSSEKIND, Arnaldo. *Direito internacional do trabalho*. 3. ed. São Paulo: LTr, 2000. p. 239: "Quanto à data em que o Estado pode denunciar a convenção ratificada, as disposições finais desse tratado normativo habitualmente prescrevem: 'Todo Membro que tiver ratificado a presente convenção poderá denunciá-la no fim de um período de 10 anos, a partir da data da entrada em vigor inicial, mediante um ato comunicado, para ser registrado, ao Diretor-Geral da Repartição Internacional do Trabalho. A denúncia tornar-se-á efetiva somente um ano após a data do registro.' Duas posições antagônicas surgiram na interpretação dessa regra: a primeira, que prevalece no seio da OIT, entende que o decênio se conta da data em que teve início a vigência internacional da convenção. [...]. A segunda corrente, a que nos filiamos, considera que o decênio concerne à vigência da ratificação de cada país. O método de interpretação sistemática parece fundamentar essa conclusão, porque o § 2º do mesmo artigo prescreve que, se o Estado não usar do direito de denúncia no prazo previsto no parágrafo anterior, 'ficará obrigado, durante um novo período de 10 anos e, sucessivamente, poderá denunciar esta convenção à expiração de cada período de 10 anos, nas condições previstas neste artigo'. Ora, se o parágrafo alude a 'um novo período de 10 anos' para a vigência da ratificação nacional, é porque antes fluiu igual tempo de ratificação. Aliás, a lógica jurídica aponta para essa solução, porquanto afronta o bom senso admitir-se que um Estado possa denunciar um tratado que ratificou poucos dias antes, pelo fato de já vigorar no campo internacional há 10 anos."

(1305) Em sentido divergente, cf. GONÇALVES, Rogério Magnus Varela. *Direito constitucional do trabalho*: aspectos controversos da automatização. Porto Alegre: Livraria do Advogado, 2003. p. 126: "A denúncia deveria ter sido firmada com a consulta ao Congresso Nacional. Esta inobservância macula a forma rescisória firmada pelo Governo Brasileiro."

(1306) REZEK, José Francisco. *Direito internacional público*: curso elementar. 5. ed. São Paulo: Saraiva, 1995. p. 115-116.

é hábil para provocar a denúncia de um pacto internacional, mesmo quando não coincidente com as intenções do poder Executivo. Neste passo, é imperioso reconhecer o desequilíbrio reinante entre os instrumentos de ação do governo e os do Congresso. Se o intento de denunciar é do primeiro, o ato internacional pertinente dará sequência imediata à decisão do presidente da República – a quem se subordinam todos os mecanismos do relacionamento exterior e todos os condutos da comunicação oficial com nações estrangeiras e demais pessoas jurídicas de direito das gentes. Tendo origem no Congresso o propósito da denúncia, não deixará de recair sobre o Executivo a responsabilidade por sua formulação no plano internacional. De par disso, o meio com que o Congresso exteriorize sua vontade ante o governo não pode ser um decreto legislativo de 'rejeição' do acordo vigente – à falta de previsão de semelhante ato na faixa da competência exclusiva do parlamento. Por exclusão, cabe entender que a *lei ordinária* é o instrumento próprio a que o Legislativo determine ao governo a denúncia de tratados, tal como fez em 1911, no domínio extradicional.

A lei ordinária, entretanto, não é produto exclusivo do parlamento, visto que depende de sanção do chefe do governo. Este vetará o projeto caso discorde da ideia da denúncia; e só o verá promulgado, contra sua vontade, caso assim decida a maioria absoluta do total de membros de cada uma das casas do Congresso. Aqui se encontra a evidência maior do desequilíbrio entre a manifestação de vontade do governo e a expressão da vontade do Congresso, no sentido de desvincular o país de um pacto internacional. A segunda não apenas percorre, na forma, caminhos oblíquos: ela deve, antes de tudo, encontrar-se escorada no amplo *quorum* que nossa ordem constitucional reclama para a rejeição do veto presidencial." [1307]

Por fim, em relação ao prazo em que a referida denúncia foi feita pelo Brasil, o entendimento que vem prevalecendo, inclusive no plano da Organização Internacional do Trabalho, é no sentido de que o mencionado decênio deve ser contado da data em que teve início a vigência internacional da convenção[1308].

Assim, como reconhece Arnaldo Süssekind, "no caso da Convenção n. 158, porque essa vigência ocorreu a 23 de novembro de 1985, os países que a ela aderiram tiveram oportunidade de denunciá-la entre 23 de novembro de 1995 e 22 de novembro de 1996"[1309].

Na hipótese em estudo, a denúncia ocorreu dentro desse prazo, como se verifica pelo Decreto n. 2.100, de 20 de dezembro de 1996, o qual tornou público que deixou de vigorar para o Brasil, a partir de 20 de novembro de 1997, a Convenção da OIT n. 158, "visto haver sido denunciada por Nota do Governo brasileiro à Organização Internacional do Trabalho, tendo sido a denúncia registrada, por esta última, a 20 de novembro de 1996".

Ainda, quanto ao tema, no âmbito da União Europeia, a despedida coletiva é objeto de previsão na Diretiva 98/59, que codificou a Diretiva 75/129, modificada pela Diretiva 92/56[1310].

4. Dispensa coletiva

A Convenção n. 158 da OIT estabelece disposições complementares, sobre o término da relação de trabalho por motivos econômicos, tecnológicos, estruturais ou análogos.

Trata-se da chamada *dispensa coletiva*, pois relacionada aos fatores acima indicados. Justamente, por isso, é comum ocorrer a terminação de vínculos de emprego de um conjunto ou grupo de empregados, em razão do mesmo motivo de ordem objetiva[1311].

Ainda assim, o critério específico, para a correta qualificação da dispensa como de natureza coletiva, no âmbito da Organização Internacional do Trabalho, não é propriamente o número de empregados dispensados, mas sim a existência de motivo de ordem econômica, tecnológica ou estrutural, como se observa na Parte III da Convenção n. 158 da OIT[1312].

(1307) REZEK, José Francisco. *Direito internacional público*: curso elementar. 5. ed. São Paulo: Saraiva, 1995. p. 116-117.
(1308) Cf. GONÇALVES, Rogério Magnus Varela. *Direito constitucional do trabalho*: aspectos controversos da automatização. Porto Alegre: Livraria do Advogado, 2003. p. 124.
(1309) SÜSSEKIND, Arnaldo. *Direito internacional do trabalho*. 3. ed. São Paulo: LTr, 2000. p. 239.
(1310) Cf. MONTOYA MELGAR, Alfredo. *Derecho del trabajo*. 31. ed. Madrid: Tecnos, 2010. p. 491.
(1311) Cf. MARTÍN VALVERDE, Antonio; RODRÍGUEZ-SAÑUDO GUTIÉRREZ, Fermín; GARCÍA MURCIA, Joaquín. *Derecho del trabajo*. 20. ed. Madrid: Tecnos, 2011. p. 773: "la calificación de despido colectivo corresponde a la extinción del contrato de trabajo que se caracteriza por dos elementos necesariamente concurrentes (...): su causa, que es de carácter económico o inherente al funcionamiento de la empresa, y su alcance personal, puesto que ha de afectar a todos o, al menos, a una parte significativa de los trabajadores, dentro de un período temporal determinado." No sistema jurídico português, cf. MARTINEZ, Pedro Romano. *Direito do trabalho*. 5. ed. Coimbra: Almedina, 2010. p. 1067: "O despedimento colectivo determina a cessação de contratos de trabalho de, pelo menos, dois ou cinco trabalhadores, consoante a empresa tenha menos ou mais de cinquenta trabalhadores (art. 359º, n. 1, do CT2009). Além do aspecto quantitativo, o despedimento colectivo afere-se em função do motivo, que pode ser de mercado, estrutural ou tecnológico, justificativo do encerramento de uma ou várias secções ou estrutura equivalente ou à redução do pessoal (art. 359º, n. 1, do CT2009)."
(1312) Cf. MANNRICH, Nelson. *Dispensa coletiva*: da liberdade contratual à responsabilidade social. São Paulo: LTr, 2000. p. 216: "A Convenção não conceitua dispensa coletiva, fazendo apenas referência a motivos econômicos, tecnológicos, estruturais e análogos. Além disso, não estabelece critério quantitativo determinado, nem fixa limite em relação ao número de trabalhadores para caracterizá-la. Ou seja, os procedimentos previstos nos arts. 13 e 14, relativos à dispensa coletiva, independem do número de dispensas ocorridas, podendo ser aplicados até em caso de dispensa de apenas um trabalhador. Entretanto, o § 2º, do art. 14 permite ao legislador nacional aplicar tais procedimentos a partir da dispensa de determinado número de empregados."

Tratando da necessidade de consulta aos representantes dos trabalhadores, de acordo com o art. 13 da Convenção n. 158 da OIT:

> 1. Quando o empregador prevê términos da relação de trabalho por motivos econômicos, tecnológicos, estruturais ou análogos:
>
> a) proporcionará aos representantes dos trabalhadores interessados, em tempo oportuno, a informação pertinente, incluindo os motivos dos términos previstos, o número e categorias dos trabalhadores que poderiam ser afetados e o período durante o qual seriam efetuados esses términos;
>
> b) em conformidade com a legislação e a prática nacionais, oferecerá aos representantes dos trabalhadores interessados, o mais breve que for possível, uma oportunidade para realizarem consultas sobre as medidas que deverão ser adotadas para evitar ou limitar os términos e as medidas para atenuar as consequências adversas de todos os términos para os trabalhadores interessados e afetados, por exemplo, achando novos empregos para estes.
>
> 2. A aplicação do parágrafo 1 do presente artigo poderá ser limitada, mediante os métodos de aplicação mencionados no artigo 1 da presente Convenção, àqueles casos em que o número de trabalhadores, cuja relação de trabalho tiver previsão de ser terminada, for pelo menos igual a uma cifra ou uma porcentagem determinadas do total do pessoal.
>
> 3. Para efeitos do presente artigo, a expressão "representantes dos trabalhadores interessados" aplica-se aos representantes dos trabalhadores reconhecidos como tais pela legislação ou a prática nacionais, em conformidade com a Convenção sobre os Representantes dos Trabalhadores, em 1971.

O aspecto de maior relevância refere-se à necessidade de o empregador proporcionar aos representantes dos trabalhadores interessados, em tempo oportuno, *informações pertinentes, incluindo os motivos dos términos previstos*.

Trata-se de importante previsão, garantindo o chamado *direito à informação*, que é considerado uma garantia fundamental, inserido por parte da doutrina entre os direitos humanos de quarta dimensão, juntamente os direitos à participação democrática e ao pluralismo[1313].

Reconhece-se, portanto, a necessidade de diálogo e transparência nas relações de trabalho, especialmente quanto às dispensas coletivas, tendo em vista as suas relevantes repercussões, normalmente negativas, para a sociedade.

Quanto à notificação à autoridade competente, nas hipóteses de dispensa coletiva (ou seja, fundadas em motivos econômicos, tecnológicos, estruturais ou análogos), o art. 14 da Convenção n. 158 prevê, novamente reportando-se à legislação interna, que:

> Em conformidade com a legislação e a prática nacionais, o empregador que prever términos por motivos econômicos, tecnológicos, estruturais ou análogos, deverá notificá-los o mais breve possível à autoridade competente, comunicando-lhe a informação pertinente incluindo uma exposição, por escrito, dos motivos dos términos previstos, o número e as categorias dos trabalhadores que poderiam ser afetados e o período durante o qual serão efetuados esses términos.
>
> 2. A legislação nacional poderá limitar a aplicabilidade do parágrafo 1 do presente artigo àqueles casos nos quais o número de trabalhadores, cuja relação de trabalho tiver previsão de ser terminada, for pelo igual a uma cifra ou uma porcentagem determinadas do total do pessoal.
>
> 3. O empregador notificará às autoridades competentes os términos referidos no parágrafo 1 do presente artigo com um prazo mínimo de antecedência da data em que seriam efetuados os términos, prazo que será especificado pela legislação nacional.

Essa prévia notificação à autoridade competente, assim como a já mencionada informação e consulta aos representantes dos trabalhadores, entretanto, ainda não é prevista, ao menos de forma expressa, em nossa legislação interna[1314], nada impedindo que seja adotada, mesmo que em instrumentos normativos decorrentes da negociação coletiva.

Na realidade, seria de extrema relevância que ocorresse a adequação e o aperfeiçoamento da legislação brasileira quanto ao tema, como forma de regular e restringir a dispensa coletiva, instituindo a chamada responsabilidade social na sua prática, pois, como já destacado, são diversas as consequências decorrentes, que atingem não apenas os trabalhadores despedidos, mas a própria comunidade do local e mesmo a sociedade em seu todo[1315].

Os mencionados desdobramentos podem ser extremamente negativos, como o desemprego em massa, acompanhado de efeitos nefastos, como o aumento da miséria e da própria criminalidade.

Registre-se, ainda, que o Tribunal Superior do Trabalho, ao decidir caso envolvendo despedida coletiva, proferiu a seguinte decisão, em dissídio coletivo, na qual fixou o entendimento, aplicável "para casos futuros", quanto à necessidade de negociação coletiva "para a dispensa em massa de trabalhadores"[1316]:

> RECURSO ORDINÁRIO EM DISSÍDIO COLETIVO. DISPENSAS TRABALHISTAS COLETIVAS. MATÉRIA DE DIREITO COLETIVO. IMPERATIVA INTERVENIÊNCIA SINDICAL. RESTRIÇÕES JURÍDICAS ÀS DISPENSAS COLETIVAS. ORDEM CONSTITUCIONAL E INFRACONSTITUCIONAL DEMOCRÁTICA EXISTENTE DESDE 1988. A sociedade produzida pelo sistema capitalista é, essencialmente, uma sociedade de massas. A lógica de funcionamento do sistema econômico-social induz a concentração e centralização não apenas de riquezas, mas também de comunidades, dinâmicas socioeconômicas e de problemas destas resultantes. A massificação

---

(1313) Cf. BONAVIDES, Paulo. *Curso de direito constitucional*. 7. ed. São Paulo: Malheiros, 1997. p. 525.
(1314) Cf. NASCIMENTO, Amauri Mascaro. *Curso de direito do trabalho*. 24. ed. São Paulo: Saraiva, 2009. p. 968-969.
(1315) Cf. MANNRICH, Nelson. *Dispensa coletiva*: da liberdade contratual à responsabilidade social. São Paulo: LTr, 2000. p. 216: "Segundo a Convenção, as dispensas coletivas devem ser evitadas ao máximo e, sempre que possível, limitadas. Nesse caso, seus efeitos devem ser atenuados, observando-se determinados procedimentos. Assim, só podem ser efetivadas após a informação e consulta aos representantes dos trabalhadores e notificação prévia às autoridades competentes."
(1316) Cf. DELGADO, Mauricio Godinho. *Curso de direito do trabalho*. 11. ed. São Paulo: LTr, 2012. p. 1176-1177.

das dinâmicas e dos problemas das pessoas e grupos sociais nas comunidades humanas, hoje, impacta de modo frontal a estrutura e o funcionamento operacional do próprio Direito. Parte significativa dos danos mais relevantes na presente sociedade e das correspondentes pretensões jurídicas tem natureza massiva. O caráter massivo de tais danos e pretensões obriga o Direito a se adequar, deslocando-se da matriz individualista de enfoque, compreensão e enfrentamento dos problemas a que tradicionalmente perfilou-se. A construção de uma matriz jurídica adequada à massividade dos danos e pretensões característicos de uma sociedade contemporânea – sem prejuízo da preservação da matriz individualista, apta a tratar os danos e pretensões de natureza estritamente atomizada – é, talvez, o desafio mais moderno proposto ao universo jurídico, e é sob esse aspecto que a questão aqui proposta será analisada. As dispensas coletivas realizadas de maneira maciça e avassaladora, somente seriam juridicamente possíveis em um campo normativo hiperindividualista, sem qualquer regulamentação social, instigador da existência de mercado *hobbesiano* na vida econômica, inclusive entre empresas e trabalhadores, tal como, por exemplo, respaldado por Carta Constitucional como a de 1891, já há mais um século superada no país. Na vigência da Constituição de 1988, das convenções internacionais da OIT ratificadas pelo Brasil relativas a direitos humanos e, por consequência, direitos trabalhistas, e em face da leitura atualizada da legislação infraconstitucional do país, é inevitável concluir-se pela presença de um Estado Democrático de Direito no Brasil, de um regime de império da norma jurídica (e não do poder incontrastável privado), de uma sociedade civilizada, de uma cultura de bem-estar social e respeito à dignidade dos seres humanos, tudo repelindo, imperativamente, dispensas massivas de pessoas, abalando empresa, cidade e toda uma importante região. Em consequência, fica fixada, por interpretação da ordem jurídica, a premissa de que a negociação coletiva é imprescindível para a dispensa em massa de trabalhadores. DISPENSAS COLETIVAS TRABALHISTAS. EFEITOS JURÍDICOS. A ordem constitucional e infraconstitucional democrática brasileira, desde a Constituição de 1988 e diplomas internacionais ratificados (Convenções OIT n. 11, 87, 98, 135, 141 e 151, ilustrativamente), não permite o manejo meramente unilateral e potestativista das dispensas trabalhistas coletivas, por se tratar de ato/fato coletivo, inerente ao Direito Coletivo do Trabalho, e não Direito Individual, exigindo, por consequência, a participação do(s) respectivo(s) sindicato(s) profissional(is) obreiro(s). Regras e princípios constitucionais que determinam o respeito à dignidade da pessoa humana (art. 1º, III, CF), a valorização do trabalho e especialmente do emprego (arts. 1º, IV, 6º e 170, VIII, CF), a subordinação da propriedade à sua função socioambiental (arts. 5º, XXIII e 170, III, CF) e a intervenção sindical nas questões coletivas trabalhistas (art. 8º, III e VI, CF), tudo impõe que se reconheça distinção normativa entre as dispensas meramente tópicas e individuais e as dispensas massivas, coletivas, as quais são social, econômica, familiar e comunitariamente impactantes. Nesta linha, seria inválida a dispensa coletiva enquanto não negociada com o sindicato de trabalhadores, espontaneamente ou no plano do processo judicial coletivo. A d. Maioria, contudo, decidiu apenas fixar a premissa, *para casos futuros*, de que a negociação coletiva é imprescindível para a dispensa em massa de trabalhadores, observados os fundamentos *supra*. Recurso ordinário a que se dá provimento parcial. (TST, SDC, RODC 309/2009-000-15-00.4, Rel. Min. Mauricio Godinho Delgado, *DEJT* 04.09.2009.)

A rigor, essa temática deveria ser objeto de disciplina legislativa específica e própria, no âmbito da regulamentação do art. 7º, inciso I, da Constituição da República, seguindo os parâmetros gerais estabelecidos pela Convenção n. 158 da Organização Internacional do Trabalho.

5. Conclusão

A despedida coletiva pode ser entendida modalidade de cessação do contrato de trabalho, por ato unilateral do empregador, decorrente de motivos econômicos, tecnológicos, estruturais ou análogos, normalmente acarretando a terminação de vínculos de emprego de um conjunto ou grupo de empregados, em razão do mesmo fundamento de ordem objetiva.

Por acarretar consequências sociais negativas, deve-se sempre buscar formas alternativas à sua ocorrência. Mesmo quando inevitável, deve ser precedida de formalidades, consultas e negociações, com o fim de amenizar os seus desdobramentos prejudiciais aos trabalhadores e à sociedade.

Apesar da importância do tema, o Brasil ainda não possui uma regulamentação da dispensa coletiva, omissão esta que merece ser sanada, levando em consideração os parâmetros fixados pela Convenção n. 158 da Organização Internacional do Trabalho.

De todo modo, em razão da omissão legislativa, o Tribunal Superior do Trabalho, no âmbito de dissídio coletivo de natureza jurídica, decidiu que a negociação coletiva passou a ser necessária para a referida modalidade de despedida, mas a questão permanece controvertida, seja em razão da dificuldade de se identificar as hipóteses em que a dispensa deve ser assim considerada, seja em razão de questionamentos quanto à legitimidade de se impor, por meio de decisão judicial, comando de natureza normativa e genérica.

Cabe assim, acompanhar a evolução legislativa, jurisprudencial e doutrinária a respeito da matéria.

6. REFERÊNCIAS BIBLIOGRÁFICAS

BONAVIDES, Paulo. *Curso de direito constitucional*. 7. ed. São Paulo: Malheiros, 1997.

DELGADO, Mauricio Godinho. *Curso de direito do trabalho*. 11. ed. São Paulo: LTr, 2012.

GARCIA, Gustavo Filipe Barbosa Garcia. *Curso de direito do trabalho*. 10. ed. Rio de Janeiro: Forense, 2016.

GONÇALVES, Rogério Magnus Varela. *Direito constitucional do trabalho*: aspectos controversos da automatização. Porto Alegre: Livraria do Advogado, 2003.

GORELLI HERNÁNDEZ, Juan. *El coste económico del despido o el precio de la arbitrariedad*: un estudio sobre la eficacia del despido disciplinario ilícito. Andalucia: Consejo Andaluz de Relaciones Laborales, 2010.

MARANHÃO, Délio. *Instituições de direito do trabalho*. 18. ed. São Paulo: LTr, 1999. v. 1.

MARTÍN VALVERDE, Antonio; RODRÍGUEZ-SAÑUDO GUTIÉRREZ, Fermín; GARCÍA MURCIA, Joaquín. *Derecho del trabajo*. 20. ed. Madrid: Tecnos, 2011.

MARTINEZ, Pedro Romano. *Direito do trabalho*. 5. ed. Coimbra: Almedina, 2010.

MARTINS, Sergio Pinto. *Direito do trabalho*. 26. ed. São Paulo: Atlas, 2010.

MONTOYA MELGAR, Alfredo. *Derecho del trabajo*. 31. ed. Madrid: Tecnos, 2010.

NASCIMENTO, Amauri Mascaro. *Curso de direito do trabalho*. 24. ed. São Paulo: Saraiva, 2009.

REZEK, José Francisco. *Direito internacional público*: curso elementar. 5. ed. São Paulo: Saraiva, 1995.

SÜSSEKIND, Arnaldo. *Direito internacional do trabalho*. 3. ed. São Paulo: LTr, 2000.

CAPÍTULO 31
HERMENÊUTICA E INTERPRETAÇÃO CONSTITUCIONAL DAS NORMAS JURÍDICAS TRABALHISTAS: A APLICAÇÃO DOS PRINCÍPIOS CONSTITUCIONAIS DO TRABALHO

Rúbia Zanotelli de Alvarenga[1317]

1. Introdução

A interpretação consiste em uma ferramenta indispensável à boa compreensão da norma que compõe o ordenamento jurídico, visando, sobretudo, a resguardar os preceitos da democracia social, ao levar em conta as condições sociais no momento da aplicação da norma por meio de recursos aos métodos interpretativos.

Dessa maneira, o intérprete deve estar atento aos princípios constitucionais do Direito do Trabalho pela via de um processo hermenêutico-interpretativo que coadune com o comprometimento e com a afirmação dos Direitos Humanos Trabalhistas. Tais direitos foram entronizados na Constituição Federal de 1988 para receberem o *status* de direitos essenciais do homem, ligados à vida digna, intermediados pelo exercício do trabalho por estarem relacionados intrinsecamente com o princípio constitucional da dignidade da pessoa humana.

A ordem constitucional brasileira traz esta orientação como princípio de justiça social para a dignificação do ser humano que trabalha, ao estabelecer em seu artigo 170: *"A ordem econômica, fundada na valorização do trabalho humano e na livre-iniciativa, tem por fim assegurar a todos existência digna, conforme os ditames da justiça social (...)."*

O Direito do Trabalho volta-se sempre para a manutenção da dignidade humana, tendo em vista que, enquanto direito humano social, o Direito do Trabalho volta-se como justificativa para a proteção que objetiva realizar a dignidade humana do ser humano trabalhador e promover a defesa dos hipossuficientes, com normas favoráveis compensatórias, em busca de fazer valer a igualdade.

Assim, o papel do intérprete do Direito do Trabalho deve consistir em um trabalho construtivo de natureza teleológica, calcado no cotejo da norma com os princípios constitucionais do trabalho aptos a garantir a realização dos Direitos Humanos Trabalhistas.

2. Hermenêutica e interpretação constitucional das normas jurídicas trabalhistas

Interpretação jurídica "é a arte de se determinar o sentido e o alcance das expressões de Direito"[1318], ou seja, "busca descobrir o pensamento contido na norma com vistas a sua aplicação a um caso concreto"[1319].

Logo, "tem-se por objeto de estudo o sistema de definições, leis e axiomas com a ajuda dos quais se determina o significado e a amplitude das normas constitucionais"[1320].

Nesse desiderato, é preciso enfatizar, concorde Francisco Meton Marques de Lima, ser necessário interpretar os preceitos fundamentais da Constituição sob o viés da valorização do trabalho e dos direitos humanos dos trabalhadores[1321], tendo em vista que o Direito do Trabalho "deve ser interpretado e aplicado com atenção aos valores inerentes à dignidade da pessoa do trabalhador"[1322].

Ainda, assegura o autor:

> O valor do trabalho constitui um dos fundamentos da República, um pilar da ordem Econômica e o mancal da Ordem Social. A lei nasce da necessidade de regular fatos. E, efetivamente, verifica-se uma tendência do mercado de trabalho a continuar no esvaziamento da personalidade do trabalhador. Daí essa nova categoria de proteção.[1323]

(1317) Doutora e Mestre em Direito do Trabalho pela PUC-Minas. Professora Titular do Centro Universitário do Distrito Federal – UDF, Brasília. Advogada.
(1318) CARVALHO, Márcia Haydée Porto de. *Hermenêutica constitucional*. Florianópolis: Obra Jurídica Editora, 1997, p. 10.
(1319) *Id.*, 1997, p. 43.
(1320) *Id.*, 1997, p. 10.
(1321) LIMA, Francisco Meton Marques de. *Os princípios de direito do trabalho na Lei e na jurisprudência*. 4. ed. São Paulo: LTr, 2015. p. 224.
(1322) ROMITA, Arion Sayão. Direito do trabalho e nova hermenêutica. *Revista Justiça do Trabalho*, ano 32, n. 383, p. 41, nov. 2015.
(1323) LIMA, Francisco Meton Marques de. *Os princípios de direito do trabalho na Lei e na jurisprudência*. 4. ed. São Paulo: LTr, 2015. p. 224.

Então, verifica-se que "a interpretação do Direito do Trabalho é teleológica quanto ao fim a ser atingido e principiológica quanto ao meio de atingir o fim"[1324].

Arion Sayão Romita estatui que "hoje, impera o processo criativo do direito, contrário às pretensões do positivismo e do formalismo"[1325].

No escólio deste autor:

> Segundo o processo interpretativo compatível com as exigências da realidade social contemporâneo, o jurista não deve reproduzir ou "descobrir o verdadeiro significado da lei, mas sim criar o sentido que mais convém à realidade palpitante e viva"[1326].

Seguindo exponencial síntese de Arion Sayão Romita, a partir da verificação de que o Direito do Trabalho é, com demasiada frequência, considerado e interpretado com desprezo da realidade substantiva e, até mesmo, em certos casos, em antítese com a realidade social, a moderna doutrina, com base na crença de que todo direito é estabelecido em função do ser humano, preconiza a aplicação da normatividade pertinente às relações de trabalho em consonância com os fins últimos cuja busca orienta a realização da humanização do Direito do Trabalho[1327].

Assevera Lenio Luiz Streck que "é preciso dar um sentido de Constituição que exsurge da proposta civilizatória do Estado Democrático de Direito, calcado na realização dos direitos fundamentais e da função social do direito"[1328].

Como observa Celso Antônio Bandeira de Mello, "as Cartas Constitucionais estampam versículos prestigiadores dos mais nobres objetivos sociais e humanitários que integram o ideário avalizado pela cultura da época"[1329].

Sob tal prisma, é preciso reafirmar, conforme Carlos Henrique Bezerra Leite:

> Em virtude do fenômeno da constitucionalização de todo o direito pátrio, é o direito do trabalho que deve ser interpretado à luz do direito constitucional. A hermenêutica constitucional, pois, há de ser observada em todos os ramos do direito, especialmente do direito do trabalho, tendo em vista que os direitos sociais dos trabalhadores compõem o catálogo dos direitos fundamentais consagrados no texto constitucional.[1330]

Márcia Haydée Porto de Carvalho, ao traçar a importância da interpretação constitucional defende:

> Interpretar as normas constitucionais significa compreender, investigar, renovar o significado e o alcance dos enunciados lingüísticos que formam o texto constitucional. É um trabalho de mediação que torna possível concretizar, realizar e aplicar os preceitos de uma Constituição.[1331]

Para Carlos Henrique Bezerra Leite, "com o advento da Constituição da República de 1988, o intérprete passa a ter o dever de, ao subsumir um fato a uma norma jurídica, observar os novos valores, princípios, regras e objetivos que norteiam o Estado Democrático de Direito brasileiro [...]"[1332].

É preciso frisar, ainda, consoante Flávia Piovesan:

> No caso brasileiro, a Constituição Federal de 1988 simboliza o marco jurídico da transição democrática e da institucionalização dos direitos humanos no país. O texto constitucional demarca a ruptura com o regime autoritário militar instalado em 1964, refletindo o consenso democrático "pós-ditadura". Após 21 anos de regime autoritário, objetiva a Constituição resgatar o Estado de Direito, a separação dos poderes, a Federação, a Democracia e os direitos fundamentais, à luz do princípio da dignidade humana. O valor da dignidade da pessoa humana, como fundamento do Estado Democrático de Direito (art. 1º, III, da Constituição), impõe-se como núcleo básico e informador de todo o ordenamento jurídico, como critério e parâmetro de valoração a orientar a interpretação do sistema constitucional.[1333]

A esse respeito, destaca Michel Temer:

> [...] a interpretação de uma norma constitucional levará em conta todo o sistema, tal como positivado, dando-se ênfase, porém, para os princípios que foram valorizados pelo constituinte. Também não se pode deixar de verificar qual o sentido que o constituinte atribuiu às palavras do Texto Constitucional, perquirição que só é possível pelo exame do todo normativo, após a correta apreensão da principiologia que ampara aquela palavra.[1334]

(1324) *Id.*, 2015, p. 252.
(1325) ROMITA, *op. cit.*, 2015, p. 42, nota 5.
(1326) *Id.*, 2015, p. 42.
(1327) ROMITA, Arion Sayão. Direito do trabalho e nova hermenêutica. *Revista Justiça do Trabalho*, ano 32, n. 383, p. 41, nov., 2015.
(1328) STRECK, Lenio Luiz. A hermenêutica e a tarefa da construção de uma nova crítica do direito a partir da ontologia fundamental. *Revista Filosofia Unisinos*, v. 3, n. 4, p. 10, 2002.
(1329) MELLO, Celso Antônio Bandeira de. *Eficácia das normas constitucionais e direitos sociais*. São Paulo: Malheiros, 2011. p. 10.
(1330) LEITE, Carlos Henrique Bezerra. *Curso de direito do trabalho*. 6. ed. São Paulo: Saraiva, 2015. p. 134.
(1331) CARVALHO, Márcia Haydé e Porto de. *Hermenêutica constitucional*. Florianópolis: Obra Jurídica Editora, 1997. p. 53.
(1332) LEITE, Carlos Henrique Bezerra. As lacunas do direito do trabalho e a necessidade de heterointegração (diálogo das fontes) com o direito civil. In: ALMEIDA, Renato Rua de (Coord.). *Aplicação da teoria do diálogo das fontes no direito do trabalho*. São Paulo: LTr, 2015. p. 53.
(1333) PIOVESAN, Flávia. *Temas de direitos humanos*. 8. ed. São Paulo: LTr, 2015. p. 560.
(1334) TEMER, Michel. *Elementos de direito constitucional*. São Paulo: Saraiva, 2006. p. 67.

Constata-se, desde logo, que os princípios são de suma importância para garantir a efetividade dos Direitos Humanos Trabalhistas, pois exigem do intérprete grande sensibilidade para que capte a essência do Direito do Trabalho.

Nesse interregno, argumenta Clèmerson Merlin Clève:

> Os direitos fundamentais sociais devem ser compreendidos por uma dogmática constitucional singular, emancipatória, marcada pelo compromisso com a dignidade da pessoa humana e, pois, com a plena efetividade dos comandos constitucionais. Ou seja, uma nova configuração dos direitos fundamentais, especialmente dos apontados como sociais, exige uma renovada abordagem doutrinária para dar conta de sua eloquente significação.[1335]

Elucidativo também é o estudo proposto por Mauricio Godinho Delgado sobre interpretação, integração e aplicação no Direito do Trabalho. Com a maestria que lhe é peculiar, ele conceitua a interpretação como um "processo analítico de compreensão e determinação do sentido e extensão da norma jurídica enfocada"[1336].

Ainda, leciona o professor relativamente ao que consiste a interpretação:

> [...] processo intelectual mediante o qual se busca compreender e desvelar um determinado fenômeno ou realidade de natureza ideal ou fática. É, portanto, uma dinâmica de caráter intelectual voltada a assegurar a seu agente uma aproximação e conhecimento da realidade circundante.[1337]

Ensina o autor que a hermenêutica traduz no Direito "a compreensão e a reprodução intelectual de uma dada realidade conceitual ou normativa"[1338], ao passo que a hermenêutica jurídica compreende a "ciência que busca sistematizar princípios, teorias e métodos aplicáveis ao processo de interpretação. A hermenêutica apreende e fixa os critérios que devem reger a interpretação – que os absorve e concretiza na dinâmica interpretativa"[1339].

Assim, conforme Mauricio Godinho Delgado, "a interpretação é, em síntese, um processo, enquanto a hermenêutica é a ciência voltada a estudar o referido processo, lançando-lhe princípios, teorias e métodos de concretização"[1340].

No tocante aos principais métodos de interpretação do Direito, aduz Mauricio Godinho Delgado: "Diante dos principais métodos de exegese do direito, a hermenêutica jurídica recomenda que se harmonizem, na operação interpretativa, os métodos lógico-sistemático e teleológico."[1341]

Em consonância com os ensinamentos do autor em tela:

> Não há como se pesquisar o pensamento contido na lei, a *mens legis* ou *ratio legis* (utilizando-se, pois, do método lógico), sem se integrar o texto interpretado no conjunto normativo pertinente da ordem jurídica (valendo-se, assim, do método sistemático) e avançando-se, interpretativamente, na direção do encontro dos fins sociais objetivados pela legislação em exame (fazendo uso do método teleológico, portanto).[1342]

Ademais, seguindo-se a doutrina de Mauricio Godinho Delgado, urge destacar e clarificar os três principais métodos de exegese do Direito, a saber: o lógico ou racional, o sistemático e o teleológico, a serem explanados adiante.

O método lógico é aquele cuja interpretação busca o significado, a coerência e a harmonia do texto legal, socorrendo-se de técnicas da lógica formal. O mencionado método tem como válido o suposto de que a lei, depois de produzida, encarna uma vontade própria. Desse modo, deve-se compreender a lei, afastada do conceito de ser mera exteriorização psíquica de uma pessoa ou entidade. Pelo método em questão, pesquisa-se a *ratio legis*, a *mens legis*, o pensamento contido na lei, ainda que exteriorizado em fórmula linguística inadequada.

No tocante ao método sistemático, pontifica Mauricio Godinho Delgado:

> Sistemático é o método interpretativo que se caracteriza pela busca de harmonização da norma ao conjunto do sistema jurídico. Tal método volta-se a produzir uma interpretação vinculada e harmônica ao conjunto do sistema do Direito. Pelo método sistemático, o processo lógico de interpretação passa a operar em campo mais vasto de ação: investiga-se também a tendência normativa hegemônica nas diversas normas e diplomas existentes sobre matérias correlatas, adotando-se tal tendência como uma das premissas centrais implícitas àquela norma ou diploma interpretado. A partir desse critério apreendem-se, inclusive, com maior clareza, os aspectos transformadores, retificadores ou continuativos da norma recente perante a ordem jurídica respectiva.[1343]

(1335) CLÈVE, Clèmerson Merlin. A eficácia dos direitos fundamentais sociais. *Revista de Direito Constitucional e Internacional*, ano 14, n. 54, p. 30, jan./mar. 2006.
(1336) DELGADO, Mauricio Godinho. *Curso de direito do trabalho*. 15. ed. São Paulo: LTr, 2016, p. 224.
(1337) *Id.*, 2016, p. 224.
(1338) *Id.*, 2016, p. 228.
(1339) *Id.*, 2016, p. 228.
(1340) *Id.*, 2016, p. 228.
(1341) *Id.*, 2016, p. 235.
(1342) *Id.*, 2016, p. 236.
(1343) DELGADO, Mauricio Godinho. *Curso de direito do trabalho*. 15. ed. São Paulo: LTr, 2016. p. 235.

Acrescenta Juarez Freitas:

> A interpretação sistemática não apenas sucede: antecipa e é contemporânea do sistema. Empresta-lhe sensibilidade, razão e energia. Nesses moldes, a legalidade, por exemplo, faz as vezes de valioso princípio, mas somente experimenta sentido na relação com os demais princípios. Pensar o Direito como um composto de regras seria subestimar a complexidade do fenômeno jurídico. Com efeito, força assumir a dimensão hierarquizadora e sistematizante da hermenêutica.[1344]

Sob tal prisma, não se deve considerar a intepretação tópico-sistemática como simples elemento da interpretação jurídica. Eis que por esta, o processo hermenêutico por excelência entendido em profundidade de tal maneira que ou se compreendem os enunciados prescritivos no plexo dos demais enunciados ou não se logra compreendê-los sem perdas substanciais. Dessa maneira, a interpretação jurídica é sistemática ou não é interpretação[1345].

Segundo análise de Reis Friede:

> A interpretação não se confunde com hermenêutica, pois a interpretação é, em essência, mera aplicação da hermenêutica, uma vez que somente descobre e fixa os princípios que regem a última. A hermenêutica pode ser, portanto, entendida como a verdadeira teoria científica da denominada arte da interpretação.[1346]

Como reitera Juarez Freitas:

> Interpretar uma norma é interpretar o sistema inteiro, pois qualquer exegese comete, direta ou obliquamente, uma aplicação da totalidade do Direito, para além de sua dimensão textual.[1347]

Logo, "todo processo hermenêutico afigura-se sistemático e sistematizante, inclusive porque necessita, lucidamente, cumprir a função de conferir variabilidade positiva e propícia a consecução das metas e dos objetivos fundamentais da República"[1348].

Quanto ao método teleológico ou finalístico, Mauricio Godinho Delgado elucida:

> É o método que busca subordinar o processo interpretativo ao império dos fins objetivados pela norma jurídica. Propõe tal conduta teórica que o intérprete deve pesquisar, na interpretação, os objetivos visados pela legislação examinada, evitando resultados interpretativos que conspirem ou inviabilizem (sic) a concretização desses objetivos legais inferidos.[1349]

Ainda no que tange ao método teleológico, o autor assinala que a legislação tende a enfatizar a conduta teleológica, ao dispor que o operador jurídico deve observar, no processo interpretativo, os fins sociais da lei (artigo 5º, LINB), de maneira que nenhum interesse de classe ou particular prevaleça sobre o interesse comum (art. 8º, *caput, in fine*, da CLT)[1350].

É importante destacar o papel da interpretação no instante de elaboração da norma jurídica (fase pré-jurídica) e, em seguida, no momento da compreensão da norma já elaborada no contexto interpretativo (fase jurídica propriamente).

A fase de construção da norma é destinada ao Poder Legislativo, isto é, o momento político em que se elaboram as normas jurídicas. Nesta, cabe à atividade legiferante criar normas justrabalhistas em sintonia com os princípios do Direito do Trabalho e com os valores sociais que fundamentam a existência do Estado Democrático de Direito.

Na fase do Direito construído, cabe ao intérprete e aplicador do Direito do Trabalho a compreensão dos significados e dos sentidos das normas que compõem o ordenamento jurídico – sempre de modo mais favorável ao trabalhador.

O princípio da norma mais favorável, insculpido no *caput* do artigo 7º da CF/1988, busca elaborar um nível mínimo de direitos sociais, que somente pode ser ampliativo. Além disso, o referido princípio dispõe que o aplicador do Direito do Trabalho deve optar pela regra mais favorável ao empregado em três situações distintas: no momento de elaboração da regra jurídica; no instante de confronto entre regras concorrentes; e no contexto de interpretação das regras jurídicas.

Na fase pré-jurídica, o princípio da norma mais favorável age como critério de política legislativa, influindo no processo de construção do Direito do Trabalho.

Na fase jurídica, o princípio em tela atua como critério de hierarquia e de interpretação das regras jurídicas.

No processo de aplicação e de interpretação do direito, o operador jurídico, situado perante um quadro de conflito de regras ou de interpretações consistentes a seu respeito, deverá escolher aquela mais favorável ao trabalhador, isto é, a que melhor realize o sentido teleológico essencial do Direito do Trabalho.

(1344) FREITAS, Juarez. *A interpretação sistemática do direito*. 5. ed. São Paulo: Malheiros, 2004. p. 23.
(1345) *Id.*, 2004, p. 76.
(1346) FRIEDE, Reis. *Ciência do direito, norma, interpretação e hermenêutica jurídica*. Rio de Janeiro: Forense Universitária, 2006. p. 154.
(1347) FREITAS, Juarez. *A interpretação sistemática do direito*. 5. ed. São Paulo: Malheiros, 2004. p. 76.
(1348) *Id.*, 2004, p. 79.
(1349) DELGADO, Mauricio Godinho. *Curso de direito do trabalho*. 15. ed. São Paulo: LTr, 2016. p. 235.
(1350) *Id.*, 2016, p. 236.

De acordo com Ricardo Mauricio Freire Soares:

> A realização das normas constitucionais exige o fortalecimento de uma jurisdição constitucional emancipatória e progressista, assumindo o Poder Judiciário um papel fundamental no Estado Democrático de Direito, por meio de uma hermenêutica criativa e concretizante da dimensão axiológica e teleológica de uma Constituição.[1351]

O hermeneuta deve, portanto, mediante a sua atividade interpretativa, enriquecer a interpretação de modo que forneça à norma toda a força de sentido que deve acontecer em conformidade com os princípios do Direito Constitucional do Trabalho e de modo que se concretizem os Direitos Humanos Trabalhistas.

3. A aplicação dos princípios constitucionais do trabalho

Segundo o pensamento de Jorge Luiz Souto Maior, "os direitos sociais foram fixados a partir de noções principiológicas e é esta compreensão de poder e de responsabilidade que se exige dos homens do direito".[1352]

Luís Roberto Barroso, ao prefaciar o importantíssimo livro *A eficácia jurídica dos princípios constitucionais*, da ilustríssima autora Ana Paula de Barcellos, declara que o direito constitucional brasileiro vive um momento virtuoso, já que, do ponto de vista de sua elaboração científica e da prática jurisprudencial, houve duas mudanças de paradigma que lhe deram uma nova dimensão: o compromisso com a efetividade de suas normas e o desenvolvimento de uma dogmática da interpretação constitucional. Assim, passou a ser premissa para o estudo da Constituição o reconhecimento de sua força normativa e do caráter vinculativo obrigatório de suas disposições – superada a fase em que foi tratada como conjunto de aspirações políticas e uma convocação à atuação dos Poderes Públicos. Nesse caminhar, as especificidades das normas constitucionais – com o seu conteúdo próprio, com a sua abertura e com a sua superioridade jurídica – exigiram novos métodos hermenêuticos e princípios específicos de interpretação da Constituição.[1353]

Luís Roberto Barroso reforça que o direito constitucional vive um momento de elevação identificado como pós-positivismo. Sua marca é a ascensão dos valores, o reconhecimento da normatividade dos princípios e a essencialidade dos direitos fundamentais. Sendo assim, não surge com o ímpeto da desconstrução, mas como uma superação do conhecimento convencional. Como ainda defende o autor, não se trata do abandono da lei; porém, da reintrodução de ideias como justiça e legitimidade, ou seja, a volta da discussão ética ao Direito[1354].

Para José Felipe Ledur, "o legislador possui o dever de dar concreção aos valores e princípios constitucionais e bem assim aos direitos fundamentais que reclamam conformação infraconstitucional. A vinculação à Constituição lhe impõe esse dever"[1355].

Como bem ensina Ricardo Mauricio Freire Soares, com o neoconstitucionalismo, ocorreu um processo de normatização da Constituição, que deixa de ser considerada um diploma normativo com valor meramente programático ou um conjunto de recomendações ou orientações dirigidas ao legislador, para operar como normatividade jurídica com eficácia direta e imediata[1356].

Por conseguinte:

> Partindo-se do postulado de que a Constituição define o plano normativo global para o Estado e para a sociedade, vinculando tanto os órgãos estatais como os cidadãos, dúvidas não podem mais subsistir sobre a natureza jurídica das normas programáticas. As normas programáticas, sobretudo as atributivas de direitos sociais e econômicos, devem ser entendidas, assim, como diretamente aplicáveis e imediatamente vinculantes a todos os órgãos dos Poderes Legislativo, Executivo e Judiciário[1357].

O autor em comento também orienta:

> São tão jurídicas e vinculativas as normas programáticas, malgrado sua abertura ou indeterminabilidade, que, na hipótese de não realização dessas normas e desses direitos por inércia dos órgãos de direção política (Executivo e Legislativo), restará caracterizada a inconstitucionalidade por omissão.[1358]

E, ainda:

> A supremacia constitucional desponta, assim, como uma exigência democrática, para sintetizar os valores e anseios do povo, titular absoluto do Poder Constituinte que originou a Carta Magna, fonte máxima de produção da totalidade do direito e o último fundamento de validade das normas

---

(1351) SOARES, Ricardo Mauricio Freire. *Elementos de teoria geral do direito*. São Paulo: Saraiva, 2013. p. 266.
(1352) MAIOR, Jorge Luiz Souto. A seita secreta para a efetivação dos direitos sociais. *Revista LTr*, v. 69, n. 10, p. 45, out. 2010.
(1353) BARCELLOS, Ana Paula de. *A eficácia jurídica dos princípios constitucionais*: o princípio da dignidade da pessoa humana. Rio de Janeiro: Renovar, 2011. p. 2.
(1354) *Id.*, 2011, p. 2.
(1355) LEDUR, José Felipe. *Direitos fundamentais sociais*: efetivação no âmbito da democracia participativa. Belo Horizonte: Livraria do Advogado, 2009. p. 38.
(1356) SOARES, Ricardo Mauricio Freire. *Elementos de teoria geral do direito*. São Paulo: Saraiva, 2013. p. 237.
(1357) *Id.*, 2013, p. 238.
(1358) *Id.*, 2013, p. 238.

jurídicas, conferindo unidade e caráter sistemático ao ordenamento jurídico.[1359]

No mesmo viés, argumenta Juarez Freitas que "a interpretação conforme a Constituição nada mais é do que uma das facetas da interpretação sistemática"[1360]. E com exatidão ele acrescenta:

> Mais do que nunca, os princípios, objetivos e direitos fundamentais devem iluminar todas as esferas do Direito, condição para que se evite a perpetuação de ordem insuportavelmente assimétrica [...]. De sorte que toda interpretação deve estar em linha de conformidade com as exigências da totalidade dos direitos fundamentais, consorciados sempre com deveres [...]. [1361]

Ricardo Mauricio Freire Soares pontifica:

> Com a valorização da principiologia constitucional pelo neoconstitucionalismo, torna-se a Carta Constitucional uma expressão viva e concreta do mundo dos fatos e valores, adquirindo uma inegável tessitura axiológica e teleológica. A principiologia de cada lei fundamental torna-se, assim, ponto de divergência da validade (dimensão normativa), da efetividade (dimensão fática) e, sobretudo, da legitimidade (dimensão valorativa) de um dado sistema jurídico, abrindo espaço para a constitucionalização do direito justo.[1362]

Como destaca Ricardo Mauricio Freire Soares:

> O neoconstitucionalismo, como manifestação do pós-positivismo jurídico, abarca um conjunto amplo de mudanças ocorrido no Estado Democrático de Direito e no direito constitucional, reaproximando as Constituições do substrato ético dos valores sociais e abrindo espaço para o reconhecimento da força normativa da Constituição e de uma nova interpretação constitucional de base essencialmente principiológica.[1363]

Imperioso observar que o artigo 5º, I, da Constituição Federal de 1988, já prevê que todas as normas de Direitos Humanos Fundamentais têm aplicação imediata, vinculando, portanto, não só aos particulares, mas, também, ao poder público, no sentido de respeitá-las e de efetivá-las.

Neste sentido, Valdete Souto Severo ressalta que o artigo 1º da Constituição já estabelece – como fundamentos da República – a dignidade humana e os valores sociais do trabalho e da livre-iniciativa. Assim sendo, marca uma opção política comprometida com valores claros que devem ou que deveriam servir de base axiológica para toda e qualquer interpretação/aplicação de norma jurídica[1364]. Por isso, "a dignidade da pessoa humana aparece já no artigo primeiro e acaba assumindo a condição de elemento essencial à fruição interpretativa/criadora do Estado-juiz"[1365].

O intérprete deve estar atento aos princípios constitucionais do Trabalho, por meio de um processo hermenêutico-interpretativo que coadune com o comprometimento e com a afirmação dos Direitos Humanos Trabalhistas.

Weliton Sousa Carvalho afirma que "o alcance de qualquer instituto que galga a dignidade constitucional exige uma interpretação sistêmica do documento ápice da ordem jurídica considerada, valorizando-se sua unidade"[1366].

Impende destacar que toda interpretação sistemática é, de certo modo, interpretação constitucional, eis que subordinada aos direitos fundamentais e aos princípios superiores[1367]. De tal sorte:

> Deve o intérprete sistemático, situado com isenção no tocante às partes habitualmente contrapostas, empenhar-se para que o labor exegético se faça garantidor dos objetivos e direitos fundamentais, tendo claro que a sua vinculação é para com o Direito (mais do que lei, embora também lei). De fato, a legalidade faz as vezes de somente um princípio entre outros, assim como, por exemplo, o princípio da moralidade, erigido, em boa hora, como juridicamente autônomo e vinculante.[1368]

Esta modalidade exegética se presta ao processo de aplicação da norma jurídica levado a cabo pelo aplicador do Direito. Aspecto sob o qual a concepção da hermenêutica como interpretação da norma, no momento pré-jurídico e na fase jurídica propriamente, deve ser útil de modo a propiciar a efetivação dos Direitos Humanos Trabalhistas. A exegese aproxima o Direito do Trabalho do ideário de justiça social, por isso, urge aplicá-lo em harmonia com a finalidade social e constitucional colimada para o Direito do Trabalho, qual seja: o princípio da dignidade da pessoa humana.

(1359) Id., 2013, p. 238.
(1360) FREITAS, Juarez. *A interpretação sistemática do Direito*. 5. ed. São Paulo: Malheiros, 2004. p. 82.
(1361) FREITAS, Juarez. *A interpretação sistemática do direito*. 5. ed. São Paulo: Malheiros, 2004. p. 212.
(1362) SOARES, Ricardo Mauricio Freire. *Elementos de teoria geral do direito*. São Paulo: LTr, 2013. p. 248.
(1363) Id., 2013, p. 240.
(1364) SEVERO, Valdete Souto. *O dever de motivação da despedida na ordem jurídico-constitucional brasileira*. Porto Alegre: Livraria do Advogado, 2011. p. 156.
(1365) Id., 2011, p. 156.
(1366) CARVALHO, Weliton Sousa. *Despedida arbitrária no texto constitucional de 1988*. Curitiba: Juruá, 2001. p.211.
(1367) FREITAS, Juarez. *A interpretação sistemática do Direito*. 5. ed. São Paulo: Malheiros, 2004. p. 84.
(1368) Id., 2004, p. 180.

Como observa Juarez Freitas:

> Se tudo que (sic) se encontra na Carta deve ser visto como tendente à eficácia, o intérprete constitucional sistemático reconhece, por assim dizer, a presença digital da eficácia (isto é, a vocação natural para o cumprimento dos objetivos fundamentais da Carta), notadamente ao cuidar de dispositivos tidos como não-autoaplicáveis. Em nosso ordenamento, lícito asseverar que algum efeito sempre será irradiado dos preceitos constitucionais em diálogo com o intérprete, que não os vê como objetos inertes.[1369]

Ainda, na visão do autor:

> A tarefa primeira do intérprete constitucional está em moldar ou reconstruir o catálogo aprimorado de princípios e objetivos fundamentais no intuito de bem cumprir a função sistematizadora inerente ao processo interpretativo.[1370]

Também na apropriada ótica de Juarez Freitas:

> Útil perceber, em plena harmonia com a ideia de que a interpretação é sempre sistemática, que todo juiz, no sistema brasileiro, atua, de certo modo, como juiz constitucional, já que cada magistrado, ainda na primeira instância, reveste-se da dignidade de intérprete da Carta. Ressalte-se que, se não mantida a via difusa, restaria a interpretação jurídica, em nosso meio, desavinda com a imprescindível independência da Magistratura e com a consolidação da ambiência de, preferencialmente, voluntário acatamento cultural da Lei Maior.[1371]

Por conseguinte:

> O intérprete deve guardar vínculo com a excelência ou otimização máxima da efetividade do discurso normativo relacionado aos objetivos fundamentais da Constituição (no caso Brasileiro, os arrolados no art. 3º). Sob a égide desse preceito eminentemente integrador, resulta que, pairando dúvida sobre se uma norma apresenta eficácia plena, ou não, é de preferir a concretização endereçada à plenitude dos objetivos fundamentais, vendo-se a imperatividade como padrão. Nessa senda, devem-se evitar, entre as alternativas, aquelas inviabilizadoras de qualquer eficácia imediata. Do contrário, cometer-se-ia o erro de admitir norma (inclusive princípio que também é norma) sem eficácia alguma. Nada mais contrário e lesivo à interpretação sistemática, pois todos os princípios, direitos e objetivos fundamentais gozam de (sic) aplicabilidade direta e imediata.[1372]

Em tal panorama, torna-se necessário aplicar o Direito do Trabalho por meio de mecanismos interpretativos e hermenêuticos que estejam condizentes e harmônicos com o princípio constitucional da dignidade da pessoa humana.

Com efeito, incumbe ao jurista, na sua função de intérprete e aplicador da Lei, dar exegese construtiva e valorativa às normas fundamentais trabalhistas, por meio da aplicação do princípio constitucional da dignidade da pessoa humana, para que se aperfeiçoem os fins teleológicos do Direito do Trabalho e os fundamentos e objetivos do Estado Democrático de Direito.

A Lei deve sempre ser interpretada para se alcançar a verdadeira justiça social. Por isso, exige-se sempre um esforço hermenêutico visando à aplicação plena dos Direitos Humanos trabalhistas, tendo em vista que o artigo 3º, III, da CF/1988 elege como objetivos fundamentais da República a erradicação da pobreza e da marginalização e a redução das desigualdades sociais e regionais.

Concorde José Felipe Ledur, sempre foi sabido e aceito que, nas relações de trabalho caracterizadas pela subordinação, o empregado ocupa posição fragilizada perante empregador. Partindo desse pressuposto, estabeleceu-se que, na interpretação e na aplicação do Direito do Trabalho, o princípio da proteção haveria, necessariamente, de ser considerado pelo juiz. Nesse interregno:

> Com a Constituição de 1988, o princípio da proteção pode ser derivado do próprio rol dos direitos fundamentais do trabalho, previstos no capítulo dos Direitos Sociais, muitos dos quais asseguram proteção, a começar pelo inciso I do art. 7º, no qual se lê que a relação de emprego é protegida contra despedida arbitrária ou sem justa causa. Ao se recusar a editar a lei complementar mencionada no texto da norma citada, o legislador contribui para erodir princípio ou função reitora de todo ordenamento jusfundamental, que é a proteção.[1373]

À medida que os postulados da justiça se põem como objetivos e fundamentos da República Federativa do Brasil, o avanço no Direito do Trabalho será inevitável, pois a aplicabilidade dos Direitos Humanos Trabalhistas é condição essencial para a concretização do Estado Democrático de Direito.

Sob tal perspectiva, todas as normas constitucionais atinentes à justiça social surtem, de imediato, o efeito de compelir os órgãos estatais, quando da análise de atos ou de relações jurídicas, a interpretá-los na mesma linha e na mesma direção estimativa adotadas pelos preceitos relativos à justiça social. Logo, tanto o Executivo, ao aplicar a Lei, quanto o Judiciário,

---

[1369] Id., 2004, p. 201.
[1370] FREITAS, Juarez. A interpretação sistemática do direito. 5. ed. São Paulo: Malheiros, 2004. p. 223.
[1371] Id., 2004, p. 189.
[1372] Id., 2004, p. 201.
[1373] LEDUR, José Felipe. Direitos fundamentais sociais: efetivação no âmbito da democracia participativa. Porto Alegre: Livraria do Advogado, 2009. p. 45.

ao decidir situações contenciosas, estão cingidos a proceder em sintonia com os princípios e normas concernentes à justiça social.[1374]

Conforme Humberto Ávila:

> A eficácia dos direitos fundamentais é uma condição conceitual necessária para a existência de um Estado de Direito minimamente desenvolvido, e a existência de um Estado de Direito minimamente desenvolvido é condição conceitual para a eficácia dos direitos fundamentais.[1375]

O artigo 5º, § 1º, da Constituição Federal de 1988, imputa ao aplicador da Lei o papel de concretizar e de reconhecer o conteúdo das normas de origem programática e, ao Poder Legislativo, o de editar normas que não atentem contra o núcleo essencial do direito fundamental nelas consagrado, deformando-lhe o sentido ou a finalidade, de modo a acarretar retrocesso aos direitos sociais.

Nesse prisma, assegura Flávia Piovesan:

> A Carta de 1988 consagra o princípio da aplicabilidade imediata dos direitos e garantias fundamentais. Com base nesse princípio, toda e qualquer norma definidora de direitos e garantias fundamentais há de alcançar aplicação imediata e nesse sentido devem-se orientar os Poderes Públicos. Cabe aos Poderes Públicos conferir eficácia máxima e imediata a todo e qualquer preceito constitucional definidor de direito e garantia fundamental. Impõe-se, assim, aos poderes constituídos, em seu âmbito próprio de competência, a tarefa de realizar a função prospectiva, dinamizadora e transformadora desse princípio.[1376]

Consoante Ingo Wolfgang Sarlet, pode-se afirmar que:

> [...] assume papel relevante a norma contida no art. 5º, § 1º, da CF de 1988, de acordo com a qual todos os direitos e garantias fundamentais foram elevados à condição de normas jurídicas diretamente aplicáveis e, portanto, capazes de gerar efeitos jurídicos [...].[1377]

Seguindo o esteio de Ingo Wolfgang Sarlet:

> [...] a melhor exegese da norma no art. 5º, parágrafo 1º, de nossa Constituição é a que parte da premissa de que se trata de norma de cunho inequivocadamente principiológico, considerando-a, portanto, uma espécie de mandado de otimização (ou maximização), isto é, estabelecendo aos órgãos estatais a tarefa de reconhecerem a maior eficácia possível aos direitos fundamentais.[1378]

Sob tal prisma, acentua Flávia Piovesan:

> O princípio constitucional da aplicabilidade imediata das normas definidoras de direitos e garantias fundamentais intenta assegurar a força vinculante dos direitos e garantias de cunho fundamental, ou seja, objetiva tornar tais direitos prerrogativas diretamente aplicáveis pelos poderes Legislativo, Executivo e Judiciário. Isso significa que esse princípio investe os Poderes Públicos na atribuição constitucional de promover as condições para que os direitos e garantias fundamentais sejam reais e efetivos [...].[1379]

De tal modo, para a ilustre autora:

> A Carta de 1988 consagra o princípio da aplicabilidade imediata dos direitos e garantias fundamentais. Com base nesse princípio, toda e qualquer norma definidora de direitos e garantias fundamentais há de alcançar aplicação imediata e, nessa direção, devem se orientar os poderes públicos.[1380]

Ademais, no que se refere à disposição constitucional contida no artigo 5º, § 2º, da CF/1988, Ricardo Mauricio Freire Soares assinala que a dignidade da pessoa humana figura como princípio ético-jurídico capaz de orientar o reconhecimento, a partir de uma interpretação teleológica da Carta Magna pátria, de direitos fundamentais implícitos. Isso se dá em decorrência da disposição contida no mencionado preceito constitucional acima referido, que define um catálogo aberto e inconcluso de direitos fundamentais, ao estabelecer que os direitos e garantias expressos na Constituição brasileira não excluem outros decorrentes do regime e dos princípios por ela adotados ou dos tratados internacionais em que a República Federativa do Brasil seja parte[1381].

Desde o nascimento do ramo jurídico laboral, trava-se uma luta pela realização dos direitos humanos trabalhistas. Luta que precisa continuar na medida necessária, de modo a garantir a efetivação dos princípios consolidadores da justiça social nas relações de trabalho.

Em conformidade com Ricardo Mauricio Freire Soares:

> A dignidade da pessoa humana só se realiza plenamente com a afirmação da aplicabilidade e efetividade dos direitos sociais. [...] a justiça deve ser entendida como um valor franciscano, sempre a

---

(1374) MELLO, Celso Antônio Bandeira de. *Eficácia das normas constitucionais e direitos sociais*. São Paulo: Malheiros, 2011. p. 56.
(1375) ÁVILA, Humberto. *Teoria dos princípios*: da definição à aplicação dos princípios jurídicos. São Paulo: Malheiros, 2014. p. 175.
(1376) PIOVESAN, Flávia. *Temas de direitos humanos*. 8. ed. São Paulo: LTr, 2015. p. 512.
(1377) SARLET, Ingo Wolfgang. *A eficácia dos direitos fundamentais*. 12. ed. Porto Alegre: Livraria do Advogado, 2015. p. 74.
(1378) SARLET, Ingo Wolfgang. *A eficácia dos direitos fundamentais*. Porto Alegre: Livraria do Advogado, 2007. p. 247.
(1379) PIOVESAN, Flávia. *Temas de direitos humanos*. 8 ed. São Paulo: LTr, 2015. p. 513.
(1380) PIOVESAN, Flávia. *Temas de direitos humanos*. 8. ed. São Paulo: LTr, 2015. p. 519.
(1381) SOARES, Ricardo Mauricio Freire. *Elementos de teoria geral do direito*. São Paulo: Saraiva, 2013. p. 257.

serviço dos demais valores para assegurar-lhes seu adimplemento, em razão da dignidade da pessoa humana que figura como o valor-fim da ordem jurídica.[1382]

É preciso destacar, concorde Ricardo Mauricio Freire Soares, que o princípio constitucional da dignidade da pessoa humana se desdobra em inúmeros outros princípios e regras constitucionais, conformando um arcabouço de valores e de finalidades a ser realizado pelo Estado e pela sociedade civil, como forma de concretizar a multiplicidade de direitos fundamentais, expressos ou implícitos, da Carta Magna brasileira e, por conseguinte, da normatividade infraconstitucional derivada[1383].

Conforme o acertadíssimo pensamento de Ricardo Mauricio Freire Soares:

> Uma vez frustrada a efetividade dos direitos fundamentais, a constitucionalização simbólica do princípio da dignidade da pessoa humana pode acarretar uma deturpação pragmática da linguagem da Constituição, comprometendo a estrutura operacional e a própria autonomia/identidade do sistema constitucional, além de conduzir, nos casos extremos, à desconfiança total no sistema político-jurídico e nos agentes públicos, abalando os alicerces do Estado Democrático de Direito.[1384]

Para tanto, adverte Edilson Farias:

> Necessitamos defender a força normativa da Constituição, se queremos realmente ver a sociedade brasileira transformada numa sociedade livre, justa e solidária, mediante a redução das desigualdades sociais e regionais, conforme preceituam os princípios diretivos da Constituição Federal de 1988.[1385]

Seguindo-se, então, a acertadíssima visão de Paulo Bonavides:

> Só uma hermenêutica constitucional dos direitos fundamentais em harmonia com os postulados do Estado Social e democrático de direito pode iluminar e guiar a reflexão do jurista para a resposta alternativa acima esboçada, que tem por si a base de legitimidade haurida na tábua dos princípios gravados na própria Constituição (arts. 1º, 3º e 170) e que, conforme vimos, fazem irrecusavelmente inconstitucional toda inteligência restritiva da locução jurídica direitos e garantias individuais (art. 60, § 4º, IV), a qual não pode, assim, servir de argumento nem de esteio à exclusão dos direitos sociais.[1386]

Resta, pois, em consonância com Flávia Piovesan:

O desafio de recuperar no Direito seu potencial ético e transformador, doando máxima efetividade aos princípios constitucionais fundamentais, com realce ao princípio da dignidade humana – porque fonte e sentido de toda experiência jurídica.[1387]

4. Conclusão

Portanto, segue-se, aqui, o pensamento de que é preciso assegurar a afirmação da relevância da pessoa humana na seara do Direito Constitucional e Internacional do Trabalho por meio da atuação criativa da atividade judicial.

Ora entende-se, nesta empreitada, que a concretização social do direito ao trabalho decente ou digno somente pode acontecer se a exegese estiver comprometida em aplicar o Direito do Trabalho em harmonia com a efetivação dos Direitos Humanos Trabalhistas, ou seja, uma interpretação que valorize os princípios fundamentais do trabalho inseridos na Constituição Federal de 1988.

Verifica-se, desde logo, que os princípios são de suma importância para se garantir a efetivação dos Direitos Humanos Trabalhistas, pois eles exigem do intérprete grande sensibilidade para que capte a essência do ramo juslaboral. Assim, ao buscar o sentido normativo juslaboral, devem-se buscar os princípios constitucionais e do Direito do Trabalho que se relacionam com a questão, haja vista constituírem o núcleo principal e o embasamento social ou a finalidade essencial ou teleológica desta ciência jurídica e que, por isso, devem ser sopesados na medida das necessidades de aplicação do caso concreto. Destarte, o Direito do Trabalho deve ser interpretado e aplicado conforme as diretrizes constitucionais do trabalho e, do mesmo modo, com os seus princípios peculiares ou específicos.

Observa-se, assim, que é essencial uma *práxis* libertadora cotidiana, promotora da cidadania e dos direitos humanos no Direito do Trabalho brasileiro capaz de definir o valor da dignidade da pessoa humana e a aplicação integral de todos os direitos humanos dos trabalhadores.

Portanto, diante de tudo o que foi exposto, defende-se, no presente artigo, o entendimento de que a falta de Lei regulamentadora hábil a assegurar a plena concretização da proteção contra a dispensa sem justa causa, prevista no artigo 7º, I, da CF/1988 e ao adicional de penosidade, não correspondem empecilhos para a sua efetivação. Defende-se, neste, portanto, o pensamento de que o artigo 7º, I, da CF/1988 e a falta de regulamentação quanto à definição do trabalho penoso não constituem normas de conteúdo programático ou não autoexecutável, dependentes de regulamentação futura para adquirir o *status jurídico* de norma constitucional de eficácia plena e imediata.

(1382) *Id.*, 2013, p. 267.
(1383) SOARES, Ricardo Mauricio Freire. *Elementos de teoria geral do direito.* São Paulo: Saraiva, 2013. p. 257.
(1384) *Id.*, 2013, p. 272.
(1385) FARIAS, Edilson. Hermenêutica constitucional. *Revista do Curso de Pós-Graduação em Direito da UFSC*, ano XXI, n. 38, p. 97, jul. 1999.
(1386) BONAVIDES, Paulo. *Curso de direito constitucional.* São Paulo: Malheiros, 2000. p. 598.
(1387) PIOVESAN, Flávia. *Temas de direitos humanos.* 8. ed. São Paulo: Saraiva, 2015. p. 552.

A tal efeito, é de fulcral importância identificar a importância da moderna hermenêutica constitucional trabalhista, seja por meio de sua vinculação às diretrizes traçadas pela Constituição Federal de 1988 ao Direito do Trabalho, seja por sua vinculação às normas internacionais do trabalho, tendo-se como objetivo a proteção à dignidade humana do trabalhador.

5. REFERÊNCIAS BIBLIOGRÁFICAS

ÁVILA, Humberto. *Teoria dos princípios:* da definição à aplicação dos princípios jurídicos. São Paulo: Malheiros, 2014.

BARCELLOS, Ana Paula de. *A eficácia jurídica dos princípios constitucionais:* o princípio da dignidade da pessoa humana. Rio de Janeiro: Renovar, 2011.

BONAVIDES, Paulo. *Curso de direito constitucional.* São Paulo: Malheiros, 2000.

CARVALHO, Márcia Haydée Porto de. *Hermenêutica constitucional.* Florianópolis: Obra Jurídica Editora, 1997.

CARVALHO, Weliton Sousa. *Despedida arbitrária no texto constitucional de 1988.* Curitiba: Juruá, 2001.

CLÈVE, Clèmerson Merlin. A eficácia dos direitos fundamentais sociais. *Revista de Direito Constitucional e Internacional,* ano 14, n. 54, jan./mar. 2006.

DELGADO, Mauricio Godinho. *Curso de direito do trabalho.* 15. ed. São Paulo: LTr, 2016.

FARIAS, Edilson. Hermenêutica constitucional. *Revista do curso de Pós-Graduação em Direito da UFSC,* ano XXI, n. 38, jul. 1999.

FREITAS, Juarez. *A interpretação sistemática do direito.* 5. ed. São Paulo: Malheiros, 2004.

FRIEDE, Reis. *Ciência do direito, norma, interpretação e hermenêutica jurídica.* Rio de Janeiro: Forense Universitária, 2006.

LEITE, Carlos Henrique Bezerra. *Curso de direito do trabalho.* 6. ed. São Paulo: Saraiva, 2015.

_____. As lacunas do direito do trabalho e a necessidade de heterointegração (diálogo das fontes) com o direito civil. In: ALMEIDA, Renato Rua de (Coord.). *Aplicação da teoria do diálogo das fontes no direito do trabalho.* São Paulo: LTr, 2015.

LIMA, Francisco Meton Marques de. *Os princípios de direito do trabalho na Lei e na jurisprudência.* 4. ed. São Paulo: LTr, 2015.

LEDUR, José Felipe. *Direitos fundamentais sociais:* efetivação no âmbito da democracia participativa. Belo Horizonte: Livraria do Advogado, 2009.

MAIOR, Jorge Luiz Souto. A seita secreta para a efetivação dos direitos sociais. *Revista LTr,* v. 69, n. 10, out. 2010.

MELLO, Celso Antônio Bandeira de. *Eficácia das normas constitucionais e direitos sociais.* São Paulo: Malheiros, 2011.

PINTO, Airton Pereira. *Direito do trabalho, direitos humanos sociais e a Constituição Federal.* São Paulo: LTr, 2006.

PIOVESAN, Flávia. *Temas de direitos humanos.* 8. ed. São Paulo: LTr, 2015.

ROMITA, Arion Sayão. Direito do trabalho e nova hermenêutica. *Revista Justiça do Trabalho,* ano 32, n. 383, nov. 2015.

SARLET, Ingo Wolfgang. *A eficácia dos direitos fundamentais.* Porto Alegre: Livraria do advogado, 2007.

SEVERO, Valdete Souto. *O dever de motivação da despedida na ordem jurídico-constitucional brasileira.* Porto Alegre: Livraria do Advogado, 2011.

SOARES, Ricardo Mauricio Freire. *Elementos de teoria geral do direito.* São Paulo: Saraiva, 2013.

STRECK, Lenio Luiz. A hermenêutica e a tarefa da construção de uma nova crítica do direito a partir da ontologia fundamental. *Revista Filosofia Unisinos,* v. 3, n. 4, 2002.

TEMER, Michel. *Elementos de direito constitucional.* São Paulo: Saraiva, 2006.

CAPÍTULO 32
OS DIREITOS FUNDAMENTAIS TRABALHISTAS E DE PREVIDÊNCIA SOCIAL COMO CLÁUSULAS PÉTREAS E A PROIBIÇÃO DO RETROCESSO DOS DIREITOS SOCIAIS DOS TRABALHADORES

Marcelo Fernando Borsio[1388]

1. Introdução

O fundamento último dos direitos fundamentais é a tutela da dignidade humana, sendo esta também vetor dos textos constitucionais. O português José João Abrantes[1389] afirma que esses direitos tornam possível o desenvolvimento integral da pessoa no real e efetivo exercício de sua liberdade, e a conversão da liberdade abstrata em direitos concretos, com vinculação com a citada dignidade.

A maior parte das Constituições do segundo Pós-Guerra se inspirou tanto na Declaração Universal de 1948 quanto nos diversos documentos internacionais e regionais que a sucederam, numa harmonização dos direitos no direito constitucional internacional[1390].

À internalização dos direitos humanos previstos e conquistados, num ordenamento jurídico, dá-se o nome de direitos fundamentais (internos).

As Constituições alemã (1949), portuguesa (1976), espanhola (1978) e a brasileira (1988) são exemplos de consagração dos direitos humanos como direitos fundamentais.

E esses direitos fundamentais não trazem consigo, em seu escorço histórico, uma ideia de alternância, mas sim de cumulatividade, expansão e interação recíproca.

Tanto é verdade que todos os direitos fundamentais (em suas primeira, segunda e terceira dimensões) são indissociáveis em sua interpretação, efetivação e concretização, que o professor Willis Santiago Guerra Filho assenta que:

O direito individual de propriedade, num contexto em que se reconhece a segunda dimensão dos direitos fundamentais, só pode ser exercido observando-se sua função social, e com o aparecimento da terceira dimensão, observando-se igualmente sua função ambiental.

Os direitos fundamentais foram construídos progressivamente, em reação ao poder e às agressões lesivas à dignidade. Como diz Vidal Serrano Nunes Júnior[1391]: "os seres humanos vêm alcançando, ao longo da história, patamares de alforria."

Os primeiros direitos fundamentais surgiram sob a concepção estritamente liberal, originária, depois do triunfo das revoluções liberais, aparecendo como liberdades, exigindo que o Estado se abstenha de se intrometer na vida econômica, social e pessoal.

Com as modificações das condições sociais oriundas do individualismo acentuado, propulsor da acumulação de riquezas e do agravamento da miséria, houve reconhecimento inexorável de se criar novo sistema de direitos: os prestacionais. Era imprescindível proporcionar condições de vida necessárias para o efetivo exercício dos direitos individuais já conquistados. É o surgimento efetivo das concessões dos direitos sociais, expressados pelo Chanceler alemão Otto Von Bismark, que passou a efetivar prestações de seguros sociais de acidente, invalidez, doença e velhice, nos auspícios da Revolução Industrial.

(1388) Professor Titular da UDF. Professor do Mestrado em Direito das Relações Sociais e Trabalhistas, nas disciplinas de Seguridade Social. Pós-doutorando em Direito Previdenciário pela Università degli Studi di Milano. Pós-doutor em Direito da Seguridade Social pela Universidad Complutense de Madrid. Doutor e Mestre em Direito Previdenciário pela PUC-SP. Especialista em Direito Tributário pela PUC-SP. Especialista em Direito da Investigação e Constituição pela UNISUL. Coordenador Científico e Pedagógico de Cursos Jurídicos e Professor de Direito Previdenciário e Tributário do Gran Cursos On-line. Professor de diversas outras especializações em Direito Previdenciário pelo país. Professor Visitante da Universidad Complutense de Madrid. Autor de obras de Direito Previdenciário pela Juspodivm (Coleção Prática de Direito Previdenciário em 32 volumes), pela Revista dos Tribunais e pela Juruá. Palestrante.
(1389) ABRANTES, José João. *Contrato de trabalho e direitos fundamentais*. Coimbra: Coimbra Editora, 2005. p. 15.
(1390) SARLET, Ingo Wolfgang. *A eficácia dos direitos fundamentais*. 12. ed. Porto Alegre: Livraria do Advogado. 2015. p. 32.
(1391) NUNES JÚNIOR, Vidal Serrano. *A cidadania social na Constituição de 1988*: estratégias de positivação e exigibilidade judicial dos direitos sociais. São Paulo: Verbatim, 2009. p. 42.

Neste contexto, acerca dos objetivos precípuos dos direitos sociais, vaticina o professor José Afonso da Silva[1392]:

> Os direitos sociais, como dimensão dos direitos fundamentais do homem, são prestações positivas proporcionadas pelo Estado direta ou indiretamente, enunciadas em normas constitucionais, que possibilitam melhores condições de vida aos mais fracos; direitos que tendem a realizar a igualização de situações sociais desiguais. São, portanto, direitos que se ligam como o direito de igualdade. Valem como pressupostos do gozo dos direitos individuais, na medida em que criam condições materiais mais propícias ao aferimento da igualdade real – o que, por sua vez, proporciona condição mais compatível com o exercício efetivo da liberdade.

O artigo 6º da Constituição Federal de 1988 assim pontua:

> São direitos sociais a educação, a saúde, a alimentação, o trabalho, a moradia, o transporte, o lazer, a segurança, a previdência social, a proteção à maternidade e à infância, a assistência aos desamparados, na forma desta Constituição.

A natureza prestacional dos direitos sociais não é regra onipresente neles, pois há alguns que exigem uma abstenção estatal. Os direitos à saúde e à educação exigem, sim, do poder público, uma atividade prestacional, mas o direito aos pisos salariais, limitação de jornada de trabalho, exige-se do Estado uma atividade de normatização e regulação. Mas, no direito de greve ou no de associação sindical, não se exige prestação, nem regulação, mas, sim, uma abstenção (deixar fazer), ou seja, uma adequada equiparação aos direitos fundamentais de defesa (primeira dimensão). Esses são direitos individuais, mas de exercício coletivo.

Os direitos de terceira dimensão, também chamados direitos de solidariedade, de fraternidade ou metaindividuais, surgiram depois da Segunda Guerra Mundial, em face das barbáries e do Holocausto, época em que o homem foi considerado meio e não fim. São direitos não mais titularizados pelo ser humano individualmente, mas por toda a humanidade, não preservando apenas as liberdades individuais, nem tão somente o ser humano como ser social, mas sobretudo o ser humano enquanto parte da humanidade (direitos difusos e coletivos, individuais homogêneos).

A dignidade humana é vetor axiológico supremo na afirmação histórica dos direitos fundamentais (de quaisquer das dimensões). O processo lento e gradual da construção e reconhecimento desses direitos fundamentais ao longo de séculos tem estreita relação com a real compreensão pelo homem do que é a dignidade humana. O próprio conceito da dignidade humana acompanhou essa evolução em construção.

Ao mesmo tempo que a dignidade humana é bem jurídico protegido pelo sistema de direitos fundamentais, é também a matriz axiológica que orienta esse sistema.

Nas palavras de Antônio Carlos Cedenho: "a dignidade é ponto de partida para novas conquistas do homem, e ponto de chegada no estabelecimento de limite à violência e à barbárie."[1393]

Para que mantenham os direitos sociais sua condição de fundamentalidade, lastreados pelo vetor maior da dignidade humana, deve a Carta Maior reservar guarida extrema de imutabilidade no texto, reservando a esses direitos fundamentais, a eles como um todo, a de cláusula pétrea.

Todavia antes de firmarmos os conceitos de direitos fundamentais protegidos constitucionalmente pelo arcabouço de cláusula pétrea, em nome da sequência lógica textual, partiremos por analisar direitos fundamentais trabalhistas e fundamentais de previdência social.

2. Os direitos fundamentais trabalhistas

O processo de evolução e afirmação dos direitos fundamentais, ao longo dos tempos, é marcado pela angústia humana diante das violações à dignidade humana.

Posteriormente à conquista dos direitos civis e políticos, pela prevalência das liberdades individual e contratual, o homem percebeu a necessidade de ver garantida a proteção social aos vulneráveis, a fim de lhes proporcionar vida digna, com o Estado, até então absenteísta, intervindo nas relações econômicas e sociais. O surgimento do protecionismo estatal em face de séculos de omissão. Consagram-se os direitos fundamentais sociais.

A partir deste momento na história, surgiram os direitos trabalhistas como proteção aos trabalhadores. Para Carla Teresa Martins Romar[1394], o Direito do Trabalho surge nos debates ideológicos do século XIX, alicerçado na valorização do trabalho e da necessária modificação das condições de exploração em que encontravam os trabalhadores, culminando, tempos depois, com a publicação do Manifesto Comunista de 1848 (Karl Marx e Friedrich Engels) e da Encíclica *Rerum Novarum*, do Papa Leão XIII), caracterizados como textos importantes para elucidar o processo de intervenção estatal na economia e nas questões sociais, inclusive na fixação de normas coativas mínimas para a proteção dos trabalhadores em face dos empregadores.

As primeiras normas do Direito do Trabalho tinham o objetivo de reduzir a violência brutal e a superexploração empresarial sobre os vulneráveis, o que mais ocorria em desfavor de mulheres e crianças. Depois dos movimentos coletivos de trabalhadores, no século XIX, fomentados pelo sentimento

---

(1392) SILVA, José Afonso da. *Comentário contextual à Constituição*. 8. ed. São Paulo: Malheiros, 2012. p. 184.
(1393) CEDENHO, Antônio Carlos. *Diretrizes constitucionais da assistência social*. São Paulo: Verbatim, 2012. p. 80.
(1394) ROMAR, Carla Teresa Martins. *Direito do Trabalho Esquematizado*. 2. ed. rev. e atual. São Paulo: Saraiva, 2014. p.29.

classista, o Estado se faz mais presente na dinâmica econômico-social. O que antes era ilícito social passou a ser reconhecido como direitos, como a greve e a associação. Contudo, até início do século XX, os direitos trabalhistas ainda não compunham um ramo jurídico normativo específico[1395].

No entanto, é, com a criação da OIT (Organização Internacional do Trabalho), em 1919, que o Direito do Trabalho se institucionalizou, recebendo autonomia como ramo jurídico especializado. Esse marco foi reflexo das constitucionalizações do Direito do Trabalho nas Constituições Mexicana (1917) e Alemã (Weimar, 1919). Com a Carta germânica, diversos princípios laborais foram internalizados e passaram a ter assento, pela primeira vez, numa Constituição.

Para José João Abrantes, neste contexto de constitucionalização, foram esquecidos alguns aspectos, hoje primordiais ao Direito do Trabalho. Deixou na sombra um outro aspecto, o da relação de trabalho, temas relacionados à moderna teoria dos direitos fundamentais, aqueles referentes ao trabalhador como cidadão: os direitos de cidadania no âmbito do contrato de trabalho[1396].

Contudo, isso teve sentido, pois não havia razão para, no estabelecimento de direitos mínimos, por início, haver consagração de direitos da personalidade, como, a redução da jornada de trabalho. A melhoria das condições de trabalho era o mais urgente a estabelecer.

Nos meados do século XX, com a constitucionalização do Direito Civil, e com surgimento e concretização da teoria da eficácia horizontal dos direitos fundamentais, ocorre o reconhecimento dos direitos do trabalhador-cidadão, passando ao cerne das relações privadas.

O maior objetivo foi a da tentativa de balizar a relação entre particulares, onde existe evidente desequilíbrio para um mínimo de igualdade[1397]. Para o autor português, no conflito entre a liberdade de escolha do domínio econômico e a igualdade do operário, prevaleceria o segundo direito fundamental.

Numa segunda fase, pós a fase da constitucionalização do Direito do Trabalho como direitos fundamentais específicos do trabalhador, surge a chamada "cidadania na empresa", consagrando-se direitos fundamentais não especificamente laborais[1398].

Nesse novo esteio, o Direito do Trabalho passou à proteção do trabalhador com cidadania, resguardando o seu direito de personalidade nas relações privadas e desiguais, até então. Protegeu-se a dignidade do trabalhador enquanto cidadão, com o contrato de trabalho sob as lentes dos valores e princípios constitucionais tutelando a pessoa, o trabalho e a vida do trabalhador. Premiou-se a garantia aos direitos fundamentais no trabalho como tutela da dignidade humana.

Na sequência, no plano infraconstitucional, surge a Consolidação das Leis do Trabalho, em 1943, com preocupação nítida na proteção dos direitos trabalhistas típicos e de cunho patrimonial, mas com escassez em referências a direitos asseguratórios da intangibilidade da personalidade do trabalhador[1399].

Os direitos fundamentais do trabalho, nas relações privadas ou individualmente, devem receber cotejo de proteção por parte dos que produzem riqueza econômica, em face e em nome da plena tutela da dignidade do cidadão trabalhador.

Os ingleses cunharam a expressão trabalho decente (*decent work*) como afirmação da dignidade do trabalho, durante a 87ª Conferência Internacional do Trabalho, em 1999, significando convergência da Declaração de 1948 sobre os princípios e direitos fundamentais no trabalho, tendo como objetivos demarcados pela OIT: a liberdade de associação; direito à negociação coletiva; eliminação de todas as formas de trabalho forçado e obrigatório; abolição do trabalho infantil; e eliminação da discriminação em matéria de emprego e ocupação[1400][1401].

Para Platon Teixeira de Azevedo Neto, ao vincular o adjetivo *decente* ao substantivo *trabalho*, a OIT passou a exigir que toda relação de trabalho fosse garantidora da dignidade humana[1402]. Há autores[1403] que preferem (acompanhamos) a expressão *trabalho digno*, visto que o objetivo maior é a garantia da dignidade humana, e mais, difícil por vezes definir o que é decente para um e para outro intérprete.

O indecente pode ser pejorativo ao tipo de trabalho (obsceno, despudorado, desonesto etc.) e não necessariamente o contrário do significado do decente. Digno tem conceito mais universal e inquestionável. O indigno representa necessária e unicamente o contrário do digno[1404].

Uma das maiores antíteses do trabalho digno é o trabalho escravo, exemplo de exploração humana na contemporaneidade, oposto ao direito fundamental do trabalho decente e digno[1405].

(1395) DELGADO, Mauricio Godinho. *Curso de Direito do Trabalho*, 5. ed. São Paulo: LTr. p. 93-96.
(1396) ABRANTES, José João. *Contrato de trabalho e direitos fundamentais*. Coimbra: Coimbra Editora, 2005. p. 14.
(1397) ANDRADE, José Carlos Vieira de. *Os direitos fundamentais na Constituição portuguesa de 1976*. Coimbra: Almedina, 2012. p. 263.
(1398) MOREIRA, Teresa Alexandra Coelho. *Estudos de Direito do Trabalho*. Coimbra: Almedina, 2011. p. 67.
(1399) CAVALCANTI, Tiago Muniz. *Neoabolicionismo & Direitos Fundamentais*. São Paulo: LTr, 2016. p. 48.
(1400) Idem, idem.
(1401) De fato, a Constituição de 1988 trouxe a primeira significativa mudança na regulamentação do trabalho feminino no Brasil, eliminando do Direito brasileiro qualquer prática discriminatória contra a mulher no contexto empregatício – ou que lhe pudesse restringir o mercado de trabalho. Derrogou, desta forma, alguns dispositivos da "velha" CLT que, sob o aparente manto tutelar, produziam efeito discriminatório com relação à mulher. In: CANTELLI, Paula Oliveira. *O trabalho feminino no divã*: dominação e discriminação. São Paulo: LTr, 2007. p. 160.
(1402) AZEVEDO NETO, Platon Teixeira de. *O trabalho decente como um direito humano*. São Paulo: LTr, 2015. p. 57.
(1403) CAVALCANTI, Tiago Muniz. *op. cit.*, p. 49.
(1404) Idem, idem.
(1405) DELGADO, Gabriela Neves; NOGUEIRA, Lilian Katiuscia Melo; RIOS, Sâmara Eller. Instrumentos jurídico-institucionais para a erradicação do trabalho escravo no Brasil contemporâneo. *Anais do XVI Congresso Nacional do CONPEDI*. Fundação Boiteux: Florianópolis, 2008. p. 2.989.

Como nova forma de abolir a atual escravidão laboral, o Brasil e o mundo contemporâneo devem promover ações concretas (mudança de normas, aperfeiçoamento delas, fortalecimento de fiscalizações, efetivação de punições severas no âmbito penal, civil e administrativo, políticas públicas de proteção, controle, prevenção e enfrentamento, conscientização da dignidade humana etc.), podendo até ser utópico para o presente, mas no futuro haverá realidade com menos injustiças, egoísmo e desprezo ao próximo.

Trabalho forçado pressupõe a compulsoriedade na prestação dos serviços. Trabalho em jornada exaustiva pressupõe desgaste extremado do trabalhador. Exaustão física e mental. Trabalho em condições degradantes pressupõe exploração à vulnerabilidade e miséria de certos trabalhadores. E todos eles desprezam o valor maior: a dignidade humana como direito fundamental.

O Brasil está no patamar avançado em normas e combates, apesar das mazelas existentes. Uma referência mundial. Não pode haver retrocesso em nenhuma dessas conquistas, nem que seja sob efetivação do ativismo judicial contemporâneo[1406].

E o mesmo tratamento deve prevalecer sobre os direitos fundamentais da seguridade social, em suas três vertentes: previdência social, assistência social e saúde.

3. Os direitos fundamentais previdenciários

Visto que a história dos direitos fundamentais está intrinsecamente ligada à evolução dos direitos humanos com os direitos de liberdade, surgidos da concepção naturalista para a positivista, até chegar no neoconstitucionalismo, seguimos.

Os direitos previdenciários se equiparam tanto com os direitos humanos quanto aos direitos fundamentais, pelo fato de existir, também, relação intrínseca com a dignidade humana e pela previsão expressa constitucional e nos tratados internacionais dos quais o Brasil é signatário.

A interlocução direitos humanos fundamentais ou mesmo direitos sociais fundamentais guardam concreta relação para expressar o tanto que os direitos previdenciários são conquistas dignas dos indivíduos e da coletividade.

Bem visto, em outro momento, que no artigo 6º da CF/1988 há expressa citação aos direitos à previdência social, à proteção à maternidade e à infância, a assistência aos desamparados, como direitos sociais.

E no artigo 10 do texto constitucional reza que *é assegurada a participação dos trabalhadores e empregadores nos colegiados dos órgãos públicos em que seus interesses profissionais ou previdenciários sejam objeto de discussão ou deliberação*[1407].

Em diversas democracias pelo mundo, os direitos à seguridade social (previdência social, assistência social e saúde pública) estão enquadrados em *status* de direitos constitucionais.

Noutrora, o direito previdenciário foi visto como acessório. Não sendo direito comum a todos.

No contexto histórico, depois do absolutismo e do liberalismo, diante das lutas entre nobres e burgueses, surgem as revoltas e insatisfações das classes operárias, nos idos do século XIX, em que o Chanceler alemão Otto Von Bismark passa a conceder seguros sociais como forma de conter os anseios dos trabalhadores oprimidos nos chãos de fábrica, bem como sendo uma forma de voltar a aumentar a produção industrial (objetivo maior).

Surgem os auspícios da construção dos direitos de 2ª dimensão: econômicos, sociais, políticos e culturais.

No Brasil, no fim do século XIX e início do século XX, com a economia brasileira voltada para a exportação de grãos (café), resultando num processo de industrialização, alguns setores clamaram por direitos sociais (seguros aos funcionários dos Correios, invalidez para servidores públicos, ferroviários etc.).

Em conjunto com esse processo, passa a ocorrer grande concentração das pessoas nas cidades, sendo em sua maioria imigrantes (italianos e portugueses), como mão de obra nas indústrias. Havia trabalho sem quaisquer garantias sociais (férias, jornada de trabalho definida, pensão ou aposentadoria). Em face dessa ausência de direitos, como dito, surgiram as greves gerais nos anos 1917 e 1919 (mesma época das Constituições mexicana e alemã).

A origem da previdência social no Brasil surgiu com a publicação do Decreto n. 4.682, de 24 de janeiro de 1923, a

---

(1406) Os magistrados não são uníssonos em matéria de concretização da CF/1988, pois categoricamente insistem em afirmar que não é sua função atuar como legislador positivo, mesmo diante da comprovada inércia do Poder Legislativo, como é o caso da ausência de leis que estabelecem incentivos específicos para a proteção do mercado de trabalho para a mulher. Isso se observa no comportamento em julgados do TST que excluem de contratos coletivos de trabalho cláusulas que preveem a obrigatoriedade de cumprimento por parte dos empregadores do disposto na Convenção n. 111 da OIT, por entenderem que esta não se destina aos particulares, mas apenas aos entes públicos, como se os direitos individuais não irradiassem efeitos nas relações interprivadas (eficácia horizontal). In: SCHENEIDER, Paulo Henrique. *A concretização dos direitos sociais frente à jurisdição constitucional*. Análise centrada na tutela especial da mulher nas relações de emprego. São Paulo: LTr, 2015. p. 118.

(1407) Aliás, esse foi um dos motivos para pedir a inconstitucionalidade da PEC n. 287, de 2016 (Reforma da Previdência Social), do governo Michel Temer, pois não houve análise do texto nesses colegiados de forma prévia e estruturada. Os parlamentares sustentam que a proposta foi enviada pelo Poder Executivo à Câmara dos Deputados, em 5 de dezembro do ano passado, sem que fosse acompanhada de estudo atuarial prévio para atestar a necessidade de mudanças na legislação, condição que alegam ser necessária para a alteração dos Regimes Próprio e Geral, conforme exigência dos artigos 40 e 201 da Constituição Federal e do artigo 1º da Lei n. 9.717/1998. Acrescentam que também não houve discussão prévia e aprovação colegiada do Conselho Nacional de Previdência Social, com participação dos trabalhadores, requisito previsto no artigo 10 da Constituição e nos artigos 3º, 4º e 5º da Lei n. 8.213/1991. In: <http://www.stf.jus.br/portal/cms/verNoticiaDetalhe.asp?idConteudo=336254>. Acesso em: 28 jan. 2017.

chamada Eloy Chaves⁽¹⁴⁰⁸⁾ (40 anos depois das primeiras leis na Alemanha).

Com o passar do avanço constitucional no Brasil, a previdência toma corpo, como termo, na de 1946, de forma autônoma, dissociada dos direitos trabalhistas. Despois dessa época, consolidou-se a Lei Orgânica da Previdência Social, em 1960.

Na CF de 1967, por meio da EC n. 1, de 1969, foram assegurados direitos previdenciários aos trabalhadores mediante a contribuição conjunta do empregado, do empregador e da União.

Contudo, foi na Constituição Federal de 1988, que instituiu os ideários do Lord Willian Henry Beveridge, inserindo na carta a Seguridade Social sistêmica. Houve reformulação do conceito de Estado, dispondo o novo, o Estado Democrático de Direito, partindo dos conceitos de Estado de Direito, mas com forte participação popular.

Para Konrad Hesse: "O Estado de Direito cria, configura e garante a ordem total jurídica que, para a existência do particular como para a convivência no interior da coletividade, é indispensável."⁽¹⁴⁰⁹⁾

Para a vertente estudada aqui, a democracia deve estar representada pela igualdade entre os cidadãos, mesmo que muitas vezes a liberdade não assegure a igualdade.

O Estado providência nasceu das concepções de auxílios entre famílias, depois surgiram os apoios religiosos e suas assistências sociais e logo em seguida as mútuas organizadas. É a previdência social reflexo das inúmeras assistências realizadas pelos particulares e pelo Estado. Chegado o momento que o assistencialismo abriu espaço para os seguros sociais, mediante contribuição como equilíbrio financeiro e atuarial.

Mas a Constituição Cidadã inaugurou forte conteúdo de que todos os seres humanos nascem livres e iguais em direitos e dignidades, sendo os direitos humanos e fundamentais inerentes à condição humana⁽¹⁴¹⁰⁾.

São os riscos sociais do artigo 201 do diploma constitucional brasileiros o núcleo dessa previdência social e, quando de sua eclosão, surgem ações positivas do Estado com o objetivo de concretizar os direitos sociais e amenizar a condição do indivíduo submetido.

Por ser conquista da humanidade ao longo de décadas e séculos, a seguridade social é direito fundamental das pessoas, que fazem jus às ações para concessão de seguro social (contributivo ou com prova de trabalho rural), às prestações assistenciais aos miseráveis (provado) e saúde pública a todos indistintamente.

Os direitos da seguridade social, mormente os direitos previdenciários, representam novo entendimento da dignidade da pessoa humana⁽¹⁴¹¹⁾, tornando-os sobremaneira de natureza de direito humano e fundamental material.

Apesar disso, com o passar dos anos, assistimos a constantes alterações e reformas previdenciárias⁽¹⁴¹²⁾, com o intuito

---

(1408) No Brasil, a seguridade social compreende as ações destinadas a assegurar os direitos relativos à saúde, à previdência e à assistência social. Nossa Constituição Federal os colocou, juntamente com a educação, no rol dos direitos sociais mais elevados, gozando assim de prioridade no orçamento público.

Embora a previdência social no Brasil seja mais recente, entre os séculos XIX e XX, desde nossa Constituição Imperial de 1824 já existia, ainda que incipiente, a preocupação com a assistência às pessoas em estado de miséria. Com o início do desenvolvimento econômico a partir do final do século XIX, principalmente a industrialização, surge a necessidade de criação de um sistema de proteção específica para o trabalhador e seus dependentes econômicos contra a perda ou redução da capacidade laboral por motivo de morte, invalidez, idade avançada e tempo de serviço. Os acidentes de trabalho e perda precoce da capacidade laboral eram bastante comuns à época, quando as jornadas diárias nas fábricas se estendiam a 12 horas, com mínimos intervalos de descanso e em turnos noturnos, sendo que praticamente inexistiam medidas de prevenção.

Embora tenham existido outras iniciativas anteriores, a Lei Eloy Chaves é considerada o marco histórico da previdência pelas características mais próximas ao conceito atual de previdência social. Os benefícios se destinavam aos ferroviários, categoria de empregados das mais vulneráveis aos riscos de acidente e ao desgaste físico e, portanto, mais suscetíveis à perda ou à redução da capacidade laboral. Como o processo de industrialização continuava avançando para outras atividades, as garantias trabalhistas/previdenciárias ganharam mais atenção e incentivaram o surgimento de vários Institutos de Aposentadoria e Pensões para que se ampliasse o alcance da previdência a um maior número de trabalhadores.

Só que, inicialmente, foram criadas as Caixas de Aposentadorias e Pensões (CAPs), por empresa individualmente considerada. Com o acúmulo dessas Caixas, Getúlio Vargas as unificou em Institutos, por categoria profissional.

Assim, foram criados o Instituto de Aposentadoria e Pensões dos Marítimos (IAPM), junho de 1933, dos Comerciários (IAPC), maio de 1934, dos Bancários (IAPB), julho de 1934, dos Industriários (IAPI), dezembro de 1936, e os de outras categorias profissionais nos anos seguintes. Em novembro de 1966, todos institutos que atendiam aos trabalhadores do setor privado foram unificados com a criação do Instituto Nacional de Previdência Social – INPS.

Portanto, a previdência social surge da necessidade de se garantir a sobrevivência do trabalhador e seus dependentes quando da perda ou redução de sua capacidade de trabalho. Essa preocupação se voltava para os trabalhadores mais vulneráveis, das atividades de maiores riscos e desgastes; contudo, ao longo do tempo, todos passaram a se beneficiar do sistema de previdência, independentemente da natureza de sua atividade, inclusive políticos, juízes, militares e autoridades públicas.

O que surgira inicialmente como um direito social, em amparo ao trabalhador, especialmente àqueles submetidos às piores condições de trabalho e, portanto, vulneráveis a riscos, veio a ser apropriado pelas classes mais privilegiadas. Não haveria para eles propriamente uma "previdência social", mas um sistema de distribuição seletiva de privilégios, custeados por toda a sociedade. In: <http://justificando.cartacapital.com.br/2017/02/17/da-lei-eloy-chaves-reforma-da-previdencia-desigualdade-e-privilegios/>. Acesso em: 30 jan. 2017.

(1409) HESSE, Konrad. *Elementos de direito constitucional da república federal da Alemanha*. Porto Alegre: Sérgio Antonio Fabris, 1998. p. 162.
(1410) FERNANDES, Ana Paula. *Os direitos previdenciários no Supremo Tribunal Federal*. São Paulo: LTr, 2015. p. 35.
(1411) SAVARIS, J. A. STRAPAZZON, C. L. A terceira fase da seguridade social. In: ALEXY, R.; BAEZ, N. L. X; SANDKÜHLER, H.J (Orgs.) *Níveis de efetivação dos direitos fundamentais civis e sociais*: um diálogo Brasil e Alemanha. Joaçaba: Unioesc, 2013, p. 499.
(1412) "Assim, a tela sobre a qual se desenharam as várias reformas da previdência permitiu a construção de um quadro nada acolhedor para o trabalhador da

de dirimir e afastar as conquistas seculares, sob o argumento financeiro, modificando, com isso, a estrutura fundamental em real desvio dos objetivos traçados pelo constituinte originário. O objetivo é somente diminuir, politicamente, gastos públicos, ou mesmo garantir o uso da verba para outras finalidades (desvinculações das receitas da União – DRU – artigo 76 dos ADCT).

Para Noa Piatã Bassfeld Gnata, o caráter contributivo deve ser analisado fora dos contornos do seguro social, pois a filiação obrigatória deve levar com conta outros aspectos para a garantia do mínimo existencial ao indivíduo, sendo isso a real tradução de universalidade de seguridade social, apregoada na Constituição Federal de 1988. Nos contornos atuais, a solidariedade social, para o autor, afastou-se sobremaneira dos conceitos do estoicismo, em que a solidariedade antes de tudo deve ser ética e moral como condição para o socorro às pessoas e seus infortúnios. Faz-se necessária uma refundação dos conceitos de solidariedade social[1413].

No mais, mesmo diante do ordenamento jurídico pátrio, em seus direitos sociais prestacionais e de defesa, pouca efetivação existe por parte estatal aos administrados. Almeja-se a justiça social para a garantia da ordem social. O que vemos é o ativismo judicial dando forma a esses direitos. Ora com a justificação de concessão daquilo que é a reserva do financeiramente possível, ora efetivando sob a luz do mínimo existencial. A harmonia deve se socorrer do aspecto nuclear: a dignidade humana. Não pode a ordem econômica escravizar e sequestrar a ordem social. A primeira deve servir sempre a segunda. Quando houver a pretensa inconsistência financeira, há que haver robusta prova, não cabendo mera alegação fática. O ser humano é maior que falácias de orçamento. Arrecada-se. Ah, como arrecada-se. Um basta ao retrocesso nas conquistas sociais em cláusulas pétreas.

4. Direitos Sociais como cláusulas pétreas

Direitos sociais são direitos fundamentais. São conquistas da humanidade em segunda dimensão. Muitos séculos de lutas garantiram que os direitos sociais fossem internalizados em ordenamentos jurídicos. Os direitos sociais tiveram aderência maior e visível em Constituições pelo mundo com o advento no neoconstitucionalismo, no pós-grandes guerras.

Para alguns, quando a Carta Maior atual no Brasil traz a expressão "direitos e garantias fundamentais" garante-se que são fundamentais apenas os enclausulados no artigo 5º da CF/1988 e, portanto, não estariam, por exemplo, os direitos sociais abarcados pelo artigo 62, § 4º, em seu inciso IV, espaço tratado para os direitos de liberdade. Dizem os defensores dessa tese minoritária que, se o constituinte assim pretendesse, teria catalogado também neste dispositivo constitucional os direitos sociais[1414].

Inviável entender os direitos sociais fora dos fundamentais e desprotegidos como cláusulas pétreas. A Constituição brasileira não traz diferença entre direitos de liberdade (defesa) e os direitos sociais. Se assim o fosse (a parca tese), estariam excluídos do rol dos fundamentais também os direitos de nacionalidade e os políticos, que não estão no artigo 5º da Constituição Federal de 1988 e que também não foram previstos no IV, do § 4º do artigo 62. Não há que prevalecer uma interpretação literal do texto constitucional.

Ingo W. Sarlet entende que[1415]:

> ...a inclusão dos direitos sociais (e demais direitos fundamentais) no rol das "cláusulas pétreas", em especial no que diz com a sua justificação à luz do direito constitucional positivo, é questão que merece análise um pouco mais detida. Já no preâmbulo de nossa Constituição encontramos referência expressa no sentido de que a garantia dos direitos individuais e sociais, da igualdade e da justiça constitui objetivo permanente de nosso Estado. Além disso, não há como negligenciar o fato de que nossa Constituição consagra a ideia de que constituímos um Estado democrático e social de Direito, o que transparece claramente em boa parte dos princípios fundamentais, especialmente no art. 1º, incisos I a III, assim como no artigo 3º, incisos I, III e IV. Com base nestas breves considerações, verifica-se, desde já, a íntima vinculação dos direitos fundamentais sociais com a concepção de Estado consagrada pela nossa Constituição, sem olvidar que tanto o princípio do Estado Social quanto os direitos fundamentais sociais, integram os elementos essenciais, isto é, a identidade de nossa Constituição, razão pela qual já se sustentou que os direitos sociais (assim como os princípios fundamentais) poderiam ser considerados – mesmo não estando expressamente previstos no rol das

---

Constituição de 1988. Aquele lindo cenário foi sendo esfacelado paulatinamente, reforma após reforma, sob o fundo questionável de um déficit da previdência. O cidadão contribuinte obrigatório da previdência enquanto trabalhador descobre, a cada consulta, que seus direitos já não são mais os mesmos, de que a festejada Constituição de 1988, a Constituição Social não guarda mais similitude com o seguro social contratado pelo trabalhador que viu aquela tela". In: FOLMANN, Melissa; FERRARO, S. *A Previdência nos 60 anos de declaração de direitos humanos e nos 20 anos de Constituição brasileira*. Curitiba: Juruá, 2008. p. 321.
(1413) GNATA, Noa Piatã Bassfeld. *Solidariedade Social Previdenciária*. Interpretação Constitucional e Eficácia Concreta. São Paulo: LTr, 2014. p. 162.
(1414) Cf., por exemplo, Octavio Bueno Magano, Revisão Constitucional, In: *Cadernos de Direito Constitucional e Ciência Política* n. 7, 1994. p. 110-1.
(1415) SARLET, Ingo. W. *Os Direitos Sociais como Direitos Fundamentais*: contributo para um balanço aos vinte anos da Constituição Federal de 1988. In: <http://www.stf.jus.br/arquivo/cms/processoAudienciaPublicaSaude/anexo/artigo_Ingo_DF_sociais_PETROPOLIS_final_01_09_08.pdf>. Acesso em: 20 de mar. 2017. O presente texto constitui versão revista, atualizada e parcialmente reformulada de trabalho redigido anteriormente sobre o tema, que, todavia, enfatizava, de um modo geral, o problema das resistências aos direitos sociais, e que, além de remetido para publicação em coletâneas (Editoras Forense e Saraiva) versando sobre os 20 anos da Constituição Federal de 1988, foi objeto de veiculação na Revista do Instituto de Hermenêutica Jurídica. 20 Anos de Constitucionalismo Democrático – E Agora? Porto Alegre-Belo Horizonte, 2008, p. 163- 206.

"cláusulas pétreas" – autênticos limites materiais implícitos à reforma constitucional.

Pontua o nobre autor que os direitos fundamentais estão em todas as demais dimensões, pois é do indivíduo o direito ao voto, à saúde, à assistência social, à previdência social etc. E até mesmo o direito ao meio ambiente ecologicamente equilibrado (artigo 225 da CF/1988), pois um dano ambiental além de gerar prejuízos ao grupo, gera também ao indivíduo prejudicado isoladamente, que possui titularidade individual da maioria dos direitos fundamentais. Portanto, os direitos incertos no artigo 60, § 4º, inciso IV, da Lei Maior, incluem os direitos sociais, além dos de nacionalidade, cidadania e outros espalhados no texto constitucional[1416].

Em última análise, não se pode impor um regime distinto, observando-se a Constituição Federal brasileira, entre os direitos individuais e os sociais, mesmo considerando a dimensão negativa (liberdade) e a positiva (igualdade) e suas peculiares diferenças. Não caberia dizer que existem direitos apenas formalmente fundamentais e que poderiam ser suprimidos da Carta Magna, pois consideramos que todos os direitos fundamentais, incluindo os direitos sociais, são formal e materialmente fundamentais, inexistindo reforma que altere a condição desses direitos superconstitucionais.

Há núcleo inafastável em todos esses direitos fundamentais (individuais, sociais e coletivos), que se traduz na essência da dignidade humana. E, em se tratando dela, não se pode relativizá-la, devendo haver caráter absoluto na sua preservação, mesmo em sede de ponderação no conflito entre princípios constitucionais.

Na hipótese de afetação expressa às conquistas sociais, por exemplo, a esses direitos fundamentais da humanidade, promove-se retrocesso social, mas também humano e universal. A carga de universalidade dessas conquistas não pode ser deixada ao largo, pois foram nas lutas operárias e da sociedade que surgiram paulatinamente esses ideários. Pensar que direitos sociais não estão abarcados pela cláusula pétrea constitucional de alteração é trair a história dos homens ao longo de séculos.

5. Proibição do retrocesso dos direitos sociais dos trabalhadores

Não se pode olvidar que a Constituição Federal de 1988 traduziu a essência viva do sentimento pós-totalitarismo, mesmo que tardiamente. Não tivemos essa possibilidade na Carta de 1967/1969 por motivos óbvios. Em 1988, o constituinte originário buscou trazer todos os reais anseios do verdadeiro Estado Democrático de Direito para a realização de uma sociedade igualitária, justa e que pudesse, enfim, ver concretizados os direitos sociais e a eliminação das desigualdades.

Portanto, não basta que a Constituição preveja diversos direitos fundamentais sociais, sendo necessárias leis para sua aplicação e que sejam efetivas e concretas, visto que não bastam leis para que sejam efetivas, devem sê-las na vida plena. Assim expôs Felipe Derbili[1417]:

> Assim, não basta que a Constituição seja pródiga na previsão de direitos fundamentais de cunho econômico, social e cultural; é igualmente importante que, em estrito cumprimento das disposições constitucionais, tais direitos sejam concretizados. A tarefa do legislador, nesse ponto, é de máxima relevância, na medida em que, através da atividade legiferante, os direitos sociais constitucionalmente previstos poderão atingir o nível de densidade normativa necessário para que possam, de fato, gerar direitos subjetivos para os cidadãos. Mais além – e aqui está o elemento central da discussão que ora de coloca –, também não basta que o legislador tenha competência para minudências se, posteriormente, puder eliminar, pura e simplesmente, a regulamentação efetuada, recriando uma indesejável situação de vácuo normativo.

O princípio da vedação ao retrocesso dos direitos sociais nasce exatamente dessas ideias, exprimindo efetividade e força normativa, como ensinou Konrad Hesse. Os direitos prestacionais, para possuírem sólida eficácia e proteção, não podem coadunar com retrocessos ao já conquistado. O arquétipo constitucional (graças ao neoconstitucionalismo) traça as diretrizes fundamentais sociais, não podendo o legislador não cumprir o mister, ou mesmo depois de regulamentar a prestação, retirá-la sem nenhum outro diploma que garanta execução normativa constitucional de mesmo cunho.

Para J. J. Canotilho, o cidadão tem o poder de confiar que os atos e decisões públicas sobre seus direitos, posições e relações jurídicas, sob normas jurídicas vigentes e válidas, sejam observados pelo Estado. O princípio da confiança é vetor nobre. O ilustre autor português pontua que as refracções mais importantes do princípio da segurança jurídica (do qual a confiança é corolário) são: proibição de normas retroativas de direitos e interesses juridicamente protegidos (para atos normativos); tendencial estabilidade dos casos decididos por meio de atos administrativos constitutivos de direitos (para atos administrativos)[1418].

Também no artigo 30 da Declaração de Direitos do Homem reza o princípio da proibição do retrocesso, alertando que nenhuma das disposições poderia "ser interpretada como o reconhecimento a qualquer Estado, grupo ou pessoa, do direito de exercer qualquer atividade ou praticar qualquer ato destinado à destruição de quaisquer dos direitos e liberdades" nela estabelecidas.

(1416) Idem. Ibidem.
(1417) DERBILI, Felipe. Proibição do retrocesso social: uma proposta de sistematização à luz da Constituição de 1988.
(1418) CANOTILHO, José Joaquim Gomes. Direito constitucional e teoria da constituição. 4. ed. Coimbra: Almedina, 2001.

Além da Constituição da Organização Internacional do Trabalho, em seu artigo 19, inciso VIII, dizendo acerca alertando que *"em caso algum, a adoção, pela Conferência, de uma convenção ou recomendação, ou a ratificação, por um Estado-membro, de uma convenção, deverão ser consideradas como afetando qualquer lei, sentença, costumes ou acordos que assegurem aos trabalhadores interessados condições mais favoráveis que as previstas pela convenção ou recomendação".*

Ademais, outros exemplos do princípio da vedação do retrocesso estão gravados em alguns diplomas internacionais, a saber, direta ou indiretamente postos: Declaração da Filadélfia, Pacto de Direitos Civis e Políticos e de Direitos Econômicos, Sociais e Culturais; Protocolo de São Salvador; Convenção Americana sobre Direitos Humanos etc.

No Tribunal Constitucional Português, houve expressa manifestação conforme a vedação ao retrocesso social, quando do Acórdão n. 39, de 1984, que declarou a inconstitucionalidade de uma lei que revogou parte da Lei do Serviço Nacional de Saúde, argumentando afetação ao direito fundamental da saúde, incerto no artigo 64 da Constituição da República de Portugal, pois com a extinção do serviço não havia previsão de nada em troca, o que foi vedado pela Corte portuguesa.

O princípio da vedação do retrocesso social é núcleo essencial dos direitos sociais, que não podem ser substituídos sem a criação de outros esquemas alternativos ou compensatórios. Atos de anulação, revogação e aniquilação de direitos sociais conquistados são inconstitucionais, pois afetam esse núcleo essencial.

Deve haver política substitutiva equivalente, proporcional e universal. Não há falar que essa revogação passa perto dos preceitos sociais constitucionais, pois são imutáveis até mesmo por emendas constitucionais. Trata-se, então, das normas infraconstitucionais, que em seu âmago regulamentam os direitos fundamentais, cujo texto não pode apresentar retrocesso.

No âmbito trabalhista, a terceirização é horizonte fértil para a farta precarização nas relações de trabalho, falta de controle de ambiente de trabalho, aumento galopante de acidentes do trabalho etc. A reforma trabalhista, do pactuado pelo legislado, vai diminuir direitos dos trabalhadores que, pelo desespero, vão aceitar qualquer coisa por um posto de trabalho.

No âmbito da Seguridade Social, infelizmente, o retrocesso social tem sido regra recorrente:

Medida Provisória n. 1.999-15, de 12.2.2000, que revogou o Conselho Nacional de Seguridade Social e os Conselhos Estaduais e Municipais de Previdência Social. Essa medida cravou uma adaga no peito da Seguridade Social, pois o CNSS era que ditava todas as diretrizes e metas para a Seguridade Social, traduzindo números atuariais para os estudos presentes e futuros para ações de previdência, assistência e saúde, afetando frontalmente o artigo 194, VII, da Constituição brasileira, e a descentralização administrativa da segurança social. Sem essa integração dos subsistemas, dizem vozes renomadas que a Seguridade Social, como conjunto integrado, é apenas letra de norma constitucional e nada mais. Concordamos.

Apesar da declaração de constitucionalidade pelo STF, na ADIn n. 3.105-DF, acerca do artigo 4º, *caput*, e parágrafo único, que instituíram a contribuição previdenciária dos servidores públicos inativos e seus pensionistas, para quem percebe valores acima do teto do salário de contribuição do INSS. Trata-se de retrocesso social em nome da solidariedade. Alegou-se solidariedade social para a arrecadação da contribuição, que não traz nenhuma contrapartida de benefício, a não ser para manutenção do que já existe (o próprio benefício previdenciário pago). Incongruente. Choque de princípios sem ponderação proporcional e justa. Enriquecimento sem causa do Poder Público. Como se, em um seguro de veículo, depois do sinistro, tendo sido pago o reembolso ao segurado, este devesse continuar pagando os prêmios mensais.

Ao longo de décadas, o Governo Federal opera reformas previdenciárias aviltantes e retrocessivas aos ganhos sociais dos trabalhadores (ECs ns. 03/1993, 20/1998, 41/2003, 47/2005, e, agora, a PEC n. 287, de 2016).

No ano de 2014, com a MP n. 664, convertida na Lei n. 13.135, de 2015, houve diversos retrocessos na obtenção da pensão por morte e no auxílio-reclusão, dando prazo de recebimento dos benefícios a depender da idade do dependente, firmando tempo mínimo de casamento ou união estável para acesso à prestação etc. Tudo baseado em presunção de má-fé e fraudes, além de diminuir os pagamentos, esquecendo-se dos direitos sociais num país em alto índice desemprego, fome, miséria, corrupção e descaso. Se ainda isso revertesse em mais vagas de postos de trabalho e oportunidades, o resultado valeria a aplicação. Contudo nunca é o que ocorre. É corte para contento de quem quer a dívida pública menor, mas por outros escusos anseios.

A PEC n. 287, de 2016, opera maldades que vão além da afetação ao princípio da vedação ao retrocesso. Traz normas constitucionais (aliás, a CF/1988 será a Constituição com o maior número de regras previdenciárias no mundo – a da Espanha e a da Itália têm apenas um artigo cada, sendo o restante em normas infraconstitucionais) como: 1) o aumento repentino da idade mínima, à níveis europeus, sem considerar o regionalismo nacional e expectativas de vida e sobrevida locais; 2) valor da pensão por morte a 60% para o último dependente, aniquilando a renda familiar; 3) regras de transição sem estudos atuariais e com índices "chutados", tanto para a alíquota de 30% de pedágio, quanto para a tabela (homem/mulher) de idade mínima a possuir para finalizar o critério e obter o benefício. De quais estudos técnicos saíram esses números?; 4) vício de inconstitucionalidade de origem quando a PEC n. 287 não passou pelos estudos e análises dos conselhos de representantes dos atores sociais, grafados no inciso VII, do artigo 194, da CF/1988. A proposta foi direta da Casa Civil para o Congresso e a Constituição foi mais uma vez atacada. Se não é para que o inciso VII seja obedecido e os representantes sejam ouvidos e os estudos atuariais realizados, então, que se revogue o inciso do artigo, na mesma PEC moribunda.

Não há déficit previdenciário, pois o governo não desmente as contas da ANFIP, que confirmam que diversas receitas do financiamento da seguridade social, do artigo 195 da CF/1988, não estão sendo computadas para o cálculo.

Fora as injustiças com os rurais, os professores, os policiais brasileiros etc.

A desvinculação das receitas da União (DRU) é outro retrocesso implementado há anos na CF/1988, precisamente no artigo 76 dos ADCT, permitindo desvio de 30% das receitas, por exemplo, da Seguridade Social, para outras finalidades (sic)... Se a Seguridade Social é deficitária, não se retiram valores de onde não se tem...

Os grandes devedores de contribuições previdenciárias nunca são cobrados, ou mesmo seus processos são extremamente lentos e preguiçosos a ponto de prescreverem ou hibernarem. Na luta entre custeio e benefícios previdenciários, quem depende do segundo é quem paga as consequências do retrocesso.

E porque não dizer das sonegações bilionárias não controladas. E porque não dizer que o INSS paga, no mínimo, 1/3 de benefícios fraudados em todo o país, representando mais de 10 bilhões de reais por mês em fraudes. Se olharmos para as concessões judiciais o número é maior, pois juízes e procuradores federais não desvendam e enxergam fraudes e falsidades, por não serem especialistas nisso. Muitos sistemas precisavam ser cruzados, muitos procedimentos precisavam ser revistos. Economia com certeza para os cofres previdenciários. As fraudes no benefício BPC/LOAS e no Bolsa Família são a regra. A exceção é quem recebesse devidamente. E tudo isso representa bilhões.

Por todos os valores mencionados acima, a ANFIP e o CONANP calculam que cerca de 1,5 trilhão de reais por ano vão para o ralo da incompetência pública (sic).

Ao final desse artigo, ainda não foi aprovada a PEC n. 287, de 2016, estando na Câmara dos Deputados, mas se tiver seguido seu curso cruel, terá sido o maior golpe mortal na história dos direitos dos trabalhadores de todos os tempos brasileiros.

Realmente, a única saída para esse país continua sendo o aeroporto.

6. Conclusão

Depois de breves linhas sobre o tema, terminamos o presente ensaio bem desmotivados, a ponto de não querermos ou pretendermos concluir o artigo, tamanha sensação de que várias linhas de diversos autores jurídicos que lutam pelos direitos sociais serem apenas palavras dialogadas com estátuas. Exemplos de carnificina social não faltam. Vivemos a depressão e falência dos direitos sociais no país. No embate entre o capitalismo imperialista e os direitos sociais, o primeiro sempre vence nos últimos tempos. Para o clímax desejado de dignidade humana, sobretudo, necessário seria se o homem não fosse egoísta. O egoísmo está acabando com a humanidade. "Viva" o neoliberalismo egoísta!

7. REFERÊNCIAS BIBLIOGRÁFICAS

ABRANTES, José João. *Contrato de trabalho e direitos fundamentais*. Coimbra: Coimbra Editora, 2005.

ANDRADE, José Carlos Vieira de. *Os direitos fundamentais na Constituição portuguesa de 1976*. Coimbra: Almedina, 2012.

AZEVEDO NETO, Platon Teixeira de. *O trabalho decente como um direito humano*. São Paulo: LTr, 2015.

BRASIL: In: <http://www.stf.jus.br/portal/cms/verNoticiaDetalhe.asp?idConteudo=336254>. Acesso em: 28 jan. 17.

BRASIL: In:<http://justificando.cartacapital.com.br/2017/02/17/da-lei-eloy-chaves-reforma-da-previdencia-desigualdade-e-privilegios/>. Acesso em: 30 jan. 2017.

CANOTILHO, José Joaquim Gomes. *Direito constitucional e teoria da Constituição*. 4. ed. Coimbra: Almedina, 2001.

CANTELLI, Paula Oliveira. *O trabalho feminino no divã*: dominação e discriminação. São Paulo: LTr, 2007.

CAVALCANTI, Tiago Muniz. *Neoabolicionismo & Direitos Fundamentais*. São Paulo: LTr, 2016.

CEDENHO, Antônio Carlos. *Diretrizes constitucionais da assistência social*. São Paulo: Verbatim, 2012.

DERBLI, Felipe. *O Princípio da Proibição do Retrocesso Social na Constituição de 1988*. Rio de Janeiro: Renovar, 2007.

DELGADO, Mauricio Godinho. *Curso de Direito do Trabalho*. 15. ed. São Paulo: Ltr, 2016.

DELGADO, Gabriela Neves; NOGUEIRA, Lilian Katiuscia Melo; RIOS, Sâmara Eller. *Instrumentos jurídico-institucionais para a erradicação do trabalho escravo no Brasil contemporâneo*. Anais do XVI Congresso Nacional do CONPEDI. Fundação Boiteux: Florianópolis, 2008.

FERNANDES, Ana Paula. *Os direitos previdenciários no Supremo Tribunal Federal*. São Paulo: LTr, 2015.

FOLMANN, Melissa; FERRARO, S. *A Previdência nos 60 anos de declaração de direitos humanos e nos 20 anos de Constituição brasileira*. Curitiba: Juruá, 2008.

GNATA, Noa Piatã Bassfeld. *Solidariedade Social Previdenciária. Interpretação Constitucional e Eficácia Concreta*. São Paulo: LTr, 2014.

HESSE, Konrad. *Elementos de direito constitucional da republica federal da Alemanha*. Porto Alegre: Sérgio Antonio Fabris, 1998.

MAGNANO, Octavio Bueno. Revisão Constitucional, In: *Cadernos de Direito Constitucional e Ciência Política* n. 7, 1994.

MOREIRA, Teresa Alexandra Coelho. *Estudos de Direito do Trabalho*. Coimbra: Almedina, 2011.

NUNES JÚNIOR, Vidal Serrano. *A cidadania social na Constituição de 1988:* estratégias de positivação e exigibilidade judicial dos direitos sociais. São Paulo: Verbatim, 2009.

ROMAR, Carla Teresa Martins. *Direito do Trabalho Esquematizado*. 2. ed. rev. e atual. São Paulo: Saraiva, 2014.

SARLET, Ingo Wolfgang. A eficácia dos direitos fundamentais. 12. ed. Porto Alegre: Livraria do Advogado, 2015.

SARLET, Ingo. W. *Os Direitos Sociais como Direitos Fundamentais:* contributo para um balanço aos vinte anos da Constituição Federal de 1988. In: <http://www.stf.jus.br/arquivo/cms/processoAudienciaPublicaSaude/anexo/artigo_Ingo_DF_sociais_PETROPOLIS_final_01_09_08.pdf>.

SAVARIS, J. A.; STRAPAZZON, C. L. *A terceira fase da seguridade social*. In: ALEXY, R.; BAEZ, N. L. X; SANDKÜHLER, H. J (Orgs.) *Níveis de efetivação dos direitos fundamentais civis e sociais:* um diálogo Brasil e Alemanha. Joaçaba: Unioesc, 2013.

SCHENEIDER, Paulo Henrique. *A concretização dos direitos sociais frente à jurisdição constitucional*. Análise centrada na tutela especial da mulher nas relações de emprego. São Paulo: LTr, 2015.

SILVA, José Afonso da. *Comentário contextual à Constituição*. 8. Ed. São Paulo: Malheiros, 2012.